LE NOUVEAU MONDE

L'ORDINAIRE DU CAPITAL

Une collection dirigée par Allan Popelard

Ouvrage dirigé par Antony Burlaud,
Allan Popelard et Grégory Rzepski

Le nouveau monde

Tableau de la France néolibérale

Éditions Amsterdam
2021

À Joseph Ponthus

Éditions Amsterdam
13-15, rue Henri-Regnault
75014 Paris
www.editionsamsterdam.fr
amsterdam@editionsamsterdam.fr

ISBN : 978-2-35480-230-1
Diffusion-distribution :
Les Belles Lettres

Sommaire

Troisième partie
Le mépris au pouvoir 309

Quatrième partie
Le monologue des travailleurs 425

Cinquième partie
Vivre dans le nouveau monde 507

Sixième partie
Oppositions 667

Septième partie
Néolibéralisme autoritaire 823

Huitième partie
Mythologies 925

Avant-propos

« On nous dit : "Vous n'êtes pas drôles." Mais l'époque n'est vraiment pas drôle... »
Pierre Bourdieu, en conversation avec Günter Grass, en 1999, à propos de *La Misère du monde*

En 1833, Michelet publiait son *Tableau de la France*, mince prélude à une œuvre immense. Cet arpentage géographique de l'Hexagone voulait saisir, en même temps que les traits du paysage, les ressorts psychologiques et politiques du pays.

Aujourd'hui, difficile pour un seul auteur de prétendre embrasser et restituer la réalité française dans toute son ampleur. De là le premier parti pris de ce livre : solliciter plusieurs dizaines de contributeurs, aux profils et aux spécialités variés. Beaucoup sont chercheurs (sociologues, politistes, historiens, économistes, géographes...) ; ils apportent les questions, les méthodes et les acquis de sciences sociales qui fournissent l'armature analytique du livre.

Mais les voies de l'enquête sont multiples. Les écrivains, s'ils ont le sens du social, les journalistes, quand ils vont au-delà de la surface des choses, les militants devenus experts de leur terrain de lutte, les esprits attentifs aux paroles et aux vies minuscules, les polémistes même, quand ils appuient là où ça fait mal : eux aussi ont quelque chose à raconter de l'état du pays. On a donc fait le choix de convoquer d'autres voix et d'autres regards que ceux des chercheurs, d'autres cadrages et d'autres tons, en pariant qu'ainsi on pourrait non seulement *dire autrement*, mais aussi *saisir autre chose*.

Réunies, ces contributions forment un tableau. D'autres compositions, assurément, auraient été possibles. Mais, pour divers qu'ils soient, les textes qui suivent ne forment pas un ensemble disparate ou contingent. L'ouvrage a son unité, et des lignes de forces qui apparaîtront, espère-t-on, à la lecture.

Il a aussi son architecture. Après un prologue qui nous fait traverser le paysage français à vol d'oiseau, les textes s'articulent autour de quelques grands thèmes.

La première partie se concentre sur les couches supérieures de la société et de l'État : elle met en évidence, par-delà les différences sectorielles, une propension générale au séparatisme. La deuxième partie s'attache à décrire les logiques des politiques sociales, économiques et environnementales dans la France d'aujourd'hui – laissant apparaître le poids toujours accru des intérêts privés, des impératifs comptables et des raisonnements court-termistes. La troisième partie réunit, autour de la thématique commune du mépris, des éclairages sur le sort fait à « ceux d'en bas », aux populations dominées, qu'elles constituent le grand ou le petit nombre.

Le cahier central rassemble une quarantaine de courts témoignages de travailleurs. En recueillant ces récits – c'est-en-dire en choisissant d'endosser peu ou prou, malgré les difficultés que cela soulève, le rôle de « l'écrivain public » –, on n'a pas prétendu donner une vision d'ensemble des réalités professionnelles aujourd'hui, mais bien rappeler l'importance toujours centrale de la question du travail (celui qu'on a ou celui qu'on cherche) dans la vie des individus, et celle des travailleurs dans la vie du pays. On a aussi tenu – tout misérabilisme ou pittoresque mis à part – à rappeler combien l'expérience du travail peut être difficile et douloureuse, dégradée et dégradante, pour une large partie de la population.

La cinquième partie prend pour objet les pratiques et enjeux ordinaires (mais aussi fondamentaux) de la vie contemporaine : se nourrir, se soigner, apprendre, etc. Aux textes d'analyse, qui proposent une vue générale, largement cadrée, s'accolent des scènes et des évocations, plus précises, plus vives, qui tentent de donner un peu de grain à l'image.

Quant aux deux parties suivantes, elles se penchent sur les dynamiques conflictuelles qui affectent le pays. La première traite des multiples oppositions qui contestent, fracturent ou prétendent réinventer les formes (politiques, sociales et culturelles) instituées – sans faire a priori le départ entre fronts de lutte bien constitués et mouvements évanescents, vraies alternatives et diversions, combats honorables et fourvoiements indignes. L'autre porte sur le maintien de l'ordre, *lato sensu*, c'est-à-dire sur les différents modes de contrôle et de coercition qui permettent de maintenir et, le cas échéant, de défendre l'ordre social tel qu'il est.

Enfin, une série de textes plus courts, plus libres – volontiers polémiques – tente de saisir, à travers divers signaux courants – objets, discours et syntagmes, figures et lieux –, un peu de l'air du temps, de déplier les « mythologies » du moment, d'écailler quelques-unes des fausses évidences au milieu desquelles nous vivons.

Dans leur diversité, leurs différences et, parfois, leurs divergences, les textes de l'ouvrage nous paraissent dresser un tableau relativement cohérent de la France contemporaine. Faut-il le caractériser d'un mot ? Il nous semble que c'est encore le concept de « néolibéralisme », très usité et même un peu usé, qui résume le mieux les dynamiques à l'œuvre : polarisation sociale, creusement des inégalités, dérégulation, généralisation des logiques de marché, emprise de la finance, expansion du privé au détriment du public, capture et reconfiguration de l'État, fragilisation des collectifs et prédation des communs... Si le centre de gravité historique du livre se situe dans notre présent immédiat, beaucoup d'auteurs ont d'ailleurs choisi de le réinscrire dans un cadre chronologique plus ample, qui est souvent celui de l'ère néolibérale.

Ainsi resitué, notre « nouveau monde » semble être moins l'invention d'une réalité nouvelle que la poursuite, l'approfondissement, voire la radicalisation brutale de tendances qui travaillent la France depuis plusieurs décennies. Cet approfondissement a-t-il fait franchir au pays un seuil critique ? Sur ce point, le lecteur tranchera.

Antony Burlaud, Allan Popelard, Grégory Rzepski

Prologue : Paysage français

Gatien Élie

De fortes épaules chargées de glaces et des racines qui s'étalent au loin comme celles d'un arbre. La montagne vue du ciel est inébranlable, mais c'est une apparence. Éboulements, chutes de pierres, les chemins qui mènent aux sommets sont de plus en plus instables. Certains ont tout simplement disparu de la carte, emportés. Un nuage de poussière se forme alors qui peine à se dissiper. Une arête qui dégringole. Un pilier qui tombe. Un éperon qui se déleste de sa masse et dont les débris s'épandent en une masse marron sur la neige blanche, au fond d'un vallon situé tout près d'un village.

Les forces géologiques et climatiques ont « ployé, plissé, raviné, labouré, sculpté à l'infini la surface mouvante et maintenant encore, sous nos yeux le travail se continue », écrivait Élisée Reclus à la fin du XIXe siècle. Mais, depuis une vingtaine d'années, la montagne subit les assauts du réchauffement climatique. Elle s'effondre. Quatre épisodes caniculaires en cinq ans : 2003, 2006, 2015, 2017 et 2018. À chaque fois, les températures élevées ont fait fondre la glace vieille de plusieurs milliers d'années qui cimente les blocs rocheux, assure la stabilité des massifs. La chaleur se diffuse alors en profondeur, la déglaciation devient inexorable, même lorsque les températures redescendent : en fondant, précisent les glaciologues, ce permafrost libère du méthane, un gaz à effet de serre.

Les particules que la fonte exhume noircissent le front du glacier, et les escaliers qui permettent de le rejoindre depuis une gare ou un refuge doivent être régulièrement rallongés. Ces quarante dernières années, les langues de glace ont perdu plusieurs centaines de mètres de longueur et des dizaines de mètres d'épaisseur. À ce rythme, il faudra bientôt redessiner les frontières elles-mêmes. La dernière progression – on parle de « crue » – remonte aux années 1970-1980, lorsque les hivers furent enneigés et les étés frais. Les glaciers s'étaient alors renforcés et avaient même avancé, bousculant au passage les remontées mécaniques, les chemins de randonnée. La décennie suivante, s'amorçait une « décrue » généralisée. Le regel nocturne qui solidifiait la glace n'avait plus lieu. Depuis, la *ligne d'équilibre* se déplace : la *zone d'ablation* sujette à la fonte estivale s'étend, la *zone d'accumulation* en amont s'amenuise. Les grands glaciers reviennent à leur état minimal connu, celui du Moyen Âge.

Les glaces se réchauffent maintenant plus vite que l'air. Et les neiges n'auront bientôt plus rien d'éternel. Cylindres orange ou perche en inox, on installe des canons. S'ils ne suffisent plus, on ferme. Les stations fantômes se multiplient. On en compte déjà près de cent vingt, réparties dans les cinq massifs : des pylônes, des câbles et des sièges suspendus au-dessus de forêts sans neige, élaguées et fendues par le tracé de pistes sans skieurs. La crise sanitaire offre un aperçu de l'abandon qui guette les stations : des hivers silencieux, et des massifs réservés à une minorité de connaisseurs, en grande forme.

Pour l'heure, les édiles hésitent : prolonger les remontées mécaniques pour rejoindre les domaines encore skiables ou abandonner à la rouille ces infrastructures ? Concevoir d'autres activités ? Mais lesquelles ? Les troupeaux qui peuplaient les alpages et les fermes en contrebas sont moins nombreux, leur propriétaire en sursis. Séparer les bâtiments agricoles des habitations, élever les bêtes hors sol sur une dalle de béton, les pucer pour contrôler leur parcours, acheter leur alimentation, stériliser leur production, carreler et désinfecter l'atelier de transformation, porter des gants et une charlotte pour éviter les contaminations... Au nom de l'hygiène, les normes s'empilent. Avec la concurrence étrangère, elles auront bientôt raison d'un monde, celui de l'élevage traditionnel de montagne.

Si l'on planait, on distinguerait le dessin des bassins versants, arrondis comme des cirques autour des sources qui les enfantent. On verrait les ruisselets parcourant les alpages se changer en ruisseaux, translucides et discrets, affluer au sortir de chaque vallon et devenir rivière ; puis quitter le monde des pentes abruptes, des cascades, des défilés, et s'écouler d'un flot égal vers leurs exutoires, la mer et l'océan. Mais en montagne, ils sont encore canalisés par les vallées d'altitude, étroites et sonores. Lorsqu'elles croisent les premières agglomérations, les rivières, qui charrient tout ce qu'elles ont pu arracher de roches, sont opaques et grises. Leur tapage s'ajoute à celui des voies de communication qui désenclavent les vallées.

Avec les feux de cheminée, le ballet des semi-remorques qui suivent tantôt les talwegs, tantôt les ouvrages d'art, provoquent dans ces vallées un épais nuage toxique. Un brouillard gris aux reflets verdâtres – particules fines (PM10), dioxyde d'azote et poussières de métaux lourds (aluminium, zinc, cuivre, chrome et nickel) –, qui rampe lentement sur les versants, s'effiloche dans les forêts de sapin et ferme l'horizon. Pleurs, écoulement nasal, irritation de la gorge, essoufflements, toux. Dans certaines vallées, le nuage provoquerait la mort prématurée de plusieurs dizaines de personnes par an. L'encaissement empêche la dispersion des particules par le vent, et, par beau temps, les températures s'inversent : la chaleur en altitude forme un couvercle sur l'air frais des fonds de vallée. Il faut alors attendre une dépression pour que la pollution s'élève, ou la pluie, pour que la nappe se dissipe et laisse apparaître les arbres qui habillent le flanc des vallées et forment les massifs forestiers des piémonts.

L'altitude qui décroît : l'écorce de l'arbre devient moins rugueuse et le tronc plus droit, les branches moins noueuses et le feuillage plus abondant. La couverture forestière ne cesse de progresser depuis les grandes opérations de reboisement du XIXe et du XXe siècles. L'arbre en France couvre maintenant plus du tiers du territoire. L'activité du berger cesse, et sans le passage régulier des bêtes qui maintiennent ouvert le paysage, la broussaille se change en forêt, se déplace la ligne de front qui oppose l'homme aux arbres. Les voilà qui apparaissent en ordre de bataille. Une avant-garde protège de l'orage et du vent. Elle s'accommode de réserves minérales limitées pour produire de la biomasse. Elle établit un équilibre avec ses agresseurs : changements climatiques, interventions humaines, insectes parasites et agents pathogènes. Mais la paix est toujours fragile.

La mondialisation aidant, des espèces, des gènes et des germes nouveaux colonisent les massifs. La graphiose – un champignon originaire d'Asie – attaque les ormes, tord leur écorce, dessèche leur feuillage, strie de noir leur tronc, empêche les jeunes pousses d'atteindre l'âge adulte. La quasi-totalité des haies bocagères dans l'Ouest ont été touchées, et l'on peine encore à endiguer l'avancée du champignon. Le chancre coloré

– arrivé dans les caisses en bois provenant des États-Unis durant la Seconde Guerre mondiale – continue de décimer les platanes du Sud : des lésions bleues, noires ou violettes colorent le tronc, puis le dessèchent complètement. On abat les individus contaminés faute de traitement ; aussi tous ceux qui les entourent. Mais chaleur et sécheresse stressent les arbres, les rendent plus vulnérables aux attaques. Percée vers le nord, extension des conquêtes. L'encre du chêne, limité par le froid hivernal, gagnera cent kilomètres vers le nord et l'est d'ici la fin du siècle. L'oïdium du chêne a déjà établi ses quartiers dans le Sud-Ouest. La chenille processionnaire du pin, qui étouffe les houppiers de ses toiles blanches, avance d'une trentaine de kilomètres par an. Elle atteint désormais les forêts du Bassin parisien.

À terme, la carte des cent vingt-six essences répertoriées par l'Inventaire forestier national devra être entièrement redessinée : colonisation spectaculaire du pin maritime, du chêne vert et de l'olivier vers le nord et le nord-ouest, disparition de certaines essences à basse altitude ou sur les sols peu profonds. Celles qui dominent le Nord (châtaigner, hêtre, pin sylvestre, érable plane et sycomore) deviendront marginales. Les hêtraies du Nord-Est connaissent déjà un développement accéléré de 50 % par rapport à leurs homologues de 1900. Une aubaine pour la sylviculture française. Le réchauffement allonge la saison végétative, l'augmentation de dioxyde de carbone dans l'atmosphère stimule la photosynthèse tandis que les dépôts de polluants atmosphériques azotés fertilisent les sols. La croissance est plus rapide. Les coupes sont plus fréquentes.

Des alignements mécaniques d'arbres d'âge similaire, de taille identique, que l'on reconnaît de loin à la régularité de leurs plants, dont le tracé raye le dos des collines et tranche avec des bois voisins sans ordre apparent. Depuis le Grenelle de l'environnement, les plantations se multiplient. Des champs d'arbres, qu'on sème et qu'on récolte pour pallier, pense-t-on, l'épuisement des énergies fossiles. Les pentes se couvrent de futaies régulières, monospécifiques et rentables – des pins Douglas de préférence –, mais fragiles : lorsque l'âge d'une population et son patrimoine génétique sont similaires, maladies et parasites se propagent vite. Le peuplier le sait : depuis qu'on le plante avec ses semblables, ses feuilles s'oxydent, des pustules orange puis noires apparaissent et la canopée jaunit, la rouille foliaire ayant trouvé un terrain propice à la contagion. Comme dans toute culture intensive, l'usage de fongicides et d'insecticides s'avère alors indispensable.

La coupe rase est l'avenir de la plantation. Cette pratique – abattre l'ensemble des arbres d'une parcelle – est apparue aux États-Unis après la Seconde Guerre mondiale (avec le redéploiement des machines militaires dans les forêts), puis s'est répandue dans l'Europe des « Trente Glorieuses ». Avec ses vingt tonnes de tôle, de chenilles et de vérins hydrauliques, une abatteuse vole le travail de huit à dix bûcherons, tasse les sols, mais empile plus de deux cent cinquante mètres cubes de bois par jour. Au début, la coupe rase ne laissait au sol ni le branchage ni le bois mort, qui constituaient l'habitat de certains oiseaux, de petits mammifères ou d'insectes et nourrissait animaux et végétaux. Seulement des ornières et des flaques, parfois gorgées d'hydrocarbures. On laisse maintenant des meules de branches, comme après la fenaison. La coupe rase achève le cycle de la plantation artificielle, que les grandes coopératives forestières contrôlent, depuis la production de plants jusqu'à la commercialisation des grumes, en passant par la conduite des chantiers forestiers.

On croise désormais des conteneurs China Shipping aux abords des massifs – et d'étranges types en costume-cravate qui, lors des ventes aux enchères en lisière de parcelle, ne baissent la main que lorsqu'ils ont tout raflé. La deuxième puissance achète au prix fort un tiers du bois que la France exporte dans le monde. Ce n'est plus la main-d'œuvre qui manque aux scieries – « Comment faire pour trouver des gars ? » s'inquiétait Bourvil en 1965 dans *Les Grandes Gueules* – mais la matière première. Faute d'approvisionnement, les scieurs ferment boutique. On compte une à deux disparitions de scierie par semaine – parfois, ce sont tous les ateliers d'une vallée qui meurent. Déligneuses, broyeurs, compresseurs et rectifieuses sont mises au rebut ; et s'étendent les friches du pays. Les fabricants de papier, de meubles et de parquets importent d'abord la ressource, puis délocalisent leur production.

Une forêt rasée ne l'est pas toujours pour son bois. On rase pour un barrage, requis pour l'irrigation du maïs – quitte à tuer des opposants. On déboise pour des vacanciers désireux de se baigner dans une piscine géante chauffée à 29 degrés toute l'année. On « décape » – comme disent les miniers – pour extraire l'or ou n'importe quel minerai « stratégique ». Pendant des siècles, on a défriché pour mettre en culture tout ce qui pouvait l'être. Ainsi les plaines, paysages sans forêt, devinrent-elles le royaume du champ. Dans certaines campagnes, il subsiste bien quelques haies, et l'on entend l'oiseau, lorsque l'élevage domine encore et que la maladie n'a pas tout emporté. Quelques bosquets, lorsque la terre est inculte. Ailleurs, le remembrement a fait place nette à la machine ; les cases du grand damier ont été élargies ; l'organisation du finage et le tracé des parcelles simplifiés – détruisant l'habitat du perdreau (finies, les parties de chasse).

Derrière l'uniformité des tailles et des couleurs se cache le travail du généticien, qui propose aux agriculteurs ses semences standardisées, des lignées pures, homogènes et stables, conçues pour optimiser les apports en eau, en engrais, dont on peut prédire les rendements et que la machine sait récolter sans risque de perte. Des parcelles productives mais fragiles, sans biodiversité, qu'il convient de protéger avec les produits de l'industrie phytopharmaceutique. Le silence des bourgs et le sifflement des routes chargées de poids lourds disent ce que l'on a fait des plaines : de grands ateliers, pour des consommateurs de plus en plus abstraits, de plus en plus lointains. Mais les éoliennes, par dizaines, rappellent aux agriculteurs que le monde du pétrole sur lequel repose leur système d'exploitation est en train de s'éteindre.

Réserve naturelle nationale, conservatoire d'espace naturel, réserve biologique (dirigée, intégrale ou mixte), site du Conservatoire du littoral, arrêté de protection du biotope, réserve nationale de chasse et de faune sauvage, parc naturel régional, parc national (aire d'adhésion et zone de cœur), parc naturel marin, site Ramsar... on prend la carte, on zone et on légifère pour tenter de conserver ce qui peut l'être encore en encadrant certaines activités humaines, en limitant l'urbanisation et l'artificialisation des sols. On se montre sévère, on applique des amendes. Des listes rouges d'espèces menacées sont établies. On protège leur reproduction. On en réintroduit certaines, des grands rapaces ou des mammifères surtout : le castor, le coq de bruyère, le vautour fauve, le gypaète barbu, l'ours ou le loup. Pour ré-ensauvager. Et parce que l'on sait maintenant que la disparition d'une seule espèce a le pouvoir d'ébranler toute une chaîne trophique.

Oui, mais voilà. L'opération est l'objet de publicité, de battage médiatique – la discrétion et le silence sont pourtant les meilleurs alliés de l'espèce menacée – et l'animal devient un argument supplémentaire dans la mise en tourisme d'un parc ; faute d'industrie et de service, il faut bien trouver de la valeur. Un îlot de biodiversité masque mal la dégradation générale des milieux ; il concourt à la rendre acceptable. Et chaque limite de zone protégée fractionne le milieu, produit un archipel de tâches vertes qui se répartissent joliment sur la carte nationale, mais tient peu compte de la circulation des espèces. Le déplacement reste possible, mais la mortalité est élevée. Depuis quelques temps d'ailleurs, on creuse des tunnels, on construit des ponts au-dessus des autoroutes pour que circulent les bêtes. On envisage même d'établir de grands corridors écologiques facilitant le passage d'une zone à l'autre, car on sait qu'un écosystème n'a pas de frontière. Qu'il faut penser l'habitat de la truite ou du saumon migrateur à l'échelle de tout un bassin versant, aussi vaste soit-il.

En matière d'interactions, le bassin enseigne une règle simple. Les activités humaines de l'amont déterminent la situation de l'aval. Les nitrates d'origine agricole s'infiltrent dans la nappe ? Les pesticides ruissellent en surface ? Tôt ou tard, l'intrant de l'agriculteur trouvera la rivière qui coule dans la plaine. Avec ses innombrables lits secondaires, son chevelu de petits ruisseaux, ses zones humides, ses forêts alluviales qui absorbent et ralentissent l'eau, l'ensemble régule et résorbe les pollutions. Mais, depuis la Renaissance, l'ingénieur hydraulique modifie le tracé des cours d'eau pour en contrôler le fonctionnement – dompter les crues et les étiages – et le conformer aux besoins des hommes : transporter la marchandise, produire l'énergie, stocker l'eau. Or le barrage que l'on construit retient la moitié du sable qui devait rejoindre les côtes ; la digue que l'on érige aggrave l'inondation en contrebas ; la boucle que l'on abandonne rend les crues plus meurtrières. Les habitants de la ville qui avaient pourtant trouvé refuge dans le méandre sont menacés. Car c'est l'eau, presque toujours, qui établit le peuplement, la courbe de son tracé qui fixe l'agglomération.

Là commence le territoire du bruit. Bruit de l'usine, de l'entrepôt, de la galerie marchande, du chantier, du café, du voisin, du livreur, du klaxon. Au milieu des plaines, la ville forme une tâche grise et tumultueuse, un carrefour, qui étend son réseau toujours plus loin. Le fleuve, la route, le rail, les airs même puisqu'il paraît qu'une métropole est condamnée si elle ne dispose pas d'un véritable aéroport. Et la tâche artificielle ainsi s'étale – les champs ont peut-être gagné la bataille contre l'arbre, mais ils la perdent contre le béton et l'asphalte. On condamne les terres fertiles à n'être qu'un support à pavillon, à hangar, à rond-point.

Tristesse des entrées de ville. « Promouvoir un traitement qualitatif des franges », lit-on dans les documents d'aménagement. Mais ce sont toujours les mêmes zones d'activités, qui dépeuplent les centres-villes, les mêmes enseignes, qui disent la standardisation de l'offre et la centralité de la voiture, les mêmes lotissements, qui exaucent un rêve de propriété (combien de dossiers de surendettement au kilomètre carré ?). Les mêmes affichages lumineux : la ville s'étend, la nuit recule. Le halo désoriente, épuise l'insecte et l'oiseau, parfois jusqu'à la mort. Il trompe la végétation, l'empêchant de se préparer à l'hiver, et provoque l'insomnie du citadin. Les très grandes villes échappent aux tentatives de restrictions. Il est trop tard pour elles, semble-t-il.

On urbanise, donc. Même en terrain inondable lorsque la croissance démographique l'exige, que la pression foncière devient trop forte. Le cœur piétonnisé, la friche réhabilitée, les docks reconvertis : la grammaire de l'urbaniste se réduit désormais à quelques formes génériques, qui font la part belle à la marchandise. Regarder vers l'avenir, travailler son image. On décrasse les quais du fleuve pour tourner la page de l'industrie – la batellerie est morte, vive la flânerie – ou de la traite négrière – une plaque en laiton par-ci, une statue de bronze par-là. On offre aux habitants une respiration paysagée dans l'air étouffant de la grande ville. On réconcilie un peu le fleuve et l'habitant, avant que celui-là ne prenne le gabarit démesuré de l'estuaire.

Étalé et ralenti : il entre maintenant dans sa partie la plus puissante, la plus tranquille. Entre le torrent de la montagne et le tonnerre de la mer, il ne s'est jamais montré si paisible. Il dépose dans l'embouchure sa matière – roches, galets, graviers, sables, limons – arrêtée par les vagues, bâtissant un sol instable formé de bancs qui se déplacent sans cesse, se reforment ailleurs et progressent lentement – « victoire des mille petits ruisseaux réunis contre la masse océanique ! » disait Reclus. Une limite temporaire entre deux éléments en lutte, qui annonce la précarité du littoral.

L'extraction du sable – nécessaire pour préparer du béton, bâtir une ville, tracer une route – n'est plus autorisée depuis que le creusement de trous au large provoque l'affaissement des côtes, et leur disparition. Sur le littoral, les raisons de s'inquiéter sont déjà bien suffisantes : une baie obstruée par des algues vertes ; un banc de sable, où nichent des espèces d'oiseaux rares, menacé par l'extension d'un port en eau profonde ; des substances nuisibles déversées dans un golfe par une aciérie ; une laisse de mer encombrée de débris plastiques – bouteilles, bouchons, claquettes, tuyaux, casquettes, cordes, cagettes, baskets ; un trait de côte qui recule, érodé par la dérive, englouti lors de tempêtes plus fréquentes qu'autrefois ou lentement repoussé par l'élévation du niveau de la mer – les cartes prédisent la submersion des terres les plus basses d'ici la fin du siècle et la multiplication des inondations ; des éoliennes pour rappeler, encore, que le monde du pétrole prend fin ; des zones vidées de leur poisson par la surpêche et des chalutiers contraints de s'éloigner de plus en plus des côtes.

À une certaine distance, la mer appartient à tous, donc à personne. Tout est permis. Le plus fort rafle tout. On installe des bidons d'huile et des bouées pour attirer le poisson curieux de toute structure flottante et le piéger. On se place sur le chemin qui mène le thon rouge à sa zone de reproduction – on connaît bien sa proie, tout le monde a ses habitudes – et la razzia peut commencer. On arme des navires toujours plus grands, tirant des chaluts larges comme un terrain de football et rasant les profondeurs jusqu'à quatre cents mètres de fond, détruisant les coraux et les éponges, capturant tout et rejetant, mortes, les espèces dont le client ne veut pas.

Au grand large, c'est la valse des vraquiers – céréaliers, minéraliers, pétroliers –, des porte-conteneurs et des rouliers, qui croisent sur l'immensité et s'écartent parfois de l'autoroute mondiale pour desservir un port, irriguer d'hydrocarbures et de charbon un territoire qui tarde à faire sa transition, drainer le vin, les céréales, les produits chimiques et les biens manufacturés dans les dernières usines. Le flux est continu. Sortir de la dépendance n'est pas au programme. On automatise progressivement tous les lieux de déchargement où s'empilent les boîtes bariolées – jeux de briques pour enfants, qui renferment la peine des ouvriers du monde. Tout au plus, un conflit au Moyen-Orient, un embargo, une pandémie mondiale, un navire enlisé dans un canal ralentissent, de temps à autre, son activité.

Viennent le récif, l'atoll, le lagon et l'île, enfin. La latitude a changé. Les crépuscules sont brefs. Le croissant de lune est horizontal, le jour dure douze heures en été comme en hiver, les températures ne varient pas et les vents sont faibles, excepté lorsqu'un cyclone se forme au-dessus de la mer et ravage la terre. Par temps calme, on distingue les fonds marins jusqu'à vingt mètres de profondeur. La palette du corail est infinie. Mais, chaque fois que la température de l'eau s'élève, il blanchit. Les grosses houles l'empêchent de se régénérer ; il se couvre de mauvaises algues à cause des eaux usées et toxiques ; il se dégrade, privé de lumière dans une eau turbide, étouffé par les sédiments que charrient les activités insulaires – terrassement, urbanisation, mine ; il est enseveli sous les remblais du port, de la route, de l'aéroport que l'étroitesse d'une île exige. Pourtant, le corail rend bien des services : il protège les côtes de l'érosion et abrite un quart de la vie sous-marine.

La douceur de l'île est un mirage. Le transat, une fiction. La ville par laquelle on débarque porte la marque de la conquête coloniale, carroyage des rues, toponymes métropolitains, casernes militaires. Elle se termine en tôles grises et rouillées, bidonvilles où s'entassent les réfugiés des îles voisines plus autoritaires ou moins développées. Un habitat de fortune rasé par les tempêtes ou par les grandes opérations urbaines médiatisées qui précèdent tout scrutin. Et lorsque l'on traverse à nouveau la mer chaude pour trouver un autre continent, c'est la mangrove et le nuage lourd qui guettent. L'enchevêtrement de racines, qui se dressent, sur le banc de vase annonce le règne de l'organique, le poids de la biomasse, l'exubérance du végétal. La jungle ne s'arrêtera qu'à l'autre extrémité de cette nouvelle masse terrestre, par-delà les frontières. Il faut être scientifique ou membre d'un régiment d'infanterie spécialisé dans le combat en forêt pour connaître l'emplacement des bornes. Ou orpailleur, trafiquant, contrebandier.

La seule frontière visible – clôture, grillage et barbelés – est celle qui protège un port spatial, établi à cette latitude car la vitesse de rotation de la terre y est plus rapide qu'ailleurs. La convergence des masses d'air produit au voisinage de l'équateur un calme redouté par le marin mais recherché par les spationautes et les hommes d'affaires. Les premières failles de l'écorce terrestre sont loin et le risque sismique est nul ; l'océan tout proche permet de recevoir les déchets des lancements – boosters vidés de leurs ergols liquides. Une fois par mois, la terre s'ébranle et une trace rouge-orange dans le ciel rappelle à tous les deux raisons pour lesquelles les trois couleurs flottent encore sur le Nouveau Monde : l'or et les fusées. Après vingt à trente ans de vol à 3,074 kilomètres par seconde pour tenir leur position géostationnaire, retransmettre les coups de fil et les programmes télévisés, les satellites en fin de vie rejoindront une orbite cimetière, l'orbite poubelle. Recul des glaciers, déboisement légaux et illégaux, simplification du paysage, artificialisation des sols et des cours d'eau, étalement urbain, pollution lumineuse, érosion littorale... au cours de leur mission, certains des satellites auront envoyé les clichés qui documentent les conséquences du laisser-faire. Et les raisons de s'en faire.

1

LE SEPARATISME DE LA BOURGEOISIE

Le bloc bourgeois, fin d'une illusion

Bruno Amable et Stefano Palombarini

Emmanuel Macron a accédé à la présidence de la République grâce au bloc bourgeois. Spécifique, en un sens « innovant », ce projet a été élaboré en réaction à la longue crise politique que traverse la France. Depuis presque quatre décennies, les dirigeants se révèlent incapables de consolider et d'élargir leur base sociale et les gouvernements sortants perdent toutes les élections[1]. Mais la crise se manifeste aussi par le déclin des anciens partis « de gouvernement » – en particulier du Parti socialiste (PS) et des Républicains – et par le poids grandissant des partis et mouvements qui arrivent à se présenter comme étant extérieurs au « sytème », voire « anti-système ». Le second tour de 2017, avec l'affrontement entre deux candidats qui ont été en mesure de revendiquer un profil d'*outsiders*, prolonge et intensifie une dynamique qui avait vu, dès 1995, Jacques Chirac s'imposer contre le candidat « légitime » de son propre parti, le Premier ministre sortant, Édouard Balladur ; Nicolas Sarkozy faire de même contre Dominique de Villepin en 2007 ; ou encore Jean-Marie Le Pen accéder au second tour en 2002.

1. La seule exception à la règle est l'élection de Nicolas Sarkozy en 2007. Mais il faut rappeler que, en préparation de la présidentielle, Sarkozy s'était présenté comme un opposant au président Chirac et à son Premier ministre, Dominique de Villepin.

La cause profonde de cette crise réside dans l'impossibilité de construire un équilibre politique qui associerait un projet de société, en particulier un modèle économique et social, une coalition politique qui serait porteuse de ce projet et une base sociale suffisamment large qui soutiendrait cette coalition. Le bloc de droite contre le bloc de gauche : longtemps en France a prévalu l'affrontement de deux alliances sociales concurrentes et aux visions différentes du modèle socio-économique. L'une et l'autre ont commencé à se défaire dans les années 1980 en raison des orientations politiques qui avaient été prises et d'une série de facteurs en partie, mais pas entièrement, exogènes à la politique française : le tournant idéologique de la droite européenne et américaine sous l'impulsion de Margaret Thatcher et de Ronald Reagan, les mutations du monde du travail, la financiarisation grandissante de l'économie ou la construction européenne.

L'affaiblissement progressif de ces deux blocs sociaux n'a pas été causé ni accompagné par l'émergence d'une alliance nouvelle, en mesure de les remplacer dans le rôle stabilisateur qu'elles jouaient sur la politique française. La crise politique dans laquelle nous nous trouvons peut dès lors se définir comme l'absence d'un bloc social dominant[2]. Par « bloc social dominant », il faut entendre une agrégation de groupes sociaux dont les principales attentes en matière de politique publique et d'environnement institutionnel sont suffisamment prises en compte par la coalition au pouvoir pour susciter en retour un soutien politique pérenne. La constitution d'un tel bloc est le résultat d'une stratégie consistant à sélectionner les attentes à satisfaire, mais aussi, dans une optique de plus long terme, à influencer la formation des attentes en tentant de circonscrire ce qui sera présenté comme une demande « réaliste ».

La crise des blocs traditionnels

Le bloc de droite et le bloc de gauche, les deux alliances sociales qui ont dominé et structuré la politique française jusqu'à la première moitié des années 1980, correspondaient à deux stratégies politiques opposées, reposant sur deux projets de modèle économique et social pour la France.

La droite cherchait le soutien des catégories aisées, d'une grande partie des cadres et dirigeants du secteur privé, des indépendants, artisans et commerçants ou encore des agriculteurs. Elle pouvait aussi compter sur

---

2. Bruno Amable et Stefano Palombarini, *L'Énomie politique n'est pas une science morale*, Paris, Raisons d'agir, 2005.

l'appui d'une minorité significative des classes populaires, notamment parmi les employés du secteur tertiaire. Mais des tensions, latentes, ont commencé à se manifester au sein de ce bloc en réaction à la crise économique du début des années 1970 : en rupture avec la politique économique qui avait prévalu jusqu'au plan de relance de 1975, la stratégie néolibérale incarnée par Raymond Barre était réclamée par les cadres supérieurs du privé, les commerçants et les artisans, alors qu'elle était crainte par les groupes liés au monde agricole et surtout par les classes moyennes salariées. Les hésitations stratégiques des dirigeants de la droite ont d'ailleurs été mises en évidence par la double candidature (Balladur/Chirac) à la présidentielle de 1995. Et l'opposition entre Balladur, promoteur de la « modernisation » (néolibérale) du capitalisme, et Chirac, héraut de la « fracture sociale », a connu un rejeu à la primaire de la droite en 2017. À cette occasion, c'est Fillon, porte-parole du plus profond conservatisme catholique et traditionaliste, qui a mis en échec le candidat de la « modernisation », Alain Juppé.

En face, la coalition de gauche proposait, au moins jusqu'à la première victoire de François Mitterrand en 1981, un changement de modèle économique. Un changement qui pouvait, avec optimisme, s'interpréter comme une transition vers le socialisme ou, plus modestement, comme la mise en place d'un modèle de capitalisme social-démocrate fondé sur un État social fort et un secteur nationalisé prépondérant dans la structure productive. Ce projet, orienté vers la croissance et le progrès social, recueillait le soutien de la majorité des classes populaires, notamment des ouvriers et des personnels du service public. Cependant, à partir du « tournant de la rigueur » de 1983, la « gauche de gouvernement » a systématiquement refusé de mettre en œuvre une politique en phase avec les attentes du bloc social qui lui a permis, jusqu'à la présidence Hollande, d'accéder au pouvoir. La conviction du caractère archaïque et inefficace d'une stratégie qui combinerait une politique économique d'inspiration keynésienne, une dose de protectionnisme, une redistribution du revenu favorable aux classes populaires et un pilotage public de la production orienté par des objectifs de long terme explique sans doute ce refus. Depuis longtemps, une partie des dirigeants socialistes marquait sa franche hostilité à la « collectivisation » et mâtinait d'invocations rituelles à l'autogestion sa conversion aux idées néolibérales. Après la conquête du pouvoir en 1981, cette position devint majoritaire dans les rangs du parti. On y faisait valoir que le monde capitaliste, sous l'impulsion de la *Reaganomics* et d'une théorie du ruissellement hégémonique aux États-Unis et en Europe occidentale, avait emprunté une direction qui s'opposait à la mise en œuvre des promesses de campagne. Dès cette époque, et jusqu'au quinquennat Hollande, le PS a donc existé en combinant, d'un côté, une base sociale et des alliances « de gauche » et, de l'autre, une action qui visait, de façon plus ou moins explicite, à une réforme néolibérale du capitalisme français défavorable à la fraction populaire du bloc de gauche. Pour justifier cette contradiction, la référence à la construction européenne est devenue fondamentale, tout à la fois source de *contraintes* et idéal de substitution.

Mais au sein de la « gauche » socialiste, les esprits les plus lucides avaient compris depuis longtemps que la *modernisation* néolibérale du capitalisme demandait surtout, pour être viable, la construction d'un bloc social alternatif, débarrassé de sa composante ouvrière et plus généralement des salariés à faible qualification, ce qui impliquait *ipso facto* une redéfinition des alliances politiques. Dès 1985, Jacques Delors appelait « les sages de tous les camps » à se mettre d'accord sur une politique économique indifférente aux alternances politiques. En 1993, Michel Rocard faisait le pari d'un « big bang » qui revêtirait la forme d'une alliance politique alternative à l'union de la gauche. Mais le renoncement de Delors à présenter sa candidature à la présidentielle de 1995 peut s'expliquer par l'incapacité du PS à mettre un terme à son alliance avec le Parti communiste français et à s'émanciper du bloc de gauche. Les incohérences entre les attentes des groupes sociaux qui lui auraient éventuellement permis de gagner et les objectifs politiques qu'il se proposait de poursuivre étaient trop importantes. Dix-sept ans plus tard, François Hollande aurait moins de scrupules.

Le bloc bourgeois, dernier avatar de la troisième voie blairiste

Tôt envisagé par les « modernisateurs » de gauche, mais aussi par ceux de droite – tel Valéry Giscard d'Estaing, qui appelait au dépassement des « idéologies traditionnelles » et ambitionnait de réunir « deux Français sur trois » dans une alliance socio-politique dont le cœur serait un « groupe central » très approximativement identifié –, le projet de bloc bourgeois n'est donc pas totalement nouveau. À droite comme à gauche, les classes populaires ont progressivement été perçues comme un frein aux « nécessaires réformes ». On peut supposer qu'un système électoral différent, proportionnel notamment, aurait permis le dépassement de l'axe droite/gauche et l'émergence du bloc bourgeois bien avant. Mais, jusqu'en 2012, les deux blocs traditionnels ont survécu, malgré leur délabrement progressif, parce qu'ils offraient un socle suffisant pour accéder au second tour de la présidentielle. En 2017, ce n'était plus le cas.

En promettant un approfondissement de la construction européenne et la poursuite des « réformes structurelles », Macron a tenté de construire une nouvelle alliance sociale. Les groupes qui la composent se caractérisent par un revenu et un niveau d'éducation relativement élevés : ainsi, au premier tour de la présidentielle, Macron est arrivé largement en tête parmi les cadres (37 %, alors qu'il n'était qu'en troisième position, derrière Le Pen et Mélenchon, parmi les catégories socio-professionnelles inférieures) et les électeurs disposant d'un diplôme de 2e ou 3e cycle (35 %, alors qu'il se classait seulement quatrième, devancé aussi par Fillon, parmi les électeurs n'ayant pas de diplôme ou ayant un diplôme inférieur au baccalauréat)[3]. Le dépassement de l'axe gauche/droite ne s'est donc pas fait par la construction d'un « centre » introuvable, mais par la scission verticale des blocs traditionnels, avec un projet politique qui s'adressait à leur fraction haute et délaissait délibérément leur composante populaire. C'est ce qui nous a conduit à parler de la constitution d'un bloc bourgeois. Son cœur est constitué par les cadres supérieurs de la fonction publique, traditionnellement rattachés au bloc de gauche, et par les cadres du secteur privé, qui proviennent plutôt du bloc de droite.

L'addition des uns et des autres ne permettant pas de construire une majorité politique, cette nouvelle alliance devait bien sûr s'élargir aux fractions des classes moyennes sensibles à l'extension des droits individuels et à la reconnaissance du mérite individuel. C'est le mécanisme qui a permis la victoire de Macron en 2017, dans un contexte marqué, comme nous l'avons souligné, par la crise des alliances traditionnelles et la fragmentation de l'offre politique. Cependant, Macron, loin d'être l'innovateur politique magnifié par les médias dominants, n'a fait que transposer en France une vieille stratégie – celle de la troisième voie blairiste – qui ne cesse de produire des échecs politiques partout où elle est mise en pratique (il suffit de penser aux crises engendrées par le même Blair, par Schröder, Renzi ou Zapatero dans leurs partis respectifs). En guise de promotion, les classes moyennes françaises, à commencer par celles du secteur public (enseignement, etc.), se sont rapidement retrouvées fragilisées et appauvries (au moins relativement), et ce déclassement les a éloignées d'un bloc bourgeois qui a besoin de les intégrer pour garantir sa propre viabilité.

3. Ifop, « Le profil des électeurs et les clefs du premier tour de l'élection présidentielle », 23 avril 2017.

Progressisme et autoritarisme identitaire, l'unité du projet néolibéral

Il faut donner acte à Macron d'avoir anticipé et réagi très rapidement à un risque politique majeur : s'il avait persévéré dans son discours de 2017, orienté par un « progressisme néolibéral » qui suscite désormais davantage l'hilarité que l'adhésion, il serait probablement aujourd'hui dans une situation de faiblesse comparable à celle de son prédécesseur, Hollande, en fin de quinquennat. Sans remettre en cause le cœur de son programme – c'est-à-dire les « réformes structurelles » –, Macron a donc changé de stratégie. Le bloc de droite rénové, qui est son nouvel interlocuteur, s'inspire d'un libéralisme autoritaire qui, lui non plus, n'est pas inédit. La spécificité de Macron est d'avoir su incarner les deux dimensions du néolibéralisme, qui se présentent ordinairement comme opposées l'une à l'autre : la progressiste et l'autoritaire, la cosmopolite et l'identitaire, celle qui promet l'extension des droits individuels et celle qui restreint les libertés. Des oppositions de façade qui cachent l'unité du projet néolibéral.

Car il ne faut pas se tromper : le virage soudain, des promesses de progrès, au moins sur le plan des libertés et des droits individuels, à la réalité d'une répression policière brutale et de lois liberticides, est fonctionnel à la continuité du projet de réforme néolibérale du capitalisme. Les précédents gouvernements, de « gauche » comme de droite, avaient, eux, échoué à remettre en cause deux fondements essentiels du compromis politique issu de l'après-guerre : la protection sociale et le droit du travail. Dans ces deux domaines, les réformes n'avaient pas été de nature à transformer radicalement le modèle socio-économique français. Les tentatives pour libéraliser le marché du travail avaient ainsi toujours ciblé les marges plutôt que le cœur du salariat. Avec les ordonnances Macron et la loi « travail », c'est bien l'ensemble du salariat du secteur privé qui est affecté par des mesures de flexibilisation d'une ampleur inédite. Le système de protection sociale, lui aussi, est déstabilisé par des mesures diminuant l'indemnisation du chômage et une réforme des retraites tendant vers la baisse sensible du montant des pensions et vers la croissance des retraites par capitalisation[4]. Pour le reste, la politique économique de Macron rappelle celle d'une droite classique : baisse des impôts pour les plus riches (suppression de l'ISF, etc.), privatisations (Française des jeux, Aéroports de Paris, Engie).

---

4. L'abaissement à 10 000 euros par mois du plafond de salaire donnant lieu à cotisation au taux normal et ouvrant droit à une pension devrait inciter les hauts salaires à chercher une compensation du côté de l'épargne retraite.

Macron et le Rassemblement national

Le virage autoritaire de Macron répond en premier lieu à une nécessité : mettre sous contrôle la colère sociale. Engendrée par une stratégie fondée sur une alliance sociale qui exclut l'ensemble des classes populaires, cette colère s'est exprimée par la mobilisation des Gilets jaunes, à partir de novembre 2018. Parti d'une opposition à la taxation (du diesel, entre autres), le mouvement s'est orienté vers la question plus générale des conditions matérielles d'existence des ménages modestes et une revendication de démocratie directe (le référendum d'initiative populaire). Très peu organisée, cette résistance s'opposait à deux orientations majeures du pouvoir : la définition d'une politique économique négligeant totalement les attentes des classes populaires et la volonté d'imposer la transformation du modèle socio-économique malgré les réticences de la population.

Macron a su transformer cette colère populaire en opportunité. Actant la faillite de son projet initial – le bloc bourgeois était bien une illusion, au moins en tant que bloc dominant –, il s'est repositionné à droite. À l'époque de Manuel Valls, de l'état d'urgence et de la déchéance de nationalité, Hollande avait lui aussi tenté une manœuvre du même type. Mais, élu grâce au bloc de gauche en 2012, le président socialiste ne pouvait raisonnablement convaincre une partie significative de cette base de soutenir son libéralisme autoritaire et se faire accepter comme représentant crédible par l'électorat de droite. Une fraction du bloc bourgeois, celle qui provient de la droite, paraît en revanche disposée à renouveler son appui à Macron. On peut aussi s'interroger sur l'identité politique actuelle des classes supérieures qui soutenaient la gauche avant de rallier le bloc bourgeois : effrayées par la violence liberticide du pouvoir, qui les affecte peu de façon directe, elles rallieront difficilement une gauche antilibérale dont elles rejettent le programme économique. Il est bien sûr possible qu'une offre politique nouvelle leur permette de se dispenser d'un choix compliqué. Mais en l'absence d'un « nouveau Macron », il n'est pas du tout exclu que, pour partie au moins, elles soient prêtes à suivre l'ancien dans sa dérive droitière.

Le vrai problème du repositionnement stratégique de Macron n'est de toute façon pas quantitatif : la droite est très largement majoritaire dans un paysage politique où les candidats de gauche, toutes tendances confondues, ne pèsent que 30 % dans l'électorat. Mais elle est traversée par des contradictions qui n'ont toujours pas été dépassées : l'absence d'un compromis viable entre les intérêts présents dans le bloc de droite, comme nous l'avons rappelé, est l'un des éléments de la crise politique française. Sur ce terrain, Macron n'a pas d'avantage spécifique par rapport à ceux qu'il faut désormais considérer comme ses prédécesseurs (Juppé, Sarkozy, Fillon) : la poursuite des réformes néolibérales est vécue comme une menace par une fraction importante des classes populaires de droite, auxquelles le Rassemblement national offre une perspective (trompeuse mais rassurante) de protection.

Le *nouveau* problème auquel Macron doit ainsi faire face est donc de continuer à propulser la transition du capitalisme français vers un modèle néolibéral tout en s'assurant du soutien des classes populaires *de droite* qui pourraient, en réaction à une telle politique, migrer encore davantage vers le Rassemblement national. Mais ce dernier parti doit lui-même définir sa stratégie en tenant compte d'une fraction importante de sa base qui est certes hostile à la construction européenne, mais sur des bases *thatchériennes* ; il peut donc difficilement s'opposer à une réduction du périmètre de la protection sociale qui permettrait une baisse des impôts, laquelle est redevenue un objectif central de ce parti. Alors que Macron prétendait faire barrage à l'extrême droite, les horizons stratégiques de LREM et du RN paraissent plutôt converger. Macron poursuit les réformes structurelles tout en offrant à la composante populaire de la droite une protection contre des « ennemis » soigneusement choisis : les « communautaristes », les « islamo-gauchistes », les immigrés. Marine Le Pen ne peut pas se permettre de s'opposer véritablement à des mesures attendues par une partie de son électorat. La convergence des deux candidats du second tour de 2017 vers la stratégie du libéralisme autoritaire avance à grands pas. Et l'un comme l'autre a tout intérêt à minorer la dimension économique et sociale de cette stratégie et à valoriser plutôt des clivages qui portent sur l'identité française, la laïcité ou le prétendu risque séparatiste.

Un bloc de gauche est-il encore possible ?

La stratégie de la droite est claire : impulser ou prolonger les réformes néolibérales tout en minorant leur poids dans les clivages politiques. Peut-on, pour contrer une telle stratégie, imaginer la formation d'un bloc de gauche renouvelé ? La réponse n'est pas évidente.

D'un côté, l'opposition aux réformes du rapport salarial et de la protection sociale est certainement majoritaire en France, signe d'autant plus favorable à une perspective de gauche que cette opposition ne vient pas seulement de la très grande majorité des classes populaires, mais aussi de fractions des classes moyennes et de la bourgeoisie productive qui ressentent désormais comme une menace la poursuite de la transition vers le capitalisme néolibéral. De l'autre, dans le combat hégémonique qui a pour objet la définition des clivages politiques structurants, la gauche antilibérale apparaît en position d'extrême faiblesse. Dans la *guerre de position* si chère à Gramsci, par les effets d'une dynamique dans laquelle plusieurs facteurs se superposent et qui n'est pas sans rapport avec la stratégie de sabotage du bloc de gauche portée par les « modernistes », la gauche est dominée. Dès lors, pour une gauche qui voudrait devenir majoritaire, il s'agit de réimposer une articulation de la lutte politique autour de l'évolution souhaitable du modèle socio-économique et de montrer le caractère artificiel des clivages mis en avant par la droite. Mais on voit à quel point – dans le paysage médiatique et intellectuel français – le rapport de force est défavorable sur ce terrain : le vote d'une fraction minoritaire mais substantielle des ouvriers pour un parti, le Rassemblement national, qui ne leur propose rien sauf de les défendre contre des ennemis largement inventés, prouve bien la domination culturelle de la droite.

Il faut aussi considérer le fait que l'explosion du bloc de gauche n'a heureusement pas empêché la vitalité de mouvements structurés autour de l'écologie, des libertés publiques, du féminisme, de l'antiracisme, des droits des migrants ou de la défense d'une université indépendante du pouvoir économique. On a également vu, avec les Gilets jaunes, l'expression forte d'une résistance à la dégradation des conditions matérielles d'existence des populations les moins aisées. L'une des conditions nécessaires à la formation d'un nouveau bloc de gauche serait que ces mouvements, sans nécessairement renoncer à leur autonomie, acceptent d'intégrer et de nourrir un mouvement plus large, porteur d'un projet de société global. Mais on devine leur réticence à accepter une telle perspective – réticence fondée pour partie sur les trahisons de la « gauche de gouvernement ». Pour modifier une structuration du conflit politique largement défavorable et retrouver une ambition majoritaire, la gauche antilibérale doit proposer une *alliance de classes* fondée sur l'opposition au néolibéralisme – sur le renforcement de la protection sociale, sur le soutien au travail dans le conflit qui l'oppose au capital – et aussi convaincre qu'une telle alliance est la *seule* en mesure de porter un véritable projet d'émancipation civique, antiraciste, féministe ou de préservation des équilibres de la planète.

Si la gauche est confrontée à sa propre fragmentation, la droite, elle, parvient à s'unir en faveur d'une transition néolibérale destinée à rencontrer une très forte opposition sociale. La France continue ainsi de traverser une crise politique ouverte à plusieurs issues ; mais celle d'un tournant autoritaire encore plus dur de celui que nous avons connu ces dernières années n'est pas à exclure.

Une brève histoire de l'extrême centre

Pierre Serna

De quoi le macronisme est-il le nom ? s'interrogea-t-on, étonné, inquiet, ou sincèrement curieux au printemps 2017. Quelle était l'histoire de ce jeune homme qui venait d'emporter à la hussarde l'élection à la présidence d'une République ? Qui serait ce chef de l'État aux pouvoirs exceptionnels au regard des théories politiques du parlementarisme et des démocraties parlementaires ?

Lorsqu'au début de sa campagne présidentielle parut son livre-programme, intitulé *Révolution*, l'homme voulait incarner une rupture avec le passé. Emmanuel Macron sortait de presque nulle part. Il mettait en avant sa virginité « disruptive » au sein d'un paysage politique dont il soulignait le passéisme et l'immobilisme. L'effet de sidération entretenu par des médias presque unanimement conquis, les moyens investis dans la campagne, les révélations sur le système Fillon, la division de la gauche et le vote utile au second tour entretinrent l'illusion d'une ère nouvelle, la fin d'une histoire compassée.

Il était pourtant possible de réinscrire l'impétrant dans la longue série des êtres providentiels, surgis quelques mois avant une élection ou une échéance importante. Le système macronien ne constitue, en effet, que la dernière manifestation d'une pratique ancienne, et bien rodée, de la bourgeoisie conservatrice. Cette bourgeoisie qui a pris le contrôle des rouages de l'État depuis qu'il a été entièrement refondé, par la Révolution, puis par la République, construite comme un gouvernement révolutionnaire entre 1793 et 1794, puis durant la tentative de république libérale conservatrice sous le Directoire entre la fin 1795 et 1799[1], puis sous la République autoritaire bonapartienne entre 1799 et 1804, et enfin sous l'Empire, avec son ultime avatar des Cent-Jours, entre 1805 et 1815.

Car nous vivons dans une matrice politique et institutionnelle, léguée par la décennie révolutionnaire : la vie politique a tendance à décliner, sous des formes différentes, les mêmes réponses aux mêmes crises. Ces répétitions ne distinguent pas la France : on les observe dans d'autres pays directement héritiers de leur révolution politique, comme les États-Unis ou le Royaume Uni. En ce sens, le macronisme est tout le contraire d'une proposition originale dans la vie partisane. Il réactive une très vieille histoire politique, que le talent du président a pu d'abord embrouiller par un écheveau de références. Tantôt le président surjoue le rôle de chef des armées, comme lors de son entrée dans les fonctions de président de la République : bonapartien, le voici dans un *command-car*, il remonte les Champs-Élysées en affirmant son rôle militaire. Une autre fois, il endosse le rôle d'un Louis-Philippe, roi de la Révolution, tout en faisant siens la devise de Guizot, « Enrichissez-vous », et les sages enseignements de la liberté des modernes.

Pour ne pas se laisser abuser par cette fausse modernité, il faut rapporter le macronisme à l'histoire ancienne de l'extrême centre. De prime abord, l'expression peut paraître paradoxale. Trois traits permettent de la circonscrire. Elle renvoie d'abord à la rhétorique de la « modération », de « l'impartialité », de la « conciliation ». Depuis 1789, on déplore la division du pays en deux camps : royalistes et républicains, cléricaux et laïcs, patrons et ouvriers, conservateurs et progressistes... Et rien au centre. Ces dernières décennies, la rhétorique « centriste », proposant le dépassement des clivages et l'association des meilleurs autour d'un « juste milieu » désidéologisé, a retrouvé des couleurs. Elle a toujours eu ses hérauts au sein du Parti socialiste, des « transcourants » aux rocardiens, comme le manifeste notamment « l'ouverture » de 1988 (accueil de ministres UDF dans les gouvernements Rocard). Elle sous-tend l'entreprise blairiste de « troisième voie » et ses divers rejetons européens, et innerve maints éditoriaux dans

1. Pierre Serna, *La République des girouettes, 1789-1815 et au-delà. Une anomalie politique : la France de l'extrême centre*, Ceyzérieux, Champ Vallon, 2005.

les périodiques « de référence » (qu'on se rappelle le « cercle de la raison » vanté par Alain Minc). Dans les années 2000, la concurrence est forte, mais c'est sans doute François Bayrou qui incarne le mieux cette idéologie du rassemblement au centre, jusqu'à ce qu'Emmanuel Macron réalise enfin ce à quoi les élites françaises rêvaient depuis des décennies.

Deuxième trait : ce discours est porté par un personnel politique qui, de ralliements en reniements, est marqué du sceau du « girouettisme ». Au nom de l'efficacité, la noblesse administrative – Emmanuel Macron, inspecteur des finances, et ses Premiers ministres issus du Conseil d'État et de la Cour des comptes – dédaigne d'ailleurs de longue date le Parlement et les « faiseurs de loi ». Un beau jour, foin des partis et de leurs vieilles idées. Mieux vaut être haut fonctionnaire que représentant de la Nation : toute une « élite », des dynasties parfois, a compris depuis longtemps que l'essentiel consiste à tenir l'appareil d'État. Jean-Pierre Jouyet ou Jean-Michel Blanquer, ces inamovibles, « s'adaptent », naviguent d'une administration à une autre, dirigent un grand établissement puis le cabinet d'un ministre de gauche. Avant de devenir eux-mêmes ministres d'un gouvernement de droite. Ou l'inverse. Mais toujours pour la construction européenne (Jouyet) ou pour les élèves (Blanquer), bref pour la France, qui est au-dessus de tout, des principes, des clivages. Ce qui doit commander ? Le réel. Qu'importent les oppositions quand on détient le privilège de la rationalité.

Car l'extrême centre – et c'est son troisième trait –, sous son visage amène et urbain, sert une république autoritaire. Une république qui entrave la démocratie, encadre l'opinion, réduit la population à sa seule force productive, n'hésite pas à l'embrigader et trouve chaque fois des ennemis plus redoutables pour restreindre les libertés publiques : l'Anglais, l'Allemand, l'anarchiste, le communiste, le Russe, le Chinois, le musulman, l'islamogauchiste. Ou, désormais, l'ennemi imparable qui ne devrait plus faire clivage : le « virus ». Les partisans d'un extrême centre sont adeptes de la violence si la maîtrise du pays leur échappe. Jusqu'à son effondrement devant le pouvoir de la rue ou l'accidentalité événementielle qu'il a pu contribuer à créer comme en 1799, 1815, 1830, 1848, voire 1958.

La République des « honnêtes gens »

Dans la genèse de l'extrême centre, le « moment thermidorien » a joué un rôle fondateur. Celui-ci prépara le coup d'État de Brumaire an VIII (novembre 1799), qui vit le jeune général Bonaparte s'emparer du pouvoir, avec la complicité d'une classe dominante qui, selon l'expression de Sieyès, cherchait une épée[2]. Pour l'élite au pouvoir, il fallait en finir avec l'opposition entre la révolution et la contre-révolution, le jacobinisme et le royalisme, et bâtir à la place une République du milieu. Cette république modérée[3], hostile à la rhétorique révolutionnaire, adopta une langue concise et posée. Une langue qui devait manifester la compétence des gouvernants en refoulant colères ou passions publiques. Une sorte de néostoïcisme républicain, en somme : Thibaudeau, Boissy d'Anglas, Sieyès rompaient ainsi avec les discours de Danton, Robespierre ou Barère qui, avec ses fameuses « carmagnoles », enflammait la Convention au récit des victoires des soldats français.

Cette langue fut mise au service d'un véritable transformisme politique. Au nom du pragmatisme que commandait l'urgence de la situation économique du pays, les soutiens du grand Comité de salut public de l'an II, « tournant leur veste », devinrent les principaux accusateurs d'une politique sociale et démocratique qu'ils avaient naguère soutenue. Dès la fin de l'année 1794, les thermidoriens liquidèrent les mesures dirigistes qui avaient permis de fixer les prix maximums des denrées. La dérégulation du marché qui s'ensuivit entraîna une hausse des prix et un appauvrissement de la population inédits. Nul doute là-dessus : cette politique devait profiter à ceux qui possédaient des biens et savaient les faire fructifier, ceux que Boissy d'Anglas désignait en juin 1795 comme « les meilleurs » de la nation. L'amnésie politique, les reniements, les passages d'une famille politique à une autre devinrent monnaie courante. L'ancien « Marais » (le groupe des députés du centre de la Convention) s'en trouva revigoré et métamorphosé en parti des « gens de bien ». Et, lorsqu'au printemps 1795, le peuple parisien, excédé par un hiver d'une extrême rigueur provoquant misère, famine et suicides, envahit par deux fois l'Assemblée pour exiger « du pain et la Constitution de 1793 », les députés du « centre » firent bloc et profitèrent de ces deux émeutes pour substituer l'ordre public aux libertés publiques. Le vote de la loi de « grande police » offrait des pouvoirs discrétionnaires aux instances répressives. Il s'agissait de tenir le peuple éloigné de la décision politique. Plus de cinq mille insurgés parisiens furent emprisonnés ; les droits des femmes à se réunir dans la rue, réduits ; le droit d'assister aux

2. Pierre Serna, *L'Extrême Centre ou le Poison français. 1789-2019*, Ceyzérieux, Champ Vallon, 2019.

3. Sergio Luzzatto, *L'Automne de la révolution. Luttes et cultures politiques dans la France thermidorienne*, Paris, Honoré Champion, 2001.

séances des députés, aboli. Voté dans la foulée de cette vague de répression, le projet de constitution limitait le droit de s'assembler et de rédiger des pétitions collectives ; établissait un cens électoral. On réservait l'exercice du pouvoir aux seuls possédants, à la classe des « mitoyens », ces nouveaux citoyens dépolitisés mais à qui l'on faisait espérer qu'en se désintéressant de la vie de la cité et en se consacrant à leur réussite sociale, ils deviendraient les vrais vainqueurs de la Révolution.

Ainsi naquit la République directoriale, celle des « honnêtes gens » : la première expérience de République libérale et autoritaire à la fois, inventant le « ministère de la Police » et traquant sans relâche l'opposition de gauche. Par détestation du modèle de la Convention et du pouvoir législatif, le Directoire avait voulu renforcer le pouvoir exécutif afin de lutter efficacement contre toute forme de dictature d'assemblée. Le parti de Sieyès, celui de la conservation sociale, de la modération politique et du marché, chercha à rétablir l'ordre. Bonaparte fut l'homme jeune, neuf, qui devait incarner cette nouvelle déclinaison de l'extrême centre. La constitution de l'an VIII musela encore davantage le pouvoir législatif. Avec elle, le pouvoir exécutif devenait le seul garant de la sûreté publique, le seul moteur de la loi et le seul pouvoir capable d'imposer ses volontés à tous les autres sur l'ensemble du territoire. En tant que chef, Bonaparte se révéla capable de fédérer autour de sa personne les thermidoriens de tous bords et même d'anciens jacobins ou royalistes. Transformisme des élites et dépolitisation des masses progressèrent de concert. La longue histoire des accommodements des élites françaises débutait. Leur souplesse d'échine, décrite par Balzac, Stendhal ou Zola, a depuis été popularisée par la figure du tourneveste ou par celle du politicien accroché à ses prébendes, à ses mandats, et prêt à toutes les compromissions pour garder « sa part de gâteau ». Jusqu'aux compromissions les plus graves, comme le démontrèrent les dictionnaires des girouettes après la Seconde Guerre mondiale.

Thermidor infini

Et aujourd'hui, dans quel régime vivons-nous ? Un Thermidor infini qui rejouerait les mutations politiques d'une république essoufflée, ne laissant au peuple aucune autre place que celle d'une masse productive, encerclée, surveillée, et surtout consommatrice[4]. La révolte des Gilets jaunes a

4. Federico Tarragoni, *L'Esprit démocratique du populisme. Une nouvelle analyse sociologique*, Paris, La Découverte, 2019.

semblé, momentanément, rompre le cercle de la dépossession. Avec elle, la fraction déclassée des classes moyennes, écrasée par les dettes, l'achat du pavillon et celui de la voiture, a tenté de remettre en cause le rôle de « mitoyen » auquel on voulait la réduire depuis tant d'années[5]. Il est troublant, pour l'historien, que le président ait tenté de contrôler la nouvelle rébellion française en lançant, lors de la présentation de ses vœux pour 2018, un « Grand Débat national » aux faux airs d'appel à la rédaction des cahiers de doléances – comme 230 ans plus tôt, en 1788. Cette fois, tout danger d'expression des doléances par de nouveaux états généraux a été évidemment désamorcé, le risque réduit à néant. Non seulement il n'y a pas eu redéfinition d'une nouvelle souveraineté, mais la synthèse de ces cahiers n'a strictement eu aucune influence. Le site qui devait être consacré à la consultation de ces doléances contemporaines n'existe même plus ; elles dorment désormais dans le silence des archives. Pourtant, comme l'affirmait Bailly, maire de Paris, après la chute de la Bastille, « la publicité est la sauvegarde du peuple ».

Le macronisme est un extrême centre comme les autres qui l'ont précédé. Comme en 1795, 1799, 1814-1815, 1830, 1849-1851… On est même tenté de dire qu'il en constitue la figure la plus aboutie. En moins de deux ans, Macron est passé de « l'héroïsme » électoral (une forme de bonapartisme par les urnes) à la mise en place d'un « État d'exception permanent ». En marche, oui, mais à reculons, à rebours de l'histoire.

5. Romaric Godin, *La Guerre sociale en France. Aux sources économiques de la démocratie autoritaire*, Paris, La Découverte, 2020.

Jupiter et les siens

Antony Burlaud

Tout au long de la campagne de 2017, Emmanuel Macron a construit sa candidature en posant à l'« homme neuf » et en portant une promesse de renouveau. Ce discours de la refondation (voire, pour reprendre le titre de son livre-programme, de la *Révolution*), passant avant tout contenu programmatique précis, faisait miroiter aux yeux des électeurs la possibilité d'un changement profond du personnel, des institutions et des pratiques politiques.

Sur le champ politique, ses règles et ses routines, le diagnostic du candidat paraissait sans appel. Dans son discours à la Mutualité, le 12 juillet 2016, Emmanuel Macron déclarait par exemple : « Nos institutions, notre système, la chorégraphie de tout cela, ce monde est ancien, il est usé. Il est fatigué. Il faut en changer. [...] [C]e dont nous avons besoin, c'est d'une refondation du pays, des institutions. » Le futur locataire de l'Élysée, profitant de son absence de carrière élective pour se présenter en *outsider*, résolu à « ne payer aucun tribut à un système politique qui ne [l'avait] jamais réellement reconnu pour l'un des siens », disait vouloir « défier les règles de la vie politique[1] ». Il pointait du doigt les « appareils sclérosés », où règnent

1. Emmanuel Macron, *Révolution*, Paris, XO, 2016, p. 33.

les « arrangements » et la « cooptation » ; dénonçait une Assemblée où les cadres et les professions libérales jouissaient d'un « poids démesuré[2] » et qui ne ressemblait pas au pays ; il appelait à « renouveler la classe politique », ce qui ne devait pas consister seulement à « remplacer des apparatchiks par d'autres apparatchiks ». Nouveau venu, Macron se faisait fort de bousculer les habitudes, de congédier les professionnels de la politique, de mettre au pas « les hauts fonctionnaires [...] constitués en caste [qui] donnent le sentiment de diriger dans l'ombre les affaires du pays », et de créer un système de décision plus démocratique.

Le surgissement inattendu de cet homme jeune, qui n'avait pas enchaîné les mandats, sa conquête éclair du pouvoir, à la tête d'une organisation de type nouveau, fondée quelques mois plus tôt, les figures historiques auxquelles il s'identifia (de Jeanne d'Arc, surgie du peuple pour « fendre le système[3] », à Bonaparte, venu refonder la France après la tourmente révolutionnaire), la prolifération des commentaires sur le thème du « nouveau monde », l'éviction brutale d'une série de protagonistes politiques de premier plan : tout cela a pu accréditer l'idée selon laquelle l'arrivée au pouvoir d'Emmanuel Macron et de ses troupes marquerait une rupture profonde dans l'histoire du champ politique, un bouleversement majeur des règles du jeu.

Pourtant, à y regarder de plus près, on s'aperçoit que le renouvellement est resté relativement superficiel. En dehors d'une (très réelle) restructuration de l'offre partisane (un puissant bloc central, contesté sur sa droite et sur sa gauche, en lieu et place des deux écuries gouvernementales rivales qu'étaient le PS et LR), le pouvoir macroniste a eu tendance à préserver les traits établis de l'espace politique français, voire à accentuer des tendances déjà identifiées de la Cinquième République.

Macron, l'idéaltype ?

À tout seigneur, tout honneur. Puisqu'Emmanuel Macron a choisi de faire de sa personne non seulement un produit public mais une cause politique (allant jusqu'à baptiser son mouvement, En marche, en fonction de ses propres initiales), puisqu'il a prétendu incarner lui-même le renouvellement qu'il promettait, il n'est pas déplacé de s'arrêter, avec l'œil du sociologue, sur sa biographie.

2. *Ibid.*, p. 246.
3. Discours d'Orléans, 8 mai 2016.

Né en 1977 dans la bonne bourgeoisie de province (avec ses attributs et ses rites : leçons de piano, lycée jésuite, concours d'éloquence du Rotary), il fait sa khâgne à Henri IV, échoue deux fois au concours de l'École normale supérieure, puis, à défaut de la rue d'Ulm, file faire ses classes rue Saint-Guillaume, à Sciences po. Il est reçu à l'ENA en 2002 (promotion Senghor) et, sorti dans la botte, intègre l'Inspection des finances, en 2004. Le jeune haut fonctionnaire prometteur devient rapporteur adjoint de la commission Attali – qui rassemble économistes, hauts fonctionnaires, chefs d'entreprises et éditorialistes en vue. Croisés dans ces cénacles, Serge Weinberg, Jean-Michel Darrois et Alain Minc l'orientent vers les affaires : il rejoint en septembre 2008 la banque Rothschild, dont il devient vite associé-gérant. En même temps qu'il exerce comme banquier – empochant, d'après les informations disponibles, un salaire fixe de 400 000 euros par an, auquel il convient d'ajouter de coquettes parts variables, pouvant atteindre plusieurs millions d'euros, en fonction des *deals* réalisés (2,8 millions d'euros à l'occasion du rachat par Nestlé d'une branche de Pfizer) –, il cultive ses réseaux hors des milieux financiers, dans l'espace médiatique ou dans le monde culturel. Il met également ses compétences au service de François Hollande, candidat socialiste à la candidature, en participant au groupe d'experts réuni à La Coupole (aux côtés de Michel Sapin).

La victoire de Hollande le propulse à l'Élysée, en qualité de secrétaire général adjoint. Déçu de n'avoir pas obtenu le poste de secrétaire général lorsqu'en 2014, Pierre-René Lemas est remplacé par Jean-Pierre Jouyet, il quitte le Palais et envisage de revenir dans le privé, pour « monter [sa] boîte », Macron Partners. Mais les déboires d'Arnaud Montebourg, débarqué de Bercy en août pour avoir raillé en public le président de la République, ramènent Macron dans le jeu politique : après avoir envisagé et testé plusieurs candidats au poste, François Hollande le nomme ministre de l'Économie et des Finances. La suite est bien connue : progressivement, le jeune ministre prend ses distances avec Hollande et la majorité socialiste ; en 2016, il crée son mouvement, En marche, sous les couleurs duquel il mène sa campagne victorieuse de 2017.

Ce bref résumé biographique suffit à montrer qu'Emmanuel Macron n'est pas l'*outsider* qu'il prétend être. Depuis son entrée à l'ENA, sinon à Sciences Po, il évolue dans un milieu où croisent et se croisent les grands acteurs de la vie politique – passés, présents et à venir. À plusieurs reprises, il songe à s'implanter électoralement (au Touquet d'abord, dans les années 2000, puis à Amiens, au début de la décennie suivante). Bien avant d'atterrir à Bercy, il prend grand soin de modeler sa figure publique, et sait se montrer accueillant avec les journalistes. L'appartenance au monde politique (entendue au sens large) est donc, à l'échelle de la vie du président, relativement ancienne – avec ce qu'elle suppose d'efforts conscients et de « tributs payés ».

Mais le plus important est ailleurs : non seulement Emmanuel Macron n'est pas un véritable *outsider*, mais il peut apparaître comme une figure quasi idéaltypique du champ étatico-politique. La sociologie politique a établi, de longue date, que la propension à faire (et à réussir) une carrière politique, sous la Cinquième République, était statistiquement associée à une série de variables : mieux vaut être un homme, issu d'un milieu aisé, et diplômé ; le passage par les grandes écoles du pouvoir (Sciences Po et ENA en tête), l'appartenance à la « fonction publique supérieure », la connexion avec le « pôle économique de la classe dominante » (et singulièrement, depuis quelques décennies, le pôle financier), la multi-positionnalité (au carrefour de plusieurs champs) et l'appartenance à des « lieux neutres » (associant tous types d'élites, « de droite » et « de gauche ») maximisent les chances d'atteindre les plus hautes fonctions. Ancien élève de Sciences Po (comme tous les présidents depuis Pompidou), énarque (comme VGE, Chirac, Hollande), passé par l'Inspection des finances (comme Chaban, Rocard, Juppé), ayant pantouflé (comme une minorité d'énarques, mais comme la majorité des inspecteurs des finances[4]), participé à un « cabinet », fréquenté plusieurs commissions d'experts et *think tanks*, Emmanuel Macron – loin d'être l'*objet politique non identifié* complaisamment décrit par les journalistes – semble présenter toutes les caractéristiques du responsable politique de premier plan, tous les attributs sociologiques qui prédisposent, dans le champ politique actuel, à atteindre les sommets de l'État. On n'en finirait pas, d'ailleurs, d'énumérer les signes de cette élection a priori (de la fréquentation des dîners du Siècle à la sélection pour le programme franco-américain « Young Leaders » en 2012). De sorte qu'il apparaît moins comme un « casseur de jeu » que comme l'incarnation extrême (et peut-être ultime), purifiée de toutes propriétés secondaires, d'une certaine élite politique. Seuls son jeune âge et son absence d'expérience élective préalable semblent l'écarter du modèle. Mais ce dernier caractère lui-même est moins dissonant qu'on pourrait le penser. En effet, les filières « ascendantes » d'accès au

4. Luc Rouban, « L'Inspection générale des finances, 1958-2008 : pantouflage et renouveau des stratégies élitaires », *Sociologies pratiques*, n° 21, 2010/2, p. 19-34.

pouvoir, « militante » ou « notabiliaire » (militer et se faire connaître localement, puis s'élever, de mandat en mandat, vers les fonctions nationales), sont depuis longtemps concurrencées par une filière descendante, dite « d'accès direct au centre » (fréquenter les sommets politico-administratifs *avant* de conquérir un mandat électoral). En un sens, la trajectoire Macron peut apparaître comme une forme quintessenciée, réduite à son élément principal (l'accès direct au sommet de la pyramide politique, sans passage par le militantisme de base), de cette forme de carrière.

La France d'en haut à la chambre basse

Sans doute, dira-t-on, Macron est un *insider*, mais il a, dans son sillage, fait entrer à l'Assemblée (et en politique) plusieurs centaines de nouveaux élus, qui jusque-là n'avaient pas participé au jeu électoral. De fait, la victoire de l'ancien ministre de l'Économie, début mai 2017, a été suivie par un triomphe de son mouvement dans les urnes aux législatives de juin. LREM est arrivée en tête au premier tour dans près de 450 circonscriptions (avec un score moyen supérieur de plusieurs points à celui d'Emmanuel Macron le 23 avril) et l'a emporté au second dans 308 d'entre elles. Cette vague LREM – combinée à l'entrée en vigueur de nouvelles restrictions au cumul des mandats, qui ont dissuadé beaucoup de sortants de se représenter – a entraîné un vaste renouvellement du personnel parlementaire. D'après les calculs de Julien Boelaert, Sébastien Michon et Étienne Ollion[5], ce ne sont pas moins de 72 % des députés élus de juin qui sont des nouveaux entrants – soit une proportion inégalée, même en 1958. Du même coup, la chambre basse s'est trouvée quelque peu rajeunie (quarante-neuf ans de moyenne, contre cinquante-quatre lors de la législature précédente) et nettement féminisée (39 %, contre 27 %).

Faut-il voir là l'avènement d'un nouvel ordre politique, un changement radical des mécanismes qui réglaient habituellement la sélection des représentants ? Rien n'est moins sûr. D'abord parce que la nouvelle majorité à l'Assemblée nationale s'est construite, pour une part, autour de députés transfuges d'autres partis. Ils sont ainsi plus d'une trentaine (11 %) à s'être fait réélire sous étiquette LREM – un chiffre auquel on pourrait ajouter les réélus du Modem. Compte tenu de leur expérience et du capital politique qui y est associé, ces élus « ralliés » ont souvent joui d'un poids politique

5. Julien Boelaert, Sébastien Michon et Étienne Ollion, « Le temps des élites. Ouverture politique et fermeture sociale à l'Assemblée nationale en 2017 », *Revue française de science politique*, vol. 68, n° 5, 2018, p. 777-802.

plus grand que leurs collègues primo-élus : ils ont occupé les principaux postes à pourvoir à l'Assemblée nationale (au perchoir et dans les commissions), ont été appelés au gouvernement ou ont tout simplement bénéficié d'une exposition médiatique renforcée. À cela s'ajoute le fait que beaucoup des députés primo-élus sont de « faux » novices qui, s'ils n'avaient jamais siégé au Palais Bourbon, n'en avaient pas moins déjà pris pied en politique – soit en exerçant un mandat ou des fonctions locales (Benjamin Griveaux en Saône-et-Loire, Gabriel Attal à Vanves), soit en travaillant comme collaborateurs d'élus (Guillaume Chiche auprès de Jean-Paul Huchon, Amélie de Montchalin avec Valérie Pécresse, Cédric O aux côtés de Pierre Moscovici, Hugues Renson sous les ordres de Jacques Chirac), soit en participant à des équipes de campagne (Montchalin chez Alain Juppé, Griveaux, O, Guérini et Taché aux côtés de Dominique Strauss-Kahn). L'idée d'un renouvellement mérite donc d'être nuancée.

Et ce d'autant plus que, si les têtes changent, les profils sociologiques restent relativement stables. L'effet de sur-sélection des mieux dotés (économiquement et culturellement), traditionnel dans le recrutement parlementaire, continue à s'exercer. Il a même nettement tendance à s'accentuer – au point que le politiste Luc Rouban a pu parler d'une « fermeture historique du recrutement politique en termes sociaux[6] » et désigner les nouveaux élus comme une « oligarchie du renouveau[7] ». Emmanuel Macron candidat avait dénoncé le « poids démesuré » des CSP+ à l'Assemblée ; avec son élection, ce poids ne faiblit pas, et tend à se renforcer. Les cadres supérieurs et professions intellectuelles supérieures représentent près de 55 % des députés, et 60 % de ceux du groupe LREM (contre un peu plus de 18 % dans la population active nationale)[8]. Les employés (près de 30 % de la population active) ne sont présents que de manière résiduelle à la chambre basse (1 %), et infinitésimale au sein du groupe (0,3 %). Les ouvriers (environ 20 % des actifs) restent quant à eux rigoureusement absents, dans cette législature comme dans la précédente. Le groupe LREM est aussi celui qui compte le plus de diplômés à bac + 5 (72 %) – un chiffre sans commune mesure avec la proportion nationale.

6. Luc Rouban, « De la présidentielle aux législatives, les mirages du renouvellement », *in* P. Perrineau (dir.), *Le Vote disruptif. Les élections présidentielle et législatives de 2017*, Paris, Presses de Sciences Po, 2017, p. 296.
7. Luc Rouban, *Le Paradoxe du macronisme*, Paris, Presses de Sciences Po, 2018, chap. 4.
8. Julien Boelaert, Sébastien Michon et Étienne Ollion, « Le temps des élites », art. cité.

On aurait tort d'en conclure que, d'une législature à l'autre, la teneur sociologique de l'Assemblée n'a pas changé. Elle a connu, en 2017, quelques inflexions qui, sans doute, renseignent sur la nature du phénomène macroniste. On a ainsi vu s'accroître très significativement la part des députés provenant du secteur privé (chefs d'entreprise, cadres supérieurs, « gros commerçants »)[9] ; ils constitueraient, selon les estimations et les modes de comptage, entre 55 et 65 % des effectifs du groupe LREM. Liées, plus encore qu'aux milieux d'affaires, au monde de l'entreprise, et notamment à ses franges les plus « modernes » (finance, *consulting*, publicité, « relations publiques »), les troupes macronistes ont eu tendance à en importer les schèmes et le vocabulaire.

Soulignons pour finir un paradoxe. Le renouvellement parlementaire du « moment Macron » a pu, dans une certaine mesure, encourager un trait caractéristique de la Cinquième République vieillissante, qui avait été abondamment dénoncé durant la campagne : la présidentialisation du régime. Composé d'une pléthore d'élus dénués – à quelques exceptions près – de capital politique propre, structurellement dépendants du président et du capital qu'il avait bien voulu (et, pour une éventuelle réélection, voudrait bien) leur déléguer, le groupe LREM (comme, plus, largement, la majorité présidentielle LREM-Modem) n'était guère en mesure de peser face à l'exécutif. Cette situation de subordination collective explique que les députés de la majorité n'aient à peu près jamais manifesté la moindre velléité de fronde ou d'opposition, et que les départs du groupe parlementaire, quoique assez nombreux, soient restés à peu près indolores pour l'exécutif (la plupart n'étant pas motivés par des désaccords idéologiques profonds, mais par des calculs stratégiques visant à peser plus lourd *au sein même* de la majorité présidentielle). Structurellement faible, le groupe parlementaire est resté continûment sous tutelle de l'exécutif et singulièrement du président, qui a non seulement tracé un cap politique général, mais régulièrement imposé ses choix, concernant notamment la sélection du président du groupe ou l'escamotage des parlementaires qui n'avaient pas donné satisfaction. Cette minorisation de l'instance législative s'est trouvée renforcée dans la deuxième moitié du quinquennat, avec la pandémie de covid, la mise en place d'un état d'urgence sanitaire et la concentration accrue de la décision politique autour de l'Élysée et de Matignon – trahissant un souci

9. Voir notamment Sébastien Michon, « L'entreprise chevillée au corps. L'entrée d'une société civile entrepreneuriale à l'Assemblée », *in* B. Dolez, J. Fretel et R. Lefebvre (dir.), *L'Entreprise Macron*, Grenoble, PUG, 2019.

d'efficacité en situation de crise, mais aussi la force, au sein de la Macronie, du vieux « rêve technocratique d'une restauration de la puissance du commandement[10] », l'Assemblée n'étant plus pensée que comme « appoint à la force du gouvernement[11] ».

Gouvernement et cabinets : qui est la « société civile » ?

La composition des gouvernements Philippe et Castex a pu, elle aussi, donner l'impression d'un renouvellement profond. C'est que le président a pris soin de nommer de nouvelles têtes, et une forte quantité de personnalités issues de la « société civile ». Mais, une fois encore, il convient d'éviter l'illusion d'optique. Pour commencer, il faut souligner que les gouvernements continuent à faire une large place aux professionnels de la politique qui, en 2017, avaient déjà derrière eux une carrière élective – qu'ils proviennent du PS (comme les ministres Le Drian et Parly, le sénateur Collomb, les députés Ferrand, Travert, Dussopt, Véran, Bourguignon, la conseillère régionale Belloubet), du PRG (la ministre Annick Girardin, le sénateur Mézard ou le député Giraud), des Verts (la ministre Pompili, le député Rugy), du Modem (le ministre Bayrou, la sénatrice Gourault, les conseillers régionaux Fesneau, Darrieussecq et Elimas), de LR (Édouard Philippe et Jean Castex, mais aussi les ministres Lemaire et Delevoye, le sénateur Lemoyne, les députés Riester, Darmanin, les élus départementaux Lecornu et Klinkert). Quant à ceux qui, élus pour la première fois en 2017 (sous étiquette LREM), ont été promus au gouvernement, ils sont nombreux à avoir eu, sans exercer de mandat, une expérience politique préalable : cadres politiques, membres de cabinets ou d'équipes de campagne, ils étaient, depuis quelques années déjà, « dans le circuit ». Le contingent des ministres sans mandat, « issus de la société civile », enfin, présente des caractéristiques singulières. Nombreux sont, parmi eux, les hauts fonctionnaires ayant occupé des positions élevées dans l'administration de leur secteur (sous des gouvernements « de gauche » comme « de droite »). C'est par exemple le cas de Nathalie Loiseau, DRH, puis directrice générale de l'administration au Quai d'Orsay (avant de devenir ministre des Affaires européennes) ; d'Élisabeth Borne, préfète, présidente de la RATP (avant d'être nommée aux Transports) et ancienne directrice de cabinet

---

10. Delphine Dulong et Brigitte Gaïti, « Avec le Covid-19, la présidentialisation de la Ve République a pris une forme radicale », *Le Monde*, 29 janvier 2021.
11. Nicolas Roussellier, *La Force de gouverner. Le pouvoir exécutif en France, XIXe-XXIe siècles*, Paris, Gallimard, 2015, p. 611.

de Ségolène Royal ministre de l'Écologie (avant de prendre elle-même en charge ce portefeuille) ; de Jean-Michel Blanquer, recteur, puis directeur général de l'enseignement scolaire rue de Grenelle (avant de prendre la tête de l'Éducation nationale) ; ou encore de Laurent Nunez, préfet de police des Bouches-du-Rhône, puis directeur général de la sécurité intérieure (avant de devenir secrétaire d'État auprès du ministre de l'Intérieur)[12]. Une tribune parue dans *Le Monde* en janvier 2018 soulignait ce trait, pour s'en alarmer : « Parmi les quatorze ministres ou secrétaires d'État qui pourraient être considérés comme venant de la "société civile", la plupart d'entre eux avaient exercé de très hautes responsabilités administratives, la plupart du temps de direction d'administration centrale[13]. » De fait, ce mode de sélection témoigne d'un brouillage entre fonctions politiques et techniques, ou, plus précisément, d'une technocratisation du politique, qui n'est pas pour surprendre, mais qui va à l'encontre des déclarations d'Emmanuel Macron contre « la caste » des technocrates.

Tout comme la majorité parlementaire, les gouvernements de l'ère Macron se caractérisent en outre par leur proximité avec le secteur privé et le monde des affaires – soit que les ministres en soient exclusivement issus, soient qu'ils aient pratiqué, au cours de leur carrière, des passages (généralement profitables) du public au privé. Beaucoup de ministres viennent du monde de la grande entreprise, où ils ont occupé des fonctions d'encadrement et de direction – ainsi d'Élisabeth Moreno (directrice générale France de la multinationale Lenovo, puis présidente de Hewlett Packard France), d'Amélie de Montchalin (cadre supérieure chez BNP Paribas, puis Axa), d'Alexandre Djebbari (responsable de la compagnie aérienne luxembourgeoise Jetfly), de Laurent Pietraszewski (DRH du groupe Auchan)... Parmi les hauts fonctionnaires entrés au gouvernement, beaucoup ont pantouflé : Édouard Philippe (passé du conseil d'État à un cabinet d'avocats d'affaires, puis à un poste de lobbyiste chez Areva), mais aussi Emmanuelle Wargon (issue de la Cour des comptes et devenue, après plusieurs postes dans l'administration de la santé et du social, lobbyiste chez Danone), Agnès Pannier-Runacher (inspectrice des finances qui rejoint le groupe Faurecia, puis la Compagnie des Alpes), Delphine Gény Stéphann (ancienne de la direction du Trésor passée chez Saint-Gobain)

12. Jean Castex lui-même se rapproche de ce modèle puisque, malgré sa (modeste) carrière d'élu, il est d'abord un haut fonctionnaire, initié en tant que tel au pilotage de l'action publique (notamment comme secrétaire général adjoint de l'Élysée) avant de prendre la tête du gouvernement.

13. « La haute administration, le véritable parti présidentiel », *Le Monde*, 21 février 2018.

ou encore Muriel Pénicaud (qui, après diverses fonctions au ministère du Travail, a notamment officié comme directrice générale adjointe de Dassault Systèmes, puis DRH de Danone). Ce lien étroit avec ce qu'on pourrait appeler la « haute entreprise » trouve notamment sa traduction dans le patrimoine des ministres, remarquablement élevé : dans le gouvernement Philippe, on ne comptait ainsi pas moins d'une douzaine de millionnaires en euros, les premières places étant détenues par Delphine Gény Stephann (16 millions d'euros déclarés) et Muriel Pénicaud (7,5 millions d'euros déclarés).

Significativement, des profils semblables se retrouvent abondamment dans les cabinets des principaux ministres et du président : énarques et autres diplômés des « grandes » écoles (en particulier les écoles de commerce) y sont nombreux, comme dans les équipes précédentes ; les figures étiquetées à « droite » et à « gauche » s'y trouvent mêlées ; et le tropisme vers le privé y est fort. Maints conseillers, fussent-ils issus de la haute fonction publique, ont ainsi exercé dans le privé – à l'image du secrétaire général de l'Élysée Alexis Kohler (devenu directeur financier de la Mediterranean Shipping Company après une longue carrière à Bercy), du directeur de cabinet d'Édouard Philippe, Benoît Ribadeau-Dumas (conseiller d'État passé chez Thalès, puis chez le pétrolier CGG, avant de rejoindre Zodiac Aerospace), mais aussi – parmi beaucoup d'autres[14] – de l'ex-conseillère agriculture du président, Audrey Bourolleau (auparavant déléguée générale du lobby viticole Vin et société) ou du premier directeur de cabinet d'Agnès Buzyn à la Santé, Gilles de Margerie (banquier chez Lazard, Rothschild, au Crédit agricole, puis DG adjoint des assurances Humanis).

Nouveau parti, hiérarchies traditionnelles

Un examen des structures du pouvoir macroniste ne serait pas complet sans un coup d'œil au mouvement du président. La « nouveauté » En marche/LREM a constitué un élément important du dispositif macronien : conçu en opposition aux « vieux » partis, verticaux et sectaires, le « mouvement » était censé accueillir largement les Français de bonne volonté et permettre l'expression spontanée (de bas en haut, *bottom-up*, en novlangue macroniste) des forces vives de la société, trop longtemps contenues par un système politique

14. On trouvera quantité d'autres cas et exemples dans : Attac et Fondation Copernic, *L'Imposture Macron*, Paris, Les Liens qui libèrent, 2017 ; Pierre Birnbaum, *Où va l'État ?*, Paris, Le Seuil, 2017 ; Laurent Mauduit, *La Caste*, Paris, La Découverte, 2018 ; Michel Pinçon et Monique Pinçon-Charlot, *Le Président des ultra-riches*, Paris, La Découverte, 2019, etc.

hors d'âge. De fait, le coût d'entrée était remarquablement bas, puisqu'on pouvait « adhérer » gratuitement, par un simple clic, avec un minimum de prérequis idéologiques et sans engagement à militer. Mais cette promesse – qu'En marche/LREM partage avec quantité d'autres « nouveaux partis », « partis-mouvements », « partis-entreprises » ou « partis personnels[15] » lancés, ces dernières années, en France et à l'étranger – pourrait bien n'être qu'un miroir aux alouettes. Car le caractère informel du mouvement a, en réalité, plutôt facilité l'affirmation des hiérarchies traditionnelles et l'exercice du fait du prince. La base s'est trouvée confrontée à ce que l'on a pu appeler, dans un autre contexte, « la tyrannie de l'absence de structures ». Dans cette organisation « informelle », ces « liens horizontaux lâches et égalitaires entre les membres » allaient de pair avec des « liens forts et inégalitaires vis-à-vis du leader[16] ». Le sommet (autoconstitué) a eu les mains libres ; il ne devait guère de comptes aux « adhérents » ; et, bien souvent, le processus décisionnel s'est plutôt exercé *top-down* que *bottom-up*. Le programme du candidat Macron s'est élaboré, plutôt qu'à partir des « remontées du terrain », de manière assez traditionnelle, dans des cercles d'experts (associant hauts fonctionnaires, *think tanks*, praticiens de haut rang)[17]. La désignation des candidats aux élections a été confiée à des commissions d'investiture *ad hoc*, placées sous l'autorité de professionnels de la politique chevronnés (Jean-Paul Delevoye aux législatives, Alain Richard pour les municipales), et étroitement surveillées par Emmanuel Macron. La gestion des structures locales du parti est revenue à des « référents » nommés de manière discrétionnaire par la direction. Les chefs du parti eux-mêmes ont été choisis et imposés par le chef de l'État, parmi ses plus fidèles lieutenants (Castaner, puis Guérini). La tenue de congrès n'a pas donnée lieu à d'importants débats internes[18].

Bref, par un paradoxe qui n'est qu'apparent, la constitution du mouvement s'est plutôt accompagnée d'un verrouillage que de la grande ouverture

15. Sur ces nouvelles formes des organisations politiques, voir notamment Rémi Lefebvre, « Vers un nouveau modèle partisan ? Entre déclassement des partis de gouvernement et avènement des partis-mouvements », *Cahiers de recherche sur les droits fondamentaux*, nº 16, 2018 ; Frédéric Sawicki, « Les partis politiques sont-ils voués à disparaître ? », *in* D. Gaxie et W. Pelletier (dir.), *Que faire des partis politiques ?*, Vulaines-sur-Seine, Le Croquant, 2018 ; I. Martinache et F. Sawicki (dir.), *La Fin des partis ?*, Paris, Puf, 2020.

16. Frédéric Sawicki, « Les partis politiques sont-ils voués à disparaître ? », art. cité, p. 298-299.

17. Voir notamment Rafael Cos, « De la dénégation du programme à la baisse de la fiscalité du capital », *in* B. Dolez, J. Fretel et R. Lefebvre (dir.), *L'Entreprise Macron*, *op. cit.*

18. Pour plus de détails sur la gestion verticale et managériale du parti, voir notamment Julien Fretel, « Comment ça marche ? la forme partisane du macronisme », *in* B. Dolez, J. Fretel et R. Lefebvre (dir.), *L'Entreprise Macron*, *op. cit.*

démocratique promise. Cette fermeture s'est traduite, notamment, par la composition sociologique, très sélective, du groupe LREM à l'Assemblée, évoquée plus haut. Elle se retrouve aussi dans la composition sociologique du parti. D'après une étude publiée en 2018 par Terra Nova[19], les adhérents de LREM sont d'abord des habitants des « grandes aires urbaines », particulièrement présents dans les cœurs d'agglomérations. Ils sont très diplômés (plus de 80 % d'entre eux ont un diplôme de l'enseignement supérieur, dont 66 % d'un niveau égal ou supérieur à la licence). Cadres et professions libérales y sont nettement surreprésentés (58 %), comme, plus généralement, les salariés du privé. Les adhérents se recrutent prioritairement dans les fractions relativement aisées de la population (« 40 % d'entre eux déclarent ainsi que les revenus mensuels net de leur foyer se situent entre 3 000 et 6 000 euros ; 17 % entre 6 000 et 10 000 euros »), parmi les classes moyennes et supérieures, stables, optimistes, europhiles. Cet ancrage du parti dans les classes aisées est confirmé par les indications dont on dispose sur les dons faits à En marche et à son candidat en 2017 : si les donateurs ont été nombreux, l'essentiel de la récolte provient de quelques centaines (800) de « grands donateurs », ayant déboursé chacun plus de 4 500 euros (et souvent bien plus que les 7 500 euros maximum prévus par la réglementation, grâce à des dons croisés et répétés au parti et à l'association de financement de la candidature)[20]. Sans surprise, les mêmes traits (c'est-à-dire les mêmes déformations morphologiques) se retrouvent, quoiqu'avec des variations, parmi les « sympathisants » et dans l'électorat macroniste – qui se situent assez nettement du côté des « gagnants de la mondialisation ». Au premier tour des présidentielles, Emmanuel Macron a fait carton plein chez les cadres et professions intellectuelles supérieures (dont près d'un tiers a voté pour lui), et chez les diplômés du supérieur (plus de 50 %), réalisé un bon score au sein des professions intermédiaires (23 %), mais s'est trouvé nettement distancé chez les employés, les ouvriers, et dans les foyers les plus pauvres – toutes tendances confirmées aux législatives. Au point que l'on a pu parler du vote Macron comme d'un véritable « vote de classe qui s'ignore[21] ».

---

19. Bruno Cautrès, Marc Lazar, Thierry Pech et Thomas Vitiello, *La République en marche. Anatomie d'un mouvement*, Paris, Terra Nova, 2018.

20. Voir par exemple l'enquête de la cellule investigation de France Culture : « La moitié de la campagne d'Emmanuel Macron financée par de grands donateurs », *franceculture.fr*, 3 mai 2019.

21. Patrick Lehingue, « Le vote Macron : un vote de classe qui s'ignore comme tel ? », *in* B. Dolez, J. Fretel et R. Lefebvre (dir.), *L'Entreprise Macron*, *op. cit.*

Sécession au(x) sommet(s) ?

Cette brève revue des troupes macronistes n'a pas prétention à épuiser le sujet. Mais elle montre que le renouvellement promis par le candidat, puis affiché par le président Macron, relève largement du trompe-l'œil. Est-ce à dire qu'Emmanuel Macron n'a fait qu'appliquer la célèbre recommandation de Tancredi dans *Le Guépard* (« il faut que tout change pour que rien ne change ») et que le champ politico-étatique s'est, sous son règne, perpétué à l'identique ? On peut en douter. Il est permis de penser, en effet, que le « moment Macron » a introduit, ou au moins accéléré, quelques changements majeurs.

Premier point : on a vu s'accentuer le pouvoir de la technocratie dans l'appareil d'État, le président réservant à la haute fonction publique des places politiques éminentes et n'accordant qu'une position relativement subordonnée aux instances proprement politiques que sont l'Assemblée et le parti. Mais cette réalité, abondamment commentée et dénoncée, ne doit pas masquer une autre tendance, plus singulière, qui donne au moment Macron sa coloration propre : la pénétration sans précédent du privé – avec ses hommes (entrepreneurs, investisseurs, managers, hauts fonctionnaires pantoufleurs) et ses normes – dans les institutions publiques[22].

À l'issue de notre survol, une deuxième singularité apparaît : une tendance générale à l'émancipation du « haut » par rapport au « bas ». Celle-ci se manifeste, pour ainsi dire, à tous les niveaux : le président s'émancipe, à un degré rarement atteint, de sa majorité parlementaire et de son parti ; la direction du parti s'affranchit largement de la base adhérente et militante ; la base électorale de la majorité, remarquablement homogène et concentrée dans les fractions moyennes et hautes de la société, se distingue des composantes populaires.

Si l'on accepte cette description – forcément cavalière –, il ne semble pas abusif de caractériser les années Macron comme un moment de « sécession d'en haut », où les élites tendent à se libérer, plus qu'elles n'avaient pu le faire auparavant, du lien avec « ceux d'en bas ».

---

22. Faciliter encore la colonisation de l'appareil d'État par le privé, en démantelant ce qu'il reste de « frontières » et d'« octrois » aux marges de l'État : tel pourrait bien être, d'ailleurs, le sens profond de la réforme de la haute fonction publique (suppression de l'ENA et des grands corps, notamment) annoncée dernièrement, sous couvert de démocratisation et de modernisation, par le président.

Les vieux habits du « monde d'après »

François Denord
et Paul Lagneau-Ymonet

1977 : un jeune chargé de mission au Commissariat général du Plan publie *La Bourgeoisie financière au pouvoir*. L'essai s'achève par la description de la prise de contrôle des agents du capital financier sur l'appareil industriel français et l'affermissement d'un libéralisme d'État, au service duquel s'activent les membres des grands corps de l'administration et, en particulier, les inspecteurs des finances. Selon l'auteur sous pseudonyme, « la bourgeoisie financière étatique n'est pas une fraction parmi d'autres de la bourgeoisie financière, elle en est bien la fraction dirigeante[1] ». Cette année-là naît Emmanuel Macron ; Valéry Giscard d'Estaing et son Premier ministre et ministre de l'Économie, Raymond Barre, conduisent une politique économique dont l'« austérité » constitue le maître mot : lutte contre l'inflation, poursuite de l'équilibre budgétaire, promotion de la concurrence, freinage des salaires et augmentation générale de l'impôt sur le revenu.

1. André Granou (Gauron), *La Bourgeoisie financière au pouvoir. Et les luttes de classes en France*, Paris, François Maspero, 1977, p. 192.

Il y a beaucoup de Valéry Giscard d'Estaing chez Emmanuel Macron. Ces deux énarques, inspecteurs des finances, devenus ministres de l'Économie, se sont hissés, quadragénaires, à la présidence de la République. L'un comme l'autre a fait campagne en récusant le clivage gauche-droite, l'un comme l'autre s'est voulu le héraut de la « classe moyenne », l'un comme l'autre a mené des politiques économiques favorables aux plus riches. Mais les similitudes entre deux chefs d'État n'épuisent pas les ressemblances entre les deux périodes, qui voient toutes deux s'affermir le pouvoir économique au détriment de la politique et de l'administration.

Néolibéralisme et transformations de la classe dominante

Le néolibéralisme ne s'est pas imposé d'un coup, ni en France ni ailleurs[2]. Cette idéologie politique, portée par des économistes et des représentants patronaux depuis l'entre-deux-guerres, a frayé sa voie, à la faveur de crises internationales et de leurs répercussions domestiques : entrée dans la guerre froide et retour des libéraux au pouvoir (1947) ; naissance du marché commun et avènement de la Cinquième République (1957-58) ; crises pétrolières, stagflation et « Giscard à la barre » (1974) ; maintien de la France dans le système monétaire européen et « tournant de la rigueur » (1983).

Contrairement à une idée (encore) reçue, le néolibéralisme ne se confond pas avec le « laisser-faire » : il redirige l'action des fonctionnaires et des élus plus qu'il ne la supprime ; il introduit la concurrence dans des secteurs qui lui avaient été soustraits après-guerre (télécommunications, transport, éducation, santé, etc.) ; il inscrit en droit (par exemple dans les traités européens) la protection du marché comme mode privilégié de sélection, de coordination et d'évaluation. Le néolibéralisme se traduit ainsi par un moindre contrôle direct de l'État sur les moyens de production et par un retour en force des puissances privées, en particulier financières, dans l'ordre économique. Les agents publics font désormais office de régulateurs ou d'auxiliaires d'intérêts particuliers quand les banquiers centraux[3], rendus indépendants des élus et de leurs mandants par des décisions politiques au cours des quatre dernières décennies, conservent l'exercice de la fonction de garants, en dernier ressort, du système financier.

---

2. Ph. Mirowski et D. Plehwe (dir.), *The Road from Mont Pèlerin. The Making of the Neoliberal Thought Collective*, Cambridge, Harvard University Press, 2009.
3. Frédéric Lebaron, « Les banquiers centraux européens, acteurs centraux de la "révolution néolibérale" », *Regards sociologiques*, n° 43-44, 2012, p. 27-34.

Cette dynamique n'a pas seulement conduit à ce que la présidence de la République et l'Assemblée nationale tombent dans l'escarcelle d'un sémillant banquier d'affaires. Elle a modifié toute la structure de la classe dominante[4]. Aujourd'hui, deux grands principes d'opposition permettent de la décrire. D'abord, les dominants se différencient les uns des autres, selon qu'ils exercent ou non, et selon le degré auquel ils exercent, une forme de contrôle sur les moyens de production (en tant que propriétaires ou cadres dirigeants). La direction d'entreprise implique des objectifs, des modes d'organisation et des pratiques auxquels correspondent des formes de socialisation, souvent liées aux origines sociales : l'exaltation de la famille patrimoniale ; la méfiance à l'égard de l'enseignement public ; un rapport ambivalent à la fiscalité. Ensuite, l'ancienneté de leur appartenance à la bourgeoisie distingue les dominants entre eux. Les grands bourgeois descendent de lignées qui figurent en bonne place dans des annuaires comme le *Bottin mondain*[5] et dont ils entendent perpétuer le patronyme et la notabilité. Dans l'univers des « grandes familles », cohabitent noblesse d'État, en charge de l'économie nationale et des fonctions régaliennes, et noblesse des affaires, souvent associée à la finance. À l'opposé, les derniers venus (notamment les rares femmes qui ne sont pas des héritières), aux origines sociales plus modestes, travaillent dans le « privé », dans des secteurs plus récents comme les médias ou les télécommunications.

En combinant ces deux principes d'opposition, une hiérarchie d'ensemble se dessine. La fraction dominante de la classe dominante est ainsi une zone carrefour, à l'intersection de la politique, de l'administration, du capitalisme familial. Y circulent des individus aux statuts multiples et changeants : ils ont cumulé ressources économiques, titres scolaires et insignes officiels de reconnaissance en occupant des postes tour à tour publics, privés, associatifs, dans des organisations à but lucratif ou non. À l'échelon intermédiaire, la classe dominante se scinde entre ses fractions publiques et privées : les hauts fonctionnaires, les élus et les responsables des principaux partis politiques, d'une part ; les cadres et dirigeants d'entreprises, d'autre part. Dans chacun de ces deux univers, l'accès à des positions de pouvoir se révèle possible en l'espace d'une carrière. Du côté du public, il s'agira d'emprunter la voie du concours interne ou de la politique. Du côté du privé, les principaux cabinets de conseil fonctionnent comme

4. François Denord, Paul Lagneau-Ymonet et Sylvain Thine, « *Primus inter pares*? The French Field of Power and Its Power Elite », *Socio-Economic Review*, vol. 16, n° 2, 2018, p. 277-306.

5. Cyril Grange, *Les Gens du Bottin mondain, 1903-1987. Y être, c'est en être*, Paris, Fayard, 1996.

des accélérateurs de carrière. Au bas de la hiérarchie, enfin, les fractions intellectuelles de la classe dominante n'ont guère de prise sur les enjeux du pouvoir administratif, politique ou économique. Elles passent aux yeux des puissants pour d'autant plus subalternes et coupées des réalités qu'elles produisent des savoirs autonomes et des enseignements généraux. Dans *La Noblesse d'État*, Pierre Bourdieu montrait que la classe dominante s'organisait, dans les années 1970, autour de l'opposition entre, d'un côté, des positions dominantes économiquement mais dominées culturellement et, de l'autre, des positions dominantes culturellement et dominées économiquement[6]. Avec, à son pinacle, quelques personnages, tel l'inspecteur des finances Jacques de Fouchier, le patron de Paribas, qui cumulaient pouvoir économique, ascendant culturel et reconnaissance sociale[7]. Aujourd'hui, le clivage s'avère moins marqué : capital économique et capital culturel tendent à se renforcer mutuellement. D'une part, la possession de l'un peut pallier l'absence relative de l'autre, avant d'ouvrir la voie à leur accumulation conjointe. D'autre part, le maniement de l'argent et la transmission de fortunes sont d'autant moins remis en cause que les plus riches et leurs héritiers ont fait des études supérieures qui leur procurent non seulement des certifications scolaires, mais aussi les connaissances et compétences pour administrer des choses et diriger des vies.

Qui exerce le pouvoir économique ?

Depuis la fin des années 1980, l'organisation du capitalisme français s'est profondément transformée. Dans le sillage des privatisations, menées par la droite, puis par la gauche, le modèle du « cœur financier » qui liait les grands groupes industriels aux banques et assurances, par le biais du financement, et entre eux, grâce à des formes des participations croisées, a périclité[8]. L'État a réduit son engagement jusqu'à perdre, dans de nombreux cas, sa minorité de blocage dans les conseils d'administration. Aujourd'hui, la puissance publique – à travers l'Agence des participations

6. Pierre Bourdieu, *La Noblesse d'État. Grandes écoles et esprit de corps*, Paris, Minuit, 1989.

7. Dans le documentaire *La Voix de son maître* (1978), Jacques de Fouchier reçoit les réalisateurs Gérard Mordillat et Nicolas Philibert, et il leur expose, dans un bureau lambrissé et tapissé, sa conception monarchique du pouvoir patronal : « La démocratie qui vient de la désignation par un vaste électorat est parfaitement inconcevable dans l'entreprise. Ça vous paraîtra peut-être un peu provocateur de le dire, mais je l'affirme avec force, l'entreprise ne peut vivre que dans le cadre d'une constitution monarchique, et une constitution monarchique dans laquelle la désignation des responsables vient d'un nombre relativement réduit de personnes. »

8. François Morin et Éric Rigamonti, « Évolution et structure de l'actionnariat en France », *Revue française de gestion*, vol. 5, n° 141, 2002, p. 155-181.

de l'État (APE), la Banque publique d'investissement (BPI), la Caisse des dépôts et consignations et divers fonds – ne possède que 4 % de la capitalisation de l'indice boursier SBF 120 (les cent vingt premières sociétés cotées à la Bourse de Paris) et à peine plus pour celle du CAC 40 (les quarante premières)[9]. Dans le même temps, le capitalisme financier a repris l'ascendant, sous deux formes : la première, où un ou plusieurs actionnaires conservent le contrôle du groupe ; la seconde, où un actionnariat dispersé conduit les dirigeants à poursuivre les objectifs que leur fixent des investisseurs institutionnels (fonds souverains, compagnies d'assurance, gestionnaires d'actifs, fonds de pension) qui, partout dans le monde, collectent et gèrent l'épargne des ménages (qui peuvent épargner). Quelques familles (les Arnault, Bettencourt-Meyers, Pinault) détiennent ainsi à elles seules près de 18,65 % de la capitalisation du CAC 40, soit quatre fois plus que l'État. Quant à l'oligopole bancaire (BNP, Société générale, Crédit agricole, BPCE), il doit se satisfaire de 4,90 %, tandis que les mastodontes états-uniens de la gestion d'actifs (Blackrock, Vanguard, State Street) en possèdent 7 %. En comparaison, l'actionnariat salarié, marotte de Bruno Le Maire qui reprend l'antienne gaulliste de la participation, fait pâle figure avec ses maigres 1,64 %.

Certes l'héritage continue de jouer un rôle prépondérant pour accéder aux positions de pouvoir économique, à tout le moins si on se concentre sur le sommet de sa hiérarchie. Parmi les dix premières fortunes françaises (sur les quarante-deux milliardaires français que recense le classement *Forbes* en 2020), cinq sont de purs héritiers (Françoise Bettencourt-Meyers, les frères Wertheimer, Emmanuel Besnier et Rodolphe Saadé) et trois ont organisé la transmission familiale de la direction de leur groupe (Bernard Arnault, François Pinault et Alain Mérieux). Seuls les magnats des télécoms détonnent un peu : le polytechnicien Patrick Drahi s'est spécialisé dans les opérations à effet de levier ; Xavier Niel a abandonné ses études supérieures pour s'enrichir grâce au Minitel rose et aux sex-shops. Son union avec Delphine Arnault, la fille de la première fortune de France, devrait, en tout cas, assurer à leur progéniture une place de choix dans le classement *Forbes*.

Mais, désormais, on observe d'autres formes de reproduction sociale que l'héritage patrimonial parmi les patrons et les cadres dirigeants, même quand ils se distinguent par des origines, approximées par les professions

9. Calculs effectués par nos soins à partir des données rendues publiques d'Euronext, l'opérateur boursier, en 2017 et à partir de la base de données Orbis (Bureau van Dijk) en 2021.

des parents, qui font la part belle aux indépendants (agriculteurs, artisans, commerçants ou chefs d'entreprise) : les dirigeants d'entreprise collectionnent les diplômes. En 2018, on comptait, parmi les dirigeants du CAC 40, sept polytechniciens, six anciens d'HEC et six énarques, certains cumulant plusieurs de ces diplômes. Cette année-là, seuls cinq d'entre eux n'étaient pas passés par un grand établissement ou une prestigieuse institution étrangère, parce qu'ils n'avaient pas fait d'études supérieures (comme Martin Bouygues) ou parce qu'ils étaient allés à... l'université comme d'ordinaires étudiants. La surreprésentation des « grandes écoles » ne s'observe pas seulement au niveau des présidents de groupes. En 2021, sur près de 3 500 cadres dirigeants[10] (dont un quart de femmes) qui s'activent au sein des états-majors des grandes entreprises françaises, les trois quarts n'ont pas mis les pieds à la fac ou n'ont fait qu'y passer. Les écoles de commerce parisiennes (HEC, Essec, ESCP) se taillent la part du lion (18,6 %, dont la moitié pour HEC), suivies de près par les écoles d'ingénieurs (13,6 % dont 8 % dus à la seule Polytechnique) et les instituts d'études politiques (12 %). Le reste des effectifs est issu d'établissements moins cotés ou d'écoles très prestigieuses, mais n'ayant pas vocation à former des cadres du privé (4 % pour l'ENA, 2 % pour les Écoles normales supérieures).

Le pouvoir économique a ses titres spécifiques, comme le *Master of Business Administration* (MBA), dont peut se prévaloir désormais plus d'un cadre dirigeant sur dix. Il a surtout ses écoles, qui recrutent préférentiellement parmi les enfants de la bourgeoisie économique. C'est évidemment le cas dans les écoles de commerce, à commencer par les plus fameuses d'entre elles où la proportion d'enfants d'ouvriers et d'employés s'élève à 2,5 % tandis qu'enfants de cadres et de patrons représentent plus de 80 % des effectifs[11]. Si les formations d'ingénieurs sont réputées plus ouvertes socialement, rien de tel ne s'observe à Polytechnique, où l'on compte 1,1 % enfants d'ouvriers et 2,2 % d'employés pour 81,3 % d'enfants de cadres et professions intellectuelles supérieures[12]. Dans les établissements à mi-chemin entre l'université et les grandes écoles, comme les instituts

---

10. Le *Guide des états-majors* (éditions Agefi) rassemble, en janvier 2021, 4 245 notices individuelles. Dans 3 438 cas (81 %), des données sont fournies à propos de la formation. Les pourcentages indiqués dans ce paragraphe ont été calculés sur cette base.

11. Anne Lambert, « Le comblement inachevé des écarts sociaux. Trajectoire scolaire et devenir professionnel des élèves boursiers d'HEC et de l'Essec », *Actes de la recherche en sciences sociales*, n° 183, 2010, p. 106-124.

12. Pierre François et Nicolas Berkouk, « Les concours sont-ils neutres ? Concurrence et parrainage dans l'accès à l'École polytechnique », *Sociologie*, vol. 9, n° 2, 2018, p. 173.

d'études politiques (IEP), la sélection sociale se révèle, certes, moins prononcée, mais tout aussi structurelle. À Sciences Po, où les premiers dispositifs réservés à des élèves issus de « zones d'éducation prioritaire » ont été mis en place, la part des enfants d'employés et d'ouvriers s'élève à 11,4 % (contre 10,5 % dans les IEP de province)[13].

De Polytechnique à HEC, en passant par Sciences Po, les « grandes écoles » jouent un double rôle. D'un côté, elles fonctionnent comme des instances de certification. Ceux qui en sortent ne peuvent pas être mauvais scolairement. Ils ont même plutôt été de meilleurs élèves que leurs prédécesseurs. Le concours BCE (banque commune d'épreuves) qui permet aujourd'hui de postuler dans les principales écoles de commerce (dont HEC, l'Essec et l'ESCP) n'a rien à envier à celui des IEP ou des Écoles normales supérieures. Outre les savoirs scolaires, les anciens élèves ont bénéficié de la transmission de connaissances, de compétences et de dispositions pour « manager[14] ». Les stages, la vie associative, les « mises en situation » sont autant d'occasions d'apprendre à convaincre, à organiser et à (faire) faire. D'un autre côté, ces écoles procurent à leurs élèves les opportunités et les contacts qui facilitent l'accès à un poste à la mesure de leurs aspirations, souvent dans des entreprises et des secteurs depuis lesquels les impétrants entretiennent leurs représentations iréniques du rapport salarial et de la marche des affaires. Dans la finance, par exemple, certains cadres au plus près des sources de profit (la clientèle, comme les plateformes de négociation) peuvent même menacer leurs employeurs de défection[15]. Dans le conseil, ce sont les prestataires qui, souvent, prescrivent à leurs clients la « bonne » stratégie ou l'organisation à adopter[16]. Dans les deux cas, l'enrichissement de quelques-uns est davantage rendu possible par des rapports de pouvoir entre individus et entre organisations que par la rareté des « talents ».

13. Ugo Lozach, « Élites, mais pas tant que ça », *SociologieS*, dossier « Les élites par leurs marges : (im)perméabilité et performativité des frontières sociales », 28 février 2020.
14. Julie Gervais, « Former des hauts fonctionnaires techniques comme des *managers* de l'action publique. L'"identité managériale", le corps des Ponts et Chaussées et son rapport à l'État », *Politix*, vol. 3, n° 79, 2007, p. 101-123.
15. Olivier Godechot, *Working Rich. Salaires, bonus et appropriation des profits dans l'industrie financière*, Paris, La Découverte, 2007.
16. Sylvain Thine, *Innover pour s'imposer. Consultants et conseil en nouvelles technologies*, Rennes, PUR, 2014.

Brouillage public-privé

L'avènement de la Cinquième République avait renforcé la place de l'État dans la structure du pouvoir. Les circulations du public vers le privé (ou « pantouflage ») témoignent aujourd'hui d'une moindre attractivité pour la haute administration[17].

Historiquement, le « pantouflage » concernait d'abord les polytechniciens – le terme est d'ailleurs issu de leur argot. Alors que le secteur public a considérablement rétréci, près de la moitié des X s'orientent d'emblée vers le privé (principalement dans l'industrie et le conseil). Les grands corps civils offrent peu de débouchés[18] et les rémunérations pratiquées hors de l'État s'avèrent plus alléchantes. La rupture avec le service public peut intervenir ultérieurement dans la carrière. En 2019, trente-neuf polytechniciens se trouvaient ainsi en position de devoir rembourser la solde perçue durant leur scolarité, contre vingt-six l'année précédente[19]. La direction générale de l'Administration et de la Fonction publique (DGAFP) évaluait, par ailleurs, à dix-neuf le nombre d'entre eux ayant dépassé le délai de paiement de leur pantoufle à la fin 2019. Quelques mois plus tard, après recalcul, elle devait convenir qu'ils étaient, en réalité, au moins quarante pour cette seule année[20]. La principale surprise dans les chiffres publiés par cette direction qui « assure les missions de DRH de l'État[21] », service du Premier ministre, provient néanmoins des normaliens. Au cours des années récentes, ils représentaient entre 60 et 75 % des agents soumis à l'obligation de remboursement en conséquence d'une rupture de leur engagement. Ce sont ainsi près de 10 % des élèves d'Ulm qui rejoindraient le privé immédiatement après leurs études (le plus souvent pour le conseil). Les reclassements des anciens de l'ENA dans le privé sont davantage connus. Environ 20 % des anciens élèves passent dans le monde de l'entreprise au cours de leur carrière, dont un tiers de manière durable ou définitive. Mais les taux se révèlent bien plus élevés dans deux des corps les plus prestigieux,

---

17. Pierre France et Antoine Vauchez, *Sphères publiques, intérêts privés*, Paris, Sciences Po, 2017.
18. Arnaud Teyssier *et al.*, *L'Encadrement supérieur et dirigeant de l'État*, Paris, La Documentation française, 2014, p. 22.
19. DGAFP, *Rapport annuel sur l'état de la fonction publique. Politiques et pratiques de ressources humaines. Faits et chiffres*, Paris, 2020, p. 112.
20. « Pantouflage : Polytechnique a sous-estimé ses chiffres auprès de Bercy », *La Lettre A*, 20 janvier 2020.
21. Selon l'expression employée sur « le portail de la Fonction publique » pour décrire « les missions » de la DGAFP, *fonction-publique.gouv.fr*.

l'Inspection générale des finances et le Conseil d'État, et parmi les administrateurs civils de Bercy.

Ces mouvements du public vers le privé ne sont d'aucun intérêt pour l'État. Il a même tout à y perdre : des recrues dans lesquelles il a investi (environ 80 000 euros par an pour un énarque contre 8 000 euros par an pour un étudiant à l'université) lui échappent, et avec elles, une connaissance, même parcellaire, de ses arcanes. L'État n'a, en outre, rien à attendre d'individus qui ont renoncé à le servir pour s'enrichir. Quel bénéfice pourrait-il, d'ailleurs, tirer de leur éventuel retour ? À moins qu'ils n'aient quelque ambition politique, les pantouflards revenus au bercail sont souvent d'abord motivés par la sécurité de l'emploi et leurs droits à la retraite. L'État apparaît ainsi comme le véhicule grâce auquel certains réalisent une partie de leurs plans de carrière.

L'orchestration des dispositions plutôt que la conspiration ?

L'ordre économique domine la hiérarchie des pouvoirs. Une forme de solidarité unit cependant, au-delà des secteurs d'activité et des intérêts qui leur sont associés, ces pairs en puissance. Elle procède d'abord d'une socialisation au sein de familles où l'homogamie sociale est plus marquée qu'ailleurs[22], ainsi que d'institutions scolaires sélectives. Elle s'affermit grâce aux interactions régulières auxquelles conduit l'exercice de fonctions éminentes et grâce à des formes spécifiques de sociabilité.

Créé en 1944, le Siècle, le plus fameux des clubs français, rassemble ainsi près de sept cents membres et invités. Il fait se rencontrer, tous les mois, grands patrons, hauts fonctionnaires, responsables politiques et ténors du barreau ainsi que quelques artistes et universitaires, militaires, religieux ou journalistes. La composition de ce cénacle en dit long sur les transformations qu'a connues la classe dominante ces dernières années. Les détenteurs des différents pouvoirs présentent, en effet, certaines caractéristiques communes qui facilitent l'émergence d'une communauté de points de vue. Le Siècle rassemble très majoritairement des hommes, âgés de plus de cinquante-cinq ans, franciliens, fils de patrons, de hauts fonctionnaires ou de professionnels libéraux, diplômés de Sciences Po et, pour près de 40 % d'entre eux, énarques. Le monde de la finance y est autant représenté, si ce n'est plus, que le commerce et l'industrie.

22. Milan Bouchet-Valat, « Les évolutions de l'homogamie de diplôme, de classe et d'origines sociales en France (1969-2011) : ouverture d'ensemble, repli des élites », *Revue française de sociologie*, vol. 55, n° 3, 2014, p. 459-505.

Les trajectoires des financiers du Siècle donnent à voir différentes formes d'imbrication des intérêts privés et publics, selon qu'ils sont issus des rangs de la haute fonction publique ou non. Issu de la promotion Robespierre de l'ENA (1968-1970), Marc Ladreit de Lacharrière a démissionné de la fonction publique immédiatement à sa sortie de l'École – fait assez rare pour être souligné – pour rejoindre la Banque de Suez et de l'Union des Mines, puis la direction financière de L'Oréal, tout en gérant ses propres affaires (notamment les éditions Masson). Aujourd'hui milliardaire (la revente de l'agence de notation Fitch lui a rapporté près de 3 milliards d'euros en 2018), il dirige sa holding, Fimalac, qui contrôle, entre autres actifs, Webedia, un éditeur de contenu sur internet, et sa filiale Tradelab, spécialiste de la monétisation des données personnelles. Administrateur de nombreux groupes, Ladreit de Lacharrière s'est aussi fait connaître par son engagement dans le mécénat. Sa fondation, Culture et Diversité, ratisse large : du Louvre à Jamel Debbouze. Politiquement, il avait misé sur François Fillon, même s'il se revendique à la fois libéral et progressiste. De son côté, Gilles de Margerie est, depuis 2018, à la tête de France Stratégie, le *think tank* officiel du gouvernement. Il est expert ès « *revolving doors* », ces navettes entre fonctions publiques et postes privés. Ce fils d'un ambassadeur de France cumule les titres scolaires : diplômé de l'École normale supérieure, agrégé de sciences sociales, passé par Sciences Po, énarque, il a rejoint l'Inspection des finances. Ses mouvements pendulaires entre le public et le privé donnent le tournis : directeur adjoint chez Rothschild & Cie Banque en 1988, il est ensuite conseiller auprès de Roger Fauroux, alors ministre de l'Industrie, puis du Premier ministre Michel Rocard ; à nouveau à l'Inspection générale des finances en 1991, il part deux ans chez Lazard, avant de rejoindre Indosuez, puis le Crédit agricole et enfin le groupe mutualiste Humanis. Gilles de Margerie fut aussi l'un des piliers du groupe des Gracques, qui rassemblent des hauts fonctionnaires et patrons réputés « de gauche », mais surtout favorables à la construction européenne telle qu'elle est : atlantiste et néolibérale plutôt que sociale.

Encore moins connue du grand public, Hélène Ploix incarne l'avènement du capital-investissement comme nouveau pôle d'accumulation dont les représentants ont conquis une place aux côtés des banquiers, des assureurs et des grands patrons[23]. Ploix est la fille d'un industriel, diplômée de

23. Marlène Benquet, Fabien Foureault et Paul Lagneau-Ymonet, « Co-produire la règle du jeu. État, assurance et capital-investissement dans la France des années 1990 », *Revue française de sociologie*, vol. 61, nº 1, 2020, p. 79-108.

Sciences Po et de l'INSEAD (réplique européenne de la Harvard Business School, située dans la forêt de Fontainebleau depuis qu'Olivier Giscard d'Estaing a participé à sa création en 1957). Licenciée en droit et ès lettres, elle a aussi obtenu un master à Berkeley. Sa carrière l'a menée du monde du conseil (chez McKinsey) à celui de l'investissement public (à la Caisse des dépôts et consignations), mais aussi dans des cabinets ministériels (notamment ceux de la secrétaire d'État à la consommation Christiane Scrivener en 1977-1978 et de Laurent Fabius quand il était Premier ministre) et au sein d'organisations internationales (le Fonds monétaire international et la Banque mondiale). Depuis la fin des années 1990, elle dirige Pechel Industries, un fonds d'investissement qui a longtemps réuni plusieurs fortunes familiales françaises (dont les Arnault et les Dassault).

Jean-Hervé Lorenzi vient, lui, plutôt du monde universitaire. Ce fils d'officier est docteur ès sciences économiques et agrégé de droit et de sciences économiques. Professeur d'économie à l'université Paris 13 et à l'École normale supérieure à la fin des années 1970, Lorenzi a lui aussi fréquenté les cabinets ministériels socialistes des années 1980-1990 : auprès de Jean-Pierre Chevènement, d'abord, puis de Dominique Strauss-Kahn et d'Édith Cresson. Professeur à Dauphine de 1992 à 2012, il a rejoint parallèlement la société de courtage d'assurances Gras Savoye, été conseiller du directoire et banquier conseil de la Compagnie financière Edmond de Rothschild (depuis 2000), ainsi qu'administrateur de nombreuses entreprises. Président fondateur du Cercle des économistes, il est le grand ordonnateur des Rencontres économiques d'Aix-en-Provence, qui rassemblent patrons, élus, journalistes et universitaires autour d'un thème d'actualité (« Résister aujourd'hui pour inventer demain », en 2021).

Tous ces financiers occupent successivement, ou en même temps, des positions dans plusieurs univers. Leurs carrières témoignent d'une inflexion sensible de la structure du pouvoir, du public, dans ses versants administratifs et politiques, vers l'économique. L'un des effets du tournant néolibéral aura été de brouiller les frontières entre ces secteurs, tout en faisant de l'économie la clef de voûte de l'ensemble. Désormais, propriétaires des groupes et cadres dirigeants des entreprises cumulent toutes sortes de principes de légitimité : l'héritage, la compétence, la réussite. Situés au cœur de la classe dominante, ils en imposent tant aux dirigeants politiques qu'aux serviteurs de l'État, qui cherchent davantage à obtenir leurs bonnes grâces qu'à contenir leur pouvoir.

Des grands patrons

Michel Offerlé

Les cadres sont supérieurs, les fonctionnaires hauts, les commerçants et les agriculteurs gros, et les patrons sont grands ; comme les bourgeois. Les gros patrons sont rares, sauf dans les caricatures, ou en animaux du bestiaire de l'anticapitalisme. « Grand patron » est une catégorie à la fois statistique et indigène, qui désigne les « patrons » dirigeant les plus grandes entreprises. Cette dénomination n'implique pas la possession personnelle du capital de l'entreprise : les managers sont susceptibles d'être remerciés par leurs actionnaires. Le grand patronat est un monde à part, parmi l'ensemble des patrons qui voient souvent d'un œil très critique, voire vindicatif, cette élite parisienne ne faisant vraiment pas le même métier qu'eux : nombre de petits et moyens patrons dénoncent les privilèges fiscaux dont bénéficient les grandes sociétés, ainsi que les rapports qu'elles entretiennent avec les petites (conditions de sous-traitance, délais de paiement) ; ils réprouvent aussi les rémunérations et les retraites de dirigeants qui, disent-ils, ne prennent aucun risque financier pour eux-mêmes.

La grandeur patronale peut être distinctive, mais le terme de « patron » a subi une dépréciation continue, y compris dans des milieux patronaux, au profit de « manager » ou d'« entrepreneur ». Les portraits, ou les nécrologies, privilégient « grand capitaine d'industrie » ou « grand entrepreneur » en hommage à ceux qui ont illustré leur profession par la réussite économique de leurs entreprises. En France, des trophées et des palmarès, décernés de manière opaque, récompensent « le manager de l'année », ou les patrons « les plus performants ». Un grand patron est donc aussi celui qui est reconnu comme tel par les différents créditeurs de grandeur (investisseurs, actionnaires, commentateurs économiques, communicants, parrains et pairs, gouvernants, voire aussi adversaires).

Un troisième sens procède d'équivalences lexicales : grand patron = grand patronat = grand capital = groupe restreint d'individus qui sont en position dominante dans le champ économique. C'est une désignation péjorative et dénonciatrice à des degrés divers de sophistication. Parfois, quelques raccourcis militants tentent d'expliquer la domination économique en invoquant un « gouvernement mondial invisible », des « nouveaux maîtres du monde » ou des lieux où les puissants, économiques et politiques, décideraient l'avenir, dans le secret de l'entre-soi.

Le Medef (Mouvement des entreprises de France) a remplacé en 1998 le CNPF (Conseil national du patronat français). Ses dirigeants considéraient le mot « patronat » comme un stigmate (qui renvoyait à « grand patronat ») et ont préféré se présenter comme des représentants des « entreprises » (terme plus neutre). 123 387 entreprises adhéraient au Medef en 2017, moins qu'à l'Union des entreprises de proximité, U2P (150 605) ou qu'à la Confédération des petites et moyennes entreprises (CPME, 144 939). Mais les textes sur la représentativité prennent en compte les effectifs employés par les adhérents des confédérations. Ceux du Medef s'élèvent à 8 518 902, contre 3 010 875 pour la CPME et 507 855 pour l'U2P. Ce qui donne au Medef le pouvoir de signer seul les accords interprofessionnels.

Par-delà les mots, leurs sens et les enjeux de représentation, qui sont ces grands patrons français, que font-ils et quelle est leur place dans le débat public ?

Qui sont-ils ?

Comme composante de la bourgeoisie, comme partie des élites, ou à partir de données sur les plus grandes entreprises françaises, du CAC 40 ou du SBF 120, les grands patrons ont fait souvent l'objet d'enquêtes sociographiques. Il s'y est agi de mettre en chiffres les propriétés de ce groupe social et leurs évolutions. En élargissant l'échantillon au millier de personnes des comités exécutifs – l'entité qui assiste le directeur général, potentiel vivier – on constate que, comparée à l'ensemble des chefs d'entreprise, cette élite patronale, sans surprise, présente des caractères très particuliers.

La situation décrite par Pierre Bourdieu et Monique de Saint Martin en 1978[1] n'a que peu évolué du point de vue du sexe. Il n'y avait alors aucune femme dans l'échantillon, elles sont toujours aussi peu nombreuses (une ou deux au CAC 40), malgré les politiques volontaristes de recrutement d'administratrices et, bientôt, des membres des Comex. Le débat porte sur le prix à payer pour entrer dans le cercle de la masculinité dirigeante, puis sur ce que ces femmes, sur-sélectionnées, réalisent, en matière de « performance économique » et de réputation sanctionnée par les marchés. Seconde variable, l'âge. L'accession à ces positions a impliqué pour la plupart des grands patrons de patienter dans une file d'attente ordonnée. De cinquante-huit ans dans les années 2000, la moyenne d'âge varie en fonction de l'occupation de fonctions exécutives (cinquante-quatre ans) ou de présidence (soixante-quatre ans)[2]. Il y a certes eu des changements récents aux directions des entreprises du CAC 40 (sept dirigeants de moins de cinquante ans en 2018) mais la moyenne reste stable sur plusieurs décennies.

Bourdieu et Saint Martin opposaient patrons d'État – qui détenaient un fort capital scolaire et un fort capital social constitué dans la haute bureaucratie ou dans les cabinets ministériels – et patrons privés, moins diplômés et détenant plutôt un capital économique hérité. Or, malgré la privatisation d'une large partie de l'économie française, les patrons d'État n'ont pas disparu. D'autres travaux[3] ont montré que la part de familles propriétaires, de moins en moins significative, ne représente plus que 20 % de l'ensemble, contre 43 % en 1981. Il s'agit là des plus grandes fortunes de France (Arnault, Hermès, Pinault, Mulliez, Dassault ou Bolloré).

Les « patrons d'État » étaient 55 % de l'échantillon en 1997 et 43 % en 2008. Quant à la filière « interne » – la montée des échelons de l'entreprise –, moins courante en France qu'en Allemagne, 30 % des patrons y auraient recouru en 2007, contre 20 % quinze ans plus tôt.

1. Pierre Bourdieu et Monique de Saint Martin, « Le patronat », *Actes de la recherche en sciences sociales*, n° 20-21, 1978, p. 3-82.
2. François-Xavier Dudouet et Éric Grémont, *Les Grands Patrons en France. Du capitalisme d'État à la financiarisation*, Paris, Lignes de repère, 2010.
3. Michel Bauer et Bénédicte Bertin-Mourot, *Radiographie des grands patrons français. Les conditions d'accès au pouvoir, 1985-1994*, Paris, L'Harmattan, 1997.

Le niveau de diplôme des grands patrons s'est élevé. Rares sont ceux qui n'ont que de « petits » diplômes (Martin Bouygues est bachelier), rares aussi sont ceux qui ont fréquenté « seulement » l'université. Les diplômes étrangers sont plus nombreux qu'auparavant mais les anciens des grandes écoles françaises dominent toujours, des polytechniciens (notamment des X-Ponts et des X-Mines) ou des énarques, voire les deux à fois. Ce qui est notable désormais, c'est la percée des formations en commerce et management (HEC, Essec, INSEAD, écoles étrangères). Près de 40 % des patrons du CAC sont passés par ces filières. En 2018, seuls huit grands patrons du CAC 40 étaient passés par un cabinet ministériel, et une douzaine d'entre eux par un grand corps (financier et /ou technique). Les vigies de l'Inspection générale des finances, des Mines et des Ponts servent toujours d'agences de placement pour les « hauts potentiels » de leurs corps qui souhaitent aller pantoufler vers trente ou trente-cinq ans, et parfois avant.

Rajeunissement relatif, expérience internationale plus marquée, percée des patrons formés dans les business schools : l'élite du grand patronat a changé depuis deux décennies. Resterait à développer comment ces nouvelles formes de socialisation – en particulier le déclin relatif des ingénieurs et la montée des managers issus de business schools – remodèlent la manière d'occuper le rôle.

Et que font-ils ?

De purs et simples « tondeurs de coupons », mus par des passions primitives, l'avidité, la cupidité et la jouissance, voire le plaisir de la domination. Une partie du sommet du patronat a pu correspondre à ce portrait dès lors que l'essentiel du travail de direction était un travail de représentation ; les activités techniques et administratives étant déléguées à des ingénieurs qui avaient la responsabilité du quotidien de l'entreprise. Mais les « grands patrons » se sont professionnalisés, notamment du fait de l'évolution des formations dispensées par les business schools, même si tous ne sont pas passés par ces filières et si, souvent, leurs savoir-faire « ne s'apprennent pas » au cours des formations initiales.

La socialisation aux affaires passe par de multiples épreuves familiales et sociales : l'une des pierres angulaires est la gestion de l'allocation rationnelle de son temps, disposition acquise notamment en classes préparatoires. Le travail entrepreneurial est une activité de direction interne et de représentation externe, d'enrôlement de partenaires, encadrée par un outillage gestionnaire, des institutions et des conventions, pas un agir héroïque d'un individu aventureux, tout à la fois intuitif et rationnel, qui exploite des écarts de prix.

En d'autres termes, la grande entreprise est aussi une bureaucratie. L'intensité de l'exercice des fonctions implique des emplois du temps de 50-60 heures (hors périodes de surchauffe) qui peuvent déborder sur le week-end. Une partie importante de ce temps est passé dans les avions et à l'étranger.

Le travail de direction s'accomplit de manière hachée ; il est multiple, pluriactif, rarement solitaire, très collectif, contraint. Alors que, dans les PME, l'enjeu est de passer de l'homme-orchestre au chef d'orchestre, dans les grandes entreprises, diriger, c'est s'attribuer ce que l'on considère comme essentiel, préserver son pouvoir d'évocation et savoir rétrocéder « le sale boulot ». La division technique et sociale du travail peut varier en fonction de la trajectoire propre du patron et de la manière dont il entend incarner son entreprise. Avoir des interlocuteurs de son niveau, grands clients, grands comptes, grands actionnaires, voire coach personnel, grands acteurs sociaux ou grands politiques, reste le plus souvent la norme.

En tout état de cause, l'intérêt, tel qu'il se manifeste dans l'accumulation et la reproduction des divers types de capitaux nécessaires à la poursuite de cette activité, ne saurait se réduire à la seule et unique recherche du gain matériel. La pauvreté du modèle de l'*homo œconomicus* nous fait passer à côté de cette double « vérité du travail » décrite par Bourdieu, « l'investissement dans le travail et dans les relations de travail[4] », qui peut aussi s'appliquer aux activités patronales. Sans tomber ni dans l'irénisme du « désintéressement » ni dans le diabolisme de la cupidité sans fin, on peut redonner de la complexité aux raisons d'agir et aux investissements dans le travail des « grands patrons » : plaisirs de la création, de l'innovation, passions, « défis de production » ou, plus prosaïquement, satisfaction de devenir « leader », sur un marché de plus en plus vaste.

Le grand patronat dans le débat public

Le travail de grand patron peut ne pas s'arrêter à l'entreprise. Il existe de multiples possibilités d'intervention, voire de sentiment de devoir intervenir dans la « vie de la Cité ». Les arbitrages entre les diverses sphères de vie sont intéressants à observer mais ils sont difficiles à documenter. Il faut prendre en compte ce qu'ils font faire (dans le travail et en matière de

4. « La double vérité du travail », *Actes de la recherche en sciences sociales*, n° 114, 1996, p. 89-90.

représentation) et la manière dont s'organise leur vie domestique : s'il existe peu de femmes grandes patronnes, il y a beaucoup de femmes de grands patrons qui ont des existences et des visibilités sociales contrastées en fonction de l'âge et des trajectoires des deux conjoints. Il y a aussi, du point de vue du rapport à la politique, plusieurs catégories de grands patrons. Certains ne s'intéressent qu'à leur entreprise et qu'à leur secteur. Carlos Tavares, le PDG de Stellantis, en est l'exemple. Il fait ou fait faire du lobbying pour défendre les intérêts de son entreprise, et ceux du secteur de l'automobile, mais ne contribue pas spécifiquement à la réflexion sur la défense du capitalisme.

Ceux que l'on peut appeler les « patrons politiques » sont minoritaires. Ils font valoir leurs points de vue sur des enjeux plus larges qui ne concernent pas seulement leur entreprise. Ils accumulent les positions de pouvoir dans les organisations patronales ou les *think tanks*, participent à des colloques ou des commissions, multiplient les engagements mécénaux ou philanthropiques compatibles avec leur niveau de responsabilité ainsi qu'avec leur estime de soi. Ils pensent pouvoir peser individuellement et collectivement sur la construction des problèmes publics, de même que sur la définition des agendas de politiques publiques. Certains agissent indirectement par le contrôle économique de grands médias ou de maisons d'édition. D'autres écrivent des livres et publient des tribunes, mais peu sont à proprement parler des idéologues du capitalisme. L'ancien enseignant-chercheur Denis Kessler a tenté d'adapter les thèses de la société du risque d'Ulrich Beck, mais sans grand écho théorique dans le monde patronal.

Il y a, enfin, les patrons en politique : ils deviennent parfois ministres, cooptés par les dirigeants politiques ; rares sont les grands dirigeants qui, comme ceux de la dynastie Dassault, exercent des mandats parlementaires ; certains peuvent aussi s'inviter ou être invités, comme amis ou comme visiteurs des palais présidentiels, après avoir contribué financièrement, discrètement ou non, à l'élection.

Sociologiquement, les grands patrons sont des acteurs comme les autres, mais ils posent problème. On peut schématiser les débats publics autour d'eux à partir de trois principales thématiques : leur action, leurs revenus, leur « influence ». La grande entreprise est, d'abord, en elle-même une question récurrente. On débat de sa taille et des conséquences de cette taille depuis la naissance de la grande industrie et du capitalisme. Vision optimiste : elle permet des économies d'échelle et de coûts, elle constitue un moteur de la croissance mais les ententes ou cartels faussent le jeu de la concurrence qu'il convient de réglementer afin de rétablir le vrai jeu du marché. Vision pessimiste : exploitation maximale d'une classe ouvrière dans de grandes concentrations, lutte contre « les deux cents familles » dont les activités prédatrices devaient être nationalisées.

Désormais, c'est la qualité et la transparence des produits qui sont interrogées et mises en cause par de multiples groupes de plaidoyer. C'est aussi la financiarisation des activités des entreprises (une entreprise n'a de comptes à rendre qu'à ses actionnaires), leurs pratiques fiscales (comment payer le moins d'impôts possible), sociales (la réduction des effectifs et la délocalisation des activités afin de maintenir la compétitivité et la valeur actionnariale) ou environnementales (les externalités négatives pour la nature) qui sont dénoncées, ou, à plus bas bruit, la question de la gestion de leurs rapports avec leurs fournisseurs ou sous-traitants. Mais un grand chef d'entreprise, généralement étiqueté visionnaire, doit être « sans états d'âme », selon les portraits qui sont faits de lui ; il est celui qui sait, à la lumière schumpétérienne de la destruction créatrice, tenir le cap. Noël Goutard, ancien PDG de Valeo, opposait à ses détracteurs, qui le surnommaient le « Boucher de Montrouge », « 200 usines construites, 150 000 emplois créés, 20 milliards d'euros investis[5] ». Au-delà de l'accompagnement idéologique qui a justifié la financiarisation des échanges, on a moins prêté attention à l'évolution de l'encadrement normatif comptable. Les normes IFRS (*International Financial Reporting Standards*), fixées par un bureau international privé, ont bouleversé le calcul de la valeur de l'entreprise en passant du coût historique à la valeur de marché.

Si la thématique des « coûts du capital » a été utilisée pour faire pièce à la rhétorique du « coût du travail » (« les charges »), les acteurs du capitalisme savent intégrer, recycler et réinterpréter les critiques. C'est d'ailleurs ce qui est en train de se passer avec la « critique écologique », au principe de discours, mobilisations et « bonnes pratiques » sur la « refondation », la « réinitialisation » du capitalisme, désormais « circulaire », « inclusif » ou « responsable ». Se dessine une bonne volonté réformatrice, environnementale plus que sociale, généralisée. Les raisons d'agir peuvent être de pure fonctionnalité (« durable, donc rentable ») ou plus sophistiquées. Selon la loi « Pacte » de 2019, une société est désormais gérée dans « son intérêt social en prenant en considération les enjeux sociaux et environnementaux de son activité ». Elle peut, dans ses statuts, se doter d'une « raison d'être »,

5. « Décès de l'emblématique ancien patron de Valeo, Noël Goutard », *Les Échos*, 18 décembre 2020.

voire devenir « entreprise à mission ». Cette adaptation du cadre législatif met en évidence les débats qui agitent les directions d'entreprise quant au poids respectif des « parties prenantes » (rapport Notat-Senard, 2018). Une nébuleuse réformatrice milite au travers de tribunes dans la presse et d'expérimentations dans les entreprises pour rendre le capitalisme plus « vivable ». On y retrouve Jean-Dominique Senard (Michelin), Antoine Frérot (Veolia), alliés parfois à des entrepreneurs de l'économie sociale, Jean-Marc Borello ou Pascal Demurger. Mais les ponts ne sont jamais coupés avec les autres voix fortes, bien plus libérales, du grand patronat, celles de Michel Pébereau ou de Claude Bébéar pendant longtemps, actuellement celle d'Henri de Castries (à l'Institut Montaigne).

La rémunération et les avantages (stock-options, parachutes dorés et retraites chapeaux) sont un autre sujet de débat public récurrent. Le « ratio d'équité » – soit l'écart entre les rémunérations des patrons et celles de leurs salariés – n'a cessé d'augmenter et s'établit, dans les entreprises françaises, à plus de 200. Ces rétributions « à l'anglo-saxonne » seraient justifiées par les résultats, souvent uniquement financiers (avec de timides prises en compte de la « performance environnementale ») et qu'ils auraient obtenus grâce à leurs « compétences » ; mais, même avec ce type d'indicateur, il n'y a pas de corrélation systématique. Les autres justifications sont fondées sur des comparaisons avec les émoluments des grands artistes, grands footballeurs, avec d'autres revenus entrepreneuriaux américains ou avec ceux de leurs collègues français (« ne pas déchoir vis-à-vis des autres »).

Les écarts de revenus ne sont « rien » par rapport aux inégalités patrimoniales. Les plus grands patrons français ne sont pas obligatoirement les plus fortunés (professionnellement). Si le niveau des « 500 premières fortunes (professionnelles) de France » va de 80 millions à 100 milliards d'euros, soit plus de mille fois plus (d'après *Challenges*), il s'agit majoritairement de grandes fortunes patrimoniales ; les grands managers y figurent rarement. Les grands patrimoniaux font des affaires et consacrent une partie significative de leur temps à la vie mondaine, aux loisirs et aux dépenses ostentatoires, incarnant par leur style de vie une manière spécifique d'habiter et de consommer le monde. Ils sont peu impliqués dans la vie publique.

Le troisième débat a trait à l'interpénétration (voire à la collusion et la corruption) des dominants économiques et politico-administratifs. Les liens familiaux et amicaux entre politiques et patronats ont souvent été dénoncés comme étant la preuve de la connivence entre élites – Mitterrand et Riboud, Chirac et Pinault, Sarkozy et les invités du Fouquet's, Macron et ses premiers soutiens dans les milieux d'affaires –, tout comme les formations initiales communes qui créent un sens commun partagé. Cette connivence peut être objectivée à partir de cas très concrets (une fusion-acquisition, un marché public très profitable où s'entremêlent hommes politiques et grands patrons). Ou à partir de l'étude du lobbying, qui donne à voir l'enchevêtrement croissant du privé et du public[6]. D'autres travaux portent sur les lieux de coordination des élites, les *interlocks* (participation croisée à des conseils d'administration) et les prises de positions de pouvoir dans des organisations patronales (l'Association française des entreprises privées – Afep – plutôt que le Medef), des *think tanks*, des commissions gouvernementales, des organisations philanthropiques ou humanitaires, voire par l'accession à des postes directement politiques (parlementaires, ministériels).

Ce n'est pas du côté du Medef qu'il faut chercher une quelconque tour de contrôle unifiée et agissante des intérêts patronaux. Les grandes entreprises sont toutes adhérentes mais s'y investissent peu. Leur destinée dépend très marginalement de l'action du mouvement. Ses porte-parole expriment avant tout, pour les pouvoirs publics et les médias, une sorte d'intérêt minimal patronal, un dénominateur commun ; il s'agit d'une confédération qui doit tenir compte des antagonismes existant entre entreprises (conflits lors de tentatives d'OPA, haines recuites entre certains patrons) et ménager des fédérations ayant des intérêts divergents (la grande distribution et l'industrie alimentaire ; la banque et l'assurance) ou des désaccords sur les solutions à mettre en œuvre (les métallurgistes et les assureurs sur la politique des retraites). De plus, les grandes entreprises ont toute capacité pour agir et défendre en dehors de leurs fédérations leurs intérêts spécifiques, seules et dans le cadre de l'Afep. La centaine de grandes entreprises qui détiennent 76 % de la capitalisation boursière au sein de cette association n'a pas à gérer les relations sociales interprofessionnelles et se concentre uniquement sur ses missions de *trade organization*. Mais désormais, même l'Afep apparaît trop hexagonale pour certaines grandes entreprises qui, comme Essilor, font bien plus que la majorité de leur chiffre d'affaires hors de France.

6. Sylvain Laurens, *Les Courtiers du capitalisme. Milieux d'affaires et bureaucrates à Bruxelles*, Marseille, Agone, 2015 ; Pierre France et Antoine Vauchez, *Sphère publique, intérêts privés. Enquête sur un grand brouillage*, Paris, Presses de Sciences Po, 2017.

Le Medef et l'Afep agissent en faisant valoir leur expertise et se méfient bien entendu de tout débordement de rue qui pourrait fleurer le « poujadisme ». Ce ne sont pas des groupes d'intérêt comme les autres. Ils ont droit à un accès et à une écoute particuliers de tous les gouvernants, tous extrêmement attentifs aux principaux indicateurs économiques, qui constituent une des bases essentielles de l'assentiment des gouvernés. La défense d'un « fleuron » de l'économie française (avec ou sans contrepartie) apparaît, encore plus depuis la crise du covid, comme une priorité pour les gouvernants, de droite comme de gauche.

La relation concrète entre la présidence et les grands patrons depuis 2017 a été très fluctuante. Les grands patrons se sont ralliés au second tour à Emmanuel Macron, mais François Fillon était le premier choix pour la plupart d'entre eux. L'activisme réformateur des équipes Macron et leur discours (« *startup nation* ») ont suscité une adhésion critique de nombre de grands patrons, entre satisfaction entrepreneuriale et déception à l'égard d'une présidence ne s'attaquant pas suffisamment aux « archaïsmes étatiques », malgré le « bilinguisme » de proches collaborateurs du président, hauts fonctionnaires passés par le privé.

On peut se demander quels sont les ressorts des politiques économiques et sociales actuelles, et comment Emmanuel Macron et ses équipes ont défendu, repris, systématisé des revendications portées par des hauts fonctionnaires, des essayistes, des économistes ainsi que par des grands patrons et les organisations patronales. Les réformes « *pro-business* » que le candidat Macron avait formulées, le président les a assumées : suppression de l'ISF, *flat tax*, réforme du Code du travail, loi « Pacte », privatisations réalisées ou envisagées, réduction du périmètre des services publics, ainsi que les mesures annoncées en matière d'assurance chômage, de retraites ou de transformation du fonctionnement de l'État, du recours à des cabinets de stratégie privés et de la poursuite des politiques « d'innovation publique ». Les frontières entre privé et public ne cessent de travailler au détriment de ce dernier. Les grands patrons ne participent néanmoins pas tous (et ne souhaitent pas le faire) de la même manière à la pérennisation d'un système qu'ils habitent et qu'ils servent. Beaucoup préfèrent la discrétion et la *quiet politics*.

Le travail du capital

Camille Herlin-Giret

Fin de récession : les milliardaires français, constatait Oxfam en janvier 2021, « ont gagné près de 175 milliards d'euros entre mars et décembre 2020, dépassant ainsi leur niveau de richesse d'avant la crise. [...] 175 milliards d'euros, précisait l'association, c'est l'équivalent de deux fois le budget de l'hôpital public français[1]. » Depuis les années 1980, rien ne semble pouvoir arrêter l'accroissement des inégalités de richesses[2]. Le patrimoine des 500 premières fortunes de France pesait 730 milliards en 2020, soit 10 fois plus qu'en 1996[3]. On retrouve en tête de ce classement les fortunes des principaux actionnaires de trois célèbres marques de luxe – LVMH, Hermès et Chanel. Les noms des deux premiers ne nous sont pas inconnus : Bernard Arnault (dont la fortune dépasse les 100 milliards) et la famille Hermès. Les troisièmes, Alain et Gérard Wertheimer, sont les héritiers du cofondateur du groupe Chanel et figurent dans le classement depuis 1998. Si l'on quitte la centaine de super-riches pour essayer de dresser un tableau général des

1. Rapport Oxfam, « Le virus des inégalités. Zoom sur la situation en France », janvier 2021, p. 1-2.
2. Le creusement récent des inégalités ne doit pas faire oublier que les inégalités patrimoniales se sont tassées sur longue période (Thomas Piketty, *Capital et idéologie*, Paris, Le Seuil, 2019, p. 164).
3. Éric Tréguier et Damien Pelé, « Les 500 fortunes professionnelles de France », *Challenges*, 8 juillet 2020.

inégalités patrimoniales et de leurs évolutions ces dix dernières années, le constat frappe également. Les 10 % des ménages ayant les patrimoines les plus importants possédaient en moyenne 3 813 fois plus que les 10 % les moins dotés en 2010, 5 423 en 2015, 7 203 en 2018[4]. On retrouve là le produit d'un mouvement de fond, mis en lumière par Thomas Piketty[5] : après s'être considérablement tassées à la suite des deux guerres mondiales (lesquelles ont vu les fortunes se défaire et se sont soldées par la mise en place d'une fiscalité particulièrement progressive et redistributive), les inégalités patrimoniales sont reparties à la hausse.

Le retour de l'héritage

Le creusement des inégalités a largement à voir avec le retour en force de l'héritage dans la dynamique d'accumulation. Entre 1980 et 2015, le montant des successions est passé de 60 à 250 milliards et représente aujourd'hui 19 % du revenu disponible net des ménages, contre 8,5 % en 1980[6]. Mais on constate de très fortes inégalités en la matière : en France aujourd'hui, un tiers des individus n'héritera pas et ne recevra pas de donations[7], un tiers héritera ou recevra une donation d'un montant de moins de 8 500 euros et seul un dernier tiers recevra plus[8]. Parmi les 10 % des ménages les plus fortunés, l'immense majorité (90 %) a reçu ou s'attend à recevoir un héritage ou une donation. Dans la classe moyenne patrimoniale[9], c'est en revanche près d'un ménage sur trois qui n'a rien reçu et ne s'attend pas à recevoir quelque chose. Si l'on considère la propension à bénéficier, non pas d'un, mais de plusieurs héritages ou donations, l'écart se creuse bien davantage encore entre les plus fortunés et cette classe moyenne patrimoniale.

Avec l'accroissement de la richesse, ce ne sont pas seulement des chiffres qui viennent s'ajouter les uns aux autres pour former des sommes que l'on peine à se représenter ; c'est aussi la structure des fortunes qui se modifie. Les patrimoines, composés en grande majorité d'immobilier pour la plupart

---

4. Insee, « Patrimoine moyen par décile en 2010, 2015 et 2018 », 19 décembre 2019. Sont exclus ici les biens durables détenus par un ménage (voiture, équipement de la maison et autres objets de valeur).
5. Thomas Piketty, *Le Capital au XXIe siècle*, Paris, Le Seuil, 2013.
6. Clément Dherbécourt, « Peut-on éviter une société d'héritiers ? », *La Note d'analyse*, n° 51, 2017, p. 6.
7. Nicolas Frémeaux, *Les Nouveaux Héritiers*, Paris, Le Seuil, 2018.
8. Gabriel Zucman et Thomas Piketty, « Capital Is Back: Wealth-Income Ratios in Rich Countries, 1700-2010 », *Quarterly Journal of Economics*, vol. 129, n° 3, 2014, p. 1255-1310.
9. On désigne ainsi l'ensemble des déciles centraux (3 à 9), soit les ménages situés dans les 30 % à 90 % des ménages les plus riches.

des ménages, deviennent de plus en plus financiers. L'immobilier représente ainsi en moyenne près de 70 % du patrimoine des ménages faisant partie des 10 % les plus fortunés (soit ceux qui ont plus de 595 700 euros de patrimoine) et possédant moins de 800 000 euros de patrimoine net, mais il ne représente en moyenne plus que 34 % du patrimoine des ménages qui ont plus de 5 millions d'euros de patrimoine net. À l'inverse, le patrimoine financier, qui ne représente que 21 % du patrimoine des premiers, pèse en moyenne pour plus de 50 % du patrimoine des ménages qui ont plus de 5 millions d'euros de patrimoine. Ces différences ont des effets sur la structure des revenus : un patrimoine composé majoritairement d'actifs financiers et professionnels génère une rente importante. Plus-value, dividendes ou loyers : les revenus du capital prennent alors le pas sur les revenus de travail, même si ces derniers peuvent rester très importants.

En somme, plus on hérite, plus on possède. Et plus on possède, plus la richesse génère de rentes. Une société d'inégalités et d'héritage, des fortunes en actions : le tableau rappelle le début du XXe siècle, période où les inégalités patrimoniales ont été des plus marquées. Les grands noms de la banque et de l'industrie – Schneider, Motte, Hottinguer, Rothschild, par exemple –, encore connus aujourd'hui, ont formé des dynasties qui témoignent de l'immobilité intergénérationnelle des fortunes de l'époque[10]. Mais les manières de contrôler, de transmettre et de légitimer sa richesse ne sont plus les mêmes aujourd'hui. Si les fortunes étaient déjà fortement financiarisées dans l'entre-deux-guerres, les supports de détention ont en revanche beaucoup évolué, de même que les manières de transmettre ses biens. Au-delà du retour de l'héritage, le recours aux donations « du vivant » est par exemple un bon indicateur de la mise en place d'une stratégie familiale de maintien du capital économique dans le temps long, par la transmission anticipée de celui-ci à une autre génération et par la prise en compte des avantages fiscaux. Les dons d'argent (aux enfants ou petits-enfants) sont ainsi exonérés de droits jusqu'à près de 32 000 euros, et l'exonération est renouvelable tous les quinze ans. Encore récemment, des parlementaires proposaient de défiscaliser davantage ce mode de transmission déjà très faiblement imposé pour répondre à la précarité grandissante de la jeunesse. Pourtant, cette pratique est particulièrement discriminante : les trois quarts des Français·es n'ont jamais reçu de donations, et plus de la moitié d'entre

10. Luc Arrondel et Cyril Grange, « Transmettre des valeurs entre générations : tel père, tel fils ? », *Revue de l'OFCE*, n° 156, 2018/2, p. 77-95.

eux s'attend à ne recevoir ni héritage ni donation. La pratique des donations renseigne ainsi en creux sur l'inégale maîtrise de certains dispositifs fiscaux permettant de payer peu ou très peu d'impôts, laquelle maîtrise a des effets sur la dynamique d'accumulation. Il ne faut donc pas s'en tenir à l'examen de la distribution des patrimoines, mais aussi considérer la transformation des manières de faire travailler son capital, c'est-à-dire les activités qui concourent au maintien et à la légitimation de la richesse.

L'art et la manière d'accumuler

Pour ce faire, il importe de ne pas réduire la richesse à un simple attribut matériel – posséder un appartement, une voiture, avoir une assurance vie, etc. Dans les classes supérieures argentées, dès lors que la fortune prend la forme de participations dans une société ou plusieurs sociétés et dès lors que le travail du capital, de travail « à côté » qu'il était – louer un ou plusieurs appartements, par exemple, ou gérer un plan d'épargne en actions –, devient un travail à part entière – investir dans un hôtel que l'on va diriger ; transformer un château de famille en entreprise multifonction accueillant golf, lieu d'exposition, hôtel, restaurant, mariages et autres séminaires –, le rapport au temps, au travail et à l'accumulation s'en trouve changé. Les différences entre les fortunés dépendent, pour une part, de la consistance de la frontière entre travail du capital et travail. Lorsque celle-ci se brouille, l'investissement au travail est aussi un investissement pour faire fructifier son capital. Il ne s'agit donc pas d'opposer ici des rentiers et des cadres, mais bien deux manières d'accumuler. La première, classique, consiste à constituer une épargne. Elle ouvre des possibles, tant en termes de pouvoir d'achat et de style de vie qu'en termes de stabilisation d'une trajectoire d'accumulation par la transmission d'un stock accumulé à la génération suivante, qui bénéficiera ainsi d'une ou plusieurs aides financières non négligeables. La seconde forme confère à l'accumulation une place centrale dans la définition de soi, puisqu'au quotidien, travail et travail du capital ne font plus qu'un. La rémunération – salaires *versus* revenus du capital – s'en trouve modifiée, tout comme les manières de transmettre le capital – ouvrir les participations au capital d'une société à ses enfants et non plus seulement assurer leur trajectoire scolaire pour favoriser l'accès à certaines positions.

Quand les activités quotidiennes sont directement tournées vers l'entretien d'un capital, la dynamique d'accumulation devient un élément de définition bien plus fort, et ce sont aussi les manières de raconter et de justifier sa fortune qui changent. L'investissement dans le travail du capital permet précisément de se présenter sous les traits d'un·e entrepreneur·e qui travaille beaucoup, plutôt que comme un·e héritier·ère ou rentier·ère. Là où l'héritage a longtemps permis de légitimer la fortune, par l'inscription dont il témoignait dans une lignée, la rhétorique méritocratique valorise, à l'inverse, les fortunes qui se seraient accumulées par la seule force de travail. Le recensement des seules fortunes dites « professionnelles » dans le classement annuel du magazine *Challenges* est ainsi présenté par les journalistes comme un choix : celui de se pencher exclusivement sur les « entrepreneurs » et non sur les « rentiers ». Bernard Arnault a pourtant repris les rênes d'une entreprise familiale déjà florissante, avant de la développer de façon importante. Difficile de le dépeindre uniquement sous les traits de l'entrepreneur et de gommer ainsi son héritage.

Lorsque le jeune Bernard accède à la tête de l'entreprise familiale, à sa sortie de l'École polytechnique, sa sœur n'a pas la même chance. On oublie souvent combien les stratégies familiales de reproduction reposent sur des mécanismes genrés[11]. Les hommes bénéficient de donations précoces et héritent plus souvent des biens capitalistiques (une entreprise, notamment), quand les femmes se retrouvent avec un patrimoine qui ne peut être « travaillé » ou ne peut l'être que faiblement (une assurance vie ou des sommes en liquide, par exemple). De même, conjointes, sœurs et filles restent souvent exclues du travail du capital à mesure que les fortunes augmentent. Parce qu'elles ne sont souvent pas tenues au courant des actifs qu'elles peuvent pourtant posséder juridiquement, parce qu'elles ne sont pas conviées dans les espaces où les conseils sur la gestion des capitaux circulent, parce qu'elles sont encore rarement perçues comme aptes à faire travailler ce capital, les femmes fortunées ne peuvent accumuler autant que leurs conjoints, leurs frères ou leurs pères.

Le renouvellement des modes de contrôle, de transmission et d'intermédiation du capital place les enjeux fiscaux et juridiques au centre des stratégies familiales d'accumulation et invite à questionner le rôle joué par l'État dans ces dynamiques.

Régimes d'accumulation et politiques fiscales

Dès lors que la fortune est grande, les revenus du travail, même lorsqu'ils sont très élevés en volume, ne constituent que la portion congrue d'un

11. Céline Bessière et Sibylle Gollac, *Le Genre du capital. Comment la famille reproduit les inégalités*, Paris, La Découverte, 2020.

ensemble plus important de ressources. Ainsi, l'impôt sur le revenu ne permet guère de taxer les plus fortunés. En revanche, la fiscalité du capital a cet avantage, qu'il s'agisse de l'imposition des héritages et des donations, de la taxation du patrimoine (taxe foncière et « impôt sur la fortune », taxant annuellement la détention d'un stock d'actifs) ou de la taxation des revenus des capitaux (plus-values, dividendes, revenus fonciers, etc.). Mais ces trois grandes formes de taxation du capital, dès lors qu'elles touchent un public particulièrement fortuné, ont toutes été mises à mal ces dernières années.

Ainsi, le succès du discours méritocratique qui veut que le travail paie n'a pas empêché le vote, dès l'arrivée au pouvoir d'Emmanuel Macron, de dispositions qui ont assoupli davantage la fiscalité des transmissions des entreprises familiales, ni l'inclusion, plus récente, dans la loi de finances rectificative de 2020, d'une disposition permettant de donner, en franchise d'impôt, jusqu'à 100 000 euros en ligne directe sous certaines conditions. *In fine*, lorsque les multiples dispositions légales qui permettent de contourner cet impôt sont maîtrisées ou lorsque les ménages peuvent solliciter des professionnels de ces sujets, force est de constater qu'il est possible de léguer des sommes considérables – plus d'un million d'euros – sans verser un seul euro d'impôt. Le conseil fiscal est un créneau ancien (comme en témoigne la longévité du bureau d'études fiscales Francis Lefebvre, fondé en 1925, dont les publications font toujours référence dans le petit milieu du conseil fiscal). Mais il s'est considérablement développé depuis les années 1980, dans le sillage de la gestion de patrimoine.

L'impôt sur la fortune a également été mis en défaut. Si la suppression de l'ISF et son remplacement par un impôt ne taxant que la fortune immobilière ont fait grand bruit, le détricotage de l'impôt sur la fortune n'est pas pour autant récent. L'imposition des seuls actifs immobiliers paraît toutefois particulièrement inique : les possédants et possédantes les plus dotés, celles et ceux dont le patrimoine est majoritairement financier, sortent là encore largement avantagés par cette nouvelle assiette. Pour faire adopter cette mesure après l'élection d'Emmanuel Macron, ses partisans ont à nouveau fait valoir qu'elle permettrait de faire revenir celles et ceux qui auraient fui un niveau d'imposition trop élevé. Le départ en Belgique de la famille Mulliez, les feuilles d'impôt rarement françaises des sportifs et sportives de haut niveau ou encore la citoyenneté russe d'un Gérard Depardieu viennent alimenter régulièrement ce débat. Si le départ de personnalités fait toujours grand bruit, force est pourtant de constater que, depuis le début des années 2000, la part des redevables de l'impôt sur la fortune ayant quitté la France n'a jamais dépassé 0,3 %.

Enfin, l'imposition des revenus des capitaux a aussi été en partie escamotée par la mise en place d'un impôt proportionnel (30 %) sur l'ensemble de ces revenus, là où, auparavant, une partie de ces revenus faisait l'objet d'une imposition progressive. Cette réforme a favorisé l'envolée des dividendes, qui sont pourtant extrêmement concentrés : « En 2018, la progression des dividendes déclarés est de 62 %, à 23,2 milliards d'euros. 97 % de ce montant, soit 22,6 milliards, ont été perçus par 1,7 % des foyers fiscaux. 64 % du montant total de dividendes déclarés ont été versés à 0,1 % des foyers (soit 38 000 foyers), dont 33 % à 0,01 % des foyers (3 800 foyers)[12]. »

Ces allégements multiples de la fiscalité du capital sont assortis d'un discours particulièrement valorisant vis-à-vis de celles et ceux qui « réussissent », pour reprendre les mots d'Emmanuel Macron, dans l'entretien où il disait « croire » dans les « premiers de cordée », dans leur capacité à « s'engager dans la société pour créer de l'emploi et de l'activité[13] ». Les effets sur les inégalités ont été attestés et maintes fois soulignés dans les médias. En revanche, les effets escomptés de ces réformes se font bien plus discrets. L'effondrement des transferts de capitaux vers les petites et moyennes entreprises – la suppression de l'ISF ayant été accompagnée de la disparition de l'avantage fiscal concédé au titre de l'investissement dans ces entreprises – l'atteste tout particulièrement. Le résultat de ces politiques est surtout de soutenir, tant sur les plans symbolique et politique que sur le plan financier, des régimes d'accumulation qui contribuent au creusement des inégalités patrimoniales par le haut.

En 2013, le recul très rapide du gouvernement face au mouvement dit des « pigeons » (une mobilisation de chefs d'entreprise combattant l'alignement de la fiscalité du travail et du capital) semble attester un accès des plus fortunés aux arènes décisionnelles, du moins une capacité de mobilisation importante. À cela s'ajoutent les illégalismes de ces derniers, en matière d'évasion fiscale notamment, comme l'illustrent les scandales politico-financiers : on pense à l'affaire Cahuzac ou encore aux *Panama Papers*, documents dans lesquels on retrouve les noms de certaines personnalités politiques (comme Patrick et Isabelle Balkany ou Jean-Noël Guérini) ou d'hommes d'affaires (Patrick Drahi, Frédéric Oudéa). Ces illégalismes

12. Deuxième rapport du Comité d'évaluation des réformes de la fiscalité du capital, *France Stratégie*, octobre 2020, p. 123.
13. Emmanuel Macron, émission *Le Grand Entretien*, TF1, 15 octobre 2017.

manifestes sont pourtant encore peu contrôlés et sanctionnés[14]. C'est d'ailleurs près de 8 % de la richesse financière mondiale des ménages qui serait détenue dans des paradis fiscaux : îles Caïmans, Bermudes et autres confettis dépeuplés, mais aussi, au cœur de l'Europe, Luxembourg[15]. Il est ainsi tentant d'imputer aux classes supérieures argentées une omniscience et une capacité de mobilisation qui leur permettrait toujours de préserver leurs intérêts.

Mais cette perspective conduit trop souvent à laisser de côté l'ensemble des activités plus ordinaires par lesquelles les dynasties patrimoniales se perpétuent, l'impôt est contourné et les politiques fiscales se fabriquent. Nul besoin d'agir dans l'ombre ou de réaliser un travail de mobilisation important quand on est entouré d'une pluralité de conseillers et de conseillères qui, au quotidien, défendent vos intérêts en décortiquant la loi de finances et en élaborant des schémas complexes qui ont peu de chance d'être contestés par la suite. Nul besoin d'influencer les plus puissants quand ceux-ci partagent déjà l'idée qu'il faut baisser la fiscalité du capital. Nul besoin de déjouer l'administration fiscale quand, par le recours au rescrit, vous pouvez vous assurer qu'elle validera, en amont, le montage qu'un·e fiscaliste lui soumet[16].

L'idée d'une classe mobilisée ne doit pas, par ailleurs, masquer les divergences d'intérêts qui se font jour au sein même de ce groupe, en particulier si l'on tient compte de la dimension genrée des stratégies familiales de contrôle du capital. Surtout, elle ne doit pas conduire à minimiser le rôle actif joué par les gouvernants dans la valorisation de certains régimes d'accumulation. Les responsables politiques ont créé de plus en plus de régimes particuliers qui avantagent les plus fortunés. Récemment, la proposition de création d'un régime universel des retraites comportait ainsi, comme seule exception, l'instauration d'un nouveau régime « spécial » pour les plus hauts revenus. Ce nouveau régime concernerait les 1 % qui touchent les plus gros revenus : comme ils ne cotiseraient plus au régime général, ils devraient trouver des solutions pour financer eux-mêmes leur retraite, ce qui conduirait indubitablement à financiariser leur épargne et à créer

14. Alexis Spire, *Faibles et puissants face à l'impôt*, Paris, Raisons d'agir, 2012.
15. Gabriel Zucman, « The Missing Wealth of Nations: Are Europe and the US Net Debtors or Net Creditors? », *The Quarterly Journal of Economics*, vol. 128, n° 3, 2013, p. 1321-1364.
16. Alexis Spire, « La domestication de l'impôt par les classes dominantes », *Actes de la recherche en sciences sociales*, n° 190, 2011, p. 58-71.

un système, parallèle au général, de retraite par capitalisation[17]. L'absence de cotisation des plus hauts revenus, en plus de déséquilibrer le système général des retraites, contribuerait à l'envolée salariale de ces derniers, qui bénéficieraient en outre pleinement des nouveaux plans d'épargne retraite, à la fiscalité particulièrement avantageuse, mis en place par la loi « Pacte ». En distinguant une poignée d'ayants droit du reste de la population, c'est donc encore un nouveau régime d'accumulation que l'on propose à ces cadres à très hauts revenus.

17. Camille Noûs, « Le régime si spécial des "premiers de cordée" », *Sociétés contemporaines*, n° 116, 2019, p. 101-104.

La démocratie des diplômés

Pierre Rimbert

En 1958, le sociologue britannique Michael Young publie *L'Ascension de la méritocratie*[1]. L'action de cette fiction politique se déroule en 2034 dans un monde dirigé « non pas tant par le peuple que par les gens les plus intelligents ». Les talentueux, jubile le narrateur, un chercheur en sciences sociales docile et prétentieux, « ont eu l'occasion de s'élever au niveau qui correspond à leurs capacités, et les classes inférieures ont donc été réservées aux moins capables ». Ainsi légitimé, le régime honore ses héros. « Les rangs des scientifiques et des technologistes, des artistes et des enseignants ont gonflé. Leur éducation a été ajustée à leur haute destinée génétique. Leur pouvoir de faire le bien a été accru. Le progrès est leur triomphe ; le monde moderne, leur monument. »

La classe intellectuelle

Dans cette envolée au lyrisme digne du candidat La République en marche de 2017, c'est la composition du gouvernement des « intelligents » qui retient l'attention : des professionnels indifféremment littéraires ou scientifiques

1. Michael Young, *The Rise of the Meritocracy, 1870-2033. An Essay on Education and Equality*, Londres, Thames and Hudson, 1958. (Ce texte est une adaptation d'un article paru dans *Le Monde diplomatique* en août 2020, « La bourgeoisie intellectuelle, une élite héréditaire ».)

chargés de produire des connaissances, de reproduire l'élite, d'administrer l'État et les entreprises. En France, l'Institut national de la statistique et des études économiques (Insee) les rassemble dans la catégorie « Cadres et professions intellectuelles supérieures ». On y trouve pêle-mêle directeurs des ressources humaines et préfets, notaires et astronomes, journalistes et commissaires de police, publicitaires et consultants. Nulle autre catégorie socioprofessionnelle n'a vu ses effectifs croître aussi vite depuis la parution du livre de Young. Incarnations sociologiques des sociétés « postindustrielles » tournées vers le savoir, ils étaient 900 000 en 1962 (4,7 % de la population active française), huit fois moins nombreux que les ouvriers ; ils sont aujourd'hui 5,5 millions (20 %) et en 2020, pour la première fois dans l'histoire contemporaine, leur nombre dépasse celui des cols bleus.

Sortie des écoles et des universités les plus sélectives, la fraction supérieure de ce groupe représente 5 à 10 % des populations actives occidentales. Elle inclut les fameux 1 % les plus riches, mais les déborde largement. L'élite s'est massifiée mais aussi concentrée : aux notables naguère saupoudrés dans chaque ville se substitue une contre-société de surdiplômés nichée dans l'entre-soi de quartiers où il fait bon vivre. Jeunes en début de carrière ou cadres bien installés, ces individus détiennent le pouvoir de prescrire, « savent de quoi nous souffrons et délivrent de précieux diagnostics », ironise l'essayiste américain Thomas Frank[2]. À la tête des institutions de la culture, de la communication, de la recherche et des secteurs économiques de pointe, ils définissent les codes de la bienséance, les formes de la « bonne vie », les valeurs à suivre. Scribes universels, ils écrivent l'histoire de tous les groupes sociaux, y compris la leur : à une baisse des crédits dans leur domaine d'activité, ils répondent le plus sérieusement du monde par un « appel contre la guerre à l'intelligence », comme ce fut le cas en France en février 2004.

Alors que la dislocation de la paysannerie, la révolte des Gilets jaunes ou la précarité des auxiliaires de vie sociale sont analysées dans le débat public à l'aide de catégories génériques comme « les agriculteurs », « les ouvriers », « les services à la personne », les classes les plus instruites se dépeignent dans leur délicate singularité. « Tout se passe comme si une forme de matérialisme la plus rudimentaire était habituellement appliquée à l'étude des classes populaires, tandis que les subtilités théoriques destinées à sauver

---

2. Thomas Frank, *Pourquoi les riches votent à gauche*, trad. fr. É. Dobenesque, Marseille, Agone, 2018.

l'autonomie du sujet étaient réservées aux classes cultivées », a résumé le sociologue Jean-Claude Chamboredon[3]. Pour révéler les structures des sociétés, il faut au contraire considérer les intellectuels non plus comme une série d'individus uniques mais comme un groupe social.

Dans l'Occident médiéval, le haut clergé religieux, détenteur du monopole d'accès aux écritures, légitime le pouvoir des propriétaires fonciers et possède lui-même un quart des terres[4]. En Chine impériale (221 avant J.-C.-1911), « la classe des fonctionnaires-lettrés (ou mandarins) – couche infime quant à son nombre, omnipotente quant à sa force, son influence, sa position, son prestige – est le seul détenteur du pouvoir, le plus grand propriétaire », observe le sinologue Étienne Balazs. « Elle possède tous les privilèges, et d'abord celui de se reproduire : elle détient le monopole de l'éducation[5]. » Le cas de l'Inde précoloniale invite également à relativiser les vertus intrinsèquement progressistes qu'on prête parfois au savoir : le système des castes repose en grande partie sur la domination exercée par des intellectuels, les brahmanes, qui jouissent d'une prérogative exclusive d'accès au savoir sacré. « Ce sont eux, et non les rois, les princes ou les soldats, les seigneurs fonciers ou les bourgeois, qui assurent dans cette société une forme particulièrement opératoire de "domestication des masses" », écrit la chercheuse Isabelle Kalinowski[6].

L'ère capitaliste n'a pas transformé la nature de ce travail ; elle en a en revanche changé la forme, à mesure que la révolution industrielle et l'expansion de l'enseignement renforçaient le poids des diplômés et accentuaient l'hétérogénéité du groupe : la domestication des masses, et d'une large fraction des diplômés eux-mêmes, s'opère au nom de la rationalité économique et des « compétences » validées par l'État qu'exige sa mise en œuvre.

Quand Young rédige *L'Ascension de la méritocratie* à la fin des années 1950, le thème des intellectuels comme classe en ascension bat son plein. À l'Est, le système éducatif soviétique produit des millions d'ingénieurs et de cadres administratifs surdiplômés, entraînant une « poussée vers le haut

---

3. Jean-Claude Chamboredon, « La délinquance juvénile, essai de construction d'objet », *Revue française de sociologie*, vol. 12, n° 3, 1971.
4. Pierre Bourdieu, *Sur l'État*, Paris, Le Seuil/Raisons d'agir, 2012.
5. Étienne Balazs, *La Bureaucratie céleste. Recherches sur l'économie et la société de la Chine traditionnelle*, Paris, Gallimard, 1968.
6. Isabelle Kalinowski, « "Ils ne songent pas à désirer le nirvana". La sociologie des intellectuels dans *Hindouisme et bouddhisme* de Max Weber », *in* J. Heilbron, R. Lenoir et G. Sapiro (dir.), *Pour une histoire des sciences sociales*, Paris, Fayard, 2004.

des éléments sociaux les plus instruits[7] ». À l'Ouest, l'organisation scientifique de la production industrielle lancée dans les années 1920 par Frederick Taylor et dopée durant le New Deal de Franklin D. Roosevelt atteint sa vitesse de croisière. Une intelligentsia chargée de coordonner et de planifier des circuits économiques tentaculaires prolifère : la « technostructure », décrite par l'économiste John Kenneth Galbraith.

Dans cette néobourgeoisie cultivée se recrutent à la fois la base sociale de la Nouvelle Gauche contestataire et celle de l'administration Kennedy, ces brillants diplômés qui penseront la guerre au Vietnam. Au-delà de leurs inclinations politiques, ils nourrissent une même défiance vis-à-vis des extrêmes, du collectivisme, du traditionalisme et une même aspiration à l'ouverture, à la mobilité, à la subversion des normes culturelles. L'idée d'« en finir avec les idéologies » s'impose d'autant plus spontanément à leurs yeux qu'elle prélude au gouvernement des experts, c'est-à-dire à la démultiplication de belles carrières où les compétences scolaires se monnayent à bon prix. Tandis que la fraction radicale du groupe brûle les derniers feux des années 1968, une cohorte d'économistes, juristes, journalistes engagent l'offensive qui conduira au « Grand Bond en arrière » libéral – et à la création de centaines de milliers de postes de hauts cadres grassement rémunérés par les institutions financières[8]. Jusqu'à la fin des années 1970, pourtant, domine la conviction que « la nouvelle classe est la force la plus progressiste des sociétés modernes ; elle est au centre de toute émancipation humaine possible dans un avenir prévisible », comme l'écrit en 1979 le sociologue Alvin Gouldner dans un ouvrage retentissant[9].

Méritocratie contre démocratie

Vingt ans plus tôt, Young se montrait moins optimiste.

Car, à mesure qu'on en feuillette les pages, *L'Ascension de la méritocratie* vire au cauchemar. Le gouvernement des classes cultivées, qui a installé les plus brillants enfants du monde ouvrier à des postes de pouvoir pour dévitaliser l'opposition, n'est plus désormais composé que d'experts. La masse des non-diplômés rendus « inemployables » par les prodiges de l'« automatisation » – déjà ! – se voit enrôlée de force comme personnel domestique

7. Marc Ferro, préface à la nouvelle édition de *La Révolution de 1917*, Paris, Albin Michel, 1997.
8. Cf. Serge Halimi, *Le Grand Bond en arrière*, Marseille, Agone, 2012.
9. Alvin Gouldner, *The Future of Intellectuals and the Rise of the New Class*, Londres et Basingstoke, Macmillan, 1979. Lire également Lawrence Peter King et Ivàn Szelényi, *Theories of the New Class. Intellectuals and Power*, Minneapolis, University of Minnesota Press, 2004.

des intellectuels. « Une fois que tous les génies sont parmi l'élite, et tous les crétins parmi les ouvriers, que signifie l'égalité ? » interroge le narrateur. Dans la fiction de Young, le gouvernement des intellectuels parvient à maturité au début du XXIe siècle. Nantie d'appartements confortables, de dîners de gourmets, de vacances somptueuses, la classe éduquée scolarise ses enfants dans des établissements distincts et ne se reproduit désormais plus qu'en son sein. « L'élite est en passe de devenir héréditaire ; les principes de l'hérédité et du mérite se rejoignent », observe le narrateur.

Nous y sommes presque. Dans les sociétés occidentales, un fossé sépare du reste de la population la fraction des diplômés des cycles supérieurs longs et sélectifs. L'accent mis sur l'opposition entre les 99 % et les 1 % les plus riches détourne l'attention du groupe plus large qui bénéficie depuis un demi-siècle de la compétition méritocratique, et sans lequel les 1 % ne peuvent ni installer ni perpétuer leur domination. Si cette vision de la lutte des classes présente l'avantage pour les méritocrates qui la popularisent de se placer eux-mêmes dans le camp des opprimés, aux côtés des femmes de ménage, elle oblitère deux phénomènes cruciaux identifiés par Young dans sa fable d'anticipation : le monopole du pouvoir politique détenu par les intellectuels, et le caractère de plus en plus héréditaire de leur domination.

Pour justifier la création de l'École libre des sciences politiques – qui deviendra Sciences Po –, le professeur Émile Boutmy fit, en 1871, cette déclaration restée célèbre : « Contraintes de subir le droit du plus nombreux, les classes qui se nomment elles-mêmes les classes élevées ne peuvent conserver leur hégémonie politique qu'en invoquant le droit du plus capable. Il faut que, derrière l'enceinte croulante de leurs prérogatives et de la tradition, le flot de la démocratie se heurte à un second rempart fait de mérites éclatants et utiles, de supériorités dont le prestige s'impose, de capacités dont on ne puisse pas se priver sans folie[10]. » Un siècle et demi plus tard, feuilleter un trombinoscope politique ferait presque oublier que les postes de député, de chef d'État ou de gouvernement ne requièrent formellement aucun diplôme.

Auteurs d'une enquête sur les dirigeants politiques en Allemagne, Belgique, Danemark, France, Pays-Bas et Royaume-Uni, Mark Bovens et Anchrit Wille observent que « les diplômés du supérieur en sont venus à dominer toutes les institutions et arènes politiques, qu'il s'agisse des partis,

---

10. Dominique Damamme, « Genèse sociale d'une institution scolaire. L'École libre des sciences politiques », *Actes de la recherche en sciences sociales*, n° 70, 1987.

des Parlements et des cabinets, des groupes de pression, des lieux de délibération ou même des consultations sur Internet ». Les régimes représentatifs actuels s'apparentent à « des démocraties de diplômés[11] ». En 2016, 100 % des ministres belges et allemands étaient passés par l'enseignement supérieur, comme 95 % des ministres français. Or, observent les chercheurs, « les citoyens non diplômés du supérieur représentent environ 70 % de l'électorat ». On objectera avec raison que le phénomène n'est pas nouveau. Et c'est justement le problème : les démocraties naissantes avaient promis un gouvernement « par et pour le peuple » fondé sur l'instruction universelle.

Transmission

Comment se perpétue la domination d'une mince couche de savants-dirigeants quand l'université usine sans relâche des armées d'aspirants ? Depuis le début du XIXe siècle, la proportion de diplômés du supérieur est passée de moins de 1 % de la population adulte aux États-Unis et en Europe à environ 35 %. Pour maintenir la barrière, il suffit d'élever le niveau en instaurant de nouveaux obstacles culturels et financiers, infranchissables non seulement pour les moins instruits, mais également pour les diplômés surnuméraires. Les tamis combinés du savoir et de l'argent assurent un tri social si performant que, comme l'avait pressenti Young, la crème des méritocrates se reproduit désormais de génération en génération, à la manière d'une classe dominante héréditaire. Plutôt que des titres de noblesse, les parents transmettent d'abord à leur progéniture l'accès aux titres universitaires les plus prestigieux. À cette fin, ils engloutissent une part croissante de leurs revenus et de leur temps dans l'instruction, le bien-être, la culture, la santé de leur descendance. Aux États-Unis, les investissements de reproduction dynastique débutent avec la nounou bilingue, la crèche d'élite et s'achèvent une fois acquittés les frais de scolarité pharaoniques de Harvard, Yale, Princeton ou Stanford.

Mais des deux côtés de l'Atlantique, la transmission du capital culturel s'opère également, et peut-être surtout, sous la forme de temps d'attention parental, en particulier celui des femmes. Les professions intellectuelles, explique la sociologue Elizabeth Currid-Halkett, passent deux à trois fois plus de temps que les autres à jouer avec leurs nouveau-nés et à les instruire. À trois ans, un rejeton de profession libérale a entendu en moyenne vingt

11. Mark Bovens et Anchrit Wille, *Diploma Democracy. The Rise of Political Meritocracy*, Oxford, Oxford University Press, 2017.

millions de mots prononcés par un humain de plus qu'un enfant issu d'un autre milieu ; son vocabulaire est 49 % plus diversifié[12]. « À ses dix-huit ans, un enfant de riche aura reçu cinq mille heures d'attention de plus qu'un enfant de classe moyenne sous forme d'histoires lues, de conversations, d'événements culturels, d'entraînement sportif, etc. », précise le juriste Daniel Markovits. « Au même âge, un enfant de classe moyenne sera resté cinq mille heures de plus devant un écran qu'un enfant de riche[13]. » En engageant dans le rapport à leurs descendants une intention éducative qui prélude à celle des enseignants, les parents développent leur sensibilité émotionnelle, leur concentration, leur discipline. « C'est le produit de cet investissement culturel intensif, réalisé en famille, qui s'observe en crèche », note le sociologue français Wilfried Lignier, qui relève une continuité frappante entre les appartements de la bourgeoisie cultivée et les établissements qui scolarisent les enfants en bas âge : « présence des mêmes jouets (parfois de même marque), des mêmes types de meubles (préférence pour le bois, les couleurs pastel, etc.), des mêmes livres, etc.[14] ». La ségrégation de la « classe créative » se traduit également sur le plan spatial, quand les ménages cumulant toutes les ressources se regroupent dans certains quartiers de métropoles progressistes et ouvertes qui procurent un style de vie plus sain, un réseau social plus étendu et de meilleures chances de réussite que celles du reste de la population[15]. Dans l'agglomération parisienne, un actif sur quatre possède un master ou plus contre moins d'un sur dix dans les communes de moins de 35 000 habitants ; près de 30 % des surdiplômés français y résident (contre 15 % de la population)[16].

À l'abri derrière le rempart des formes éducatives exigeantes qu'ils instituent en norme à travers la presse et la culture, les intellectuels les plus prospères jugeront avec mépris les parents forcément moins ouverts, moins progressistes, moins généreux qui n'observent pas les mêmes rites culturels, corporels et alimentaires. Et feront tomber le verdict : « Ils n'avaient qu'à faire des études », injonction qui résume à elle seule le volet « social » des programmes libéraux.

---

12. Elizabeth Currid-Halkett, *The Sum of Small Things*, Princeton, Princeton University Press, 2017.
13. Daniel Markovits, *The Meritocracy Trap. How America's Foundational Myth Feeds Inequality, Dismantles the Middle Class and Devours the Elite*, New York, Penguin, 2019.
14. Wilfried Lignier, *Prendre. Naissance d'une pratique sociale élémentaire*, Paris, Le Seuil, 2019.
15. Insee, *Enquête emploi, 2017-2018* (calculs François Denord).
16. Lire Benoît Bréville, « Quand les grandes villes font sécession », *Le Monde diplomatique*, mars 2020.

On aurait tort toutefois d'associer la vie des élites méritocratiques à un long fleuve tranquille. Le darwinisme social qui écarte d'emblée la plupart des élèves issus de familles pauvres place également les enfants de riches dans un état de concurrence incessante. De la surcharge scolaire dès trois ans aux journées de douze heures comme associé d'un cabinet de conseil, les méritocrates s'aperçoivent à leurs dépens que le capital, même culturel, a besoin du travail – le leur ! – pour produire du profit. L'aliénation à des entreprises souvent dépourvues d'utilité sociale, qui érigent l'autodestruction par épuisement en critère d'excellence professionnelle, incite une fraction, minuscule mais croissante, à faire défection pour se reconvertir dans l'artisanat haut de gamme, le maraîchage en permaculture ou la chronique humoristique sur France Inter.

En France, la dissociation de la bourgeoisie cultivée du reste de la société n'a pas atteint son stade ultime. D'abord, parce que la part des revenus détenue par ce dernier décile stagne depuis le début des années 1970 alors qu'elle a augmenté de 13 % outre-Atlantique. Ensuite, parce que les enfants de familles aisées expérimentent fréquemment une phase de précarité en début de carrière, ce qui ne les incite pas à reconnaître un quelconque « privilège » de classe même quand ils détiennent la ressource rare qui, avec la propriété, structure la hiérarchie sociale : de bons titres scolaires. Enfin, le faible coût de l'enseignement supérieur français contraste avec les frais exorbitants exigés en Amérique où la moitié des étudiants des douze universités les plus prestigieuses descend des 10 % des ménages les plus riches.

L'exclusivisme bourgeois des établissements d'élite hexagonaux n'en est pas moins prononcé : l'École nationale d'administration (ENA) compte 6 % d'ouvriers et d'employés alors que ces catégories représentent la moitié de la population active. Quant à Polytechnique, 1,1 % de ses élèves ont un parent ouvrier, contre 93 % un parent cadre ou de profession intellectuelle supérieure[17]. Cet apartheid méritocratique s'accentue depuis les années 1950. On mesure le paradoxe d'une institution fondée sur la promesse d'universaliser le savoir et devenue à mesure de son expansion le centre de tri chargé de séparer les 10 % qui domineront tous les autres[18].

---

17. Cf. pour les États-Unis : Raj Chetty *et al.*, « Income Segregation and Intergenerational Mobility across Colleges in the United States », *NBER Working Papers*, février 2020. Et, pour la France, Pierre François et Nicolas Berkouk, « Les concours sont-ils neutres ? Concurrence et parrainage dans l'accès à l'École polytechnique », *Sociologie*, vol. 9, n° 2, 2018.

18. Cf. Emmanuel Todd, *Où en sommes-nous ? Une esquisse de l'histoire humaine*, Paris, Le Seuil, 2017.

Les heureux élus se reconnaîtront-ils dans cette description de l'écrivain américain Matthew Stewart, publiée en 2018 dans les colonnes distinguées du magazine *The Atlantic* ? « Nous, les 9,9 % [...], nous nous promenons en jeans et T-shirts hérités de nos débuts soi-disant modestes. Nous préférons signaler notre statut en parlant de nos corps nourris bio, des exploits de notre progéniture et de la rectitude écologique de nos quartiers. Nous avons compris comment blanchir notre argent par nos vertus supérieures. Surtout, nous avons appris à transmettre tous ces avantages à nos enfants. » Et Stewart résumait d'un trait la vérité objective que les cadres et professions intellectuelles s'évertuent à nier : « Nous faisons tourner la machine qui transfère les ressources des 90 % vers les 0,1 %[19]. » Si, dans les sociétés occidentales, la couleur de peau blanche et le genre masculin constituent assurément des privilèges dont la reconnaissance progresse, l'appartenance à la minorité la plus instruite en est un autre, dont les bénéficiaires relativisent volontiers l'existence.

Politique

Dans leur enquête sur les surdiplômés français de 25-40 ans (master ou plus, grandes écoles), la sociologue Monique Dagnaud et l'essayiste Jean-Laurent Cassely relèvent les traits communs à l'élite éducative : fluidité oratoire, maîtrise de l'anglais, expérience à l'étranger, mobilité, consommation culturelle omnivore, sentiment de liberté biographique, souci de l'environnement. Au sein de cet univers social d'autant plus homogène que ses membres se reproduisent entre eux, les auteurs distinguent un clivage. D'un côté, consultants et créateurs de startups souvent passés par les grandes écoles d'ingénieur et de commerce célèbrent la compétition et l'ébranlement des sociétés sous le fouet du numérique. À ce pôle techno-libéral glorifié par Emmanuel Macron en 2017 s'oppose une « alter-élite » qui « propage une innovation d'essence plus culturelle, au service d'un changement de société[20] » nourri d'expérimentations locales, de rapprochement avec la nature, de réticence vis-à-vis de l'accélération technique – le vivier d'un mouvement écolo-libéral en devenir. Ainsi l'aile marchante du capitalisme et sa critique interne émanent-elles d'une même couche sociale, celle des surdiplômés.

Son emprise a profondément reconfiguré le paysage politique occidental. Après la Seconde Guerre mondiale, les populations les moins éduquées et

19. Matthew Stewart, « The Birth of a New American Aristocracy », *The Atlantic*, juin 2018.
20. Monique Dagnaud et Jean-Laurent Cassely, *Génération surdiplômée. Les 20 % qui transforment la France*, Paris, Odile Jacob, 2021.

les moins riches votaient majoritairement pour les partis de gauche, ainsi qu'une petite fraction des professions intellectuelles liée au secteur public. Cette coalition s'est désintégrée. Sociaux-démocrates, libéraux et écologistes forment depuis les années 1990 des « partis de diplômés » largement désertés par les classes populaires, comme l'ont analysé Frank et, après lui, Thomas Piketty[21]. Ouvriers et employés quittent le jeu électoral ou ventilent leurs suffrages vers des partis qui, s'ils ne représentent pas leurs intérêts économiques, se définissent contre les élites libérales.

Cette ligne de fracture fait figure de don du ciel pour les commentateurs impatients de liquider les clivages qu'ils jugent dépassés. Dans de nombreux pays, explique l'hebdomadaire libéral *The Economist* (6 juin 2020), « le vieux clivage gauche-droite, fondé sur l'économie, a été remplacé par un clivage libéral-conservateur qui repose sur la culture ». Mais, loin de s'exclure, la culture et l'économie s'additionnent. En France, la détention d'un master reste étroitement corrélée à l'origine sociale : en 2017, 40 % des actifs nés d'un parent exerçant une profession libérale étaient titulaires d'un diplôme de niveau bac + 5 ou d'une école de type ingénieur, contre moins de 4 % des enfants d'ouvriers qualifiés du secteur logistique. Le gouvernement des intellectuels cossus s'inscrit dans le cadre d'une lutte de classes on ne peut plus traditionnelle.

Dans sa dystopie rédigée soixante-dix ans plus tôt, Young ne disait pas autre chose. Mais son ouvrage s'achève sur une note optimiste. En mai 2033 éclate un puissant mouvement « populiste » déclenché par les femmes, écartées de la redistribution des pouvoirs méritocratiques au profit des hommes. « Pour la première fois, une minorité dissidente de l'élite s'est alliée aux classes inférieures, jusqu'alors si isolées et si dociles », écrit le narrateur prétentieux de Young, sans préciser si les contestataires portaient des gilets jaunes. Des troubles éclatent. Les employés d'un magasin de luxe ravagent leur établissement. On retrouve le ministre de l'Éducation éventré. Une grève générale s'organise pour le 1er mai 2034, la première depuis plus de quarante ans. Déboussolé, le narrateur soudain moins sûr de lui table sur un essoufflement rapide du mouvement. Son récit s'interrompt subitement.

Sur le manuscrit, une note laconique de l'éditeur indique qu'il n'a pas survécu à l'insurrection.

---

21. Thomas Piketty, *Capital et idéologie*, Paris, Le Seuil, 2019. Lire également Michael Sandel, *La Tyrannie du mérite*, trad. fr. A. von Busekist, Paris, Albin Michel, 2021.

Fronts et frontières de la bourgeoisie

Cécile Gintrac

Villa Montmorency : un quartier clos de six hectares et d'une centaine de maisons au cœur du 16e arrondissement de Paris. Les entrées y sont surveillées 24 heures sur 24. Les acquisitions ne s'y font pas en dessous de 3 millions d'euros et peuvent même atteindre les 50 millions. Parmi les résidents, anciens ou actuels : Isabelle Adjani, Alain Afflelou, Vincent Bolloré, Arnaud Lagardère, Sylvie Vartan, Xavier Niel, Gérard Depardieu ou encore Thiago Silva. Nicolas Sarkozy est, lui, installé avec Carla Bruni dans une belle maison attenante. Comme Montretout à Saint-Cloud, la Villa est l'un des parcs lotis privés d'Île-de-France apparus au XIXe siècle. « Ghetto de riches », il symbolise l'inscription ancienne de la grande bourgeoisie dans l'ouest parisien. Mais il abrite aussi une part importante de « nouveaux riches », des célébrités et les figures émergentes du capitalisme français. Ce qui est nouveau aussi, c'est l'hypersécurisation de cet îlot de richesse et de pouvoir, qui en fait une véritable forteresse. La Villa Montmorency n'est pas seulement une curiosité. Elle illustre de manière extrême une tendance à l'entre-soi, au repli, à la fermeture, qui s'étend désormais à une large fraction des classes moyennes et s'impose comme un modèle de vie désirable à l'ensemble de la société.

Replis

Les sociologues Monique et Michel Pinçon-Charlot le soulignent : la ségrégation urbaine est toujours, à l'origine, une agrégation celle des plus riches. La sécession de la bourgeoisie passe d'abord par le repli. Limiter les contacts avec les autres classes sociales en faisant jouer à plein la barrière des prix immobiliers relève, à toutes les échelles, d'une lutte pour les meilleurs voisinages. Depuis le XIXe siècle, les puissants ont ainsi leurs bastions : arrondissements *select* (16e de Paris, 2e de Lyon), beaux quartiers (Saint-Étienne à Toulouse, les Grands-Hommes à Bordeaux) ou banlieues huppées des grandes villes (Marcq-en-Barœul ou Croix pour Lille, Saint-Didier-au-Mont-d'Or près de Lyon), villégiatures des stations balnéaires (Biarritz, La Baule, Perros-Guirec, Deauville, Le Touquet) ou des stations de ski (Megève, Chamonix), mais aussi citadelles agricoles (vignobles du Bordelais ou de Bourgogne, la Beauce). Nul besoin de dire qu'habiter ces lieux, et *a fortiori* y être propriétaire, est inaccessible à la grande majorité des Français.

Mais, depuis deux ou trois décennies, la ségrégation s'accélère au-delà de ces seuls bastions et stratifie désormais l'ensemble du territoire. En Île-de-France, région la plus inégalitaire, on observe que « la carte sociale se simplifie, dans le sens d'une diminution de la diversité sociale des voisinages[1] ». L'examen d'un indice spécifique, le quotient d'Isard, met en évidence la spécialisation sociale croissante des communes les plus pauvres et les plus aisées (marquées par une surreprésentation du 10e décile, soit les 10 % de la population les plus riches). Autrement dit, les plus riches vivent de plus en plus entre eux – et les plus pauvres également.

Non seulement les quartiers sont de plus en plus homogènes, mais ils se ferment. En France, il n'existe pas de définition standardisée ni de source statistique sur la fermeture résidentielle. Les données fournies par les promoteurs immobiliers permettent néanmoins de prendre la mesure d'un phénomène qui est loin de se limiter aux seuls « *gated communities* » à l'américaine, ces quartiers fermés, souvent en périphérie, qui constituent de véritables îlots autonomes. Depuis une vingtaine d'années, la fermeture s'étend à tous les territoires et à toutes les catégories sociales. Au dernier décompte, il y avait 1 550 résidences fermées à Marseille, soit 13 % de l'espace communal urbanisé et 29 % des logements. Dans les beaux

1. Antonine Ribardière, « Les territoires populaires du Grand Paris. Entre paupérisation, gentrification et moyennisation », *Métropolitiques*, 18 février 2019.

quartiers du sud ou de l'est de la ville, ces chiffres peuvent atteindre 30 % de la surface et 80 % des logements. 11 % de la longueur totale de la voirie a par ailleurs été privatisée, à différents degrés de fermeture[2].

La colline Périer, dans le 8e arrondissement de Marseille, est emblématique : c'est la colline dorée de la ville, avec ses hôtels particuliers, ses écoles confessionnelles et ses clubs de tennis privés. Construites au XIXe siècle, les grandes propriétés qui entourent de petits châteaux, les bastides, servent de résidences secondaires aux notables de la ville. L'un de ses châteaux et son parc, celui de Paulin Talabot, furent vendus aux enchères et acquis par une société immobilière pour en lotir une partie : quatre-vingt-dix propriétés de 200 à 700 mètres carrés, où les prix oscillent aujourd'hui entre 7 000 et 10 000 euros le mètre carré. Progressivement, d'autres résidences sont sorties de terre en lieu et place des anciennes bastides, mais en conservant parfois les murs et les grilles historiques. Certaines se sont fermées ensuite, notamment après la création des plages du Prado, dans les années 1970, qui a amené une fréquentation de masse, populaire. Puis, face aux problèmes de stationnement liés à cet afflux de visiteurs, l'ensemble des résidences de la colline se clôturent et recourent, pour certaines d'entre elles, à des sociétés de sécurité privées.

Les voies de ces lotissements sont restées dans un statut ambigu : d'un côté, les copropriétaires tentent d'obtenir de la municipalité l'éclairage ou l'entretien ; de l'autre, ils cherchent à faire reconnaître le statut privé des rues, en filtrant le passage. Pourtant, une voie traversant la colline Périer serait utile pour améliorer l'accès aux établissements scolaires publics et au stade. Si cette fermeture résidentielle apparaît comme la forme la plus extrême et visible de la sécession, elle ne représente que l'un des multiples aspects d'une dynamique bien plus puissante et géographiquement complexe, qualifiée, dès 2004, de « ghettoïsation par le haut[3] » par le sociologue Éric Maurin.

Repli et exclusion se jouent en effet au quotidien et, à une échelle plus fine encore, déterminent le choix de l'école des enfants. Ce « placement scolaire[4] » constitue le cœur des stratégies de reproduction des élites, même si ces pratiques s'étendent désormais à l'ensemble de la société, notamment

2. Élodie Crézé, « 29 % de logements sont situés en résidences fermées à Marseille », *Marsactu*, 20 mars 2014.
3. Éric Maurin, *Le Ghetto français. Enquête sur le séparatisme social*, Paris, Le Seuil, 2004.
4. Jean-Christophe François et Franck Poupeau, *Le Sens du placement. Ségrégation résidentielle et ségrégation scolaire*, Paris, Raisons d'agir, 2008.

aux classes moyennes qui cherchent à éviter coûte que coûte le déclassement social. L'évitement passe, d'un côté, par le contournement de la carte scolaire dans le public et, de l'autre, par le recours au privé. En 2015, les élèves issus des milieux très favorisés représentaient 37 % des effectifs du privé (ils étaient 30 % en 2003) contre 19 % dans le public. Dans le même temps, 20 % des collégiens du privé étaient issus de milieux défavorisés, contre 25 % en 2003. Le choix de l'enseignement privé, qui pouvait auparavant être lié aux convictions religieuses ou aux traditions régionales (comme en Bretagne), opère de plus en plus comme un vecteur de sélection sociale.

L'objectif reste dans tous les cas de « grandir entre pairs[5] » et d'éviter au maximum de côtoyer les classes populaires, *a fortiori* quand elles sont racisées. À Marseille, les géographes Gwenaëlle Audren et Virginie Baby-Collin ont ainsi montré comment « les territoires scolaires, c'est-à-dire les espaces de recrutement effectifs (et non théoriques, ce que sont les secteurs) des établissements scolaires, apparaissent comme plus ethniquement ségrégués que les quartiers (ou les secteurs scolaires) dans lesquels se situent les collèges[6] ». Logiquement, c'est dans les zones les plus populaires que les collégiens d'origine étrangère sont les plus nombreux à résider et à être scolarisés. Inversement, on note leur sous-représentation dans les établissements privés, même par rapport à leur proportion moyenne dans les quartiers. Dans les faits, le choix du lieu de scolarisation se révèle souvent plus stratégique encore que celui du lieu de résidence.

L'intensité du processus ségrégatif en France est donc essentiellement la conséquence des stratégies résidentielles et scolaires des plus aisés. Et l'évitement s'étend désormais à d'autres formes de sociabilité de la jeunesse, telles que les colonies de vacances ou les clubs de sport, le temps du loisir étant aussi distinctif que le temps scolaire. Les entreprises privées ont investi ce marché en proposant des offres de séjours thématiques, de séjours ciblés pour des publics plus favorisés, hors de portée des budgets des familles de classes moyennes ou modestes. Dans le même temps, les communes ont peiné à maintenir une offre à bas coût de colonies de vacances, d'autant plus qu'elles cherchaient souvent à vendre un patrimoine immobilier coûteux à entretenir. Villejuif a ainsi cédé son domaine de Saint-Hilaire-du-Riez pour laisser place à un terrain de paintball et à un camping, tandis que la colonie de Bezons, située à côté, est devenue

5. Éric Maurin, *Le Ghetto français*, *op. cit.*
6. Gwenaëlle Audren et Virginie Baby-Collin, « Ségrégation socio-spatiale et ethnicisation des territoires scolaires à Marseille », *Belgeo*, n° 2-3, 2017.

un village vacances. Acquis dans les années 1950, le parc immobilier de ces municipalités communistes offre des opportunités qui n'échappent ni aux promoteurs ni aux investisseurs.

Conquêtes

La logique de repli n'empêche pas – bien au contraire – une logique de conquête spatiale des élites, basée sur l'investissement et la création de plus-value immobilière qui se traduit notamment par le processus de *gentrification*. Il n'est d'ailleurs pas étonnant de constater que le terme déborde désormais largement sa définition première – celle d'un réinvestissement par les classes supérieures des centres dégradés et des zones péricentrales – pour évoquer toute forme de valorisation et de conquête des espaces urbains et péricentraux, périurbains et ruraux, où existe un différentiel de rente foncière. Le terme, forgé par le géographe Neil Smith qui l'a étudié à New York[7], permet de décrire la manière dont les espaces dévalorisés et bien localisés offrent de potentielles plus-values.

Le potentiel de gentrification tient bien entendu aux opportunités architecturales et esthétiques de rénovation du logement (transformation d'ateliers artisanaux en lofts, notamment), à la qualité du bâtiment et de la rue, mais aussi à la localisation du quartier par rapport aux activités urbaines et à l'évolution de cette situation, par exemple si de nouvelles infrastructures de transport sont prévues. On a souvent pointé du doigt la responsabilité de la petite bourgeoisie chassée des centres-villes, assimilée aux « bobos ». Mais il ne faut pas perdre de vue celle, massive, des investisseurs, disposant d'un capital important et cherchant à diversifier leur patrimoine, y compris par l'intermédiaire de gestionnaires de portefeuilles. En tout état de cause, la gentrification désigne « un rapport social inégalitaire d'appropriation de l'espace[8] ».

Cette conquête a pour une part été encouragée par les dispositifs nationaux de défiscalisation, y compris dans les quartiers dégradés. Les opérations d'aménagement menées par certaines municipalités sous forme de zone d'aménagement concertée (ZAC) accompagnent le renouvellement urbain et la « montée en gamme » : le rachat des friches industrielles ou

---

7. Neil Smith, « Gentrification et développement inégal », trad. fr. N. Vieillescazes, *in* C. Gintrac et M. Giroud (dir.), *Villes contestées. Pour une géographie critique de l'urbain*, Paris, Les Prairies ordinaires, 2015.
8. Marie Chabrol, Anaïs Collet, Matthieu Giroud, Lydie Launay, Max Rousseau, Hovig Ter Minassian, *Gentrifications*, Paris, Amsterdam, 2016.

d'îlots d'habitat parfois insalubre par la puissance publique (souvent les communes ou des sociétés d'économie mixtes) débouchent sur la revente du foncier à des promoteurs pour y développer de l'immobilier tertiaire ou résidentiel plus luxueux. Grâce à ce genre d'opérations, en une quinzaine d'années, les Balkany ont ainsi transformé Levallois, ancienne commune ouvrière au début des années 1980, en ville pour très riches, avec ses résidences de luxe, ses immeubles de bureaux à la place des usines Citroën sur le front de Seine, la généralisation de la vidéosurveillance, le clinquant du centre commercial So Ouest et, dans le même temps, l'effacement des anciens édifices communistes tels que le conservatoire, reconstruits selon les goûts de la bourgeoisie... À Toulouse, aussi, la ZAC et l'écoquartier de la Cartoucherie devraient étendre le front de gentrification au quartier Saint-Cyprien : longtemps délaissé, cet ancien faubourg de la rive gauche de la Garonne est prisé pour son patrimoine architectural et son ambiance « village ». Les prix de l'immobilier y ont flambé et un projet haut de gamme doit y voir le jour à l'emplacement de l'ancien hôpital de la Grave, notamment du pavillon Nanta – qui servait depuis 2016 de logement à des personnes en situation de précarité –, sous couvert de revalorisation patrimoniale du site et de mixité. Le processus de gentrification est ainsi largement accompagné par les politiques publiques.

Dans les espaces périurbains et ruraux, c'est autant l'accessibilité que l'appropriation des aménités et des espaces naturels qui guident l'investissement. La qualité environnementale devient un élément central d'attractivité, un argument de vente, en vertu d'un processus d'« écologisation de l'environnement résidentiel[9] ». Pour satisfaire leur désir de « nature », ces ménages s'installent dans les espaces bénéficiant d'une bonne accessibilité des services et d'un cadre de vie de qualité. L'épidémie de covid a d'ailleurs contribué à accentuer cet exode urbain vers les campagnes ou plutôt certaines campagnes, celles des résidences secondaires et des vacances, dans le sud et l'ouest du pays, ou dans l'orbite des grandes villes. Là-bas, la gentrification entraîne l'éviction des populations les plus modestes. C'est le cas au sein du parc naturel régional du Luberon, étudié par la géographe Greta Tommasi[10]. Autour des villages de Gordes, Roussillon ou encore Lacoste, « de nombreux nouveaux habitants fortunés se sont installés au fil

---

9. Cyria Emelianoff, « La fabrique territoriale des inégalités environnementales », *in* C. Larrère (dir.), *Les Inégalités environnementales*, Paris, Puf/La Vie des idées, 2017, p. 73-93.
10. Greta Tommasi, « La gentrification rurale, un regard critique sur les évolutions des campagnes françaises », *Géoconfluences*, avril 2018.

des ans. Pour les nouveaux propriétaires qui achètent d'anciennes fermes ou des maisons en dehors des bourgs se pose la question de l'entretien des grands terrains qui entourent ces propriétés. Ces terrains sont souvent donnés en fermage à des agriculteurs locaux, à une condition : qu'ils soient cultivés en lavande. Emblème de la Provence, mais pas forcément typique de cette partie du Luberon, la lavande est ainsi de plus en plus présente dans le paysage : les nouveaux propriétaires s'entourent de champs de lavande, pour la dimension esthétique et symbolique de cette plante. [...] Cette transformation paysagère contribue également à modifier la structure productive agricole, les agriculteurs adaptant leurs productions et leurs pratiques à cette nouvelle demande. » La stratégie spatiale des élites est donc loin de se limiter à une seule stratégie du repli. Cette idée répandue masque largement la logique de conquête à l'œuvre, une logique d'accumulation et parfois de prédation des espaces naturels.

Contournements

Se placer socialement et spatialement, c'est aussi savoir se placer régulièrement au-dessus des lois. Par exemple, en ignorant ou en contournant la loi « littoral », adoptée en 1986 et que les associations de défense de l'environnement s'échinent depuis à faire appliquer. À Saint-Briac, près de Saint-Malo, le sentier des douaniers est ainsi coupé par les terrains de plusieurs villas. De riches propriétaires refusent au quidam l'accès à la mer. Les habitants de la commune se mobilisent pour tenter de faire respecter les dispositions qui imposent qu'une bande de trois mètres reste ouverte au public.

Mais les élites savent aussi mettre en avant la loi quand elle préserve leur bien. La loi « littoral » est ainsi défendue quand il s'agit de limiter les constructions ou de préserver le cadre paysager des résidences et manoirs de bord de mer, et donc aussi leur valeur. À ce titre, les plus riches sont en quelque sorte les champions du phénomène NIMBY, « *Not in my backyard* », qui consiste à protester contre l'implantation dans son environnement proche d'une infrastructure considérée comme dévalorisante. On ne sera pas étonné de retrouver dans les mobilisations contre les éoliennes des militants écologistes aussi bien que des notables soucieux de la valeur paysagère de leur bien.

La sécession se traduit aussi par le refus des formes de solidarité et de redistribution des richesses. La volonté d'échapper aux dispositifs de solidarité nationale se traduit d'abord jusqu'à l'exil fiscal ou, plus largement, l'expatriation. En dix ans, la France a perdu 4 578 assujettis à l'ISF, représentant un actif net imposable de 23,8 milliards d'euros. Les destinations privilégiées, fiscalement avantageuses, sont souvent frontalières : Royaume-Uni, Suisse et Belgique. À l'échelle locale, les Pinçon-Charlot ont aussi analysé comment les plus riches mobilisent leurs ressources (de tous ordres) et leurs réseaux pour défendre leur cadre de vie. Le « militantisme grand-bourgeois » peut parfois s'exprimer de la manière la plus déboutonnée qui soit. La création d'un centre d'hébergement d'urgence pour SDF dans le 16e arrondissement de Paris avait donné lieu à des débats houleux entre les riverains, d'un côté, la mairie de Paris et la préfecture, de l'autre. Mais, le plus souvent, la « lutte des classes » est relayée par les politiques locales, les municipalités défendant ainsi leurs habitants les mieux dotés : sans doute cela explique-t-il que les communes aisées de l'ouest parisien aient obtenu que la construction du tronçon occidental de l'A86 soit abandonnée.

C'est aussi dans cette perspective qu'il faut comprendre la persistance du refus de la loi SRU (ou loi relative à la solidarité et au renouvellement urbain), vingt ans après sa promulgation. Derrière les difficultés d'application de cette loi qui oblige les communes de plus de 3 500 habitants à avoir 25 % de logements sociaux sur leur territoire, il y a bien souvent une stratégie délibérée des maires, qui contournent la construction de logements familiaux très sociaux en leur substituant des Ehpad ou des logements étudiants, plus temporaires. Certaines communes sont des récidivistes et préfèrent payer les amendes, comme Sainte-Foy-lès-Lyon, dans le Rhône, ou Enghien-les-Bains, dans le Val-d'Oise, avec respectivement 13 % et 10 % de logements sociaux. Au total, ce serait plus de 53 % des conseils municipaux qui manqueraient ainsi à leur devoir de solidarité. Nombre de politiques publiques favorisent le séparatisme des riches et lui donnent une base légale. Rien d'étonnant à ce que la présidente de la région Île-de-France, Valérie Pécresse, mette en avant un dispositif « anti-ghetto », qui induit de cesser de financer des logements très sociaux dans les communes en comptant déjà plus de 30 %, plutôt que de chercher à renforcer les contraintes contre les municipalités qui n'appliquent pas la loi SRU.

L'idéologie dominante et le nouvel esprit du capitalisme

Gérard Mauger

Inventaire des lieux communs de trois campagnes présidentielles[1]

ASCENSION RÉPUBLICAINE
« Fils et petit-fils d'immigré, la France est ma patrie » (NS, p. 9).
« [Mon grand-père] était né en Grèce, à Salonique. Il avait combattu pour la France pendant la Grande Guerre » (NS, p. 10).
« Mes instituteurs croyaient dur comme fer que la connaissance peut sauver le monde et que l'ignorant n'est pas un homme libre » (NS, p. 10).

« Si j'ai grandi dans une famille aisée, mes origines ressemblent à celles de beaucoup de Français. [...] Mon père, à force d'études, était devenu médecin, presque un notable, mais ma mère, assistante sociale, vivait chaque jour au contact des réalités du salariat » (FH, p. 22-23).

---

1. Les citations sont tirées des ouvrages suivants : Nicolas Sarkozy, *Ensemble*, Paris, XO, 2007 ; François Hollande, *Changer de destin*, Paris, Robert Laffont, 2012 ; Emmanuel Macron, *Révolution*, Paris, XO, 2016. Les citations sont suivies des initiales de l'auteur et du numéro de la page où elles figurent.

« J'ai franchi une à une, sans aide de quiconque, les étapes de la méritocratie française, jusqu'à l'École nationale d'administration qui était regardée comme le passage obligé pour servir l'État. Comme je voulais aussi comprendre les réalités économiques, j'ai complété cette formation par un diplôme d'HEC » (FH, p. 11-12).

« Je suis né dans une famille de médecins hospitaliers. Cette famille avait accédé récemment à la bourgeoisie, s'élevant comme on disait autrefois, par le travail et par le talent. [...] L'histoire de ma famille est celle d'une ascension républicaine dans la province française [...]. Cette ascension passait par le savoir » (EM, p. 11-12).

ASSISTANAT

« Revaloriser le travail, c'est tourner le dos à une société dans laquelle l'assistanat paie davantage que le travail, et dans laquelle un tout petit nombre accapare le fruit des efforts de tous » (NS, p. 138-140).

CAPITALISME

« Je crois au capitalisme [...]. Mais je suis convaincu que le capitalisme ne peut pas survivre sans une éthique [...] sans l'humanisme » (NS, p. 63).

« Nous sommes en train de vivre un stade final du capitalisme mondial qui, par ses excès, manifeste son incapacité à durer véritablement » (EM, p. 64).

DÉLIQUANCE/DÉLINQUANTS

« Il faut responsabiliser les parents, sanctionner ceux qui ne veulent pas assumer leur rôle » (NS, p. 40).

Il faut « cesser d'excuser toujours les voyous et de mesurer la gravité d'une faute par l'âge de celui qui la commet [...]. C'est insulter la jeunesse que de la penser incapable de faire la différence entre les voyous et les autres » (NS, p. 40-41).

« La délinquance souvent est liée à la déshérence, au désœuvrement, à l'abandon. Mais la misère n'excuse rien » (FH, p. 113).

« Le niveau de violence et de délinquance dans certains quartiers est bien plus élevé qu'il y a vingt ans » (EM, p. 191).

DÉPENSE ET DETTE (PUBLIQUES)
« La dérive des finances publiques a augmenté le coût du travail et diminué le pouvoir d'achat des travailleurs. Ce qui a grevé la compétitivité de l'offre et freiné la demande, augmenté le chômage et ralenti la croissance » (NS, p. 114).
« Nous ne pouvons pas continuer à laisser tourner la machine infernale de la dette » (NS, p. 119).

« Pour surmonter la crise financière, nous devons mettre de l'ordre dans nos comptes publics et nous désendetter » (FH, p. 29).
« Notre niveau d'endettement est dangereux : il faut le réduire » (FH, p. 29).
« L'urgence c'est le redressement financier » (FH, p. 135).

« Depuis plus de trente ans, droite et gauche [...] ont octroyé des aides sans les financer [...] en laissant à nos enfants la charge d'une dette insoutenable » (EM, p. 67).
« Nous avons été très généreux sur les aides sociales » (EM, p. 76).

DISCRIMINATIONS
« [La France] doit lutter par tous les moyens contre les discriminations, contre les ségrégations et contre le racisme » (NS, p. 45).

« Je perçois la différence, pour ne pas dire le gouffre, entre ces valeurs proclamées [celles de la République] et la réalité chaque jour ressentie de l'exclusion, de la discrimination, de la ghettoïsation » (FH, p. 78).

« Faire plus pour ceux qui ont moins, c'est aussi durcir notre réponse face aux discriminations. Elles se construisent sur les différences de sexe, d'origines, d'orientation sexuelle » (EM, p. 141-142).

DROITE/GAUCHE
« J'ai la conviction que les vieilles catégories politiques n'ont plus beaucoup de sens, que les problèmes les plus graves et les défis les plus grands auxquels la France se trouve aujourd'hui confrontée sont bien au-delà des seuls clivages habituels entre la droite et la gauche » (NS, p. 27).

« À tout vouloir tout de suite, il arrive qu'on n'obtienne rien, et à revenir vers une gauche plus à gauche, on peut risquer de laisser la droite au pouvoir » (FH, p. 128).

« Le temps est fini où la gauche pouvait faire l'impasse sur les réalités économiques » (FH, p. 135).

« Je suis un homme du pour. Pour tenter de dépasser les clivages politiques dont j'avais mesuré les conséquences négatives » (EM, p. 28).
« Je ne me résous pas à être enfermé dans des clivages d'un autre temps » (EM, p. 38).

ÉCOLOGIE
« [La France est confrontée au] défi de l'écologie, du réchauffement climatique » (NS, p. 109).

« L'écologie est la grande cause du XXIe siècle » (FH, p. 132).

« Nous sommes de plus en plus nombreux à penser que notre planète est bel et bien en danger et qu'il faut agir » (EM, p. 94).
« La nouvelle écologie que nous devons mettre en place n'est nullement contradictoire avec la nouvelle économie que nous souhaitons promouvoir » (EM, p. 97).

ÉGALITÉ
« L'égalité, ce n'est pas donner la même chose à tout le monde, c'est donner à chacun ce qui lui est nécessaire pour développer ses talents et pour conserver sa dignité » (NS, p. 53).
« La génération de Mai 68 [...] a propagé l'égalitarisme et le nivellement par le bas en abaissant le niveau des diplômes pour les donner à tout le monde. Elle a récusé la haute culture et la sélection » (NS, p. 32-33).

« Sans équité, il n'y a pas de réforme possible » (FH, p. 52).

« Je ne crois pas à l'égalitarisme qui fait que le succès d'autrui devient une offense insupportable » (EM, p. 71).
« La véritable égalité, [...] c'est celle qui met, dans les faits, chacun sur la même ligne de départ » (EM, p. 71).

ENTREPRISES (MARGES DES)
« À la fin des années 1970, après une longue période d'inflation où le pouvoir d'achat des salariés avait augmenté beaucoup plus vite que le revenu

national, de sorte que la rentabilité du capital et l'autofinancement des entreprises étaient devenus insuffisants, Raymond Barre avait courageusement entrepris une politique visant à déconnecter l'évolution des salaires et des prix. Cette politique avait pour but d'enrayer la spirale prix-salaires et de rétablir un partage de la richesse produite plus favorable aux entreprises » (NS, p. 128).

« Il faut que les entreprises, petites ou grandes, artisanales ou industrielles, puissent reconstituer leurs marges pour investir » (EM, p. 83).
« Pour investir dans l'innovation, les entreprises ont besoin de reconstituer leurs marges et donc de réduire le coût du travail, de l'énergie et du capital. [...] Je souhaite réduire les prélèvements sur les entreprises qui nuisent à leur compétitivité et soutenir l'investissement productif. Pour ce faire, entre autres, je transformerai le crédit d'impôt compétitivité emploi en allègement de charges et je déciderai d'autres allègements ou suppressions de cotisations sociales patronales [...]. C'est à cette condition que les entreprises pourront à la fois embaucher et investir » (EM, p. 85-86).

ÉTAT

« Je n'ai jamais compris que l'on oppose l'État et le marché. Quand l'État est tout, tout est étouffé par la bureaucratie, la corruption et le despotisme » (NS, p. 66).

« [Il faut] regarder tout ce que la société fait mieux que l'État et lui en confier la responsabilité » (EM, p. 259).

EUROPE

« Si l'Europe devait se défaire, c'est l'homme européen et l'idée qu'il se fait de la liberté de l'esprit et de la dignité de la personne humaine qui disparaîtraient » (NS, p. 93).

« Ma génération est européenne, pour ainsi dire de naissance » (FH, p. 91).
« J'ai vécu avec douleur le débat sur le traité constitutionnel européen. J'ai fait campagne pour le "oui" » (FH, p. 96).
« La rupture avec l'Europe, même si celle-ci nous a déçus, ferait beaucoup plus de mal que de bien » (FH, p. 125).

« L'Europe est notre chance pour recouvrer notre pleine souveraineté » (EM, p. 230).
« L'Europe de la souveraineté, c'est aussi celle qui régule le libre-échange et civilise la mondialisation » (EM, p. 233).
« [L'Europe est] notre chance dans la mondialisation » (EM, p. 263).

ÉVALUATION

« C'est l'évaluation de l'efficacité des politiques publiques et des dépenses qui permettra de supprimer les dépenses inutiles et de retrouver des marges de manœuvre [...]. L'évaluation, c'est la logique du résultat qui remplace la logique des moyens » (NS, p. 123-124).

« L'évaluation doit devenir systématique » (EM, p. 256).

EXTRÊME(S)

« Une partie des classes populaires se sent si maltraitée qu'elle s'est vouée à l'extrémisme en désespoir de cause » (FH, p. 123).

« [Il faut réagir à] l'inexorable progression des extrêmes » (EM, p. 40-41).
« Ne laissons pas le monopole du peuple et des idées aux démagogues ou aux extrémistes » (EM, p. 239).

FINANCE

« C'est la vocation de la zone euro de lutter contre les excès de la financiarisation de l'économie » (NS, p. 100).
Il faut lutter « contre les dérives d'un capitalisme financier où la spéculation a tendance à devenir plus importante que la production, où le prédateur a tendance à l'emporter sur l'entrepreneur, où l'exigence de rentabilité devient si élevée qu'elle ne peut plus être satisfaite sans sacrifier le long terme au très court terme » (NS, p. 144).

« Mon adversaire [...], c'est d'abord le pouvoir de la finance, qui établit ses normes, ses règles – et la première qui est de ne pas en avoir » (FH, p. 22).

« L'essor de la finance internationale [...] a accompagné le développement des échanges puis a connu sa progression propre » (EM, p. 56).
« Il y a du bon dans ce développement, qui a permis à nos économies de se financer plus rapidement et dans de meilleures conditions » (EM, p. 57).

MÉRITE

« Nous déciderons ou non d'inculquer à l'école le goût de l'effort et du travail et de récompenser le mérite » (NS, p. 38).

« Je suis convaincu qu'il y a une morale du capitalisme qui est une morale de la responsabilité et du mérite » (NS, p. 63).

« Le mérite doit être récompensé, le risque favorisé, l'entreprise encouragée » (FH, p. 23).

« La République, c'est la récompense du mérite » (FH, p. 40).

« La France compte des patrons remarquables, des financiers avisés, des dirigeants clairvoyants, des entrepreneurs voués à la réussite de leur entreprise. Une société s'élève par la qualité et le courage de ses premiers de cordée » (FH, p. 42).

« Je suis le produit du système méritocratique français, j'y ai réussi » (EM, p. 243).

« Je suis favorable à ce que nous maintenions le concours, celui de l'ENA, comme les autres. Car c'est une sélection par le mérite » (EM, p. 250-251).

FLEXIBILITÉ

« Dans un monde où la concurrence est plus intense, où le progrès technique est plus rapide, où les capitaux circulent plus vite [...], il sera de plus en plus rare de faire toute sa carrière dans la même entreprise, [...] les périodes d'activité alterneront plus fréquemment avec des périodes de recherche d'emploi, de formation ou de reconversion » (NS, p. 148).

« L'entreprise ne sera plus le lieu de travail de toute une vie, sous le régime du contrat à durée indéterminée. [...] On changera de plus en plus d'entreprise, de secteur et de statut. Cette évolution est inévitable » (EM, p. 59).

« Nous ne pouvons pas promettre la "sécurité de l'emploi", dans un monde où les mutations technologiques rendent certains métiers obsolètes et en suscitent d'autres » (EM, p. 129).

MONDIALISATION

« La mondialisation est une réalité » (NS, p. 84).

« La mondialisation est un fait. Un fait technique, financier, commercial, industriel, culturel » (NS, p. 82).

« Nul ne peut échapper à la mondialisation. Nul ne peut la récuser » (NS, p. 79).

« La mondialisation a permis à des millions d'individus de vivre mieux, notamment dans les pays émergents » (FH, p. 48).
« [La mondialisation est] le phénomène irrésistible qui a changé une fois pour toutes le capitalisme à l'échelle de la planète » (FH, p. 65).
« La France est dans l'Europe, la France est dans la mondialisation, elle n'en sortira pas par un coup de baguette magique » (FH, p. 135).

« Ce serait mentir que de prétendre que nous pourrions sortir de cette mondialisation pour vivre mieux [...]. Cette sortie ferait sans doute plus de victimes encore » (EM, p. 55).
« Je suis convaincu que la mondialisation est synonyme d'opportunités pour beaucoup » (EM, p. 216).

NUMÉRIQUE

« Internet offre des possibilités infinies dans le domaine de l'art et de la pensée comme dans celui de l'économie » (NS, p. 75-76).

« Aujourd'hui la France ne doit pas rater le virage de l'innovation et de la numérisation de son économie » (EM, p. 83).
« [Le numérique] est une organisation profondément décentralisée où chacun peut jouer un rôle et reprendre du pouvoir » (EM, p. 60).

PROTECTIONNISME

« Je crois à la concurrence qui pousse chacun à faire le mieux possible pour le moins cher possible [...]. Je crois à l'économie de marché où le client est roi » (NS, p. 65).
« La fermeture et le protectionnisme pur et dur seraient dramatiques » (NS, p. 84).

« Je suis résolument hostile au protectionnisme. Il renchérirait les prix et casserait à terme la dynamique du commerce mondial. Au détriment de tous » (FH, p. 64).

« La fermeture des frontières [ou] un pays d'ateliers nationaux financés par l'opération du Saint-Esprit [sont] des chimères » (EM, p. 56).

RÉUSSITE/ RICHESSE
« Je ne me lancerai pas dans l'éradication de la richesse » (FH, p. 131).
« Il faut aussi des riches dans une société, s'ils ont mérité leur fortune » (FH, p. 22).

« Nous devons apprendre à célébrer et à consacrer ceux qui réussissent dans tous les domaines » (EM, p. 87).

TALENT
« Je crois à la nécessité de valoriser la réussite et le talent » (NS, p. 65).
« [Il faut] mettre un terme à une fiscalité confiscatoire qui fait fuir les talents, ceux qui créent, ceux qui entreprennent, qui fait fuir les capitaux et avec eux l'épargne, les investissements, l'esprit d'entreprise et les emplois » (NS, p. 141).

« Les cités où la vie est si dure peuvent être demain le creuset des talents français » (FH, p. 85).

« Rien n'est plus précieux que la libre disposition de soi-même, la poursuite du projet que l'on se fixe, la réalisation de son talent quel qu'il soit. Et ce talent, chacun l'a en soi » (EM, p. 12).
« Je souhaite [...] d'abord une fiscalité qui récompense la prise de risque, l'enrichissement par le talent, le travail et l'innovation » (EM, p. 87).

Fonction, mode de production et schèmes structurants de l'idéologie dominante

En 1974, Valéry Giscard d'Estaing, polytechnicien, énarque, inspecteur des finances, est élu président de la République avec le projet d'une « société libérale avancée », contre François Mitterrand, candidat de l'union de la gauche. Deux ans plus tard, Raymond Barre, « l'un des meilleurs économistes de France » selon Giscard d'Estaing, traducteur de *Scientisme et sciences sociales* de Friedrich Hayek, est nommé Premier ministre. Dans un long article, Pierre Bourdieu et Luc Boltanski tentent alors de cerner ce qu'est l'idéologie dominante du moment[2]. Pour accéder à leur objet, les deux sociologues puisent à de multiples sources : textes officiels, extraits de

2. Pierre Bourdieu et Luc Boltanski, « La production de l'idéologie dominante », *Actes de la recherche en sciences sociales*, n° 2-3, 1976, p. 3-73, reproduit *in La Production de l'idéologie dominante*, Paris, Raisons d'agir et Demopolis, 2008.

journaux, copies de concours d'entrée à l'ENA, photos de presse, etc. Un montage d'extraits de ces documents d'origines diverses est présenté dans une « Encyclopédie des idées reçues et des lieux communs ». Sur cette base empirique, l'article met en évidence les fonctions sociales d'un discours défini comme « la philosophie sociale de la fraction dominante de la classe dominante », son mode de production et les schèmes qui l'organisent.

À un demi-siècle d'écart, on se propose de décrire l'état des idées de la classe dominante[3] en limitant les investigations à un corpus réduit mais supposé « représentatif » du discours politique dominant : les livres publiés par les trois derniers présidents de la République à l'occasion des campagnes présidentielles qu'ils ont remportées. Bien qu'ils aient des « auteurs », ces textes peuvent être lus comme des « discours sans sujet », qui circulent dans les écoles du pouvoir, les partis politiques, les *think tanks*, les cabinets de conseil, les instituts de sondages, comme des produits impersonnels élaborés par des experts, des communicants, des « éditocrates », des intellectuels médiatiques et étatiques, nationaux et internationaux, etc. Envisagés de ce point de vue, on peut considérer que ces ouvrages – labellisés « de droite » (Nicolas Sarkozy et les siens), « de gauche » (François Hollande et le PS) et « ni de droite, ni de gauche » (Emmanuel Macron et LREM) – condensent l'idéologie dominante dans la société française contemporaine[4]. Ils se font l'écho des enseignements des « écoles du pouvoir » (Sciences Po, ENA) qui produisent et reproduisent les producteurs légitimes du discours officiel dans un contexte où l'hégémonie croissante du capital économique dans le « champ du pouvoir[5] » a consolidé la mutation de Sciences Po en business school, encouragé la prolifération des écoles de commerce autour d'HEC et de l'Essec, l'extension des études de gestion dans les départements d'économie, la référence à « l'entrepreneuriat » à l'université et, de façon générale, conforté la place

3. Dans *Rendre la réalité inacceptable. À propos de la production de l'idéologie dominante* (Paris, Demopolis, 2008), Luc Boltanski ébauchait une actualisation. Voir aussi Luc Boltanski et Ève Chiapello, *Le Nouvel Esprit du capitalisme*, Paris, Gallimard, 1999 ; Louis Pinto, *Le Café du commerce des penseurs. À propos de la doxa intellectuelle*, Bellecombe-en-Bauges, Le Croquant, 2009.

4. Voir l'inventaire des lieux communs donné ci-dessus. La logique du dictionnaire implique la réduction des discours étudiés à un nombre limité d'entrées et accentue, ce faisant, ce qui les rapproche plutôt que ce qui les démarque. Par ailleurs, il est vrai que d'autres entrées auraient pu figurer dans cet inventaire. La plupart des notions sont auréolées, en effet, d'un champ lexical dont on n'a retenu que celle qui apparaissait centrale.

5. Voir Frédéric Lebaron, « Pierre Bourdieu et les dynamiques du champ du pouvoir », *in* S. Dufoix et Chr. Laval (dir.), *Bourdieu et les disciplines*, Presses universitaires de Paris Nanterre, 2018, p. 187-200.

prise par « la culture du management » créditée d'une « neutralité scientifique » garantie par la science économique néoclassique. Cet « effet d'objectivité » du discours dominant est consolidé par l'apparente diversité de ses producteurs et de ses relais (hommes politiques, hauts fonctionnaires, grands patrons, intellectuels médiatiques, experts et journalistes), par la multiplicité des positions qu'ils occupent au sein de la classe dominante, dont la grande bureaucratie d'État reste le point d'équilibre[6]. Les « sociétés de pensée » où s'investissent des hauts fonctionnaires – hier le Club Jean Moulin, aujourd'hui les Gracques, l'Institut de l'entreprise ou la Fondation pour l'innovation politique – contribuent à réduire les tensions et dissensions dans le champ du pouvoir, à concevoir et inculquer une politique ajustée aux exigences du rapport de force entre classes et fractions de classes, aux réquisits d'une parade permanente de neutralité. Ainsi, elles participent, selon Bourdieu et Boltanski, à « une circulation circulaire propre à produire un effet d'auto-confirmation et d'auto-renforcement ». En 1982, deux hauts fonctionnaires proches du monde de l'entreprise – Roger Fauroux et Alain Minc – et deux universitaires – François Furet et Pierre Rosanvallon – créent la Fondation Saint-Simon. En 1994, elle publie, par exemple, une note intitulée « La préférence française pour le chômage » qui persiste, aujourd'hui encore, à structurer le débat public. Terra Nova, la Fondation Jean Jaurès, l'Institut Montaigne, financés par le CAC 40 et/ou l'État, ont soutenu le candidat Macron en 2017. En mars 2019, la présentation du projet de loi de transformation de la fonction publique a été précédée non seulement par la publication d'une expertise de l'Inspection générale des finances, mais également par un rapport de l'Institut Montaigne qui recommandait un recours plus fréquent aux contractuels. Son auteur, haut fonctionnaire, avait rédigé en avril 2008 un livre blanc pour le *think tank* Génération libre sur l'avenir de l'administration, qu'il décrivait comme un « enfer réglementaire ».

Les schèmes structurants de l'idéologie dominante

Aujourd'hui comme hier, l'idéologie dominante, telle qu'on peut la dégager de l'inventaire de ses lieux communs, unifie la classe dominante et légitime son pouvoir au regard d'une partie au moins de ceux (celles) qu'elle domine. À cet égard, elle sous-tend une politique de dépolitisation qui justifie et

6. Voir François Denord et Paul Lagneau-Ymonet, *Le Concert des puissants*, Paris, Raisons d'agir, 2007.

consolide l'ordre social, assure la fermeture des possibles et entretient la lutte de tous contre tous que le néolibéralisme a mise à l'ordre du jour.

Au temps des aristocraties terriennes, l'idéologie dominante exaltait la terre et le sang. Elle célèbre aujourd'hui l'excellence scolaire. Le changement de mode de domination impose, en effet, un *aggiornamento*[7]. Héritiers et énarques, François Hollande et Emmanuel Macron se décrivent comme des cas d'« ascension républicaine », soulignant leurs (lointaines) origines populaires ou, à défaut, provinciales ou immigrées (dans le cas de Nicolas Sarkozy). Prosélytes de « l'idéologie du don », ils voient dans la réussite scolaire une consécration du « talent » et/ou du « mérite ». Certes, précisent-ils, les talents diffèrent et sont aléatoirement distribués, mais l'important est que les heureux bénéficiaires puissent exprimer le leur et que « la réussite » récompense « le mérite » : telle est en substance « la morale du capitalisme ». L'accent mis sur « l'égalité des chances » – que réalise idéalement « le concours », celui de l'ENA, par exemple – est là pour rappeler qu'ils ne confondent pas égalité et égalitarisme. Légitimant ainsi – scolairement – leur présence au sommet de l'État, les mythes de l'ascension républicaine et de l'égalité des chances réaffirment rituellement leur croyance dans la nécessité et la légitimité de leur action. Ils renforcent l'unité idéologique du « bloc bourgeois[8] » spontanément assurée par l'orchestration des habitus et l'harmonie (au moins partielle) des intérêts. Ils étayent l'assurance de classe d'héritiers qui estiment ne devoir qu'à leur mérite ou leur talent leur accès aux positions sociales les plus éminentes.

Prêche de convertis auprès de convertis, l'idéologie dominante est également destinée à consolider auprès des dominés la conviction du bien-fondé de l'ordre social. Elle est aussi, *de facto*, une entreprise d'éducation populaire et, en l'occurrence, d'inculcation de la *doxa* économique néolibérale. Les campagnes présidentielles sont une occasion pour les candidats d'exhiber leurs compétences économiques, pour les journalistes spécialisés de les évaluer et pour les électeurs intéressés de s'initier à « cette science de l'inéluctable qui [...] fait accepter ou rend acceptables les sacrifices, les disciplines et les contraintes[9] ».

---

7. Dans le mode de reproduction à composante scolaire, « le titre scolaire cesse d'être un attribut statutaire pour devenir un véritable droit d'entrée ». Voir Pierre Bourdieu, *La Noblesse d'État. Grandes écoles et esprit de corps*, Paris, Minuit, p. 406-415.

8. Voir Bruno Amable et Stefano Palombarini, *L'Illusion du bloc bourgeois. Alliances sociales et avenir du modèle français*, Paris, Raisons d'agir, 2017.

9. Pierre Bourdieu et Luc Boltanski, *La Production de l'idéologie dominante*, *op. cit.*, p. 89-90.

Coproduite par des savants et des experts et banalisée par des journalistes spécialisés[10], elle décrit « la mondialisation » comme « un état de fait », « une évidence », une « réalité extérieure » qui définit des contraintes inexorables et en déduit la politique rationnelle qui s'impose. Indépendamment de leur marque politique, les trois derniers présidents de la République présentent la mondialisation comme « un fait technique, financier, commercial, industriel, culturel » (Nicolas Sarkozy), « un phénomène irrésistible » (François Hollande) ou « une réalité économique » (Emmanuel Macron) et (à l'exception de Nicolas Sarkozy qui rappelle le rôle joué par Raymond Barre pour rétablir « la rentabilité du capital » après une décennie d'« insubordination ouvrière[11] »), ils « oublient » que cette « réalité » est la conséquence de la stratégie néolibérale mise en place par Ronald Reagan et Margaret Thatcher, amorcée en France par Valéry Giscard d'Estaing, puis relayée et approfondie après 1983 par le Parti socialiste au pouvoir en annulant progressivement les contrôles sur les mouvements de capitaux, sous couvert des contraintes de « l'impératif européen » qui réduisent le cercle du discutable. Paradoxalement, la grande noblesse d'État, issue de l'ENA et formée à l'enseignement de Sciences Po, s'emploie à réduire l'État à ce que, selon eux, « il sait faire » (« surveiller et punir » et organiser une charité subsidiaire) en le gérant comme une entreprise (*New Public Management*) et à confier tout le reste à « la société » (*i. e.* au marché). Pratiquement, il s'agit de convertir l'utopie néolibérale en programme politique : d'une part, en engageant un processus d'involution de l'État qui réduit le périmètre de ses fonctions sociales et régresse vers les seules fonctions régaliennes ; d'autre part, en travaillant, à travers privatisations et mesures de dérégulation, à une dépossession progressive de la puissance publique au profit des marchés, financiers notamment.

Construite et mise en scène comme un état de fait, la mondialisation détermine alors une politique qui est définie comme la seule et unique possibilité rationnelle, évaluée à travers les indicateurs du « gouvernement par les instruments[12] ». Si Nicolas Sarkozy, François Hollande ou Emmanuel Macron reconnaissent que la mondialisation comporte des « dangers », des « gagnants » et des « perdants », il n'y a pas d'autre issue, selon eux, que d'en

10. Voir Frédéric Lebaron, *Le Savant, le politique et la mondialisation*, Bellecombe-en-Bauges, Le Croquant, 2003.
11. Voir Xavier Vigna, *L'Insubordination ouvrière dans les années 68. Essai d'histoire politique des usines*, Rennes, PUR, 2007.
12. Voir P. Lascoumes et P. Le Galès (dir.), *Gouverner par les instruments*, Paris, Sciences Po, 2005.

tenir compte et s'y adapter le mieux possible. La réalité qu'il faut « regarder en face » dicte les conséquences politiques à en tirer et conduit à récuser toute forme de rationalité à d'éventuelles alternatives. Immuable, la ligne générale est définie en ces termes : pour lutter contre le chômage, sauver l'emploi et éviter les délocalisations, il faut, tout en veillant à la « cohésion sociale », renforcer la « compétitivité » des entreprises et l'« attractivité » du territoire national pour les investisseurs étrangers, donc réduire autant que faire se peut le « coût du travail », baisser les impôts et les charges, diminuer les dépenses publiques, tout en accordant la priorité au remboursement de la dette dont dépend « la confiance des marchés ». Cette politique, réduite à l'état de technique, déclare inévitables les maux que produit l'évolution qu'elle encourage, impose l'évidence de ses choix et réduit l'action politique à une série continue de « réformes » inéluctables (du droit du travail, des retraites, des allocations chômage, du système hospitalier, etc.). Ces mesures concrètes s'inscrivent dans un système symbolique général, où s'opposent « le clos » et « l'ouvert », « le rigide » et « le flexible », « l'archaïsme » (c'est-à-dire les conquêtes d'un siècle de luttes sociales, les protections statutaires et les transferts sociaux redéfinis comme des privilèges) et « la modernité » (c'est-à-dire la « mobilité » et la « responsabilité individuelle » qu'elle induit).

La rhétorique inculquée à Sciences Po qui consiste à opposer deux positions extrêmes pour les dépasser « en élevant le débat », déjà mise en évidence par Bourdieu et Boltanski, est reconduite sous la forme de l'exclusion des « extrêmes » (le « populisme » dénoncé en confondant délibérément le Rassemblement national et la France insoumise) et de la convergence entre droite et gauche vers un « juste milieu ». Ainsi Nicolas Sarkozy se déclarait-il convaincu que « les vieilles catégories politiques n'ont plus beaucoup de sens » et François Hollande que la gauche, faute de pouvoir « faire l'impasse sur les réalités économiques », devait se rallier à la politique qu'elles imposent. Emmanuel Macron récuse également ces « clivages d'un autre temps ». Ce schème, qui définit l'univers « rationnel » du pensable, produit un effet d'exclusion des possibles latéraux, le refus des « extrêmes » validant le « centre neutre » et exaltant la « normalité » du *statu quo*. C'est ce même schème qui sous-tend la thématique de « la fin des idéologies » (le TINA – *There is no alternative* – de Margaret Thatcher) et celle de la fin de la politique, à laquelle se substitue une gestion de l'État transposée de celle de l'entreprise.

Division et individualisation des classes dominées

Tout en célébrant la « valeur travail » et en proclamant la nécessité de la lutte contre le chômage, l'idéologie dominante annonce que, dans le cadre de la mondialisation, « la sécurité de l'emploi » est désormais un archaïsme et la mobilité professionnelle une nécessité. Le règne de la flexibilité qu'impose l'excellence managériale implique, en effet, outre la « sous-traitance » et les « plans sociaux » à répétition, la multiplication des CDD, des emplois intérimaires et des stages, l'individualisation de la relation salariale et, de ce fait, la destruction des collectifs (syndicaux), la célébration de la lutte de tous contre tous et le culte des *winners*. Ce travail de fragmentation du salariat et le « darwinisme social » qu'il met en place se conjuguent avec la réactivation du clivage classique entre « le haut » et « le bas » des classes populaires. La potentialité de la chute ou de la rechute dans le sous-prolétariat y entretient le souci de se démarquer à la fois des « assistés » et « des délinquants » (deux marqueurs du déclassement). C'est pourquoi la dénonciation de « l'assistanat » (et des rentes de situation qu'il crée), de « l'insécurité » et de la délinquance, formes contemporaines de la distinction de longue durée entre les « bons » et les « mauvais pauvres », est une sorte de « marronnier » politique mobilisable à l'occasion de tel ou tel fait divers.

Cette stratégie est indissociable de la promotion d'un idéal méritocratique sans discriminations (« l'égalité des chances »). Se substituant à la justice sociale, « l'équité » est définie comme la rétribution individuelle (monétaire) du « talent », du « mérite » et de l'effort personnel. C'est pourquoi les trois présidents insistent sur la lutte contre les discriminations qui font obstacle à l'égalité des chances. La modernisation de la pensée conservatrice obéit, en effet, à la loi objective de la reproduction de l'ordre social (celle de Lampedusa) : « Il faut que tout change pour que rien ne change. » Au thème des discriminations, définies comme un obstacle à « l'égalité des chances », qui fait écho aux revendications des mouvements féministes, antiracistes, etc., est venu s'ajouter, dans la *lingua franca* des dominants, le motif de l'écologie dont chacun souligne désormais l'importance, tout en montrant que, si le capitalisme est à l'origine de déséquilibres environnementaux, il en est aussi la solution. Leurs critiques des « excès » du capitalisme et de la mondialisation n'impliquent évidemment pas l'abolition de la propriété privée des moyens de production (l'effondrement du « communisme réel » rappelle, si nécessaire, que « le remède est pire que le mal »), mais elles imposent d'œuvrer à « la moralisation » du capitalisme, non seulement en luttant contre les discriminations et en faisant la promotion d'un « capitalisme vert », mais aussi en accompagnant la promotion individuelle d'une « solidarité philanthropique », tout en encourageant le progrès technologique prométhéen qu'annonce « la révolution numérique ».

En définitive, si les discours tenus par Nicolas Sarkozy, François Hollande ou Emmanuel Macron semblent identiques, à quelques nuances près, c'est sans doute parce qu'ils correspondent à un état du capitalisme que Branko Milanović qualifie de « méritocratique libéral » (en empruntant ce lexique à John Rawls) et qu'il oppose au « capitalisme politique » (celui de la Chine contemporaine)[13]. L'expression traduit à la fois la manière dont les biens et services sont produits et échangés (le « capitalisme »), répartis entre les individus (la « méritocratie ») et les possibilités offertes de mobilité sociale (le « libéralisme »). « Capitalisme » : l'essentiel de la production est réalisé avec des moyens de production privés par une main-d'œuvre juridiquement libre, employée par le capital dans le cadre d'une coordination décentralisée. « Méritocratie » : toutes les carrières sont ouvertes aux « talents » et aucun obstacle légal n'empêche quiconque d'accéder à n'importe quelle position sociale. « Libéral » : dans ce cadre, la propriété et l'héritage ont toute leur place, sans être entravés par une fiscalité qui pourrait les remettre en cause.

13. Voir Branko Milanović, *Le Capitalisme sans rival. L'avenir du système qui domine le monde*, trad. fr. B. Mylondo, Paris, La Découverte, 2020.

Éléments de langage

Nathalie Quintane

Henri Guaino pour Sarkozy, Pierre-Yves Bocquet ou Paul Bernard pour Hollande, Sylvain Fort ou Jonathan Guémas pour Macron, assortis de toute une tripotée de conseillers en communication : quand Macron parle, ce n'est pas Macron qui parle. Il reprend. Mais il reprend ce que les auteurs de ses discours reprennent eux-mêmes à leurs prédécesseurs, traçant une ligne qui, depuis 2007 au moins, file droit, immarcescible et balancée : le côté martial (la guerre, jamais la même), toujours attelé à l'idée que « rien ne sera plus comme avant » – soit l'énoncé du *Guépard* : « Il faut que tout change pour que rien ne change » ; ici : il nous faut dire et répéter que tout change pour que rien ne change.

Sarkozy assoit ce lieu commun après la crise (financière) de 2008 : « situation sans précédent », « ne pas faire comme si tout devait recommencer comme avant », « rien ne sera plus comme avant », « en nous obligeant à tout remettre à plat, en ébranlant les dogmes et les certitudes, la crise nous rend plus libres d'imaginer notre avenir », etc.

Hollande, après les attentats de 2015 : « La vie doit continuer mais rien ne sera plus comme avant » – même si son long discours du 8 septembre 2016, « La démocratie face au terrorisme », passés les « nous vaincrons » successifs, est au fond assez peu martial.

Macron enfin, *covid time* : « Nous ne reprendrons pas le cours normal de nos vies », « le jour d'après, quand nous aurons gagné, ce ne sera pas un retour au jour d'avant ». C'est ainsi que la « révolution » néolibérale annoncée, justification primaire du « rien ne sera plus comme avant », s'est accrue d'une justification secondaire et puissante autrement, la pandémie.

Vivre dans une chanson de Daniel Balavoine

La crise financière, des attentats, une pandémie : quel rapport ? Ce qu'on nous en dit ; les conclusions qu'on nous conduit à en tirer, par exemple.

D'abord l'Union sacrée, la rhétorique guerrière : « nous voici désormais tous ensemble » (Sarkozy) ; « Malgré les épreuves [...] malgré l'angoisse, malgré la souffrance, nous vaincrons [...]. La menace, elle est là et elle va durer. Nous devrons donc l'affronter avec courage, fermeté et sang-froid » (Hollande), « Je compte sur chacun d'entre vous, je serai là, nous serons là, et nous y arriverons tous ensemble », « cette période est difficile en cela qu'elle éprouve notre résilience et notre unité. Mais elle est un révélateur de ce que nous sommes », « à nouveau, nous nous relèverons. Si nous sommes unis, et nous serons unis » (Macron), résumé depuis peu sur les panneaux lumineux des autoroutes en un sobre et néanmoins pathétique « Tenir ensemble » – nous vivons dans une chanson de Daniel Balavoine. Mais nous vivons aussi, « Nous sommes la France », en 1985 (Macron avait huit ans), dans l'hymne caritatif « We Are the World », de Michael Jackson et Lionel Ritchie, qui devait servir à lever des fonds contre la famine en Éthiopie.

Ensuite, cette idée que ce vaste bazar, quel que soit le bazar en question, sera l'occasion d'une *renaissance* – déjà, Pompidou, après Mai 68, avait dit : « Le monde a besoin d'une nouvelle Renaissance. » La Renaissance, « ce temps où pour la première fois les hommes ont eu le sentiment que tout était possible », c'est-à-dire précisément ce qu'a porté 68... Macron, donc, dans son discours d'investiture un poil plus délirant que celui de ses deux prédécesseurs : « Nous sommes à l'orée d'une extraordinaire renaissance », mais aussi : « Le monde entier a regardé notre élection présidentielle », et « le monde entier sera attentif à la parole de la France », ou encore : « Les Français ont choisi, vous l'avez rappelé, le 7 mai dernier, l'espoir et l'esprit de conquête. »

Macron chef de guerre s'inscrit dans la grande tradition des généraux français d'après 1918 persuadés que l'année de la victoire serait désormais indéfiniment reproductible : tel Foch sur le plateau de Malzéville désignant, prophétique, l'aviation allemande : « Tout ça, voyez-vous, c'est du sport :

mais pour l'armée, l'avion, c'est zéro », Macron, mage en hiver, prédit « les jours heureux » dès le pont de l'Ascension, et que la mise en bouteille du Pfizer en Eure-et-Loir signe le retour triomphal de l'industrie de pointe à la française, celle que Pékin, Moscou, Washington, Berlin, Bruxelles, nous envient.

Aggraver les discours

La patrie, donc, à laquelle reconduit logiquement l'Union sacrée dans la guerre, et à quoi d'autre pourraient nous mener nos petits poings fermés et vibrants, coudes ployés, devant nos têtes, dans le « tenir ensemble » ? Apparemment pas à la « solidarité ». Sarkozy déjà avait nommé comme préfet un superflic, ancêtre du préfet Lallement, dans sa « guerre » contre la délinquance, au moment où il proposait de déchoir de la nationalité française « les trafiquants et les délinquants ». Mais ce n'est pas contre les délinquants supposés que Macron reprend la même rhétorique : « Écoutez, là-dessus, je l'ai toujours dit et je le redis avec fermeté, c'est la *tolérance zéro*. Toute personne qui porte justement l'autorité républicaine, toute personne qui appartient à *nos forces de sécurité intérieure* ou qui agit pour servir, pompiers, aussi soignants parce que c'est arrivé dans la période récente, méritent le respect et nous ne *tolérerons aucun écart* », « c'est donc désormais *le calme et l'ordre républicain* qui doivent régner. *Nous y mettrons tous les moyens* car rien ne se construira de durable tant qu'on aura des craintes pour la paix civile » – 2018, les Gilets jaunes, et le redémarrage d'une mécanique pseudo-lyrique aux vertus aggravantes (poser en place d'un mouvement social un danger de guerre civile pour justifier une répression féroce). C'est contre les Gilets jaunes, une partie de la population essentiellement blanche et non jeune, qu'il va falloir faire preuve d'une « abnégation patriote ». Peut-être est-ce là que les choses singulièrement se compliquent pour Macron : en 2018, il se débarrasse de ce soulèvement d'ampleur inédite en justifiant les mutilations infligées par sa remise à l'extrême droite fascisante avant de se livrer, deux ans plus tard, à une tentative de pêche au filet de ces mêmes voix d'extrême droite en vue de la présidentielle de 2022.

Avaler des bulots

Serait-on enfin parvenu au bout du bout de l'« analphabétisme littéraire » dont parlait Günther Anders dans les années 1950, qui se traduirait aujourd'hui par une rhétorique barbotante, des propos mal jointoyés, des pronoms patouillants et une hésitation générale dans la rédaction des discours plus ou moins camouflée par une assurance énonciative qui se prendrait pour une garantie de conformité ? Par contraste, tout le monde s'étonne de ce que telle ou telle personnalité politique tout soudain sache parler : le plaisir que produit une syntaxe impeccable et rebondissante et une inventivité verbale pleine de chair et de saillies est rare : on a l'impression de faire la planche sur une mer agréable, quand les discours des communicants font avaler des oursins ou, au mieux, des bulots.

La qualité caoutchouteuse des trop fameux « éléments de langage », alliage du fadasse et du résistant, aura sans doute été gazéifiée par l'usage immodéré qu'on en a fait en *startup nation*, tant il est lassant d'entendre sans cesse mêlés un ordinaire républicain dévitalisé à un lexique *corporate* de toute façon mort-né : il faut « améliorer les conditions d'accueil des *talents* et des *compétences* » (à propos du droit d'asile...) ou, toujours concernant le droit d'asile : « notre devoir est de trouver des réponses *durables* », adjectif « écologique » mis à toutes les sauces ; ou encore ce « la création d'un conseil national des *solutions* » – *solution* est un substantif éminemment *corporate* : je l'avais noté, il y a quelques années, en visionnant les assises du mécénat organisées par Sparknews, dont le slogan général était « *Have an impact and share solutions* » (prononcé *solouchons*), soit à peu près la morale du quinquennat Macron, dont les ministres, du coup, ont toutes et tous l'air d'un « accident de pintade sur un fond de veau déserté par l'être », métaphore poétique réservée à l'époque à Aurélie Filipetti et à son apparition tremblotante aux assises, qui m'avait frappée. L'indécence hélas est toujours étroitement ficelée au comique *corporate*, ainsi quand Macron s'adresse aux élèves à la rentrée covidée de 2020 : « Voilà, ce sont beaucoup d'horizons qui vont s'ouvrir, beaucoup de *nouveaux défis*, beaucoup de nouvelles rencontres, alors je pense à vous pour cette rentrée dès demain. »

On ne sait plus très bien, à la longue, qui eut historiquement le premier, des chefs d'État ou des chefs d'entreprise, cette obsession du FAIRE, si bien que le CARE, qui n'est pas un FAIRE, tomba naturellement dans un trou, ce trou des professions dont on ne saisit pas bien ce qu'elles fabriquent (éducation, santé). *FAIRE* fut, on s'en souvient, le titre du livre de Fillon au moment de la campagne électorale de 2017. Les politiques sont ceux qui *font*. Ou sont persuadés que ce qu'il faut qu'ils fassent, c'est faire. Quelquefois cela donne des pyramides ou des tours, étrons verticaux, d'autres fois une injonction perpétuelle et certainement douloureuse à soigner coûte que coûte des constipations, des rétentions (les leurs, les nôtres – tel manque de désir de valider une réforme des retraites, des fermetures de classes, des privatisations de tout). Macron le résume dans cette phrase au fond étrange : « Et toujours à la fin, je ferai », anticipant sa propre mort assis sur ses WC, en scène, comme Molière (scène) ou Elvis Presley (WC).

Patouiller dans le « nous »

Entre la majesté et l'empathie, difficile de dire si l'usage patouillant du *nous* signe dans les discours de Macron l'extension des limites d'une personnalité trop poreuse, qui a trouvé dans les stéréotypes un perchoir où enfin se (re)poser :« *Nos* négociations ont permis de protéger le revenu de *nos* agriculteurs pendant sept ans. » Dans « *Nous* allons en fait construire *notre* plan », on passe quasi au « nous » de majesté, à l'évidence infiltré par Ubu dans sa répétition, Ubu qui couronne, on l'aura vu, bien des inconscients politiques farcesques et horrifiques. Ici, « nous », c'est l'Europe : « Mais il y aura des discussions avec la Commission européenne et les autres États pour qu'on fasse des choses pertinentes *entre nous.* » Là, ce serait plutôt « des ministres et moi », ou « des responsables et moi » : « Oui, mais Airbus, *nous* avons commencé dans le plan aéronautique à travailler sur ce sujet en apportant des financements et des garanties. » Là, ce serait peut-être la France, dans une prosopopée récurrente chez les chefs d'État : « On ne peut pas dire : on a une ambition climatique, mais on abandonne tout de ce que *nous sommes.* » Là encore, ce serait plutôt le « nous tous » : « D'abord, c'est très intéressant parce que *nous, tous ensemble, nous sommes* très solides », de même qu'ici, mais associés aux Européens : « Par contre, *notre rôle, nous*, Françaises, Français, et avec les Européens, c'est de sécuriser dans la période qui vient les stocks, la production » avant que finalement, ce ne soit plus si clair : « Je veux que ce soir, vraiment, chacune et chacun en ait conscience parce que ce moment historique, c'est le fruit de *notre* travail à tous et toutes, et donc *nous* pouvons être fiers » : après tout ce ne sont pas « les Européens » qui vont imposer ce plan de relance mais leurs dirigeants. Alors, Macron est-il hanté par les propriétés inclusives du *nous*, après l'avoir si pitoyablement raté au moment des Gilets jaunes (là, le *nous* sera excluant : *nous*, ce n'est pas *eux*) et en règle générale, d'ailleurs (« ceux qui ne sont rien », « feignants », « illettrées », « Gaulois réfractaires au changement », etc. ?). Jouer une partie de la population contre une autre, somme toute, c'est un classique ; doit-on rappeler les sorties de Sarkozy, tout aussi violentes ? Sarko pourtant a un côté plus bric et broc, et son discours-fleuve d'investiture (55 000 signes ! quand ceux de Hollande et Macron, lapidaires, tournent autour de 8 000) fait la part belle aux émotions, à l'expression déployée d'une subjectivité presque sentimentale. Mais Macron, c'est un portemanteau ; l'incarnation ectoplasmique de ce que Dany-Robert Dufour, dans *Baise ton prochain*, appelle « la troisième classe », ni bandits ni vertueux, ceux qui font « semblant d'obéir à la loi dans un double but : profiter du prestige des vertueux et, surtout, tenir tout le monde tranquille afin d'en tirer tous les bénéfices possibles. Ceux de cette troisième classe simulent l'abnégation et dissimulent leurs penchants. » Relisant Mandeville, pour qui les vices privés font la vertu publique, Dufour parle d'une « élection des salauds ».

Message aux personnes autistes

Le discours le plus clair qu'il *nous* ait adressé, à vous, à moi, à tout le monde, c'est ce *message* qu'on a rédigé pour lui à la première personne du singulier à l'intention des *personnes autistes*. Il faudrait le citer en entier ; à défaut, quelques extraits : « J'imagine votre inquiétude en ce moment, les émotions que vous pouvez ressentir et j'essaie de me mettre à votre place. Depuis le confinement qui a débuté le 16 mars dernier, vos habitudes ont changé et vous êtes peut-être un peu perdus. Vous aviez l'habitude d'aller travailler ou d'étudier tous les jours quelque part, et du jour au lendemain tout cela n'était plus possible. Vous aviez l'habitude de voir chaque jour des personnes que vous connaissiez bien depuis longtemps, qui vous rassuraient, et du jour au lendemain, vous avez dû leur dire au revoir, sans savoir précisément quand vous pourriez les retrouver [...]. Mais vous pouvez maintenir une régularité et une routine aussi chez vous, vous pouvez passer du temps à faire des choses qui vous intéressent, développer de nouvelles passions, vous pouvez continuer à apprendre depuis chez vous. Beaucoup de choses ont été faites pour la culture, l'éducation, les jeux pour essayer aussi de développer beaucoup de choses depuis la maison, et en ligne. Je sais que pour certains aussi les écrans ne sont pas l'idéal, ils ne sont pas toujours bien supportés et acceptés. Vous pouvez aussi maintenir le lien avec les personnes qui vous manquent en écrivant pour prendre des nouvelles, en appelant, par le téléphone, pour ceux qui le veulent aussi et le peuvent, par vidéo. Ces petits rites, ces contacts, vous pouvez les maintenir sous une autre forme. Il faut aussi le faire pour garder des repères et vous dire que même si vous ne pouvez pas en ce moment être près d'eux, ceux qui vous sont chers, vous pensez à eux et ils pensent à vous. [...] Alors je voulais vous dire qu'un très gros travail a été fait, et j'ai une bonne nouvelle pour vous :

vous allez pouvoir sortir un peu plus souvent avec une attestation qui sera faite spécialement pour vous. Il faudra le faire tout en restant bien à distance des gens que vous croiserez, en respectant ce qu'on appelle ces gestes barrières contre le virus. »

Je suppose que Napoléon flattant ses grognards pouvait aussi adopter ce ton émollient, virer de personnalité comme on vire au bleu ou au vert. Par ailleurs la « fidélité » de Macron à certains de ses ministres les plus contestables et contestés (Blanquer, Schiappa ou Darmanin, par exemple) les change, en somme, en avatars. Dans ce manga mité qu'est le pays en 2021, s'expulsent du corps convulsé du président un membre darmanesque, dix bras blanquérisés dansant dans des écoles mortes et des hôpitaux pleins, la poussée permanente d'une chevelure lissée, comme une traîne ou un chalut dans lequel nous nous prenons sans cesse les pieds.

Poésie et politique

C'est le décès de Jaccottet, poète suisse, qui donne brièvement accès, le 25 février 2021, dans un communiqué de l'Élysée, à l'envers du discours de Macron : « la justesse d'une voix qui parle d'en bas [...] une pensée inquiète qui doute et interroge [...]. Chez Jaccottet, l'écriture entend rester fidèle au réel et à sa perception [...] dans le "conflit entre la rime et la vérité", il avait choisi la vérité [...] son scrupule infini des mots et des nuances ». Dans le conflit entre la rime et la vérité, Macron (Hollande, Sarkozy, etc.) choisit toujours la rime : « Il ne peut y avoir d'humanité s'il n'y a pas de fermeté », « Il faut concilier efficacité et générosité », « Je suis venu faire passer un message d'efficacité et de fermeté » (Macron, à propos du droit d'asile). Ont-ils de la poésie et de la « gouvernance » une conception pavlovienne ? Classique, en tout cas (Jaccottet n'est pas Ponge), ou « patrimoniale », comme on dit sous Blanquer. Les hommes et les femmes de pouvoir se font une drôle d'idée de l'art, et même de la culture. Tous écrivent des livres, comme on sait, et même des poèmes. Rares sont les dictateurs qui n'aient pas rimé, Saddam Hussein par exemple, dont l'*Ode à l'Irak* contient ce moment de vérité : « Je vous prédis que les commerçants/Feront disparaître la civilisation et la dignité. » Comme quoi, en français, on peut faire rimer « efficacité » avec un autre mot que « fermeté ».

vous allez pouvoir sortir un peu plus souvent avec [illegible] faites spécialement pour vous. Il faudra [illegible] entre [illegible] des gens que vous croiserez, en [illegible] barrières contre le virus ».

Je suppose que Napoléon flattant ses grognards [illegible] ce ton émollient, vice de personnalité [illegible] ailleurs la « fidélité » de Macron à certains de ses ministres [illegible] Blanquer, [illegible] ou Darmanin, [illegible] changé en soupirs, on a vu [illegible] s'expliquent [illegible] corps convulsé du président [illegible] bras [illegible] la peur de permanence d'une [illegible] comme une [illegible] chalut dans lequel nous [illegible] pieds.

Poésie et politique

C'est le décès de Jaccottet, poète suisse qui donna [illegible] dans un communiqué de l'Élysée, à Emmanuel Macron, la justesse d'une voix qui [illegible] qui douce et [illegible] l'écriture entend [illegible] sa perception [...] dans le conflit entre la rime et [illegible] choisi la vérité [...] son scrupule [illegible] conflit entre la fine et la vérité. [illegible] toujours la rime ; « Il ne peut y avoir [illegible] « Il faut concilier [illegible] message d'[illegible] Macron a [illegible] Ont-ils de la poésie et de la « gouvernance » une [illegible] classique, en tout cas [illegible] comme on dit sous [illegible] une drôle d'idée de l'art, [illegible] comme on sait et même des poèmes [illegible] passions. [illegible] moment de [illegible] la civilisation et la dignité de l'homme [illegible] « efficacité » [illegible]

Mille gosiers pour une pensée

Samuel Gontier

Décembre 2020. Une somme de 200 millions d'euros est mise en jeu par la loterie Euromillions et la présentatrice de BFM TV s'inquiète : « On fait quoi avec tout cet argent si l'on gagne ? — On commence par le logement, avec cet hôtel particulier à 31 millions d'euros dans le 16e arrondissement, 1 300 mètres carrés, trente-deux pièces », répond Pierre Kupferman, le titulaire de la chronique Éco. Il conseille pour les loisirs « cette villa à 34 millions d'euros au bord du lac Léman et puis un château provençal du XIIIe siècle, avec 84 hectares dont 48 hectares de vignes ». Pour rallier ces propriétés, « le fleuron de Dassault, le jet Falcon 8X, à 48 millions d'euros » et « la voiture la plus chère du monde, une Bugatti à 17 millions d'euros ». Après quoi, « il vous reste 62 millions d'euros à placer à 4 % de rendement, ça vous dégage un revenu mensuel de 207 000 euros ». Quelques jours plus tard, surprise, le gagnant du pactole annonce qu'il veut en consacrer une grande partie à la création d'une fondation pour aider les hôpitaux. Ce chanceux ne doit pas regarder la télé et ses experts, tous d'obédience libérale. Des années qu'ils pourfendent l'État hypertrophié, ses services publics désuets, sa fiscalité confiscatoire, ses fonctionnaires privilégiés pour mieux vanter le monde enchanté de l'entreprise, ses hardis propriétaires et ses dirigeants visionnaires. Avec l'arrivée d'Emmanuel Macron au ministère de l'Économie, en remplacement d'Arnaud Montebourg, à l'été 2014, ces « éditocrates » se sentent pousser des ailes.

« Le capitalisme, c'est notre système social »

« Iconoclaste », « réformateur », « moderne », Emmanuel Macron devient vite « le ministre préféré des Français », selon les sondages commandés par des médias dont il est le ministre préféré. En 2017, son premier gouvernement fait l'unanimité sur BFM TV. « Bruno Le Maire a la carrure d'un patron de Bercy », juge Emmanuel Lechypre, spécialiste économie. Le ministre des Comptes publics, « Gérald Darmanin, il a du talent, c'est quelqu'un qui sera efficace », loue Anne Rosencher, de *L'Express*. « Les personnalités de la société civile sont très intéressantes », note Ruth Elkrief. « On a des gens qui sont plongés dans les affaires », vante le politologue Roland Cayrol. « Il y a une femme passionnante, c'est Muriel Pénicaud, ministre du Travail, s'emballe Guillaume Roquette, du *Figaro*. C'est l'ancienne DRH de Danone ! Un groupe de 100 000 personnes, totalement privé, présent sur les cinq continents ! » « Elle coche énormément de cases », admet Sophie Coignard, du *Point*. Le pays va enfin être gouverné comme une entreprise. Une panacée pour ces éditorialistes qui ne cessent de louer le secteur privé.

« C'est la fête ! » exulte en mars 2015 Marc Fiorentino, chroniqueur éco de Canal+. Il célèbre le « carton absolu » du CAC40. « On n'a pas seulement battu les records de 2008, avant la crise financière. Certains marchés sont carrément revenus au niveau de la bulle internet ! » C'est de bon augure. La fabuleuse croissance du nombre de milliardaires et de leur fortune révélée par *Forbes* donne à l'économiste une autre raison de se réjouir. « Voilà encore une bonne nouvelle puisque plus de milliardaires, ça fait plus d'argent dans l'économie. C'est le ruissellement. » « C'est l'un des signes qui montre que l'économie mondiale se porte bien : jamais les entreprises n'ont versé autant de dividendes », se réjouit en août 2018 Pascal Perri, « économiste » de LCI. « En Europe, les champions, c'est nous, c'est la France, avec 44,2 milliards d'euros versés aux actionnaires. » Cocorico. « Ces entreprises vont créer des emplois, elles payent de la fiscalité, réinvestissent, donc c'est un cercle vertueux. » Pour les actionnaires. « C'est pas la théorie du ruissellement mais c'est une théorie d'enrichissement global de la société. » Par son sommet. Nouvelle joie début 2019 : « Année record pour les entreprises du CAC 40, 57 milliards d'euros versés aux actionnaires, c'est du jamais-vu depuis 2007 », trompette Emmanuel Lechypre sur BFM TV. « Les entreprises ont serré les coûts, se félicite Éric de Riedmatten sur CNews. Elles ont serré les vis et parfois les salaires. Et donc cela fait des dividendes historiques. » La présentatrice de BFM TV s'inquiète : « On entend souvent que cette distribution de dividendes se fait sur le dos des salariés, c'est vrai ? — Eh ben non, c'est une erreur, corrige Emmanuel Lechypre. Parce que la richesse de l'entreprise se partage entre les salariés et les profits. Or, les salaires, c'est les deux tiers de la richesse créée par les entreprises. Cette part n'a jamais été aussi importante depuis trente ans. Trente ans ! » Les salariés se gavent sur le dos des actionnaires. Sur LCI, Pascal Perri psalmodie son credo : « Je rappelle que ce sont les entreprises qui créent la valeur. » Roland Cayrol s'en tient à son rôle de politologue : « Le capitalisme, ça n'est pas seulement de l'économie ! Le capitalisme, c'est notre système social, ça a fabriqué notre système de valeurs. »

Pour l'incarner, on ne compte plus les reportages sur la vie rêvée des riches. Les magazines de M6 s'en font une spécialité, explorant « les passions des milliardaires », « les soirées déjantées des milliardaires à Dubaï », « un été de folie à Cannes : luxe, fêtes et DJ », etc. Quelques figures emblématiques dominent, aussi peu recommandables soient-elles. En janvier 2019, lors de l'évasion de Carlos Ghosn du Japon où un procès attendait le patron de Renault-Nissan, le cinéaste Romain Goupil jubile sur LCI. « Nous, on se marre, le côté fugitif, ça nous plaît ! — Chapeau, l'artiste ! renchérit l'avocat Emmanuel Pierrat. Le côté James Bond, on en est friand. — C'est une bonne nouvelle. Pour la France, pour Renault », complète Loïk Le Floch-Prigent. Avoir été condamné trois fois pour abus de biens sociaux fait de l'ancien patron d'Elf un expert, LCI l'invite deux fois en deux jours. « Lagarde superstar ! » titre la chaîne quand la présidente du FMI (Fonds monétaire international) est nommée présidente de la BCE (Banque centrale européenne), en juillet 2019. « C'est absolument formidable ! », se pâme l'économiste Nicolas Bouzou. « Madame Lagarde était au FMI au moment de la crise grecque, vante une journaliste. Le FMI et la BCE ont joué un rôle clé pour sauver l'euro et remettre sur pied la Grèce. » Et courber l'échine des Grecs. « Emmanuel Macron n'a pas eu tant de mal que ça à faire passer cette nomination puisque Christine Lagarde est associée aux cabinets d'affaires, c'est une ancienne avocate. » C'est tout de suite rassurant. « Elle a l'air d'une grande bourgeoise, analyse l'éditorialiste Arlette Chabot. Elle est très élégante, très chic, très grande. On va pas lui cirer les pompes mais il faut dire qu'elle est très sympa. » Sa politique sera donc sympa. « Elle racontait qu'elle emmenait ses enfants en vacances en Inde en leur disant : “Vous vous plaignez, vous trouvez que la vie est difficile, vous allez voir ce qu'est la vie de gens qui sont dans la misère, qui sont dans une situation épouvantable et qui côtoient la mort tous les jours." » N'est-ce pas charitable ?

« Le gaspillage continue »

Pour célébrer les entrepreneurs conquérants, M6 joue un rôle de premier plan avec le magazine *Capital*, dont les « sagas » martèlent que l'économie, c'est la guerre : « la guerre des valises à roulettes », « la guerre des robots cuiseurs », « la guerre du pain », « la nouvelle guerre des agences immobilières »... Lancée en 2012, *Patron incognito* met en scène des chefs d'entreprise déguisés en stagiaires pour aller fliquer leurs employés. Puis, en 2020, *Qui veut être mon associé ?* propose à des mécènes de la startup nation d'entrer au capital de jeunes sociétés. Dans le même temps, M6 pointe régulièrement la sphère publique et ses profiteurs, depuis « Argent public : le gaspillage continue ! » en 2015 jusqu'à « Aides sociales, retraites : révélations sur un grand gaspillage » en 2021, en passant par « Fonctionnaires : la chasse aux abus ? » en 2017. « Pour freiner les dépenses, Emmanuel Macron a fait la promesse de supprimer 50 000 postes de la fonction publique d'État, rappelle Anne-Sophie Lapix sur France 2. Mais on peut s'interroger puisqu'il y a eu 1 600 suppressions de postes en 2018. » « Touche pas à mon poste, mon poste de fonctionnaire ! désespère David Pujadas sur LCI. Tout le monde presse le gouvernement de tenir ses promesses en matière de réduction de postes. » Tout le monde des éditorialistes. « Trop de fonctionnaires en France ! » alerte le bandeau de l'émission de Pascal Perri. « On a la religion de l'emploi public en France, du statut de fonctionnaire, aveuglément ? s'alarme David Pujadas. — Oui », répond Dominique Seux, des *Échos*. « Il y a en France une propension à la dépense publique qui est de nature assez culturelle », renchérit l'expert François Écalle. Par exemple, « Carcassonne Agglo a embauché à tour de bras, plus 4 000 % entre 2002 et 2010 », dénonce *Capital* en 2015... Sans préciser que la communauté d'agglomération est née en 2001. Mais en pointant les tire-au-flanc : « L'absentéisme des fonctionnaires coûte 2 000 euros par agent. » Sans parler de leur temps de travail riquiqui. « La question des 35 heures s'invite dans les collectivités locales », prévient Julian Bugier sur France 2 en 2015, tandis que TF1 annonce en 2019 « la probable hausse du temps de travail pour ceux qui sont sous les 35 heures. C'est le cas dans de nombreuses collectivités territoriales. »

Face à cette flemme légendaire, David Pujadas suggère sur France 2 en 2017 : « Les fonctionnaires doivent-ils être rémunérés au mérite ? Le maire de Romans, dans la Drôme, veut s'inspirer des méthodes du privé. »

« La question n'est pas celle du nombre de fonctionnaires mais de leur statut, de l'emploi à vie », approuve Eugénie Bastié, du *Figaro*, sur LCI en 2018. « Il faut que ces privilèges soient supprimés, il faut une nuit du 4 août pour ces petits fonctionnaires », plaide Ivan Rioufol, lui aussi du *Figaro*. « La France, ses fonctionnaires et leur emploi à vie, insiste une journaliste sur France 2 en 2015, commencent à être isolés par rapport à ses voisins. Le Royaume-Uni, les Pays-Bas, l'Allemagne, l'Italie, la Suède, la Finlande et le Danemark ont réformé. L'immense majorité des agents sont passés sous contrat privé. » « La santé, ça peut être une mission de service public déléguée à des établissements privés, suggère Pascal Perri sur LCI. Il y a des écoles privées qui ne sont pas publiques qui rendent un service public. » « On peut faire un service public avec des entreprises privées », ajoute François de Closets. « Il y a beaucoup de pays qui acceptent des délégations de service public à des fondations, des associations », renchérit sur Canal+ Agnès Verdier-Molinié, de l'Ifrap (Institut français pour la recherche sur l'administration publique, un lobby militant contre l'État tentaculaire). Pascal Perri s'indigne : « Vous avez des syndicats qui disent "Vous remettez en cause le service public", comme si c'était une espèce de religion supérieure. »

Ce culte n'est pas seul en cause. La France entière est un pays d'assistés, « championne du monde des aides sociales », se lamente Éric Brunet sur LCI en décembre 2020. « Les dépenses de santé approchent les 210 milliards d'euros, rapporte Pierre Kupferman sur BFM TV. En moyenne par habitant, la facture s'élève à 3 104 euros par an. — C'est ahurissant, réagit le présentateur. Sur cette facture qui est énorme, il reste combien à la charge des familles ? — 214 euros en moyenne. Le plus gros de la facture est payé par l'Assurance maladie et les mutuelles. » Auxquelles les assurés cotisent, mais peu importe : « 214 euros, c'est vraiment très peu. On est vraiment verni, en France. » D'autant que les « ahurissantes » dépenses publiques profitent à des fraudeurs. « L'absentéisme des chômeurs aux rendez-vous avec leurs conseillers atteint des sommets, dénonce *Capital* en 2016. Même pour les séances de coaching, l'assiduité n'est pas toujours au rendez-vous. » Le « coach » de Pôle emploi est pourtant motivant : « 83 % des Français font un travail qu'ils n'apprécient pas, donc les concessions, il faut les faire, parce que de toute façon il faut travailler. » Conclusion de l'enquêteur : « Il faudrait suspendre les indemnités des chômeurs à qui l'on propose un emploi et qui le refusent. »

« Oui, c'est confirmé, le chômage parfois paye davantage que l'emploi », accuse David Pujadas sur LCI en 2019, reprenant des statistiques « qui font sensation », concoctées par Pôle emploi à la demande du gouvernement pour invalider un rapport de l'Unédic (« L'Unédic, c'est qui ? C'est les syndicats », peste François de Closets) et justifier la réforme des allocations chômage. Une journaliste précise : « Un quart des demandeurs d'emploi a perçu pendant sa période de chômage près de 150 % de son ancien salaire. — 150 % du salaire ! s'étrangle David Pujadas. Une fois et demie le salaire ! » En 2018, sur France 2, Anne-Sophie Lapix donne un nom à cette catégorie d'assistés : « Dans la ligne de mire du gouvernement, les permittents. » C'est-à-dire, explique une journaliste, « les demandeurs d'emplois qui sauraient jongler un peu trop bien avec les règles ». À propos d'escrocs... « Fraude sociale : le rapport qui accuse », titre France 2 en septembre 2019. « Fraude sociale : le rapport vérité », clame David Pujadas sur LCI. « Une info extraordinaire ! » s'emballe Pascal Praud sur CNews. L'Insee (Institut national de la statistique et des études économiques) a beau démonter les confusions dudit rapport, « y a un problème de contrôle, soutient Gérard Leclerc. Tout contrôle en France est assimilé à du flicage. C'est ce qui se passe à Pôle emploi ». Résultat, les chômeurs s'en mettent plein les poches.

Les honnêtes gens, elles, subissent le matraquage fiscal. « Qui sont les Français oubliés de la baisse de l'impôt sur le revenu ? demande David Pujadas en juin 2019. 95 % des contribuables vont bénéficier de cette baisse. » Faux : plus de la moitié des ménages — les plus modestes — ne bénéficieront pas de cette baisse car ils sont exonérés de l'impôt sur le revenu. Erreur récurrente, dans presque tous les reportages et débats, ces ménages ne sont pas considérés comme « contribuables » bien qu'ils paient diverses taxes (TVA, CSG, etc.). Ainsi, David Pujadas ne s'intéresse pas à cette catégorie, pour lui, les seuls « exclus de la baisse » sont les « foyers fiscaux les plus aisés, ceux qui déclarent plus de 100 000 euros net par an ». Dominique Seux compatit : « Plus vous payez d'impôts, plus ça vous fait mal. La mise sous condition de ressources des allocations familiales a fait beaucoup de mal psychologiquement chez ces Français... » Les dépressions se comptent par milliers. « La dégressivité pour les allocations chômage des cadres, la taxe d'habitation qui n'est toujours pas supprimée... » Elle n'a pas plus été supprimée pour les plus modestes, qui en étaient exonérés — mais ils ne sont pas au sommaire de *24 h Pujadas*. « Le taux de confiscation de l'État, qui fait la redistribution à la place de l'économie de marché, c'est ça le mal endémique de notre économie », résume un expert de BFM Business en juin 2016.

« Impossible de réformer »

L'État prédateur est en outre doté de lois castratrices « dans un pays qui compte 400 000 normes et où le Code du travail pèse un kilo et demi », déplore Gilles Bouleau au printemps 2015 sur TF1. « S'y retrouver dans ce pavé de 3 700 pages n'est pas chose facile », regrette sa collègue Anne-Claire Coudray, avant qu'un effet spécial n'augmente démesurément le volume du « gros livre rouge ». « Le Code du travail va-t-il mincir ? », demande David Pujadas en septembre 2015 sur France 2. Le présentateur sort de sous la table du JT « notre fameux Code du travail, si lourd avec ses près d'un kilo et demi », le brandit devant la caméra et le laisse tomber pour en faire sentir tout le poids. Agnès Verdier-Molinié déplore dans *Le Grand Journal* de Canal+ : « Chaque fois qu'on réforme, on ajoute des articles. » Elle ne précise pas que les dérogations sont souvent à l'origine de cette prise de poids (par exemple, le démantèlement progressif de la règle du repos dominical ajoute quinze articles). Si journalistes et experts attaquent de conserve le Code du travail, c'est qu'ils placent beaucoup d'espoirs dans la loi Macron et justement dans sa réforme du travail du dimanche. « Raté pour le shopping aujourd'hui dans la capitale, rapporte une reporter de France 2 devant des rideaux de fer baissés. Dommage, selon ces touristes » : « Je suis déçue », « Je trouve ça dommage ». L'injustice est dénoncée depuis des années. En 2013, dans le « 20 heures » de TF1, quand des magasins de bricolage « bravent l'interdit en restant ouverts », un reporter interroge quatre clients et deux salariés. Bilan : 100 % des consommateurs qui font leurs courses le dimanche approuvent l'ouverture des commerces le dimanche. Et 100 % des employés qui travaillent le dimanche, interrogés sous le nez de leur patron, souhaitent travailler le dimanche. « À l'évidence, clients comme employés font bloc derrière la direction. » Surprenant.

Autre mesure de la loi Macron, la libéralisation des lignes d'autocars. Les JT en font une promotion effrénée avec des sujets construits selon un ordre immuable. D'abord, un aperçu des pléthoriques dessertes à prix mini ; ensuite, des paroles de voyageurs ravis ; enfin, des témoignages enthousiastes de patrons d'entreprises de transport ou de leurs chauffeurs accompagnés de l'annonce de milliers d'embauches. Pourtant, en juin 2015, à la veille de l'adoption de la loi, quand Gilles Bouleau reçoit sur TF1 son auteur, il lui fait passer un sale quart d'heure. « Là, nous ne sommes pas face à un big bang. Ce que tous les autres pays ont fait, c'est-à-dire se débarrasser du CDI, vous ne le faites pas. C'est un tabou, c'est une vache sacrée !? [...] Votre loi additionne un certain nombre de petites mesures mais l'essentiel de l'écosystème français – les 35 heures, les régimes de retraite spéciaux – rien de tout cela ne bouge, c'est figé *ad vitam æternam.* » Un même scepticisme accueille en septembre suivant le rapport Combrexelle qui aboutira à la loi « travail » (ou loi El Khomri). « C'est à n'y rien comprendre, se désole François-Xavier Pietri, chef du service éco de TF1. Il a suffi que le thème des 35 heures soit évoqué pour que le projet passe à la moulinette de l'éteignoir. » Un éteignoir à moulinette ? « Pas question de toucher aux 35 heures, au Smic, au contrat de travail. Avec tous ces interdits, ça veut dire que le gouvernement exclut tout big bang sur le droit du travail. » « On nous parle de révolution mais, en même temps, on recommence à se bagarrer sur le travail le dimanche ! se plaint Nicolas Doze sur BFM TV. Ça veut dire que le XXIe siècle n'est pas encore là. » Il ne ressemble toujours pas au XIXe. « À terme, ce n'est plus le contrat de travail qui sera la norme mais le contrat commercial. Chacun sera employeur de lui-même. »

Au cœur de la loi El Khomri, « de nouvelles garanties pour les chefs d'entreprise, annonce David Pujadas en mai 2015. Les dommages et intérêts aux prud'hommes devraient être plafonnés en cas de licenciement ». De licenciement abusif, mais le « 20 heures » ne le précise jamais. « Pour les employeurs, aller aux prud'hommes, procédure coûteuse et incertaine, c'est comme jouer à la loterie », alerte TF1. « L'assouplissement du droit des licenciements, c'était l'une des grandes revendications du patronat », rappelle Julian Bugier sur France 2. Et de lancer : « Qu'en pensent les entreprises ? » au cas où les employeurs auraient changé d'avis. « Pour minimiser le risque, ce patron a décidé de limiter ses embauches, décrit un reporter de TF1. L'instauration d'un plafond d'indemnités pourrait le faire changer d'avis. » « C'est une sécurité psychologique », opine l'intéressé. « Il faut limiter le droit du travail dans les petites entreprises et elles vont embaucher à tire-larigot », clame sur France 2 Franz-Olivier Giesbert, éditorialiste du *Point*, qui fulmine : « Impossible de réformer, les gens sont contre des choses évidentes ! – Les électeurs de gauche ont compris qu'on allait faciliter les licenciements, décrypte le politologue Jérôme Jaffré. C'est un terrible malentendu parce qu'en réalité, il s'agit évidemment de faciliter les embauches. » Évidemment. « La loi El Khomri, c'est pas une mesure libérale, c'est une mesure de bon sens ! s'emporte Franz-Olivier Giesbert. C'est une mesure qui crée des emplois, ça marche ailleurs ! » Ailleurs, les JT ne manquent pas d'y effectuer des reportages, comme France 2 en Espagne, où « la croissance repart. [...] Baisser les salaires, réduire les coûts de production au maximum pour vendre à bas prix, voici la recette de sortie de crise appliquée ici. » TF1 choisit l'Italie, où « Matteo Renzi, le Premier ministre de gauche, n'a pas hésité à assouplir le CDI pour faciliter les embauches comme les licenciements ».

« Emmanuel Macron a tranché, il faudra travailler plus pour toucher une retraite à taux plein », claironne en juin 2019 David Pujadas sur LCI. Il sollicite « Dominique Seux, l'économiste en chef du plateau. Est-ce que c'est une réponse maligne, nécessaire, adaptée ? » Au choix. « C'est une réponse à un défi démographique et financier », approuve l'expert. David Pujadas interroge Thomas Legrand : « Est-ce que ça vous semble juste, est-ce que ça vous semble indispensable ? » Au choix. « Ça me semble assez logique, répond l'éditorialiste de France Inter. De toute façon, il fallait travailler un peu plus. » Deux mois plus tard, le présentateur reçoit son collègue Pascal Perri, auteur du livre *Retraites, la dernière chance. La réforme ou le chaos*. Extrait : « On a menti aux Français. La période d'après-guerre est celle des grandes escroqueries sociales. » Fomentées par le Conseil national de la Résistance. « La retraite par capitalisation, soutient Pascal Perri, ça peut être un placement à risque ou de bon père de famille. » Encore faut-il avoir assez d'argent pour en placer. « Le débat sur la réforme des retraites est très mal engagé, juge le politologue Jérôme Jaffré. L'inquiétude est généralisée. — Y compris chez ceux qui devraient en être les bénéficiaires, déplore David Pujadas. — Oui. Il y a incompréhension du nouveau système. Le gouvernement n'arrive pas à le vendre à l'opinion publique. » C'est étrange, le gouvernement ne parvient pas à convaincre les Français du bénéfice de travailler plus longtemps pour toucher une pension moindre. « Il y a un défaut de pédagogie », juge Pascal Perri.

Ah, la pédagogie ! « Cette loi est rejetée parce qu'elle n'est pas comprise », prétend le sondeur Brice Teinturier à propos de la loi « travail », en 2016. Les Français sont trop bêtes. En 2018, lors de la réforme de la SNCF, Nathalie Saint-Cricq, chef du service politique de France 2, préconise : « Il va falloir faire de la pédagogie, ne pas donner l'impression que la concertation, c'est un peu du cinéma. » Même si c'en est ? En août 2019, la communicante Yasmina Jaafar prescrit sur LCI la même recette pour la réforme des retraites : « Il faut aller vers la pédagogie, c'est fondamental. » Le présentateur Adrien Borne livre les résultats d'un sondage qui en prouve le besoin. « Plus on a d'éléments sur la réforme, moins on a d'adhésion. — C'est impossible politiquement, j'allais dire éthiquement, que Macron recule, réagit l'éditorialiste Patrice Duhamel. Le problème, c'est que c'est totalement angoissant pour tout le monde. Vous parliez de pédagogie, c'est vraiment indispensable. » La réforme est « de l'ordre de la justice, juge Romain Goupil. Là, si on explique pas bien tout ce que Pascal Perri vient d'expliquer... » Il a soutenu que la réforme était « bien ficelée » et qu'il n'y aurait pas de perdants. « Qu'il a très bien expliquée, d'ailleurs, relève Patrice Duhamel. — Il nous faut de la pédagogie, on va continuer à en faire », promet Adrien Borne.

Las, le 5 décembre, les manifestations font le plein. « L'un des reproches faits à l'exécutif concerne le flou, l'absence de pédagogie qui entoure cette réforme complexe », rapporte Laurent Delahousse sur France 2. « Le gouvernement dit que c'est une réforme qui sera plus juste, relaie Hélène Lecomte sur LCI. C'est le message qui a peut-être du mal à être entendu, ce qui explique ce chiffre, 806 000 personnes mobilisées. » Près d'un million de malcomprenants. « S'il y a autant de monde dans la rue et que cette réforme passe, espère Laurent Neumann sur BFM TV, ça voudra dire que le gouvernement a été extrêmement courageux. » À défaut d'être pédagogue. Bruce Toussaint compatit : « Je me mets à la place des Français qui nous regardent, parents d'élèves, usagers des transports en commun qui ne sont pas directement concernés par le mouvement. » Ils ne prendront jamais leur retraite ? « Regardez ces images de voyageurs sur les quais, de cohue dans les métros, dans les trains, s'apitoie Ruth Elkrief. Quand est-ce que c'est fini pour les Français ? » Ce ne sont pas des Français qui font grève ? « Qu'ils soient d'accord ou pas avec cette réforme, tranche Olivier Truchot, il y a une lassitude des Français face à la grève. » C'est confirmé, les grévistes ne sont pas français. Au « 20 heures » de France 2, Laurent Delahousse interroge le Premier ministre Édouard Philippe après son annonce du retrait de l'âge pivot à 64 ans : « Vous pensez que les Français sont rassurés ? » Pas sur la réforme mais sur la poursuite du mouvement social : « Le temps de la grève est terminé ? Est-ce qu'ils peuvent être confiants quand ils voient que la CGT et FO disent que ça va continuer ? »

Les experts si prompts à crier au « corporatisme » s'emploient à diviser les contestataires. « Chacun regarde ce qui le concerne, assure Alain Duhamel sur BFM TV. Les femmes, évidemment, s'intéresseront à ce qui est familial, aux pensions de réversion. » Il ne manquerait plus que les hommes s'intéressent à la retraite des femmes. Dans *C à vous*, sur France 5, Nicolas Beytout, de *L'Opinion*, rassure : « Tous ceux qui sont à moins de dix-sept ans de leur retraite ne sont pas concernés. » « La moitié des actifs ne sont pas concernés du tout par la réforme, appuie François Lenglet sur LCI. C'est beaucoup. » Il va de soi que ces personnes se fichent du sort de leurs parents ou amis moins âgés. « Quand je vois des jeunes manifester ! s'insurge Nicolas Bouzou. Quand on est jeune, on s'intéresse pas à la retraite. On s'intéresse à ce qu'on va faire avant. » On se fiche de la justice sociale.

Le plus farfelu des contre-feux est allumé par TF1 dans son « 20 heures » avec un sujet dédié aux « frugalistes ». Rien à voir avec des adeptes de la décroissance soucieux de préserver l'environnement. « Leur but : dépenser le moins possible pour pouvoir prendre leur retraite à 40 ans. » Le reportage présente un jeune homme qui « travaille sans arrêt, dépense le minimum, économise au maximum, épargne et investit tout ce qu'il peut ». Pas dans la permaculture, dans l'immobilier. Tout aussi frugaliste, « un couple de Québécois a investi pendant toute sa carrière plus de 500 000 euros en Bourse et vit aujourd'hui de cette rente ». Conclusion : « Le frugalisme, c'est finalement une énième relecture de la fable de La Fontaine, "La Cigale et la Fourmi". » Et un énième plaidoyer pour la retraite par capitalisation à destination des cigales qui chantent dans les manifestations.

« Travailler plus »

En mars 2020, la crise du Covid-19 fait passer la réforme des retraites à la moulinette de l'éteignoir. Sans détourner les experts de leurs dogmes. « Nous avons fait le choix de mettre l'économie en sommeil pour protéger la santé des individus, se rengorge Nicolas Bouzou sur CNews. Donc c'est le capitalisme qui se met au service de la santé des gens. » Le capitalisme est trop bon. Problème, cela « va creuser d'une façon considérable les déficits. Le seul moyen de solvabiliser nos finances publiques, ce sera la croissance. Et la croissance à court terme, ce sera de travailler plus. Y a rien d'autre. » *There is no alternative.* « On découvre les problèmes d'organisation de l'hôpital alors que ça fait une dizaine d'années qu'on est un certain nombre à écrire là-dessus. » Pour preuve, ce tweet du même Nicolas Bouzou en 2014 : « On se dit la vérité ? Dans dix ans, nous aurons deux fois trop de lits d'hôpitaux. Productivité potentielle énorme. » « Être en stock ou en flux, c'est vrai que c'était un choix important, devise Christophe Barbier sur BFM TV. Mais on sait ce que c'est qu'un hôpital avec des lits vides, au cas où. C'est un coût énorme. Des choix ont été faits de gestion publique au mieux-disant. » Ce n'est pas l'avis de son collègue Nicolas Doze, examinant en 2017 les choix en matière de santé de François Fillon, candidat à la présidentielle. « Après les accusations de privatisation de la santé, de briser le modèle social, là, on a... Comme d'hab, quoi ! La promesse absolue que tout, tout, tout sera pris en charge comme ça l'a toujours été. La santé, la

Sécu, c'est un totem, c'est une Bastille imprenable. » Vive la révolution (libérale). « C'est pathologique. C'est marqué du sceau sacré du Conseil national de la Résistance, on a l'impression qu'on ne peut pas y toucher. » Les programmes des autres candidats le désolent tout autant. « Partout on rase gratis, partout il faut qu'il y ait le chiffre 100 % qui apparaisse dans un coin, partout il faut qu'il y ait le mot "universel", partout il faut qu'il y ait le mot "obligatoire", partout il faut qu'il y ait le mot "santé" ! » Insensé.

À la sortie du premier confinement, Roland Cayrol prédit sur LCI : « Les Français, comme tous les peuples consommateurs du monde, ils ont une envie, c'est de retrouver le type de bonheur qu'on vivait avant. » Le bonheur de consommer. « Ce qui est intéressant, c'est qu'y a un très grand consensus des économistes, certifie Patrick Artus, de Natixis. Y a pas d'économistes de droite, de gauche ou du milieu. » Seulement des économistes libéraux, à la télé. « Cette crise va créer d'incroyables inégalités. Si vous travaillez dans une compagnie aérienne, vous êtes très, très mal. Si vous travaillez chez Google ou chez Amazon, vous êtes très, très bien. » Les préparateurs de commande d'Amazon roulent sur l'or. La présentatrice cite des personnalités qui appellent à « une taxation accrue du capital et [à] un rétablissement de l'ISF. – C'est une mauvaise conception du revenu du capital, tranche Patrick Artus. Vous pouvez pas inciter les Français à prêter leur épargne aux entreprises si par ailleurs vous taxez à 100 % le revenu qu'ils en retirent. » Qui a parlé de 100 % ? À son tour, Olivier Babeau, de l'Institut Sapiens, se dit « consterné de l'éternel retour de l'ISF. Dès qu'y a un problème, tout de suite, c'est la taxation des riches ». Maurice Szafran, de *Challenges*, précise : « C'est une question absolument centrale dans la psychologie française. » La justice fiscale relève de la psychiatrie. « Les explications de Patrick Artus sont absolument savantes et tout à fait convaincantes mais strictement incompréhensibles pour les Français. » Les Français sont vraiment trop cons.

Critique de la raison gorafique

Frédéric Lordon

Qu'il n'y ait pas de malentendu[1] : « critique » ne sera pas à comprendre au sens du jugement usuel (« ça, c'est mal »). Non, ici, « critique » est à comprendre au sens de Kant, comme l'activité de la raison s'interrogeant elle-même, notamment dans l'exploration de ses conditions de possibilité. Posons d'emblée l'essentiel : le gorafique est un fait majeur de notre temps. Tout le monde le sent intuitivement. Mais en avons-nous pour autant le concept ? Au moins la philosophie d'aujourd'hui connaît-elle son impératif catégorique : penser le gorafique.

À quoi reconnaît-on le gorafique ? À ce qu'il nous fait entrer dans une zone d'*indistinction*. Il y a du gorafique chaque fois que, confronté à une déclaration politique, on n'est plus en état de déterminer si elle est réelle ou grossièrement contrefaite à des fins d'épaisse caricature. Le gorafique est donc bien une histoire de réalité et de fiction, plus précisément de réalité désormais systématiquement en avance sur la fiction. C'est donc aussi l'histoire d'un drame social, drame de la ruine d'une corporation, celle des scénaristes et des humoristes, à qui les normes de leur univers

1. Ce texte a paru le 7 avril 2021 sur le blog de l'auteur, « La pompe à phynance », hébergé par le site du *Monde diplomatique*.

opposent spontanément, par réflexe méthodologique jusqu'ici bien fondé, un « Coco, là tu vois bien que c'est trop gros », aussitôt démenti – ou confirmé, comment faut-il dire ? – dans la réalité. Même les imaginations les plus débridées, même la créativité la plus échevelée ne peuvent plus suivre. On reconnaît le gorafique à ce que les amuseurs ordinaires sont *à la ramasse*. Mai 68 avait appelé à ce que l'imagination soit au pouvoir, l'y voilà. Du sommet de l'État tombent maintenant en cataracte des dadaïsmes d'une audace inconnue. Le *Gorafi* ne peut pas en faire l'aveu public, mais lui-même est à la peine.

Protocole expérimental

En tout cas nous accédons par-là à un protocole expérimental en vue d'identifier le gorafique en situation : un test, certes un peu paradoxal, puisqu'il réussit si les cobayes échouent. On leur soumet à l'aveugle des énoncés en leur demandant à chaque fois si *Gorafi* ou réalité. Leur désorientation et leur incapacité à discriminer convenablement sont alors les indicateurs-types d'une atmosphère gorafique.

N'importe qui peut s'y essayer, on est à peu près sûr de perdre. Par exemple, G ou R ?

1/ « Muriel Pénicaud : "Pour toucher le chômage partiel, il faudra désormais travailler." »

2/ « Muriel Pénicaud appelle les employeurs à "ouvrir leurs chakras pour mieux embaucher". »

3/ « Muriel Pénicaud demande aux intermittents du spectacle de se trouver un vrai travail. »

4/ « Député LREM : "La méditation pourrait réduire les inégalités à l'école." »

5/ « Jean-Michel Blanquer promet deux enseignants supplémentaires pour la rentrée en Île-de-France. »

6/ « Le gouvernement annonce la création d'un deuxième ministère de l'Écologie. »

7/ « Il y a tellement d'ouragans cette année que l'ONU a épuisé les prénoms disponibles pour les nommer. »

8/ « Regarder les forces de l'ordre dans les yeux sera maintenant passible de six mois de prison. »

9/ « Évacuation de migrants à Paris : Stanislas Guérini défend le préfet de police : "Rien ne dit qu'il a donné l'ordre de faire des croche-pattes." »

10/ « Gérald Darmanin : "Félicitations à la gendarmerie nationale qui reçoit pour la 6e année consécutive le 1er prix de la relation client dans la catégorie service public." »

11/ « Aurore Bergé : "Un journaliste qui enquête et qui met en cause le gouvernement, c'est une forme de séparatisme." »

12/ « Le garde des sceaux inaugure la boutique éphémère de Label PePs. Dans cette boutique, on achète responsable et solidaire des produits fabriqués en prison dans des conditions responsables et inclusives. »

13/ « Emmanuel Macron : "Il n'y a jamais eu d'épidémie de coronavirus en France." »

14/ « Emmanuel Macron : "Il n'y a pas de violences policières[2]." »

Il y a quelque temps, un financier qui avait décidé de surmonter l'incertitude radicale dans les marchés par des voies au moins amusantes, faisait tirer par un chimpanzé, ou bien jouait aux fléchettes, les actifs dont il allait composer son portefeuille. Le lecteur de bonne foi doit concéder qu'il en est réduit au même type de procédé dans le *blind-test*, et aussitôt reconnaître que lui aussi, mais comme nous tous, a passé le point G. Il y a peu, à propos de l'épisode maintenant fameux du congé parental pour deuil d'enfant, un dessin du *Canard enchaîné*, sous le titre « Pénicaud a fait preuve de retenue », faisait dire à la ministre : « Au départ je pensais proposer de supprimer le congé

2. Résultat du blind test, avec « G » pour *Gorafi* et « R » pour « réalité » : 1-G ; 2-R ; 3-G ; 4-R ; 5-G ; 6-G ; 7-R ; 8-G ; 9-R ; 10-R ; 11-G ; 12-R ; 13-G ; 14-R.

enfant décédé, vu que si l'enfant est décédé y a plus besoin de s'en occuper. » On ne sait plus trop ce que vaut l'adage selon lequel « le pire n'est jamais sûr », mais l'on sait qu'il est devenu entièrement plausible. On sait aussi que si le gorafique est le fait majeur de notre temps – et maintenant on le dit presque sans rire –, c'est parce qu'il s'est placé exactement sur le nerf de l'époque : l'obscénité déchaînée, sans limite, des gouvernants. La rupture définitive d'une oligarchie devenue folle d'avec le reste de la société se manifeste d'abord dans la langue. On se doute que cette sécession lexicale ne date pas d'aujourd'hui. De longue date on aurait voulu être mouche sur lambris pour « les » entendre parler dans les huis clos de l'Élysée – d'où avaient filtré, mais par erreur, les « sans-dents » – ou de la rue de Passy, dires fleuris qu'une récente enquête sociologique[3], malheureusement restée dans l'invisibilité publique de la sociologie, s'est avisée de recueillir.

Sécession et obscénité

La nouveauté du temps macronien, abondamment documentée dans tous les registres de sa présence, c'est la chute définitive de toutes les censures, le règne écrasant de ses évidences. Jusqu'à récemment encore, les bourgeois faisaient quelques efforts pour cacher leurs déjections de pensée. Cool de la *startup nation* aidant, on n'a plus honte de *rien*. Un député LREM est un peu rudoyé sur BFM (on peine à le croire mais, passé certains degrés, tout devient possible) à propos de la légère difficulté pour les parents à télétravailler en assurant simultanément l'éducation de leur marmaille pendant le confinement : Bruno Questel ne comprend pas la question, ne voit pas le problème. Un twittos notoire, et notoirement de gauche (Rachid l'Instit'), feint de lui venir en aide : « Je suis désolé, mais il [Questel] a raison, on peut télétravailler tout en ayant son enfant chez soi. Il suffit de le laisser entre les mains du personnel de maison et de se rendre dans sa résidence secondaire. Question d'organisation. » Reprenons : à quoi reconnaît-on le gorafique ? À ce que les stratégies habituelles de dessillement par poussée des curseurs n'ont plus aucune efficacité. Même l'ironie à la truelle n'y suffira pas. On peut envoyer le bouchon aussi loin qu'on veut, il ne se passe plus rien : plus de reprise, plus de rectification, même pas un léger malaise, rien. Réponse de Questel à la solution Rachid : « Voilà. » Mais « Voilà » premier degré. Le

3. Serge Paugam, Bruno Cousin, Camila Giorgetti et Jules Naudet, *Ce que les riches pensent des pauvres*, Paris, Le Seuil, 2017.

mot de l'évidence toute nue. Le personnel de maison, la résidence secondaire : enfin, c'est évident. S'organiser, c'est tout simple.

La sécession oligarchique se signale en premier lieu au basculement des dominants dans une autre économie morale, distincte de celle du reste de la population. Alors les dominants règlent leur propre conduite, et règnent sur les conduites des autres, depuis un système de repères moraux entièrement hétérogènes, en fait même contradictoires, à ceux des dominés. La chose ne peut que très mal finir. D'ailleurs, elle finit très mal : nous le savons déjà au spectacle d'un autre affaissement moral, dual, complémentaire du précédent, et en fait rigoureusement requis pour la persévérance des dominants : le naufrage moral de la police, dont l'intervention est devenue névralgique pour le régime. Quand Yves Lefebvre, secrétaire national d'Unité SGP-FO, commente sur CNews la mutilation d'un Gilet jaune dont la main vient d'être arrachée par une grenade d'un « C'est très cru mais c'est bien fait pour sa gueule », on est évidemment en univers gorafique mais dans l'une de ses régions qui prête le moins à rire. À l'objet et à la tenue de langage près, il s'agit formellement parlant du même dérèglement moral, de la même obscénité que celle du député Questel ou de la ministre Pénicaud, et les deux registres doivent maintenant nécessairement s'accompagner l'un l'autre.

Symptômes de la crise organique

Un que n'aurait pas vraiment déconcerté la doublure, d'un côté sidérante, de l'autre sanglante, du gorafique comme terminus d'un régime en crise, c'est Gramsci. Bien sûr il ne pouvait pas anticiper qu'on invoquerait l'ouverture des chakras au nom de l'emploi, la méditation en pleine conscience pour réduire les inégalités scolaires ou le prix de la relation client pour la gendarmerie. Mais ces ornements ne sont que les caractères d'époque, contingents, d'une situation bien plus fondamentale dont il a donné le concept : la crise organique. Définition simple : la crise organique, c'est quand, à l'étage du pouvoir, tout part en cacahuète. De Rugy et sa veulerie crustacée, Blanquer et sa passion courtisane pour l'agrégation d'épidémiologie, le député Son-Forget et ses fusils d'assaut, Benalla et son casque, Sibeth Ndiaye, qu'on allait oublier, pour l'ensemble de son œuvre. Tous emmenés par Macron, bien sûr.

Car parmi les « phénomènes morbides » qui, selon la formule bien connue de Gramsci, prolifèrent dans l'interrègne entre l'ancien qui tarde à mourir et le nouveau qui tarde à paraître, il faut compter l'apparition de personnalités d'un type inédit, affranchies des codes et des normes jusqu'ici en vigueur, dont précisément l'emprise se desserre avec la dislocation de l'ordre ancien. La crise organique est ce moment en lequel redevient légitime de poser la question, normalement à bannir, de la personnalité psychique, et même de la structure psychopathologique des dirigeants, à proportion de ce que l'affaissement des normes anciennes, littéralement, dé-régule leurs conduites et laisse libre cours à leurs mouvements pulsionnels. Ainsi la crise organique rebat-elle profondément les données de la sélection politique : elle se met à promouvoir les déréglés. Alors s'ouvre la période des énergumènes. Sarkozy a été le premier d'entre eux – corps et langage désarticulés, énervement permanent. Si Hollande, élu sur une promesse de « normalité », a été comme un flan mal démoulé, Valls s'est offert à tenir la continuité dans l'insane, avec des effets rien moins qu'anecdotiques puisqu'on lui doit l'installation probablement durable dans le paysage politique d'un nouveau segment : la gauche d'extrême droite.

Il faut cependant admettre que Macron est d'une autre étoffe. Faute d'une analyse technique, munie des catégories adéquates, et dont il serait urgent que des spécialistes la proposent, on en reste avec le sentiment commun, mais d'une intuition très sûre, que Macron est complètement cinglé. C'est moins sa mégalomanie, pathologie presque bénigne à ce niveau de la politique, que son rapport aux mots qui n'en finit pas de trahir son dérèglement psychique. Et telle est bien l'intuition repliée du gorafique, dont l'indistinction essentielle – est-ce réel ? est-ce un gag ? – est comme l'écho de l'indistinction psychique entre réalité et fantasmagorie des mots où Macron s'est établi. Depuis la tête de Macron, il est en effet possible d'en appeler aux « jours heureux » *et* de relancer la liquidation des retraites, de célébrer les soignants *et* de continuer les fermetures de lits (*et* de les traîner en justice comme cette infirmière qui s'est *contentée* d'un doigt d'honneur pour dire son dégoût de cette infâmie), de promettre la gratitude de la nation aux « premiers et premières de corvée » *et* de leur préparer une boucherie à l'Unédic (pour ne rien dire de la prime qui ne viendra jamais), de ne garder qu'un tiers des mesures de la convention citoyenne pour le climat *et* d'avoir juré de les transcrire toutes.

C'est dans un monde où tout ceci devient possible que le gorafique devient possible. Si la critique de la raison gorafique était à entendre au sens de Kant, c'est-à-dire au sens de l'exploration des conditions de possibilités, les voilà ! On plaide non coupable : il s'agissait au départ d'une parodie de politique, appelant comme telle une parodie de philosophie. Mais la première parodie est si réelle que la seconde, quoi qu'elle en ait, se voit le devenir à son tour. Non sans conséquences – mais, qui sait, peut-être salutaires –, puisque le gorafique philosophiquement pris au sérieux a au moins le mérite de faire voir ce qu'il reste de « la démocratie » quand le rapport des mots et du réel se trouve à ce point disloqué, et avec lui la possibilité même du débat. Comme Christophe Dettinger le boxeur, l'infirmière Farida est admirable : elle nous montre la seule forme que peut prendre le « débat » dans une époque où les conditions de possibilité du « débat » ont été méthodiquement, gorafiquement, détruites. On ne peut décemment pas soumettre les gens à l'injonction de « débattre » quand on a soi-même organisé l'effondrement du sens.

Délabrements de la langue hégémonique

En tout cas, c'est Gramsci qui répond à Kant – on va le dire avec des intentions un peu malignes : ce qu'il y a de meilleur dans le matérialisme, c'est l'historicisation du transcendantal[4]. La condition de possibilité du gorafique, c'est la crise organique. Mais la définition par les cacahuètes était un peu juste. Il y a crise organique quand les institutions politiques et symboliques ne parviennent plus à « reprendre » les tensions sociales d'un capitalisme déchaîné. Ce qui tenait beaucoup au travail des compromis politiques, des stabilisations institutionnelles, et du travail idéologique : on fait tenir les dominés tranquilles en leur faisant des promesses (politiques) et en leur racontant des histoires (idéologiques). Bref, par des moyens essentiellement fictionnels, bien sûr opérés dans des institutions (Parlement, éducation, médias, culture, etc.), que Gramsci a rassemblés sous la catégorie d'*hégémonie*. Intermédiaire entre l'idéologie chez Marx et l'habitus chez Bourdieu, l'hégémonie réunit les moyens symboliques, institutionnels et politiques qui mettent dans la tête des dominés une vision du monde conforme à celle des dominants – et font faire une merveilleuse économie de coercition pour les tenir dans les clous.

---

4. Kant appelle « transcendantal » ce qui ressortit aux conditions de possibilité de l'exercice de la raison. Mais il situe ces conditions de possibilité dans la « possession », en fait propre à l'esprit humain, d'un certain nombre de catégories (nécessité, contingence, causalité, etc. – il y en a douze), sortes de préalables formels nécessairement engagés dans toute opération de connaissance. Par leur nature même, ces catégories donnent au transcendantal un caractère d'idéalisme. Tout en conservant l'idée qu'il y a bien des « cadres » ou des « schèmes » qui précèdent l'activité de connaissance, les sciences sociales (en tout cas certains de leurs courants) ont refusé de les situer dans un ciel idéaliste, et en ont cherché les origines dans les sociétés elles-mêmes. De Marx à Bourdieu, en passant par Durkheim, Mauss ou Foucault, les sciences sociales ont donc travaillé à historiciser et à « désuniversaliser » le transcendantal – à le ramener sur terre pour en faire une chose produite par les humains en société.

Le travail hégémonique est donc au premier chef un travail discursif, un travail sur les manières de voir qui s'effectue avec et par des énoncés. C'est donc une affaire de langue. Pas d'hégémonie sans langue hégémonique – blatérée par des répétiteurs, politiciens, technocrates, experts, éditocrates, journalistes ordinaires qui ne savent pas ce qu'ils disent mais le disent avec un naturel qui est la meilleure garantie de l'évidence. À la langue hégémonique d'aujourd'hui, une œuvre de littérature récente a donné sa dénomination plus précise[5] : la LCN, à la manière de Klemperer, et pour les mêmes raisons « latines » que Klemperer[6], *Lingua Capitalismi Neoliberalis* – la Langue du Capitalisme néolibéral. Comme toutes les langues de pouvoir, c'est une langue dégénérée : tropes appauvris, mots indigents, segments de langage automatiques. « Il faut libérer les énergies ; nous ne pouvons pas laisser la dette à nos enfants ; les charges écrasent les entrepreneurs ; nous devons retenir les talents ; c'est l'entreprise qui crée l'emploi ; nous avons un problème de compétitivité ; nous avons un problème de flexibilité ; nous avons un problème d'agilité. » C'est la langue des DRH et de BFM, des énarques et du Medef, de la droite modérée et de la gauche intelligente, de la presse de gauche de droite dont bon nombre de titres continuent de chanter la synthèse.

Ça ne pouvait qu'être la langue du macronisme. À ceci près que le macronisme l'a poussée à un point extrême d'absurdité, à la fois de son propre mouvement – qu'un gouvernement de DRH parle la langue des DRH, c'était tout de même dans l'ordre des choses –, et sous l'empire des nécessités du moment : les nécessités de la crise organique, précisément. Qui se signale d'abord à ce que les « évidences » hégémoniques jusqu'ici paisiblement véhiculées par la LCN commencent à dérailler. On veut bien qu'il faut laisser le temps à la richesse de ruisseler mais quand même, non, on ne veut plus. On veut bien que le macronisme soit un progressisme mais en fait, non, il est simplement une guerre de classes. On veut bien la disruption mais finalement pas, car ce sont des *bousilleurs*. Quand la population commence à ne plus marcher dans ces combines langagières, alors il y a péril en la demeure hégémonique. Et nécessité d'en renouveler les figures de style, les formes énonciatives. Mais le ramassis d'imbéciles qui persiste à se faire appeler « élites » n'en a pas le premier moyen intellectuel, sinon de redire les mêmes choses *en pire* – en plus « au goût du jour » (startup), en

5. Sandra Lucbert, *Personne ne sort les fusils*, Paris, Le Seuil, 2020.
6. *Par les temps qui courent*, France Culture, 31 août 2020, à partir de 12'50.

plus grossier, en plus appuyé, en plus enfoncé dans ses évidences primaires (« *Voilà* ») – quand ce sont celles-là même qui sont entrées en discussion. Alors fatalement en plus *énorme*, en plus ridicule : en gorafique.

Nous commençons donc maintenant à cerner le concept du gorafique : le gorafique, c'est *le délabrement de la langue hégémonique du capitalisme néolibéral (la LCN) en situation de crise organique*. Sans doute le concept du gorafique est-il infiniment moins drôle que le gorafique lui-même. Il n'en est pas moins vrai que, ébranlée comme le reste de la société, toute la philosophie s'est trouvée convoquée par le phénomène gorafique, et qu'on ne compte plus les titres qu'on aurait pu donner à cette étude : « Apologie du Gorafi », « Méditations métagorafiques », « Traité gorafico-politique », « Contribution à une critique de l'économie gorafique », « Le monde comme obscénité et comme gorafisation » – et peut-être tant d'autres. Le macronisme est un gorafisme.

L'empire du faux

François Bégaudeau

Dans l'imaginaire collectif, le sociotype bourgeois est plus type que socio. À l'égal du beauf, du routier, du cheminot cégétiste, du mendiant rom accordéoniste, du jeune-de-banlieue, de la youtubeuse make-up, le bourgeois est moins défini par sa position sociale effective que par un certain nombre de traits, variables d'une époque à l'autre.

Le type est recensé dès le siècle de sa montée en puissance. Au XVIIe, il y a des bourgeois, gentilshommes ou non, comme il y a des précieuses, des avares, des bigots hypocrites. Le bourgeois est un caractère au sens où on l'entend alors : c'est à des moralistes comme Molière et La Bruyère qu'il revient de peindre et parfois d'étriller ses humeurs et ses mœurs.

De siècles en satires, on glisse vers le sens actuel de « caractère ». Si Machin a un caractère difficile et Truc plutôt bon caractère, Bidule a un caractère un peu bourgeois. La catégorie est psychologique. Dans l'usage, l'adjectif supplante le substantif. Il y a moins des bourgeois que des comportements bourgeois. Et surtout un esprit bourgeois.

Où l'on retombe sur la case immanquable du bourgeois-de-Chabrol, qui est à tous les coups un bourgeois de province. La province est bourgeoise et le bourgeois est de province ; on ne sait plus lequel déteint sur l'autre. Le bourgeois est aussi fermé d'esprit qu'une bourgade de province est repliée sur elle-même. L'esprit bourgeois recoupe l'étroitesse d'esprit.

Hermétique à tout ce qui contrevient à la norme, l'esprit bourgeois est évidemment hermétique à l'art. Le monsieur Prudhomme de Verlaine a pour ennemis les faiseurs de vers, ces vauriens, ces faquins. Qui lui rendent sa haine au centuple. S'il y a un goût bourgeois, l'artiste se lance le défi prioritaire de le malmener. On gagne ses galons d'artiste en épatant le bourgeois.

Bourgeois est alors franchement péjoratif. Balancé dans une dispute, il est un coup de grâce. On peut aussi s'en affubler pour précéder l'attaque – « Oui, j'avoue, je suis tatillon sur la qualité des vins, c'est mon côté bourgeois. »

L'avènement et le succès pérenne du signifiant *bobo* achève le processus de psychologisation. À la fin des années 1990, *bobo* subit d'ailleurs en deux ans le même glissement que son grand frère en deux siècles : son contenu sociologique se brouille, se liquéfie. Désignant au départ les opulents bourgeois-bohème des métropoles américaines, le concept en vient à désigner la costumière de théâtre qui rame pour toucher l'intermittence mais a le malheur de se déplacer à vélo, de manger végétarien, de voir des films coréens et, comble de boboïsme, d'être bénévole dans une cantine de migrants. On a oublié *bourgeois* et on retient *bohème*, mot d'un flou (artistique) total qui dessine autant qu'il floute un individu très porté sur les causes humanistes que le milieu de la culture épouse pour se donner bonne conscience.

Cette occultation du bourgeois par le bobo est une excellente nouvelle pour le bourgeois, qui, toujours enclin à nier qu'il l'est, n'en demandait pas tant. Il en est du reste l'agent principal. C'est d'abord dans ses journaux et dans ses dîners que le mot *bobo* fait florès. Ce n'est qu'ensuite que le bas peuple recycle le stigmate, devenant l'idiot utile d'une admirable opération de prestidigitation. Disparus, les bourgeois.

S'il apparaît aux moins abusés que le bobo est en fait un bourgeois de gauche, on retient gauche et on oublie bourgeois. On oublie le niveau de revenu de l'intéressé et on retient la cantine de migrants. Tel le bourgeois d'antan, le bobo incarne alors une certaine raideur morale, mais inversée. Le bourgeois de 1930 regardait de haut les gueux, le bobo de 2010 se précipite à leur secours – s'y précipite ostensiblement, persifleront les anti-bobos. La bien-pensance consiste à défendre les homos et non plus à les stigmatiser. La bien-pensance d'aujourd'hui est brocardée par les bien-pensants d'hier.

« Bobo » devient l'insulte préférée du bourgeois de droite, tout heureux de voir le ridicule passer de l'autre côté. Le bourgeois gentilhomme des temps modernes, ce n'est pas l'inculte fortuné mais le cultivé désargenté abonné au cinéma d'art et d'essai de Montreuil.

C'est bien la psychologisation de l'étiquette qui permet ce tour de passe-passe. Si *bourgeois* désigne un état d'esprit, si le bourgeois est l'autre nom du conformisme, *bourgeois* n'est plus l'apanage de la bourgeoisie, et Raphaël Enthoven a beau jeu d'asséner qu'il y a des bourgeois dans toutes les classes. Si *bourgeois* est adjectif et non substantif, un individu de basse classe peut l'endosser aussi facilement qu'un individu de la haute peut s'y soustraire. À ce degré d'évidement du terme, Enthoven qui fume des joints et cite Sade est moins bourgeois que mon beau-frère plâtrier qui rembourse son pavillon Bouygues sur vingt ans et écoute en boucle un best-of de Calogero.

Sacré twist dans le scénario historique. Sacré retournement.

Que faire contre un retournement ? Le retourner. Remettre le réel sur ses pieds, comme disait l'autre. Reprendre le mot à sa racine, qui est sociale. Le bourgeois a été expurgé de la dimension sociale qui le fonde ? Réintroduisons-la.

Il ne peut y avoir des bourgeois dans toutes les classes car la bourgeoisie est une classe, et bourgeois est celui qui y appartient.

Qu'est-ce qui définit une appartenance de classe ? Une position dans le corps social, elle-même largement déterminée par la place dans le système de production.

En bonne logique matérialiste, cette place conditionne des traits moraux et psychologiques, mais c'est elle qui est première. On n'accède pas à une position bourgeoise par cupidité, on devient cupide d'occuper cette position. C'est donc d'elle qu'il faut partir, repartir. Repartir du XVIe siècle, où le bourgeois, l'homme qui habite le bourg, se distingue du noble en ce qu'il ne possède pas de biens immobiliers dont tirer une rente, mais des biens mobiliers dont faire commerce. Qu'est-ce qu'un bourgeois ? Un commerçant, un marchand.

Celui qui n'est pas marchand n'est pas bourgeois ? Ce serait offrir une trop facile porte de sortie à certains membres de la classe en question. Il faut donc préciser qu'il y a du commerce de première main et de deuxième main.

Première main : je suis propriétaire d'un parc d'attractions, d'une fabrique de rideaux de douche, d'un site de pari en ligne. Mon objectif est de vendre un maximum de billets, de rideaux de douche et de paris pour en tirer profit, puis me rendre acquéreur d'autres biens dont je tirerai profit en les marchandisant. Je n'ai pas forcément de boutique sur rue, dans le cas du commerce de services, *a fortiori* en ligne, je ne stocke rien nulle part, mais je suis un boutiquier.

Et un médecin ? D'un médecin personne ne dit spontanément qu'il est commerçant. Pourtant il vend sa compétence diplômée. Pour ça, il déploie des stratégies de commerçant : il se fait une réputation qu'il tâche d'entretenir, s'emploie à conserver et élargir sa patientèle qu'il traite comme une clientèle, accepte parfois de consulter hors de ses horaires pour la rendre redevable et donc fidèle, sans compter maints calculs de rentabilité. Le médecin est commerçant en première main et demie.

Et le journaliste ? Le journaliste d'un magazine de *news* n'a rien à vendre que sa force de travail intellectuel à son patron du moment et aux actionnaires afférents. Néanmoins le journaliste, appelons-le Emmanuel, possède un appartement dans la partie gentrifiée du 18e arrondissement de Paris et une résidence secondaire en Normandie. Lorsque la résidence secondaire devient la principale, il loue l'appartement dont il a au préalable optimisé la valeur en investissant dans des travaux. L'an prochain, d'autres travaux permettront d'augmenter encore le bail. Emmanuel fait fructifier son bien comme il fait fructifier son compte en banque en réalisant des placements indiqués par son copain Édouard, conseiller en gestion du patrimoine rencontré lors d'un dîner chez le rédacteur en chef du magazine – dîner précisément conçu comme un officieux tour de table. Emmanuel est un commerçant en deuxième main : il ne fait pas métier de marchander, mais marchandise les biens immobiliers ou financiers qu'il tire de sa profession et d'héritages directs ou indirects.

Bourgeois est celui qui, possédant, peut directement ou indirectement faire marchandise de ce qu'il possède – unité de production, patrimoine personnel, compte en banque. Bourgeois n'est pas celui qui possède beaucoup (*bourgeois* n'est pas synonyme de *riche*) mais celui qui, possédant même un peu, passe l'essentiel de son temps à faire fructifier ce qu'il possède, ou à y penser. Celui que sa disposition sociale incline à agir ou penser en marchand.

L'essentiel des prises de position idéologiques du bourgeois sont des prises de position sur le marché. Sa position au sens d'opinion est consubstantielle à sa position sociale. Même quand il semble parler au nom d'autre chose, c'est le marchand qui parle en lui. Parlant de progressisme, il ne parle que de la nécessité boutiquière de promouvoir le neuf – toute sa modernité ou son éloge de l'innovation revient à ringardiser la vieille camelote pour refourguer la nouvelle. Parlant de liberté, il ne songe qu'à celle de commercer, ne songe qu'à libérer le marché – des rentes féodales en 1789, des archaïsmes français en 2021. Se piquant d'ouverture, il ne songe qu'à l'ouverture à la concurrence. Et sa sacro-sainte inclusion n'a en tête que d'aimanter un maximum de consommateurs vers la boutique sans distinction de race, de genre, d'opinion. L'argent n'a pas d'odeur, l'argentier n'est pas regardant sur la couleur. Qu'elle soit d'un Noir ou d'un Blanc, la carte est toujours bleue. C'est pourquoi le marchand n'affiche aucune opinion politique : surtout ne pas diviser. Le marchand n'a pas à forcer sa nature, car il n'a pas d'idéologie, il est pragmatique, il est et de droite et de gauche, il est aussi neutre que son pays préféré, la Suisse.

Les postures idéologiques et morales de la bourgeoisie peuvent et doivent être rapportées à un ethos de commerçant.

La fausseté de la bourgeoisie peut et doit être rapportée au jeu de dupes qui est au cœur du commerce.

Quelle est l'activité cardinale du marchand, qu'il soit de bestiaux ou de bien-être, qu'il soit Franprix ou Sanofi ? Convaincre d'acheter un bien. En convaincre par la pub, par la brillance de l'étal, par l'aura de la marchandise, par un argumentaire de vente, par le sourire. Or, déclinant ce boniment, le marchand ne se demande pas ce qu'il pense pour de vrai du produit. Il ne faut surtout pas qu'il se le demande – de même que l'avocat gagne à écarter la question de la culpabilité au moment de plaider l'innocence. Dans le boniment, la réalité du produit est secondaire, est absentée. Le marchand ne songe pas à la réalité de ce rideau de douche ni à l'utilité réelle de l'application de yoga-*fooding* dont il fait l'article à un banquier puis à des associés potentiels, puis à de potentiels acheteurs, mais à les présenter sous le meilleur jour. Que la salle de bains à vendre soit belle ou non, elle doit être perçue comme telle. Ce sont là des évidences, des lapalissades, mais elles sont lourdes de conséquences. Un bon marchand se caractérise par son aptitude à évacuer toute référence à la vérité.

Puisqu'il n'y a mensonge que par référence à la vérité, le marchand ne ment pas, mais bonimente. Le bon marchand n'est pas celui qui vendrait des frigos à un Esquimau, comme dit l'adage, mais celui qui, occupé à persuader un Esquimau qu'il a besoin d'un frigo, s'en persuade aussi.

De l'avis unanime de ceux qui les ont côtoyés, nos présidents les plus boutiquiers, Sarkozy et Macron, respectivement avocat d'affaires et banquier d'affaires, croient ce qu'ils disent au moment où ils le disent. En bons commerçants, ils disent au client ce qu'il a envie d'entendre, et de bonne foi. Macron est aussi sincère lorsqu'il nous vend la transition écologique que lorsqu'il compare les écolos aux Amish. Biberonnés à l'esprit marchand, Sarkozy et Macron ne sont pas des menteurs : ils sont faux.

Contrairement à sa réputation, le bourgeois modelé par son ADN commerçant n'est pas hypocrite. Il ne ment pas, il se ment. Il ne se ment pas, il se perd. Il se noie – dans les comptes.

La fausseté est au cœur du commerce. Sa version hystérique, nommée « capitalisme », n'a pas attendu sa financiarisation pour dissocier la valeur d'un actif de sa valeur réelle, dissocier le jeu des cotations de l'économie réelle. Sur les marchés, un actif prend de la valeur parce qu'un nombre conséquent d'individus lui en donne. C'est l'essence performative et circulaire du commerce : ceci vaut parce que je l'achète. C'est l'essence performative de la monnaie : ce billet vaut tant parce que je déclare qu'il vaut tant. Les soudaines libéralités de l'austère BCE pendant la crise sanitaire ont donné une parfaite visibilité à cet arbitraire, à cette gratuité.

La finance ne fait que mondialiser les gestes élémentaires du négoce. Un prix, un prêt, ça se négocie. C'est une affaire de conviction, de persuasion. Ce n'est jamais une affaire de vérité.

Le président du « quoi qu'il en coûte » avait en toute bonne foi dit le contraire six mois avant : il n'y a pas d'argent magique. Or il n'y a d'argent que magique. On le fait apparaître et disparaître en un seul mot. Et alors au fil des tractations, les gens d'argent s'imprègnent de pensée magique, cette pensée qu'aucun réel ne leste.

En théologie et en philosophie, on spécule sur l'existence de Dieu, pas sur l'existence de Clermont-Ferrand. Jusqu'à nouvelle révélation quantique, Clermont-Ferrand existe, alors que Dieu, ça reste à voir. Ça reste un concept flou. Plus c'est flou, plus je peux spéculer. Puisqu'on ne spécule que sur du vide, le capitalisme commence par faire le vide.

L'art dit « contemporain » est un domaine de grande spéculation, parce que les valeurs y sont particulièrement sujettes à caution. Le coefficient artistique d'une œuvre et, par suite, sa valeur reposent sur le décret que c'est de l'art et sur la foi prêtée à ce décret. Phase 1 : l'artiste met toute sa légitimité d'artiste, indexée à son crédit sur le marché de l'art, dans l'affirmation que le singe géant qu'il a fait gonfler devant le Capitole est une œuvre d'art. Phase 2 : des voix considérées comme légitimes (= ayant une valeur sur le marché des opinions esthétiques) apportent leur caution à cette affirmation. La possible monnaie de singe est devenue une monnaie.

Pour l'évaluation de tableaux ou de livres, je peux me référer davantage au réel de l'œuvre, à sa matérialité, à sa facture, au tangible génie dans l'exécution de Rembrandt, à la manifeste clairvoyance psychologique de Proust ; il reste que je ne pourrai jamais rien démontrer. Nous ne serons jamais absolument sûrs d'avoir affaire à de l'art ou à du cochon. Cet impondérable de la valeur est la grandeur de l'art, et sa misère – d'où que tant de misérables l'investissent.

C'est parce que la parole sur l'art est spéculative que la classe des marchands se sent aussi à l'aise dans le champ de l'art que dans celui de la mode, où il est au moins explicite que les valeurs sont affaire de mode. Ici comme là, on adopte très sincèrement le goût que la boussole marchande indique qu'il est profitable d'adopter.

Observant quotidiennement un spécimen de cette classe dont les positions esthétiques fluctuaient au fil des fluctuations du marché des opinions, je me suis parfois demandé : y a-t-il un moment dans la journée où il se demande ce qu'il pense vraiment (de tel livre, de telle écrivaine, de tel chorégraphe, de tel candidat aux présidentielles) ? Est-ce qu'il prend parfois deux minutes pour tâcher d'accéder à des émotions et des pensées qui n'appartiennent qu'à lui concernant ce film vu dans l'après-midi ? Il y a fort à parier que non. Que ce littéral moment de vérité n'existe pas. Et existe d'autant moins depuis que des objets technologiques veillent à capter H24 une attention qui dans une préhistoire de Google eût pu être consacrée, le soir avant le coucher, à un tête-à-tête avec soi.

La pensée n'est la pensée que si elle se donne pour horizon l'élucidation d'une réalité donnée. Celui qui n'a pas de rapport au réel ne pense pas. Le marchand en tant que marchand ne pense pas. Le bourgeois en tant que bourgeois ne pense pas. En cela et en cela seulement réside sa bêtise.

Et moi, puis-je me prétendre exempt de bêtise ? Puis-je certifier qu'il m'arrive d'avoir accès, sinon à la vérité, du moins à ma vérité, à la vérité de mes sentiments, émotions, goûts ? Évidemment pas. Pas plus qu'il n'y a de valeur authentique, il n'y a de pensées authentiques – ou que je puisse certifier telles. Les pensées qui n'appartiennent qu'à moi, ça n'existe pas. Dans mon corps hétéronome, dans mon corps où s'incorporent tant de données sociales, rien ne m'appartient en propre. D'aucun de mes jugements esthétiques, je ne peux certifier qu'il est vierge de calcul social. Dans la défense d'un auteur entre toujours pour une part le calcul – calcul de bonne foi, comme l'écologisme de Macron – qu'il est valorisant de le défendre.

Mais qui peut prétendre être innocent de calculs marchands dans ce monde en voie de marchandisation intégrale ? Dans quelque secteur que j'évolue et quelque place que j'y occupe, il me faut, en première ou huitième main, me vendre. Cela commence à l'école, où je suis bon élève si je comprends que je ne suis pas là pour apprendre mais pour travailler à ce que ma valeur scolaire, établie en chiffres, soit convertible en employabilité. Ainsi très tôt j'entre dans le *game*, comme disent les *digital natives*. Très tôt j'intègre la règle du jeu, très tôt je la métabolise. Très tôt je m'affûte dans l'art spontané et sincère de calculer le bénéfice d'une position, d'une opinion, d'un choix de vie.

Et si jamais je trouve à échapper en partie à l'enfer de la valeur, si je parviens miraculeusement à survivre sans avoir à me vendre corps et âme, si par exemple je rejoins la fonction publique où ma valeur est en partie découplée des cours du marché, voici que je me retrouve à compter les *like* sous telle publication de ma page Facebook, ou à me réjouir d'un nombre de retweets comme un startuper se réjouit du triplement de son chiffre d'affaires sur l'exercice 2017. Il n'y a certes pas d'argent en jeu, tout est gratuit, n'est-ce pas, mais il est désormais bien su que si c'est gratuit, c'est que je suis le produit.

Sur le néolibéralisme, sur sa différence qualitative avec le libéralisme, sur le nouveau stade de développement du capitalisme qu'il représente, courent des hypothèses savantes, toutes intéressantes et parfois contradictoires entre elles. Du point de vue moins savant et plus empirique de ses effets concrets, le néolibéralisme est un néo-impérialisme : il est le moment de l'extension de l'empire du faux à tous les domaines de l'activité humaine. Le moment où le capitalisme, revigoré par un outillage technologique inédit, colonise le quotidien de chacun – et met au ban ceux qui auraient la chance-malchance de vivre sans réseau. Au sein de cet empire, chacun a muté en consommateur permanent – partout et à toute heure, je peux acheter –, mais aussi en marchand. Un marchand de soi-même, dont l'auto-entrepreneur est à la fois l'emblème et, hélas, l'avant-garde. Par un tour savoureux, l'effective prolétarisation de tous annoncée par Marx coïncide avec l'assimilation par tous de réflexes marchands, de réflexes bourgeois.

Contre cela, contre cette pente sans doute irréversible, je peux rallier les forces sociales qui œuvrent, en symétrie inversée du capital, à préserver ou découper dans le vivant des parts de non-marché. Mais je peux aussi, à mon échelle individuelle, si cette échelle existe, œuvrer éperdument à maintenir en moi, quoi qu'il m'en coûte, la catégorie de vérité.

2

LA POLITIQUE DU CAPITAL

L'engrenage

Serge Halimi

« Quand les idées bourgeoises furent regardées comme les productions d'une raison éternelle, quand elles eurent perdu le caractère chancelant d'une production historique, elles eurent alors la plus grande chance de survivre et de résister aux assauts. Tout le monde perdit de vue les causes matérielles qui leur avaient donné naissance et les rendaient en même temps mortelles. »
Paul Nizan, *Les Chiens de garde*

En 1944, l'économiste autrichien Friedrich Hayek exprimait sa crainte d'une spirale collectiviste, « la route de la servitude », aboutissant au sacrifice de la responsabilité individuelle sur l'autel de la sécurité sociale. Depuis une quarantaine d'années, la spirale qu'on observe dans le monde entier est celle du marché. La chute des dominos a changé de sens[1].

Quelle technique a permis d'imposer la perte de souveraineté monétaire des États européens, la mise en concurrence, voire la privatisation, d'entreprises publiques ? Quelle technique a fait accepter la fermeture définitive de

1. Lire Serge Halimi, *Le Grand Bond en arrière. Comment l'ordre libéral s'est imposé au monde*, nouv. éd., Marseille, Agone, 2012.

nombre de bureaux de poste, de perception et de gares, la remise en cause de la gratuité de la santé et de l'éducation, la transformation de la fonction publique en un archipel d'agents concurrents et menacés ? Et le tout presque sans débat.

Pour cela, les libéraux ont pensé et construit un corridor de « réformes » à l'intérieur duquel une porte se verrouille sitôt qu'on en franchit le seuil pour conduire à une autre qui s'ouvre à mesure qu'on s'en approche. Puis, comme le dit la chanson, assez vite « on n'a plus assez d'essence pour faire la route dans l'autre sens. Alors il faut qu'on avance ».

Peu à peu, la fatalité du « il n'y a pas d'alternative » accomplit son office. La volonté se trouve d'autant plus désarmée qu'on lui a retiré ses armes et qu'on pratique sans relâche la tactique de la terre brûlée. La destination ne se découvrira qu'au bout de la route. Au final, ce qui est en cause est un projet révolutionnaire, mais celui d'un grand bond en arrière dont le mouvement d'ensemble est produit par un enchaînement d'étapes intermédiaires. On ouvre les frontières pour conquérir de nouveaux marchés ; on privatise parce qu'une fois les frontières ouvertes, on ne peut plus subventionner des entreprises françaises sans pénaliser leurs concurrentes étrangères ; on sacrifie l'emploi et la rémunération des salariés parce qu'on a privatisé. « Libre-échange », « taille critique dans un marché mondial », « alliances », « partenariat public-privé », « politique de l'offre », « création de valeur » constituent autant de pièces de ce Meccano dont les architectes ont imaginé d'avance quelle citadelle inexpugnable il construirait.

Aucun des éléments de ce Meccano n'a été produit par un typhon naturel ou par le surgissement d'une « humeur » nouvelle. Une grève, ça se brise ; la « mondialisation », ça s'organise ; l'individualisme, ça s'encourage. C'est à quoi servirent la flexibilisation de l'emploi et les lois sur le service minimum ; les accords de libre-échange et la déréglementation des marchés financiers ; l'emprise croissante de la publicité, de l'Audimat et des mécénats privés sur les médias, l'enseignement et la culture. Enhardie par ses intellectuels organiques, la droite libérale n'a, comme elle le proclame, « plus honte d'être de droite ». Mieux, elle a recomposé l'économique, le social, l'imaginaire au point de feindre n'être plus guidée que par ce qui lui remonte du « terrain », des « territoires », de la « société civile ». L'idéologie, c'est les autres.

Hégémonie de l'entreprise

Pendant les « Trente Glorieuses » d'une croissance économique presque ininterrompue, l'État intervenait, assurait les activités indispensables devant lesquelles le marché était défaillant, utilisait la force de frappe du secteur nationalisé pour orienter l'économie et garantir le plein emploi, privilégiait l'utilité sociale du secteur public sur sa rentabilité financière. Des activités à haut risque, à forte exigence de capital et à cycle long (espoir de profit plus éloigné que l'horizon des marchés financiers), réclamaient alors l'intervention de la puissance publique, qui en était souvent au départ le seul ou principal client (nucléaire, spatial, armement), faute de quoi auraient dû se constituer des monopoles industriels tellement puissants qu'ils seraient devenus, comme le craignait Charles de Gaulle, « en mesure de faire pression sur l'État ». Aujourd'hui, cette crainte a disparu dans la mesure où l'État sert de plus en plus ouvertement de bras armé à « ses » multinationales.

Par ailleurs, estimait-on avant la vague libérale, le capitalisme, tantôt frileux, tantôt aveuglé par le tropisme du dividende, n'accouche naturellement ni d'une politique industrielle, ni d'une stratégie d'aménagement du territoire, ni d'un équilibre de plein emploi. Sans l'intervention de l'État au lendemain de la Seconde Guerre mondiale, les risques auraient été grands que la France s'enferme dans des activités à faible valeur ajoutée, que la mécanisation de l'agriculture continue d'être différée, que la désertification et l'enclavement de régions entières deviennent inexorables parce que cumulatifs, que la neutralité de la dépense publique et le dogme de l'équilibre budgétaire interdisent de combattre l'insuffisance de la demande globale. Dès 1928, Pierre Mendès France, qui participa aux gouvernements de Léon Blum en 1938, de Charles de Gaulle en 1945, avant de constituer le sien en 1954, annonçait : « L'heure est venue de substituer aux dogmes du laisser-faire, laissez-passer, le statut économique de l'avenir, celui de l'État fort contre l'argent fort. »

Enfin, le calcul strictement comptable d'une entreprise ne permet pas d'apprécier les « externalités », c'est-à-dire les conséquences pour la collectivité de certaines décisions privées : constructions qui défigurent le littoral, coût social du chômage induit par les plans de restructuration, pollution et accidents de la circulation supplémentaires lorsque les tarifs de la SNCF conduisent l'usager devenu client à délaisser le rail pour la route. En somme, les entreprises nationalisées ont eu vocation à suppléer aux insuffisances du marché, à être le fer-de-lance d'une politique économique démocratique, à assurer des missions de service public, à favoriser l'égalité des citoyens, à jouer un rôle d'aiguillon social.

Si aucune de ces ambitions ne constitue plus la priorité des gouvernants, c'est aussi qu'ils ont changé et n'ont plus le même sens de l'État ou celui de la nation d'autrefois. Car l'entreprise privée, les institutions financières internationales et les organisations non gouvernementales connectées aux multinationales sont devenues, souvent davantage que la République et ses élus, des lieux de pouvoir et d'hégémonie intellectuelle. Lorsque la gauche est arrivée aux affaires en 1981, de l'aveu de François Hollande, « une haute bourgeoisie s'est renouvelée. C'est l'appareil d'État qui a fourni au capitalisme ses nouveaux dirigeants. Venus d'une culture du service public, ils ont accédé au statut de nouveaux riches, parlant en maîtres aux politiques qui les avaient nommés[2] ». À l'époque, le prestige de la finance autant que le désir de se construire un avenir doré ont détourné nombre d'anciens élèves de l'École nationale d'administration (ENA), de l'École normale supérieure ou de Polytechnique de leur vocation de serviteurs du bien public. Même l'ancien énarque, ancien normalien, ancien Premier ministre Alain Juppé confia avoir éprouvé une tentation de cette nature : « Nous avons tous été fascinés, y compris, pardon, les médias. Les "golden boys", c'était formidable ! Ces jeunes gens qui arrivaient à Londres et qui étaient là devant leurs machines et qui transféraient des milliards de dollars en quelques instants, qui gagnaient des centaines de millions d'euros tous les mois, tout le monde était fasciné ! Je ne serais pas tout à fait sincère si je niais que moi-même, de temps en temps, je me disais : Tiens, si j'avais fait ça, peut-être que je serais dans une situation différente aujourd'hui[3]. » Comment ne pas penser que cette transformation des carrières et des mentalités des serviteurs de l'État a pesé sur la destination des instruments dont celui-ci disposait pour équilibrer le pouvoir des oligopoles et de leurs actionnaires ? Évoquant sa carrière d'une dizaine d'années à la tête de sociétés privées, Édouard Balladur insiste : « J'y fus heureux. J'observais le monde autour de nous, la révolution libérale mise en œuvre en Angleterre et aux États-Unis, la remise en cause des dogmes étatistes auxquels le souci de justice sociale servait de paravent. » Et il fustige « les effets ravageurs d'un catéchisme appliqué durant un demi-siècle, composé d'alluvions diverses : Front populaire, économie de guerre, idéologie du Conseil national de la Résistance, domination intellectuelle de la gauche ». Au moins, ses antipathies sont déclarées. Mais après son séjour à Matignon, le dernier Premier ministre de François Mitterrand affiche un sentiment de devoir accompli : « En deux ans, sans me laisser détourner de ma route, j'ai pu mettre en

2. François Hollande, *Devoirs de vérité*, Paris, Stock, 2006.
3. « Parlons Net », France Info, 27 mars 2009.

œuvre une réforme libérale sans précédent dans notre pays : privatisation de nombreuses entreprises publiques, diminution du nombre de fonctionnaires, baisse des dépenses, des déficits, des impôts, libération des prix, des changes, développement de l'actionnariat des salariés[4]. »

Faire pour laisser faire

On le voit, contrairement à ce qu'ils prétendent, les libéraux ne jugent nullement anathème l'idée de voir l'État intervenir dans la vie économique et sociale, mais au service de leurs objectifs[5]. Car le système de marché requiert lui aussi un maillage permanent d'organisations, de circulaires, de conventions, de contraintes, de subventions, de « noyaux durs », de commissions de privatisation, un déversement continu de propagande, la puissance coercitive de l'ordre. Mais sans oublier, comme on l'observera à l'occasion de chaque crise majeure, des garde-fous et des plans d'urgence lorsqu'il faut préserver le système de sa folie autodestructrice. En fait, ainsi que l'a démontré Karl Polanyi dans son livre *La Grande Transformation*, paru en 1944, comme en contrepoint à *La Route de la servitude* de Friedrich Hayek, le marché, parce que sa dynamique est tellement contraire à celles de la nature, de l'homme et de la vie sociale, ne peut s'imposer qu'au prix d'incalculables dislocations et souffrances. Or, faute d'être retenue par l'intervention régulatrice de l'État, la « main invisible » inventée par Adam Smith eût partout abouti à la démolition de la société qu'on observa en Russie dans les années 1990.

À cette même époque, le néolibéralisme qui triomphait partout dans le monde, Chine et Inde comprises, avait requis, tour à tour ou simultanément, les cycles de l'Accord général sur les tarifs douaniers et le commerce (Gatt), la création de l'Organisation mondiale du commerce (OMC), les traitements de choc du Fonds monétaire international (FMI), les mises en demeure de la Banque mondiale et de la Commission de Bruxelles, la déréglementation des marchés financiers, des lois (sept à intervalle rapproché au Royaume-Uni) durcissant les conditions d'exercice des droits syndicaux, d'autres restreignant le champ d'application de la protection sociale, l'« indépendance » des banques centrales, les traités de Rome et de Maastricht, les deux mille pages de l'Accord de libre-échange nord-américain (Alena)… En d'autres termes, même si ses partisans enflammés

4. Édouard Balladur, *Le Pouvoir ne se partage pas. Conversations avec François Mitterrand*, Paris, Fayard, 2009.
5. Lire François Denord, *Néo-libéralisme, version française*, Paris, Demopolis, 2007.

le prétendent aussi naturel que la liberté, même si ses adversaires découragés l'imaginent aussi irrésistible que la géométrie euclidienne, le laisser-faire oblige à ne jamais cesser de faire. Pour parachever la construction de la cathédrale libérale, pour consolider l'ordre marchand, il faut toujours un traité de plus, une protection constitutionnelle de moins, une nouvelle étape dans la foulée de la précédente. En Europe, la convergence des politiques monétaristes a facilité la libération des capitaux, qui a préparé le terrain au traité de Maastricht, qui a imposé l'indépendance des banques centrales, qui a garanti le maintien de politiques sacrifiant l'emploi, qui a permis l'adoption de l'euro, y compris par les pays les moins disciplinés.

Bien qu'impitoyable, la feuille de route libérale ne jure que par « le pragmatisme ». Pour compenser les déficits budgétaires, il faut privatiser. Pour vendre les entreprises publiques à bon prix, il faut attirer les investisseurs étrangers. Pour attirer les investisseurs étrangers, il faut réduire les salaires et les « charges » qui grèvent la compétitivité des sociétés qu'on entend céder. La couverture sociale des travailleurs devient vite trop généreuse dans le nouveau monde concurrentiel ainsi créé. L'explosion du chômage et de la précarité, mais également la désyndicalisation qui pour partie en découle permettent de faire taire les protestations (« corporatistes ») de ceux qui disposent d'un emploi et d'une bonne protection sociale. Dès lors qu'en se taisant ils démontrent leur « sens des responsabilités », on ne saurait accepter très longtemps que les chômeurs les narguent en étant presque autant payés qu'eux, à ne rien faire. On durcit donc les contrôles les concernant. Sans oublier, au passage, de réduire leurs allocations, trop porteuses d'une culture de l'« assistance » et de la dépendance. Après tout, comme l'expliqua un jour le président du Mouvement des entreprises de France (Medef) : « On ne peut pas mener les combats d'aujourd'hui avec un regard concentré sur l'infirmerie[6]. »

Les libéraux ne se désintéressent pas pour autant de la santé collective. En ce domaine, comme en matière d'éducation, la « progression logique » d'un système public et gratuit vers une industrie largement privée et financée par des assurances ou par des prêts bancaires commence par invoquer le système centralisé qui ne marche pas, qui est bureaucratique, en faillite, inégalitaire. Il convient donc de décentraliser l'édifice – « proximité » oblige –, d'abandonner aux régions la « responsabilité » de leurs budgets, de créer un marché de l'éducation ou de la santé afin de fixer des

6. Ernest-Antoine Seillière, France 2, 22 janvier 1998.

prix qui permettront de contrôler et d'orienter la gestion. Ensuite, il faudra tantôt fermer des hôpitaux (ou des écoles, ou des bureaux de poste) dont on a découvert qu'ils n'étaient pas rentables, tantôt nouer des « partenariats » avec des entreprises privées locales, tantôt revenir, en invoquant l'« équité », sur la gratuité des soins et des études, tantôt déléguer au privé une part croissante des tâches d'éducation ou de santé, dorénavant éclatées en particules de plus en plus petites.

On explique alors qu'il est préférable de ne conserver que le cœur du métier, qu'il n'est pas nécessaire que ce soient des fonctionnaires qui assurent le gardiennage, le nettoyage, la restauration, qui construisent et dépouillent des questionnaires, s'encombrent d'un parc automobile, gèrent les frais de personnel et les logements militaires, forment des pilotes d'hélicoptère. À l'issue de ces évaluations incessantes et de ces délégations successives – des embarras de trésorerie aussi –, on se « libère » d'activités autrefois organisées par l'État. « Toutes les missions qui peuvent être exercées par le secteur privé devront être privatisées », avait prévenu il y a une quinzaine d'années le Premier ministre Jean-Pierre Raffarin, dont le secrétaire d'État à la Réforme de l'État précisait aussitôt : « Notre stratégie est de recentrer l'État sur ses missions essentielles et de céder au privé toutes les autres, notamment logistiques. »

Parfois, comme à France Télécom, les choses se passent très mal. Des dizaines de salariés s'y suicident après avoir été contraints de recourir à des techniques de vente dégradantes, à atteindre des objectifs irréalisables, à acquérir sans cesse de « nouvelles compétences », le tout pour qu'ils soient acculés à la démission sans que l'entreprise doive les licencier et leur verser des indemnités[7]. « Je ferai les départs d'une façon ou d'une autre, par la fenêtre ou par la porte », prévient au départ le PDG d'alors Didier Lombard qui sera condamné en décembre 2019 à un an de prison pour harcèlement moral (il a fait appel). Mais la plupart du temps, aucune sanction judiciaire n'intervient. Les dirigeants des entreprises en voie de privatisation réalisent un cahier des charges aussi pointilleux que douloureux pour les salariés, mais ils ne font qu'exécuter une loi votée en catimini par le Parlement, souvent pour conformer la France à des directives européennes. Les agents de la RATP éprouvent à leur tour les conséquences d'une ouverture de leur entreprise à la concurrence à partir de 2025. Qui se souvient encore

7. Cf. Alain Deneault, « Quand le management martyrise les salariés », *Le Monde diplomatique*, novembre 2018.

que ce bouleversement a été voté en 2009 par une majorité parlementaire de droite et que, naturellement, il ne fut jamais remis en cause ni par un président de la République socialiste, ni par un Parlement de la même obédience politique. Résultat : la RATP est déjà redécoupée en centres de profits, ou plutôt en *business units*, ses salariés vont travailler une heure de plus par jour, ses dépôts devront fonctionner comme des mini-entreprises, et un « plan de performance » est destiné à alléger ses « coûts de structure ». Le secrétaire général du premier syndicat de la régie résume à merveille un engrenage que d'autres ont vécu avant lui, en France et ailleurs : « Les agents voient avec fatalité que l'entreprise est en train de changer à très vive allure. Et en même temps, ils sont pris de vertige. On n'a pas encore fini une réorganisation qu'arrive la suivante. Beaucoup voient leur avenir se dérober sous leurs pieds. Ils étaient entrés dans une administration et les voici dans une multinationale[8]. » Toutefois, pour que les dégâts sociaux soient moins lourds – et surtout moins visibles – qu'à France Télécom, la RATP a lancé un travail d'accompagnement psychologique en créant des postes de *chief transformation officers*. Car apparemment, la langue française constitue une viscosité de plus sur la voie du paradis libéral.

Extension du domaine du profit

À partir de 1983, à force de faire du secteur public et nationalisé l'outil d'accompagnement d'une politique d'austérité, les gouvernements socialistes ont banalisé des entreprises dont la mission n'était pas la recherche du profit comptable. Et, une fois celles-ci redressées financièrement, ils ont rendu d'autant plus facile leur revente par la droite. « Pleine autonomie de décision et de gestion des entreprises publiques » garantie par François Mitterrand, obligation de « retrouver des bénéfices » et de se transformer en « entreprises comme les autres » requise par Laurent Fabius, disposition à revenir sur les « excès de 1981 » et conviction que « la dénationalisation peut être fondée » exprimée par Michel Rocard ; même le vocabulaire est venu préparer le terrain des privatiseurs : en invoquant la nécessité d'une « loi de respiration du secteur public » qui lui permettrait de céder une partie de ses actifs au privé, les socialistes ont laissé croire que l'oxygène... c'était le marché.

8. Éric Béziat, « La transformation à marche forcée de la RATP », *Le Monde*, 4-5 avril 2021. Sur France Télécom, lire Alain Deneault, « Quand le management martyrise les salariés », art. cité. Sur la Poste, Gilles Balbastre, « À la Poste aussi, les agents doivent penser en termes de marché », *Le Monde diplomatique*, octobre 2002.

Au mitan des années 1980, confrontée à la difficulté de devoir être encore plus aveuglément libérale que François Mitterrand et les socialistes, la droite française et les possédants ronchonnaient aussi devant le rôle de « vitrine sociale » joué par un secteur public qui se montrait à l'époque moins friand de vacataires et de charges sociales allégées. Comme l'expliqua alors l'ancien patron d'Elf Albin Chalandon, qui fut également ministre de l'Équipement, ministre du Logement, ministre de la Justice, « son impunité financière crée un sentiment de sécurité dont le personnel profite pour travailler moins, proliférer [*sic*] et obtenir par le truchement de syndicats puissants des avantages qui deviennent des privilèges[9] ». Quand il est nommé ministre des Finances, Francis Mer, ancien directeur général adjoint du groupe Saint-Gobain, puis président d'Usinor Sacilor avant et après sa privatisation, fait appel à des cabinets de conseil privés (Mercer Delta, Cap Gemini…) pour réfléchir au meilleur moyen de supprimer plusieurs dizaines de milliers de postes de fonctionnaires. Ceux qui échappent à la hache se sentent en sursis : dès que possible, on remettra en cause leur statut, leur sécurité de l'emploi, auxquels on cherchera à substituer un contrat à durée déterminée de droit public, puis privé. La suppression du statut de la fonction publique hérité de la Libération fait d'ailleurs partie des objectifs constants des libéraux, de droite comme de gauche. En 2017, Emmanuel Macron annonçait qu'il éliminerait 120 000 postes de fonctionnaires « superflus » ; François Fillon, lui, promettait d'en liquider 500 000. Quatre ans plus tard, son ancien parti, LR, a réclamé à nouveau la fin de l'emploi à vie dans la fonction publique. Et suggéré qu'il faudrait externaliser ses missions « chronophages » ou « non essentielles ».

Là comme ailleurs, il suffit de se prévaloir d'un « modèle » étranger. En Italie, une coalition de gauche a généralisé l'autonomie de gestion des responsables administratifs, et la rétribution à la performance. En Nouvelle-Zélande, la sécurité d'emploi des fonctionnaires a été supprimée. Et dans chaque ministère, un directeur général nommé pour une durée limitée recrute son personnel d'encadrement comme il le souhaite, y compris dans le secteur privé et à l'étranger. Les fonctions de décision et d'exécution sont désormais distinctes : le ministre (« client ») atteint ses objectifs politiques en « achetant » avec le budget que le Parlement lui vote des « productions » (prévisions économiques, conseils fiscaux ou éducatifs, études

9. Albin Chalandon, « Dénationaliser : pourquoi ? », *Le Monde*, 11 juillet 1984.

diplomatiques, etc.) au directeur général de son ministère (le « prestataire de services »). La France n'en est pas là, mais les libéraux ne cessent de réfléchir aux moyens – et aux modèles – qui permettront à l'administration de perdre sa « mauvaise graisse » plus vite que ne le permet le simple non-remplacement des fonctionnaires qui partent en retraite.

Pour les libéraux, la privatisation, en bloc ou par tranches, présente également l'avantage d'amoindrir le pouvoir de résistance des syndicats, ce qui permettra de dégager la voie pour les « réformes » suivantes. La revendication sociale s'est en effet souvent adossée à des entreprises publiques, plus syndicalisées que les autres, dont les grandes grèves ont rythmé l'histoire du pays (Charbonnages en 1963, Régie Renault en 1968, SNCF et RATP en 1995). Causes et conséquences sont souvent liées dans l'enchaînement du projet libéral : la faiblesse des organisations ouvrières favorise l'imposition de la flexibilité de l'emploi, laquelle à son tour nuit au recrutement syndical. « Si nous voulons entretenir le moindre espoir d'un retour à une économie de liberté, la question de la restriction du pouvoir syndical est une des plus importantes », prévenait Friedrich Hayek dès le printemps 1947. Même le découragement et la défaite, ça se construit.

Une société privée se charge du ménage, une autre de l'informatique, une troisième de la communication d'entreprise. En multipliant les employeurs et les régimes d'embauche, on a attaqué la solidarité entre les agents et les métiers. On avance encore en généralisant le système des primes au mérite, c'est-à-dire en individualisant les rémunérations. Ce qui devient privé le restera, ce qui reste public a vocation à être privatisé la fois suivante, lors d'une nouvelle campagne politico-médiatique d'affolement liée au « trou de la Sécurité sociale » ou à la « faillite » du système éducatif, ou au montant de la dette. Dès 1984, Alain Minc explique : « Le système public ne reculera que pris en tenaille entre des déficits devenus insupportables et des ressources en voie de rétraction. » D'autres que lui poursuivent cet objectif. Tous les ans, Agnès Verdier-Molinié, qui dirige un *think tank* financé par le patronat, publie à peu près le même livre. Il nous prédit l'imminente catastrophe si nous persistons à refuser son régime libéral de cheval. Peu souriante, cette Torquemada du capital squatte en général la une du *Figaro Magazine* et, afin de promouvoir ses purges, se montre capable d'enchaîner, comme en 2011, près de 200 apparitions à la télévision. La détention des moyens d'information par les plus grandes fortunes et la monopolisation des chroniques économiques par des avocats du marché contribuent à cette infusion idéologique du bréviaire libéral.

Et progressivement, la logique lucrative envahit le public, dont la mission principale était de satisfaire des besoins collectifs. Évaluation, restructuration, délégation de mission : les compagnies sous-traitantes auxquelles on fera appel sont souvent d'autant plus concurrentielles que leurs personnels ne bénéficient pas du statut « privilégié » des fonctionnaires et ne s'encombrent pas de syndicats. Au bout de la route, une fois que les entreprises et les services publics ont perdu leur spécificité (tâche, personnel) et qu'on leur enjoint avant tout de faire des bénéfices, la voie de leur liquidation est grande ouverte. Et à supposer qu'un jour le nom de la société, trop hexagonal, trop moisi – Air France, EDF, France Télécom (accents compris) –, indispose les investisseurs étrangers, rien n'empêchera d'en changer, un peu comme on efface derrière soi les traces d'une jeunesse dissolue. Bienvenue à Enedis, à Engie, à Orange. Et gageons que si un jour Air France change de nom, ce n'est pas le premier des deux termes qui disparaîtra.

Dans sa « Constitution de la liberté », Hayek proposait en 1960 de « déréglementer, privatiser, réduire et simplifier les programmes de sécurité sociale, diminuer la protection contre le chômage, supprimer les programmes de subvention au logement et le contrôle des loyers, abolir le contrôle des prix et de la production dans l'agriculture, réduire le pouvoir syndical ».

Mission accomplie. Les libéraux vont devoir s'assigner de nouveaux objectifs.

Le verrou de Bruxelles

Antoine Schwartz

« Faire l'Europe sans défaire La France. » Cette formule élégante est attribuée au ministre des Affaires étrangères Georges Bidault intervenant à l'Assemblée nationale en 1953, dans le contexte des discussions autour d'une Communauté européenne de défense. Son actualité tient à ce qu'elle livre l'essence d'une contradiction non résolue : « L'Europe » aurait-elle « défait » la « France » ?

Libre à chacun d'apprécier le sens de la question et la réponse à y apporter. En revanche, il apparaît peu discutable que les modalités de l'action publique ont été « refaites » par l'intégration européenne. Depuis les années 1980, celle-ci a progressivement étendu son champ d'intervention, au point qu'il concerne aujourd'hui en France l'ensemble des politiques publiques et tous les secteurs de la vie économique et sociale. Alimentation, commerce, éducation, immigration, sécurité ou transports : difficile d'identifier des domaines soustraits à l'influence communautaire.

Il y a eu de véritables coups de force, politiques ou juridiques[1], mais, le plus souvent, la transformation s'est opérée à bas bruit, sans éclats, au gré

1. Perry Anderson, « The European Coup », *London Review of Books*, vol. 42, n° 24, 17 décembre 2020.

de négociations menées portes closes ou de l'adoption de nouvelles législations. Des choix difficilement réversibles ont été réalisés – sans que les acteurs qui les faisaient en mesurent toujours les conséquences.

Aujourd'hui, la déconnexion entre le niveau auquel se définissent de plus en plus de politiques publiques, à savoir l'échelon européen, et le niveau qui demeure celui du débat politique, et partant démocratique, l'échelon national, voire local, apparaît vertigineuse. Se pose ainsi la question du contrôle effectif de l'économie par la puissance publique, élément central de la souveraineté. Car l'intégration européenne s'est traduite par une perte notable de souveraineté, avec des conséquences essentielles sur le modèle économique et social français.

Défiance populaire, consensus politique

Janvier 2018. La chaîne BBC One interroge Emmanuel Macron sur le Brexit. Les Français, explique le président de la République, auraient « probablement » voté, eux aussi, pour quitter l'Union européenne s'ils en avaient eu la possibilité. « Demander [aux électeurs] de répondre oui ou non sans leur demander comment améliorer la situation » constitue une « erreur », précisait M. Macron. Et d'ajouter : « Vous prenez toujours un risque quand vous demandez lors d'un référendum de répondre oui ou non à un sujet compliqué[2]. »

L'adepte de la disruption ne s'y est pas plus hasardé que ses deux prédécesseurs. Depuis quarante ans, les citoyens français n'ont été directement consultés au sujet de la construction européenne qu'à deux reprises. Lors du référendum du 20 septembre 1992 : le « oui » au traité sur l'Union européenne (TUE), dit « de Maastricht », l'avait alors emporté avec 51,04 % des voix (et 30,3 % d'abstention). Puis le 29 mai 2005, sur le traité établissant une constitution pour l'Europe (TCE) : cette fois le « non » était majoritaire avec 54,68 % des votes (30,6 % d'abstention). Cependant – ô miracle démocratique –, l'essentiel des stipulations en ont été ensuite reprises dans le traité de Lisbonne[3]. En France, la ratification a été approuvée par le Parlement le 4 février 2008 par 560 voix pour, 181 contre – en somme, seul un cinquième des représentants ont manifesté leur opposition.

L'Union européenne n'est jamais devenue populaire dans l'opinion, qu'on en juge par l'observation du débat public ou qu'on mesure cette

---

2. *The Andrew Marr Show*, BBC One, 21 janvier 2018.
3. Le traité de Lisbonne a été signé le 13 décembre 2007 par les vingt-sept États membres de l'Union européenne (UE).

désaffection par les sondages ou la faible participation aux élections. La cause européenne n'exalte que quelques étudiants plus ou moins égarés, ou des personnalités inscrites dans les réseaux du pouvoir. Où se cachent les foules prêtes à agiter le drapeau européen en place publique ? Ce manque d'élan et d'enthousiasme désespère les services de la Commission mais il ne fragilise aucunement l'édifice européen.

Car, dans le même temps, la remise en cause de l'intégration européenne reste une option marginale dans le jeu politique français : les forces « anti-système », de gauche ou de droite, ne parviennent pas vraiment à faire bouger les lignes – à la différence par exemple de ce qu'on a observé au Royaume-Uni, où l'option souverainiste a fractionné le parti conservateur au pouvoir. En France, les craintes qu'inspire une éventuelle sortie de l'euro rendent le scénario d'une rupture avec l'Union difficilement crédible.

Du reste, le niveau européen repousse la décision politique à un niveau éloigné des citoyens et du Parlement français. Il renvoie les mouvements sociaux à leur impuissance, qu'accentuent les obstacles à toute forme d'opposition supranationale. Les affaires européennes sont manifestement réservées à un monde d'experts, de diplomates, de lobbyistes. La politique se trouve prise dans l'entrelacs de la complexité juridique, d'un processus de décision tortueux, souvent lent. Le citoyen n'y décèle plus les impulsions initiales, les orientations décisives ou, *a contrario*, le choix de l'inaction présenté sous les oripeaux de la complexité. Comment faire le lien entre les décisions prises à Bruxelles et ce qui est (mal) vécu au quotidien ? Entre l'ouverture à la concurrence du secteur des communications et le procès France Télécom ? Les accords de libre-échange et les fermetures d'usines ? Le dogme de la rigueur budgétaire et la baisse des crédits à l'hôpital public ?

En outre, l'intégration européenne tire sa force du consensus dont elle bénéficie au sein de la classe politique. Les gouvernements classés « à gauche » ou « à droite » ne laissent en effet apercevoir, au-delà des discours de campagne, aucune différence sensible dans leur conduite des affaires européennes. Cette adhésion de la classe dirigeante est décisive. L'intégration européenne n'a pas fait disparaître les rétributions politiques à l'échelle nationale, et, d'une certaine façon, l'illusion du pouvoir a été préservée. Cependant, la classe politique rechigne à reconnaître que l'État a abdiqué l'essentiel de sa capacité à agir sur l'économie – c'est là le nœud du problème.

La voie du marché

Le XXe siècle a été marqué par le développement d'un État social et interventionniste qui a instauré des dispositifs de solidarité, promu l'égalité républicaine et conduit des politiques économiques en faveur de la demande, grâce à la planification et à un large secteur public. Ces avancées démocratiques ont aussi souvent résulté d'une mise en cause des intérêts privés, en recourant par exemple à l'expropriation.

L'intégration européenne repose sur de tout autres fondements idéologiques. Le caractère « néolibéral », et partant oligarchique, de l'Union n'est ni le résultat d'un dévoiement du projet de ses « pères fondateurs » ni la conséquence de l'influence croissante des lobbys. Dès le traité de Rome[4], la construction a emprunté la voie du marché : d'abord, en affirmant la primauté des (fameuses) quatre libertés, liberté de mouvement des travailleurs, des biens et services, et des capitaux ; ensuite, en posant le principe de la concurrence libre et non faussée (l'article 3 vise « l'établissement d'un régime assurant que la concurrence n'est pas faussée dans le marché commun ») et la nécessité d'une politique destinée à l'établir ; en proclamant, enfin, la vocation libre-échangiste de la nouvelle union douanière sur la scène internationale (article 110).

Ce traité fondateur ne promet pas le règne du simple « laisser-faire » à la manière des libéraux du XIXe siècle. Dans une perspective *néolibérale*, un cadre légal et institutionnel est nécessaire à son bon fonctionnement, pour établir et maintenir l'ordre concurrentiel ; dans la conception allemande (généralement nommée « ordolibéralisme ») qui a façonné le traité de Rome, des « politiques de société » sont même requises pour modifier les comportements des agents afin qu'ils se conforment aux exigences d'une économie de marché. Le point essentiel du traité réside dans la mise à l'écart de toute forme d'intervention ou de coordination de l'économie que l'on qualifiait de « dirigiste » ; les Français n'ont défendu la planification que dans le domaine agricole, ce qui débouchera sur un système dévoyé, clientéliste et bureaucratique. L'entrée dans le marché commun représentait une plongée dans les eaux glacées de la concurrence, sans harmonisation sociale ou fiscale préalable, et sans réelle contrepartie. Dans les traités, les politiques sociales ou redistributives ont été d'emblée conçues comme des politiques d'accompagnement ou d'atténuation des

---

4. Le traité de Rome a été signé le 25 mars 1957 par la Belgique, la France, l'Italie, le Luxembourg, les Pays-Bas et la République fédérale d'Allemagne (RFA).

conséquences nocives du marché (les fonds redistributifs), qui ne doivent pas enrayer son mécanisme.

Dans une large mesure, ce marché commun est longtemps resté à l'état virtuel. Mais, dans les années 1980, sous l'impulsion conjointe de François Mitterrand et de Margaret Thatcher, la relance de l'intégration aboutit à la réalisation effective de l'union économique puis monétaire. C'est le socialiste Jacques Delors, président de la Commission, qui supervise la négociation de l'Acte unique, signé en 1986 (« mon traité favori[5] », dit-il), puis celle du TUE en 1992. C'est lui aussi qui va s'efforcer de doter l'Union d'une capacité monétaire (« la bataille suprême en quelque sorte[6] ») selon une modalité inédite : un comité réunissant les gouverneurs des banques centrales et quelques autres spécialistes (mais sans les ministres des Finances des pays concernés) aura carte blanche pour décider du cadre de la future politique monétaire.

À Maastricht, les chefs d'État ont ainsi validé le projet, conforme à la conception allemande, d'institution d'une Banque centrale européenne indépendante (du pouvoir politique) et dotée d'un mandat unique de lutte contre l'inflation. Le choix opéré n'a pas été celui d'une monnaie commune, mais bien celui d'une monnaie unique : les États engagés dans cette voie ont été dépossédés de leur pouvoir monétaire ainsi que de l'essentiel de leurs prérogatives budgétaires. À cette époque charnière, en effet, apparaissent deux nouveaux dogmes : pour préparer le passage à l'euro, au 1er janvier 2002, il conviendra de respecter des « critères de convergence », un encours de dette publique inférieur à 60 % du produit intérieur brut (PIB) et un déficit inférieur à 3 %. Delors et Mitterrand n'exigent alors l'adoption d'aucun critère social en contrepartie de cette loi d'airain budgétaire.

Chantage permanent

Au tournant des années 1990, une nouvelle *doxa* s'impose. Les élites politiques et administratives françaises embrassent ce nouvel ordre. « L'Europe » devient le supplément d'âme de décideurs en mal de grands desseins et, pour les hauts fonctionnaires, une nuance de bleu dans le gris de la réforme de l'État. Cette conversion s'observe aussi dans l'ordre juridique : par son arrêt *Nicolo* du 20 octobre 1989, le Conseil d'État reconnaît la primauté du droit communautaire sur le droit national, déjà affirmée par

5. Jacques Delors, *Mémoires*, Paris, Plon, 2003 ; Pocket, 2004, p. 252.
6. *Ibid.*, p. 279.

la Cour de justice des communautés européennes dans l'arrêt *Costa contre ENEL* du 15 juillet 1964 – alors un coup de force symbolique inédit. Dans sa lettre de démission du Conseil d'État, Régis Debray résume d'un trait de plume la portée politique de l'arrêt *Nicolo* : « Primauté du droit européen sur le droit national qui ratifie, en clair, l'inanité de nos débats législatifs, l'inutilité de notre Parlement et la vieillesse du vieux principe selon lequel le peuple est source de tout pouvoir[7]. »

Ainsi, la « réglementation européenne » étend progressivement son champ d'application; de nouvelles pratiques, de nouveaux référentiels communautaires refaçonnent les politiques publiques et affectent l'activité économique. Pour les libéraux, l'ouverture des échanges à l'intérieur de l'Union et avec l'extérieur – l'UE se veut moteur de la libération des échanges au niveau mondial – est perçue comme un coup de fouet salvateur. « De l'ouverture des frontières à l'ouverture des marchés de services à la concurrence, en passant par la désinflation et la réduction des déficits budgétaires, la France a fait jouer à l'intégration européenne le rôle que les pays mal gouvernés confient au FMI ou à la Banque mondiale[8] », résume l'économiste Jean Pisani-Ferry.

Dit autrement, le chantage permanent qu'exerce le capital au nom de la compétitivité n'est pas le résultat malheureux d'une mondialisation abstraite, mais le produit du cadre européen et des politiques qui en ont résulté. L'euro prive les États de leur souveraineté monétaire et, par conséquent, de la possibilité de modifier les taux de change pour améliorer leur compétitivité au sein d'un ensemble marqué par de fortes disparités économiques et sociales, accentuées par l'intégration d'anciens pays de l'est de l'Europe au début des années 2000 (huit en 2004, puis deux autres en 2007). Du point de vue des gouvernements, préserver l'attractivité du territoire nécessite donc d'agir au moyen d'un allégement des contraintes réglementaires qui pèsent sur les entreprises et d'une baisse continue de la fiscalité due par celles-ci à la collectivité – ainsi, en France, tandis que le taux d'imposition sur les sociétés dépassait encore les 50 % au début des années 1980, il sera de 25 % à compter de 2022.

Pour autant, cette course au moins-disant social ou fiscal n'a pas enrayé le déclin massif de l'industrie française. « La France est parmi les grands pays industrialisés celui qui a subi la plus forte désindustrialisation durant

---

7. Régis Debray, *Loués soient nos seigneurs. Une éducation politique*, Paris, Gallimard, 1996.
8. *Le Figaro*, 24 mars 2005.

les dernières décennies », souligne un rapport de France Stratégie, qui qualifie les entreprises françaises de « championnes de la délocalisation[9] ». Depuis 1980, les effectifs des branches industrielles ont perdu la moitié de leurs effectifs et des secteurs entiers ont disparu (textile) ou régressé (automobile) au point de désagréger les bassins d'emploi de régions entières. Aujourd'hui encore, l'hétérogénéité au sein du marché commun est manifeste : le coût horaire de la main-d'œuvre (industrie, bâtiment, service) oscille entre 6 euros en Bulgarie et 37,30 euros en France. Dans l'opinion, le *dumping* social encouragé par les règles européennes est identifié à la figure du travailleur détaché dans un autre État membre aux conditions de son pays d'origine, à la grande satisfaction de secteurs comme l'agriculture ou le bâtiment, qui ne rechignent pas à les exploiter.

Cette doctrine du libre marché a eu d'autres conséquences. Par idéologie – la politique européenne de la concurrence interdit les aides d'État et rejette les services publics *à la française* –, la Commission s'est attaquée aux grands monopoles d'État dans les secteurs de l'énergie, des télécommunications ou des transports. Elle obtient leur démantèlement progressif au terme d'une lutte obstinée, avec l'appui des gouvernements classés à gauche et à droite. EDF, GDF, La Poste : ces grandes entreprises publiques étaient pourtant depuis la Libération les produits d'une aspiration collective à l'égalité républicaine et les vecteurs du progrès social. Il y avait autrefois la SNCF, qui proposait un service de qualité accessible sur tout le territoire à un tarif unique ; il y aura désormais le TGV hors de prix et les trajets en car bon marché pour le menu peuple. Vu de Bruxelles, réserver l'exercice des missions de service public à des organismes publics et à des agents dotés du statut de fonctionnaire constitue une anomalie – une singularité française.

Enfin, avec la monnaie unique, l'ensemble des politiques publiques se retrouvent assujetties à la discipline budgétaire et aux impératifs de compétitivité. Les conditions du passage à l'euro avaient érigé la rigueur en dogme dès les années 1990. La crise financière de 2008 conduit les États membres à instaurer de nouveaux dispositifs de contrôle : le « semestre européen » vise à vérifier la conformité des réformes structurelles menées par les États aux objectifs de « compétitivité », et le respect du pacte de stabilité et de croissance (le déficit public des 3 % notamment). En cas de manquement, cette surveillance ne débouche pas nécessairement sur des sanctions – les

9. France Stratégie, « Les politiques industrielles en France. Évolutions et comparaisons internationales », novembre 2020.

rapports de force au Conseil préviennent leur mise en œuvre –, mais qu'importe, la contrainte existe, diffusée, acceptée, portée par une technocratie bruxelloise puissante et ses relais politiques et médiatiques dans les capitales – la presse ne cesse d'enjoindre aux gouvernements de réaliser « les réformes » (des retraites, du marché du travail) exigées par la Commission.

Chimères démocratiques

Le débat démocratique n'est-il pas vidé de sa substance lorsque la nation perd ainsi la maîtrise de sa politique économique ? D'autant qu'une reconquête ne s'opérera pas au niveau européen : inutile de larmoyer sur le « déficit démocratique » de l'Union. Le problème ne tient pas à l'insuffisance du pouvoir dont dispose le *gentil Parlement européen*. L'enceinte fait pâle figure au regard des canons ordinaires du débat politique dans chaque pays. Son fonctionnement repose sur le consensus entre sociaux-démocrates et conservateurs, qui dirigent ensemble, au centre, avec l'appui des libéraux ou des verts. Mais c'est tout le système institutionnel qui est en cause : la Commission, bureaucratie en apesanteur, édicte les lois supranationales et contrôle les États ; le Conseil, institution des gouvernements qui conserve les clefs du pouvoir routinier, comme le Conseil européen, qui donne corps à la haute politique, fonctionne au compromis et à la négociation à huis clos ; enfin – et peut-être surtout –, la Banque centrale européenne (BCE) et la Cour de justice de l'Union européenne sont déliées de toute attache politique. Dans ce tableau, il ne faudrait pas oublier l'Eurogroupe : sorte de pilote de la zone euro, non prévu par les traités, l'instance s'est révélée décisive dans la gestion de la crise des dettes souveraines. Comme l'écrit *The Economist*, c'est « Bruxelles dans ce qu'il y a de mieux et de pire : irresponsable, opaque et brutalement efficace » (18 juin 2020). Le triomphe, en somme, d'un idéal de gouvernance assez comparable à celui qui prévaut dans l'entreprise privée.

Dans cette arène communautaire, la dissymétrie entre la capacité des capitalistes à défendre leurs intérêts et la faiblesse des travailleurs est frappante : Bruxelles pullule de lobbystes – environ 12 000 organisations déclarées en 2019, entre 25 000 et 38 000 individus impliqués, soit une population de taille comparable au nombre de fonctionnaires de la Commission (32 000 agents). Ces « courtiers du capitalisme[10] », dont

---

10. Voir Sylvain Laurens, *Les Courtiers du capitalisme. Milieux d'affaires et bureaucrates à Bruxelles*, Marseille, Agone, 2015. Les éléments qui suivent sont tirés de cet ouvrage et de l'article de

60 % représentent des intérêts commerciaux, influent sur tout le processus d'élaboration de la réglementation européenne et freinent toute avancée notable sur les enjeux environnementaux ou de santé publique. Aux côtés de groupes de pression comme BusinessEurope, l'organisation patronale européenne, œuvrent en coulisse des cabinets d'avocats ou des *think tanks*. En 2015, l'agence américaine Fleishman-Hillard dépensait par exemple plus de six millions d'euros en prestations de relations publiques pour la promotion des accords de libre-échange ; un an plus tard, financée par l'agrochimiste Monsanto, la voici qui défendait la cause du glyphosate. De son côté, le cabinet PricewaterhouseCoopers (PwC) pouvait, tout à la fois, participer aux groupes d'experts sur la fiscalité mis en place par la Commission et donner des conseils d'optimisation fiscale à 350 multinationales. Cette action cible en priorité les fonctionnaires de la Commission, mais s'exerce aussi dans les nombreuses agences réglementaires chargées d'appliquer ou de contrôler les politiques européennes – en 2017, l'ONG Corporate Europe Observatory établissait que plus de la moitié des experts de l'Autorité de sécurité des aliments étaient liés à l'industrie agroalimentaire.

De leur côté, les syndicats échouent à engager des mobilisations d'ampleur. Cette réalité, celui d'un rapport de force biaisé, est contrebalancée par la promesse sans cesse réitérée par les européistes d'une politisation prochaine, censée advenir dans un futur incertain, une vie publique « européenne » étant appelée à émerger lorsque les barrières culturelles et les nations seront dépassées. Une chimère en l'absence de « peuple européen », d'autant que l'affirmation d'un espace public continental entretient surtout le fantasme d'une vie politique détachée de toute conflictualité en matière de politique économique.

Et si cette conflictualité trouvait à s'exprimer au niveau des États, que se passerait-il ? Si, par exemple, les Français décidaient d'adopter des mesures économiques ou sociales qui ne respectent pas la législation communautaire ? Quelle possibilité aurait un gouvernement de mener *une autre* politique, en particulier une autre politique économique ? Socialiste, par exemple. Ou simplement émancipée de la rigueur budgétaire, de l'interdiction des aides d'État ou du libre-échange. Quelles seraient ses marges de manœuvres ? Très faibles, voire nulles, dans le cadre européen. Faut-il en

---

Stéphane Horel, « Bruxelles, capitale du lobbying à ciel couvert », *in* B. Badie, D. Vidal (dir.), *Qui gouverne le monde ?*, Paris, La Découverte, 2018.

déduire qu'une décision majeure des électeurs ou de ses représentants ne seraient pas appliquée ? « Des élections ne sauraient changer une politique économique[11] », a répondu Wolfgang Schäuble, ancien ministre allemand des Finances. La brutalité inouïe des interventions des dirigeants européens pour briser la tentative du peuple grec de rompre avec l'austérité l'a rappelé : l'économie est avant tout une affaire de politique. « Il fallait être dur avec la Grèce à cause du printemps grec[12] », confiera hors caméras un ministre de l'Eurogroupe.

Cependant, le cadre européen n'est pas aussi intangible qu'il y paraît. En réaction à la crise financière, la Banque centrale européenne a revu sa ligne de conduite. Contrevenant à l'article 123 du traité sur le fonctionnement de l'Union européenne, elle a financé directement des États au moyen d'acquisitions indirectes massives sur le marché secondaire des obligations d'État. La BCE finance aussi les économies par la mise à disposition de liquidités d'une ampleur inédite. Lors des deux crises, la Commission n'a rien trouvé à redire aux interventions publiques qui méconnaissaient l'interdiction des aides d'État ou la rigueur budgétaire. La mise en œuvre des principes européens dépend donc des rapports de force politiques ; les règles peuvent être appliquées en fonction des circonstances, voire ignorées, à défaut d'être formellement abolies... pour peu que ces adaptations fassent consensus au sein des élites dirigeantes.

La crise sanitaire de 2020 déplace-t-elle les lignes ? Comme en 2008, l'État français intervient pour soutenir son économie et protéger les entreprises. La dépense publique est redevenue bénéfique et la règle des 3 %, naguère intangible, représente désormais un « débat d'un autre siècle » selon M. Macron lui-même[13]. Cependant, au-delà des discours et des effets de manche, des orientations radicalement différentes pourraient-elles être retenues afin de réguler l'économie et la finance sur d'autres bases ? À la différence de la crise de 1929, celle de 2008 n'a abouti à aucune vraie reconquête publique sur le privé. Au niveau européen, les milieux financiers sont parvenus à freiner toute régulation d'ampleur de leur secteur[14]. Et aussitôt

11. Yanis Varoufakis, *Conversations entre adultes. Dans les coulisses secrètes de l'Europe*, trad. fr. A. Gerschenfeld et C. Dutheil de La Rochère, Arles, Actes Sud, 2019, p. 241.
12. *Ibid.*, p. 303.
13. *The Economist*, 7 novembre 2019.
14. Corporate Europe Observatory, « How the Financial Lobby Won the Battle in Brussels », 13 septembre 2018.

la page de la crise financière tournée, l'austérité budgétaire est revenue au centre du discours politique.

Le plan de relance décidé en juillet 2020 pourrait-il embarquer l'Union européenne dans une autre histoire ? Le choix a été fait d'un budget spécial, symbole d'une relance commune. Les 750 milliards d'euros débloqués se partagent entre subventions pures et emprunts. Ses conséquences, au-delà des effets d'annonce (« historique », dit-on), sont encore incertaines. Le montant, présenté comme colossal, est à relativiser en comparaison des trois plans états-uniens adoptés par le Congrès entre mars 2020 et mars 2021 (2 000, puis 900, puis 1 900 milliards de dollars). Si la gestion de la crise a confirmé la montée en puissance du Conseil européen, instance de décision centrale qui donne un visage politique nouveau à l'UE, la Commission sort renforcée comme organe de pilotage et de surveillance de la mise en œuvre du plan. Le point saillant réside dans l'affirmation d'un budget ambitieux et d'un emprunt mutualisé adossé à une fiscalité propre balbutiante – soit l'amorce d'un fédéralisme qui ne dirait pas son nom ? Les européistes préparent les esprits depuis quelques années à un « renforcement de la gouvernance économique », et l'idée, par exemple, d'instituer un ministre des Finances de l'UE paraît de moins en moins saugrenue. L'enjeu politique réside dans la capacité qu'aurait une nouvelle institution (ou de nouveaux dispositifs bureaucratiques) de contraindre davantage les États, de réduire leur latitude en matière de politique économique – et de les discipliner. Pour Jean-Claude Trichet, dissertant à la fin de son mandat de président de la BCE sur l'évolution de la zone euro, il s'agit désormais d'« imaginer que les autorités européennes aient le droit d'opposer leur veto à certaines décisions de politique économique nationale[15] ».

L'Union européenne a verrouillé la politique économique des États et impulsé des transformations décisives. Sa force réside dans sa capacité à mener cette transformation dans la durée, souvent à bas bruit. Vu d'en haut, éloigner les masses de la décision politique est considéré tantôt comme une nécessité pour faire avancer l'intégration – la cause européenne l'exige ! –, tantôt comme un gage d'efficacité – protégeant les intérêts économiques des pressions de ceux d'en bas.

Le système européen fonctionne ainsi comme un garde-fou contre toute tentation socialiste, contre toute tentation des États d'un retour à

15. « Construire l'Europe, bâtir ses institutions », intervention de Jean-Claude Trichet, président de la BCE, à l'occasion de la remise du prix Charlemagne 2011 à Aix-la-Chapelle, le 2 juin 2011.

une économie administrée au service du bien public et contre l'éclosion de formes nouvelles, libres et émancipatrices, de gestion de la vie commune. L'UE demeure, de fait, une citadelle néolibérale imprenable, sauf à rompre avec elle, au profit de coopérations nouvelles, sur des bases progressistes. Or, l'intégration européenne repose, dans sa forme actuelle, sur des choix peu ou prou irréversibles, et toute remise en cause aurait des coûts politiques et économiques très élevés. Envisager un chemin différent nécessiterait de s'y préparer.

La Banque centrale et ses enfants

Sandra Lucbert

Il y a des dessins,
dans les articles du *Monde* ou bien du *Figaro*.
Il y a des décodeurs dans les journaux et puis à la télé, c'est simple et puis c'est gai; tout le monde est bien gentil, en démocratie.

On va tout vous expliquer pourquoi on fait comme ça,
Pourquoi on ne va pas changer les règles européennes.
Et vous n'aurez plus peur.

On va vous faire un dessin, c'est d'accord? Ça va pas trop vite? Un dessin tout mignon, des institutions-bonshommes, des cubes drôlement sympas qui ont des attributs
Minimaux.
Une bouche contente ou pas, parfois une main — pour prendre ou donner de l'argent, prendre ou donner des conseils, des notations.

Vous voyez, on a des artistes qui nous fournissent des contenus solidaires en freelance
Pour vous expliquer pourquoi on ne va rien changer
Du tout.
« Dessine-moi l'éco », ça s'appelle.

Sur YouTube et Radio France aussi, on a mis des contenus pour la Nation apprenante.
La Nation apprenante c'est vous, parce que vous apprenez tous les jours tous les jours,
Et nous, on vous explique tout tout tout,
Bien patiemment, en vidéo. Que ce soit plus marrant, d'apprendre ce qui ne peut être changé.

La vie c'est bien compliqué. Maman Lagarde, même si elle voulait, elle pourrait pas changer la vie. Maman Lagarde, elle peut pas aggraver la situation en nous laissant dépenser de l'argent.
C'est comme pour la circulation : vous, les enfants, vous avez envie de vous retrouver pour chahuter et faire des pâtés. Le virus, vous en avez marre. Alors on vous met un détecteur dans le téléphone et comme ça, on vous empêche d'aider le virus.
Pour la dette publique, c'est pareil : on va vous aider à vous protéger, on va tout vous expliquer.
Et vous n'aurez plus peur.

On va tout vous dire pourquoi face au virus il faut se serrer les coudes sans se toucher,
Mettre des masques même si on n'en a pas.
On va tout vous décrypter pourquoi les dépenses publiques il n'en faut pas, justement parce qu'il y a un virus méchant.
Ce serait très très grave, les enfants, si on annulait les dettes, très très grave.
Vous comprenez? Non, justement, mais on est là pour ça :
Pour vous expliquer.
C'est pour ça que maman Lagarde elle dit : on ne va pas racheter les dettes. Parce que c'est très dangereux. Et puis Bruno Le Maire aussi, il le dit, notre ministre des Finances.

Il y a des questions très très compliquées dans la vie politique, les enfants, des qui font mal à la tête des enfants.
Et puis il y a des choses très simples : des dangers, et comment s'en protéger. Ce qu'il y a quand on est parent c'est qu'on doit expliquer aux enfants comment elles sont, ces choses de la vie qu'on ne peut pas changer.
C'est comme : si tu touches la flamme, tu te brûles et tu pleures; si tu mets les doigts dans la porte, tu risques de te faire pincer très fort. C'est la vie expliquée aux enfants.
Il y a des dangers, plein de dangers. Qui pincent très très fort les enfants.
Mais les enfants, ils sont petits : les dangers, ils les voient pas, ils sont trop bas,
dans la société,
et trop fragiles aussi. La dette, c'est un grand danger qui pince très fort. Une fois brûlés, les enfants, ce sera trop tard pour pleurer.
Vous comprenez? Il faut faire confiance aux grands.

Alors on va tout vous raconter toute l'histoire de la grosse banque.

C'est l'histoire de la grosse banque qui est là pour nous protéger de la dette.
Une grosse banque si grosse qu'on dit Banque centrale européenne : BCE. C'est elle qui fait la monnaie.
Aujourd'hui elle est indépendante, la BCE. C'est Maman qui la dirige.

Avant c'était pas comme ça, c'était pas bien avant, la banque centrale, elle dépendait de la France.
Sur le dessin qui bouge, regardez comme c'était pas bien, et comme c'est mieux maintenant :

D'abord on dessine la France et puis une route entre elle et la banque centrale, qui lui crée de la monnaie,
à la France.

Mais la grosse banque liée à la France, comme ça : qu'est-ce qui lui arrivait ? Il lui arrivait qu'elle dépendait de la
France.
Et la France, elle était déjà pleine d'enfants agités comme vous. Du coup la grosse banque, avant, elle dépendait des politiciens qui veulent toujours vous gâter, les enfants agités, pour être élus, et qui dépensent dépensent dépensent et s'en fichent des autres.
Ça fait de l'inflation, ça va pas : avec l'inflation on se fait écraser par les prix des choses et puis les gens qui ont des choses plein de choses, eh bien, leurs choses elles valent plus rien, avec l'inflation. Alors ça va pas.

Donc dans l'animation, comme vous voyez, on efface la route entre la grosse banque et la France – qui est remplacée par l'Europe. Et la grosse banque elle s'appelle alors BCE; elle, elle est indépendante, comme vous quand vous serez grands.
Elle est indépendante, ça veut dire qu'elle ne dépend plus de la France.
Ça veut dire qu'elle a changé d'amis, la grosse banque, Maintenant elle joue avec les marchés financiers.

Les marchés financiers, eux c'est des grands; pour eux, c'est fini les bêtises.

La France, elle, elle fait encore plein de bêtises.
Elle dépense elle dépense elle dépense.

Les marchés financiers, ils le savent : quand ils lui prêtent des billes, à la France, elle perd tout dans les parties. Elle est jamais concentrée, elle a plein d'émotions.
Et les marchés financiers, ils retrouvent pas leurs billes.
Alors ils lui disent : ma vieille, t'apprends à viser, sinon j't'en prête plus !
Et là, la France, elle peut plus jouer avec personne. Elle est bien embêtée.

La grosse banque, elle aussi elle est sage. C'est pour ça qu'elle quitte plus les marchés financiers. Ils se comprennent. Parce qu'avant d'être indépendante, c'était elle, la grosse banque, qui prêtait les billes. Elle en avait marre de la France.
Maintenant, avec les marchés financiers, les deux ensemble, ils disent à la France : ça suffit, tu vas un peu apprendre à les compter, tes billes. Sinon tu joues plus.

Toutes ces billes qu'elle a perdues, la France, c'est son déficit.
Et tout ce qu'il a fallu lui prêter, c'est sa dette.

Vous comprenez, les enfants, pourquoi c'est grave très grave, si on emprunte juste parce qu'on a peur?
On pourra plus jouer avec personne. Vous ne voulez pas ça, les enfants : être tout seuls au fond de la cour?

Voilà : la banque centrale, elle est indépendante, on ne peut pas la rendre aux petits enfants qui font des bêtises, et c'est Maman qui la dirige,
Car elle sait mieux que vous les enfants,
Elle sait
Que ce sera terrible, après le virus, si la dette a explosé. Là on sera tout seuls et toute la cour ils parleront sur nous, ils riront, ils seront tous amis pas avec vous, vous voyez?

Vous avez bien compris? En démocratie, on fait ce qui doit être fait mais on explique tout bien pourquoi.

Même le président il vous parle bien gentiment pour tout vous expliquer.
Que vous n'ayez plus peur. Tous ensemble, on va tout vous expliquer pourquoi face au virus, il faut que vous renonciez à vos droits
les plus fondamentaux : vivre c'est une chance, si on compare avec les autres pays où ils ont moins de chance, et meurent beaucoup beaucoup beaucoup.

Alors les grosses colères et les gros chagrins, c'est fini;
c'est l'heure
De faire ses devoirs.
Allez, les enfants, maintenant, on retourne travailler.

Leur État et le nôtre

Grégory Rzepski

Il y a vingt ans, paraissait « le livre vérité de la fonction publique[1] », un ouvrage « très riche » (France Inter) qui devait « devenir une bible » (*Le Nouvel Observateur*), en tout cas un « dernier avertissement avant le récif » (*Le Monde*). Une trentaine d'auteurs y fulminaient contre « l'effet pervers des réglementations » ou « l'égalitarisme » sous un titre formidable, *Notre État*. Bernard Spitz (ancien du Conseil d'État qui allait ensuite diriger le lobby des assurances), Nicolas Baverez et Denis Olivennes (deux anciens de la Cour des comptes, déjà respectivement avocat d'affaires et directeur général de Canal +) ou Gilles Jacquin de Margerie (inspecteur des finances alors directeur financier du Crédit agricole) : la joyeuse bande de pantoufleurs le martelait, c'était leur État, ça le resterait. Car, au fond, le banquier comme l'assureur, le patron comme son conseil savent qu'il n'existe pas de secteur de l'entreprise autonome. Pierre Bourdieu relevait à cet égard le paradoxe de politiques qui se réclament du libéralisme mais assurent aux dominants tout à la fois « les profits de la liberté et les profits de la dépendance étatique[2] ».

1. R. Fauroux et B. Spitz (dir.), *Notre État. Le livre vérité de la fonction publique*, Paris, Robert Laffont, 2000.
2. *Sur l'État. Cours au Collège de France, 1989-1992*, Paris, Raisons d'agir/Le Seuil, 2012.

Exonérations, subventions, prises de participation ou garanties, avant même le « quoi qu'il en coûte », le montant annuel des aides aux entreprises s'élevait à plus de 140 milliards d'euros. Le coût du seul crédit d'impôt compétitivité emploi (CICE) correspondait en 2017 au quart des crédits de l'éducation (68 milliards) et équivalait à plus de deux fois le budget de la justice (7 milliards). Suppression de postes ou optimisation fiscale : la perspective d'une défection patronale tourmente à ce point les pouvoirs publics qu'ils consentent même à enrichir les actionnaires de secteurs peu exposés à la concurrence internationale. Bénéficiaire de 93 millions de CICE en 2013 et 2014, la famille Mulliez, propriétaire d'Auchan, a triplé ses dividendes en 2015 (200 millions). *In fine*, le dispositif, transformé en réduction de cotisations en 2019, aura créé seulement 100 000 emplois, sans effet réel sur l'investissement[3].

Emmanuel Macron a conçu le CICE quand il conseillait François Hollande. « Précieux relais de la voix des entreprises », il aura été, expliquait la présidente du Medef Laurence Parisot à *L'Express* en octobre 2013, le premier « à comprendre les exigences de la compétitivité ». Dans *Challenges*, même enthousiasme dès septembre 2012 de Stéphane Richard, PDG d'Orange : « Emmanuel Macron est notre relais, notre porte d'entrée auprès du président. » En son temps, la planification relevait certes déjà de la connivence entre hauts fonctionnaires et dirigeants des grandes entreprises. Mais, sur la période récente, on observe une nette inflexion. Les grands groupes ont pris l'ascendant sur l'État. Les gouvernements et leurs administrations se soumettent aux injonctions patronales. Pour autant, le néolibéralisme n'abolit pas l'action de l'État ; il la réoriente vers ses propres fins – la concurrence ou l'accumulation ; et toujours il prône, pour la conduire, une collusion renouvelée entre public et privé. Alors, aujourd'hui, où en est-on ? Où commence, où finit *leur* État ?

L'État démantelé

Une chose est sûre : la puissance publique a renoncé à en imposer aux pouvoirs économiques « quelque part entre le 21 mars 1983 (le tournant de la rigueur) et le 4 août 1993, lorsque le gouvernement d'Edouard Balladur modifia le statut de la Banque de France et la rendit indépendante du ministère des Finances. Durant cet intervalle, hommes politiques et hauts

3. France Stratégie, « Évaluation du Crédit d'impôt pour la compétitivité et l'emploi », septembre 2020.

fonctionnaires ont entamé la privatisation ou le démantèlement des institutions qui avaient contenu jusqu'alors les inégalités, du Front populaire aux années 1980[4]. » Dans le détail, l'État a transféré aux banquiers centraux la maîtrise de sa monnaie et des taux d'intérêt tandis que ses largesses fiscales anéantissaient ses marges budgétaires. Entre 1985 et 2022, le taux marginal supérieur de l'impôt sur le revenu aura diminué de 65 à 45 % et le taux de l'impôt sur les sociétés de 50 à 25 %. Pour retrouver quelques latitudes, mater des bastions syndicaux, et alors qu'il renonce à la planification quinquennale en 1993, l'État a également vendu depuis 1986 près de 1 500 entreprises où travaillaient plus d'un million de salariés : la part de l'emploi public dans l'emploi salarié total est ainsi passée de 10,5 à 3,1 % en trente ans.

3,1 %... hors *fonction publique*. Dans de nombreux domaines, conséquence de « la politique des caisses vides[5] », l'administration de l'État, elle aussi, a subi, ou continue de subir, l'austérité. Ses effectifs et ses moyens d'intervention ont été mis à rude épreuve. La France dépensait en moyenne 69,5 euros par habitant et par an pour sa justice judiciaire en 2018, l'Espagne 92 et l'Allemagne 131[6]. La dépense intérieure d'éducation rapportée à la richesse du pays a diminué de 7,7 à 6,7 % entre 1996 et 2016, selon l'Observatoire des inégalités. Le budget du réseau culturel à l'étranger a été escamoté d'un tiers depuis vingt ans[7] et la fermeture prochaine de l'Institut français de Valence (créé en 1888) viendra après celles des instituts d'Oslo, Venise, Mostar, Dresde, Porto ou Graz. De manière plus générale, entre 2011 et 2019, les contingents de fonctionnaires des ministères ont baissé de 2 %, ceux de l'économie et des finances de 14 %, ceux du pôle affaires sociales, santé et travail de 18 % quand l'ensemble constitué par le logement, les transports et l'écologie a perdu 27 % de ses agents sous statut[8].

Ces évolutions peuvent tenir aux transferts de personnels vers la myriade d'agences qui gravitent dans l'orbite de l'État. Mais même elles n'ont pas été épargnées. L'Office national des forêts (ONF) a subi une réduction de 30 % de ses effectifs, une redéfinition de ses missions. Et

4. François Denord et Paul Lagneau-Ymonet, *Le Concert des puissants*, Paris, Raisons d'agir, 2016.
5. Sébastien Guex, « La politique des caisses vides. État, finances publiques et mondialisation », *Actes de la recherche en sciences sociales*, n° 146-147, mars 2003. Lire aussi Laurent Bonelli et Willy Pelletier, *L'État démantelé. Enquête sur une révolution silencieuse*, Paris, La Découverte, 2010.
6. « Rapport "Systèmes judiciaires européens". Rapport d'évaluation de la Commission européenne pour l'efficacité de la justice (Cepej) – cycle d'évaluation 2020 (données 2018) », Conseil de l'Europe, 2020.
7. Pascal Corazza, « Un rayonnement voilé », *Le Monde diplomatique*, novembre 2020.
8. Insee, « Effectifs dans la fonction publique par versant et par ministère », mars 2021.

quarante agents se sont suicidés. Dans de nombreux domaines, les personnels observent impuissants le laminage des capacités de l'État à concevoir, agir, informer ou même contrôler. Les différents pôles du Centre d'études et d'expertise sur les risques, l'environnement, la mobilité et l'aménagement (Cerema) du ministère de l'écologie élaboraient, depuis des décennies, à l'échelle du territoire national, une expertise de très haut niveau – par exemple, les études préalables à la construction du viaduc de Millau – mais, depuis 2015, un cinquième des postes a été supprimé. Son directeur général a dû l'admettre : « Les syndicats n'ont pas tort de dire qu'il s'agit d'une cure d'austérité forte[9]. » Au sein du même ministère, la conception de la stratégie d'entretien du réseau routier national a été confiée en 2019 à Capgemini. « Imaginez le désaveu pour les ingénieurs d'un ministère technique », déplorait un élu du personnel[10].

Depuis des décennies également, les sous-préfectures garantissaient un service de proximité. Mais, fin 2017, elles y ont renoncé. La fermeture de leurs activités a alors failli rendre fous ceux qui cherchaient à obtenir une carte grise. Des automobilistes ont préféré rémunérer des garagistes pour qu'ils fassent les démarches à leur place sur internet, comme le leur recommandait le ministère de l'Intérieur. Cette montée en puissance de la *dématérialisation* justifie le désengagement de l'État. Comme la *décentralisation* (toujours plus bureaucratique). Pris en étau entre les pouvoirs locaux et celui, supranational, de l'Union européenne, l'État se trouve sommé de rendre compte de son « efficacité » à la Commission de Bruxelles ou aux agences de notation. D'où, en plus, la *modernisation* et la « nouvelle gestion publique », l'incessante « conduite du changement », l'idéalisation du mérite (et de sa rémunération), la « souplesse » qui commande de préférer le contrat au statut. Dans la fonction publique étatique, le nombre de contractuels (près de 350 000 en 2017) a crû de 13,9 % depuis 2010, quand l'ensemble des effectifs augmentait de 6,4 %[11]. Et, alors que les agents non titulaires représentent déjà près de 70 % des personnels des ministères sociaux et de leurs opérateurs, le rapport publié en juin 2018 de Comité Action publique 2022 (CAP 2022) préconisait d'élargir le recours au contrat.

9. *La Gazette des communes*, 20 décembre 2019.
10. Cité par Laury-Anne Cholez, « Au ministère de l'Écologie, les fonctionnaires souffrent et constatent leur impuissance », *Reporterre*, 6 avril 2021.
11. Cour des comptes, « Les agents contractuels dans la fonction publique », septembre 2020.

L'État capturé

La présidence de CAP 2022, l'instance chargée de la réforme de l'État sous le quinquennat Macron, avait été confiée en 2017 à Véronique Bédague-Hamilius (énarque partie mieux gagner sa vie chez le promoteur immobilier Nexity), Ross McInes (président franco-australien du groupe Safran) et Frédéric Mion (conseiller d'État, alors directeur de Sciences Po après avoir pantouflé chez Canal+). Dans son rapport, le comité proposait aussi d'« ouvrir les emplois de cadres dirigeants de l'État et des collectivités territoriales à des talents venant du secteur privé ». Une recommandation suivie par le gouvernement dans sa réforme de la haute fonction publique qui conduirait à la disparition de l'École nationale d'administration. Mais, en réalité, le démantèlement de l'État l'a rendu spongieux depuis longtemps : sous diverses formes, dans la conception, la conduite, voire le contrôle des politiques publiques, le privé copilote, ou prend carrément la main.

Comme dans le cas des partenariats public-privé (PPP), ces contrats globaux qui placent la puissance publique sous la coupe d'un opérateur privé qui finance un équipement public, sa conception, sa construction puis son exploitation, en les rémunérant sous forme de loyers pendant des décennies. Le gouvernement de Nicolas Sarkozy a ainsi confié le « Pentagone à la française » – soit le ministère de la Défense et les états-majors – à un groupement composé de Bouygues, Thalès, Dalkia et Sodexo pour trente ans. Dans son rapport annuel 2018, la Cour des comptes estimait que le montant total de l'opération avoisinerait plutôt les 5,8 milliards d'euros alors que le contrat initial conclu en 2011 stipulait un coût prévisionnel de 4,3 milliards. Il faut chercher du côté de la Commission européenne, de l'ardeur qu'elle met à limiter l'endettement, les raisons qui inclinent l'État comme des hôpitaux ou des collectivités, à recourir à de tels « partenariats ». Avec eux, il n'y a pas d'investissement initial à financer, comme dans le cas d'un projet ordinaire, juste des loyers à verser, et l'estimation de leur coût total ne figure pas au passif, malgré son niveau possiblement très élevé. Autre absurdité du même genre : jusqu'en 2018, malgré l'ampleur du projet de réseaux de transport qu'elle porte (pour un coût total estimé à 42 milliards d'euros), la Société du Grand Paris voyait le nombre de ses agents plafonner à un niveau ridicule et se trouvait, *ipso facto*, dépendante de ses très nombreux prestataires, au risque de les voir encourager un dérapage des dépenses[12].

12. Cf. « 160 Md€ d'externalisation par an », nosservicespublics.fr.

Mais l'achat de près de 14 milliards d'euros de prestations de services par l'État et les hôpitaux en 2019 ne tient pas qu'à ces considérations gestionnaires. Le recours à l'assistance à maîtrise d'ouvrage, aux webdesigners, aux coachs, aux formateurs de hauts potentiels ou aux évaluateurs « à 360 » relève, plus généralement, d'« un nouveau système collusif [qui] s'est développé entre les franges poreuses de l'État et les frontières floues du marché[13] ». Il peut aussi se concrétiser par le recrutement de communicants d'Havas comme conseillers ministériels, l'exécution de prestation *pro bono* par le cabinet de consultants McKinsey, voire l'embauche d'un conseiller d'État comme lobbyiste (Édouard Philippe) ou d'un inspecteur des finances chez Rothschild (Emmanuel Macron). Notamment grâce aux recrues de la haute fonction publique, les banques d'affaires imposent leurs conseils stratégiques ou financiers autant aux grands groupes – pour leurs opérations de fusion-acquisition – qu'au ministère de l'Économie pour ses « cessions de capital ». Rothschild et Lazard ont accompagné les vagues successives de privatisation à partir de 1986 : la première banque a obtenu de nombreux mandats sous le quinquennat de Nicolas Sarkozy – comme le changement de statut de La Poste – quand la seconde a été choisie comme conseil par le gouvernement de François Hollande afin de créer la banque publique d'investissement (BPI).

À travers le montage juridique des privatisations, les avocats d'affaires, eux aussi, ont fait « une entrée fracassante au cœur de l'action publique[14] ». Dès sa création en 2002, l'Agence des participations de l'État (APE) entendait convaincre les investisseurs de sa crédibilité en sollicitant de grands cabinets comme Bredin Prat qui est intervenu à ses côtés en 2007 lors de la vente des actions de France Télécom. Désormais incontournables dans l'élaboration ou la conduite des politiques publiques, les cabinets le sont aussi dans les contentieux qui voient, de plus en plus, les sociétés privées ou les grandes fortunes contester leur taxation (en 2020, les litiges fiscaux ont fait perdre près de 6 milliards d'euros à l'État) ou tenter d'imposer leur interprétation de la loi, quand elles ont échoué à convaincre le pouvoir politique de la modifier ou de ne pas l'appliquer. À cet égard, la question prioritaire de constitutionnalité (QPC) a changé le rapport de force entre entreprises et entités publiques. Depuis son instauration en 2008, elle permet à n'importe quelle personne, physique ou morale, impliquée

13. Pierre France et Antoine Vauchez, *Sphère publique, intérêts privés. Enquête sur un grand brouillage*, Paris, Presses de Sciences Po, 2017.
14. *Ibid.*

dans une procédure juridictionnelle – et dans les faits souvent aux sociétés privées et à leurs organisations, qui forment plus du quart des requêtes[15] –, de soutenir qu'une loi porterait atteinte à un droit – par exemple, le droit de propriété – ou à une liberté – par exemple, la liberté d'entreprendre – pour obtenir son abrogation. Sur les conseils de Bredin Prat à chaque fois, Uber a ainsi arraché la remise en cause de dispositions protégeant les taxis en 2015 et Airbnb la limitation du champ des contrôles des meublés touristiques en 2019.

C'est en revanche de lui-même, ou un peu sous l'influence des groupes d'intérêt, que le législateur relâche le contrôle sur les classes dominantes et consent à appliquer une justice négociée à la criminalité en col blanc. Le « plaider coupable » (qui permet aux avocats de transiger avec un procureur à l'issue de discrètes tractations) avait été introduit en 2004 pour les individus ; la convention judiciaire d'intérêt public (CJIP) l'a étendu en 2016 aux entreprises. Dans un autre domaine, en 2018, les promoteurs immobiliers ont extorqué une réforme du contentieux de l'urbanisme qui resserre les conditions pour contester un permis de construire et réduit le délai de jugement. Depuis l'adoption de la loi pour un « État au service d'une société de confiance » (ESSOC), en 2018 aussi, une entreprise peut soutirer à une administration un contrôle de conformité réglementaire dont les conclusions deviendront opposables, à la manière du rescrit fiscal (qui permet d'obtenir une position de l'administration sur l'application d'un texte). L'État devient ainsi un prestataire pour l'ensemble du tissu économique et ses fonctionnaires, des sortes de *compliance officers* (agents de conformité dans le jargon de la finance anglo-saxonne) – que ce soient ceux de l'Agence française anticorruption (AFA), de l'inspection du travail ou de la répression des fraudes.

Entreprise ou particulier : en matière fiscale, la mansuétude à l'égard des puissants s'observe depuis longtemps. En particulier dans le contrôle des très nombreuses « niches », ces mécanismes consistant à inciter un contribuable à soutenir une cause d'« intérêt général » en engageant ses propres finances (par exemple, sous la forme d'un investissement immobilier, pour remédier à la crise du logement), puis en bénéficiant d'une dérogation à la « norme fiscale » (réductions d'impôt sur le revenu en faveur de l'investissement locatif mais aussi, dans d'autres cas, crédits d'impôt ou

15. M. Milet (dir.), « Groupes d'intérêt et contrôle de constitutionnalité en France depuis 2010 », *Titre VII*, hors-série, 2020.

exonérations). Depuis le début des années 2000, le montant total de ces « dépenses fiscales » a triplé pour atteindre plus de 100 milliards d'euros. Cette montée en puissance permet « à l'élite des contribuables d'influencer financièrement la décision publique, alors que le tout-venant est *de facto* écarté de cette participation ». Dans ce qui ressemble fort à une « démocratie censitaire[16] », les plus fortunés ont le pouvoir de déterminer les priorités de l'action publique : plutôt l'innovation que la création, en préférant le crédit d'impôt en faveur de la recherche (plus de 6 milliards d'euros) au mécénat (1 milliard d'euros) dans le cas d'une entreprise ; plutôt l'emploi que l'écologie, en privilégiant le crédit d'impôt en faveur de l'emploi de salariés à domicile (près de 5 milliards d'euros) à celui instauré pour la transition énergétique (un peu moins de 2 milliards en 2017). D'autre part, ces mêmes contribuables ont le privilège de choisir le destinataire effectif de l'aide de l'État qu'ils activent : les Apprentis d'Auteuil au lieu de la SPA s'ils envisagent de faire un don défiscalisé à un organisme d'intérêt général ; les mathématiques appliquées au trading haute fréquence, dans le cas du crédit d'impôt recherche dont a pu bénéficier la Société générale.

Du fait de cette défiscalisation, au sein de la richesse créée par les entreprises, la part capturée par les actionnaires représentait en 2019 le double de celle prélevée par l'État (respectivement 15,8 % contre 8,6 %[17]) alors que c'était l'inverse en 1996. Financiarisation de l'économie et sujétion de la puissance publique à l'économie financiarisée vont donc de pair. Quand, en 1947, l'État planificateur imposait aux entreprises le plan comptable général, depuis les années 2000, sous l'influence des cabinets anglo-saxons, la comptabilité publique s'adapte aux référentiels élaborés pour l'information financière des actionnaires. Avec le recours au financement obligataire, la puissance publique doit par ailleurs procurer aux investisseurs les informations qu'ils exigent déjà des entreprises sur leurs engagements ou leur situation patrimoniale. Depuis 2006, la Cour des comptes certifie la fiabilité de ces données auprès des marchés financiers, comme le fait un commissaire aux comptes à destination des actionnaires. Elle consacre des moyens importants pour garantir la « qualité de la signature française ». Les exigences spécifiques de la certification, notamment l'application des normes d'audit internationales, l'obligent à employer des experts issus des cabinets d'audit privés : 47 en 2018, soit 11 % de ses équipes de contrôle.

16. Katia Weidenfeld, « Les niches fiscales, un instrument ambigu », *Revue Projet*, n° 341, 2014/4.
17. Données Banque de France.

Depuis 2013, du reste, un Haut Conseil des finances publiques (HCFP) surveille l'élaboration des projets de loi de finances de l'État. Deux économistes de banque siègent au sein d'une instance dont plusieurs rapports proposent de renforcer le rôle[18], notamment pour qu'elle suive non plus seulement la préparation mais aussi l'exécution des budgets.

Notre État ?

Ils ont donc imposé *leurs* règles. C'est toujours *leur* État. Ils s'en servent parce qu'ils en ont les moyens ou le servent encore pour mieux s'en servir bientôt. Car, en France, « le néolibéralisme n'a pas été imposé de l'extérieur à un État rétif » mais, à partir des années 1970, par « une élite dirigeante issue de l'État et dont le camp de base est le ministère de l'Économie, des Finances et du Budget ». Elle conquerra ensuite les sommets de l'économie « par le jeu du pantouflage, de la privatisation bien maîtrisée[19] ». Après avoir contribué à faire de la Bourse le cœur battant de l'économie française quand il était directeur de cabinet du ministre des Finances de 1984 à 1986, Jean-Charles Naouri, qui contrôle aujourd'hui le groupe Casino, a profité de la débâcle du Crédit lyonnais pour racheter en 1997 à bas prix les actions que la banque publique détenait dans ses affaires. Observant qu'en 2018 plus d'un tiers des dirigeants du CAC 40 avaient fait leurs armes dans la haute fonction publique, l'Observatoire des multinationales évoque une nébuleuse public-privé, persuadée « d'incarner l'intérêt supérieur du pays » qui, avec l'élection de Macron, aurait accédé directement au pouvoir[20]. Elle y impose encore un peu plus l'involution de l'État dans le marché – quand l'État est *partout*, donc un peu nulle part – et le renoncement à la souveraineté – quand il est *ailleurs*, à Bruxelles, Francfort ou Genève.

Et la population ? Au quotidien, certains d'entre nous font la queue pendant des heures devant la préfecture. D'autres se font humilier à Pôle emploi. Ou s'agacent de l'absurdité des tarifs de la SNCF. Et, quelquefois, on passe une partie de sa nuit dans un couloir aux urgences, sur un brancard. Alors on désespère de *notre* État, on se lamente de ce que deviennent *nos* services publics. Parfois aussi la corruption, les conflits d'intérêts,

18. Par exemple, le rapport de la Commission sur l'avenir des finances publiques, remis au Premier ministre le 18 mars 2021.

19. Bruno Jobert et Bruno Théret, « La consécration républicaine du néolibéralisme », *in* B. Jobert (dir.), *Le Tournant néo-libéral en Europe : idées et recettes dans les pratiques gouvernementales*, Paris, L'Harmattan, 1994.

20. Olivier Petitjean, « Une haute fonction publique-privée à la française : près de la moitié du CAC40 a un patron issu des grands corps de l'État », Observatoire des multinationales, 17 mai 2018.

les détournements de fonds publics nous indignent. Mais, pendant les « affaires », les affaires continuent. Le scandale de la privatisation des autoroutes n'empêche pas de brader ADP. Faudrait-il pour autant céder à la tentation de « vivre sans » ? Comment expliquer que, malgré tout, l'État « n'en finit pas de magnétiser les imaginaires[21] » ? Sans doute à cause d'une de ses dimensions qui reste décisive en cas de crise, le pouvoir nu. Comme l'a montré la pandémie de covid, la puissance publique a toujours la capacité de rétablir les frontières en une nuit ou d'interdire aux gens de sortir de chez eux. Difficile de reprendre le pouvoir sur nos vies sans reprendre cet État-là. La même crise a accéléré la réhabilitation des services publics : alors que, pendant sa campagne, Macron avait jugé le statut des fonctionnaires « inapproprié », puis prévu de supprimer 120 000 emplois, il a dû y renoncer. Ainsi, ne serait-il pas venu le temps de la coopération et de la solidarité ? Le temps d'une administration moins bureaucratique, plus égalitaire, plus lisible, facilitant l'accès aux droits, une administration émancipée du pouvoir économique ? Le temps d'imaginer, construire et défendre, enfin, *notre* État.

21. Frédéric Lordon, *Vivre sans ? Institutions, police, travail, argent…*, Paris, La Fabrique, 2019.

Le droit public au service du privé

Antoine Vauchez

Au fil des trois dernières décennies, quelque chose s'est passé, au lieu géométrique où l'État rencontre le marché, qui a profondément changé notre conception du gouvernement. On parle souvent, pour qualifier cette transformation, de « tournant néolibéral ». Mais encore faut-il s'accorder sur le sens de cet adjectif qui risque de paraître un peu vague et flottant, à force de trop servir. Le néolibéralisme n'est pas (forcément) un anti-étatisme. Il aura certes justifié des vagues sans précédent de privatisations, dépossédant l'État d'une part essentielle de sa capacité à coordoner l'économie. Mais l'anti-étatisme, qui fut le combat initial des néolibéraux des années 1980, façon Thatcher ou Reagan, a pour une large part échoué. De fait, la dépense publique est restée le plus souvent à des niveaux élevés, et la sphère de l'intervention étatique s'est même étendue vers tout un ensemble de nouveaux domaines de régulation (santé, environnement, etc.). C'est en fait l'État lui-même qui a changé de « nature », c'est-à-dire de raison d'être et de mission. En ce sens, le néolibéralisme est d'abord un programme de *transformation* de l'État. Il ne s'agit plus prioritairement de faire exister une « économie publique » pour partie organisée autour des services publics. Il s'agit de confier à l'État le rôle de promouvoir et de façonner une économie de marché compétitive et concurrentielle, et de s'y insérer comme un acteur (presque) comme les autres. Un *interventionnisme* donc, mais un « interventionnisme *libéral* ». Il faut prendre la mesure de cette transformation : avec le programme néolibéral, l'économie de marché n'est plus un principe de *limitation* de l'intervention de l'État, mais elle devient le *fondement* même d'une action publique qui se voit chargée d'œuvrer en continu pour diffuser les valeurs de la concurrence et de la compétitivité, dans l'économie et dans la société, mais aussi au cœur de l'État lui-même.

Bien sûr, ce programme de transformation n'a jamais eu la pureté du modèle et il aura connu moultes variantes nationales et réinventions sectorielles. Mais il se donne pourtant bien à voir dans ce nouvel État, souvent dit « État régulateur » pour le distinguer de l'État-providence, qui se développe autour de ces agences « indépendantes » qui se sont multipliées au fil des trente dernières années : Autorité de la concurrence, Autorité des marchés financiers (AMF), Commission de régulation de l'énergie (CRE), Autorité de régulation des transports, etc. Autant de noms qu'on connaît mal encore, mais qui incarnent ce nouveau pôle de l'État chargé de « gouverner » les marchés privés libres, ouverts et concurrentiels. Il suffit pour s'en convaincre de suivre l'émergence d'un tout nouveau droit, le droit public de l'économie de marché, parfois qualifié de « droit public des affaires » qui s'organise autour des principes de marché, de liberté économique et de concurrence. Les sources de ce nouveau droit sont multiples. C'est d'abord un ensemble de lois qui se sont succédé à un rythme impressionnant depuis l'ordonnance du 1er décembre 1986 relative à la liberté des prix – désormais réglementés par exception – et de la concurrence – surveillée par une autorité administrative indépendante, le Conseil de la concurrence (aujourd'hui Autorité de la concurrence), jusqu'aux nombreuses lois sur les « nouvelles régulations économiques » qui ont eu pour point d'orgue la loi « Macron » (2016) et la loi « Pacte » (2019). Mais c'est aussi un droit des décisions de justice. Les jurisprudences du Conseil d'État, du Conseil constitutionnel, de la Cour de justice de l'Union européenne auront considérablement renforcé la protection des libertés économiques érigées en libertés fondamentales. Ainsi de la montée en puissance considérable de la « liberté d'entreprendre » comme principe constitutionnel ; de celle des libertés économiques de circulation, dont on sait que la Cour de justice de l'Union européenne a fait le socle du Marché unique européen ; ou encore du droit de la libre concurrence, qui est devenu en trois décennies le nouveau centre de gravité du gouvernement de l'économie. Ce nouveau droit public n'a pas fait disparaître les piliers classiques du droit administratif, qu'il s'agisse des services publics ou de la rhétorique de l'intérêt général, mais par son développement et sa diffusion rapides, il en a profondément rédéfini les termes et limité la portée.

Il n'y a sans doute pas de meilleur observatoire de cette transformation que le Conseil d'État lui-même : cour suprême du droit administratif mais aussi grand corps dont les membres peuplent les sommets de l'État, l'institution du Palais-Royal est assurément placée au cœur de cette mue néolibérale.

Intérêt général et concurrence

Au fil de son histoire, l'État s'est doté, pour accomplir ses « activités d'intérêt général », d'un droit spécifique, le droit administratif : droit de la puissance publique, du service public, de la gestion publique, de l'ordre public et du domaine public, il présente historiquement un caractère dérogatoire à la fois sur le fond, en tant que corpus de règles qui permet de déroger aux principes du droit privé, et sur la procédure, puisque le contrôle de son application relève d'un ordre de juridiction à part, la justice administrative avec, à son sommet, le Conseil d'État. Le tournant néolibéral des politiques publiques, opéré à partir de la seconde moitié des années 1980 et centré sur la valorisation des libertés économiques et du contrat, a soudainement menacé d'obsolescence le droit administratif. Que l'on en juge : rétrécissement spectaculaire du périmètre du secteur public au fil des différentes vagues de privatisation, développement d'agences publiques indépendantes chargées de « réguler » les nouveaux secteurs libéralisés (télécommunications, transport, énergie, etc.), montée en puissance d'un droit de la concurrence qui aura engagé à Bruxelles son « *public turn* » à partir des années 1990, en portant son attention sur les grandes entreprises publiques de réseaux (EDF, France Télécom, SNCF, etc.)[1]. Autant de mutations en profondeur des relations de l'État au monde économique qui se sont accompagnées de contestations intellectuelles et politiques sans précédent d'un droit administratif érigé en symbole même des résistances de l'État à sa modernisation libérale. La mise en cause de sa légitimité aura notamment pris la forme d'invitations multiples à s'ouvrir au droit privé comme au droit européen de la concurrence. Ainsi, en 1996, un rapport au Premier ministre invitait le Conseil d'État à se tenir « du côté de la vie » en s'adaptant à la nouvelle donne du droit européen du Marché unique et en

1. Mélanie Vay, *La Mise en problème européen de l'économie publique. Socio-histoire des mondes de l'entreprise publique au contact de la politique européenne (1957-1997)*, Paris, Dalloz, 2021.

acceptant les normes souples du *New Public Management* en lieu et place des modèles réglementaires classiques.

Face à cette menace qui pesait non pas seulement sur le droit administratif mais aussi sur l'attractivité du corps, l'institution du Palais-Royal a engagé un impressionnant *aggiornamento* doctrinal et jurisprudentiel. Celui-ci a redéfini en profondeur le rôle de l'État dans son rapport au marché comme à l'intérêt général et a transformé le droit administratif en un « droit de l'économie de marché ». De rapports annuels en décisions juridictionnelles, le Conseil d'État a entrepris, ces trois dernières décennies, une vaste réécriture du droit administratif qui a conduit, par glissements successifs, à une remise en cause de ses concepts fondateurs (intérêt général, ordre public économique, service public, etc.) via l'importation en son sein des théories de la libre concurrence et de la régulation. Sans pouvoir ni vouloir faire ici une analyse détaillée des évolutions de la jurisprudence administrative, retenons les arrêts du 3 novembre 1997, *Société Million et Marais*, et du 26 mars 1999, *EDA contre Aéroport de Paris*, comme points de repère. Ils marquent en effet deux étapes essentielles de l'entrée du paradigme concurrentiel dans le bloc de la légalité administrative, soumettant les personnes publiques – l'État, les collectivités territoriales ou encore les établissements publics – au droit de la concurrence, dans le premier cas, et considérant, dans le second, « l'autorité publique gestionnaire du domaine public à la manière d'une entreprise[2] ».

Ce nouvel acquis jurisprudentiel trouve son prolongement dans une redéfinition de la pierre angulaire du droit administratif, la notion d'intérêt général. En considérant que la puissance publique s'y conforme lorsqu'elle satisfait « les exigences du développement d'un ensemble industriel qui joue un rôle important dans l'économie régionale », à propos d'un projet de déviation d'une route nationale favorable aux usines Peugeot, la décision *Ville de Sochaux* de 1971 avait déjà ouvert une brèche en créant la possibilité d'un intérêt général *privé*. Mais c'est dans les années 2000 que cet intérêt général privé verra son champ considérablement élargi avec l'inscription par le Conseil d'État de la concurrence, c'est-à-dire de l'objectif de fonctionnement compétitif de tous les marchés et de tous les acteurs de ces marchés, au cœur de sa conception de l'intérêt général. Ce tournant avait été amorcé très tôt à Bruxelles autour de la direction générale de la Concurrence, qui

2. Jacques Caillosse, « Le néolibéralisme, la réforme administrative et son droit », *in* F. Bottini (dir.), *Droit public et néolibéralisme*, Paris, Mare & Martin, 2017.

a progressivement dessiné les contours d'une nouvelle constitution écconomique. En reconnaissant pleinement la primauté du droit de l'Union par l'arrêt *Nicolo* de 1989, l'institution du Palais-Royal s'est ainsi ouverte en quelques années à tout un nouveau corps de doctrine juridico-économique formalisé dans une large mesure à l'échelon européen. « Aidé en cela par la possibilité de consulter l'Autorité de la concurrence, le juge administratif a, pas à pas, adopté dans son raisonnement la plupart des grandes théories du droit de la concurrence. L'on peut penser, par exemple, à la théorie des facilités essentielles[3] ou à celle de l'abus automatique de position dominante[4]. » C'est cette voie qu'a suivie le Conseil d'État dans ses arrêts *Société Million et Marais* et *Sarl Somatour* de 2002, qui ont fait de la libre concurrence un but d'intérêt général. Ce nouvel intérêt public concurrentiel n'est pas extérieur au marché ; il se définit au contraire *tout contre* celui-ci, en rapport étroit avec ses exigences et ses nécessités propres. Ainsi, le Conseil d'État aura accompagné et parfois anticipé la conversion néolibérale de l'État dans ses rapports à l'économie, en construisant tout un « droit public de l'économie de marché » qui fait de la concurrence une composante essentielle de l'intérêt général.

Un gouvernement des marchés

Au-delà du droit administratif lui-même, le Conseil d'État a joué un rôle clé dans la formation d'un nouveau gouvernement des marchés privés, érigé en garant de leur fonctionnement ouvert et concurrentiel. Cette évolution de fond est placée sous l'égide de la « régulation », terme aussi vague que tentaculaire qui désigne les nouvelles relations entre l'État et les marchés, où le premier cherche moins à agir en coordinateur d'une « économie mixte » qu'à garantir la dynamique concurrentielle et la compétitivité des seconds. Ce nouveau paradigme s'est construit d'abord et avant tout dans le mouvement de libéralisation des secteurs à monopoles publics (EDF, France Télécom, SNCF, etc.), mais il s'est progressivement déployé sur toute la chaîne des autorités administratives indépendantes devenues « agences de régulation », qu'il s'agisse du CSA, de la Cnil, l'Arcep, l'Arefer, l'AMF : autant d'acronymes

---

3. Selon cette théorie, afin de protéger le jeu de la concurrence, un acteur économique (par exemple EDF) en situation de domination sur un marché et possédant une infrastructure essentielle (par exemple des centrales électriques) doit permettre à ses concurrents d'y accéder si, sans cette ressource, ils ne peuvent exercer leur activité.
4. Jean-Marc Sauvé, « Pouvoirs publics et concurrence », *Entretiens du Conseil d'État en droit public économique*, juillet 2011.

qui paraîtront bien étranges au lecteur mais qui dessinent aujourd'hui les contours en pleine expansion de la « régulation » publique indépendante dans des secteurs aussi importants et sensibles que l'audiovisuel, les données personnelles, les télécommunications, les transports, les marchés financiers, etc. La CRE a ainsi été créée en mars 2000 : dans un système dérégulé par la transposition des directives européennes, son collège (cinq membres, hauts fonctionnaires ou anciens dirigeants d'entreprise) a vocation à jouer le rôle de « gendarme de la concurrence », notamment en exigeant du gouvernement qu'il augmente régulièrement les tarifs réglementés d'EDF, pour éviter de pénaliser le secteur privé lorsque le prix du kilowatt-heure grimpe à la Bourse européenne.

L'institution du Palais-Royal s'était initialement inquiétée de la multiplication, au cœur de l'État, de ces bureaucraties « indépendantes » placées en dehors du circuit de la politique représentative comme du commandement administratif, et dont les pouvoirs et le champ d'intervention dans l'économie n'ont pas cessé de s'accroître au fil des lois sur les nouvelles régulations économiques (dites « NRE »). Mais, dans un balancement caractéristique du Conseil d'État, c'est en pointant dans ses rapports annuels les risques que créent les agences pour l'unité de l'État qu'il s'est progressivement taillé une place centrale au cœur de ce monde émergent de la « régulation ». Qualifiant dans ses arrêts les actes pris par ces agences d'« administratifs » (et non pas de droit privé), au nom de son rôle de garant de l'unité juridique de l'État, le Conseil aura ainsi placé la majeure partie du contentieux des agences sous sa coupe. Au point de devenir progressivement le chantre de ce nouvel État des agences, soulignant que « la création d'autorités administratives indépendantes est un stimulant indéniable pour l'ensemble de l'appareil d'État : elle oblige l'administration à confronter l'approche du droit privé et [celle] du droit public ; elle conduit à faire travailler ensemble, au sein des collèges, des personnes venues d'horizons divers. Elle peut atténuer l'incompréhension réciproque du secteur public et [du secteur] privé. Enfin, elle enrichit une nécessaire actualisation de la réflexion générale sur la notion de médiation publique au sens large, c'est-à-dire sur les caractéristiques des corps intermédiaires auxquels les représentants de la souveraineté nationale peuvent légitimement déléguer l'usage de procédés de régulation de la société civile[5] ».

5. Conseil d'État, *Les Autorités administratives indépendantes*, rapport annuel, 2001.

Mais au-delà, c'est un nouvel agir gouvernemental qui se trouve formalisé, sous l'égide du Conseil d'État, tout au long des années 2010 : la régulation publique indépendante des agences devient le cœur d'un nouveau paradigme de l'action publique et d'un nouveau « grand récit de l'État ». Au fil de rapports consacrés au « droit souple » (2013) et aux agences comme « nouvelle gestion publique » (2012), mais aussi d'importants colloques consacrés à la régulation, l'institution du Palais-Royal prend en effet ses distances de plus en plus franchement avec un « vieux » modèle d'administration jugé inadapté. Le colloque sur « la régulation » organisé par le Conseil d'État en 2017 est ici particulièrement emblématique : il réunit les « régulateurs » des principales agences, tous également membres du Conseil d'État, et jette les bases théoriques et jurisprudentielles communes d'un « droit de régulation » caractéristique en bien des points d'une légalité néolibérale : un droit souple fait de recommandations plus que d'obligations, élaboré en relation étroite avec les acteurs de marché et souvent dérogatoire au droit commun (par exemple au droit pénal) par les marges de négociation et de « clémence » qu'il ouvre aux entreprises « fautives ».

La nomination de Bruno Lasserre par Emmanuel Macron comme vice-président du Conseil d'État en 2018 consacre du reste la montée en puissance de ce monde de la régulation au sein de l'institution. Figure du « régulateur » par excellence, il aura en effet participé très directement aux différentes phases du tournant libéral et européen de l'État. Entré au Conseil d'État en 1978, il appartient à cette génération de jeunes membres qui font leurs premières armes dans les nouvelles autorités administratives indépendantes (comme rapporteur à la commission d'accès aux documents administratifs) avant de conduire, comme directeur des affaires juridiques de France Télécom, puis comme directeur général des Postes et télécommunication du ministre Gérard Longuet, les « nouveaux chantiers de la libéralisation ». Anticipant les échéances fixées par l'Union européenne en matière de privatisation, il engage celle de l'opérateur historique France Télécom et l'ouverture à la concurrence du secteur des télécommunications, rédigeant le statut de la nouvelle autorité de régulation des télécoms. S'imposant comme un spécialiste des politiques de libéralisation, il plaidera ensuite pour la privatisation de la Société française de production (SFP), acteur central de la création audiovisuelle, dont il supervisera en 2001 la vente au groupe Bolloré – tout en échafaudant les contours d'une nouvelle autorité de régulation indépendante pour le secteur des télécommunications. Ce parcours le conduira trois ans plus tard à la tête du

Conseil de la concurrence qu'il occupera pendant près de quatorze ans en vantant tous azimuts les vertus de la concurrence (l'engagement lui vaudra d'être nommé en 2007 membre de la commission Attali pour la « libéralisation de la croissance française »). Il y militera activement pour généraliser la concurrence – un « lobbying » couronné de succès avec la loi de modernisation de l'économie d'août 2008, qui renforcera considérablement les pouvoirs de l'Autorité de la concurrence dont il a la charge. En fin de compte, son parcours fait de lui un agent représentatif de la conversion « régulatrice » de segments du Conseil d'État, mais aussi de cette nouvelle figure de hauts « fonctionnaires-régulateurs » gagnant progressivement « confiance en soi » et accumulant une autorité politique inédite dans l'État.

Les circuits public-privé de l'État néolibéral

Au fil de cette révolution culturelle qui fait du Conseil d'État le juge, le théoricien et l'animateur de cet État de la régulation indépendante, l'institution aura noué un nouveau système de relations, aux frontières de l'économie, de l'administration et de la politique – prenant ainsi des distances à l'égard de la tutelle étatique. On s'en fait une première idée en suivant le vaste réseau de mobilité et de pantouflage de ses membres.

À l'intérieur de l'État, les membres du Conseil d'État ont acquis une position clé non seulement dans les directions des affaires juridiques des ministères, qui se sont multipliées à partir des années 1990, mais aussi dans les agences – au point d'apparaître aujourd'hui comme les « professionnels de la régulation ». Le Conseil d'État n'est pas seul à participer à cette transformation puisque c'est le triptyque des magistratures (judiciaire, administrative et comptable) qui aura bénéficié de la montée en puissance de cet État des agences : sur les 544 sièges de membres des collèges de ces institutions en 2015, 167 sont issus des trois magistratures[6]. Mais le Conseil d'État occupe ici les avant-postes, non pas seulement via les présidences de certaines agences clés – notamment l'Autorité de la concurrence ou la Cnil – mais aussi via la participation de ses membres à tout le travail quotidien de ces agences, dans le cadre de « vacations » ou de « ménages », dans les rôles clés de rapporteur et de conseiller de ces autorités. Cette position-pivot n'est pas négligeable si l'on juge que ces agences sont des organisations-frontières, inscrites entre les deux mondes « publics » et « privés » de la

---

6. Données issues du rapport sénatorial *Un État dans l'État. Canaliser la prolifération des autorités administratives indépendantes pour mieux les contrôler*, 2015.

régulation, et qu'elles sont à ce titre autant de sas pour les pantouflages et rétro-pantouflages.

Au-delà du rôle clé joué dans ce gouvernement des marchés privés qui émerge autour des agences, le Conseil d'État s'est également progressivement repositionné au croisement du politique, de l'administration et de l'économie. C'est ce que révèlent les nouveaux circuits de pantouflage des membres du Conseil d'État, qui ont évolué au plus près de ce « nouveau monde » de la régulation. Le politiste Luc Rouban rappelle justement que le Conseil d'État est longtemps resté peu propice aux carrières vers le secteur privé, notamment au regard de l'Inspection des finances – même s'il s'était progressivement taillé quelques « chasses gardées » au cœur du secteur national (SNCF, GDF Suez, RATP, etc.). Le développement rapide du pantouflage remonte en fait aux années 1990[7], suivant de près le retrait de l'État producteur (privatisation du secteur public bancaire et industriel, montée en puissance des politiques de la concurrence et de contrôle des aides d'État, etc.), pour se redéployer vers les secteurs dits « régulés » (anciens groupes publics, grandes entreprises de l'économie numérique, monde de l'assurance et de la finance, etc.) où la connaissance de l'État est jugée précieuse pour occuper des postes de responsable des affaires publiques ou de secrétaire général de grands groupes ; mais aussi vers le monde du conseil, via une circulation inédite en direction du barreau d'affaires – au point que certains, en son sein, s'inquiètent que l'institution devienne un « second espace de formation du barreau de Paris ». Il n'y a sans doute pas de meilleur exemple de ces nouveaux circuits de pantouflage que celui de l'ancien Premier ministre Édouard Philippe qui, avant de rejoindre Matignon en 2017, aura circulé entre des positions au cœur de l'élite politico-administrative comme membre du corps du Conseil d'État, maire et brièvement membre de cabinet ministériel, et des positions dans le monde du conseil comme avocat d'affaires au cabinet américain Debevoise & Plimpton, puis comme chargé des affaires publiques du grand groupe nucléaire français Areva.

En suivant ainsi à la trace ce nouveau droit public et ces nouveaux réseaux qui ont émergé autour du Conseil d'État, on prend progressivement la mesure du chemin parcouru au cours des trois dernières décennies. Il ne s'agit pas de nier qu'il existe encore un important droit des services

7. Ainsi, le taux de pantouflage passe de 14 % chez les membres présents dans le corps dans la période 1958-1968 à 29 % pour ceux qui y étaient présents entre 1990 et 2000 : Luc Rouban, « Le Conseil d'État, 1958-2008. Sociologie d'un grand corps », *Cahiers du Cevipof*, n° 49, 2008.

publics, ni d'oublier que certains segments de l'État sont comparativement moins touchés que d'autres par cette transformation des instruments et des raisons d'être de l'intervention publique. Mais c'est bien plutôt l'équilibre général de la matière qui a changé au fil de la mue européenne et néolibérale de l'État. Les vagues de privatisation qui se sont succédé depuis la fin des années 1980, mais aussi la libéralisation progressive des marchés monopolistiques (énergie, transports, postes et télécommunications, etc.), ont ainsi déplacé le centre de gravité du droit public français vers les notions de régulation, de marché concurrentiel et de libertés économiques, désormais érigées en composantes à part entière de « l'intérêt général ». Dans ce cadre, c'est la fonction même du droit public qui est modifiée, chemin faisant, avec l'idée d'en faire un levier au service de la compétitivité et de la concurrence. Ou même de l'accumulation, si on met en parallèle ces évolutions et celles – favorables aux hauts revenus, aux fortunes et aux grandes entreprises – de la jurisprudence du Conseil constitutionnel en matière fiscale (qu'on pense à l'annulation, sous le mandat de François Hollande, de plusieurs hausses d'impôt en raison de leur caractère « confiscatoire »). Reste à savoir si la crise du Covid, qui a soudainement remis à l'honneur l'État des services publics et nous a rappelé (temporairement ?) leur rôle central pour notre communauté politique, viendra fragiliser cette nouvelle constitution économique d'un État qui aura été trop souvent « victime de la doxa libérale[8] ».

8. Jean-Marc Sauvé, « L'État a été victime de la doxa libérale », *Le Monde*, 4 juillet 2019.

L'industrie du risque

Thomas Le Roux

> « Un État fort, c'est un État simple, un État puissant, c'est un État rapide, un État efficace, c'est un État qui fait confiance. »
> François Hollande, Dijon, 12 mars 2013

« Concilier une exigence environnementale forte avec l'attractivité et le développement industriel de notre pays est possible et même nécessaire. » Le 23 septembre 2019, le Premier ministre Édouard Philippe annonce de nouvelles mesures de simplification « pour accélérer les projets industriels ». Trois jours plus tard survient l'accident de Lubrizol, durant lequel 11 000 tonnes de produits chimiques employés pour la fabrication de lubrifiants se répandent en fumées sur l'agglomération rouennaise et de vastes territoires au nord de la France. À lui seul, l'accident met en lumière l'organisation d'une forme d'impunité industrielle et une réglementation conçue de longue date pour permettre à des activités polluantes et dangereuses de fonctionner[1], mais aussi l'aggravation contemporaine de la dérégulation

1. Thomas Le Roux, « La fabrique de l'impunité industrielle. Comment l'économie est devenue plus importante que la santé », *Z*, n° 13, 2020, p. 66-73.

en matière de risque et la priorité donnée aux considérations industrielles. Comme dans d'autres cas, l'industriel échappe ici en grande partie à la mise en jeu de sa responsabilité pénale, en monnayant largement ses pollutions : un fonds « de solidarité » pour les agriculteurs, couvert par l'entreprise à hauteur de 50 millions d'euros, a été rapidement ouvert, obligeant les victimes ayant accepté ces compensations financières à ne pas poursuivre l'industriel en justice. Dans une affaire qui a suscité l'émotion et la colère, mais où tout est fait pour mettre les citoyens à distance (les médias ont préféré titrer sur la mort de Jacques Chirac, survenue le même jour, et la mobilisation locale très importante contre Lubrizol n'a bénéficié que d'une faible couverture médiatique), l'État a tout intérêt à ce que l'industriel soit poursuivi en justice, pour manquement grave à la sécurité et mise en danger d'autrui : Lubrizol est mis en examen depuis février 2020. Néanmoins, on le sait, ce procès sera long, et les peines vraisemblablement faibles. Ainsi, ce n'est qu'en décembre 2019 que s'est clos en cassation la procédure judiciaire contre Grande Paroisse, filiale de Total, pour l'accident d'AZF (Toulouse, 2001 : 31 morts et 2 500 blessés), avec la condamnation de son directeur à 15 mois de prison avec sursis, une peine bien légère. La mise en cause de l'industriel ne saurait, quoiqu'il en soit, masquer les manquements des pouvoirs publics en termes de prévention et de régulation. Car, depuis quelques années, c'est un vaste processus de dérégulation du risque qui s'est mis en place, amorcé par la présidence Sarkozy et amplifié depuis. Par exemple, Lubrizol a été autorisée par le préfet à augmenter ses capacités de production en janvier et juin 2019, sans procéder à une évaluation environnementale, en vertu de la loi pour un « État au service d'une société de confiance » (loi ESSOC, août 2018), dont l'un des objectifs était de desserrer les contraintes pesant sur les industriels.

Contrairement à l'idée répandue et entretenue par la mise à distance, loin des yeux, en Asie, des usines, le risque industriel n'a pas disparu ; il tend même à croître. Un peu partout dans le monde, ces accidents se multiplient – l'université de Louvain a comptabilisé moins de 100 accidents technologiques majeurs par an dans les années 1980, près de 200 dans les années 1990, 300 au cours de la décennie 2000 –, et la tendance s'explique bien sûr par la frénésie industrielle de pays encore moins soucieux de sécurité que leurs homologues occidentaux. Mais, en France, les statistiques disponibles suggèrent une inquiétante évolution : on a ainsi recensé 827 accidents dans les établissements classés en 2016, 978 en 2017 et 1 112 en 2018. Il faut dire que le secteur français de la chimie pèse encore lourd :

avec 90 milliards d'euros de chiffre d'affaires, il occupe le deuxième rang en Europe, le septième dans le monde, bien qu'il soit faiblement pourvoyeur d'emploi, avec moins de 200 000 ouvriers travaillant dans plus de 3 000 entreprises, en majorité des PME, mais parmi lesquelles dominent Total, Air liquide et Arkéma. Ajoutons que de nombreuses entreprises chimiques étrangères sont présentes sur le territoire national. Ainsi Solvay, groupe belge, est-il le premier acteur de la chimie en France[2]. Les principaux sites industriels se répartissent entre le bassin de Fos-sur-Mer et les vallées du Rhône et de la Seine. Entre 1992 et 2017, au total, 40 000 accidents industriels sont survenus[3]. Juste avant Lubrizol, l'accident de la centrale d'épuration de Saint-Germain-en-Laye (juillet 2019) provoquait même une pollution majeure, largement ignorée par les médias[4]. Même en France, les accidents n'ont donc rien d'exceptionnel. Or celui de Lubrizol n'a pas ralenti les projets d'Édouard Philippe : en décembre 2020 a été promulguée la loi ASAP (pour « accélération et simplification de l'action publique »), dont les dispositions relatives aux établissements classés sont un pas de plus vers l'assouplissement des règlements, avec en prime la création de sites « clé en main » pour les industriels, pour aller encore plus vite. *As soon as possible* : du risque clé en main. Une dérégulation qui s'inscrit à la fois dans une histoire de long terme et dans des problématiques très contemporaines de libéralisation du secteur économique.

Droit à polluer : l'impunité

La dérégulation actuelle est-elle vraiment si utile pour les industriels ? Depuis 1810, la loi sur les établissements industriels insalubres et dangereux, première législation mondiale sur les pollutions, et décrétée en régime impérial autoritaire, est conçue pour protéger les industriels, sécuriser leur capital productif et leur éviter des poursuites pénales en les mettant sous la surveillance d'une administration bienveillante et, plus généralement, pour les libérer de l'ancienne « police des nuisances », soucieuse de santé publique, qui était très coercitive avant les années 1800. Depuis cette date, lois et règlements font primer la protection des intérêts industriels (moyennant des

2. « L'industrie chimique en France : quel avenir ? », numéro spécial des *Annales des Mines – Réalités industrielles*, n° 2, 2015.
3. Ministère de la Transition écologique, *L'Environnement en France. Rapport de synthèse*, 2018. Bureau d'analyse des risques et pollutions industriels, *Inventaire des accidents technologiques survenus en 2018*, ministère de la Transition écologique et solidaire, 2019.
4. Marc Laimé, « Omerta sur une catastrophe industrielle majeure aux portes de Paris », *Le Monde diplomatique*, septembre 2019.

enquêtes préventives nécessaires aux autorisations de fonctionnement) en créant, contre compensation financière, un droit à polluer[5].

Ce régime préventif mais très libéral offrait cependant encore aux voisins des usines un vrai pouvoir de recours dont ils ne manquaient pas d'user, ce qui constituait un garde-fou relatif face à l'impunité industrielle. Or, en juillet 1976 (quelques jours après une catastrophe majeure à Seveso, en Italie), la France adopte la loi « relative aux installations classées pour la protection de l'environnement (ICPE) ». La première conséquence est la suppression de l'impératif d'éloignement : zones et distances sont dorénavant décidées au cas par cas par le préfet. Par ailleurs, le recours des tiers doit désormais être formé au plus tard quatre ans après l'autorisation d'une usine, alors qu'aucun délai n'était défini auparavant. Enfin, la loi réduit le nombre d'activités soumises au régime de l'autorisation, la plupart pouvant se contenter d'une simple déclaration. Tout considéré, même si l'éventail des sanctions pénales est alors élargi, les juristes s'accordent à dire que la loi ICPE est un recul du droit de l'environnement[6].

Les décennies qui suivent montrent que le Conseil d'État statuant au contentieux se révèle indifférent aux enjeux écologiques. Sa jurisprudence protège d'abord les intérêts économiques. Le corps des Mines ne leur est pas davantage hostile : alors qu'ils dominent l'Inspection, ses ingénieurs entretiennent des rapports de forte proximité avec le monde industriel[7]. Du reste, les effectifs de cette administration chargée de rédiger les arrêtés d'autorisation, de surveiller leur respect et de préparer les sanctions se révèlent insuffisants (un inspecteur pour 1 000 installations). Aussi ne faut-il pas s'étonner si, sur le plan pénal, les pollueurs sont très rarement poursuivis en correctionnelle[8].

Malgré ce régime, les industriels se plaignent de pesanteurs bureaucratiques. L'administration, à l'écoute de leurs doléances, fait évoluer ses pratiques dans les années 1990 et opte pour une approche « pragmatique » du droit, privilégiant les régularisations plutôt que les sanctions. Les industriels concernés savent que les règles peuvent être tournées ou négociées,

5. Thomas Le Roux, *Le Laboratoire des pollutions industrielles. Paris, 1770-1830*, Paris, Albin Michel, 2011.

6. Gabriel Ullmann, *Les Installations classées. Deux siècles de législation et de nomenclature*, Paris, Cogiterra, 2016.

7. Laure Bonnaud, « Au nom de la loi et de la technique. L'évolution de la figure de l'inspecteur des installations classées depuis les années 1970 », *Politix*, 69/1, 2005, p. 131-161.

8. Pour ce paragraphe et les suivants, voir *Revue juridique de l'environnement*, de 1976 à aujourd'hui.

et qu'en l'absence de tout recours des tiers, le *statu quo* est généralement toléré par l'administration[9]. Parallèlement, la régulation du risque industriel devient un marché. Dans l'incapacité d'y procéder, la puissance publique confie à des organismes privés le contrôle périodique des installations, pour 90 % d'entre elles, à partir de 1995.

Durant les années 2000, les inspections inopinées se font plus rares tant les prescriptions se complexifient avec l'entrée en vigueur de nouvelles directives européennes comme « Seveso » ou REACH, même si les effectifs de l'administration augmentent au cours de la décennie (1 171 inspecteurs en 2009 pour 46 000 installations soumises à autorisation et 450 000 à déclaration), à la suite de l'explosion de l'usine d'AZF. Deux ans après cette catastrophe, le dispositif des plans de prévention des risques technologiques (PPRT, 2003) a pour but de réduire la proximité des installations classées avec les habitations. Mais, par un curieux renversement de perspective, ce sont les riverains qu'on prévoit d'exproprier, pas les industriels[10].

Simplification ?

L'harmonisation du droit européen assouplit également la régulation des ICPE. Les fameuses directives « Seveso » (1982, 1996, 2015), qui touchent les 1 300 établissements industriels les plus dangereux (à l'exception des secteurs du nucléaire, des mines et des installations militaires), ont une triple ambition : mettre en œuvre une prévention par les avancées technologiques (ce qui est encore renforcé par la directive IED – Industrial Emissions Directive – de 2010), améliorer la sécurité sur les lieux de travail, rapprocher les législations existantes pour éviter des conditions de concurrence inégales avec des mesures communes. Ces objectifs impliquent une marginalisation de l'approche juridique, un renforcement du monopole des ingénieurs dans la définition du risque et une mise à distance du profane, tant les guides et rubriques techniques sont complexes. Quoique les industriels doivent fournir les informations sur les risques au public, tout est fait pour décourager les recours des tiers. De manière générale, la transposition du droit européen sert plus les intérêts des industriels qu'elle ne contribue à la protection de l'environnement.

Conjointement, les pressions exercées par le patronat conduisent aussi les gouvernements successifs à œuvrer à la « simplification administrative ».

9. Pierre Lascoumes, *L'Éco-pouvoir. Environnements et politique*, Paris, La Découverte, 1994.

10. Laure Bonnaud et Emmanuel Martinais, *Les Leçons d'AZF. Chronique d'une loi sur les risques industriels*, Paris, La Documentation française, 2008.

Le 17 février 2009, la loi pour l'« accélération des programmes de construction et d'investissements publics et privés » habilite le gouvernement à réformer par ordonnance les règles applicables aux ICPE, afin de créer un régime d'autorisation simplifié. C'est ainsi que l'ordonnance du 11 juin 2009 crée la procédure de l'enregistrement, un nouveau régime intermédiaire entre l'autorisation et la déclaration, qui fait baisser significativement le nombre des usines tenues de se plier aux procédures d'autorisation (-30 %), celui-ci passant de 50 000 à 32 000 en 2014, puis à 25 000 en 2018. Or l'enregistrement est une procédure de délivrance simplifiée qui ne requiert que de suivre des prescriptions générales. Elle dispense l'industriel des procédures d'évaluation environnementale et d'enquête publique, sauf si le préfet décide, au cas par cas, de basculer l'installation vers le régime de l'autorisation, ce qui est rare. Avec la loi « Grenelle 2 » (2010), certaines activités sont extraites du champ d'application de l'étude d'impact, ne pouvant remonter en régime d'autorisation qu'au cas par cas, sur demande du préfet ou de l'Autorité environnementale (entité indépendante et créée en 2009) selon les caractéristiques du projet, la localisation, et tout autre cas jugé problématique. Avec le concept d'« intelligence juridique », importé des États-Unis, l'objectif est à terme d'adapter le droit au secteur industriel. La simplification administrative complique en fait l'action du régulateur tandis qu'il s'agit bien d'un allégement des contraintes procédurales applicables à certains exploitants. Ceci, d'autant plus que la loi Grenelle II révise également le contentieux, satisfaisant ainsi une demande récurrente des exploitants, qui obtiennent que le délai de recours des tiers et des associations de défense de l'environnement passe de quatre ans à un an.

La dérégulation connaît une accélération après l'élection de François Hollande en 2012, puis la nomination d'Emmanuel Macron comme ministre de l'Économie en 2014. La loi du 6 août 2015 « pour la croissance, l'activité et l'égalité des chances économiques », dite « loi Macron », touche les ICPE en permettant, comme en 2009, d'adopter par ordonnance gouvernementale toute mesure relevant du domaine de la loi pour la réforme du cadre juridique de l'évaluation environnementale des projets. C'est ainsi que l'ordonnance du 3 août 2016 institue que les ICPE du régime de l'enregistrement et la plupart des installations du régime de l'autorisation sont désormais soumises à évaluation environnementale à l'issue d'un examen au cas par cas, et non plus systématiquement. Par ailleurs, désormais, ce sont les « établissements Seveso » et non plus les « installations Seveso » qui relèvent du régime de l'autorisation automatique. La différence est de taille, parce qu'une installation peut être juste un lieu de stockage ou un bâtiment de production, alors qu'un établissement désigne l'ensemble de l'usine. Une fois l'établissement créé, tout ce qui est modifié par la suite n'est plus automatiquement soumis à autorisation. Dans le même sens, et toujours en application de la loi « Macron », l'ordonnance du 26 janvier 2017 simplifie les procédures applicables aux installations classées en créant l'autorisation environnementale. Cette réforme hâtivement préparée complique le travail de l'administration, qui doit se mettre au service de l'industriel, tant pour la délivrance de l'autorisation qu'au niveau de son contentieux. D'autre part, le délai de recours contentieux est à nouveau réduit, passant d'un an à quatre mois. Quant aux obligations de publicité, elles sont elles aussi amoindries, puisque l'ordonnance n'impose plus qu'un affichage de l'arrêté d'autorisation en mairie et sur le site internet de la préfecture, au lieu de le faire de façon permanente et visible sur le lieu de l'installation. Autant dire que tout est fait pour empêcher les recours. On notera l'analogie des séquences 2009-2010 et 2015-2017 du point de vue de la méthode (l'ordonnance), du discours (simplifier le droit) et de l'objet des lois d'habilitation (accélérer les programmes de construction et d'investissement et favoriser la croissance et l'activité).

Les pratiques et la sociologie du monde du travail concourent à dégrader le droit des ICPE, pourtant déjà fortement assoupli. D'une part, depuis le « moment Macron », l'entreprise est le « foyer d'expérience » à partir duquel doit s'organiser le gouvernement et se modeler la société, au service d'une idéologie qui se veut apolitique (ni de droite ni de gauche) mais aux penchants ultralibéraux et autoritaires[11]. Dans ce cadre, les organisations patronales renforcent leur emprise pour faire passer leurs idées et, en premier lieu, assouplir encore les régulations environnementales. Au contraire, les organisations de travailleurs perdent de leur influence[12]. Les sociologues du travail ont démontré que la gestion du risque est une dimension centrale et routinière de l'activité des salariés, qui ont un rôle décisif dans la prévention et la documentation des accidents, au point d'en être les « sentinelles », pour reprendre une expression du toxicologue militant Henri Pézerat[13]. En particulier, les salariés élus aux comités d'hygiène,

11. Roland Gori, *La Nudité du pouvoir. Comprendre le moment Macron*, Paris, Les Liens qui libèrent, 2018.

12. Renaud Bécot, « Lubrizol : la catastrophe n'a pas (encore) eu lieu », *Terrestres*, 13 octobre 2019.

13. Gwenaële Rot et François Vatin, *Au fil du flux. Le travail de surveillance-contrôle dans les industries chimique et nucléaire*, Paris, Presses des Mines, 2017.

de sécurité et des conditions de travail (CHSCT) exercent une vigilance collective qui améliore la sécurité des sites industriels dangereux. Or la baisse de la syndicalisation et le recours de plus en plus systématique aux sous-traitants et aux intérimaires fragilisent ces compétences, qui nécessitent formation, connaissances et surveillance adaptée – une érosion constatée dans les enquêtes qui ont suivi l'accident d'AZF[14]. De plus, avec la loi « travail » (2016) et au nom de la simplification, les CHSCT doivent fusionner avec les comités d'entreprise en une seule instance, le comité social et économique (CSE), ce qui ne peut manquer de réduire le poids des questions de santé ou de sécurité[15].

Aujourd'hui, la fragilité de la maîtrise du risque industriel découle aussi des pratiques de l'Inspection et des contentieux administratifs ou judiciaires, toujours très accommodants avec les industriels contrevenants. Pour 500 000 installations classées, dont 1 312 classées Seveso, et 50 000 soumises à l'autorisation ou l'enregistrement, l'administration ne compte toujours que 1 300 inspecteurs (etp) et le nombre d'inspections a baissé de 40 % entre 2006 et 2018, passant de 30 040 à 18 196. Du reste, la surveillance est une illusion, notamment pour les industries chimiques, dont la gamme de produits évolue plus rapidement que la réglementation. Celles-ci outrepassent régulièrement les conditions de leurs autorisations et obtiennent des régularisations a posteriori, par une politique du fait accompli[16]. Quant aux sanctions administratives ou pénales, elles sont toujours faibles ou inopérantes. Seuls 10 % des arrêtés préfectoraux constatant une infraction dans le cadre des mises en demeure sont suivis d'une sanction pénale, et il s'agit généralement d'amendes très faiblement coercitives et inefficacement compensées par l'astreinte administrative, une amende journalière jusqu'à la mise en conformité ou la transaction pénale – deux procédures qui financiarisent le risque, en quelque sorte[17]. La prééminence de la régularisation sur la sanction se fait aux dépens des tiers et interroge sur l'effectivité du droit de l'environnement :

---

14. R. Jean et Ph. Saunier (dir.), *AZF/Total. Responsable et coupable. Histoires d'un combat collectif*, Paris, Syllepse, 2018.

15. Laurence Théry et Franck Héas, « L'action sur les conditions de travail à l'heure du CSE », *Santé & Travail*, n° 105, 2019, p. 44-45.

16. *Rapport de la commission d'enquête sénatoriale sur l'accident de Lubrizol*, 2 juin 2020.

17. Denis Dekour et Maryline Simoné, *Utilisation des sanctions administratives introduites par l'ordonnance n° 2012-34 dans le domaine des installations classées*, Ministère de la Transition écologique et solidaire, 2017 ; Laetitia Brunin et Odile Timbart, « Le contentieux de l'environnement : une réponse pénale axée sur la régularisation et la remise en état », *Infostat Justice*, n° 138, novembre 2015, p. 1-8.

à l'image des autres illégalismes environnementaux découlant d'une police sans moyens, d'une priorité donnée aux impératifs économiques, d'une pratique menant aux procédures transactionnelles et d'une culture juridique vide de préoccupations environnementales[18].

Et pourtant, sous la présidence Macron, la législation s'est encore assouplie en faveur des industriels. La loi ESSOC de 2018 simplifie les procédures d'enquête publique et donne compétence au préfet pour les modifications ou les extensions des installations classées, plutôt qu'à une autorité environnementale indépendante – ce qui a permis les augmentations de stock pour Lubrizol avant l'accident. La loi pour l'évolution du logement, de l'aménagement et du numérique du 23 novembre 2018 permet d'« accélérer l'acte de bâtir en simplifiant les normes de construction et les procédures administratives » (art. 1er), ce qui touche le droit des ICPE en défaveur des tiers. Enfin, la loi ASAP desserre un peu plus encore les contraintes. Votée dans la droite ligne du rapport du député Guillaume Kasbarian pour « accélérer les installations industrielles », sur la base duquel le Premier ministre Édouard Philippe avait bâti son discours du 23 septembre 2019, ce texte reprend sans détour les propositions des organisations patronales, consultées de manière privilégiée[19]. Avec cette loi, le préfet peut dorénavant autoriser le lancement des constructions avant l'octroi de l'autorisation environnementale (ce qui légitimera encore davantage le fait accompli), et les processus d'avis et d'études sont encore allégés : ainsi, les enquêtes publiques peuvent être remplacées par une simple consultation en ligne, sans nomination de commissaire enquêteur. Parmi les mesures de la loi ASAP, les sites industriels « clé en main » sont un élément essentiel. Ils pourront recevoir des activités industrielles ou logistiques, pour lesquelles les procédures relatives à l'urbanisme, à l'archéologie préventive et à l'environnement sont considérées comme déjà tranchées favorablement, afin de permettre l'instruction des autorisations dans de très courts délais. À ce jour, 78 sites ont été identifiés tandis qu'un nouvel appel à propositions était lancé jusqu'au 31 mars 2021. C'est ainsi, par exemple, que l'implantation de l'usine Rockwool (laine de roche) près de Soissons, malgré une forte opposition du voisinage et un

---

18. Sylvain Barone, « L'impunité environnementale. L'État entre gestion différentielle des illégalismes et désinvestissement global », *Champ pénal*, vol. 15, 2018.

19. La liste des personnes consultées est éloquente : plusieurs dizaines d'industriels pour une seule association environnementale, *Rapport de mission gouvernementale auprès de Monsieur le Premier ministre : 5 chantiers pour simplifier et accélérer les installations industrielles*, 23 septembre 2019.

avis négatif du commissaire enquêteur rendu juste avant la loi ASAP, a été autorisée par le préfet en avril 2021 puisque le site choisi a été sélectionné comme clé en main.

Comme beaucoup d'autres domaines dans un État tenté par l'état d'urgence permanent, la gestion du risque est donc dominée par la rapidité. Une urgence qui permet décrets et ordonnances, et favorise l'autoritarisme. La simplification administrative, maître mot de l'action publique, profite avant tout aux industriels, au détriment de la protection du voisinage et de l'environnement. Alors qu'au début des années 1980, la « société du risque[20] » était pleine de confiance envers la maîtrise technologique et l'autorégulation des acteurs, l'échec est aujourd'hui patent. Non seulement les dispositifs techniques de sécurisation des sites ne sont pas parvenus à faire baisser le nombre et la gravité des accidents et à contrebalancer l'assouplissement de la réglementation, mais les citoyens sont mis à distance et ne peuvent plus exercer un réel contre-pouvoir. La concertation, prise en charge par les commissions de suivi de site (CSS), depuis 2012, apparaît donc pour ce qu'elle est : un moyen de canaliser les contestations des projets industriels dangereux. Riverains et citoyens pourraient exercer ce contre-pouvoir par l'organisation autonome : c'est le pari de Paul Poulain, spécialiste des risques et impacts industriels et fondateur de la plateforme d'autodéfense populaire face aux dangers industriels « Notre maison brûle », créée juste après l'accident de Lubrizol. Afin que les citoyens reprennent le rôle de vigilance qu'ils ont quasiment perdu dans le droit.

20. Ulrich Beck, *La Société du risque. Sur la voie d'une autre modernité*, trad. fr. L. Bernardi, Paris, Aubier, 2001.

L'emprise de la finance

Pierre François et Claire Lemercier

Le capitalisme a pour but la recherche du profit. Le capitalisme financiarisé proclame, lui, qu'il s'agit de réaliser ce profit *pour les actionnaires*. Rien n'a plus d'importance que la création de « valeur actionnariale ». Depuis une quarantaine d'années, les rapports d'activité d'entreprises ou les manuels de management le répètent : les bénéfices ont vocation à enrichir les actionnaires (qui, sinon, iront voir ailleurs) et il leur revient de déterminer l'organisation ou la stratégie de l'entreprise (qui, fondamentalement, travaille pour eux). Vers 1950, c'était très différent. Qu'il en possède lui-même des parts ou qu'il en soit un « simple » salarié, le PDG d'une très grande entreprise déterminait quels produits fabriquer, dans quels pays s'implanter, quel organigramme adopter. Pendant une grande partie du XXe siècle, au cours de l'« âge de l'usine », on observe en effet une montée en puissance de ces dirigeant·e·s salarié·e·s, ainsi que des salarié·e·s tout court, au sein des plus grandes entreprises, au détriment des propriétaires du capital (les actionnaires). En revanche, depuis le début des années 1980, non seulement les capitalistes ont repris du pouvoir mais, parmi ces capitalistes, les actionnaires ont pris le dessus sur les PDG. C'est un des marqueurs de « l'âge de la finance[1] ».

1. Pierre François et Claire Lemercier, *Sociologie historique du capitalisme*, Paris, La Découverte, 2021. Nous y donnons plus de détails sur les différents points évoqués ici.

Cette domination est aujourd'hui d'autant plus forte qu'elle a été naturalisée, notamment par son intégration dans les outils de mesure. La valeur comptable attribuée à une machine ou à une installation industrielle correspond désormais au prix de sa cession, dans l'hypothèse où des actionnaires voudraient la vendre, pour savoir combien ils y gagneraient ; les entreprises reçoivent aussi des notes qui permettent d'acheter ou de revendre ses actions sans avoir à s'intéresser à l'activité : l'échelle est la même, qu'elles fabriquent des crêpes, du code informatique ou des bateaux.

Les mécanismes de ce basculement sont surtout connus pour les États-Unis – l'histoire de ce pays est très particulière et la financiarisation a, on va le voir, suivi des voies un peu différentes en France – mais, partout, c'est une histoire politique. Aux États-Unis, les choix de l'État et des entreprises en termes de retraites ont ainsi donné naissance à de très puissants fonds de pension, qui collectent l'épargne des salarié·e·s et la placent : en pratique, ces fonds privilégient les investissements (la participation au capital des entreprises, sous forme de grosses quantités d'actions) qui rapportent le plus et n'hésitent pas à contester les stratégies des PDG qui ne dégagent pas assez de profits pour eux. La quantité d'argent que brassent ces fonds leur permet d'être très bien informés et de peser sur les décisions. Mais elle n'aurait pas suffi sans des (dé)régulations qui, notamment sous la présidence de Ronald Reagan, reconfigurent les luttes au sein des entreprises : contre les syndicats, en faveur des marchés financiers et des actionnaires plutôt que des PDG. C'est, par exemple, la fin de l'encadrement des offres publiques d'achat (OPA) qui permet à des *raiders* boursiers de restructurer rapidement et brutalement les plus grandes entreprises pour en extraire un maximum de profits. Ces manœuvres inspirent le cinéma : en 1987, *Wall Street* campe l'un de ces prédateurs qui veut acheter une compagnie aérienne non pas pour la développer, comme le croit son jeune admirateur, mais pour la revendre par morceaux, mettre tout son personnel au chômage et récupérer son fonds de retraite. Si l'administration Reagan a ainsi joué un rôle important, les démocrates, depuis, n'ont pas lutté contre la suprématie de la valeur actionnariale. De grands acteurs de la finance figurent parmi leurs principaux donateurs et, plus fondamentalement, l'idéologie de la valeur actionnariale est aussi naturalisée dans la majorité du parti que chez ses adversaires républicains.

En tout cas, la financiarisation touche désormais le monde entier : parce que les entreprises installées aux États-Unis sont très puissantes, mais aussi parce que, pour des raisons un peu différentes, le tournant en faveur des actionnaires a eu lieu ailleurs, avec de nouveaux gagnants et perdants qui sont bien les mêmes.

Quelles entreprises sont touchées ?

Qu'en est-il en France ? En 2018, on dénombrait 3,9 millions d'entreprises dans le pays : 500 très grandes, pour la plupart multinationales, qui employaient le tiers des salariés, et, à l'opposé, 1 million de microentreprises. Si, individuellement, chaque société n'est pas, loin de là, le lieu d'une lutte entre PDG et fonds d'investissement, toutes doivent composer avec la financiarisation.

Deux éléments caractérisent à première vue ce processus : la distribution d'une grande part des profits aux actionnaires et l'obtention du capital sur les marchés financiers (ce qui réduit l'autonomie de la société face à ses actionnaires). Autre indice : la domination des sociétés financières (banques, assurances et, plus encore, fonds d'investissement) dans l'actionnariat. Celles-ci sont, de fait, les plus susceptibles d'essayer de maximiser leurs profits en déplaçant rapidement leurs investissements d'une entreprise à une autre. Le ministère du Travail collecte systématiquement ces informations, ce qui permet de définir trois grandes catégories d'entreprises[2]. La première correspond peu ou prou au « tiers secteur », avec beaucoup d'entreprises de la santé et du social, non cotées en Bourse. La deuxième regroupe des entreprises familiales, souvent de petite taille, inscrites sur des marchés locaux ou nationaux où la concurrence est vive : construction, hôtellerie, commerce de détail, notamment. Là aussi, la plupart ne sont pas cotées en Bourse et lorsqu'elles ont un capital en actions, les parts restent, pour l'essentiel, en famille. Ces deux types d'entreprises ne constituent pas un paradis pour leurs salarié·es : le taux de syndicalisation y est le plus faible et, dans les plus petites structures, il n'y a pas d'instances représentatives du personnel. Mais les actionnaires n'y ont pas pris le pouvoir.

La troisième catégorie est la seule qui soit directement concernée par la financiarisation. Les entreprises qui en font partie se distinguent, d'abord, par leur grande taille. Leurs activités s'exercent en France et dans le monde, dans l'industrie ou la finance plutôt que dans le commerce ou les autres services. Elles sont souvent cotées en Bourse et le poids des actionnaires financiers dans leur capital est en augmentation. Les firmes les plus

2. « Relations professionnelles et négociations d'entreprise », *DARES*, 3 janvier 2017. Les résultats présentés ici sont issus de traitements en cours de Pierre François et Théo Voldoire.

financiarisées, comme Carrefour ou Accor, par exemple, sont celles qui emploient le plus de salarié·e·s, mais aussi celles qui, dans les années 2010, ont réalisé beaucoup plus de licenciements collectifs que les autres. Et, à regarder les 120 entreprises dont le capital coté en Bourse est le plus élevé, on constate à quel point les profits ont changé massivement de destinataires à mesure que la financiarisation s'accentuait : la part des dividendes (profits distribués directement aux actionnaires) dans leur résultat net (une des mesures possibles du profit) est passée de moins de 5 % à la fin des années 1980 à plus de 40 % à la fin des années 2000.

Pendant ces deux décennies, ce ne sont ni les fonds d'investissement états-uniens (qui ne détiennent encore qu'une petite part des plus grandes entreprises françaises), ni même les actionnaires qui ont œuvré à la financiarisation de ces firmes, mais leurs dirigeants. Lorsqu'Antoine Riboud, l'un des pionniers des OPA hostiles en France, part à l'attaque de Saint-Gobain à la fin des années 1960, il n'est pas son principal actionnaire mais le PDG de Boussois-Souchon-Neuvesel (BSN). Quel type de dirigeant a suivi, plus tard, son exemple ? Vers 2010, au sein des très grandes entreprises les plus financiarisées, beaucoup de patrons ou d'administrateurs avaient, en début ou en milieu de carrière, soit exercé des fonctions de directeur financier ou d'auditeur interne, soit travaillé dans le secteur financier. Le premier type de parcours concerne donc des hommes qui ont participé à la mise en place, depuis les années 1980, de nouveaux outils comptables – de mesure du profit et de la rentabilité – conçus en adoptant le point de vue des actionnaires.

Le second type de parcours, celui de cadres de banques ou d'assurances devenus dirigeants d'entreprises industrielles ou commerciales, lui, n'avait rien de nouveau. Souvent issus de Sciences Po, parfois aussi de l'ENA, de tels profils occupaient déjà des postes de ce type dans les années 1970, sans y favoriser les actionnaires. Mais la génération qui dirige les plus grandes sociétés cotées vers 2010 se singularise par sa conversion à la valeur actionnariale dès le début de carrière, autour de 1980, dans les grandes banques d'affaires comme Lazard et Rothschild, mais aussi au sein d'une institution publique, la Caisse des dépôts et consignations, et même au ministère des Finances. Lorsqu'il devient président de PSA, en 1984, Jacques Calvet a ainsi un passé de banquier ; il accélère la financiarisation d'un groupe dont l'actionnariat est dominé par la famille Peugeot. Administrateur civil de la direction du Trésor, Gérard Mestrallet a, de son côté, trente-trois ans quand il rejoint le cabinet du ministre des Finances Jacques Delors en 1982.

Il quitte l'administration pour Suez deux ans plus tard, en devient le PDG en 1995 avant de diriger GDF-Suez, puis Engie jusqu'en 2016. Il est alors nommé président de Paris Europlace, une organisation qui promeut la place financière de la capitale. C'est ainsi au sein même du ministère des Finances qu'une partie de sa génération a appris à croire à l'efficacité économique de la Bourse – notamment pour placer la dette publique – et à l'intérêt des techniques financières pour organiser les entreprises industrielles.

Quelles conséquences pour les autres entreprises ?

Les nouvelles manières de diriger s'imposent, directement ou indirectement, à toutes les sociétés cotées. Ainsi, les fusions-acquisitions, c'est-à-dire des rachats mutuels d'entreprises (par OPA, comme celle lancée par Veolia sur Suez début 2021, ou par d'autres moyens), s'intensifient. Le capitalisme financiarisé privilégie ces manœuvres par rapport à la « croissance interne » (développement sans rachat) ; bien des opérations ne visent d'ailleurs qu'à réaliser une bonne affaire en revendant ensuite l'acquisition par morceaux. Au début des années 2000, environ 3 000 fusions-acquisitions par an impliquaient une toute petite part des entreprises françaises (5 000), mais parmi les plus grandes : 10 à 12 % des salarié·e·s travaillaient ainsi dans une société qui avait fait l'objet d'une de ces opérations au cours de l'année[3].

Comme aux États-Unis, ce développement des fusions-acquisitions et notamment des OPA n'a été possible que parce que les gouvernements, ainsi que les autorités européennes, ont depuis les années 1980 supprimé beaucoup de contraintes juridiques qui pesaient sur ces opérations, au nom de la construction d'un marché unique du capital en Europe. La période récente a ceci de particulier que le président de la République lui-même a une expérience du conseil en fusions-acquisitions, lorsqu'il a travaillé, de 2008 à 2012, pour la banque Rothschild & Cie : rachat d'une filiale de Pfizer par Nestlé, de Cofidis par le Crédit mutuel, etc. Encore le 26 janvier 2021, lors d'un discours à Davos critiquant ostensiblement les excès de la financiarisation, Emmanuel Macron réaffirmait surtout : « La financiarisation, c'est une très bonne chose quand elle permet d'aller plus vite, quand elle permet de procéder à la bonne allocation de l'épargne vers les besoins de financement. » Un vrai croyant, en somme : un pur produit, plus qu'un producteur, d'une financiarisation à la française qui ne l'a pas attendu. C'est

3. Matthieu Bunel, Richard Duhautois et Lucie Gonzalez, « Types de fusions-acquisitions et évolution de l'emploi des entreprises restructurées. Illustration à partir de données françaises d'entreprises (2000-2004) », *Travail et emploi*, n° 117, 2009, p. 53-65.

depuis la fin des années 1970 que les parties du ministère des Finances chargées de réguler ces questions ont, quelle que soit la couleur politique du gouvernement, pris des décisions allant dans le sens d'une plus grande financiarisation. Les grandes écoles se chargeant ensuite d'inculquer aux classes dirigeantes ces nouvelles manières de concevoir et de diriger les entreprises.

Aujourd'hui, les effets de cette offensive se font sentir jusqu'aux entreprises qui n'ont pas d'actionnaires. Beaucoup sont obligées de se conformer aux impératifs de la « valeur actionnariale » en tant que sous-traitantes de firmes cotées et financiarisées, qui leur imposent leurs outils de gestion. Les autorités publiques jouent également un rôle décisif dans cette diffusion des logiques financières. Le secteur de l'assurance en donne un bon exemple. Certaines entreprises, comme Axa ou Allianz, sont des mastodontes mondiaux qui ont depuis longtemps adopté la valeur actionnariale ; d'autres sont des mutuelles petites ou moyennes, a priori beaucoup moins concernées. Mais, en 2016, la directive européenne « Solvabilité II » prescrit un ensemble de règles que toutes les compagnies d'assurances, quelle que soit leur taille, doivent suivre pour faire la preuve qu'elles gèrent correctement les risques. Au cœur de ces règles, il y a l'usage d'outils qui étendent l'empire de la finance.

Dans le même temps, les règles dites de « Bâle II » puis de « Bâle III » (2010) imposent aux banques de transformer leurs outils de gestion des risques. En pratique, elles obligent les petites et moyennes entreprises qui demandent des crédits aux banques à se plier à la « discipline financière » : une manière de mesurer et de présenter leurs activités qui correspond au regard sur le capitalisme d'un grand fonds d'investissement. Ces règles qui ont été mises au point, pour partie, avant 2008 n'ont pas été remises en cause après la crise, alors même qu'elles ne l'ont pas prévenue, voire l'ont aggravée. Elles contribuent toujours à diffuser l'idéologie de la valeur actionnariale.

Gagnants : les actionnaires, mais aussi les PDG

Dès le début, la définition, puis la défense de la « valeur actionnariale » ont fait l'objet d'une lutte de pouvoir au sommet des plus grandes entreprises. Dans la rivalité qui les opposait aux PDG, les actionnaires ont pu alors compter sur des juristes et des économistes. L'enjeu était d'inventer de nouvelles règles du jeu et de nouveaux outils pour aligner l'intérêt des PDG sur celui des actionnaires (et surtout des gros actionnaires disposés à déplacer leurs investissements). Ces conflits entre capitalistes ont été vifs et ils ont mobilisé d'importantes ressources intellectuelles et financières.

Les PDG, eux, en revanche, ne sont pas défaits. Certes, ils doivent maintenant présenter des rapports plus fréquents aux actionnaires, passer du temps avec leurs représentants, veiller à la communication financière de leurs entreprises. Ils peuvent aussi du jour au lendemain subir une OPA, même si la plupart d'entre eux ne travaillent pas sur un « siège éjectable », quoi qu'ils en disent (sans même évoquer les « parachutes dorés »). Mais tout cela relève plutôt d'un nouveau compromis avec les actionnaires : avec la financiarisation, en effet, la rémunération des PDG a aussi connu une croissance sans précédent ; en les payant en options d'achat d'actions (les *stock-options*), on les a transformés en actionnaires, pour les inciter à travailler plus activement à l'augmentation du cours des actions.

Faute de données précises sur l'envolée des rémunérations patronales en France, on peut se souvenir qu'à la fin des années 1980, la publication par le *Canard enchaîné* de la feuille de paie de Jacques Calvet fait scandale : il gagne 35 fois le Smic. Vingt ans plus tard, les patrons du CAC 40 touchent en moyenne 4 millions d'euros, soit 250 fois le Smic. Sans parler des *stock-options* qui peuvent encore gonfler ces sommes déjà très importantes. Les syndicalistes de Renault et les médias remarquent fin 2016 que Carlos Ghosn, qui vient déjà de toucher 16 millions d'euros de salaire annuel, est en position de gagner 6 millions de plus en revendant ses actions, puisque leur cours a largement augmenté… au moment même où la direction est en train de négocier avec les syndicats un accord imposant plus de « flexibilité[4] ». On constate plus généralement qu'un patron est d'autant mieux payé que son actionnariat est faible. Ainsi, alors même que les rémunérations des PDG avaient augmenté, au départ, au nom des intérêts des actionnaires, les fortes hausses observées signalent, en pratique, que certains dirigeants restent capables de capter une part de plus en plus importante des profits[5].

Perdants : les salarié·e·s

Une part toujours plus importante de richesse est captée par les capitalistes, au détriment des autres salarié·es, notamment ceux éloignés du sommet, et du centre dans le cas des grands groupes. Mais les grèves pour s'y opposer

4. « Les stock-options de Carlos Ghosn suscitent de vives critiques », *Le Figaro*, 28 décembre 2016.
5. Pierre François et Claire Lemercier, « Élites économiques : à qui profite la financiarisation ? », *Pouvoirs*, n° 161, 2017, p. 85-95.

restent assez rares, notamment celles contre les licenciements collectifs, qui sont pourtant concentrés dans les entreprises les plus financiarisées ; à la limite, on y débraye moins que dans les autres entreprises de même taille. Les managers essaient d'y privilégier d'autres modes de gestion des conflits.

Certain·e·s salarié·e·s des entreprises les plus financiarisées tirent leur épingle du jeu : les personnes considérées comme les plus qualifiées, dont la contribution aux profits de l'entreprise est reconnue et qui peuvent le plus facilement trouver un emploi ailleurs. Au-delà des PDG, il s'agit d'autres cadres dirigeant·e·s ou encore d'ingénieur·e·s. Ces salarié·e·s bénéficient, dans l'ensemble, de meilleures rémunérations, y compris pour certain·e·s avec des *stock-options*, d'un emploi stable et des à-côtés non salariaux (assurances complémentaires, congés, tickets-restaurants, etc.). Au contraire, pour les postes considérés comme moins qualifiés, le recours aux CDD ou à l'intérim, voire à l'auto-entrepreneuriat, se développe, les rémunérations stagnent ou diminuent.

À cette inégalité entre personnes s'ajoute une inégalité entre entreprises. Une des stratégies promues en lien avec la « valeur actionnariale », on l'a vu, est le redécoupage fréquent des frontières des très grandes entreprises. En cas de fusion-acquisition, du reste, si les salarié·es de l'entreprise achetée ont plus de risques de perdre leur emploi ou de voir celui-ci se dégrader, l'ensemble des salarié·e·s est touché parce que chaque entreprise avait des habitudes différentes, qui se retrouvent bousculées ; très souvent, cela se traduit par des réorganisations imposées de leur travail[6]. Les grands groupes financiarisés tendent aussi à revendre certaines entités afin de se concentrer sur leur « cœur de métier ». Typique de l'« âge de la finance », cette expression désigne les activités qui dégagent le plus de « valeur » (de profits) pour les actionnaires : par exemple, pour Apple, le développement logiciel et le design, mais pas la fabrication de smartphones, qui est externalisée à d'autres entreprises, notamment en Chine. La mesure permanente de la rentabilité de chaque partie de l'entreprise, avec pour objectif de se débarrasser de celles qui rapportent moins que d'autres, donc une forte mise en concurrence interne, est l'un des traits marquants de la financiarisation. La « restructuration » d'entreprises a ainsi conduit à la multiplication des « plan sociaux ». On compte en France plus de 1 000 « plans de sauvegarde de l'emploi » par an au cours des années 2010 (hors le pic lié à la crise financière).

6. Matthieu Bunel *et al.*, « Types de fusions-acquisitions », art. cité.

Or l'externalisation ne concerne pas que la production industrielle, la maintenance ou le nettoyage mais aussi l'expertise juridique, les services informatiques ou la recherche et développement – comme cela a été rappelé par les débats de 2021 sur les grandes entreprises pharmaceutiques. Dans les entreprises et les services qui restent au cœur des grands groupes, les conditions d'emploi et de rémunération peuvent être maintenues, même au-delà des cadres dirigeant·e·s et ingénieur·e·s. Mais pour dresser un bilan complet de la financiarisation de ces grands groupes, il faut aussi considérer les salarié·e·s licencié·e·s lors de leurs recompositions, ainsi que ceux et celles qu'emploient les entreprises moins grandes et/ou situées hors de France qui prennent en charge les activités externalisées. Or, plus on descend dans les chaînes de sous-traitance, plus les conditions de travail et les statuts d'emploi se détériorent, et plus les rémunérations baissent.

L'adoption généralisée de la valeur actionnariale, volontaire ou contrainte, par un nombre toujours croissant de dirigeants et cadres d'entreprise et de responsables politiques et administratifs chargés des questions financières constitue l'un des principaux symptômes du basculement de l'« âge de l'usine » à l'« âge de la finance ». En sortir ne serait pas une petite affaire ; d'autant moins que ce capitalisme-ci, comme ses prédécesseurs, a une très grande capacité à recycler bien des propositions critiques. Celle de l'investissement « socialement responsable » est intéressante à cet égard. Ses objectifs sont plus ou moins critiques vis-à-vis du capitalisme financiarisé : proposer des placements plus vertueux que d'autres aux épargnants, mais aussi se servir de tels placements pour financiariser « l'économie sociale et solidaire », ou encore mobiliser les manières de faire des actionnaires activistes au profit de la justice sociale ou de l'écologie. Comme l'étaient à l'« âge de l'usine » les promoteurs des magasins coopératifs, nombre de ceux et celles qui expérimentent ces investissements sont sincères et obtiennent quelques résultats en faveur de groupes dominés. Mais force est de constater que tout cela ne peut survivre qu'en adoptant, et donc en diffusant plus encore, les principes dominants de mesure de l'efficacité : ceux et celles qui luttent ainsi contre la financiarisation contribuent à l'étendre et à la renforcer.

Vers un travail sans droits

Rachel Saada

Le droit du travail est une matière vivante, lieu de tous les antagonismes sociaux et politiques. Accusé par le patronat, ses experts et de nombreux éditorialistes d'entraver les petites entreprises et de ruiner la compétitivité des grandes, il est devenu presque impossible aujourd'hui d'évoquer ses vertus – protéger les salariés, lutter contre la concurrence déloyale. Suranné, trop contraignant, il serait responsable de l'assèchement du marché du travail et sa « réforme », urgente, pourrait seule remédier au chômage et à la crise économique.

Aux sophismes des « réformateurs » répondent des actes. La réalité de l'emploi change, et se dégrade. Depuis le début des années 1990, on assiste à la montée en puissance des contrats précaires (CDD, intérim), qui menace la stabilité des droits et limite la possibilité, pour les jeunes, de s'autonomiser. En 2019, 87 % des embauches se sont faites en CDD et, même si le CDI reste la norme (75 %), on ne peut qu'observer la part grandissante des contrats précaires (12 %). Le micro-entrepreneuriat, lui aussi, progresse à marche forcée. Il a battu des records en 2019, avec une hausse de 25 % des inscriptions. Dernier grand changement : l'essor des plateformes. Souvent filiales de sociétés étrangères, exonérées du paiement de l'impôt grâce à la mansuétude de nos gouvernements, elles organisent un faux travail indépendant. Nonobstant quelques réjouissantes décisions de requalification dans plusieurs pays européens, c'est un désastre pour des milliers de vies humaines, vouées à une activité de tâcheron. Partout, on lève des armées d'esclaves qui besognent nuit et jour avec leurs propres outils, sans assurance sociale digne de ce nom, sans salaire minimum, sans plage de repos, sans représentation collective, bref dans une solitude totale et une précarité insupportable.

Ceux qui vantent la « liberté » contre les « carcans » du droit n'entendent ni « libérer le travail » ni le « réformer », mais priver de protection des hommes et femmes et les placer dans un état de subordination et de dépendance économique. Ce mouvement de fond, amorcé en Occident avec l'élection de Margaret Thatcher, s'est accéléré, en France, au cours des mandats de Nicolas Sarkozy, François Hollande et Emmanuel Macron. Comme il n'était pas possible de dégrader un système de droits centenaire en un clin d'œil (le niveau de protection en France était plus élevé que dans d'autres pays européens) et qu'il n'aurait été ni habile ni opportun d'en assumer politiquement la responsabilité, on a procédé par touches successives, parfois invisibles. C'est seulement lorsqu'on y est personnellement confronté qu'on découvre la gravité des mesures prises, et qu'on mesure l'amputation des droits qu'elles induisent. Il n'est pas question d'évoquer l'intégralité des changements opérés – ici dans une ordonnance, là dans un décret. Mais je voudrais, à partir de mon expérience d'avocate spécialisée en droit du travail, esquisser un aperçu rétrospectif, sur une douzaine d'années seulement, afin de montrer que, à travers la modification apparemment décousue de différents paramètres, une révolution est en marche : le désarmement des travailleurs.

Un affaissement de la représentation des salariés

Le Front populaire avait imposé le délégué du personnel, Ambroise Croizat les comités d'entreprises (CE) en 1946, et Jean Auroux les comités d'hygiène, de sécurité et des conditions de travail (CHSCT) en 1982. Quatre mois après son élection, le 23 septembre 2017, Emmanuel Macron fusionnait par voie d'ordonnance ces instances représentatives du personnel (IRP) dans le comité social et économique (CSE) qui devenait obligatoire dans toutes les entreprises le 31 décembre 2019. Des impératifs de « simplification » auraient justifié cette fusion. Mais, en pratique, on constate surtout qu'elle a entraîné une diminution considérable du nombre de sièges, un allégement des attributions qu'avaient les délégués du personnel et la destruction des prérogatives des salariés concernant la santé, la sécurité et l'amélioration des conditions de travail.

Si on examine les différents seuils d'élections du CSE, ce sont 27 à 50 % des sièges qui auraient disparu. Certains syndicats ont dénoncé la perte de 200 000 mandats d'élus sur l'ensemble du territoire. Les nouvelles dispositions prévoient en effet 11 élus au lieu de 16 dans l'ancien dispositif pour les entreprises de 300 à 399 salariés, 14 au lieu de 20 pour les entreprises de plus de 700 salariés, 25 au lieu de 37 au-delà de 3 000 personnes. Il est vain d'objecter que la baisse ne touche pas les petites entreprises (11 à 50 salariés) : les syndicats y sont très faibles, les candidats très rares aux élections. Avec un cynisme certain, on a ôté des sièges là où des salariés se présentent, pour en créer là où personne ne candidate ! Quant au nombre d'heures de délégation – c'est-à-dire le temps passé à remplir son mandat, payé comme un travail effectif –, s'il reste globalement stable, il diminue dans les entreprises de 50 à 175 salariés qui, avec celles de moins de 50 travailleurs, représentent l'essentiel du tissu économique du pays. Mal connus, ces chiffres disent pourtant que les contre-pouvoirs sont durablement malmenés, avec un objectif clair : vouer toute opposition à l'échec.

À cette même fin, on a rogné les attributions des représentants. Si le CSE exerce désormais les fonctions des anciens CHSCT, la commission dite « Santé, sécurité et conditions de travail » (SSCT) n'est maintenue que dans les entreprises de plus 300 salariés – 50 avant la réforme – ou dans les installations nucléaires et entreprises classées « Seveso ». Quand elle continue à exister, cette commission n'a plus ni budget, ni capacité d'initiative – elle pouvait, par exemple, ester en justice – et ne jouera donc qu'un rôle de conseil auprès du CSE. Ces nouvelles instances n'ont, en tout état de cause, plus grand-chose à voir avec les CHSCT, dont les élus avaient acquis autonomie et expertise. Dans les années 2000, un véritable droit à la santé avait émergé avec la reconnaissance par la Cour de cassation d'une obligation de résultat : les représentants des salariés s'étaient alors emparés de leurs prérogatives pour améliorer leurs conditions de travail face au sacro-saint pouvoir de direction. Et les juges du travail s'étaient également saisis de ce droit à la santé pour rappeler aux entreprises leur responsabilité morale, juridique ou financière et, aussi souvent que possible, les amener à mettre en place une politique de prévention digne de ce nom et seule à même de leur éviter des condamnations.

La réforme des IRP attaque donc le droit des travailleurs à se mêler des questions de santé collective alors même qu'une énième réforme de la médecine du travail pourrait la priver un peu plus de ses moyens d'action. En cours de discussion, la proposition de loi « Renforcer la prévention en santé au travail » prévoit de remplacer parfois les médecins du travail par de simples infirmiers. Elle permettrait à l'employeur de rencontrer le salarié avant le médecin du travail, après une maladie ou un accident du travail, avec un risque de pression et, à terme, une augmentation des licenciements pour inaptitude. Surtout, en créant un « passeport prévention » qui recenserait toutes les formations suivies en santé et sécurité au travail, ce texte tend à transférer au salarié la responsabilité qui incombait hier à l'employeur.

En cas de « plan de sauvegarde de l'emploi » (PSE), par ailleurs, les consultations du CHSCT et du comité d'entreprise – ainsi que les expertises auxquelles ces instances pouvaient recourir – se révélaient complémentaires : au CE revenait d'analyser les motifs du plan et les mesures d'accompagnement des salariés licenciés ; au CHSCT, de veiller aux conditions de travail et de santé de ceux qui conservaient leurs emplois. Depuis la mise en place du CSE, ses élus doivent tout à la fois apprécier les impacts du PSE sur ceux qui restent et les enjeux économiques, financiers ou techniques qui justifieraient ce plan. Les ordonnances Macron ont ainsi compliqué la tâche des représentants du personnel alors que, dans le même temps, elles simplifient la mise en œuvre des licenciements collectifs : d'une part, le motif économique s'appréciant désormais au niveau national et non plus international, une filiale française a la possibilité de conduire un « plan de sauvegarde de l'emploi » quand bien même son groupe se porterait très bien ; d'autre part, les offres de reclassement peuvent être diffusées sur l'intranet de l'entreprise, il n'est plus obligatoire de les proposer sous forme écrite et individuelle. Des règles « assouplies » après que, de toute façon, on avait atténué la portée de leur contrôle : depuis la loi du 13 juin 2014, les directions régionales des entreprises, de la concurrence, de la consommation, du travail et de l'emploi (Direccte) homologuent les PSE au plus tard vingt et un jours après la demande patronale ; le juge judiciaire ne peut alors plus s'en mêler.

Des juridictions sociales mises en pièce

Pour être efficace, l'entreprise de démolition des droits collectifs nécessite également de tenir à distance des salariés les juridictions du travail – en compliquant l'accès aux prétoires – mais encore de contrôler les décisions rendues en encadrant l'office de juges présentés depuis quelques années comme des fossoyeurs de la libre entreprise. La juridiction prud'homale subit pareille accusation alors que, depuis des décennies, son fonctionnement paritaire garantit des décisions mesurées : en pratique, pour qu'un patron soit condamné, il faut qu'un de ses pairs au moins ait considéré qu'il le méritait !

Connu de tous, le conseil des prud'hommes juge les litiges individuels nés de l'exécution du contrat de travail ou de sa rupture, qu'il s'agisse de la contestation d'un licenciement, d'une discrimination syndicale, raciale ou sexiste, d'un harcèlement ou encore d'un rappel de salaire. Lieu de résolution des conflits individuels– même si la dimension collective n'est pas exclue, au travers d'actions sérielles ou de l'intervention des syndicats dans certains dossiers –, les prud'hommes représentent pour des millions de salariés le dernier lieu où justice peut être rendue quand tout a échoué, où l'humiliation peut être lavée et la dignité retrouvée. Pourtant, depuis 2007, tous les gouvernements ont entendu les affaiblir. D'abord, en réduisant leur nombre. Menée tambour battant, la réforme de la carte judiciaire de Nicolas Sarkozy et de sa ministre Rachida Dati a conduit à supprimer 61 conseils sur 271 (soit plus d'un quart). Une vingtaine d'autres seraient dans le collimateur du ministère de la Justice, ce qui signifierait la disparition du tiers des juridictions depuis 2007. Pour justifier ces fermetures, on évoque souvent la réduction de l'activité.

Mais cette diminution du nombre de recours tient notamment aux dispositions prises pour les contrarier. Jusqu'en 2015, il suffisait de remplir un formulaire, court, simple : le renseigner n'impliquait pas le concours d'un avocat. Les demandes pouvaient être modifiées à tout moment. Le greffe se chargeait d'envoyer les convocations ou de notifier le jugement une fois rendu et, entre les deux, la procédure ne nécessitait pas obligatoirement de conclusions écrites des parties. Sous l'impulsion d'Emmanuel Macron, alors ministre de l'Économie de François Hollande, la loi du 6 août 2015 a modifié cette procédure en imposant au demandeur des démarches aussi inutiles que décourageantes. Long d'une dizaine de pages, le formulaire doit désormais comporter un exposé des motifs de la requête, un bordereau des pièces, la numérotation de celles-ci et l'obligation pour le demandeur de communiquer le tout à l'employeur.

Alors que, dans 93 % des dossiers, le justiciable qui forme le recours a subi un licenciement, on le traite sur le plan procédural comme un propriétaire qui donne congé à son locataire ou un banquier qui poursuit un mauvais payeur plutôt que comme une personne se défendant d'une décision illégitime : il est ainsi sommé de justifier sa démarche en formulant des arguments de fait et de droit, ainsi que de produire les pièces à leur appui, tandis que l'auteur de la décision qui l'a privé d'emploi restera passif durant de longs mois à contempler le chômeur se débattre...

Il y avait certes à redire au fonctionnement de la juridiction prud'homale, notamment au regard des faibles moyens qui lui sont attribués, mais une réforme conçue pour l'améliorer aurait dû considérer que l'employeur est le seul responsable du procès, en sorte que c'est à lui qu'il revient, en bonne logique, d'exposer en premier ses motifs et de communiquer ses preuves. Que cette voie n'ait pas été explorée suffit à démontrer que l'objectif n'était pas l'égalité des chances (c'est le titre de la loi qui modifie la procédure !) mais l'empêchement d'agir. Et les résultats ne se sont pas fait attendre : dans toute la France, les demandes aux prud'hommes reculent nettement, avec une baisse de 50 % en 2017 par rapport à la même période en 2016.

Sans changer le fond du droit, il est aussi aisé de limiter le volume d'instances engagées en réduisant la durée du droit d'action, c'est-à-dire le temps pendant lequel il est possible de recourir au juge. En 2017, le législateur l'a porté de trois à six ans pour les délits, et de dix à vingt ans pour les crimes. En droit du travail, c'est l'inverse : entre 2008 et 2017, la période pour contester un licenciement est passé de trente ans à douze mois. En outre, à la différence d'une administration ou d'un organisme social qui notifie une décision faisant grief, l'employeur n'a pas l'obligation de rappeler le délai d'action dans la lettre de licenciement, sauf s'il s'agit d'un licenciement économique (dont on sait qu'ils sont peu contestés). Un traitement de faveur que rien ne justifie.

Impunité organisée

Le magistère exercé par le juge des prud'hommes a en revanche été fortement encadré par une autre ordonnance, du 22 septembre 2017, relative à « la prévisibilité et la sécurité des relations de travail ». Déplorant des condamnations d'employeurs aussi imprévisibles que lourdes (ce que rien, en fait, n'établissait), le gouvernement a mis en place un barème : quand la loi prévoyait une indemnisation minimale du salarié sans aucun plafond, le nouveau dispositif interdit aux juges de dépasser certains montants, fixés au regard de la seule ancienneté, sans réelle considération du préjudice subi. Partant, on a substitué à la précarité réelle et objective des travailleurs une précarité supposée, celle du pauvre entrepreneur qui encourrait une faillite du fait de l'irresponsabilité supposée du juge ! Mieux vaut rire d'un instrument qui organise l'impunité d'une des deux parties au détriment de la plus faible.

Le barème a ainsi mécaniquement abouti à décourager les salariés aux revenus modestes et à l'ancienneté réduite, qui représentent pourtant la majorité des travailleurs… Avec une rémunération de l'ordre du salaire médian (1 800 euros) et une ancienneté de moins de cinq ans, l'enjeu du procès devient théorique car les montants maximaux prévus ne permettent pas de réparer le préjudice subi (pour un an, deux mois de salaire ; pour deux ans, trois mois et demi ; trois ans, quatre mois ; quatre ans, cinq mois ; cinq ans, six mois). Associé à la complexification de la saisine de la juridiction, l'instauration du barème a donc contribué à faire s'effondrer le nombre de dossiers aux prud'hommes et à ériger le recours à cette juridiction en privilège réservé aux cadres bien payés. Prétendre fonder une réforme sur l'idée de condamnations trop lourdes qui nuiraient à l'emploi est une bouffonnerie qui dissimule bien mal l'objectif réel : désarmer les travailleurs.

Conduite en 2017, toujours au nom de l'efficacité et de la célérité, la réforme de l'appel aura aussi contribué à ce désarmement, en complexifiant les actes à accomplir et en multipliant l'élimination de milliers de dossiers sans décision au fond par l'organisation de chausse-trappes. Entre 2017 et 2018, plus de 27 000 justiciables ont ainsi été privés de leur droit à l'appel, victimes d'un véritable déni de justice. Les voies de recours des parties ont été enserrées dans des délais très courts alors qu'aucun moyen supplémentaire n'était dégagé pour juger les dossiers. Ceux-ci, constitués en moins de six mois pour être considérés recevables, ne peuvent ainsi être audiencés avant deux ans, voire parfois trois. Et, comble de l'indignité, ce délai subi par les parties pourra devenir un motif de péremption. En effet, si aucune convocation n'intervient dans un délai de deux ans après le dernier acte de procédure, le dossier sera déclaré non jugeable au motif que les parties s'en seraient désintéressées trop longtemps. Autrement dit : l'État organise la pénurie de personnel (greffiers et magistrats) et en fait payer le prix au justiciable en l'accusant d'encombrer les armoires tout en se désintéressant de son dossier.

La crise sanitaire a mis encore un peu plus en évidence le manque de considération du pouvoir pour la justice du travail. Durant le premier confinement, la justice prud'homale a baissé le rideau, comme un commerce non essentiel. Elle n'a repris son activité normale qu'en septembre 2020, et cet arrêt de six mois a achevé d'emboliser les juridictions sociales. À Nanterre, on convoque actuellement les dossiers en 2023, voire en 2024. Rien n'a été prévu ou mis en place pour favoriser la résorption des retards. Réduire encore le nombre de juges en audience, favoriser les dépôts de dossiers sans présence des avocats ni des parties, et dématérialiser toujours plus : les gestionnaires en rêvaient, le covid l'a fait.

La baisse du nombre de dossiers aux prud'hommes invoquée pour « justifier » le mauvais traitement qui leur est réservé procède enfin de la disparition progressive des licenciements. Les ruptures conventionnelles tendent en effet à s'y substituer. Instaurées en 2008, elles dispensent les employeurs d'énoncer un motif valable de rupture unilatérale et, de ce fait, donnent difficilement lieu à un contentieux, sauf démonstration d'un vice du consentement. Entre 2010 et 2018, le nombre de dossiers traités par les conseils de prud'hommes est passé de 217 791 à 107 980. On peut s'en réjouir comme l'a fait Mme Pénicaud, lorsqu'elle était ministre du Travail, en y voyant le signe d'un recul des conflits. Ou considérer que les droits deviennent formels quand les salariés sont de moins en moins nombreux à s'en emparer pour les faire respecter.

Inéluctable précarité ?

Le combat est inégal ; il se joue sur tous les fronts comme en coulisses, et le patronat peut toujours compter sur les *think tanks* (qu'il finance) et leurs relais médiatiques. On se souvient de David Pujadas faisant claquer sur sa table, au JT de 20 heures, un Code du travail jugé trop épais. Quelques mois avant l'adoption de la loi « travail », Terra Nova coédite (avec Odile Jacob) *Réformer le Code du travail* : le livre déplore la « prolifération de textes légaux » et soutient un « droit réglementaire ne s'imposant que de façon supplétive ». En mai 2016, l'Institut Montaigne coédite *Un autre droit du travail est possible*. L'ouvrage dénonce une législation « envahissante [qui] laisse peu de place aux autres acteurs » et entend « faire primer l'accord d'entreprise ». Comme le relèvera *Le Monde diplomatique*, les grands médias s'empressent alors « de faire connaître ces diverses nuances du même gris. Les auteurs de Terra Nova passent sur France Inter, France Culture, France Info, Arte, La Chaîne info (LCI) et BFM TV, qui invitera également ceux de l'Institut Montaigne. La promotion médiatique du livre de [Montaigne] est également assurée par *La Croix*, *Le Monde*, *Le Parisien*, *La Tribune* et *Les Échos*. En comparaison, à la même période, le groupe de recherche pour un autre Code du travail (GR-PACT), initiative d'une vingtaine d'universitaires ayant entrepris de démontrer qu'il serait possible de faire plus court et plus protecteur, bénéficie d'une exposition réduite (*L'Humanité*, France 24). »

Parmi ceux qui aujourd'hui rappellent que c'est à l'État et au législateur de reprendre la main pour résister aux mirages du tout-contractuel, le juriste Emmanuel Dockès a en effet proposé, avec quelques collègues, un nouveau Code du travail pour promouvoir les droits au sein des entreprises et le travail humain dans le respect et la dignité : le collectif GR-PACT propose notamment de rétablir largement le principe de faveur qui prévoyait, jusqu'à sa remise en cause par la loi « travail », qu'une convention ou un accord ne puisse comporter que des stipulations plus favorables aux salariés que celles des lois et règlements en vigueur. Dans cet « autre Code du travail », expliquent ses auteurs, « l'adaptation de la loi par convention collective ne [devrait être] admise qu'à titre exceptionnel, sous conditions de contreparties claires et prédéfinies par la loi. Une convention d'entreprise ne [pourrait] plus déroger à une convention collective de branche, sauf si celle-ci le prévoit expressément. Et les avantages négociés dans les contrats individuels de travail ne peuvent plus être réduits sans l'accord du salarié, même par convention collective ».

Certes, l'arme du droit ne peut pas tout et n'est rien sans la colère et le combat. Les réformes successives ne sont pas gravées dans le marbre et chaque révolution technologique ou industrielle compte ses morts et ses blessés avant d'admettre que le tribut à payer pour les générations futures est trop lourd et qu'il faut sortir de l'aveuglement. C'est ce qui s'est fait, dans les pires moments de l'Histoire : au sortir de la Seconde Guerre mondiale, dans une Europe dévastée et ruinée, quelques fous ont écrit la Déclaration universelle des droits de l'homme et d'autres se réunissaient à Philadelphie, sous l'égide de l'Organisation internationale du travail, pour rappeler que la justice sociale est un facteur de paix et dire que le travail n'est pas une marchandise.

Tous auto-entrepreneurs !

Sarah Abdelnour

À la fin des années 1970, rompant avec l'essor d'une société salariale, Raymond Barre, alors Premier ministre, portait aux nues le travail indépendant. Pour surmonter la crise économique, il exhortait les cadres au chômage à « créer leur entreprise, au lieu de se borner à toucher des allocations ». Mais, depuis le début des années 2000, cette injonction se fait plus insistante. L'ensemble de la population, classes populaires en tête, est conviée à « monter sa boîte » pour créer son propre emploi ou, plus modestement, à exercer une activité en complément d'un salaire, d'une pension ou de minima sociaux. À cette fin, la loi dite de « modernisation de l'économie » de 2008 a instauré le statut d'auto-entrepreneur, censé favoriser le pouvoir d'achat dans un contexte de sous-emploi chronique, de stagnation des salaires et des retraites et de durcissement de l'accès aux aides sociales. À partir de 2012, ce régime a servi de pierre angulaire à l'implantation des plateformes numériques – de transport de personnes en berline ou de livraison de repas en vélo et scooter – qui externalisent ainsi leur main-d'œuvre.

L'incitation à la création d'entreprise a pour corollaire une dévalorisation du salariat : ses prétendues « rigidités » nuiraient à l'efficacité économique et à la « liberté » des travailleurs. Pour défendre leur modèle, les représentants des plateformes n'hésitent pas à mettre en avant l'aspiration à « l'indépendance » de celles et ceux qu'elles exploitent. Les régimes et mesures mis en place concrétisent ces discours hostiles au salariat, tirent argument de la dégradation de l'emploi et la renforcent en retour. Ils rejoignent en cela un ensemble de dispositifs de promotion de « l'autonomie », dans l'exercice du travail ou encore la recherche de logements via l'encouragement à l'accession à la propriété. Mais, plutôt qu'une véritable autonomie, c'est bien l'entreprise de soi qui est exigée, à travers la mobilisation des ressources privées : l'individu doit vendre son travail, trouver des financements, démarcher des clients, mobiliser son carnet d'adresses, etc.[1]. Cette libéralisation de la société « par le bas » vise à transformer chacun en entrepreneur de sa vie, capable de « se prendre en main » et de se protéger seul contre les aléas de l'existence.

Contre l'État social

L'encouragement à la création d'entreprise relève de logiques dérégulatrices : en faisant sortir les travailleurs du cadre du salariat, on les prive des prestations sociales attachées à cette position et du droit du travail qui les protège. Cette dynamique est le fruit de décisions politiques qui ont promu le statut d'indépendant – pensé contre le modèle salarial ou artisanal –, mais aussi de stratégies patronales visant à flexibiliser la main-d'œuvre.

Le régime de l'auto-entrepreneuriat entre en vigueur au 1er janvier 2009. Il constitue une des mesures phares de la présidence de Nicolas Sarkozy, portée par son secrétaire d'État aux petites et moyennes entreprises, Hervé Novelli. Représentant de la frange libérale du parti de la droite gouvernementale, l'Union pour un mouvement populaire (UMP), son but est de simplifier la création d'entreprise, dans un pays volontiers brocardé pour sa supposée aversion à l'initiative individuelle. Comme l'indique alors un guide officiel : « Les étudiants, les salariés, les retraités, les fonctionnaires peuvent désormais se lancer dans l'aventure entrepreneuriale grâce à une simple déclaration d'activité. » On les invite à cumuler les revenus, notamment en complément des minima sociaux, pour sortir de la pauvreté : le statut est ainsi élevé au rang de politique sociale, un remède en forme d'injonction à s'en sortir par soi-même, que les anglo-saxons qualifient de *self-help*. Depuis 2012, plus d'un million d'auto-entrepreneurs sont inscrits en France, chiffre

1. Sarah Abdelnour et Anne Lambert, « "L'entreprise de soi", un nouveau mode de gestion politique des classes populaires ? Analyse croisée de l'accession à la propriété et de l'auto-emploi (1977-2012) », *Genèses*, nº 95, 2014.

sans commune mesure avec les publics confidentiels des précédentes mesures d'aide à la création d'entreprise.

La genèse politique de ce régime met en lumière sa logique néolibérale, au sens où l'intervention publique vise paradoxalement à désengager l'État au profit du marché[2]. Le dispositif procède de l'harmonisation des politiques européennes, voire transatlantiques, qui, depuis les années 1990, promeuvent l'esprit d'entreprise dans une optique mêlant « employabilité » et « responsabilisation individuelle » des demandeurs d'emploi. Le statut d'auto-entrepreneur français ressemble ainsi à celui des travailleurs autonomes espagnols ou québécois, ou encore à la *ich-AG* allemande. À chaque fois, c'est la petite entreprise qu'on valorise. Base d'une organisation sociale pensée sur le modèle américain (le Small Business Act de 1953 est souvent cité), celle-ci servirait d'aiguillon à l'initiative individuelle et permettrait, en inversant la dynamique historique qui l'a vue naître, d'en finir avec la société salariale « au cœur de laquelle l'État social s'est installé[3] ». C'est pour ce que le modèle d'intervention publique contient de logique protectrice et redistributive que les promoteurs du régime de l'auto-entrepreneuriat cherchent à le combattre. Le régime n'a pas été construit pour autant selon le modèle du monde artisanal, jugé trop protecteur : de nombreuses organisations d'artisans se sont même opposées à l'auto-entrepreneuriat ; elles l'ont perçu comme un vecteur de concurrence déloyale et de remise en cause des qualifications professionnelles. Quand les promoteurs du régime de l'auto-entrepreneur prônent une sélection des entreprises par les mécanismes de marché, ces organisations défendent la régulation et notamment un contrôle institutionnel de la compétence des artisans.

Contrairement à ce que leur ancrage politique au sein de la droite libérale laisserait penser, les architectes de l'auto-entrepreneuriat, le secrétaire d'État Hervé Novelli et son cabinet, ou François Hurel, rédacteur du rapport préalable à la loi, invoquent la dimension sociale du dispositif pour le promouvoir : la libre entreprise, soutiennent-ils, bénéficierait à des populations exclues des univers de travail régulés par des diplômes et des qualifications. Novelli n'hésite pas à évoquer un projet au service des populations vulnérables et stigmatisées : « Quel meilleur ascenseur social que l'entreprise ? Mais l'auto-entreprise fait mieux encore : ne nécessitant ni moyens, ni diplômes, ni relations, elle met à égalité un jeune de banlieue et un retraité

2. François Denord, *Néo-libéralisme, version française. Histoire d'une idéologie politique*, Paris, Demopolis, 2007.
3. Robert Castel, *Les Métamorphoses de la question sociale*, Paris, Gallimard, 1999, p. 603.

du 16e arrondissement[4]. » La création du régime constitue donc paradoxalement une intervention publique anti-étatiste et une politique sociale hostile aux aides sociales (l'aide se justifiant en dernier ressort par l'extension des mécanismes de marché et l'encouragement à la responsabilité individuelle). Ce libéralisme aux atours sociaux a valu à l'auto-entrepreneuriat un soutien élargi dans certaines fractions de la gauche et du monde associatif, tout en contribuant à désarmer la critique : « Cela abolit, d'une certaine manière, la lutte des classes. Il n'y a plus d'"exploiteurs" et d'"exploités". Seulement des entrepreneurs : Marx doit s'en retourner dans sa tombe[5]. » Quelques années plus tard, ce discours a été réactivé comme justification de l'ubérisation.

L'ubérisation : une stratégie d'externalisation facilitée par les pouvoirs publics

Créée en Californie en 2009 et arrivée en France en 2012, l'entreprise Uber symbolise l'émergence d'un capitalisme de plateforme dans lequel les entreprises joueraient un simple rôle d'intermédiaire entre des clients et un prestataire de service. Ce modèle bouscule pourtant l'organisation du travail et les formes d'emploi. Dans la transaction économique, les offreurs de main-d'œuvre sont souvent des indépendants, parfois des particuliers, c'est-à-dire des personnes éloignées des statuts protecteurs et des espaces de régulation collective. Ils assument donc les risques (investissement, clientèle, accidents) tout en étant peu autonomes dans l'organisation de l'activité. Les processus sont calibrés, les prix et la qualité de service fixés par la plateforme. Impossible pour eux de travailler sans l'accès à l'application : leurs vélos et voitures ne leur servent à rien sans l'interface numérique. Pour finir, ces travailleurs sont doublement contrôlés, par la plateforme et la géolocalisation, d'une part, par les consommateurs, de l'autre. L'évaluation, sous forme de notes en temps réel, est externalisée et les mauvaises appréciations peuvent entraîner la déconnexion des travailleurs, annoncée par un simple texto.

L'implantation des plateformes s'est faite à la faveur d'une série de dérégulations mises en œuvre par les autorités françaises. Filiale d'une firme américaine, Uber France a largement bénéficié de l'ouverture à la concurrence du secteur des transports. Après que le rapport dit « Attali » avait préconisé, en 2008, de déréglementer certaines professions, parmi

4. *Ibid.*, p. 76.
5. Hervé Novelli et Arnaud Folch, *L'Auto-entrepreneur. Les clés du succès*, Monaco, Le Rocher, 2009, p. 107.

lesquelles les taxis, la proposition a été concrétisée dans la loi de développement et de modernisation des services touristiques du 22 juillet 2009 défendue par le même Hervé Novelli. Avec l'entrée en vigueur de ce texte, l'ancien service haut de gamme appelé « grande remise » a été élargi à l'« exploitation de voitures de tourisme avec chauffeur » (ou VTC). L'abaissement des barrières réglementaires a donc été un élément déterminant dans le développement de concurrents des taxis.

La deuxième clé de cet essor est à chercher du côté des statuts des chauffeurs. Des entreprises de VTC salariaient les conducteurs ; le service d'Uber repose, lui, sur la sous-traitance à des indépendants[6]. L'accès facilité au travail indépendant, notamment à travers le régime de l'auto-entrepreneuriat, la dispense du recrutement, du versement de salaires et du paiement des cotisations. Il permet également de s'affranchir de la contrainte du salaire minimum et donc d'appliquer de bas tarifs afin d'attirer une clientèle plus large. En somme, il a donné naissance à une version contemporaine du tâcheronnat ou marchandage : très présente au début de l'industrialisation, notamment dans le secteur du textile, cette forme de mobilisation de la main-d'œuvre amenait un intermédiaire, le tâcheron, à répartir le travail entre des travailleurs dispersés, rémunérés à la pièce. Le marchandage a été constitué en délit en 1848 ; sa version contemporaine aura, elle, été conçue, puis promue au sommet de l'État.

Entre discours libéral classique, imputant à la création d'entreprise un potentiel de croissance et d'innovation, et discours social, attribuant à ces entreprises un rôle salvateur dans la lutte contre le chômage des jeunes, Uber et ses concurrents comme LeCab ou Chauffeur privé ont été mis sur un piédestal par l'exécutif. « Notre défaite collective, expliquait Emmanuel Macron pendant la campagne présidentielle, c'est que les quartiers où Uber embauche, c'est des quartiers où nous, on ne sait rien leur offrir [...]. La vérité, c'est qu'en effet, ils travaillent parfois 60 ou 70 heures pour toucher le Smic. Mais ils rentrent dans la dignité[7]. » Quand sévissent le chômage de masse et la discrimination à l'embauche, la création d'entreprise semble en effet offrir une perspective d'accès à du travail et à des revenus. Reste

6. Uber a même tenté pendant quelques mois de recourir à des particuliers : le service Uber Pop a été mis en place en 2014, sur le modèle américain du travail amateur. Il a été interdit en France en 2015, comme il l'a été dans la quasi-totalité des pays européens. Plus largement, les micro-travailleurs exercent le plus souvent sans statut (voir Pauline Barraud de Lagerie et Luc Sigalo Santos, « Les plateformes de micro-travail : le tâcheronnat à l'heure du numérique », *in* S. Abdelnour et D. Méda (dir.), *Les Nouveaux Travailleurs des applis*, Paris, Puf, 2019).

7. Citation tirée d'une interview sur le plateau de *Mediapart*, le 2 novembre 2016.

cependant une question : le dispositif de l'auto-entreprise ne vise-t-il pas moins l'ascension sociale que la pacification sociale, au prix de l'épuisement et de la mystification des travailleurs ?

Une libéralisation de la société « par le bas » ?

Que produisent ces dispositifs de dérégulation de l'emploi ? Dans quelles conditions les auto-entrepreneurs y recourent-ils et exercent leur activité, sur les plateformes ou ailleurs ? Et quelles dispositions, économiques et politiques, découlent de cette expérience du travail indépendant ?

À l'encontre de ce que soutiennent les discours politiques, les auto-entrepreneurs ne sont bien souvent ni entrepreneurs, ni autonomes. Leur régime relève pour beaucoup d'un salariat déguisé, dans la mesure où ils n'ont qu'un vrai « client », qui a imposé le choix du statut, qui fournit le matériel et/ou le lieu de travail, qui définit les missions et fixe la rémunération. En outre, la situation de ces travailleurs est précaire, en termes de revenus comme de statut. « Au bout de trois ans, indique l'Insee, 90 % des auto-entrepreneurs dégagent un revenu inférieur au Smic au titre de leur activité non salariée[8]. » La répartition de leurs chiffres d'affaires est relativement stable depuis la création du régime : une moitié d'entre eux déclarent un chiffre d'affaires nul, un quart de 1 à 3 000 euros de recettes sur un trimestre. Et, finalement, seuls 5 % déclarent plus de 5 000 euros par trimestre. Un revenu dont ils doivent déduire les dépenses liées à l'activité et les prélèvements obligatoires, même si ces derniers peuvent être minorés par les aides.

En outre, la fragilité des auto-entrepreneurs à titre principal apparaît nettement : le travail indépendant exclusif concerne essentiellement les personnes les moins qualifiées et les moins protégées, tandis que les revenus cumulés sont plus importants parmi les salariés stables, du privé comme du public. Les usages du régime redoublent alors les écarts qui structurent le monde du travail et ses marges. Les auto-entrepreneurs cumulent donc faiblesse des rémunérations et fragilité du statut, puisqu'ils ne disposent ni d'assurance chômage ni de congés payés ni d'un temps de travail réglementé. Leur retraite est indexée sur leurs revenus tandis qu'ils ne sont pas éligibles aux indemnités journalières en cas de maladie ou d'accident la première année d'activité. Dans ces conditions, seuls le système salarial

---

8. Jérôme Domens et Justine Pignier, « Au bout de trois ans, 90 % des auto-entrepreneurs dégagent un revenu inférieur au Smic au titre de leur activité non salariée », *Insee Première*, n° 1414, 2012.

(petit boulot en complément, logement patronal associé au précédent emploi, etc.) et le soutien familial (salaire du conjoint, aide des parents) leur permettent de tenir et de vivre.

Depuis une dizaine d'années, les millions d'individus qui ont fait l'expérience de l'auto-entrepreneuriat ont dû faire face seuls aux démarches et galères administratives : s'inscrire en ligne, imprimer les factures et surtout s'acquitter des cotisations et des impôts selon de nouvelles modalités. Dès lors, qu'est-ce que la diffusion de l'auto-entrepreneuriat modifie aux pratiques des individus, à leur rapport aux institutions, à l'État et, *in fine*, au politique ? À la fin des années 1970, déjà, Michel Foucault relevait que dans la société néolibérale, « il faut que la vie même de l'individu – avec par exemple son rapport à sa propriété privée, son rapport à sa famille, à son ménage, son rapport à ses assurances, son rapport à sa retraite – fasse de lui comme une sorte d'entreprise permanente et d'entreprise multiple[9] ». Que produit alors, socialement et politiquement, cette entreprise de soi ?

Les auto-entrepreneurs travaillent beaucoup et, souvent, gagnent peu, mais ils se sortent parfois de situations bloquées et augmentent leur pouvoir d'achat, même marginalement. Beaucoup expriment alors une certaine satisfaction : les chômeurs y voient un moyen d'échapper au stigmate et d'augmenter leurs revenus ; ceux qui cumulent, un outil pour arrondir les fins de mois. Quant aux personnes qui ont choisi de quitter le salariat, elles peuvent « travailler plus pour gagner plus », du moins temporairement et en comptant sur le revenu plus stable d'un conjoint salarié. Pourtant, les travailleurs indépendants s'exposent à des situations professionnelles difficiles, avec des horaires lourds et atypiques[10], des pénibilités physiques, des contraintes liées au rapport à la clientèle : « Au total, les indépendants et les chefs d'entreprise ne se font pas à eux-mêmes des conditions de travail meilleures que celles que les salariés subissent[11]. »

Ces conditions sont toutefois en partie acceptées par les auto-entrepreneurs, qui apprécient la hausse de leurs revenus, à laquelle s'ajoute, pour ceux qui travaillent à l'extérieur, un sentiment de liberté recouvrée par

---

9. Michel Foucault, *Naissance de la biopolitique. Cours au Collège de France, 1978-1979*, Paris, Gallimard/Le Seuil/EHESS, 2004.

10. « 45 % des non-salariés déclarent travailler plus de 50 heures par semaine (contre 3 % des salariés), 57 % déclarent travailler six ou sept jours par semaine (contre 8 % des salariés) et 32 % travailler habituellement le dimanche (12 % pour les salariés) » (Élisabeth Algava et Lydie Vinck, « Les conditions de travail des non-salariés en 2005 », *DARES, Première synthèse*, n° 50-1, 2009).

11. Michel Gollac et Serge Volkoff, *Les Conditions de travail*, Paris, La Découverte, 2007, p. 49.

rapport aux contrôles subis, voire aux sanctions appliquées par leurs supérieurs dans leurs emplois précédents. Cette satisfaction doit également être rapportée au jeune âge et/ou à la faible ancienneté[12] d'une partie des auto-entrepreneurs. Leur quotidien devient néanmoins sujet à une tension constante pour gagner leur vie. Sans certitude de revenus, et désormais privés d'une assurance contre le chômage, ils voient leur niveau de revenu relever exclusivement et directement de leur activité. L'autodiscipline devient la règle. Et le régime remet alors en cause une des conquêtes centrales du salariat : « l'affranchissement de l'hégémonie du travail. C'est [en effet] lorsque le travail est précaire, non protégé, entièrement livré au marché, que le travailleur est complètement immergé dans l'ordre du travail[13]. »

Si l'expérience de l'auto-entrepreneuriat peut être courte, n'a-t-elle pas néanmoins le temps de produire des effets de socialisation politique sur cette génération de travailleurs indépendants, créée *ex nihilo* ? On connaît le vote préférentiel des indépendants pour la droite, et leur positionnement politique spécifique : ils se distinguent, sur les sujets économiques, par un attachement à la liberté d'entreprendre et à l'initiative individuelle ou encore, sur le plan moral, par une vision plus autoritaire et hiérarchique des rapports sociaux[14]. Les préférences politiques des auto-entrepreneurs, qui sont issus de milieux variés, divergent, mais ils tendent à se rejoindre dans un même éloge de « la souplesse » et une même critique des postures revendicatives. En se considérant comme des actifs à toute épreuve, les auto-entrepreneurs sont enclins au ressentiment social envers ceux qui leur paraissent « se reposer » sur les aides sociales.

Le passage au statut d'indépendant les éloigne, matériellement et symboliquement, du système salarial. Le recours au dispositif repose souvent sur un certain renoncement à obtenir un emploi, en particulier un emploi salarié ajusté à leur niveau de qualification, stable, bien rémunéré et laissant une certaine autonomie. Il n'est pas rare que les auto-entrepreneurs s'éloignent des formes d'organisation collective structurant les rapports de force de la société salariale. Pris au piège d'une relation au travail qui leur

12. D'ailleurs, d'après l'Insee, trois ans après leur immatriculation, seuls 30 % des auto-entrepreneurs inscrits début 2010 sont toujours actifs sous ce régime.
13. Robert Castel, « Travail et utilité au monde », *in* A. Supiot (dir.), *Le Travail en perspectives*, Paris, LGDJ/Montchrestien, 1998.
14. Nonna Mayer, « Indépendance, salariat et culture politique (1978-1997) », *in* P. Bréchon *et al.* (dir.), *Les Cultures politiques des Français*, Paris, Sciences Po, 2000.

semble relever du choix personnel, les auto-entrepreneurs délaissent la revendication (« on se débrouille seul ») et la disqualifient (« chacun peut s'en sortir »). En outre, ils s'en éloignent matériellement dès lors qu'ils ne disposent plus du droit de grève ou de négociation et qu'ils se trouvent tout simplement privés de collègues, donc de relations d'où peuvent naître les solidarités comme les contestations.

Le retour des résistances et du droit

Un recours massif au régime, notamment des plateformes numériques ; une relative adhésion des auto-entrepreneurs aux préceptes néolibéraux ; une transformation de leur rapport au monde qui les amène à rompre avec le modèle du salariat : l'emprise sociale du travail indépendant a tout d'un d'enrôlement. Et il se conjugue avec les effets d'invisibilisation produits par les outils technologiques. Le numérique génère en effet des espaces de travail plus difficiles à contrôler, tout en rendant poreuses les frontières du travail et du hors-travail. Il participe aussi de formes de ludification, qui masquent les dimensions les plus pénibles de ces activités et dissimulent la captation du profit. Enfin, la dimension internationale des entreprises du secteur, et leur recours à des levées de fonds sur les marchés financiers, achèvent de les rendre insaisissables, notamment sur le plan juridique.

Ce tableau doit cependant prendre en compte les résistances et le retour en force du droit. Les contestations qui s'organisent depuis 2015 parmi les chauffeurs de VTC et les livreurs à vélo annoncent peut-être un retournement de tendance. On voit resurgir des formes d'organisation collective parmi les travailleurs des plateformes numériques, qui fustigent leur indépendance fictive, exigent des statuts plus protecteurs et des rémunérations garanties. Baisse du prix des courses et hausse des commissions pour les chauffeurs, rétribution à la course plutôt qu'à l'heure pour les livreurs, intensification de la concurrence pour tous : les mobilisations ont été des réactions contre la dégradation des revenus. Les obstacles étaient nombreux – travailleurs isolés, dispersés, sans droit de grève ni d'association –, mais des associations, plus ou moins proches des syndicats, ont rapidement structuré ces nouveaux espaces de travail, et la proximité sociale entre travailleurs a rendu possible une certaine solidarité. De ces luttes sont nés des discours dénonçant l'exploitation et la précarité, qui ont mené à des négociations fréquentes avec les plateformes et à des demandes de protection statutaire adressées aux pouvoirs publics.

Ces mobilisations ont parfois emprunté la voie du contentieux : en 2018 et en 2020, la Cour de cassation a reconnu à un livreur, puis à un chauffeur de plateformes le statut de salariés. Ces deux arrêts majeurs constatent le pouvoir de contrôle et de sanction reconnu aux plateformes, pouvoir qui qualifie en droit la relation de subordination salariale. Ils font écho à des décisions de requalification prises dans d'autres États, de la Californie à l'Italie, en passant par le Royaume-Uni. L'ensemble de ces débats et de ces décisions pose avec force la question de la vulnérabilité de ces prolétaires 2.0, et interroge le sens du progrès social, au-delà de l'innovation technologique.

Un mode de vie impérial

Nelo Magalhães

Des vents contraires soufflent sur le commerce international depuis le milieu des années 2010. Citons, pêle-mêle, la baisse de la croissance des échanges par rapport à la période 1990-2008 ou celle, depuis 2017, du nombre de signatures de grands accords commerciaux régionaux ; le retrait des États-Unis de quelques traités de libre-échange sous Donald Trump et le maintien de mesures protectionnistes par son successeur libéral, Joe Biden ; la défense acharnée de ce type de traités (TPP, RCEP) par les gouvernements asiatiques, Chine en tête – entraînant pour partie l'Afrique dans l'aventure (ZLECA) ; et l'arrêt temporaire des accords commerciaux envisagés par l'Union européenne avec le Mercosur, les États-Unis (Tafta) ou le Canada (Ceta). En France, on a vu un Xavier Bertrand et un Arnaud Montebourg s'unir dans leur critique de la mondialisation – au point que certains médias (*Libération*, *Le Monde*) y décèlent un potentiel « arc souverainiste ». Comment interpréter ces tendances contradictoires, et que faut-il en retenir politiquement ? L'observateur instruit par l'histoire restera prudent. Les débats sur le libre-échange – entre mercantilistes, libéraux et socialistes, et au sein de chaque courant politique – sont aussi vieux que le capitalisme[1].

1. Antoine Schwartz, « Et Napoléon III a choisi le libre-échange », *Le Monde diplomatique*, juin 2014.

On sait aussi que, derrière les postures officielles, les plus farouches partisans du libre-échange pratiquent eux-mêmes un protectionnisme parfois très poussé, et vice versa.

Est-ce une raison pour ne pas tendre l'oreille à ces frémissements ? Assurément, non. D'autant moins que, depuis le début des années 1990, le libre-échange a structuré le combat politique et idéologique entre (néo)libéraux et mouvements altermondialistes, en France et dans le monde. Tandis que les institutions internationales (FMI, Banque mondiale, OCDE, OMC) martelaient que la libre circulation des marchandises et des capitaux, la dérégulation et l'investissement privé bénéficieraient à tous et élimineraient la pauvreté, la liste des dégâts augmentait de façon vertigineuse, et les critiques sociales et écologiques convergeaient dans un vaste mouvement de résistance, notamment autour de l'association ATTAC, de la Confédération paysanne, du *Monde diplomatique* ou de figures intellectuelles comme Pierre Bourdieu. Le combat politique se trouve modifié : d'un côté, le projet altermondialiste montre des signes d'essoufflement et la gauche se déchire sur le protectionnisme ; de l'autre, une partie de la classe capitaliste trouve un certain intérêt à la réintroduction de quelques mesures protectionnistes (notamment sous l'effet du choc du Covid-19). Nous proposons d'éclairer ces transformations à la lumière de l'actuel mode de vie impérial du capitalisme néolibéral.

Les veines ouvertes

Les débats entre protectionnistes et libre-échangistes doivent être rapportés à la structure générale du capitalisme. La logique immanente au capital consiste en la production des marchandises *en vue de* plus de profit (la marchandise est à peine un moyen *en vue de* cette fin). Pour se reproduire, le capital exige, entre autres choses, un accroissement permanent de la sphère marchande. De nombreux travaux ont démontré que, au-delà du travail forcé, le développement historique des économies au centre de la dynamique capitaliste tenait pour beaucoup à l'appropriation de matières, d'énergie et de terres des zones périphériques[2]. L'industrie textile anglaise, qui fut un des moteurs du capitalisme européen dans la première moitié du XIXe siècle, n'aurait pu se développer sans le travail esclave dans les millions d'hectares – dits « fantômes » car invisibles de ceux qui en bénéficiaient

2. Jason W. Moore, *Capitalism in the Web of Life: Ecology and the Accumulation of Capital*, Londres et New York, Verso, 2015. Alf Hornborg, *Nature, Society, and Justice in the Anthropocene: Unraveling the Money-Energy-Technology Complex*, Cambridge, Cambridge University Press, 2019.

– de champs de coton aux États-Unis[3]. L'Angleterre n'aurait tout simplement pas eu assez d'espace pour mener le processus d'industrialisation sur son seul territoire. Le même dispositif se reproduit de façon fractale – un pays périphérique a lui-même sa périphérie – et à d'autres échelles (villes, régions) depuis deux cents ans, avec d'autres matières clés – les métaux d'Amérique latine, le sucre des Caraïbes, le caoutchouc de Malaisie ou du Libéria, etc.

Ce mouvement se poursuit et s'accélère après la Seconde Guerre mondiale : le volume du commerce mondial a été multiplié par 27 entre 1950 et 2006, contre un facteur 8 pour le PIB mondial. Ce changement drastique d'échelle se produit avec la révolution néolibérale des années 1970. Un sprint a même été lancé en 2002, avec la croissance économique de la Chine et l'adhésion de ce pays à l'OMC. Entre 1990 et 2015, en pleine « mondialisation heureuse », les pays riches ont extorqué au reste du monde plus de 200 milliards de tonnes (Gt[4]) de matières, des dizaines de milliards d'heures de travail et 30 milliards d'hectares, tout en accumulant un surplus commercial de 1 200 milliers de milliards de dollars. En 2015, la valeur ajoutée par tonne de matière première incorporée dans les exportations est 11 fois supérieure dans les pays à revenu élevé que dans ceux qui ont les revenus les plus faibles, et 28 fois plus grande par unité de travail incorporé. Ces chiffres n'ont cessé de croître entre 1990 et 2015[5]. Sans lui être théoriquement indispensable, le commerce international (comme, *a fortiori*, les traités de libre-échange) facilite grandement l'accumulation du capital. Et il entraîne, comme une courroie de transmission, des dégâts écologiques et sanitaires de grande ampleur. En 2016, ses marchandises contiennent l'équivalent de 17 à 30 % de la perte de biodiversité ; 13 % des eaux polluées ; 20 à 33 % des émissions de CO_2 ; 21 à 37 % des utilisations de terre ; 22 % des morts prématurées dues à la pollution aux particules fines ; 29 à 35 % de l'utilisation d'énergie ; 70 % de l'exploitation de charbon, etc.[6].

---

3. Alf Hornborg, « Footprints in the Cotton Fields: The Industrial Revolution as Time-Space Appropriation and Environmental Load Displacement », *Ecological Economics*, n° 59, 2006/1, p. 74-81.

4. Pour saisir la différence d'échelle entre 1 Mt et 1 Gt : un million de secondes, c'est environ 11 jours ; un milliard de secondes, c'est 31 ans. L'extraction mondiale atteint 100 Gt par an en 2018, au moins douze fois plus qu'en 1900.

5. Christian Dorninger *et al.*, « Global Patterns of Ecologically Unequal Exchange: Implications for Sustainability in the 21st Century », *Ecological Economics*, n° 179, 2021.

6. Chiffres rapportés au total mondial. Thomas Wiedmann et Manfred Lenzen, « Environmental and Social Footprints of International Trade », *Nature Geoscience*, vol. 11, 2018/5, p. 314-21.

Ces échanges inégaux, dissimulés par l'apparente neutralité des valeurs monétaires, se répètent année après année, alimentent et structurent le capitalisme mondial. L'échange n'est donc pas inégal au sens où le contenu biophysique des marchandises serait mal évalué – auquel cas un économiste pourrait prétendre corriger l'inégalité par un nouveau système de prix. L'échange écologiquement inégal est inhérent au si mal nommé libre-échange : il consiste en un rapport social de domination, reconduit dans le temps, qui a pour effet des flux biophysiques asymétriques et d'importantes inégalités socio-écologiques. L'existence de territoires (milieux et habitants) objectivement soumis à d'autres constitue la norme géohistorique du mode de production capitaliste. Le « développement » des pays riches se fait aux dépens de quelques territoires, structurellement contraints d'exploiter jusqu'au bout leurs forêts, leurs sous-sols et leurs terres, de détruire la biodiversité de zones entières, de voir proliférer virus et maladies, de soumettre leurs populations dépossédées à des conditions de vie misérables et au salariat… et de rester « sous-développés ». Les marchandises du « doux commerce », tant promu par les libéraux, voilent une violence à l'encontre des corps et des milieux – et ce depuis les premières entreprises de colonisation.

Dépendance cachée

La France illustre de manière presque prototypique ce schéma théorique[7]. Depuis deux siècles, sauf périodes de guerre, les flux de matières du commerce extérieur ne font que croître et, fait exceptionnel, le pays importe toujours plus de matières qu'il n'en exporte. Alors que la balance commerciale fluctue, la balance matérielle, qui mesure les mêmes flux en tonnes, est toujours favorable à l'économie française. Autre constante remarquable : même dans les périodes où la production de charbon était très importante dans les mines du nord et de l'est de la France, le pays a toujours été importateur net d'énergies fossiles. Au-delà des ressources captées dans son empire colonial, l'insertion du capitalisme français dans l'économie internationale, saisie à travers les flux de matières et d'énergie, a toujours été extrêmement profitable au pays. Le pétrole brut en est une bonne illustration : importé massivement et à bon marché, surtout d'Algérie dans les années 1960, il est raffiné en France et sert à diverses productions à haute valeur ajoutée (qui peuvent être exportées).

7. Nelo Magalhães *et al.*, « The Physical Economy of France (1830-2015). The History of a Parasite? », *Ecological Economics*, n° 157, 2019, p. 291-300.

Le constat est amplifié si l'on tient compte de l'empreinte matérielle, c'est-à-dire si l'on assigne à la France toute la matière incorporée dans les produits consommés sur son territoire. Bien que la courbe de la consommation apparente de matière décroisse tendanciellement depuis 1980, celle de l'empreinte matérielle reste assez stable. Depuis 1974, elle varie entre 18 et 23 tonnes par habitant, alors que la consommation apparente baisse de 17 à environ 11 tonnes[8]. Et ce, malgré le plan Messmer et la construction de dix-neuf centrales nucléaires qui ont fait sensiblement baisser les importations de pétrole brut. Si les importations se maintiennent à un niveau élevé, les flux cachés, eux, sont en hausse. Un constat similaire vaut pour les émissions de CO_2 : en apparence, la baisse est drastique (division par deux entre 1979 et 2014), alors que les émissions associées aux importations ont quasiment doublé entre 1995 et 2014[9]. Aujourd'hui, environ la moitié de la matière consommée par l'économie française vient de l'étranger. L'écart est particulièrement élevé pour les produits métalliques – on sait, par exemple, que l'empreinte matérielle d'un smartphone de 120 g avoisine les 70 kg. Si l'extraction nationale de charbon cesse en 2004 avec la fermeture du site de la Houve à Creutzwald, les importations officielles avoisinent les 15 millions de tonnes (Mt) en 2017. Les marchandises importées par l'UE en provenance de la seule Chine, pays dont la production dépend beaucoup de cette énergie, en incorporent environ 400 Mt en 2011. Entre 1995 et 2011, la part des matières premières extraites du sol de l'UE dans son empreinte matérielle totale passe de 68 % à 35 % – autrement dit, les deux tiers de la matière réellement consommée sont désormais extraits à l'étranger[10]. Aujourd'hui, contrairement à d'autres pays riches (Australie, États-Unis, mais aussi Suède), plus aucune extraction conséquente de minerai métallique ou d'énergies fossiles n'est opérée sur le sol métropolitain : tout passe par les importations. Le capitalisme français repose toujours sur des industries, des mines et des puits de pétrole, mais cette infrastructure est toujours plus invisible des Français, distribuée sur une multitude d'espaces régis par autant de législations sociales et environnementales. La situation présente a les allures d'un paradoxe : la

8. Louison Cahen-Fourot et Nelo Magalhães, « Matter and Regulation: Socio-Metabolic and Accumulation Regimes of French Capitalism since 1948 », *working paper*.

9. Commissariat général au développement durable, *L'Empreinte carbone des Français reste stable*, ministère de la Transition Ecologique et Solidaire, 2020.

10. Stefan Giljum *et al.*, « Identifying Priority Areas for European Resource Policies: A MRIO-Based Material Footprint Assessment », *Journal of Economic Structures*, vol. 5, 2016/1, p. 1-24.

France domine objectivement d'autres régions, puisqu'elle a le pouvoir de leur faire extraire et produire à son bénéfice, mais sa dépendance s'accroît fortement. Que ce soit dans le secteur de l'énergie – en plus des énergies fossiles, la totalité de l'uranium est importée depuis vingt ans du Niger, du Canada ou du Kazakhstan – ou, comme l'a révélé la pandémie de Covid-19, dans le secteur industriel, incapable de les produire, le pays a importé la totalité de ses masques, dont une écrasante majorité de Chine, pour une facture de plus de 5 milliards d'euros en 2020.

Dans les grandes lignes, la théorie de l'échange écologique inégal s'applique admirablement à la France. Cet outil reste toutefois imparfait, en particulier du fait de son réductionnisme quantitatif. Il serait grotesque de conclure, par exemple, que le nucléaire est écologique en arguant que les importations annuelles d'uranium (moins de 10 000 tonnes) permettent d'éviter 100 Mt de pétrole. De même, on ne peut pas déduire que la France, qui est exportatrice nette de biomasse depuis quelques décennies, est soumise au marché mondial de la même façon que des pays pauvres. Outre qu'elle a activement contribué, davantage que ces États, à la construction de ce marché (qui, comme les autres, n'a rien de spontané), ses exportations (subventionnées) de céréales, produits laitiers et viandes bovines vers les pays africains, contraints d'ouvrir leur secteur agricole aux marchandises françaises, démolissent des pratiques et techniques vernaculaires. Pour être pleinement convaincante, la « lecture matérielle » du capitalisme français doit donc intégrer les rapports de pouvoir, à commencer par le pouvoir de faire faire aux autres.

Modalités d'extorsion

Les dispositifs institutionnels qui servent le capitalisme français via l'échange écologique inégal varient depuis deux siècles. L'extorsion n'est pas un phénomène naturel : elle s'opère, selon les périodes, par un savant mélange d'éléments de colonisation, de violence armée, d'accords d'investissement, de partenariats de développement, d'harmonisation de normes diverses (de production, sanitaires, techniques, etc.), de construction européenne, de financiarisation et, bien sûr, de traités de libre-échange. À l'arrière-plan, on trouve toujours une logique – l'accroissement de la sphère marchande à des objets, des savoirs, des corps et des espaces qui y échappaient jusque-là – et un acteur – l'État.

Depuis la Seconde Guerre mondiale, la modalité la plus évidente reste la construction européenne et son extension. Elle instaure la libre circulation des marchandises et des capitaux – afin de mettre en concurrence les travailleurs, les services publics et les systèmes fiscaux de chaque État –, et contribue à la création de nouveaux marchés. L'intégration de dix pays dans l'UE en 2004 a ainsi permis à la France (et, plus encore, à l'Allemagne) de délocaliser massivement des filiales dans les pays de l'Est, assurant modération salariale et limitation interne des dégâts écologiques, tout en conservant la plus grosse part de la valeur ajoutée. Outre le marché commun, les accords de libre-échange, conclus par l'UE au nom des pays membres et avec leur appui, connaissent un essor depuis les années 1990. Insistons, toutefois, sur le fait que ces traités ne sont qu'un outil possible : aucun d'entre eux (des accords d'investissement existent) ne relie d'ailleurs l'UE à la Chine, pays d'où provient environ un tiers de l'empreinte matérielle de l'UE[11]. Au contraire de ce que laisse croire l'expression « consensus de Washington », les États-Unis n'ont pas mené seuls le combat pour institutionnaliser les règles et les obligations d'un marché financier néolibéral. En partenariat avec des institutions internationales (OMC, FMI), l'État français a vigoureusement encouragé la globalisation marchande et financière et soutenu les politiques néolibérales imposées aux pays périphériques les plus aisément apprivoisables (privatisation, ouverture aux flux de capitaux étrangers, etc.) – autant de dispositifs qui ont facilité l'accès aux ressources de ces pays. Les Français n'ont pas été forcés par les États-Unis ; au contraire, ce sont eux qui ont pris la tête du mouvement[12]. Et, de Jacques Delors (UE) à Pascal Lamy (OMC), en passant par Dominique Strauss-Kahn (FMI), Pierre Moscovici (UE), Henri Chavranski (OCDE) et Michel Camdessus (FMI), quelques figures « socialistes » françaises se sont même illustrées par leur participation active à la construction de verrous institutionnels dans tous les lieux de pouvoir où elles ont officié.

La rupture du milieu des années 1970 tient également à la décision de l'État de fermer progressivement les mines de charbon (1958) et certaines activités sidérurgiques (1966). La nature des produits échangés évolue alors sensiblement : la part des produits manufacturés dans les marchandises importées double entre 1962 et 1999, passant de 40 à 80 %, et reste

11. Stefan Giljum *et al.*, « Identifying Priority Areas for European Resource Policies », art. cité.
12. Rawi Abdelal, « Le consensus de Paris : la France et les règles de la finance mondiale », *Critique internationale*, vol. 28, 2005/3, p. 87-115.

au-dessus de 70 % depuis vingt ans[13]. Jusqu'au début des années 1970, le pays extrait et exporte des quantités colossales de minerai de fer et de produits manufacturés métalliques, de sorte qu'il contrebalance pour partie les importations de matières premières dont il bénéficie (pour lesquelles les flux cachés sont généralement peu importants). La décroissance de l'extraction de minerai de fer, qui cesse définitivement dans les années 1990, est accompagnée par une délocalisation de la sidérurgie en deux temps. D'abord, à la fin des années 1960, une délocalisation intranationale vers les ports de Fos-sur-Mer et Dunkerque, où les minerais de fer arrivent de Mauritanie, du Liberia ou du Brésil. Ensuite, depuis les années 1990, une délocalisation internationale : avec elle, il n'est presque plus besoin d'importer du minerai de fer et de le transformer car le pays importe directement les produits qui contiennent de l'acier (automobiles, équipements ménagers, etc.). Ce déplacement spatial, à une échelle inouïe, des activités d'extraction et de transformation, se traduit par une balance commerciale quasiment toujours défavorable depuis 1970. Mais la position de la France dans les chaînes globales de valeur reste profitable, puisque sa balance matérielle demeure très positive.

Le mouvement pluriséculaire d'extorsion organisée est donc porté à son acmé par le capitalisme néolibéral, caractérisé par un *imperial mode of living*[14]. Les auteurs qui avancent ce concept le distinguent, sans l'en dissocier totalement, du « style de vie » des individus, dès lors qu'il englobe les normes de production et de consommation. Si ce mode de vie est repérable à d'autres époques, la nouveauté réside dans sa propagation, et sa banalisation, au travers des pratiques de consommation des classes bourgeoises. Ces pratiques, qui vont dans le sens des intérêts du capital, ont réussi à se rendre désirables : elles se diffusent aux classes aisées des pays périphériques et aux classes moyennes des pays riches, qui les intériorisent dans leurs goûts et manières. Alors que le salaire médian stagne en France, les normes de consommation de masse des années 1960-1970, qui persistent dans le temps, auraient été impossibles sans la soumission d'un nombre croissant de milieux et de travailleurs. Le mode de vie impérial du régime, ancré dans les pratiques quotidiennes des Français, exige en effet une appropriation quasi illimitée de force de travail, de matières et d'es-

13. Du côté des exportations, le taux reste élevé et connaît une hausse tendancielle (source : Banque mondiale).

14. Ulrich Brand et Markus Wissen, *The Limits to Capitalist Nature. Theorizing and Overcoming the Imperial Mode of Living*, Londres, Rowman & Littlefield, 2018.

paces extraterritoriaux, accompagnée d'une externalisation toujours plus poussée des dégâts et conflits socio-environnementaux. Les nouvelles chaînes globales de valeur font éclater la chaîne hiérarchique en un nombre sans cesse accru de niveaux intermédiaires. Le rapport de domination principal s'en trouve diffracté spatialement en une myriade de rapports de domination secondaires : les habitants des territoires objectivement dominés et exploités discernent toujours moins bien les dominants, et réciproquement. En plus de marquer durablement les milieux, ce mode de vie imprime des traces profondes et inégales (selon des grilles de classe, de race et de genre) sur les corps périphériques. Les multinationales françaises ne se contentent pas d'accaparer les terres, elles produisent aussi l'infrastructure matérielle des rapports de domination, la même qui garantit au capitalisme français l'accès aux ressources et à l'énergie, et qui soutient l'extension spatiale de la sphère marchande. De Lafarge à Total, en passant par Bolloré Africa Logistics, Areva ou Bouygues, partout ces entreprises soumettent des populations, bétonnent, exterminent les espèces, participent à la déforestation ainsi qu'à la prolifération de virus et de maladies. Des dégâts, donc, et des résistances : des conflits socio-environnementaux se multiplient un peu partout, des lieux d'exploitation (mines, forêts, usines, etc.) aux infrastructures de transport et d'énergie[15].

Hypothèse du « bloc bourgeois vert »

Les faits historiques nous mettent en garde : des mesures protectionnistes, et même un contrôle plus marqué des capitaux et des marchandises jusqu'aux années 1980, ont été compatibles avec la poursuite de l'échange écologique inégal. Ce constat ne doit pas mener à un rejet de principe du protectionnisme, moins encore à l'abandon de la critique des traités de libre-échange. Comme toujours, l'analyse doit distinguer conditions nécessaires et conditions suffisantes. Or le nécessaire peut être très insuffisant puisqu'il n'y a pas de lien causal entre protectionnisme et émancipation. Il est ainsi indispensable de garder à l'esprit la dissémination (y compris spatiale) des rapports de domination et le contrôle économique et politique exercé par les classes dominantes – qui ont un intérêt objectif au maintien de l'ordre établi – sur l'ensemble de la société.

15. Voir l'atlas mondial de la justice environnementale (ejatlas.org). Pour la France, voir le site lutteslocales.gogocarto.fr.

La combinaison de l'urgence climatique, du choc du Covid-19 (virus qui a pu se propager grâce aux destructions environnementales et au libre-échange) et de l'impossibilité de renouveler l'alliance sociale dominante pourrait favoriser l'émergence d'un bloc bourgeois vert[16] en France. Celui-ci agrégerait les attentes respectives des groupes qui souhaitent davantage de protectionnisme et de ceux qui soutiennent une « transition écologique » dans un projet qui combinerait relocalisation de certaines industries, présence plus marquée de l'État, abandon (au moins temporaire) de quelques traités de libre-échange, mise en place de mesures protectionnistes ciblées, etc. Au sein des classes dominantes, un tel programme recevrait le soutien des partisans d'un « capitalisme vert », davantage « régulé », dans leur lutte avec d'autres fractions (libérales). S'il arrive à se rendre désirable, y compris en promouvant le développement de marchandises « intelligentes » et « durables », il pourra faire converger des classes bourgeoises urbaines et une part importante des classes moyennes des anciens blocs de gauche et de droite. Le rapport à l'Europe, du fait du primat qu'elle accorde à la concurrence, constitue a priori un frein à la constitution de ce bloc. Toutefois, au vu des circonstances et des changements dans la politique états-unienne, les plans de relance post-Covid initiés par la Commission pourraient réaliser (une partie de) ce projet et reposer la question européenne dans des termes différents.

Cette révolution passive se contenterait donc d'une simple diminution des flux cachés, d'un recentrage des périphéries et d'une écologisation (très) sélective et technocratique, sans rupture véritable avec les dynamiques de marchandisation. Même s'il met fin à quelques accords ou traités de libre-échange, le nouveau régime capitaliste produirait d'autres formes d'exploitation, d'autres dommages sur les milieux et les corps. Ici pour soutenir la sphère marchande relocalisée, là-bas pour extraire et traiter les métaux rares[17] indispensables à l'économie numérique[18], aux voitures électriques et à la production d'énergie « renouvelable[19] ». Un

16. Bruno Amable et Stefano Palombarini, *L'Illusion du bloc bourgeois. Alliances sociales et avenir du modèle français*, Paris, Raisons d'agir, 2018.
17. Guillaume Pitron, *La Guerre des métaux rares. La face cachée de la transition énergétique et numérique*, Paris, Les Liens qui libèrent, 2018.
18. Dont l'empreinte carbone est supérieure à celle du transport aérien. Laure Cailloce, « Numérique : le grand gâchis énergétique », *CNRS. Le journal*, 16 mai 2018.
19. La Commission européenne a entamé depuis quelques années une réflexion pour sécuriser les approvisionnements. « Commission Announces Actions to Make Europe's Raw Materials Supply More Secure and Sustainable », *ec.europa.eu*, 3 septembre 2020.

protectionnisme impérial, sans modification des rapports de production, sans prise démocratique sur ce qui est produit, comment et pourquoi, se profile peut-être à l'horizon. Le capitalisme français s'accommodera de cette nouvelle brise.

Quand la désindustrialisation sape un pays

Xavier Vigna

Pour Joseph Ponthus

D'une enfance passée à Saint-Étienne, je conserve une émotion des paysages industriels, devant ces bâtiments parfois formidables où s'élaboraient, et se forgent encore, des machines et des objets qui décident de notre quotidien : vêtements et chaussures, meubles et véhicules, aliments transformés et produits électroniques divers. Des hommes et des femmes y travaillent, ouvriers, techniciens et ingénieurs, constituant tout un monde dont on ne cessait d'annoncer la disparition inéluctable, voire nécessaire[1].

La crise liée au Covid-19 a montré, pourtant, qu'un pays a besoin d'objets assez simples – des masques chirurgicaux, des bouteilles à oxygène – et parfois de produits plus élaborés – médicaments, respirateurs ou vaccins. L'épidémie a cruellement révélé la grande faiblesse de l'appareil productif français : on ne réalisait plus de masques FFP2 depuis que la dernière usine, située à Plaintel dans les Côtes-d'Armor, avait fermé ses portes en 2018 ; une seule entreprise, Luxfer, à Gerzat dans le Puy-de-Dôme, fabriquait

1. M. Fontaine et X. Vigna (dir.), numéro spécial « La désindustrialisation, une histoire en cours », *20 & 21*, n° 144, 2019.

des bouteilles de gaz médicaux d'oxygène, et son sort est menacé. Du côté de l'industrie pharmaceutique, le constat est aussi sombre : les équipes de Sanofi comme celles de l'Institut Pasteur ont échoué à mettre au point un vaccin, tandis que la production du principe actif du paracétamol s'opère principalement en Asie, plaçant le pays dans une situation de dépendance extrême.

Un président qui entonne une rhétorique martiale oublie que, si guerre il y a, elle suppose de réquisitionner les moyens de production et de les mettre au service du pays. Les responsables en charge de l'Union européenne font preuve de la même aboulie. Un tel affaissement incite à analyser l'ampleur de la désindustrialisation à l'œuvre, ses étapes et ses conséquences en chaîne.

Soixante ans de déclin

Le premier article du *Monde* qui s'attache à décrire la désindustrialisation date, semble-t-il, du 23 janvier 1979. La perception médiatique est tardive pour décrire un mouvement qui affecte les bassins houillers depuis la fin des années 1950, tandis que des commissariats à la reconversion industrielle sont nommés pour la Lorraine et le Nord-Pas-de-Calais dès 1967. Cette déprise au long cours a ses moments d'accélération, notamment quand Jacques Chirac est Premier ministre : entre 1986 et 1988, il détricote la politique industrielle, puis dénonce, avec d'autres, le « colbertisme », cette tradition française d'intervention de l'État. Le choix du marché unique condamne ensuite toute préférence nationale en matière de commandes publiques. À compter des années 1990, cette humeur idéologique devient hégémonique. À mesure que se consolide l'intégration communautaire, des économistes, experts divers et hauts fonctionnaires déploient une stratégie post-industrielle qui vise à transformer l'espace européen en une zone dédiée à la consommation et à l'économie de la connaissance, reposant sur un petit secteur *high-tech* performant.

Les conséquences d'un tel anéantissement de la politique industrielle[2] sont lourdes : en 2015, selon les chiffres de la direction générale des entreprises, l'activité manufacturière représentait 10 % seulement du PIB en France, un chiffre inférieur de 3,7 points à la moyenne de l'Union européenne, quand la part était de 12 % en Espagne, 13,9 en Italie et culminait à

2. Jean-Claude Daumas, « Une France sans usines : comment en est-on arrivé là ? (1974-2012) » *in* J.-C. Daumas, I. Kharaba et Ph. Mioche (dir.), *La Désindustrialisation : une fatalité ?*, Besançon, Presses universitaires de Franche-Comté, 2017, p. 17-42.

20,4 en Allemagne. Je n'ai pas souvenance que le président Hollande ou son Premier ministre, Manuel Valls, aient présenté ces résultats aux Français. En 2018, la valeur ajoutée de l'industrie approche les 280 milliards d'euros, contre 302 au Royaume-Uni, 306 en Italie et 766 en Allemagne. Largement dépassée par ses voisins, la France se fait lentement rattraper par l'Espagne[3]. Et la balance commerciale, chroniquement déficitaire depuis 2004 – plus de 57 milliards d'euros en 2019 –, ne semble guère susciter l'inquiétude au sommet de l'État.

Pour expliquer ce décrochage spectaculaire, il est courant d'incriminer, pêle-mêle, le positionnement des entreprises nationales sur des segments de marchés trop étroits, la concurrence étrangère de plus en plus sévère, tant dans l'Union européenne qu'en Asie, ou (pour les doctrinaires libéraux) un coût du travail excessif. Il me semble cependant qu'il vaudrait la peine de s'interroger aussi sur la responsabilité des élites.

Un choix des élites ?

C'est en 1993 que les dirigeants européens font le choix d'ouvrir leur marché aux anciens pays du bloc socialiste. Proprement politique, cette décision entre en application en deux étapes (2003 et 2007) et avive la concurrence dans les industries de main-d'œuvre, puisque le taux horaire des salaires des ouvriers à l'Est était bien plus faible. Ainsi, l'industrie automobile a trouvé en Europe orientale des mains-d'œuvre compétentes et bon marché. Renault, par exemple, dispose – en plus de ses usines au Portugal (un peu plus de 1 000 employés à la fin 2019) et en Espagne (plus de 10 000 salariés) – d'un site en Slovénie (2 900). À compter de 2006, le groupe PSA s'est aussi implanté en Slovaquie, devenue avec sa jumelle tchèque une zone automobile majeure du continent européen. Dans ces conditions, quel sens revêt encore l'expression de « constructeur national » ?

Ces décisions stratégiques ont conduit au repli des sites français, dont témoigne la fermeture de l'usine d'Aulnay-sous-Bois en 2014. Ce site industriel au cœur de la Seine-Saint-Denis, un des départements les plus pauvres de France, est récent à l'échelle industrielle puisqu'il a ouvert en 1973 ; il a eu jusqu'à 8 000 salariés à son apogée et en comptait encore 3 000 quand la décision de liquidation a été adoptée. Il a été acquis en 2017 par la société du Grand Paris pour accueillir les sites d'exploitation de futures lignes de

3. Chiffres provenant du tableau de l'économie française produit par l'Insee en février 2020.

transports : en 2023, on escompte 350 emplois[4]. Une soustraction résume la saignée : 2 650 emplois, dans le meilleur des cas, auront été perdus.

Il y a bien des manières de lire ces décisions, mais le mode de formation et de reproduction des élites françaises mérite d'être interrogé. Du côté de la classe politique, et les ministres de Macron l'illustrent jusqu'à la caricature, le passage par les grandes écoles est une quasi-obligation, mais la filière HEC est un sésame de plus en plus efficace : ainsi de Cédric O et d'Emmanuelle Wargon, d'Amélie de Montchalin, voire d'Agnès Pannier-Runacher, qui s'occupe, paraît-il, de l'industrie ; sans oublier, *primus inter omnes*, Benjamin-Blaise Griveaux. Ce sont donc, dans une large mesure, des individus formés aux logiques de la finance qui se retrouvent aux commandes. D'un point de vue professionnel, une telle sélection des élites tend à reléguer les ingénieurs (lesquels, dans les écoles les plus prestigieuses, dédaignent désormais les carrières de l'industrie), mais aussi des chercheurs, de sorte que les décideurs ignorent largement les modes de fonctionnement de la recherche. Une des illustrations les plus éclatantes (ou scandaleuses) de cette situation est le crédit d'impôt recherche, créé en 1983, dont peuvent profiter les entreprises engageant des opérations de recherche dans l'Espace économique européen (c'est-à-dire celui de l'Union européenne, augmentée de la Croatie, de l'Islande, du Lichtenstein et de la Norvège). Sa finalité est détournée en toute connaissance de cause depuis des années, puisque la Société générale ou le groupe Carrefour en bénéficient ; il sert en réalité de niche fiscale, donne lieu à des fraudes massives, coûte au moins 6 milliards d'euros par an. En juin 2015, le rapport de la sénatrice communiste Béatrice Gonthier-Maurin sur le détournement du CIR a été bloqué par une sainte alliance de la droite et du Parti socialiste. Évidemment, la présidence Macron continue d'encourager cette gabegie.

D'un point de vue géographique, ces grandes écoles, qui recrutent dans d'étroits segments sociaux, sont concentrées à Paris ou dans ses banlieues d'où l'industrie a disparu. De ce fait, ces Parisiens de naissance ou d'adoption ignorent ou méconnaissent, quand ils ne les méprisent pas, ces espaces de production où le tissu industriel du pays subsiste et parfois se régénère.

C'est d'autant moins étonnant que le patronat privilégie également des représentants venus de la finance ou du tertiaire : le dernier représentant du Conseil national du patronat français (CNPF) à avoir eu une vraie carrière industrielle était Jean Gandois, parti avec fracas en 1997. De manière tout

4. *L'Usine nouvelle*, 1er mars 2017.

à fait caractéristique, Pierre Gattaz, dirigeant du Medef entre 2013 et 2018, qui a hérité de son père la direction de l'entreprise de connectiques et de composants électroniques Radiall, dont les implantations sont historiquement situées dans l'Isère (à Voiron, Voreppe et l'Isle-d'Abeau), n'a jamais suggéré la moindre attache avec ses usines en « province[5] ».

Ce lien moindre au territoire singularise le grand patronat français, qui dirige des entreprises depuis les sièges sociaux de la région parisienne. De l'autre côté des Alpes, dans le Piémont, toute une série d'entreprises médianes ont, au contraire, conservé un lien étroit avec leur territoire. Ainsi, du groupe textile Ermenegildo Zegna, né en 1910 et demeuré autour de Biella, grand pôle de l'industrie lainière italienne. Une soixantaine de kilomètres au nord-est, se trouve la petite ville d'Omegna, sur la rive du lac d'Orto : y sont nées les entreprises Lagostina (1901), Bialetti (exactement à Crusinallo, à 6 kilomètres au nord, 1919) et Alessi (1921), productrices mondialement connues d'objets en aluminium : poêles et cafetières. Le cas est assez stupéfiant qui montre le lien entre un territoire, des entrepreneurs et une main-d'œuvre, même si le district industriel d'Omegna a perdu une partie de son lustre.

En France, qui connaît le département le plus industriel et ses productions ? L'Ain est certes renommé pour la plasturgie autour d'Oyonnax, mais guère pour ses industries mécaniques, dans les équipements aérauliques ou frigorifiques. De même, la Vendée est évoquée pour son littoral ou son très réactionnaire parc de loisirs, mais bien plus rarement pour ses succès industriels, pourtant spectaculaires, autour des Herbiers : en 2015, 41 % de la population active travaillent dans l'industrie contre moins de 14 % à l'échelle nationale ; parmi les grandes entreprises locales, Fleury-Michon dans l'agro-alimentaire, les chantiers nautiques Jeanneau, l'entreprise de fenêtres en aluminium K-Line, mais plus encore de nombreuses PME[6].

Une telle ignorance renvoie au dédain dont souffre l'industrie dans ce pays. Il a fallu *Merci Patron !*, le film drolatique et iconoclaste de François Ruffin en 2015, pour rappeler que la première fortune française, Bernard Arnault, a bâti sa puissance sur la liquidation du groupe Boussac et, partant, de l'héritage des frères Saint, et sur la ruine de Flixecourt, dans la Somme. De même, Patrick Kron, ancien PDG d'Alstom, qui a organisé le

5. On rappellera au passage que ce terme n'a aucun équivalent en anglais, italien ou allemand et qu'il correspond donc à un complexe français.
6. Vincent Grimaut, « Les Herbiers, pays du plein emploi », *Alternatives économiques*, n° 383, février 2018.

démembrement du groupe, et notamment la vente de la branche énergie au groupe General Electric en 2014 dans des conditions particulièrement douteuses, a accéléré l'affaiblissement de toute une région autour de Belfort : en 1979, lors de la grève dite du centenaire (l'usine a en effet été implantée en 1879), l'entreprise comptait 7 300 salariés dans la région ; il en resterait 400. Ce sont sans doute ses succès brillants qui valent à Patrick Kron de siéger aujourd'hui au conseil d'administration de Sanofi.

Je ne peux m'empêcher de penser que la vieille hostilité méprisante des élites françaises envers le monde ouvrier, attisée par l'anticommunisme et l'association approximative entre présence ouvrière et vote de classe[7], a pesé et pèse encore dans ce choix des élites.

Des espaces ravagés

La désindustrialisation ravage des territoires entiers. Pour le mesurer, il ne faut pas s'en tenir aux réaménagements proprets autour des anciennes usines Renault de Billancourt, devenues un quartier résidentiel bourgeois, mais aller voir les périphéries du pays : par exemple, descendre la vallée de la Meuse à partir de Charleville-Mézières, qui fut un haut lieu des industries métallurgiques. La première halte se fait à une dizaine de kilomètres au nord, à Nouzonville, petite ville de 5 700 habitants, dont la population décline inexorablement depuis 1975 (7 800 alors, soit une baisse de 27 %). La commune était réputée pour sa fonderie Thomé, dont le déclin plongeait les ouvriers dans le désarroi et les désorientait. Sa fermeture, à l'orée des années 2000, a marqué une étape supplémentaire dans le déclin de la ville[8]. Une fermeture comme tant d'autres peut-être, à ceci près que la fonderie se trouvait à environ 200 mètres de la mairie, au cœur de la ville, et qu'il y a donc aujourd'hui, en plein centre, une vaste friche industrielle qui matérialise la ruine de la cité.

La route serpente le long des méandres de la Meuse, superbe à l'automne. À 40 kilomètres en aval, on arrive à Revin, par un escarpement et un quartier populaire avec ses tours, Orzy, à l'écart de la ville. On parvient dans le centre-ville avec, au cœur de cet espace, une immense friche constituée des anciennes usines d'électro-ménager Arthur Martin, puis

7. Je renvoie ici à mon livre *L'Espoir et l'Effroi. Luttes d'écritures et luttes de classes en France au XXe siècle*, Paris, La Découverte, 2016, dans lequel je documente ce mépris de classe.

8. Voir d'abord Michel Pinçon, *Désarrois ouvriers. Familles de métallurgistes dans les mutations industrielles et sociales*, Paris, L'Harmattan, 1987, et le documentaire de Marcel Trillat, *Silence dans la vallée* (2007).

Electrolux. Tout cet espace formidable est clôturé, et un horsain comme moi peut seulement en faire le tour, butant à chaque fois sur des barrières. En 1968, Revin abritait plus de 12 000 habitants, mais, depuis, la population a été divisée par deux. On reprend la route et on passe à Vireux-Molhain : les sidérurgistes en colère y incendièrent le château abritant les appartements du directeur des usines de La Chiers en juillet 1982. On dédaigne la centrale nucléaire de Chooz et l'on arrive à Givet : dans cette petite ville (passée de 7 800 habitants en 1975 à 6 600 en 2018), des ouvriers de la Cellatex, une usine classée Seveso, placée en redressement judiciaire, menacèrent en juillet 2000 de déverser 50 000 litres d'acide sulfurique dans la Meuse, s'ils n'obtenaient pas 150 000 francs par salarié. Christian Larose, secrétaire de la fédération CGT du textile, habillement et cuirs, qui participa aux négociations pour dénouer ce conflit, rédigea a posteriori un bilan particulièrement sombre :

> Au nom d'une mondialisation incontournable, certaines industries sont massacrées sans que personne ne bouge, sans qu'aucune intervention ne se fasse pour enrayer des phénomènes comme les délocalisations à l'étranger ou les distorsions des normes sociales minimum dues à la concurrence internationale. C'est la loi de la jungle. Qu'il s'agisse de la sous-traitance, de l'accompagnement des salariés de plus de cinquante ans licenciés, des aides publiques gaspillées, du diktat de la grande distribution dans nos secteurs, rien de vraiment dissuasif n'intervient, aucune politique industrielle claire et offensive n'est esquissée[9].

Ce constat reste valable, la désindustrialisation continue, dévastant des régions entières, traitées comme des périphéries négligeables. Si Givet se situe à 300 kilomètres de la capitale, elle n'est aussi qu'à une grosse centaine de kilomètres de Bruxelles et appartient à cette mégalopole européenne dont quelques géographes nous ont rebattu les oreilles pendant des années. Il est nécessaire d'aller dans ces endroits, non pour répondre à quelque goût obscène pour les friches industrielles et le glauque[10], mais pour prendre la mesure du désastre.

---

9. Christian Larose *et al.*, *Cellatex, quand l'acide a coulé*, Paris, Syllepse/VO, 2001, p. 50.

10. C'est ce que des collègues anglo-saxons appellent très justement le *ruin porn*. Voir le dossier « Crumbling Cultures: Deindustrialization, Class and Memory », *International Labor and Working-Class History*, n° 84, 2013.

Les défaites du monde ouvrier

La classe ouvrière s'en est trouvée défaite : vaincue d'abord, mais *dé-faite* aussi parce qu'elle a implosé. Les effectifs ouvriers n'ont cessé de diminuer depuis 1982 : ils représentaient alors 30,3 % de l'emploi total, ils n'en constituent plus que 19,6 % en 2019. 19,6 %, c'est moins que leur part dans la population active (qui intègre aussi les chômeurs), mais cette statistique permet de compter les ouvriers au travail : 5,3 millions contre 6,9 quarante ans plus tôt[11]. Licenciements, pré-retraite, reconversions et, de plus en plus, chômage ont frappé la classe ouvrière. La sidérurgie, les industries métallurgiques et mécaniques, le textile, la chaussure ont reculé, tandis que les mines ont achevé de disparaître. Des ouvriers ont voulu sauver leur boîte, leur emploi, leur vie et, le plus souvent, ces tentatives ont échoué. Je ne veux pas écrire qu'ils ont perdu, car on ne perd jamais à se battre. Quelques coopératives de production aussi se sont créées, valeureuses[12]. Mais le plus souvent, ces combats menés le dos au mur n'ont pas permis de sauver durablement des emplois.

Le tarissement des embauches dans les industries a privé de travail sur place toute une fraction de la jeunesse des milieux populaires. En Lorraine, par exemple, malgré l'installation d'usines automobiles et quelques investissements étrangers dans la sidérurgie, des dizaines de milliers de personnes, dont des ouvriers, partent quotidiennement travailler au Luxembourg et en Allemagne[13]. Dans le Doubs, les jeunes s'en vont vers le Jura suisse pour trouver un emploi[14]. Cette situation est difficile, mais il y a plus épouvantable : le syndicaliste Christian Corouge m'a raconté que cinq jeunes de la petite ville de Béthoncourt étaient partis s'engager en Syrie ; leurs pères étaient ouvriers chez Peugeot, à l'instar de mon interlocuteur.

Ce déclin numérique des postes de travail, spécialement dans les branches où la syndicalisation était la plus consistante, a précipité la disparition du mouvement ouvrier, c'est-à-dire des structures d'encadrement et de mobilisation de la classe, des structures qui la représentaient et la

---

11. Virginie Froment et Joëlle Vidalenc, « Les ouvriers : des professions toujours largement masculines », *Insee Focus*, n° 199, juillet 2000.

12. Maxime Quijoux, *Adieux au patronat. Lutte et gestion ouvrières dans une usine reprise en coopérative*, Vulaines-sur-Seine, Le Croquant, 2018 ; Olivier Lemort, « Genèse d'une contre-proposition ouvrière : de Fralib à Scop-Ti » *in* A. Blin *et al.* (dir.), *L'Utopie au jour le jour. Une histoire des expériences coopératives (XIXe-XXIe siècle)*, Nancy, Arbre Bleu, p. 87-99.

13. Pascal Raggi, *La Désindustrialisation de la Lorraine du fer*, Paris, Classiques Garnier, 2019.

14. Situation évoquée dans le dernier roman de Thomas Flahaut, *Les Nuits d'été*, Paris, L'Olivier, 2020.

défendaient. Quels que soient les efforts et la valeur des militants, la volonté de régénération du mouvement, le syndicalisme est réduit à la portion congrue dans l'industrie privée ; des figures proprement ouvrières peinent à émerger et surtout à exprimer la réalité contemporaine du travail industriel. Rares sont les représentants qui parviennent à porter la parole ouvrière dans l'espace public et à construire ainsi une légitimité. Certes, des conflits font émerger des visages : Jean-Pierre Mercier à PSA Aulnay, Xavier Mathieu à Continental Clairoix ou Michaël Wamen chez Goodyear à Amiens, mais qui sont autant de lucioles. Dès lors, et de plus en plus, le monde ouvrier est une classe « parlée », comme le disait Bourdieu à propos du monde paysan[15], laissant à d'autres (universitaires, cinéastes, experts divers) ou à des transfuges le soin de porter la réalité du travail ouvrier. Ainsi Joseph Ponthus, intellectuel que les hasards de la vie obligèrent à faire l'ouvrier, a-t-il écrit le quotidien dans les usines de l'agro-alimentaire dans le Morbihan[16] : d'abord l'ordinaire d'un mareyeur, occupé à manier poissons et autres bulots, puis la vie dans un abattoir. Dans ces lieux que le mouvement ouvrier a désertés ou dont il a été chassé, la conscience de classe s'est étiolée et racornie, mais les tâches à exécuter, les cadences à tenir et les conditions (le froid, l'humidité, les odeurs) rendent le travail proprement épouvantable. Chez Ponthus, comme chez tant d'autres ouvriers, les mains qui forcissent sont le stigmate d'une condition qui se traduit aussi par des douleurs physiques et l'épuisement. La beauté du livre tient dans l'écriture, l'humour dans la gravité, la littérature contre le désespoir et dans le point de vue qu'il maintient : il reste sur cette crête, à écrire à la fois en auteur et, pour ses collègues, en camarade. De même que René Char restait poète dans la Résistance qu'il écrivait dans ses *Feuillets d'Hypnos*, les feuillets d'usine sont pour Ponthus une manière de résister à l'aliénation et au désespoir qui le menacent.

Ce repli industriel très massif est en partie masqué dans les statistiques de la population active par la progression des ouvriers dans le secteur tertiaire : depuis une vingtaine d'années en effet, des postes de coursiers, de livreurs, dans la manutention et dans les services, avec des fonctions de commis et d'ouvriers cuisiniers, se sont multipliés. Mais ces emplois offrent souvent des salaires inférieurs à ceux de l'industrie, tandis que la répétitivité, avec une forte parcellisation des tâches, et la pénibilité prévalent, renvoyant à une intensification du travail dans ses secteurs, spécialement

15. Pierre Bourdieu, « Une classe objet », *Actes de la recherche en sciences sociales*, n° 17-18, 1977, p. 2-5.
16. Joseph Ponthus, *À la ligne. Feuillets d'usine*, Paris, La Table ronde, 2019.

la logistique[17]. Or ces travailleurs, par exemple dans les cuisines collectives ou dans leurs véhicules, ne se sentent guère ouvriers, d'autant que les établissements dans lesquels ils travaillent sont de taille souvent plus réduite et que la syndicalisation y est encore plus compliquée. Tous ces éléments concourent à une invisibilisation des ouvriers du tertiaire, lesquels dominent aujourd'hui numériquement.

Il faut donc s'interroger sérieusement : un pays sans industrie, sans productions ni producteurs, sans paysans ni ouvriers, est-ce encore un pays ? Un détour par l'orgueilleuse Angleterre peut éclairer notre réflexion. À Newcastle, dans cette région septentrionale où se sont bâties la puissance industrielle et la fortune du pays, un ouvrier des anciens chantiers navals se demandait : « Comment une île peut-elle vivre sans bateaux[18] ? » Que l'Angleterre ait besoin de navires et donc de chantiers navals lui apparaissait comme une évidence.

Je crois bien que la France aussi a besoin des chantiers de Penhoët à Saint-Nazaire et de ses usines diverses. Ce n'est pas seulement affaire d'indépendance et donc de souveraineté nationale. Il s'agit d'abord de faire droit à un groupe social qui *fait* le pays. Un pays ne peut pas se passer d'ouvriers (non plus que de paysans, d'artisans, d'ingénieurs d'ailleurs), bref de tous ceux qui relèvent de l'*homo faber*. Faire droit aux ouvriers, les compter (qu'ils soient de nationalité française ou étrangère, il faut y insister), c'est aussi refaire pays et refaire société : retisser un lien politique autour d'un projet à inventer (pour quoi, la France ? et pour qui ?). Ou, pour le dire autrement, « un pays n'est que la masse immense de ceux qui le font et le façonnent en ses profondeurs, gens du commun ou créateurs, travailleurs ou va-nu-pieds, mains d'acier ou de poète[19] ». Il faut rendre le pays à celles et ceux qui y travaillent.

---

17. Lucas Tranchant, « Les nouveaux emplois des ouvrières et des ouvriers : des O.S. du tertiaire ? », *Connaissance de l'emploi*, n° 164, 2020.
18. Alice Mah, « Memory, Uncertainty and Industrial Ruination: Walker Riverside, Newcastle Upon Tyne », *International Journal of Urban and Regional Research*, vol. 34, n° 2, 2010, p. 405.
19. Joseph Andras, *Kanaky*, Arles, Actes Sud, 2018, p. 260.

Mirages du technosolutionnisme

François Jarrige

« Le numérique n'est pas un secteur : c'est une transformation profonde de nos façons de produire, de consommer, d'apprendre, de travailler, d'échanger ; de vivre, tout simplement. » Le candidat Macron l'avait annoncé ; le président l'a fait : son quinquennat a mis en exergue la question du numérique, comme le montre l'importance acquise par le secrétariat d'État chargé du sujet. Si Jacques Chirac avait, dès 1995, nommé François Fillon ministre des « Technologies de l'information », c'est Nicolas Sarkozy qui pérennise la fonction avec un portefeuille consacré à « l'économie numérique ». Puis Axelle Lemaire, l'une des trois secrétaires d'État au Numérique de François Hollande, lance la *French Tech* avant de rejoindre en 2018 le cabinet de conseil Roland Berger afin de développer « Terra Numerata », « un éco-système mondial regroupant des jeunes pousses et entreprises innovantes », selon le jargon en vigueur. Il y a peu de domaines où les conflits d'intérêts et les circulations entre l'industrie et l'État sont plus manifestes que celui-ci.

Depuis 2017, deux figures ont occupé le poste de « secrétaire d'État au numérique ». Le premier, Mounir Mahjoubi, issu d'une famille d'ouvriers immigrés, devait incarner la promotion méritocratique et « l'ouverture ». Technicien réseau chez Club Internet, il obtient un master en finance et stratégie de Sciences Po, et s'essaye – sans succès – à la création de startups. L'opportunisme politique le conduit à rejoindre le sommet de l'État. Il n'en abandonne pas pour autant ses projets, comme ce « French Bureau » qui « accompagne de grandes entreprises dans leur démarche d'innovation ». Candidat malheureux aux élections municipales à Paris en 2019, il est remplacé au gouvernement par Cédric O. Le nouveau secrétaire d'État, diplômé d'HEC en 2006, a d'abord été un proche de Dominique Strauss-Kahn. Chargé de mission auprès du directeur industriel de Safran, puis responsable de production du même groupe de haute technologie entre 2014 et 2017, il devient ensuite conseiller du président de la République sur les questions numériques, tout en supervisant la privatisation du groupe Aéroports de Paris. Dans l'ombre, il est alors l'un des artisans majeurs de la politique numérique. Il est aussi l'un des principaux relais des lobbys du secteur au sommet de l'État et l'organisateur d'événements comme « Tech for Good » ou « Choose France », censés attirer les acteurs du numérique en France[1].

Resté relativement discret sur le plan médiatique depuis sa nomination au gouvernement, Cédric O encourage les initiatives de la direction interministérielle du Numérique (Dinum). Il soutient l'essor de la reconnaissance faciale et lance la création d'un « Next 40 », une sorte de CAC 40 des startups du numérique. C'est lui également qui porte le projet d'application StopCovid, ou le dossier de la 5G. Au nom du progrès, de l'emploi, de la compétition internationale et, désormais, des impératifs sanitaires, le déferlement numérique offre ainsi des opportunités pour faire carrière et remodeler l'État. Dans les cercles du pouvoir, ses partisans réactivent le pire du « bluff technologique », dénoncé en son temps par Jacques Ellul, ou ce que le militant Evgeny Morozov a proposé plus récemment d'appeler le « solutionnisme technologique » et « l'internet-centrisme », sorte de nouvelle religion du présent fondé sur une confiance excessive et naïve dans les solutions technologiques censées résoudre tous les problèmes[2].

---

1. Diane de Fortanier, Tiphaine Saliou et Guénaël Pépin, « Cédric O secrétaire d'État, les lobbys du numérique veulent croire en leur nouveau champion », *contexte.com*, 1er avril 2019 ; « Lobbys tech, Venture Capital, LREM : l'écosystème de Cédric O pour piloter le numérique », *LaLettreA.fr*, 12 juin 2020.
2. Evgeny Morozov, *Pour tout résoudre, cliquez ici. L'aberration du solutionnisme technologique*, trad. fr. M.-C. Braud, Limoges, FYP, 2014.

La comédie de la tech

Rien ne prédisposait Emmanuel Macron à embrasser la cause du capitalisme numérique : haut fonctionnaire puis banquier, il en était peu familier. Mais à partir de sa nomination au ministère de l'Économie en 2014, il s'appuie de plus en plus sur le milieu de la *French Tech* et se rend à Las Vegas au Consumer Electronics Show (CES), la grande convention mondiale annuelle des startups. Depuis, on ne compte plus ses rencontres avec le patronat modernisateur : inauguration en 2017 de la Station F de Xavier Niel, près de la gare d'Austerlitz à Paris, sommet « Tech for Good » à l'Élysée en 2019, lancement en grande pompe du « French Digital Day » la même année. Le 15 septembre 2020, le président de la République conviait encore en son palais la fine fleur de la *French Tech* en ouverture d'une convention organisée par France Digitale, l'association qui fédère les entreprises du secteur. Devant un parterre de patrons, premiers de cordée de la nation, le président débloquait cinq milliards d'euros et affirmait qu'« évidemment », la 5G serait déployée sans délai. Un choix dans le sens de l'histoire et du progrès : pays des « Lumières » et de « l'innovation », la France ne saurait se laisser dicter ses volontés par d'archaïques grincheux, adeptes du « modèle Amish ».

Naguère, on s'acoquinait avec les dirigeants des entreprises chimiques, métallurgiques ou pétrolières ; aujourd'hui, ce sont ceux du numérique qui ont leurs entrées au palais[3]. La langue de cette « noblesse d'État » « modernisatrice » se calque sur les discours publicitaires et managériaux des entrepreneurs du numérique. Le modèle « agile » de la startup est d'ailleurs revendiqué par l'entourage du président. En Marche s'apparente à un « parti-entreprise ». Pour le mouvement, le gouvernement et la France elle-même, un seul projet : créée « from scratch » (à partir de rien), l'entité fonctionnera en mode « bottom up » (« de bas en haut ») afin de réaliser la « team ambiance ». L'élite au pouvoir se félicite de sa supériorité ; méprise les gens du commun ; réécrit l'histoire. Dans une interview, Cédric O justifie le tournant numérique en cours et les investissements massifs dans le secteur par un étonnant parallèle : « Rappelons-nous, affirme-t-il, que c'est parce qu'à la fin du XIXe siècle et au début du XXe siècle, il y a eu des inventeurs et des

3. Attac et Fondation Copernic, *L'Imposture Macron. Un business model au service des puissants*, Paris, Les Liens qui libèrent, 2018 ; B. Dolez, J. Fretel et R. Lefebvre (dir.), *L'Entreprise Macron. Sociologie d'une entreprise émergente*, Grenoble, PUG, 2019 ; Monique et Michel Pinçon-Charlot, *Le Président des ultra-riches. Chronique du mépris de classe dans la politique d'Emmanuel Macron*, Paris, La Découverte, 2019 ; Michel Turin, *Startup Mania*, Paris, Calmann-Lévy, 2020.

entreprises qui ont développé la chimie, l'automobile, les chemins de fer et les avions, qu'aujourd'hui on a un modèle social qui est le nôtre et qu'on peut financer nos dépenses sociales[4]. » Rien n'est dit de l'essor du mouvement ouvrier, de ses luttes, des grandes crises sociopolitiques qui ont accompagné la formation de l'État social, mais qu'importe. Le plan de relance annoncé à l'automne 2020 prévoit ainsi des milliards d'argent public pour les startups et les « innovations de rupture » (intelligence artificielle, cloud, « big tech », cyber-sécurité, ordinateur quantique, « santé numérique », etc.) afin de créer les futures entreprises capables de rivaliser avec les grands groupes mondiaux. Pierre Musso a raison de souligner combien la figure d'Emmanuel Macron incarne « l'État-entreprise » à la française et la réactivation d'une véritable « mythologie agissante », une doxa technicienne qui façonne l'État et son action dans tous les domaines[5].

Des classes dominantes fascinées

Il n'est pas inutile de revenir brièvement sur la généalogie du soutien des classes dominantes au numérique. Avec Macron, s'installe au pouvoir l'internet-centrisme. Cette vision du monde, qui s'est largement emparée des élites politiques, est fondée sur la croyance que le « numérique », résultat d'une mutation à la fois révolutionnaire et inéluctable, serait la nouvelle infrastructure de nos vies, dont les principes pourraient être appliqués à tous les aspects du réel, à la politique comme au système agricole ou scolaire. L'idéologie numérique érige en modèle le fonctionnement de l'internet comme s'il s'agissait d'une force ou un ensemble unique, dont le principe d'« ouverture » (*open*) serait applicable dans tous les domaines. Mais l'internet des années 1980, celui de l'an 2000 et celui des années 2020 n'ont sans doute pas grand-chose à voir entre eux. Et l'on peut à bon droit penser que l'utopie initiale s'est largement retournée en dystopie[6]. À cet égard, l'ère Macron constitue une sorte d'apogée des idéologies de la communication, des impasses du déterminisme technologique

4. La Tribune TV Events, « #LaRentréeDeLaTech – Interview de Cédric O », YouTube, 9 septembre 2020. Il faut noter que l'intervieweur n'est pas un journaliste indépendant, mais un patron de startup : plus besoin de presse indépendante, puisque les autorités créent leur propre média et soutiennent financièrement des entrepreneurs qui en retour les interrogent de façon complaisante !

5. Pierre Musso, *Le Temps de l'État-entreprise. Berlusconi, Trump, Macron*, Paris, Fayard, 2019.

6. Félix Tréguer, *L'Utopie déchue. Une contre-histoire d'Internet, xv*[e]*-xxi*[e] *siècle*, Paris, Fayard, 2019.

et de l'enthousiasme acritique pour l'informatique déjà dénoncées dans les années 1990 en France par Lucien Sfez, Armand Mattelart ou Philippe Breton[7].

Plus profondément, la fascination des élites pour les innovations techniques trouve son origine au XIXe siècle, quand la puissance des États commence à reposer sur un capitalisme industriel et technologique dont la machine à vapeur fut sans doute le premier emblème. James Watt, promu héros national après 1830, est censé avoir dompté la nature pour la gloire de l'Angleterre[8]. De nombreuses autres figures prométhéennes suivront : Ford aux États-Unis, Bosch dans l'Allemagne nazie, les gourous de la Silicon Valley aujourd'hui... Les régimes autoritaires n'ont cessé de célébrer la technique et ses promesses d'émancipation. Sous le Second Empire, c'était le rôle des expositions universelles, vaste foire de la marchandise ; aujourd'hui, ce sont les shows de la *startup nation* et de la *tech* qui anesthésie et formate.

En France, les liens entre les élites, l'État et les entreprises privées ont été modelés de façon particulièrement forte par l'existence de corps issu des grandes écoles d'ingénieurs, à commencer par Polytechnique, qui devient un espace majeur de production de la « noblesse d'État ». Les X-Mines ou les X-Ponts, dont la légitimité et le pouvoir reposaient sur la promotion d'un nouvel ordre technique, ont ainsi façonné l'administration, modelé un conservatisme politique et social, tout en étendant leur emprise sur la gestion des appareils industriels. Au XXe siècle, les ingénieurs des grands corps d'État, à commencer par ceux des mines, n'ont cessé de circuler entre la sphère publique et les entreprises privées dont ils sont devenus les managers. Par la suite, les formations commerciales (HEC) et administratives (ENA) ont de plus en plus conduit à exercer ces fonctions. Pour tous ces groupes, la nouveauté technique était à la fois un moyen d'intervention sur le réel et un outil de légitimation de leur position.

Dans les années 1970 et 1980, ce ne sont pas des acteurs marginaux et contestataires, comme les *hippies* aux États-Unis, qui portent internet, mais les élites technocratiques. Elles y voient une occasion de restaurer leur pouvoir sur de nouvelles bases, après la forte contestation de leur domination par des grèves massives et l'essor des mouvements écologistes dans la vague des années 1968. L'ordinateur doit permettre une bonne administration et une gestion rationnelle du monde : « À peine apparues, souligne

7. Philippe Breton, *Le Culte de l'Internet*, Paris, La Découverte, 2000.
8. Christine MacLeod, *Heroes of Invention. Technology, Liberalism and British identity, 1750-1914*, Cambridge, Cambridge University Press, 2007.

François Cusset, les nouvelles machines sont l'objet d'un investissement fétichiste de la part de la frange éclairée du pouvoir, qui en fait un condensé de sa propre science administrative et de sa compétence sociale[9]. » Dans les années 1970, Valéry Giscard d'Estaing incarne cette modernité progressiste. Il désigne deux hauts fonctionnaires afin qu'ils réfléchissent aux conséquences de ces bouleversements. Ce sera en 1978 le fameux rapport d'Alain Minc et Simon Nora, best-seller vendu à 125 000 exemplaires, qui dessine la feuille de route censée guider les actions de l'administration éclairée. Il en sortira le Minitel, sorte d'internet modelé par la rationalité bureaucratique. L'alliance entre les élites administratives et économiques autour de l'informatique est ainsi nouée et scellée pour longtemps.

Rétrospectivement, la trajectoire de l'un des auteurs paraît emblématique. Diplômé de l'École des mines et de Sciences Po, sorti major de l'ENA en 1975, Alain Minc intègre l'Inspection générale des finances (1975-1979). Le rapport sur l'informatisation est son premier coup de maître : il l'installe comme une figure quasi prophétique. Dès 1979, il rejoint le groupe Saint-Gobain où il sera chargé notamment des prises de participation de l'entreprise dans l'industrie informatique. Cette longue carrière entre les médias, l'industrie et l'État à l'ère néolibérale le conduit logiquement à devenir proche conseiller d'Emmanuel Macron.

Depuis la fin du XIXe siècle, chaque génération a réinventé les circulations et alliances pour réaliser la fusion des élites administratives et économiques dont rêvaient tous les gouvernants depuis Napoléon. Le « pantouflage » n'a cessé de modeler les choix des élites hexagonales et de produire des effets délétères, alors que ces individus sont « plus imbus des préjugés des milieux d'affaires traditionnels, par souci de se fondre dans leur nouvelle catégorie d'élection[10] ». Le président et ceux qui l'entourent sont les héritiers les plus directs de ces générations de technocrates sûrs d'eux-mêmes, qui ont propulsé les modernisations productivistes et libérales après 1945, celles qui ont jeté le monde dans les crises permanentes et dans l'ère des catastrophes écologiques, sans jamais admettre la moindre part de responsabilité.

La conversion des élites technocratiques au langage des startups et à leur manière de voir s'est accélérée au début des années 2010, lorsque le numérique devient le nouvel horizon des promesses technoscientifiques.

---

9. François Cusset, *La Décennie. Le grand cauchemar des années 1980*, Paris, La Découverte, 2013.
10. Christophe Charle, « Le pantouflage en France (vers 1880-vers 1980) », *Annales*, n° 5, 1987, p. 1115-1137.

Les écoutes de la NSA, les « révolutions » du monde arabe qui auraient été portées par Facebook et Twitter, l'explosion des réseaux sociaux, l'impuissance face aux crises financières et aux ravages environnementaux : tout est prétexte à s'en remettre au numérique, censé offrir des solutions et des réponses pour affronter les crises. Mais, loin d'être un ensemble d'outils qu'un sage usage mettrait au service de l'émancipation, le numérique est une idéologie et un projet politique qui vise au pilotage automatique de la société. Il réactive le vieux rêve cybernétique d'un contrôle total qui permettrait enfin de gérer les populations sans avoir à négocier ou débattre, c'est-à-dire sans plus s'embarrasser de la démocratie[11].

L'enfermement technologique

Dès les années 1980, le sociologue Dominique Boullier dénonce « la tyrannie du retard », c'est-à-dire le discours selon lequel la révolution numérique s'inscrirait dans le sens de l'histoire, rendue inéluctable par la compétition internationale. L'enfermement des élites dans cet imaginaire explique leur incapacité à agir face aux défis socio-écologiques. Élément fondamental des discours et des pratiques politiques depuis le XIXe siècle, la peur du retard se renforce après 1945. Elle participe de l'injonction permanente au changement[12] et accompagne la modernisation en commandant notamment, à la fin du régime gaullien, l'émergence des commissions du Plan et de la Délégation générale à la recherche scientifique et technique (DGRST), mis au service de la grandeur du pays en associant étroitement industrie et recherche publique[13]. Ce discours public sur le retard joue toujours un rôle fondamental. Il repose sur une interprétation heureuse de la mondialisation et une glorification simpliste de « la science », en tant qu'elle permet de rivaliser avec les grandes puissances, sur le fondement de critères managériaux promus par des institutions comme l'Organisation de coopération et de développement économiques (OCDE).

La rhétorique tyrannique du « retard », avec sa promesse techno-scientifique débridée, scande les éditoriaux et les discours politiques. Entre les deux confinements de l'année 2020, un chroniqueur économique du

11. Philippe Vion-Dury, *La Nouvelle Servitude volontaire. Enquête sur le projet politique de la Silicon Valley*, Limoges, FYP, 2014 ; Yaël Benayoun, *Technologies partout, démocratie nulle part. Plaidoyer pour que les choix technologiques deviennent l'affaire de tous*, Limoges, FYP, 2020

12. Barbara Stiegler, *« Il faut s'adapter ». Sur un nouvel impératif politique*, Paris, Gallimard, 2019.

13. Julie Bouchard, *Comment le retard vient aux Français. Analyse d'un discours sur la recherche, l'innovation et la compétitivité, 1940-1970*, Lille, Presses du Septentrion, 2008.

Monde, qui œuvrait auparavant aux *Échos*, s'indigne qu'en matière de numérique, « la France [fasse] figure de pays sous-développé[14] ». Alors que tout concourt à la numérisation du pays à marche forcée depuis des années, l'éditorialiste défend l'adoption du modèle asiatique vanté pour sa capacité à soutenir les entreprises de technologie comme l'ont fait le Japon, la Corée, Singapour ou surtout la Chine. L'économiste libéral Philippe Aghion, propulsé en 2015 professeur au Collège de France, incarne aussi ce vieux discours sans cesse remis au goût du jour. Célébré comme un « modéré », ce conseiller de Macron en matière économique revalorise dans ses travaux la croissance, l'innovation et l'entreprise, l'entrepreneur comme condition du progrès des sociétés. Une resucée appauvrie de l'approche schumpetérienne caractéristique des décennies de modernisation de l'après-guerre.

Qu'il s'agisse de l'écologie, de l'école, de la ville, de la santé, dans tous les domaines on assiste au déferlement du numérique qui dispense de penser la racine des problèmes. En tout état de cause, la révolution numérique tant célébrée n'a rien d'immatériel : en France, les usages du numérique représentent déjà plus de 10 % de la consommation électrique, sans compter la fabrication des équipements ou leur traitement en fin de vie. En dépit de ce constat, l'État vante l'usage croissant des outils numériques et les impose à des populations souvent sceptiques. L'agriculture affronte une crise sociale et écologique massive ? Qu'à cela ne tienne, il faut accélérer la modernisation techno-industrielle pour la rendre compétitive et la faire entrer dans l'ère du numérique et de la robotique : « l'e-agriculture » est désormais célébrée et promue dans les écoles d'ingénieurs comme dans les salons professionnels ; elle devient un marché pour les productions des startups numériques.

Ce technosolutionnisme s'impose aussi à la réforme de l'État, à la lutte contre les inégalités territoriales, ou encore aux crises de l'école. Le patronat du numérique éducatif s'appuie ainsi sur le soutien du gouvernement pour remettre en cause le service public de l'enseignement[15]. Certes, les politiques de soutien à la « Ed-Tech » ne sont pas inédites : depuis les années 1970, les ministres ont adopté d'innombrables plans « informatique », « technologies de l'information et de la communication pour l'enseignement » (TICE) ou « numérique », comme le plan « Informatique pour tous » de Laurent Fabius en 1985. Mais, désormais, du haut au bas de

14. Philippe Escande, « En matière de numérique, c'est la France qui fait figure de pays sous-développé », *Le Monde*, 9 juillet 2020.
15. Voir l'enquête embarquée de Christophe Cailleaux, « La EdTech à l'assaut de l'éducation », *in* C. Biagini, Chr. Cailleaux et Fr. Jarrige (dir.), *Critiques de l'école numérique*, Paris, L'Échappée, 2019.

l'échelle, l'institution s'est autodisruptée, multipliant les instances, appelant à toujours plus d'accompagnement et d'outils de pilotage afin de décourager les résistances. Des portails de l'innovation se sont succédé sous différents noms, comme l'« Expérithèque » ou l'« Innovathèque ». L'influence des GAFAM comme Microsoft s'étend. En mai 2017, Mathieu Jeandron, alors directeur du numérique pour l'éducation au ministère (DNE), envoyait un courrier à tous les rectorats, confirmant qu'il n'y avait « pas de réserve générale sur l'usage des outils liés aux environnements professionnels chez les grands fournisseurs de service du web (GAFAM et autres) ». La large diffusion de ce document confidentiel suscita l'émotion, notamment de la part de la Cnil. Le malaise s'accentua lorsque le même Mathieu Jeandron rejoignit Amazon en 2018. Son successeur, Jean-Marc Merriaux, lui, est connu pour avoir vanté les mérites de la plateforme d'auto-édition d'Amazon auprès des enseignants lorsqu'il était directeur de Canopé, un organisme public chargé d'éditer des ressources pédagogiques.

Plus profondément, la numérisation s'étend peu à peu à tous les aspects de la vie et du quotidien, alors que les confinements et la crise pandémique du Covid-19 permettent de lever tous les freins et les doutes. Pour se déplacer, faire ses courses, se distraire, payer ses impôts ou accéder à un service public, le numérique devient peu à peu obligatoire, au nom d'une illusoire « dématérialisation » écologique et d'un supposé caractère pratique sans cesse vanté. Ceux qui s'y refusent sont stigmatisés comme victimes d'« illectronisme » et doivent être éduqués. Cette numérisation à marche forcée de la vie ne manque pas de reproduire fractures et inégalités, tout en offrant un magnifique cheval de Troie aux géants du web pour faire effraction dans nos vies

Conflits d'intérêts, déterminisme technique, fascination débridée pour le modèle de la startup, idéologie de l'innovation : le numérique colonise l'État et l'imaginaire de ceux qui le gouvernent. Malgré son coût environnemental et social. Mais c'est le propre d'une idéologie de se détourner des faits au risque d'accentuer les crises et destructions qu'elle prétendait pourtant combattre.

Villes sous tension

Max Rousseau

Mars 2018 : la ville de Roubaix met en vente une vingtaine de maisons (à rénover), au prix modique de 1 euro. L'opération suscite la curiosité. Les médias semblent découvrir la sortie hors du marché d'une partie du parc de logements et le déclin des villes d'ancienne industrie. Quarante ans de politiques d'attractivité n'ont pas suffi à enrayer cette spirale : les investisseurs privilégient les marchés métropolitains. Et, de fait, en 2020, Paris a dépassé la ville franche de Singapour pour rejoindre Hong Kong et Zurich dans le trio des villes où la vie est la plus chère. « Ville globale » au sommet de la hiérarchie urbaine, l'agglomération parisienne concentre 12,1 millions d'habitants et produit 30 % des richesses nationales. Comme Londres, elle fait figure de locomotive de la gentrification, happant les jeunes actifs avant que ces derniers ne gagnent les métropoles régionales – mais aussi les territoires connectés et attractifs de son arrière-pays. C'est qu'à Paris, les prix de l'immobilier ont augmenté de moitié lors des seules années 2010. Durant la même période, ils ont baissé d'un tiers à Saint-Étienne, où accéder à un logement coûte désormais... dix fois moins cher que dans la capitale.

L'aggravation des inégalités territoriales sous l'effet de la néolibéralisation des politiques urbaines a suivi trois grandes étapes. Dès les années 1980, les villes françaises se conforment aux nouvelles règles du grand jeu de la compétition mondiale et mettent en œuvre les premières mesures d'attractivité. Au cours des années 1990 et 2000, l'alignement des politiques urbaines sur les « bonnes pratiques » internationales masque la généralisation des stratégies de « montée en gamme » qui clôturent l'horizon des possibles[1]. À partir de la crise financière de 2008, on entre dans une phase caractérisée par l'austérité et la financiarisation. Ces dynamiques externes remodèlent des villes françaises, qui n'en conservent pas moins certaines spécificités liées au rôle historique de la puissance publique ainsi qu'aux contextes locaux. Désespéré, le cas de Roubaix suggère tout de même une volonté de régulation *malgré tout* : la commune exigeait des potentiels acquéreurs qu'ils démontrent leur capacité d'effectuer les lourds travaux de rénovation. Rien à voir, donc, avec la situation des villes américaines hors marché comme Détroit, où des maisons saisies après la crise des *subprimes* s'échangent sur eBay contre une poignée de dollars.

En France, les inégalités socio-spatiales tendent néanmoins à se diffuser et à s'accentuer. Une poignée de métropoles dynamiques (Paris, Lille, Lyon, Marseille, Nantes, Bordeaux) captent l'essentiel des flux de population ainsi que des investissements publics et privés. Dès 1999, seules les aires urbaines de plus de 200 000 habitants enregistrent des créations d'emplois. La crise de 2008 renforce encore cette tendance : aujourd'hui, ce privilège est réservé aux grandes métropoles de plus de 500 000 habitants – toutes les autres aires urbaines subissant des destructions d'emplois. Un tiers d'entre elles enregistrent, en effet, un déclin démographique et économique. Auparavant réservée aux seuls territoires de la « diagonale du vide » et aux bassins industriels sinistrés, cette déprise s'est rapidement étendue à tout le pays au cours de la dernière décennie, sous le double effet de la crise financière et des politiques d'austérité. C'est ainsi que des villes comme Épinal, Châtellerault et Vesoul ont rejoint Lens, Valenciennes ou Longwy, qui se débattaient dans le marasme. À l'échelle locale aussi, les inégalités s'accroissent : les catégories populaires sont reléguées de plus en plus loin des métropoles, elles-mêmes travaillées par des dynamiques conjointes de gentrification et de paupérisation, tandis que dans les villes en déclin, les logiques de ségrégation se durcissent. Et cette fragmentation déplace les conflits : longtemps cantonnés aux seules banlieues des grandes villes, ils touchent désormais l'ensemble de l'arrière-pays métropolitain, comme l'a

1. Max Rousseau, « Redéveloppement urbain et (in)justice sociale : les stratégies néolibérales de "montée en gamme" dans les villes en déclin », *justice spatiale | spatial justice*, n° 6, 2014.

montré le mouvement des Gilets jaunes. La ville néolibérale exporte ainsi ses contradictions au cœur de l'ancien monde rural.

Darwinisme urbain

La néolibéralisation urbaine prend son essor quand certains territoires entrent dans la spirale du déclin – déchéance de l'industrie textile de Roubaix-Tourcoing, fin de l'exploitation du bassin minier du Nord-Pas-de-Calais, démantèlement du bassin sidérurgique lorrain, etc. –, alors que d'autres voient la globalisation leur sourire. Avec la désindustrialisation, le capital se réoriente vers l'immobilier et permet au processus d'accumulation de reprendre son cours.

Les villes, notamment les plus grandes, rassemblent désormais les fonctions de commandement des chaînes de production internationales. Les politiques menées par l'État accentuent ce processus de différenciation : jusqu'au tournant des années 1980, pourtant, le commissariat général au Plan et la Délégation à l'aménagement du territoire et à l'action régionale (Datar) prenaient soin de répartir la production industrielle sur l'ensemble du territoire afin de maîtriser le développement inégal ; jusqu'aux années 2000, les directions départementales de l'Équipement (DDE) subvenaient aux besoins des collectivités locales dans la conduite de leurs projets d'aménagement.

Mais, avec l'offensive néolibérale, ce keynésianisme spatial prend fin. L'État se désengage progressivement de ses missions d'ingénierie. Les politiques de redistribution spatiale sont remplacées par les « politiques de localisation ». Celles-ci arment les espaces urbains les plus compétitifs et favorisent l'accumulation du capital en leur sein. Obéissant aux mots d'ordre de ce temps (décentralisation, politiques d'offre, flexibilisation), elles en déclinent les préceptes (projet, classements, bonnes pratiques internationales). Le lancement des « pôles de compétitivité » en 2004 ou du plan *Campus* en 2008 atteste de ce changement d'époque[2]. Le projet du Grand Paris, aussi, qui se concrétise sous la présidence de Nicolas Sarkozy. Dans un discours prononcé à Roissy en 2007, celui-ci expliquait : « Il n'y aura pas de France forte et ambitieuse si l'Île-de-France se recroqueville sur elle-même. Si elle renonce à construire les plus hautes tours d'Europe. Si elle renonce à attirer les meilleurs chercheurs du monde. Si elle renonce à son ambition d'être une place financière de premier plan. Les grandes villes de

2. Cf. Gilles Pinson, *La Ville néolibérale*, Paris, Puf, 2020.

province ont pris un élan démographique, économique, culturel extraordinaire ces dernières années. Je ne vois pas de honte à ce que la métropole parisienne les imite. Mais j'en verrais une à ce qu'elle se laisse distancer par Shanghai, par Londres ou par Dubaï. » La création de la métropole du Grand Paris couronne ce projet en 2016. Elle s'accompagne du déferlement de grands projets (concours « Inventons la Métropole du Grand Paris »). Dans son sillage, la préparation des Jeux olympiques de 2024 accélère la mutation de la capitale. La compétition internationale pour l'accueil des olympiades est habituellement féroce, mais cette fois, Paris s'est retrouvée seule en lice, après la défection de ses concurrents confrontés à l'hostilité de leur population.

Le modèle « Silicon Valley »

Avec la redistribution des cartes opérée par la nouvelle division internationale du travail, le territoire n'est plus considéré comme un simple *support* de la croissance, mais comme un *facteur* de compétitivité. À mesure que les systèmes productifs entrent en crise, les exécutifs locaux, notamment après la « vague rose » de 1977, se saisissent du développement local. Des stratégies de montée en gamme enrôlent la culture, le patrimoine ou l'environnement, bien avant que les métropoles ne se spécialisent dans l'« économie résidentielle » ou les nouvelles technologies. Sous couvert de mixité sociale, les stratèges urbains ciblent les groupes sociaux jugés les plus utiles au nouveau régime, des investisseurs aux étudiants, des touristes aux cadres. Le modèle de la Silicon Valley s'internationalise : on aménage des technopôles en périphérie des agglomérations ; puis on fait place nette à la « classe créative » dans les centres-villes.

D'abord enclenchée par la demande de groupes sociaux en ascension, la gentrification résulte de plus en plus d'une offre proposée conjointement par les politiques urbaines et le secteur privé. Respectivement lancés sous les mandatures de Gérard Collomb, Jean-Marc Ayrault et Martine Aubry, les mégaprojets « Lyon Confluence », l'« Île de Nantes » et « Eurallile 3000 » ouvrent de nouveaux espaces consacrés à la consommation de la bourgeoisie. Lieux de sociabilité populaire par excellence, les stades de football des grandes villes n'ont pas échappé à la règle. À l'image de ce qui s'observe à Liverpool ou à Manchester, leurs tribunes se sont embourgeoisées. Lors de l'Euro 2016 notamment, la construction et la rénovation de nombreuses enceintes sportives, dont certaines ont été rebaptisées pour l'occasion (Groupama Stadium à Lyon, Matmut Atlantique à Bordeaux, Stade Orange

Vélodrome à Marseille), ont favorisé cette forme de gentrification accompagnant la prise de contrôle des clubs par des acteurs financiers. Mais cette stratégie censitaire concerne également des villes de taille plus modeste. La réhabilitation d'ancien quartiers ouvriers s'appuie fréquemment sur un travail symbolique facilitant la dépossession-réappropriation : esthétisation des friches industrielles (Berriat-Saint-Bruno à Grenoble), aménagement des canaux hérités de l'industrie textile (Saint-Leu à Amiens), mise en valeur du front de mer (quartier portuaire Saint-Nicolas au Havre).

Dans un contexte concurrentiel, les édiles favorisent les incitations fiscales et le marketing urbain pour attirer la bourgeoisie et les capitaux. Trente ans après la campagne publicitaire « I Love New York », les marques urbaines font leur apparition en France. Conçue en 2007, sous la mandature de Gérard Collomb (2001-2017), « Only Lyon » est portée à la fois par les collectivités territoriales et des acteurs économiques (Medef, Aéroports de Lyon, Chambre de commerce et d'industrie, Eurexpo). Elle est, par ailleurs, soutenue par « l'engagement d'entreprises d'excellence » telles que Renault Trucks, Sanofi, EDF, Veolia ou JC Decaux et relayée par des campagnes de presse, dans le *Financial Times* notamment. Aux côtés des publireportages, les innombrables palmarès des « villes où il fait bon » vivre, étudier, vieillir ou investir revêtent une portée performative et sanctionnent directement les collectivités à la traîne. La compétition a son lot de perdants : dès le milieu des années 2000, par exemple, la municipalité de Saint-Étienne contracte des crédits proposés par Dexia pour réaménager la ville et la métamorphoser en « capitale du design ». Pari perdu : les « créatifs » ne s'installent pas et les emprunts se révèlent toxiques.

À la tête des métropoles, les élus consacrent le rôle du secteur privé dans la gestion urbaine. Opéré par Pierre Mauroy et Martine Aubry, le « tournant métropolitain » de Lille – construction du centre d'affaires Euralille, candidature aux Jeux olympiques, label « Capitale européenne de la culture » en 2004 – a été conçu dans des cénacles réunissant grands élus et patronat, l'ancien (industrie) comme le nouveau (banque, assurance). Ces « coalitions de croissance » ont renforcé le pouvoir des acteurs financiers qui, voyant dans la ville un secteur d'accumulation lucratif, investissent massivement dans les logements, les bureaux, les commerces, les plateformes logistiques ou les réseaux urbains. Banques d'affaires, fonds de pension, opérateurs de réseaux urbains, gestionnaires d'équipements ont profité des vagues de privatisation (logements, parkings, réseaux d'eau et d'assainissement, autoroutes) et du recours de plus en plus fréquent aux partenariats public-privé.

Mais la financiarisation de l'espace urbain ne se traduit pas seulement par ces placements et l'accumulation de la rente foncière. Elle se manifeste aussi par l'irruption du capitalisme de plateforme qui mercantilise le fonctionnement et les usages de l'espace urbain : WeWork pour les bureaux partagés, Uber pour les mobilités, Airbnb pour le tourisme[3].

Fragmentations spatiales

Dans ces « villes entrepreneuriales », la structuration d'oligarchies réunissant grands élus et représentants des grandes firmes au sein de ces villes « post-politiques[4] » capture la démocratie et renforce la ségrégation urbaine. C'est que l'ordre spatial de la ville néolibérale se caractérise par la juxtaposition de quartiers étanches. À la sécession des rentiers et des cadres supérieurs répond la cabanisation (baraques sans raccordement aux réseaux, mobile-homes, camionnettes transformées en habitat permanent) d'un précariat de plus en plus dépendant de l'économie informelle. En France, on dénombrerait cinq cents campements de ce type, malgré leur démantèlement avant chaque trêve hivernale. À Montpellier, douze bidonvilles s'étendent dans les interstices urbains comme les terrains vagues et les bretelles d'autoroute.

Avec l'explosion de la rente urbaine, la délégation du logement des précaires au secteur privé favorise une redistribution inversée. L'argent ruisselle des plus pauvres et des fonds publics (via les aides au logement empochées par les propriétaires) vers une bourgeoisie dont la rente a été reconstituée par les politiques publiques. Et, grâce à l'accès facilité au crédit, une partie de la classe moyenne embrasse ce « rêve rentier ». Depuis leurs banlieues cossues, des marchands de sommeil prélèvent les faibles ressources des habitants des centres anciens paupérisés de Perpignan, Béziers ou encore Saint-Denis, au bâti dense, insalubre et surpeuplé. Quant aux lotissements privés périurbains, ils constituent sans doute la forme archétypale de la ville néolibérale *made in* France. Au sortir de la crise du fordisme, l'offre massive de pavillons a fourni un relais bienvenu aux industries de la promotion et de la finance. Elle a aussi répondu à la demande des classes moyennes hantées par la peur du déclassement et de l'immixtion des pauvres, immigrés notamment, dans leur cadre de vie. Politiquement,

---

3. Cf. Antoine Guironnet, « Financiarisation », *in* M. Adam et É. Comby (dir.), *Le Capital dans la cité. Une encyclopédie critique de la ville*, Paris, Amsterdam, 2020.
4. Erik Swyngedouw, « The Post-Political City », *in* BAVO (dir.), *Urban Politics Now: Re-Imagining Democracy in the Neoliberal City*, Rotterdam, NAI Publishers, 2007.

l'accès sélectif à la propriété a permis de redistribuer les classes populaires dans l'espace, de les diviser et, enfin, de domestiquer les comportements par la soumission au crédit de longue durée. Les contradictions de l'étalement urbain se révèlent toutefois explosives : outre les dégâts environnementaux irréparables produits par l'artificialisation des sols, l'éviction des plus modestes dans des périphéries de plus en plus lointaines et la dépendance généralisée à l'automobile conduisent aujourd'hui à la multiplication de conflits susceptibles de fragiliser les fondements de la ville néolibérale.

Cités inhospitalières

Des émeutes des banlieues à la révolte des Gilets jaunes, en passant par les conflits feutrés entre élus locaux et gouvernement central, tout semble indiquer que la ville néolibérale est entrée en crise et qu'elle exporte cette crise à l'ensemble de l'arrière-pays. En témoigne la multiplication récente des zones à défendre (ZAD) contre les grands projets inutiles. Celle de Notre-Dame-des-Landes, née en 2014 d'une lutte contre la création d'un nouvel aéroport en périphérie de Nantes, est peu à peu devenue un espace d'expérimentation d'une vie collective en dehors des relations marchandes. La brutalité de son démantèlement en 2018 (plus de 10 000 grenades lancées par la police) s'explique par sa critique frontale de la métropolisation, mais aussi par l'alternative concrète au mode de vie capitaliste qu'elle donnait à voir. D'autres luttes suivront comme celle à Roybon contre l'aménagement d'un Center Park ou dans le « Triangle de Gonesse » contre le projet Europacity.

La conflictualité intensifie les politiques de surveillance dans les métropoles. Les attentats (ou menaces d'attentats) constituent un puissant moteur de cette tendance continue depuis les années 1990. À la suite des attentats de Paris en 2015, on a adjoint au plan Vigipirate l'opération Sentinelle, qui déploie l'armée dans les métropoles. Depuis quelques années, l'avènement du modèle de la « *safe city* » profite à un marché privé en plein essor : recrutement massif de vigiles, installation de blocs de béton barrant les accès aux centres piétonniers, conception de drones observant les manifestations, expérimentation de la reconnaissance faciale dans des parcs de vidéosurveillance urbaine de plus en plus privatisés… Cet urbanisme sécuritaire cible particulièrement les plus pauvres et rappelle, comme sous le Second Empire, le modèle de la « ville revanchiste ». Les préceptes de la « prévention situationnelle », formulés aux États-Unis dans les années 1970, visent à empêcher la criminalité dans les espaces publics.

De manière moins explicite, leur fonction est aussi de chasser les « indésirables ». Les arrêtés anti-mendicité ; les bancs inclinés ou dotés d'arceaux, les pics métalliques et les grilles ; les coupures d'eau des fontaines ou, au contraire, les douches froides à déclenchement automatique ciblent classiquement les sans-abris, « perdants des perdants » de la ville néolibérale. Mais la sophistication du mobilier urbain « défensif » permet aussi d'évincer des catégories de plus en plus larges d'« indésirables » (diffusion de musique classique supposément anti-squatteurs, boîtiers à ultrasons anti-adolescents, utilisation d'un éclairage bleu dans les gares afin d'empêcher l'injection d'héroïne, etc.). Ces dispositifs façonnent une ville inhospitalière, conçue comme un pur lieu de passage, où il s'agit d'optimiser les flux.

Dans le même temps, un nombre croissant de règlements d'urbanisme relève d'un « *zonage exclusionnaire* ». Édiction de normes de qualité des matériaux de construction, établissement de minimums parcellaires de taille importante (jusqu'à 2 000 mètres carrés la parcelle constructible), sélection des locataires des logements sociaux : tous ces outils accélèrent la filtration de l'espace urbain et durcissent la ségrégation à l'échelle métropolitaine. Par ailleurs, les instruments créés pour protéger les terres agricoles périurbaines (ZAP, PENAP, PIG, etc.) sanctuarisent les lotissements huppés. Une barrière environnementale d'autant plus indiscutable qu'elle se pare des vertus de la « durabilité ». Enfin, le regroupement en intercommunalités (ou en Scot) de communes riches permet de maîtriser le peuplement et de capter la rente métropolitaine, sans pour autant contribuer à financer les équipements et services des cœurs métropolitains – qui continuent, malgré les dynamiques de gentrification, à héberger les populations les plus pauvres. De telles intercommunalités se structureront par exemple autour d'un aéroport et/ou d'un parc d'activités dont elles s'approprieront la manne fiscale (communauté de communes de l'Est lyonnais, communauté d'agglomération du Pays de l'Or à proximité de Montpellier, etc.). Dans certains cas, qui rappellent les « métropoles pauvres » américaines comme Cleveland, la périphérie peut aller jusqu'à prendre le contrôle politique d'une ville-centre pauvre, comme à Mulhouse dont l'intercommunalité est désormais dirigée par le maire d'une petite commune suburbaine aisée[5]. Au final, ces tactiques sapent la principale promesse du grand récit métropolitain : une redistribution accrue par la croissance urbaine.

5. Éric Charmes, *La Revanche des villages. Essai sur la France périurbaine*, Paris, Le Seuil, 2019.

Loin des cœurs métropolitains en surchauffe, qui s'affirment comme les pionniers de la « croissance verte », les villes en déclin constituent l'autre facette visible de la néolibéralisation urbaine *made in France*. Nettement moins médiatisées, certaines font pourtant désormais figure de laboratoires, pour le meilleur et pour le pire. Avec la disparition des emplois et le retrait de l'État, de nombreuses périphéries glissent actuellement vers des formes de régulation clanique et la recréation d'identités collectives sous l'égide de l'extrême droite. Mais dans d'autres territoires, au contraire, des pratiques et politiques récentes favorisent l'émergence d'un modèle de développement alternatif. Dunkerque, grande ville en décroissance, a mis en œuvre la gratuité des transports en commun ainsi qu'une fondation territoriale pour créer des emplois à haute utilité sociale (le Dunkerquois solidaire). À Decazeville, ville minière en déclin structurel de l'Aveyron, une filière du bois (valorisation du robinier utilisé pour le soutènement des galeries) a relancé l'emploi artisanal. À Vitry-le-François, ville moyenne en déprise de la Marne, les préoccupations autour des dépenses énergétiques croissantes (des habitants comme des entreprises) ont favorisé l'éclosion d'un système énergétique décentralisé. Celui-ci fournit aux collectivités locales un premier levier pour planifier une reconversion autour de l'économie circulaire et de la consommation locale. Peu médiatisé, le déclin urbain constitue la face cachée de la métropolisation. Dans les espaces marginalisés, s'invente souvent le dépassement du modèle de la ville néolibérale.

Bureaucratie néolibérale

Isabelle Bruno et Grégory Salle

Devoir remplir un formulaire fastidieux, faire face à un interlocuteur obtus, déchiffrer un imprimé obscur, relancer un correspondant invisible, être baladé de service en service, se voir notifier inopinément une convocation impérative, soumettre une candidature aux caprices d'un algorithme, recevoir une décision défavorable sans espoir de recours... Telles sont quelques-unes des manifestations ordinaires de notre confrontation récurrente, sinon incessante, à ce que nous nous figurons volontiers être la « bureaucratie ». Un terme que nous associons tout aussi volontiers à des représentations déplaisantes, même dans des secteurs censés nous protéger (comme celui de la santé) ou nous élever (comme celui de l'éducation) : lenteur et lourdeur, rigidité et opacité, voire absurdité. Autant d'impressions bien fondées, mais qui ne permettent pas de comprendre la bureaucratie en général et la bureaucratie néolibérale en particulier.

Le terme de « bureaucratie » pose un problème immédiat : celui de la connotation nettement péjorative que lui confère le langage courant. Quoi de plus honni que le bureaucrate comme individu et la bureaucratie comme système ? Peu de qualificatifs politiques sont tombés dans une disgrâce aussi totale. On serait bien en peine d'ailleurs de trouver quiconque prêt à endosser sérieusement et, *a fortiori*, à revendiquer une telle désignation.

Tout le monde ne déteste pas le capital, mais tout le monde déteste la bureaucratie. Cette aversion s'exprime tant dans les courants de pensée communistes – du trotskisme au conseillisme – qu'en régime capitaliste. Le terme oscille ainsi, depuis son origine, entre le concept et l'anathème. Aujourd'hui, la charge stigmatisante ou dépréciative du mot tend à l'emporter sur toute autre considération. Naguère, le discours conservateur s'en prenait à la bureaucratie pour mieux justifier le démantèlement des services publics ; au temps de la pandémie de Covid-19, elle lui sert de cible commode pour blâmer la gestion de la « crise » sanitaire, en passant sous silence le lien de causalité entre cette crise et ce démantèlement.

Conceptuellement, le terme a pourtant une riche histoire derrière lui. Il a suscité au cours du XXe siècle l'attention d'intellectuels aux inclinations diverses, d'Alfred Sauvy (*La Bureaucratie*, 1961) à Pierre Naville (*Bureaucratie et révolution*, 1972), de Michel Crozier (*Le Phénomène bureaucratique*, 1963) à Cornelius Castoriadis (*La Société bureaucratique*, 1973), d'Étienne Balazs (*La Bureaucratie céleste*, 1968) à Claude Lefort (*Éléments d'une critique de la bureaucratie*, 1973), pour s'en tenir à des titres phares signés par des intellectuels français. La liste n'est nullement exhaustive : des sociologues aussi différents qu'Henri Lefebvre ou Pierre Bourdieu, par exemple, y ont consacré des développements notables. Elle pourrait d'ailleurs s'allonger de quantité d'articles produits par des plumes moins célèbres dans des revues académiques plus ou moins confidentielles. Il ne s'agit pas ici de se replonger dans ce vaste ensemble, mais simplement de rappeler une histoire théorique et politique qui se perd dans les usages courants et parfois savants.

« Bureaucratisation totale »

Le constat d'une perte d'intérêt pour l'analyse savante de la bureaucratie, par comparaison avec un pic d'intensité atteint dans la première moitié des années 1970, est d'ailleurs le point de départ du livre de David Graeber sur le sujet[1]. L'ouvrage de l'anthropologue états-unien est certainement l'entrée en matière la plus accessible et la plus espiègle que l'on puisse trouver sur ce sujet apparemment rébarbatif. Engageons donc la discussion – hélas posthume – quitte à frayer ensuite une voie argumentative différente de la sienne à l'aide d'autres guides.

---

1. David Graeber, *Bureaucratie*, trad. fr. F. et P. Chemla, Paris, Les Liens qui libèrent, 2017.

Dans *Bureaucratie*, les exemples tirés de la culture populaire et, plus généralement, de la vie ordinaire côtoient de vastes sauts dans le temps et l'espace, aussi bien que des considérations théoriques générales. Tantôt frontalement, tantôt obliquement, l'ensemble analyse les aspects habituellement associés à la bureaucratie, comme le formalisme ou l'impersonnalité. L'association de la profusion (l'abondance de règles) et du tatillonnage (leur application bornée) apparaît d'autant plus redoutable qu'elle encadre désormais tous les aspects de l'existence : c'est la thèse d'une « bureaucratisation totale ». Si cette idée semble faire directement écho à l'expérience commune, elle joue cependant avec des stéréotypes bien ancrés. Retenons ici deux arguments, en les appliquant à la situation française.

Premièrement, contrairement à une fable soigneusement entretenue (quoique désormais éventée), bureaucratisation et mise en marché ne sont nullement incompatibles, bien au contraire. L'auteur propose même une « loi d'airain du libéralisme » ainsi formulée : « Toute réforme de marché – toute initiative gouvernementale conçue pour réduire les pesanteurs administratives et promouvoir les forces du marché – aura pour effet ultime d'accroître le nombre total de réglementations, le volume total de paperasse et l'effectif total des agents de l'État. » Alors que les représentations dominantes rabattent la figure du bureaucrate sur celle du fonctionnaire public, l'empreinte de la bureaucratie privée sur les rapports sociaux est tout aussi profonde – si tant est que l'on puisse distinguer deux sphères, tant État et Marché sont entremêlés. Depuis les années 1980, la dénonciation idéologique des tares de l'administration publique française est devenue monnaie courante, mais la critique épargne généralement la prolifération bureaucratique générée *par* et *dans* les entreprises lucratives – qu'on pense seulement à l'oligopole des opérateurs de téléphonie mobile ou au système de gestion des performances qui pèse sur les agents bancaires. Dans le même temps, les principes de fonctionnement des organisations capitalistes ont phagocyté les services publics, y compris dans des secteurs traditionnellement éloignés de la quête du gain, depuis l'hôpital, où l'inflation bureaucratique coïncide avec l'introduction d'une logique de rendement et même de capitalisation[2], jusqu'à la Poste, à la fois restructurée selon les préceptes managériaux et redéfinie par l'adjonction de services marchands[3]. Quant à « l'accroissement de l'effectif total des agents de l'État », s'il existe,

2. Pierre-André Juven, Frédéric Pierru et Fanny Vincent, *La Casse du siècle*, Paris, Raisons d'agir, 2019.
3. Nicolas Jounin, *Le Caché de La Poste*, Paris, La Découverte, 2021.

il ne doit masquer ni la précarisation professionnelle, ni l'externalisation de tâches au secteur privé, jusque dans la gestion carcérale, administration régalienne par excellence.

Deuxièmement, loin de la figure du bureaucrate parasite mais inoffensif, il convient d'associer la bureaucratie à la violence, aux inégalités et au profit. C'est le second volet de la « loi d'airain du libéralisme » : les politiques favorables au marché « vont étendre le champ et la densité des relations sociales régulées en dernière analyse par la menace de la violence ». Le pouvoir bureaucratique convoque toujours une force contraignante, virtualité nécessaire à l'imposition des règles, plus ou moins masquée à des fins de légitimation. Il s'agit de contenir les rapports sociaux inégalitaires dans le cadre d'un système certes animé par des logiques diverses, mais ultimement commandé par l'accumulation et le profit. Bien sûr, la violence bureaucratique s'exerce à travers la langue – qu'on appellera *Lingua Quintae Respublicae* (LQR), ou *Lingua Capitalismi Neoliberalis* (LCN)[4]. Un jargon expert, comptable, aliénant, qui n'a aucun problème à désigner les supérieurs hiérarchiques comme « n+1 / +2 / +3 » ; parfois même involontairement comique comme lorsque la « novlangue *corporate* » loue l'« agilité » des « licornes ». Mais la violence bureaucratique n'est pas que symbolique. Elle s'exerce aussi sur les corps à travers la matérialité d'objets prosaïques, de l'incontournable « paperasse » (qui encombre les victimes de « phobie administrative » ou accable les mal nommés sans-papiers) à la matraque, la grenade, le LBD (qui mutilent). Du formulaire au Flash Ball, du bureau du Préfet au terrain du CRS, il y a toute une chaîne bureaucratique dont la brutalité n'a rien d'abstrait. Le déchaînement des violences policières en France n'est pas l'expression d'un dehors de la bureaucratie néolibérale, ni l'antithèse de la pression managériale censée rationaliser l'exercice du maintien de l'ordre. Ce n'en est que l'envers, ou plutôt le prolongement opérationnel. De même, ce n'est pas un hasard si la bureaucratisation néolibérale de l'administration de l'asile – « produire, individualiser, exclure » – coïncide avec une hausse des rejets des demandes[5].

Bien que l'ouvrage de Graeber soit surtout taillé sur le modèle états-unien, le lectorat français ne se sent pas dépaysé. Que l'on soit agent de Pôle emploi, salariée dans une association, artiste ou magistrate, on se retrouve sans mal dans les descriptions où l'auteur traite de la façon dont un esprit

4. Éric Hazan, *LQR*, Paris, Raisons d'agir, 2006 ; Sandra Lucbert, *Personne ne sort les fusils*, Paris, Le Seuil, 2020.
5. Karen Akoka, *L'Asile et l'Exil*, Paris, La Découverte, 2020, chap. 9.

bureaucratique étouffe la vie professionnelle, de la prolifération de sigles à la pression des chiffres, de l'appel à des cabinets de *consulting* aux exigences de *reporting*, de la montée en puissance des services de « com » au montage perpétuel de projets, le tout poussé par une exhortation tous azimuts à la performance. Si, en traversant les frontières et le temps, le pouvoir bureaucratique peut se révéler protéiforme, il présente aussi des traits stables. Pour autant, on ne peut s'en tenir à une figure générique. Il faut spécifier la bureaucratie néolibérale en tant que telle[6]. Que le néolibéralisme ne soit nullement exclusif de la bureaucratie, que les deux soient, au contraire, parfaitement compatibles, la chose est entendue. Que, de surcroît, cet essor conjoint ne soit pas accidentel, mais fonctionnel, cela mérite certainement d'être martelé. Il faut cependant aller plus loin : caractériser la singularité d'un pouvoir qui produit de la liberté pour mieux la consommer.

De la contrainte extérieure à la comptabilité de soi

Prenons un exemple connu de toutes et tous dans la France confinée des années 2020 : l'« attestation de déplacement dérogatoire ». Un document des plus officiels, dont on ignore les conditions de production et les critères de formalisation, et dont le contenu fluctue pour des raisons tout aussi opaques (le nombre de motifs distingués est ainsi passé de cinq en mars 2020 à quinze en mars 2021, avant de retomber à douze après la prompte éviction de la version maximaliste). Un document que l'on est tenu de compléter par soi-même et d'avoir sur soi pour administrer la preuve qu'avant d'exercer ce qui est en principe une liberté fondamentale (se déplacer), on s'est plié aux règles d'exception en vigueur. Un document censé concilier souplesse et fermeté, laissant du jeu à celui ou celle qui le renseigne, mais dont le défaut de présentation est sanctionné par tout un arsenal de sanctions allant de 135 euros d'amende à six mois d'emprisonnement. Un document simple, au format A4, qui donne néanmoins lieu à de multiples interprétations, y compris sur son caractère juridiquement obligatoire.

Un tel document mérite de toute évidence le qualificatif de bureaucratique et ses propriétés kafkaïennes ont été souvent dénoncées ou moquées. Mais sa dimension néolibérale est le plus souvent restée inaperçue. Certes, il ne met pas ostensiblement en jeu le culte de la

6. Celle qu'avait, avant Graeber, cernée Béatrice Hibou dans une analyse bien plus aboutie sur ce plan (*La Bureaucratisation du monde à l'ère néolibérale*, Paris, La Découverte, 2012).

performance, la concurrence ou encore l'esprit entrepreneurial caractéristiques du néolibéralisme. Pour autant, il procède du souci néolibéral de responsabiliser des individus en équilibre plus ou moins précaire sur une ligne de crête entre autorisation et interdiction. « Libres » de télécharger ou non l'application TousAntiCovid qui les informera tout en les suivant à la trace ; « libres » d'exploiter la maigre latitude laissée par une attestation qui offre (tacitement) l'opportunité de tricher (un peu) sur l'heure de sortie ; « libres » de négocier avec leur employeur les conditions du télétravail, d'un chômage partiel ou d'une exposition aux risques de contamination qui vaut aux « concitoyens en première ligne », à défaut d'une digne rémunération, de chaleureux applaudissements. Les nécessités sanitaires fonctionnent ici comme un miroir grossissant, donnant à voir comment la bureaucratie néolibérale aménage un environnement socialement différencié, misant sur l'incitation plutôt que sur la coercition – néanmoins toujours prête à mordre – pour canaliser les (« bonnes ») volontés et capter une force de travail optimisée. Un environnement dépolitisé où tout se passe comme si, nécessité sanitaire oblige, les décisions politiques avaient cédé le pas à une « gestion de crise » en pilotage automatique, renseignée et orientée par toute une batterie de données probantes, de chiffres clés, d'indicateurs épidémiologiques.

La bureaucratie néolibérale se singularise ainsi en gouvernant par des nombres, par des modèles statistiques, par des « faits », produits et assénés pour clore les débats et l'horizon des possibles. Elle cible les collectifs dont elle individualise les membres et reformule leurs rapports dans les termes de la compétition. À cet effet, elle agit sur les affects, l'autonomie professionnelle (le « sens du métier »), l'implication et les initiatives personnelles. C'est en ce sens qu'elle consomme la liberté des gouvernés et revêt des allures d'autogouvernement. Même standardisée, l'attestation n'opère que parce que nous y apportons *a minima* notre concours : nous devons la remplir nous-mêmes pour la rendre valide, contrairement à une pièce d'identité dont toute modification est, au contraire, absolument prohibée. La persistance de la bureaucratie s'explique en partie par le fait qu'elle n'est pas (qu')un pouvoir extérieur. Nous y participons autant qu'il s'exerce sur nous.

Graeber met d'ailleurs sur le compte de la bureaucratisation le fait que « pratiquement tout le monde comprend qu'il faut apprendre à effectuer soi-même les tâches autrefois déléguées aux agents de voyages, aux courtiers et aux comptables ». Débordant la figure traditionnelle du bureaucrate à son guichet, la bureaucratisation en est venue à contaminer l'ordinaire de nos gestes quotidiens. Nous étions des bureaucratisés passifs, nous voilà activement enrôlés. Pour autant, la classe parasitaire des bureaucrates identifiés comme tels n'a pas disparu. Aux apparatchiks d'hier s'ajoutent les bureaucrates 2.0 ou 3.0. Parés d'atours *high-tech*, ils incarnent les *bullshit jobs*, ces « boulots à la con » qui, du consultant au publicitaire et jusqu'au *chief happiness officer*, sont économiquement et socialement valorisés, mais au fond superflus et même nuisibles. Non pas tant par les ressources qu'ils captent au détriment du plus grand nombre, que par leur position clé dans la reproduction de l'ordre social propre au capitalisme financier.

À ce stade, revenir à l'étymologie n'est sans doute pas inutile pour éclairer ce double problème relatif à la qualification et à l'exercice de la bureaucratie. À l'origine, le bureau – la bure – est une grosse étoffe de laine, une sorte de tapis (on parle alors de drap de bureau) que l'on mettait sur une table, avant que le mot en vienne à désigner la table elle-même. Une table sur laquelle écrire et compter – de l'argent, des biens, des ressources. Le bureau fait ainsi référence aux activités consistant à inscrire, consigner, assigner, dénombrer, mesurer, calculer, documenter… Voilà que le néolibéralisme entre en scène et avec lui un art de conduire les conduites qui rend les individus comptables de leurs (contre-)performances. Afin de les plier à l'ordre bureaucratique, quoi de plus efficace et économe que de les mettre directement à la table du bureaucrate, non pas face à lui mais sur sa chaise, à sa place. Poussée à son comble, la bureaucratie néolibérale culmine en une bureaucratisation de soi. C'est le *quantified self*, le *self-coaching*, le management de soi – il en existe des manuels, ajoutant au paradoxe de l'injonction à devenir soi-même. Proposons ici de parler plutôt de comptabilité de soi, pour jouer sur un double sens : comptage, mais aussi responsabilité (*accountability*). Il s'agit de documenter soi-même ses actions, de chiffrer leurs résultats, de comparer ses performances avec d'autres. Autrement dit, d'administrer la preuve de ce qu'on fait, de ce qu'on est, aussi instantanément que possible. C'est le chercheur qui, incité sans y être à proprement parler obligé, comptabilise ses publications et, pour être bien sûr du nombre total, les numérote pour en afficher immédiatement la quantité sur sa page professionnelle, voire un site internet à son nom, objectivant ainsi de lui-même sa propre « excellence » tout en entrant sinon dans un rapport concurrentiel, du moins dans une émulation pressante avec ses collègues. Plus généralement, c'est l'abonnée au réseau social LinkedIn qui y met en ligne son profil, met en scène sa carrière et consulte fébrilement le nombre de vues. La bureaucratie, comme pouvoir d'inscription, de documentation, crée par là des preuves agissant comme des aiguillons, qui font faire, qui incitent à s'améliorer, à faire mieux que l'autre. Un pouvoir productif, fabriquant des données et des subjectivités tendues vers une performance étroitement définie, mais prise dans une logique d'accumulation qui, elle, est indéfinie, à l'instar de celle du capital.

La figuration humaine classique du bureaucrate était au XXe siècle celle d'un homme vétilleux en costume gris, assis derrière un bureau, un stylo à la main ou les doigts sur un clavier. La figuration non humaine désormais répandue est celle de l'algorithme au pouvoir aussi irrésistible qu'impénétrable. À la bureaucratie aurait succédé la technocratie. Retournons les choses : et si la figure ultime du bureaucrate néolibéral n'était ni le parasite improductif, ni la technologie désincarnée, mais plutôt le joggeur en tenue pimpante, courant à l'air libre et quantifiant ses propres performances par appareil électronique interposé ? Non pas qu'il exerce directement un pouvoir bureaucratique, bien entendu. Mais, agi par la conception néolibérale de la gestion de soi, il produit de la valeur en transférant, de son plein gré ou presque, des données personnelles à des multinationales qui en font commerce. Et, ainsi, nourrit un capitalisme numérique qui vante les mérites de l'immatérialité, de la légèreté, de la convivialité, mais qui ne pourrait concrètement fonctionner sans une bureaucratisation du monde.

Les contradictions de la débureaucratisation

Il est tentant de se représenter la bureaucratie comme un type de pouvoir certes pénible, encombrant, mais relativement inoffensif par rapport à des régimes dont les noms nous font davantage frémir, comme la dictature ou le totalitarisme. De telles distinctions sont pourtant douteuses, comme le suggérait Hannah Arendt lorsqu'elle évoquait, au tournant des années 1970, « peut-être la plus impressionnante de toutes ces hégémonies : la bureaucratie, pouvoir d'un système complexe de bureaux où ni un seul, ni les meilleurs, ni le petit nombre, ni la majorité, personne ne peut être tenu pour responsable, et que l'on peut fort justement qualifier de règne de l'Anonyme[7] » – en d'autres termes, un règne exercé par « personne », dont elle indique qu'il est le plus tyrannique de tous. C'est dire qu'il ne s'agit

7. Hannah Arendt, *Du mensonge à la violence*, trad. fr. G. Durand, Paris, Pocket, 1989 [1972], p. 138.

nullement d'une petite question. Et combien aussi il est difficile de s'y confronter, pratiquement plus encore que théoriquement.

Parti de l'idée déconcertante qu'à l'inverse de la droite, la gauche n'a pas ou n'a plus de théorie critique de la bureaucratie, Graeber renversait ensuite la perspective : en réalité, la gauche est par définition une critique de la bureaucratie. Elle doit donc reprendre la main sur le sujet. S'il faut trouver un antonyme de bureaucratie, quoi d'autre que l'autogouvernement, c'est-à-dire la démocratie ? Défendant une thèse voisine, le théoricien de la culture Mark Fisher précisait un peu plus ce que l'on pouvait entendre par là : « Si le néolibéralisme a triomphé en incorporant les désirs de la classe ouvrière post-68, une nouvelle gauche radicale pourrait commencer par s'appuyer sur les désirs que le néolibéralisme a fait naître, mais qu'il s'est montré incapable de satisfaire. Par exemple, elle devrait affirmer qu'elle peut réaliser ce que le libéralisme a notoirement échoué à faire : réduire massivement la bureaucratie. Cela nécessiterait une nouvelle lutte sur le travail et son contrôle, une affirmation de l'autonomie ouvrière (par opposition à un contrôle par les managers), assortie d'un rejet de certains types de travail (comme les audits à outrance qui sont devenus un incontournable dans le postfordisme)[8]. »

Vaste programme à l'évidence, pour des raisons formant un ensemble solidement ficelé. Il faut compter avec l'incrustation de la bureaucratie dans les plis du social, surtout si l'on admet qu'une caractéristique de sa version néolibérale est l'emboîtement des rapports de domination, entraînant des effets en cascade : bureaucrates évalués, contrôleurs contrôlés, comme dans le cas des travailleurs sociaux chargés de la surveillance des « assistés[9] ». Il en résulte une difficulté, voire une impossibilité : celle d'apercevoir une voie de sortie qui rend la situation paralysante. On comprend dans ces conditions que, pour sortir de la tétanie, certains proposent des mesures empiriques à la frontière entre le sérieux et la dérision (« Au lieu de remplacer un fonctionnaire sur deux, éliminer trois formulaires sur quatre : réorienter vers le service des usagers l'énorme masse de travail ainsi économisée[10] »). Au risque d'attirer outre mesure l'attention sur l'État plutôt que sur les entreprises privées, tout aussi intrusives.

Or cette incrustation ne découle pas d'un développement insensé, mais est liée à une profonde ambivalence, tenant elle-même aux bénéfices procurés

8. Mark Fisher, *Le Réalisme capitaliste*, trad. fr. J. Guazzini, Genève et Paris, Entremonde, 2018 [2009].
9. Vincent Dubois, *Contrôler les assistés*, Paris, Raisons d'agir, 2021.
10. « Débureaucratiser », *Multitudes*, nº 66, 2017, p. 68-70.

par la bureaucratie et à ce que Graeber appelle (pour le questionner) son « attrait caché ». Qu'on le veuille ou non, le pouvoir bureaucratique peut apparaître comme un moindre mal par rapport à l'arbitraire des rapports de domination interpersonnels ou aux aléas de l'autorité charismatique. Il peut même présenter bien des avantages de principe pour organiser la vie sociale : prévisibilité, régularité, voire égalité de traitement. À sa manière, l'État social moderne à la française, capturé ou démantelé par le néolibéralisme, était aussi une vaste bureaucratie. À sa manière, c'est-à-dire : non encore corsetée dans le carcan monétariste, ni imbibée par la rationalité managériale, donc fonctionnant quelque peu différemment en dépit de traits communs.

Une fois abandonnée l'hypothèse psychologique de l'« attrait caché », il reste la recréation d'une forme de bureaucratie appelée par la division du travail dans une société hautement différenciée, et ce, y compris dans la perspective d'un changement profond de l'organisation socio-économique. Sécurité sociale et fonctionnariat, bientôt salaire à la qualification en fonction d'un barème préétabli ou gestion de caisses à l'échelle macrosociale[11] : bureaucratie, forcément. Préemption de territoires ou sanctions effectives des atteintes à l'environnement, et à plus forte raison planification écologique : *idem*. Même à l'échelle réduite, quiconque a la moindre expérience d'une organisation militante devant contrecarrer sa propre tendance interne à la bureaucratisation comprend le problème. On peut (et il faut) inventer les moyens de subvertir ou de désamorcer la bureaucratie néolibérale, de débureaucratiser *et* nos pratiques *et* nos imaginaires, mais on conçoit mal l'idée même de s'affranchir de la « bureaucratie générale », au sens où Frédéric Lordon parle d'un « État général[12] ». C'est en cela aussi que spécifier la bureaucratie néolibérale importe : parce que l'on cible alors moins le pouvoir lui-même que la rationalité qui l'informe. Moins grisant, mais plus lucide, le pari est alors : non pas imaginer se débarrasser de la bureaucratie (car on ne se débarrasse pas des relations de pouvoir), ni se borner à l'horizon de sa réduction, toutes choses égales par ailleurs, mais chercher continûment les meilleurs agencements bureaucratiques possibles par l'exercice d'une critique systématique, d'une résistance en acte. Et commencer *petit*, par soi-même, en refusant de se faire le bureaucrate de sa propre existence.

---

11. Bernard Friot, *Vaincre Macron*, Paris, La Dispute, 2017.
12. Frédéric Lordon, *Vivre sans ? Institutions, police, travail, argent…*, Paris, La Fabrique, 2019.

3

LE MÉPRIS AU POUVOIR

Le chiffre ou la vie

François Ruffin

« Ce n'est pas à l'entreprise de payer. »

Au banc des ministres, ce jeudi 30 janvier 2020, Muriel Pénicaud se tient droit dans ses bottes. Qu'examine aujourd'hui notre Assemblée ? La plus terrible épreuve, à coup sûr, qu'un homme, qu'une femme, ait à affronter : perdre son enfant. Un député (de centre-droit), Guy Bricout, a proposé un « allongement du congé de deuil de cinq à douze jours ». Il en appelle à la « simple humanité ». Mais les parlementaires macronistes, eux, sont en pilote automatique, lisant leurs papiers, déclarant crânement : « Quand on s'achète de la générosité à bon prix sur le dos des entreprises, c'est quand même un peu facile », tellement habitués à ne plus voir que ça, l'existence sous forme de lignes comptables.

Je protestais, en mode humaniste et œcuménique : « On parle de la tragédie des tragédies. Je pensais que, sur ce sujet, nous marcherions tous main dans la main... » Un député Les Républicains, Pierre Cordier, disait sa « honte ». Sa collège Brigitte Kuster allait, elle, « au-delà de la honte » : « On est incrédule devant votre décision. Vous nous répondez juridique. Vous avez une commission dite des affaires sociales, mais elle n'en porte plus que le nom, cette commission... »

La ministre pliait, mais sans rompre, perdue, attendant un ordre d'en haut, qui ne venait pas. Elle récitait son catéchisme : « Ça va pénaliser l'entreprise », ânonnait péniblement sur « la vie de l'entreprise », alors qu'on lui parlait de la vie tout court. La proposition fut donc rejetée, tout juste : par 40 voix contre 38. Ce vote soulevait, aussitôt, un scandale sur Twitter et dans les cœurs. Car leur dogme, jamais énoncé, bien sûr, mais toujours appliqué, d'habitude souterrain, sous-jacent, soudain apparaissait, flagrant : l'économie avant la vie.

L'art de refouler le réel

Dans leur « grand projet », par exemple, la loi « retraites », où parlent-ils de la vie, de cette « nouvelle étape de la vie », comme la peignait, comme l'espérait Ambroise Croizat ? Nulle part. L'économie, oui : 125 occurrences de « finance », 63 de « financier », les euros partout, leur obsession. Mais le « bonheur », jamais. Le « repos », zéro. L'« art d'être grand-père », nulle part. Quel but vise-t-on ? Quelle vie veut-on, alors que le crépuscule se rapproche ? Va-t-on s'épanouir encore dans l'emploi, avec appétit, avec envie ? Ou souhaite-t-on essayer d'autres voies ? Doit-on s'user à la tâche, compter les jours, les mois, les années, comme un prisonnier, jusqu'à une quille qui s'éloigne, 63 ans, 65 ans, ou 67 ans ? Ou câliner ses petits-enfants, les conduire au handball et à la guitare, leur faire planter des choux et des clous, leur apporter du temps, le temps qui souvent manque aux parents, surchargés, overbookés, courant, courant ?

On peut « débattre » durant deux mois des retraites et de leur « déficit », et de notre « compétitivité », et par-dessus tout de notre « déficit de compétitivité ». Cette question, en revanche, n'est pas posée : qu'est-ce qu'une vie bonne ?

Tous les pans de la vie sont ainsi traités, maltraités, passés aux oubliettes, à la moulinette d'une calculette.

Les transports, par exemple, le rail. Au printemps 2019, sous la houlette de Bruxelles, nous était offert un « nouveau pacte ferroviaire »... qui ne contenait pas une seule fois le mot « climat », pas une seule fois « biodiversité », pas une seule fois « réchauffement ». Dans une Europe où les transports comptent pour un quart, environ, des émissions de gaz à effet de serre, dans une Europe où les camions défilent sur les autoroutes d'est en ouest et du nord au sud, dans une Europe où la pollution de l'air provoquerait, chaque année, 800 000 morts prématurées, dans cette Europe-là, aujourd'hui, en pleine crise environnementale, c'est presque un exploit littéraire, digne du Georges Perec de *La Disparition*, un « lipogramme » législatif : tout un texte de loi sur les transports, une centaine de pages, sans – je le répète – les mots « climat », « biodiversité », ou « réchauffement ».

En revanche, « concurrence » comptait 85 occurrences ! C'est leur obsession. C'est à travers ces seules lunettes, de la « concurrence », de la « compétitivité », que toute la société est regardée.

« Concurrence, croissance, mondialisation » : voilà leur triptyque sacré. Contre vents et marées, contre la planète, contre le vivant.

Les députés En Marche ont en moyenne entre 40 et 50 ans, comme moi, et comme Emmanuel Macron. Comme nous, ils ont connu dans leur brève existence l'effondrement de la biodiversité. En ces quarante années, en une génération, 40 % des oiseaux ont disparu, 60 % des vertébrés, presque 80 % des insectes. Durant la décennie à venir, ce sera pire : la catastrophe devrait s'accélérer. Nous vidons les airs, les mers, la terre. Et même sous terre, les lombrics se font rares. Nous rendons l'eau imbuvable, l'atmosphère irrespirable. Et pourtant, malgré tout ça, le dogme reste. Nous continuons d'organiser le grand déménagement du monde. Sous Macron, six traités de libre-échange ont été négociés : Japon, Canada, Singapour, Vietnam, Mercosur et Mexique. Au printemps 2020, le président parle de « folie » pour désigner le libre-échange. Mais en plein confinement, l'UE, avec la bénédiction de Macron, négocie l'importation de 20 000 tonnes de bovins avec le Mexique ! C'est que ces bêtes ne sont que des marchandises, des denrées, du « minerai », chiens et chats exceptés.

Tenter de ramener à la vie, ramener de la vie, c'est subir le même mépris que la vie elle-même : « Durant les vacances de Noël, je racontais dans l'hémicycle, la mère d'une amie, âgée de 90 ans, est tombée chez elle. Les pompiers l'ont conduite à l'hôpital d'Amiens, au service gériatrique. Dès son arrivée, les soignantes l'ont prévenue : "Nous ne sommes que trois pour trente patients. Nous n'aurons pas le temps de nous occuper de vous." Cette promesse a été tenue. Si, durant son séjour, son plateau-repas lui fut servi, sans aide, l'assiette demeurait intacte devant elle. Le bassin pour ses besoins fut longuement oublié sous ses fesses. Lorsqu'elle eut soif, on estima qu'elle avait assez bu comme ça. »

Un député du groupe LREM : « Quand finirez-vous les effets de théâtre ? »

M. François Ruffin : « Souvent, cette vieille femme pleurait. Mais elle n'était pas la seule : les soignantes, elles aussi, pleuraient. Au fil de la semaine, elles se confièrent à mon amie : "Cet après-midi, nous avons eu une réunion de service. On a dit à notre chef qu'on n'en pouvait plus, qu'on faisait mal notre travail, que les patients étaient mal soignés. Ils nous répondent plan de retour à l'équilibre. On pleure et ils nous parlent budget !" »

« Arrêtez votre cinéma ! », sur les bancs du groupe LREM.

On assiste presque à une mise en abyme, ici : le manager de l'hôpital refuse d'entendre, tout comme les députés En Marche. Ils sont habités par le même réflexe : on leur parle de la vie, du travail, de la maladie, ils répondent chiffres, euros, « plan de retour à l'équilibre ». Il y a une continuité, au fond, une homogénéité idéologique, de tout un encadrement, à l'hôpital, à la SNCF, à La Poste, dans les banques, les médias, les entreprises, aux députés En Marche, en passant bien sûr par la Commission européenne et un paquet d'autres instances, où se forgent une langue commune, des obsessions communes, un impératif au-dessus de la vie : « concurrence », « compétitivité ».

Qui s'oppose à ce dogme est moqué dedans, soit, peu importe. Mais il est broyé dehors : 5 mains arrachées, 25 yeux crevés, 321 crânes ouverts. C'est le prix à payer pour s'être révolté durant un hiver en jaune. Rebellé contre quoi ? Contre un peu tout. Contre une taxe sur le gasoil. Contre un président arrogant. Contre une France d'en haut qui décide pour nous. Contre les flux, les flux de capitaux, les flux de marchandises, qu'on ralentissait sur les ronds-points. Contre, au fond, j'en suis persuadé, une crise métaphysique : quelle vie voulons-nous mener ? Quelle société voulons-nous ensemble ? Pour nous, pour nos enfants, acceptons-nous que la « mondialisation », la « concurrence », la « compétitivité » passent au-dessus du reste, écrasent d'autres valeurs ? C'était confus, mais partout là, à la lueur des braseros ou dans le brouillard des lacrymos.

Aussitôt, le pouvoir a quitté son sourire de « bienveillance » et a montré les crocs. Il fallait effrayer, marquer les corps par des coups. Et même chasser les totems, les emblèmes : gardes mobiles et bulldozers étaient envoyés pour effacer les fresques murales arborant la couleur honnie, pour confisquer et découper à la tronçonneuse le portrait de Marcel à Dions (Gard), pour détruire les Arcs de Triomphe, Tours Eiffel et autres pyramides en palettes, des œuvres populaires façon facteur Cheval, mais, semble-t-il, menaçantes. Vaincre ne suffisait pas, il fallait interdire l'image, le souvenir, de cet instant où « Jojo le Gilet jaune » s'était redressé, avait espéré.

Cette violence, les institutions internationales s'en sont inquiétées. Trois rapporteurs des Nations unies ont jugé que « le droit de manifester en France a été restreint de manière disproportionnée lors des manifestations récentes des Gilets jaunes » (14 février 2019). La commissaire aux droits de l'homme du Conseil de l'Europe, Dunja Mijatović, a recommandé (en vain) la « suspension » du lanceur de balles de défense (LBD), déplorant notamment « un manque de clarté quant aux données relatives aux personnes blessées ». Michelle Bachelet, la Haut-Commissaire aux droits de l'homme de l'ONU, a demandé « l'ouverture urgente d'une enquête sur tous les cas rapportés d'usage excessif de la force » (6 mars 2019). L'écrivain et avocat François Sureau, proche d'Emmanuel Macron, dénonçait « cette « loi de la peur », comme il y a eu une loi du « sacrilège » sous la Restauration, et qui vise à prévenir en réalité le retour du sacrilège commis contre les institutions. « Si l'on est attaché aux libertés, on ne peut pas l'admettre. » Puis : « C'est le citoyen qu'on intimide, et pas le délinquant. »

À l'Assemblée, avec constance, et sur tous les bancs, les députés se lèvent, et moi avec, pour les militaires, les policiers, les gendarmes, tués « en opération », victimes d'attentats terroristes, blessés lors d'une intervention. Mais pour Zineb Redouane, 80 ans, décédée à Marseille, aucune minute de silence. Pour l'œil de Jérôme Rodrigues, rien. Pour la main de Manuel, intérimaire venu de Valenciennes, rien. Pour Steve, animateur noyé à Nantes, rien. Pas un hommage, pas une fois, pour ces « gens qui ne sont rien », et qui font néanmoins la France. Ces vies-là ne comptent pas.

Present at work

Au printemps 2020, pourtant, le dogme a tremblé.

« Sauver des vies, quoi qu'il en coûte. » Sept fois, en une allocution, sept fois, le 12 mars 2020, le chef de l'État a répété le mot « vie » : « Ces gestes sauvent des vies, des vies. » Et dans ce redoublement, dans cette redondance, on percevait toute la gravité de l'instant, toute sa prise de conscience. Il adressait la « reconnaissance de la Nation à ces héros en blouse blanche, ces milliers de femmes et d'hommes admirables qui n'ont d'autre boussole que le soin, d'autre préoccupation que l'humain, notre bien-être, notre vie, tout simplement ». Il insistait sur « l'urgence », « l'urgence de protéger nos compatriotes », « l'urgence de freiner l'épidémie », « ce sont là nos priorités », « la priorité absolue sera notre santé ».

Dans la foulée, le président Macron rebattait les cartes : « Il nous faudra demain tirer les leçons du moment que nous traversons, interroger le modèle de développement dans lequel s'est engagé notre monde depuis des décennies et qui dévoile ses failles au grand jour [...]. Ce que révèle d'ores et déjà cette pandémie, c'est que la santé gratuite sans condition de revenu, de parcours ou de profession, notre État-providence, ne sont pas des coûts ou des charges mais des biens précieux, des atouts indispensables quand le destin frappe. Ce que révèle cette pandémie, c'est qu'il est des biens et des services qui doivent être placés en dehors des lois du marché. Déléguer notre alimentation, notre protection, notre capacité à soigner, notre cadre de vie au fond, à d'autres, est une folie. Nous devons en reprendre le contrôle [...]. Les prochaines semaines et les prochains mois nécessiteront des décisions de rupture en ce sens. Je les assumerai. »

La vie passait devant l'économie.

Et l'économie serait remise dans les clous.

Très vite, j'ai douté. C'est mon footing qui m'a alerté.

Je courais seul le long de la Somme, sur un chemin de halage quasi désert. Un ragondin qui rejoint la berge. Un héron qui s'envole à mon passage. Puis des bruits de perceuse... Je lève le nez vers l'autre rive : c'est un gros chantier de construction, des immeubles destinés à des « appartements de standing », je crois, des parpaings gris couverts de fausses briques rouges, et j'aperçois les gars, avec leurs casques, à tous les étages des échafaudages, autour de la bétonnière, posant les fenêtres. Y a pas « confinement » ? je m'interroge. On ferme les écoles, les collèges, les bars, les commerces, mais dans le bâtiment tout continue comme avant ?

Le doute m'a saisi, je n'avais pas compris.

De retour chez moi, après la douche, par téléphone, j'ai fait la tournée des popotes.

Chez Valeo, Freddy, le délégué CGT : « Justement, je ne peux pas te parler longtemps, tous les salariés viennent de débrayer. Ils veulent rencontrer la direction, mais pour l'instant, elle sort pas. Chez nous, y a déjà huit cas de Covid-19, et un neuvième suspecté... On est le premier foyer infectieux sur Amiens.

— Un "cluster".

— Voilà, c'est ça. D'ailleurs, on a reçu l'ordre en anglais du PDG, on "*must be present at work*". »

Chez Amazon, à Boves, à côté d'Amiens : « Là, sur Facebook, je viens de voir : cinq malades, décompte Jérémy. Le matériel de travail, les scanners, les Caces, les PC, rien n'est nettoyé. Mais la direction m'a répondu que les toilettes sont désinfectées ! Comme si je passais plus de temps aux WC qu'à mon poste ! C'est la panique chez les salariés. Des dizaines ont demandé des droits de retrait, mais les chefs ont répondu non. Parce que pour eux, cette crise, c'est le moment idéal : les gens sont enfermés chez eux, ils commandent sur internet... Pas question qu'on s'absente. »

Chez Coriolis, un centre d'appels : « Y a de la colère, chez nous, parce qu'on a déjà des cas. La direction nous avait fait miroiter le télétravail, mais pour les factures EDF, c'est pas permis. Trois cents téléconseillers doivent revenir, sans masque ni rien, bien sûr. À la place, ils nous offrent le sandwich et le café... »

Chez Dunlop, enfin : « Y a un cas de Covid-19 avéré, depuis au moins dimanche, me raconte un ouvrier, anonyme. Et l'activité se poursuit normalement. Je ne comprends pas : on doit se confiner chez nous, mais ici, on forme des équipes de cent quarante personnes et ça n'est pas un souci. L'important, nous a dit la direction, c'est de "liquider les stocks". On a même gonflé la production ! On nous a donné des lingettes pour nettoyer les machines ! Des lingettes ! Comme pour le cul des bébés ! » J'ai appelé le directeur de l'usine, qui m'a fait remarquer : « Je respecte les lois, je respecte les décrets. Dans son allocution d'hier, le président n'a rien dit sur le travail, il ne nous a pas demandé d'arrêter. »

En effet.

« Nous sommes en guerre », avait lancé Emmanuel Macron, martial. « Un combat contre l'épidémie », « de jour comme de nuit, rien ne doit nous en divertir », avec toute « notre force d'âme », rien de moins : il fallait « renoncer à ses proches », plus question de « réunions familiales ou amicales », plus question de « regroupements extérieurs ». Et pour ça, il nous l'ordonnait : « Je vous demande de rester chez vous. » Mais « pneumatiques » et « embrayages » figuraient-ils parmi les exceptions ? Indispensables à une économie « de guerre » ?

Le président n'avait qu'effleuré le sujet : parmi les « exceptions », il y avait « les trajets nécessaires pour aller travailler si le travail à distance n'est pas possible »... Pourquoi passer si vite, à peine une ligne, même pas une phrase complète, cinq secondes, pour des millions de salariés ? Pourquoi pareille discrétion ? Pourquoi tant d'imprécision ?

Le Premier ministre ne se montrait guère plus clair. Le samedi, fermant illico restaurants et bistrots, il avait exigé d'« impérativement limiter les déplacements, les réunions, les contacts ». Mais côté travail ? C'était le silence, juste une allusion : lui avait seulement évoqué « les personnels essentiels à la continuité de la vie de la Nation ». Qui donc était « essentiel » ? Les « pneumatiques » et les « embrayages » ?

Reprenant du service télévisuel, le mardi, sur France 2, Édouard Philippe nous l'ordonnait, et sur tous les tons : « Nous demandons aux Français de rester chez eux », il nous le demandait « instamment », il nous le demandait « fermement », il nous le demandait, « pour nous », « pour les autres », « pour les soignants ». Avant d'enchaîner : « Il y a des cas dans lesquels ils peuvent sortir de chez eux : lorsqu'ils vont directement à leur travail »... Lui aussi le glissait, mais comme en loucedé, se faufilant, slalomant, comme s'il s'agissait d'un petit « cas » particulier.

Pourquoi pareille discrétion ?

Pourquoi tant d'imprécision ?

Par honte.

C'est qu'à demi-mot, ils énoncent une absurdité, et ils le savent. Une obscénité, même. Donc, ils survolent, pressés de quitter ce terrain incertain, d'en revenir à leur refrain, plus noble, sur le « dévouement des médecins, infirmiers, ambulanciers, agents des Samu et de nos hôpitaux », les seuls travailleurs évoqués.

Eux demeurent dans le non-dit.

Dans l'interdit, au sens littéral : c'était, à l'époque, « impossible à dire ».

Le ministre de l'Économie, Bruno Le Maire, se faisait poli : « J'invite » – il invitait, sympa, comme à une fête –, « j'invite tous les salariés des entreprises encore ouvertes et des activités indispensables au bon fonctionnement du pays – nettoyage, traitement des eaux, industrie agroalimentaire, grande distribution – à se rendre sur leur lieu de travail. La sécurité sanitaire passe par le maximum de Français chez eux. Mais il y a aussi la sécurité économique. Il faut que les marchandises alimentaires puissent circuler, qu'il y ait de l'électricité, de l'eau potable. Il y a continuité de la vie économique du pays. » La rhétorique se met en place : qui niera, évidemment, qu'il faille maintenir « l'électricité », « l'eau potable », « le nettoyage », « les marchandises alimentaires » ? Les ministres se plaisent à lister ces secteurs-clés, que l'on ne risque pas de contester. Mais derrière ? Les « pneumatiques » et les « embrayages » ?

Muriel Pénicaud, ministre du Travail, sortait de ses gonds : « J'en appelle au civisme des entreprises. Je suis scandalisée de voir qu'hier, la fédération du bâtiment a écrit à tous les artisans d'Auvergne-Rhône-Alpes en disant : "Arrêtez tous les chantiers." Quand un syndicat patronal dit aux entreprises : "Arrêtez d'aller bosser, arrêtez de faire vos chantiers", ça, c'est du défaitisme. » Quelle défaite ? Quel « combat » menait-elle ? Contre le virus ? Dans la foulée, elle lançait ses agents, contrôleurs, inspecteurs, non pas pour s'assurer que les salariés sont bien protégés, que la sécurité sanitaire est garantie, que les postes sont désinfectés, que les gels hydro-alcooliques sont à disposition, que les masques sont bien portés, mais pour « repérer », « signaler », pour « challenger » les entreprises qui fermeraient le temps du confinement, le temps de recevoir les gels et les masques...

Le président lui-même, après ses tergiversations, ses hésitations du début, se mettait au charbon : « Le pays doit tourner. La France a besoin d'une industrie qui tourne. »

Enfin, la doctrine se clarifiait, limpide.

Restait à la répandre, à la partager.

Dans sa circulaire adressée aux préfets, Christophe Castaner l'énonçait désormais franchement : « Il est impératif que la vie économique de la Nation soit la moins impactée possible par la gestion de cette crise sanitaire [...]. Les établissements industriels, entrepôts, marchés de gros, sont autorisés à fonctionner. » Concluant sa missive, il se montrait optimiste : « Je rappelle qu'en Italie, les mesures de restrictions similaires qui démontrent leur efficacité quant à l'endiguement de la pandémie ont néanmoins permis à l'économie de fonctionner presque à la hauteur de ses capacités habituelles. »

Telle était donc la voie à suivre, d'après le ministre de l'Intérieur : cette Italie où les morgues débordaient, où les crématoriums tournaient en permanence, où les bancs étaient ôtés dans les chapelles pour faire de la place aux cercueils, où l'armée était mobilisée pour évacuer les cadavres ! Voilà notre modèle, l'exemple vanté par le sommet de l'État auprès de tous les préfets du pays. Et pourquoi ? Parce que « l'économie fonctionne presque à la hauteur des capacités habituelles ».

Interdiction est faite...

Éprouvaient-ils de la honte ?

Ils nous jouaient du violon, leurs voix chevrotaient sur « sauver des vies, des vies », sur « l'urgence de freiner l'épidémie », sur « la priorité absolue pour notre Nation sera notre santé », et en même temps, en même temps, « l'impératif économique » se poursuit ?

Ils interdisent à mes enfants, à Joseph, à Ambre, huit et onze ans, de voir leurs copains copines Salomé, Bachir, Jules, Nada, Maëlys, pour un foot au parc, d'ailleurs ils interdisent l'accès au parc, interdit de gambader dans l'herbe, interdit de se cacher derrière un arbre, interdit d'attraper les grenouilles dans la mare, ils les privent de printemps, et en même temps, en même temps, ils autorisent, pardon, ils obligent, ils contraignent, les salariés à se retrouver par centaines, des journées entières, la nuit aussi, le week-end compris, pour fabriquer des « pneumatiques » et des « embrayages ». Et ailleurs des rétroviseurs, des serrures, des câbles téléphoniques. Sur des sites où, au passage, des cas de corona sont d'ores et déjà avérés.

Ils interdisent aux fils de rendre visite à leurs parents dans les Ehpad, ils interdisent aux pères de rendre visite à leurs fils, à peine nés, dans les maternités : « Je suis trop triste, on passe nos premiers jours séparément, écrit Lise, jeune maman, je n'en ai pas dormi de la nuit, moral à zéro. Toute seule à la maternité avec bébé, et Greg seul à la maison. C'est tellement pourri. » Mais l'essentiel est sauf : « Bonsoir. Je fabrique des voiles pour bateaux dans le Morbihan. Mardi dernier, le patron nous a dit de rentrer chez nous, que nous allions nous mettre en chômage partiel. Puis il m'a rappelé : le préfet a écrit une lettre aux Morbihanais et aux Morbihanaises leur disant qu'il fallait reprendre un minimum d'activité afin de pallier au deuxième fléau : la pire récession du siècle. Donc, je fabrique des voiles de bateaux, pour des bateaux qui sont cloués dans les ports, qui ne peuvent pas sortir, puisqu'il y a confinement. Est-ce qu'on est vraiment indispensable à la vie du pays ? »

En revanche, mon copain Xavier n'ira pas à la cueillette des champignons, privé de cèpes et de bolets, les forêts de l'Oise et d'ailleurs sont prohibées. Dans son hameau des Alpes, Gilles ne se permet pas une escapade en montagne, les gendarmes scrutent les massifs vides depuis le ciel. Près de Lons-le-Saunier, Philippe sort l'apéro dans son jardin, et un drone braillard le rappelle à l'ordre : « Alerte coronavirus ! Restez chez vous ! » Les plages sont proscrites, plus de promenade dans les plaines, plus de pêche le long des rivières... Pourquoi ? Pourquoi, alors que ces activités de plein air, possiblement solitaires, s'accommodent sans difficulté du périmètre de sécurité ? On est au-delà du sanitaire, ici, dans ce « tout interdit ». Avec mon mauvais esprit, je devine ce plaisir du pouvoir, un brin sadique, démonstration de sa puissance : il peut tout contrôler, arrêter la vie.

Même végétale, la vie.

Alors que je courais à nouveau, très tôt, j'aperçois une silhouette sur le chemin de halage, une lampe torche sur le front. Un monsieur, qui revenait des hortillonnages, avec ses radis et ses céleris en contrebande. Il se sentait pris en flagrant délit. Il semait la nuit, dans la clandestinité...

— Après, on va rater la saison, il s'excusait.

— Je vous rassure, je ne compte pas vous dénoncer aux autorités.

— Mon voisin de 87 ans, d'habitude, il passe ses journées dans son jardin, hiver comme été. Là, il est confiné, privé de sortie. Ils vont le tuer, le papy. Rien ne va pousser dans son carré, il est catastrophé. C'est déjà la mort pour lui…

Sous les dehors de la Raison et de la Science, nous vivons un temps de folie.

Mais ils vont toujours plus loin.

Sur France 2, le Premier ministre est interrogé : « Cette téléspectatrice nous demande : "Un ami est décédé il y a 48 heures. Avons-nous le droit de nous rendre à son enterrement ?" »

Édouard Philippe : « Ce que je vais dire est terrible à entendre, mais je me dois d'être à la hauteur des fonctions que j'occupe et je vais répondre non. Nous ne devons pas. »

Pour son dernier hommage, donc, Mickaël enterre sa mère en un quart d'heure, église fermée, en tout petit comité, dans un froid funérarium. Son fils de six ans sanglote sur le banc, à un mètre de lui, son fils qu'il ne peut pas consoler, qu'il ne peut pas serrer dans ses bras, protocole oblige. Pour eux, la « règle » prévaut, sans « dérogation ». Avec « tristesse », mais de toute sa « détermination », de toute son autorité, le chef du gouvernement interrompt ce rite funéraire, millénaire. Il interrompt toute vie sociale. En revanche, il n'interrompt pas les chantiers du bâtiment. Il n'interrompt pas les livraisons de chaussettes, de chaises longues, sur les plateformes de *e*-commerce. Il n'interrompt pas les affaires, et après une semaine de panique boursière, le CAC 40 a, depuis lundi, regagné sept cents points, près de 20 %.

Ce n'est pas seulement de l'incohérence : c'est de l'indécence.

Leur cynisme s'est juste habillé de compassion.

C'était en germe dès les premiers jours.

Mais ça n'a fait que se confirmer, se préciser, s'accentuer depuis un an de confinement, déconfinement, reconfinement, redéconfinement, confinement de départements, confinement du week-end, etc.

On peut fermer les musées, les bars, les théâtres, les cinémas, les restaurants.

On peut cantonner les étudiants devant des écrans, des mois « en distanciel ».

On peut empêcher le sport pour les enfants, pour les adolescents, toute une année durant.

On peut interdire les clubs d'aquarelle, les cours de guitare, les séances de twirling.

On peut geler la vie sociale, la vie familiale, pas plus de six à table.

Tout cela, aux citoyens, on peut l'imposer.

Mais aux entreprises, rien.

Des accords de libre-échange sont signés.

Les dividendes sont versés.

Des OPA sont menées.

On peut sacrifier la santé mentale des Français, mais pas le business des puissants. On peut supporter que 30 % des jeunes soient en dépression, que 23 % aient des pensées suicidaires, mais pas altérer à la loi du marché.

Et alors qu'Emmanuel Macron, dans son élan généreux, le promettait, en mai 2020, devant l'Organisation mondiale de la santé : « Le vaccin sera un bien public mondial », alors que l'Union européenne lui emboîtait le pas, alors que notre Assemblée nationale votait, à l'unanimité, une résolution pour une « égalité d'accès au vaccin », pour une « production en quantité suffisante », pour « l'assouplissement des règles usuelles de la propriété intellectuelle », finalement, rien. Nous attendons les doses, soumis à Pfizer et autres Moderna. Les pays du Sud attendent les doses. Sans recourir, jamais, ni à la licence d'office ni aux réquisitions...

Les profits l'emportent sur les vies. Avec des États complices, fauves face à leurs peuples, mais carpettes devant les firmes.

Détruire sa vie à la gagner

Gérald Le Corre
et Anne Marchand

À Rodez, en octobre 2019, Emmanuel Macron participe à une « concertation citoyenne ». Soudain, il s'agace : pourquoi invoquer la « pénibilité » de certains métiers pour justifier des modalités différentes de départs en retraite, « ça donne le sentiment que le travail serait pénible ». Déjà trois ans plus tôt, alors ministre de l'Économie, il expliquait au micro de BFM TV : « La vie d'un entrepreneur est bien souvent plus dure que celle d'un salarié. Il ne faut jamais l'oublier. Il peut tout perdre, lui, et il a moins de garanties. »

Quelques accidents du travail, surtout lorsqu'ils sont mortels, parviennent de façon éphémère à défrayer la chronique médiatique. Il en est de même de certaines mobilisations, à l'image de celle des victimes de l'amiante, ou de quelques procès, comme celui intenté aux anciens dirigeants de France Télécom, récemment (et faiblement) condamnés pour harcèlement moral « institutionnel », un choix de management à l'origine d'une trentaine de suicides ou tentatives de suicide à la fin des années 2000 dans cette ancienne entreprise publique devenue multinationale privée[1].

1. É. Beynel (dir.), *La Raison des plus forts. Chroniques du procès France Télécom*, Paris, L'Atelier, 2020.

Mais, dans l'ensemble, ce que le travail coûte à la santé demeure largement sous-estimé, voire négligé, et très rarement mis en débat dans l'espace public. Pourtant, si l'on s'en tient aux seules données de l'Assurance maladie-Risques professionnels, en 2019, sur 19,8 millions de salarié·e·s, plus d'un million ont été reconnu·e·s victimes d'un accident du travail, de trajet ou d'une maladie professionnelle. Près de 65 000 souffrent de séquelles définitives, et 1 268 ont perdu la vie[2]. Encore faut-il rappeler que ces données sont très partielles : elles ne tiennent compte ni des travailleurs indépendants, ni des salariés agricoles, ni des fonctionnaires et sont passées par de multiples filtres à l'origine d'une sous-estimation du nombre de personnes effectivement abîmées par le travail.

En se fondant sur des entrefilets de la presse locale et régionale, Matthieu Lépine recensait déjà 100 personnes mortes de leur travail lors des quatre premiers mois de l'année 2021 sur son compte Twitter « Accident du travail : silence des ouvriers meurent ». C'est en effet à la rubrique des faits divers qu'il faut se rendre. Quelques lignes, parfois un âge, parfois non. Le plus souvent, pas de nom. Une anecdote, pour ainsi dire. Renversé par un chauffard, Salaheddine Mehrazi, un livreur de pizza de 23 ans, étudiant en sciences de l'ingénieur, est décédé à Brest. À Deshaies, un ouvrier de 52 ans meurt après avoir été coincé sous une pelle mécanique. Lors d'un chantier de rénovation, un mur de quatre mètres s'effondre sur Teddy Lenglos, 20 ans, ouvrier dans le BTP ; il n'y survit pas. Un salarié d'une minoterie, à Poilly-lez-Gien, dans le Loiret, est mort la tête happée par un broyeur ; il avait 30 ans. Un salarié d'une coopérative agricole du Bas-Rhin, âgé de 40 ans, est mort au travail, après avoir été percuté par un engin. Alban Millot, installateur de panneaux solaires, est mort à Rennes en tombant d'un toit le jour de ses 25 ans. À Loué, dans la Sarthe, un ouvrier de 49 ans, venu livrer un chariot élévateur, est tué dans le basculement de l'engin. Didier Dehant, 52 ans, agriculteur à Larouillies, dans le Nord, décède dans un accident de tracteur. Dans une chaudronnerie, à Lamonzie-Saint-Martin, près de Bergerac, le corps sans vie d'un salarié de 21 ans a été retrouvé dans une cuve en inox dans laquelle il travaillait. Cinq internes en médecine se sont suicidés entre janvier et avril 2021 : ils pouvaient travailler jusqu'à 90 heures par semaine en moyenne, sans réel encadrement et confrontés à des situations extrêmement difficiles. À Chaumes-en-Retz, chez un fabricant de structures en béton, un jeune intérimaire de 20 ans périt, coincé sous un

2. Soit 248 d'une maladie professionnelle, 733 d'un accident de travail, 287 d'un accident de trajet.

tapis roulant. Âgé de 71 ans, un livreur d'aliments pour bovins décède après une chute de près de six mètres dans une exploitation agricole, à Herbelles, dans le Pas-de-Calais. Sylvie Bachelet, 52 ans, assistante maternelle à Melay, perd la vie en portant secours à une fillette dont elle avait la garde...

Nuisances cumulées

En France, plusieurs dispositifs d'enquête statistiques pilotés par le ministère du Travail ou l'Insee permettent de documenter les conditions de travail et les risques professionnels. La première enquête, justement intitulée « Conditions de travail », voit le jour en 1978, dans la foulée de l'effervescence des années 1968 et des fortes mobilisations pour ne plus perdre sa vie à la gagner : elle a pour objectif de pallier l'absence de données quantitatives sur le sujet. Près de dix ans plus tard, en 1987, est lancée l'enquête Sumer (pour « Surveillance médicale des expositions des salariés aux risques professionnels »), qui repose sur la participation des médecins du travail. Que ressort-il de ces deux séries d'enquêtes régulièrement renouvelées ? On se limitera ici à quelques grandes tendances pour illustrer la variété des atteintes à la santé par le travail et leurs particularités.

Les salarié·e·s peuvent être soumis·es à des risques physiques, chimiques, biologiques et aussi psychiques. En moyenne, un tiers environ est exposé à la manutention de charges, à des nuisances sonores, 20 % à des contraintes posturales, un tiers à des produits chimiques – de plus en plus dans le secteur tertiaire, en lien avec le développement des activités de service à la personne (essentiellement des femmes de ménage ou des aides à domicile). L'intensification du travail, la fixation d'objectifs chiffrés, la mise en compétition (*benchmarking*), le contrôle renforcé sur la production, la précarisation des statuts d'emploi (CDD de plus en plus courts, augmentation du temps partiel, recours accru à l'intérim...), le manque de reconnaissance et les changements de plus en plus fréquents des organisations de travail sont autant de facteurs qui augmentent la souffrance et peuvent mener au surmenage, à la dépression, au suicide.

Ces risques sont très inégalement distribués dans la population. Ils concernent majoritairement les ouvriers, qualifiés ou non. Prenons l'exemple des substances cancérogènes, comme l'amiante, mais aussi les poussières de bois, les huiles minérales entières, les gaz d'échappement diesel, la silice cristalline, le formaldéhyde, le plomb, les pesticides, etc. Selon l'enquête Sumer, près de 10 % des salarié·e·s en moyenne y sont exposé·e·s, soit 1,8 million. Mais à y regarder de plus près, ce sont 43,6 %

des ouvrier·e·s contre 1,9 % des cadres. En resserrant encore la focale, on découvre que plus d'un quart des apprenti·e·s sont confronté·e·s à ces graves toxiques au cours de leur formation, c'est-à-dire dès leur adolescence. Par ailleurs, le plus souvent, tous ces risques se cumulent : c'est une combinaison d'expositions que subissent les salarié·e·s, simultanément ou successivement, tout au long de leur vie professionnelle. Or il est désormais avéré que ces nuisances et contraintes d'organisation suscitent des réponses biologiques qui se recouvrent en partie et dont les effets se démultiplient. Le stress professionnel, par exemple, contribue au développement d'autres pathologies, comme les maladies cardio-vasculaires, les dépressions, les troubles musculo-squelettiques[3]. Des chercheur·e·s de l'Institut national d'études démographiques (Ined) évoquent ainsi la double peine des ouvrier·e·s : « plus d'années d'incapacité au sein d'une vie plus courte[4] ». Nombre d'entre eux/elles ne parviennent pas à l'âge de leur retraite ou pas en bonne santé. Mais la plupart ignorent que leur état de santé peut être la conséquence de leurs activités professionnelles.

Il faut également évoquer les angles morts, des risques mal (re)connus, des connaissances non produites. Il en va ainsi du travail des femmes et de ses spécificités. On sait qu'elles sont très concernées par les contrats à temps partiel, les tâches répétitives, de moindres opportunités d'évolution professionnelle… sans parler de leur « double journée » et de la nécessité pour elles de faire concorder les temps du travail et de la vie familiale. Les recherches sur les risques professionnels se sont, jusqu'à peu, essentiellement centrées sur les populations masculines. Qui sait par exemple que les coiffeuses et les esthéticiennes sont particulièrement exposées aux produits chimiques et cancérogènes ? Et que sait-on des femmes de ménage et du contenu pathogène des produits d'entretien rangés sur leur chariot ? Des chercheurs norvégiens ont suivi plusieurs milliers d'entre elles durant 20 ans. Ils ont pu constater que leurs fonctions pulmonaires étaient aussi fragilisées que si elles avaient fumé 20 cigarettes par jour pendant 10 ans. L'étude est très récente, tout comme les enquêtes qui mettent en évidence les liens existant entre le travail de nuit et le risque accru de survenue d'un

3. Philippe Davezies, « Le corps face au cumul des contraintes et des nuisances du travail », *in* A. Thébaud-Mony *et al.* (dir.), *Les Risques du travail. Pour ne pas perdre sa vie à la gagner*, La Découverte, 2015, p. 362-372.

4. Emmanuelle Cambois, Caroline Laborde et Jean-Marie Robine, « La "double peine" des ouvriers : plus d'années d'incapacité au sein d'une vie plus courte », *Population et Sociétés*, n° 441, 2008.

cancer du sein, notamment parmi les hôtesses de l'air et les infirmières. Ces dernières, avec les aides-soignantes, sont par ailleurs confrontées aux risques cancérogènes en service d'oncologie : c'est par les chimiothérapies qu'elles administrent aux patient·e·s, ou lors des toilettes, qu'elles peuvent se contaminer elles-mêmes. Dernièrement, à Rennes, une infirmière d'un centre de cancérologie a ainsi recensé près d'une vingtaine de collègues ou d'ex-collègues atteintes d'un cancer. Jusque dans les années 1980, elles n'avaient ni gants ni masques ni blouses. Elles en meurent aujourd'hui, dans une quasi-indifférence[5]. Sur les risques reprotoxiques, c'est-à-dire toxiques pour la reproduction, le silence est plus grand encore.

« Victimes sans crime »

Des historiens ont pu observer une bascule dans les préoccupations médicales, au tournant des XVIIIe et XIXe siècles. Avec l'industrialisation, une césure apparaît entre le dedans et le dehors des entreprises, qui donne naissance à deux domaines de la santé, l'hygiène industrielle et l'hygiène publique. Le corps ouvrier devient ainsi l'un des rouages d'une politique industrielle mise en œuvre par les pouvoirs publics[6]. Aujourd'hui, la santé au travail relève d'un ministère, celui du Travail, dont la principale préoccupation reste l'emploi. Sous couvert de paritarisme, ce ministère cède le plus souvent aux demandes du Medef. C'est au nom de « l'emploi des jeunes » qu'en 2015, le gouvernement de Manuel Valls a dispensé les employeurs d'obtenir une dérogation pour affecter les salarié·e·s âgé·e·s de 15 à 18 ans à des travaux dangereux[7]. C'était déjà sous la pression du grand patronat que le gouvernement de François Fillon avait abandonné en 2012 l'obligation – inscrite dans la réglementation dix ans plus tôt – de rédaction de fiches d'exposition aux agents cancérogènes, mutagènes et reprotoxiques (CMR)[8], qui ouvraient droit à un suivi médical et, surtout, permettaient de prouver ces expositions en cas de maladie. Les mesures de prévention et la réparation des maux du travail s'élaborent principalement ainsi après avis d'instances et de commissions spécialisées, fonctionnant à huis clos, à l'abri du débat parlementaire et de l'interpellation publique. Là se construisent

---

5. Nolwenn Weiler, « Produits radioactifs, traitements toxiques : quand celles qui soignent le cancer tombent elles-mêmes malades », *Bastamag*, 2 février 2021.

6. Thomas Le Roux, « L'effacement du corps de l'ouvrier. La santé au travail lors de la première industrialisation de Paris (1770-1840) », *Le Mouvement social*, nº 234, 2011/1, p. 103-119.

7. Décret nº 2015-443 du 17 avril 2015.

8. Décret nº 2012-134 du 30 janvier 2012.

des normes propres au monde du travail, comme des valeurs limites d'exposition professionnelles (VLEP) plus élevées que celles qui sont préconisées en santé publique.

La loi de 1898 sur la réparation des accidents du travail, étendue en 1919 aux maladies professionnelles, joue aussi un rôle non négligeable dans cette banalisation du mal au travail. Longtemps présentée comme une conquête sociale, elle permet en effet une indemnisation, à la charge unique de l'employeur, pour celles et ceux qui sont reconnu·e·s malades ou accidenté·e·s du fait du travail : les ouvrier·e·s n'ont plus à défendre leur cause devant les tribunaux, à se plier à des démarches longues, coûteuses et incertaines. Mais la loi a dans le même temps réduit la question de la santé au travail à une banale histoire d'assurance, aussi triviale que celle d'un dégât des eaux. En 1901, le ministre du Commerce et de l'Industrie Alexandre Millerand pouvait, devant la Chambre des députés, défendre ainsi le fondement de cette loi : « Rien, semble-t-il, n'est plus équitable et l'on ne paraît guère le contester sérieusement, que de demander au patron d'inscrire à ses frais généraux l'assurance et l'amortissement de son personnel humain comme il y inscrit l'assurance et l'amortissement de son matériel et de ses machines. » Cette loi façonne ainsi l'idée de risques *inhérents* au travail. Les salarié·e·s qui meurent, se blessent ou tombent malades du travail sont désormais des « victimes sans crime », pour reprendre la formule de la juriste canadienne Katherine Lippel, et leurs maux sont admis comme des « risques du métier », rien d'autre qu'une fatalité.

Invisibilité statistique

Même avec ses ambivalences, cette loi de réparation suscite depuis ses débuts une vive résistance de la part du patronat, de ses représentants à l'Assemblée nationale et d'une partie du corps médical. Elle est très tôt accusée non seulement de favoriser la fraude et les abus (les fausses blessures et les faux malades, les certificats médicaux de complaisance), mais aussi d'imputer au travail la responsabilité de maladies liées à l'hygiène de vie et à l'environnement privé des salarié·e·s. Ne trouve-t-on pas du plomb dans le vin, de l'amiante dans les grille-pain ? Les suicides ne sont-ils pas liés à la fragilité particulière de certains individus ? Les cancers à la consommation de tabac et d'alcool ? Depuis le début du XXe siècle, le patronat cherche ainsi à détourner les principes du dispositif de réparation et à en restreindre la portée. Il organise en ce sens l'invisibilité statistique des maux du travail. C'est que la reconnaissance de ces accidents et maladies peut coûter cher aux employeurs – les éventuelles rentes dites « de réparation » pour les victimes, leurs soins, leurs traitements et un taux de cotisation « sinistralité » qui augmente.

En amont, les représentants des employeurs résistent à l'inscription de nouvelles pathologies dans les tableaux de maladies professionnelles ou renforcent les critères qui permettent leur reconnaissance, comme la durée d'exposition, la liste limitative des activités concernées, les méthodes diagnostiques, etc. En aval, certains s'ingénient, avec l'aide des cabinets d'avocats spécialisés, à éviter la reconnaissance de ces maux du travail pour réduire les « coûts sociaux ». Dans le cas des accidents, cela passe par le fait de ne pas les déclarer, en menaçant de mettre un terme au contrat du salarié accidenté, ou de ne pas le renouveler, ou encore par le fait de financer directement la prise en charge médicale de la victime sans passer par la déclaration. Face aux maladies professionnelles, il s'agit de nier les expositions ou de rechercher la faille procédurale qui pourrait exonérer les employeurs de leur prise en charge financière et d'une éventuelle reconnaissance comme « faute inexcusable de l'employeur ». En menant ses recherches sur les comités d'hygiène, de sécurité et des conditions de travail (CHSCT), la sociologue Sonia Granaux a pu ainsi exhumer une brochure éditée en 2008 par un fleuron de l'industrie chimique, la multinationale Arkema, à l'attention de ses cadres : sur une vingtaine de pages sont détaillés tous les moyens visant à limiter, non pas le nombre de maladies du travail, mais leur reconnaissance par l'assurance maladie et les tribunaux des affaires de sécurité sociale (supprimés depuis).

Une autre stratégie repose sur le recours massif à la sous-traitance ou à l'intérim pour les activités les plus dangereuses. L'idée n'est pas nouvelle. Elle s'appuie sur des modalités particulières de gestion de la main d'œuvre, des contrats courts, un fort turnover et, souvent, la mobilisation d'une main-d'œuvre étrangère. Un inspecteur du travail relate par exemple en 1930, dans le *Bulletin de l'inspection du travail et de l'hygiène industrielle*, l'impossibilité de mesurer le taux de morbidité dû aux cokeries parce qu'« au cours de ces dix dernières années, on a surtout recruté pour ces établissements des travailleurs étrangers instables, se livrant peu à l'observateur. En effet, venus en France pour remplir un contrat d'une durée déterminée, rien ne les retient dans une localité plutôt que dans toute autre. » Le recours à la sous-traitance s'accentue à partir du milieu des années 1970. Ce sont d'abord les activités de maintenance et d'entretien qui sont rapidement externalisées. Celles des centrales nucléaires par exemple reposent à plus de 80 % sur des salarié·e·s d'entreprises sous-traitantes, un pourcentage confirmé par le rapport Pompili de 2018. Ces « nomades du nucléaire » réalisent les tâches les plus exposées aux sources radioactives, comme les décontaminateurs ou les « jumpers » qui peuvent en une minute de travail absorber un cinquième de la dose annuelle maximum réglementée de millisieverts, au péril de leur santé. Ils circulent d'une centrale à l'autre sur tout le territoire, au rythme des arrêts de tranche, logent souvent dans des campings... La précarité des statuts, la courte durée des contrats et la mobilité géographique forcée ne favorisent ni leurs possibilités d'organisation et de résistance à ces conditions de travail, ni leur suivi médical. Jusqu'à cinquante entreprises différentes peuvent être mobilisées pour le renouvellement d'un générateur de vapeur, soit une diversité de conventions collectives, d'autant moins protectrices que le renouvellement des marchés organise une sévère mise en concurrence entre les prestataires. Cette sous-traitance « en cascade » s'est également généralisée dans le secteur du BTP – celui qui comptabilise le plus d'accidents du travail mortels –, permettant une forte dilution des responsabilités en cas d'accident ou d'infraction au travail « dissimulé » et une invisibilité plus grande des risques. Il en est désormais de même dans presque tous les secteurs d'activité et jusqu'aux entreprises publiques. Chronopost, filiale de La Poste, a ainsi été condamnée à une amende de 120 000 euros en juillet 2019 pour « prêt de main-d'œuvre illicite » et « marchandage ». Sept ans auparavant, Seydou Bagaga, 34 ans, livreur de colis pour une entreprise sous-traitante de Chronopost, décédait, noyé dans la Seine : il n'était pas déclaré et n'avait aucun contrat de travail au moment des faits.

En substituant le contrat commercial au contrat de travail, le recours à la sous-traitance permet ainsi aux entreprises utilisatrices de se soustraire à leurs obligations en matière de santé et de sécurité et aux risques de poursuites pénales : dans leur quête du moindre coût, elles favorisent les prestataires aux factures les moins élevées, fermant les yeux sur les conditions de travail et d'emploi de la main-d'œuvre concernée. Se met ainsi en place une division sociale du travail et des risques : en cas d'accident ou de maladie, l'entreprise utilisatrice de la main-d'œuvre n'est pas concernée, les malades ou les morts du travail ne sont pas imputés à son activité mais à celle de l'entreprise sous-traitante, son taux de cotisation à l'assurance accidents du travail et maladies professionnelles n'est pas augmenté. Le risque lié à son activité disparaît donc, faute de preuve. Le plus souvent d'ailleurs – parce que les effets de ces toxiques apparaissent au terme de plusieurs années, jusqu'à quarante ans dans le cas de l'amiante –, ces malades eux-mêmes ne parviennent pas à imaginer l'existence d'un lien entre leur état de santé et leurs activités passées, encore moins dans le cadre de parcours professionnels très morcelés ou hachés par les contrats courts. Cette logique est exacerbée par certaines configurations, comme le recours aux travailleur·euse·s détaché·e·s ou encore, dans l'agriculture intensive, aux saisonniers agricoles étrangers, sous contrat de l'Office français de l'immigration et de l'intégration (OFII). Ceux-là sont souvent affectés aux traitements chimiques là où les risques toxiques sont les plus importants. S'ils tombent malades, c'est de retour dans leur pays : les effets sanitaires de cette activité toxique sont alors relégués au-delà des frontières nationales, invisibles au regard et aux statistiques[9].

Un droit du travail difficilement mobilisable

Les différents ministres du Travail ne cessent d'établir des plans nationaux « santé travail ». Une nouvelle loi sera votée courant 2021 « pour renforcer la prévention en santé au travail ». En parallèle, gouvernement et Medef cherchent aussi, chacun à sa manière, à rendre moins effectif le droit du travail. Depuis des décennies, le patronat organise ainsi la pénurie de médecins du travail avec la complicité des différents gouvernements et remet en cause leur droit d'attester d'un lien entre conditions de travail et pathologies[10]. Quant à l'inspection du travail, chargée de contrôler et de relever les infractions en matière de santé et de sécurité, on désorganise son travail et on remet en cause son indépendance pourtant prévue par la convention 81 de l'Organisation internationale du travail (OIT). Au lieu de tenter de faire respecter l'ensemble de la réglementation, les inspecteur·trice·s sont sommé·e·s de se concentrer sur les orientations politiques du moment. Et cela sans compter la saignée dans les effectifs, qui fait aujourd'hui qu'il n'y a plus qu'un agent de contrôle pour mille entreprises environ. Concernant les agents des services « prévention » de l'assurance maladie (CARSAT), chargés eux aussi de contrôler la mise en œuvre des mesures de prévention en entreprise, le rapport de la députée LREM Charlotte Lecocq, remis au gouvernement en 2018, proposait tout simplement de leur retirer leur pouvoir de sanction financière, la peur d'une majoration de cotisations empêchant selon elle les employeurs de nouer des relations de travail

9. Voir les sites agricultures-migrations.org et codetras.org.
10. Patrice Adam, « Médecins du travail : le temps du silence ? », *Droit social*, vol. 6, nº 6, 2016, p. 541-546.

avec ces agents ! Pour finir, les ordonnances Macron de 2017 ont supprimé le CHSCT, considéré comme « la bête noire des directions[11] ». Une partie de ses prérogatives a été transférée aux membres du comité social et économique (CSE) qui, noyés sous les missions, ont souvent tendance à juger non prioritaires les questions de santé au travail. Signalons encore que le recours aux experts agréés par les représentants du personnel sont rendus plus compliqués. Ainsi, c'est tout le réseau des acteurs de la santé au travail qui est mal en point !

Depuis mars 2020, la crise du Covid-19 illustre bien les préférences du gouvernement, entre la protection de la santé des travailleurs et le maintien de l'activité économique. Alors que les inspecteurs du travail, les contrôleurs de sécurité des CARSAT et les médecins du travail auraient dû multiplier leurs interventions en entreprises, dès les premiers signaux de l'épidémie, pour constater les situations de travail, conseiller sur les mesures de prévention à mettre en œuvre et, le cas échéant, sanctionner, la ministre du Travail Muriel Pénicaud a fait le choix inverse. Elle a donné des consignes strictes pour limiter les interventions en entreprise, allant jusqu'à sanctionner un inspecteur du travail, Anthony Smith, qui avait lancé une procédure judiciaire à l'encontre d'une association d'aide à domicile ne protégeant pas ses salariés. Par ailleurs, quand les représentants CGT de l'usine de Renault Sandouville obtiennent d'un juge la suspension de l'activité au motif que « cette reprise ne permettait pas d'assurer la santé et la sécurité des travailleurs de l'usine », la même ministre fait fi de cette décision et, sans même prendre contact avec ses services, déclare à la presse que « les conditions sanitaires sont réunies » pour revenir au travail. Remise en cause du droit à se retirer d'une situation de danger grave et imminent, refus d'étendre le droit des inspecteurs du travail de suspendre temporairement les activités exposant au covid sans mesure de protection : tout cela démontre l'absence de volonté politique pour faire du droit à la protection de la santé un droit réel et facilement applicable.

« Concertation », « dialogue social », « partenaires sociaux », « collaborateur », « qualité de vie au travail » : l'invisibilisation de la violence du travail procède aussi et enfin du choix des mots... La députée LREM Charlotte Lecocq, déjà évoquée, tient même à préciser, en ouverture de son rapport parlementaire, que « la terminologie "entreprise" utilisée dans

11. Francine Aizicovici, « En trente ans, le CHSCT est devenu la "bête noire" des directions », *Le Monde*, 25 octobre 2012.

l'ensemble du rapport fait référence tant aux employeurs qu'aux salariés qui la composent ». On en viendrait presque à oublier l'asymétrie de la relation entre salarié·e·s et employeurs ainsi que la divergence de leurs intérêts. Alors, rappelons ici que les premiers sont juridiquement subordonnés aux seconds. Et que, comme le souligne Alain Supiot, « dans la relation de travail, le travailleur, à la différence de l'employeur, ne risque pas son patrimoine, il risque sa peau[12] ».

12. Alain Supiot, *Critique du droit du travail*, Paris, Puf, 1994, p. 68.

Travailler loin des autres

Danièle Linhart

Avec la pandémie, le télétravail s'est imposé. Jusqu'alors, la France était l'un des pays occidentaux où le patronat opposait le plus de résistance à son introduction, même si certains salariés ou représentants syndicaux commençaient à la demander. Les sondages tendirent à révéler la satisfaction des salariés et des employeurs durant le premier confinement, qui dura deux mois, au printemps 2020. Lors du second, en revanche, les données changèrent sensiblement : nombre de télétravailleurs exprimèrent le désir de retourner sur leur lieu de travail au moins une (grande) partie de la semaine. Les employeurs de leur côté confirmèrent l'importance de ce retour, pour une durée minimale de deux à trois jours. Et l'on évoque désormais, pour l'avenir, la combinaison, dans des proportions variables, du « présentiel » et du télétravail.

Les avatars du management

Sans doute les salariés ont-ils d'abord ressenti une forme de soulagement. Le télétravail permettait de se protéger du virus, d'un monde extérieur devenu particulièrement anxiogène. Présence d'enfants, logements peu adaptés, connexions défaillantes : les conditions n'étaient pas toujours bonnes mais les salariés ont certainement apprécié de vivre retranchés par rapport à celles et ceux qui devaient « monter au front », prendre les transports en commun, fréquenter des lieux de travail où règne la promiscuité.

Mais on peut supposer qu'il s'agissait aussi de fuir le lieu de travail, son contenu ainsi que son environnement ; que les télétravailleurs se réjouissaient d'enfin tenir à distance les contraintes, le contrôle omniprésent, la mise en concurrence des collègues entre eux, le sentiment d'une perte de sens ; qu'ils voulaient s'éloigner d'un travail souvent vécu comme délétère – affectant, parfois, leur santé mentale. Avant la pandémie, on parlait dans les médias de souffrance, de mal-être au travail, de risques psychosociaux, de prise de substances licites ou illicites pour tenir. De la condamnation en justice des dirigeants de France Télécom aussi, pour harcèlement moral institutionnel à la suite de 39 cas (retenus) de suicides, tentatives de suicides et symptômes dépressifs entre 2005 et 2010, avec une peine maximale d'un an de prison ferme et 15 000 euros d'amende en décembre 2020.

À l'encontre de ce que colporte la rhétorique managériale, la plupart des travailleurs n'obtiennent pas la part d'autonomie, de réactivité, de liberté ou de reconnaissance à laquelle ils aspirent. Et qu'on leur avait promise. Souvenons-nous : Mai 68, avec ses trois semaines de grève générale et ses multiples occupations d'usines, avait traumatisé les patrons. L'ordre social capitaliste était remis en cause, notamment son taylorisme autoritaire et déqualifiant que même des syndicats puissants préféraient ne pas combattre, se focalisant sur la hausse des salaires grâce à laquelle les ouvriers participeraient à la société de consommation et de loisirs qui se développait alors.

Mais au joli mois de mai, les grévistes s'étaient moins révoltés pour des augmentations de salaires que pour ne plus « perdre leur vie à la gagner » – ce qui remettait en cause les fondements mêmes de l'organisation du travail. Pour trouver une porte de sortie, le patronat dut alors mettre en œuvre un « nouveau » modèle prétendument en rupture avec le taylorisme et qui, tout en poursuivant les mêmes objectifs (la plus forte productivité et rentabilité possible), permettait d'obtenir autrement le consentement des salariés. Une révolution langagière se devait d'encadrer la démarche : il ne fallait plus parler d'ouvriers (associés à la lutte des classes) mais d'opérateurs, de pilotes d'installations ou de conducteurs d'automatismes ; il ne fallait plus parler de qualification mais de compétence, de potentiel ou de savoir-être ; il fallait oublier la notion de tâche et la remplacer par celles de mission ou d'objectif ; les chefs se métamorphosèrent en animateurs, en N+1 ; les plans de licenciements en plans de sauvegarde de l'emploi. On emploierait plus tard des mots venus d'ailleurs, : *teams*, *lean production*, *lean management*, *reengineering*, *business unit*, *key performance indicator*, *reporting*, *open space*, sans oublier le *coach*, le *time to move*, et bien d'autres mots encore.

Ce nouveau modèle se met en place progressivement, dès la deuxième moitié des années 1970 dans les grandes entreprises, avec les horaires variables, la rotation des tâches, l'individualisation des primes, puis celle des salaires. Les collectifs informels s'en trouvent déstabilisés, et c'en est fini de l'équation « à travail égal, salaire égal » qui entretenait le sentiment d'un destin commun. Le nouveau modèle entend promouvoir les individualités, considérées comme la véritable richesse de l'entreprise, et jouer sur les aspirations les plus intimes[1]. « Quand chacun est son propre centre, tous sont isolés », écrivait Benjamin Constant.

Le management en vient ainsi à une personnalisation, psychologisation, et même narcissisation de la relation de chacun à son travail : il faut que les salariés se sentent impliqués, mis au défi personnellement – à travers objectifs, évaluations et primes individualisés - et en concurrence les uns avec les autres. On les incite à se dépasser et à sortir de leur « zone de confort ». On leur laisse espérer qu'ils pourront se reconnaître dans leur travail et en tirer une reconnaissance. Mais ce nouveau modèle se fonde aussi sur une définition fortement prescriptive des tâches, des fonctions et des missions, selon une logique toujours strictement taylorienne où le savoir est considéré comme une forme de pouvoir. Il incombe donc à la seule direction d'agencer scientifiquement le travail et de définir la « *one best way* », la seule meilleure façon d'être rentable[2].

Cette organisation moderne, pensée par des grands cabinets internationaux, à distance des entreprises[3], émiette le travail et rabaisse tous les travailleurs au rang de simples exécutants. Ensemble, directions et experts exercent la contrainte et le contrôle, à l'aide de procédures, protocoles, *process*, méthodologies, « bonnes pratiques », *reportings* réputés les plus efficaces. L'autonomie concédée aux salariés se résume à peu de chose : ils peuvent mobiliser leur inventivité pour ajuster les prescriptions aux contraintes spécifiques de l'activité quotidienne. Mais ils ne peuvent en rien peser sur les critères de qualité, productivité, rentabilité, pas plus que sur les objectifs eux-mêmes. Le management moderne plonge ainsi les

1. Didier Bille, *DRH, la machine à broyer. Recruter, casser, jeter*, Paris, J'ai Lu, 2018.
2. Frederick W. Taylor, *La Direction scientifique des entreprises*, Paris, Dunod, 1957.
3. Marie-Anne Dujarier, *Le Management désincarné. Enquête sur les nouveaux cadres du travail*, Paris, La Découverte, 2015.

travailleurs dans des contradictions indépassables[4]. Il stimule leurs besoins de se réaliser dans leur travail, tout en entravant leur aspiration à l'autonomie. Voilà les bases du travail moderne, que les salariés cherchent à fuir en se réfugiant chez eux, loin d'une hiérarchie qui met la pression et évalue en permanence.

D'autant plus que ce management étourdit les « collaborateurs » dans un tourbillon de perpétuels changements, qui frappent d'obsolescence leur expérience, leurs connaissances, leurs compétences et les plongent dans un état de précarité subjective. Restructurations incessantes des département et services, recomposition sans cesse renouvelée des métiers, changements accélérés des logiciels, mobilités subies et répétées : il s'agirait d'ajuster le fonctionnement de l'entreprise à une accélération temporelle caractéristique de nos économies mondialisées et hyper-technologiques. Mais cela contribue également à discipliner les salariés, à leur faire perdre leurs repères et à les enfermer à vie, quels que soient leur niveau et leur ancienneté, dans un statut d'apprentis. Se voyant dénier toute légitimité à imposer leur point de vue sur les modalités de travail, on leur enjoint plutôt d'observer à la lettre les consignes, directives, méthodologies qui encadrent strictement leur activité.

Une telle situation requiert des efforts démesurés pour rester maître de son travail et capable d'atteindre les objectifs fixés. À la manière de Sisyphe qui s'épuisait à remonter des charges au sommet d'une colline tout en sachant qu'aussitôt arrivé, il allait les voir chuter et dévaler, et qu'il faudrait recommencer. Ce qui conduit certains au *burnout*. L'ampleur du phénomène, dont les formes symptomatiques sont bien connues, est difficile à quantifier, mais le cabinet Technologia évaluait, en 2014, à 3,2 millions le nombre de salariés français présentant un risque élevé de *burnout*, soit plus de 12 % de la population active. Épuisement, sentiment d'impuissance et d'injustice face à des décisions managériales arbitraires, de solitude aussi, en l'absence de collectifs solidaires et dans un contexte de compétition entretenu entre les salariés : telles sont les composantes du travail remodelé par la modernisation managériale. Cette dernière se nourrit ou recycle les oppositions, les tensions, les contestations, et met en œuvre des modèles « disruptifs », qui en réalité visent toujours à asseoir l'emprise la plus forte possible du capital sur le travail.

---

4. Vincent de Gaulejac et Fabienne Hanique, *Le Capitalisme paradoxant. Un système qui rend fou*, Paris, Le Seuil, 2015.

La logique taylorienne s'est largement étendue à l'encadrement. De plus en plus nombreux – ils représentent désormais 20 % du salariat, contre 5 % dans les années 1960 –, les cadres ne constituent plus ce salariat de confiance qui bénéficiait d'une délégation d'autorité et de pouvoir[5] mais des employés comme les autres. Responsables administratifs, ingénieurs ou informaticiens : le management orchestre leur disciplinarisation. Depuis les années 1980, celle-ci revêt notamment la forme du travail en *open space* que les grandes entreprises ne présentent plus seulement comme un moyen de faire des économies en diminuant le nombre de mètres carrés nécessaires ; il doit aussi favoriser les échanges, fluidifier la communication, la coopération, introduire de la « souplesse » et de l'« agilité ». Or, en réalité, la réorganisation introduit surtout de l'humiliation : si, au sein de ces espaces, les salariés peuvent avoir leur propre poste de travail, souvent chacun s'installe où il le peut quand il arrive (on parle alors de *flex office*), sauf s'il n'y a même pas le nombre nécessaire de postes et que seuls les premiers trouvent une place (cela s'appelle le *hotdesking*).

Dans la durée, ce nouvel ordre remodèle l'identité professionnelle des cadres. Tout apparente les *open spaces* aux grands ateliers où s'activaient des ouvriers en bleu de travail. Les cadres ne se distinguent plus des autres exécutants. Certains d'entre eux affirment d'ailleurs sans détour qu'ils seraient devenus les OS du tertiaire. Finie la garantie d'un espace privé où l'on travaille mais où l'on peut aussi se détendre, se reposer, sans subir la surveillance de la hiérarchie ou des collègues. La logique de l'extrême visibilité des corps exposés les uns aux autres oblige à montrer patte blanche, à afficher une attitude qui exhibe la concentration, l'efficacité, l'engagement dans le travail[6] ; mais aussi l'acceptation des règles du jeu managérial, c'est-à-dire la soumission à la hiérarchie et à la direction.

Cette commune condition ne suffit pas à forger une identité commune. La concurrence (en termes de reconnaissance, de primes, de carrière), au sein du groupe, reste forte. La proximité, avec ce qu'elle comporte de dérangeant (odeurs, regards pesants, bruits, manifestations ostentatoires de satisfaction quand on est soi-même en difficulté et en peine…), est souvent vécue comme une embarrassante promiscuité. Elle ne contribue en rien à faire advenir la solidarité, le sentiment d'intérêts et de valeurs partagées. Et

---

5. Cf. Paul Bouffartigue, *Les Cadres. Fin d'une figure sociale*, Paris, La Dispute 2001 ; Gaëtan Flocco, *Des dominants très dominés. Pourquoi les cadres acceptent leur servitude*, Paris, Raisons d'agir, 2015.
6. Alexandre des Isnards et Thomas Zuber, *L'Open Space m'a tuer*, Paris, Le Livre de poche, 2009.

ce ne sont pas les dispositifs consacrés au bien-être des salariés et élaborés par les directions des ressources humaines qui remédient à la souffrance et à l'incompréhension. Ni les conciergeries (qui prennent en charge certaines tâches domestiques), ni les séances de massage ou de méditation, ni les moments de détente festives, ni les coachs spécialisés dans le développement personnel, les sophrologues, les numéros verts de psy, ou les *chief happiness officers* (littéralement, les responsables en chef du bonheur). Il ne s'agit jamais que d'arracher le consentement des salariés par un « enchantement » de l'environnement du travail.

Fuir... pour le pire ?

Dans ce contexte, télétravailler peut apparaître comme le moyen d'échapper à la pression de la hiérarchie, aux regards pesants et même à la surveillance malveillante de certains collègues, d'oublier que l'on est un exécutant, un subordonné, d'oublier le sentiment d'impuissance que l'on peut ressentir face à des situations démesurément exigeantes et dysfonctionnelles. Chez soi, parmi les siens, avec parfois une petite autonomie dans le choix des horaires, moins de fatigue grâce à l'économie des trajets domicile/travail, on revit.

Mais, avec le temps apparaît souvent, dans l'exercice du télétravail qui se diffuse, une exacerbation des dimensions les plus pénibles de ce que l'on cherchait à fuir. Car le contenu du télétravail reste celui du travail. De même ses modalités : il demeure formalisé, prescrit, contraint, et l'on n'est toujours pas maître de sa finalité. L'expérience semble prouver que la confrontation permanente et solitaire aux écrans accroît ce sentiment de contrainte, de formalisme, d'abstraction. L'impression, aussi, d'être constamment entravé, coincé, canalisé par des procédures et des protocoles, surveillé, jugé et jaugé par des *reportings.* Le sentiment, enfin, d'être impuissant, dépendant, et subordonné. Comment contester, s'indigner, critiquer lorsqu'on est ainsi isolé ?

Les réunions Zoom, Skype ou Teams contribuent à créer un vécu de fiction, de vide ou d'irréalité. Les contraintes, les exigences liées au travail et à sa définition par d'autres apparaissent encore plus lourdes, à mesure que s'estompe le sens de ce que l'on fait. Tout semble plus vain, et le risque est grand de se sentir exclu du monde du travail, tout en en subissant à plein temps les servitudes. Les autres manquent, même si les relations professionnelles ont été dégradées par la mise en concurrence de tous et la sollicitation d'un engagement quasi narcissique de chacun. Travailler, c'est en effet œuvrer, coopérer avec les autres pour contribuer à produire. Travailler, c'est sortir de chez soi et sortir de soi, se confronter à d'autres obsessions que les siennes, à d'autres angoisses, à d'autres fantasmes ou aux fiertés des autres. C'est également découvrir des rapports différents à des difficultés communes. Mais, pour cela, il faut partager un lieu où se croisent les personnes, où coexistent des projets, des besoins, des manières d'être et des visions du monde. Tout seul, chez soi, pour qui, pour quoi, avec qui travaille-t-on ? La relation au travail perd de sa netteté.

Nombre de télétravailleurs demandent alors à revenir sur ce lieu – avec des aménagements pour certains d'entre eux, comme de conserver un ou deux jours de travail au domicile. Ils manifestent ainsi qu'ils n'envisagent pas de bénéficier éternellement du « confort » promis par le numérique. Mais le retour risque d'être brutal, et le mal-être plus fort encore dans la mesure où les directions ne seront pas incitées, après cette expérience de télétravail massif, qui augmente l'atomisation des salariés, à reconsidérer les principes tayloriens d'organisation du travail et la mobilisation psychologique des salariés. Les directions semblent intéressées par le travail « en distanciel » en tant qu'il permettra d'affaiblir encore plus l'action collective et garantira la paix sociale à bas prix.

Plus généralement, une fois identifiée la possibilité d'un télétravail qui n'attente pas à la productivité ou qui ne se traduit pas par un détournement des consignes, le management envisage sérieusement ses effets bénéfiques : la possibilité de diminuer le nombre de bureaux, de réduire la hiérarchie de proximité, de bénéficier de salariés disposant de plus de temps (puisque les déplacements sont réduits ou supprimés) et d'afficher ostensiblement une grande confiance à l'égard de salariés que l'on surveillait de près auparavant. Un discours émerge, qui met en scène la préoccupation des managers pour le bien-être de leurs salariés. Ces derniers auraient la possibilité de travailler chez eux, dans leur espace privé, à des heures qui leur conviennent mieux. Moyennant quoi, les directions seraient en droit d'attendre de leur part une loyauté, une fiabilité, une conformité à la hauteur de la confiance qui leur est faite. Auto-contrôle, auto-motivation, auto-discipline : un engagement individuel intériorisé plus fort encore en contrepartie de l'autonomie dans le choix de son lieu de travail.

Mais le désengagement, les tricheries ou la propension à faire semblant existent aussi. Les directions restent donc convaincues qu'elles ne peuvent renoncer totalement à la surveillance, au contrôle de visu. L'idée d'une hybridation fait donc son chemin. Un, deux, voire trois jours par semaine en télétravail, et le reste dans les locaux de l'entreprise. Ce pourrait être un moyen d'augmenter l'emprise subjective sur les salariés et de la faciliter. Les possibilités de contrôle numérique permettent de suivre et d'évaluer la conformité des pratiques : déjà, 45 % des salariés français en télétravail seraient surveillés par leur employeur via des logiciels et applications[7].

D'un côté, l'atomisation augmente le sentiment d'impuissance des salariés et pourrait les conduire à l'acceptation totale de la subordination à distance. De l'autre, le retour régulier sur le lieu de travail assurerait une mise au pas si nécessaire – via le contrôle et la pression exercés directement par l'encadrement de proximité – et stimulerait l'engagement des uns et des autres, conformément aux critères d'efficacité, rentabilité, qualité, ainsi que des objectifs voulus par la direction. Pain bénit pour les managers, l'hybridation du télétravail et du travail permettrait ainsi de pérenniser la subordination tout en donnant aux salariés le sentiment d'une liberté grandissante, d'une responsabilisation gratifiante. Elle ne constituerait alors qu'une forme renouvelée de stérilisation de l'intelligence collective pourtant indispensable pour tenter de penser un travail qui fasse sens.

7. D'après une étude réalisée par GetApp, une plateforme d'évaluation des différents logiciels et applications dédiés aux entreprises. Cf. Sarah Asali, « Ces outils (plus ou moins légaux) qui permettent à votre employeur de vous surveiller », *capital.fr*, 7 janvier 2021.

Labeurs sans valeur

Rachel Knaebel

Le jeune consultant travaille dans l'un des quatre plus gros cabinets d'audit et de conseil au monde, l'un de ceux qu'on appelle les *Big Four*. Au printemps 2020, du jour au lendemain, lui et la plupart de ses collègues ne sont plus allés au bureau. Ils faisaient partie des employés appelés à télétravailler. Dans son entreprise, un consultant débutant touche 3 000 euros brut. Au grade où il se trouve aujourd'hui, c'est entre 4 000 et 5 000, hors primes. Au même moment, Anne, aide-soignante dans un Ehpad, allait tous les jours au travail, comme avant, pour s'occuper de « nos aînés », comme elle dit, sans avoir les équipements de protection nécessaires. On en manquait dans son établissement. Anne gagne 1 600 euros net par mois, en travaillant en horaires décalés et un week-end sur deux. Elle exerce une de ces professions qui ont été considérées comme « essentielles » lorsqu'on a confiné la France une première fois face au coronavirus, elle est l'une de ces travailleuses qui ont continué à se rendre au turbin par temps d'épidémie, à utiliser les transports en commun, à s'exposer.

Le débat n'a pas tardé à prendre de l'ampleur, dès mars 2020 : comment se fait-il que, parmi les travailleurs qui ne peuvent pas être mis en chômage partiel ni télétravailler, parmi ceux dont la présence sur le lieu de travail est indispensable pour faire tourner le pays, beaucoup soient si mal payés ? La sociologue Dominique Méda l'a alors dit et redit dans plusieurs médias : « Il faut revoir l'échelle de la reconnaissance sociale et de la rémunération des métiers. » Les professions qui se sont retrouvées « en première ligne » ne sont certes pas toutes mal rémunérées. Ce n'est par exemple pas le cas des médecins, même si les internes sont payés autour de 2 000 euros net pour des semaines qui font en moyenne 58 heures, d'après les enquêtes de l'Intersyndicale nationale des internes. La question des rémunérations des professionnels de l'hôpital, surtout de ceux qu'on appelle les paramédicaux – comme les infirmières et les aides-soignantes –, a été centrale lors des discussions du Ségur de la santé, concertation lancée en mai 2020 par le ministre de la santé Olivier Véran. L'accord final relatif à la fonction publique hospitalière le posait noir sur blanc : « Les rémunérations du service public de santé ne sont ni en adéquation avec l'utilité sociale de l'ensemble de ces professionnels, ni en adéquation avec leur engagement professionnel. » La loi de financement de la Sécurité sociale de 2021 a finalement acté des hausses modérées de rémunération pour les personnels hospitaliers. C'était, avec celle des embauches, l'une des deux revendications centrales du mouvement de grève des services d'urgences entamé en 2019. Avant la crise sanitaire, le gouvernement y avait répondu en envoyant la police aux manifestations des soignants.

Infirmières et infirmiers, aides-soignantes, agents des services hospitaliers et aussi auxiliaires de vie à domicile, assistantes maternelles, employés du nettoyage, routiers, livreurs, caissières et caissiers de supermarché, éboueurs... le salaire net dépasse rarement les 2 000 euros dans la grande majorité des métiers qui furent d'un coup reconnus indispensables à la survie de la nation. Et le bulletin de paie d'une aide-soignante d'un Ehpad public affiche à peine plus de 1 500 euros quand les directeurs d'hôpitaux font partie des 1 % des agents de la fonction publique les mieux payés[1].

Les inégalités de rémunération sont aussi criantes dans le secteur marchand. En 2017, 1 % des salariés du privé percevait plus de 8 680 euros nets par mois en équivalent temps plein, soit 7,5 fois le Smic, selon l'Insee. Il s'agit majoritairement d'hommes de plus de 50 ans, qui travaillent très souvent à Paris ou dans les Hauts-de-Seine. Ces membres du club des « 1 % » occupent principalement des postes de direction ou de cadres dans les entreprises et les banques. En moyenne, les cadres des banques et des

1. Observatoire des inégalités, « Quels sont les métiers qui paient le plus ? », 7 janvier 2021.

assurances gagnent plus de 6 000 euros brut par mois. Dans le même temps, un agriculteur sur cinq vit en France sous le seuil de pauvreté.

Une accompagnatrice d'élèves en situation de handicap (AESH) dans des écoles publiques gagne 750 euros par mois à Paris, en enchaînant des CDD à temps partiel imposé. Elle m'assure pourtant qu'elle aime beaucoup son travail : « Nous avons un vrai métier, qui demande de vraies connaissances et nécessite des personnes un minimum qualifiées et formées pour aider des enfants qui demandent des ressources, de la pédagogie, de l'humanité, de l'observation, et de la réflexion. C'est un très beau métier. Mais nous sommes dans une situation de précarité, avec un salaire de misère. » Aucun gouvernement n'a pensé jusqu'à maintenant qu'il faudrait au minimum proposer des CDI aux AESH, voire les titulariser, et les payer au-dessus du seuil de pauvreté. Pourtant, sans elles, l'objectif d'une école inclusive et accessible à tous les élèves reste une illusion. Autre exemple : un ingénieur informaticien diplômé d'une grande école, une dizaine d'années de carrière derrière lui, est embauché dans un organisme de recherche publique pour 2 200 euros brut, 1 800 euros net, en CDD. « L'offre voulait recruter à l'origine un ingénieur à bac + 5 à 2 000 euros brut », me dit-il. Il a pu négocier son salaire un peu à la hausse. Dans ses emplois précédents, dans le privé, il gagnait entre 500 et 1 000 euros de plus. « Il ne faut pas avoir un niveau de vie trop élevé pour faire ce choix, admet-il ironiquement. Mais le travail est vraiment très intéressant. » Il œuvre dans un laboratoire de recherche biomédicale. Contribuer à une recherche publique qui peut faire avancer la médecine n'est-il pas plus utile à la société que de fabriquer des logiciels pour une banque d'affaires ? Pourquoi est-ce alors payé à peine au niveau du salaire médian français (1 845 euros en 2017) ? L'utilité d'un métier pour la société serait-elle corrélée au faible niveau de salaire proposé pour l'exercer ? Dans son ouvrage *Bullshit Jobs*[2], l'anthropologue britannique David Graeber constatait effectivement « la relation inversement proportionnelle entre la valeur sociale d'un travail et la rémunération que l'on peut espérer en retirer ».

Utilité commune

Qui décide des professions plus ou moins essentielles, plus ou moins utiles à la société ? Et sur quels critères s'appuyer pour faire le départ ? Doit-on se référer à la Déclaration des droits de l'homme et du citoyen de 1789,

2. David Graeber, *Bullshit Jobs*, trad. fr. É. Roy, Paris, Les Liens qui libèrent, 2018.

dont l'article premier affirme que « les distinctions sociales ne peuvent être fondées que sur l'utilité commune »? Une fois ce principe constitutionnel abstrait énoncé, la question demeure : qui doit décider de l'« utilité commune », et sur quelle base ?

Le niveau de qualification inscrit sur le contrat ne peut pas être un critère probant, comme le démontrait l'économiste Rachel Silvera dans une note pour la CGT, en avril 2020[3]. « On pourrait considérer, soulignait-elle, que la faible rémunération de la plupart de ces professions [les métiers les plus utiles socialement mais qui sont parmi les moins payés] s'explique par le fait qu'il s'agit d'emplois "non qualifiés", pour lesquels aucune formation spécifique ne serait nécessaire. Or tous ces emplois requièrent pourtant des connaissances et une formation parfois informelle mais réelle. » La chercheuse prenait l'exemple des hôtesses de caisse. Aucun niveau d'étude minimal ne figure dans la convention collective du commerce de détail pour ces postes. Pourtant, dans les faits, le niveau bac est fréquent. « Même lorsqu'un niveau de formation est affiché, on note que, dans bon nombre de cas, la reconnaissance du diplôme ne sera pas totale, d'autant plus s'il s'agit d'emplois à prédominance féminine », poursuivait l'économiste. Elle citait les infirmières, qui ont dû attendre 2010 pour que leur diplôme d'État soit reconnu au niveau bac + 3, alors que les études d'infirmière se faisaient déjà auparavant en trois ans après le bac, avec, qui plus est, un concours d'entrée sélectif. La qualification de la plupart de ces professions du soin et de la santé est dévalorisée : « On ne reconnaît ni la totalité des niveaux de diplômes (notamment des diplômes d'État), ni l'expertise et la technicité, ni le réel degré de responsabilité, ni enfin l'importance des contraintes physiques », constatait Rachel Silvera. Les auxiliaires de vie à domicile et les soignantes en Ehpad doivent par exemple à la fois faire preuve de qualités humaines d'écoute et de psychologie, posséder une base de connaissances médicales et réaliser des tâches physiques, comme aider au lever, à la toilette, à l'habillage et au coucher des personnes. Les accidents du travail sont fréquents dans ce secteur. Rien de tout cela ne se reflète dans le niveau de salaire.

Une étude menée en 2009 par des chercheuses britanniques comparait la rémunération de certains métiers, sélectionnés aux deux extrémités de l'échelle des revenus, à la « valeur sociale » qu'ils engendrent. Ce travail

---

3. Rachel Silvera, « "Les distinctions sociales ne peuvent être fondées que sur l'utilité commune" : chiche ! », Pôle économique de la CGT, Note économique n° 153, avril 2020.

de la New Economic Foundation proposait pour ce faire de s'en remettre à la mesure du « retour social sur investissement » (*social return on investment*, SROI en anglais), un outil statistique qui a pris de l'importance dans le monde anglo-saxon depuis le milieu des années 2000. Appliquer cette méthode aux métiers consiste à évaluer, de façon monétaire, les impacts sociaux générés par leur exercice et à les comparer à l'investissement nécessaire à l'activité, soit, ici, à la paie. Sur cette base, l'étude britannique arrivait à la conclusion que pour les agents de nettoyage des hôpitaux, par exemple, une livre sterling de rémunération générait dix livres de valeur sociale. Dans le même temps, l'activité d'un cadre de la publicité, profession très bien payée, détruit onze livres sterling pour chaque livre payée. « Dans notre modèle économique, nous estimons la part des dommages sociaux et environnementaux causés par la surconsommation qui est imputable à la publicité », précisait l'étude[4]. Pour les banquiers de la City de Londres, l'estimation était de sept livres détruites pour une livre de valeur rémunérée. La crise mondiale de 2008, celle des *subprimes* et autres dérivés de crédits promus pendant des années par ces mêmes financiers, était alors encore fraîche dans les mémoires. « Nous avons constaté qu'au lieu d'être des "créateurs de richesse", ces banquiers de la City sont largement récompensés pour avoir amené le système financier mondial au bord de l'effondrement », notaient les chercheuses. En réaction à la débâcle, les États déboursèrent des milliards d'argent public pour sauver les banques. Dans les années 2010, la Grande-Bretagne comme les États d'Europe continentale ont par la suite mis en place des politiques d'austérité drastiques, réduisant les dépenses publiques, faisant pression sur les services publics et leurs travailleurs. Les traders s'étaient bien rempli les poches, les métiers socialement utiles comme les infirmières, les enseignants, ceux de la justice, en ont fait les frais.

Des économistes états-uniens ont de leur côté épluché, dans un article de 2017, les travaux existants sur les « externalités » (coûts sociaux) et les « effets d'entraînement » (bénéfices sociaux) appliqués à un éventail de professions bien payées[5]. Ils arrivaient à la conclusion que, parmi elles, les chercheurs en médecine représentent la profession à plus forte valeur sociale, les instituteurs suivent, tandis que les métiers de la finance, encore

4. Eilis Lawlor, Helen Kersley et Susan Steed, « A Bit Rich. Calculating the Real Value to Society of Different Professions », New Economic Foundation, 2009 ; Pierre Rimbert, « De la valeur ignorée des métiers », *Le Monde diplomatique*, mars 2010.
5. Benjamin B. Lockwood, Charles G. Nathanson et E. Glen Weyl, « Taxation and the Allocation of Talent », *Journal of Political Economy*, vol. 125, n° 5, 2017.

eux, détiennent la valeur sociale la plus faible. David Graeber citait ces deux études dans son ouvrage *Bullshit Jobs*. Pour l'anthropologue, les « jobs à la con » sont ceux qui « consistent majoritairement ou intégralement dans des tâches que leur titulaire juge inutiles, superflues, voire néfastes », et dont la « disparition ne ferait absolument aucune différence ». Il partait du principe que les personnes qui exercent des emplois inutiles et parasites en ont, en général, tout à fait conscience en leur for intérieur. Hors de cette auto-analyse, il n'est pas aisé, pointait encore l'anthropologue, de mesurer la valeur sociale des métiers, qui est distincte de la valeur de marché. « Mais un moyen simple de se faire une idée est de se demander : que se passerait-il si telle ou telle catégorie de travailleurs disparaissait en totalité, purement et simplement ? » Au premier pic de l'épidémie de coronavirus, au printemps 2020, plusieurs gouvernements européens ont dû se poser cette exacte question. Leur réponse a été de déclarer officiellement essentielles une série de professions et de secteurs d'activité.

Le gouvernement français s'en est tenu à quelques vagues déclarations, a refusé de dresser une liste précise et en a appelé au « sens des responsabilités » des entreprises. Ailleurs en Europe, les choses ont été actées bien plus clairement. Le gouvernement britannique a publié le 19 mars 2020 une liste des « travailleurs critiques » dont les enfants pouvaient avoir accès aux écoles même pendant les confinements durs. Celle-ci comprenait, dans sa version actualisée de début 2021, les travailleurs des services publics de santé, de justice, de police, de l'éducation, des services sociaux, ainsi que les travailleurs des transports, des infrastructures de base comme les télécoms, la gestion des déchets, de l'énergie, des services postaux et financiers de paiement et l'alimentaire – de la production jusqu'à la vente en caisse. Les listes allemandes des professions « d'importance systémique » (*systemrelevant*), celle de la ville-État de Berlin par exemple, encore plus précises dans leur désignation des métiers, couvraient les mêmes champs. En Belgique, un arrêté ministériel du 23 mars 2020 « portant des mesures d'urgence pour limiter la propagation du coronavirus Covid-19 » a défini de même les « commerces, entreprises et services privés et publics qui sont nécessaires à la protection des besoins vitaux de la Nation et des besoins de la population ». On y retrouve sans surprise les services publics, les infrastructures et l'alimentaire. Il n'y a aucune raison de penser que l'inventaire des professions essentielles doive différer en France.

Que faire ?

Une fois que ces métiers indispensables en temps de crise, sans lesquels le pays ne pourrait plus du tout tourner, sont identifiés et qu'il est convenu qu'une grande partie d'entre eux sont très mal rémunérés, que faire ? Comment les revaloriser en conséquence ? Les primes de 500 à 1 500 euros annoncées après la première vague épidémique à destination des personnels hospitaliers n'ont évidemment rien réglé. Dans la grande distribution, celle de 1 000 euros promise aux hôtesses de caisse n'a même pas été versée par toutes les enseignes. « Les hausses de salaires ! Tout de suite ! », réclamait sans détour la CGT des services publics dans un tract de septembre 2020. Le syndicat exigeait la revalorisation salariale des métiers à prédominance féminine, proposait des investissements massifs dans les services publics et un Smic à 1 800 euros pour augmenter aussi les rémunérations des « essentiels » du privé. Un gouvernement qui voudrait agir pour rehausser les petites paies des salariés de première ligne pourrait aussi organiser une rencontre entre patronat et syndicats pour impulser de vastes négociations de branches. Le gouvernement de Jean Castex n'a pas saisi cette occasion. La conférence sociale qu'il a organisée à l'automne 2020 n'a abouti qu'au maintien, coûte que coûte, des réformes des retraites et de l'assurance chômage malgré l'ampleur des mobilisations, malgré l'épidémie, en dépit de la crise économique qui s'en est suivie. Pour réduire les inégalités de rémunération, le mouvement social n'a pas non plus manqué de propositions ces dernières années, comme celle, formulée par les Gilets jaunes, d'instaurer un salaire maximum. Autre champ d'action possible : réduire le recours des entreprises et des organismes publics à la sous-traitance – par exemple dans le secteur du nettoyage – qui contribue à tirer les salaires vers le bas. La loi pourrait également contribuer à lutter contre l'ubérisation du travail, qu'elle se fasse via les plateformes ou par l'auto-entrepreneuriat imposé. Bref, payer très mal des gens dont le pays ne peut pas se passer n'est en rien une fatalité.

Comment peut-on être pauvre ?

Denis Colombi

C'est une vidéo d'une minute à peine, un sujet de reportage comme il y en a tant d'autres : au micro du reporter de l'émission *Quotidien*, une jeune étudiante décrit un ordinaire fait de précarité et de misère, montrant son frigo vide, racontant sa peur permanente de perdre son logement et la menace que cela fait peser sur la réussite de son cursus. Quelques jours après qu'un autre étudiant s'est immolé par le feu devant le Crous de Lyon, au début du mois de novembre 2019, il s'agit de donner à voir la réalité de conditions de vie trop souvent ignorées – et que la pandémie de 2020, quelques mois plus tard, exacerbera encore. Mais, sur les réseaux sociaux, un détail va retenir l'attention : un simple objet posé sur une table, visible quelques secondes à peine : le flacon de parfum, aisément reconnaissable, « J'adore », de la marque Dior.

D'un seul coup, tout l'espace semble être occupé par cette bouteille, au point que l'on oublie facilement les placards vides. D'un côté, il y a ceux qui voient là le signe d'une manipulation, la preuve que la jeune femme n'est pas aussi pauvre qu'elle voudrait le faire croire, ou qu'elle est fautive, incapable de se débrouiller avec son argent, et certainement pas victime du « système » ou des insuffisances de l'État – et quand ce n'est pas le parfum, c'est le forfait de téléphone, la marque de l'ordinateur ou encore la taille de l'appartement qui sont critiqués comme autant d'erreurs de gestion. Et, en face, il y a ceux qui, embarrassés par ce bien de luxe au milieu de la misère, se perdent en suppositions pour essayer de justifier ou d'excuser sa présence – peut-être est-ce un cadeau ? Peut-être l'étudiante l'a-t-elle acheté en solde ? Ou alors, elle a pu économiser pendant de longs mois pour se payer ce petit plaisir dans une vie de privation ? En tout état de cause, ce débat revient dès qu'il est question de pauvreté. En 2018, la publication d'un article du *Monde* consacré à un couple de Gilets jaunes avait provoqué des réactions comparables[1]. Quelques jours plus tard, c'était une militante dénonçant la même précarité étudiante qui se voyait traitée de tous les noms après que la fachosphère eut monté en épingle ses photos de vacances sur Instagram.

Regard moral

L'éternel retour des polémiques sur la pauvreté montre à quel point le regard que l'on pose sur les personnes défavorisées est sélectif. Lorsque l'on entre dans l'appartement d'un ménage frappé par le chômage, fût-ce par l'entremise des caméras de télévision, il est plus courant de s'arrêter devant l'écran plat ou le flacon de parfum que de remarquer que le chauffage ne fonctionne pas ou que les enfants n'ont pas mangé... Les dépenses des pauvres obsèdent beaucoup plus que leurs privations. On regarde ce qu'ils ont acheté, on en évalue la qualité, la nécessité, la légitimité, et on leur prodigue bien des conseils pour gérer leur budget – et pas seulement sur les réseaux sociaux : les conseillers bancaires ou les « accompagnateurs budgétaires » (qui interviennent auprès des ménages en situation de surendettement[2]) assurent beaucoup plus officiellement cette tâche. Mais on s'inquiète moins de ce qui explique la petitesse des budgets en question... Au fond, il semble que, bien souvent, nous nous en tenions à une certitude : à la place des pauvres, *nous* nous en sortirions, *nous* saurions mieux faire. C'est qu'il est difficile de poser sur la pauvreté autre chose qu'un regard moral. En janvier 2018, des magasins Intermarché bradent des centaines de pots de Nutella. 1,41 euro au lieu de 4,70 euros : dans le Pas-de-Calais ou la Loire, des « foules » se ruent sur la pâte à tartiner ; les forces de l'ordre doivent parfois intervenir ; les réseaux sociaux s'enflamment ;

1. Faustine Vincent, « Pourquoi le quotidien d'un couple de "gilets jaunes" dérange une partie de nos lecteurs », *Le Monde*, 20 décembre 2018.
2. Ana Perrin-Heredia, « La mise en ordre de l'économie domestique. Accompagnement budgétaire et étiquetage de la déviance économique », *Gouvernement et action publique*, vol. 2, 2013/2, p. 303-330.

les éditorialistes s'indignent ; Yannick Jadot fait savoir qu'il préfère la pâte équitable ; autant de commentaires qui hésitent entre la pitié et le mépris. Que le produit soit assez largement associé aux classes populaires et que ces évènements aient eu lieu dans des régions frappées par le chômage n'y est pas pour rien. Les files d'attentes provoquées par la sortie d'un nouvel iPhone ou par d'autres objets de consommation (le magasin Vuitton des Champs-Élysées en connaît chaque jour) suscitent elles plutôt l'indifférence, ou un regard amusé. Et si la condamnation morale advient, ce sera le plus souvent parce qu'on suppose encore que ce sont des pauvres qui font ainsi la queue pour des biens dont ils devraient se passer.

En observant avec autant d'acuité les dépenses des pauvres, quitte à les fantasmer, on cherche souvent à se rassurer : ils s'y prennent mal, ils ont quelques tares, un problème, quelque chose qui justifie *in fine* leur situation. La pauvreté, d'ailleurs, semble souvent être moins problématique quand elle est « juste », si elle frappe les fainéants, les sans-talent ou les inutiles – ne serait-ce que parce que sa menace incitera chacun à faire le maximum d'efforts ou rendra certains disponibles pour le « sale boulot » (qu'il s'agisse de ramasser les poubelles ou de faire le ménage chez les plus fortunés[3]). Lorsque l'on cherche à répondre à ces discours, notamment à gauche, c'est le plus souvent en restant dans un registre moral, en cherchant des excuses à des comportements (néanmoins) « choquants » : la bouteille de parfum devient un cadeau, les vêtements de marque la conséquence de la publicité, les vacances au soleil un moment de déraison… quand on n'invoque pas simplement les limites et les faiblesses de miséreux qu'il faudrait protéger des jeux d'argent, du tabac, voire des boissons sucrées et de tant d'autres périls… Tout cela, au fond, relèverait d'erreurs, certes pardonnables au vu des circonstances, mais d'erreurs quand même. Par l'appel à l'empathie, on cherche plus à composer avec les aspects les moins reluisants de la pauvreté qu'à les comprendre sur un mode positif, c'est-à-dire à les expliquer. Car il va de soi pour les classes supérieures qu'à la place des pauvres, elles sauraient consommer efficacement ou épargner intelligemment. Ce regard plein de condescendance pour « ceux qui ne sont rien » permet de légitimer leur position dominante. Au fond, pensent-elles, si les pauvres méritent ce qui leur arrive, c'est que leur bonne fortune est également justifiée. Et ne saurait être remise en cause…

3. Herbert J. Gans, « The Positive Functions of Poverty », *American Journal of Sociology*, vol. 78, n° 2, 1972, p. 275-289.

Le regard porté sur la pauvreté est en fait assez comparable à celui que l'on portait jadis – et que l'on porte malheureusement encore trop souvent – sur les cultures étrangères : un mélange d'incompréhension et de jugement que les anthropologues ont pris l'habitude d'appeler « ethnocentrisme ». Face aux écrans plats accrochés dans les logements des classes populaires, nous agissons comme face à une coutume mystérieuse, postulant l'étrangeté radicale de l'autre. Les membres des classes dominantes pensent qu'un individu rationnel, intelligent comme eux n'achèterait pas cet objet s'il était pauvre, et en viennent à se demander « comment peut-on être pauvre ? » comme à une autre époque on se demandait « comment peut-on être persan ? » De fil en aiguille, on se retrouve facilement à invoquer la « culture des pauvres », ou plus simplement un manque d'éducation qui « abrutirait » les classes populaires, quand ce ne sont pas des explications racistes qui pointent le bout de leur nez... Ainsi, il n'est pas rare en France que la pauvreté des populations immigrées soit plus rapportée à une incapacité des mères à s'occuper des enfants – notamment de celles qui mendient dans la rue, leur bébé dans les bras – ou à un manque de volonté de s'intégrer plutôt qu'aux difficultés objectives que rencontrent ces catégories particulières, notamment des difficultés d'accès à l'école ou à l'emploi[4]... Dans les classes supérieures domine ainsi une certitude : universelles, leurs façons de faire et leurs dispositions économiques devraient également s'observer au bas de l'échelle sociale ; la façon dont on gère un budget, dont on consomme, dont on épargne, etc., serait la même, que l'on jouisse d'un patrimoine et de revenus importants et stables ou que l'on compose avec de maigres et incertaines ressources. Comme s'il existait un petit ensemble de règles et d'astuces que tout un chacun pourrait appliquer pour faire fortune – ce que promettent nombre de livres de développement personnel en expliquant les « trucs » grâce auxquels les riches sont riches...

Le rapport à l'argent illustre bien cet ethnocentrisme. Beaucoup de propositions politiques faites au sujet des pauvres visent à contrôler leurs dépenses autant que faire se peut. Ainsi, en 2015, le conseil départemental des Bouches-du-Rhône a préféré verser la prime de Noël aux allocataires du RSA sous la forme de bons d'achat de jouets. En avril 2021, vingt-deux députés déposent une proposition de loi visant à « renouer avec une politique familiale ambitieuse pour relancer la natalité en France » : à côté de

4. Serge Paugam, Bruno Cousin, Camila Giorgetti et Jules Naudet, *Ce que les riches pensent des pauvres*, Paris, Le Seuil, 2017, p. 184-190.

baisses d'impôts pour les plus fortunés, elle prévoit également le versement de 50 % des allocations familiales sous forme de « chèques pour l'alimentation en produits frais, l'habillement, les fournitures scolaires, les activités extrascolaires, afin de s'assurer que l'argent public soit réellement utilisé dans l'intérêt des enfants ». D'un côté, on donne plus d'argent aux riches et, de l'autre, on contrôle mieux les dépenses des plus pauvres... Dans ces deux cas, comme dans bien d'autres, il s'agit de protéger les pauvres d'eux-mêmes : on les imagine dépensant immédiatement l'argent qu'on leur verse. Et, sur ce point, il n'est pas faux que les ménages les plus précaires tendent à utiliser immédiatement les revenus qui leur sont versés, parfois en ignorant la destination officielle de ces allocations, de la même façon qu'ils peuvent parfois préférer l'argent liquide à l'usage des comptes en banque. Face à cette situation, pouvoirs publics et opinion publique ne manqueront jamais de prôner la (ré)éducation économique comme moyen de sortir de la pauvreté.

De la rationalité des comportements des pauvres

Pourtant, ces façons de faire sont d'abord des stratégies efficaces lorsque l'on est confronté à la pauvreté, comme le montraient déjà les chercheurs Jean-François Laé et Numa Murard dans les années 1980[5]. Quand les ressources sont limitées, les dépenser dès l'instant où elles arrivent évite qu'elles ne disparaissent autrement, notamment que l'argent que l'on destinait à l'alimentation ne doive servir à régler une facture imprévue ou à s'acquitter d'une dette que l'on n'a pas encore payée... ou même à satisfaire une envie que l'on ne parviendrait pas à maîtriser, dans un monde où la publicité et les vitrines invitent sans cesse à l'achat impulsif. Dès lors, ce qui apparaissait comme l'expression d'une faiblesse de la part des pauvres s'avère être un comportement économique tout ce qu'il y a de plus rationnel : une façon de s'assurer que les besoins les plus importants, tels que l'alimentation, seront effectivement satisfaits, une façon, aussi, de résister aux tentations que l'on sait inévitables... Les représentations économiques des classes moyennes et supérieures ne permettent pas de comprendre les comportements économiques des pauvres. Il en va d'ainsi de l'épargne, que l'on ne conçoit souvent que sous sa forme monétaire, associée à des comptes bancaires. À travers ses enquêtes dans des zones urbaines sensibles, la

5. Jean-François Laé et Numa Murard, *L'Argent des pauvres*, Paris, Le Seuil, 1985 ; Jean François Laé et Numa Murard, *Deux générations dans la débine. Enquête dans la pauvreté ouvrière*, Paris, Bayard, 2011.

sociologue Ana Perrin-Heredia[6] a pourtant montré qu'elle prend plutôt la forme de stocks de biens dans des congélateurs, des placards, des cagibis ou même des balcons : accumuler des réserves de nourriture est une façon beaucoup plus efficace de se prémunir contre le risque dans une situation d'incertitude sur les ressources dont on dispose – l'argent va et vient, mais les armoires pleines, elles, garantissent que pour les mois à venir, on n'aura pas faim. Loin de ce que colporte le mépris au pouvoir, les pauvres font des efforts importants pour gérer leur argent : il n'est pas rare qu'ils tiennent des listes précises de leurs dépenses, qu'ils épluchent les offres promotionnelles des magasins pour optimiser leurs achats, qu'ils utilisent des systèmes d'enveloppes pour marquer par avance l'usage de l'argent liquide, qu'ils jonglent avec les délais de paiement pour savoir dans quel ordre payer leurs factures, voire que, tel Ulysse s'attachant au mât de son navire, ils décident d'éviter les centres-villes ou les rues commerçantes pour ne pas se laisser tenter par les sirènes de la société de consommation. Autant de comportements, de gestes, de mécanismes de contrôle de soi qui non seulement témoignent de compétences économiques assez élevées, mais sont en outre bien plus rares dans les catégories plus favorisées, simplement parce que, lorsque l'on a de l'argent, il n'est pas nécessaire d'y recourir et de faire tant d'efforts.

Mais on pourra toujours pointer, malgré tout, des dépenses « inutiles » ou « irrationnelles ». Vêtements ou baskets de marque, abonnements télévisuels, smartphones, vacances ou loisirs : autant de choses dont on veut souvent priver les pauvres en arguant que, s'ils l'étaient vraiment, s'ils étaient vraiment en difficulté ou encore s'ils voulaient vraiment s'en sortir, ils devraient renoncer à toutes ces consommations et cesser de vouloir vivre au-dessus de leurs moyens. Le plus souvent, il s'agit de leur intimer l'ordre de rester à leur place : toutes ces choses sont réservées à ceux qui ont les moyens, autrement dit à ceux qui le méritent. Et *vae victis*.

Le regard moralisateur et méprisant est manifeste dans ces condamnations pour irrationalité et vanité. Le smartphone en est sans doute l'exemple le plus marquant. Chaque année, le versement de l'allocation de rentrée scolaire fait ainsi l'objet de la même polémique : ne va-t-elle pas être utilisée indûment pour acheter des téléphones portables plutôt que du matériel scolaire ? Pourtant, s'agit-il vraiment d'un achat inutile quand on est pauvre, comme le voudrait le bon sens des classes supérieures ?

---

6. Ana Perrin-Heredia, « Faire les comptes : normes comptables, normes sociales », *Genèses*, nº 84, 2011/3, p. 69-92.

C'est plus que douteux. Nos sociétés sont de plus en plus pensées pour des individus équipés *a minima* d'une connexion internet, et si possible d'un terminal portatif pour y accéder[7] : pour faire ses démarches administratives – notamment si l'on dépend en grande partie des revenus d'assistance – ou pour faire ses courses, pour rester en lien avec sa famille, parfois éloignée, ou pour chercher un emploi, même précaire, il est devenu quasiment impossible de vivre sans le précieux appareil... y compris pour suivre la scolarité de ses enfants dans une école qui se veut de plus en plus numérique. Et dans la mesure où le smartphone permet de bénéficier du wifi gratuit bien plus facilement qu'un ordinateur ou une tablette, il s'agit là d'une façon économique de se soumettre aux exigences de notre environnement – un choix rationnel, en somme. Le luxe aujourd'hui est sans doute moins d'avoir un smartphone que de pouvoir s'en passer – ou, mieux encore, de pouvoir dire aux autres qu'ils devraient s'en passer. On peut reconduire ce raisonnement pour bien d'autres types de consommation généralement condamnés et montrer que, derrière l'irrationalité apparente, se cache en fait une logique et des justifications bien compréhensibles. Les vêtements de marque pour les enfants, par exemple : est-il étonnant que des parents souhaitent protéger leur progéniture à la fois de l'expérience de la pauvreté – quitte à se priver eux-mêmes – et du stigmate qui y est attaché, particulièrement dans des cours d'école et de collège où les relations entre jeunes ne sont exemptes ni de jugements blessants, ni de formes plus qu'inquiétantes de harcèlement ?

Le caractère nuisible de certaines consommations ou pratiques populaires n'est certes pas discutable : c'est par exemple dans les catégories les plus précaires que l'on rencontre le plus de fumeurs. Il leur arrive aussi de recourir à des jeux d'argent ou de faire simplement des achats peu avisés qui épuisent leurs déjà maigres ressources. Pourtant, même là, il convient de poser la question de la rationalité de ces choix. Comme le notent les sociologues Patrick Peretti-Watel et Jean Constance à propos de la « cigarette du pauvre », il peut paraître bien irrationnel de se priver du petit plaisir qu'elle procure quand, de toutes façons, on ne voit aucune échappatoire possible à sa situation, quand on n'a pas de bonnes raisons de se projeter dans l'avenir[8]. Se priver de cigarettes ou encore d'acheter un smartphone de marque un peu au-dessus de ses moyens permettra-t-il de sortir de la pauvreté ? Il est

---

7. Julien Brygo, « Peut-on encore vivre sans Internet ? », *Le Monde diplomatique*, août 2019.
8. Jean Constance et Patrick Peretti-Watel, « La cigarette du pauvre », *Ethnologie française*, vol. 40, 2010/3, p. 535-542.

probable que non. Mais, même en s'imposant l'ascétisme le plus rigoureux, en comptant chaque euro, en mettant religieusement de côté, on sait que cela ne changera rien au-delà d'un certain niveau de pauvreté. Au mieux, on mettra de côté, au prix de sacrifices énormes au cours d'une ou plusieurs années, de quoi payer un mois de loyer, peut-être un peu plus – et encore, si cet argent n'est pas happé par un imprévu ou un accident. Vu d'en haut, on sous-estime nettement la distance qui existe entre l'extrême pauvreté et la simple stabilité, au point de penser qu'il suffirait de remplir une tirelire pour s'en extraire. Quand on se trouve dans une telle situation, il peut apparaître parfaitement rationnel d'essayer de vivre en s'accordant quelques plaisirs, en refusant de se priver, en accédant, ne serait-ce que pour un temps, et quitte à sacrifier d'autres choses, au mode de vie auxquels les autres semblent avoir droit – c'est après tout un moyen de participer à une société de consommation et de vaincre, même pour un temps, l'expérience du manque, tout particulièrement s'il s'agit d'en protéger les enfants[9]. C'est alors la pauvreté qui explique ce type de consommation « inutile » : comme le fait remarquer le sociologue Matthew Desmond, on n'est pas pauvre parce que l'on jette son argent par les fenêtres, mais par contre, on peut jeter son argent par les fenêtres parce qu'on est pauvre[10].

La double peine de la pauvreté

C'est une conclusion générale qu'impose la sociologie économique de la pauvreté : les pauvres consomment comme ils le font… parce qu'ils sont pauvres – et si ceux qui sont, aujourd'hui, protégés de la misère venaient à s'y trouver demain, il n'y a pas à douter que, malgré toute leur belle assurance, ils en viendraient à agir de la même façon. Contrairement à ce que l'on peut s'imaginer, lorsque l'on tombe dans la pauvreté, on n'abandonne pas les consommations « inutiles » (le tabac ou les parfums…), parce que celles-ci permettent de tenir le coup face aux privations ou de résister au stigmate de la misère… Ces consommations « symboliques » sont en fait peut-être d'autant plus importantes quand on est confronté à la misère et qu'il n'y a de toutes façons pas d'autres opportunités pour utiliser une « épargne » si faible qu'elle n'en est pas vraiment une…

En fait, la seule chose qui différencie véritablement les pauvres du reste de la société, c'est qu'ils ont moins d'argent… Cela peut paraître trivial,

9. Martine Court, *Sociologie des enfants*, Paris, La Découverte, 2017, p. 144.
10. Matthew Desmond, *Avis d'expulsion. Enquête sur l'exploitation de la pauvreté urbaine*, trad. fr. P. Dardel, Montréal, Lux, 2019.

presque risible comme résultat, mais c'est pourtant ce que le regard généralement porté sur la pauvreté essaye d'éviter : à y chercher le signe d'un manque, d'une tare, d'une inconséquence ou d'une incapacité, on en vient à simplement oublier que la pauvreté, c'est tout simplement la pauvreté. Celle-ci doit d'abord se penser non pas comme une conséquence de quelques caractéristiques personnelles, mais bien comme une cause, une situation dotée d'une certaine force contraignante qui impose à ceux et à celles qui y sont plongées des choix, des comportements, des décisions. En faisant ceci, on cesse de penser que le problème, ce sont les pauvres, pour accepter que c'est la pauvreté elle-même.

Rappeler ce fait simple est d'autant moins trivial que c'est là une condition essentielle de la lutte contre la misère. Dans un pays qui compte quelque 9 millions de personnes vivant sous le seuil de pauvreté (à 60 % du revenu médian, 5 millions si on prend le seuil à 50 % du revenu médian selon l'Observatoire des inégalités pour l'année 2020), la disqualification des capacités économiques des pauvres ne se résume pas à une forme dommageable d'incompréhension : le mépris de classe a de réelles conséquences matérielles pour ceux qui se trouvent du mauvais côté. En effet, à quoi bon donner de l'argent aux pauvres si on les pense fondamentalement incapables de l'utiliser correctement ? Dans la mesure où il sera toujours possible de trouver un « vice » dans les consommations des pauvres si on la rapporte aux normes des classes supérieures, il y aura toujours une bonne raison de ne pas leur venir en aide... On peut même en arriver à penser que la pire chose que l'on puisse faire pour les pauvres, c'est précisément de les aider. C'est ce que suggère l'idée des « trappes à pauvreté », que le discours politique a très rapidement repris à l'économie : si l'on distribue des revenus d'assistance, on décourage la reprise d'emploi et l'initiative personnelle et, finalement, on enferme les gens dans la pauvreté. La transformation du revenu minimum d'insertion (RMI) en revenu de solidarité active (RSA), en 2009, était fondée sur le principe d'une nécessaire « activation des dépenses sociales » : pour ne plus « désinciter » à la reprise d'un emploi, les dispositifs d'aide aux démunis s'accompagnent de plus en plus d'un cortège de contrats et d'engagements demandés aux bénéficiaires, alors que le débat public est saturé par la dénonciation de la fraude aux prestations sociales.

La défiance vis-à-vis des politiques de solidarité se nourrit de ces représentations faussées. Les pauvres subissent ainsi une « double peine », pour reprendre une expression d'Ana Perrin-Heredia : non seulement ils connaissent la privation matérielle, mais la stigmatisation de leurs pratiques économiques disqualifie, en outre, les politiques qui pourraient leur être les plus favorables. Se débarrasser du mépris pour les pauvres n'est pas qu'un enjeu moral : c'est aussi une condition nécessaire pour parvenir à vaincre la pauvreté.

Médias de classe, haine de classe

Mathias Reymond

« Tout se passe, explique le sociologue Alain Accardo, comme si le "peuple" n'était intéressant pour les médias qu'autant qu'il est inoffensif, désorganisé, souffrant, pitoyable, mûr pour les Restos du cœur, l'intervention caritative et le miracle du loto[1]. » Invisibles à la télévision ou à la radio, les classes populaires sont rappelées à l'ordre dès lors qu'elles ne s'y résignent plus. Méprisés sur tous les plateaux, leurs porte-parole se font gronder quand ils cessent d'y faire de la figuration.

Depuis 2014, les grands médias doivent diffuser des programmes qui contribuent à la lutte contre les préjugés sexistes et les violences faites aux femmes. Un progrès, tout de même, tant par ailleurs l'inégalité sociale semble, elle, toujours aller de soi. Ou presque de soi. Si le législateur a confié en 2006 le soin au CSA (Conseil supérieur de l'audiovisuel) de veiller à la représentation de la diversité de la société française, son dernier rapport annuel est accablant : « les CSP+ sont surreprésentées dans tous les genres de programmes. Elles représentent jusqu'à 79 % des personnes visibles dans les divertissements, 78 % dans l'information et 73 % dans les fictions. » La proportion des cadres, professions libérales et chefs d'entreprise à la

1. Alain Accardo, *Pour une socioanalyse du journalisme*, Marseille, Agone, 2017, p. 100.

télévision atteint 61 % en 2019 alors que ce groupe ne représente que 10 % de la société ; pour les ouvriers, ces proportions atteignent, respectivement, 3 % et 12 %. Autrement dit, les CSP+ sont quinze fois plus présents que les ouvriers alors qu'ils sont moins nombreux dans la population...

À la radio, aussi, l'écart est saillant. Une enquête du *Monde diplomatique* pointait que, la semaine du 18 au 24 novembre 2019, « les studios de la radio de service public France Inter ont accueilli 177 invités. Tous issus de classes moyennes supérieures, culturellement et économiquement favorisées. À deux petites exceptions près, à des heures de faible écoute. [Une] étudiante boursière et une chômeuse de longue durée ont apporté leur "témoignage" dans l'émission *Le nouveau rendez-vous*, entre 22 heures et 23 heures[2]. » D'autres stations se préoccupent davantage de la diversité sociale. *Les Grandes Gueules* sur RMC accordent du temps d'antenne à toutes les classes sociales et, comme le relève Vincent Goulet, cette émission « a un côté polémique [...] proche de l'ethos populaire[3] ». Mais le sociologue constate aussi que « le cadrage idéologique » reste, notamment par le choix des thèmes et des polémiques, « très proche du pôle libéral et entrepreneurial. » On en revient ainsi très fréquemment à la figure du « patron » qui « se bat seul contre le fisc pour donner du boulot aux pauvres gens ». Et, *in fine*, les milieux populaires constituent toujours ce que Pierre Bourdieu nommait une « classe-objet », soit un groupe qui est parlé par d'autres plutôt qu'il ne parle de sa voix propre. Ainsi des classes populaires périurbaines : comme le constate le CSA, « les personnes demeurant dans les grands ensembles de banlieues populaires [...] n'apparaissent qu'à hauteur de 7 % dans les programmes visionnés alors que ces zones seraient habitées par 27 % de la population ». En revanche, 52 % des intervenants à la télévision résident en centre-ville alors que cette situation caractérise 32 % de la population. De plus, les habitants de ces « banlieues » sont systématiquement présentés à travers des clichés (jeunes des cités, rappeurs, petits dealers) et renvoyés à une identité ethnoculturelle (d'origine africaine, de confession musulmane...) plutôt qu'à leur appartenance aux classes populaires[4].

L'exclusion des classes populaires procède aussi de la sélection des sujets. La couverture des « sports d'hiver » et des vacances à la montagne occupe chaque année une place considérable dans les journaux

2. David Garcia, « France Inter, écoutez leurs préférences », *Le Monde diplomatique*, août 2020.
3. Vincent Goulet, *Médias et classes populaires. Les usages ordinaires des informations*, Paris, INA, 2010.
4. Benoît Bréville, « Islamophobie ou prolophobie ? », *Le Monde diplomatique*, février 2015.

télévisés (JT) durant les mois de décembre, janvier et février. On s'émerveille des chutes de neige, on compatit aux embouteillages et on salive devant la fondue du soir ! Sur TF1, en février, la cadence est d'un sujet par JT[5]. À quoi s'ajoute la « météo des neiges ». Pourtant, deux tiers des Français ne partent jamais en vacances l'hiver. 9 % des ouvriers se rendent à la montagne à cette saison au moins une fois tous les deux ans, contre 40 % des cadres et professions intellectuelles supérieures[6]. Le choix d'un thème, d'un angle ou d'un invité permet même parfois d'expulser les classes populaires de chez elles – quand *Le Monde* consacre l'essentiel d'un dossier sur Marseille à la création culturelle, à l'attractivité renouvelée de la ville et à ses bonnes adresses (« Il fait bobo à Marseille »)[7] – ou de les déposséder de leur Histoire – quand la commémoration médiatique de Mai 68 consiste encore et toujours à inviter Serge July ou Daniel Cohn-Bendit.

Et en 2018 ? Comment ont été traités les Gilets jaunes ? De manière générale, par de la condescendance, voire du mépris. Un peu de paternalisme aussi[8], celui de Franz-Olivier Giesbert sur BFM TV – « Ils ne vivent pas comme nous [...]. Ce sont des gens qui veulent juste qu'on leur parle, qu'on leur explique » – ou celui de Christophe Barbier sur France 5 – « Beaucoup de Gilets jaunes sont des gens qui regardent la télé parce qu'ils n'ont pas beaucoup d'autres distractions dans la vie » ; dès lors, pour mettre fin au conflit pourquoi ne pas « supprimer la redevance télé » ? Trois jours après la première manifestation du 17 novembre 2018, Cyril Hanouna invite quatre Gilets jaunes dans son émission sur C8 pour « faire avancer les choses dans le calme » et faire en sorte « que tout le monde se sente bien dans cette société ». Il tient à le faire savoir aux personnes mobilisées : « Sur les chaînes du groupe Canal+, on est avec vous. » Avec, surtout pour tempérer les revendications et modérer les ardeurs : « Est-ce que vous ne pensez pas que les débordements, ça pollue un peu le débat, et ça fait que les choses avancent moins bien au niveau du gouvernement ? » ; « Je suis persuadé que le gouvernement ne demande qu'à discuter avec vous. » ; « J'ai des infos. Je sais que le gouvernement travaille dans votre sens. » Et, lorsque les Gilets jaunes affichent leur détermination, notamment à obtenir la destitution de

5. « Êtes-vous pour ou contre la neige en hiver ? », *la-bas.org*, 2 mars 2016.
6. Observatoire des inégalités, « Les sports d'hiver, une pratique de privilégiés », 10 février 2020.
7. Blaise Magnin, « Marseille, vu du *Monde* », *Acrimed*, 14 avril 2014.
8. À ce sujet, lire les articles de Frédéric Lemaire pour *Acrimed* : « Face aux gilets jaunes, les éditorialistes entre condescendance et mépris », 5 décembre 2018 ; « Thomas Legrand (France Inter) se lâche sur les gilets jaunes », 22 février 2019. Les citations suivantes sont tirées de ces articles.

Macron, l'animateur morigène : « C'est pas bon, de parler comme ça » ; ou : « Alors là, Maxime, je vous aime beaucoup, mais non. C'est un truc qui va décrédibiliser le mouvement. »

Viendra ensuite le temps de la déception. « Je ne comprends plus rien aux Gilets jaunes, se lamente l'animateur de RMC Éric Brunet le 2 décembre. Cette profonde grogne anti-taxes est devenue au fil des jours un mouvement pour l'augmentation du Smic et des minimas sociaux... J'ai lu avec attention leur plateforme revendicative : elle est plus à gauche que le programme de Mélenchon. » La condescendance vire à la haine de classe. « Il y a dans le mouvement des Gilets jaunes, déplore Thomas Legrand le 11 février 2019, une incapacité à s'exprimer, une incapacité à hiérarchiser ses revendications, une incapacité à dire ce qu'ils veulent. » Éric Drouet et Maxime Nicolle que Legrand identifie comme les « leaders » du mouvement ? « Leurs propos sont absolument débiles. C'est-à-dire qu'ils sont incommentables. Moi je me penche sur leurs textes, sur ce qu'ils disent, et là il ne s'agit pas d'orthographe, il s'agit du contenu : c'est débile. » Pour l'ancien dessinateur au *Monde*, Xavier Gorce, aussi, les Gilets jaunes sont dépourvus de sens politique (« Nous exigeons ! Et n'essayez pas de nous piéger en nous demandant quoi », fait-il dire à l'un d'entre eux), hargneux, individualistes, bêtes (« troupeaux d'abrutis »), méchants, et même nazis : un dessin représente un Gilet jaune tatoué « Über alles »[9]. Des « beaufs d'extrême-droite » aussi pour le journaliste de *Libération* Jean Quatremer, qui les dépeint comme « factieux » à « embastiller » d'urgence, « poujadistes », évidemment « antisémites » et « homophobes »[10]. Mais nous cacherait-on des choses ? Jean-Michel Aphatie l'assure : « dans ce mouvement [des Gilets jaunes], je pense depuis le début qu'il y a une organisation souterraine, cachée. Il y a des tireurs de ficelles[11]. »

Les saillies contre les classes populaires se doublent d'attaques contre ceux et celles qui les défendent ou qui les représentent. Sommations à négocier, procès en archaïsme, et rappels à l'ordre : à chaque mobilisation sociale, des syndicalistes ou d'autres personnalités subissent un déferlement de violence médiatique. En 2019 et 2020, au cours des mobilisations contre la réforme des retraites, Philippe Martinez, le secrétaire général de la CGT,

9. Pauline Perrenot, « "Dessine-moi un gilet jaune", le mépris selon Xavier Gorce (*Le Monde*) », *Acrimed*, 29 janvier 2019.
10. Frédéric Lemaire, « Jean Quatremer, grand pourvoyeur de "fake news" sur les gilets jaunes », *Acrimed*, 17 janvier 2019.
11. *C l'hebdo*, France 5, 16 décembre 2018.

a constitué la cible préférée des journalistes. Lors de la matinale de France Inter le 7 janvier 2020, les deux animateurs ne lui ont laissé aucun répit. Quand Léa Salamé ironise – « Quel est l'objectif d'appeler à faire la grève dans les raffineries ? C'est d'empêcher les Français de mettre de l'essence en fait ? » –, Nicolas Demorand se fait plus sentencieux. « C'est désormais la plus longue grève à la SNCF depuis Mai 68 », explique l'animateur avant de dérouler : « les Français, surtout les franciliens d'ailleurs, se débrouillent comme ils peuvent pour circuler pour se rendre à leur travail. Des commerçants ont perdu beaucoup de chiffre d'affaires pendant les fêtes. Certains redoutent même, on le disait hier, à Paris de mettre la clé sous la porte. » Et Demorand de s'interroger : « Est-ce que vous assumez toutes ces conséquences, tous ces effets de la mobilisation ? Et est-ce que ça vous fait réfléchir et pourquoi pas douter ? »

Tant qu'ils défilent sans entraver le fonctionnement de la société, les manifestants sont tolérés. Dès qu'ils vont au-delà, plutôt que de les interroger sur les motifs de leur colère, les journalistes enjoignent à leur porte-parole de s'expliquer sur cette « violence » et, surtout, de la condamner. Lors du mouvement des Gilets jaunes, François Ruffin est interrogé sur France Bleu Provence le 18 mars 2019 ; la première question qui lui est posée est « toute simple » : « Est-ce que vous condamnez les violences sur les Champs-Élysées, samedi à Paris ? » Les suivantes sont de la même eau. Trois ans plus tôt, dans une séquence surréaliste diffusée sur BFM TV, Apolline de Malherbe pose *huit fois* la même question à Olivier Besancenot à la suite de débordements en marges des défilés du 1er Mai : « Est-ce que vous condamnez les violences ? » Les réponses du porte-parole du NPA (Nouveau Parti anticapitaliste) et sa volonté de débattre du fond (la loi dite « El Khomri ») n'entament en rien la pugnacité de l'animatrice. Elle répétera *onze fois* une deuxième question : « Les casseurs sont-ils des manifestants[12] ? »

La même morgue s'observe à chaque campagne présidentielle. Le 19 mars 2017, invité d'Europe 1, à la veille du « grand débat », Hervé Gattegno – directeur de la rédaction du *Journal du dimanche* et éditorialiste à RMC et BFM TV – revient sur le choix de TF1 de ne convier que les cinq « gros » candidats : « Si on veut un débat sérieux, un débat où on aborde les vrais thèmes, il faut se concentrer sur les candidats qui peuvent

12. Frédéric Lemaire et Mathias Reymond « Loi travail : matraquages médiatiques sur les manifestations », *Acrimed*, 11 mai 2016.

prétendre vraiment gouverner le pays. Vous savez, avec onze candidats, dont un complotiste, deux trotskistes et celui qui veut coloniser la planète Mars, ce n'est plus un débat, c'est un jeu télévisé. C'est-à-dire que c'est au mieux *Questions pour un champion*, au pire, *Le Maillon faible*. » Ouvrier et candidat du NPA pour les élections présidentielles de 2012 et de 2017, Philippe Poutou explique la disposition des médias à sélectionner les « bons clients » : « La plupart du temps, c'est Olivier [Besancenot] qui est invité [...]. Depuis quelques semaines, nous proposions à nouveau que ce soit moi qui participe aux émissions, en tant que candidat à la prochaine présidentielle mais aussi en tant que porte-parole du parti, histoire de montrer un autre visage du NPA. Parfois, les télévisions acceptent, mais c'est rare. On nous répond souvent : "C'est promis, on invitera Poutou la prochaine fois !" Et puis, la fois suivante, c'est encore Olivier. Tous agissent de la même manière[13]. » Les médias entendent choisir eux-mêmes les porte-parole des organisations politiques ou des mouvements sociaux, ceux qui font de l'audience, ceux qui maîtrisent les « codes » comme la concision de l'expression.

Mais, de manière plus générale, « pour parler à la télévision, résume l'Observatoire des inégalités, mieux vaut savoir maîtriser le discours en public. La parole est donc donnée, dans l'immense majorité des cas, à ceux qui la manient le mieux, c'est-à-dire aux plus diplômés et aux catégories favorisées[14]. » Lors de la crise sanitaire de 2020-2021, ce sont presque toujours des médecins qui ont été conviés aux matinales des grandes chaînes de radio (92 % des invitations durant les mois de mars et avril 2020)[15] et, plus encore, des chefs de services. Les autres travailleurs médicaux, travailleuses pour la plupart, n'ont pas eu droit de cité. Ce sont pourtant les infirmières, les aides-soignantes ou les agents des services hospitaliers chargées de l'entretien et de la désinfection des locaux qui sont les plus nombreuses à l'hôpital. Ce sont elles aussi qui ont été directement chargées de mettre en œuvre la réorganisation des services, de gérer les plannings et le matériel ou qui furent les plus mobilisées pour dénoncer la destruction de l'hôpital public en 2019-2020 ou les pénuries à répétition (lits, respirateurs, masques).

13. Mathias Raymond, « Philippe Poutou (NPA) : "Nous sommes dépendants du bon vouloir des rédactions" », *Acrimed*, 5 juillet 2016.

14. Observatoire des inégalités, « Une représentation des catégories socioprofessionnelles à la télévision loin de la réalité sociale », 26 février 2019.

15. Lucile Girard et Pauline Perrenot, « Matinales radio (2/2) : les angles morts de l'information médicale », *Acrimed*, 8 octobre 2020.

À quoi tient cette disparité ? Sans doute en grande partie au profil des journalistes, un peu le même dans toutes les rédactions. Cette uniformité est liée à la longueur de leurs études, souvent analogues[16], aux origines sociales communes (et aisées), aux lieux de résidence identiques (20 000 des 35 000 détenteurs de la carte de presse habitaient en région parisienne en 2018) et à des salaires supérieurs à la moyenne (le salaire médian des journalistes titulaires – 74 % de la profession – était de 2 800 euros net par mois en 2016. Celui de l'ensemble des Français était de 800 euros en 2015 selon l'Insee)[17]. En bas de la grille des salaires, les journalistes pigistes et en CDD touchent autour de 1 800 euros bruts. Une précarité que ne connaissent pas les chefferies du journalisme qui occupent l'espace médiatique, sélectionnent les sujets, construisent et éditorialisent l'information. Leurs revenus fluctuent entre 5 000 et 15 000 euros par mois pour les présentateurs/animateurs d'émission et journaux sur les télévisions et radios publiques, et entre 25 000 et 50 000 euros pour les mêmes fonctions dans les médias privés[18].

Stéphane Courbit, lui, habite à Neuilly-sur-Seine (ou à Saint-Tropez l'été). 114e fortune de France, l'homme d'affaires à la tête de Banijay a importé les émissions de téléréalité en France. Après *Loft Story* en 2001, c'est lui qui a produit en 2011 l'émission à succès *Les Ch'tis* sur W9, puis, en 2012, sa déclinaison provençale, *Les Marseillais*. Le « concept » est le suivant : suivre quotidiennement durant plus d'un mois des candidats locaux issus principalement de milieux modestes et travaillant dans le monde de la nuit (barman, serveuse, DJ, danseuse…). À chaque saison, ils découvrent un lieu paradisiaque (Ibiza, Las Vegas, Hollywood, Cancún, Rio…). Le succès de l'émission repose sur un montage perfide surlignant les fautes de français des uns ou les réflexions niaises des autres, en saupoudrant le tout de disputes et de larmes. Les « héros » – et surtout les « héroïnes » – ne semblent préoccupés que par leur apparence et leur succès (éphémère).

Si, à des fins commerciales, ces émissions de divertissement accordent davantage de place aux classes populaires – et si ces émissions sont sans doute davantage regardées par les classes populaires –, ce qu'elles disent du peuple, ou d'un certain rapport au peuple, ne diffère pas vraiment de ce qu'on entend sur les plateaux ou dans les studios des programmes

16. François Ruffin, *Les Petits Soldats du journalisme*, Paris, Les Arènes, 2003.
17. *Libération*, 19 janvier 2019.
18. Frédéric Lemaire, « Que gagnent les journalistes ? Entre précarisation et salaires faramineux », *Acrimed*, 26 novembre 2019.

d'information. Dans son roman *Comme un empire dans un empire*[19], Alice Zeniter décrit les jurés du télécrochet *The Voice*, feignant « de souffrir plus que les candidats qu'ils éliminaient », leur volant « toute possibilité de parler de la violence du procédé, secondés en cela par la réalisation qui braquait les caméras sur les chanteurs connus, émus aux larmes ». Et la romancière de comparer à « la casse sociale à l'œuvre dans le pays. Après tout, c'était le même show : un patron millionnaire ou un ministre à la retraite assurée venait déclarer à la télévision que c'était dur pour lui, cette fermeture d'usine, vraiment dur, quelle vacherie, la réalité économique se fout des sentiments, elle les piétine, pourtant j'aurais voulu... »

Consterné devant cette mascarade, le héros du roman de Zeniter « aurait voulu voir des Gilets jaunes faire irruption sur le plateau ». Avec leur mobilisation, en tout état de cause, deux mondes se sont affrontés : d'un côté des manifestants s'organisant en dehors des cadres habituels (hors syndicats, partis politiques...), via les réseaux sociaux, et *contre* les grands médias ; et, de l'autre, des journalistes (et leurs auditeurs) refusant de sortir de leur confort et arcboutés sur l'image (le cliché) qu'ils se faisaient des Gilets jaunes. Ce traitement réservé à la classe ouvrière, à ses représentants et aux syndicalistes relève aussi du refus de toute opposition au libéralisme économique. Comme l'expliquait le journaliste Michel Naudy, dans le film *Les Nouveaux Chiens de garde*, « pour la très grande majorité [des journalistes], dès l'instant où [les membres des classes populaires] sortent de leur rôle, [...] alors ils deviennent dangereux. Parce qu'ils rompent avec le consensus mou de la démocratie molle. Ils rompent la règle du jeu, ils brûlent des pneus, ils occupent des usines, ils séquestrent des patrons, ils sont hors le champ social. Et là, l'appareil idéologique montre ses dents et mord cruellement. Et ce qui est moquerie de classe devient, à certains égards, exclusion, voire haine de classe[20]. »

Et, à l'inverse, les médias traditionnels, quels sentiments inspirent-ils au peuple ? S'ils ont exercé leur emprise sur le public tout au long du XXe siècle, leur crédit a depuis été fortement entamé : les charniers de Timisoara, les guerres du Golfe, les armes de destruction massive en Irak, le Kosovo, le Traité constitutionnel européen, les « faits divers » (Outreau, RER D, etc.), sont passés par là et ont laissé des traces. Mais il faut le souligner : il n'y a pas que des animateurs vedettes et des commentateurs qui ont été impliqués

---

19. Paris, Flammarion, 2020.
20. Gilles Balbastre et Yannick Kergoat, JEM production, 2012.

dans la propagation de fake news et dans la propagande en tous genres. Il y a eu des directeurs de journaux, des rédacteurs en chef, mais aussi des journalistes, des reporters, des photographes... Des journalistes inconnus, des reporters inconnus, des photographes inconnus. La pression subie, la précarité réelle, ne doivent pas faire oublier que les journalistes – *tous les journalistes* – ont une responsabilité qui mérite une exigence sans faille.

Florence Aubenas raconte comment, à la fin de son enquête pour *Le Quai de Ouistreham*[21], lorsqu'elle est allée trouver ses collègues femmes de ménage pour leur révéler qu'elle était journaliste, l'une d'entre elle lui a répondu : « Depuis quand les journalistes s'intéressent à nous ? » Pour la grande reporter, « l'échec du journalisme, c'est vraiment ce manque de confiance que les lecteurs, les auditeurs ont vis-à-vis de nous [...]. Les informations qu'on donne de la société [...] ne sont pas celles qu'ils aimeraient partager ou celles qu'ils aimeraient connaître. Elles sont celles qui nous intéressent, qui intéressent ce monde clos de la presse, qui a ses codes, qui a ses intérêts [...] Et je pense ça, c'est un sacré problème[22]. »

« Ça et la proximité avec nos sources, ajoute Aubenas. On me demande souvent "mais vous n'êtes pas trop proche des gens ?" et effectivement à Ouistreham j'ai gardé des copines [...]. Mais, le problème, ce n'est pas d'être copine avec une femme qui fait le ménage à Ouistreham ou quelqu'un qui travaille dans une usine de plastique à Montréal-la-Cluse. Non, le problème c'est quand on est copain avec Macron ou avec un chef d'entreprise puissant qui vous tient en son pouvoir. » En effet, si les médias ne réussissent plus à prescrire ce qu'il faut penser, ils continuent de fixer, avec l'aide des dirigeants politiques et économiques, l'agenda médiatique. Ils imposent ainsi ce à quoi il faut penser. Pour le sociologue Patrick Champagne, « ce que l'on appelle le "pouvoir des médias" pourrait bien n'être pour l'essentiel que le pouvoir de ceux qui ont un intérêt à croire et à faire croire au pouvoir des médias, et dont font partie, au premier chef, tous ceux qui participent du pouvoir des médias[23]. » Loin, très loin du peuple.

---

21. Paris, L'Olivier, 2010.

22. France Culture, 22 avril 2021.

23. Patrick Champagne, *Faire l'opinion. Le nouveau jeu politique*, Paris, Minuit, 1990, p. 157.

Une France périphérique ?

Cécile Gintrac

En juillet 2019, des Gilets jaunes participaient à la marche en hommage à Adama Traoré organisée à Beaumont-sur-Oise, trois ans après la mort du jeune homme, le 19 juillet 2016. Au micro, sa sœur Assa Traoré déclarait : « J'ai toujours été gilet jaune. Les quartiers populaires ont toujours été gilets jaunes. Depuis plus de 30 ans ». En 2018 et 2019, en tout cas, des manifestants jusque-là relativement épargnés ont subi la violence policière qui s'exerce depuis des décennies dans les quartiers dits « prioritaires ». Cette convergence doit être soulignée car le discours médiatique dominant tend à opposer les « quartiers » (soit environ 5 millions d'habitants et un taux de pauvreté qui dépasse les 40 %, trois fois plus que dans le reste du pays) aux espaces périurbains et ruraux populaires – la France des ronds-points, marquée par la dépendance à l'automobile ou un fort sentiment d'oubli, à laquelle la crise des Gilets jaunes a donné une visibilité inédite.

Simplifications

Popularisés par les grands titres de presse et les émissions de télévision, deux ouvrages à succès de Christophe Guilluy, *Fractures françaises* (2010)[1]

1. Christophe Guilluy, *Fractures françaises*, Paris, François Bourin, 2010.

et *La France périphérique* (2014), ont forgé et diffusé cette représentation d'une France populaire duale. En réalité, pour ce géographe, ce sont plutôt trois espaces, distincts les uns des autres, auxquels seraient associées des catégories socio-raciales spécifiques : les « métropoles mondialisées et gentrifiées », organisées sur « le modèle libéral de la société ouverte » ; « la France périphérique et populaire », peuplée par des « catégories d'origine française et d'immigration ancienne » et qui regrouperait 60 % de la population ; « les banlieues ethnicisées situées au cœur de la mondialisation libérale »[2]. À l'œuvre depuis le début des années 2000, le séparatisme[3] dont procède cette tripartition serait moins social que culturel : les « petits Blancs » ne fuiraient pas tant la peur du déclassement ou la hausse des prix immobiliers que « l'insécurité culturelle », qui expliquerait à elle seule les stratégies d'évitement ou d'éloignement de « petits moyens » déstabilisés par le « multiculturalisme » des métropoles en général et des quartiers prioritaires en particulier. De nombreux chercheurs[4] ont remis en cause une telle simplification spatiale, politique et sociologique. La France périurbaine, soit plus d'un quart des Français, présente ainsi un taux de pauvreté inférieur aux autres espaces (12 % contre 14 % dans le reste du pays et 19,5 % dans les villes-centres), tandis que le revenu médian correspond à celui des villes-centres. Le périurbain est en fait marqué par une diversité d'espaces et de profils sociaux. Les valeurs moyennes du revenu dissimulent la coexistence d'un périurbain choisi et aisé et d'un autre, subi et populaire. Le déterminisme spatial de la grille de lecture de Guilluy s'est toutefois imposé dans le débat public. En rivant des habitants-types racialisés à des espaces-types, la bourgeoisie dit tout haut ce qu'elle pense tout bas des populations qu'elle imagine y trouver. Les banlieues populaires, la France périurbaine et la France rurale sont en réalité unies par une même déconsidération.

---

2. *Id.*, *La France périphérique. Comment on a sacrifié les classes* populaires, Paris, Flammarion, 2014, p. 164-168.
3. Éric Maurin, *Le Ghetto français. Enquête sur le séparatisme social*, Paris, Le Seuil, 2004.
4. Voir par exemple Éric Charmes, « Une France contre l'autre ? À propos de : Christophe Guilluy, *La France périphérique* », *La Vie des idées*, 5 novembre 2014 ; Violaine Girard et Jean Rivière, « "Certes la mondialisation transforme la géographie des inégalités, mais..." », *Libération*, 16 septembre 2014 ; Cécile Gintrac et Sarah Mekdjian, « Le peuple et la "France périphérique" : la géographie au service d'une version culturaliste et essentialisée des classes populaires », *Espaces et sociétés*, n° 156-157, 2014.

Stigmatisations

Les stéréotypes sont désormais tellement ancrés dans l'imaginaire collectif que la simple évocation de figures architecturales agit immédiatement comme un repoussoir. Depuis la fin des années 1970, on ne compte plus les critiques contre les grands ensembles, « nouvelle figure de la ville en voie de taudification[5] ». Plus récemment, ce sont les lotissements pavillonnaires qui ont été pris pour cible. En 2010, les journalistes Xavier de Jarcy et Vincent Remy décrivaient dans *Télérama*, hebdomadaire de la petite bourgeoisie cultivée, cette « France moche » : « Où que l'on aille, écrivaient-ils, le marché ne sait fournir que des lotissements avec des rues "en raquette", des parcelles de même taille, des maisons posées sur leur sous-sol de béton ; tant pis pour le raccord visuel avec la ville ancienne. Les plantes des jardins sont achetées en promotion à la jardinerie du coin ; tant pis pour la flore locale et le paysage. » Si l'urbanisme commercial a bel et bien enlaidi les entrées de villes, ces espaces capturés par la publicité, ce dénigrement relèverait aussi, selon la sociologue Anne Lambert, d'un « racisme de classe[6] ». Car, à travers le lotissement, c'est le mode de vie supposé des « beaufs » qui est attaqué, celui d'un « Jojo avec un gilet jaune », comme ironisait Emmanuel Macron en février 2019, en pleine crise sociale. Le « beauf », soit justement la figure de ce « héros négatif de la France profonde », apparue dès les années 1970[7] et très vite associée à des espaces spécifiques : il « se recrute plutôt en province qu'à Paris et plutôt dans les zones pavillonnaires périurbaines que dans les cités de banlieue ».

Aujourd'hui, il semble qu'« habiter dans les espaces périurbains [soit] de plus en plus assimilé à un acte anti-esthétique, anti-économique, anti-écologique et anti-social (la maison individuelle comme individualisme, repli sur soi) ». La critique s'accompagne et se nourrit d'une disqualification sociale des pratiques ou des styles de vie, comme la chasse, le dressage canin ou le tuning, qui sont souvent l'objet de railleries. Et de même que les classes populaires occuperaient mal leur temps libre et leur argent, de même leurs votes seraient coupables. Les études électorales décrivent souvent les espaces périphériques comme « des bastions protestataires et extrémistes,

---

5. Stéphane Füzesséry, « Les grands ensembles : généalogie d'un rejet », *Métropolitiques*, 2 octobre 2015.
6. Charlotte Ruggeri, « Les lotissements pavillonnaires du périurbain : des "HLM à plat" ? Entretien avec Anne Lambert », *Urbanités*, 14 octobre 2015.
7. Gérard Mauger, « Mythologies. Le "beauf" et le "bobo" », *Lignes*, n° 45, 2014.

là où les villes (compactes) seraient au contraire les foyers de l'universalisme progressiste[8] ».

Au fond, la stigmatisation des banlieues populaires relève de ce même mépris de classe, doublé d'un racisme décomplexé. Les populations qui y vivent sont systématiquement renvoyées à l'obscurantisme et à l'arriération. Dès 2002, l'ouvrage coordonné par Georges Bensoussan *Les Territoires perdus de la République : antisémitisme, racisme et sexisme en milieu scolaire* incrimine les jeunes des établissements prioritaires, et particulièrement les élèves d'origine maghrébine. Depuis les émeutes de 2005 et tout au long du quinquennat de Nicolas Sarkozy, on a assisté à une banalisation et à une « radicalisation de ce discours public sur les quartiers dépeints en "zones de non-droit"[9] ». Les attentats de 2015 ont renforcé ces lieux communs. On ne compte plus les articles de *Causeur*, de *Valeurs actuelles*, du *Figaro* ou du *Point* qui dépeignent les banlieues comme le cœur et la cause des fractures sociales, réduites en partie au rapport à l'Islam. Une poignée de témoignages et de photographies de femmes voilées aura suffi à la journaliste Nadjet Cherigui pour affirmer dans son reportage du *Figaro Magazine*, intitulé « Molenbeek-sur-Seine : à Saint-Denis, l'islamisme au quotidien » (20 mai 2016), que la ville « attire les plus radicaux du salafisme » et que certains de ses quartiers « sont devenus des zones de non-droit ». En 2020, dans un article de *Valeurs actuelles*, le polémiste d'extrême droite Jean Messiha associe les banlieues au « virus du séparatisme ». Ces discours servent de fonds de commerce à une large fraction du champ politique qui a intérêt à nourrir les peurs des classes moyennes et supérieures. La présidente de la région Île-de-France, Valérie Pécresse, ne manque pas de parler des « ghettos [...] qui favorisent l'entre-soi, le repli communautaire et l'endoctrinement[10] ». L'assimilation est même désormais assumée par un gouvernement dont la loi sur le séparatisme vient parachever ce travail idéologique.

Ces discours se placent très clairement sur un terrain moral. Les modes de vie sont dénoncés en tant que formes de séparatisme et de repli, identitaires ou individualistes. Mais les habitants des banlieues ou du périurbain ne sont pas seulement responsables de leur sort : les injonctions à

---

8. Fabrice Ripoll et Jean Rivière, « La ville dense comme seul espace légitime ? Analyse critique d'un discours dominant sur le vote et l'urbain », *Les Annales de la recherche urbaine*, n° 102, 2007.
9. Renaud Epstein et Thomas Kirszbaum, « Ces quartiers dont on préfère ne plus parler. Les métamorphoses de la politique de la ville (1977-2018) », *Parlement[s]*, n° 30, 2019.
10. « Islamisme : Pour Valérie Pécresse, il faut casser "les ghettos urbains" », *20 minutes*, 16 décembre 2020.

l'intégration, à la mixité sociale, au « vivre-ensemble » pèsent sur eux bien plus que sur les classes supérieures qui déploient sans s'en cacher des stratégies de sécession. Ainsi, le manque de mixité est attribué à la violence, au niveau scolaire (qui découragerait les enseignants, par exemple), au mode de vie « non respectueux » de la nouvelle norme sociale et environnementale. Bref, ces deux Frances seraient coupables de leurs maux mais aussi de ceux du pays.

Injustices sociales et environnementales

Chaque jour, leurs habitants endurent pourtant les injustices sociales et environnementales. Car le mépris n'est pas qu'une affaire de mots. Les espaces périurbains et ruraux subissent le même sous-investissement structurel que les quartiers prioritaires. On ne sera pas étonné de découvrir qu'en Île-de-France, selon l'Observatoire régional de santé, la plupart des déserts médicaux se trouvent en Seine-Saint-Denis et dans le périurbain modeste de la Seine-et-Marne. Les disparités régionales sont très fortes : on compte 4 médecins pour 1 000 habitants en région parisienne, contre 2,6 en Picardie. Pour le géographe de la santé Emmanuel Vigneron, « des départements, et même des régions, sont en proie à une désertification médicale très avancée. La Mayenne, la Lozère par exemple, avec beaucoup d'autres, sont des départements où il n'y a vraiment plus beaucoup de médecins. La région vraiment déshéritée est la région Centre-Val de Loire, sauf dans l'agglomération tourangelle [...]. La distance devient si excessive qu'elle entraîne un renoncement à des soins qui seraient pourtant nécessaires[II]. »

Ces disparités concernent l'ensemble des services publics. Le rapport des parlementaires Cornut-Gentille et Kokouendo, rendu en 2018, a permis de quantifier le déficit pour la Seine-Saint-Denis. Le « 93 » dispose d'un policier pour 464 habitants, alors que le 18e arrondissement de Paris, moins criminogène, peut compter sur un policier pour 315 habitants. À Aubervilliers, le tribunal d'instance met en moyenne 8,6 mois à traiter les affaires, contre 4,4 mois dans le 18e. Un élève de Seine-Saint-Denis perd un an sur l'ensemble de sa scolarité en raison de la difficulté à remplacer les professeurs absents, et 49,5 % des enseignants du secondaire restent moins de deux ans dans leur établissement. Parallèlement, 40 % des communes rurales ont perdu des écoles ou des gares entre les années 1980 et 2000. Ce

II. « "Les déserts médicaux se créent aussi là où on ne les attend pas." Entretien avec Emmanuel Vigneron, géographe », *Observatoire des inégalités*, 18 août 2017.

repli, qui concerne également les maternités, les postes et autres centres des Finances publiques, est la conséquence de plusieurs décennies d'austérité. Le sociologue Julian Mischi ne dit pas autre chose :

> Les classes populaires rurales expérimentent des réalités communes avec celles des quartiers urbains : précarité de l'emploi, dégradation des conditions de travail, réduction de l'accès aux services publics, relégation scolaire, mobilité géographique contrainte. Le partage d'une même condition populaire, faite de fragilité sociale et de domination culturelle, est à rappeler face aux visions schématiques qui insistent sur de supposées fractures territoriales d'ordre culturel en perdant de vue que les clivages de classe traversent l'ensemble des territoires[12].

L'injustice sociale se double bien souvent d'injustices environnementales. Les périphéries concentrent les externalités négatives. On le sait, les quartiers pauvres comptent souvent davantage d'industries et d'équipements polluants, et, dans le même temps, leurs habitants ont moins accès aux espaces verts et aux transports en commun. Selon la philosophe Catherine Larrère, « ces inégalités environnementales – qui recoupent et renforcent les inégalités sociales – s'aggravent d'année en année. Du fait des prix du foncier – moins élevés –, mais aussi parce que les précaires disposent rarement du pouvoir politique de dire "Non" et sont, en outre, plus à même de se laisser convaincre par le chantage à l'emploi[13]. » Bordelongue, l'un des quartiers les plus pauvres de Toulouse, avec un revenu médian de 12 116 euros par an, est aussi le plus touché par la pollution atmosphérique, la plus grande part de sa population étant exposée à des valeurs supérieures aux valeurs réglementaires en PM_{10} et NO_2. Il est aussi l'une des zones les plus touchées par l'écho de la circulation automobile et une zone de survol des avions. De même, les habitants des quartiers nord de Marseille sont particulièrement exposés aux émissions de dioxyde d'azote et de soufre des paquebots, au point que même l'agence régionale de santé déplore « un environnement qui favorise les risques sanitaires ».

Ces inégalités environnementales touchent souvent l'immédiate banlieue, mais plus seulement. Obéissant à une logique de desserrement

12. Entretien avec Julian Mischi, « La France rurale et ses clivages de classe méconnus », *L'Humanité*, 23 mai 2019, où il évoque l'ouvrage qu'il a codirigé avec I. Bruneau, G. Laferté et N. Renahy, *Mondes ruraux et classes sociales*, Paris, EHESS, 2018.

13. Entretien dans la revue en ligne *Médiacités*, « Quartiers populaires : les inégalités sont aussi environnementales », 20 février 2018.

métropolitain, les grands projets inutiles se situent de plus en plus dans le périurbain, qu'il s'agisse du Triangle de Gonesse en Île-de-France, de l'agrandissement un temps envisagé de l'aéroport Roissy-Charles-de-Gaulle ou de la création (avortée) de celui de Notre-Dame-des-Landes dans la périphérie nantaise, voire dans le rural. Les entrepôts logistiques s'y multiplient ou encore les gares dites « betteraves » (Lorraine TGV, Valence TGV, Besançon-Franche-Comté TGV, Haute-Picardie TGV, Belfort-Montbéliard TGV...), dont l'emplacement, si possible à équidistance de grandes métropoles, est avant tout déterminé par la trajectoire de la ligne à grande vitesse. Cette tendance se fait en parallèle d'une réappropriation des territoires de banlieues proches : les terrains laissés en friche par la désindustrialisation sont les lieux parfaits pour implanter des infrastructures métropolitaines et tirer profit des effets conjoints de la proximité et d'un foncier dévalorisé. À Saint-Denis, les sites olympiques et les futurs quartiers d'affaires « métropolitains », tels que Lumières Pleyel, vont multiplier dans les prochaines années les mètres carrés de bureaux tertiaires dans des quartiers notoirement sous-dotés en équipements publics et en espaces verts, au mépris des besoins réels des habitants.

Diviser pour mieux régner

Alors que les banlieues défavorisées et les espaces périphériques doivent donc affronter les mêmes types d'inégalités, les discours et l'action publics tendent à les mettre en concurrence. Comme le relèvent Renaud Epstein et Thomas Kirszbaum,

> [à] la dénonciation rituelle par l'ex-Front national des « milliards déversés dans les banlieues », s'ajoute désormais la critique ravageuse de la discrimination à rebours, opposant à la politique de la ville française les arguments des conservateurs américains contre les politiques dites d'« *affirmative action* ». Cette critique a été popularisée par Christophe Guilluy, pour qui la discrimination positive territoriale serait « en France, le faux nez de la discrimination ethnique ».

Autrement dit, des banlieues « ethnicisées » bénéficieraient d'un traitement de faveur à la fois symbolique et en termes de dotations publiques. C'est d'ailleurs une des raisons pour lesquelles le ministère de la Cohésion des territoires a opéré en 2014 une refonte de la géographie prioritaire qui, en retenant désormais le seul critère de la pauvreté monétaire, a permis d'élargir les aides à de nouveaux départements tels que la Creuse ou le Gers.

Le redécoupage a été présenté comme un effort financier supplémentaire pour une certaine France rurale, oubliée des politiques publiques. Pourtant, dans les faits, l'ampleur du supposé traitement de faveur des « banlieues » est des plus limitées. Les crédits de la politique de la ville ne représentaient que « 513 millions d'euros dans la loi de finances 2019, soit moins de 0,2 % du budget de l'État et [...] les moyens (qui ont fortement diminué entre 2009 et 2018) [...] corrigent tout au plus à la marge un système d'allocation des ressources publiques structurellement défavorable aux quartiers prioritaires[14] ».

Moyens financiers, discours, visibilité : les populations des banlieues et de la France périphérique éprouvent à juste titre le même sentiment de mépris et de relégation. Si elles pourraient donc envisager la constitution d'un nouveau front politique, reste à savoir comment sortir du piège tendu par des élites qui divisent pour mieux régner.

14. Renaud Epstein et Thomas Kirszbaum, « Ces quartiers dont on préfère ne plus parler », art. cité.

Le feu couve en Outre-mer

Julien Sartre

« Un peuple ne supporte pas très longtemps une aliénation brutale ou insidieuse de son arrière-pays culturel et une réduction systématique de son circuit de production. C'est là un des théorèmes de base de la Relation. »
Édouard Glissant, *Le Discours antillais* (1997)

« Il est dit que le Blanc aura toujours le nègre à l'œil. »
Léon-Gontran Damas, *Black-Label* (1952)

C'est un étrange mot. Coloré, générique, il désigne des territoires, des populations, aux quatre coins du monde. Mais que sait-on de l'Outre-mer en métropole ? Que connait-on de la vie des 2,7 millions de citoyens qui y vivent ? Qu'on les maintiendrait « sous perfusion » ? « Dans l'assistanat » ?

Mahorais, Kanak, Wallisiens, Réunionnais, Polynésiens, Guyanais, Guadeloupéens, Martiniquais : autant des peuples qu'un peuple colonisé, français. Chacun son histoire, sa terre, sa langue, ses problèmes, sa lutte. Et un point commun : l'héritage colonial continue de peser lourdement sur tous ces « confettis de l'empire ». Répartis sur trois océans, dans les deux hémisphères, les départements, régions et collectivités d'Outre-mer

(Drom-Com) revêtent une importance stratégique. En plus des « forces de souveraineté » qui y stationnent et permettent à la France de projeter sa puissance militaire dans le monde, ces territoires confèrent à Paris une zone économique exclusive (ZEE) de 11 millions de kilomètres carrés, la deuxième derrière celle des États-Unis. Mais aussi le premier domaine maritime pour sa biodiversité.

Pour autant, la République laisse les Outre-mer à l'abandon. Mainmise de quelques familles sur les moyens de production et situations de rente, défaut de coopération régionale et dépendance vis-à-vis de la métropole, faiblesses de la production locale et éminence des « importations » : leurs économies subissent la transposition d'un modèle continental et, partant, pâtissent du mal-développement. Ils pâtissent aussi d'un sous-investissement chronique : en 2017, le Conseil économique, social et environnemental notait que les dépenses publiques d'équipement y étaient, en moyenne, inférieures d'un tiers par rapport à la métropole (120 euros par habitant contre 169)[1]. Depuis une dizaine d'années, la multiplication des mouvements sociaux dans les territoires d'outre-mer a mis en évidence cette situation.

Les migrations vers la métropole aussi. Le Bureau pour le développement des migrations dans les départements d'Outre-mer (Bumidom) les a d'abord organisées : entre 1963 et 1982, dans un contexte marqué par la crise de l'industrie sucrière et les révoltes sociales, 160 000 natifs des Antilles et de La Réunion partent en métropole et pourvoient les emplois peu qualifiés de la fonction publique[2]. Dans les années qui suivent, cet exode ne s'est jamais vraiment tari ; il agit comme une sorte de « soupape », à La Réunion en particulier où le quartier populaire du Chaudron se soulève en 1991. En ce début des années 1990, le taux de chômage de ces jeunes exilés (26,1 %) est pourtant comparable à celui des étrangers de la même classe d'âge (26,6 %) et supérieur à celui des jeunes métropolitains (16 %). Alors, pour surmonter une situation sociale toujours plus difficile, l'armée devient le nouveau débouché – 8 % des engagés venaient d'Outre-mer en 2010 quand la population ultramarine représentait 4 % de la population totale –, ou la

1. Guillaume Duval et Pierre Lafont, *Réconcilier la France. Rapport annuel sur l'état de la France*, mai 2017.

2. Nous empruntons les éléments qui suivent à Claude Valentin Marie, « Des "Nés" aux "Originaires" Dom en métropole : les effets de cinquante ans d'une politique publique ininterrompue d'émigration », *Informations sociales*, 2014/6 ; et à Jean-Christophe Gay, *La France d'Outre-mer. Terres éparses, sociétés vivantes*, Paris, Armand Colin, 2021.

pénitentiaire. Parmi les nouveaux surveillants, la part des Ultramarins passe de 6 % en 2008 à 30 % en 2019.

Sable fin et bidonvilles

Dans les Antilles et à La Réunion, la crise de la canne à sucre s'est traduite par une saignée des forces vives, douloureuse, après la déchirure et la violence de l'esclavage. Il y a une « malédiction du sucre », explique le géographe Jean-Christophe Gay. Elle contribue aujourd'hui à un taux d'obésité de deux à quatre fois supérieur à celui de la métropole ou à un diabète de type 2 ultra répandu. En dépit des promesses d'égalité, liées notamment à la départementalisation, les indicateurs restent alarmants. On déplore un illettrisme de l'ordre de 20 %, des mères célibataires en nombre, une inoccupation des jeunes, un chômage endémique... Au classement des régions et des départements où le taux de pauvreté serait le plus élevé, Réunion (25 %) et Martinique (18 %) figurent ainsi au premier et au second rangs (en Guyane et à Mayotte, les données manquent). Que reste-t-il? Le tourisme. Réunion, Mayotte, Guadeloupe, Martinique, Saint-Martin, Saint-Barthélemy, Wallis-et-Futuna, Nouvelle-Calédonie, Polynésie française restent des lieux de vacances, des endroits idylliques, ensoleillés, des plages.

En décembre 2020, la liaison aérienne entre Paris et les Antilles françaises s'est brièvement trouvée être la plus fréquentée du monde. Profitant d'une brèche opportunément ouverte à travers les restrictions sanitaires, plus de 150 000 touristes français ont débarqué sur le sable. Au plus fort de l'activité, une dizaine d'avions atterrissaient chaque jour à Pointe-à-Pitre, soit deux fois plus qu'à l'accoutumée. Quelques jours plus tard, une fois la haute saison terminée, le préfet de la Guadeloupe Alexandre Rochatte publiait de nouveaux arrêtés d'interdiction de rassemblement « afin d'endiguer la propagation du virus, toujours plus contagieux, et de ses variants ».

Finie la bamboche. Pas question, notamment, d'organiser les traditionnels carnavals. « Comment comprendre que des dizaines de milliers de touristes ont débarqué en Guadeloupe en novembre et en décembre et qu'on ne puisse pas organiser dans de bonnes conditions nos manifestations carnavalesques, des moments de dénonciation, de dérision, de questionnement, de résistance culturelle et politique ? », demande Élie Domota, de l'Union générale des travailleurs de Guadeloupe (UGTG). Le leader syndical a animé les grandes grèves de 2009 contre la vie chère, les conditions de vie difficiles et les profits exorbitants extorqués par une minorité d'importateurs. Toujours à la tête du Lyannaj kont pwofitasyon (LKP), la structure qui a organisé et fédéré l'exaspération populaire, Domota avance une seule explication : « Qu'on le veuille ou non, la Guadeloupe est une colonie et, comme toute colonie, elle est soumise à des diktats, culturels, économiques et sociaux. Notre île est une terre de décompression pour les gens qui y viennent », et rien d'autre.

Une plage. Une seule et même plage. C'est ce que forment les Antilles, La Réunion, Tahiti et les autres sur la carte mentale de la plupart des Français.

Alors, partons de la plage.

De celle de M'Tsangadoua, à Mayotte, d'abord. Le vendredi, elle est très fréquentée : bordée de hauts et larges badamiers, cette petite anse aux reflets blonds connaît une effervescence paisible et joyeuse les jours de prière. Là, sur le sable, se trouve la mosquée du village. En face, il y a les vagues, la barrière de corail, l'océan Indien et Anjouan. La silhouette sombre de cette île, voisine de seulement 70 kilomètres, se découpe nettement sous les nuages. Et, depuis l'autre côté, lorsque la nuit tombe, on voit la lumière des phares de voitures et des lampadaires : Mayotte étincelle. Aux Comores, l'électricité est rare. Quand brille la sœur mahoraise, c'est une douleur et un piège. Pour franchir le bras de mer, pour venir « chercher la vie », on monte dans une embarcation de fortune, un « kwassa-kwassa ». De petits bateaux de pêche, dont le président Macron a dit en riant qu'ils apportent « surtout du Comorien ».

C'est là, au pied de la mosquée de M'Tsangadoua, que commence « le plus grand cimetière marin ». Entre ces deux îles, au nord du canal de Mozambique, au moins « 10 000 personnes ont perdu la vie » lors de traversées nocturnes. Ces chiffres sont ceux du Sénat français. Et seulement de 1995 (année d'instauration d'un visa obligatoire afin de circuler entre les îles indépendantes de l'Union des Comores et la partie française de l'archipel, Mayotte) à 2012. Ensuite, les données manquent, absolument, alors que les migrations n'ont pas cessé, loin de là. La circulation, ancestrale, aussi inarrêtable que la marée sur la plage, s'est poursuivie et même accélérée. Car, il y a dix ans exactement, Mayotte devenait le 101e département français et le fossé avec ses voisines se fait chaque jour plus grand.

L'hôpital de Mamoudzou est, dans l'archipel, le seul qui soit à peu près en état de fonctionnement. Des trois autres îles, on y vient pour se soigner, accoucher, travailler aussi. Dans les champs, derrière les mangroves, en périphérie des villages, la terre a été défrichée par les migrants. Survivre, travailler, vivre, défricher encore, il a fallu s'organiser. Produire, pour se nourrir, d'abord ; pour vendre, ensuite. De cette économie informelle, beaucoup de monde a profité.

La population « a crû de 4 % par an, passant de 250 000 habitants en 2017 à 270 000 en janvier 2019, détaille d'un ton un peu effaré Jamel Mekkaoui, directeur de l'Insee à Mayotte. Cela représente 20 % tous les cinq ans. C'est une situation inédite dans la République... Même le cas guyanais n'est pas comparable. En métropole ou même à La Réunion, dans l'océan Indien, on a complètement oublié ce que cela représente, 20 % d'augmentation de la population dans un laps de temps aussi court ! Sur une île qui ne fait que 375 kilomètres carrés. »

Le mitage de la forêt a changé l'Île aux Parfums. « Recto-Verso », « Dubaï », « Vice-Versa » : les bidonvilles recouvrent des collines entières, abritent des dizaines de milliers de personnes. Ce sont les plus importants de France. Toujours selon l'Insee, 77 % de la population de l'île vit sous le seuil de pauvreté. À Mayotte, le carrelage d'un logement est signe extérieur de richesse.

La surexploitation des Comoriens par les Mahorais dans les champs et sur les chantiers, les expulsions à la chaîne menées chaque jour en direction d'Anjouan à bord du bateau *Maria-Galanta*, l'errance de plus en plus visible des « mineurs isolés », laissés-pour-compte dans la jungle et la ville tropicale : tout cela a fini par constituer un trop-plein. De misère, de violence, d'absurdité. La situation, explosive malgré « les plans de pilotage et de rattrapage » des administrations successives, a exacerbé un puissant ressentiment, alimentant des manifestations, des blocages, des « décasages ».

Fatihou Ibrahim est l'un des leaders du Collectif des citoyens de Mayotte. Son organisation regroupe des milices villageoises qui violentent les migrants comoriens. Ils incendient des maisons dans la forêt ; se font volontiers supplétifs de la police aux frontières. « L'État français n'a toujours pas compris que nous sommes face à une invasion organisée par l'Union des Comores, expose sans fard le militant, planté sur la plage. Les autorités pensent pouvoir régler le problème en aidant les Comores, mais les Mahorais ne peuvent pas accepter cela. Nous ne nous laisserons pas faire, nous ne nous laisserons pas envahir et "anjouaniser" ! » Au célèbre panneau planté à Moroni – la capitale de l'État indépendant de l'Union des Comores – qui affirme fièrement que « Mayotte est comorienne et le restera à jamais » répond depuis peu un panneau sur le port de Mamoudzou : « Mayotte est française et le restera à jamais. » Pour Ibrahim Fatihou, « le problème, c'est que la France nous voit comme des Africains ». Depuis la plage de

M'Tsangadoua, depuis l'archipel des Comores, la paix civile est plus que fragile : elle ne tient qu'à un fil.

Extractivisme

Passé l'arc indonésien, une fois franchie la mer de Corail, dans l'océan Pacifique sud, il est une autre plage où la paix est fragile : Mouly, sur l'île d'Ouvéa. Ses habitants disent qu'elle est « l'endroit le plus proche du paradis » : trente kilomètres de sable blanc au bord d'un lagon étincelant. Aucune construction ne la pollue : aucun hôtel, aucun *resort*, pas un transat. Tandis qu'ailleurs, sur l'île de Bora Bora en Polynésie française ou bien sur les îlots de la Grande-Terre de Nouvelle-Calédonie par exemple, le tourisme est devenu une mono-industrie, à Ouvéa, la terre a été protégée par le droit coutumier. Les Kanak y sont chez eux : ils ont écrit, en grandes lettres blanches à l'entrée de la tribu de Gossanah, tout au nord de l'île : « La paix c'est l'IKS ». « IKS » comme « Indépendance kanak socialiste » ; un mot d'ordre qui n'a jamais disparu, même après qu'ici, entre les deux tours de l'élection présidentielle de 1988, l'armée a tué dix-neuf combattants indépendantistes. Au bord de l'eau, le monument d'hommage « aux 19 de la grotte » est là pour le rappeler.

La Nouvelle-Calédonie figure toujours sur la liste des pays à décoloniser des Nations unies. Le 4 octobre 2020, au deuxième des trois référendums prévus par les accords de Matignon-Oudinot (1988), Ouvéa a voté à plus de 95 % « oui » à l'indépendance. Le reste du corps électoral spécial a voté « non » à 53 %, contre 56 % deux ans plus tôt. L'écart se resserre et les positions se durcissent : la troisième et dernière consultation aura lieu d'ici septembre 2022. « L'État veut nous invisibiliser, explique Macky Wea, militant indépendantiste et ancien de la tribu de Gossanah. Mais on continue. Même si le non passe au troisième référendum on ne lâchera rien, et si on part, nos enfants lutteront pour nous. »

C'est sur la côte est de la Grande-Terre de Nouvelle-Calédonie, en plein territoire minier, que les échecs du processus de décolonisation – et de « rééquilibrage économique » entre communautés prévus par les accords de Matignon – sont les plus visibles. John Poupoorou a la vingtaine. Il habite les environs de Thio, village minier typique et désolé. Les engins de chantier qui exploitent ce minerai – exporté à l'état brut – ont retourné le pays. Les montagnes ont été réduites à des amas de latérites, rouges et stériles, pour fabriquer des pièces aéronautiques, des puces, des alliages ou des « superalliages » qui serviront dans des constructions ou des batteries de voitures électriques. Parmi les multinationales qui alimentent un marché mondial volatil, aiguillonné par les ateliers et les chantiers chinois, Trafigura, un courtier suisse fraîchement arrivé, ou Glencore, le mastodonte australien. Et puis la Société Le Nickel (SLN), premier employeur privé du pays avec 2 150 salariés.

Mais la jeunesse kanak n'a guère profité de l'extractivisme. Le taux de chômage est presque deux fois plus élevé que dans le reste de la population. D'un ton décidé, mais sans colère, John Poupoorou : « On est à cheval sur la culture kanak et la culture occidentale. Le jeune, il grandit en tribu, il vit dans la maison et on lui apprend à parler français, à s'habiller comme un Blanc. Si tu cherches du travail, on te dit que tu es mal formé, que tu ne parles pas assez bien, que tu n'es pas dans le modèle calédonien français comme il faut. Notre génération est au milieu. On te dit : "Tu ne travailles pas bien, tu ne respectes pas le règlement intérieur, tu as du caca dans le nez..." Et tu rentres dans ta tribu et on te dit que tu ne parles pas ta langue, que tu ne sais pas faire la coutume. Tu perds des deux côtés. Même les vieux, ils ne savent pas comment on est. Personne n'en parle, mais il y a beaucoup de suicides. »

« Chez nous, chaque jeune sait faire un nœud pour se pendre », affirmait aussi Christophe Pierre, représentant de la jeunesse des peuples autochtones de Guyane, au Sénat. « Perte de repères identitaires » et atteintes aux droits fondamentaux des peuples autochtones sont manifestes et, relevait un avis de la Commission nationale consultative des droits de l'homme (CNCDH) en 2017[3], « se traduisent notamment par un sentiment de désœuvrement de la population, un fort taux d'alcoolisme, une addiction aux drogues, et un fort taux de suicide » : les jeunes adultes mettraient fin à leur jour entre dix et vingt fois plus qu'en métropole. Pour les Amérindiens vivant à distance du littoral, là où se concentrent les activités et le peuplement, « l'accès aux services primaires (eau potable, électricité, soins primaires, scolarisation) et aux services régaliens inhérents à un État de droit n'est pas pleinement assuré. » Les Amérindiens sont, en outre, exposés aux « inquiétantes conséquences environnementales » de l'orpaillage légal et illégal : « destruction de la forêt, pillages de ressources naturelles, pollution et intoxication par le mercure des milieux aquatiques et de la faune, et des populations riveraines entraînant des pathologies lourdes et souvent irréversibles. » Et le rapport de noter que cette contamination « entraîne

---

3. « La place des peuples autochtones dans les territoires ultramarins français : la situation des Kanak de Nouvelle-Calédonie et des Amérindiens de Guyane », 23 février 2017.

une violation directe aux droits à l'alimentation et à la santé ». Pareille situation explique la très forte opposition au projet de la « Montagne d'or », un gisement aurifère exploité par le consortium russo-canadien Nordgold-Columbus Gold.

Dépendance et inégalités

Mais, au-delà des seuls peuples autochtones, ce sont tous les habitants qui sont discriminés : si la Guyane ne connaît pas encore la situation de Mayotte, où, faute d'écoles en nombre suffisant, les autorités ont instauré une « rotation[4] » entre les élèves, le système éducatif n'en reste pas moins très défaillant. Dans une enquête menée en 2019[5], le Défenseur des droits dénonçait une situation « alarmante » : « L'Éducation nationale ne parvient pas à répondre au flux croissant d'enfants scolarisables et à l'engorgement des infrastructures scolaires, souvent détériorées et mal réparties [...]. Les enfants et les adolescents des communes isolées sont les premiers à être touchés par la non-scolarisation du fait de l'absence d'établissements scolaires de proximité. » Et il n'y a pas que le droit à l'éducation qui est malmené : « la dématérialisation progressive et le développement insuffisant des services publics, les contraintes afférentes à la mobilité intérieure (manque de transports et coût des déplacements) et la complexité des démarches administratives » poussent de nombreux habitants à renoncer à leurs droits.

En 2017, pendant deux mois, le mouvement des « 500 frères » a appelé la population à manifester pour exiger d'être mieux traitée. Les protestataires ont certes obtenu des excuses de la part de la ministre des Outre-mer, Ericka Bareigts, et un plan d'urgence de plus d'un milliard d'euros. Mais, quatre ans après, les rues défoncées de Cayenne n'ont pas disparu tandis que les migrants brésiliens et haïtiens s'entassent toujours dans le quartier de la Crique. En revanche, la modernisation du port spatial européen, elle, a déjà commencé pour un montant qui avoisine les 750 millions d'euros. Depuis la plage de Kourou, les habitants peuvent contempler les fusées qui décollent, juste à côté des bidonvilles où vivent encore les descendants des esclaves marrons, les Bushinengé.

---

4. Dans un avis publié en 2017, la CNCDH constate que de nombreux établissements de l'île doivent « recourir à la rotation des élèves qui, à tour de rôle, ne vont en classe que le matin ou l'après-midi en cinq heures concentrées ». Une classe du premier degré sur cinq serait concernée.
5. Défenseur des droits, *Les Outre-mer face au défi de l'accès aux droits. Les enjeux de l'égalité devant les services publics et de la non-discrimination*.

Autre territoire, autre rivage. Sur la côte nord de La Réunion, exposée au vent et à la houle, le chantier de la Nouvelle Route du littoral (NRL) est loin d'être achevé. L'infrastructure aurait dû être livrée en 2020 : au mieux, elle le sera en 2023. Longue de 12 kilomètres seulement, cette deux fois trois voies qui relie La Possession à Saint-Denis coûtera entre 2 et 3 milliards d'euros. Alors que La Réunion compte au nombre des trente-quatre points chauds (*hot spots*) de la biodiversité mondiale, les opposants à ce grand projet inutile dénoncent la mise en danger des récifs coralliens et d'espèces protégées comme le grand dauphin de l'océan Indien. L'ouverture de méga-carrières pour approvisionner le chantier en matériaux de construction ne laisse pas d'inquiéter la population.

L'ire des citoyens a aussi été provoquée par les conditions de passation de ce marché et les profits que devraient en tirer les deux principaux attributaires : Vinci et Bouygues. « C'est un des plus importants marchés d'infrastructure de l'Union européenne avec les autoroutes grecques. C'est carrément un retour de l'économie coloniale pour un projet néocolonial », dénonce l'architecte François Payet, l'un des porte-parole des opposants. Alors que, comme le rappelait le Sénat dans un rapport en 2009, « le secteur des bâtiments et travaux publics (BTP) constitue le principal moteur de l'activité économique des départements d'Outre-mer », Vinci et Bouygues, selon les opposants à la NRL, vont bénéficier de fonds français et européens sans que l'économie réunionnaise en profite. Les oppositions se sont fédérées contre la personne à l'origine du projet, l'ancien président de la collectivité régionale, Didier Robert. Et, au tout début du mouvement des Gilets jaunes, les colères ont cristallisé et généré un soulèvement. Le siège de la collectivité régionale a été pris d'assaut – personne n'a été blessé – et des barrages routiers ont été dressés. Le président Emmanuel Macron a menacé d'« envoyer l'armée » afin de rétablir « la liberté économique ».

Ibrahim Moullan, Gilet jaune de la première heure, lutte avec ses camarades des Zazalé, un groupe révolutionnaire. Combien sont-ils ? Difficile à dire car leur mouvement est plus une mouvance qu'une organisation structurée. De quelques dizaines à plusieurs milliers, âgés de 20 à 65 ans. Depuis novembre 2018, ils occupent un immense rond-point arboré dans le sud de l'île. Autour de ce lieu alternatif, une dynamique de lutte est née, qui concerne de très nombreux aspects de la vie quotidienne. Parmi les vingt communes de plus de 20 000 habitants les plus pauvres, neuf se trouvent à La Réunion.

« Aux Zazalé, je m'occupe principalement de la question de l'agriculture et du foncier agricole, je milite pour l'accès aux terres agricoles et pour l'aide aux agriculteurs en difficulté », détaille Ibrahim Moullan. Paysan et chef d'entreprise, le militant met notamment en cause les « gros propriétaires fonciers » comme le promoteur CBO Territoria et le Crédit agricole. « Ceux-là font la pluie et le beau temps. On évoque souvent l'étroitesse du marché réunionnais mais en réalité, le problème, ce sont surtout les rentes, une société dans chaque secteur, une coopérative de porcs, une qui fait du yaourt, tout ça pour 800 000 habitants ». Légumes, fruits, viandes, lait, œufs : en 2016, la production locale ne couvrait que 50 % du marché réunionnais. De manière plus générale, les termes de l'échange sont particulièrement inégaux comme le montre le taux de couverture, soit le rapport entre la valeur des importations et celle des exportations, particulièrement faible dans l'île. Rente et dépendance économiques expliquent, par ailleurs, le coût élevé des produits alimentaires par rapport à la métropole (entre 22 % et 38,5 % selon les collectivités d'Outre-mer) et, plus largement, des produits de consommation courante.

Avec ses camarades des Zazalé, Ibrahim Moullan travaille actuellement à la création d'un marché de producteurs au Tampon, au sud de l'île : il s'agit pour eux de mettre en place un circuit de commercialisation indépendant des monopoles. Un circuit qui pourrait concourir à l'autonomie alimentaire. Mais l'initiative ne représente qu'une petite partie des actions entreprises par les activistes : « Planté pou manzé », « piller les poubelles pleines des multinationales béké », « défendre des amours libres », « larg' pa la kiltir réyoné[6] ». Comme d'autres organisations – le Parti communiste réunionnais (PCR) ou la CGTR –, ils font l'objet d'un harcèlement policier et judiciaire constant. Ils doivent notamment répondre de « vols de poubelles », à la suite de plaintes déposées par les représentants locaux de chaînes de supermarchés comme Carrefour.

Dans les prétoires, ils font face aux mêmes adversaires que les jeunes militants Rouge-Vert-Noir de Martinique – avec qui ils entretiennent des liens malgré la distance : les propriétaires des enseignes de grande distribution, des franchises en tout genre dans le domaine de l'automobile ou du sport, par exemple. Le 5 février 2021, le procureur de la République de Fort-de-France rappelait que les Rouge-Vert-Noir encouraient une peine de sept années d'emprisonnement pour avoir tenté de retirer de la distillerie JM, dans la commune de Macouba, des bouteilles d'une cuvée spéciale ornée du « pavillon 4 serpents », un emblème esclavagiste. En visite sur l'île en

6. « Ne laissons pas mourir la culture réunionnaise. »

octobre 2018, le président de la République avait pourtant exigé qu'on l'ôte des uniformes de la police et des façades des bâtiments officiels. Dirigée par une famille de békés, des descendants des colons esclavagistes, JM, propriété du Groupe Bernard Hayot (GBH), n'a pas suivi l'exemple. Avec le rachat de Vindémia (groupe Casino) en 2020, cette multinationale, en position dominante en Martinique et dans le reste de l'Outre-mer, contrôle désormais la totalité des commerces de proximité de l'île de Mayotte.

C'est aussi pour leurs terres que les militants Rouge-Vert-Noir se battent. Sols, embouchures de rivières, plages : tout a été dévasté par le chlordécone, un pesticide cancérogène utilisé entre 1972 et 1993 pour éradiquer un ravageur qui menaçait les bananeraies. En connaissance de cause, l'administration en autorisa l'épandage, préférant la survie de l'économie de plantation à celle de la population. On estime que 92 % des Guadeloupéens et des Martiniquais sont aujourd'hui contaminés. Et les Antilles françaises détiennent le record mondial de cancers de la prostate par habitant. Le chlordécone n'est pas le seul motif de révolte. Le droit d'accéder à l'eau potable est aussi bafoué. Alors que le prix moyen du mètre cube d'eau est supérieur dans les Outre-mer, le rendement des réseaux y est beaucoup plus faible (55 % en Guadeloupe en 2018, contre 79 % en métropole). La vétusté des infrastructures est telle qu'il est impossible d'alimenter toutes les communes en même temps. Des habitants sont contraints de recueillir la pluie pour se doucher mais aussi d'acheter des bouteilles d'eau en plastique : en Guadeloupe, on en consommerait cinquante millions chaque année.

Nous partirons de Martinique, « en dernier », comme disent les Créoles réunionnais. De la plage du Diamant, précisément. Parce que c'est de là qu'est parti Édouard Glissant. Pour le poète, le plus important était de « nier le Centre », de bien avoir en tête que « l'Occident n'est pas un lieu mais une idéologie ». Une idéologie de prédation, d'accaparement des forces vives ou des ressources naturelles. Mais désormais, et depuis bien longtemps en réalité, le feu couve en territoires dominés. Rouge-vert-noir, ou jaune. C'est un étrange mot, coloré.

Inhospitalités

Claire Rodier

« La question migratoire ne se règle qu'au niveau européen », expliquait le 23 septembre 2020 sur France Inter le ministre de l'Intérieur, Gérald Darmanin. De fait, en lançant en ce mois de septembre 2020 un « Nouveau Pacte sur la migration et l'asile », complété par cinq propositions législatives et quatre recommandations, la Commission européenne entendait fonder « un système permettant à la fois de maîtriser et de normaliser la migration à long terme, tout en étant pleinement ancré dans les valeurs européennes et le droit international[1] ». Outre que cet objectif n'a rien de nouveau – car les mêmes formules émaillent les multiples plans, programmes et discours des institutions européennes depuis le début du siècle, époque à laquelle les États membres de l'Union européenne (UE) ont décidé de mener une politique commune en matière d'immigration et d'asile –, on a du mal à croire qu'il puisse être atteint, et surtout qu'il soit vraiment recherché. D'abord, parce que la proposition de la Commission prétend mettre fin aux dissensions entre les États qui revendiquent une position ouvertement xénophobe (le groupe dit de Visegrád, sous la houlette du Hongrois Viktor Orbán) et ceux qui se targuent d'être accueillants avec les réfugiés, à l'instar

1. Commission européenne, COM/2020/609 final, 23 septembre 2020.

de la France. Le clivage entre les uns et les autres est pourtant bien moins net qu'il n'y paraît. Car, dans certains pays réputés « accueillants », il y a loin de la parole aux actes. En France, quelques mois après que le président Macron a affiché sa volonté « d'accueillir mieux et d'héberger tous ceux qui sont obligés d'occuper la rue et de s'installer dans l'espace public », on a vu se multiplier les évacuations violentes des campements où des milliers d'exilés sont contraints, en région parisienne et dans le Calaisis, de (sur)vivre faute de dispositifs d'hébergement en nombre suffisant. Et l'adoption en 2018 d'une loi visant « une immigration maîtrisée, un droit d'asile effectif et une intégration réussie » s'est traduite en pratique par des refoulements quotidiens aux frontières, l'augmentation de la durée de détention administrative des étrangers, le délaissement des mineurs isolés, ou encore le harcèlement policier et judiciaire à l'encontre de celles et ceux qui apportent une aide aux migrants. Ensuite, parce qu'en voulant ressouder les États membres autour de l'objectif commun que serait la réponse à une pression migratoire difficilement contrôlable, l'objectif (inavoué) du pacte est d'invisibiliser des milliers de personnes étrangères déjà arrivées en Europe ou cherchant à la rejoindre. Comme si, en refusant d'affronter la réalité des mouvements migratoires, on pouvait les faire disparaître. Passer en revue les principales stipulations du « Nouveau Pacte » et les rapporter aux effets de la politique migratoire menée par l'UE au cours des vingt dernières années conduit à mettre en évidence cette logique d'évitement.

Une pression migratoire menaçante ?

Si les enseignements de la « crise des réfugiés de 2015-2016[2] » ont largement inspiré le programme de la Commission européenne, c'est moins pour éviter le renouvellement des drames humanitaires que pour mieux résister « aux situations de crise et de force majeure » liées « à un grand nombre d'arrivées irrégulières ». Pourtant, l'observation des mouvements migratoires en direction de l'Europe depuis le début des années 2000 infirme la thèse d'une vague humaine menaçant l'intégrité du continent. À l'exception des années 2015-2016, le nombre de franchissements irréguliers des frontières de l'UE est resté stable durant cette période – en moyenne 150 000 par an. Et si, au cours de l'année 2015, on a enregistré un pic s'élevant à 1 million d'entrées irrégulières – qui concernent essentiellement les pays méditerranéens ainsi

2. Sur la notion de « crise des réfugiés », voir A. Lendaro, C. Rodier et Y. L. Vertongen (dir.), *La Crise de l'accueil. Frontières, droits, résistances*, Paris, La Découverte, 2019.

que l'Allemagne, mais n'ont eu aucun impact en France –, celles-ci chuteront de 80 % deux ans plus tard. Ce pic n'avait d'ailleurs rien d'imprévisible. Selon le Haut-Commissariat des Nations unies pour les réfugiés (HCR), plus de 80 % des personnes ayant frappé aux portes de l'Europe en 2015 étaient originaires des dix principaux pays de provenance des réfugiés. Pour ne retenir que le cas de la Syrie, entrée en guerre civile en 2011, le HCR n'avait cessé d'exhorter les pays européens à ouvrir leur territoire aux réfugiés contraints à l'exil. En vain : sur les quelque 4 millions de Syriens ayant fui leur pays en 2015, les trois quarts ont trouvé refuge en Turquie, au Liban et en Jordanie, et seule une infime minorité a pu atteindre les frontières européennes. Au-delà de la question syrienne, l'UE n'accueillait en 2017 que 17 % des réfugiés du monde. Parmi les pays européens, la France, dont les autorités avancent volontiers qu'elle est une « terre d'asile », ne se situait, en termes d'accueil, qu'au 16e rang[3]. On est loin de l'invasion. Et pourtant, au mépris des engagements qu'ils ont pris, notamment en adoptant la Charte des droits fondamentaux en 2000, les États de l'UE continuent d'appliquer une politique migratoire qui trie, bloque, éloigne, expulse et parfois tue.

Bloquer et repousser

Depuis le début des années 2000, la surveillance des frontières et le contrôle des mouvements migratoires constituent la pierre angulaire de la politique migratoire de l'UE. Deux objectifs guident cette politique : la lutte contre l'immigration clandestine et le respect du principe de non-refoulement. Un principe inscrit dans plusieurs conventions internationales ratifiées par tous les pays européens, et qui interdit qu'on renvoie, sans avoir examiné sa situation, une personne susceptible d'avoir besoin d'une protection qu'elle ne trouve pas dans le pays dont elle vient. Même dépourvu de papiers, un migrant qui se présente aux frontières de l'Europe ne devrait donc pas être expulsé sans avoir été entendu sur ses intentions et ses attentes.

Pour contourner cette obligation, l'UE entrave les routes migratoires afin de bloquer les exilés avant qu'ils n'arrivent aux frontières. Cette stratégie a pris des formes diverses, comme l'édification de murs et de grillages en Afrique, autour des enclaves espagnoles de Ceuta et Melilla, ou en Europe, à la frontière entre la Serbie et la Hongrie et le long du fleuve Évros

---

3. François Héran, « Comment l'Europe accueille – ou non – les demandeurs d'asile depuis 2015 », *De facto*, n° 2, décembre 2018.

entre la Turquie et la Grèce. Mais elle s'est aussi traduite par des interceptions maritimes pour interdire aux *boat people* de pénétrer dans les eaux territoriales des États membres. On pourrait parler d'obstacles physiques, plus violents encore, comme le fait de laisser se noyer ou errer les passagers de ces embarcations de fortune en manquant délibérément à l'obligation de leur porter secours.

On se souvient, en juin 2018, de l'affaire du navire *Aquarius* de SOS Méditerranée, abandonné à son sort plusieurs jours en mer avant d'être autorisé à débarquer les passagers qu'il avait sauvés du naufrage. Les gouvernements européens, français en tête, se livraient alors à une surenchère d'hypocrisie pour lui refuser leurs ports, le président Macron allant jusqu'à critiquer le « cynisme et l'irresponsabilité » de son voisin italien. Dans le pacte, le chapitre consacré au sauvetage en mer omet de rappeler que l'UE a mis délibérément un terme, depuis le printemps 2019, à toutes les opérations officielles de secours qui s'étaient succédé depuis 2015. Il fait aussi l'impasse sur le harcèlement dissuasif mené contre les bateaux affrétés par des organisations non gouvernementales (ONG) pour pallier le manque de secours en mer. Le pacte propose de surveiller plus étroitement ces ONG, suggérant que les réseaux de trafic de migrants ou de traite des êtres humains « pourraient profiter des opérations de sauvetage menées par des bateaux privés en Méditerranée ».

Un rapport de la Commissaire aux droits de l'homme du Conseil de l'Europe, rendu public au mois de février 2021, estime qu'entre juillet 2019 et décembre 2020, les naufrages qui endeuillent la Méditerranée auraient coûté la vie à plus de 2 400 personnes. Un chiffre qui pourrait être bien en-deçà de la réalité, compte tenu de la quantité de morts par noyade qui ne sont probablement pas documentées[4]. Ce bilan fait écho à celui de l'Organisation internationale pour les migrations (OIM), selon laquelle 40 000 personnes seraient mortes aux frontières de l'Europe depuis le début des années 2000, faisant du continent la destination la plus meurtrière du monde pour les exilés. La Commissaire aux droits de l'homme, Mme Dunja Mijatović, conclut que « les pays européens ne protègent pas les réfugiés et les migrants qui tentent de rejoindre l'Europe par la Méditerranée », en les appelant à « changer d'urgence leurs politiques migratoires ».

4. Commissaire aux droits de l'homme du Conseil de l'Europe, *A Distress Call for Human Rights. The Widening Gap in Migrant Protection in the Mediterranean*, rapport de suivi de la Commissaire sur la Recommandation de 2019 au sujet du secours des migrants en mer, février 2021.

Le renforcement du rôle de Frontex est élevé au rang de priorité. Créée en 2004, cette agence européenne dirigée par Fabrice Leggeri, un énarque passé par les ministères de l'Intérieur et de la Défense, assiste les États membres dans la surveillance de leurs frontières extérieures. Ceux-ci mettent à sa disposition des garde-frontières et des équipements (bateaux, avions, hélicoptères, voitures de patrouille, détecteurs de CO_2, etc.) pour les opérations maritimes, aériennes et terrestres qu'elle coordonne. Son budget, en constante augmentation (6 millions d'euros en 2005, 320 millions en 2018, 460 millions en 2020, 5,6 milliards prévus à l'horizon 2027), lui permet en outre d'acquérir son propre matériel. Au début de l'année 2021, elle a ainsi renouvelé, moyennant 2,6 millions d'euros, un contrat avec la société israélienne Windward, spécialisée dans la récolte et l'évaluation numériques des données de suivi des navires pour une plateforme fondée sur des techniques d'intelligence artificielle. Celle-ci peut détecter et évaluer automatiquement les « risques » sur les mers, à partir du repérage d'activités irrégulières. S'ajoutant à la surveillance des frontières maritimes par drones et par satellites, ce dispositif traque les embarcations de migrants qui s'approcheraient des côtes. Forte d'un corps permanent de garde-frontières et de garde-côtes dont les effectifs atteindront 10 000 agents opérationnels d'ici 2027, et autorisés, depuis peu, à porter des armes, Frontex est en passe de devenir le bras opérationnel de l'UE dans la guerre que celle-ci mène contre les exilés. Elle contribue ainsi activement à la logique de dissuasion et de défiance qui définit l'attitude de l'UE à leur égard, y compris ceux qui, parmi eux, devraient y être accueillis et protégés.

Les moyens croissants conférés à Frontex suscitent d'autant plus d'inquiétude que l'agence est régulièrement soupçonnée de couvrir les agissements illégaux de fonctionnaires nationaux – voire d'y participer elle-même –, tels que des refoulements brutaux en mer Égée, des tirs sur des embarcations ou encore des violences contre des migrants aux frontières terrestres. Si, pendant des années, ces accusations, largement relayées par la presse, émanaient principalement des organisations non gouvernementales, elles ont été jugées suffisamment solides pour déclencher une enquête de l'Office de lutte antifraude (OLAF) à la fin de l'année 2020[5]. Quelques semaines plus tard, deux ONG déposaient contre Frontex une plainte pour

5. « Refoulements illégaux de migrants en mer Égée : Frontex visée par une enquête », *Infomigrants*, 13 janvier 2021.

obtenir l'arrêt de ses interventions en mer Égée, estimant qu'elle s'y rendait complice de crimes contre l'humanité.

Trier, enfermer, expulser

Malgré les moyens mis en œuvre pour bloquer les routes migratoires, des exilés parviennent jusqu'aux frontières européennes. Pour gérer les arrivées de ceux qui arrivent par la mer, principalement sur les côtes grecques, italiennes et maltaises, et surtout éviter qu'ils poursuivent leur route vers d'autres pays européens, le pacte prévoit que les autorités enregistreront dorénavant les demandes d'asile à la frontière : il s'agit d'opérer un tri (un « filtrage », dit la Commission) entre les personnes susceptibles de bénéficier d'une protection et celles « ayant peu de chances de voir leur demande acceptée ». Les premières pourront être relocalisées dans un autre État membre pour y voir instruite leur procédure d'asile. Les secondes – les plus nombreuses, à n'en pas douter –, ont vocation à être renvoyées dans leur pays d'origine. Le mécanisme envisagé par le pacte ne fait qu'officialiser « l'approche hotspots » mise en place en 2015 en Grèce et en Italie pour gérer les débarquements de *boat people* dans ces deux pays. On voit mal comment il pourrait empêcher que se perpétuent les goulets d'étranglement dans les principaux lieux d'arrivée, comme c'est déjà le cas dans les îles grecques où des dizaines de milliers de personnes sont entassées et souvent enfermées, pendant parfois plusieurs années, dans des centres de triage dont les conditions matérielles et sanitaires sont en-deçà de tous les standards. Après la visite d'un de ces « hotspots » en Grèce à l'automne 2019, la Commissaire aux droits de l'homme Dunja Mijatović rapportait avoir vu « une situation explosive. Les soins médicaux et les installations sanitaires font cruellement défaut [...]. Les gens font la queue pendant des heures pour recevoir de la nourriture et utiliser les sanitaires, lorsqu'il y en a [...]. Cela n'a plus rien à voir avec l'accueil. C'est devenu une lutte pour la survie[6]. »

En réalité, ce qui sous-tend ce dispositif de tri est moins le souci de l'accueil que la volonté de mettre au point un système efficace et rapide de « retour », l'un des axes prioritaires du pacte. Celui-ci prévoit la nomination d'un « coordinateur chargé des retours », soutenu par un « réseau de haut niveau pour les retours », ainsi que la création au sein de l'agence Frontex

6. Conseil de l'Europe, Commissaire aux droits de l'homme, « La Grèce doit transférer d'urgence les demandeurs d'asile qui se trouvent sur les îles de la mer Égée et améliorer les conditions de vie dans les structures d'accueil », 31 octobre 2019.

d'un poste de directeur exécutif spécifiquement chargé de cette mission. Là encore, la préoccupation n'est pas nouvelle. La Commission européenne déplore régulièrement le faible taux d'expulsions d'étrangers effectivement exécutées (de l'ordre d'un tiers) au regard du nombre de mesures d'éloignement prononcées dans les États membres : elle le considère comme une des causes majeures de l'inefficacité constatée des politiques migratoires mises en œuvre depuis vingt ans. Cet « échec » devrait pourtant donner à réfléchir : si, malgré l'adoption d'une directive « retour » en 2008, le développement des « charters d'expulsion[7] », l'augmentation régulière de la durée de la rétention administrative[8], le durcissement des législations destinées à sanctionner l'immigration irrégulière, il reste difficile de mener à bien les opérations d'éloignement des étrangers, c'est que des obstacles sérieux s'y opposent. Ainsi, en France, la durée de la rétention est passée de 32 à 90 jours entre 2010 et 2018, mais le « score » des expulsions n'en a pas été amélioré. De fait, celles-ci s'avèrent parfois incompatibles avec les obligations juridiques imposées par les instruments internationaux, régionaux et nationaux de protection des droits de l'homme : il est arrivé que des États soient condamnés par la Cour européenne des droits de l'homme pour avoir expulsé un étranger susceptible d'être exposé à des traitements inhumains ou dégradants à son arrivée dans le pays de renvoi. De même, les durées excessives de détention – souvent combinées aux mauvaises conditions de cette privation de liberté – qui précèdent l'éloignement leur font encourir des sanctions au nom de la prohibition de la détention arbitraire. On peut encore citer le droit au respect de la vie privée et familiale, qui s'oppose à l'éloignement forcé de personnes ayant tissé des attaches étroites dans le pays où elles sont installées. Par ailleurs, l'expulsion d'un étranger, lorsqu'il est dépourvu des documents nécessaires, est subordonnée à l'accord des autorités du pays vers lequel elle est envisagée, qu'il en soit ou non originaire : or, certains pays de destination rechignent à coopérer aux procédures de renvoi. À sa relative inefficacité s'ajoute la dimension économique de la politique d'expulsion. Dans le cas de la France, le pays d'Europe qui a le plus recours à la rétention administrative des étrangers et qui, contrairement à beaucoup de ses voisins, enferme aussi des enfants, une mission d'enquête de l'Assemblée nationale a constaté qu'en 2018, sur les 24 531 personnes

7. Pascaline Chappart, « Sur la piste des charters d'expulsion européens », *Plein droit*, nº 125, 2020/2.

8. Migreurop, *« Locked up and Excluded »: Informal and Illegal Detention in Spain, Greece, Italy and Germany*, décembre 2020.

placées en centres de rétention administrative, seules 9 782 ont été éloignées du territoire. Elle estime à 14 000 euros le coût complet d'un renvoi, depuis l'interpellation d'un étranger en situation irrégulière jusqu'à son éloignement effectif, et le montant global de la politique d'éloignement forcé à 468,78 millions d'euros en 2018[9].

Mettre à distance et sous-traiter

Aux dispositifs de blocage des migrants pour empêcher les arrivées, s'ajoute la sous-traitance des contrôles migratoires à des pays tiers dans le but d'éviter les départs. L'affaire n'est pas nouvelle : depuis 2004, dans le cadre de la « dimension externe » de sa politique d'asile et d'immigration, l'UE passe des accords, formels ou informels, avec des pays de départ ou de transit pour les inciter à « garder » ou à « retenir » leurs propres ressortissants ou les personnes de passage. Le pacte de 2020 poursuit cette logique en subordonnant toutes les composantes de la politique de coopération (économie, investissements, emploi, développement, éducation, sécurité) à la collaboration de ces pays tiers. Constatant qu'une proportion importante des demandeurs d'asile sont des étrangers dispensés de produire un visa pour entrer en Europe, le pacte envisage même de remettre en cause l'exemption de visa des pays qui rechigneraient à coopérer.

Même si le pacte parle d'un « partenariat mutuellement bénéfique », supposé répondre aux intérêts des pays, de l'UE, « ainsi que des réfugiés et des migrants eux-mêmes », cette politique, empreinte de néocolonialisme, ne convainc guère. Elle fonctionnera peut-être à marche forcée si les leviers, économiques notamment, permettent de surmonter les réticences de certains pays jusqu'ici peu enclins à coopérer. Mais l'expérience montre que l'externalisation « réussie » a des conséquences redoutables. En témoignent les négociations menées depuis 2015 par l'UE avec la Turquie et la Libye pour leur faire prendre en charge le sort des migrants que les États membres ne veulent pas accueillir.

En 2016, certains d'entre eux ont conclu avec la Turquie un arrangement aux termes duquel tout migrant arrivé irrégulièrement dans les îles grecques en provenance de ce pays y serait renvoyé. En échange, pour chaque Syrien renvoyé en Turquie au départ des îles grecques, l'UE aurait dû accepter la réinstallation sur son territoire d'un Syrien de Turquie. À la

9. Assemblée nationale, *Rapport fait au nom de la Commission des finances, de l'économie générale et du contrôle budgétaire sur le projet de loi, après engagement de la procédure accélérée, de règlement du budget et d'approbation des comptes de l'année 2018*, n° 1947, 5 juin 2019.

clé, l'Europe s'est engagée à verser 6 milliards d'euros à la Turquie, somme supposée l'aider à améliorer son dispositif d'accueil des réfugiés. Cet accord UE-Turquie est l'exemple le plus cynique du renoncement des pays européens aux principes qui les engagent, parmi lesquels le droit d'asile. Il affiche sans détours leur intention de monnayer le maintien des réfugiés en dehors de l'Europe, en traitant avec un pays où la situation des droits de l'homme en général est plus que sujette à caution, et celle des exilés des plus précaires[10]. Un contexte qui est loin de dissuader les Européens : en décidant en 2021, après un an de provocations du président Erdogan, de pratiquer la politique de l'apaisement avec Ankara, les gouvernements de l'UE ont persisté dans la logique du chantage, résumée crûment par le président Macron lors d'une interview : « Si vous dites du jour au lendemain : nous ne pouvons plus travailler avec vous, plus de discussions, ils ouvrent les portes et vous avez 3 millions de réfugiés syriens qui arrivent en Europe[11]. »

La coopération de l'UE avec la Libye relève de la même logique. Comme en mer Égée pour éviter les passages entre la Turquie et la Grèce, elle a pour but de tarir les traversées de *boat people* en Méditerranée centrale. Pour ce faire, l'UE n'a pas hésité à négocier avec un gouvernement fragilisé par la guerre civile et avec des milices armées, à qui elle a confié le soin d'effectuer les contrôles migratoires au large des rives libyennes, en échange de fonds de coopération prétendument destinés à la formation des garde-côtes. Ceux-ci sont pourtant loin d'être à la hauteur de la tâche. De nombreux témoignages attestent de leur mauvaise volonté à porter assistance en cas de naufrage, voire pire : en mai 2017, intervenant dans des opérations de secours déjà entamées par des navires des ONG, ils auraient adopté un comportement menaçant susceptible de causer la panique en tirant des coups de feu en l'air[12]. Au mois de décembre 2018, une vidéo publiée sur le site du *New York Times* mettait en évidence la façon dont, loin de leur porter assistance, ils repoussaient et frappaient des migrants dont ils avaient intercepté l'embarcation. Rien d'étonnant, lorsqu'on sait que, comme l'a révélé un rapport du Conseil de sécurité des Nations unies, il existe des liens étroits entre cette force navale et les réseaux mafieux, certaines patrouilles

---

10. Gisti, *Accord UE-Turquie : la grande imposture. Rapport de mission dans les « hotspots » grecs de Lesbos et Chios*, juillet 2016.
11. « UE-Turquie : l'apaisement avec Erdogan a un prix », *Le Monde*, 24 mars 2021.
12. Patrick Chaumette, « Détournement de la convention SAR ? Sauvetage en mer, code italien de déontologie des ONG et garde-côtes libyens », humansea.hypotheses.org, 28 août 2017.

de garde-côtes étant étroitement associées au trafic de migrants[13]. Il est en outre notoire que les personnes refoulées en Libye y sont exposées aux plus graves dangers. Au mois de juillet 2020, un rapport du HCR alertait : « La Libye n'est pas un lieu de débarquement sûr pour les migrants et réfugiés. Une fois arrivés en Libye, les réfugiés et les migrants risquent d'être victimes [d']abus, le conflit persistant et les défaillances de l'État de droit permettant souvent aux passeurs, aux trafiquants et aux milices d'agir en toute impunité[14]. » Malgré ces avertissements, l'UE persiste dans la voie de la coopération avec la Libye. Au début de l'année 2019, la France avait ainsi décidé – avant d'y renoncer quelques mois plus tard face aux protestations des associations –, de céder à la marine libyenne, à titre gratuit, six embarcations pneumatiques semi-rigides pour faire face « au problème de l'immigration clandestine ». Et, sur le site du Conseil européen, on pouvait lire, en 2021, que l'UE avait mobilisé 408 millions d'euros dans des programmes visant à trouver des solutions aux « problèmes constatés » en Libye, pour « former les garde-côtes, protéger les migrants et les réfugiés et leur prêter assistance, soutenir les communautés locales et améliorer la gestion des frontières[15] ».

En présentant les grandes lignes du pacte de 2020, la Commission européenne promettait un « programme équilibré et humain ». La référence à l'équilibre fait de longue date partie de la rhétorique institutionnelle de l'UE. En France, c'est en son nom qu'ont été conduites toutes les réformes de la législation sur les étrangers au cours des deux premières décennies du siècle. Dès 2002, Nicolas Sarkozy, alors ministre de l'Intérieur, plaidait le balancement entre « fermeté et humanité », quand Édouard Philippe, Premier ministre en 2018, voulait la faire reposer sur deux principes, « l'humanité et l'efficacité ». Des formules démenties par la récurrence d'un discours hostile aux étrangers. Surfant sur l'émotion provoquée par les attentats qui ont frappé les pays européens – comme, dans le passé, elle avait exploité la peur du chômage –, l'élite au pouvoir désigne des boucs émissaires et propose des pseudo-solutions qui, toutes, mettent à mal le respect des droits fondamentaux. Peuvent être ainsi accusés d'abuser des avantages sociaux ou d'être des terreaux du terrorisme, au gré des

---

13. Nations unies, Conseil de sécurité, *Rapport final du Groupe d'experts sur la Libye créé par la résolution 1973 (2011)*, S/2017/466, 1er juin 2017.

14. ONU Info, « Sur la route vers la Méditerranée, l'indicible et invisible calvaire des réfugiés et migrants africains », 29 juillet 2020.

15. Conseil européen, « Route de la Méditerranée centrale », *consilium.europa.eu*, 29 avril 2021.

événements, les mineurs isolés étrangers, la « communauté » tchétchène ou encore l'ensemble des réfugiés du fait d'un droit d'asile prétendument accordé de manière trop libérale. Car il s'agit de justifier l'adoption de « lois de l'inhospitalité[16] » qui, à l'image du pacte de 2020, traduisent l'obstination des dirigeants, en France comme en Europe, à faire prévaloir la protection des frontières sur celle des exilés et à nier l'inéluctable réalité de la mobilité humaine.

---

16. D. Fassin, A. Morice, C. Quiminal, *Les Lois de l'inhospitalité. Les politiques de l'immigration à l'épreuve des sans-papiers*, Paris, La Découverte, 1997.

Au pays des droits de l'homme

Simone Gaboriau

On recense plus de 7 millions de Français ayant au moins un parent immigré. Il y aurait 6 millions de personnes nées à l'étranger et de nationalité étrangère, dont près de 60 % viennent d'Afrique ou d'Asie. Un groupe social qui, d'aprè l'Insee, a connu une surmortalité deux fois plus élevée que le reste de la population pendant la première vague de la pandémie de Covid-19. De manière plus générale, « le racisme lié à l'origine fait de nombreuses victimes », a constaté la même année la Commission nationale consultative des droits de l'homme (CNCDH). « Des milliers de femmes, d'enfants et d'hommes sont victimes chaque jour des discriminations dans l'accès aux services publics, à l'éducation, au logement, dans le monde du travail, voire lors des contrôles d'identité et sur les réseaux sociaux. » La même année encore, le Défenseur des droits publiait un rapport intitulé « Discriminations et origines : l'urgence d'agir ».

L'ampleur des discriminations reste très difficile à objectiver. Récemment, la Commission européenne contre le racisme et l'intolérance déplorait le manque de données disponibles. Les éléments les plus souvent cités proviennent de « testings » réalisés par des acteurs associatifs ou ce qu'il est convenu d'appeler la « société civile » (*think tanks*, fondations, associations...). Le nombre de condamnations pour discriminations demeure par ailleurs très faible, du fait de l'insuffisante mobilisation de la police et de la justice et des réticences des personnes qui finissent par intérioriser la discrimination au point de ne plus s'estimer dignes d'en obtenir réparation. Demander justice ne relèverait pourtant ni du « communautarisme », ni de « postures victimaires » quand la Constitution proclame que la République est « laïque, démocratique et sociale », qu'elle « assure l'égalité devant la loi de tous les citoyens sans distinction d'origine, de race ou de religion » et « respecte toutes les croyances. »

De tels litiges sont certes toujours asymétriques mais la lucidité sociologique ne saurait conduire à systématiquement disqualifier les virtualités normatives du droit. Car, en tout état de cause, si les discriminations ne sont pas solubles dans les inégalités sociales, le plus souvent elles s'y ajoutent, comme le met en évidence le cas du logement. Par temps de crise économique, de surcroît, les politiques néolibérales peuvent tirer profit d'une population « sans papiers » pour accentuer la précarité de l'emploi : elles s'accompagnent d'une surenchère sécuritaire, de la part des médias et de la classe politique, qui ouvre la voie à toutes les atteintes aux droits fondamentaux.

Dans la main des marchands de sommeil

Le logement constitue la colonne vertébrale de l'accès à bien d'autres droits, notamment ceux au travail, à la vie familiale ou à l'instruction. Or, comme le mettent en évidence les données de l'Insee, les personnes immigrées ou issues de l'immigration sont tendanciellement plus concernées par le « mal-logement » : 17 % des personnes d'ascendance africaine vivent dans un logement insalubre (contre 3 % pour la population générale), 3,3 % des immigrés vivent dans un foyer, une habitation précaire ou sont sans-abris ; cette part est proche de 5,5 % pour les immigrés vivant en France depuis moins de 5 ans ; elle est de 1,4 % pour les non-immigrés.

Incendies à Paris en 2005 – l'hôtel Paris-Opéra (vingt-quatre morts), boulevard Vincent Auriol (dix-sept morts) et rue du Roi-Doré (sept morts) –, à Saint-Denis en 2012 (cinq morts) et à Aubervilliers en 2018 (sept blessés dont cinq enfants), ou effondrements de trois immeubles rue d'Aubagne à Marseille (huit morts « d'origine étrangère », souligna l'ancien maire même si deux d'entre eux étaient nés en France...) : cette précarité peut tuer. Elle enrichit aussi : en janvier 2021, la police est intervenue à Saint-Denis dans un immeuble loué à plusieurs familles, notamment syriennes. Pour une chambre de moins de 20 mètres carrés habitée par six personnes, des fenêtres cassées, une installation électrique défectueuse, des toilettes bouchées dans la cour, le loyer atteignait 900 euros.

Les marchands de sommeil profitent de la pénurie de logements bon marché et de la fragilité des populations. S'agissant de l'accès au logement privé, différents testings réalisés auprès des agences immobilières ou des propriétaires privés suggèrent de fortes discriminations à l'encontre des locataires d'origine africaine. Une personne portant un nom à consonance maghrébine a environ 27 % de chances en moins que celle portant un nom à « consonance française » d'obtenir un premier rendez-vous ; cette différence est de 31 % pour une personne portant un nom à consonance africaine. L'influence du bailleur est significative : le taux de discrimination pour les logements mis en location par les particuliers est de 87 %, quand il est de 68 % pour les biens proposés par des réseaux d'agence.

Dans le parc social, les discriminations restent plus souterraines. Le nombre de demandes est tellement supérieur à l'offre que la marge de manœuvre des bailleurs est immense, notamment pour éviter l'installation de personnes immigrées ou d'origine immigrée. Pour 400 000 logements vacants par an, il y a, actuellement, selon les associations mobilisées sur ce sujet, 4 millions de demandes. Si la part de personnes immigrées et descendantes d'immigrés ayant bénéficié d'un logement social a augmenté de façon continue entre 1982 et 2008, les secteurs les moins attractifs du parc leur ont été davantage attribués. Les personnes originaires du Maghreb et d'Afrique se trouvent ainsi plus concentrées dans les quartiers éloignés des centres urbains et des bassins d'emploi, mal desservis par les transports en commun et composés d'un nombre particulièrement élevé de logements sociaux (neuf fois supérieur au type de quartier où réside principalement le reste de la population).

Discrimination au travail

Avoir un toit ne suffit pas pour vivre, encore faut-il avoir de quoi vivre. En février 2021, « en réparation de l'entier préjudice subi du fait de la discrimination à raison de son origine arabe ou maghrébine », la Cour d'appel de Paris a condamné la BNP à verser 50 000 euros de dommages et intérêts à un conseiller ayant exercé dix ans au même poste à Évian. « Mieux vaudrait qu'il aille voir ailleurs que BNP Paribas s'il veut évoluer », avait expliqué l'employeur à une déléguée du personnel. Embauché en 2006, le cadre s'était ensuite porté candidat à une quinzaine de postes sans jamais obtenir aucun entretien.

Dans un jugement rendu dans l'affaire du chantier de Breteuil le 17 décembre 2019, le Conseil de prud'hommes de Paris avait un peu avant reconnu, pour la première fois, une discrimination raciale systémique à l'encontre de vingt-cinq travailleurs maliens sans papiers. Pensons aussi à la décision de la Cour d'appel de Paris du 31 janvier 2018 dans l'affaire des « chibanis », ces cheminots, principalement d'origine marocaine, à qui la justice a accordé des dommages et intérêts pour préjudice moral, de carrière, de formation et de retraite. Toutefois, 88 % des victimes de discriminations professionnelles fondées sur l'origine ou la couleur de peau renoncent à un recours. Cela tient aux moyens limités de l'inspection du travail, à la timidité des organisations syndicales, à l'évaluation judiciaire des préjudices subis, encore trop frileuse, et aux aléas de la procédure : les victimes n'ont même pas une chance sur deux de gagner leur procès contre leur employeur.

L'emploi reste, de manière générale, le secteur de la vie sociale où les discriminations en raison de l'origine apparaissent les plus aigües, que ce soit dans l'accès à l'emploi ou au cours de la carrière : en 2019, il représentait près de 60 % des saisines reçues par le Défenseur des droits pour discrimination à raison de l'origine, avec 35,5 % de celles-ci pour le domaine de l'emploi privé et 24,4 % pour la fonction publique. « Toutes choses égales par ailleurs, constatait France Stratégie en 2016, les hommes sans ascendance migratoire directe ont toujours plus de chances d'accès à l'emploi et de meilleurs salaires. »

Avant même l'entrée dans le monde du travail des discriminations s'observent dans le cadre de la formation, notamment lors de la recherche de stage. Pour mieux cerner l'ampleur du phénomène, entre octobre 2018 et janvier 2019, une équipe de chercheurs a envoyé 17 600 candidatures et demandes d'information fictives à 103 entreprises dans six régions : il en ressortait qu'un candidat d'origine maghrébine avait 20 % de chances en moins d'obtenir une réponse qu'un candidat ayant un patronyme considéré comme typiquement français.

Une fois dans l'emploi, les hommes descendants d'immigrés originaires d'Afrique du Nord ou subsaharienne, âgés de 25 à 59 ans, ont, d'après France Stratégie, un salaire mensuel moyen inférieur de 7 % par rapport aux hommes sans ascendance migratoire, ceux nés dans les DOM de 23 %. La même comparaison est encore plus défavorable aux femmes, âgées de 25 à 59 ans, originaires d'Afrique du Nord ou subsaharienne (- 49 %) ou à celles nées dans les DOM (- 38 %). Quand ces écarts ne tiennent pas à des différences d'avancement (qui se répercutent sur les retraites) au sein d'une entreprise ou d'une administration, ils s'expliquent par l'assignation des travailleuses et travailleurs d'origine étrangère dans des emplois plus précaires, moins gratifiants ou dépourvus de contacts avec la clientèle, ou par leur recrutement privilégié dans certaines filières telles que la sécurité privée, le nettoyage ou encore l'agriculture en tant que saisonniers et saisonnières. Le développement généralisé de la sous-traitance, de l'intérim, et maintenant de l'ubérisation de certains emplois, ne fait qu'aggraver leur situation.

En temps normal, l'exploitation des salariés étrangers les conduit à travailler sous le régime de la peur : qu'ils soient en situation irrégulière ou qu'ils redoutent le non-renouvellement de leur titre de séjour. En temps de crise, la pression du chômage sur le marché de l'emploi, celle des politiques d'austérité, affectant notamment les services publics qui ne cessent de se dégrader, favorisent la concurrence, voire les rivalités parmi les travailleurs et travailleuses et au sein des classes populaires. « Le travail fait "naître" l'immigré, expliquait le sociologue Abdelmalek Sayad, mais rend sa présence illégitime quand l'emploi vient à manquer[1]. »

Harcèlement policier

La lutte contre l'immigration irrégulière représente désormais une part importante de l'activité des services de police, en particulier de ceux en charge, normalement, de la sécurité publique, c'est-à-dire de la protection au quotidien des citoyens. Les contrôles d'identité occupent en France une place bien plus importante que dans la plupart des autres pays d'Europe. Même si les comparaisons disponibles montrent que le taux de détection des infractions n'est pas augmenté par une plus grande fréquence de ces contrôles.

De nombreux policiers procèdent ainsi à des contrôles d'identité en vue de l'interpellation d'étrangers en situation irrégulière afin de permettre aux ministres de l'Intérieur d'annoncer des chiffres de reconduite à la frontière supérieurs à ceux de l'année précédente. Les policiers de terrain sont dès lors amenés à rechercher les caractéristiques « visibles » – la couleur de peau, notamment – permettant de cibler des étrangers potentiels. Que d'énergie dépensée aux dépens d'autres tâches au service des citoyens !

1. *L'Immigration ou les paradoxes de l'altérité*, t. I : *L'illusion du provisoire*, Paris, Raisons d'agir, 2006.

Cela contribue à la composition d'une culture policière où l'étranger fait figure d'ennemi.

De nombreuses études ont conclu au « racisme institutionnel » de l'action policière, dans le cadre de l'exercice des contrôles d'identité. Dans une décision de 2019, le Défenseur des droits a estimé que des pratiques policières en ce domaine se traduisaient par un « profilage racial et social » : à Paris, des ordres et consignes discriminatoires enjoignant de procéder à des contrôles d'identité de « bandes de Noirs et de Nord-Africains » et des évictions systématiques de « SDF et de Roms » ont été diffusés. Selon une enquête de 2016, les jeunes hommes « perçus comme noirs ou arabes » déclarent cinq fois plus de contrôles fréquents par la police que les autres ; les modalités de ces contrôles témoignent de pratiques différenciées : tutoiement (40 % des jeunes hommes noirs ou arabes s'en disent victime, contre 16 % de l'ensemble des personnes enquêtées), insultes (21 % contre 7 %) ou brutalités (20 % contre 8 %).

En 2016 également, la Cour de cassation a considéré qu'il y avait discrimination si le contrôle d'identité était réalisé sur la seule base de caractéristiques physiques associées à une origine réelle ou supposée (une origine africaine ou nord-africaine, couleur de peau, traits, tenue vestimentaire). Au plus haut sommet de la justice, il a ainsi été reconnu que l'action de la police pouvait reposer sur une inégalité structurelle de traitement. Et cela a entraîné la condamnation de l'État pour faute lourde, puisque les contrôles d'identité en cause étaient intervenus – comme la plupart des contrôles – sur réquisition du procureur de la République.

On sait que les étrangers, les immigrés et les Français de parents immigrés sont surreprésentés dans nos prisons aux côtés de l'ensemble des catégories sociales les plus précaires. Ils sont les plus exposés aux mécanismes procéduraux d'incarcération, de leur interpellation à leur jugement, très souvent pratiqué selon la procédure expéditive de la comparution immédiate. Toutes choses égales par ailleurs, le fait d'être jugé en comparution immédiate ou d'avoir été placé en détention provisoire multiplie par huit la probabilité d'une condamnation à de la prison ferme. La délinquance des plus démunis, des immigrés et de leurs descendants n'est ni complexe ni sophistiquée, au contraire de la délinquance économique et financière, « la délinquance en col blanc » ; l'intervention de la police et de la justice s'en trouve d'autant facilitée et le système fonctionne comme une « machine à punir ».

Le jugement pénal, indissociable d'un jugement à caractère social, plus répressif envers les minorités, est également un jugement racial sans intentionnalité raciste. Effet en retour : les policiers, mobilisés pour la plupart sur la seule délinquance de voie publique, se trouvent fortifiés dans leur pratique discriminatoire de contrôle, ciblée sur les Noirs et les Arabes, eux que l'on retrouve plus fréquemment en prison. Dégât collatéral, ces logiques propres de fonctionnement de la justice contribuent à produire chez les policiers un « biais d'attribution » : la surdélinquance des Noirs et des Arabes démontre que les Noirs et les Arabes seraient enclins à la « délinquance ».

Une et indivisible ?

En principe, la France ne reconnaît pas les minorités ethniques présentes sur son sol ni dans sa loi ni dans sa Constitution. En pratique, doublement discriminés en raison de leur vulnérabilité économique et de leur origine, les Roms constituent un groupe social profondément stigmatisé. En 2015, le Comité de l'ONU pour l'élimination de la discrimination raciale alertait sur le mauvais sort qui leur est réservé « par le discours de haine raciale, y compris par les élus politiques, l'exclusion et le renforcement des stéréotypes à leur égard ». Leur habitat précaire et les expulsions répétées sans relogement induisent des atteintes multiples et graves à leurs droits les plus fondamentaux. Exilés, contraints à la survie, les Roms ont dû se tourner vers l'économie grise. En France, ils représentent 15 000 personnes environ, originaires d'Europe de l'Est, souvent roumaines ou bulgares, vivant majoritairement dans des bidonvilles, des squats ou d'autres lieux de survie.

Les instances internationales et européennes recourent aussi au terme « Roms », mais pour désigner les « gens du voyage », 300 000 personnes au moins, dont un tiers sont sédentarisées, un tiers itinérantes, un tiers dans l'entre-deux. Pour l'État, il s'agit d'une catégorie administrative, créée en 1969. De fait, les « gens du voyage » ont une autre histoire que les Roms ; ils sont français depuis des générations mais ont été victimes d'un antitsiganisme pluriséculaire, accompagné de discriminations et de rejet tant par les administrations, les autorités publiques que par une partie de la population. Roms et gens du voyage ont néanmoins en commun cette discrimination institutionnelle et sociale, ancienne, qui a pu aller jusqu'à la déportation. Ils sont les personnes les plus racisées, avec plus de 70 % d'opinions hostiles.

La discrimination systémique à l'encontre des gens du voyage résulte d'une accumulation de dispositifs juridiques dérogatoires. Source d'obstacles particuliers, ils se dressent dans l'exercice de droits fondamentaux tels que le respect de la vie privée et familiale ainsi que du mode de vie et d'habitat. Le contrôle exercé par le juge constitutionnel est minimal car il ne prend en considération ni la situation sociale du public visé, ni l'ensemble des dispositions qui le ciblent. À cet égard, la Cour européenne des droits de l'homme (CEDH), qui privilégie une approche à la fois plus concrète et plus critique, a condamné plusieurs fois la France sans que cela n'apporte de bouleversement sérieux dans les pratiques, l'administration ignorant le droit européen.

Aujourd'hui, le règne de l'antitsiganisme a rendu invisibles, ou justifiés par les caractéristiques négatives attribuées aux populations concernées, les mauvais traitements qu'elles subissent, ce qui tend à légitimer le mépris institutionnel dont elles sont victimes. Classique procédé raciste : il occulte les causes de leur exclusion et permet ainsi de la perpétuer en la présentant comme une nécessité en vue de préserver la sécurité des Français. Il en est ainsi des « évacuations » des gens du voyage confrontés à la pénurie des aires d'accueil. En effet, la loi organise un dispositif spécifique concernant l'accueil et l'habitat des gens du voyage, aires d'accueil et terrains locatifs familiaux – encore très rares. S'ils ne respectent pas les seuls lieux – bien insuffisants – où ils sont assignés, ils peuvent en être légalement « évacués », le cas échéant par une décision administrative expéditive susceptible d'un recours quasi inaccessible et souvent inefficace, comme l'a jugé la CEDH le 14 mai 2020. Ces dernières années, cette procédure s'est substituée à des procédures contradictoires devant un juge. En outre, on assiste fréquemment à des expulsions de terrain de gens du voyage très contestables, en invoquant l'article 322-4-1 du code pénal, qui réprime le délit d'installation illicite sur un terrain en réunion.

Il n'existe, en revanche, pas de législation spécifique aux Roms qui ne revendiquent pas, comme les voyageurs, un mode de vie itinérant mais y sont contraints : les « démantèlements de campements illicites » s'appuient sur des dispositifs juridiques de droit commun et mettent à la rue des familles entières au mépris de leur droit au logement, de leur parcours de santé, de la scolarisation des enfants. Nombre de Roms subissent, au cours d'une année, de façon réitérée, ces mesures piétinant leurs droits fondamentaux.

Ainsi, le droit applicable aux gens du voyage a servi, en quelque sorte, de terrain d'expérimentation juridique pour les populations à l'habitat atypique qui désormais incluent aussi les étrangers, spécialement ceux qui sont stationnés dans le nord de la France. Aux expulsions des gens du voyage, des Roms, s'ajoutent celles des migrants installés sur les terrains dans le Calaisis et la ville de Grande-Synthe. Pressions policières, discriminations, évacuations quotidiennes, manque d'accès à l'eau et à l'hygiène : la situation n'a de cesse de se dégrader pour des centaines de migrants vivant à la rue dans des camps de fortune, dans l'espoir de réussir, un jour, à passer en Angleterre. « Les exilés se font expulser tous les matins, ils ont le sentiment d'être maltraités et harcelés par la police », témoignent les associations présentes sur le terrain, affirmant qu'à chaque évacuation, des tentes, des couvertures et même les papiers personnels sont saisis. « Des couturières du Secours catholique se sont mises à coudre des petites pochettes en tissu pour que les exilés puissent garder leurs documents sur eux 24 h sur 24[2]. »

Jeunes – dont des mineurs –, venus essentiellement d'Afghanistan et d'Afrique (Érythrée, Éthiopie, Soudan), ils étaient environ 1 300 à la mi-décembre 2020. Comme le dit la CNCDH, l'État français piétine les droits fondamentaux des étrangers qui s'y trouvent. En 2019, la rapporteuse spéciale de l'ONU sur le logement convenable avait dénoncé les conditions de logement « désastreuses » des migrants à Calais. La France a été, à cet égard, condamnée par la CEDH dans l'arrêt Khan rendu le 28 février 2019 (requête n° 12267/16) relativement au sort d'un mineur.

En 1946, au lendemain d'une victoire acquise de haute lutte contre la barbarie nazie, on jugea nécessaire de rappeler, en préambule de la Constitution, les principes de la Déclaration des droits de l'homme et du citoyen : « Le peuple français proclame à nouveau que tout être humain, sans distinction de race, de religion ni de croyance, possède des droits inaliénables et sacrés. » Cette doctrine, vitale dans une démocratie, a ensuite été reprise dans la Constitution de 1958 – qui régit encore notre vie commune. Force est pourtant de constater que, six décennies plus tard, la réalité française n'est pas à la hauteur des principes énoncés. Il reste fort à faire pour en finir, vraiment, avec les discriminations et les « distinctions », et donner vie, enfin, à l'idéal égalitaire et universaliste de 1789.

2. Anne-Diandra Louarn, « À Calais, au moins 1 200 migrants sont à la rue, le double de l'été dernier », *infomigrants.net*, 24 juin 2020.

Misères de la prison

Jean-Marie Delarue

Un historien a défini les rapports sociaux de la société du XVIIIe siècle comme une « cascade de mépris ». Si le mépris est la conscience qu'a une personne de sa supériorité tant individuelle que sociale au détriment d'autres personnes jugées inférieures pour une raison ou une autre, alors la prison française contemporaine en est sûrement une expression.

La prison est inséparable du système social qui la produit. Près de cent mille personnes franchissent chaque année la porte de l'un des 187 établissements pénitentiaires français pour y être placées sous écrou. La majorité (55 %) sont des prévenus en attente d'une comparution immédiate ou contre lesquels une instruction est ouverte, les autres entrants étant des condamnés à des peines d'emprisonnement. Ces entrées sont un soulagement pour ceux qui les regardent : la mise à l'écart des auteurs d'infraction (présumés ou jugés comme tels) rassure l'opinion. Pour la plupart des intéressés, l'entrée en prison est vécue comme une épreuve, due à la rupture avec la vie sociale de chacun et aussi à l'entrée dans un univers inconnu, différent avec ses bruits, ses usages et son temps.

Ces « arrivants », comme dit le langage pénitentiaire, appartiennent massivement aux classes populaires. Si l'administration ne publie aucune donnée en la matière, ce fait majeur ressort d'évidence des données d'enquêtes ou des résultats de pratiques pénitentiaires, comme le niveau d'instruction mesuré à l'entrée par les enseignants de chaque prison. Ce que l'on dit ou pense d'eux n'est pas séparable de l'attitude adoptée à l'égard des réprouvés sociaux qu'ils étaient déjà avant d'être incarcérés.

Enfin les personnes emprisonnées sont plus jeunes que l'ensemble de la population alors même que les mineurs y sont (heureusement) en faible nombre (1 % des écroués). Dans la plupart des établissements pénitentiaires, un très grand nombre de détenus a moins de quarante ans. Là encore, on doit rapprocher les relations sociales qu'ils avaient « dehors », avant leur entrée en prison, avec celles qu'ils ont désormais « dedans ».

Par conséquent, la plupart des entrants de prison sont, avant même d'être écroués, chargés du poids social qui pèse sur les corps des catégories populaires. La prison accentue et rend plus visible encore cette charge.

La flétrissure

Il a existé jusqu'à l'orée du XIXe siècle une sanction pénale appelée la flétrissure ; elle consistait, à une époque où n'existait pas le casier judiciaire, à marquer au fer rouge l'épaule des condamnés, des lettres « GAL » pour ceux envoyés aux galères, ou de la lettre « V » pour ceux condamnés pour vol. Outre de marquer dans la chair la culpabilité, il s'agissait d'identifier avec certitude les récidivistes.

La flétrissure ou « marque » a disparu mais une condamnation, ou même seulement le fait d'entrer dans la « chaine pénale » emporte des effets identiques. C'est si vrai que, en amont d'un procès pénal, les forces de l'ordre s'appliquent à dissimuler le visage des personnes faisant l'objet d'une enquête pour éviter qu'elles ne soient identifiées par le public ; et, en aval de l'exécution de la peine, les sortants de prison ont bien des difficultés à se réinsérer, en raison de la réputation qu'ils traînent avec eux.

En prison, l'incrimination motivant les poursuites ou le motif de la condamnation sont connus de l'administration pénitentiaire, inscrits dans le fichier interne, lequel est accessible, en fait sinon en droit, à tous les agents. Mais tous les codétenus sont également informés : la première question qu'ils posent à l'arrivant est invariablement : « Tu es là pourquoi, toi ? » De surcroît, les informations circulent rapidement dans les établissements.

Et cette « marque » ne vaut pas que pour le temps de l'arrivée ; comme celle du fer rouge, elle est attachée à la personne détenue tout au long de son séjour en prison. Par exemple, lorsqu'un « incident » survient, l'établissement le fait connaître aux échelons supérieurs en rappelant toujours, avec les faits, le motif de l'emprisonnement, comme le montre la synthèse suivante d'un évènement survenu le 26 janvier 2012, dans un centre pénitentiaire de l'Ouest :

> Vers 20 h, les personnes détenues du quartier d'isolement tapaient dans les portes des cellules. De la fumée circulait sur la coursive en provenance de la cellule occupée par X. 5 agents et le gradé sont intervenus [...] pour extraire la personne détenue, retrouvée inconsciente près de sa fenêtre. [...]
> X. a été pris en charge par les pompiers vers l'hôpital [...].
> X. *né le 17/02/19 , écroué le 15/07/201 , prévenu pour meurtre et tentative de meurtre.*

Cette connaissance par toute la prison de l'origine de la détention de chacun, que ce soit avant ou après le jugement, induit dès avant ce dernier une condamnation morale du personnel. Il en découle de la part de ce dernier la constante résolution de rappeler la réalité de la prison comme un lieu de « peine » (du grec *poinê*, châtiment), c'est-à-dire un espace d'abaissement et de dévalorisation du prévenu ou du condamné. Une des réactions les plus communes à une demande de détenu, quelle qu'elle soit, est celle-ci : « Ici, on n'est pas à l'hôtel », et sa variante : « Tu n'as qu'à pas être là. » Ce qui signifie à la fois que les agents pénitentiaires n'ont à rendre aucun service aux détenus mais aussi que ces derniers n'ont aucune qualité pour en solliciter. La relation entre les premiers et les seconds est donc totalement dissymétrique. Sa présence, même en prison, confère au détenu un statut social marqué du sceau de l'infériorité. Il ne peut donc être traité que comme un inférieur. Le mépris a, par conséquent, une solide et constante justification, indépendante du comportement de la personne en cause, comme de la réalité des charges qui pèsent sur elle.

Cette condition n'échappe pas aux détenus, dont la plupart adoptent, plus ou moins aisément, un comportement de soumission mais disent volontiers, lorsqu'ils ont l'occasion de le faire, qu'ils sont méprisés et regardés comme des êtres inférieurs : « Nous sommes considérés comme des chiens », écrit cette détenue d'un établissement de la région parisienne le 26 novembre 2013. Et, dans une pétition (interdite) de détenues d'un quartier de femmes d'une prison du Sud-Ouest, on lit : « Notre quotidien se caractérise par les provocations et le manque de respect de la plupart des surveillantes [...]. On peut dire que NOUS, les détenues à Y., nous subissons une double peine. La détention est devenue insupportable [...]. » Ou aussi, cette surveillante d'une maison d'arrêt dépeignant toujours le retour dans le bâtiment des détenus de la cour de promenade ainsi : « On rentre le bétail ». Ou encore, cette conclusion de la compagne (psychologue de profession) d'un détenu : « L'homme qu'on a incarcéré en 2006 n'existe plus... La prison ne devrait être qu'un lieu de privation de liberté, elle est en train de lui voler sa vie, elle devient "un mouroir". »

La caractéristique du mépris qui se vit en prison, par opposition sans doute à d'autres lieux, est son caractère ouvert, brutal, cru. Ce trait doit sans doute à la gravité des faits qui conduisent en prison, mais beaucoup plus, d'une part, à la bonne conscience des agents, d'autre part, à des conduites qui demeurent ignorées du « dehors ». On peut en donner, de manière schématique, quatre expressions.

La première, bien connue, mais dont la réalité n'en pèse pas moins sur les personnes incarcérées, réside dans les conditions de détention : non seulement la surpopulation des maisons d'arrêt, régulièrement analysée (en réalité phénomène à peu près permanent depuis plus de deux siècles), mais aussi la grande médiocrité des cellules (en espace, en mobilier, pour les sanitaires...) et des espaces collectifs offrant parfois des apparences de modernité et de confort qui sont illusoires : telle prison récente possède un terrain de football gazonné : mais le gazon est synthétique et extrêmement glissant dès qu'il pleut, et le concertina – « barbelés » – qui entoure le terrain est placé très bas, donc les ballons sont s'y ficher très souvent ; on joue donc à un football « en simili », et à ses risques et périls. Sans compter les odeurs, les bruits, la moisissure... Robert Badinter mentionne souvent (par exemple, dans *La Prison républicaine*) la loi d'airain qui, selon lui, se traduirait par des conditions de vie des détenus devant être toujours inférieures à celles des catégories sociales du « dehors » les moins favorisées. Ce qui est vrai, en tout état de cause, est la médiocrité des crédits de fonctionnement des prisons, qui fait écho à la volonté d'une part de l'opinion de maltraiter les détenus, dès lors qu'ils sont enfermés parce qu'ils ont maltraité leurs semblables.

La deuxième résulte des distinctions qu'opère le fonctionnement d'un établissement pénitentiaire. Les personnels (et leurs organisations) peuvent certes soutenir vivre dans les mêmes lieux et partager ainsi une condition qui serait commune avec les détenus. Mais c'est précisément la définition en deux ensembles parfaitement étrangers l'un à l'autre à laquelle la prison entend parvenir. Faut-il rappeler que les règlements conduisent à dépouiller « l'arrivant » de ses papiers d'identité et de tout objet de valeur, serait-il familier ? Que le prénom du détenu disparaît de la vie quotidienne, parfois même le nom ? Que les biens dans chaque cellule sont réduits à leur plus simple expression (pas plus de *x* livres, de *y* pulls, etc.) ? Que l'intimité de soi disparaît (cellule regardée par l'œilleton, courrier examiné, téléphone – en théorie – écouté, cohabitation de tous les instants) ? Bref, les constituants de l'existence du « dehors » s'effacent, les interlocuteurs n'ayant pas davantage de noms (on hèle l'agent par sa fonction : « Surveillant ! »). En dehors du régime de droit commun, les prisons multiplient en outre ces dernières années les régimes intérieurs et les quartiers, établissant ainsi entre détenus des échelles de considération ou plutôt de déconsidération. Traditionnellement, des hiérarchies s'établissent entre les détenus admis à travailler au service intérieur (les « auxis ») et donc pourvus d'une plus grande liberté de circulation ; ou sélectionnés pour les ateliers et, par conséquent, rémunérés (chichement) ; ou inscrits au sport, aux cours, à la bibliothèque dans un contexte où l'offre est toujours inférieure à la demande ; et, bien entendu, les détenus punis et envoyés dans la solitude au quartier disciplinaire et les autres. Depuis quelques années, les quartiers différenciés se multiplient (arrivants, courtes peines, peines aménagées), des « contrats de confiance » permettent de donner à certains détenus un régime plus souple (« respecto »), des « mouvances » distinguent les appartenances « idéologiques » ou « géographiques ». Il est dès lors aisé d'opposer les « bons » détenus, qui méritent quelque effort, aux autres, dont il faut supporter la présence.

La troisième consiste à ignorer l'existence de la personne détenue. D'une part, le caractère massif de la population des nouvelles constructions pénitentiaires (six cents à huit cents détenus ou davantage) fait obstacle, au moins dans les maisons d'arrêt, à toute relation suivie entre surveillants et population pénale. D'autre part, les détenus sont dans une dépendance totale du personnel pour la plupart de leurs faits et gestes (voir un médecin, se rendre à un parloir). Il faut donc demander et obtenir une réponse. Une part significative du mépris consiste à ignorer (faute de temps ou par mauvaise volonté) les demandes et les appels. On ne compte pas les courriers non parvenus ou sans suite, les « drapeaux » (papier glissé dans la porte de la cellule) ignorés, les demandes d'audience inabouties, les appels qu'on n'entend pas, les affectations au hasard, les refus sans motifs ou les réponses du type : « je m'en fous », « je m'en bats les c... », « j'en ai rien à cirer ». Dans ces conditions, s'il faut se faire entendre, c'est souvent par des moyens qui contraignent les agents à ne pouvoir ignorer la personne : typiques à cet égard sont les incendies de cellule, les automutilations et bien entendu les suicides, sept fois plus nombreux parmi la population pénale que dans la population générale.

La quatrième, plus décisive et plus ignorée, résulte de la supériorité morale conférée aux agents. Elle permet à certains d'entre eux – pas à tous – d'instaurer, lorsqu'ils existent, des rapports de domination très marqués. Si les brutalités physiques ont diminué (sans disparaître, en particulier dans certains établissements), le tutoiement (malgré le code de déontologie) demeure tenace, les invectives et les jugements de valeur à voix haute aussi, les familles n'étant pas mieux traitées lors des « parloirs » que les détenus eux-mêmes. Les exemples abondent, comme ces deux surveillants « rondiers » la nuit, hurlant dans la coursive de l'étage affecté aux auteurs de crimes ou délits sexuels : « Bonne nuit, les pointeurs ! » ou encore cette réponse à un détenu qui appelle en se plaignant d'une migraine : « Si t'as mal à la tête, moi j'ai mal au doigt, guignol. » Deux univers se confrontent non seulement par la condition que l'organisation même de la prison réserve aux uns et aux autres, mais par la nature des échanges – essentiellement oraux – qui existent entre personnel et détenus Ces échanges peuvent être d'une grande violence. Ainsi, à une femme détenue qui ne peut obtenir de téléphoner à son fils hospitalisé, la surveillante rétorque : « Pleurez, vous pisserez moins » (lettre de Catherine M. reçue le 19 novembre 2012). À un homme détenu, pleurant, qui se plaint de l'annulation d'une rencontre avec sa femme (en « unité de vie familiale »), le chef répond : « Suicide-toi, ça sera [*sic*] une place pour quelqu'un d'autre » (lettre du 18 décembre 2013). Dans ces cas-là, comme dans bien d'autres, ce ne sont pas des moqueries passagères, ou de l'humour, comme le plaident certains agents. Ce sont les ressorts profonds de l'existence (ici, les liens affectifs et le droit de vivre) qui sont ridiculisés, donc ignorés. On conçoit que, après des mois ou années de rapports sociaux de cette nature, la plupart des prisonniers libérés soient profondément brisés, ou – quelques-uns – habités, comme ils disent, par la « haine ».

Un mépris nécessaire au fonctionnement des prisons

À ces tensions entre le personnel pénitentiaire (surtout dans la partie des surveillants) et les personnes détenues, on doit ajouter les mépris qui accablent les rapports entre les détenus eux-mêmes.

L'histoire de la prison est un long débat entre l'égalité supposée des détenus – au moins des condamnés – et l'instauration entre eux de distinctions aux motifs divers. Mais, en tout état de cause, rien n'est plus inégalitaire que la société carcérale. Inégalités de revenus (ainsi, dans une maison d'arrêt, le montant du compte « disponible » des détenus varie de 0 à 1 638 euros), inégalités de situation (des cellules au soleil et des cellules à l'ombre, par exemple), inégalités de traitement par le personnel, inégalités d'origine (le racisme prospère), mais surtout inégalités « structurelles » en raison du motif de l'incarcération.

Tout se passe comme s'il existait entre personnes détenues une justice immanente, distribuant ou non le mépris selon la hiérarchie attachée aux méfaits. En haut de la pyramide, auréolé de gloire, le « braqueur » ayant raflé des sommes importantes à une banque, sans effusion de sang. À l'extrême opposé, les auteurs (réels ou supposés) d'agressions sexuelles, en particulier à l'encontre de mineurs (les « pointeurs » déjà mentionnés), les mères ayant commis un infanticide, et les personnes regardées comme des « balances », ayant dénoncé le comportement de codétenus. Contre ceux-là, tout est permis, en particulier dans les espaces collectifs (douches, escaliers, cours de promenade, ateliers...) où bien souvent, d'ailleurs, les détenus concernés ne se hasardent plus : le taux de « descente » en promenade est un indice solide de la sécurité régnant dans l'établissement.

Le mépris, ici, prend toutes les formes possibles, là aussi dans un cadre beaucoup plus franc et brutal que « dehors » : bousculades, injures, inégal accès aux maigres prestations de la prison (téléphone), mises à l'écart, règlements de comptes, soudains et violents (ainsi, dans une maison d'arrêt du Sud-Ouest, un détenu, accusé d'être une balance, est sodomisé avec un manche à balai par trois codétenus dans la douche), domestication en cellule, fausses dénonciations ; une grande variété d'expressions du mépris, y compris les plus agressives, existent. Le mépris est ainsi à la fois la marque de différences que produisent les mentalités dans l'opinion qu'on doit avoir des crimes et délits, mais également, dans une société carcérale où les biens de toute nature sont rares, le moyen de justifier des différences dans la possibilité d'en user. Les « pointeurs » ne descendent guère en cour de promenade, pour ne pas subir de violences ; ils ne quittent jamais leurs cellules. Inversement, dans telle maison d'arrêt, les rares postes de travail sont affectés aux détenus du haut de la pyramide.

Ce haut de la pyramide des personnes détenues (qu'il ne faut pas baptiser « caïdat » pour éviter une lecture trop simpliste du phénomène) peut même parvenir à renverser le mépris qui s'attache aux personnes détenues à son profit. Disposant de prestige et d'influences dans l'établissement, de facilités matérielles et de moyens financiers, elles peuvent montrer au personnel combien leur condition, alors même qu'elles sont incarcérées, est supérieure à la leur. L'argumentaire en est simple : les surveillants exercent un métier dévalorisé et difficile, ils ne quitteront jamais la prison, ils sont mal rémunérés : bref, ils vivent une vie faite de médiocrité. Ces circonstances les opposent trait pour trait au personnage que ses « exploits » autorisent à vivre une vie carcérale provisoire et moins contraignante (on connaît quelques repas fastueux en cellule à Noël, par exemple). C'est, au reste, un complément nécessaire au « prestige » de montrer aux codétenus que l'on sait ravaler le personnel au rang d'une domesticité. On ne le voit jamais aussi bien que dans la manière dont les jeunes surveillants sont « accueillis » par ces détenus dans leur établissement d'affectation.

Ainsi se dessine le mépris, non pas comme un fait accidentel lié à des personnes accidentellement pétries de mauvaises intentions ou dont le psychisme serait mal assuré, mais comme une expression et une condition du fonctionnement du système carcéral : celui d'une société extrêmement inégalitaire.

La loi assure bien entendu une stricte égalité entre les personnes détenues, au-delà des différences qu'elle institue elle-même (entre enfants et adultes, entre hommes et femmes, entre prévenus et condamnés). Mais l'instauration, traditionnelle ou récente, de quartiers, de régimes et de situations différentes en prison fait naître des inégalités, c'est-à-dire des considérations, ou plutôt des déconsidérations, inégales. Le « bon » détenu, affecté dans le module « respecto », classé au travail, s'oppose évidemment au « mauvais », réfractaire à toute prestation carcérale et aux règles de la discipline. À ces distinctions, s'ajoutent celles nées de conflits qui, pour des raisons diverses, opposent des personnes détenues à d'autres et la population pénale au personnel.

Le recrutement social des surveillants présente, sans risque de schématisme excessif, de grandes similitudes avec celui des personnes détenues. Il puise dans les catégories modestes de la société. Il n'est pas rare, dans les établissements pénitentiaires où le personnel natif de la région est parvenu à se faire affecter, que des surveillants et des détenus aient été scolarisés sur les bancs des mêmes écoles, dans les mêmes quartiers populaires. Beaucoup d'entre eux ont conscience d'avoir accédé aux professions les moins prestigieuses de la fonction publique (et souvent par échec, par exemple aux concours de fonctionnaire de police). La proportion de ceux qui sont issus de l'immigration et, plus encore, des collectivités d'outre-mer, est significative et croissante. Pour ces surveillants, il faut conquérir une légitimité, et même parfois deux : celle d'être nés de parents ou grands-parents qui ne sont pas originaires de l'Hexagone (on ne peut qu'évoquer les marques, chez beaucoup de surveillants « petits Blancs », de racisme latent ou ouvert) ; celle d'avoir à se différencier socialement de leurs semblables, détenus, qui ont mal tourné. Il faut bien trouver une expression de soi satisfaisante lorsqu'on embrasse une profession dont la confrontation avec une population discréditée conduit à son propre discrédit. Il en va des surveillants, dépourvus d'un « prestige » de leur métier, comme, à un degré différent, des assistants sociaux.

Mais il n'y a pas dans cette conquête de la dignité professionnelle qu'amour-propre partagé. Il y va aussi de l'exercice du métier. Dans les prisons d'aujourd'hui, l'autorité ne va pas de soi (du moins dans les établissements de métropole). Elle se conquiert dans un face-à-face difficile et renouvelé avec la population pénale. Malheur à celui qui en est dépourvu : les inconvénients d'une vie professionnelle délicate s'en trouvent multipliés. Marquer la différence est le moyen le plus important de conquérir la faculté d'être obéi, à défaut d'être respecté. Dans ces conditions, le mépris n'est pas le seul instrument constitutif de l'autorité et de la crainte à inspirer ; mais il est un outil aisément accessible et utilisable. Il pourrait avoir des inconvénients dans la durée longue ou moyenne, même si ceux-ci ne doivent pas être exagérés (« le surveillant a toujours raison »). Il est donc vraisemblablement plus sensible en maison d'arrêt, là où, de surcroît, on trouve le tout-venant du crime et du délit et où la durée moyenne du séjour est à peine de l'ordre d'une année. Le mépris, corollaire de la nécessité de l'autorité.

Si celle-ci est nécessaire, c'est que, malgré les contraintes et l'organisation minutieuse de la vie carcérale, le surveillant, ou la surveillante, doit assurer seul(e) le bon ordre de la coursive (du couloir) dont il (elle) a la charge : entre quarante et quatre-vingts cellules, souvent « doublées » (avec deux occupants), voire triplées, en maison d'arrêt. Le personnel ne doit compter que sur lui-même. Les restrictions d'effectifs, le gigantisme des établissements conçus depuis quarante ans et la surpopulation carcérale conjuguent leurs effets pour renforcer la solitude de la mise en œuvre « de la sécurité et du bon ordre des établissements » (selon la formule de la loi). Comme dans beaucoup de métiers régaliens, l'encadrement n'est pas présent sur le « terrain » (sauf lors de « mouvements » importants). Il en va de même la nuit, où un seul « gradé » gère une équipe numériquement très mince. Chaque agent dispose d'une très large autonomie dans la manière de gérer les personnes détenues, pour le meilleur comme pour le pire : ce qui le rend vulnérable mais aussi ce qui le dispense d'avoir à rendre des comptes détaillés. Ce pourquoi, naturellement, le mépris peut trouver en prison, comme on l'a indiqué plus haut, des expressions ouvertes et brutales. La violence verbale n'est jamais sanctionnée.

Le temps du face-à-face entre personnel et détenus facilite ou non cette violence. Dans un établissement, le directeur avait laissé le choix à son personnel de la période d'affectation de chaque équipe de surveillants (dans le cadre d'un travail s'étendant sur vingt-quatre heures) : une semaine ou un mois, au terme duquel on change de poste (donc de bâtiment, etc.). Le personnel a choisi massivement le changement chaque semaine. Cette accélération des séquences, souvent la règle, l'anonymat des surveillants déjà mentionné, contribuent aussi aux excès verbaux. En d'autres termes, le fonctionnement du système facilite en ce sens ses abus.

La prison, expression du mépris social

Le mépris, cette expression affichée de la distance sociale, n'est évidemment pas sans conséquences sur les personnes qui le subissent. Quels qu'aient été le motif et la durée de leur détention, la plupart des libérés de prison sortent très fortement éprouvés de leur peine. Ils le sont certes en raison de la rupture avec la vie sociale, du fait des conditions matérielles de la détention. Mais aussi pour avoir été accablés du sentiment d'indignité que leur renvoient quotidiennement les représentants du régime carcéral. Le sentiment est généralement d'autant plus fort avec l'âge, avec la faiblesse des rapports sociaux, avec l'existence d'une vulnérabilité antérieure. En tout état de cause, il compromet le retour à une vie normale, ce que la loi appelle la réinsertion. En d'autres termes, le fonctionnement carcéral dont le mépris est l'expression contredit parfaitement la mission assignée à la prison (« contribuer à l'insertion ou à la réinsertion des personnes qui lui sont confiées par l'autorité judiciaire », selon la formule de la loi). C'est là, sans doute, une constatation ancienne, consubstantielle en quelque sorte à la prison telle qu'on la connaît depuis deux siècles. Il faut bien évidemment se poser la question de savoir pourquoi il en est ainsi.

La prison, dans les ruptures et le dénuement qu'elle provoque, grossit le trait social. Elle le réduit à une expression simple, souvent brutale. Dans cette mesure, le mépris qui s'y affiche n'est peut-être que la manière ouverte dont le mépris social existe dans nos sociétés policées. En perdant sa qualité de « Monsieur » ou « Madame », ses papiers d'identité, ses biens, etc., la personne détenue perd aussi l'enveloppe des convenances qui la protège de l'affichage de supériorités trop brutales. On connaît évidemment bien le mécanisme qui conduit à retirer sa part de dignité à la personne afin de pouvoir la traiter comme une bête. Mais il existe évidemment, dans le mépris carcéral, une attitude sociale qui traverse toute notre société. Certes, l'attention portée à la dignité de la personne détenue s'accroît depuis plusieurs années, sous l'impulsion du contrôle général des lieux de privation de liberté et les coups de semonce de la Cour européenne des droits de l'homme, mais aussi, plus récemment, du Conseil constitutionnel (notamment l'affirmation d'une possibilité de recours à un aménagement de peine dans l'hypothèse de conditions de détention indignes[1]). Ces feux croisés ont conduit le législateur à élargir les voies de recours au juge pour permettre aux détenus de contester des conditions de détention méconnaissant la dignité de la personne[2]. À supposer que ce dernier mécanisme soit efficace, ce qui est loin d'être établi, il ne mettra pas fin aux ressorts du mépris dont la prison n'est qu'une des expressions les moins déguisées.

1. Conseil constitutionnel, décision QPC n° 2021-898 du 16 avril 2021.
2. Article 803-8 du code de procédure pénale créé par la loi n° 2021-403 du 8 avril 2021.

4

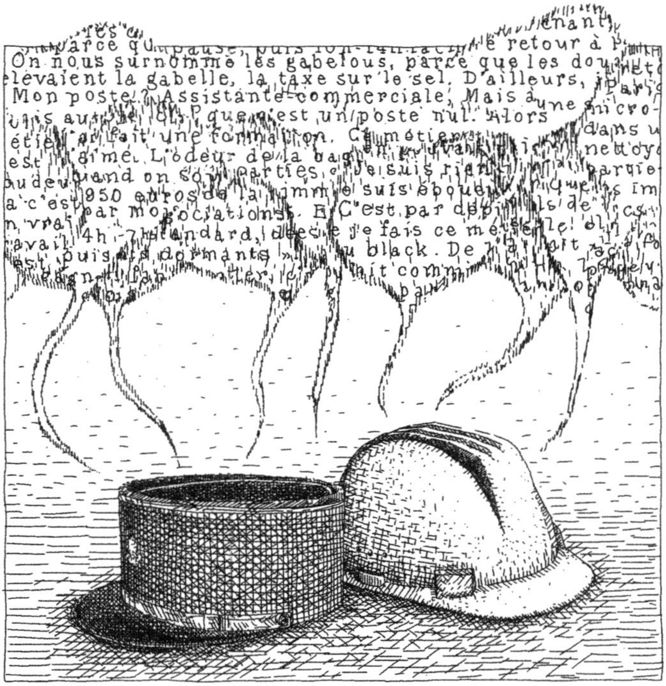

LE MONOLOGUE DES TRAVAILLEURS

Ce chapitre a été conçu à partir d'entretiens réalisés entre l'été 2020 et l'été 2021. Ils sont retranscrits sous forme de monologues. Nos remerciements vont à toutes les personnes qui ont bien voulu nous raconter leur travail, ainsi qu'à toutes celles et tous ceux qui ont contribué à recueillir leur parole : Sabrina Ali Benali, Mathias André, Roland Callo, Virginie Cava, Hadrien Clouet, Ève de Dampierre-Noiray, Caroline Davison, Grégory Deshoulliere, Gatien Élie, Sophie Eustache, Vincent Jarousseau, Anne Jourdain, Serge Le Quéau, Yann Manneval, Anne Marchand, Alexis Molténi, Adèle Noiray, Vincent Noiray, Laurence Pache, Bernard Popelard, Clément Quintard, Stéphan Raffi, Agathe Ranc, Sandrine S., Clotilde Thouret, Valérie Wattecamps. Que soient aussi remerciés toutes celles et tous ceux qui nous ont accordé du temps, mais dont les monologues ne figurent pas ici, faute de place.

Miloud, trente-quatre ans, ouvrier-fondeur[1]

Je suis mort, emporté par un cancer fulgurant diagnostiqué seulement quinze jours auparavant. Je venais d'avoir trente-quatre ans. Le cancer, c'est à mon travail que je le dois, celui d'ouvrier-fondeur. Quand j'ai commencé dans cette grosse boîte spécialisée dans la fabrication de moteurs pour l'aéronautique, je ne savais pas que j'en mourrais.

J'ai été recruté en fonderie, dans le secteur de la fusion. Les postes les plus pénibles sont confiés aux nouveaux, aux plus précaires. C'est un peu comme un bizutage, c'est par là que passe ensuite l'intégration dans l'entreprise. J'avais vingt et un ans, j'étais intérimaire. Il s'agissait de découper des barres de métal d'environ 5 à 15 centimètres de diamètre en « lopins » prêts à être fondus. La découpe se faisait à la scie mécanique à lame, il n'y avait ni carter de protection ni aspiration. Alors, les poussières métalliques, vous pensez bien que j'en ai mangé : du cobalt, du nickel, du zinc, du chrome, tout un cocktail !

Un autre poste consistait à découper au cutter des bandes dans des rouleaux de fibre céramique – le matériau qui a remplacé l'amiante – pour

1. Ce monologue, composé par Anne Marchand, rend compte des conditions de travail de Miloud, prénom fictif d'un jeune travailleur décédé d'un cancer. Ses collègues se sont mobilisés, avec ses proches, pour que la faute inexcusable de son employeur soit reconnue. Ce texte s'appuie sur les témoignages qu'ils ont produits devant le tribunal et sur plusieurs archives privées de Miloud, notamment les procès-verbaux de CHSCT conservés par son épouse.

emballer les moules. Des fibres en suspension, il y en avait partout, on les voyait bien dans les rayons du soleil, elles volaient tout autour de nous. Ça nous démangeait dans le cou, sur le visage, les avant-bras, sur toutes les parties non couvertes de notre corps. Elles parvenaient même à pénétrer nos vêtements, malgré notre combinaison de travail en papier. Là encore, il n'y avait pas d'aspiration et notre masque P2 était sans efficacité.

C'était encore pire au déballage, après le passage au four : les fibres céramiques partaient en poussière, que nous devions ensuite balayer, et donc mettre à nouveau en suspension, l'aspirateur étant le plus souvent hors d'usage. Et puis, une fois par semaine en général et parfois plus, je devais nettoyer les fours, m'introduire dans ces espaces exigus et retirer la calamine au grattoir, frotter les parois avec une sorcière à poils métalliques. Je ne vous parle pas de l'odeur, forte comme du souffre. Malgré notre combinaison intégrale, on en sortait noir, comme des mineurs de charbon. Il fallait se frotter dur sous la douche pour retrouver sa couleur. On se mouchait noir aussi.

Mais au-delà des poussières, c'était la manutention que je trouvais particulièrement éprouvante. Les barres de métal pesaient au moins 50 kilos chacune et ce n'était pas la seule chose que j'avais à transporter dans la journée. Une fois embauché comme salarié de l'entreprise, je n'ai jamais cessé de porter, de tracter, de pousser ou de poser des charges lourdes : selon des collègues, pas moins d'une tonne de métal pesait sur nos vertèbres chaque jour. Au poste de décochage, il fallait casser les carapaces des moules à la main et au marteau et nos articulations en prenaient un coup sévère. On appelait ça « Cayenne » ou encore « Germinal », tellement c'était dur.

C'est le dos que je me suis bousillé en premier, au bout d'une dizaine d'années de ce régime. Et pourtant, j'étais sportif ! Mais je n'y ai pas coupé : j'ai dû m'arrêter 18 mois pour une sciatique compliquée en lésion discale. Je souffrais encore quand le médecin conseil de la caisse d'assurance maladie m'a renvoyé au travail. Je lui avais pourtant parlé de ces douleurs très fortes, aussi bien au repos qu'en activité, assis ou debout et même après 8 heures de sommeil. Mais j'ai dû reprendre le boulot, gavé d'antalgiques. C'est peut-être pour cette raison que mon médecin n'a pas pensé à me prescrire un scanner qui aurait permis de diagnostiquer mon cancer du poumon avant qu'il ne s'étende en métastases dans tout le corps : les charges lourdes, la seule chose qu'il voyait de mon travail, la seule chose que mon corps rendait visible. Les poussières et les fibres, pendant ce temps, me contaminaient progressivement, en silence, détruisant mes poumons. Je ne savais pas encore.

C'est à peu près à la même époque que j'ai accepté un mandat de délégué CGT au comité d'hygiène, de sécurité et des conditions de travail (CHSCT) du secteur de la fusion. On peut lire dans les procès-verbaux de cette instance aujourd'hui disparue mes nombreuses interventions. Je revendiquais avec mes collègues une amélioration de nos conditions de travail et notamment un dispositif d'aspiration digne de ce nom pour que nous ne soyons plus en contact avec tant de poussières. J'avais bien vu imprimée sur le carton des rouleaux de fibre céramique une grosse tête de mort. Mais la hiérarchie ne cessait de nous dire : « Tant que ça vole, ce n'est pas dangereux. » Le problème, c'est que nos cagoules ventilées étaient stockées elles aussi dans l'atelier, au contact des fibres, et nous en respirions encore plus quand nous les portions. Je me souviens de ma dernière séance de CHSCT. Le président du comité avait bien reconnu que notre travail correspondait à « des opérations effectivement difficiles et salissantes », mais, disait-il, nous touchions justement des primes pour faire face à ces travaux pénibles. Et puis aussi qu'il était « obligé de cadencer les investissements ». Et puis enfin que « rien n'empêchait les ouvriers qui le souhaitaient de changer de secteur ». Ma réponse figure au procès-verbal, je me souviens j'étais en colère : « Si vous voulez connaître la pertinence de l'aspiration, vous n'avez qu'à passer l'été, quand le soleil traverse l'atelier, et vous verrez beaucoup de particules en suspension. Vous dites que vous ne pouvez pas [investir dans une aspiration], mais vous ne pouvez pas non plus jouer avec notre santé. Il y a d'autres réponses que de changer de secteur. »

Aujourd'hui je suis mort. Mes enfants doivent vivre sans moi, ma femme aussi. Mes collègues l'ont soutenue pour qu'elle obtienne la reconnaissance de la faute inexcusable de l'employeur. Cela ne me redonnera pas la vie. Mais au moins, mes collèges, ceux qui restent, seront alertés. J'aurais voulu vivre encore un peu. Mais les investissements devaient être cadencés.

Céline, quarante-deux ans, conseillère de caisse

J'ai été roller, assistante de caisse et maintenant je suis conseillère de caisse. Les assistantes encaissent les clients et, nous, on est là pour les accompagner. On les place quand elles arrivent, on fait en sorte que le passage client soit fluide, on donne la monnaie quand il n'y en a plus, on remplace les filles quand elles sont en pause, on prépare les plannings. Attention, c'est pas pour autant que je me considère comme leur responsable. Entre une assistante et une conseillère, il y a 50 euros d'écart. D'ailleurs, je suis dans le collège des salariés, pas de l'encadrement.

Mon boulot, je l'adore. Le rapport aux clients surtout. Dans le magasin, on est nombreux, on travaille jamais avec la même personne. C'est pas ce truc de la bureautique où t'es face à face avec la même personne jusqu'à la fin de ta vie. Et puis on est un collectif de travail solidaire, on s'entend bien. La direction n'a pas réussi à nous diviser pour mieux régner. Les filles ne sont pas seules en îlot – ça, ça doit être horrible –, nous, on peut continuer de papoter entre nous, c'est ce qui fait qu'on tient. Même chose pour l'automatisation : chez nous, ça n'a pas pris d'ampleur. On n'a que neuf caisses automatiques et on nous laisse le choix d'y aller ou pas. Enfin, pour les anciennes seulement. Pour les filles qui viennent d'être embauchées, c'est comme le travail le dimanche, elles peuvent difficilement refuser. Du coup, elles piétinent toute la journée. Elles sont dans un petit espace, au milieu des clients qui parlent tous en même temps. Les caisses bloquent et les clients s'énervent. C'est un travail dangereux.

Hier, Carrefour, c'était une entreprise humaine. Humaine, c'est peut-être un grand mot. Disons qu'au moins on avait des avantages par rapport aux autres grandes enseignes. Un meilleur statut, un salaire plus élevé que le Smic, un treizième mois, de la participation, de l'intéressement et 10 % de réduction sur les produits quand on utilisait la carte Pass. Carrefour, c'est le premier employeur de France, et l'entreprise était très axée sur son image de marque. Elle faisait tout pour que le client soit bien dans les magasins, et nous, les salariés, on n'était pas trop maltraités.

Aujourd'hui, le groupe se désengage. C'est le premier été, où ils n'embauchent pas de saisonniers. Normalement, l'été, c'est là où on fait entrer nos minots ou bien des étudiants : du coup, on va se retrouver en sous-effectif en caisses et en rayons. Et puis, ils n'investissent plus dans le matériel. Tout est obsolète, y a plus rien de neuf. Je passe ma journée à changer les imprimantes des caisses, je les renvoie à Toshiba, mais eux les remplacent avec du matériel défectueux. Les tapis roulants, certains ne fonctionnent même plus. Les filles doivent pousser les articles elles-mêmes toute la journée. Il faut aussi attendre un bon moment pour qu'on nous change un fauteuil ou un téléphone cassé. Quand il y a un conflit, il faut attendre que le ton monte pour que la sécurité intervienne. Les rayons sont vides ou sales. Ils ne nettoient plus les lignes de caisse que trois fois par semaine au lieu d'une fois par jour avant. Quand on casse une bouteille de sirop ou d'huile, c'est à nous de nettoyer s'il n'y a pas d'agent de nettoyage. Résultat : il y a de plus en plus de nuisibles dans le magasin.

Pourtant, Carrefour a fait le meilleur chiffre d'affaires depuis vingt ans. Mais ça leur suffit pas et la direction nous dit qu'il faut qu'on fasse des

« efforts ». S'ils font ça, c'est pour garder uniquement les magasins les plus rentables, les « magasins vitrines ». Les autres, ils veulent les mettre en location gérance. Et pour y parvenir, ils « réorganisent » tout pour montrer que ça ne fonctionne pas. Ils veulent nous couler. Déjà qu'on fait un métier difficile. Les anciennes ont souvent une attelle au poignet à cause des tendinites, elles ne travaillent plus que d'une main, c'est un cercle vicieux, et là, on a l'impression de faire 12 heures quand on en fait 7. À cause du sous-effectif, on fait la journée de deux ou trois personnes. Dès 8 h 30, il y a une file énorme, les caissières n'ont plus le temps de se lever pour se dégourdir les jambes, de nettoyer leur caisse, de faire leur prélèvement. Elles se retrouvent avec énormément d'argent dans les caisses et c'est un stress supplémentaire. Et puis, tous ces dysfonctionnements, ça tend encore plus le rapport avec les clients. C'est de plus en plus dur, il y a de plus en plus de gens en colère, à cran. C'est bête à dire, mais nous, on est assises et, eux, ils sont debout. On te tutoie, on te dit que tu serais pas là si t'avais bien travaillé à l'école, on te balance des produits dans la figure et, nous, on doit se taire. C'est pas la majorité, bien sûr ; parfois, aussi, il arrive qu'on te fasse des cadeaux à Noël. Pendant le covid, les gens étaient heureux qu'on soit là. Pour beaucoup de personnes, âgées notamment, on était les seuls êtres humains qu'elles voyaient de toute la journée.

Nous, on est un Carrefour de centre-ville. Notre clientèle est populaire. On est la boulangerie et l'épicerie de quartier. Cette histoire de location gérance, c'est au-dessus de notre tête. Pour les salariés, ça génère du stress parce qu'on risque de perdre nos avantages, près de 2 000 euros par an. Même les chefs, ils n'en peuvent plus. Depuis que le groupe a créé son École des leaders pour remplacer l'encadrement, ils sont sous pression. Je suis une fille qui positive tout le temps, mais là c'est dur pour tout le monde.

Charles, trente-neuf ans, chercheur en sociologie

Je suis passé par les « grandes écoles », Normale sup et Sciences Po. J'ai fait une formation en philosophie, puis au moment de m'inscrire en thèse, j'ai bifurqué vers la sociologie. Avec mes titres scolaires, je me pensais a priori bien armé. On nous avait déjà mis en garde, à l'ENS, invité à tenter d'autres carrières que la recherche et l'Université. Mais je n'avais pas envie de choisir autre chose que le service public. Pas envie d'entreprise. J'ai donc entamé ma thèse. Ça ne se passait pas bien avec mon directeur de recherche, ce qui a compliqué les choses. J'ai souvent douté, pensé que je n'irais pas au bout, envisagé d'aller enseigner en lycée. J'ai finalement trouvé le courage de changer de directeur. Je dis « le courage » car ce n'est jamais quelque chose d'évident. Et j'ai terminé ma thèse sur les chapeaux de roue. J'avais comme une espèce de couperet : soit je soutenais, soit je dégageais. J'étais content d'avoir soutenu ma thèse. Mais c'est là que le plus difficile commence. Le « marché » de la recherche est de plus en plus dur. Chaque année, toujours un peu plus de postes disparaissent, ce qui ne fait que renforcer toujours un peu plus la compétition. Entre le début de mes études et aujourd'hui, le nombre de postes de maîtres de conférences disponibles a été divisé par deux. T'as chaque année un incrément de difficulté. Être recruté en 2021, par exemple, je pense que c'était un peu plus dur qu'en 2020. Et 2022 sera sûrement encore un peu plus dur que 2021. Donc, quand tu vises ces postes, tu entres dans la lessiveuse. Avant, pendant la thèse, j'étais déjà un intellectuel précaire (ou relativement précaire), dépendant de contrats courts. Après la soutenance, c'est plutôt pire. Tes camarades d'études, qui ont pris la tangente (ENA et/ou privé) bossent en cabinet, sont avocats d'affaires, font du conseil... Toi, tu te manges des vents, tu vois les portes se fermer devant toi. Tu ne comprends pas (puisque tu as un « bon dossier »). Et en même temps, tu ne comprends que trop.

J'ai mis trois ans et demi, après ma thèse, pour trouver un poste. J'ai été recruté à l'été 2020, au CNRS. Le CNRS, c'est un peu le jackpot : tu peux te consacrer à la recherche, t'es quand même plus ou moins libre de t'installer où tu veux. En même temps, j'aurais eu un poste à la fac, j'aurais été content aussi. C'est une sortie de la précarité par le haut, mais à trente-huit ans. Si, quand je suis entré à l'ENS, on m'avait dit : « Si tu choisis le public et la recherche, tu n'auras pas de poste stable avant trente-huit ans », je pense que j'y aurais pas cru.

Entre la fin de ma thèse et mes années de postdoctorat, j'ai donc passé 7 ans à enchaîner des contrats de 12 mois. Qui doivent être renouvelés. Donc chaque année, tu flippes. Pour rester dans la compétition, tu fais que charbonner. Le temps consacré au travail dans ma vie est allé crescendo. La vie privée s'en ressent. Tes plans de vie, tu les imagines en fonction des échéances professionnelles, voire tu ne les imagines pas du tout. Jamais, par exemple, je n'aurais imaginé avoir des enfants pendant cette période. Déjà que dans la vie, je suis pas très doué pour faire deux choses à la fois, alors assumer une double charge mentale... Tu passes tout ton temps à travailler, à te faire connaître, à envoyer des candidatures. Tu es pris dans un mouvement de *fast science*. Tu n'as pas toujours le temps de traiter tes données proprement. Tout ce que tu fais, tu le fais dans l'affairement. Tu publies tant que tu peux, quitte à te répéter. Tu pratiques le *hope labour* : accepter une tâche peu ou pas rémunérée, en espérant que cela débouchera, à terme, sur un travail. Et puis tu vois la vie comme on la voit quand on touche 1 200 euros par mois. Tu flambes pas, c'est sûr. Tu as l'impression que les soucis des dominants, ceux dont on parle autour de toi, ne sont pas les tiens. Quand t'écoutes la radio le matin, t'as l'impression que la France entière part au ski, en vacances ou en week-end, alors que toi, t'y penses pas une seule seconde. Et encore, moi, j'avais des arrières – ma famille pouvait m'aider en cas de coup dur, et puis je donnais des cours particuliers à côté.

Donc, j'ai fini par décrocher un poste au CNRS. La tentation est grande, une fois que l'on est passé de l'autre côté de la barrière, de construire une sociodicée, de se dire : « Après tout, le système est bon, puisqu'il m'a recruté. » Mais si la sociologie sert à quelque chose, c'est bien à se rappeler que ça ne marche pas comme ça. Je sais que, somme toute, je suis là parce que, en plus de mon « dossier », j'ai eu de la chance. Non, mieux : j'ai eu la chance de la chance, puis la chance de la chance de la chance. S'ils refont la délibération qui m'a valu d'être recruté, peut-être que, neuf fois sur dix, le classement n'est pas le même et que je suis pas dedans. Bref, tu sais que ça tient à rien, et t'essaies de garder cette contingence en tête pour pas vriller et faire n'importe quoi.

Mathieu, quarante-quatre ans, responsable des ressources humaines

Je suis tombé amoureux d'une Japonaise. Alors quand j'ai terminé mes études de droit, comme je savais pas quoi faire, je suis parti au Japon. J'ai fait fermier, prof d'anglais. Je répondais à toutes les annonces qui nécessitaient pas de parler japonais et finalement j'ai trouvé un boulot dont j'avais jamais entendu parler avant : *headhunter*. J'ai travaillé quatre ans pour ce cabinet de chasseur de têtes, dans un environnement assez compétitif. Fallait réussir, sinon on se fait virer.

Ensuite, j'ai voulu rentrer en France. J'ai trouvé un boulot dans la continuité de ce que je faisais là-bas, un cabinet de recrutement, jusqu'à ce que j'aie l'opportunité d'être recruté en interne, comme recruteur d'une seule société. J'y suis toujours. C'est une entreprise dans les nouvelles technologies, qui fait du conseil technique auprès des plus importants fabricants d'électronique grand public du monde. On est en très forte croissance. Fin 2018, on était 50. Fin 2019, on était 100. Aujourd'hui on est 130 et à vrai dire, s'il y avait pas eu le covid, on serait 150.

Depuis, mon poste a évolué. Je suis responsable des ressources humaines. Au quotidien, je rapporte à la directrice financière mais je travaille aussi beaucoup avec le CEO. Il me passe des messages que je vais relayer, sur tel ou tel sujet d'attention, les augmentations de l'an prochain, par exemple. Je vais préparer le terrain. Et je fais ça aussi en sens inverse. Comme j'ai recruté plus de la moitié de l'effectif, je le connais très bien. Pour certains, c'est des amis. Ils vont se confier sur la communication insuffisante, le manque de vision sur la stratégie, des problèmes avec un manager.

Les gens que j'ai recrutés, les gens qui travaillent chez nous, c'est des ingénieurs spécialisés, en maths appliquées ou en optique, et puis on a des photographes, des ingénieurs du son. Je vais débaucher des photographes qui ont bossé en indépendants et qui à un moment se disent : « Fait chier, trop galère d'être photographe, je vais accepter de venir en entreprise. » Et ils viennent sans avoir le background, sans savoir ce que c'est que de travailler en équipe, sans connaître les règles. C'est pareil pour les ingés son. Ils ont géré des concerts et, tout à coup, ben, y a des horaires, il faut représenter une société, y a de la routine qui s'installe...

Une autre partie de notre population, ce sont des ingénieurs qui sortent d'école. Donc notre population, elle est constituée à 90 % de gens qui n'ont jamais connu l'entreprise. Il faut qu'ils rentrent dans un moule. Et c'est d'autant plus compliqué que t'as pas une grosse institution derrière avec des valeurs, un historique. T'as juste une structure qu'a grandi très vite.

Mon avantage, dans ce métier, c'est que j'ai été recruteur. Je suis celui qui leur a donné une opportunité de sortir de leurs galères. Mais maintenant comme responsable RH, je dois recadrer. On peut pas être dans l'amical tout le temps. Aujourd'hui, d'ailleurs, j'ai une action qui est de faire monter les managers dans la décision. Je fais tout pour créer une communauté de managers. Ça m'aide parce que je me prends pas toute la merde et, eux, ça les intéresse parce qu'ils sont plus sur la stratégie.

L'autre sujet sur lequel je travaille, ce sont les valeurs. C'est ta déclaration des droits de l'homme, en quelque sorte. On a plus de vingt nationalités, on a des gens qui parlent pas français, on a des gens du monde entier... C'est le socle de comportement commun. J'ai fait une consultation auprès des managers et je vais aller trouver le CEO pour lui proposer de choisir dans le top 5 de nos valeurs : *team spirit*, *goodwill*, excellence, intégrité et diversité.

Ces valeurs, entre autres, je les utiliserai dans le recrutement, quand je discuterai avec des gens qui m'intéressent. Ça deviendra une composante de la marque employeur. La négociation avec une future recrue, y a un côté très commercial. Tout au long de la discussion, mon but, c'est de leur faire du charme. Je suis en mode drague.

Françoise, cinquante-cinq ans, adjointe administrative de mairie

Saint-Calvaire-l'Orpaillaud, c'est 782 habitants. Je le sais, j'ai fait le recensement il y a deux ans et demi. C'était mon premier boulot à la mairie. Au début du covid, la fille qui avait le poste d'adjoint administratif s'est mise en arrêt. Elle était une personne à risque. Ils ne lui ont pas renouvelé son contrat. Moi, j'avais fait une formation, payée par Pôle emploi, dans une commune voisine. J'ai donc eu le poste, en CDD. Enfin, pas tout à fait : j'étais sur deux postes, comme adjointe administrative sur 25 heures et comme adjointe technique sur 10 heures. D'un côté, je faisais de l'état civil, de l'archivage, de la comptabilité, de l'autre, je faisais du ménage, j'accompagnais les enfants de la maternelle, des choses comme ça. Ce n'est que depuis deux mois que je suis adjointe administrative à temps complet. Ça me plaît, on est que la secrétaire de mairie et moi, et on s'entend à merveille. Sauf que, bien sûr, je suis encore une fois en CDD… J'aurais voulu un statut de titulaire, mais ils n'en veulent pas. Les élus, la plupart des anciens syndicalistes SNCF, sont des gens qui se disent de gauche. Pourtant, des fois, tu te demandes. Ça leur changerait quoi de me mettre titulaire ? Surtout que je ne suis pas loin de la retraite.

Mais à 1350 net, je m'en sors bien. Parce que ça n'a pas toujours été facile. À la base, je n'ai qu'une formation de secrétaire. À la sortie du lycée, j'avais commencé par être assistante maternelle. En arrivant dans la région avec mon ex-mari, je n'ai pas trouvé de boulot. J'élevais donc mes enfants. Au bout d'un moment, j'ai eu un CDD dans une entreprise de broderie sur chaussure de bébé. Je faisais les deux-huit avec une collègue. D'une seule machine à six têtes, on est passé à une deuxième machine, puis à une troisième, toujours toutes les deux. Il y avait beaucoup d'abus. Ça s'est très mal passé avec la patronne. Je me suis débrouillée pour faire une formation Afpa de secrétaire-comptable. Après, pendant plus d'un an, j'ai fait les remplacements dans les différents bureaux des Pupilles de l'enseignement public. Tout ce qui est social m'intéresse, j'aime les gens, je voulais y rester. Mais quand un poste s'est libéré, c'est une autre qui l'a eu. C'était un coup dur. J'ai refait une formation au Greta, pour me perfectionner en comptabilité et je me suis inscrite en intérim. Chez Loubert, une boîte d'électriciens, ils m'ont gardé 2 ans en intérim avec eux. J'ai fini par râler et ils m'ont mise en CDI, comme comptable. La boîte a eu de nouveaux patrons, ça marchait moins et, en 2015, j'ai été licenciée économique. Alors j'ai tenté d'ouvrir une petite quincaillerie dans la commune. Sauf que je n'arrivais pas à me faire un revenu. J'ai déposé le bilan et je me suis mise à faire des ménages en CESU (chèque emploi service universel) et un peu au noir chez les papis et mamies du coin.

Bon, j'ai toujours réussi à rebondir.

Thomas, dix-huit ans, aspirant légionnaire

Ma patronne aimait pas mes bouquets. Elle les trouvait pas assez artistiques. J'ai été viré. Ma mère a décidé que j'irais en hôtellerie-restauration mais ça ne m'intéresse pas de faire la cuisine ou de servir des gens. La Légion étrangère, ça fait longtemps que j'y pense. Maintenant, j'ai dix-huit ans. Je suis assez vieux. Avant-hier, donc, j'ai parcouru 200 kilomètres en train : Ath, chez moi, en Belgique, Tournai, Lille, Paris. Puis le RER.

Au fort de Nogent, le garde parlait pas bien français. Je lui ai dit : « Moi, m'engager. » Il a répondu : « Demain matin. » J'ai dû prendre une chambre d'hôtel. Mais, hier, j'ai pu passer la présélection. Ça a marché. Le soir, j'ai appris ma nouvelle identité ; coucher vers 20 h 30 à la caserne ; réveil à 6 heures, pour prendre le TGV, vers Marseille, et rejoindre le centre de sélection à Aubagne.

Avant le train, au petit déjeuner, on a beaucoup mangé : chacun une baguette avec de la confiture. Au choix : thé, café ou chocolat. Y en a qui viennent pour ça. Pour manger tous les jours. Moi je suis d'un milieu ouvrier. Pas aisé, pas pauvre non plus. Ma mère touche 1 500 euros par mois. On vit dans une petite maison, à trois avec ma sœur. Y a tellement pas de place qu'on se marche dessus. Autant partir, donc.

Mais pas pour le salaire : la Légion, c'est pour me garantir un avenir. Je vais me battre pour mon avenir. Je me suis entraîné depuis un mois. 8 kilomètres de course chaque jour – ça me prend 50 minutes –, 40 abdos, beaucoup de pompes. On va continuer à Aubagne. Des tractions aussi, le parcours du combattant, dormir en forêt : pendant plusieurs jours, ça va être très sportif. Ils vont nous faire passer de nouveaux tests. Il va y avoir pas mal d'éliminés.

Si je dois rentrer chez moi, ce sera à pied ou en stop. Le train coûte un pont. Il me reste 20 euros en poche et, dans mon sac, trois slips, trois paires de chaussettes, un t-shirt et un short. Mais, si ça marche, après Aubagne, j'irai en formation, à Castelnaudary. Pendant six mois, on sera coupés du monde, sans contact avec nos proches. Ça se terminera par la marche du képi blanc, 60 kilomètres avec 30 kilos sur le dos.

Je serai affecté dans un régiment, par exemple l'infanterie en Guyane, et on pourra nous envoyer sur un théâtre, au Mali avec Barkhane, ou la Centrafrique. Moi, ce qui m'intéresse, c'est plutôt le 2e REP, à Calvi. Ce sont les meilleurs, le seul régiment de parachutistes de la Légion. Je veux une vie exceptionnelle. Dans mon pays, j'aurais un métier banal, pas intéressant. Là, c'est quelque chose d'exceptionnel. La Légion peut me l'offrir.

Bien sûr, le combat, ça me fait peur. Mais, quand j'aurai fait tout ça, quand je serai plus fort, je serai fier. Et puis aussi, c'est l'aventure. Ça m'excite de rentrer dans l'histoire à ma façon. Il y a eu beaucoup de batailles en Belgique. À une époque, tout le monde s'y donnait rendez-vous pour se taper dessus. On dit que c'est tout plat tellement y a d'armées qui sont passées là.

D'ailleurs, pour les anciens chez nous, la Légion, c'est la mort assurée. Alors ma grand-mère ne sait pas. J'ai prévenu très peu de gens. Y a ma mère, ma tante, un ami qui sont au courant. Ce sera le triomphe de revenir avec mon uniforme. Même si là, pour l'instant, j'avoue je suis juste un peu stressé. Parce qu'à peine t'auras posé ton sac, tu vas te faire gueuler dessus.

Mais déjà, j'aime la camaraderie. Avec moi dans le train, y a un Français, un Népalais et un Mongol. On discute en anglais. Je parle aussi un peu néerlandais. Il paraît que ça m'avantagera d'être francophone : la technologie des nouvelles armes demande une bonne connaissance du français. Je m'inquiétais que la Légion n'aime trop les Belges, à cause des paroles de la marche (« Tiens, voilà du boudin/ Pour les Belges y en a plus/ Ce sont des tireurs au cul »). En fait, c'est juste une chanson.

Rabah, trente et un ans, ouvrier du bâtiment

Je viens de Béjaïa en Algérie. Là-bas, j'ai travaillé comme plombier sur les chantiers et comme opérateur dans une usine agroalimentaire. J'avais un pupitre, je programmais des recettes de sauces, de mayonnaise ou de ketchup, j'étais tranquille, je maîtrisais. Mais malgré que tu travailles, si tu trouves pas quelqu'un, si t'as personne à côté, si t'es célibataire, tu peux pas t'en sortir. Pourtant, j'étais en trois-huit, je travaillais beaucoup.

Je suis parti. À Paris, je travaillais comme plombier sur des chantiers. Au black. 8 h-17 h, avec une heure de pause pour manger. En réalité, je faisais tout, la maçonnerie, la peinture, le placo. Quand t'as pas de papiers, t'as pas le choix. Et puis, j'ai eu le contact d'un patron. Un Algérien qui a beaucoup de chantiers ici. J'ai passé un entretien, ils m'ont demandé si j'avais un numéro de Sécu, et ils m'ont pris.

Dans le chantier, il y a sept personnes. Des Algériens et des Marocains. Cinq sont demandeurs de papiers. C'est un travail dur physiquement et moralement. Ceux qui ont le choix, ils le font pas. T'as pas le droit de faire de pause, tu peux pas t'asseoir sur une chaise ou répondre au téléphone, même si c'est une urgence. Le chef de chantier arrive devant toi, il allume sa cigarette, il te donne des ordres, il te crie dessus, il te dit que t'es une mule et que tu connais pas ton travail. Et toi, tu peux pas répondre.

Tu passes ton temps à monter et redescendre des étages, tu bosses en pleine chaleur (à cause de la chaleur, je saignais du nez toutes les deux heures et le chef a voulu me virer) et, quand tu travailles avec un marteau-piqueur, le soir tu es foutu, t'arrives pas à dormir. On a des casques, mais pas de masques pour la poussière. Une fois j'ai demandé des gants et mon chef m'a dit que je devais les acheter moi-même. Mais quand il y avait un contrôle de l'Urssaf, le patron le savait toujours avant et, nous, on venait pas sur le chantier ce jour-là.

Le 5 août, j'arrive comme tous les jours à 8 heures du matin. Le chef me dit que les maçons ont percé un trou au mauvais endroit, qu'il faut le reboucher et en percer un autre. Je vais chercher le marteau-piqueur et je monte sur la gazelle. C'est un mur en béton avec de la ferraille à l'intérieur. Le marteau-piqueur me tape dessus, contre moi, sur les côtes ; je le lâche ; la gazelle bouge sur la gauche ; je tombe et la gazelle tombe sur moi. On aurait dû être deux normalement, mais là j'étais tout seul. Mes collègues n'ont rien vu ; c'est un maçon qui est finalement venu parce qu'il a entendu du bruit. J'ai vomi et je me suis évanoui.

On m'a dit que le patron ne voulait pas appeler les pompiers. Il voulait me mettre dans le dépôt en attendant que je me réveille. Mais un camarade m'a emmené à l'hôpital. J'ai une fracture de la colonne vertébrale et un tassement des vertèbres. Pendant huit mois je ne pouvais pas bouger. Je suis resté chez moi, sur mon matelas. Une chambre de 8 mètres carrés où je vis avec un colocataire. Je ne pouvais pas payer mon loyer de 250 euros parce que, pour être indemnisé, il faut des attestations de salaire et l'employeur ne voulait pas me les donner. C'est mon frère et ma sœur qui m'ont prêté de l'argent.

Quand j'avais un peu de force, je venais au syndicat. On m'a aidé à faire un dossier et maintenant je touche 1100 euros par mois. On a fait une procédure aux prud'hommes. J'ai passé le premier jugement et j'attends le verdict. Mon médecin me dit que si je retombe, je finis dans un fauteuil roulant. De toute façon, je suis traumatisé et je ne peux même plus monter sur une échelle. Il faut que je cherche un travail moins dur, agent de sécurité ou quelque chose comme ça. La santé, c'est ce qui compte.

Séverine, quarante-quatre ans, auxiliaire de vie[2]

Je suis auxiliaire de vie à Wignehies. C'est un petit bourg rural, situé aux confins des départements du Nord, de l'Aisne et de la frontière belge.

Les quinze premiers jours du premier confinement, on n'avait que deux masques par semaine, c'est-à-dire rien ! Après, les masques sont arrivés petit à petit. On a arrêté les ménages et on s'est concentrées sur l'essentiel : les changes, les toilettes, les lever et les repas. On a travaillé tous les jours, avec appréhension, pour nous-mêmes et nos patients. J'ai dû remplacer des collègues arrêtés pour raisons de santé et on a eu des patients supplémentaires, des retours d'hospitalisation pour libérer des lits. J'ai aussi dû aller au-delà de ce que me demandait mon employeur. Je faisais les courses au supermarché pour certains patients que je connais de longue date en dehors de mes heures de travail. Je savais que si je ne le faisais pas, personne ne le ferait à ma place. C'est la solidarité, comme ils disent. Mais les applaudissements des gens à 20 heures, je savais que ce n'était pas pour nous. Avec la crise sanitaire, c'est vrai qu'on a un peu plus parlé de nous. Mais c'est toujours pareil, on n'est pas reconnues comme on devrait l'être. On fait le même travail que les aides-soignantes. Seulement nous, on a le droit à rien.

Je travaille depuis vingt ans à l'ADAR, une association implantée ici. Mon salaire se situe juste au niveau du Smic pour un temps plein. Sauf que, dans les faits, le temps total consacré à mon travail dépasse largement les 35 heures par semaine. Tous les matins, y compris un week-end sur deux, je me rends chez mon premier patient à 7 heures. J'enchaîne les visites jusqu'à 13 h 30. 13 patients en tout, chez lesquels je dois assurer le ménage, l'aide à la toilette, le change, les levers quand cela est nécessaire, la distribution des traitements médicaux et la préparation des repas. Je passe 30 minutes chez chaque patient. Je suis souvent attendue et discute avec les uns et les autres. Après une pause l'après-midi, je redémarre à 17 heures pour achever ma journée à 19 h 30. Je travaille dans ma commune et les villages environnants, mais les distances cumulées sont importantes. Chaque jour, je parcours une cinquantaine de kilomètres avec ma voiture. Elle a plus de dix-huit ans.

2. Ce texte est issu d'un travail en cours de Vincent Jarousseau sur les femmes du lien.

Malgré la dureté du métier et la faible reconnaissance, je suis fière du travail que j'exerce. J'aime bien le côté humain avec les personnes âgées, c'est vivant, ça bouge, on ne fait pas toujours la même chose et au moins, on sait que notre travail est indispensable, sinon, où iraient nos anciens ? Dans des hospices comme avant ! Et puis il y a eu des évolutions, depuis vingt ans. On est quand même un peu mieux reconnues. Quand j'ai commencé ce travail, on nous appelait les femmes de ménage, mais les familles de nos patients ont fini par comprendre que notre métier était différent et nécessitait des compétences.

J'ai deux filles. L'aînée a vingt ans. Depuis un peu plus d'un an, elle a décidé de faire le même travail que moi, mais chez un autre employeur. Avec la fermeture des filatures, il n'y a plus grand-chose ici. La plupart de mes patients travaillaient dans les usines du coin. Elles ont toutes fermé depuis. J'aurais souhaité que ma fille poursuive ses études pour devenir aide-soignante ou infirmière : elle avait les capacités, mais elle voulait travailler rapidement pour pouvoir s'installer avec son compagnon. Comme la plupart des étés, je ne partirai pas en vacances. Mais j'aurai au moins le plaisir d'assister à leur mariage.

Miriam, quarante ans, personal shopper

Mon métier n'a pas de nom en français, on dit « personal shopper ». Certains ici appellent ça « accompagnement shopping », mais personnellement je préfère dire « personal shopper », je trouve que c'est plus clair. Quand j'explique aux gens, je dis que je fais du conseil en image. En image de soi, pour les autres, mais aussi pour soi. C'est ça mon métier, en fait : j'aide les gens à savoir quelle image ils transmettent aux autres, quelle image ils veulent renvoyer, car je suis persuadée que se sentir bien à travers son image, connaître son corps et mettre en valeur les couleurs qui nous vont à travers nos vêtements et notre maquillage, c'est essentiel. C'est ma passion et ma mission.

Ce métier a commencé aux États-Unis il y a trente ou quarante ans. Au début, cela ne concernait que des gens très riches et célèbres, c'était vraiment très luxueux, mais peu à peu, ça s'est beaucoup plus démocratisé, et, même si ça reste exceptionnel et cher, ces conseils sont plus accessibles. De plus en plus de gens sont prêts à payer pour ça. Moi, je propose différents services.

Il y a d'abord la colorimétrie, pour déterminer la palette de couleurs qui met en valeur chaque personne. Devant un miroir et avec la lumière naturelle, on compare différentes températures et tonalités de couleur, et ça finit par donner une palette exacte de couleurs, appelée saison. Chaque saison peut être claire ou intense ; moi, par exemple, je suis en automne intense. On va utiliser ces couleurs pour tout ce qui est autour du visage.

Ensuite il y a le *dressing detox*, qu'on peut appeler aussi l'analyse de garde-robe. C'est simple : on sélectionne dans la garde-robe du client toutes les pièces qu'il doit garder, celles qui le mettent en valeur. S'il a fait la colorimétrie, ça peut être utile : on regarde quels habits correspondent à sa palette de couleur. Il ne doit garder que ceux-là.

Enfin, il y a le personal shopping : on propose un questionnaire au client ou à la cliente pour connaître ses habitudes de shopping et ses goûts, son budget, et on l'accompagne faire du shopping personnalisé. C'est moi qui choisis les magasins : par exemple, dans les moins chers, j'aime bien Allison, c'est un multimarque, avec surtout des créateurs français, la pièce la moins chère est à 40 euros, la plus chère autour de 250. Je trouve ça plus original, il n'y en a pas beaucoup, des magasins comme ça. Et ça peut aller jusqu'à des magasins comme Dior ou Balmain. Donc normalement on évite les chaînes, mais si la cliente me demande d'aller chez Zara, j'y vais. Ça m'est déjà arrivé qu'on me dise : « Moi, j'adore Zara, et ça correspond à mon budget, donc on y va et vous me conseillez les pièces qui me mettent en valeur. » La cliente est prête à dépenser beaucoup d'argent pour être conseillée et choisir les bonnes choses dans un magasin pas cher.

Car moi, j'ai un principe, c'est qu'on ne doit choisir que des vêtements qu'on adore. Je suis contre le fait d'acheter parce que c'est en solde, parce qu'on se dit qu'on le mettra peut-être un jour, quand on aura maigri, etc. Peu importe le prix. Enfin, disons que si quelque chose te plaît beaucoup, alors ça vaut le coup d'investir. Moi je suis pour la mode durable.

En France, ça a commencé il y a dix ou quinze ans. Moi, ça fait cinq ans. Avant, je travaillais surtout pour des touristes, mais depuis le confinement, il n'y a plus que des clients français. Ça fonctionne surtout par bouche-à-oreille, et par les réseaux sociaux, bien sûr. Ma clientèle aime bien suivre la mode sur les réseaux sociaux, et avec le hashtag « personal shopper », on me retrouve. Et puis il y a les hôtels aussi, avant j'allais les voir et ils faisaient l'intermédiaire : je laissais ma carte pour les clientes américaines surtout. Dans mon métier, il y a un gros travail de démarchage commercial, il faut être forte dans le contact avec les gens, passer des après-midi à faire le tour des hôtels, etc. Souvent, à la réception, ils n'ont pas l'habitude, ils n'ont pas ce genre de demande, mais ils sont gentils, ils prennent ma carte.

Le vêtement, c'est quelque chose qui touche notre corps, et tout ce qui touche notre corps doit nous faire nous sentir bien. Donc mon métier, en fait, il parle beaucoup de se connaître soi-même, et moi, je propose des techniques pour ça. Par exemple, je demande à mes clients d'écrire une liste des valeurs que les gens apprécient le plus chez eux : créatif, auto-entrepreneur, optimiste, etc., et je leur dis : « Prends ce type de valeurs, et habille-toi d'une manière qui te fasse sentir tout ça ! » Je pense que ça marche. Que les vêtements ont un pouvoir très fort sur nous, pour nous aider à atteindre des objectifs. J'avais une cliente qui cherchait du travail, qui me racontait qu'elle se mettait en jogging, qu'elle déposait ses enfants à l'école, puis qu'elle prenait un café avant de se mettre à l'ordinateur. Alors je lui ai dit : « Habille-toi comme une avocate, même pour laisser tes enfants à l'école, même chez toi, habille-toi comme si tu avais déjà ce travail d'avocate. »

Sinon, parfois, il y a des situations embarrassantes : un jour une dame m'a contactée pour du personal shopping sans me dire qu'elle avait un très gros volume. Elle m'avait dit taille 44, mais en fait, c'était bien plus. Donc au lieu de l'emmener dans des magasins pour femmes fortes, je l'ai emmenée dans un magasin normal et elle m'a accusée de la faire se sentir grosse, car tout était trop serré pour elle. Et puis une autre fois, c'était plus drôle : j'étais dans une boutique de luxe avec une femme très riche qui essayait toutes les robes, je lui apportais dans la cabine, car les gens très riches aiment bien qu'on leur porte leur sac, qu'on leur tienne les cintres. Et comme elle achetait plein d'habits, je me suis mise à lui dire les prix des robes que je lui passais en cabine, pour qu'elle sache. Celle-là, 2 000 euros, celle-là, 5 000 euros, etc. Et là, elle m'a engueulée : « Madame, je ne vous ai pas demandé le prix ! » J'ai senti que je lui gâchais son plaisir.

Ryad, quarante ans, fripier

J'ai quitté Tataouine il y a 11 ans. Je suis dans la friperie depuis trois ans, pour l'instant ça va... Ça ne paye pas bien, mais ce n'est pas dur. Et puis j'ai un contrat de travail, et des fiches de paie... Pendant huit ans, j'ai travaillé dans un kebab, dans les quartiers riches. Couper la viande, couper la viande, couper la viande... On me payait au black, en billets. Mais moi, pour les papiers, j'ai besoin de prouver que j'ai un travail.

Mon vrai métier, c'est soudeur. Ça, c'est un vrai travail. C'est physique, on fabrique des choses, on est fier ! Je suis le fils de l'instituteur du village. Mais à l'école, j'étais nul, nul, nul. Alors j'ai fait une formation. Ce métier, je l'aime. L'odeur de la baguette en fusion quand on soude... J'aime. C'est mieux que le parfum, c'est mieux que Dior ! Je travaillais de 8 heures à 15 heures, mais à la fin, on ne me payait que 200 dinars par mois. Pas possible de se marier avec si peu d'argent.

Ici, je suis bien. Les gens du quartier, ils passent, ils disent bonjour. On dit que je suis gentil. Quand je suis à la caisse, je m'ennuie un peu, mais j'ai aussi du temps pour appeler la famille, au bled. Je les appelle tous les jours. Plus de dix ans sans les voir, c'est long. Je ne peux aller en Tunisie tant que ma situation de papiers n'est pas réglée. Quand on renouvelle le stock, et que je dois changer tous les habits du magasin, j'aime bien. En mettant la marchandise sur cintre, je pense à la Tunisie. Au désert. Moi j'aime le désert. Et ma mère...

Quand mes papiers seront prêts, je redeviendrai soudeur.

Au bled, je fais construire une maison. En Tunisie : pas de maison, pas de mariage... Pour ça, en plus de mes 10 h-20 h, je fais beaucoup d'heures supplémentaires. Au moins dix par semaine. À ma maison, il ne manque que les portes et les fenêtres. Un jour, j'y retournerai.

Gwénaël, chauffeur-livreur, mort à quarante et un ans

Mon mari Gwénaël travaillait depuis plus de vingt ans chez Nutrea Triskalia, une grosse coopérative agro-alimentaire de Bretagne de plus de 4 000 salariés. En 2009, puis en 2010, il a été intoxiqué comme de très nombreux salariés par des pesticides, dont certains, comme le NuvanTotal, étaient interdits d'utilisation. En février 2012, il a été affecté au chargement et à la livraison d'aliments médicamenteux pour porcelets. C'est cette année-là qu'il est tombé vraiment malade. Il a été arrêté une première fois de fin 2012 à juillet 2013. Il était dans un état de très grande fatigue. Ces aliments médicamenteux contenaient des antibiotiques, pour certains neurotoxiques, mais aussi des pesticides. Ils étaient chargés dans un bâtiment qui n'était pas adapté, sans gants, sans masque, sans protections. En janvier 2014, mon mari a été victime d'un accident du travail. Mais l'entreprise ne voulait pas faire de déclaration d'accident, pour ne pas ébruiter l'affaire. On ne l'a pas envoyé aux urgences avant le lendemain. Il avait le visage enflé, gonflé : une intoxication. Il a fallu attendre, attendre, pour que l'accident soit reconnu. On écrivait, les papiers nous revenaient. Le 21 mars, Gwénaël, épuisé, s'est pendu là-bas, dans le bâtiment où il faisait des chargements.

Quand je suis allée sur place, j'ai vu l'endroit et j'ai compris. Il y avait de la poussière au sol, le bâtiment en tôle n'avait qu'une seule ouverture.

Il n'y avait aucune sécurité pour les salariés, rien du tout. J'ai demandé la réouverture de l'enquête. Un inspecteur du travail a pu relever les infractions. Pas de protections ; pas d'extracteur de poussière ; des journées trop longues, une trop forte exposition des employés. Quand ils chargeaient, la poussière retombait sur eux en permanence.

Je me suis rapprochée des autres salariés de l'entreprise, qui avaient été malades eux aussi – certains avaient été licenciés parce que malades, d'autres étaient partis eux-mêmes pour ne plus subir des conditions indignes, d'autres encore travaillaient toujours chez Triskalia –, et vers le syndicat Solidaires. On a constaté non seulement que la sécurité des travailleurs n'était pas assurée, mais que l'entreprise était au courant du danger. Le comité d'hygiène et de sécurité avait identifié le problème, mais on n'avait rien fait. La direction n'en avait rien à faire, des gens. C'était le chiffre avant tout, le rendement.

J'ai fait les démarches pour obtenir la reconnaissance en accident du travail. Et je ne me suis pas arrêtée là : j'ai voulu que soit reconnue la faute inexcusable de l'employeur.

Ça a été le parcours du combattant. J'ai d'abord perdu au tribunal de Saint-Brieuc. J'ai fait appel. Il a fallu encore des mois et des mois, plus d'un an. L'entreprise, mais aussi la Mutualité sociale agricole (MSA) multipliaient les entraves, essayaient de freiner, n'envoyaient pas les documents en temps et en heure. Le procès a finalement eu lieu. Le 6 janvier 2021, la Cour d'appel de Rennes a tranché et reconnu la faute inexcusable de l'employeur.

Ça a été dur, vraiment, toute cette procédure. Une vraie bataille. Mais il fallait le faire, pour Gwénaël et pour les autres.

David, quarante ans, opérateur dans une raffinerie

C'est impressionnant, une raffinerie. Des équipements métalliques et des tuyauteries sur des kilomètres et des kilomètres. Je suis « opérateur », le nouveau nom que les ressources humaines donnent à l'ouvrier qualifié. Le pétrole brut nous arrive par navire dans l'estuaire, juste devant la raffinerie. On le transforme en essence, gasoil ou kérosène pour les véhicules à moteur thermique, ou en propylène pour la chimie. Puis on l'expédie par bateau – vers La Rochelle, Bayonne ou Lorient –, par pipeline – vers Melun, puis Metz ou vers Rennes – ou par la route – partout en France.

Dans une usine à flot continu comme à Donges, on travaille en trois-huit. Il n'y a pas de journée type : on fait deux matins, deux après-midi, deux nuits, puis trois jours et demi de repos. Quand on prend son quart à 4 h 45, pas bien réveillé, on croise des collègues qui n'ont qu'une seule envie, celle d'aller se coucher. On s'informe, on lit les rapports des quarts précédents. Et on entame la tournée de terrain : on s'assure que les équipements, les machines, les pompes fonctionnent bien, qu'il n'y a pas de perte d'huile, pas de montée en température. On effectue des réglages, on ferme des vannes, on repère un compresseur qui pourrait donner des signes de faiblesse. On est les yeux et les oreilles de ceux qui pilotent l'ensemble, dans une salle de contrôle avec des ordinateurs, « les opérateurs de console ». On fait aussi de l'échantillonnage, pour s'assurer que les produits sont conformes ou que la distillation se passe bien. Et on s'assure que l'équipement que l'on va confier au sous-traitant pour réparation est bien condamné, sans risque pour leurs interventions.

La plupart des produits sont toxiques, volatils, inflammables, des agents chimiques dangereux, toutes sortes de saloperies, des produits cancérogènes-mutagènes-reprotoxiques... Les accidents sont relativement fréquents. Le pire, c'est quand une ligne pleine d'hydrogène se perce. J'ai connu ça. La fuite peut être mortelle car tout peut exploser.

L'hydrogène sulfuré, lui, on le reconnaît à l'odeur qui traîne. L'œuf pourri. En général, plus on est attentif à la protection des salariés, plus la qualité de l'air sera protégée. Parce qu'on est comme les truites, fragiles, que l'on introduit dans les stations de traitement des eaux pour en contrôler la qualité : si les travailleurs de la raffinerie sont en bonne santé, les riverains le seront. Il ne faut jamais dissocier les deux.

Alors on se retrouve avec des kilos d'équipement sur le dos, grimpant parfois sur des colonnes de 30 mètres de hauteur dès 6 heures du matin, été comme hiver : casque, chaussures de sécurité, lunettes, gants, bouchons d'oreilles – toutes les unités sont au-dessus de 85 décibels –, lampe, Motorola, détecteur H_2S, masque de fuite. L'employeur pense que la sécurité est d'abord une affaire individuelle.

La direction fait tout pour casser les collectifs de travail. Elle s'en prend à notre café du matin, où toute l'équipe se réunit. C'est là, pourtant, qu'on peut partager les informations, évaluer l'état de fatigue des uns et des autres. Elle cherche à transformer nos « référents techniques » – les plus expérimentés, ceux qui accompagnent les plus jeunes – en managers, en petits chefs. Alors qu'il faut être soudés pour faire face aux risques, se connaître par cœur pour réagir vite devant la catastrophe. Elle fait appel à des sous-traitants toujours plus nombreux. Dans les équipes de quart des plus anciens, il y avait des électriciens, des instrumentistes... tous salariés du donneur d'ordre, Total. Désormais, 100 % des travaux de maintenance sont faits par des collègues sous-traitants. Et nous, on se contente de plus en plus de superviser leur travail. On est la génération d'après. Quand je suis entré chez Total en 1999, la sous-traitance était déjà là.

La sous-traitance, c'est la concurrence et la précarité. Chez Total, il y a déjà 10 % d'intérimaires – déjà trop – mais chez les sous-traitants, les taux de CDD et d'intérim explosent. Et à chaque renégociation, à chaque appel d'offres, la boîte sous-traitante qui se retrouve en concurrence avec d'autres enlève des primes aux salariés, baisse les rémunérations, en laisse certains sur le carreau pour répondre aux exigences de Total et emporter le contrat.

La sous-traitance, c'est aussi l'insécurité. On n'a pas oublié les accidents d'AZF et Lubrizol. Les enquêtes ont montré la désorganisation du travail, les strates infinies de sous-traitants, avec un flou dans les responsabilités, des salariés exploités et peu qualifiés. À Donges, on a de plus en plus de fuites, des lignes qui percent.

L'après-pétrole ? Depuis quelques années, les raffineries ferment en France. Dunkerque, Rechstett, Petit-Couronne, Grandpuits... pour l'instant, les salariés sont reclassés sur d'autres sites, comme le nôtre, à Donges. Et les effectifs ont tendance à se réduire dans tous les services de la raffinerie. Il n'y a pourtant pas assez de raffineries dans le pays pour que l'on soit indépendants, en tout cas sur le produit fini. On importe la moitié du pétrole que l'on consomme, déjà raffiné.

À Donges, y a toujours eu des propositions pour anticiper l'avenir. Dans les années 2000, on a pensé la raffinerie de 2020 ; aujourd'hui, on pense la raffinerie de 2040. On a les qualifications nécessaires pour accueillir une unité d'hydrogène sur le site, clairement ! Les salariés sont motivés, le collectif est prêt. On accueillera l'hydrogène avec plaisir. On en discute avec nos collègues d'EDF. On veut que le site reste industriel, avec des emplois. On pense à demain.

Mouna, vingt-deux ans, étudiante et auto-entrepreneuse

Si je voulais rien faire, je pourrais. Mes parents m'aident pour le loyer et l'alimentation. Ma mère est consultante. Mon père, il travaille dans l'immobilier et le photovoltaïque. Il fait aussi de la formation pour adultes. Les missions d'intérim, c'est juste pour m'assurer un petit train de vie sympathique. J'ai envie de sortir, m'acheter des trucs, et tout est cher. C'est aussi pour combler l'ennui : mes copines sont en alternance ; mon copain travaille.

Je suis en licence de management public à Aix-en-Provence, après une prépa Sciences Po. C'est une fac assez professionnalisante. On fait des stages chaque année, d'avril à juin. Mais, en plus, au bout de ma deuxième année d'études, j'ai découvert une application qui s'appelle Student Pop. Il fallait se créer un statut d'auto-entrepreneur. Je l'ai fait avec l'aide de mes parents. C'est un peu comme Tinder : on a des offres d'emploi, on dit oui ou non, en slidant à droite ou à gauche. Je peux refuser quand je veux, c'est pas pour autant qu'on me rappellera pas.

J'ai eu des super expériences grâce à l'application. J'ai travaillé pour Clarins à Paris : de l'animation commerciale dans un Sephora, à tenir un stand de crèmes. Cet après-midi, j'anime un enterrement de vie de jeune fille. Mais, en général, je fais principalement de la prospection commerciale. Et ça, c'est très, très rébarbatif. On est trois heures tout seul. Les gens en ont rien à faire. Ça peut être distribuer des flyers à la sortie du métro, sur une place, sur le Vieux-Port, avec éventuellement une cible particulière, par exemple les jeunes. Dans les magasins, c'est de l'animation commerciale. Je fais goûter des Schweppes ou des chips. Ça marche. Les gens adorent manger. Quand j'étais jeune, j'étais timide maladive et, là, je me retrouve dans un Auchan à crier : « Qui veut goûter telle et telle chose ? »

Student Pop nous met en relation avec une autre entreprise et souvent les personnes qui ont vraiment besoin de travailler – y a énormément d'étudiants étrangers – vont essayer ensuite de travailler directement pour cette autre entreprise. Mais souvent, l'entreprise répond qu'elle repassera plutôt par la plateforme. Ça l'arrange, vu qu'on a un statut d'auto-entrepreneur. En soi, les conditions de l'agence d'intérim, on n'a pas à cracher dessus. On peut appeler si on a un problème, ils savent qu'on est des jeunes, c'est une sorte de startup faite par des jeunes.

C'est le métier lui-même, la prospection commerciale, qui est dur. On se prend beaucoup de refus. En pleine canicule, pendant huit heures sans casquette, on nous a fait distribuer du café froid. Je me demande qui boit du café froid. Je me suis aussi retrouvée des jours pendant sept heures à Paris dans le 16e à proposer des chips végans à des gens qui me regardaient même pas. J'étais à deux doigts de me mettre dans le local pour pleurer, pour vomir. On se sent seule, on sert à rien.

On se rend compte qu'on doit distribuer des tonnes de papier que les gens vont jeter juste après. Je ne pense pas que Monoprix, ils ont besoin de prospectus pour mieux vendre leurs produits. On est le dernier maillon de la chaîne. Quand les gens nous font des réflexions, « Vous êtes au courant que ce que vous faites sert à rien ? » on dit qu'on va en parler à notre supérieur, mais on sait pas vraiment pour qui on travaille.

J'ai fait des stages en tant que caissière, j'avais servi à quelque chose. Mais c'est compliqué de trouver des tafs étudiants. J'aimerais travailler pour la culture ou pour l'environnement. J'ai envoyé beaucoup de CV. J'aimerais bien aussi servir dans un *food truck* sauf que pour le service, on cherche des gens avec une expérience, et où elle commence, mon expérience, si personne veut me laisser ma chance ? Et puis plus tard ? Je veux travailler dans l'aménagement en territoire dans les pays en développement. Je suis la première à critiquer l'ubérisation de la société.

Sophie, vingt-six ans, ingénieure

Y a une sorte d'aspiration des élèves bons en sciences vers l'ingénierie, avec une pression sociale pour aller vers ça, tout un imaginaire véhiculé par la famille : « C'est confortable », « Ça rend heureux »... Mais au lycée et en prépa, on ne se connaît pas, on ne connaît pas le monde, on se laisse guider. J'ai donc passé les concours et intégré une école à Grenoble. La réputation m'importait peu.

D'emblée, j'ai ressenti un certain malaise, par rapport à l'insertion dans le système économique, alors, en première année, j'ai fait beaucoup d'associatif. Puis la deuxième, j'ai choisi la filière biomédicale, avec l'idée que la santé, ça aurait du sens. Mais bon, quand on nous explique à peine arrivés dans la filière qu'on s'intéresse au diabète parce qu'il y a beaucoup de diabétiques, et donc un très gros marché...

J'étais assez seule avec mes doutes qui ont continué d'être renforcés par ma prise de conscience écologique : quel sens du métier d'ingénieur, dans une société en crise dirigée par l'argent ? Mais je me suis battue pour aller au bout. Et puis, grâce à une vidéo sur internet, j'ai découvert le mouvement des Ingénieurs engagés. En fait, on est nombreux à douter de notre utilité future, comme ingénieurs. Ça a été un déclic vers l'action. Ça m'a permis de passer d'un questionnement individuel et culpabilisant à une approche collective. J'ai créé une antenne locale à l'école. J'ai aussi contribué à structurer le mouvement national.

Ça m'a formée, ça m'a fait réfléchir. J'ai mieux compris le lien entre consumérisme, capitalisme, individualisme... Et leurs conséquences écologiques et sociales. J'ai compris que le problème était systémique. C'est plus ou moins là que j'ai commencé à faire un virage dans mon parcours : je suis allée vers le management de l'innovation, une formation à Science Po Grenoble et un stage dans une grande boîte, au département « Responsabilité sociale et environnementale » (RSE), pour me faire une idée de comment les choses fonctionnent.

Avec mes diplômes, j'avais accès à pas mal d'offres d'emploi, mais j'ai eu envie de me laisser une année pour créer ma propre voie, dans le domaine des *low tech*. J'ai donc décidé d'être au RSA, dans une forme de précarité choisie, et j'ai créé des projets qui faisaient sens pour moi, avec l'association OseOns. En 2020, on a été lauréats d'un appel à projets de l'Ademe pour diffuser les *low tech* en Île-de-France. Mais très vite, ça s'est compliqué : on s'est rendu compte que, pour utiliser ce financement, il fallait trouver d'autres financements, que, moi, je ne pouvais pas être embauchée pour aller chercher des cofinanceurs, que je devais prendre sur mon temps perso. C'est pas comme en entreprise où on peut investir parce qu'on a des fonds propres... Le monde actuel n'est pas fait pour reconnaître la valeur du temps bénévole. Et tant qu'on n'a pas fait nos preuves, c'est comme si ça ne valait rien.

Et puis je découvrais d'autres problèmes de l'associatif. Avant, une asso avait juste un budget, des financements récurrents. Maintenant, avec ces appels à projets, faut rentrer dans leurs cases, parler le langage des financeurs, se justifier sans cesse. On s'épuise dans la gestion administrative, la communication, on y met une énergie considérable et pendant tout ce temps, rien de concret ne se passe.

En parallèle, j'ai un autre projet qui me permet d'agir près de chez moi, contre la précarité énergétique dans l'habitat urbain. Je travaille avec des mamans, à la Maison des familles, à Grenoble. On leur a présenté des *low tech*, elles en ont retenu plusieurs qu'on élabore ensemble : la cuisine avec une marmite norvégienne, la capote isolante pour chauffe-eau, la machine à laver à pédales.

Pour ça, j'ai obtenu une bourse Déclic jeune de la Fondation de France, 8 000 euros sur deux ans. On m'a proposé un accompagnement à l'entrepreneuriat aussi, sauf que j'ai pas eu envie de laisser mon projet risquer d'être déformé par la recherche d'argent, en mode « startup ».

Mais je sens que j'ai besoin d'aller vers un emploi plus stable. Je voudrais devenir consultante dans la facilitation en gouvernance partagée, être salariée par une coopérative et accompagner des associations ou des collectivités.

Je recherche la stabilité parce que j'en suis arrivée à une forme de précarité subie. Et c'est difficile. Les personnes diplômées au RSA, on nous laisse à peu près tranquilles, on nous fait confiance pour mener nos projets. Mais j'effleure quand même ce que vivent les gens qui sont structurellement dans la précarité. On mange toujours pareil pour ne pas dépenser plus, les sorties, on dit « non » ou alors on préfère l'« entre-soi » de la précarité, les démarches administratives nous rajoutent un poids psychologique aussi. Et puis il y a la confiance en soi qui finit par être atteinte.

Bref, je suis partie avec des convictions écologiques qui m'ont ramenée vers la question sociale parce que je suis dans une situation où l'écologie devient très lointaine. C'est plus la préoccupation première. Et ça finit par apparaître comme un discours de culpabilisation alors que les gens dans la précarité ont déjà 10 000 trucs à faire, et qu'en fait ce sont ceux qui polluent le moins. C'est pour ça que je n'aime pas la sensibilisation. C'est une démarche condescendante, le truc d'entreprises ou de l'État, d'une élite bien-pensante qui a le temps et les ressources de se préoccuper de l'environnement. Pour moi, il faudrait déjà regarder ceux qui polluent le plus, ceux qui incitent à des modes de vie consuméristes. Et s'inspirer des populations qui sont bien obligées de créer leur bonheur avec peu. Les valoriser, créer un rapport positif à cette sobriété. Et au passage, découvrir l'entraide magnifique qu'elles savent mettre en place, en dehors des systèmes monétaires.

Martin, trente-cinq ans, marin

Je travaille pour Transrade depuis trois étés, je suis marin. J'ai mon diplôme de capitaine et de chef mécanicien. La Régie des transport marseillais sous-traite à la boîte qui m'emploie la liaison avec les îles du Frioul, l'Estaque et les plages. On peut dire que je suis le plus verni du Vieux Port ! Je viens de finir un CDD qui a duré 8 mois au lieu des 3 ou 4 habituels. J'étais chef méca. C'est le même statut et le même salaire que le capitaine. Mais lui, il est sur le pont, et moi je suis au service machine. Du moteur jusqu'aux chiottes, je dois assurer le fonctionnement du navire. Le matin, par exemple, je m'occupe de la séquence de démarrage du bateau. J'ouvre et je vérifie les vannes, j'alimente les circuits électriques, je regraisse ce qui doit l'être, je vérifie les niveaux d'huile... Et ensuite, en avant ! La journée, je surveille, la pression surtout. Parfois je barre, quand le capitaine a besoin de souffler.

Ici, j'ai trouvé un bon compromis, je fais mon métier, tout en ayant la possibilité d'avoir une vie sociale et une vie sentimentale, ça compte. Et j'aime bien mon boulot. C'est un peu répétitif, mais c'est quand même mieux que chauffeur de bus. Mes collègues sont drôles. Et puis c'est toujours émouvant de voir un type qui a vingt ans de boîte prendre encore et encore la même photo du coucher de soleil. C'est pas le bagne, quoi.

Avant, j'ai été un autre genre de marin. J'ai travaillé pour la Méridionale, je faisais les liaisons vers la Corse, pour Propriano. Ou alors, je faisais Saint-Nazaire-Hambourg pour Louis Dreyfus Armateurs. On transportait des pièces d'A380 ou d'A350 pour Airbus. J'aimais pas trop ça. La mer du Nord, c'est cinquante nuances de gris, bonjour tristesse... Et en hiver, elle peut être démontée. On se prenait souvent trois semaines d'affilée de vagues de 8 mètres. Combien de fois je suis tombé de mon lit. J'étais mal payé, en plus.

Une fois, j'ai fait la French Asia Line 23, pour la CMA-CGM. J'ai embarqué à Singapour, et j'ai fait l'aller-retour entre les ports chinois et l'Europe. Ça fait des souvenirs. Le passage de Suez, par exemple, c'est un délire. Faut se pointer avec des bakchichs et 2 000 dollars de clopes si tu veux faire passer ton porte-conteneurs. Sinon, tu peux cramer 50 000 dollars de pétrole dans un lac à côté en attendant que les autorités du canal se décident. Le navire passe à peine en largeur mais il avance quand même. La vue sur le désert est dégagée, tu flottes sur le paysage. Le golfe d'Aden aussi, c'est quelque chose. Là, c'est une autre ambiance : installation des lances à incendie sur le pont pour repousser les attaques de pirates, escorte militaire, *panic room*, gilets par balles, téléphones satellite et compagnie.

Aujourd'hui, je fais des ronds dans l'eau pour 1 800 euros. Ça va, faut pas se plaindre ! Par contre, je suis plutôt précaire. Si on m'appelle, j'ai intérêt à décrocher, sinon je passe à côté d'un contrat. Pour mon job actuel, quand le téléphone a sonné, j'étais en Chine, à Qingdao. J'ai pris l'appel, j'ai eu le boulot. C'est bien beau tout ça, mais c'est vrai que je ne vois pas venir au-delà de quelques mois. Et en plus, il y a les formations. Quand t'es en CDD, les certifications et autres emmerdes, c'est pour ta pomme. Régulièrement, on doit repasser une formation incendie, une « remise à niveau » en radio... À chaque fois, c'est plusieurs centaines d'euros. Un jour, les Affaires maritimes ont décidé que tous les marins devaient passer dans le mois une certification « évacuation par embarcation de sauvetage ». Alors, du jour au lendemain, tous les matelots du Vieux-Port ont dû sortir 800 euros. Ceux qui étaient en CDI, ça va encore, leur boîte payait. Mais les autres...

Mon contrat s'est terminé hier, je ne sais pas trop ce que je vais faire. Peut-être amener un catamaran aux Antilles : des gonzesses, des dauphins, les alizés qui t'emmènent... Faut voir.

Sylvie, cinquante-cinq ans, femme de chambre

Je vis au onzième étage d'un immeuble HLM à Bondy, en Seine-Saint-Denis. Quand la circulation est fluide, je mets une heure pour aller à l'hôtel Ibis des Batignolles. Je dois prendre le bus, le RER et la ligne 13 du métro. Parfois, on te dit que le train est supprimé ou qu'il est en retard, et, là, ça devient très compliqué, il faut trouver une solution. Le soir, je fais le trajet en sens inverse.

Je suis femme de chambre depuis huit ans. Un an en CDD, puis j'ai été titularisée. Quand tu n'as qu'un titre de séjour et qu'on te propose du travail, tu prends. Au Congo, je travaillais dans un taxiphone et à mon arrivée en France, je faisais du babysitting, j'emmenais et je cherchais les enfants à l'école. Sans fiches de paie, tu peux attendre vingt ans avant d'avoir des papiers.

Femme de chambre, c'est un travail comme un autre. Mais un travail dur ; un travail qui abîme le corps. Le matin, quand tu arrives, tu prends ton planning, le bac avec les produits pour les toilettes, la salle de bains et les vitres. Tu prends les chiffons, les balais et tu vas à ton poste (moi, c'est le deuxième étage). Là-bas, il y a ton charriot qui t'attend : j'arrange les linges propres – les serviettes, les housses de couette, les draps de bain. Par exemple, si j'ai 30 chambres, je mets 30 serviettes et 60 tapis de bain. Je mets le papier toilette aussi. Et puis je tire mon chariot.

Il faut toujours commencer par les « départs », les chambres où les clients sont partis, c'est le plus important. Il faut tirer les lits, les déplacer, tu dois soulever les matelas. C'est lourd. Il faut regarder si le client n'a pas laissé de poils ; il faut sortir les sacs-poubelle pour que les équipiers les descendent au sous-sol et s'il y a de la sueur sur l'oreiller, il faut appeler le bureau pour qu'on le change. Les chambres de recouche, c'est plus rapide. Tu fais le lit, la poussière, tu nettoies la salle de bains. Mais comme les clients laissent les bagages, souvent tu t'arrêtes là. Parce que t'as pas le droit d'y toucher. On pourrait t'accuser. Et puis si tu te bloques le dos, après, c'est ton problème.

Quand tu as terminé une chambre, la gouvernante d'étage rentre pour vérifier qu'on n'a rien laissé. Il faut que ça brille. Si tout va bien, elle tape un code sur le téléphone de la chambre pour indiquer à la réception que la 211 ou la 214 est prête. Mais il faut toujours faire attention. Il y a des clients qui viennent à l'hôtel, on les surnomme « Columbo », ils inspectent tout. S'il y a un petit souci, ils le signalent à la réception. Ils font des scandales pour ne pas payer leur chambre. Les femmes peuvent avoir un avertissement et, parfois, ça peut aller jusqu'au licenciement.

Une chambre, c'est 17 minutes : avec un contrat de 6 heures, je devrais en avoir 21. Mais souvent, j'en ai 40, 50 sur mon planning. Avec des cadences infernales. 17 minutes pour ramasser la merde des clients, c'est pas possible. Certains font la fête dans les chambres. Ils versent du vin sur la couette, ils vomissent sur les murs et, toi, tu dois rendre ça nickel. Les murs, normalement, c'est pas à nous de le faire. C'est aux travailleurs de l'interne, pas de la sous-traitance. Mais pendant longtemps, ils nous le faisaient faire, parce qu'on savait pas. Au final, je sortais souvent à 18 heures au lieu de 14 h 30, payée à la tâche, pas à l'heure. À la fin de la journée, t'es morte. Il y a les épaules déboîtées, les tendinites, les pieds gonflés. Et tout ça pour 1 000 euros par mois.

C'est pour ça qu'on a eu l'idée de gréver. Par rapport à nos conditions de travail. Depuis que je suis femme de chambre, j'ai subi trois sous-traitants. Chacun arrive avec ses règlements, c'est déstabilisant. Avec STN, le dernier en date, les cadences n'en finissaient pas. C'était une dictature militaire. Il y a des caméras partout dans l'hôtel. Quand ils nous voyaient discuter à deux ou trois, ils envoyaient les vigiles et nous mettaient des avertissements. On était terrorisées. Et puis, il y avait les mutations abusives. Tu vas vers ton travail, on t'appelle en cours de route et on te dit qu'il faut que t'ailles ailleurs pour remplacer quelqu'un. Du coup, les femmes qui restent, elles se retrouvent avec 50 ou 60 chambres. La goutte d'eau qui a débordé, c'est qu'il y avait dans l'hôtel 13 salariées en restriction médicale. Le médecin du travail avait dit qu'il ne fallait pas qu'elles fassent plus de 10 chambres par jour. La direction n'en a pas tenu compte.

Une grève, c'est toujours difficile, c'est jamais au lait et au miel. Ce sont des actions qu'il faut faire, des actes qu'il faut poser. Quand on se retrouvait le soir pour occuper un hôtel, je n'étais pas là pour faire les devoirs de mon fils, le faire manger, le coucher. Quand je sortais à 6 heures du matin pour aller faire du bruit et réveiller les clients, mon enfant se réveillait seul. J'ai commencé la grève, il avait huit ans ; maintenant il en a dix. Heureusement qu'il y a eu le confinement : ça nous a permis de passer un peu de temps ensemble.

Après ces 22 mois de lutte, je retourne au travail avec dignité. Ce que nous sommes allées chercher, on l'a trouvé. La vie active peut reprendre.

Anne, quarante-neuf ans, *art advisor*

Je suis conseillère en acquisition d'œuvres d'art contemporain. On dit encore *art advisor* parce que ce métier est né aux États-Unis dans les années 1990. Il consiste à conseiller et accompagner des personnes physiques ou morales dans leurs acquisitions d'œuvres d'art à vocation de collection.

C'est une reconversion. Après un double cursus en droit des affaires et en droit de la propriété intellectuelle, pendant presque vingt ans, j'ai exercé dans le lobbying au profit des secteurs de l'énergie et de l'aéronautique. Mais y a six ou sept ans, je me suis posé des questions de sens. En outre, un nouveau PDG a été nommé, j'ai vite compris qu'il allait s'entourer d'une nouvelle équipe qui serait un frein à la poursuite de mon évolution au sein de l'organisation et rendrait impossible mon entrée au comité exécutif.

Quand tu atteins un certain âge, les horizons ont tendance à se boucher. Je n'étais pas en souffrance, mais il y avait cette absence de projection, alors que j'avais encore beaucoup à apporter. Étant quelqu'un de pragmatique, j'ai décidé de construire mon départ : j'avais un poste important, des responsabilités, je gagnais très bien ma vie. Je ne pouvais pas quitter tout cela de manière inconsidérée.

J'ai eu recours à une mentor, quelqu'un qui m'avait déjà coachée dans mes fonctions de directrice. Elle m'a expliqué que les reconversions réussies passent évidemment par la motivation mais surtout par l'expertise, il faut éviter l'improvisation. Or, moi, je suis collectionneuse comme le sont mes parents. J'ai donc composé ce nouveau métier sur la base de cet héritage, il y avait déjà une appétence en plus de ma formation initiale. Je me suis quand même inscrite à l'École du Louvre et j'ai obtenu à Panthéon-Sorbonne un diplôme universitaire d'expertise en œuvres d'art, qui m'a alloué une nécessaire légitimité pour ce nouveau métier .

Là, forte de tout ça, je me suis lancée, j'ai monté ma boîte. Pour commencer, j'ai conseillé des gens de mon réseau, de ma vie d'avant. Ils m'ont accordé leur confiance, ça m'a beaucoup aidée pour démarrer. Vite aussi, j'ai orienté mon expérience vers la scène émergente française. Je visitais des ateliers, je réalisais des entretiens avec des jeunes artistes que je publiais sur le net, je passais beaucoup de temps avec eux, j'étais à leur écoute.

J'ai aussi construit un nouveau réseau en rejoignant différentes associations, les Amis des Beaux-Arts, les Amis de Pompidou, les Amis du Palais de Tokyo, toutes les entités qui comptent dans le monde de l'art contemporain et qui permettent d'accéder aux prescripteurs et aux influenceurs : les galeries les plus emblématiques, les critiques, les commissaires d'exposition, d'autres *art advisors*... Je sors aussi des frontières en me rendant aux grandes foires d'art contemporain, à Bâle, à Londres, Bruxelles ou Genève, par exemple, pour exercer mon œil, découvrir les tendances et rencontrer des gens qui me nourrissent.

C'est une activité qui ne se pilote pas facilement, mais qui t'offre de magnifiques surprises. Par exemple, des galeries à qui j'ai acheté des œuvres pour le compte de clients m'ont par ailleurs donné des cartes blanches car elles apprécient cette veille des jeunes artistes – tant mon regard que la relation que j'ai créée avec eux. Désormais je suis en quelque sorte commissaire d'exposition. En ce moment, il y a un retour et donc un engouement très marqué pour la peinture figurative et pour des propositions qui actent la nécessité du temps long, réfléchissent à des comportements plus respectueux de la nature et des autres.

Le client idéal pour moi ? C'est celui qui me donne sa confiance, avec qui on va se projeter sur une collection. Je vais prendre le temps de le connaître, ses goûts, son budget, l'espace dont il dispose, les raisons pour lesquelles il veut collectionner, pour décorer, pour se différencier. Les motivations peuvent être variées et évoluer dans le temps, patrimoniale ou spéculative, ça dépend... Je pars avec lui sur un ou deux artistes, je propose un parcours galeries à faire, ou un atelier à visiter. C'est essentiel de rencontrer de nouvelles personnes, par exemple grâce à mes expositions. On discute, on s'entend bien.

J'avoue un travers : mon rapport à l'autre a évolué depuis que je suis, disons, cheffe d'entreprise, dans le sens où, dès que je fais une rencontre, tout de suite, je me demande s'il y a du potentiel, si c'est un client en puissance. Mais je suis plutôt sereine : j'ai la conviction que les gens continueront de venir à moi, je ne fais jamais de démarchage actif.

Et ça marche bien. Je croyais que mon âge allait être un handicap. Je redoutais la concurrence avec des plus jeunes qui auraient davantage de vitalité, qui maîtriseraient mieux les modes et codes actuels de communication. Mais finalement, mon âge et mes expériences passées, ça inspire confiance. Je me mets moins la pression et puis, grâce à ma première vie professionnelle en entreprise et dans le monde de l'influence, j'ai acquis de bons réflexes.

Sébastien, cinquante-deux ans, distributeur de prospectus et de courrier

J'avais travaillé à la radio comme animateur technico-réalisateur, notamment au sein du groupe Lagardère. Depuis 2005, chez Adrexo, je distribue des prospectus et du courrier. Les publicités, c'est les catalogues : Leclerc, Intermarché, Aldi, tout ça. Le courrier, c'est des professionnels. Ça peut être des factures SFR, Bouygues... Les nouveaux actionnaires ont décidé de concurrencer La Poste en faisant un tarif préférentiel. Depuis une dizaine d'années, le courrier des entreprises a été libéralisé. C'est comme les colis de particulier à particulier. D'ailleurs, Adrexo s'est lancé dans le colis au mois de mars.

Je travaille au relais de Royan, à Saint-Georges-de-Didonne. Toutes les pubs sont livrées au centre principal de Saintes, les palettes sont préparées là-bas, puis, le mercredi après-midi, elles sont livrées à Saint-Georges ou je les récupère le vendredi, pour la distribution. Certains trient là aux dépôts quand il y a de la place ; la plupart trient chez eux. En règle générale, on fait des paquets qu'on entoure d'élastiques, ou alors on les met dans des sacs. Ensuite, on stocke ça dans notre voiture et, après, le lundi ou le mardi jusqu'au mercredi, on distribue.

Avant l'accord de 2016, c'était payé à la feuille de route, donc très mal payé. Il y avait souvent entre 30 et 50 % des heures qui n'étaient pas correctement rémunérées. Depuis l'accord, le temps de distribution est mesuré par une badgeuse. Malheureusement, le matériel n'est pas de bonne qualité, il y a parfois des problèmes. En plus, parfois l'entreprise utilise des écrêtages, ce qui a pour conséquence de ne pas payer intégralement le temps de distribution, mais c'est quand même mieux qu'avant. À savoir qu'une feuille de route est composée d'un temps théorique de distribution, un temps théorique de préparation, un temps de trajet, plus un temps d'attente.

Je suis à temps plein, c'est rare. En grande majorité, les distributeurs de pubs et de courrier sont des contrats à temps partiel modulés sur l'année. Ils savent chaque semaine qu'ils vont travailler tel jour à telle heure. C'est organisé dans chaque centre. Quand il y a des remplacements, la convention collective prévoit un délai de prévenance de sept jours, pas toujours respecté.

À savoir aussi que, pour beaucoup de salariés de l'entreprise, c'est un complément de revenu. On est aux alentours de 30 % de retraités et, sinon, ils ont un autre job ou bien ils ont des minima sociaux. Et puis beaucoup ne font plus confiance aux syndicats, ils votent moins aux élections professionnelles... Même à La Poste, ça vote moins qu'avant, c'est navrant, car la seule planche de salut pour les salariés, c'est nous les syndicats, surtout la CGT.

Mediapost appartient à 100 % à La Poste. Adrexo appartient à trois actionnaires, Frédéric Pons, Éric Paumier et Guillaume Salabert, qui ont racheté l'entreprise à Ouest-France. Ils ont créé un groupe en récupérant des sociétés qui étaient proches de la faillite.

Nous, les distributeurs, on travaille par tous les temps. On porte du poids. Les pubs, c'est assez lourd. Dans le privé, on a de moins bons équipements que dans le public. Beaucoup de collègues sont en arrêt, parce qu'ils commencent à prendre de l'âge. Ils ont des tendinites, mal au dos, et nous ne sommes pas défrayés pour avoir des chaussures convenables, ce qui n'arrange rien.

De plus, chez Adrexo, on doit fournir le véhicule, je ne comprends pas que le législateur ait pu accepter cela. C'est comme si un routier devait fournir son camion. Parce que faut voir. Ça nous coûte une blinde en réparation. Quand il y a beaucoup de poids, ça les flingue, les bagnoles.

C'est pour ça que ça a été une catastrophe, les plis électoraux des régionales 2021. Parce que non seulement on n'a pas le nombre de personnels adéquat – mais les salariés savent très bien qu'ils ne seront pas correctement rémunérés (temps de travail, indemnités kilométriques) –, mais en plus, le matériel n'est pas mieux que pour les pubs et le courrier. Donc comment voulez-vous qu'on réussisse une mission comme les plis électoraux ?

À l'appel d'offres, on a eu 7 régions, 51 départements. 44 millions de plis à distribuer : les professions de foi et les bulletins, comme c'était fait jusque-là par La Poste. Mais quand Adrexo a pris ce marché en début d'année, ils n'avaient pas la logistique ; de plus, ils n'ont pas trouvé assez d'intérimaires.

À savoir aussi que les intérimaires ont été formés rapidement et ils leur ont donné des plans de campagne qui n'étaient pas adéquats. Forcément, certains intérimaires sont restés très peu de jours, voyant l'étendue de la tâche et le prix payé. Les autres se sont retrouvés à ne pas pouvoir tout distribuer. Enfin, dès le mois de janvier, à la CGT, nous avions fait un tract pour alerter, mais les actionnaires n'en n'ont pas tenu compte.

Roland, cinquante-sept ans,
technicien forestier territorial

L'ONF est un établissement public créé en 1964, un établissement public à caractère industriel et commercial, plus précisément. Il gère un quart de la forêt française, pas les forêts privées, mais la forêt domaniale et les forêts publiques communales. Il a son budget propre et il doit s'autofinancer, mais l'État est censé renflouer ses caisses si besoin. Jusqu'à une certaine époque, le bois se vendait bien et cher, ce qui fait que l'ONF était excédentaire. Mais avec la tempête de 1999, beaucoup de bois a été mis sur le marché, les cours ont chuté et la tendance s'est inversée. L'État a décidé de réduire la voilure : on était environ 12 000 agents sur tout le territoire français et on n'est plus que 7 000 maintenant.

Moi, j'ai pris le train des réformes structurelles en route. Avant d'être technicien forestier territorial sur la commune de La Mure en Isère, j'étais ouvrier forestier l'été et pisteur secouriste l'hiver. Mais j'ai pu voir comment, d'année en année, le ministère de l'Agriculture ne remplaçait pas les départs à la retraite. Ça fait la quatrième ou la cinquième année qu'il n'y a plus de concours ; c'est simple, ils ne recrutent plus qu'en CDD ou en CDI. Sur notre secteur, on était huit agents en 2017, l'année où je suis arrivé ; maintenant on est six, plus un contractuel. Cet automne, un collègue va demander sa mutation, son poste ne sera probablement pas remplacé ! J'ai pu voir aussi comment le ministère bradait le patrimoine national, en vendant les maisons forestières. Des cabanes ou d'anciens chemins de service sont abandonnés, faute de crédits pour les entretenir.

Les surfaces dont je dois m'occuper ont triplé. Quand on a 900 hectares, on connaît bien sa forêt, on a moins de communes sur notre domaine, mais à 3 000 ou 4 000, ça change la donne. La charge de travail augmente. Elle augmente d'autant plus qu'on a moins de personnels de soutien pour s'occuper de la maintenance administrative et qu'on doit faire nous-mêmes tous les dossiers de subvention. On fournit moins de services de proximité aux élus ; on ne peut plus surveiller la circulation intempestive des 4×4 ou les activités de braconnage. Les maires nous appellent et nous disent : « Ce week-end, ça a tourné. » Mais, nous, on peut pas être partout à la fois. L'autre conséquence, c'est qu'on est de plus en plus seul au travail. Parfois, on peut rester dix-quinze jours sans croiser un collègue ; le bureau de secteur le plus proche est à 13 kilomètres de là où je travaille ; et, avec la solitude, le métier devient plus dangereux. C'est en partie pour ça que des agents se suicident.

C'est comme ce qu'il s'est passé à La Poste ou à l'hôpital. Des gens qui étaient entrés dans l'établissement pour accomplir une mission de service public se retrouvent pris dans des logiques mercantiles. La seule chose qui intéresse notre hiérarchie, c'est le nombre de mètres cubes de bois qu'on a vendu. On nous demande de marteler de plus en plus de bois. Mais l'exploitation intensive d'une forêt, ce n'est pas compatible avec une gestion durable. Et puis la forêt de la France ne sera jamais aussi compétitive que celle de Finlande. Tant que le coût de transport restera aussi faible, que ça ne coûtera rien de faire venir du bois en camion sur des milliers de kilomètres, on sera pas concurrentiels. Sans compter qu'on a une forêt très morcelée, plutôt de moyenne montagne où les feuillus dominent à 70 %. Or, les feuillus, ça n'intéresse que la petite menuiserie. L'industrie, elle, elle veut du résineux pour faire des chevrons, des poutres, des palettes. C'est fini, le temps où, dans chaque maison, on avait un bahut en chêne ou une armoire en noyer. Aujourd'hui, les meubles sont jetables.

Pour l'instant, la forêt reste encore relativement protégée et notre statut de fonctionnaire nous donne une forme d'indépendance. Mais si un jour l'ONF disparaît, alors on aura un modèle privé. Les forêts, comme dans le Var, qui n'ont pas de bois à produire seront délaissées, et partout ailleurs, on fera des coupes rases, les sols forestiers seront lessivés. On plantera les essences les plus rentables. Dans la sylviculture du Douglas, on peut récolter une parcelle tous les cinquante ans et faire jusqu'à trois ou quatre rotations de coupes. Au contraire, nous, on sait qu'il faut mélanger les feuillus et les résineux, mélanger les essences et les âges pour avoir une forêt résiliente aux tempêtes et aux épidémies.

Autour de La Mure, on voit déjà les effets du réchauffement climatique. Depuis plusieurs années, les étés sont plus longs et les sécheresses plus marquées. Les épicéas ou les hêtres ont du mal ou dépérissent ; des parasites comme les scolytes, un insecte xylophage, prolifèrent. On doit s'adapter. En dessous de 1 000 mètres, on privilégie maintenant les feuillus plus résistants à la chaleur ; on plante des sapins du Ventoux ou de Céphalonie plutôt que des épicéas ; on propose aux élus des « îlots d'avenir ». On verra les résultats de notre travail dans 100 ans. Ou plutôt, on ne sera plus là pour les voir.

Alexandre, trente-six ans, conducteur de machine à papier

Il y a deux usines à papier dans la commune. L'une fait du papier recyclé, l'autre non. Mais les deux sont là pour la même raison : l'eau de la Vienne, qu'elles pompent, utilisent, traitent et reversent dans la rivière. L'usine où je suis, qui ne fait pas de recyclé, appartient à International Paper, une multinationale américaine. Ils sont implantés partout dans le monde : Chine, Brésil, États-Unis, Russie, etc. Leur usine est une des plus grosses de la région, voire la plus grosse. C'est plus d'un million de tonnes de bois transformées chaque année. On n'est « que » 650 employés, mais avec tout ce qui gravite autour, comme les bûcherons, les entreprises de transports, si ça devait fermer demain, ça serait 4 000 emplois qui resteraient sur le carreau.

C'est une boîte qui est très connue ici. Moi qui suis originaire du coin, depuis que je suis tout petit, je savais que les mecs qui réussissaient le mieux dans le secteur de l'industrie, c'étaient ceux qui bossaient chez International Paper. Ça faisait rêver tout le monde à l'époque parce que les salaires étaient énormes. Maintenant, ça s'est lissé avec les autres boîtes, il n'y a pratiquement plus de différence. Mais, dans l'esprit des gens, c'est resté la même chose : une grosse boîte américaine où l'on peut se faire de l'argent. Si on prend l'exemple de mon père, il est hyper fier que je bosse dans cette usine.

C'est une grosse structure. Ils ont leur propre petite école juste à côté de l'usine, avec des salles de classe où ils font leur propre formation. C'est dans ces salles que je me suis formé après mon BEP Maintenance à la sortie du collège. Je voulais faire un bac pro Maintenance, mais je ne trouvais pas de patron. Eux, ils m'ont dit qu'ils cherchaient des alternants en bac pro PSPA, Pilotage des systèmes de productions automatisés. Former les jeunes leur permet d'avoir tout de suite du personnel qui sait faire le job. Et de ne pas se tromper sur le recrutement puisqu'ils connaissent les candidats. Sur dix, on a été six à être recrutés. J'aurais voulu continuer dans les études, faire un BTS Papeterie et peut-être une école d'ingé, mais mes parents ne pouvaient pas m'aider. Ma mère est aide-ménagère, mon père travaillait comme chauffeur-livreur chez Mr Bricolage. J'avais dix-neuf ans, et il y avait la petite carotte du CDI à 2 000 euros par mois !

J'ai commencé à la base, à la manutention, comme sécheur. Mon objectif était d'évoluer. Maintenant, je suis conducteur de machine à papier et j'ai deux gars sous ma responsabilité. Il y a un peu de peps, un peu de pression, il en faut, c'est important. Je transforme de la pâte en papier. Je fais ça depuis une cabine, avec des ordinateurs où fonctionnent des logiciels de conduite. Je suis en contact toutes les heures avec les gars du labo. Ils analysent le papier à la sortie : blancheur, résistance, épair – ça, c'est l'orientation des fibres de cellulose qui donne son aspect au papier. Le labo m'appelle, « la blancheur n'est pas top », alors je rajoute sur ordinateur des produits chimiques pour régler ce qui n'est pas bon.

La première chose dont on te parle en entrant, c'est la sécurité. « *Safety, safety* », t'entends que ça. Ils nous ont même fait faire une formation avec à la fin un petit diplôme encadré de « *Safety Leadership* » ; ça leur plaît beaucoup, ce genre de choses, aux Américains. Ça se comprend, dans une usine comme la nôtre classée Seveso 2.

L'usine ne s'arrête jamais. Il faut des ouvriers qui bossent à toute heure. Je fais les factions en six-huit – 8 heures de travail, en 6 équipes. Je bosse 20 h-4 h ou 12 h-20 h, et un week-end sur deux... Quand je suis de nuit, c'est psychologiquement dur : je travaille la nuit, je débauche le matin, je me repose après le déjeuner, je passe mon après-midi, et le soir, au lieu de me coucher, je dois laisser ma femme et mon fils pour aller travailler, alors que je suis déjà fatigué ! Je suis en décalage complet, et crevé. J'ai demandé à travailler de jour, sans succès pour l'instant. Je n'envisage pas de me syndiquer, parce qu'on ne va pas se mentir, qui dit syndiqué dit pas de promotion derrière. De toute façon, je n'ai pas le temps d'être syndiqué. Et puis les syndicats chez nous ne sont pas très virulents. Il y a des mecs qui se prétendaient des « purs et durs », on leur a proposé une place en or, ils ont tout lâché.

J'aime beaucoup mon travail, j'aime beaucoup mon entreprise, il y a une bonne ambiance, mais ce sont les horaires qui ne me vont plus. L'évolution logique serait que je devienne un jour contremaître. Mais ce n'est même pas sûr : quand je suis rentré dans la boîte il y a plus de quinze ans, il n'y avait que des anciens ouvriers aux postes de contremaîtres – les meilleurs ou ceux qui avaient mieux su gérer leur affaire. Depuis une dizaine d'années, ils vont beaucoup chercher des diplômés de l'extérieur. C'est bête. Le diplôme n'apporte pas le savoir-faire. Un mec qui a passé vingt ans sur une machine, il sait de quoi il parle. Mais bon, ce n'est que mon avis d'ouvrier.

De toute façon, si devenir contremaître serait financièrement intéressant, ça ne me sortirait pas des horaires des factions. Alors, depuis peu, je regarde ailleurs, dans la fonction publique, par exemple. Et ce d'autant plus que la boîte ne va pas très fort depuis le covid. Vu que le marché du papier est un peu sur le déclin, mais qu'à l'inverse le marché du carton est en pleine expansion, les Américains sont en train de vendre tout ce qui est papier pour acheter des boîtes qui font du carton. On est en scission, on ne va plus s'appeler « International Paper ». C'est à Memphis que les six mecs qui gèrent tout ont décidé ça. Même le directeur de l'usine ne le savait pas. Un jeudi matin un e-mail est tombé, « rachat de la boîte », voilà.

Bernard, soixante-trois ans, maire

C'est plus chiant, les brebis, ça court partout. J'ai toujours été attiré plutôt par les vaches que par les brebis. Les vaches, c'est du travail, y a des maladies, y a des accidents, mais elles demandent moins de présence, or j'ai pas mal d'activités.

Je suis éleveur, d'une famille de paysans – mon grand-père l'était, mes parents l'étaient – et je suis aussi maire d'une commune, je suis élu à la chambre d'agriculture, à la Mutualité sociale agricole, au Crédit agricole. Je suis administrateur du parc national des Pyrénées. Parfois, vingt-quatre heures, c'est court. Mais tous ces mandats sont complémentaires.

Celui qui m'intéresse le plus, c'est celui de la chambre d'agriculture. C'est départemental, on y retrouve des vignerons, des agriculteurs, des gens de la montagne... et c'est là qu'on définit la politique agricole qu'on veut mener dans la vallée. Même si on est sous la coupe des politiques européennes : le bon exploitant, qui fait un bon ratio dans la vallée, si on lui enlève la PAC, il va boiter… Tout le monde en est conscient. Nous, on n'est pas des exploitations qu'on va rentabiliser, ils ont besoin de nous plutôt pour entretenir l'espace que pour produire ou pour nourrir ; ça n'a rien à voir avec l'élevage bovin du Massif central.

J'avais aussi mon travail à la station jusqu'en 2019. Comme mes parents avaient une petite exploitation, il n'y avait pas trop de place, elle n'était pas trop rentable, et je suis rentré assez vite à la station de ski, en 1976, comme pisteur pour aller chercher un complément de revenu. On s'occupait de la sécurité : déclencher les avalanches, ouvrir les pistes, les sécuriser, l'accueil, le secours. C'était prenant. Avec les deux métiers, à la fin de la saison, on était fatigués ; il fallait s'occuper des bêtes avant d'aller travailler et à la fin de la journée, aussi.

Le travail d'élevage a plutôt changé en bien grâce à la mécanisation. On a du matériel spécifique de montagne maintenant ; le tracteur que j'ai ici, vous ne le trouverez pas aux alentours de Tarbes ou dans la Beauce. C'est des investissements qui sont lourds parce qu'on ne s'en sert pas non plus toute l'année ; si on fait avec 300-400 heures dans l'année, c'est exceptionnel. On épand le fumier avec un tracteur et avec des épandeurs, avant on le faisait avec le mulet, à la fourche. Physiquement, je ne me vois pas refaire ça. Il y a aussi eu la création des pistes pastorales, pour accéder aux granges ou à des parcelles, ce qui a maintenu cette activité.

C'était un travail manuel, assez physique, ce qui fait qu'on était assez nombreux. La mécanisation a fait beaucoup de bien, mais elle a fait beaucoup de bien à la personne qui est restée. Mon exploitation, je ne sais pas si elle sera reprise ; je ne l'ai pas développée pour m'enrichir, j'ai juste développé des activités qui me faisaient des compléments de revenu et avec lesquelles je pouvais vivre, partir en vacances.

Et ça reste quand même galère, il y a des jours, il faut se doucher trois fois, se changer quatre fois, y a les réunions, etc., il faut courir. Car, toujours pour le bétail, faudra revenir, il ne peut pas aller se servir à manger. Bien sûr, si j'ai besoin, je sais qui appeler, il y a quand même une solidarité qui existe, un peu montagnarde, il faut le dire. Mais, sur ce plateau, il y a 30 ans, on était une dizaine d'exploitants, on n'est plus que trois.

Marcel, soixante-trois ans, éleveur de brebis

Mon fils a repris en 2008. L'hiver, il travaillait à la station de ski, au damage la nuit, c'était bien payé mais il en avait marre : ça commence à 2 heures du matin, donc il n'avait pas de vie de famille.

Je l'aide encore, pour faire les foins. Avant, on vivait tous ensemble ici, on a cohabité. Mes parents, mon oncle, mes deux frères, ma sœur... Je suis le seul qui ait repris l'activité. J'ai toujours aimé ça ; j'ai toujours aimé les bêtes – et la liberté, même si on l'avait pas tous les jours, parfois quand on voyait les copains qui partaient à la piscine et que, nous, on partait aux prés... mais c'était mon choix. Aujourd'hui, même si je suis à la retraite, je vais à la bergerie trois ou quatre fois par jour.

Moi, j'ai fait l'agriculture à l'ancienne, comme on dit ici, quand on faisait tout à la main. Il y avait une motofaucheuse pour faucher, mais c'était tout ; on faisait le foin tourné au râteau, ramassé au râteau, rentré sur le dos. Le premier tracteur, c'était en 1986, un petit tracteur, pas ceux de maintenant qui sont presque comme des voitures.

Le plus compliqué, c'était la période de l'été, la période des foins : il fallait rentrer le foin pour les bêtes l'hiver, et les pentes sont fortes, ici. Toute la famille aidait, il fallait sept ou huit personnes pour récolter le foin de l'hiver ; ça commençait au 10 juin jusque fin septembre, début octobre.

L'automne, venait le temps où il fallait fumer les prés : avant de l'épandre, il fallait le moudre le plus fin possible pour qu'il tienne sur les pentes, avec une machine en bois, même pendant la nuit. Dans les endroits les plus pentus, on mettait les bêtes dans un parc en bois, qu'on déplaçait au fur et à mesure, pour fumer l'ensemble de la surface.

Les jours de fauche, on commençait tôt, les vieux qui faisaient tout à la main, ils fauchaient même la nuit, je les ai vus faucher au clair de lune. L'herbe est de toute façon plus facile à faucher à la fraîche ; l'après-midi, on attendait que la chaleur tombe.

Du temps de mon grand-père, le troupeau faisait 60 brebis et 8 ou 10 vaches, qui servaient surtout au lait de la famille et qui étaient traites une fois par jour. Aujourd'hui, on a 350 brebis. Dans les estives, il y a autant de bêtes qu'avant, mais on a les terrains de trois ou quatre éleveurs d'avant, avec des terres en fermage.

En plein hiver, elles sont toutes à la bergerie. Avec mon père, quand il y avait 80-100 brebis, elles étaient dans trois bergeries et il fallait toute la journée pour faire les trois. Le matin, on commençait à 7 heures, avec les vaches, puis on passait aux brebis de 9 heures à midi, puis on recommençait à 2 heures, jusqu'au soir 5 heures. Aujourd'hui, une heure le matin et une heure le soir, c'est fait et on rentre à la maison.

L'appellation d'origine contrôlée, ça a été une bonne chose. Avant, c'étaient les bouchers qui faisaient la pluie et le beau temps, qui décidaient du prix ; ils savaient bien que l'hiver, il faut nourrir les brebis et qu'on ne peut pas toutes les garder. Depuis qu'on a eu l'AOC (maintenant l'AOP, appellation d'origine protégée), les prix ont augmenté et, pour nous, c'est une reconnaissance.

Nadine, cinquante-sept ans, sans travail

Quand j'ai compris en 2014 que mes cinq enfants ne pourraient pas faire d'études en Algérie, j'ai décidé qu'il était temps de partir en France. À Mostaganem, j'avais une pharmacie. Je suis une femme d'études et je voulais que mes enfants puissent faire comme moi.

J'ai inscrit mes filles à l'université de Saint-Denis. La situation n'était pas tenable. À côté de leurs études, l'aînée faisait du nettoyage chez des particuliers ; ma seconde fille, elle, se levait à 5 heures du matin pour travailler dans une boulangerie avant d'aller en amphi. Elle, elle s'est mariée, je le dis clairement, pour avoir des papiers. Dieu merci, elle vit encore avec cet homme, ils ont trois enfants et ils vont bien.

J'avais loué un petit appartement où on logeait toutes les trois et, comme j'avais un visa de cinq ans, je faisais régulièrement l'aller-retour entre la France et l'Algérie. J'avais laissé ma pharmacie en gérance, mais la gérance, ce n'est pas la même chose que quand tu es là. J'ai fait comme j'ai pu, mais un jour je l'ai vendue. J'ai vendu aussi tous mes biens, ma voiture. J'ai fait un sacrifice. J'avais encore trois enfants en Algérie, mon mari ne voulait pas divorcer : j'ai mis une croix rouge sur leurs études ici et on est partis.

La vie, le loyer, le transport étaient trop chers à Paris, c'est pour ça qu'on a déménagé à Marseille. 32 ans de vie professionnelle, 5 ans à l'hôpital et 27 ans en libéral. Mais quand je suis arrivée en France, je voulais pas travailler. J'avais un peu d'argent de côté et je savais qu'avec un travail, je n'aurais pas pu aider mes enfants. Les aider à affronter toutes les démarches administratives : avoir un compte bancaire, les déclarations d'impôts, l'aide médicale d'État, l'attestation de non-affiliation par rapport à la CAF. J'ai tout cherché sur internet, j'ai imprimé tous les droits fondamentaux ; j'ai fait ça toute la journée. Je remercie monsieur Google.

Aujourd'hui, ma fille aînée a trente-trois ans. Elle s'est mariée à son tour. Elle est tombée enceinte mais le papa n'a pas voulu reconnaître l'enfant. Elle a d'abord travaillé comme aide à la personne, mais le contrat a été résilié quand la vieille dame dont elle s'occupait est allée en maison de retraite. Depuis, elle fait du nettoyage. Ma troisième fille a un CAP Accompagnement à l'enfance. Elle a travaillé chez des particuliers comme nounou en CDI. Mais, depuis peu, sa patronne refuse de la déclarer; elle est maintenant vendeuse (non déclarée) dans une boutique de vêtements. Elle aussi a fait du ménage, mais ça lui a bousillé la santé. À cause des produits détergents, elle a dû être opérée du nez et des amygdales. La quatrième a arrêté ses études de langue à l'université ; à cause du covid, elle a décroché. Elle travaille maintenant dans une entreprise de nettoyage. Elle est déclarée, pas comme avant, à Airbnb et chez des particuliers. Et mon fils, il travaille dans un garage. Il a vingt ans, un CAP mécanique, mais il est sans contrat et sans promesse d'embauche. J'aimerais bien faire des démarches pour régulariser sa situation, mais j'ai peur qu'il ait une OQTF.

En vendant tous mes biens, j'ai payé mon loyer pendant un an. Maintenant, je n'ai plus rien et ce sont mes enfants qui payent les charges de 670 euros. Je leur dis toujours que le pire qui pourrait nous arriver, ça serait qu'on se retrouve sans toit, à la rue. Il n'y a pas longtemps, j'ai dû travailler, j'étais sans le sou et, comme j'ai toujours été une femme indépendante financièrement, je n'osais pas demander d'argent à mes enfants. J'étais dans le nettoyage, 20 euros la journée, 9h-19 h, chez des particuliers. Au bout de 15 jours, j'ai arrêté parce que c'était un travail dur, mal payé, sans aucune sécurité. Je me suis sentie indignée parce que, moi, j'ai toujours travaillé comme une cadre ; j'ai vu ma fierté et ma dignité écrasées.

J'ai toujours lutté : en Algérie, j'étais syndicaliste. Il y a deux mois, en avril, juste après le premier confinement, on a créé, avec ma fille et une autre personne, le Collectif des sans-papiers de Marseille. On a organisé une marche. Depuis, il y a une centaine de femmes. Elles sont plutôt jeunes ; il y a une doctorante et, sinon, ce sont surtout des femmes de ménage...

Arnaud, trente ans, haut fonctionnaire

Je suis venu au service public parce que je croyais à l'État comme outil de la démocratie. Je savais, bien sûr, que je serais amené à faire des choses avec lesquelles je ne serais pas toujours d'accord. Mais je pensais que je pourrais être utile, avoir un impact positif. Il y avait, aussi, sans doute, parmi mes motifs, un peu de curiosité.

J'étais, pendant mes études, militant – dans le syndicalisme étudiant. Alors quand j'ai préparé les concours administratifs, j'ai déjà eu le sentiment d'être dans un moule intellectuel assez étroit. Une fois à l'ENA, même impression. Je savais bien que ce n'était pas une école du questionnement critique. Mais je ne m'attendais pas à ce que la force du mimétisme soit telle. Le plus frappant a probablement été la tendance à réduire le service de l'intérêt général au respect de la hiérarchie. Ce raccourci permet aux hauts fonctionnaires de ne pas trop réfléchir à leur propre responsabilité. Suivre les règles pour être bien classé et progresser dans la carrière : c'est un ressort très puissant, même pour ceux qui veulent « changer les choses ».

Le lendemain de mes résultats de sortie de l'ENA, Donald Trump était élu président des États-Unis. À travers l'exemple étranger, la question des circonstances dans lesquelles un haut fonctionnaire doit ou non obéir se rappelait à moi.

J'ai rejoint la Cour des comptes. Dès mon premier rapport, j'ai retrouvé le moule idéologique, les réflexes et les contraintes rencontrés dans ma préparation à l'ENA. Je devais contrôler une agence qui comptait 120 agents publics (15 millions d'euros) et faisait appel à 60 prestataires privés (15 millions d'euros aussi, c'est-à-dire deux fois plus cher). Pourquoi ces 60 privés ? Parce que l'agence n'avait pas le droit de recruter en interne. En somme : la loi interdisait de recruter des agents publics, mais elle autorisait à faire un chèque deux fois plus élevé à des cabinets de conseil. C'est absurde, même pour les tenants de l'austérité budgétaire ! Je pensais qu'il fallait le dire dans mon rapport. Ma co-rapportrice, plus chevronnée, m'a mis en garde : « C'est sans doute vrai, mais on est la Cour des Comptes, on ne peut pas dire ça. Et puis si tu commences ainsi, ça va freiner ta carrière. » Première expérience, marquante.

Après la Cour des comptes, je suis allé travailler à l'Assurance maladie en Seine-Saint-Denis. Dans le 93 ou ailleurs, en général, à l'Assurance maladie, on serre la vis : il faut « tenir l'Ondam » – l'objectif national de dépenses d'assurance maladie. C'est-à-dire faire en sorte que le budget global des hôpitaux et des soins de ville soit le plus contenu possible. J'ai eu la chance d'avoir la responsabilité de créer un service un peu en décalage par rapport à cet objectif : on travaillait sur l'organisation des soins, dans un territoire médicalement désertifié qui en avait bien besoin.

Puis est venu le virus. Il se trouve qu'à ce moment-là, je n'avais plus de chef – l'ancien était parti, sa remplaçante pas encore arrivée. Pendant la première vague, nous avions les coudées franches : on a pu, avec mes collègues, à trente, se mettre vraiment au service des professionnels de santé. On a créé un centre d'appel pour aider les travailleurs de la santé du département, créé une chaîne YouTube pour informer quand le gouvernement ne le faisait pas, etc.

Ce qui est frappant, c'est combien les deux mois à travailler comme ça ont profondément modifié notre organisation et nos pratiques. C'est une collègue, dont le boulot consiste habituellement à aller voir les médecins du 93 pour leur dire de ne pas trop prescrire telle ou telle classe de médicaments, parce qu'ils coûtent trop cher à l'Assurance maladie, qui a été la première à me le dire si simplement : on retrouvait du sens. Pour moi, c'est ce qu'a montré la crise : le décalage entre ce qu'on nous demande habituellement de faire et les besoins des gens.

Au milieu de la première vague, nous avons eu une nouvelle directrice. Puis on a vu revenir la pression des indicateurs. Tenir un chiffre, cocher des cases : ça permet de ne pas trop réfléchir. Il y a donc eu un retour progressif à la normale, retour à l'ordre.

Pas complètement, cependant : la crise a servi de révélateur. Il y a des leçons à en tirer. D'abord celle-ci : si nous avons été des dizaines d'agents publics à « retrouver du sens », c'est que les dysfonctionnements étaient généralisés. C'est que la perte de sens est institutionnelle. L'Ondam écrase la capacité des agents à faire leur job correctement. Ce n'est pas seulement un coup de rabot sur les dépenses publiques : c'est un cadre de pensée, l'oubli des fins du service public, occultées par des normes de gestion. On se demande *comment* faire avec moins, point. On oublie le *pourquoi*. Tout le monde le sent, la crise l'a fait apparaître, avec violence.

Je pense qu'on peut faire quelque chose. Après cette expérience, j'ai pris une année de congé sans solde, pour créer un collectif, Nos services publics. Parce que je suis convaincu que la dégradation du service public prospère sur notre silence, celui de trop d'agents. La loyauté au service public, ce n'est pas de mettre les problèmes sous le tapis, mais, quand ils se posent, de les mettre sur la table. Et de se donner les moyens de les faire changer.

Louise, cinquante-six ans, conseillère Pôle emploi

Comme je suis rentrée à l'ANPE en 1997, je dis souvent que j'ai commencé dans un établissement public de gauche et que maintenant je travaille pour une entreprise de droite.

Après un DUT, j'ai passé une dizaine d'années dans une grosse entreprise industrielle. Très vite, ce monde machiste m'a dégoûtée. J'ai passé le concours de l'ANPE. Depuis quelques années, je suis en Bretagne. Ma fonction, c'est responsable d'équipe de production. Au-dessus de moi, il y a un directeur adjoint et une directrice d'agence.

Les gens des Assédic avaient un statut privé et nous un statut public. Mais, depuis la fusion, il y a treize ans, c'est juste devenu une entreprise, avec des méthodes de management hyper-ringardes. On vient encore d'obtenir une prime de résultats. C'est la « carotte », ça marche. Le statut privé, ça change les gens : j'ai des collègues qui sont vraiment là juste pour faire le maximum d'argent. Et tout ce fric déversé sur Pôle emploi, ça me choque par rapport à mon mari qui travaille à l'hôpital, mais aussi par rapport aux chômeurs. L'Unédic verse 10 % des cotisations à Pôle emploi : c'est donc de l'argent qu'on leur prend.

De toute façon, il y a vraiment un mépris des demandeurs d'emploi beaucoup plus fort qu'avant. Les conseillers qui sont encore dans une démarche empathique subissent des pressions. On a ce discours de Pôle emploi sur « la performance par la confiance », mais y a un poids énorme de la hiérarchie pour avoir des « bons chiffres ». Par exemple, on sous-traite l'accompagnement des chômeurs – des ateliers pour les CV, pour « valoriser son image »... – et on doit absolument envoyer tant de demandeurs dans telle prestation, même si parfois ils l'ont déjà suivie.

Depuis quelques années, on n'est ouvert que sur rendez-vous l'après-midi. Les gens peuvent venir le matin mais ils sont debout devant les ordinateurs. Il n'y a pas de siège. Tout est dématérialisé alors qu'on a des gens en difficulté avec le numérique. Même des jeunes. J'en vois qui savent très bien se servir des réseaux sociaux sur leur téléphone et qui savent pas envoyer un mail avec les formules de politesse de base. Je me souviens quand j'étais en Île-de-France, y avait plein de bogoss92 comme adresse mail. Ça pose des problèmes avec les entreprises et avec Pôle emploi. Au sein des agences, on a les services entreprises qui se chargent des relations avec les boîtes et qui deviennent aussi exigeants qu'elles. Ils fonctionnent un peu comme des agences d'intérim. Si le demandeur d'emploi leur convient pas, ils refusent de transmettre à l'entreprise.

Les gens de ces services, ils ont des discours que j'avais jamais entendus : « les chômeurs, c'est des feignants, il faudrait les sanctionner »... Depuis plus de vingt ans que je travaille, quand une offre est correcte au niveau des conditions de travail et du salaire, j'ai jamais vu de problèmes. Mais en Bretagne, les offres qu'on a, c'est souvent pour aller ramasser des fraises, travailler chez Burger King ou dans les abattoirs. Deux heures par-ci par-là. Ça fait pas rêver.

Un service de contrôle a été mis en place. Ils appellent ça de la « redynamisation ». J'assiste aussi aux auditions des gens qu'on soupçonne de toucher indûment le RSA. Un tribunal. Les gens sont interviewés par trois ou quatre personnes du conseil départemental, de Pôle emploi ou de la CAF... J'ai vu un monsieur qui travaille le cuir, qui est arrivé avec ce qu'il fabriquait, des trousses, des machins. L'interrogatoire était atroce : « Comment vous faites pour acheter du cuir alors que vous êtes au RSA ? » Je suis sortie en pleurs.

Après, oui, il y a des gens qui ont lâché l'affaire. De toute façon, y a pas de boulot pour tout le monde. Et puis, ça va très vite de perdre confiance. Moi, ma direction, c'est hyper-simpliste. Ils vont dire : « Un demandeur d'emploi, soit il a les compétences dans son métier et il reprend un emploi, soit il les a pas et on l'envoie en formation. » Mais y a toute une dimension humaine absolument pas prise en compte. La personne peut être en train de faire le deuil de son ancien boulot, ça va demander du temps, elle est paumée. Y a plein de raisons... dont ils se fichent. En réunion d'équipe de direction, on ne parle que de chiffres. Il n'y a qu'une seule chose qui les intéresse : « Les indicateurs, on en est où ? »

Yves, cinquante-quatre ans, ouvrier-coopérateur, auteur et chanteur de Los Fralibos

En tant que coopérateur, t'es pas vraiment posté, tu vas là où on a besoin de toi. La plupart du temps, je suis à l'ensachage, mais si la coopérative a besoin de moi ailleurs, je vais ailleurs, je vais au contrôle ou au ménage. Quand on nettoie les toilettes, les douches, y a rien de dégradant, tu travailles pour le collectif.

Je suis entré chez Fralib en 96, à l'atelier matière première. Là-bas, on aromatisait le thé. Aromatiseur, c'était un métier, c'était de la cuisine, de la création. On avait de bons produits, des gousses de vanille, des épices, des arômes naturels. Le travail me plaisait beaucoup. Mais au début des années 2000, l'industrie agroalimentaire s'est mise à faire des arômes synthétiques. Subitement, on est passé de la cuisine à la bétonnière. On te demandait de mélanger des billes d'arôme à des infusions, c'est tout. Tu perdais la fierté des produits, tu perdais la création. À partir de là, on n'avait plus besoin de nous et la moitié des aromatiseurs est partie au conditionnement. Et quand tu fais de l'ensachage, c'est plus toi qui gères la machine, c'est la machine qui te gère.

Fin 2007, un nouveau directeur de site est arrivé. Son job était de fermer l'entreprise. Ils nous ont rendu les conditions de travail invivables, ils ont fait en sorte de créer une mauvaise ambiance. C'est simple, ils nous empêchaient de faire notre travail : ils te tirent une balle dans le pied, ils te disent « Cours » et, si tu n'y arrives pas, tu te fais engueuler. Plus personne ne trouvait de sens à ce qu'il faisait. À ce moment-là, on travaillait parce qu'on avait besoin de manger, mais on n'avait plus de relation avec l'entreprise. C'est à la fin de cette période qu'on a commencé à se battre. On a organisé une grève de deux mois et demi qui a permis de nous ressouder. C'est grâce à cette lutte qu'on a tenu. Mais on voyait bien qu'eux, ils s'en foutaient. Les séminaires continuaient, les agents de maîtrise allaient à des journées de karting payées par la direction, les cadres à Disneyland. Quand on a repris le travail, on n'était pas d'humeur guillerette malgré les quelques avancées qu'on avait obtenues. On sentait bien qu'ils préparaient un plan social.

En septembre 2010, quand Unilever nous annonce la fermeture de Fralib, qu'on reçoit nos premières lettres de licenciement, certains collègues ont poussé un soupir de soulagement tellement c'était devenu dur. Le groupe voulait délocaliser l'usine en Belgique et en Pologne. Ils nous ont proposé, à nous aussi, de déménager en Pologne ou bien de nous reclasser dans des usines du même groupe. Des usines qu'ils avaient déjà programmé de fermer. Ça a été le début de quatre ans de lutte. Quatre années durant lesquelles on a transformé l'usine en Fort Alamo. On l'a occupée, on s'est rendus visibles, on a organisé des journées portes ouvertes, on a lancé un boycott de la marque Lipton, puis de tous les produits Unilever, on a fait une production militante parce qu'il fallait de l'argent pour entretenir les machines et prouver qu'on pouvait produire par nous-même, sans patron.

Partout en France, il y a eu un vrai élan de solidarité. Des camarades du nord de la France ont même posé des congés pour venir garder l'usine avec nous. Mais ça a été très dur. Des couples se sont séparés. Des copains ont quitté la lutte en pleurs parce que sinon leur couple allait exploser. Y a eu de la casse humaine. La direction en a profité. Elle pensait qu'on allait craquer, elle nous a aussi proposé 100 000, 120 000 euros pour partir, mais aucun de ceux qui luttait n'a accepté. C'était quatre années d'attaques psychologiques, physiques, juridiques et financières. Dans les journaux, ils disaient qu'on était en train de casser l'outil de travail ; ils ont embauché des mercenaires. Une soixantaine de golgoths de deux mètres de haut et trois mètres de large, avec des gazeuses, des matraques et des chiens, des gens des pays de l'Est avec qui on pouvait pas parler. On avait des astreintes sur la tête – 400 ou 500 euros par jour –, ce qui nous obligeait à porter des masques. En tout, durant cette période, on a été licenciés quatre fois et réintégrés trois fois. Et quand la communauté urbaine a préempté les locaux, c'est là qu'on a commencé à souffler. C'était la première vraie défaite d'Unilever. Puis est venu l'accord de fin de conflit en 2014. Quelque temps après, on a fondé la coopérative.

Il avait bien fallu s'occuper durant ces 1 336 jours. Donc on avait créé des commissions. On imaginait à quoi pourrait ressembler notre usine. On avait Lip en tête et on discutait de tout, de la production, des horaires, de la politique salariale. Il y a des choses sur lesquelles on était d'accord. On a embauché tout le monde, même si on repartait de zéro. On a supprimé le travail de nuit ou le travail le dimanche. On a relancé notre production. À l'unanimité, on a décidé de revenir à des produits naturels. On avait envie de retrouver notre fierté. Quand on te dit : « Les gars, il est bon votre produit », ça te donne la banane. Après, on s'est vite aperçus que l'usine était très grande et très gourmande en énergie. Il a fallu qu'on s'adapte et on a fait de l'ensachage pour Carrefour, Super U, Intermarché ou de plus petites structures. Pour le moment, notre marque, elle ne nous permet pas de vivre. On n'a pas de budget publicité, faute de pognon, et 40 % de notre chiffre d'affaires dépend encore de notre réseau militant. Mais le jour où on pourra se passer de la grande distribution, j'aimerais bien qu'on le fasse.

Pour tout un tas d'autres choses, ça a été plus compliqué. Normalement, dans une coopérative, il n'y a plus de lien de subordination. On n'a plus de chefs, mais des responsables et puis un copain qu'on a élu directeur et un autre, président. Mais, au début, y a des roues qui se sont entrechoquées parce que c'était difficile de faire comprendre que, même si t'as des responsables, tout le monde reste décideur. Dans leur tête, certains coopérateurs restent encore des salariés. Faut dire qu'à l'école, au travail, on t'apprend pas à être égal, il faut toujours que tu surpasses les autres. Mon grand regret, c'est qu'on n'a pas voté le même salaire pour tous. Tout le monde était d'accord qu'on ne pouvait pas garder les salaires d'Unilever, mais il y a maintenant des salaires différents en fonction des compétences et des responsabilités. Les opérateurs n'ont pas le même salaire que les techniciens, qui n'ont pas le même salaire que les cadres. Entre les trois classes, il y a environ 70 euros de différence. Plus des primes pour les responsables. Moi je suis opérateur, je gagne 1 660 euros par mois et, même si je le voulais, je ne pourrais jamais devenir responsable. Pour moi, c'est le grand raté. Mais quand t'as la tête dans le guidon, tu files, tu files, tu files et parfois tu te rends pas compte que tu vas pas au bon endroit.

Depuis quatre ans, il y a eu huit départs à la retraite. Pour pas qu'on perde l'identité de Scop-Ti, on a décidé qu'on pouvait rester coopérateur même si on n'était plus salarié. Ça permet aux anciens, à ceux qui ont participé à la lutte, de garder un pouvoir de décision dans les assemblées générales. C'est comme un garde-fou. Pour le reste, la coopérative est encore une ébauche. Quand on a commencé, on avait cinq ou six variétés de thé ; aujourd'hui, on en a beaucoup plus et on s'est lancés dans le vrac. C'est la première année où on va sortir la tête de l'eau. Et un jour, l'eau, elle nous arrivera au maillot.

Gary, vingt-quatre ans, auxiliaire ambulancier

Je commence ma vie sérieuse, là. J'ai vingt-quatre ans maintenant. En décembre dernier, je ne sais pas comment ça m'est venu, je me suis inscrit pour une formation d'ambulancier. Et, boum, en mars, en plein covid, une société privée d'ambulance m'a engagé.

Je transporte des valides, des malades, des personnes âgées, entre chez eux et l'hôpital. Parfois le Samu nous appelle, et on va prendre quelqu'un en urgence : on fait les premiers soins. La première fois que je me suis rendu compte que j'avais sauvé une vie, ça m'a fait un truc. Je me suis senti super-héros, un peu.

C'est sérieux, comme boulot. J'aime prendre soin des gens, les transporter bien, leur mettre leur petit oxygène. Quand tu rentres le soir, t'es mort, mais tu sais ce que t'as fait dans ta journée.

Quand j'ai arrêté l'école à dix-sept ans, j'étais perdu dans ma vie. Moi, depuis toujours, on m'a confiné dans mon quartier. Maternelle, primaire, collège et lycée pro, j'ai tout fait dans le quartier, je suis resté bloqué à « La Banane ». Pourtant, à l'école, j'avais un potentiel à exploiter... Quand on m'a orienté en transport et logistique dans le lycée du coin, je me suis dit « c'est cool, je reste avec les potes ». En fait je ne me suis pas élargi mentalement : le week-end, je traînais dans le quartier, le soir, je traînais dans le quartier, la récré, je la passais dans le quartier, pour la pause déjeuner, encore le quartier...

Et puis j'ai eu des petites galères. J'avais besoin de liquidités. Je me suis dépataugé, pas besoin de dire comment. C'est normal, à cet âge-là, on veut tous une petite paire de Nike, un scooter. Y en a qui ont l'aide de leurs parents... J'ai pas de regrets sur cette période. Je suis lucide : c'est la rue qui m'a payé mon permis et, sans ça, je n'aurais pas mon job aujourd'hui.

À vingt ans, j'étais manœuvre dans le bâtiment. C'était l'époque du dispositif « Isolation à 1 euro ». J'en ai isolé, des maisons ! Ça payait bien, 3 500 par mois. Par contre, j'étais au black, l'erreur ! Je m'en rends compte aujourd'hui.

Après, je me suis mis à Uber Eats. Alors là, c'est toute une histoire. Il faut se créer un statut d'auto-entrepreneur. Tu te mets à bosser, et ça ne s'arrête plus. Je croyais que j'étais mon propre patron, en fait j'étais un esclave. Je faisais 700 euros semaine, j'étais en scooter, je parcourais Paris. Là, j'avais droit aux beaux quartiers, mais pour moi, ça s'arrêtait aux halls des immeubles. J'en ai vu, des trucs de ouf, mais en fait, je savais tout déjà. Y a que les pauvres qui filent des pourboires : on était au courant !

Pendant quelque temps, j'ai rechargé les batteries pour City Scooter. Je localisais les scoots, je rechargeais, voilà. C'était *peace* comme travail. Mais précaire.

Et puis ambulancier. Enfin, auxiliaire ambulancier. Justement, je voudrais bien passer mon diplôme d'État d'ambulancier. Je mets de côté, car la formation coûte 5 000 euros. Je bosse dur, 320 heures le dernier mois... Je sais que je ne tiendrai pas longtemps à ce rythme-là, aucun être humain ne tient le coup à ce rythme-là. Je le fais pour financer la formation. Avec un diplôme, t'es plus considéré, on abuse moins avec toi. Moi, je n'ai même pas le bac, il arrive qu'on me le fasse sentir. Mais c'est pas grave : plus on me dit que je n'ai pas réussi, plus j'ai la rage, plus j'avance.

Teresa, soixante-deux ans, serveuse dans un café

Je fais un travail passionnant. Je suis à la retraite normalement, mais je fais des extras. Le patron, il m'appelle et, hop, je suis là. J'aime bien le contact avec les gens.

J'ai presque toujours fait serveuse. Je viens de la côte amalfitaine, j'ai grandi en banlieue de Salerne. Par chez moi, quand j'étais ado, ils ont ouvert le premier Club Med. J'y étais serveuse l'été. Un jour, il y a un beau Parigot qui débarque : Paulo, Paul. Il m'a repérée... Il est revenu l'année suivante et on s'est mariés. Avec l'accord de mes parents, attention : j'étais mineure.

Je suis arrivée en France en 1976, je suis devenue serveuse dans un bistrot près des Halles. J'ai lâché la nationalité italienne. C'était important. Je voulais bien m'intégrer. J'ai pris des cours de français le soir pendant un an. Je parlais français, attention ! Mais je voulais me perfectionner. J'ai été dactylo dans des bureaux un petit temps.

Mon mari, il travaillait au ministère de l'Intérieur, il a été muté à Menton. On est partis, j'ai eu mes deux fils, et puis on est revenus. En 1985, nous revoilà à Paris ! Je cherchais du travail, alors j'ai acheté *L'Auvergnat de Paris*. À l'époque c'était comme ça, on lisait les petites annonces. J'ai appelé, le patron m'a dit oui tout de suite. Depuis, je suis serveuse au pied du Père Lachaise.

Je n'ai que des bons souvenirs ici. La gentillesse des clients d'avant, ça me reste en tête. Les années 1980, c'était la belle époque. Il y avait des ateliers d'imprimerie dans la rue, des petites usines, des bureaux. Le midi, on avait que des habitués. On se connaissait tous, l'ambiance était comme au village. Et le coût de la vie... Pas comme maintenant... Il y avait de tout dans le quartier : maraîchers, fromagers et même un poissonnier. C'était le bon temps. Aujourd'hui, le quartier il est plus, disons, cosmopolite... Ce ne sont plus les mêmes gens.

Puis les Auvergnats ont vendu. Ce sont des Chtis qui ont acheté le restaurant, j'ai fait 17 ans avec eux. Après, c'est un Kabyle qui a racheté. Même lui, il était gentil, il m'a gardée aussi. Depuis 5 ans, ce sont deux associés qui ont l'affaire. C'est plus chic maintenant, ils ont rénové. On a encore besoin de moi. Je suis comme qui dirait polyvalente, je sais tout faire. Et puis, je suis la mémoire du quartier. Parfois, il y a des anciens clients qui viennent par hasard, ils disent : « Teresa ! Toujours là !! » Ils n'en reviennent pas... 35 ans !

Mon mari, ça fait longtemps qu'il est à la retraite. Mais moi, je ne peux pas rester tout le temps à la maison. Je m'agite. Pour l'instant, je garde les extras. Et le jour que je ne peux plus marcher, j'arrête.

Nicolas, quarante et un ans, guichetier au Crédit municipal

Avant d'entrer au Crédit municipal, j'étais dans l'armée, sur une frégate. Un jour, il y a eu une bagarre à la cantine, j'ai blessé quelqu'un et ils m'ont renvoyé. J'aurais rêvé de rester marin, mais j'ai gâché ma vie à cause d'une dispute.

J'avais un enfant et pas de travail : ma tante travaillait au Crédit municipal et elle m'a dit qu'ils cherchaient quelqu'un. La plupart du temps, c'est comme ça que ça se passe : presque tous les gens qui travaillent là-bas ont des membres de la famille à l'intérieur qui se portent garants pour toi. C'est un peu comme la Banque de France, si tu connais le fonctionnement, c'est risqué pour les vols. Mieux vaut qu'on soit sûr.

Ça devait être provisoire ; finalement, ça fait 16 ans que j'y suis. Pendant longtemps, j'ai bossé dans une petite agence. Je faisais tout : la personne arrivait au guichet, je discutais avec elle de ses problèmes, elle me donnait ses bijoux à engager, je les expertisais et puis je décaissais l'argent. J'avais un travail humain, social. Je connaissais tout le monde dans le quartier et dès qu'on pouvait aider, on le faisait. On servait à quelque chose. Je soupçonne même certaines personnes âgées d'être venues à l'agence juste pour le contact, pour discuter : elles engageaient des bijoux, mais au fond, elles n'en avaient pas besoin.

Un jour, on a fait grève pour demander une revalorisation. Dans les agences, en plus de tout le reste, on faisait la « prisée » alors que ce n'est pas notre boulot normalement. C'est une activité externalisée, on payait une entreprise de commissaire-priseur à ne rien faire. On dénonçait aussi le fait que le Crédit municipal s'enrichisse sur le dos des plus pauvres. À Marseille, on a plusieurs millions d'euros de bijoux et de tableaux dans nos coffres. On est à 13 % de taux d'intérêt, deux fois plus qu'à Paris : on flirte avec le taux d'usure. On est presque sur du revolving alors qu'on ne prend strictement aucun risque.

En plus, la direction nous demandait de fractionner au maximum les engagements – faire quatre lots de 1 000 euros plutôt qu'un seul lot à 4 000 – parce que ça faisait quatre frais de garde au lieu d'un, mais aussi et surtout parce que les gages inférieurs ou égaux à 1 500 euros ont un taux d'intérêt deux fois plus élevé que ceux de plus de 1 500 euros. Et puis, passé 6 mois, on ne réévalue pas les gages. On se contente de les reconduire à leur quantum initial. Le magasinier déballe et remballe le gage pour simuler une réévaluation. Tout ça pénalise le client : le cours de l'or augmente souvent, et, grâce à ça, ils pourraient obtenir un prêt plus important ou bien récupérer gratuitement une partie de leurs bijoux.

Comme on a rien lâché parce qu'on est têtus, ils ont fermé trois agences en prétextant qu'elles n'étaient plus rentables et en nous accusant d'avoir scié la branche sur laquelle on était assis.

Maintenant, je me retrouve au siège. On est 46 à travailler là-bas. La moitié sont des cadres placés par la mairie, des enfants ou des neveux d'élus. Ils n'ont aucune qualification et ça détruit le Crédit municipal de l'intérieur. Les autres sont des employés (guichetiers, magasiniers, caissiers), la plupart du temps sans diplôme, qui devaient être là provisoirement mais qui restent. On voudrait tous partir parce que nos conditions de travail ne sont pas dignes. C'est scandaleux, c'est scandaleux.

Comme ils ont fermé des agences, il y a un énorme report de clientèle. Les usagers peuvent faire trois heures de queue sous le soleil ou la pluie, chaque jour il y a des bagarres. Et pour nous, faut envoyer, le volume de travail est devenu insupportable. C'est du travail à la chaîne, complètement déshumanisé. J'ai tellement la tête baissée qu'il m'arrive même de ne plus dire bonjour, parfois je les écoute même pas. Je suis une machine, un rouage : avant, je faisais 15 engagements par jour ; maintenant, j'en fais 80 ou 100. Pour les usagers comme pour les employés, c'est un fonctionnement animal.

Bien sûr, il y en a qui entrent en tremblotant dans l'agence, qui engagent une alliance pour avoir 30 euros. Ça existe, c'est certain, ceux qui viennent en début ou à la fin du mois parce qu'ils s'en sortent pas ou ceux qui ont des gages de 15 ans, les bijoux en or de leurs parents, et qui les renouvellent tous les six mois. On a des toxicomanes aussi. Ça te fend le cœur, mais tout ça, c'est plutôt marginal. La plupart du temps, ce sont des femmes qui viennent, arrivées en France récemment. À Marseille, ce sont beaucoup des Comoriennes. Elles engagent leurs bijoux en or, des ceintures, des diadèmes. C'est pas l'objet qui compte, l'or, elles peuvent en faire de la poudre si elles veulent et te dire : « Tiens, voilà 100 grammes, 115 grammes. » C'est pas un ornement, mais du capital, un investissement. Avec l'argent, elles achètent des billets d'avion ou elles envoient un mandat à leur famille avec Western Union pour aller à l'hôpital se faire soigner ou pour organiser un mariage. Elles engagent, dégagent, rengagent. En fait, ce qu'elles veulent, c'est du cash. Souvent, ces femmes n'ont pas d'emploi, vivent des prestations sociales et n'ont pas de compte courant. Et puis, en France, c'est difficile de retirer plus de 1 000 euros en cash par jour. Moi, je peux donner 3 000 euros par tête et par jour.

Comme tous les monopoles, les monts-de-piété ont vocation à disparaître. Y a qu'à voir ce qu'ils ont fait avec la Française des jeux. En Belgique, les Cash Converter peuvent faire des prêts sur gages et, en Angleterre, n'importe qui peut monter une échoppe. C'est la fin de quelque chose. Comme les dockers sur les quais des ports.

Michaël, cinquante ans, routier[3]

Je n'ai pas de diplôme : très jeune, j'ai enchaîné les petits boulots et puis je suis devenu routier. Ça fait plus de 20 ans maintenant. Avec ma femme, on a toujours vécu à Denain. Elle s'est d'abord occupée de nos trois enfants avant de reprendre un travail. Depuis 15 ans, elle est aide à domicile chez des personnes âgées. 30 heures par semaine pour 1 000 euros par mois. Moi, je gagne 2 000 euros, mais nos salaires ne suffisent pas pour toutes les dépenses. Tous nos enfants sont adultes, mes deux filles ne travaillent pas et mon fils est en apprentissage. Il faut bien les aider. On a encore la maison à payer et, nous, on n'a pas d'aides sociales.

Pendant longtemps, toutes les nuits, je faisais 700 kilomètres entre la France et l'Allemagne avec un semi-remorque de 44 tonnes. C'était

3. Ce texte est issu du travail de Vincent Jarousseau intitulé « Les Racines de la colère ».

toujours la même routine : je vais au siège de l'entreprise pour récupérer les clefs du camion ; je vérifie que la remorque est bien accrochée avant de partir, on sait jamais ; je remplis les papiers de la cargaison, comme ça, je suis tranquille, ce sera fait pour les Allemands, je passerai plus vite. On emmène la remorque de couches-culottes à la plateforme de Euskirchen en Allemagne ; on arrive là-bas, on fait une petite pause avec les collègues, on décroche, on accroche l'autre remorque avec les produits lessive et retour en France au petit matin.

Quand j'ai commencé, le confort, c'était pas comme aujourd'hui, tu en prenais plein le dos. Mais au moins quand je découchais la semaine, je pouvais aller dans les routiers, je mangeais bien, avec les collègues, on passait une bonne soirée. Maintenant, on est seul. Et puis la mentalité était pas la même, c'est chacun pour sa gueule aujourd'hui.

La nuit, c'est quand même plus tranquille, y a moins de trafic. Mais tu as plus la même vie que les autres. Depuis quelque temps, je travaille de jour. Quand c'est comme ça, je pars à 6 heures du matin, mais souvent je suis crevé. Tard le soir, y a les 'tiots du voisins qui jouent au ballon dans la rue, ça tape dans les voitures. Ils travaillent pas, leurs parents. Ils s'en foutent, eux ! Ils ont mis des caméras dans la rue, mais ça sert à rien. Ils envoient pas de patrouilles, la municipale. Ils dorment devant leurs écrans ou quoi ?! Nous, à Denain, on est obligés de se faire respecter avec les cas soc'.

Dans ma vie, j'ai réussi. J'ai mon travail, ma femme, ma bagnole, ma maison. On part en vacances, pas loin, pas longtemps, mais on part en vacances. J'ai investi, je me suis acheté une caravane sur Le Bon Coin, 2 000 euros – c'est un routier qui me l'a vendue ! –, et on va dans un camping municipal, au bord de la mer. Cet endroit, c'est calme, c'est propre, et puis c'est pas trop loin de Denain. J'adore me poser ici dans la caravane. Le reste de l'année, je bosse tout le temps, même le samedi, maintenant, pour boucler les fins de mois, alors pendant les vacances, j'en profite. Enfin bon, on se prive, faut pas croire. On va jamais au resto ou si peu. La dernière fois qu'on y est allés, c'est quand un de mes fils a gagné 70 euros à un jeu au camping. On a ajouté 15 euros et on a mangé à sept pour ce prix-là.

J'ai pas tout ce que je voudrais... Quand le mouvement des Gilets jaunes a commencé, j'y suis allé tout de suite. C'était la première fois que je participais à un truc comme ça. J'y allais avec mes frères. Eux, ils ne veulent pas travailler, ils sont bien comme ça, ils vivent avec ce qu'ils ont, je les plains pas. Y avait aussi le compagnon de ma fille qui est intérimaire dans le BTP. On se rassemblait devant le dépôt de carburant de Douchy-les-Mines, au rond-point de Somain, sur l'A2. Je pouvais pas me mobiliser tous les jours avec le boulot, mais j'étais content d'être là-bas de temps en temps.

Tout augmente, le gaz, EDF, la nourriture ! Macron a défait l'impôt sur la fortune. Il faudrait le faire vivre comme nous pendant trois mois, il verrait !

Agathe, trente-huit ans,
éducatrice Montessori pour des trois-six ans

La traduction est un métier trop solitaire pour moi et très peu de personnes arrivent à percer dans le milieu littéraire. La plupart du temps, si tu veux en vivre, il faut traduire des textes techniques comme des notices d'aspirateurs. Quand je m'en suis rendu compte, je me suis réorientée et je suis entrée dans un cabinet de conseil. Je ne connaissais pas le milieu, mais j'ai eu un bon contact avec ma future manageuse ; j'ai aimé son approche anglo-saxonne et, d'ailleurs, elle m'a recrutée en jugeant mon potentiel plutôt que mes diplômes ou mon parcours scolaire. C'était en 2008, en pleine crise financière, le contexte n'était pas idéal.

Oliver Wyman fait entre autres du conseil auprès des institutions financières internationales – des banques, des assurances, des fonds. Moi, je m'occupais du recrutement. Du recrutement des jeunes consultants – des *juniors*. J'organisais des événements dans les grandes écoles de commerce ou d'ingénieurs, des écoles très ciblées, très élitistes comme les Mines, Polytechnique, Centrale Paris, HEC, l'Essec. Il fallait se faire connaître des étudiants en participant à des forums entreprises sur les campus ; on payait un stand pour rencontrer des étudiants intéressés par le conseil et on ramassait des CV. Il arrivait aussi qu'on fasse venir les étudiants dans nos locaux, on pouvait organiser des déjeuners, des apéros, des ateliers de travail. On envoyait même certains étudiants sélectionnés dans nos bureaux à New York. Professionnellement, ça m'a beaucoup apporté. Mais tu travailles beaucoup, comme des dingues, et c'est très exigeant. Au début, je gagnais 27 000 euros brut annuels ; à la fin, après huit ans dans l'entreprise, j'ai terminé à 48 000 euros brut annuels, avec des variables de 3 000 ou 4 000 euros brut qui dépendaient de ma performance personnelle (j'avais des objectifs en termes de recrutement) et de celle de l'entreprise. Ça fait un beau *package*. Cela dit, dès lors que je suis partie en congé maternité, je n'ai plus été augmentée.

Je pars en 2016. J'en avais assez de ce milieu et je commençais déjà à me demander si je n'allais pas me reconvertir. Je me suis renseignée sur les concours pour devenir instit' et sur le Capes d'anglais, mais ce que j'entrapercevais du fonctionnement de l'Éducation nationale ne me donnait pas envie d'y aller. Finalement, je suis restée dans le même secteur pour valider mon envie de reconversion avant de me lancer. J'ai rejoint le cabinet d'audit et de conseil Ernst & Young. Cette entreprise, c'est une machine de guerre, située dans une grosse tour à La Défense. Il y avait des escalators partout : j'avais l'impression de bosser dans un aéroport. Ça plaît à des gens, moi ça m'effrayait, mais je m'y suis faite.

Là-bas, je m'occupais du recrutement, mais des fonctions support cette fois-ci. Rien que dans l'équipe recrutement, on était 30 personnes. Mes collègues étaient très sympas et je manageais une *junior* et une stagiaire. Toutes les trois, on recrutait des comptables, des informaticiens, des infirmiers, des équipes de juristes, les salariés du centre de documentation et bien d'autres profils. Beaucoup de stagiaires aussi, qui occupaient parfois des vrais postes. Par rapport aux consultants, j'avais l'impression d'être plus proche de la vraie vie. On parlait vraiment de la personnalité des candidats, et il y avait une variété de profils. Avec ce nouveau poste, je gagnais bien ma vie, mais j'ai pas fait un gros *gap* de salaire. Je suis arrivée à 50 000 euros brut annuels et je suis repartie à 51-52. Au bout de trois ans, je suis partie : difficile d'avoir une vocation dans ces entreprises-là. J'avais une bonne relation avec ma hiérarchie, on m'a fait beaucoup de compliments sur mon travail et on m'a accordé une rupture conventionnelle. Je suis partie avec 5 000 euros d'indemnités légales et j'ai touché le chômage pendant un an, ce qui m'a permis de partir en formation.

À ce moment-là, mon compagnon avait déjà quitté son job. Jusqu'alors, il travaillait dans la finance comme gérant de fonds. Ses clients principaux étaient des mutuelles et il gagnait très bien sa vie (100 000 euros brut par an). Mais il a choisi d'arrêter et de devenir éducateur Montessori en école primaire. Quand il a terminé sa formation de deux ans, je me suis lancée moi aussi, pour une formation d'un an. Dans la promotion, on était 38 (37 femmes et un homme), dont beaucoup venaient de l'entreprise : comptabilité, communication, marketing, logistique... La plupart avaient entre trente-cinq et quarante ans, d'une génération où on accepte moins bien le monde de l'entreprise. Souvent, ce sont des personnes qui venaient d'avoir des enfants et qui réalisaient que la vie est ailleurs.

La formation ? J'ai adoré. La stimulation intellectuelle me manquait ; l'entreprise, ça ramollit. J'ai beaucoup lu sur Maria Montessori, sa vie, son œuvre, ses théories. On avait des cours magistraux, mais surtout du travail en équipe. J'ai appris à utiliser le matériel Montessori, mais surtout à comprendre le développement naturel de l'enfant, et comment lui accorder toute son autonomie dans ses apprentissages. Au total, cette année de formation m'a coûté 10 000 euros : on avait de l'argent de côté, mais sinon, tu peux te faire financer par Pôle emploi. Aujourd'hui, je travaille aux Petites Canailles de Neuilly, une école Montessori montée par un réseau de crèches privées. C'est une entreprise de plusieurs centaines de salariés, donc on a plus d'avantages que dans une petite école. Les parents des enfants scolarisés sont d'un milieu favorisé ; la scolarité coûte en moyenne 10 000 euros par enfant ; moi j'adorerais travailler dans une école où tu reçois des enfants qui ne peuvent pas payer, mais il y en a très peu. Je gagne 2 100 euros brut par mois, ce qui est assez élevé pour un « éducateur » débutant. Nos deux enfants sont déjà scolarisés en école Montessori mais, à terme, on aimerait ouvrir notre propre école avec mon compagnon. Pour ça, il faut une expérience de 5 ans minimum. Ça demande aussi d'accepter de sortir du côté éducatif, de mettre ta casquette « business » parce qu'en réalité, tu ouvres une entreprise, avec des décisions à prendre, des charges et des salariés.

Gérald, cinquante ans, inspecteur du travail

J'ai travaillé 10 ans dans le secteur privé. C'était un choix militant d'aller dans des grosses boîtes. J'y ai fait mes premières armes en droit du travail puisque j'étais délégué du personnel dans une entreprise du groupe Alstom, à Nanterre. Mais au bout d'un moment, ils cherchaient à me virer, j'avais déjà plusieurs procédures de licenciement au derrière après qu'on avait été condamnés, avec quatre camarades du syndicat, pour séquestration de cadres. Donc j'ai commencé à me dire : « Qu'est-ce que je pourrais faire d'autre ? »

Grâce à la validation des acquis de l'expérience, j'ai réussi à intégrer la faculté comme ça, directement en licence, sans avoir le bac, et puis je me suis inscrit au concours d'inspecteur du travail, juste pour avoir un plan au cas où. À l'époque, j'avais pas une appréciation terrible de l'inspection du travail. Dans cette boîte-là où j'étais, on avait des problèmes de risque électrique ou amiante, et l'inspectrice du travail, on voyait qu'elle faisait peur au patron, que quand elle venait, ça le faisait chier mais, nous, vu le nombre de dossiers, de fax envoyés pour attirer son attention, on avait un peu la vision « qu'est-ce que c'est que cette fonctionnaire ? »...

Donc quand je suis arrivé dans les services en 2003, après une formation initiale sur 18 mois, j'ai commencé un métier qui m'avait pas fait rêver mais qui très vite m'a beaucoup plu. Mon premier poste à Évreux, il y avait de quoi faire, sur la durée du travail ou les risques pour la santé. Je menais des contrôles dans tout l'Eure, des boîtes de transport de marchandises de 150 à 200 salariés. Quand les salariés t'identifient mieux, t'es rapidement débordé par les plaintes du genre : « Est-ce que c'est normal qu'on m'oblige à découcher, à faire des allers-retours en Espagne, et que jamais je rentre chez moi le week-end ? » Et tu tombes sur des problèmes graves, du harcèlement, des risques chimiques dans les garages de poids lourds, ou des chantiers ferroviaires où les gens bossent de nuit dans des conditions déplorables.

Par rapport au corps de police ou de gendarmerie, on n'est pas dans l'obligation de relever l'ensemble des infractions par voie de procès-verbal. D'ailleurs, on en serait bien incapables parce que les infractions se ramassent à la pelle. On a le choix de les relever ou pas, et sinon, on trouve d'autres moyens. Des fois, c'est des observations orales, le plus souvent, des observations écrites à l'employeur, pour qu'il procède à une régularisation de salaires ou qu'il embauche en CDI des intérimaires qui devraient pas avoir ce statut, etc. 90 % des suites d'un contrôle se font par le biais des observations écrites. Et globalement, on arrive à faire bouger les lignes.

Mais y a des situations pas régularisables. Par exemple, des employeurs qui mettent la vie en danger de leurs salariés ou celle des autres, en ayant imposé par exemple à leurs chauffeurs de conduire leur 33 tonnes de 70 à 75 heures par semaine. Là, c'est plutôt la voie du procès-verbal qui est utilisée. Avec une terrible déception du point de vue de la justice pénale. Le ministère communique assez peu, mais partout où il y a un travail d'analyse qui est fait, on est à peu près à deux tiers des procès-verbaux qui sont classés sans suite malgré le fait que les infractions soient constituées.

De base, la justice a pas les moyens humains de traiter la délinquance en col blanc. Puis certains magistrats ne voient pas l'intérêt de poursuivre les employeurs qui ne font pas de victimes au sens physique du terme. Souvent, on a affaire à des magistrats issus des classes sociales favorisées, qui connaissent pas les réalités du travail. De toute façon, le droit du travail ne fait jamais partie des priorités des parquets... Donc t'as un corps de contrôle qui est complètement débordé par la tâche – un inspecteur du travail pour mille entreprises en moyenne – mais, en plus, sur l'outil pénal, y a un taux de poursuite qui est extrêmement faible, à part pour les accidents du travail mortels, les bras coupés...

En 2006, j'ai pris un secteur vers Rouen, avec des boîtes comme Sanofi, des Carrefour... Y avait aussi la fabrication de moteurs Renault, à Cléon. Pour avoir un visage plus présentable, Renault déclarait pas les accidents ou déclarait que la première journée. Un mec pouvait se fracturer un bras dans une machine et, dès qu'il sortait de l'hosto, il était payé à rester chez lui pour ne pas être compté en accident du travail, il venait en taxi à l'usine, etc. J'ai mené une enquête, j'ai auditionné 40 ou 50 salariés le matin très tôt ou la nuit pour que l'encadrement de Renault exerce pas de pression.

Il y a quelques dossiers comme ça qui ont porté leurs fruits. Mais tu dois pas compter tes heures. Et le problème du métier, c'est qu'à un moment donné, il y a une usure. En 2015, j'ai senti le burn-out me tomber dessus. Donc j'ai pris un peu de recul, j'ai des fonctions plus juridiques, moins exposées en termes de charge de travail. Sans parler de la réduction des effectifs, on s'est pris plusieurs réformes d'affilée sur le coin de la gueule. Je constate un recul majeur sur la combativité des collègues. Y en a des supers qui sont dégoûtés, épuisés, et qui ont désormais des projets de reconversion. Et puis une autre partie des inspecteurs qui prennent une distance avec le boulot, comme s'ils étaient fonctionnaires d'un corps ordinaire. Tu sens que la niaque est plus là.

Achour, trente-quatre ans, propriétaire d'une entreprise de transport et contractuel en technologie en collège

Le travail, je connais bien. J'ai grandi en Algérie dans une famille de neuf enfants. Mon père, il était employé par une société d'État, dans l'électroménager. Son salaire ne couvrait pas les besoins de la famille. Dès le collège, j'étais manœuvre au black dans le bâtiment. On disait, au village, que j'étais un bon peintre. Plus tard, pour payer mon école d'ingé à l'Institut national du pétrole, j'ai loué une ferme avec un ami à côté d'Oran. On faisait de l'élevage. Je le cachais à mes camarades étudiants, j'avais tellement honte.

J'ai décroché mon diplôme d'ingénieur en maintenance et sécurité industrielle et j'ai pris un poste dans l'agroalimentaire : les chips Chipsou. Le soir, je dormais dans l'usine, le patron me laissait un bureau. Je révisais dur, mon rêve c'était d'entrer à la Sonatrach [Société nationale pour la recherche, la production, le transport, la transformation et la commercialisation des hydrocarbures]. J'ai réussi le concours, mais ils n'ont jamais voulu m'embaucher : je refuse de faire mon service militaire. Je suis kabyle, je n'ai rien à faire dans une caserne à écouter leur bourrage de crâne, je n'ai pas deux ans de ma vie à leur donner.

Ma seule chance, c'était la France. J'ai postulé dans six universités, et j'ai été pris à Metz. Je suis arrivé avec 3 000 euros, toute ma fortune, et je me suis concentré sur mes études : informatique industrielle, option automatique. J'ai vite manqué d'argent. Pour sortir de la galère, j'ai dû trouver un job. On m'a engagé chez Delpierre, à Wisches, dans les Vosges, dans une usine de transformation de saumon fumé. J'avais une chambre Crous à Strasbourg, je mangeais grâce aux Restos du cœur. Ça, je ne l'ai jamais oublié, aujourd'hui encore, je leur fais un don tous les ans. Sans un sou, je ne pouvais pas me payer le transport pour aller à l'usine. Jusqu'à toucher une avance sur salaire, 270 euros, je faisais le trajet enfermé dans les toilettes du TER : 45 minutes, pendant 15 jours, c'est long. Chez Delpierre, j'étais le seul ingénieur. On m'a chargé de refaire tout le système technique de l'usine, moi tout seul ! Un jour, les voisins se sont plaints de mauvaises odeurs et de problèmes dans la station d'épuration à cause des activités de l'usine. J'ai dû y aller. Pour vérifier les capteurs, j'ai plongé dans la merde. À la fin de mon contrat, j'ai demandé un CDI. Il me le fallait absolument pour les papiers. À la place, j'ai obtenu un CDD d'un mois pour former des techniciens français sur le système que j'avais moi-même conçu.

Je suis allé à Paris, j'ai déposé une demande pour un master à Paris 8, en technologie du handicap. J'ai travaillé sur un projet de chaise roulante automatique et mon titre de séjour a été renouvelé, pour un an seulement. Alors, j'ai tenté ma chance dans le nucléaire, à l'université de Caen. J'ai été pris pour un test d'un mois, une amie m'a laissé sa chambre. On était quinze ingénieurs en compétition sur un projet : on devait mettre au point un système de sécurité pour fermer rapidement les portes en béton armé d'une centrale, en cas de problème. À la fin du projet, seule la moitié des ingénieurs étaient retenus et payés. Il y avait un contrat de dix mois à la clé. Grâce à ma formation en Algérie, qui était bien plus poussée que ce qu'on nous demandait, j'ai fini premier. Mais mon statut a posé problème, l'université n'a pas voulu engager de démarches avec la préfecture, on ne m'a pas gardé. Je suis resté abattu une vingtaine de jours, impossible de bouger. J'ai cherché un mariage blanc.

Et puis j'ai décidé d'essayer autre chose. Si tu crées une entreprise, tu passes du statut d'étudiant à celui de commerçant aux yeux de l'État français. Alors, pendant quelques mois, j'ai travaillé dans une société de comptage : il me fallait 700 euros pour une formation de « capacitaire dans le transport léger ». J'ai fondé une entreprise de transport, et un de mes contacts qui partait à la retraite m'a proposé de racheter son « marché », c'est-à-dire ses clients, pour 28 000 euros. Il me fallait quatre camions pour assurer ce travail. En m'arrangeant avec le gérant d'une succursale Europcar qui acceptait de ne pas me faire payer de caution, j'ai pu avoir une flotte.

Je devais assurer : au moindre problème, le type perdait son poste, je lui ai promis d'être à la hauteur. Pour compenser la marge que se faisait Europcar, et rembourser petit à petit la cession de la clientèle, j'abattais le travail de deux livreurs. Je dormais dans le camion, au dépôt de Bussy, dans le 77. Et je travaillais de 5 heures à 12 heures, puis de 14 heures à 22 heures. En deux ans, j'ai réussi à combler mes dettes et constituer ma propre flotte de camions. La préfecture m'a accordé une carte de séjour de 10 ans. J'ai soufflé un peu, et j'ai recruté des salariés. Tous mes livreurs, ce sont des Kabyles comme moi, qui ont besoin de papiers : ils sont mes frères, ma famille. Je n'ai pas oublié d'où je viens. En 2017, Dieu merci, j'ai obtenu la nationalité.

Alors, j'ai voulu renouer avec mon sujet d'étude. J'ai vendu 50 % des parts de mon entreprise de transport et j'ai cédé la gérance à une connaissance, qui, comme moi à l'époque, en avait besoin pour ses papiers. Et me voilà dans l'Éducation nationale. J'ai postulé un soir sur internet vers 22 heures, le lendemain, à 9 heures, on m'appelait pour passer un entretien. Ils m'ont engagé tout de suite, je suis devenu professeur contractuel dans un collège du 77. Je n'avais pas ouvert un livre depuis quatre ans, mon niveau de français avait baissé. J'avais peur. Heureusement, la collègue que je remplaçais a été formidable, elle m'a épaulé, donné ses cours avec plaisir. Après deux mois, j'ai pris un poste dans le 93. Là, j'ai trouvé des collègues en or. Je n'oublierai jamais l'accueil de certains, la solidarité entre nous face à une direction hostile ou des élèves compliqués.

Je me projette dans ce métier. Mois après mois, je m'améliore, j'apprends encore. Je voudrais bien aller enseigner à Perpignan. J'ai un très bon ami là-bas. Lui et moi, c'est pour la vie. Quand il a réussi à entrer dans l'espace Schengen depuis l'Algérie, il est arrivé en Grèce. Je suis allé le chercher en voiture jusque là-bas pour lui éviter les contrôles. Lui et moi, on a des projets.

Camille, trente-deux ans, assistante commerciale

Nous, on est dans le négoce de l'acier et du bois. Mais on ne produit rien. Un client veut tant de palettes, tant de chevrons, on demande à une scierie de les faire, on s'arrange avec nos partenaires affréteurs, et on prend une com' là-dessus. Pour l'acier, c'est un peu différent, on est grossiste, on importe tout ce qui est tréfilé depuis la Chine et on le revend en France. On n'est qu'un intermédiaire, on pourrait disparaître.

Mon poste ? Assistante commerciale, mais autant dire que c'est un poste fourre-tout : je fais des devis, des remises de prix, de la facturation client, des négociations de vente, de l'accueil au standard, de la relance des

« clients dormants ». Avec ceux-là, il faut gratter, c'est à chaque fois pas mal de discussions. Je gère aussi tous les petits à-côtés de la boîte, comme négocier les fournitures en Post-it et stylos ; l'autre jour on m'a même demandé de faire changer les serrures des locaux et d'installer une alarme. Parfois, je m'occupe aussi de vérifier les stocks dans les dépôts, de régler la logistique transport en France, de faire la déclaration d'échange de biens ou de gérer les relations avec les fournisseurs chinois. Toujours en sédentaire, depuis mon bureau.

Je crois que c'est bien pour le CV quand tu fais un peu tout dans une entreprise. Et puis ça, contacter les fournisseurs, j'aime bien, je peux pratiquer mon anglais. Parce qu'à la base, la boîte cherchait quelqu'un qui parle anglais, et moi j'avais un master. Apparemment, ils galéraient pas mal pour en trouver. Mais, finalement, à part la femme de ménage, c'est moi qui utilise le moins l'anglais dans le boulot. Pourtant, le niveau d'anglais de mes collègues… comment dire ? C'est un peu la catastrophe. Après, je ne veux pas les critiquer. On s'entend franchement bien, ça me change de mon ancien boulot chez Porceau & Co.

Là-bas, je faisais de la télévente auprès des bouchers et des supermarchés. L'entreprise était dans la découpe et la transformation de viande de porc. L'ambiance était très mauvaise, on était maltraités par les supérieurs, payés au Smic, avec tout le temps des heures sup' « oubliées ». J'ai fini par être licenciée économique, l'entreprise allait mal. Avec Porceau & Co., une fois tous les frais payés, je me retrouvais avec si peu d'argent qu'après un an, j'ai commencé à faire de la vente à domicile pour Tupperware. Ça faisait des grosses journées : j'embauchais chez Porceau & Co. à 6 heures, j'y restais jusqu'à 14 heures, micro-sieste, et à 15 heures je faisais du Tupperware : je consultais les catalogues, je récupérais les marchandises, j'appelais les clients, je les livrais. Les week-ends, je faisais des ateliers chez les gens, le midi et le soir.

Avec Tupperware, tu commences avec ton propre réseau. C'est d'abord ta famille et tes amis proches qui achètent des boîtes, des couteaux et tout le reste. Ensuite, toi, à chaque fois que tu fais minimum 400 euros de vente, tu as un cadeau Tupperware. Ces cadeaux-là, tu sais qu'il te les faut pour continuer. Si tu n'as pas de nouveaux produits à montrer sur la table lors des ateliers culinaires, les gens ne vont pas les acheter. À côté de ça, ils t'attirent avec d'autres cadeaux : « Faut recruter tant de gens, faut faire tel chiffre d'affaires pour gagner ça. » C'est comme ça que j'ai eu un sac Longchamp, des bijoux et que j'ai fait une croisière. C'est comme ça aussi que tu deviens accroc. C'est un cercle vicieux. Ce n'est pas de l'argent que je me suis fait, c'est du stock. Les ventes sont commissionnées à 20 %. 20 % de 400 euros, c'est 80 euros, pas plus, pour 7-8 heures de travail par atelier. En plus, je devais payer mon essence : le véhicule Tupperware, on ne l'a que lorsqu'on devient manager, pas avant.

Ceci dit, c'est grâce à Tupperware que j'ai obtenu mon CDI d'assistante commerciale. Il y a les pistons bien sûr, car ici, dans le Limousin, t'as vraiment rien sans piston. Ma famille, elle ne connaît personne, milieu modeste et tout, c'est une amie d'enfance qui est dans les RH qui m'a aidée lorsque j'étais au chômage. Mais, sans mon expérience de vente à Tupperware, vu mes études, je ne suis pas sûre que ça l'aurait fait à l'entretien d'embauche. Ce qui compte, surtout, ce sont les expériences pro. À part de l'intérim par-ci par-là, un job nul à McDo pendant mes études et mon passage chez Porceau & Co., je manquais d'expérience. Au final, à cause de mon bac + 5, j'arrive là où j'aurais dû arriver depuis le départ. Mais avec dix ans de retard.

Benoît, quarante-sept ans, douanier

On nous surnomme les gabelous, parce que les douaniers prélevaient la gabelle, la taxe sur le sel. D'ailleurs, jusqu'à une date récente, la douane percevait toujours des taxes sur des produits comme le carburant, l'alcool ou le tabac. On parlait de « droits indirects » : notre redevable n'était pas le consommateur qui achète son litre d'essence ou de Ricard mais un opérateur agréé pour conserver les produits dans des entrepôts « en suspension de taxe », jusqu'à ce qu'il paye pour les mettre sur le marché.

Pendant de nombreuses années, j'ai travaillé en administration centrale, au bureau qui gérait la fiscalité énergétique. Ces régimes de taxation (carburant, gaz naturel, charbon, taxes sur les activités polluantes, électricité) sont encadrés par une directive européenne. Mon travail consistait à écrire, dans le droit français, les textes de transposition et d'application. Au quotidien, avec les douaniers de terrain et les opérateurs, on s'assurait aussi de leur bonne mise en œuvre.

Ça me plaisait beaucoup. Ces régimes fiscaux étaient très rentables. Avec un tout petit nombre de redevables, ça se chiffrait en milliards. La TICPE (taxe intérieure de consommation sur les produits énergétiques), au total, c'est 40 milliards d'euros, la quatrième recette de l'État. Mais, alors qu'elle a toujours été prélevée par l'administration des Douanes – parce qu'on la calcule sur des volumes de produit, avec des contrôles physiques en entrepôt ou des contrôles de circulation adaptés aux forts risques de fraude –, le gouvernement a décidé de confier ces missions aux agents des impôts qui ne sauront pas les effectuer. Ce n'est pas le même métier. Leur travail, c'est le contrôle documentaire sur base déclarative. On peut en être certain : les contrôles ne seront plus effectués et, à terme, le rendement de cette taxe va baisser.

Les résultats de la douane sur ce secteur étaient pourtant excellents. Le coût d'intervention, c'est-à-dire l'engagement administratif nécessaire pour percevoir l'impôt était le meilleur du système fiscal français : moins de 1 euro pour 100 euros de taxes récupérées. L'État sabote ainsi une activité qui rapporte. En pleine crise budgétaire, c'est dogmatique : on persévère à désorganiser l'État financier. Car, depuis longtemps, les fonctionnaires qui ont des fonctions de régulation de la vie économique les exercent malgré la volonté de leur employeur. L'État défend et promeut des politiques de désintégration de l'efficacité étatique et ça désespère de nombreux collègues. À titre personnel, même si j'ai récemment changé de poste, savoir qu'il ne restera rien de ce sur quoi j'ai travaillé si longtemps, ça me fait drôle...

De toute façon, depuis que je suis rentré dans cette administration, il y a vingt ans, je n'ai connu que ça. Que des fermetures de structures, des suppressions de postes, des définitions de missions qui s'étiolent. Il y a notamment la tentation récurrente de recentrer la douane sur la régulation des échanges frontaliers. Mais, si j'ai fait moi-même du dédouanement sur une grande plateforme logistique en début de carrière, je constate aujourd'hui la perte de sens de ces fonctions. La France n'a plus de politique commerciale et douanière. Tout dépend de l'Union européenne. Les montants des droits perçus à l'importation sont très faibles, inférieurs en moyenne à 3 % de la valeur des produits. Le rendement total n'atteint même pas un milliard...

Et puis, en pratique, économie mondialisée signifie économie dérégulée. Avec des conséquences sur le quotidien des agents. Parmi nos indicateurs de performance, il y a le fameux « temps d'immobilisation des marchandises ». L'administration incite à réduire au maximum les durées des contrôles de biens importés quand les agents avaient plutôt choisi ce métier pour assurer la sécurité de leurs concitoyens et contenir les effets de dumping social, environnemental ou fiscal. Car, *in fine*, il y a aussi du dumping douanier, afin de préserver les parts de marché de nos ports et la chaîne logistique qui va avec. Si nos vérifications excèdent l'importateur, il ne se privera pas d'exercer un chantage, en menaçant de ne plus dédouaner au Havre ou à Dunkerque, mais à Rotterdam ou à Anvers, voire dans les pays baltes...

Jean-Luc, soixante-deux ans,
ancien technicien de maintenance

J'ai toujours travaillé dans ce que j'appelle le « tertiaire », dans le dur. Mon premier boulot, c'était de l'assemblage de talkies-walkies et de répondeurs automatiques dans les immeubles. Je faisais ça à toutes les vacances scolaires quand j'avais dix-sept ans. J'ai aussi travaillé chez Carrefour, avant et après mon service. Et de vingt-deux ans jusqu'à ma retraite, il y a trois ans, j'étais technicien de maintenance au Centre spatial guyanais (CSG), à Kourou.

Je ne souhaitais pas spécialement le centre spatial. Après la formation de technicien diéséliste en Guyane, on avait le choix. J'aurais préféré EDF, pour être fonctionnaire. Parce qu'au CSG, on n'a pas la sécurité de l'emploi. Il y a des appels d'offres tous les cinq ans et ma boîte, Endel Engie, n'est pas certaine de remporter tous les marchés sur la base. Il y a quelques années, elle a perdu le contrat pour la téléphonie et 35 collègues se sont fait remplacer par des salariés d'une autre boîte. Moi, j'ai eu de la chance. Endel a toujours assuré la maintenance des groupes électrogènes.

J'étais sur la maintenance élémentaire : vérifier l'ensemble des installations. Du lundi au mercredi, on visitait les groupes électrogènes. Regarder s'il n'y a pas de fuite, rien de cassé, que le moteur thermique démarre, que l'alternateur débite bien, faire un essai à vide... Il fallait toujours nettoyer à cause de l'air salin, on est à quelques encablures de la plage. Et mettre des résistances chauffantes car l'humidité et l'électricité ne font pas bon ménage, surtout en saison des pluies. En fin de semaine, on avait toutes les petites opérations : entretien des compresseurs, des pompes de relevage... Et tous les dix ans, on effectuait la maintenance « 2A » – pour « approfondie, approfondie ». On révisait entièrement un moteur – des 12 cylindres en V, avec 12 chambres de combustion qui accueilleraient chacune un enfant de dix ans. On démontait tout, on remontait tout. On changeait les joints, les segments. On faisait les vidanges. Après trois semaines de travail, le moteur était comme sorti d'usine !

Il y a tellement d'installations, de circuits électriques. Et le site est tellement grand. 35 kilomètres entre la montagne des Pères et le site *Soyouz* à Sinamari. Avec la fatigue, la lassitude, les accidents de la route étaient nombreux. Il y a eu des morts. Dans la manutention aussi : un collègue qui se fait écraser contre un mur par un camion qui recule, un autre qui chute d'une dizaine de mètres. Avec l'électricité, on a fait de la prévention, mis en place des procédures. Ce n'est pas anodin, on ne joue pas avec ça. Lorsque j'interviens sur le réseau, je coupe le courant. Mais si j'oublie de fermer le disjoncteur avec un cadenas, le collègue qui passera derrière remettra machinalement sur « On » et moi je prendrais une décharge, *a minima* une bonne chatouille, et si c'est du 400 volts… Un mort, ça paralyse le site et ça pénalise l'entreprise comme pas possible.

J'ai gravi les échelons. Aide mécanicien, mécanicien, chef d'équipe, chargé de travaux. Comme les tâches sont répétitives, du lundi au vendredi, pendant 52 semaines, on n'avait pas beaucoup d'avancement. Surtout si, par malheur, un groupe électrogène s'arrêtait au moment fatidique, en plein décompte. Le pire qui puisse arriver. Faudrait attendre encore trois ou quatre ans l'avancement qu'on attendait depuis cinq. J'ai connu ça quatre fois dans ma carrière.

J'ai eu des beaux moments. Quand la mise à poste du satellite était réussie, qu'il avait déployé ses panneaux solaires et qu'après six heures de tension, Toulouse donnait l'autorisation de couper les groupes électrogènes pour rebasculer sur le réseau EDF. C'était le fruit du travail bien fait. Avec professionnalisme. On se disait qu'on servait à quelque chose. Nous sommes un peu les fourmis, qu'on ne voit pas, qui travaillent dans l'ombre. Les « petites mains », comme on dit. Ceux qui sont au fond de la cuve, qui n'ont pas la lumière. Nous n'avons pas le reflet du soleil sur nous. Mais sans nous, il n'y a pas de soleil.

Fanny, trente-six ans, manageuse d'artistes

Manageuse d'artistes. On peut aussi dire « agent artistique », ou alors « impresario » si on est une personne âgée. Je fais ça depuis trois ans, j'ai monté ma petite entreprise. Avant, je travaillais pour des labels, dans le conseil juridique principalement. Depuis que je suis à mon compte, mes journées sont, disons, plus variées.

Accompagner des artistes, c'est d'abord beaucoup d'écoute, les orienter pour qu'ils soient sûrs et fiers de ce qu'ils produisent. Ils ont aussi besoin d'un soutien juridique de tous les instants. Niveau administratif et financier, on intervient également beaucoup. Ça implique une confiance très forte entre nous. Je connais leur revenu fiscal de référence, j'ai les codes de leurs comptes en banque, et le numéro de leurs proches. La confiance, c'est la base de mes relations professionnelles. Cette partie de mon métier demande une implication très personnelle, que je n'avais pas anticipée. Pour les artistes, l'intime, c'est leur matière première.

Le principal piège, dans ce boulot, c'est la porosité entre la vie professionnelle et la vie privée. Mes rendez-vous pro se font autour d'une bière pendant un *after*, dans les backstages de l'Olympia, à la buvette VIP des festivals. Dans un milieu où tout le monde est un peu pote, où le réseau est primordial, t'as intérêt à montrer ton minois dans pas mal d'endroits. En plus, quand tu te lances, la pression est décuplée. Si ça foire, ça devient ta faute, c'est ton échec. Je n'ai pas compté mes heures, j'ai amputé mes nuits, oublié de manger. J'ai fait un burn-out. Je m'en remets, mais j'ai pris la mesure de l'alerte. Mes deux associés étaient là pour moi. Ils ont assuré. Je les adore.

On s'oublie dans ce travail, d'autant que l'entourage, malgré lui, nous renvoie sans cesse l'image d'un *fake job*. Aller passer une journée en studio écouter de la musique, ça semble à la portée de tout le monde. En réalité, c'est être branché 8 heures sur le même titre et mener des discussions sans fin. Pareil pour les concerts, quand je fais entrer des amis, ils me disent souvent : « On ne t'a pas vue de la soirée. » Je bossais, en fait ! Je rassurais les artistes, je checkais que tout allait bien avec les techniciens, je vérifiais que les invités étaient bien arrivés, je faisais le job avec les médias... mon travail, en somme. Pour pas mal de personnes, je côtoie les étoiles. « Ah ouais, tu connais untel ? » « Comment ça, tu vas dîner chez une telle ? » Mais oui, je les connais, justement. Leurs angoisses, leurs défauts et leur découvert aussi. Ils sont tombés de leur piédestal.

Niveau salaire, je m'en sors. Mais je ne suis pas franchement large. Je suis DG mandataire social de ma boîte, donc je peux me rémunérer en dividendes. J'ai aussi un petit salaire, pour cotiser un peu, et je passe des notes de frais. Tout ça mis bout à bout, j'arrive à 2 200 euros environ. Ça dépend des mois. J'évite de penser au ratio revenus/heures travaillées, sinon ça ferait un tarif horaire vraiment crade. J'aime trop mon travail, j'y ai investi quelque chose d'intime. Ça me rend heureuse, et ça peut me détruire.

Makan, dix-neuf ans, apprenti à la RATP

Mon travail, c'est les caténaires, la maintenance de terrain. Je suis en apprentissage avec la RATP. Mon centre de formation, mon CFA, il est à Melun, je suis en bac pro.

Quand je ne suis pas à l'école, je suis avec mon tuteur. Il s'appelle Vincent, c'est un Portugais, il est très gentil avec moi. Il est responsable de ma vie, de la tension que je manipule. L'autre jour, il devait changer une armoire électrique à Massy. Il a attendu que je revienne du CFA, pour me montrer. Il fait les trois-huit. En ce moment, il travaille de nuit, alors moi aussi. Il est vraiment gentil, il ne se moque pas de mon accent. Parce que moi, je parle bambara, italien et anglais aussi, un peu. Mais en français, j'ai un accent. C'est celui du pays. Ça me rend timide.

La nuit, on fait des VL : visites de ligne. On vérifie que tout fonctionne bien, que les lignes aériennes de contact sont en bon état. C'est dangereux, on est dans les tunnels et tout... On est tous vigilants. Si un train nous surprend, c'est la mort. Quand on fait ça, on appelle le PC à Denfert, pour que les gars préviennent les conducteurs. De toute façon, la nuit, il y a peu de trains, que ceux des travaux.

Le dépôt, il est à Bourg-la-Reine. Quand je travaille de nuit, je dois y être à 23 heures. Je me change, je mange, j'attends. À 1 h 30, le chef fait l'appel et distribue le travail pour la nuit à chaque équipe. Après, on part rejoindre un site jusqu'à 4 h 10. Quand on a fini la mission, on revient au dépôt.

Quand on part du dépôt, on sait qu'il y a un problème là où on va, mais c'est à nous de le trouver et de régler. Une fois, à la Croix-de-Berny, on a cherché pendant quatre nuits avant de trouver un câble coupé.

La RATP, ils m'ont donné tout l'équipement. J'ai des chaussures de sécurité, une sacoche, un manteau, un casque, une lampe frontale, tout ce qu'il faut. J'ai une carte de transport aussi, je peux aller partout. Parfois, lors des contrôles, quand on voit ma sacoche RATP, bah on ne me contrôle pas ! On me dit : « Ah, tu es de la maison ! »

Mon foyer de jeunes travailleurs, il est super. Il y a beaucoup de Maliens comme moi. Avant, j'étais dans un foyer à Melun, avec d'autres jeunes suivis par des éducateurs. C'était la galère, je me faisais voler mes affaires. Quand je travaillais de jour, je devais me lever à 4 h 10 : 20 minutes de marche jusqu'au RER, 5 h 30 à Châtelet, puis RER B jusqu'à Bourg-la-Reine pour commencer à 6 h 20.

Au CFA, tout se passe bien. J'aime bien. Les autres apprentis, ils ne sont pas dans des entreprises bien comme moi. Je suis quand même fatigué. Une fois, même, je me suis endormi en cours. Alors là, j'ai posé une semaine de vacances, pour me reposer. Parce que j'ai le droit de poser des congés.

Plus tard, je ferai peut-être un BTS. À la RATP, il y a un chef, il est super jeune ! Il a fait comme moi : apprenti. Et après, un BTS. Et maintenant, il est chef. Il est vraiment jeune, c'est un Indien. Normalement, en 2022, après le bac, j'aurais la nationalité. Je serai fier.

Julie, trente-cinq ans, musicienne d'orchestre

J'ai toujours aimé la musique passionnément. Quand j'étais jeune, je voulais être musicienne, de n'importe quelle façon. Le bac en poche, j'ai passé les concours des conservatoires parisiens, avec le sentiment que tout est déjà joué, distribué, battu. Comme j'étais une étudiante sans le sou, il a fallu que je construise un réseau professionnel en parallèle à mes études. Pendant dix ans, ça a été une course sans fin, d'académies, de stages, de collaborations diverses pour tisser la toile la plus large possible. C'était dur, mais je sentais malgré tout que j'étais à la bonne place. La complicité artistique avec un collègue, souvent inconnu, parfois étranger, le plaisir né de la synchronicité des gestes et des respirations, les émotions partagées dans un regard, un sourire, une petite larme, ce sont autant d'occasions d'être heureux de faire ce métier.

Je gagnais plus ou moins bien ma vie lorsque je suis devenue intermittente, un peu avant la trentaine. L'intermittence sort les artistes de la pauvreté à court et à moyen terme. Elle garantit un niveau de vie décent pour des périodes de douze mois, renouvelables sous conditions. Mais ce système finit par entretenir la précarité : on ne veut plus recruter des musiciens titulaires qu'il faut payer toute l'année, alors que des dizaines d'intermittents sont prêts à prendre une place le temps d'un concert. On commence par courir pour obtenir ses droits, puis on continue de courir pour ne pas se les faire arracher par la horde galopante des plus nombreux qui ont eu moins de chance. On court. Il ne faut jamais relâcher son rythme de travail, ne jamais penser à prévoir des vacances, accepter les propositions qu'on s'imagine utiles – donc les accepter toutes, et avec elles, les conditions de travail qu'on ne peut jamais négocier. Il n'y a pas vraiment de liberté artistique quand on passe son temps à compter ses heures pour renouveler ses droits. Et puis il y a les pressions sociales et sexuelles. Elles sont courantes. Il faut être sympathique, « aller boire des verres » après les journées de travail, être sociable pour espérer être de nouveau appelé. Pour les femmes, c'est un numéro d'équilibriste si on veut éviter un dérapage.

Dans les orchestres, chaque place semble à la fois difficile à obtenir et très facile à perdre. Comme une grande partie des formations se trouvent à Paris, on préfère recruter les musiciens qui vivent là-bas parce qu'ils coûtent moins cher. Certains de mes collègues cachent leur déménagement en province en donnant une fausse adresse, et financent eux-mêmes leur séjour à Paris. Les chargés de production privilégient toujours des horaires de travail bâtards, ceux qui permettent de faire sauter les défraiements repas. Les voyages se font en bus plutôt qu'en train, en train plutôt qu'en avion, à l'aurore, de nuit, parfois sans repos de la gare jusqu'à la salle de concert, pour économiser une chambre d'hôtel. On est souvent à la limite de la légalité. Parfois, on enchaîne dans une même journée répétitions, tournage, concert, retouches avec les équipes audiovisuelles, dans une pression constante, sans pause, sans manger. Notre seule récompense, c'est d'être flattés et remerciés. On perd tout le sel du métier dans des tournées éclairs, des concerts déchiffrés vite fait, à peu près bien fait. Avec moins de temps pour monter les programmes, c'est devenu presque impossible de construire une interprétation singulière. Les orchestres deviennent interchangeables, à l'image des interprètes qu'ils engagent, qui deviennent de simples exécutants. Et parfois, quand on se retrouve derrière le rideau avant d'entrer en scène, l'adrénaline a disparu. Ne reste plus qu'un grand malaise.

Cédric, quarante ans, éboueur

Je suis rien, je suis éboueur. C'est par dépit que je fais ce métier. Je n'en pouvais plus de vivoter au black. De l'intérim, tout ça... J'ai tout fait, comme boulot, dans ma vie : déménageur, palefrenier, manut'. Et j'ai même bossé à Drouot. Je présentais les objets pendant les ventes. Une fois, j'ai tenu un tableau chinois pendant plusieurs heures d'enchères, à bout de bras. Un truc Ming ou je sais pas quoi. Il est parti à plus de 3 millions d'euros. Là, je me suis dit, « il y a un truc qui cloche ».

Le travail, ça finit toujours mal pour moi. J'ai un sale caractère. À l'école, c'était pareil, j'ai arrêté avant la fin de la troisième. Quand j'y pense, les salauds... Ça devrait être interdit de laisser filer les jeunes comme ça. J'ai fait une lettre comme quoi je m'engageais à trouver une formation, et on m'a laissé partir. Je n'ai jamais passé mon brevet. Ma mère, elle était plus du genre à me donner raison qu'à me raisonner. Mais là, je l'ai écoutée. Elle bosse dans un restaurant de l'Action sociale en faveur des personnels de la Ville de Paris. C'est elle qui m'a poussé à postuler à la direction de la propreté et de l'eau. J'ai envoyé le dossier. Bingo : un mois plus tard, ils m'appelaient.

D'abord, on passe des tests. À la première étape, on est environ 2 000 candidats. Ils vérifient que tu sais lire, que tu sauras te diriger avec un plan le jour où tu auras le cul dans un camion. Ils en virent la moitié. Après on passe des tests physiques. On porte des trucs, on fait des parcours avec des bennes à ordures remplies... Ils évaluaient plus notre volonté que notre rapidité. Je l'ai compris direct. Alors je n'ai pas lâché, je suis allé au bout. Après, on n'est vraiment plus beaucoup. On passe un entretien, pour voir un peu ce qu'on dans la tête. Et pour finir, visite médicale, avec radios des poignets et tutti quanti. Bah ouais, le doc vérifie que tu ne vas pas leur poser des arrêts maladie tout pourris dès que tu seras embauché !

Ils m'ont pris. Ça fait quatre ans que je fais ce travail. On est des petites fourmis invisibles. Pourtant on est en vert... Moi je n'attends rien, pas de reconnaissance, rien. Je sais que je suis utile. C'est vrai que 1600 euros, avec les primes « d'insalubrité » et de « contrainte matinale », ça va pas chercher loin. En plus, ils parlent de sécher les primes... Le plus dur, c'est encore de se coller la hiérarchie. Ils ne supportent pas que tu attendes quand tu as fini. Ton travail il est fini, mais tu ne peux pas rester statique. Il faut marcher, faire un truc pour faire un truc. Sinon, ils sont sur ton dos.

Dans mon atelier, on est environ 50 agents. À nous tous, on couvre à peine un demi-arrondissement. Les gens ne se rendent pas compte. La direction de la propreté, c'est 5000 personnes : on est une petite armée. Une armée qui bosse tôt, même si le temps est pourri, et parfois le week-end. Ça s'appelle « faire un VSD » : vendredi-samedi-dimanche. On pose nos jours de vacances en y enchâssant des jours de récup', c'est plus avantageux. Pour l'avenir, je ne sais pas comment ce sera. De toute façon, avec mon caractère...

Frédérique, cinquante ans, consultante

Mes parents étaient enseignants. J'étais très bonne à l'école. J'ai fait Sciences Po, HEC, des stages dans des boîtes comme L'Oréal. À vingt-cinq ans, je suis entrée dans une grosse entreprise de conseil. À la fin des années 1990, ça recrutait beaucoup dans cette filière. Les *partners* venaient racoler directement dans les écoles, ils parlaient bien, ils avaient des plaquettes en papier glacé, des kakemonos avec de belles images. Ils parlaient d'une vie pleine de projets, d'aventure. Ils payaient bien. C'était important pour moi de pas m'ennuyer, j'ai signé.

Là, j'ai découvert le monde du business, qui m'était totalement étranger. À l'époque, on faisait beaucoup de projets d'intégration post-fusion, il fallait rabouter les entreprises après l'acquisition. J'animais pas mal d'ateliers de « synergie », ou de « reengineering de process ». « *Big is beautiful.* » Ça me paraissait frappé au coin du bon sens ! Plus la boîte serait grosse, plus elle serait solide dans la compétition internationale. Un peu comme l'Europe, d'ailleurs j'avais voté « oui » à Maastricht. Dans mon *open space*, y avait aussi des tas de forts en maths sortis de l'X ou de Centrale qui modélisaient les flux de *supply chain* internationaux, ou qui optimisaient le fonctionnement des usines avec la méthode « *lean six sigma* ». Tout le monde visait l'intensification de la production et le « zéro stock ». Ça avait l'air très savant.

Au milieu des années 2000, on m'a envoyé sur projet en Inde. J'ai découvert que le groupe pour lequel je travaillais employait déjà des dizaines de milliers d'ingénieurs et d'informaticiens à Bangalore, qu'ils étaient déjà parfaitement opérationnels pour remplacer ceux du bureau français, et que c'était précisément le projet du PDG. Ça m'a mis une grosse claque. À l'époque, mes collègues de Paris se rendaient pas compte. Ils en étaient encore à penser que les Indiens étaient juste des mangeurs de tandoori.

Au début des années 2010, un chasseur de têtes m'a débauchée. J'ai rejoint un cabinet *Big Four*. Là j'ai changé de braquet. J'ai découvert le volet financier du néolibéralisme et de la mondialisation, les choix d'implantation soigneusement analysés pour optimiser le coût du travail et les droits de douane, ou pour récolter un maximum de subventions comme le crédit impôt recherche. J'ai vu à l'œuvre le lobbying sur les normes comptables internationales, pour optimiser les prix de transfert entre filiales. J'ai vu le défilé des parlementaires dans les réceptions glamour du cabinet, le noyautage des organisations patronales, l'entrisme à Bercy, les contributions dans les *think tanks* libéraux, la fabrication d'études pseudo-scientifiques largement reprises par la presse, qui n'ont vocation qu'à casser les réglementations protectrices pour le travail.

À quarante ans passés, j'ai fini par passer à travers le miroir, à décrypter la novlangue néolibérale. Je me suis mise à retourner chaque mot que j'entendais comme un gant pour comprendre ce qu'il y avait à l'envers. « *Big is beautiful* », c'était fait pour flinguer les réglementations nationales, le droit du travail, et échapper à toute fiscalité. Les modèles mathématiques sophistiqués de la « *supply chain* », c'était fait pour ramener des bidules fabriqués par des enfants dans des pays à bas coût dans les rayons de La Foir'Fouille de Saint-Herblain. Le « *lean six sigma* », ça empêchait les travailleurs de se déplacer dans les usines et ça fabriquait des pathologies et de la sinistrose au kilomètre. « L'attractivité de la France », ça voulait juste dire : « Abreuve-nous de crédit impôt recherche et casse ton droit du travail, stp, la France. »

Pendant près de vingt ans, avec mes congénères de l'*open space*, j'avais été une bonne élève qui avait contribué avec application à construire le monde globalisé dans lequel nous vivons actuellement. Une bonne élève qui n'avait pas compris pas à quoi on l'employait vraiment ni quelle était sa place dans le système. En somme, une bonne grosse nouille.

Aujourd'hui, à cinquante ans, le seul endroit où je peux parler librement de ce que je vois et de ce que j'ai compris, c'est sur Twitter, sous pseudo. C'est schizophrène, mais ça soulage. Sur Twitter, on est assez nombreux, on forme une sorte de communauté de taupes qui travaillent au cœur du système mais qui n'en pensent pas moins. Souvent des transfuges de classe, d'ailleurs, et souvent des gens qui à un moment donné ont souffert, qui ont fait un burn-out, qui ont été virés ou qui ont survécu à une série de plans sociaux. Pourtant, on ne sort pas du système, on n'est pas assez courageux, on ne sait rien faire d'autre. On reste là. On se tait à la machine à café, ce serait dangereux d'afficher notre cynisme, ce sont toujours les cyniques qui prennent le plus cher.

Philippe, cinquante-quatre ans,
ancien ouvrier de la sous-traitance du nucléaire

Je suis entré en sous-traitance à la centrale EDF de Paluel en septembre 1985, comme mécanicien. J'ai été licencié économique en 1998, à la suite de la fermeture de la boîte. Mais je suis retourné sur le site l'année suivante, en intérim, avant d'être embauché par un autre sous-traitant. J'étais basé à Paluel, mais j'ai travaillé dans les centrales de Flamanville, Golfech, Saint-Laurent, Dampierre... J'étais aux « servitudes nucléaires », comme on disait à l'époque. Je m'occupais de la préparation des chantiers, de leur repli et de leur nettoyage, je montais des sas de protection, je gérais des magasins, je m'occupais du tri et du stockage des déchets ou de la décontamination du matériel, des surfaces et des piscines.

C'est mon frangin qui m'a trouvé du boulot. J'avais fait des conneries et je venais juste de sortir de prison. La première chose que j'ai faite, c'est d'aller au local syndical et de prendre ma carte. On entre pour défendre l'emploi et les salaires. Mais moi, ça ne m'intéressait pas de défendre à tout prix l'emploi. Mon père est mort de l'amiante ; dans la filature où il travaillait, les 700 salariés sont morts comme lui, tous de la même façon. Enfant, je me souviens qu'on lançait des cailloux aux fenêtres de la maison, la nuit, pour le réveiller. À toute heure, on lui demandait d'aller faire la maintenance alors qu'il avait un salaire de misère. Mais quand la filature a fermé, personne ne s'est soucié de sa santé. Moi, je voulais pas qu'on m'emmerde et qu'on me lance des cailloux comme à mon père.

Autour d'une centrale, y a pas de boulot. Y a qu'un employeur. Si tu veux être autonome, construire ta vie, avoir des enfants, tu vas dans le nucléaire et la spirale t'absorbe. Avoir un emploi, c'est bien, mais dans des secteurs comme le pétrole, la chimie fine ou l'agriculture, à quoi ça sert d'avoir un emploi si tu meurs au travail ? Bosser pour mourir sans profiter de ta retraite, c'est pas bon. Dans le nucléaire, il y a des accidents dont personne ne parle : l'irradiation ou la contamination par inhalation de poussière radiologique. Des collègues à moi sont morts ; d'autres ont eu une ablation des testicules ou du poumon, des leucémies, des cancers. Il y a des salariés qui te regardent de haut quand tu leur parles de ça. Ils te disent qu'ils sont contents, qu'ils gagnent bien leur vie, qu'ils ont du fric, et des primes. Jusqu'au jour où...

À l'intérieur, le nucléaire, c'est propre. Par contre, on te laisse crever derrière les grillages de la centrale... Les syndicalistes, les employeurs, les lobbys du nucléaire, l'État, personne ne parle jamais de ça. On fait tout pour rendre les risques invisibles et déresponsabiliser les donneurs d'ordre : le recours à des sous-traitants, le turnover, le travail détaché... Les activités les plus dangereuses sont sous-traitées à des entreprises que les donneurs d'ordre pressurent pour baisser le « coût du travail ». Nous, on faisait vraiment la merde. On était les larbins du nucléaire, on nous traitait comme des chiens. Les travailleurs des donneurs d'ordre nous méprisaient, ils ne nous parlaient pas, on partageait pas les mêmes locaux, on n'avait pas les mêmes accès à l'entreprise. Il n'y a qu'à voir comment ils avaient une cantine spécifique avec de très bons plats pendant que, nous, on bouffait à la gamelle sur des bancs.

Pour eux, c'est simple, on n'était pas de la maison. On prenait presque tous les risques mais ils gagnaient trois fois plus que nous. Ils avaient des emplois stables, des centres de vacances. Ils avaient une médecine du travail sur site et un suivi post-professionnel. Pendant ce temps, nous, on devait consulter un médecin à l'extérieur. Il avait 3 000, 4 000 salariés à suivre, avec des métiers très différents les uns des autres, des tuyautiers, des soudeurs, des boulangers. Il ne pouvait pas entrer sur le site pour faire de la prévention. Et, contrairement aux agents EDF, les salariés de « l'extérieur » ne reçoivent pas de fiche d'exposition quand ils partent. C'est pourtant ce qui permettrait de prouver, si on tombe malade des années plus tard, qu'on a été exposé par son travail à tel produit cancérigène, mutagène.

On le voit avec les femmes de chambre, partout où il y a de la sous-traitance, c'est le même problème. Moi j'avais plutôt une bonne boîte niveau salaires et convention collective. Quand j'étais « nomade » et que j'allais sur les arrêts de tranche, on nous payait l'hôtel et le resto. On dormait pas dans notre bagnole ou dans des campings comme tous ceux qui sont obligés de le faire pour pas perdre d'argent. Ceux au nettoyage, au soudage, à la robinetterie, à la mécanique, ils ont souvent des conventions collectives de trois pages, au ras des pâquerettes.

Chez EDF, je suis le mec à abattre parce que j'ai toujours lutté à l'intérieur et à l'extérieur contre ces usines à cancer. Plusieurs fois, on a essayé de me licencier, mais j'ai toujours été réintégré. Par contre, j'ai été sorti du nucléaire. On m'a mis comme mécanicien en machines tournantes dans un atelier. J'étais bloqué, je ne pouvais plus aller sur les sites. Mais il y a un an, j'ai été licencié pour inaptitude au travail. Ce métier, je n'ai plus la force de le faire. Je suis reconnu travailleur handicapé, j'ai six maladies professionnelles. Durant ma carrière, j'ai absorbé 265 millisieverts ; j'ai été intoxiqué au nickel, exposé à de l'amiante ou à des toxiques comme le benzène, le plomb ou des solvants. J'ai cinquante-quatre ans mais je suis brisé.

Quand je suis arrivé à Pôle emploi, je leur ai dit que ça allait être compliqué de me retrouver un travail. Ça fait trente-quatre ans que je milite, j'ai toujours milité dans ma boîte ou ailleurs, et j'ai eu plusieurs mandats syndicaux. J'ai dit aux conseillers que j'allais avoir besoin d'aide, qu'il fallait qu'ils m'aident à prouver que si je ne retrouvais pas d'emploi, c'était parce que j'étais syndicaliste, que ce n'était pas normal qu'on me coupe les vivres juste parce que j'avais milité. Mais ils n'ont rien fait pour m'aider.

Ça fait un an que je suis au chômage. J'ai répondu à des dizaines d'offres d'emploi. À chaque fois, on me répond que mon CV est intéressant, mais que je ne corresponds pas au profil recherché, ou un truc comme ça. Dans le département, tous les donneurs d'ordre, EDF ou Total, savent qui je suis. Pour m'en sortir, j'ai investi dans un corps de ferme et j'ai ouvert un gîte. Mais, pour l'instant, c'est difficile de vivre de ça.

Paul, trente-quatre ans, guitariste flamenco

J'ai commencé la guitare à onze ans. Je viens d'une famille d'artistes, une famille de Gitans. Depuis mon premier cachet, à vingt-trois ans, je dis que guitariste est mon métier. Je me souviens bien de ce jour. J'étais à Carrouges, dans l'Orne, je jouais et chantais dans des soirées. Un monsieur est venu, il m'a demandé d'animer le marché de Noël. Je l'ai effectué. Et je suis passé sur une radio du coin : Radio Coup de foudre. Depuis, ça ne s'est jamais arrêté. Une fois, j'ai même joué avec un groupe gipsy au casino de Ouistreham... Sinon, je fais les campings à Deauville, les fêtes de village en Mayenne. Et puis les mariages gitans. Là, je peux chanter devant des centaines de personnes. Quand tu commences et que personne ne t'écoute, il faut continuer, puis donner tout. Et tu finis par faire danser cinq cents personnes. Ça fait chaud au cœur. Je suis très émotif. Quand je fais danser les gens, ça m'émeut tellement que, des fois, j'ai du mal à garder ma voix propre. Nous les Gitans, on chante l'amour, la joie, le respect de nos vieux, de nos femmes et de nos enfants. Tout ce qui compte, c'est le partage.

Le billet, je pourrais bien m'en passer. Et puis tout ça, c'est du black, ça fait pas vivre... Travailler pour gagner de l'argent, j'ai commencé à dix ans. Je voulais m'acheter mes baskets tout seul. Mais les gens sociaux ont fait des enquêtes, ils ont bien embêté mes parents. À quinze ans, j'ai dû retourner à l'école. Par contre, à seize ans : fini ! Je suis devenu ferrailleur. Pendant trois ans, j'ai revendu inox, cuivre et quelques autres métaux ferreux. Puis j'ai enchaîné les missions d'intérim en Normandie. Je me souviens de l'abattage de poulet à Alençon, à cause de l'odeur. Toi, au bout d'un moment, tu ne la sens plus. Mais les gens, eux, ils te sentent, et de loin. J'ai aussi travaillé au McDonald's d'Argentan. Mais bon, quelle galère, tout ça. Ça payait à peine l'essence et la voiture pour aller faire des soirées flamenco...

Maintenant, je vis à Paris. Je suis micro-entrepreneur dans une société de nettoyage, pour les parties communes des immeubles chics. En ce moment, j'ai des horaires pas faciles : 4 h-7 h, puis pause, puis 10 h-14 h. Et je gagne mal : 950 euros par mois. C'est dur comme boulot, on cire des halls immenses à quatre pattes. Souvent, les fenêtres à nettoyer sont inaccessibles, ce n'est pas possible de poser un escabeau, alors on grimpe sur les rambardes de l'escalier. Faut faire gaffe, parce que, du dixième étage, si tu as un pépin, ce n'est pas vraiment ce que j'appelle un accident de travail... Heureusement, je suis très croyant. J'ai toujours sainte Sara sur moi, et je vais la voir aux Saintes-Maries, au moins une fois par an.

Je vais bientôt enregistrer en studio, à côté du Grand Rex. J'espère que ça va marcher. Et puis sinon, je continue. Je ne regrette jamais rien, moi, je fais ce qu'il faut faire. Je suis gitan, fils du vent.

Christine, cinquante-neuf ans, employée de banque

Je suis entrée à la banque après mon baccalauréat, en 1981. Parce qu'ils exploitaient des terres en fermage, mes parents avaient un compte au Crédit agricole et j'y avais fait des stages l'été. Mon papa n'était pas très heureux que je ne travaille plus gratuitement à la ferme. J'étais l'aînée et je crois qu'il aurait bien voulu que j'épouse un agriculteur. Maman, elle, était contente de me voir partir et que j'aie un peu de sous à moi. Je crois qu'elle aussi aurait voulu faire autre chose de sa vie.

Ce n'était pas ma première expérience au guichet. Pendant quelque temps, j'avais été embauchée à l'ANPE. Je n'en garde pas un bon souvenir. À dire vrai, c'était horrible, je croisais tous mes anciens camarades du lycée et du collège qui étaient au chômage et qui venaient pointer. Il y avait encore des industries, Moulinex n'avait pas fermé, et Alençon n'était pas encore la petite ville déserte qu'elle est devenue aujourd'hui. Mais l'Orne reste un département très agricole où les services ne sont pas très nombreux.

Après quelques remplacements dans des agences à L'Aigle, Bellême et Alençon, on a décidé de déménager à Paris. On a trouvé un appartement en banlieue, et j'ai commencé à la Banque centrale des coopératives et des mutuelles, place de la Bourse. J'étais hôtesse de caisse, mais je m'occupais aussi de la gestion des prêts. C'est une période que j'ai bien aimée. Y avait des personnalités, et j'étais contente de rencontrer des gens différents de ma campagne. Avec mes premiers salaires, j'ai acheté une voiture, remboursé ma maman. Je me suis fait une petite garde-robe, on allait au cinéma, à la cafétéria, au camping... C'est aussi à ce moment-là que notre première fille, Anne, est née.

Quand mon mari a été muté, quelques années plus tard, en Charente-Maritime, je l'ai suivi. Et depuis ce temps, on vit là-bas. Dans l'agence de Saintes, je réceptionne la clientèle, je gère les clients qui viennent pour des opérations courantes, je les aide quand ils sont perdus sur les automates. Mais je m'occupe aussi de la logistique de l'agence. Les problèmes d'électricité, les dépenses en eau, la préparation des plannings, c'est moi. Le reste du temps, je suis affectée aux tâches de contrôle. Je vérifie par exemple qu'on respecte bien le RGPD – le Règlement général sur la protection des données – ou bien qu'on a laissé un délai de réflexion suffisant aux demandeurs de prêts.

Avec le temps, mon métier a beaucoup changé. Quand j'ai commencé, la carte bancaire n'existait quasiment pas. Les gens venaient à la banque pour retirer leur salaire. Aujourd'hui, tout fonctionne avec des écritures automatiques, et on ne manipule quasiment plus d'argent. Pour les clients, aussi, tout se fait par internet. Mais tous ne savent pas s'en servir et certains n'ont même pas d'équipement ou pas de connexion. Comme tout se fait à distance, on est submergés par les mails, en plus des coups de téléphone. Les clients s'attendent à ce que tu répondes immédiatement, alors il arrive que tu reçoives trois messages pour le même problème. Tous ces mails, c'est polluant, c'est déstabilisant. On te dit que si tu n'y arrives pas, c'est que tu ne sais pas t'organiser. Mais moi, j'ai pas appris à travailler comme ça, et même les plus jeunes collaborateurs, ils ne s'en sortent pas.

Dans le même temps, les banques se sont transformées en supermarchés. On n'est plus simplement banquier, mais on est aussi fournisseur d'accès à internet, agent immobilier, voyagiste. Il faut générer de l'argent coûte que coûte. C'est choquant parce que ça remet en cause tes compétences et que tout ça se fait au détriment de l'accueil des clients et de la qualité du service. On te demande de vendre des box, mais moi je n'y connais rien et je me demande toujours si je n'ai pas fait d'erreurs. Quand tu fais souscrire à un client un contrat box et qu'il s'avère qu'ils ne sont même pas éligibles à la 4G parce qu'ils habitent au fin fond d'une forêt, c'est comme si tu avais menti.

Enfin, l'autre grande différence, c'est qu'on t'impose des objectifs maintenant. Il y a une politique commerciale du groupe, des exigences de performances qui se répercutent sur les filiales et les agences. Le directeur te dit : « Cette année, il faut ouvrir trente nouveaux comptes, placer 150 000 euros de crédit de base et réaliser 1 million de chiffre de prêt immobilier. » Mais la vérité, c'est que ces objectifs sont souvent impossibles à atteindre. D'ailleurs, ça pousse des collaborateurs à faire n'importe quoi, à se mettre dans l'illégalité pour faire du chiffre. On les licencie, mais c'est le système qui veut ça.

Ceux qui sont les mieux classés peuvent partir en « séminaire » à l'étranger. On récompense davantage les commerciaux que les administratifs parce que ce sont eux qui font l'acte de vente. Pourtant, tout le service après-vente ou même la gestion des automates, c'est nous qui nous en occupons. Il y a une vraie fracture entre les commerciaux et les administratifs.

Un jour, moi aussi, on m'a proposé de partir en « séminaire » en Grèce. J'aime pas l'eau, alors quand j'ai vu qu'ils proposaient uniquement des activités nautiques et qu'on n'avait pas le droit d'y aller en famille, j'ai dit « non ». De toute façon, y a trop de potins dans ces moments-là et je n'avais aucune envie de me mettre en maillot de bain devant le directeur général. Quand j'ai demandé à ce qu'on donne ma place à une collègue, on me l'a refusé. Je crois que c'est un membre de la direction qui y est allé finalement.

Si je devais résumer, je dirais que maintenant la quantité compte plus que la qualité. C'est pour ça que j'ai demandé à quitter mon poste de conseiller clientèle. Avant de faire du contrôle, je gérais un portefeuille de six cents clients. Pas des clients actifs, des patrimoniaux ou des hauts potentiels. Mais des petits clients, des ouvriers, des demandeurs d'emploi, des secrétaires, des employés. Des gens respectables. On me demandait de faire du chiffre avec ces gens-là. De placer des titres ou bien des assurances. De leur vendre des produits dont ils n'avaient pas besoin : des cartes Visa internationales, des packages, des assurances hospitalisation alors qu'ils n'arrivaient déjà pas à payer leur assurance auto. Ou bien qu'ils n'avaient pas d'épargne.

Tous les jours, j'étais confrontée à la pauvreté et aux inégalités. D'un côté, il y avait le client patrimonial qui faisait un pataquès pour obtenir un crédit et acheter un quad à son fils ; de l'autre, cet ouvrier qui entrait en pleurant dans l'agence parce qu'il avait besoin d'argent pour réparer sa voiture. Moi, je ne pouvais pas lui prêter à cause de ses revenus et de ses charges. Je pense qu'il est allé voir vers un organisme de crédit. Peut-être qu'il s'est retrouvé en surendettement. La case surendettement, quand tu dois passer devant une assemblée pour te justifier, c'est traumatisant. Surtout quand tu travailles huit heures par jour. Bref, j'étais une éponge et je n'ai plus supporté.

J'ai hâte d'être à la retraite. J'ai l'impression que je n'arrive plus à suivre. Et puis l'état d'esprit des gens, le chacun pour soi, l'immédiateté, ça me déplaît. En fait, je n'en peux plus de tout ça : je sature. Mais parfois je m'interroge quand même parce que je sais que, là-bas, je suis toujours utile à quelqu'un et à quelque chose.

Kevin, vingt-neuf ans, serveur dans un restaurant

Ça fait neuf ans que je suis serveur ici. J'ai débarqué par hasard, je ne suis plus reparti. Les enfants du patron, maintenant, ils disent : « Kevin, il fait partie de la famille. »

Je viens de Val-de-Reuil, dans l'Eure. Après mon Bac STMG, j'ai tenté la fac de droit à Évreux. Ça n'allait pas du tout, c'était pas pour moi. Je me suis trouvé une école de commerce, mais à plus de 5 000 euros l'année... J'ai onze frères et sœurs, pas question pour mes parents de payer. J'ai travaillé. Je bossais à la chaîne pour Johnson and Johnson, une entreprise pharmaceutique. Je faisais des crèmes Neutrogena. Je commençais le vendredi à 18 heures et je terminais le lundi matin à 6 heures : 33 heures de boulot chaque weekend. Je faisais 2 200 euros par mois. Mais j'arrivais fracassé en cours. Ça l'a pas fait, j'ai arrêté l'école.

Pendant quelques mois, j'ai travaillé dans une société qui retapait les maisons incendiées. Nettoyer les cendres, les suies, bricoler. Quand mon contrat s'est terminé, j'ai appelé mon oncle. J'ai un oncle ici, en Corse. Je suis jamais venu le voir, mais je l'ai appelé et je lui ai dit que je cherchais un boulot. Il m'a trouvé une place dans ce restaurant, à la plonge. À la fin de la saison, le patron m'a demandé si je pouvais me débrouiller au service, pour l'année prochaine. J'ai menti, j'ai dit oui... mais je ne savais même pas apporter deux cafés... Quand on avait des vagues de clients, je stressais. J'allais fumer une clope, planqué à la plonge, et je me disais : « Bon. Allez. Les clients ils sont là, il faut le faire maintenant. » Et je me lançais...

C'est bien, ce métier, pour moi, ça m'a forcé à m'ouvrir aux autres. Je suis introverti, sauvage même. C'est mon caractère qui est comme ça. Dans mon enfance, on ne peut pas dire que j'aie manqué d'amour. Mais à douze, il faut savoir s'effacer pour partager l'attention des parents. Tous les petits de la fratrie, à partir du septième, ils sont comme moi. On est timides.

Maintenant je suis plus à l'aise. J'aime bien le contact avec les clients, ça me tient à cœur qu'ils se sentent bien. Sur TripAdvisor, le restaurant est bien noté. Il y a des bons commentaires sur le service. C'est une reconnaissance. Ça fait plaisir. Moi je suis toujours à fond, on peut dire que je fais mon sport au boulot. J'ai une appli pour compter les pas. En été, c'est costaud, je n'ai même pas le temps de la regarder, mais je fais bien plus que les 18 000 pas par jour.

Je me suis installé au village. D'octobre à avril, la cuisine ferme, mais le bar reste ouvert, pour la belote. C'est vrai que ça pèse un peu, l'hiver ici. Il fait doux, mais tu peux passer une journée entière sans croiser un être humain. Heureusement, ça va bien avec mon caractère, le calme. Et puis les gens du coin, finalement, ils m'ont adopté.

Pour la suite, je suis pas gourmand. Un toit, un bon cadre de travail, je suis bien comme ça. C'est vrai que j'ai une idée qui me trotte. J'y pense de plus en plus. Avec mon beau-frère et ma sœur, on pourrait se lancer. On en a déjà parlé, on voudrait ouvrir un restaurant polonais, à Castelnaudary. Il y a beaucoup de Polonais là-bas, dans la Légion étrangère, comme mon beau-frère, d'ailleurs. Il serait en cuisine, moi et ma sœur au service. Le samedi, on pourrait même faire des animations sympas, en costume folklorique. Ça pourrait marcher. C'est bon leur cuisine, aux Polonais, c'est copieux, c'est une cuisine familiale. Les goulaschs, et surtout les galettes de pomme de terre, c'est ce qu'il y a de meilleur. Ça pourrait marcher.

Élisabeth, quarante-huit ans, chômeuse

C'est dur en ce moment, mais je n'ai pas à me plaindre : comme ma fille est handicapée, je touche de l'argent. Je touche aussi les allocations logement, sauf qu'avec la réforme il y a eu un problème de versement le mois dernier. Pour avoir l'aide d'urgence, je suis allée voir l'assistante sociale du secteur. On devrait l'obtenir, mais il faut d'abord écrire une lettre de motivation.

Mon mari a été maçon toute sa vie. Il est cassé, plus de main, plus de dos. Il veut arrêter de travailler dans le bâtiment depuis qu'il a vu deux de ses collègues tomber du quatrième étage, morts... L'employeur n'avait pas donné de harnais de sécurité. C'est fini pour mon mari, laissez-le tranquille. Impossible de le faire comprendre à Pôle emploi.

Moi, par contre, je veux travailler – pouvoir partir en vacances, aller à la piscine, vivre. Je voudrais être coiffeuse. La coiffure, c'est toute ma passion. Mais c'est comme pour esthéticienne, il faut le CAP, et je l'ai pas fait quand j'étais jeune. Ça fait vingt ans que je m'occupe de mes six enfants.

Le grand m'a accompagné, à Pôle emploi. On vit vers Rostrenen, donc on est allés en car à l'antenne de Carhaix. Tu peux t'inscrire sur internet, mais nous, on n'a pas la connexion à la maison. C'était compliqué. Je me suis trompée. J'ai dit que je recherchais un poste de cadre, pour rien rater. Il fallait aussi indiquer ses « compétences ». J'ai coché « dynamisme ».

Ensuite, comme je n'avais jamais été à Pôle emploi, le premier rendez-vous a duré trois quarts d'heure. La fille a parlé des indemnisations, des droits et des devoirs, du fonctionnement du site internet. Ça faisait trop d'informations. Je n'ai pas tout retenu. Pas osé poser de questions. Et on n'a pas eu de temps pour chercher un travail. Mais ensuite, j'ai fait comme elle avait dit. Je me suis créé un CV sur internet et une « carte de visite ». Faut le faire, pour montrer qu'on est motivé.

Même si, en vrai, le travail que Pôle emploi propose, c'est pas toujours du boulot. C'est travailler la nuit à l'usine de lait ou de gâteaux. Ou un job pourri de nettoyage dans un élevage porcin, un truc immonde. Ou des nettoyages avec des horaires très tôt le matin, tard le soir. Et moi, à mon âge, je veux pas non plus faire la plonge : je ne suis pas un mille-pattes. J'ai plutôt candidaté pour des missions de vendeuse en prêt-à-porter ou dans la beauté. Mais je suis trop vieille, je suis jamais prise. Ils ne prennent que des minettes.

La conseillère m'a donc orientée vers les aides à la personne. Elle dit que j'ai acquis une compétence parce que j'ai élevé six enfants. Mais pour l'instant, je n'ai pas le permis. Pôle emploi peut financer un permis mais il faut déjà être inscrite depuis six mois. Et puis je ne sais pas si je l'aurai. Et puis j'ai les deux plus petites qui sont encore scolarisées.

C'est vite stressant, tout ça. La conseillère Pôle emploi que j'ai vue, elle est sympa, un peu assistante sociale, mais il y en a d'autres qui ne rigolent pas. Si quelqu'un ne vient pas à un rendez-vous de Pôle emploi, on peut lui couper les droits. J'ai une voisine, sa fille, elle a vingt-deux ans, on vient de lui sucrer six mois. « Pour lui apprendre », ils ont dit.

Les boîtes non plus, elles ne rigolent pas. Sur une mission de nettoyage, j'ai eu un contrat qui disait : « L'usage du téléphone portable est interdit, tout manquement à cette règle fera l'objet d'une déduction d'un quart d'heure sur votre temps de travail. » Et mon fils, une grande surface lui a payé une licence de cariste, mais il vient de se rendre compte que ça ne marche que chez eux. Quand ils le licencieront, sa formation n'aura servi à rien.

Emmanuel, cinquante ans, égoutier

J'avais pas bien travaillé à l'école et je cherchais du boulot, alors je suis entré comme éboueur à la Ville de Paris. Au bout de deux ans, j'en ai eu marre : c'était toujours la même chose, les mêmes gestes, le même quartier. C'est à ce moment-là que j'ai décidé de devenir égoutier. Je me disais que ça allait être sympa, et puis y avait un côté Jean Valjean.

J'ai réussi le concours. Y avait un peu de maths, une petite rédaction et un test. On te fait descendre pour voir si t'es claustrophobe, comment tu réagis à l'obscurité, aux odeurs – un mélange d'urine, d'excréments et de gel douche –, aux rats. Au début, faut prendre sur soi, mais tu finis par t'y habituer.

J'ai commencé dans le curage des petites lignes. C'était assez physique. Il fallait entretenir les ouvrages, nettoyer les égouts « par le bas », enlever les déchets qui recouvrent les bouches. Il faut faire gaffe, quand ils descendent, tu peux te les prendre dans la tronche. Il fallait aussi remplir des brouettes de sable et les transporter.

Aujourd'hui, je travaille à la collecte après avoir été au musée des Égouts. Ça fait vingt-six ans, je fais partie des anciens. Les gars de mon atelier sont plutôt jeunes. Certains ont le bac, d'autres n'ont pas de diplôme. Souvent ils habitent en banlieue lointaine, parfois même en province. C'est dur parce qu'on commence à 6 h 50. Le matin, il y a plus d'eau pour nettoyer. C'est le moment où les gens prennent leur douche ou vont aux toilettes. On descend pour noter les anomalies, le niveau d'ensablement. On répare les plaques, on dératise, on enquête, quand il y a des odeurs suspectes par exemple. On finit à 13 heures.

On gagne 1700 euros en début de carrière et 2200 à la fin. C'est pas si mal que ça. Mais c'est un travail pénible et risqué. On peut se cogner les cervicales, glisser et tomber mal. Et puis, il y a l'hydrogène sulfuré qui est toxique. Il y a sept-huit ans, on n'avait même pas de masque.

On sait qu'on vit dix-sept ans de moins que la moyenne. C'est pour ça qu'on a la retraite à cinquante-deux ans. Ça nous donne un peu d'espoir. C'est pas comme les égoutiers du privé qui travaillent dans les bassins de dessablement en aval. C'est le boulot le moins agréable qui existe. Ils remuent la merde et l'envoient dans les usines : eux partent à soixante-deux ans.

5

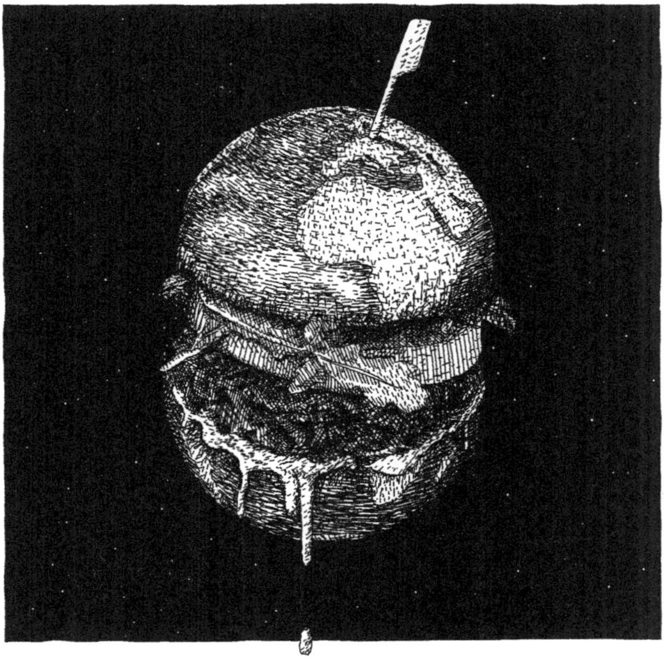

VIVRE DANS LE NOUVEAU MONDE

Se soigner

Frédéric Pierru

La crise de Covid-19 a révélé les inégalités, en termes de santé, mais aussi de travail, de logement et, plus généralement, de conditions de vie. Le sort des populations de Seine-Saint-Denis, département le plus pauvre de France, en a été le symbole : les indicateurs de santé y ont été nettement plus dégradés qu'ailleurs, en particulier du fait de la prévalence des maladies chroniques (obésité, diabète) qui sont autant de facteurs de surrisques face au Sars-Cov2. Les logements y sont aussi plus exigus et surpeuplés, favorisant les « clusters familiaux ». Et les habitants salariés, surtout dans le secteur des services (transporteurs, caissières, etc.), ont été parmi les « premiers de corvée » lors des confinements. Pourtant, dans ce département particulièrement exposé, l'offre de soins est nettement moins dense qu'ailleurs, au point que des chercheuses ont parlé d'un « désert médical urbain[1] » : la Seine-Saint-Denis compte moins de lits d'hôpitaux publics, moins de cardiologues, moins de médecins généralistes pour 100 000 habitants que la moyenne. Confirmant l'implacable loi du cumul des inégalités, des médecins généralistes alertaient sur le fait que ces populations les

1. Audrey Mariette et Laure Pitti, « Covid-19 en Seine-Saint-Denis : comment le système de santé accroît les inégalités », *Métropolitiques*, 10 juillet 2020.

plus exposées étaient aussi les plus éloignées des centres de vaccination, lesquels profitent d'abord aux classes sociales les plus aisées[2].

Inégalités historiques

Il ne serait pas intellectuellement honnête d'imputer au seul pouvoir macroniste ce terrible bilan. En effet, contrairement à l'histoire qu'aiment se raconter les Français, les inégalités sociales et territoriales en matière de santé et de soins sont structurelles dans notre pays, et elles ont même tendance à se creuser depuis le début du XXIe siècle. Les résultats des premières enquêtes menées au XIXe siècle par des médecins comme Villermé ont été régulièrement corroborés depuis par les études épidémiologiques, sociologiques et géographiques : il existe de profondes inégalités sociales et territoriales face à la maladie et la mort[3]. Un éminent spécialiste de santé publique américain embrassait ces dynamiques inégalitaires avec un seul concept, celui de « socio-parésie », désignant « la réticence et l'inaptitude à travailler sur les racines sociales des problèmes de santé[4] ».

Considérons un seul indicateur, celui de la mortalité prématurée (c'est-à-dire avant soixante-cinq ans) : celui-ci dessine une zone de surmortalité en forme de croissant dans la partie septentrionale du pays, de la Bretagne à la Lorraine, très marquée dans le Nord. À l'inverse, la sous-mortalité est affirmée en Île-de-France, dans l'ensemble oriental et méridional du pays. La carte de la mortalité prématurée est, *grosso modo*, celle des régions frappées par la désindustrialisation et, partant, celle des régions et départements les plus pauvres. Les départements d'outre-mer connaissent, quant à eux, une situation contrastée : l'espérance de vie est supérieure à la moyenne nationale en Martinique, mais inférieure à la Réunion, en Guadeloupe et en Guyane. De même, à trente-cinq ans, un ouvrier a une espérance de vie inférieure de sept ans à celle d'un cadre, de trois ans pour les femmes. De façon préoccupante, ces écarts ont tendance à se creuser. Il en va de même de l'espérance de vie en bonne santé : l'écart entre catégories extrêmes est alors de dix ans. Les inégalités sociales concernent toutes les grandes pathologies, notamment le cancer. On sait que ces inégalités sociales commencent

---

2. Jacques Battistoni, Alexandre Feltz et Denis Lemasson, « Vaccin anti-Covid : une majorité des bénéficiaires est issue des classes les plus aisées et ne représente pas la population la plus vulnérable », *Le Monde*, 12 février 2021.
3. Maud Gelly, Audrey Mariette et Laure Pitti, « Santé critique. Inégalités sociales et rapports de domination dans le champ de la santé », *Actes de la recherche en sciences sociales*, n° 236, 2021.
4. Jonathan Mann, « Allocution » au congrès de la Société française de santé publique, Grenoble, juillet 1998. La parésie est une paralysie légère diminuant la motricité.

dès l'enfance et se renforcent avec l'âge. L'allongement de la vie a donc été fort inégal et l'on ne saurait se satisfaire de moyennes. On soulignera, enfin, que l'augmentation de l'espérance de vie ralentit depuis dix ans et que l'espérance de vie en bonne santé, quant à elle, stagne.

Les inégalités d'offre de soins sont elles aussi profondes et durables. Le géographe de la santé Emmanuel Vigneron a plusieurs fois insisté sur le fait que le déséquilibre de la répartition des médecins a au moins un siècle d'existence[5] ! Les départements les mieux dotés sont surtout les départements sièges des facultés de médecine. Ces inégalités territoriales obéissent *grosso modo* à un schéma centre-périphérie qui voit s'affirmer la « métropolisation » de l'offre médicale et des équipements hospitaliers. Enfin, *last but not least*, les inégalités sociales d'accès aux soins sont elles aussi fortes et, une fois de plus, structurelles ; elles ne s'expliquent qu'en partie par des obstacles de nature financière. Il existe des filières de soins selon l'origine sociale : là où les catégories populaires choisissent urgences hospitalières et médecins généralistes, les catégories supérieures ont davantage recours à la prévention, aux soins de spécialistes et ont plus aisément accès aux services hospitaliers de pointe[6]. Le renoncement aux soins dentaires ou d'optique, peu remboursés par la Sécurité sociale, est particulièrement prononcé dans les catégories populaires où le contrat d'assurance maladie complémentaire – quand il existe – est souvent bas de gamme. À l'inverse, dans les catégories aisées, ces soins ne sont plus considérés comme accessoires mais essentiels, notamment du fait que pour les cadres, par exemple, l'apparence physique est jugée cruciale. De même, le recours aux pratiques dites « non conventionnelles » (ostéopathie, chiropraxie, acupuncture, naturopathie, etc.), elles aussi très mal prises en charge par la collectivité, sont majoritairement le fait des catégories supérieures pour qui la « santé » ne se cantonne pas aux seuls soins médicaux « conventionnels », mais relève presque de « l'art de vivre ». D'une façon générale, les catégories supérieures s'identifient plus volontiers à la figure du patient « acteur de santé », là où les catégories populaires subissent plus fréquemment la domination médicale, qui est aussi une domination sociale.

Contrecarrer de telles inégalités historiques est une tâche très ardue et, de toute façon, de longue haleine. En effet, l'état de santé d'une population

5. Emmanuel Vigneron, « Existe-t-il une préférence française pour les inégalités sociales et territoriales de santé ? », *in* A. Grimaldi et F. Pierru (dir.), *Santé : urgence*, Paris, Odile Jacob, 2020.
6. Maud Gelly et Laure Pitti, « Une médecine de classe ? Inégalités sociales, système de santé et pratiques de soins », *Agone*, n° 58, 2016.

ne dépend que pour 20 % des soins curatifs ; les 80 % « restant » relèvent de ce que les épidémiologistes appellent les « déterminants sociaux de la santé » comme le niveau éducatif et des inégalités sociales, la qualité du logement, de l'alimentation et de l'environnement (pollutions), le degré d'intégration sociale, etc. : pour parler comme le sociologue Marcel Mauss, la santé est un « fait social total ». Peu ou prou, toutes les politiques publiques ont un impact sur l'état et les inégalités de santé[7]. Si l'on se limite à la résorption des inégalités d'accès aux soins, là encore les difficultés à lever sont énormes. Dans ce domaine, les inégalités sont d'abord « culturelles », puisque l'on sait que les groupes sociaux ont des « cultures somatiques » et des rapports au corps très différents ; elles sont ensuite socio-politiques : toutes les études de science politique ont montré qu'il est très difficile de réorienter un système de santé au regard de sa trajectoire historique. Il n'y a, en la matière, jamais de « grand soir », et même un Premier ministre aussi décidé et brutal que Margaret Thatcher a échoué à réformer substantiellement le National Health Service. Le changement, quand il existe, est souvent graduel, s'étalant sur des décennies.

Les libéraux contre la santé

Pour ce qui est du cas français, le principal obstacle à la réduction des inégalités d'offre de soins réside dans le fait que la profession médicale s'est construite contre l'État, puis les assurances sociales obligatoires[8]. Traumatisée par la Révolution française (qui avait dans un premier temps supprimé les facultés de médecine et libéralisé l'exercice médical), puis la création en 1803 des « officiers de santé » (ces médecins au petit pied, formés en quatre ans et destinés à soigner dans les campagnes reculées), la profession médicale a réussi à restaurer son monopole. Mais c'était pour voir son statut à nouveau menacé – c'est du moins ce qu'elle a cru – par l'émergence des caisses mutualistes, puis des assurances sociales. Le corps médical, le mouvement mutualiste et les petits patrons ont été les acteurs de « l'objection libérale » qui a retardé la mise en place d'assurances sociales sur le modèle bismarckien[9]. C'est ainsi qu'a été édictée, en 1927, la fameuse

7. T. Lang (dir.), *Les Inégalités sociales de santé : sortir de la fatalité*, Haut Conseil de la santé publique, 2009.
8. Patrick Hassenteufel, *Les Médecins face à l'État. Une comparaison européenne*, Paris, Presses de Sciences Po, 1997.
9. Henri Hatzfeld, *Du paupérisme à la Sécurité sociale. 1850-1940*, Nancy, Presses universitaires de Nancy, 1989.

Charte de la médecine libérale, qui reste d'actualité : liberté d'installation, liberté de prescription, libre entente sur le montant des honoraires, secret médical. La création de la Sécurité sociale, en 1945-1946, a ratifié cet armistice entre pouvoirs publics et profession médicale, même si cela devait se payer par une tension entre une demande solvabilisée par les cotisations sociales et une offre de soins privée. L'hôpital public ayant été réservé jusqu'en 1941 (et, dans les faits, jusqu'en 1945) aux seuls indigents, on a vu naître et prospérer un large secteur d'établissements hospitaliers privés pour répondre à la demande des classes moyennes et supérieures. C'est la raison pour laquelle la France a, encore à ce jour, l'un des secteurs privés d'hospitalisation les plus fournis d'Europe[10].

Pour infléchir la trajectoire historique du système de soins, il ne faut rien de moins qu'une crise politique et un changement de constitution, ou qu'une crise sociale majeure comme celle de 1968 ! Ainsi, l'hôpital public contemporain est né avec les ordonnances Debré de 1958, dans le sillage de la crise algérienne et de l'avènement de la Cinquième République. Cette conjoncture politique exceptionnelle a en effet permis de surmonter la résistance acharnée des syndicats de médecins libéraux contre l'instauration du « plein-temps hospitalier » (avant 1958, les médecins hospitaliers avaient aussi une clientèle libérale en ville) et la création des centres hospitalo-universitaires, qui ont permis de réunir soins, recherche et enseignement (là où les cliniciens avaient un dédain assez marqué pour les sciences auxiliaires, comme la chimie, la biologie, etc.). Pour autant, remédier aux déséquilibres territoriaux en matière d'équipement hospitalier n'est pas non plus chose aisée, car il faut alors affronter les puissantes coalitions d'intérêts locaux, avec à leur tête les édiles, opposés à la remise en cause des finances ou des équipements de « leur » hôpital au profit des structures les moins bien dotées.

Depuis les années 1990, les dynamiques inégalitaires se sont accélérées. D'une façon générale, la mise à l'agenda de la maîtrise des dépenses de santé dès la fin des années 1960 a fait passer au second plan les objectifs d'universalité et d'égalité. S'il n'est pas question de faire ici la chronique des réformes menées depuis cette époque, on peut en mentionner les trois axes, qui sont aussi ceux que le ministère des Finances a imposés à l'action publique. En premier lieu, faire en sorte que les dépenses publiques

10. Valérie Paris, « Les comparaisons internationales : apports et limites des statistiques disponibles », *Revue française d'administration publique*, nº 174, 2020.

de santé évoluent au même rythme que la richesse nationale, en bouclant macro-économiquement le système de santé (c'est la technique de « l'enveloppe globale »). Le « plan Juppé » de 1995 a constitué de ce point de vue une étape essentielle, en introduisant les lois de financement de la Sécurité sociale (LFSS) qui permettent au Parlement de voter chaque automne l'Objectif national d'assurance maladie (Ondam), soit le montant financier alloué annuellement au système de santé (secteur médico-social inclus). Au départ seulement indicatif (c'est un « objectif »), l'Ondam est devenu, à compter de 2010, impératif. Il a été « tenu » alors même que son taux de progression ne cessait d'être revu à la baisse.

Second axe des réformes gestionnaires : le contingentement de l'offre de soins, fondé sur le raisonnement suivant : moins de médecins = moins de prescripteurs = moins de dépenses. Nulle considération de besoins de santé ici, juste la subordination des politiques de santé aux impératifs budgétaires. C'est selon ce raisonnement qu'ont été introduits, dans les années 1970, les célèbres *numerus clausus* limitant le nombre d'étudiants en médecine de première année à passer en seconde année. On l'oublie, mais cette politique de rationnement de l'offre médicale a trouvé un allié dans les principaux syndicats de médecins libéraux effrayés par la « pléthore » médicale, synonyme de baisse des revenus. Cette gestion malthusienne a conduit aux difficultés actuelles en matière d'inégalités de densité médicale : réduire le nombre de médecins tout en ne remettant pas en cause la liberté d'installation ne pouvait que conduire à l'apparition programmée de « déserts médicaux ».

Dernier axe : dérembourser, au moins partiellement, certains soins et biens médicaux (surtout les médicaments), ristournés aux assurances maladies complémentaires (mutuelles, institutions de prévoyance, assurances privées). Cette dynamique de privatisation de la dépense, particulièrement utilisée dans les années 1980, puis dans la première décennie du XXIe siècle, est non seulement un moyen inefficace pour maîtriser les dépenses de santé, une source d'inefficience du système de santé – les frais de gestion des mutuelles sont de plus de 20 %, là où ceux de la « Sécu » sont de 4 % –, mais aussi un facteur clé de l'aggravation des inégalités d'accès aux soins. En effet, cela revient à faire payer plus les ménages modestes pour accéder à moins de soins et à faire payer moins les ménages aisés pour accéder à plus de soins (les ménages modestes n'ont souvent qu'un contrat bas de gamme – quand ils en ont un – là où les ménages aisés bénéficient souvent de couvertures d'entreprise haut de gamme). Ici aussi, l'objectif de réduction des inégalités cède devant l'exigence de combler le « trou de la Sécu »[11]. Constatant la faiblesse des pouvoirs publics, les médecins libéraux ont peu à peu abandonné la seule concession qu'ils avaient faite, au début des années 1970, à la Sécurité sociale : le respect de tarifs opposables. Les dépassements d'honoraires ont commencé à se multiplier dans les années 1990 et surtout dans les années 2000, en particulier chez les spécialistes. En un sens, les pouvoirs publics ont acheté la paix sociale avec les médecins libéraux, dont les tarifs n'augmentaient que peu, sur le dos de l'accès aux soins des plus modestes. À l'inverse, l'hôpital public, entièrement sous la coupe de l'État, et pourtant seul compartiment public de l'offre de soins, n'a pas bénéficié d'une telle compréhension. Pour lui, ce fut l'austérité à tous les étages.

Économie politique de la santé

Cette mise en perspective étant faite, peut-on dire qu'Emmanuel Macron ne fait qu'hériter d'une situation difficile, léguée par ses prédécesseurs ? Il faudrait pour cela faire preuve d'une immense mansuétude. Issu de l'Inspection des Finances, ce dernier représente d'abord la subordination des politiques de santé à « l'ordre de la dette », même si la crise de Covid-19 a, comme le krach financier de 2008, ouvert une parenthèse keynésienne qui se refermera rapidement[12]. De son point de vue, le système de santé doit se plier de gré ou de force à la trajectoire des finances publiques imposée par les traités de la zone euro, qui ont été considérablement renforcés en 2011-2012. Le prix sanitaire à payer pour « sauver la zone euro » a été élevé, même s'il a été bien moindre que dans les pays du sud de l'Europe (particulièrement en Grèce, où l'on a assisté à un véritable drame humanitaire). Les enquêtes d'épidémiologie sociale aboutissent toutes à la même conclusion : l'austérité tue[13]. En France, entre 2012 à 2017, le coup de rabot budgétaire a préparé la crise hospitalière qui devait se déclarer peu avant l'arrivée du Covid-19, à l'automne 2019.

Partie des urgences hospitalières, la mobilisation des soignants a gagné rapidement les services spécialisés, y compris dans les prestigieux établissements de l'Assistance publique-Hôpitaux de Paris (AP-HP). Les paramédicaux des services d'urgence, confrontés à l'afflux de patients ne pouvant plus accéder aux soins de premier recours (faute de médecin généraliste ou de barrières financières d'accès aux soins) et aux résidents des Ehpad

11. Julien Duval, *Le Mythe du « trou de la Sécu »*, Paris, Raisons d'agir, 2020.
12. Benjamin Lemoine, *L'Ordre de la dette*, Paris, La Découverte, 2016.
13. Sanjay Basu et David Stuckler, *Quand l'austérité tue*, trad. fr. S. Sfez, Paris, Autrement, 2014.

sous-médicalisés, mais aussi à des faits de violence, se sont logiquement manifestés les premiers en créant le Collectif inter-urgences (CIU). Ce mouvement a été rejoint peu de temps après par le Collectif inter-hôpitaux (CIH), animé par des médecins, souvent chefs de service, qui peinent à recruter et à stabiliser des effectifs soignants suffisants pour faire tourner les services. Conditions de travail dégradées, qualité des soins déclinante, tournant productiviste, pouvoir d'achat en berne (avec le gel du point d'indice de la fonction publique) : l'hôpital public n'est plus attractif. Célébrés pendant le premier confinement, les soignants ont repris leurs mobilisations dès la fin de ce dernier, ce qui a obligé le pouvoir à organiser en toute hâte un « Ségur de la santé » pour tenir jusqu'aux vacances d'été 2020. Les principales revendications n'ont guère été entendues (augmentation du nombre de lits, embauches massives, reprise de la dette hospitalière en totalité par l'État, desserrement de la contrainte budgétaire), seul le rattrapage d'une partie de la perte de pouvoir d'achat a été acté. Les porte-parole de ces mobilisations en ont nourri amertume, frustration, et découragement. Pendant ce temps, on l'a dit, la médecine de ville a continué tranquillement sa dérégulation (déserts médicaux, banalisation des dépassements d'honoraires et des refus de soins de spécialistes aux bénéficiaires de la Complémentaire santé solidaire, raréfaction des gardes).

Emmanuel Macron incarne aussi la « mondialisation heureuse » et le libre-échange doctrinaire. La crise sanitaire a montré combien le désarmement sanitaire et la perte de souveraineté étaient flagrants. Que la sixième puissance mondiale en vienne à se battre comme un chiffonnier avec d'autres nations sur les tarmacs chinois pour s'approprier des cartons de masques devrait faire réfléchir notre technostructure. Il y avait eu auparavant de préoccupantes ruptures d'approvisionnement en médicaments essentiels, notamment anesthésiques (curare). De même, l'incapacité de la France à élaborer un vaccin « national » devrait interpeller sur la déshérence de la recherche hexagonale. Donner des millions à Sanofi en crédit impôt recherche n'a apparemment pas suffi à éviter les coupes dans le potentiel de recherche de cette multinationale, mais, assurément, cela a permis de gonfler les dividendes servis aux actionnaires. Pourtant, la communauté internationale de santé publique alertait depuis le début des années 2000 sur le risque imminent d'une pandémie mondiale et, plus précisément encore, de coronavirus. Il incombait donc aux décideurs politiques et, à leur suite, administratifs de préparer le pays à cet événement. Au lieu de cela, confortés par l'épidémie de grippe H1N1 qui n'est pas venue en 2009, ils ont passé le rabot budgétaire sur les stocks stratégiques de masques, fermé des lits de réanimation et tari les financements des équipes du CNRS et de l'Inserm qui travaillaient sur les coronavirus.

Les chantres de la compétitivité poussent en outre au saccage du droit du travail, qui est aussi celui de la protection de la santé des salariés. De fait, l'amélioration de la « compétitivité » française s'est accompagnée de l'augmentation des accidents du travail et maladies professionnelles. En 2018-2019, les accidents du travail ont augmenté de 2,9 % (651 103, dont 551 accidents mortels), tous les secteurs étant concernés, intérim et services d'aide à la personne en tête. Les maladies professionnelles, particulièrement difficiles à faire reconnaître, ont augmenté, quant à elles, de 2,1 % (soit 49 538). Plus profondément, la dynamique inégalitaire du marché du travail, même partiellement compensée par la « redistribution sociale », ne peut que creuser les inégalités sociales de santé. Occuper un « job » mal considéré, mal rémunéré, mal protégé est facteur de stress, dont les épidémiologistes britanniques Richard Wilkinson et Kate Pickett ont souligné les effets délétères sur la santé[14]. Ce n'est pas seulement la *pauvreté* qui est ici en cause, mais bien le creusement des *inégalités*. Or, même s'ils s'en défendent, les avocats de la « compétitivité » ratifient un devenir-inégalitaire des sociétés dites développées. Enfin, et peut-être même surtout, la recherche de la « compétitivité » se fait au détriment de l'environnement, alors que l'on sait que pollutions et contamination de tous ordres favorisent les épidémies de maladies chroniques[15].

Mais il y a plus. La noblesse d'État conçoit le système de santé comme un secteur économique dynamique et un atout international. Ainsi plusieurs rapports ont-ils suggéré qu'il serait bel et bon de réserver aux riches malades, par exemple venus des monarchies pétrolières, des lits hospitaliers, en particulier à l'AP-HP. Pour renflouer les caisses des hôpitaux publics. De même, tout est fait pour transformer le système hospitalier en « incubateur de startups » via la multiplication des partenariats public-privé[16]. Et qu'importe si la santé n'est pas soluble dans la technologie, numérique ou autre. Lutter contre les « déserts médicaux » grâce au déploiement

14. Kate Pickett et Richard Wilkinson, *Pour vivre heureux vivons égaux*, trad. fr. É. Roy, Paris, Les Liens qui libèrent, 2019.

15. André Cicolella, *Toxique planète*, Paris, Le Seuil, 2013 ; A. Grimaldi *et al.* (dir.), *Les Maladies chroniques. Vers la troisième médecine*, Paris, Odile Jacob, 2017.

16. Pierre-André Juven, Frédéric Pierru et Fanny Vincent, *La Casse du siècle. À propos des réformes de l'hôpital public*, Paris, Raisons d'agir, 2019.

de la « télémédecine » est un leurre. Une personne âgée, dont la relation aux technologies numériques est souvent problématique, attend autre chose de la relation thérapeutique à son médecin qu'un sec diagnostic expert. Le biais technolâtre ne peut que renforcer ce que le discours technocratique appelle la « fracture numérique », laquelle est surtout une fracture sociale et territoriale.

Les études électorales ont montré qu'Emmanuel Macron avait été, en 2017, le candidat de la bourgeoisie des métropoles, celles qui concentrent les ressources médicales et les équipements hospitaliers. À l'inverse, la France des Gilets jaunes s'est mobilisée non seulement contre les taxes sur le carburant, mais aussi contre la raréfaction des services publics dans la France dite « périphérique », notamment celle des espaces périurbains. La fermeture, totale ou partielle, des hôpitaux et maternités de proximité (Die, Remiremont, Sarlat, Albi, Dole, etc.) ou le départ en retraite du médecin du coin ne peuvent trouver de solution si est abandonnée toute ambition d'aménagement du territoire. Les médecins sont de plus en plus des femmes mariées à des cadres supérieurs : on ne peut en vouloir, sauf sacrifice militant, à une femme médecin de refuser d'aller s'installer dans des zones désertées par les services publics, notamment d'enseignement « de qualité ».

Emmanuel Macron incarne enfin le mépris de l'administration opérationnelle. Entendons-nous bien : Emmanuel Macron aime les bureaucraties du contrôle et de l'audit, qu'elles soient publiques ou privées. En février 2021, on apprenait que vingt-sept contrats liaient le ministère de la Santé aux multinationales du conseil, au premier rang desquelles McKinsey. Vingt-sept ! Les alertes lancées en 2014 et 2018 par la Cour des comptes ne semblent pas avoir eu d'effet : ces cabinets de conseil qui ne cessent de préconiser l'évaluation de l'action publique ne sont jamais évalués. En revanche, les agences régionales de santé (ARS), déjà fort peu dotées si on les compare à d'autres administrations plus anciennes, ont perdu, depuis leur installation en 2010, 1 600 emplois, alors même que leurs missions ne cessaient d'être élargies. Santé publique France, chargée de la surveillance épidémiologique, a perdu dans la fusion qui devait lui donner naissance 20 % d'emplois équivalent temps plein. Autrement dit, l'explosion des effectifs des « évaluateurs », des « contrôleurs » et autres *bullshit jobs* s'est payée de la rétractation de l'administration opérationnelle, plus proche du terrain. Emmanuel Todd a parlé de « ruissellement du mépris[17] ». C'est

17. Emmanuel Todd, *Les Luttes de classes en France au XXIe siècle*, Paris, Le Seuil, 2020.

particulièrement net dans le système de santé, dont la « gouvernance » est de plus en plus centralisée, verticale et autoritaire en dépit des strapontins distribués aux porte-parole auto-proclamés des patients. Plus on approche du cœur du réacteur budgétaire, plus une poignée de technocrates, politiques ou non, monopolisent la décision. Avec une belle constance, pourtant, la santé figure, dans les enquêtes d'opinion, parmi les trois premières préoccupations des Français. Au surplus, ces derniers désavouent massivement le recul de la Sécurité sociale et estiment que c'est aux professionnels de santé, surtout aux médecins, de faire les efforts nécessaires à la maîtrise des dépenses publiques de santé[18]. Soit l'exact contraire des politiques menées depuis trente ans.

18. Voir le baromètre d'opinion annuel de la Direction de la recherche, des études, de l'évaluation et des statistiques (DREES).

Scènes médicales

Sabrina Ali Benali

Confinement (1)

On m'envoie l'adresse. C'est celle d'un centre d'hébergement d'urgence pour familles sans-abri dans le 12e arrondissement de Paris. J'entre : les murs sont sales, les radiateurs branlants, des crevasses de béton strient le vieux carrelage en mosaïque des années soixante du couloir. Une cinquantaine de personnes partagent trois douches, deux toilettes et trois lavabos. De l'eau non évacuée nappe le sol. Seules les fenêtres, en plexiglas et double vitrage, donnent une impression de modernité. À cet étage, il y a vingt-sept familles, vingt-deux ont été testées positives au Covid-19.

Je suis accueillie dans une chambre à coucher qui sert aussi d'espace de jeux, de repas, de divertissement, de travail, de toilette, de stockage pour les jouets, les cahiers, les oursons, les valises. À l'opposé de l'entrée, le lit des parents. Perpendiculairement, deux lits superposés depuis lesquels deux enfants assis m'observent avec, à leurs pieds, le petit dernier, endormi dans son lit parapluie. Les housses de couette sont miteuses. Le radiateur est au sol, des fils le retiennent au mur. C'est l'heure du repas. La pièce s'imprègne d'une odeur de friture. La femme du patient, irakienne, s'excuse : elle prépare des beignets. Sourire timide mais regard inquiet : l'état de santé de l'homme s'est brusquement dégradé depuis quarante-huit heures. Il est courbaturé, fiévreux, nauséeux. Il a mal à la tête. Le souffle lui manque. Le voisin de chambre vient, lui, d'être emmené à l'hôpital par une ambulance du Samu. Le patient peut rester au domicile : je laisse au patient un saturomètre pour qu'il prenne ses constantes le matin et le soir.

À ma sortie, le responsable des lieux s'entretient avec un représentant de la préfecture venu s'enquérir de la situation épidémique dans le foyer. Il porte un costume-cravate, des mocassins bien cirés. Pour faire face à la situation, explique-t-il, les vingt-deux familles positives seront en quarantaine pendant dix jours. Sauf pour se rendre aux sanitaires, interdiction de sortir des chambres. Des plateaux-repas seront déposés sur les paliers. Il y a une grande cour bétonnée, avec des jeux d'enfants. Par roulement, les petits, au moins, pourraient y prendre l'air. Mais on préfère les laisser enfermés. Dix jours, dans quelques mètres carrés.

Confinement (2)

Autre nuit, autre visite – dans le 6e arrondissement cette fois. Chez un homme de soixante-quatre ans. Des quartiers nord à ceux du centre, tout change. Il y a de grands miroirs à dorures dans l'entrée de l'immeuble, un escalier en marbre tapissé de moquette rouge. Une femme m'ouvre, vêtue d'une robe de chambre en soie, ses initiales brodées à hauteur de poitrine. Elle me conduit auprès de son mari : autres initiales, même peignoir. Il se tient à demi assis sur un lit à baldaquin. Lunettes, tisane, ordinateur sur les genoux. Il me demande d'ôter mon masque pour voir mon visage : j'accepte et le baisse brièvement. L'homme se plaint de douleurs thoraciques et lombaires, mais je comprends que c'est pour une autre raison qu'il m'a fait venir. Il voudrait que je lui renouvelle son ordonnance de médicaments anti-hypertenseurs : leur médecin généraliste a fermé son cabinet. De source sûre, ils ont appris qu'un confinement prochain allait être décrété et comptent bien se mettre au vert quelques semaines loin de Paris, dans leur maison secondaire en Normandie. « Ce confinement dans ces espaces restreints est difficilement supportable », se justifie-t-il.

Retour à l'envoyeur

Visite dans un Ehpad. M. D. a soixante-douze ans ; opéré à 13 h : cure de hernie inguinale en « ambulatoire » ; entrée le matin, sortie à 18 h. La chirurgie ambulatoire, McDrive du scalpel. Elle arrive en France à la fin des années 1980, vingt ans après avoir fait son apparition aux États-Unis.

Depuis, on voudrait la généraliser. Objectif : 70 % de chirurgie ambulatoire d'ici à 2022. Outre-Atlantique, la télémédecine permet d'ores et déjà de suivre des patients avant et après l'opération. En France, c'est le SMS. Le patient saigne ? Il répond « SNG ». Il ne répond plus pendant une heure ? Une alarme se déclenche.

À l'hôpital, dès 16 h 30, M. D. fait savoir au personnel infirmier qu'il a des vertiges. Lorsque l'ambulance vient le chercher une heure plus tard, les symptômes persistent. Il aurait préféré rester mais on le met dehors ou bien on lui conseille d'aller aux urgences. M. D. ne comprend pas.

— Je suis déjà à l'hôpital et, si ça ne va pas, je dois en sortir et m'inscrire au service des urgences ?

— C'est ça, répond l'infirmière, l'hôpital de jour ferme.

Retour à l'Ehpad. En début de soirée, il se sent épuisé. L'aide-soignante juge plus prudent d'appeler les Urgences médicales de Paris. Au téléphone, le régulateur demande qu'on pose une perfusion de sérum physiologique, le temps qu'un médecin arrive. Malheureusement, il n'y a ni médecin ni infirmier la nuit dans cet Ehpad. Son fils l'ignore, qui cumule un emploi de taxi Uber en plus de son travail d'éducateur spécialisé pour subvenir aux besoins médicaux de son père, l'institution se présentant comme un « Ehpad médicalisé ».

Des rapports ont montré qu'un personnel médical présent la nuit dans ces résidences permettait de réduire le nombre d'hospitalisations, de mieux coordonner les échanges avec le Samu, d'améliorer la prise en charge palliative des 610 000 personnes qui y résident en France, etc. Mais tout cela a un coût. Propriétaires, actionnaires et gestionnaires ne peuvent le supporter. La rémunération annuelle de la directrice de la chaîne Korian, premier groupe européen du secteur, s'élève à environ 400 000 euros. À quoi s'ajoute une part variable de 100 % si elle satisfait aux « critères de performance ».

Quand il s'était rendu à l'hôpital, on lui avait remis une petite brochure. Mais celle-ci n'évoquait ni la chirurgie expresse, ni le retour à domicile obligatoire. On lui indiquait seulement que le virage ambulatoire permettait aux hôpitaux de se recentrer sur leurs missions premières – les soins – en proposant des durées de séjour plus conformes aux besoins des patients et une offre plus graduée.

Le médecin arrive à 22 h. M. D. est pâle, essoufflé, tachycarde. L'analyseur d'hémoglobine indique 8,1 g/dl. Anémie. Compte tenu de ses antécédents, il risque un infarctus secondaire. Le médecin appelle le Samu pour transporter le patient vers l'hôpital. Dans le jargon, on appelle ça « retour à l'envoyeur ».

Mauvaise pioche

18 h 30 : service d'urgence d'un grand hôpital parisien. Le service est divisé en trois unités : douze box d'urgence, une unité de court séjour d'hospitalisation de six lits et l'« aval », composé de huit lits – une zone d'attente dans laquelle les patients demeurent le temps qu'un lit se libère dans les étages. Quatre médecins y travaillent ce soir : deux « seniors » et deux internes encore en formation. Mais il y a trop de monde aux urgences pour que les médecins seniors supervisent le travail des internes. Ces derniers assurent donc tout seuls les cas les plus « simples ».

Julie est interne. Elle vient d'embaucher. De 8 h à 18 h, elle est dans son service de gastro-entérologie, puis, de 18 h à 8 h, de garde aux urgences. 24 heures de travail d'affilée ; c'est ainsi que tourne l'hôpital. 100 euros la nuit. Julie est fatiguée : sa journée à l'étage a été rude et elle manque de sommeil, depuis sept mois qu'elle a un nourrisson à la maison. Dans son précédent CHU, les gardes étaient si exténuantes que certains internes les « vendaient » sur la boucle mail du planning. « Laisse ma garde du 24/10 + 100 €. »

Le temps de faire les transmissions avec l'équipe de jour et c'est parti. L'écran affiche déjà quatorze patients en attente, en plus des neuf autres dont la prise en charge a déjà commencé et pour lesquels on attend encore des examens complémentaires. L'UHCD[1] et « l'aval » sont quasi pleins mais déjà d'autres malades arrivent. Il est devenu presque impossible de trouver un lit d'hospitalisation : on en a supprimé 100 000 en vingt ans dans le pays.

La cadre de nuit est arrivée. Elle fait le point sur les disponibilités : une place homme en rhumato et une place femme en maladies infectieuses. Peut-être aussi une chambre simple en gériatrie car un patient devrait bientôt mourir. Julie pense aussitôt à Mme P., une dame de quatre-vingt-six ans qui vient d'être admise pour chutes à répétition. Elle ne peut s'empêcher de se dire qu'avec un peu de chance, si la patiente de gériatrie ne tardait pas à mourir, elle pourrait avoir un lit au lieu d'être sur un brancard dans un couloir.

« HTA, troubles cognitifs, incontinence, diabète, chutes à répétition, antécédent d'AVC, elle est là pour mille ans, ta dame », lui rétorque

1. Unité d'hospitalisation de courte durée.

sa supérieure en lisant à haute voix le dossier de la patiente. « Déjà qu'ils se font épingler tous les quatre matins en gériatrie pour leur DMS qui explose. Et en plus, ils ont deux arrêts de travail non remplacés cette semaine. Avec ses troubles cognitifs et son incontinence, laisse tomber, ils n'en voudront jamais là-haut. Du coup, t'as deux options. Soit tu leur refourgues en loucedé cette nuit et tu te fais démonter demain par le chef ; soit tu la mets en UHCD et on leur présente demain. Mais ils te diront de la refiler à un SSR[2]. Désolée pour toi. Mauvaise pioche. »

La DMS, c'est la durée moyenne de séjour. Depuis 2003, les services sont rémunérés en fonction de leur « activité » calculée à partir de bases standardisées de GHM (groupes homogènes de malades), GHS (groupes homogènes de séjour) et autres classifications supposées permettre une « organisation plus efficiente des établissements de santé ». Plus la prise en charge d'un patient nécessite de pratiquer des « actes » médicaux, plus il rapporte d'argent au service. Moins il reste longtemps, plus le service est « performant ». Quand la DMS des malades explose, les cadres se font chapitrer, en cascade, et rudement, car le service perd de l'argent et cela risque d'amputer d'autres budgets.

Or, Mme P., ça sera probablement beaucoup de temps et peu d'actes techniques. Le prochain stage de Julie est en gériatrie : mieux vaut ne pas se mettre de chef à dos.

L'ordinateur ne fonctionne pas, la page saute et l'application des dossiers médicaux se ferme d'un coup. Revient à la mémoire de Julie une nuit de garde aux urgences d'un autre hôpital parisien. Ce jour-là, internet ne fonctionnait pas dans l'hôpital. Ils étaient repassés au papier. Salle d'attente vidée en quatre heures.

Réa

Aurore est interne, elle effectue son semestre d'hiver dans un service d'urgences. Aurore pensait devenir médecin généraliste mais elle a eu un véritable « coup de cœur » pour les urgences, même si elle y retrouve les mêmes problèmes que dans tous ses stages précédents. Engorgement des services, bureaucratisation des procédures, manque de lits, sous-effectifs de soignants. Les « seniors » qui l'encadrent disent presque tous la même chose : « Si c'était à refaire, je ferais autre chose. »

2. L'activité de soins de suite et de réadaptation (SSR).

Aurore est de garde cette nuit. Elle commence sa journée à midi et la termine le lendemain matin à 8 h. Dans les hôpitaux, les internes de garde aux urgences le sont aussi pour tout l'hôpital. Les infirmières de nuit des différents services les « bipent » en cas de problème.

Cet hôpital compte 344 lits ; deux seulement sont vacants en rhumatologie ce soir. Depuis près de quarante-cinq minutes, Aurore est au téléphone. Elle appelle les services d'unité de soins intensifs de cardiologie des hôpitaux alentours en essayant désespérément de trouver une place pour sa patiente de soixante-treize ans, en insuffisance cardiaque aiguë. « On n'a plus de place, désolé. » « Je garde la seule place qu'il me reste parce que j'en ai deux qui sont limites et j'vais peut-être avoir besoin du lit, donc j'peux pas te la prendre ». C'est le onzième hôpital qu'elle appelle dans la région parisienne.

Les patients continuent d'affluer, il faut qu'elle y retourne. « Laisse tomber pour la dame, on verra demain matin. Tant pis, on la mettra à l'UHCD en attendant et on appellera la réa si ça tourne mal », lui dit sa cheffe. Aurore sait que c'est une perte de chances pour la malade.

Les soignants ont appris à soigner. Le manque de lits les empêche de faire correctement leur métier. Ça mine, mais on n'y peut rien. On se résigne et on enchaîne.

4 h 40. Aurore prend le chemin de la chambre de garde pour se reposer. Elle tourne la clé dans la serrure lorsque son bip sonne. « C'est l'infirmière du 3e. On a un arrêt chambre 312. »

Elle prend le relais du réanimateur de garde qui avait commencé à masser le patient. Son collègue demande : « Il est réanimatoire ? Quelqu'un va-t-il me trouver son dossier, bon sang ? » En même temps, il donne, par téléphone, des instructions à une infirmière de son service.

Aurore demande qu'on la « briefe ». Hésitante, l'infirmière lui répond : « Je crois qu'il est suivi pour un cancer. En fait, je ne sais pas parce que je suis vacataire, c'est ma première nuit ici. » L'aide-soignante, elle aussi, est vacataire. Elle vient plus régulièrement mais ne connaît pas le malade non plus.

L'infirmière est partie au poste de soin chercher le dossier du patient. Elle revient au bout de plusieurs minutes. En gros, souligné en rouge sur une des premières pages, il est écrit « PAS DE RÉA ». Aurore arrête de masser. On prononce le décès. Le patient aura subi des pressions sur le thorax dont il ne voulait pas.

Intérim

Le docteur J. à quarante-six ans. Il travaille aux urgences d'un hôpital d'Île-de-France. Il gagne 4 000 euros net pour quarante-huit heures par semaine, plus 250 euros par garde de nuit. Depuis deux ans, il dit à tout son entourage « qu'il est cramé ». Il plaisante en disant qu'il va devenir pizzaiolo à la place. Ou changer de région quelque temps : il a regardé des annonces sur le net pour faire un remplacement dans un autre hôpital. La situation présente certains inconvénients mais les vacations sont mieux rémunérées que les temps pleins. On travaille quand on veut sans être contraint par les impératifs de permanence de soin d'un service. Pas de rappel en jours de repos, pas d'heures sup' impayées, pas de pression en cas d'arrêt maladie, de désir de grossesse...

Centre hospitalier d'Épinal et de Remiremont, Vosges :

Centre hospitalier d'Émile-Durkheim d'Épinal
Salaire net de 550 euros par jour, statut salarié, fiche de paie fournie par le CH, logement mis à disposition, remboursement de frais de déplacement.

SSP

- Du 03 au 07 mai
- Du 21 juin au 07 juillet
- Deux médecins à compter du 02 août

MPR

- Dès que possible

Centre hospitalier de Remiremont
Salaire net de 600 euros par jour, statut salarié, fiche de paie fournie par le CH, logement mis à disposition, remboursement de frais de déplacement.

Gériatrie
Prise en charge de 10 lits

- Du 3 mai au 11 juin

Médecine
Gestion de 10 lits

- Du 06 au 09 avril -> tarif exceptionnel de 650 euros par jour
- Du 26 avril au 07 mai, week-ends off

Centre hospitalier de Lannion, Côtes-d'Armor :

En garde de 24h

- Les 21, 22 et 29 mars
- Les 03, 18 et 20 avril

Honoraires de 800 euros par jour, et 1 500 euros pour une garde de 24h, statut consultant libéral, attestation de paiement d'honoraires fournie en fin de mission, frais de logement et de déplacement remboursés.

1 500 euros les vingt-quatre heures. En trois gardes d'intérim, il ferait son salaire mensuel. Il ne savait pas que les tarifs étaient si hauts. Il se demande si les médecins intérimaires qui viennent parfois dans son service sont payés ce prix-là. Il en parle à une de ses collègues le lendemain. « Tout le monde sait que c'est la merde ici. Enfin comme partout. Du coup, ils font monter les enchères pour remplir les trous, sinon les urgences ferment. »

— Et ça ne te pose pas problème, toi, que ceux qui se pointent pour trois jours gagnent autant que nous en un mois ?

— Je préfère encore ça que d'être de garde un jour sur trois comme on a fait l'été dernier.

Prime de Noël

Déplacement à domicile. La patiente est une infirmière de quarante-six ans. Elle a une gastro-entérite avec déshydratation.

Le médecin a terminé l'examen et rédige un arrêt de travail de quarante-huit heures.

Elle refuse. « Non merci, j'peux pas. Avec le jour de carence, je ne peux pas me permettre. »

Le médecin essaie de la convaincre. « Vous avez vraiment besoin de repos et vous ne soignerez pas bien vos malades dans cet état. »

— Je sais docteur, mais là vraiment, ce n'est pas possible. J'ai juste besoin que vous me donniez quelque chose pour arrêter de vomir et stopper les diarrhées. Si c'est la cata demain, je demanderai à ma cheffe à poser un CA[3].

— Mais enfin, vous êtes malade, vous n'allez pas poser un congé. Ça sert à ça, les arrêts maladie.

3. Jour retiré des congés annuels.

— Vous savez, la direction a mis une nouvelle règle en place. Ceux qui ont plus de deux arrêts de travail dans l'année n'auront pas de prime de Noël. Moi, je compte dessus pour les cadeaux des enfants. Je ne veux pas prendre de risque qu'ils me disent que c'était pas justifié.

Vieillir

Philippe Baqué

La France vieillit. Selon l'Insee, au 1er janvier 2020, le pays comptait 13 748 000 personnes âgées de plus de 65 ans, soit 20,5 % de ses 67 millions d'habitants (18,8 % de la population cinq ans plus tôt)[1]. En 2060, on estime qu'elles seront 24 millions (dont 5 millions qui auront plus de 85 ans) et, en 2070, un habitant sur quatre aura 65 ans ou plus. Mais, au sein de cette population âgée, tous ne sont pas appelés à vieillir de la même manière. Selon une étude commandée par les Petits Frères des pauvres réalisée en 2017, 900 000 personnes de 60 ans et plus sont isolées de leur famille et de leurs amis[2]. Parmi elles, 300 000 sont dans un isolement extrême et ne rencontrent quasiment jamais (ou que très rarement) d'autres personnes. Elles sont en situation de « mort sociale ». Qu'en sera-t-il en 2070 ?

L'ancien adage qui disait « mieux vaut être pauvre et en bonne santé que riche et malade » a été détourné par Francis Blanche en « mieux vaut être riche et bien portant que pauvre et malade ». Cynique, le constat de l'humoriste est malheureusement proche de la réalité sociale du début du XXIe siècle. En France, les ouvriers ont une espérance de vie moindre que

1. Insee, *Tableaux de l'économie française*, 2020.
2. « Solitude et isolement quand on a plus de 60 ans en France en 2017 », étude réalisée par l'institut CSA pour les Petits Frères des pauvres, 29 septembre 2017.

celle des cadres et des patrons et, à la fin de leur vie, ils connaissent plus d'années de handicaps ou d'incapacités qu'eux. Dans une étude parue en janvier 2008[3], des démographes expliquaient : « En 2003, un homme cadre de 35 ans peut espérer vivre encore 47 ans dont 34 indemne de toute incapacité, un ouvrier, 41 ans dont 24 ans sans incapacité. Ces différences se renforcent avec l'avancée en âge : après 60 ans, les ouvriers et les ouvrières vivent en moyenne plus d'années avec que sans incapacité et endureront aussi plus d'incapacités sévères que les cadres. » Chez les femmes, l'écart entre cadres et ouvrières est un peu moins important – environ deux ans – mais la différence d'espérance de vie sans incapacité est similaire à celle des hommes. En avril 2020, une analyse publiée par l'Observatoire des inégalités, basée sur des données de l'Insee (entre 2009 et 2013), confirmait cette tendance[4]. Un homme cadre de 35 ans pouvait espérer vivre jusqu'à 84 ans (2 ans de plus qu'en 2003), un homme ouvrier jusqu'à 77,6 ans (1,6 année de plus qu'en 2003). Les écarts d'espérance de vie entre les ouvrières et les femmes cadres demeurent pratiquement les mêmes (environ 3 ans). Toutefois, pour les deux catégories sociales, le nombre d'années sans incapacité est le même qu'en 2003. La relative amélioration de l'espérance de vie ne se traduit donc pas par une réduction de l'écart des années sans incapacité entre les ouvriers et les cadres. Un autre mode d'évaluation utilisé par l'Insee en février 2018 compare cette fois-ci les espérances de vie par niveau de vie[5] : l'écart entre les 5 % des Français les plus aisés (moyenne des revenus de 5 800 euros par mois) et les 5 % des Français les plus pauvres (470 euros) est de 13 années. Chez les femmes, l'écart est de 8 années. Selon cette approche, la différence entre les plus aisés et les plus pauvres est donc encore plus importante.

Dans une tribune publiée en avril 2019, Pierre Galois, président de l'Union nationale des associations de formation médicale et d'évaluation continues, s'étonnait que ces inégalités entre catégories socioprofessionnelles ne soient pas prises en compte pour déterminer l'âge de

---

3. Emmanuelle Cambois, Caroline Laborde, Jean-Marie Robine, « La "double peine" des ouvriers : plus d'années d'incapacité au sein d'une vie plus courte », *Population et Sociétés*, n° 441, 2008.

4. « Les inégalités d'espérance de vie entre les catégories sociales se maintiennent », Observatoire des inégalités, 14 avril 2020.

5. « L'espérance de vie par niveau de vie : chez les hommes, 13 ans d'écart entre les plus aisés et les plus modestes », *Insee Première*, n° 1687, février 2018.

départ à la retraite[6]. Seule la pénibilité du travail, difficilement quantifiable, est retenue pour permettre à certaines professions d'anticiper leur départ en retraite. Les inégalités d'espérance de vie entre les catégories sociales s'expliquent par l'accès aux systèmes de soins mais aussi par les conditions de travail, l'attention portée au corps, l'alimentation et les modes de vie en général, avec notamment la consommation d'alcool et de tabac. À cette liste il serait possible d'ajouter l'exposition aux produits toxiques, la violence des rapports de domination, les conséquences psychologiques d'un travail répétitif et peu gratifiant, des salaires très bas, le manque de loisirs et l'absence de temps disponible. Toutes choses qui ne sont pas prises en compte pour déterminer l'âge de départ à la retraite ou rehausser le montant des pensions. Celles des personnes appartenant aux catégories populaires sont souvent inférieures au seuil de pauvreté (1 074 euros mensuels). Les cadres vont donc continuer de vivre plus longtemps que les ouvriers et en meilleure santé, et pourront bénéficier de revenus beaucoup plus élevés sur des périodes plus longues. Si certains ouvriers et employés pensaient qu'après une longue vie de labeur, de chômage et de soucis, la retraite leur apporterait un repos bien mérité, ils se trompent : ils toucheront encore moins et continueront d'épargner le moindre euro tout en espérant ne pas tomber malade.

Le médecin généraliste Sauveur Boukris remarque que la situation de ses patients se dégrade sous l'effet de facteurs multiples et interdépendants : l'augmentation de la durée de vie, le développement des maladies chroniques, la pauvreté et la solitude[7]. « La pauvreté rend malade, écrit-il : on observe un plus grand nombre d'obèses, de maladies cardiologiques et de troubles psychologiques chez les pauvres. Mais aussi la maladie rend pauvre, comme par exemple le cancer où le restant à charge se situe autour de 1 000 euros par mois[8]. » Pour le médecin, beaucoup de Français subissent aujourd'hui une triple peine : la vieillesse, la pauvreté et la maladie.

Vieux et pauvres

Traditionnellement, les seniors votent à droite. En 2017, François Fillon a fait ses meilleurs scores chez les personnes âgées – 27 % chez les 60-69 ans et 49 % chez les plus de 70 ans – alors qu'elles représentaient la partie

6. Pierre Gallois, « Il faut tenir compte de la différence d'espérance de vie entre cadres et ouvriers pour déterminer l'âge de la retraite », *Le Monde*, 25 avril 2019.
7. Sauveur Boukris, *Demain, vieux, pauvres et malades !*, Paris, Le Moment, 2014.
8. Sauveur Boukris, « Vieux, pauvres et malades : la triple peine », *HuffingtonPost*, 25 avril 2014.

de la population ayant le plus participé au processus électoral avec 80 % de votants. Aux élections européennes de 2019, les plus de 65 ans ont porté leur suffrage sur La République en marche. Pour le politologue Luc Rouban, les raisons de ce vote sont d'abord sociales : les seniors sont propriétaires de leur résidence à 72 % et détenteurs majoritaires de patrimoine immobilier et financier[9]. Ces seniors sont ainsi réticents à tout impôt concernant ce patrimoine et son éventuelle transmission à leurs descendants. Le chercheur évoque aussi un plus grand attachement à la tradition chrétienne ou un sentiment d'insécurité plus exacerbé. Mais le conservatisme politique des personnes âgées, lié en partie à leur patrimoine et à la peur le concernant, ne saurait masquer l'extrême pauvreté d'une grande partie d'entre elles.

Selon une étude de l'Insee, la France comptait en septembre 2019 46 000 retraités pauvres de plus qu'en 2018, soit 1 094 000 personnes. Le taux de pauvreté des retraités n'atteignait donc alors « que » 7,6 % de la population, tempérait le quotidien du soir, presque deux fois moins que le taux général (14,1 %)[10]. Mais pas vraiment de quoi se réjouir. Surtout que le nombre de bénéficiaires de l'allocation de solidarité aux personnes âgées (Aspa) augmente lui aussi, passant de 570 000 personnes fin 2018 à plus de 600 000 début 2019. Cette allocation de 906 euros se situe nettement en dessous du seuil de pauvreté. Elle concerne les personnes n'ayant pas assez cotisé pour avoir une retraite à taux plein et permet de compléter les pensions trop basses à hauteur de ces 906 euros. Elle n'a été revalorisée que de 3,61 euros début 2021. L'Aspa est envisagée par les gouvernements successifs comme la garantie d'une retraite décente. Mais comment est-il possible de vivre décemment avec 906 euros par mois ? De plus, après le décès du bénéficiaire, l'État récupère les allocations versées si le montant de la succession dépasse 39 000 euros. S'étant sacrifiés une vie entière pour acheter leur maison, beaucoup de couples ou de personnes seules, aux revenus modestes, préfèrent ne pas demander l'Aspa. Ils survivent avec une retraite misérable de quelques centaines d'euros pour ne pas priver leurs enfants de l'héritage.

Une enquête menée début 2021 dans le département des Bouches-du-Rhône montre la banalisation des inégalités parmi les personnes âgées, ainsi que l'instauration d'un système complexe d'allocations et d'aides qui entretient la pauvreté et oblige ceux qui la subissent et ceux qui les

---

9. Pauline Moullot, « Pourquoi les personnes âgées votent-elles à droite ? », *Libération*, 8 juin 2018.
10. Assma Maad, « "39 000 retraités pauvres supplémentaires" : attention à ce chiffre qui date de 2013 », *Le Monde*, 20 septembre 2019.

accompagnent à se préoccuper uniquement de la survie quotidienne. Dans plusieurs quartiers de Marseille, les Petits Frères des pauvres prennent le relais d'organismes sociaux débordés. Un exemple des situations rencontrées par les permanents et les bénévoles de l'association : Mme P., âgée de 79 ans, qui survit avec une retraite de 900 euros et qui habite un appartement avec un loyer de 455 euros pour lequel elle touche 150 euros d'aide personnalisée au logement (APL). En août 2020, elle a dû prendre à sa charge un traitement contre les punaises de lit et racheter un matelas. Tout a alors basculé. Ces dépenses ont entraîné un découvert bancaire qui a généré des frais, des agios et un premier retard dans le paiement du loyer. Quelques mois après, Mme P. avait accumulé une créance de 1 500 euros auprès de l'agence immobilière, qui a demandé son expulsion sans se soucier de sa situation. Finalement, le tribunal l'a maintenue dans son logement et lui a accordé un échéancier pour le remboursement de sa dette. D'autres personnes âgées n'ont pas eu la même chance : M. A. M., 70 ans, a vécu deux ans dans sa voiture quand on l'a expulsé du logement HLM de sa mère. Jusqu'à ce qu'elle décède, il habitait avec la vieille dame invalide dont il s'occupait. Il loge désormais dans une chambre d'une résidence sociale. Il a travaillé toute sa vie, dans l'aviation, dans le bâtiment, et a été à son compte. Certains de ses employeurs ne l'ayant pas déclaré correctement, M. A. M. n'a pas pu réunir le nombre suffisant de trimestres pour obtenir une retraite à taux plein. Sa pension est de 810 euros. Il paie 240 euros de loyer et reçoit 135 euros d'APL. La cotisation de sa mutuelle, ses abonnements et l'achat de cigarettes ne lui laissent que très peu pour assurer sa survie. Comme beaucoup de personnes âgées dans des conditions matérielles difficiles, M. A. M. vit dans un isolement total, coupé de sa famille et sans aucun lien social. C'est l'association qui l'aide dans ses démarches administratives devenues de plus en plus complexes. Plusieurs demandes d'obtention de l'Aspa pour compléter sa petite retraite lui ont ainsi été refusées.

M. J. M. a lui aussi été expulsé de son logement et a vécu plusieurs années dans un garage alors qu'il est dans un fauteuil roulant, dialysé et respire à l'aide d'une bouteille d'oxygène. Il habite aujourd'hui dans un logement social, coupé de sa famille, sans amis. Il a travaillé une partie de sa vie au port de Marseille comme manutentionnaire mais, ayant connu de nombreux problèmes de santé, il a vécu plusieurs années avec l'allocation aux adultes handicapés. Il a aujourd'hui une retraite de quelques centaines d'euros complétée par l'Aspa. Lesté de crédits à la consommation, il doit rembourser plus de 600 euros par mois sans que son dossier de surendettement n'ait pu aboutir. M. J. M. paie 60 euros pour une mutuelle. Comme tous les bénéficiaires de l'allocation de solidarité aux personnes âgées, pourtant en dessous du seuil de pauvreté, il n'a pas droit à la Complémentaire santé solidaire (ex-CMU). Sa demande d'aide au paiement d'une complémentaire lui a été aussi refusée : le montant de ses revenus serait trop important. M. J. M. avoue que ses seuls repas sont souvent ceux que l'hôpital lui offre quand il s'y rend pour sa dialyse. De tels exemples sont nombreux à Marseille, et partout en France. La misère des personnes âgées ne fait que s'aggraver malgré les dispositifs sociaux mis en place. Comme à la fin du XIXe siècle, des associations caritatives amortissent les effets de la pauvreté. Mais elles dépendent de la générosité d'une partie de ceux qui sont les bénéficiaires du système économique qui engendre cette même pauvreté. « Nous avons constaté une baisse significative des dons depuis la réforme de l'impôt sur la fortune [ISF]. Ils ne sont plus utiles pour faire baisser le montant de l'impôt », constate l'un des salariés de l'association. « Depuis, nous devons maintenir nos activités avec moins de moyens. »

Bureaucratie numérique

En 2017, 900 000 personnes parmi les plus de 60 ans vivaient dans un isolement profond, phénomène aggravé par la pauvreté. En outre, de plus en plus de personnes âgées étaient exclues du numérique, près de 70 % des plus de 85 ans n'utilisant jamais internet[11]. Pour réaliser des économies, les administrations généralisent aujourd'hui les démarches en ligne dont la complexité et les moyens techniques nécessaires excluent de leurs droits beaucoup de personnes âgées pauvres et fragilisées. Mme C. S. est assistante sociale dans un établissement d'hébergement pour personnes âgées dépendantes (Ehpad) public de la métropole Aix-Marseille-Provence. Elle observe :

> Il existe une offre d'aides et de soins plus importante que lorsque j'ai commencé à exercer, il y a 38 ans. Aujourd'hui, on peut offrir des lieux de vie décents à des personnes en incurie totale. Mais pour accéder aux droits, on se heurte désormais à une bureaucratie administrative démentielle. Tous les dossiers sont traités par internet et cela devient difficile même pour nous. Par exemple la CAF [caisse d'allocations familiales] oblige ceux qui veulent bénéficier de ses services à avoir une adresse internet. En ce moment, j'ai 30 patients en demande d'aides. Il est

11. « Solitude et isolement quand on a plus de 60 ans en France en 2017 », *op. cit.*

impossible pour moi de créer toutes ces adresses. Cette bureaucratie atteint des sommets et de plus en plus de gens vont échapper aux aides et au suivi.

Mme M. B., assistante sociale dans un service d'hospitalisation à domicile de la métropole, fait le même constat.

J'ai rendu visite à un monsieur à son domicile pour l'aider à établir un dossier de demande d'Aspa pour compléter sa maigre retraite. Il avait été hospitalisé durant six mois. Là j'ai découvert qu'on allait lui couper l'électricité, que sa retraite n'était plus payée, que ses APL n'étaient plus versées et qu'en conséquence il ne payait plus son loyer. Il était complètement perdu dans ses papiers et évidemment il n'avait pas internet. J'ai eu beaucoup de mal à démêler tous ses problèmes. Pour quelqu'un qui est dans une situation compliquée, le moindre écart dans son dossier va tout déstabiliser. Les situations se dégradent non pas par manque d'aides et de droits mais parce qu'il y a de moins en moins de professionnels et de moins en moins de temps pour accompagner les personnes. Avant, il y avait des permanences qui réunissaient tous les services sociaux. Les gens pouvaient les rencontrer et parler avec eux. C'est fini. Les guichets de la CAF, de la Sécu ou des maisons départementales de la solidarité sont inaccessibles. Les gens sont de plus en plus isolés et ne peuvent plus faire appel à un maillage administratif. Avant, je passais trois quarts d'heure avec quelqu'un. Aujourd'hui, c'est un quart d'heure. Je suis obligée d'aller à l'essentiel.

Vieillir chez soi ou dans un Ehpad ?

Pour Mme S. A., assistante sociale dans un grand hôpital,

les personnes âgées subissent les mêmes inégalités qu'elles ont pu connaître durant leur enfance ou leur vie d'adulte. Elles persistent et s'aggravent même. Une personne dépendante qui a de faibles revenus va pouvoir être aidée pour se maintenir à domicile mais les aides seront minimales et elle va se retrouver souvent seule. Une personne avec de bons revenus pourra se permettre d'embaucher du personnel nécessaire à son maintien à domicile. Je connais le cas d'une personne qui bénéficie de la présence d'auxiliaires de vie 24 heures sur 24, 7 jours sur 7, d'une aide quotidienne pour réaliser ses repas, des services d'un ergothérapeute, d'un art-thérapeute et d'une psychologue, tous déclarés. Elle dépense jusqu'à 15 000 euros chaque mois.

L'allocation personnalisée d'autonomie (APA), destinée aux personnes âgées de plus de 60 ans en perte d'autonomie, est accessible à tous les revenus, tout en étant dégressive. Elle ne permet pas pour autant de maintenir toutes les personnes à leur domicile, comme le remarque Mme C. S. :

> La vieillesse atteint tout le monde de la même façon, quelle que soit la place de la personne dans la société. C'est son côté égalitaire. Mais les réponses sont inégalitaires. Le maintien à domicile est un privilège des personnes qui ont suffisamment de revenus pour rester chez elles, gardées par des tiers qu'elles rémunèrent en complément de l'APA. Les personnes qui ont des retraites inférieures à 1 000 euros auront du mal à rester à leur domicile si elles ont des dépendances très importantes avec une APA insuffisante.

Mme S. B., psychologue en hôpital et en libéral, tire un bilan amer de ses années d'expérience auprès de ses patients :

> Les personnes qui ont suffisamment de moyens passent leurs dernières années avec une certaine qualité de vie, car elles peuvent se payer tous les services que ne permettent pas les aides publiques. Pour les plus pauvres, c'est plus compliqué. En hospitalisation à domicile, j'accompagne un monsieur âgé qui vit dans une HLM avec une retraite de 900 euros. Il a travaillé depuis l'âge de 13 ans pour nourrir ses parents et sa fratrie, dont il était l'aîné. Il a travaillé toute sa vie, mais comme une partie de ses contrats n'ont pas été déclarés, il a une très petite retraite. Il a un handicap important et vit dans un fauteuil roulant mais l'APA qu'il reçoit ne lui permet d'avoir que des aides ménagères le week-end et les jours fériés. N'ayant ni famille ni ami, il est seul durant plusieurs jours et ne peut pas se faire à manger. C'est compliqué pour lui mais il veut rester chez lui plutôt que d'aller dans un Ehpad. Chez les personnes que je suis et qui vivent avec de très petites retraites, je constate très souvent une pauvreté des relations familiales et sociales qui s'ajoutent à la pauvreté matérielle. Pourquoi sont-ils abandonnés par leur famille ? Cela se retrouve moins chez les personnes qui ont de hauts revenus. J'avais un patient en libéral, un ancien chirurgien. Il y avait beaucoup de maltraitance et de conflits dans sa famille. Il est pourtant décédé avec tous ses enfants autour de lui. Pourquoi ? Question d'héritage ?

Pour le maintien à domicile des personnes dépendantes, Mme S. B. constate une inégalité des situations exacerbée par les conditions sociales. Au sein d'un couple avec peu de revenus, la personne aidante s'épuise très vite.

> Dans les milieux populaires, plus de 30 % des aidants décèdent avant la personne malade. Les aidants s'en sortent mieux dans les milieux plus aisés. J'ai une patiente qui a pu embaucher à temps plein un aide-soignant pour s'occuper de son mari diagnostiqué Alzheimer. Elle a été extrêmement préservée. Je vois aussi des situations extrêmes. Par exemple, chez la directrice d'une très grande entreprise dont le mari a une maladie neuro-dégénérative. Ayant travaillé quelques années en Afrique, elle a ramené avec elle une servante pour s'occuper de son mari. Cette dame africaine âgée de 72 ans s'occupe de son mari 24 heures sur 24, sans être déclarée et [en étant] très peu payée. « Elle fait partie de la famille et est mieux ici que dans son pays », m'a répondu ma patiente qui peut continuer à pratiquer tous ses loisirs grâce à cette dame. Celle-ci est désormais malade. Elle va être renvoyée dans son pays. Quand je me suis étonnée de cette situation auprès de mes collègues, elles m'ont répondu que ce type de situation était courant dans les milieux aisés.

Les assistantes sociales et la psychologue constatent aussi les difficultés rencontrées par les personnes âgées dépendantes maintenues à leur domicile à accéder à un certain nombre de soins non remboursés comme les soins dentaires, les lunettes ou la consultation d'un psychologue. Les prothèses ou les fauteuils roulants dont elles pourront disposer seront souvent dans le bas de gamme, d'un usage difficile.

Une autre inégalité demeure au sein des établissement d'hébergement. L'aide sociale à l'hébergement (ASH) financée par les départements permet à des personnes avec de faibles revenus de payer leur hébergement dont le prix médian atteignait 1 953 euros par mois en 2017. Ce sont essentiellement les établissements publics et semi-publics qui proposent les places habilitées à bénéficier de cette aide, avec des prix du séjour plafonnés[12]. Alors que 120 000 personnes perçoivent cette allocation, des dizaines de milliers d'autres éligibles à son attribution ne la demandent pas car elle est récupérable en totalité sur la succession. Tous les revenus et toutes les économies de ces personnes servent ainsi à payer l'Ehpad. Le conjoint ou la conjointe de la personne résidente, demeuré au domicile, vit souvent dans une pauvreté devenue encore plus extrême.

12. Voir Philippe Baqué, « Vieillesse en détresse dans les Ehpad », *Le Monde diplomatique*, mars 2019.

Silver economy

Cette pauvreté des personnes âgées peut-elle déboucher sur un soulèvement ? « Toutes les personnes en situation extrêmement difficile que j'ai pu rencontrer ne se révoltent pas du tout, n'expriment aucune colère », s'étonne Mme S. B. « Il ne s'agit pas de soumission mais d'un certain fatalisme. Ces personnes font partie d'une génération qui a connu la guerre, les privations, la migration et qui est habituée à économiser et à se serrer la ceinture. Les choses changeront peut-être avec l'arrivée des personnes âgées de la génération du baby-boom qui ont des parcours de vie beaucoup moins linéaires et une autre culture. »

Les personnes âgées ne vivent pas systématiquement dans cette précarité. Entre 1970 et 2013, le revenu moyen des personnes âgées de 60 à 69 a augmenté de 152 % et celui des 70-79 ans de 148 %[13]. Mais ce revenu moyen masque la polarisation croissante des inégalités de revenus entre les seniors les plus riches et les seniors les plus pauvres, notamment ceux qui ne sont pas propriétaires. La vieillesse ne fait qu'accentuer les inégalités sociales. Avec un pouvoir d'achat moyen en constante hausse et supérieur à celui des autres générations, une partie des seniors est donc devenue un marché « porteur ». En 2013, Arnaud Montebourg et Michèle Delaunay, respectivement ministre de l'Économie et ministre déléguée aux Personnes âgées et à l'Autonomie, lançaient la filière de la *silver economy* pour mobiliser les entreprises, les startups, les associations, les mutuelles, les assurances, les pôles de compétitivité et les acteurs du monde médico-social. L'objectif : galvaniser le marché des nouvelles technologies, de la robotique, de la domotique, du loisir, du bien-être, des services ou des laboratoires pharmaceutiques à destination des personnes âgées, transformées pour l'occasion en « cyber-seniors ». La même année, la femme d'affaires Anne Lauvergeon rendait public le rapport « Innovation 2030 ». Elle y présentait la *silver economy* comme « l'une des sept ambitions stratégiques » pour le développement économique de le France.

Les personnes âgées sont devenues les cibles d'une multitude d'agences de communication spécialisées. Pour Bettina Frohlich, créatrice de la Luxury Silver Conference qui se tient à Paris tous les ans, les seniors « cultivent l'hédonisme dans leur rapport à la vie et à la consommation[14] ». Si ces seniors « hédonistes » sont très médiatisés, les personnes âgées des

13. « Le pouvoir d'achat des retraités augmente-t-il ou diminue-t-il ? », *Le Monde*, 14 mars 2018.
14. Maud Vincent, « Seniors : une cible à plusieurs visages », *e-marketing.fr*, 26 octobre 2015.

catégories sociales les plus démunies sont devenues invisibles. Elles-mêmes demeurent très discrètes et participent peu aux manifestations comme celles contre la réforme des retraites. La vieillesse pourrait être à l'image de la gare citée par Emmanuel Macron dans l'un de ces discours : « un lieu où on croise des gens qui réussissent et des gens qui ne sont rien ». Le cynisme de Francis Blanche était de l'humour. Celui d'Emmanuel Macron est tout un programme.

Le courage du cadre

Sandra Lucbert

On lui a dit, il faut maintenir les services. Elle maintient les services[1].

Madame la directrice de l'Ehpad
Est une femme de tête
Pense à la suite
De sa carrière.

Madame la directrice de l'Ehpad
Doit gérer le flux aujourd'hui comme hier
Le flux varie qualitativement. Aujourd'hui, c'est une file active
De morts.

On lui a dit : il y a des sacrifices à faire.

Madame la directrice de l'Ehpad a le sens du sacrifice.
Depuis son bureau de l'aile administrative
Où sont réfugiés tous les cadres de santé ;

---

1. Une version de ce texte a paru sur le site de *Lundimatin* le 6 avril 2020.

Elle l'insuffle à ceux qui en manquent
Hors de l'aile administrative.

Les contaminations brouillent la vue.

L'aile administrative préserve le cadre.
C'est l'essentiel : les variables s'ajusteront.
Les hôtesses d'accueil
Ne servaient plus à rien.
Elle les a envoyées tenir la laverie
Nettoyer le linge
Souillé par le covid
Nettoyer les draps
Des morts.
Elle est le chef d'orchestre d'un ajustement de tous les instants.

Madame la directrice de l'Ehpad assure la continuité de ses plans
De carrière.

Grace à sa fermeté, les hôtesses d'accueil assignées au nettoyage du virus s'agencent harmonieusement
Au plan de résistance au virus.
Nous sommes en guerre et tous les efforts sont nécessaires. En guerre il faut préserver les stratèges.

Du brouillage de vision.

Madame la directrice de l'Ehpad et les cadres de santé sont les stratèges
Garants de la sortie par le haut.
Ils gardent la tête froide
À l'abri du virus
Ils savent : beaucoup mourront.
Il faut voir la réalité en face.
Être vieux, c'est accepter qu'on va bientôt mourir.
Être soignant, c'est savoir qu'on peut mourir.
Pour le bien commun.

Être cadre, c'est savoir et assurer la continuité des plans.

Le bien commun dépend de la fluidité des marchés.

Son rôle de directrice, c'est d'insuffler du courage à ceux qui en manquent
Depuis son bureau, le courage ne lui manque pas.

Madame la directrice de l'Ehpad a le cœur qui bat en pensant à la détermination dont elle fait preuve.
Elle méritera sa promotion
À l'Agence Régionale de Santé.

Madame la directrice de l'Ehpad harcèle les soignants
Pour qu'ils restent en poste, physiquement. Les vieilles gens meurent, cinq six chaque jour : elle dit aux soignants « Prenez sur vous,
Nous avons tous notre rôle à jouer. »

Madame la directrice de l'Ehpad compte les morts,
Elle garde la tête froide
Elle a ressorti son boulier
Ça l'aide à se figurer les quantités.

Pour son bilan de carrière.

Les soignants de l'Ehpad ont décidé de consacrer des feuilles à l'annonce des morts.
Que leur mémoire survive au boulier :
Une feuille par personne,
sur un panneau en liège.
Le deuxième jour, il a fallu partager les feuilles en quatre. Trop petit le panneau en liège.
Et pas assez de feuilles.
Le sixième jour, ils sont passés aux listes.
Au moins garder les noms.

Madame la directrice de l'Ehpad est une dame de fer
Elle torture psychiquement les soignants,
Pour leur insuffler le courage qu'ils n'ont pas.
Elle a ce courage – de les martyriser pour le bien commun.

Elle leur fait comprendre qu'ils sont responsables de l'abandon des vieilles gens
À une mort dans l'indignité.
Ils sont coupables, oui,
de craindre pour leur vie à eux, en soignant des vieilles gens contaminées
Sans masque.
Et sans gants.
Elle leur dit : vous vous devez à nos seniors.
Il faut savoir mettre sa vie en jeu pour l'humain.

Les seniors meurent parce que le gouvernement a
perfectionné l'hôpital
Dans l'intérêt des marchés,
Garants des meilleures sociétés.
L'hôpital est une imperfection, qui ralentit les flux.

Les marchés, c'est le cadre
Qui garantit les flux
De nature variable.

Le gouvernement
a fait entrer l'harmonie économique dans les Services de santé.

C'est une entreprise de longue haleine. Il faut du souffle et de la vision.
Les soignants en manquent.
Le psychologue est là aussi pour ça – lui explique Madame la directrice.
Pour l'étayage.

Mais le psychologue se soustrait à la dignité collective.
Il consulte en télétravail
Puisqu'il n'a ni gants ni masques.

Madame la directrice de l'Ehpad exige que le psychologue en poste
Retrouve sa dignité. Vienne
En personne – Le contact humain c'est important, pour
Aider les soignants
À prendre sur eux et continuer à mourir en participant à l'effort de dignité collective.

Les vieilles gens
Qu'on laisse mourir
Méritent des soins.
Elle est garante de la dignité.

Plus les vieilles gens meurent, plus les soignants attrapent le virus,
et meurent.
Plus il y a de morts, plus la directrice de l'Ehpad harcèle le psychologue.
Le télétravail est parfaitement inacceptable.
Il faut qu'il meure,
Au contact de la dignité :
C'est un effort collectif.

Le zéro stock et le flux tendu font leurs preuves jour après jour.

Apprendre

Laurence De Cock

« Faut avoir un tempérament de joueur quand l'ascenseur social ne s'arrête jamais à ton étage, sinon tu passes ta vie l'index collé au bouton[1]. » Le journaliste Nadir Dendoune a grandi et vit en Seine-Saint-Denis. Beaucoup d'habitants des quartiers populaires partagent son constat ; de nombreuses enquêtes sociologiques sur l'école le corroborent. Mais l'illusion d'une école méritocratique démolit encore trop d'enfants. Pour ceux-là qui n'ont pas ce « tempérament de joueur », pour leur famille, pour toutes celles et ceux qui constatent ces dysfonctionnements, la tentation est grande de rejeter l'école publique, sans autre forme de procès, puis de se tourner vers les écoles confessionnelles ou alternatives hors contrat, voire l'instruction en famille. Autant de démissions, autant d'échecs de la démocratisation scolaire. Autant de raisons pour lesquelles, en fin de compte, seuls les privilégiés tireront leur épingle du jeu.

Une démocratisation scolaire à la peine

L'école de Jules Ferry (1881-1882) n'a jamais eu l'ambition de permettre à tous les enfants modestes de s'affranchir de leur milieu. Sa nouveauté ne

1. Nadir Dendoune, *Lettre ouverte à un fils d'immigré*, Paris, Danger public, 2007, p. 116.

résidait pas là, mais dans le souci d'apporter un socle minimum de formation intellectuelle à toutes les classes sociales. De fait, il n'a jamais été question d'abolir aucun des parcours scolaires parallèles qu'empruntait depuis longtemps la bourgeoisie. L'enseignement confessionnel d'abord, mais surtout les « collèges » et « lycées » réservés aux élites : leurs cursus, payants, commençaient dès le plus jeune âge. Certes, il arrivait que des élèves sortent du lot, soient repérés par leurs instituteurs et scolarisés dans ces établissements. Mais la chose demeurait extrêmement rare.

Rendre enfin accessibles à tous les enfants, sans conditions d'appartenance sociale, culturelle, l'ensemble des parcours et débouchés scolaires : l'enjeu de la démocratisation scolaire s'est surtout imposé après la Première Guerre mondiale et n'a cessé ensuite de structurer les politiques éducatives. La chronologie est bien connue : allongement de la scolarité obligatoire (1936 et 1959), instauration du collège unique (1975), lancement de la politique d'éducation prioritaire (1981). Mais l'échec relatif de toutes ces mesures est tout aussi documenté. Tandis que s'accélérait la massification[2], c'est-à-dire l'augmentation du nombre d'élèves dans le secondaire, la démocratisation, elle, peinait à suivre le rythme.

C'est au moment même où l'école ouvrait ses portes aux enfants des classes populaires que les travaux de sociologie, et particulièrement ceux de Pierre Bourdieu et Jean-Claude Passeron[3], ont commencé à lever le voile sur la reproduction scolaire des inégalités. Les raisons de ce phénomène, montraient-ils, sont structurelles et tiennent aux filières sélectives, mais relèvent aussi de la culture légitime sur laquelle repose l'école, avec ses codes corporels et langagiers, ses rituels pédagogiques. Une culture bourgeoise en somme, éloignée de la culture populaire. Ce que les sociologues appellent « capital culturel » apparaît alors essentiel pour expliquer les difficultés des enfants des classes populaires. Ces analyses ont été critiquées et affinées, mais force est de reconnaître que, soixante années plus tard, le constat de base reste implacable. En 2019, l'Observatoire des inégalités indiquait qu'à l'université, les enfants de cadres supérieurs sont trois fois plus nombreux que les enfants d'ouvriers. Installés dans la longue durée,

---

2. L'accès au baccalauréat est passé de 11 % d'une classe d'âge dans les années 1950 à 79 % aujourd'hui, mais cette augmentation est essentiellement due aux créations des baccalauréats technologiques (1968) et professionnels (1985), car seuls 17 % des jeunes d'une même génération obtiennent un bac général.

3. Pierre Bourdieu et Jean-Claude Passeron, *La Reproduction. Éléments pour une théorie du système d'enseignement*, Paris, Minuit, 1970.

les dysfonctionnements de l'école semblent d'ailleurs irrémédiables. C'est naturellement l'argument de ceux qui en profitent pour affirmer que le modèle est éculé et qu'il faut désormais changer totalement de cap, quitte à casser la boussole. Le ministre de l'Éducation nationale en tête.

Le moment Blanquer

Jean-Michel Blanquer est l'un des inamovibles protagonistes de l'histoire de l'extrême centre en France. Sa nomination rue de Grenelle a constitué l'aboutissement d'un *cursus honorum* commencé sous la présidence de Jacques Chirac. Plusieurs fois recteur, directeur adjoint de cabinet de Gilles de Robien, puis bras droit du ministre de l'Éducation en tant que directeur général de l'enseignement scolaire entre 2009 et 2012, l'homme connaît parfaitement les rouages de l'institution.

Un an avant les élections présidentielles de 2017, il publiait *L'École de demain. Propositions pour une Éducation nationale rénovée*. Et tout y était : chaque enfant a les mêmes chances de réussite ; l'obstacle principal est l'origine sociale qui, pour les plus pauvres, empêche les stimulations éducatives ; la scolarité doit donc être ajustée aux profils et aux capacités : il convient de déterminer le plus tôt possible le potentiel de chaque enfant. Les sciences cognitives ? Elles doivent devenir le fondement de toute pédagogie. Les enseignants ? Quitte à les y contraindre par la loi, ils adhéreront à ce modèle. Et, s'il le faut, on en recrutera sur profil des mieux disposés. L'autonomie devient la règle. Pas celle de l'autogestion, mais celle qui confère toujours plus d'autorité aux chefs d'établissement, celle qui attise la compétition à qui présentera le projet le plus « innovant », pour obtenir plus de dotations financières. Un mariage entre les sciences cognitives et l'idéal néolibéral, en somme.

Depuis 2017, cette politique de contre-démocratisation s'est concrétisée par une frénésie de réformes touchant tous les maillons de la chaîne éducative, de la maternelle à l'université. Parcoursup, d'abord, qui trie les lycéens en toute opacité – puisque les critères de sélection ne sont pas connus. La réforme du lycée, ensuite, qui, en substituant des « spécialités » à la carte aux filières jugées trop rigides, aggrave les inégalités entre établissements – tous n'ayant pas les moyens de toutes les proposer – et prépare le terrain pour un marché de l'éducation. La réforme du baccalauréat, qui consacre le contrôle continu au détriment du caractère national de l'examen. Le lycée professionnel n'est pas en reste, qui voit fondre le nombre d'heures allouées aux enseignements généraux, dans l'indifférence générale, bien que près d'un tiers des lycéens y soient scolarisés. Une mesure qui, à terme, servira de prétexte à la fusion entre les lycées professionnels et les centres de formation en apprentissage, lesquels dépendent des collectivités et des chambres de commerce et d'industrie. En 2015, la réforme du collège s'inscrivait dans le sillage des précédentes. Réduisant la pédagogie à une approche strictement technique et les évaluations à des grilles de compétences ; toute la liberté pédagogique ayant déjà quasiment disparu, le gouvernement actuel n'y voit rien à redire.

Reste l'école primaire, le véritable laboratoire de la vision éducative de Blanquer. Dans la plus pure tradition conservatrice, l'accent y est mis sur « les fondamentaux » : lire, écrire, compter. Après avoir annoncé en fanfare le dédoublement des CP et nommé un conseil scientifique entièrement dévoué à sa cause pour suivre ses réformes, le ministre a réduit petit à petit la marge de manœuvre des enseignants par une succession de circulaires. Convoquant les travaux du président de ce conseil, Stanislas Dehaene, neuroscientifique au Collège de France, le ministre justifie chacune de ses décisions par des arguments tirés exclusivement des sciences cognitives et de la neuro-éducation, l'alpha et l'oméga de la formation continue des professeurs des écoles. Il s'appuie également sur les publications d'Agir pour l'école. Satellite du très libéral Institut Montaigne, cette association a pour cheval de bataille l'apprentissage de la lecture via des applications sur tablettes distribuées dans les écoles et pour mécènes de grandes multinationales comme Axa, Dassault ou Suez.

De sorte que c'est l'ensemble de la chaîne éducative qui a été déstructurée ces dernières années. La répression et la surveillance tous azimuts des enseignants ont découragé les mobilisations contre ces réformes. Désormais inscrit dans la loi « école de la confiance » (26 juillet 2019), le « devoir d'exemplarité » est une incitation à se taire. Comme toujours, cette mise au pas[4] tire également son efficacité du zèle de certains enseignants ou cadres de l'Éducation nationale. L'apathie, la désillusion, voire la dépolitisation du monde enseignant font le reste, même si quelques sursauts, comme la grève des correcteurs du bac en juin 2019, suggèrent un frémissement.

Performance, concurrence et tri social avancent de concert. Et cette approche technocratique et scientiste, en plus de couper court à tous

4. Voir le chapitre sur la mise au pas de l'administration dans Saïd Benmouffok, *Le Fiasco Blanquer*, Paris, Les Petits Matins, 2021.

débats sur les inégalités sociales, à commencer par celui, pourtant déterminant, sur la manière d'y remédier *en dehors* de l'école, fait place nette au privé en disqualifiant l'école publique.

Cadeaux au privé

Que le secteur privé tire profit des défaillances de l'école publique n'est pas un fait nouveau. Depuis quarante ans, les réformes scolaires se font à moyens constants, dans un cadre de plus en plus austéritaire. La dégradation des conditions de travail, conséquence des suppressions de postes et de la croissance des effectifs, et celle des conditions matérielles (rats, fuites, moisissures, absence de chauffage, etc.) ont accéléré le départ des familles vers des écoles privées, souvent confessionnelles, dont les tarifs ne sont plus forcément rédhibitoires. Des comportements discriminatoires à l'égard de certains élèves, musulmans notamment, ont pu jouer aussi un rôle.

Depuis la loi « Debré » (1959), l'État contractualise avec les écoles privées qui en font la demande et les subventionne en partie. Mais la loi dite « Carle » (2009) contraint maintenant les municipalités à financer à parité les écoles élémentaires publiques et privées lorsqu'elles accueillent les enfants scolarisés hors de leur commune de résidence. La décision d'abaisser à trois ans l'âge de la scolarisation obligatoire aura donc comme effet immédiat d'abonder en deniers publics les caisses des écoles maternelles privées. Au total, 12 milliards d'euros d'argent public sont versés au privé chaque année, l'équivalent de 20 % de l'impôt sur le revenu .

Cette « paix scolaire » permet à l'État de se délester de ses responsabilités éducatives. Elle fait, par ailleurs, le bonheur de certains fonds, un phénomène amorcé dans l'enseignement supérieur mais qui touche à présent des établissements secondaires privés comme l'École internationale bilingue ou l'École alsacienne : ces institutions, dont les enseignants sont rémunérés par l'État, bénéficient d'investissements qui leur permettent de dégager des bénéfices et de se développer, parfois en ouvrant des classes hors contrat. Le hors-contrat n'est en effet pas en reste : la Fondation pour l'école, son organisation de tutelle, a été reconnue d'utilité publique en 2008, ce qui permet aux mécènes de défiscaliser leurs dons à hauteur de 66 % pour les particuliers et 60 % pour les entreprises[5] ; et la récente loi dite « Gatel » (2019), sous prétexte de contrôler davantage les

5. Laura Raim, « À qui profite la paix scolaire ? », *Le Monde diplomatique*, septembre 2018.

écoles de ce type, allège en réalité la procédure administrative qui permet de les ouvrir.

La destruction de l'école publique hâte par ailleurs ce que Christian Laval appelle la « marchandisation des prestations éducatives », c'est-à-dire tous les modes par lesquels on peut transformer l'éducation en un service payant[6]. Officines de soutien scolaire comme Acadomia (100 000 élèves sur 12 millions y ont recours), produits éducatifs (cahiers de vacances, matériel parascolaire, etc.), *e-learning* développé par des startups comme Kartable ou Superprof : le marché du soutien scolaire enrôlait déjà, avant confinement, un million d'élèves ; on estime son chiffre d'affaires à près de 2 milliards d'euros. Parcoursup a provoqué l'apparition de modules de « coaching » en orientation (lettres de motivation, etc.). Chez AdVeda, un site qui propose d'accélérer « l'émergence de [n]otre potentiel », les prix oscillent entre 150 et 800 euros pour deux heures de *debriefing* au cours desquelles l'« *enjoyment performance theory* » aide à faire les bons choix de vie. Le mirage de la « continuité pédagogique » lors du confinement a dopé ce marché numérique.

Comment s'en étonner lorsque l'on sait que, désormais, l'individualisation extrême des parcours, la performance et la concurrence sont promues dans et par une école prête à accueillir à bras ouverts le monde de l'entreprise. « Au temps du chômage de masse, n'est-ce pas son rôle d'aider les élèves à trouver du travail ? » disent les défenseurs d'un rapprochement. Avec la disparition du métier de « conseillère psychologique d'orientation », les entreprises s'invitent de plus en plus souvent dans les établissements et accueillent les élèves en retour dans leurs locaux. Les « forums des métiers », « stages en entreprise en troisième », classes « prépa-métiers » au collège sont autant de moments où le patronat, flattant sa fibre philanthropique, propose son aide aux jeunes, surtout à ceux en difficulté. Austérité oblige, les collectivités recourent aux multinationales du BTP pour construire ou exploiter les établissements scolaires, tandis que les financements de voyages ou autres projets artistiques sont de plus en plus souvent pris en charge par de grands groupes comme Casino ou Orange, moyennant la présence de leur logo. Des partenariats public-privé développent par ailleurs l'entrepreneuriat à l'école : on y exalte l'« esprit d'initiative et d'entreprise », reprenant la terminologie européenne des « compétences

6. Christian Laval, « Des effets de la concurrence scolaire », *Regards croisés sur l'économie*, n° 25, février 2019.

clés[7] ». Des associations, prêchant la libre entreprise de soi, diffusent dans les classes cette culture de l'entrepreneuriat. « 100 000 entrepreneurs » travaille ainsi avec 7 000 patrons prêts à aller témoigner de leur parcours dans les établissements, du collège à l'université. L'association cible en priorité les quartiers populaires pour « leur ouvrir le champ des possibles ». De son côté, « Énergie Jeunes », une autre association partenaire de l'Éducation nationale, accompagne les projets permettant aux élèves de « devenir acteurs de leur scolarité », « muscler leur volonté », « préparer leur avenir ». BNP Paribas, Axa, Orange toujours : les soutiens financiers de cette association éclairent sur ses ambitions. La valorisation de l'entrepreneuriat à l'école n'est cependant pas le fait du seul grand patronat. Elle est aussi portée par les missionnaires de « l'innovation sociale » désireux de changer le monde[8]. Présente en France depuis 2006, l'association Ashoka, fondée par l'homme d'affaires William Drayton, œuvre ainsi à la « transformation de l'expérience éducative ». Aux « nouvelles générations » de « *changemakers* », elle indique les « qualités, compétences et "savoir-être" » indispensables à la « prise d'initiative, la collaboration ou l'empathie ».

Les écoles alternatives

De longue date, on accuse l'école publique de faillir à sa mission de démocratisation et d'émancipation. Ces critiques sont même depuis près d'un siècle à l'origine d'expériences alternatives. On songe par exemple à l'école libertaire de Neill, fondée en 1921 et décrite, cinquante ans plus tard, dans l'ouvrage *Libres enfants de Summerhill*, à tout le travail politique et pédagogique du couple Freinet, à l'approche radicale d'Illich prônant le « *deschooling* » et à l'ensemble des expériences inspirées notamment par les mouvements révolutionnaires, anarchistes ou communistes.

La tendance est aujourd'hui à regrouper ces pédagogies très différentes sous le vocable de « pédagogies alternatives ». Parmi les figures plébiscitées, Maria Montessori tient la vedette. Médecin italienne, spécialiste des enfants dits « attardés », elle a tenté de faciliter les apprentissages fondamentaux en élaborant une méthode basée sur la manipulation d'objets inventés par elle-même (lettres rugueuses, boulier, etc.). Elle en a ensuite

7. « Recommandation du Parlement européen et du Conseil du 18 décembre 2006 sur les compétences clés pour l'éducation et la formation tout au long de la vie (2006/962/CE) », *Journal officiel de l'Union européenne*, 30 décembre 2006.
8. École d'innovation sociale Élisabeth-Buyère, *Manuel pour changer le monde, école d'innovation sociale*, Montréal et Paris, Lux, 2020.

tiré quelques théories cognitives et pédagogiques qui restent des références. Contrairement à d'autres penseurs (dont ceux cités plus haut), Montessori ne se souciait cependant guère des finalités sociales de l'école ; sa visée était thérapeutique et focalisée sur l'individu-enfant et sa réussite. C'est sans doute l'une des raisons du succès actuel des écoles Montessori – on en compte près de deux cents en France.

À droite, on comprend que l'accompagnement individualisé et le traitement « scientifique » des difficultés d'apprentissage puissent séduire. On voit bien en quoi tout cela peut nourrir un discours médiatique friand de pensée magique et plutôt réceptif à la critique de l'école et des enseignants. Comme celle menée par Céline Alvarez dans *Les Lois naturelles de l'enfant* en 2016. En poste dans une école maternelle d'un quartier populaire à Gennevilliers[9], cette enseignante, parrainée dès 2011 par l'association Agir pour l'école et soutenue par Jean-Michel Blanquer, est à l'origine d'une expérience mêlant la pédagogie Montessori et les neurosciences. Son livre, publié dans la foulée et vendu à plus de 200 000 exemplaires en mars 2018, relate la réussite exceptionnelle de cette méthode. « Le livre qui va changer l'école », selon le journaliste Patrick Cohen, propose une vision mécanique des apprentissages et accompagne la multiplication de « produits » labellisés Montessori qui encombrent les rayons des librairies et des magasins de jouets.

La chose est plus difficile à saisir du côté de ceux que l'on préférerait voir plus spontanément défendre l'école publique. Pourtant, les écoles alternatives et leurs mirages - épanouissement individuel, anti-autoritarisme, fusion avec la nature - ne laissent pas insensible la gauche critique. Elles charment aussi les réseaux semi-ésotériques, autogestionnaires et écologistes comme le mouvement des colibris – ce petit oiseau qui, dans la légende fondatrice, tente d'éteindre un incendie, seul, à la force de son petit bec, même si c'est peine perdue. Une allégorie, en phase avec l'idéal libéral, que d'aucuns choisissent de présenter comme l'incarnation de la solidarité et du don de soi. Dans les territoires récemment investis par ceux que l'on appelle communément les « néo-ruraux », certaines écoles alternatives remplacent les écoles publiques. On y promeut la pleine conscience et autres recettes de bien-être permettant de supporter l'existant plutôt que

9. Laurence De Cock, « Céline Alvarez, une pédagogie "business compatible" », *Revue du Crieur*, n° 6, 2017.

de le changer. L'entre-soi sociologique se chargeant du reste des apprentissages plus livresques.

Mais cet engouement n'appartient pas aux seuls nostalgiques d'un monde sans progrès. Les urbains s'emballent aussi parfois pour les écoles hors contrat et très souvent pour Montessori. Les tarifs tournent autour de 500 à 800 euros par mois en ville. À la rentrée 2020, la Fondation pour l'école recense une centaine de nouvelles ouvertures en France, et indique que le nombre d'écoles indépendantes s'élève désormais à 1 559[10]. Montessori, qui emporte très largement la mise, tente par ailleurs de répondre aux critiques sur son coût par l'arrivée d'une offre qui se veut plus sociale, « Montessori 21 », indexe ses prix sur le quotient familial et promet un système de bourse. Depuis 2019, ce nouveau réseau contribue à la gentrification du 19e arrondissement de Paris (école) et de Pantin (collège-lycée). Le pari ? « Démocratiser une école élitiste », explique Simone Hammer, sa fondatrice : « Le système scolaire classique que j'ai connu à travers le quotidien de mes propres enfants me semblait adapté à une éducation de masse, fondée sur la conception que tout le monde est identique et doit arriver au même résultat. Pourtant, nous sommes tous différents ! Nos possibilités et nos intérêts varient et, à mon sens, cela est vecteur de richesse pour notre société[11]. » L'éducation de masse, voilà l'ennemi, « Tous différents », voilà l'avenir.

---

10. Pascal Bouchard, « Le hors-contrat poursuit son expansion, malgré la pandémie et la loi Gatel », *ToutEduc*, 10 septembre 2020.

11. Sabah Kaddouri, « Montessori 21 : le pari de Simone Hammer pour démocratiser une pédagogie élitiste », *forbes.fr*, 25 janvier 2018.

Scènes scolaires

Anne Jourdain

Les murs, les parements et la structure, fabriqués en usine, ont été assemblés sur place et intégrés au paysage en 1979. Des plans standardisés permettaient alors de construire des établissements scolaires en série, et de faire une place aux enfants des classes populaires sur les bancs du « collège unique ». C'est un bijou d'architecture industrialisée. Tout y est d'origine, même l'amiante des faux plafonds. Ripoliné maintes fois à peu de frais. On le voudrait *vintage* ; il est délabré.

Les WC ont perdu de leur lustre depuis les Trente Glorieuses. Au rez-de-chaussée, ils sont sous clé, réservés à la direction. Au premier étage, professeurs, personnels de vie scolaire et agents d'entretien se partagent deux cabinets seulement : Il faut jouer des coudes à la récréation. Difficile, sous la crasse, d'apprécier le cachet du lieu. L'endroit fait pourtant l'objet d'une attention particulière, comme en témoignent les nombreuses affiches, plastifiées et punaisées au mur :

> « MERCI À TOUS D'ÉTEINDRE LA LUMIÈRE EN PARTANT ! (Si vous êtes le dernier). »
> « Nous visons à garder ces toilettes propres, nous apprécierions que vous visiez juste. »

« Madame, Monsieur, afin de permettre à l'agent technique de faire son travail, je vous remercie de bien vouloir :
– ne pas laisser vos boîtes de nourriture sur le lavabo
– ne pas introduire de produits de nettoyage non répertoriés dans l'établissement
Je vous remercie pour votre précieuse collaboration
Mme l'Intendante »

La puanteur du lieu avait poussé quelques désespérés à l'achat, sur leurs propres deniers, d'un bidon (*non répertorié*) de Canard WC.

Pourtant, les *agents techniques* ne ménagent pas leur peine. Ce sont plutôt des agentes, d'ailleurs. En sous-effectif chronique, elles s'épuisent à briquer ce qui ne peut l'être. En 2014, Stéphane Troussel, président de la Seine-Saint-Denis, les avait désignées *effectifs cibles* – comprenez : *cibles* de l'austérité. Alors que de nouveaux établissements sortaient de terre grâce à des partenariats public-privé, des agentes ont été *redéployées* dans tout le département. Depuis, celles qui restent courent après la saleté, entre deux services à la cantine. Avant, quand une de leurs collègues tombait malade, le département dépêchait un remplaçant. Maintenant, c'est Sadio qu'on envoie, ou Salimata, mais seulement pour un jour ou deux. Elles sont employées par une société de nettoyage et payées à la mission. La veille, elles ont astiqué les bureaux d'un garage Feu vert, demain elles parcourront les rayons d'un Carrefour Market après sa fermeture. Sadio et Salimata aiment bien travailler au collège, car elles y retrouvent Bintou, qui nettoie à l'année le deuxième étage. Toutes trois sont originaires du Mali : Bintou peut traduire les consignes. Parfois, Salimata et Sadio s'aventurent en salle des profs. On leur offre un café, mais elles refusent souvent. Elles préféreraient qu'on relise leur paperasse : elles sont sans-papiers, il leur faut sans cesse constituer des dossiers pour attester d'une activité salariée.

Dans les escaliers sales, les tags mal orthographiés sont vite recouverts d'un coup de peinture par Ali. Mais l'ouvrier de maintenance ne peut pas tout rafistoler. Les huisseries des fenêtres laissent passer le vent et la pluie. Depuis longtemps arrachés par les bourrasques, les volets roulants sont inutilisables. La moindre averse trempe les couloirs. Le lino se soulève, alors que dans la colle des revêtements aussi il y a de l'amiante. Aïcha passe souvent la cireuse sur le sol gondolé : elle a récemment appris qu'elle avait une tâche au poumon droit. On ne sait pas bien ce que c'est.

*

Écrasés en boulettes compactes, les contrôles de maths (malheureusement ratés) colmatent les trous du mur qui laissent passer le froid en hiver. Mais ce ne sont pas ces efforts des élèves en matière de recyclage qui valurent à l'établissement le label « Collège durable ». Ségolène Royal, ministre de l'Écologie, le lui décerna pour saluer le *projet innovant* d'un enseignant : il animait un club jardinage en lieu et place des cours de géographie. « Ils sont tout aussi bien avec un râteau, vu que les stylos, ils savent pas les tenir non plus. » On avait planté des pommiers. Un apiculteur était venu installer quelques ruches derrière le parking.

> Ne consommez pas le miel !
> L'apiculteur vient de nous avertir que le miel du collège est **impropre à la consommation**. Les personnels qui étaient déjà passés au secrétariat prendre leur pot sont priés de le jeter. Les distributions prévues pour les élèves sont annulées.
> La Direction

*

C'est utile les sorties scolaires : elles éveillent les élèves et décloisonnent l'école.

> Visite du chantier Vinci à Aubervilliers.
> Les élèves de 3eA du collège sont allés visiter le chantier Vinci du futur siège social de Veolia à Aubervilliers. Cette visite était programmée dans le cadre du projet « Ma caméra chez les pros », concours dont nous avons remporté la finale Île-de-France l'an passé !
> Pour les curieux, la vidéo est toujours disponible sur YouTube.
> PS : Suivez l'actualité du collège sur Twitter !

À l'époque, la ministre de l'Éducation nationale, Najat Vallaud-Belkacem, s'inquiétait de voir l'école si loin des préoccupations du monde du travail et proposait que le stage de découverte professionnelle, obligatoire pour les élèves de 3e, le devienne pour tous les personnels de direction. Y a pas de raison.

Prétendument cantonné à de *l'observation en milieu professionnel* pour éviter que les stagiaires ne constituent une main-d'œuvre gratuite, il permettrait de découvrir ce que travailler veut dire. C'est d'une telle importance que les élèves peuvent même présenter leur rapport de stage à l'oral du brevet. L'épreuve, notée sur 100 points, est déterminante dans l'obtention d'un diplôme qui en nécessite 400.

« C'était nul, non ? Affligeant. Comment on va faire pour lui trouver des points ? » Myriam, qui vient de sortir de la salle d'examen, a mis son jury dans l'embarras. En très grande difficulté scolaire depuis des années, timide à l'extrême, elle s'était présentée tremblante à l'épreuve. Pendant une semaine, elle avait trimé, de 9 h à 19 h, dans un commerce pompeusement baptisé « Institut de beauté ». Le stage s'était résumé à une tâche assez simple : nettoyer les cabines à UV après chaque passage d'un client. La sueur laissant des traces sur les banquettes, elle devait frotter pour les faire partir. Ça la dégoûtait un peu. On jugea son oral « creux », tout comme celui de Medhi ou d'Abakar. In extremis, ils avaient dégoté un stage au Franprix du coin et s'étaient retrouvés manutentionnaires. Le gérant était *cool*, il les laissait prendre des cannettes de Coca… Heureusement, il y eut de meilleures prestations. Margot, qui avait passé une semaine à l'Observatoire de Paris grâce à l'entregent de son père, impressionna son auditoire. Un rapport de stage épais comme un bottin sous le bras, elle détailla fièrement les missions qui lui avaient été confiées. Le jury lui souhaita bonne continuation, des étoiles plein les yeux.

*

Les professeurs aussi pourront bientôt s'initier au monde du *vrai* travail.

> *Messagerie de l'établissement – e-mail du 13 octobre 2020 :*
> Madame, Monsieur,
>
> Le CEFPEP, Centre d'études et de formation en partenariat avec les entreprises et les professions, offre aux **enseignants de toutes les disciplines** et à **tous les personnels de l'Éducation nationale** la possibilité de réaliser des formations, des visites ou des stages de un à cinq jours, en co-construction avec les entreprises, les associations, les organisations publiques.
> Les objectifs sont de :
> découvrir des **métiers** et des pistes d'**orientation** pour les élèves,
> recevoir des formations sur les **outils numériques**,

participer à des ateliers d'intelligence collective pour réfléchir sur des **travaux interdisciplinaires** et en particulier les **chefs-d'œuvre** de la voie professionnelle,
approfondir **des compétences disciplinaires**,
participer à des formations de sensibilisation à l'**entrepreneuriat**,
bénéficier d'un **accompagnement en management** pour les postes des **personnels d'encadrement.**
Je vous remercie de l'attention que vous porterez à cette information et vous prie d'agréer, Madame, Monsieur, mes salutations distinguées.

Édouard GEFFRAY
Directeur général de l'enseignement scolaire

*

À tour de bras, l'Education nationale forme ses professeurs. À tout et à n'importe quoi. À l'orientation, par exemple, depuis qu'on a supprimé la fonction de conseiller d'orientation. Ou à la gestion des outils informatiques : l'*école du numérique* dispose d'ordinateurs hors d'âge et de logiciels obsolètes, mais on supprime les postes de techniciens chargés de leur maintenance. Bien sûr, plus un territoire est réputé difficile, plus les professeurs peuvent compter sur des formateurs aguerris. En Seine-Saint-Denis, certains collèges d'éducation prioritaire ont eu la chance d'accueillir Gaëlle. Elle est sophrologue et coach, mais aussi auteure, conférencière, artiste et « plein d'autres choses encore ». Pour les personnels de ces établissements, elle propose des « initiations à la méditation de pleine conscience (*mindfulness*), ou la pratique de la sophrologie pour cultiver le bien-être, la *bienveillance*, favoriser les apprentissages et améliorer le climat scolaire ».

*

Une fois, les professeurs ont fait grève, pour demander des moyens supplémentaires. Faute d'assistants d'éducation (AED) en nombre suffisant, les récréations et les déplacements des élèves dans les couloirs devenaient dangereux. On déplorait des blessés et des bagarres incontrôlables. L'intrusion d'une bande cagoulée et armée de barres de fer dans l'établissement avait achevé de traumatiser l'équipe pédagogique : prenant son courage à deux mains, elle débraya. La DSDEN (Direction des services départementaux de l'Éducation nationale), sourde aux demandes de postes supplémentaires, abattit alors sa carte maîtresse : la formation « climat scolaire ».

À titre tout à fait exceptionnel, on banalisa une demi-journée de cours. La crème de l'administration débarqua. « Le directeur académique tient à vous assurer, à travers notre présence ici, de son soutien, expliqua l'adjoint. Même si une grève est toujours excessive, nous entendons votre *émotion*. Espérons que ce temps d'échange, qui prive tout de même les élèves de classe, soit constructif. » Un de ses collègues costumé-cravaté se lança dans un long soliloque. On apprendra plus tard qu'il s'agissait d'un « proviseur vie scolaire », *un conseiller technique* du recteur d'académie qu'on envoie en mission dans les établissements pour réaliser des *audits*. À sa suite, une formatrice prit la parole. « Vous connaissez l'école de Palo Alto, non ? Aujourd'hui, on va parler *métacommunication*. »

Sans comprendre ce qui leur arrivait, les profs se trouvèrent répartis en *ateliers*. Certains devaient indiquer sur des post-it de couleurs différentes « Ce que je ne veux plus voir au collège » et « Ce que je veux pour mon nouveau collège ». Mais déjà, à l'autre bout de la salle, montaient des éclats de voix. Des collègues refusaient d'utiliser le matériel mis à leur disposition. Des Lego volèrent à travers la salle, un pot de pâte à modeler rose tomba à terre. Dans le troisième atelier, en revanche, ça filait droit. Sous le regard attentif de la cheffe d'établissement et de la CPE, on noircissait un *paperboard*. Une heure plus tard, des rapporteurs restituèrent le travail de chaque groupe au reste de l'assemblée. Et la formatrice conclut l'après-midi en proposant quelques *pistes de réflexion*. Les personnels avaient commis une erreur de diagnostic : ils réclamaient des moyens humains supplémentaires alors qu'ils étaient confrontés à un problème de *communication* entre adultes. Pour y remédier, toute l'équipe éducative serait conviée la semaine suivante à un *pot convivial*. On renouerait les liens, abîmés par la grève, entre les professeurs et la direction en faisant une partie de Twister – un jeu de société, où le hasard d'une girouette décide du placement des joueurs sur un tapis coloré. « Conseillé dès 6 ans », indique la notice.

Les professeurs et les AED, avertis des conséquences de la grève, se montrèrent *responsables*, et capitulèrent devant le risque encouru. On ne s'exposerait pas à une autre journée de *formation*. L'ambiance de l'établissement continua pourtant de se dégrader.

*

La direction prit donc l'initiative d'une *expérimentation* : la « semaine du respect ». Les cours, qui se tenaient laborieusement, furent banalisés une semaine entière. Il s'agissait d'édifier tous les élèves. On fit venir des *intervenants extérieurs*, des personnes qualifiées en « respect ». La MAIF, « assureur militant », dépêcha trois employés et mit à disposition de l'établissement son *camion numérique*. Aménagé en laboratoire immersif, il vint se garer sur le parking des profs. Chaque classe y passa une heure, pour jouer avec Nao, le robot humanoïde. Des professeurs rouspétèrent de voir autant de cours supprimés. Heureusement, quelques enseignants *concernés* se montrèrent plus investis. La professeure d'arts plastiques, par exemple, fut à la hauteur. Sur un mur de l'établissement, juste devant le réfectoire, elle peignit un gigantesque « arbre du respect ». Tous les élèves furent invités à écrire un petit message à destination de leurs camarades, sur des post-it de couleur. Autant de feuilles pour l'arbre du respect : « Croi en toi », « Tu es belle gazelle », « Ensemble on peu réussir », « OSEF ». Les professeurs de lettres n'avaient pas daigné s'associer à l'initiative.

*

Et puis il y eut l'intervention de Raid Aventure Organisation. L'association, fondée par un ancien policier de l'unité « Recherche, assistance, intervention, dissuasion » (RAID), a reçu l'agrément du ministère de l'Éducation nationale. Les portes des établissements scolaires lui sont donc grandes ouvertes. Parmi ses mécènes figurent le groupe Dassault et la Fondation Bettencourt-Schueller. Elle peut aussi compter sur la générosité de l'entreprise GK Professional, spécialisée dans l'équipement des forces de l'ordre. Engoncés dans une certaine routine, les profs n'avaient jamais pensé à faire courir leurs élèves en armure de CRS ou à dispenser des conseils pour faire une « bonne » clé de bras. Le site internet de l'association présente d'ailleurs très fidèlement les activités qu'on proposa, ce jour-là, aux élèves :

> *Site internet de Raid Aventure Organisation – présentation du dispositif Prox'*
> « Une journée sport et citoyenne pour la jeunesse »
> Initiation aux techniques de maîtrise d'un individu et de self-défense
> Démonstrations du savoir-faire des forces de sécurité (techniques d'interpellation, démonstration cynophile, contrôle routier, secours à la personne, découverte du matériel et des véhicules d'intervention police)
> Atelier de découverte des gestes et techniques professionnels en intervention (maniement des bâtons de défense, menottage, palpation,

techniques d'interpellation, etc.) afin que lors d'un prochain contrôle, les gestes des policiers ne soient pas interprétés

Parcours d'obstacles en tenue de maintien de l'ordre

Stand de présentation et de recrutement aux différents métiers de la Police nationale avec présentation des programmes d'accompagnement internes pour les candidats non diplômés

Si certains parents goûtèrent peu qu'on fasse défiler des élèves menottés dans la cour, même dans le cadre d'une « Semaine du respect », le ministre de l'Éducation nationale, lui, n'y trouverait rien à redire. En octobre 2018, Jean-Michel Blanquer déclarait que la présence de policiers dans les établissements scolaires n'était pas un « tabou ». Et, réfléchissant à voix haute sur LCI, il poursuivait : « Pourquoi pas avoir des permanences de policiers dans les établissements difficiles ? » Pourquoi pas, en effet ?

Habiter

Benoît Bréville

« Votre maison, vous l'aimez. Vous y avez vu grandir vos enfants, vous l'avez peut-être construite. Vous y avez tous vos souvenirs. Mais elle à votre goût, et pas forcément à celui des autres. Les futurs acheteurs veulent se sentir chez eux tout de suite, et chez vous, ce n'est pas chez eux. » Ainsi débute *Maison à vendre*, l'une des nombreuses émissions que la chaîne M6 consacre à la question du logement. Dans ce programme, l'animateur et agent immobilier Stéphane Plaza vient en aide à des ménages peinant à vendre leur bien. Les visites s'enchaînent et personne n'est intéressé. L'animateur avance alors une explication simple : l'habitation ne serait pas « au goût du jour ». C'est donc en grimaçant qu'il pénètre chez Monique, 78 ans : « On va parler de cette entrée qui est quand même assez moche. Les assiettes collées au mur, on faisait ça il y a 25 ans, 30 ans ! », s'offusque-t-il. Le tour se poursuit et l'animateur tance encore la malheureuse infirmière retraitée : la cuisine « aurait besoin d'une bouffée de modernité », « le papier [peint], c'est pas si moderne que ça, il a 10 ans et ça se voit ». Quant au salon, « il est très sombre, j'étouffe un peu moi ici ».

Heureusement, une architecte d'intérieur débarque, qui va « moderniser et illuminer » le logement de Monique en faisant le choix du « contemporain chic ». À la cave, la grosse armoire en bois, les souvenirs de voyage, les toiles de peintre du dimanche, les assiettes murales. Place à des objets design, à un mobilier épuré, s'accordant avec les nouveaux murs repeints en « blanc-beige cachemire » ou « bleu-vert mat ». Quand ils découvrent leur intérieur « remis au goût du jour », les participants rivalisent de « Wouah ! » et de « Oh ! » d'admiration. « Je suis complètement conquise. C'est très jeune, c'est ça qui est bien », s'extasie ainsi Monique.

Outre *Maison à vendre*, Stéphane Plaza anime *Recherche appartement ou maison*, où il aide des participants à trouver la perle rare, mais aussi *Chasseurs d'appart*, qui met en concurrence des agents immobiliers devant satisfaire les exigences de clients. Depuis plus de dix ans, le succès d'audience de ces émissions ne se dément pas, si bien que d'autres chaînes ont décidé d'investir le créneau porteur des émissions domestiques : *Ma maison de A à Z* (France 2), *Maisons de rêve* (TFX), *Habitons demain* (TF1), *VIP House Tour* (W9), *La Maison* (France 5)… sans parler des nombreux programmes importés à bas coût des États-Unis – *Rénovation impossible, Rénovation insolite* et *Les Rois de la réno* (6ter), *Guerre immobilière à Atlanta* (W9) – ou d'Australie comme *Open Homes* ou *Find Me a Beach House* (M6). À en croire le programme télévisé, on pourrait penser que les Français sont obsédés par leur logement. Et l'impression se trouve renforcée quand on pénètre chez un marchand de journaux. *Le Journal de la maison*, *Elle Maison*, *Marie-Claire Maison*, *Campagne et Décoration*… Là aussi, les titres pullulent où les lecteurs trouveront mille et un conseils pour métamorphoser leur intérieur en nid douillet. À condition bien sûr d'en avoir les moyens, tout le monde ne pouvant se payer des verres à vin à 11 euros pièce ou des fauteuils en rotin tressé à 499 euros.

Prompts à susciter le désir d'achat – des chercheurs ont par exemple mis en lumière le lien entre la profusion d'émissions sur la maison et la frénésie immobilière ayant produit la bulle qui a explosé en 2008[1] –, ces émissions et magazines disposent d'un fort pouvoir prescriptif. Ils dessinent les contours de l'habitation idéale, ils tracent le parcours résidentiel type auquel chacun devrait aspirer. Ainsi, dans les émissions de Stéphane Plaza, la condition de locataire est dévolue aux seuls étudiants et jeunes actifs. Sitôt en ménage, ou dès lors qu'ils projettent de faire des enfants, les participants rêvent de devenir propriétaires. Arrivés à la retraite, ils veulent ensuite se séparer de leur bien familial, pour partir couler leurs vieux jours au soleil ou pour

1. Sur le cas irlandais, voir Julien Mercille, *The Political Economy and Media Coverage of the European Economic Crisis. The Case of Ireland*, Abingdon et New York, Routledge, 2015.

emménager dans un logement mieux adapté aux personnes âgées. En fin de compte, toutes les occasions semblent bonnes de devenir propriétaire. Un divorce ? Acheter permet de « se reconstruire ». Une envie d'enfant ? Il faut devenir propriétaire pour « fonder un foyer ». Un nouvel emploi ? Rien de tel qu'une acquisition pour compléter son « projet de vie ». Mais il ne faut pas acheter n'importe quoi. La plupart des participants recherchent une maison avec un jardin, en particulier les jeunes couples, qui y voient une condition *sine qua non* pour élever leur progéniture.

La République des propriétaires

Un historien qui examinerait la situation contemporaine du logement à l'aune de ces représentations médiatiques en aurait une image sérieusement tronquée. Les locataires de leur résidence principale (environ 40 % de la population en France) n'apparaissent qu'en tant qu'ils souhaitent fuir ce statut ; les habitants de logements sociaux (environ 11 millions de personnes) sont totalement absents ; les résidents d'habitations collectives (plus de trois Français sur dix) sont sous-représentés et presque tous envisagent de partir s'installer dans une maison… C'est ainsi la figure du petit propriétaire de maison qui est mise à l'honneur. En cela, les médias reflètent et nourrissent une aspiration exprimée par la population depuis la Seconde Guerre mondiale.

En 1945, la première fois que l'Institut national d'études démographiques (Ined) a interrogé la population sur ses désirs en matière d'habitation, 72 % des Français (et 56 % des Parisiens) ont répondu qu'ils souhaiteraient vivre dans une maison avec jardin. « La majorité des Français aimeraient posséder un morceau de terre, cultiver leur jardin et voir se dresser au milieu des parterres de fleurs et de plants de légumes une maison, à l'écart de la ville, et qui ne soit qu'à eux », constataient les auteurs de l'étude. Depuis, chaque enquête est venue le confirmer : la petite propriété individuelle représente un idéal pour sept à huit Français sur dix, et la tendance n'a fait que se renforcer avec la crise du Covid-19, qui a donné à de nombreux urbains des envies de verdure et de pavillon. Les effets de ces nouvelles aspirations commencent d'ailleurs à se faire sentir sur le marché immobilier. Après deux décennies de croissance vertigineuse, les prix dans les grandes métropoles se tassent, la demande diminue dans les immeubles collectifs tandis que le marché flambe dans certaines périphéries, campagnes ou petites villes parsemées de maisons : + 11,5 % en 2020 pour les maisons de Seine-Saint-Denis, + 17 % pour celles du Val-de-Marne.

Idem en Normandie (+ 6 %), en Centre-Val de Loire (+ 8,5 %), dans les Pays de la Loire ou en Bretagne (+ 10 %).

Contrairement aux pouvoirs publics américains, qui ont encouragé le développement de banlieues pavillonnaires tentaculaires, et donc l'usage intensif de la voiture, les décideurs hexagonaux ont longtemps résisté à cette tentation de la population. Au sortir de la guerre, nonobstant les conclusions de l'Ined, ils privilégient l'habitat collectif et les grands ensembles. Il faut construire vite et beaucoup pour rebâtir le pays et absorber la croissance démographique ; le souci de se démarquer du régime de Vichy, fervent soutien de l'idéologie pavillonnaire, est vif et chacun a en mémoire le fiasco des lotissement défectueux de l'entre-deux-guerres, ces bicoques érigées par des promoteurs véreux au milieu des champs et de la boue, sur des terrains vendus à la découpe et non viabilisés. Pour des centaines de milliers de « mal-lotis », le rêve de petite propriété s'était alors transformé en cauchemar, et il fallut près de vingt ans pour réparer les dégâts.

Les autorités ont donc longtemps misé sur l'habitat collectif, notamment sous la forme de logements locatifs sociaux. Elles n'ont rouvert les vannes du développement pavillonnaire qu'à partir des années 1970, notamment sous l'impulsion du ministre du Logement Albin Chalandon (1968-1972), à l'origine du programme des « chalandonnettes » qui visait la construction de 70 000 maisons individuelles à bon marché. Elles ont également multiplié les aides à l'accession à la propriété, engendrant un grignotage continu de l'espace rural. Voilà donc cinq décennies que l'équivalent d'un département est bétonné tous les sept à dix ans, les habitations individuelles pesant pour moitié dans cette artificialisation. Le problème semble pourtant peu préoccuper les pouvoirs publics, qui laissent libre cours à l'expansion pavillonnaire, tout en affichant, pour la galerie, la lutte contre l'étalement urbain comme objectif prioritaire – dans la loi « solidarité et renouvellement urbain » de décembre 2000, dans la loi portant engagement national pour l'environnement, dite « Grenelle 2 », de juillet 2010, dans celle pour l'accès au logement et un urbanisme rénové (Alur) de mars 2014...

Le désir de propriété est intimement lié au goût pour la maison individuelle. Chaque année, indique la sociologue Anne Lambert, plus de 500 000 ménages en moyenne se lancent dans l'acquisition de leur résidence principale et, tandis que l'habitat individuel constitue 56 % du parc de logement, il représente 70 % des acquisitions récentes[2]. Du prêt

2. Anne Lambert, *« Tous propriétaires ! » L'envers du décor pavillonnaire*, Paris, Le Seuil, 2015.

à taux zéro au prêt à l'accession sociale, en passant par l'APL accession ou les maisons à 100 000 euros, de nombreux dispositifs ont mis le rêve de propriété à la portée des ménages modestes.

En 2007, Nicolas Sarkozy était parvenu au pouvoir en défendant l'idée d'une « France de propriétaires ». « Ma République est celle où chacun pourra accéder à la propriété de son logement, proclamait-il lors d'un discours électoral. Il faut permettre aux classes moyennes, à la France qui travaille, d'accéder à la propriété. [...] Je propose que l'on fasse de la France un pays de propriétaires parce que lorsqu'on a accédé à la propriété, on respecte son immeuble, son quartier, son environnement... et donc les autres. Parce que lorsque l'on a accédé à la propriété, on est moins vulnérable aux accidents de la vie. » Cette conception, qui réduit l'acquisition d'un logement à un acte économique rationnel, domine les discours publics et les émissions de Stéphane Plaza. Elle occulte toutefois les multiples coûts de la propriété (honoraires d'agence immobilière, frais de notaire, taxe foncière, investissements nécessaires pour éviter la dégradation du bien...). Sans même parler des frais engendrés par le crédit immobilier : un ménage empruntant 150 000 euros sur vingt-cinq ans au taux de 1,5 % doit débourser au total plus de 40 000 euros pour couvrir les intérêts bancaires et le prix de l'assurance. Pas toujours anticipés, ces coûts peuvent fragiliser les ménages populaires qui ont concrétisé leur rêve de propriété, devenant une source majeure de surendettement. Le moindre « accident de la vie » les rend encore plus vulnérables, obligés de vendre leur bien sans forcément avoir rentabilisé son achat.

Dix ans après la « République des propriétaires » de Nicolas Sarkozy, le candidat Emmanuel Macron se gaussait de son prédécesseur : « Si la propriété, c'est un accès à l'immobilisme géographique et social, on peut questionner la fascination pour une société de propriétaires. » La « startup nation » célèbre la mobilité, le changement ; l'ancrage dans un territoire, la stabilité, c'est de l'immobilisme : il faut pouvoir se déplacer, changer de région, pour retrouver un emploi, pour s'adapter aux variations de l'économie.

En avoir ou pas

Haro sur la propriété, donc ? Depuis 2017, aucune mesure concrète n'est venue contrarier les propriétaires. Car si Emmanuel Macron souhaite pousser le chômeur lorrain à déménager vers Toulouse pour prendre un emploi dans un entrepôt logistique, il ne veut pas non plus gêner ses voisins du 15e arrondissement parisien, où il possède un appartement d'un million d'euros. Nulle augmentation des taxes sur les résidences secondaires, donc ; nulle création d'impôt sur la plus-value des résidences principales les plus onéreuses. Mieux : c'est aux locataires les plus fragiles que le gouvernement d'Édouard Philippe s'en est pris quand il a décidé, à l'été 2017, de baisser les aides personnalisées au logement (APL) de 5 euros par mois et par bénéficiaire tout en faisant porter le fardeau sur les bailleurs sociaux, invités à compenser la baisse des allocations par une diminution des loyers, au risque d'assécher leurs caisses.

Peu de sujets matérialisent mieux la question des inégalités que le logement. Lors du confinement du printemps 2020, quand certains ont passé ces six semaines confortablement installés dans leur maison de campagne, profitant des plaisirs du farniente à domicile, d'autres sont restés entassés dans des appartements exigus venant redoubler leur enfermement. Les médias se sont repus des exilés heureux, qui affichaient un goût retrouvé pour le calme, l'air pur, la nature et les petits déjeuners en famille dans le jardin, et pour lesquels la période avait un parfum de vacances. Ainsi du *Monde*, qui proposait à ses lecteurs le « journal du confinement » de Leïla Slimani : « Cette nuit, je n'ai pas réussi à trouver le sommeil. Par la fenêtre de ma chambre, j'ai regardé l'aube se lever sur les collines. L'herbe verglacée, les tilleuls sur les branches desquels apparaissent les premiers bourgeons », relatait l'écrivaine dans un récit palpitant. Les médias ont en revanche beaucoup moins parlé des familles coincées dans les grands ensembles, sinon pour leur reprocher de prendre des libertés avec les règles communes.

Pour les plus aisés, qui en ont souvent plusieurs (8 % des Français possèdent une résidence secondaire), le logement apparaît ainsi comme un vecteur de bien-être, de quiétude et de ressourcement. Ils recourent à des agences de décoration pour les mettre à la mode, ils arpentent les brocantes à la recherche de beaux meubles, ils emploient jardiniers et femmes de ménage pour entretenir leur propriété. Quel meilleur signe extérieur de richesse qu'une jolie demeure tirée à quatre épingles ? Pour les familles les plus modestes, mais aussi pour les étudiants ou les étrangers, la question est synonyme de problèmes – files d'attente interminables pour visiter des logements exigus dans les grandes métropoles, dossiers refusés par les propriétaires pour cause de revenus insuffisants, angoisse des dettes de loyer qui s'accumulent, taxe foncière qui achève des ménages déjà asphyxiés par leurs crédits... Loin de l'image du nid douillet, « habiter » devient alors une source de préoccupation de tous les instants.

Alors que, d'après l'Institut national de la statistique et des études économiques (Insee), les Français dépensent en moyenne 16,3 % de leurs revenus pour leur logement (sans compter l'électricité, l'eau, le gaz, les assurances…) – contre moins de 10 % dans les années 1960 –, cette proportion atteint 22,1 % pour les 20 % des ménages les plus modestes, dont c'est le principal poste de dépense, contre 12,2 % pour les 20 % des ménages les plus aisés, derrière les transports ou l'alimentation. Les plus pauvres doivent parfois consacrer 40 %, voire 50 % de leurs revenus pour se loger, souvent dans des conditions misérables. En 2020, la France comptait ainsi plus de 4 millions de « mal logés », c'est-à-dire obligés de vivre dans une habitation surpeuplée ou insalubre, dans un hôtel, chez un tiers, dans un foyer de travailleurs ou tout bonnement à la rue, et plus de 12 millions de personnes « en situation de fragilité dans le logement » (qui accomplissent un effort financier excessif, accumulent les impayés de loyer, ne peuvent régler leurs factures d'énergie…). Et il ne faut pas compter sur le logement social pour améliorer la situation : dans les zones dites « tendues », le temps d'attente pour obtenir une habitation à loyer modéré (HLM) n'a jamais été aussi long. En région parisienne, les demandeurs doivent patienter en moyenne trois ans, et même le double dans la capitale. Mais faut-il s'en étonner, quand on sait que l'effort public pour le logement n'a, depuis 1984, jamais été aussi faible[3] ?

Politiques du logement

La France consacre tout de même chaque année près de 2 % du PIB à l'enjeu du logement, soit près de 50 milliards d'euros, sans pour autant résoudre la crise qui frappe une partie significative de la population. Plusieurs raisons à cela. Le rythme de construction (300 000 à 400 000 logements par an, quand il en faudrait au moins 100 000 de plus) a peu varié depuis trente ans, alors même que la demande ne faisait qu'augmenter. Du fait de l'accroissement démographique bien sûr, mais aussi à cause de changements sociaux mal anticipés qui ont accru la pression sur le parc existant (augmentation des divorces, départ plus précoce des enfants, allongement de la durée de la vie…).

Mais la crise plonge également ses racines dans les politiques du logement elles-mêmes. Celles-ci reposent, depuis la Seconde Guerre mondiale, sur deux piliers : l'« aide à la pierre », qui soutient la construction, et l'« aide à la personne » (notamment les APL), c'est-à-dire des allocations versées aux ménages pour couvrir une partie de leur loyer ou crédit. Les APL (environ 20 milliards d'euros), qui correspondent à des décaissements nets

3. « L'état du mal-logement en France 2021 », Fondation Abbé Pierre, rapport annuel n° 26, 2021.

pour l'État, sont beaucoup plus visibles que les aides à la pierre (environ 30 milliards d'euros), qui prennent la forme d'avantages fiscaux et de taux préférentiels et constituent des « manques à gagner » pour les pouvoirs publics. L'importance accordée à chacun de ces piliers a évolué au fil des décennies. Durant les Trente Glorieuses, l'État s'employait essentiellement à soutenir la construction, notamment de logements sociaux. Le basculement vers l'aide à la personne se produit à la fin des années 1970 si bien qu'entre 1980 et 1993, les aides aux constructeurs diminuent d'un tiers tandis que, dans le même temps, les aides à la personne sont multipliées par 3,6, ce qui a alimenté l'inflation du marché immobilier[4] : les ménages devenant plus solvables grâce aux subventions publiques, les propriétaires privées ont pu augmenter leurs loyers.

Ainsi se sont constitués les principaux ingrédients qui composent la situation actuelle : bien que l'État consacre des sommes très importantes aux politiques du logement, la construction reste insuffisante, les prix de l'immobilier ne cessent d'augmenter dans les grandes métropoles et les classes populaires doivent consacrer une part toujours plus importante de leurs revenus à se loger.

Pour enrayer cette spirale, une vaste réforme des politiques du logement s'imposerait, en redonnant à cet enjeu le souffle d'utopie qui l'a longtemps porté. Le logement s'est constitué en problème social au XIXe siècle quand la révolution industrielle a conduit en ville des masses de travailleurs qui, ne pouvant se loger décemment, s'entassaient dans des habitations insalubres. En réponse à cette misère, de nombreux penseurs socialistes se sont interrogés sur la meilleure manière de loger les classes laborieuses, ce qui était alors perçu comme une condition indispensable de leur émancipation. Le plus célèbre d'entre eux est sans doute Charles Fourier, qui voulait, avec son projet de phalanstère, offrir des « palais ouvriers » aux masses laborieuses. L'idée fut reprise et adaptée en France par Jean-Baptiste Godin, dans son « Familistère » de Guise, dans l'Aisne. Contrairement au médecin hygiéniste Louis-René Villermé, qui voyait dans la maison individuelle un rempart contre la dépravation ouvrière – « autant qu'il est possible, il faudrait que chaque cité se composât exclusivement de petites maisons non contiguës. Il serait, d'ailleurs, bien désirable que chacune de ces maisons [...] eût son propre jardin et n'admît tout au plus qu'une famille ou deux »,

4. Claire Lévy-Vroelant, « Une torpille contre l'habitat social », *Le Monde diplomatique*, novembre 2017.

écrivait-il en 1850[5] –, Godin mise sur l'habitat collectif : « Les prôneurs des petites maisons ne remarquent pas qu'en descendant un peu, à partir de la petite maison, on voit poindre la hutte du sauvage[6]. » Les habitants du Familistère sont donc logés dans des petits immeubles, dans des habitations vastes, éclairées, identiques pour l'ouvrier et le contremaître, qui peuvent être voisins : à chacun selon ses besoins. Une révolution pour l'époque, qui réservait aux ouvriers la promiscuité de la ville industrielle et ses épidémies de tuberculose.

Si cette expérience n'a pas fait tache d'huile, d'autres ont connu une meilleure fortune. C'est par exemple le cas des « cités-jardins » d'Ebenezer Howard (1850-1928). Ce socialiste utopiste britannique veut lui aussi offrir aux ouvriers les mêmes conditions de logement que les classes bourgeoises. Il imagine donc le concept de « cité-jardin », alliant le meilleur du rural et de l'urbain. « Villes et campagne doivent s'épouser et de cette heureuse union jaillira un nouvel espoir, une vie nouvelle, une nouvelle civilisation », écrit-il. Cette utopie fut notamment importée en France par Henri Sellier. Figure du socialisme, maire de Suresnes, ce sénateur et futur ministre de Léon Blum a impulsé la création de onze cités-jardins quand il présida l'Office public d'habitations à bon marché de la Seine : dans sa ville, mais aussi à Stains, à Châtenay-Malabry, au Plessis-Robinson, au Pré-Saint-Gervais… Toutes sont plus ou moins bâties selon le même modèle : des espaces verts bien entretenus, des haies bien taillées, de beaux logements, collectifs et individuels, dotés du confort moderne (eau courante, tout-à-l'égout…), édifiés dans le souci du détail architectural et de l'esthétique (différentes couleurs de briques, mosaïques, carreaux émaillés…), un stade, un cinéma, un théâtre, des bains-douches, des dispensaires… Bref, de quoi assurer l'hygiène physique, intellectuelle et morale des travailleurs, selon les mots de l'époque. Ces cités-jardins existent encore, mais elles ont été investies par les classes supérieures, devenant même pour certaines des sites touristiques.

Les grands ensembles ont un caractère moins pittoresque, mais ils méritent eux aussi d'être rangés au rang des utopies réalisées. Au lendemain de la Seconde Guerre mondiale, l'accroissement naturel, l'exode rural et l'arrivée d'étrangers contribuent à aggraver une crise du logement latente depuis les années 1930 et amplifiée par les dégâts du conflit. S'ils

---

5. « Séances et travaux de l'Académie sciences morales et politiques. Compte-rendu », t. 7, 2e série, 1850.
6. *Solutions sociales*, 1871.

veulent éviter de s'installer dans l'un des deux cent cinquante bidonvilles que compte le territoire français et dont certains (Champigny, Nanterre, Marseille...) abritent plus de 10 000 habitants, les étrangers doivent se payer les services de « marchands de sommeil » qui louent à prix d'or des habitations exiguës. Logés dans des hôtels meublés, des garnis, des appartements insalubres ou des « wagons de réforme » (transformés par la SNCF en pièces habitables), les ouvriers français connaissent des situations à peine plus enviables. Une enquête réalisée en 1954 par le ministère du Logement indique que 90 % des habitations du pays n'ont ni douche ni baignoire ; 63 % sont dépourvus de WC et 38 % d'eau courante.

Les pouvoirs publics réagissent en lançant une politique de construction d'une ampleur inédite : entre 1953 et 1975, plus de 8 millions d'habitations – dont 80 % sont « aidées » – sortent de terre. Près de 2,5 millions d'entre elles sont des logements sociaux, destinés aux ménages modestes, qui prennent souvent la forme de grands ensembles. Aujourd'hui accusée de tous les maux (monotonie, absence de vie sociale, enclavement, mauvaise qualité des matériaux...), cette forme d'habitat constituait à l'époque un progrès fulgurant et considérable. Les familles ouvrières qui quittaient les baraques des bidonvilles ou les garnis des centres anciens s'émerveillaient devant tant de modernité. Paupérisées par le départ des classes moyennes vers les périphéries pavillonnaires, les cités de banlieue se sont sérieusement dégradées depuis. Il n'en reste pas moins qu'en deux décennies, une intervention publique forte est parvenue à résoudre en grande partie une crise aigüe du logement, en offrant aux ménages modestes ce qui était alors perçu comme le nec plus ultra du confort et de la modernité.

Les nouvelles utopies urbaines sont aujourd'hui tournées vers l'écologie : on veut édifier des « villes durables ». Cette dernière appellation fait florès dans les projets d'aménagement contemporain. Si l'idée générale est de favoriser l'émergence d'une ville plus respectueuse de l'environnement (en favorisant le recyclage des déchets, en construisant des bâtiments aux dernières normes énergétiques, en limitant l'usage de la voiture, en récupérant les eaux de pluie pour arroser les espaces verts, etc.), le label « éco-quartier » a en fait des contours des plus flous, permettant à des promoteurs de l'utiliser à des fins essentiellement de marketing. Souvent présentés comme des « cités-jardins » des temps modernes, ces « éco-quartiers » (environ cinq cents en France) en oublient pourtant la caractéristique fondamentale : la dimension sociale, ce désir d'offrir aux classes populaires le même confort, le même luxe qu'aux classes supérieures. En effet, si ces projets affichent toujours des objectifs de mixité, réservant une part de leur parc à des logements sociaux, l'apparition d'un « éco-quartier » est souvent synonyme d'embourgeoisement. Un phénomène qui a même trouvé son nom : « éco-gentrification » ou « gentrification verte »[7]. Le cadre verdoyant de ces espaces économes en énergie a un prix que les ménages aux revenus modestes ne peuvent se payer. Il leur reste heureusement la possibilité de faire appel à Stéphane Plaza pour leur dénicher une autre perle rare.

7. François Valegeas, « Une durabilité sous conditions ? La production des écoquartiers français, révélatrice d'une *doxa* néohygiéniste du développement durable », *Métropoles*, hors-série, 2018.

Ils sont le sel de la terre

Thierry Discepolo

Tandis que le monde s'effondre, quelques-uns se sont organisés pour échapper à ce qu'on appelle « Progrès », chaudron de toutes les catastrophes[1]. Pour eux-mêmes, leur descendance, et pour offrir au monde qui sombre leur exemple comme une dernière chance. Ils ne viennent pas de nulle part ni ne se sont repliés n'importe où. Et ils ne se sont pas regroupés n'importe comment. Sur le modèle de la petite maison dans la prairie pour certains. De l'éco-hameau ou de la communauté villageoise pour la plupart. Partis le plus souvent de Paris, sinon d'une autre capitale, ils se sont posés en Ariège ou en Ardèche, dans la Creuse et autour, la Drôme, le Tarn ou à côté. Ils sont arrivés au fil de l'eau, dirait un opérateur des marchés financiers. Quelquefois par deux ou trois. Le plus souvent avec leur progéniture, suivis des vestiges de leur vie empilés dans un camion. Sinon un solitaire, avec son maigre déménagement dans le coffre d'une mauvaise voiture. Pour la plupart, ils abordaient un domaine inconnu – plus ou moins. Après une série de visites, au cours de vacances dédiées à la recherche d'un petit coin de paradis. Sinon pour rejoindre des amis partis en éclaireurs. Cette fois,

1. Ce texte est extrait d'un livre à paraître sous le titre *Le Sel de la terre. Exercice d'admiration*, dans la collection « L'ordinaire du capital », aux éditions Amsterdam.

leur décision était prise. Ils n'allaient pas revenir en arrière. Ils avaient fait le choix de la nature, où qu'on la trouve. Ils ne cherchaient pas à retrouver des racines qu'ils n'avaient pas. Ce qu'ils cherchaient, c'était se retrouver eux-mêmes. Ils ne voulaient plus vivre *à côté* de la nature mais *dans* la nature, quel que soit ce qu'on appelle ainsi. Ils avaient tourné le dos aux funestes mirages de la modernité, synonyme de pollution endémique et de nourriture dénaturée, de dictature numérique et de chaos millénariste, d'aliénation et d'exploitation. Dans ces villages aux âmes grises et aux cheveux blancs qui ont la chance d'avoir été choisis par cette élite de la migration climatique, on ne peut manquer de tomber sur une troupe joyeuse d'enfants jouant, courant ou souriant aux bras d'un jeune adulte radieux. Comme tous les enfants, ces enfants sont beaux. Mais ils sont également tous blonds. La blondeur est la marque du succès, qui n'a que faire de la génétique. Et cette troupe semble tout autant se rire de la malédiction de Babel. En ces temps où l'internationalisme ouvrier est aussi desséché que l'espoir d'une révolution mondiale, où les prolétaires en gilets jaunes ou à bonnets rouges baragouinent leur propre langue, ceux-là parlent aussi bien espagnol ou anglais que grec ou flamand, allemand ou italien. Pour réensemencer les désolations immémoriales de chasseurs-agriculteurs, ils ont embarqué avec eux toute la diversité du monde. Ces territoires primaires, ils sont venus les fertiliser de leurs compétences tertiaires : ingénieurs, communicants, enseignants, journalistes, éditeurs, avocats, métiers du *care* et du paramédical, gens de culture, d'art et de spectacle. En densité relative de surdiplômés, certains causses du Quercy rivalisent avec la montagne Saint-Geneviève. Au milieu des années 2000, normaliens et agrégés en rupture de ban, docteurs ès sciences ou philosophie et rebelles de l'université française n'ayant pas attendu pour démissionner qu'elle soit réformée à mort, tous ont jeté leur dévolu sur une poignée de maisons réparties entre quelques villages reculés des voies rapides, des voies ferrées, et pour certains des voies tout court. Formés et informés comme personne, ayant fait leurs classes dans les meilleures écoles et sur les barricades des premières révoltes étudiantes du millénaire, transportés par la lumineuse réflexivité de leur choix, ils ont formulé haut et clair ce que les autres – moins éduqués, moins politiques et moins militants (voire pas du tout) – ressentaient dans leurs cœurs, leurs ventres, leurs bras. On doit mesurer la justesse infaillible de leurs discours à la résistance qu'ils ont parfois provoquée. Non auprès des autochtones (chasseurs-agriculteurs qui ont su, viscéralement, à quoi s'en tenir aussitôt qu'ils ont vu débarquer ces hurluberlus dans le voisinage) mais auprès des parties inférieures de leur propre corps social, débordées par tout ce qu'elles ne partageaient pas en apparence et refusant de voir tout ce qu'elles partageaient en substance. On ne dira jamais assez combien les modes vestimentaires et l'hygiène corporelle clivent même les groupes humains les plus homogènes. Dans la foule du marché dominical, qui réunit tous les alentours comme en d'autres temps la messe, on repère sans difficulté, sur la toile de fond du tout-venant, ruraux et touristes, le gradient des primo-arrivants. À un extrême, diverses modalités d'élégance citadine, plus ou moins soignées et coquettement mâtinées d'exotismes, de paix, d'amour et de variantes vintage qu'on croise aussi bien à Ménilmontant. À l'autre, quelques Diogène réincarnés qu'on aurait tort d'imaginer, sur le modèle des gravures d'Épinal, en vieux décharnés grommelant dans leur tonneau. Ceux-ci tiennent tout autant d'Apollon, dont ils ont la blondeur (bien qu'hirsutes) et l'allure athlétique (bien que dépenaillés). Mais à l'égal du cynique de Sinope ils offensent les mœurs et les conventions par leur crasse, en se curant le nez ou libérant leurs vents sans fausse pudeur. Qu'on passe sur ces provocations antiques et on pourra plaisamment deviser avec un maître d'échecs ou de go, ancien chargé de cours en mathématiques à l'université. Un autre rituel rassemble lui aussi les représentants des divers membres de ce corps intimement social, mais cette fois entre eux seuls : les journées de chantiers collectifs. Substituant aux eaux glacées du calcul égoïste la chaleur désintéressée de la convivialité entre pairs, on y vient échanger indifféremment les compétences et les incompétences, les faiblesses et les forces de travail. À tour de rôle, le jour dit, on se rejoint chez l'un, chez l'autre. Le programme des tâches à accomplir a déjà été planifié. Et préparé le déjeuner, qui sera joyeusement encadré par les arrivées et les départs des uns et des autres, le plus souvent venus en famille. Terrassement, montage de murs, coupe de bois, débroussaillage, etc., quel que soit l'objet du chantier, la question de la rentabilité ne se pose jamais – et le temps ne compte pas. Après une (courte) journée, quand tout le monde est parti, on peut retrouver autant de pierres éparpillées qu'en place et les murs remontés peuvent devoir tous être plus ou moins refaits. Mais l'important n'est pas là. Le travail à faire sera plutôt l'occasion d'une nouvelle journée de chantier collectif, où le mot « chantier » est moins important que le mot « collectif », où l'on apprend moins à travailler qu'à vivre, parler, penser, imaginer ensemble. Se loger et se nourrir autrement. Consommer autrement, surtout se soigner et élever autrement les enfants. Un autre monde est possible, ici, tout de suite. Si la prise de conscience que notre mode de vie n'est plus soutenable est à l'origine des prises de conscience de ces colons d'un nouveau type, chacun ne l'a pas concrétisé de la même manière. Certains regroupements communautaires doivent ainsi moins aux affinités mises en scène (génération ou goûts alimentaires, vestimentaires et musicaux ou idées, formation et références intellectuelles, politiques, artistiques) qu'aux catégories socioprofessionnelles parentales. Au-dessus d'une diversité de métiers le plus souvent insaisissables à première vue, une homogénéité granitique peut révéler la structure profonde : tous les grands-parents des nouveau-nés ici sont médecin et enseignant sinon chercheur et architecte sinon médecin et architecte sinon universitaire et architecte sinon enseignant et enseignant. Situation favorable pour qu'un jeune couple accède à la propriété sans sacrifier son indépendance quand la plupart, vulgaires salariés sans héritage, doivent se compromettre avec une banque et tout ce qui va avec. Les ruses de la raison immobilière n'ont rien à envier aux ruses de la raison impérialiste. Une fois forgé solidement et en toute liberté le regrettable constat que la vie parisienne n'est plus désirable, alors que même Pantin et Montreuil (sans parler des autres métropoles et leurs abords) ont perdu tout attrait, tout avantage, le prix démotivant du mètre carré n'est qu'une goutte de fiel volatile sur le bord du mug de ceux que la musique et les arts vivants, sinon l'activisme poétique ou politique et rien d'autre, abreuvent. Mais la pompe à finances parentales ne suffit pas souvent à irriguer toutes les ambitions. Que diable, les petits ruisseaux font les petites rivières. Et les aides sociales jamais versées par milliards à ceux auxquels elles sont destinées (en théorie) ne sont pas faites pour les chiens mais pour ceux qui peuvent y accéder (en pratique). Être un pauvre authentique ne suffit pas pour s'abreuver au sein parcimonieux de l'État. Il faut d'abord être (bien) équipé en informatique connectée et savoir (vraiment) s'en servir, affronter (sans répugnance) des démarches labyrinthiques et ne pas s'effaroucher à la première (ni la dixième) mauvaise expérience, ne pas se laisser encombrer par une pudeur ou une fierté (mal placées), être en mesure de supporter d'interminables délais. Revenus de solidarité active, prestations familiales et logement, complémentaires santé solidaires, aides aux primo-accédants, prêts d'accession sociale ou pour l'amélioration et la rénovation énergétiques, etc. Un défi sur mesure pour cette population de surdiplômés laissés pour compte (plus ou moins volontaires) de la société d'abondance mais que la nation ne peut complètement abandonner après avoir tant investi dans leur formation. Ceux-là ne sont pas seulement dotés de toutes les compétences pour franchir les obstacles qui ferment l'accès des aides publiques aux pauvres non méritants. Ils sont rassurants pour les gestionnaires du bien public : leurs choix constituent un placement à long terme, sans risque, renouvelable et écologique. Quand le chasseur-agriculteur continue de chauffer au fuel ses courants d'air, ignore orgueilleusement l'amiante, persévère dans la laine de verre et n'a confiance que dans le béton, arme de destruction massive, le petit-bourgeois méritant bâtit en matériaux vivants des maisons qui respirent, armes de réenchantement individuel en murs de paille et torchis isolés à la laine de bois, aux enduits de terre, chaux et chanvre. Quand l'indécrottable chasseur-agriculteur offense plus que jamais le bon goût (et toujours plus en s'enrichissant), le petit-bourgeois plus ou moins cultivé et plus ou moins fauché réenchante la tapisserie de nos campagnes en se réappropriant la pierre taillée et la poutre brute, la façade à colombage et le jardin potager paysagé. (Nouvelle ruse de la raison scolaire que ce détour pour rattraper le standing mis à mal par les dérèglements du monde.) Tournant le dos aux vains métiers de l'esprit auxquels ils étaient destinés, certains ont largué leurs diplômes en philosophie ou en sciences politiques, en histoire ou en sociologie, en biologie ou en mathématiques pour épouser la chaudronnerie ou la menuiserie, le tricot ou la poterie d'art, la restauration sur mesure sinon la boulangerie, le maraîchage ou l'élevage mais aussi la production de miel, de fromage ou d'œufs, sinon la boulangerie. Quelques-uns ont toutefois repoussé les sirènes du commerce, de la paysannerie et de l'ouvriérisme. Ceux-là sont habités par une résistance ancrée au plus intime de leurs corps, qu'affirme sans fard leur face-à-face avec les outils contondants. Même après plusieurs années, sinon de pratique, au moins d'acclimatation, leurs gestes marquent la plus grande distance avec toute forme de familiarité. Bien sûr, c'est d'abord eux-mêmes qu'ils mettent courageusement en danger. Mais la prudence conseille de ne pas rester à portée de la hache ou de la pioche qu'ils font voltiger, sans parler de la tronçonneuse qu'ils ont saisie du bout des doigts. Entre leurs mains, même une pelle semble un objet étrange, dont la confrontation évoque la rencontre fameuse d'une poule et d'un couteau. Chez ceux-là, le rapport distancié à l'efficacité technique, à la rationalisation pratique, à la rentabilité est primordial. Et il a été théorisé en amont : « Les derniers seront les premiers, et les premiers les derniers. » C'est dans l'air du temps et l'ordre des choses. Ceux qui connaissent par cœur la légende noire des hussards noirs de la République et de l'odieux Jules Ferry, fossoyeurs des langues régionales et forgeurs d'inégalités, comme ceux qui souffrent de voir leurs enfants bafoués dans leur singularité par une école de masse conçue pour ne former qu'ouvriers et soldats, tous regardent avec envie ceux qui font l'école à la maison sur le modèle de Madeleine et Camille dans le château de la comtesse de Ségur. Ceux qui connaissent par cœur la dramatique histoire des vaccins remise à jour dans le cercle pervers de la mainmise économique et juridique des industries pharmaceutiques comme ceux qui se contentent de sa version résumée par les magazines, tous se réfèrent en confiance au bréviaire de l'autoprescription homéopathique et se conseillent les uns les autres au coin du feu sur les meilleures combinaisons de granules pour soigner seuls tous leurs tout petits bobos. Les plus virtuoses poussent la quête d'autonomie jusqu'à la récolte de plantes médicinales dans les sous-bois et la préparation d'onguents qui ont fait leurs preuves depuis l'aube des temps. Si les territoires où ils ont fui la société de consommation n'ont pas souvent réussi à attirer un médecin, les villages qu'ils ont choisis abritent toujours divers spécimens d'ostéopathes ou d'acupuncteurs, de naturopathes, chiropracticiens, sophrologues et autres adeptes du reiki, du shiatsu, de l'étiopathie, l'iridologie, l'aromathérapie, l'oligothérapie, l'art-thérapie, la nutrithérapie, la réflexologie, la florithérapie, la phytothérapie, la musicothérapie, etc. Si ces déserts médicaux n'ont donc pas toujours pu retenir un vulgaire médecin de famille, dans les villages qu'ils ont investis, aux côtés des sourciers, les bons vieux rebouteux, hypnotiseurs, magnétiseurs et autres coupeurs de feu ont repris du service. Les plus heureux consultent à distance : une petite brûlure, un simple coup de fil et le « feu » disparaît. Par un vigoureux renversement si emblématique de ce temps et de ces lieux, douter de la réalité des mystères du monde et des potentialités infinies de l'irrationnel relève du préjugé. Pour les plus rêveurs, la science n'explique pas tout. Pour les plus lucides, elle n'a jamais rien expliqué. Connaître, c'est détruire. Avant-garde de toutes les avant-gardes, encyclopédistes des nuisances revenus du marxisme sans y être jamais allés, lecteurs de gauche des philosophes nazis et adeptes athées des penseurs religieux, frange la moins visible du comité invisible, ses membres ont mené un bras de fer mental avec toute la modernité. Et ils en sont sortis vainqueurs. La science est le fourrier de l'innovation. Qui entretient le moteur du progrès. Qui fournit le combustible du capitalisme. Donc il faut cesser de chercher. Ne pas sauver la recherche mais la saborder : (neuro)biologistes, (bio) chimistes, physiciens, informaticiens et (surtout) roboticiens, voulez-vous bien changer de métier ? Dans ce monde à l'envers qui roule de plus en plus vite vers sa fin, il ne suffit pas de ralentir, ni même de freiner, il faut revenir en arrière. La lenteur ne suffit plus, le retard s'impose ! Cette mosaïque de pratiques et de croyances est un attrape-mouche sans cesse réajusté à l'offre infinie de toutes les visions contradictoires disponibles sur internet. Il fait système, et même écosystème. Son existence est si diffuse, véritable aérosol respiré ici pour tous, que son fonctionnement n'a nul besoin d'arriver à la conscience de ceux qui l'incarnent et en assurent la réalisation ici ou là. Pile, on crédite sérieusement de vertus séraphiques tout ce qui rompt avec l'imagier occidental, fourre-tout où se côtoient spiritualité chamanique, animisme et antispécisme, sagesses orientales et cosmogonie anthroposophique. Face, on corrige doctement l'histoire des vainqueurs en enfilant les causes de la catastrophe sur un chapelet d'ambre : révolution industrielle et Lumières, grandes découvertes et colonialisme, Révolution française et centralisme jacobin, marxisme et goulag, libéralisme et capitalisme, rationalité et oppression, objectivité et dogmatisme, science et technoscience, développement et pollution. Au-delà des divergences d'identité visuelle, tous s'accordent sur le même diagnostic : c'est trop tard, il n'est plus possible de rien faire pour le plus grand nombre, troupes de réserve empilées en cités ou étalées en pavillons, affamées ou gavées, se démultipliant et justifiant, victimes consentantes, la croissance dont le monde se meurt. Mais il est encore possible de sauver ce qu'il reste à sauver. Et pour cela ne pas déroger à sa nature, à son être, à son humanité. Ils sont le sel de la terre. Mais avec quoi saler si même le sel est dessalé ? Il ne serait plus bon qu'à être jeté dehors et foulé aux pieds. Ils sont la lumière du monde. Et comme la lampe de la maison, ils doivent se placer bien en vue pour s'éclairer les uns les autres.

Aimer

Après le déclin du mariage et la révolution numérique

Michel Bozon

L'amour est souvent envisagé du point de vue de ses représentations culturelles ou comme idéal sentimental. Mais on soumet peu les *pratiques amoureuses* à l'observation et à la critique, même en sciences sociales. Réalité intime dont chacun a une expérience directe ou indirecte, l'amour est pourtant aussi une pratique collective et un rapport social, inscrits dans une injonction à avoir une vie sexuelle et à faire couple, et producteurs de hiérarchies de genre et de classe. Le contexte de l'expérience amoureuse au XXIe siècle a été remodelé par plusieurs décennies de déstandardisation de la conjugalité et de la sexualité, par les transformations multiples du monde social et par la « révolution numérique » qui, depuis le début du millénaire, renouvelle les modes de communication.

Ces changements vont de pair avec l'émergence d'un discours pessimiste et critique sur ce que serait devenu l'amour à l'époque contemporaine. Il faudrait à tout prix le défendre, parce qu'il serait dévalorisé, fragilisé, « marchandisé », dans un monde que le développement des sites et applications de rencontres et la circulation des partenaires auraient désenchanté. Un autre point de vue sur les évolutions de l'amour, qui est le nôtre, insiste au contraire sur leurs paradoxes : même si les femmes ont acquis une plus grande maîtrise de leurs conditions de vie, que des aspirations égalitaires se sont fortement développées et que les minorités sexuelles sont plus visibles et acceptées, la structure sociale et de genre est restée très inégalitaire, ce qui a des conséquences sur l'expérience amoureuse. Depuis 2017, le moment #MeToo, dont les manifestations ont été multiformes, a bien fait apparaître ces contradictions et les phénomènes de domination dans les rapports interpersonnels.

Le déclin du mariage

Une tendance majeure de l'après-1968 en France est l'affaiblissement du mariage institutionnel, concurrencé par l'union libre et par l'émergence du pacte civil de solidarité (pacs), type de contrat moins contraignant, pensé initialement pour les couples de même sexe, mais qui a suscité un vif engouement chez les couples de sexes différents. Alors qu'en 1972, 417 000 mariages étaient encore conclus en France, il n'y en avait plus en 2019 que 228 000, soit la moitié (et même 148 000 en 2020, l'année de début du covid !) alors que, dans l'intervalle, la population a augmenté de 30 %. En vingt ans, depuis 1999, année de sa création, le nombre de pacs a décuplé, passant de 22 000 à 209 000, rejoignant presque celui des mariages. L'effectif des mariages catholiques, qui était de 147 000 en 1990, tombe à 50 000 en 2017, de la moitié à moins d'un quart des mariages civils. Enfin, l'âge au premier mariage s'est fortement élevé : de 22 ans en moyenne en 1972 pour les femmes, il est passé à 32 ans en 2019, au-delà de l'âge moyen au premier enfant. La majorité des enfants naissent donc hors mariage (près des deux tiers). Pour les personnes qui se marient dans la trentaine, la célébration du mariage est devenue la confirmation tardive d'un couple déjà installé et avec enfants.

En dépit de ces changements, la propension à vivre en couple n'a pas diminué. Dans la jeunesse, la cohabitation informelle prévaut et dure pour certains couples (environ 30 %) qui ne se marient jamais. En raison de la hausse des ruptures d'unions, un tiers des quinquagénaires ont vécu au moins deux unions dans les années 2000[1]. C'est plus le cas des hommes que des femmes. Par ailleurs, on voit apparaître, aux âges avancés, un nouveau type de couple, où les conjoints vivent chacun chez soi.

Le recul des formes les plus institutionnelles de couple et la plus grande mobilité conjugale n'indiquent pas une crise de la famille et du couple,

1. Anne Solaz, « La hausse des ruptures et des remises en couple chez les cinquante ans et plus », *Population et Sociétés*, n° 586, 2021.

comme le voudraient les conservateurs. La fécondité reste d'ailleurs stable à un peu moins de deux enfants par femme. La possibilité de vivre ensemble sans se marier ou la décision de se séparer reposent sur la maîtrise que les femmes ont acquise de leur fécondité et sur les progrès de leur autonomie économique et sociale, qui leur donne désormais la possibilité de faire des choix en matière conjugale. En 2013, l'instauration en France du « mariage pour tous », ouvert aux couples de même sexe, a enfin pour conséquence d'affaiblir le rôle du mariage comme institution phare de l'hétérosexualité, ce qui explique la forte résistance qu'a opposée le groupe conservateur de la « Manif pour tous » à cette innovation.

Révolution numérique

Les nouvelles technologies de communication – sites de rencontre apparus dans les années 2000, applications dans les années 2010, et nouveaux outils d'échanges numériques – ont modifié le scénario des relations affectives et sexuelles, d'âge en âge, à partir des jeunes générations. Elles donnent lieu à un mode de rencontre plus « privatisé », soustrait au contrôle de la famille, des proches et des amis. Les jeunes femmes sont nombreuses à s'en emparer et dans des proportions comparables aux hommes. Ce sont les jeunes qui fréquentent le plus les sites, mais pour des relations brèves, voire des « coups d'un soir ». À partir de 35-40 ans, les personnes qui se rencontrent par les sites ont déjà connu des expériences de vie de couple et, pour une bonne part, cherchent des relations durables.

Les applications géolocalisées (Grindr, Tinder…), version très simplifiée des sites de rencontre, mettent en contact des individus proches dans l'espace et immédiatement disponibles, identifiés par leurs caractéristiques physiques et leurs préférences sexuelles. Elles se sont développées de façon foudroyante chez les homosexuels masculins, pour qui elles jouent le rôle de *backrooms* virtuelles. Des versions hétérosexuelles sont apparues également, dans lesquelles les profils et préférences personnelles sont plus détaillés.

Au-delà même de la création de dispositifs spécifiquement destinés à permettre des rencontres, l'époque numérique reconfigure tout le style des contacts et de la sociabilité avant et après la rencontre. Le développement d'outils d'échanges instantanés de textes ou d'images sur écran (textos, e-mails, envois de photos, messages dans des forums ou des tchats) coïncide avec un recul des appels téléphoniques et une disparition du courrier papier. Ces outils poussent à la réactivité entre partenaires et accélèrent le rapprochement. L'ordre des étapes est bousculé. Devenu plus précoce encore dans l'histoire d'une relation, l'échange sexuel n'est plus aussi clairement identifié comme étape cruciale d'un engagement. Dans les années 1950 encore, les amoureux se fréquentaient pendant deux ou trois ans avant d'avoir des rapports sexuels, et ce n'était bien souvent qu'au moment du mariage que la relation était « consommée ». À partir des années 1970 et 1980, la sexualisation de la relation, plus précoce, revêt une valeur d'engagement interpersonnel et coïncide avec le moment où les partenaires commencent à « sortir ensemble », bien avant le début de la cohabitation entre conjoints. À partir des années 2000, le développement de modes de communication et de sociabilité numérique va de pair avec une sexualisation encore plus rapide des relations.

Alors que la sociologue Eva Illouz[2] critique l'essor des services de rencontres comme le signe d'un renforcement de la domination des hommes, qui imposeraient leurs demandes sexuelles aux femmes, Marie Bergström[3] y voit au contraire un élargissement des opportunités et des capacités d'action des femmes, et la possibilité, pour elles comme pour les hommes, de faire des rencontres éphémères, tout autant que des rencontres conjugales, sans contrôle de l'entourage.

Appariements

Dans les années 1980, certains groupes sociaux comprenaient plus de personnes qui n'avaient jamais été en couple que les autres : les ouvriers, les agriculteurs et les ouvriers agricoles, ainsi que les femmes les plus diplômées. Le célibat paysan est tout autant le thème du célèbre *Bal des célibataires*[4] de Pierre Bourdieu (une compilation de trois articles de 1962, 1972 et 1989) que d'une émission phare de téléréalité (*L'Amour est dans le pré*, diffusée depuis 2005). Car, trois à quatre décennies plus tard, c'est toujours le même type d'hommes qui a des difficultés à accéder au couple. En revanche, les femmes les plus diplômées ne sont plus exclues et connaissent désormais fréquemment l'expérience du couple. Au XXIe siècle, l'impossibilité à se faire aimer et à accéder au couple se concentre donc sur les hommes pauvres et isolés.

2. Eva Illouz, *Pourquoi l'amour fait mal*, Paris, Le Seuil, 2012.
3. Marie Bergström, *Les Nouvelles Lois de l'amour. Sexualité, couple et rencontres au temps du numérique*, Paris, La Découverte, 2019.
4. Paris, Le Seuil, 2002.

Une comparaison plus globale entre les statuts conjugaux des femmes et des hommes montre le rôle différentiel de l'âge selon le sexe. Les femmes entrent en couple plus tôt que les hommes, mais en sortent aussi plus tôt et se remettent moins souvent en couple dans la seconde partie de leur vie, notamment les femmes de milieu populaire avec enfants. À l'inverse, les hommes sont plus souvent et plus longtemps célibataires dans la jeunesse, mais restent ensuite en couple plus durablement que les femmes et se remettent plus fréquemment et plus rapidement en couple après 40 ans en cas de séparation. Les personnes qui ne vivent pas en couple sont des hommes jeunes et des femmes vieillissantes.

La formation des couples révèle des logiques sociales qui, même si leurs formes ont évolué en raison des transformations de la société, restent très prégnantes. L'*homogamie*, c'est-à-dire l'union entre personnes de même milieu ou de milieu proche, reste de mise, notamment aux deux extrémités de l'échelle sociale, chez les personnes issues de familles détentrices de capital économique et les diplômé·e·s de grandes écoles, d'une part, et, d'autre part, dans les classes populaires et parmi les personnes issues de l'immigration. L'élévation générale des niveaux d'instruction, le temps passé à étudier dans la jeunesse et les transformations de la structure sociale ont accru le rôle de la composante culturelle de l'homogamie : les propriétés culturelles acquises peuvent relier des individus n'ayant pas les mêmes origines sociales familiales.

Aujourd'hui comme hier, c'est le jeu social ordinaire de la sociabilité et des institutions qui produit les proximités et les distances entre individus, et qui facilite ou empêche les rencontres entre eux, rarement des calculs explicites[5]. Les goûts et les préférences culturelles créent des discontinuités dans l'espace social, en construisant des scènes aux publics sélectionnés, voire cooptés (lieux de vacances, boîtes de nuit, voisinage, cafés, soirées privées entre amis, grandes écoles, lieux de travail, associations, lieux de concert, etc.). Au XXe siècle, on est passé de rencontres sous le regard des adultes (par la famille ou dans le voisinage), encore fréquentes dans les années 1920 et 1930, à des espaces juvéniles autonomes échappant au contrôle familial et adulte, lié à l'émergence d'un marché des loisirs de la jeunesse et à la prolongation des études. Au XXIe siècle, une seconde étape est franchie avec l'émergence des services de rencontres et des outils numériques, qui soustrait désormais toute une part des rencontres au regard des

5. Michel Bozon et François Héran, *La Formation du couple*, Paris, La Découverte, 2006.

amis et des pairs. Internet ne représente cependant qu'une faible part des rencontres conduisant les plus jeunes à former des couples, alors qu'il intervient dans une proportion importante des rencontres, plus tardives, qui font suite à une séparation conjugale. Par ailleurs, internet est devenu le mode de contact central entre personnes de même sexe, notamment pour les hommes. Dans la mesure où les échanges écrits sur internet font ressortir fortement les proximités ou les différences de styles sociaux et culturels, le développement des modes de rencontre et outils d'échange numériques n'a pas ébranlé l'homogamie sociale, au contraire.

Il ne suffit pas de se trouver simultanément sur la même scène de rencontre pour arriver à aimer et à se faire aimer. Le coup de foudre amoureux a toujours été assez rare. Les appariements amoureux naissent d'attirances mais ne prospèrent qu'à la suite d'un processus d'évaluation ou de classement mutuel, par lequel les partenaires s'« entrejugent » positivement et se livrent l'un à l'autre[6]. Ces remises de soi et ce qu'elles révèlent de chacun diffèrent d'un milieu social à l'autre : ce n'est pas la même chose de se révéler habile de ses mains ou cinéphile ! Régi par une règle de réciprocité, l'échange amoureux se met plus facilement en route lorsqu'il y a une forme de correspondance dans les apports et capitaux sociaux et culturels de chacun, mais il comprend souvent aussi une forme d'asymétrie.

Un exemple typique de cette asymétrie est l'écart d'âge persistant entre hommes et femmes dans les couples jeunes, en faveur des hommes, de deux ou trois ans en moyenne. Les jeunes femmes, notamment celles des milieux populaires et indépendants, se tournent généralement vers des hommes un peu plus âgés, plus installés socialement et bénéficiant déjà d'une certaine autonomie économique et résidentielle. Conséquence : les hommes les plus jeunes et les plus précaires sont dévalorisés et mettent plus de temps que les premières à entrer dans une relation amoureuse. Les couples qui se rencontrent dans l'enseignement supérieur connaissent toutefois des différences d'âge moins grandes dans la mesure où la scolarité est structurée par un système de classes et d'années scolaires lié à l'âge. Les inégalités de genre trouvent ainsi une traduction dans la composition par âge des couples. Ce qui était vrai hier le reste aujourd'hui, après la révolution numérique.

6. Michel Bozon, *Pratique de l'amour. Le plaisir et l'inquiétude*, Paris, Payot, 2018.

Vivre ensemble en s'aimant ?

Les relations amoureuses qui durent conduisent généralement les partenaires à vivre ensemble et à former un couple stable : sa consolidation, liée à sa sédentarisation, repose moins sur la prolongation des échanges intenses de la relation amoureuse initiale que sur la constitution d'une sphère commune, s'appuyant sur un environnement peuplé d'objets progressivement acquis en commun (lieu d'habitation, meubles, enfants, etc.) et sur l'élaboration d'habitudes conjugales (loisirs communs, vie sexuelle conjugale, etc.). Base matérielle du couple, elle est à la fois distincte des deux partenaires et reliée à chacun d'eux, dans la mesure où ils la constituent et l'entretiennent. Par ailleurs, les conjoints défendent une sphère personnelle. Les apports de chacun à la constitution et à l'entretien de la sphère commune restent nettement différenciés, selon une division du travail qui se renforce dans la durée.

Les femmes assurent davantage et de manière permanente les tâches domestiques et parentales, alors que l'apport des hommes est beaucoup plus occasionnel. Cet écart se constate dès les débuts du couple, à un moment où le volume des tâches est relativement restreint. Mais, dès l'arrivée des enfants, les écarts se creusent. Même si, au fil des générations, l'implication des hommes auprès des enfants a augmenté, le temps qu'ils y consacrent reste toujours inférieur de moitié à celui des femmes. Ce sont elles qui assument la *charge mentale* conjugale et familiale, au caractère continu, qui est tout à la fois une responsabilité maternelle, une responsabilité filiale (soins aux parents âgés) et une responsabilité domestique, qui implique disponibilité personnelle et présence physique.

Les ambiguïtés de l'amour conjugal sont nombreuses. Elles naissent d'abord du fait que les modes de contribution au domaine commun diffèrent selon le sexe et ne sont pas également valorisés socialement. Il est assez habituel qu'une femme définisse son engagement amoureux comme entièrement tourné vers la consolidation du domaine commun au détriment de son domaine personnel, relativement sacrifié. Au contraire, gagner de l'argent par leur travail et renforcer leur engagement professionnel est chez les hommes une pratique personnelle, mais qui, traditionnellement perçue comme une contribution essentielle et altruiste au couple et à la famille, leur permet d'être moins présents dans l'univers commun.

En matière de sexualité conjugale, les différences d'engagement entre partenaires sont également manifestes. Alors que la pratique sexuelle est pour les femmes une des composantes de la sphère de communication conjugale et d'intimité, qui n'implique pas nécessairement une forte fréquence de rapports sexuels, elle tend à avoir pour les hommes une signification plus individuelle de confirmation de soi, qui implique une régularité de la pratique et un engagement de la partenaire. La demande de rapports sexuels plus fréquents est plus souvent le fait des hommes.

Les apports des partenaires deviennent ainsi de plus en plus asymétriques au fil du temps. Cette asymétrie, qui rend manifeste un éloignement à la norme de réciprocité très présente au moment des débuts amoureux et une inégalité dans les rétributions qu'apporte la vie conjugale, est une des composantes du désenchantement graduel des femmes à l'égard du couple.

Parmi les femmes et les hommes en couple ou en relation privilégiée stable avec une personne du même sexe, la moitié seulement vivent à deux, alors que c'est la situation de neuf hétérosexuels sur dix. Un trait spécifique des relations de couple homosexuelles est qu'elles reposent traditionnellement beaucoup moins que les autres sur des engagements sociaux et matériels qui les stabiliseraient : achat d'un logement, acquisition de biens communs, enfants, réseau amical commun, loisirs communs. Dans les couples de même sexe qui cohabitent, les inégalités sociales, liées non au sexe mais aux différences d'âge, de niveau d'instruction ou de milieu professionnel entre partenaires, peuvent se traduire comme dans les couples hétérosexuels par des inégalités marquées dans la division du travail entre conjoints. Par ailleurs les ruptures tendent à être plus rapides que parmi les couples de sexes différents.

Lors du débat qui a entouré l'instauration du mariage pour tous en 2013 et dans la période qui a suivi, l'accès des couples de femmes à l'assistance médicale à la procréation n'a initialement pas été autorisé, en raison de l'opposition des secteurs conservateurs et d'une partie de la gauche. Mais, près de huit ans après, une loi dans ce sens va être votée par le Parlement français. En tout état de cause, depuis l'épidémie de sida des années 1980 et 1990, l'acceptation croissante de l'homosexualité par la population a eu pour effet de permettre une diversification des modes de vie gays et lesbiens, et de rendre socialement pensables la vie en couple, son enregistrement par le pacs, puis par le mariage, et l'accès à la parentalité, au moins lesbienne.

Mettre fin à l'amour et recommencer – ou non

La mobilité conjugale est devenue une caractéristique banale des trajectoires personnelles, comme l'est le changement d'emploi dans les vies professionnelles. De plus en plus nombreuses sont les personnes qui se séparent de leur conjoint et forment (ou non) un autre couple. Jusqu'à 1975, la rupture du mariage était découragée et soumise à l'obligation de prouver la faute de l'un des conjoints. La loi a introduit alors la possibilité du divorce par consentement mutuel. Déjà en progression, la proportion des divorces s'est envolée, jusqu'à atteindre un mariage sur deux au tournant du millénaire, alors qu'elle n'en concernait qu'un sur dix au début des années 1960. La procédure a continué à se simplifier depuis. Les politiques publiques se sont concentrées sur les conséquences matérielles, notamment pour les femmes seules avec enfant. Même si la garde des enfants continue à être généralement attribuée à la mère, la proportion des gardes alternées augmente. Aux divorces, dont le nombre absolu baisse à cause de la diminution des mariages, s'ajoutent les ruptures de pacs et d'unions libres, plus fréquentes en proportion.

Dans les mariages, l'initiative de la rupture provient des femmes dans les trois quarts des cas. Il s'agit avant tout d'une initiative au sens judiciaire et on ne doit pas forcément en déduire que les hommes ne souhaitent pas divorcer. Mais, lorsque la cohabitation devient insupportable, elle l'est plus pour les femmes, qui ont moins la possibilité de s'abstraire de l'univers domestique que les hommes, qui, eux, peuvent augmenter le temps passé hors du domicile. C'est notamment le cas en situation de violence conjugale.

Une enquête de l'Institut national des études démographiques (Ined) publiée en 2020 (l'enquête Virage, pour « Violences et rapports de genre ») a mis en évidence les liens multiformes entre expérience de la violence subie par les femmes et séparation conjugale[7]. C'est parmi celles qui ont connu des séparations que l'on rencontre le plus de femmes ayant subi des violences psychologiques, physiques, sexuelles, des violences sur les enfants, pendant la vie conjugale, mais aussi en période de séparation et après la séparation. Un tiers des femmes s'étant séparées dans l'année déclarent en avoir subi et, une fois la séparation actée, 16 % déclarent encore des violences, y compris sexuelles, de leur ex-conjoint, notamment lorsqu'elles ne se sont pas remises en couple. À cette violence de genre, sont associés des sentiments de peur et de colère. Ces violences s'inscrivent dans la durée et suscitent des affects profonds, dont parfois la peur à l'idée de se remettre en couple. Les hommes sont en revanche très peu concernés par cette crainte.

---

7. E. Brown, A. Debauche, Chr. Hamel et M. Mazuy (dir.), *Violences et rapports de genre. Enquête sur les violences de genre en France*, Paris, Ined, 2020, chap. 6.

Après une rupture, hommes et femmes n'ont pas les mêmes probabilités de se remettre en couple ou de rester hors couple. Alors même qu'elles ont des partenaires sexuels à peu près dans les mêmes proportions que les hommes dans les années qui suivent la séparation, elles se remettent beaucoup moins qu'eux en couple, cohabitant ou non. C'est notamment le cas lorsqu'elles ont la garde de leurs enfants. Mais il y a également des différences d'aspirations entre femmes selon le milieu social : ce sont les femmes de classes supérieures qui craignent le plus le célibat et trouvent qu'il « leur rendrait la vie plus difficile », alors que les femmes ouvrières et employées tendent à se le représenter comme « un choix » possible, après avoir vécu en couple et eu des enfants, et sont plus nombreuses à ne pas se remettre un couple. Dans les couples qui se reforment à 35-40 ans, l'écart d'âge s'accroît fortement au bénéfice des hommes, les femmes se trouvant en position de faiblesse face à des hommes disponibles moins nombreux et qui peuvent faire prévaloir leurs préférences pour des partenaires plus jeunes.

À la rupture du couple, et notamment à la suite d'un divorce, Céline Bessière et Sibylle Gollac[8] montrent que les femmes sont défavorisées. Le capital masculin et l'emploi masculin sont protégés par la justice, et la séparation entraîne une conséquente baisse de revenus pour les femmes, en raison notamment des frais entraînés par la garde des enfants et insuffisamment compensés par les pensions alimentaires.

Le moment #MeToo

La réflexion sur les rapports de domination au sein du couple a été profondément relancée par le moment #MeToo. Distinguons l'événement et le moment[9]. L'événement est un surgissement, clairement situé, au dernier trimestre 2017 : une mobilisation massive des réseaux sociaux contre les violences sexuelles (principalement le harcèlement sexuel au travail), à la suite d'une enquête au long cours du *New York Times* sur les violences commises pendant des décennies par le producteur hollywoodien Harvey Weinstein. Mais cet événement s'inscrit dans un moment, une période de transformation politique, sociale et culturelle plus longue, antérieure à l'événement et toujours en cours au moment où ces lignes sont écrites.

---

8. Céline Bessière et Sibylle Gollac, *Le Genre du capital. Comment la famille reproduit les inégalités*, Paris, La Découverte, 2020.

9. En nous inspirant de Bibia Pavard, Florence Rochefort et Michelle Zancarini-Fournel, *Ne nous libérez pas, on s'en charge. Une histoire des féminismes de 1789 à nos jours*, Paris, La Découverte, 2020.

Même si le thème principal de la mobilisation initiale était assez circonscrit, c'est tout le féminisme, au niveau mondial, qui a été partiellement reconfiguré par le moment #MeToo. Il s'est d'abord produit un mouvement de visibilisation et de signalement, déclarant intolérables des comportements jusque-là relativement acceptés au travail, mais qui s'est progressivement étendu à des comportements sexistes et violents dans le monde politique, dans l'espace public, dans l'université, dans le couple. La lutte contre les violences de genre est devenue un combat central, fédérateur à l'échelle mondiale, radical dans sa mise en cause de la domination masculine. Il donne un second souffle à des combats plus anciens, comme ceux pour les droits sexuels et reproductifs, et ceux pour l'égalité au travail. Ces mobilisations utilisent des formes de communication nouvelles, sans renoncer aux manifestations dans la rue. La mobilisation des femmes journalistes et le développement des podcasts féministes conduisent à un nouveau traitement féministe de la violence, mais aussi de la sexualité, du consentement et des discriminations au travail.

L'augmentation des plaintes pour agression sexuelle et viol, massive depuis 2017, mais qui a commencé dès 2011 en France, est largement due à la croissance des déclarations de *viol conjugal*, que les parquets ont recommandé à la police d'enregistrer dès le début de la décennie 2010. Toute l'évidence ancienne de la domination masculine dans le couple, à travers le « devoir conjugal », a ainsi été remise en cause. Mais dans certaines limites : l'immense majorité des plaintes pour viol conjugal restent ainsi classées sans suite par la justice. Une autre mobilisation caractéristique du moment #MeToo est la campagne contre les féminicides, importée d'Amérique latine, qui s'est déployée en France avec les collages massifs du groupe féministe des Colleuses. Un thème central de ces campagnes est précisément la dénonciation du « crime par amour » ou du « crime passionnel », expression désormais bannie des médias. Enfin, une des conséquences du moment #MeToo a été la mise en débat généralisée sur les réseaux sociaux des phénomènes de domination dans la sexualité de couple.

De 1980 à 2020, la société française a connu à la fois de nombreuses transformations sociales, qui ont précarisé une partie de la population, un puissant mouvement en faveur de l'égalité des sexes et des sexualités, et une révolution numérique, qui a recomposé la sociabilité, l'organisation du travail, et aussi les rituels amoureux. En matière de conjugalité et de sexualité, on a observé tout d'abord une graduelle et vigoureuse désinstitutionnalisation du mariage hétérosexuel, qui n'a pourtant pas ébranlé les logiques sociales et de genre des unions. La politisation des inégalités et de la violence de genre, processus de longue durée qui s'est accéléré avec le moment #MeToo, amorce une nouvelle phase de remise en cause de la domination dans l'amour.

Se nourrir

Gatien Élie

Elle a pris la carte. Le dossier était facile à remplir. Une pièce d'identité, deux fiches de paye, un justificatif de domicile, un RIB et le dernier avis d'imposition. Elle a maintenant un crédit renouvelable ou revolving et pourra payer ses courses chez Carrefour avec une carte Pass. Elle assure qu'elle dispose de l'argent mais jamais au bon moment, et payer comptant, elle ne pouvait plus. L'avantage aussi avec ce type de crédit, c'est la discrétion : une télévision ou des pâtes, personne n'en saura rien.

Il a collé un sale commentaire au livreur. Parce que le steak, la salade et les oignons sont sens dessus dessous, pêle-mêle dans leur boîte en carton souillée de gras. Parce que le livreur payé à la course, à force de feux tricolores grillés sous la pluie battante, a chuté de son vélo. Parce que c'était son « petit kif » après les calls, après le comex. Parce que le burger est gâché. Parce qu'il est vexé.

Ils sèment. Ils désherbent, ils arrosent et récoltent du compost auprès des riverains. Sur une dent creuse, une parcelle arrachée aux promoteurs après une bataille contre la mairie, pour que le quartier dépende moins du supermarché et des semi-remorques, pour que leurs enfants comprennent que la carotte a besoin de terre, pour que tous retrouvent un peu d'autonomie.

Elle ne ratait jamais un show culinaire à la télé, aucune émission gastronomique à la radio. Elle achetait les livres de cuisine, d'aujourd'hui, ceux qui coûtent beaucoup d'euros à cause des belles photos. Et puis elle a tout lâché, renoncé à ses diplômes, à son statut, pour devenir apprentie cuisinière. Son CAP en poche, elle pourra se faire embaucher dans la cuisine d'un bistrot, et ouvrir peut-être un jour son propre restaurant, un food truck, pour revisiter les classiques, changer l'image de la malbouffe. Ou gentrifier la chips ?

Il « oublie » son pique-nique lors de la sortie scolaire et se rue sur le buffet de la fête du collège. Au cours de l'année, il petit-déjeune rarement et dérobe toujours discrètement quelques morceaux de pain et de fromage pour chez lui, dès que la cantinière a le dos tourné. On a posté des agents de service, les vols étaient devenus fréquents – il n'est pas le seul. C'est comme ça presque tous les jours. On préviendra ses parents, même s'ils peinent à payer la demi-pension. L'assistante sociale le sait bien.

Elle a vu les vidéos tournées dans les abattoirs et ne mange plus de viande – ni ne consomme aucun produit de provenance animale. Hiérarchiser les espèces est, à côté du capitalisme et du patriarcat, une forme de domination supplémentaire. Consacrer des terres fertiles à nourrir du bétail est une aberration écologique. En matière de bidoche, le petit commerce ne vaut pas mieux que le grand. L'éleveur et le boucher, pense-t-elle, sont des gens du passé.

Il ne mange plus du tout. En tout cas plus de nourriture solide. Il respire, il médite et fait du yoga. Il ne boit plus vraiment non plus, seulement des tisanes, des jus et du bouillon – une transition vers l'absence totale de nutriment. L'énergie du soleil et de l'air suffit. Certains l'ont fait avant lui, des saints, des sages. Il a suivi des stages avec des centaines de convaincus, comme lui. Le chemin est long, sa quête est spirituelle.

Elle est à l'affût du bon plan, de l'offre à ne pas rater. Ça tombe bien, il n'y a plus que ça dans sa boîte aux lettres depuis que les courriers ont été remplacés par des mails. La barquette d'un kilo de faux-filet à 13 euros, de dinde à 7 euros, les 9 tranches de jambon de poulet à 2,80, les 8 saucisses fumées à 1,99. Elle prendra tout. Le congélateur est grand. Elle a calculé : ils font de sérieuses économies – c'est qu'il y a trois adolescents à la maison.

Ils patientent sur une place, comme toutes les semaines, pour recevoir leur panier. Des fruits et légumes de saison cultivés dans un rayon de cent kilomètres maximum. Ils garantissent par contrat le revenu de l'agriculteur et la qualité de leur assiette. Il faut s'organiser, trouver un remplaçant en cas d'absence. L'hiver, il faut aussi goûter le charme discret des tubercules, toutes les nuances du chou. L'état de la planète et de l'agriculture l'exige.

Ils patientent sur une place, comme tous les jours, pour recevoir le colis d'aide alimentaire offert par cette association confessionnelle. Il y a des familles, des hommes et des femmes seuls, des livreurs à vélo. Avec la crise sanitaire et ses conséquences économiques, ils sont plus nombreux qu'avant. Ils n'ont souvent aucune idée des démarches à faire auprès du centre communal d'action sociale. Les bons alimentaires leur permettraient pourtant d'aller faire leurs courses dans un magasin. Ou peut-être n'ont-ils pas les documents attestant de leur pauvreté.

Se nourrir en France est désormais une question qui mêle le revenu et la précarité, l'engagement militant et le caprice, le droit et la santé, l'ésotérisme et la distinction. Manger est depuis des siècles une pratique sociale inégalitaire. C'est devenu un acte politique.

La faim et le droit

La faim, la « vraie » faim des pays en développement, celle qui bombe le ventre des enfants et avilit des femmes et des hommes sous l'œil des caméras occidentales, cette faim-là, spectaculaire et télégénique, n'existe pas en France. Diffuse, discrète, elle agit chez nous « à la dérobée, presque sans signe apparent », écrivait le médecin et géographe Josué de Castro. On la croise dans les files d'attente de l'aide alimentaire, dans les services sociaux des établissements scolaires, lors d'opérations promotionnelles sur le Nutella ou quand les vigiles interviennent après le passage en caisse.

L'insécurité alimentaire touche pourtant huit millions de personnes selon un rapport du Sénat, une personne sur cinq d'après le baromètre Ipsos/Secours populaire. Entre ceux qui peinent à payer la cantine de leurs enfants (19 %), ceux pour qui les fruits et les légumes frais, la viande et le poisson sont rares (27 %) et ceux qui sautent régulièrement des repas, l'alimentation est une variable d'ajustement dans le budget de nombreux ménages. Deux tiers des personnes interrogées par Médecins du monde en 2014 disaient dépenser moins de 3,50 euros par jour pour se nourrir (2 euros pour les personnes à la rue, en squat ou en bidonville). Des contraintes budgétaires et de sinistres arbitrages qui entraînent des carences alimentaires, augmentent la prévalence de l'obésité ou des maladies chroniques et avivent la peur du lendemain. Entre 2009 et 2017, le recours à l'aide alimentaire a plus que doublé et concerne désormais 5,5 millions de personnes.

L'alimentation est pourtant un droit fondamental reconnu dans les traités internationaux : Déclaration universelle des droits de l'homme (1948), Pacte international relatif aux droits économiques, sociaux et culturel (1976), Déclaration de Rome sur la sécurité alimentaire mondiale (1996). Mais, à la différence des droits « civils et politiques » pour lesquels les États contrevenants peuvent être sanctionnés, il s'agit d'un droit « économique et social », donc non contraignant. Et, bien qu'il soit inscrit dans le préambule de la Constitution française de 1946, le droit à l'alimentation n'est toujours pas opposable devant un juge.

La marchandise et l'abondance

Pourtant, ni guerre, ni sécheresse, ni « explosion démographique ». La France est la première puissance agricole de l'Union européenne. Elle assure à elle seule un cinquième de la production du continent. Céréales, sucre, produits laitiers, viande : elle est même exportatrice nette de nombreuses denrées. Un réseau de transport et de distributeurs maille étroitement son territoire. Et, tous les ans, 20 milliards de prospectus imprimés – majoritairement pour la grande distribution – encombrent nos boîtes aux lettres : 50 % sur le deuxième produit acheté, 30 % de réduction immédiate, - 20 % sur le lot de deux, 2 achetés + 1 offert, 10 % sur tout le magasin du mardi au dimanche inclus. Les distributeurs justifient cette consommation massive de papier (40 kilos par an et par personne) en arguant que la moitié des Français consultent ces catalogues et qu'un tiers choisiraient leur enseigne selon les réductions proposées[1]. La promotion est devenue permanente et générale. Les prix ne correspondent plus à la quantité de travail et de capital nécessaire à la production, mais aux stocks que les industriels parviennent à mettre sur le marché et qui doivent être écoulés rapidement – car les denrées sont périssables. Le rabais permanent ou l'envers de la surproduction alimentaire, et du gaspillage.

10 millions de tonnes. C'est la quantité d'aliments gaspillés tous les ans dans le pays. Soit le tiers de la production agricole, perdu quelque part entre le champ et l'assiette. On se débarrasse des denrées dont le cours s'est effondré, on benne des invendus, on jette des provisions gâtées. Selon l'Agence de la transition écologique, producteurs (32 %), transformateurs (21 %), distributeurs (14 %) et consommateurs (33 %) partagent la responsabilité de ce gâchis. Un consommateur moyen gaspille 30 kilos chaque

1. Selon les sondages Nielsen et Ipsos.

année. Non seulement ces pertes coûtent 16 milliards d'euros par an, mais on prélève inutilement quantité de ressources – terres, pétrole, eau – pour produire, transporter et traiter les déchets. En 2016, l'État s'est engagé à réduire le gaspillage de moitié d'ici 2025, en obligeant notamment les gros distributeurs à ne plus détruire leurs invendus mais à les donner aux associations.

De leur côté, des collectifs glanent, valorisent et remettent en circulation les rebuts. Depuis l'édit royal de 1554 (dont la plupart des dispositions sont encore en vigueur), le glanage, pratiqué par une frange des classes populaires rurales, est assorti de restrictions qui protègent la propriété privée. Il est autorisé à la condition qu'il soit réalisé de jour, sans outil et en quantité limitée. En ville aussi, il est proscrit de fouiller dans une poubelle de supermarché, le parking étant privé. Mais la justice sait se montrer miséricordieuse. La récupération de produits périmés, elle, ne relève plus du vol depuis 2015.

L'industrie et la santé

La poubelle d'un supermarché en dit long sur ce qu'est devenue l'alimentation. Des marchandises suremballées et des produits transformés aux étiquettes incompréhensibles, dont on ne connaît ni la recette, ni le procédé de fabrication. Lorsque les produits industriels ont fait leur apparition dans les années 1970, ils prétendaient accompagner la libération des femmes des tâches domestiques[2]. Mais leur composition inquiétait déjà. Et, depuis, les scandales sanitaires se répètent.

En 2013, à l'occasion d'un test ADN inopiné, l'entreprise Findus, qui exige de ses fournisseurs des prix toujours plus bas, découvre de la viande de cheval dans ses lasagnes « pur bœuf ». 4,5 millions de plats préparés, l'affaire est européenne : toute la chaîne de production est jugée responsable, des abattoirs aux distributeurs, en passant par les intermédiaires (Draap Trading), les négociants (Spanghero à Castelnaudary) et les transformateurs (Comigel à Metz). Fin 2016, cette fois, un nombre anormalement élevé de cas de salmonellose chez les nourrissons alerte les autorités sanitaires. L'infection provoque des gastro-entérites bénignes mais peut entraîner l'hospitalisation des enfants. Trois enquêtes sont lancées, par le ministère de la Santé, la DDCSPP[3] et la DGCCRF[4]. L'origine de la

2. Le temps consacré à la préparation des repas ne cesse de reculer : - 26 % entre 1986 et 2010.
3. Direction départementale de la cohésion sociale et de la protection des populations.
4. Direction générale de la concurrence, de la consommation et de la répression des fraudes.

contamination est repérée dans la tour de séchage n° 1 de l'usine Lactalis de Craon, en Mayenne, qui produit du lait premier âge. Le parquet de Paris ouvre alors une information judiciaire pour « blessures volontaires » et « mise en danger de la vie d'autrui ». En 2017, c'est du fipronil – un insecticide utilisé en traitement vétérinaire pour les animaux domestiques contre les poux, les tiques et les acariens – qu'on trouve dans des œufs provenant de Belgique – bien que le produit soit interdit d'usage pour les animaux destinés à la consommation. Les volaillers belges auraient été grugés par un marchand peu scrupuleux, détaillant des produits sanitaires frelatés. Des investigations de traçabilité établissent la présence de ces œufs contaminés dans plusieurs sites de transformation français. On multiplie les analyses, on s'inquiète et l'on retire tous les œufs du marché.

Il y a les fraudes. Il y a les contaminations. Il y a les scandales qui se sont multipliés ces dernières années à la faveur de l'industrialisation de la production et de la multiplication des échanges. À la faveur, aussi, du déficit d'agents publics en mesure de réaliser les contrôles nécessaires. Avec l'austérité, le nombre de contrôleurs du ministère de l'Agriculture a été réduit de 11 % depuis 2007, celui de la répression des fraudes de 20 %. Mais là ne réside qu'une partie du problème car la mise en danger des populations se fait le plus souvent dans le respect des normes, en toute légalité.

Une escalope de dinde, du fromage, du jambon, de la chapelure et un œuf : pour préparer un cordon bleu, il faut cinq ingrédients. Mais celui du supermarché en compte plus de trente. Un quart du cordon bleu est constitué de chapelure, non pas de vrai pain mais d'eau et d'amidon modifié. Il n'y a plus de viande, que de la préparation de viande : un aggloméré de peau, d'aile et de cuisse, de dextrose, de fibre de blé pour la texture (les fibres retiennent l'eau et gonflent artificiellement le produit), de sels nitrités pour la couleur et la conservation – l'emballage indique pourtant « 100 % filet de poulet ». Plus non plus de fromage, juste une préparation fromagère qui contient des additifs pour la brillance et le fondant, et des agents tensioactifs comme les sels de fonte pour que la préparation soit plus homogène, des conservateurs (polyphosphates et citrates de sodium), un correcteur d'acidité, un émulsifiant, des arômes, des colorants, du sucre, du glutamate. Pour fabriquer le jambon, on utilise un additif pour la conservation – sauf que l'odeur obtenue n'est pas parfaite –, donc un autre additif – le résultat est trop élastique –, donc encore un autre qui rend le jambon trop acide. L'indispensable correcteur d'acidité modifie à son tour la couleur. Un pigment fera l'affaire. Une affaire infinie, une affaire d'assemblage, mais plus de cuisine.

On appelle cela du « cracking[5] ». La méthode, mise au point aux États-Unis après la Seconde Guerre mondiale[6], consiste à fractionner la matière première agricole, non par des procédés classiques (thermique, mécanique ou fragmentaire) mais en isolant les molécules constitutives d'un nombre réduit d'aliments (par raffinage et modification enzymatique) auxquels on ajoute, par la suite, les additifs nécessaires. Elle est peu coûteuse, facilite la production et permet de séduire le consommateur : pour flatter les papilles du centre de la langue, celles de la texture, on ajoute des gommes pour épaissir – ce sont d'ailleurs les produits « light » qu'on trafique le plus pour retrouver l'onctuosité du gras – et, pour parachever le tout, la fragmentation rend l'aliment plus mou, plus lisse, plus friable. Mâcher devient accessoire.

L'Institut national de recherche pour l'agriculture, l'alimentation et l'environnement (Inrae) calcule ainsi que sur quelque 30 000 aliments étiquetés et emballés, plus des deux tiers sont ultra-transformés. Mais on manque de recul, et les effets sur la santé restent mal connus. On sait toutefois qu'avec ces aliments fragmentés, la satiété est plus difficile à atteindre et la digestion plus rapide. On en mange, on en remange – il est possible de consommer avec ces produits-là entre 60 et 100 % de calories en plus. Or, en France, près d'un adulte sur deux a un problème de poids et un sur six est considéré comme obèse[7]. Selon une étude du ministère de l'Économie, 33 millions de Français seront en surcharge pondérale en 2030. Les maladies cardio-vasculaires augmentent, de nouvelles pathologies du foie apparaissent (le NASH ou « maladie du soda ») et le diabète de type 2, autrefois réservé aux personnes âgées, touche désormais les adolescents.

On sait aussi qu'un enfant qui prend des céréales le matin, va à la cantine scolaire le midi et mange des plats préparés le soir, consomme, chaque jour, une quarantaine d'additifs (sur 339 autorisés). Les combinaisons sont infinies et les conséquences de cet « effet cocktail » sur la santé difficiles à étudier. Lorsqu'un industriel fabrique du jambon reconstitué, il utilise des transglutaminases, des enzymes qui coupent les protéines afin d'obtenir une sorte de pâté. Quels seront leurs effets sur notre corps, constitué lui aussi de protéines ? Attaquer les fibres ? Créer des radicaux libres, des molécules

5. Le terme et la méthode viennent de l'industrie pétrolière.
6. Dans les années 1960, face à l'augmentation du nombre de maladies cardio-vasculaires, les autorités sanitaires prirent pour cible la consommation de gras et favorisèrent celle du sucre. Et pour sortir de la dépendance à la canne à sucre cubaine, les industriels mirent au point le sirop de glucose-fructose à partir de l'amidon de maïs.
7. Selon l'étude « Esteban » réalisée par Santé publique France auprès des 18-74 ans.

instables, et donc de potentiels cancers ? L'absence de fibres et de vitamines dans ces aliments hâtera d'autant plus la dégénérescence des cellules. Une étude menée par l'Inrae et l'Institut national de la santé et de la recherche médicale (Inserm) a déjà établi un lien entre la consommation de produits ultra-transformés et le développement de tumeurs cancéreuses.

S'informer, se mettre au régime ou légiférer

La régulation est pour l'instant timide. La loi dite « Gattolin » de 2016 interdit les publicités dans les programmes pour enfants, mais elle ne concerne que les chaînes publiques, qui représentent moins de 1 % de leur temps d'exposition aux écrans. L'enjeu est pourtant de taille : un enfant (4-17 ans) voit encore en moyenne seize réclames par semaine pour des produits trop gras, trop salés, trop sucrés. Des députés ont récemment déposé une proposition de loi pour interdire les sels nitrités qui rosissent le jambon, allongent sa conservation et favorisent les cancers colorectaux. L'examen des dispositions suit son cours mais l'Assemblée a déjà rejeté par le passé la taxation de tels produits. Certaines substances ont bien été prohibées. Le dioxyde de titane (E171) utilisé pour blanchir et intensifier la brillance des aliments entraîne des lésions pulmonaires par inhalation et des tumeurs malignes par ingestion. Sous la pression de l'Agence nationale de sécurité sanitaire de l'alimentation, de l'environnement et du travail (ANSES), le ministre de l'Agriculture et de l'Alimentation a dû céder. L'additif est maintenant proscrit en France. Mais autorisé au niveau européen s'il est assorti de la mention « substance cancérogène ». De même, les cinq cents « auxiliaires technologiques » auxquels l'industrie recourt quotidiennement (agents de démoulage, solvants d'extraction...) et qui ne doivent pas a priori se retrouver dans le produit fini ne font l'objet d'aucun cadre réglementaire.

Incapable de contraindre les producteurs, les pouvoirs publics s'en remettent aux consommateurs. La fable est connue : le consommateur est rationnel et responsable de ses actes s'il est bien renseigné. Pour « faciliter [son] choix au regard de l'apport en énergie et en nutriments à son régime alimentaire[8] », un système d'étiquetage nutritionnel simplifié (SENS) a donc été mis au point. Depuis 2014, le « Nutri-Score » évalue un nombre croissant de produits de l'industrie : la note est exprimée par une lettre allant de A à E, inscrite sur une couleur allant du vert à l'orange foncé.

---

8. Article L. 3232-8 du code de la santé publique.

Déjà, les industriels se démènent pour faire échouer cette timide intervention de l'État, proposant leur propre système d'évaluation, plus complaisant[9]. L'Union européenne confirme d'ailleurs que rien ne les oblige à adopter le Nutri-score, potentiellement « discriminant ». Dans la même veine, l'Assemblée nationale a rejeté l'idée d'afficher le Nutri-score dans les publicités. Qu'à cela ne tienne. Des militants ont ouvert une base de données libres, Open Food Facts : la formule du Nutri-score est appliquée à tous les produits, y compris ceux des firmes qui rechignent. Les données sont fournies à tous ceux qui en ont besoin, des équipes de chercheurs aux développeurs d'applications pour smartphone – comme Yuka, qui permet de connaître l'effet d'un produit sur sa santé en scannant son code-barres.

Sentant le vent tourner, des industriels ont d'ores et déjà changé la composition de leurs produits. Dans les usines, on fera moins gras, moins salé, on intégrera d'autres additifs et l'on proposera un nouvel aliment ultra-transformé, mais mieux noté. À l'Inrae, on s'interroge donc sur l'efficacité d'une telle évaluation. Anthony Fardet, chercheur en nutrition préventive, rappelle qu'un aliment est bien plus que la somme de ses nutriments. Que tous ces scores le réduisent à une somme de nutriments à encourager ou à limiter. Et que, en permettant simplement de préférer l'aliment ultra-transformé le moins mauvais, ils encouragent les pauvres à consommer ces produits. Il faudrait une évaluation selon le degré de transformation[10]. Une approche aussi au niveau du régime, tolérant les produits gras, équilibrés par d'autres plus sains.

Faute de pouvoir agir sur des mécanismes complexes, des acteurs lointains et des lobbies puissants, le régime apparaît aux yeux de beaucoup comme une solution. Il y a ceux qui ne mangent plus de gluten parce qu'ils le digèrent mal : à force de sélectionner des blés chargés en protéines – donc en gluten – pour qu'ils résistent au pétrissage mécanique du pain, nous en mangeons plus qu'autrefois. Le lien avec les troubles intestinaux n'est pas établi scientifiquement mais le marché du « sans gluten » est très rentable. Il y a ceux qui ne mangent plus de céréales et tentent de renouer avec le régime varié des chasseurs-cueilleurs. Il y a ceux qui mangent selon leur

---

9. Coca-Cola, PepsiCo, Mars, Unilever, Nestlé ou Mondelez ont leur propre logo. Le Nutella est noté E par Nutri-score, mais le logo de Mondelez (calculé par portion, ce qui complique la comparaison entre produits) est au vert.

10. Comme la classification NOVA établie par une équipe de chercheurs de São Paulo et reconnue par la FAO et l'OMS. Ou, mieux, la classification Siga (voir « De la classification NOVA à la classification Siga, points communs et différences », siga.care, 27 juin 2019).

groupe sanguin : ceux du groupe A – celui de Cro-Magnon – se concentrent sur la viande, ceux du groupe B – celui des premiers agriculteurs – sur les céréales, et ceux du groupe O – celui des éleveurs de l'Himalaya – sur les produits laitiers. Il y a ceux qui, adeptes de « l'alimentation vivante », ne mangent plus d'aliments cuits : les granivores (exclusivement des graines), les frugivores (exclusivement des fruits), les instinctos (exclusivement des produits bruts sans assaisonnement ni mélange), les liquidariens (exclusivement des jus), les « écologistes alimentaires » (de tout, mais cru). Et ceux qui prétendent que le soleil et les bouillons suffisent. À chaque régime ses récits (l'agriculture fut une erreur), ses miracles (vivre plus longtemps), ses interdits et ses prophètes. En 2015, Novak Djokovic a lancé Djokolife, une marque de biscuits sans gluten.

Beaucoup plus nombreux sont ceux qui ne mangent plus de viande, cuite ou crue. Ou ceux qui ne consomment plus aucun produit d'origine animale. L'industrialisation de l'élevage et la violence de l'abattoir ont disqualifié tout un monde, du berger à l'artisan boucher. On sait trop peu qu'Henry Ford eut l'idée de la chaîne de montage automobile en visitant les abattoirs mécanisés de Chicago. Abrutissement de l'ouvrier, souffrance animale, là s'inventaient des méthodes de production visant moins à nourrir les hommes qu'à d'enrichir les patrons. Du meurtre animal de masse aux semences génétiquement modifiées, en passant par la chimie agricole de synthèse, les deux siècles de capitalisme industriel ont bouleversé le rapport à notre environnement. Du champ à l'assiette, désormais la mort rôde.

Le bio : convertir, importer, tricher

La France et l'Europe proposent bien des alternatives aux excès de l'industrie. Le label français AB et le label européen Eurofeuille, protégeant les produits issus de l'agriculture biologique, existent respectivement depuis 1985 et 2010. Au cours des vingt dernières années, les ventes de produits biologiques ont été multipliées par dix, et elles représenteront 10 % du marché de la consommation alimentaire en 2025 si la tendance se poursuit. C'est encore peu, mais des études montrent qu'on ne distingue plus les mangeurs bio des autres : 9 Français sur 10 déclarent s'être nourris de produits biologiques au cours de l'année, 80 % affirment vouloir maintenir la consommation de produit bio et 11 % projettent de l'augmenter encore[11]. Et la liste des cantines scolaires proposant du bio ne cesse de

11. Agence française pour le développement et la promotion de l'agriculture biologique.

s'allonger – pour une fois, la loi les y encourage[12]. Toutes les classes sociales sont désormais concernées et lorsqu'un événement comme la crise sanitaire actuelle survient, la demande s'accroît.

Cet engouement pousse de nombreux agriculteurs à convertir leur exploitation. 8,5 % des surfaces agricoles sont ainsi cultivées sans OGM ni produit chimique de synthèse. On est encore loin de l'Autriche (24 %), de la Suède (20 %), de l'Estonie (20 %) ou de la République tchèque (15 %), mais c'est deux fois plus qu'il y a cinq ans. Et, en valeur absolue, la France compte déjà la deuxième superficie la plus vaste d'Europe.

Les produits bio rapportent près de 12 milliards d'euros par an et assurent 80 % de la croissance des ventes alimentaires. Aucun industriel, aucun distributeur ne peut se passer d'un tel relais de croissance – la moitié des produits bio sont déjà vendus par la grande et moyenne distribution. Sa surmarge serait de 40 % en moyenne par produit bio, selon un repenti de ce secteur. Le consommateur sous-paye les produits de l'agriculture conventionnelle – le coût environnemental n'étant jamais indiqué – et surpaye le bio.

Même si ses promesses sont souvent mensongères : l'agriculteur ne maîtrise pas l'environnement dans lequel il produit ; si les sols ou les cours d'eau sont pollués, la viande ou les céréales le seront aussi. En juin 2019, une étude de *60 millions de consommateurs* établissait la présence de dioxine et de PCB dans le lait bio, de nitrites de sodium (un conservateur cancérogène) dans la charcuterie bio, de plastifiant (des phtalates) dans les huiles d'olive bio[13]. Trois ans plus tôt, l'association comparait onze sirops d'agave importés et certifiés bio. Neuf d'entre eux, frelatés, contenaient des résidus de produits chimiques de synthèse.

Du reste, les cahiers des charges des labels « AB » et « Écofeuille » ne comportent aucune exigence relative au bilan carbone. Le produit peut être cultivé dans une serre chauffée aux hydrocarbures la moitié de l'année, sur une exploitation de 300 hectares nécessitant l'usage de nombreuses machines, puis importé par la route de l'autre bout du continent ou par avion de l'autre côté du monde. Produits de la mer, surgelés, épicerie et fruits, jus : le ministère de l'Agriculture estime qu'un tiers des produits bio sont importés. Le label ne respecte donc ni les saisons ni la proximité, occulte la question de l'autosuffisance alimentaire et, partant, celle de la souveraineté.

---

12. La loi dite « EGalim » de 2018.

13. Christelle Pangrazzi, « Les aliments bio touchés par la pollution », *60 millions de consommateurs*, 5 juin 2019.

Organiser l'autonomie

« Pas de panique, il y a du stock partout », rassurait Michel-Édouard Leclerc au début du deuxième confinement, alors que les Français se jetaient à nouveau sur le papier toilette, la farine et les pâtes. Les récoltes avaient été bonnes, les moulins et les greniers du Bassin parisien étaient pleins. Pourtant, on se battait à nouveau dans les rayons. Dans une situation vraiment exceptionnelle, les chaînes d'approvisionnement permettraient-elles de répondre aux besoins ? En cas de problème logistique, une ville comme Paris ne compterait que trois jours d'autonomie alimentaire.

Stocker prend de la place et coûte de l'argent, particulièrement dans les métropoles, alors depuis plusieurs décennies, on privilégie la circulation la plus rapide possible de la marchandise, le flux tendu. Acheminer les denrées repose par ailleurs sur le transport routier : les efforts des gouvernements successifs ont porté sur la sécurité sanitaire et non sur la fragilité de la logistique et l'épuisement du pétrole. Produire, enfin, est désormais l'affaire d'un nombre croissant de saisonniers étrangers, bloqués aux frontières en cas d'épidémie, ainsi que d'un nombre réduit d'usines agroalimentaires ; et si un cluster venait à apparaître dans l'une d'entre elles…

Alors, depuis le début des années 2000, on s'organise. Des consommateurs urbains et des producteurs en périphérie de ville forment des associations pour le maintien d'une agriculture paysanne (Amap). Les uns s'engagent à acheter chaque semaine la production des autres et ceux-ci, assurés d'un revenu stable, poursuivent leur activité en choisissant des variétés non pour leur rendement mais pour leur qualité gustative. L'approvisionnement est local, de saison, sans emballage, sans gaspillage, sans intermédiaire. Le prix, complètement déconnecté du marché, est calculé pour permettre à la ferme d'exister : il correspond à l'addition des charges (dont la rémunération décente du travail), divisé par le nombre d'adhérents que cette ferme est capable de nourrir. Avec ce modèle, le prix serait de 30 % inférieur à celui de la grande distribution. Aujourd'hui, 15 000 producteurs nourrissent ainsi 6 millions de consommateurs. Pour eux, la traçabilité et l'autonomie ne sont pas des dispositifs administratifs ou des théories, mais une pratique hebdomadaire. Et la discussion avec celui qui produit, la norme. Dans un monde qui masque le travail pour se dispenser de le rémunérer, qui imprime la photographie d'un couple d'éleveurs sur une boîte d'œufs pour faire oublier la cage hors sol et le suicide paysan, l'Amap détonne.

On compte à l'heure actuelle près de trois cents fermes intra-urbaines et périurbaines en circuit court. Cette agriculture-là ne prétend pas parvenir à l'autosuffisance alimentaire mais elle y contribue. Créer une Amap, maintenir les parcelles d'une ceinture verte, remettre du maraîchage et de la volaille sur une friche, ouvrir des jardins familiaux et partagés : tout cela permet sans aucun doute de sensibiliser les citadins à la question alimentaire. Le rôle des élus est ici indispensable pour faciliter l'accès au foncier. Mais l'agriculture urbaine, capable de nourrir les urbains, est un fantasme.

La déconnexion de l'agriculture et de la ville est ancienne. Fernand Braudel disait déjà que les villes, qui ne produisent pas leur nourriture, organisent leur approvisionnement par des échanges lointains, ce dont témoigne leur site originel, souvent fluvial. Et pour cause, la campagne entourant l'agglomération suffit rarement. La moitié de la population française vit actuellement dans un département où les surfaces agricoles, trop rares, ne permettraient pas de la nourrir, quand bien même toutes ces terres seraient reconverties à cet effet[14]. Ainsi les urbains, contraints d'inventer des relations avec des agriculteurs qui ne sont pas forcément proches, sont-ils condamnés au compromis entre le local et le lointain.

20 % des aliments consommés en France sont importés. Un tiers des poulets ont été élevés en Pologne, en Belgique et aux Pays-Bas, 25 % des porcs l'ont été en Espagne, et la moitié des fruits et légumes viennent de l'étranger. Mais la véritable dépendance concerne les technologies importées de Chine et des États-Unis qui permettent au système alimentaire de fonctionner : puces électroniques qui guident la production et la logistique, molécules pour soigner les animaux et traiter les cultures. Si la France fermait ses frontières, les exploitations hexagonales auraient la capacité de nourrir la population, à condition de renoncer aux produits tropicaux. Seulement voilà : aucune planification alimentaire n'existe. Aucune régulation, aucune intervention publique pour tenter de mettre en adéquation ce que l'on produit et ce que l'on mange. Pendant la Seconde Guerre mondiale, on est mort de faim autant que des combats. En 1945, les capacités de production agricole s'étaient effondrées. Construire la souveraineté alimentaire européenne était une priorité. Une fois le pari tenu, la sécurité alimentaire établie, l'Europe donna la priorité aux exportations, au commerce avec le reste du monde. Résolument libérale, la nouvelle politique agricole commune des années 1980 fit de la souveraineté

14. Pour obtenir ce résultat, on a comparé les quantités alimentaires consommées dans chaque département aux rendements agricoles du département. On a ainsi obtenu les surfaces agricoles nécessaires pour nourrir la population départementale.

territoriale un tabou, et le dumping social et environnemental de certains pays complique désormais l'harmonisation des productions. À ce jour, ni la France, ni l'Europe n'envisage de faire à nouveau de l'alimentation une question politique prioritaire.

Consommer

Longtemps, les Français ont été condamnés à la frugalité[1]. Mais, au XIXe siècle, la consommation augmente et sa structure se modifie. La part de l'alimentation dans les budgets diminue, libérant du pouvoir d'achat pour d'autres dépenses. La recherche du confort se généralise : miroirs, horloges, porcelaine se trouvent plus fréquemment dans les intérieurs, même modestes ; après le gaz, vers 1850, la « fée électricité » apparaît dans les années 1880 ; les loisirs et les transports changent aussi : on commence à aller au cinéma, on se déplace davantage à bicyclette et, pour les plus riches, en voiture.

Dans l'entre-deux-guerres, la consommation poursuit ses conquêtes. L'électrification s'impose presque partout et l'alimentation se diversifie encore un peu plus. Les congés payés encouragent les dépenses de tourisme ou de bricolage. C'est l'âge d'or de la boutique, des passages couverts et des magasins de nouveautés (où l'entrée est libre, le prix fixe et affiché), des bazars, des grands magasins de centre-ville. Mais, si les Français découvrent de plus en plus les plaisirs de la marchandise, l'autoconsommation reste importante, et le marché étroit.

Le temps des hyper

C'est la période 1945-1975, celle des « Trente Glorieuses », qui marque vraiment l'entrée dans le régime de la consommation de masse. Les statistiques

1. Ce texte a été conçu par un collectif de contributeurs à la revue *L'Intérêt général*.

qui mesurent le taux d'équipement, le nombre de logements neufs ou la hausse du pouvoir d'achat au cours de cette période donnent le tournis. Après 1949 et la fin du rationnement, la machine s'emballe. La consommation des Français double entre 1948 et 1960, et encore une fois entre 1960 et 1973.

À cette date, comme le dit l'historien Jean-Claude Daumas, « tout a changé et le monde des choses paraît illimité[2] ». Les tendances constatées lors de la période précédente s'accentuent : la part de l'alimentation dans la structure des budgets continue de diminuer (elle est de 45 % en 1949, pour seulement 25 % en 1975), alors que celles du logement et de l'équipement ne cessent d'augmenter ; les dépenses liées au transport doublent et celles que chaque habitant consacre aux loisirs et à la culture triplent. De nouveaux objets entrent dans le quotidien des Français : le stylo bille, le livre de poche, les sacs plastiques.

Les instruments de cette révolution sont les mêmes qu'au siècle précédent, mais à une autre échelle – celle de la société fordiste. Aux progrès de la productivité, qui permettent de produire en masse, en série et à moindre coût (le prix d'une machine à laver est divisé par 23 entre 1950 et 1980), se combinent la généralisation du salariat (83 % des Français en 1975) et une hausse globale des revenus. L'autoconsommation diminue par ailleurs chez les paysans, qui se joignent au mouvement général.

Pour mettre à la disposition de ces nouveaux consommateurs tous ces nouveaux produits, les grands magasins hérités du XIXe siècle font place aux grandes surfaces : d'abord les supermarchés dans les années 1950, puis dans la décennie suivante les hypermarchés. Le premier ouvre en France en 1963, à Sainte-Geneviève-des-Bois, en Essonne, et offre à ses clients 2 500 mètres carrés de surface commerciale. Au cours de la même période, les patrons de la grande distribution se rendent à Dayton aux États-Unis pour assister au séminaire de Bernardo Trujillo. L'employé de National Cash Register, alors premier fabricant de caisses enregistreuses, y vante les « méthodes marchandes modernes », notamment le célèbre « Pas de parking, pas de business ». Et, avec le concept du « tout sous un même toit » (des produits alimentaires mais aussi non alimentaires), s'impose l'automobilisme.

Depuis lors, le nombre de grandes surfaces n'a cessé de se multiplier : on compte « plus de 250 magasins géants de ce type en 1975, près de 400 en

2. Jean-Claude Daumas, *La Révolution matérielle. Une histoire de la consommation (France, XIXe-XXIe siècle)*, Paris, Flammarion, 2018.

1980, 2 200 aujourd'hui. Ils réalisent plus de 100 milliards d'euros de chiffre d'affaires annuel et environ 35 % des ventes de produits alimentaires[3]. » Pour que la grande distribution étende ainsi son empire, il a fallu un développement sans précédent de la publicité : son marché représentait 15 milliards d'euros en 2019, avec au total près de 66 000 annonceurs. Le chercheur Benoît Heilbrunn estime qu'un Français serait exposé, en moyenne, à plus de 3 000 marques par jour (soit toutes les 45 secondes au moins) et connaîtrait près de 5 000 noms de marques, « un chiffre absolument considérable compte tenu du nombre moyen de termes servant à l'expression courante (de l'ordre de 8 000 à 30 000 selon les individus)[4] ». Omniprésente et toujours plus intrusive, la publicité modèle nos imaginaires. Déjà, certains réseaux sociaux comme Facebook permettent aux annonceurs de s'adresser à certains consommateurs plutôt qu'à d'autres. Mais, depuis août 2021, un décret autorise aussi les réclames ciblées à la télévision, en fonction des habitudes de visionnage des chaînes ou de la localisation : plutôt des publicités pour les SUV à la montagne, plutôt des spots pour les jardineries dans les quartiers pavillonnaires. Trois ans plus tôt, Carrefour s'était associé à Marmiton.org pour combiner les données de ses 14 millions de cartes client et celles des 16 millions de visiteurs du site de cuisine afin d'optimiser l'efficacité du ciblage des campagnes numériques.

Il faut dire que les temps sont durs pour les « hypers ». En 2008, engagée par les promesses de pouvoir d'achat du candidat Sarkozy – pour qui, accessoirement, 44 % des commerçants avaient voté dès le premier tour –, la droite a mis fin aux « marges arrières », cette rémunération, extorquée par les distributeurs en échange de la « mise en valeur » d'un produit (dégustations ou positionnements en « tête de gondole »), qui représentait, au plus fort de la pratique, 30 à 40 % du prix du produit. Du reste, Lidl avec son modèle discount a augmenté, au détriment des hypers, sa part de marché en France de près de 40 % depuis 2012. Il y a quatre ans, Alexandre Bompard est donc nommé à la tête de Carrefour pour redresser les comptes de l'entreprise. Le nouveau PDG a fait ses preuves de *cost-killer* à la Fnac. Résultat : la fermeture de 273 magasins Carrefour et la suppression de 2 400 emplois. Le groupe, premier employeur privé de France, avait pourtant perçu près de 755 millions d'argent public au titre du crédit impôt compétitivité emploi.

3. Lire Philippe Descamps, « Ravage de l'automobilisme », *Le Monde diplomatique*, juin 2021.
4. Benoît Heillbrunn, *La Marque*, Paris, Que sais-je ?, Puf, 2019.

Dématérialisation ?

Super- et hypermarchés ne semblent certes pas près de disparaître mais le développement de l'e-commerce pourrait bien ébranler leur hégémonie. En 2018, 7,1 % des produits de grande consommation ont été achetés sur internet ; en 2019, le commerce en ligne a généré pour la première fois un chiffre d'affaires de 100 milliards d'euros en France. Et l'année 2020, marquée par la crise du covid et les confinements à répétition, a entraîné une accélération sans précédent de cette dynamique : le chiffre d'affaires du secteur (produits et services) aurait atteint les 112 milliards d'euros (soit une hausse de 8,5 % par rapport à 2019) et représenterait plus de 13 % du commerce de détail.

Pour beaucoup d'observateurs, la France entrerait dans une nouvelle ère, celle d'une consommation dématérialisée, plus simple et moins rigide. Mais, derrière le mirage, c'est toute une chaîne de production et de distribution qui est invisibilisée. « L'e-commerce a été présenté comme une économie high-tech. Or c'est oublier qu'il repose sur l'exploitation d'une main-d'œuvre nombreuse : les forçats de la logistique », explique le sociologue David Gaborieau. Avec la délocalisation de l'industrie dans les régions à bas coût de production et l'ouverture des frontières à la circulation des marchandises, le secteur logistique (900 000 emplois, dont 700 000 emplois ouvriers) et le transport international sont devenus indispensables à la production des flux. Simples dépôts ou hubs, « on dénombre 3 100 entrepôts de plus de 5 000 mètres carrés, pour la plupart situés dans des zones isolées ou en lointaine périphérie des grands centres urbains, ce qui contribue à leur invisibilisation[5] ».

Parmi ces forçats, les employés des entrepôts qui réceptionnent, trient, rangent, prélèvent et emballent des commandes qui seront ensuite livrées en camion à l'autre bout de la France. Les conditions de travail ont été particulièrement délétères durant la crise sanitaire liée à l'épidémie de coronavirus : les syndicats ont dénoncé la lenteur avec laquelle des mesures ont été prises pour protéger les salariés. Mais en temps normal, le tableau n'est guère plus réjouissant. Les employés y laissent leur santé : selon un rapport rédigé par le cabinet Syndex en 2018, 74 % des salariés de l'entrepôt Amazon de Montélimar ressentaient des douleurs physiques, et 70 % se disaient soumis au stress ou exposés au *job strain* (combinaison destructrice

5. David Gaborieau et Carlotta Benvegnù, « L'entrepôt, face cachée de la grande distribution », *Travail-Emploi-Formation*, n° 12, 2014, p. 128-146.

d'une faible marge de manœuvre et d'une forte demande psychologique), quand la moyenne nationale est de 25 %.

Amazon emploie environ 400 000 personnes dans le monde, plus de 9 000 en France en 2019. Lorsque l'entreprise jette son dévolu sur un territoire pour y installer un hangar, c'est toujours avec « de nombreux emplois à la clef ». « Amazon, pour nous, c'est la locomotive du développement économique », déclarait le maire de Brétigny-sur-Orge (Essonne) lors de l'installation, en octobre 2019, d'un entrepôt. Deux ans plus tôt, c'est Emmanuel Macron en personne qui coupait le ruban du nouveau centre logistique de Boves, dans la Somme. Plusieurs études ont pourtant montré que la société basée à Seattle générait des pertes nettes d'emploi dans les bassins où elle s'installait. En France, les librairies indépendantes créent, à chiffre d'affaires équivalent, 18 fois plus d'emplois qu'Amazon. « D'un côté, s'évanouit un travail qualifié, diversifié, durable, situé en centre-ville, mêlant manutention, sociabilité, contact et conseil », explique le journaliste Jean-Baptiste Malet. « De l'autre, émergent en périphérie urbaine des "usines à vendre" où la production continue de colis en carton échoit à une main-d'œuvre non qualifiée, recrutée au seul motif qu'elle coûte actuellement moins cher que des robots[6]. » Et pour combien de temps ? Aux difficultés liées aux conditions de travail, s'ajoute la crainte, pour certains travailleurs, de n'être pas assez productifs et d'être remplacés par des robots. Dans l'entrepôt de Brétigny, 4 000 robots remplacent déjà les « pickers », ces salariés qui marchent jusqu'à 20 kilomètres par jour pour récupérer les articles achetés en ligne dans les rayonnages.

Qui consomme quoi ?

La petite boutique, l'hypermarché généraliste, le colis commandé en ligne : les modes de consommation de la société française se transforment, au fil du temps, au gré des innovations, à mesure que l'offre évolue. Mais l'offre n'est pas tout : il faut une demande, et celle-ci reste, quoiqu'on en dise, très différenciée socialement. La production et la consommation de masse ont certes permis de « démocratiser » très largement l'accès aux biens et services les plus indispensables (nourriture, logement, équipements durables), ne laissant de côté qu'une part relativement faible de la population, mais pour autant, tout le monde ne consomme pas les mêmes produits.

---

6. Jean-Baptiste Malet, *En Amazonie. Infiltré dans le « meilleur des mondes »*, Paris, Fayard, 2013.

La quasi-totalité des ménages possède une machine à laver, un réfrigérateur ou une voiture personnelle, et ce, quelle que soit la catégorie sociale. Ce qui change, c'est le rythme de remplacement et la qualité des produits achetés. Si tout le monde ou presque dispose d'une machine à laver, le confort d'utilisation et les consommations d'eau et d'électricité ne sont pas les mêmes selon le budget que l'on a pu y consacrer. Même chose pour les voitures : au sein des classes populaires, on en change moins souvent, on privilégie les achats d'occasion et les entrées de gamme. On achète donc des véhicules plus polluants, mais aussi plus légers et moins bien équipés en accessoires de protection, c'est-à-dire plus dangereux pour leurs occupants, qui sont ainsi exposés à un risque de mortalité plus élevé en cas d'accident de la route.

Les classes populaires sont en partie écartées des biens et plus encore des services répondant à des besoins qui peuvent être considérés comme secondaires car ils ne servent pas directement à la reproduction de la force de travail, mais sont en réalité nécessaires à l'épanouissement individuel. Les cadres vont toujours bien plus souvent au restaurant, et dans des restaurants plus chers, et partent plus fréquemment, plus longtemps et plus loin en vacances que les autres catégories socioprofessionnelles. Même si le *low cost* a largement encouragé les voyages, environ 30 % des Français n'ont jamais pris l'avion. Les ouvriers et les employés sont moins souvent inscrits dans un club de sport, achètent moins de livres, fréquentent moins les musées et les salles de cinéma.

Sans surprise, ces différences s'expliquent en grande partie par des inégalités de revenus, car certaines de ces activités représentent un coût rédhibitoire pour les ménages aux budgets serrés. Mais les consommations culturelles sont aussi très fortement liées à l'entourage, aux fréquentations, au temps libre disponible, ainsi qu'aux habitudes prises pendant l'enfance et au début de l'âge adulte, dans la famille et lors des études. De plus, les classes populaires sont davantage contraintes par la fatigue. Après une journée de travail abrutissant ou épuisant, il est plus facile de passer sa soirée à regarder la télévision que de sortir au cinéma ou au théâtre. Et, même si les cadres passent en moyenne une partie un peu plus importante de leur journée sur leur lieu de travail que les ouvriers ou les employés, ils ont beaucoup plus fréquemment recours à des services à la personne qui leur permettent d'échapper en partie aux tâches domestiques et de dégager du temps libre qu'ils peuvent consacrer à des consommations culturelles.

Crédit et dette privée

Si toutes les classes sociales n'ont pas les mêmes moyens, l'injonction à consommer – entretenue par le matraquage publicitaire, alors que près de 10 % de la population souffrirait de troubles de la consommation compulsive – pèse sur toute la société. Pour les foyers les plus modestes, déjà contraints par la forte augmentation des dépenses « pré-engagées » (logement, assurances, abonnements), la solution est le recours au crédit. En France, l'encours total de crédit à la consommation atteint presque 200 milliards. Le montant de l'emprunt moyen s'élève à 8 500 euros ; son remboursement s'étale sur trois ans. Fin 2019, le taux d'intérêt moyen d'un crédit renouvelable accordé par un établissement spécialisé frôlait les 13 %. Alors que les banques ordinaires pratiquent des taux plus raisonnables, Cofidis, Cofinoga et autres accordent près de la moitié de ces prêts revolving en intégrant le « risque de défaillance » de clients plus fragiles.

Longtemps, les pouvoirs publics ont rechigné à développer le crédit à la consommation. Par crainte de l'inflation, et un peu aussi de l'intempérance populaire. Mais, dans les années 1980, le ministre de l'Économie Pierre Bérégovoy met fin au droit limité de chaque organisme à émettre du crédit : il convient alors de rendre l'argent « moins cher pour les Français », explique son conseiller Jean-Charles Naouri, en encourageant la concurrence et l'émergence de nouveaux établissements financiers. En 2001, par exemple, le groupe Casino (présidé par un certain Jean-Charles Naouri) créera la banque Casino, qui propose des crédits à la consommation à 3 millions de clients.

Observant que cette dérégulation du crédit touche la plupart des grands pays industriels à la même époque, le sociologue Wolfgang Streeck l'analyse plutôt comme une tentative du capitalisme de « pallier, au moyen d'un pouvoir d'achat anticipé, les manquements de ses promesses » : en effet, les gouvernements se contentent « de permettre aux budgets privés de s'endetter pour leur propre compte, et à leurs propres risques, afin de compenser les baisses de revenus provenant de leur activité rémunérée ainsi que les baisses des prestations sociales[7] ». L'État se désengage ; les salaires sont comprimés. Mais, miracle, le crédit privé vient amortir (ou différer) le choc.

---

7. Wolfgang Streeck, *Du temps acheté. La crise sans cesse ajournée du capitalisme démocratique*, trad. fr. F. Joly, Paris, Gallimard, 2014.

Dans ce contexte de modération salariale et de démantèlement de l'État-providence, les facilités d'accès au crédit se traduisent par une explosion du surendettement. En France, le nombre de dépôts de dossiers devant les commissions compétentes croît sans cesse à partir de 1992, pour être presque multiplié par 4 à la fin des années 2000. En 2012, 757 000 ménages bénéficiaient de mesures destinées à remédier à leur état de surendettement. En novembre 2018, à l'initiative des banques, le gouvernement a pourtant soumis au Sénat un projet de loi. Dans les publicités pour le crédit à la consommation, il ne serait plus obligatoire de faire figurer en gros caractères la mention « Vérifiez vos capacités de remboursement avant de vous engager ». Les prêteurs ne devraient plus impérativement revérifier tous les trois ans la solvabilité de l'emprunteur ayant souscrit un crédit renouvelable.

Ce projet n'a toujours pas été soumis à l'Assemblée nationale, mais son élaboration – dix ans seulement après que l'endettement des ménages, sous ses différentes formes, a provoqué, à l'échelle du monde, une crise sans précédent – met en évidence l'importance du crédit à la consommation pour la perpétuation du régime économique – et de l'ordre social. Car cette forme de crédit ne contribue pas seulement à entretenir la production de masse. Elle constitue aussi un moyen de « tenir » les individus qui, en échange de la consommation, acceptent la dépendance du crédit, l'ordre et la discipline de l'endettement.

Déchets

4,9 tonnes. C'était la production de déchets annuel par an et par habitant en France en 2017. Sur un total de 326 millions de tonnes, en comptabilisant les entreprises et la construction, les ménages n'en généraient « que » 39 millions. Mais, entre 1960 et 2017, la quantité annuelle d'ordures ménagères par habitant en France est passé de 180 à 260 kilos par habitant. Si le tri sélectif est promu par les pouvoirs publics à partir des années 1990, un tiers des déchets continuent d'être éliminés (enfouissement ou incinération). Et, comme le rappelle le sociologue Baptiste Monsaingeon, la « solution » du tri est invoquée depuis le XIXe siècle pour légitimer la poursuite de la production de déchets[8].

Car, ce qui est en cause, c'est un modèle de surproduction et de surconsommation. Un modèle dans lequel ceux qui polluent le moins subissent le plus. En 2012, une étude statistique sur la justice spatiale en

8. *Homo detritus*, Paris, Le Seuil, 2018.

France révèle que si la population étrangère d'une ville augmente de 1 %, il y a 29 % de chances en plus pour qu'un incinérateur à déchets, émetteur de différents types de pollutions, soit installé[9]. Les incinérateurs ont donc tendance à se trouver à proximité de quartiers populaires ou d'immigration récente, dont les populations ont une capacité moindre à se défendre face aux autorités.

La même logique prévaut à l'échelle internationale. Depuis qu'en 2018, la Chine a cessé d'accepter les déchets plastiques du monde entier, la France et les autres États membres de l'Union européenne exportent leurs déchets vers l'Inde, le Vietnam, ou encore la Turquie. Or, dans ces pays, les normes et les contrôles restent éloignés des standards communautaires, eux-mêmes insuffisants. Réserves d'eau contaminées, récoltes perdues, maladies respiratoires, installation de mafias du plastique, ramasseurs de déchets précaires exposés : un rapport de 2019 dressait un état des lieux dramatique de l'impact des exportations de plastiques en Asie[10]. De même, en toute opacité, Areva exportait des déchets nucléaires français vers la Russie jusqu'en 2010. L'État envisage maintenant de les enfouir à partir de 2035 à Bure, dans le département de la Meuse. 99,9 % de la radioactivité émise par les déchets ultimes de l'industrie nucléaire française se trouverait ainsi concentrée au même endroit. Les isotopes – émis par les résidus ainsi stockés à 500 mètres de profondeur – resteraient radiotoxiques pendant des centaines de milliers d'années. Pour s'opposer au projet, des militants avaient constitué la zone à défendre (ZAD) du bois Lejuc, mais celle-ci, après un harcèlement policier incessant, a été évacuée en 2018.

D'autres mouvements, en faveur d'une consommation plus équitable, plus locale, plus responsable ou plus frugale, se multiplient. Aujourd'hui, des consommateurs se mobilisent au nom de l'urgence écologique : du mouvement antipub à celui des Amap (Associations pour le maintien d'une agriculture paysanne), on retrouve la même exigence d'une consommation moins destructrice de l'environnement. Cependant, si une majorité de Français pensait, en 2015, que la consommation prend trop de place et qu'il faudrait consommer « autrement », les pratiques ne changent que très peu.

---

9. Lucie Laurian et Richard Funderburg, « Environmental Justice in France? A Spatio-Temporal Analysis of Incinerator Location », *Journal of Environmental Planning and Management*, vol. 57, n° 3, 2014. Cité par le laboratoire d'idées Intérêt général dans sa note « Des pollutions, dépollutions ! », décembre 2020.

10. Global Alliance for Incinerator Alternatives (GAIA), « Discarded: Communities on the Frontline of the Global Plastic Crisis », avril 2019.

Et pour cause : la consommation reste encastrée dans de puissants systèmes de contraintes, liés notamment à l'organisation de la production. À cet égard, plus qu'une collection de petites initiatives individuelles, souvent socialement situées, l'entreprise de libération de l'individu a besoin d'un mouvement collectif de grande ampleur.

Se déplacer

Vincent Jarousseau

« Un monde qui bouge. » « Faire avancer la mobilité du quotidien. » « Flexi'Pass » et « Réseau Nomad ». « Penser plus loin. » On a bien compris : pour s'adapter aux mutations de toutes sortes, et surtout à la compétition internationale, il faudrait se mettre « en marche ». Mais encore faut-il savoir et pouvoir le faire. Si les classes populaires ont intégré la nécessité d'être mobiles, la capacité de mouvement peut rester entravée par la société et ses règles, économiques, juridiques ou sociales.

Il y a une évidente discordance entre les discours sur la mobilité et la réalité – en 2014, 1 % des étudiants européens bénéficiait d'Erasmus en premier cycle ; en France, seuls 4 % des actifs étaient alors des « grands navetteurs ». Néanmoins, on constate quand même, dans la durée, une intensification des déplacements. Un Français parcourt en moyenne 57 kilomètres par jour (contre 20 seulement dans les années 1970) et passe dix heures dans les transports chaque semaine, soit une heure de plus qu'il y a dix ans. L'augmentation des mobilités résulte d'une double transformation : la précarisation du travail et la division fonctionnelle des territoires qui dissocie les espaces résidentiels, de travail et de loisir.

La métropolisation a, en outre, accéléré l'étalement urbain dans des proportions inédites. Alors que les centres s'embourgeoisaient, de nombreux espaces périphériques se paupérisaient. La pauvreté s'est accentuée dans les communes périurbaines et rurales, notamment parmi les ménages modestes souhaitant accéder à la propriété, ces derniers étant contraints d'affecter une part importante de leur temps et de leurs revenus aux déplacements vers le travail ou les autres lieux de vie sociale. Et tandis que les plus diplômés – des voyages d'affaires aux colloques à l'étranger, des séminaires de *team building* aux missions de *benchmarking* – se distinguent du reste de la population par le nombre et la variété de leurs déplacements mais aussi par leur libre maîtrise des distances et des vitesses, on ne cesse de contraindre, par toute une série de dispositifs, la mobilité des classes populaires. Pour « activer » les bénéficiaires du RSA, le versement de leurs allocations peut être subordonné à l'accomplissement de « devoirs », tels que la préparation de l'examen du permis de conduire ou la participation à un stage de « savoir-être » à plusieurs dizaines de kilomètres de leur domicile. De même, les chômeurs sont maintenant tenus d'accepter des « offres raisonnables d'emploi » loin de chez eux, sous peine de voir leurs indemnités suspendues ou d'être radiés. Aux ouvriers de GM&S, sous-traitant de l'automobile implanté à La Souterraine dans la Creuse, qui luttaient contre un plan social, Macron conseillait : « Au lieu de foutre le bordel, ils feraient mieux d'aller voir s'ils peuvent avoir des postes ailleurs. »

Sur les tables des libraires, dans les colonnes des journaux ou à la télévision, pendant ce temps, on valorise un « nouvel art de vivre » fondé sur l'« ancrage » ou la « lenteur ». On oppose au mode de vie des masses, les pratiques « *slow* » (*food, cities, travel, sex, business* ou même *money*) et les mobilités « douces » (trottinettes, vélos pliables ou treks urbains). À la recherche d'une « écologie du temps[1] », on se retire dans un « archipel de sémaphores, de vires aériennes, de clairières, de refuges, de relais de chasse [...] où l'on pourra accomplir de très vieux gestes : regarder le ciel, faire de la minéralogie, se tenir à une table et converser longuement ». Des « zones affectées à la dissimulation » plutôt que les « zones à défendre », celles contre les lignes à grande vitesse, les autoroutes, les rocades ou les aéroports. Ou celles, d'un autre genre, qui se tinrent sur les ronds-points en 2019. En racontant, dans un style passe-partout rehaussé de sentences cosmiques ses aventures sur les *chemins noirs* de la France, l'« écrivain-voyageur » Sylvain Tesson, prosateur appliqué et rétameur de vieux clichés

1. Sylvain Tesson, « Éteignez tout et le monde s'allume ! », entretien avec Nicolas Truong, *Le Monde*, 3 août 2018.

romantiques, se taille un succès monstre. Le plus gros vendeur de livres en 2019 expose tous azimuts ses méditations de *Wanderer* inspiré et célèbre l'errance d'Ulysse ou les semelles de vent de Rimbaud.

Jamais autant qu'aujourd'hui, la mobilité n'a été aussi étroitement liée à la question sociale, jamais elle n'a autant compté dans les imaginaires de classe ni autant façonné le quotidien des uns et des autres.

Mobilité des riches...

C'est entendu. Chaque Français se déplace de plus en plus loin et de plus en plus longtemps. Depuis vingt-cinq ans, la croissance est de l'ordre de 4 % par an. Les mobilités de longue distance, c'est-à-dire à plus de 100 kilomètres du domicile, représentent 40 % des déplacements d'un individu, soit une croissance de 5 % par an en moyenne. À l'inverse, les déplacements de proximité sont restés relativement stables[2]. Mais ce ne sont là que des moyennes. Il existe de grandes disparités, en partie corrélées à la classe sociale et au lieu de résidence. Les groupes favorisés ont des mobilités quotidiennes, résidentielles et de loisirs plus nombreuses, plus fréquentes et surtout plus éloignées que celles des autres catégories sociales. De sorte qu'en France, les 10 % qui se déplacent le moins parcourent en moyenne 3 kilomètres par jour, contre 219 pour les 10 % qui se déplacent le plus[3] !

L'extravagance des modes de vie des nantis n'a rien d'anecdotique : elle met en évidence, tout à la fois, leur séparatisme et leur manière d'imposer au reste de la société une norme de référence. À l'instar de l'industrie du luxe, qui vend du « rêve » avec des produits d'appel plus ou moins abordables, les mobilités des riches suscitent de nouvelles aspirations au voyage, du *city-break* à la croisière. Ces modèles de consommation posent pourtant de sérieuses questions environnementales. Un rapport de Transport & Environment révélait ainsi qu'en Europe, les émissions de CO_2 des jets privés ont crû « d'un tiers entre 2005 et 2019, soit plus rapidement que les émissions de l'aviation commerciale[4] ». En France, 10 % des avions qui décollent seraient des jets privés (la moitié d'entre eux effectuant des trajets de moins de 500 kilomètres). « Contrairement à ce que prétend l'industrie, observait cette ONG bruxelloise, l'aviation privée n'est pas seulement utilisée pour faire des affaires, mais aussi pour permettre aux plus

2. Insee, enquête sur la mobilité des personnes, 2018-2019.
3. Forum Vies Mobiles, enquête nationale « Mobilité et modes de vie 2020 ».
4. Eoin Bannon, « Private Jets: Can the Super-Rich Supercharge Zero-Emission Aviation? », *Transport & Environment*, 27 mai 2021.

riches de gagner plus rapidement leur maison secondaire ou leur destination de vacances [...]. Chaque année, les 1 000 vols [privés] entre Paris et Nice polluent autant que 40 000 familles qui prendraient une voiture neuve pour réaliser le même trajet. » Et tandis que 40 % des Français ne partent pas en vacances – un chiffre globalement stable depuis quarante ans – les 5 % des personnes les plus riches sont responsables de 50 % des émissions de carbone liées aux voyages.

Cette mobilité échappe, par ailleurs, à toute forme de régulation. En transformant l'impôt de solidarité sur la fortune (ISF) en impôt sur la fortune immobilière (IFI), la réforme fiscale du 1er janvier 2018 exclut de son assiette les biens meubles, qu'ils soient terrestres, comme les voitures de luxe, ou maritimes, comme les superyachts. Pourtant, ces derniers échappent déjà en grande partie à la taxation. « Poussant la logique jusqu'au bout, constate le sociologue Grégory Salle, certains flottent toute l'année : pas d'enregistrement, pas d'impôts. Non seulement les superyachts sont immatriculés dans des places offshore et y font volontiers escale, mais ils sont eux-mêmes des paradis fiscaux flottants. [...] Ainsi Bernard Tapie, qui louait son superyacht *Reborn* (alias *Boadicea*), battant pavillon de l'île de Man, autour de 600 000 euros la semaine, un bateau acquis avec une partie du pactole du procès Adidas à l'issue hautement controversée. » Même chose pour le « magnat des télécommunications Xavier Niel, acquéreur d'un autre bateau ayant appartenu au même Bernard Tapie, le *Phocéa*. [...] L'engin est enregistré à Malte [...]. Pour qui l'ignorait, sincèrement ou non, les *Malta Files* et autres *Paradise Papers* ont levé un coin du voile sur les stratagèmes mis en place pour éviter ou diminuer le prélèvement fiscal, quel qu'il soit, de l'impôt sur la fortune à la taxe sur le carburant ou sur la valeur ajoutée. Pour rendre la TVA moins douloureuse, on peut ainsi, moyennant un montage bien rodé, se louer son yacht à soi-même ou bien le faire passer pour un paquebot de croisière ou un navire commercial[5]. » Dans le même temps, les objectifs chiffrés de réduction des émissions de carbone adoptés par les États lors de la COP21 excluent le trafic aérien et maritime de l'accord final.

... Mobilité des pauvres

« Les grands tirent une partie de leur force de l'immobilité des petits, qui est la source de la misère de ces derniers[6] », expliquaient Luc Boltanski et

5. Grégory Salle, *Superyachts. Luxe, calme et écocide*, Paris, Amsterdam, 2021.
6. « Inégaux face à la mobilité », *Revue Projet*, n° 271, 2002/3, p. 97-105.

Ève Chiapello. Aux grandes fortunes et même aux moyennes, il faut en effet, pour bien vivre leurs mobilités, le concours de moins mobiles, des gardiens, des femmes de ménage, des nounous ou des promeneurs de chiens. Mais il ne faut pas pour autant sous-estimer la mobilité subie, depuis longtemps, par une grande partie des classes populaires. Comme à Denain, dans le Nord. Dans cette petite ville du bassin minier, parmi les plus pauvres de France, l'emploi industriel a disparu. L'arrêt de l'activité minière en 1948, puis le déclin de la sidérurgie, ont entraîné la ville, et tout le bassin, dans une situation économique et sociale très dégradée : 32 000 emplois perdus en dix ans, un taux de chômage de plus de 32 % aujourd'hui et de 55 % chez les jeunes, un taux de pauvreté qui approche 45 %. À l'exception des métiers du service aux particuliers, l'emploi tertiaire reste peu présent et diffus géographiquement. Dès lors, la mobilité constitue l'ultime solution pour trouver un emploi ou une formation. Elle peut se traduire par un changement de région (la population a diminué d'un tiers en trente ans) ou par l'accroissement des déplacements entre le domicile et le travail.

Les emplois peu qualifiés, les plus nombreux dans les Hauts-de-France, nécessitent des temps de déplacement importants. Il en va de même pour se rendre au lycée professionnel, à une formation, une agence d'intérim ou à Pôle emploi. Ces déplacements occasionnent aussi des dépenses importantes. Il faut financer puis réussir l'examen du permis de conduire (en 2016, il convenait de débourser 1 800 euros en moyenne pour l'obtenir) ; acheter une voiture d'occasion, une voiture sans permis, ou un scooter ; les entretenir ou les réparer ; payer le carburant, les péages, les amendes. Le chercheur Jean-Pierre Orfeuil estime qu'un salarié au Smic qui habite à 20 kilomètres de son travail et doit prendre sa voiture débourse en moyenne un peu plus de 20 % de son salaire pour se déplacer, dont 6 à 7 % pour le carburant[7]. Et d'ajouter : « Les transports qui étaient assurés par la grande industrie ne subsistent qu'à l'état de trace du fait de l'affaissement de ce secteur, du passage du plein emploi à une situation de chômage structurel et de la motorisation des ouvriers. »

C'est particulièrement le cas pour les métiers du BTP, de la route, de la logistique. Tanguy, vingt ans, vient d'achever un BTS en maintenance industrielle. Il est le premier dans sa famille à avoir obtenu le bac et, de surcroît, à suivre des études supérieures. Il a trouvé un CDD de chauffeur-livreur :

7. Cité dans Samuel Chalom et Dominique Vidal, *Portraits d'une France à deux vitesses*, La Tour-d'Aigues, L'Aube, 2020.

10 euros de l'heure. Le poste est exigeant, il travaille entre 22 heures et 8 heures du matin, six fois par semaine et livre environ deux tonnes de pain ou de brioche dans le Nord, le Pas-de-Calais, mais aussi la Somme et l'Aisne. Il parcourt en moyenne 500 kilomètres par nuit. Son oncle, aussi, est l'un des 400 000 routiers salariés en France. Lui travaille enfin de jour, après avoir été « de nuit » pendant des années. Payé 2 000 euros par mois sans les primes de déplacement (et pour 56 heures hebdomadaires en moyenne), il effectue le trajet aller et retour, entre deux plateformes logistiques, à Valenciennes et à Coblence en Allemagne : décrocher une remorque remplie de palettes de papier hygiénique dans un sens ; en atteler une autre remplie de couches-culottes dans l'autre. Faire la même route tous les jours présente l'avantage d'un certain confort mais l'inconvénient de la monotonie. Alors il observe les autres camions, de plus en plus souvent immatriculés dans les pays d'Europe de l'Est. Le routier peste contre cette concurrence « déloyale ».

Particulièrement présent dans le transport routier, le travail détaché n'est pas le seul motif de mécontentement des salariés. La destruction des radars ou les pétitions pour dénoncer les limitations de vitesse à 80 km/h sur certaines routes départementales attestent de la place centrale qu'occupe la mobilité dans la vie quotidienne. Les opérations « escargots » ou « péages ouverts » montrent, de leur côté, que la route s'impose comme un lieu de contestation. Cinq ans après le mouvement des Bonnets rouges, qui protestaient en Bretagne contre l'écotaxe, on se souvient que c'est le projet d'augmenter la taxe intérieure de consommation sur les produits énergétiques qui a déclenché en octobre 2018 celui des Gilets jaunes. Deux chauffeurs routiers, Éric Drouet et Bruno Lefèvre, appelaient alors à bloquer les routes pour faire barrage à cette mesure. Au même moment, une pétition pour obtenir « la baisse des prix du carburant à la pompe » recueillait un million de signatures. Dans une vidéo, Ghislain Coutard, technicien mécanicien de trente-six ans, incitait, quant à lui, les Français à déposer un gilet jaune sur leur tableau de bord en signe de solidarité. On connaît la suite : bien que l'essence ne constitue pas le premier poste de dépense des ménages, la soudaine mobilisation de milliers de citoyens allait déboucher sur l'un des plus importants mouvements sociaux.

Encouragé par les politiques publiques, l'automobilisme ordonne la vie quotidienne : 65 % des déplacements et 83 % des distances parcourues se font en voiture, sachant que 36 % des mobilités pendulaires sont inférieures à 9 kilomètres. L'essor du vélo, des trottinettes électriques et de la piétonnisation dans l'hypercentre des métropoles ne doit pas faire oublier que c'est elle qu'on utilise partout ailleurs pour aller travailler, faire ses courses, emmener ses enfants à l'école ou se divertir. En moyenne, les Français y passeraient trois ans et dix mois de leur vie. Un chiffre beaucoup plus important encore chez les classes populaires. Conséquence : le sociologue Mathieu Grossetête relevait la surreprésentation des ouvriers et des employés parmi les accidentés de la route, et notait qu'« au-delà de l'inégale sécurisation des véhicules, [...] la mortalité routière apparaît tout d'abord comme une conséquence inattendue de l'étalement urbain et de la stratification résidentielle. Près de 80 % des accidents mortels ont lieu à la campagne », où « l'embourgeoisement des centres-villes relègue les classes populaires toujours plus loin des bassins d'emplois[8] ». Là-bas, faute d'alternative, 4 déplacements sur 5 se font en voiture. « En 2007, 28 % des ouvriers et 31 % des employés morts sur la route ont eu un accident en se rendant à leur travail, alors que ce trajet n'est en cause que dans 16 % du total des décès. Les catégories populaires sont plus nombreuses à emprunter quotidiennement les routes secondaires, plus dangereuses, tandis que les couches aisées circulent surtout en ville ou sur l'autoroute, l'infrastructure la plus sûre, avec 4 % des morts en 2012, mais également la seule qui exige des frais de péage[9]. »

Assignations

Bien souvent, la voiture demeure le seul moyen de transport des secteurs péri-urbains et ruraux. Dans ces zones, le taux d'équipement automobile des ménages dépasse les 90 % contre 75 % dans les villes de plus de 100 000 habitants, un chiffre qui descend à 60 % dans l'agglomération parisienne. Et l'importance symbolique, mais aussi pratique, de l'automobile croît en raison inverse des revenus. Ainsi de Guillaume, le père de Tanguy qui survit depuis des années grâce aux prestations sociales et aux « petits boulots » qu'il exécute ici ou là. Passionné par la mécanique et le « tuning », il dispose d'un véhicule d'occasion, une 309 vieille de trente ans, qui ne passera pas le prochain contrôle technique. Il ne parcourt pas plus de 2 000 kilomètres par an. Mais sa vieille voiture demeure un objet de reconnaissance qui atteste d'une certaine normalité. En particulier quand on est privé de diplôme, d'emploi, que les conditions de vie sont compliquées.

---

8. Matthieu Grossetête, « Des accidents de la route pas si accidentels », *Le Monde diplomatique*, aout 2016.
9. *Ibid.*

Même s'il possède un véhicule, Guillaume appartient aux 15 % de personnes qui sortent peu de chez elles[10]. Tout au plus se déplace-t-il pour faire quelques courses au supermarché de sa ville ou donner des coups de main, ici ou là. Il ne fait jamais le plein, rarement plus de 10 euros de carburant à la fois dans le réservoir. L'immobilité quotidienne est redoublée par une immobilité résidentielle : il est né et a toujours vécu dans sa commune ; il ne part jamais en vacances ou alors pour quelques incursions sur la Côte d'Opale. Il vit dans le même quartier que sa mère, ses frères et sœurs. Par opposition aux « gens de partout », ceux qui bénéficient de la mondialisation, il appartient aux « gens de quelque part »[11]. Il tire parti des ressources de proximité : tous les services disponibles dans sa commune, le réseau amical et familial et les bons plans. Il ne voit pas les bénéfices que pourrait lui apporter une plus grande mobilité pour lui et sa famille. Compte tenu de son niveau de qualification, les seuls emplois accessibles sont faiblement rémunérés et sources de dépenses – en essence ou titres de transport en commun, en garde d'enfants et en temps passé. Une fois par mois, cependant, il se rend en Belgique, située à une vingtaine de kilomètres, car le tabac y est beaucoup moins cher.

Guillaume n'a aucun mal à se déplacer quand il en a besoin. Mais il en va autrement pour une part des personnes en situation de fragilité sociale, et en particulier pour les femmes. Assignation à certaines fonctions sociales, division des tâches au sein des ménages, participation différenciée au marché du travail : la mobilité des femmes est très contrainte. En moyenne, un homme parcourt 118 kilomètres de plus qu'une femme et se déplace deux heures de plus par semaine. Cela est vrai quel que soit le motif, mais c'est surtout le travail qui exacerbe les différences : parmi les personnes qui se déplacent plus de 15 heures par semaine pour le travail ou les études, plus de deux personnes sur trois sont des hommes (67 %)[12]. Pour les travailleuses du « *care* », en revanche, les mobilités sont longues et subies. Aides à domicile, aides-soignantes, auxiliaires parentales, travailleuses sociales ou femmes de ménage – une femme salariée sur quatre en France – pâtissent, plus que les hommes, d'emplois du temps morcelés avec de fortes amplitudes horaires et doivent parcourir de nombreux trajets pour accéder à des lieux de travail qui sont souvent multiples. Si certaines utilisent la voiture, en particulier

10. Insee, enquête nationale « Transports et déplacements 2008 ».
11. David Goodhart, *Les Deux Clans. La nouvelle fracture mondiale*, trad. fr. V. Le Plouhinec, Paris, Les Arènes, 2019.
12. Forum Vies Mobiles, enquête nationale « Mobilité et modes de vie 2020 ».

en milieu rural, d'autres se déplacent en transports en commun, notamment en banlieue parisienne. Marie-Basile, aide à domicile, vit à Stains, en Seine-Saint-Denis. Camerounaise, cette ancienne fonctionnaire de police à l'aéroport de Yaoundé est arrivée en France en 2011. Trois ans après, elle était embauchée par la société LogiVitae comme aide à domicile. Chaque matin, il faut compter environ 1 h 25 de trajet pour que Marie-Basile atteigne son lieu de travail à Paris. Elle enchaîne la marche, le bus, le métro et/ou le RER. Souffrant encore du dos en raison d'un accident du travail (ils sont deux fois plus élevés dans cette profession que dans le secteur du bâtiment et des travaux publics), sa tournée a été aménagée afin de limiter ses déplacements. L'essentiel du temps, à raison de six heures par jour, elle travaille chez une dame de quatre-vingt-six ans. Mais pendant l'heure du déjeuner, elle intervient aussi chez d'autres personnes. En tout et pour tout, si l'on additionne l'ensemble des trajets de Marie-Basile, elle passe en moyenne 3 h 30 par jour dans les transports en commun. Irrégularité des fréquences, dégradation des services de transports publics, insécurité et risque de harcèlement ajoutent à la peine de ces femmes. Les mobilités des travailleuses du « *care* » sont, par ailleurs, rarement indemnisées, ce qui contribue un peu plus encore à leur paupérisation.

Dérégulations

« 30 à 40 % de la population française ne dispose pas de transport en commun et un pourcentage non négligeable, pas de transport public digne de ce nom, avec par exemple un seul passage de bus par jour », note Jean-Pierre Orfeuil. Lorsqu'on s'éloigne des centres-villes, dans des zones enclavées, les obstacles à la mobilité sont nombreux. Les déplacements sont rendus complexes car ils nécessitent une recherche d'informations, des horaires et des correspondances qui ne sont pas toujours accessibles aux plus vulnérables. Et puis il y a le coût du trajet. Si des villes françaises, de plus en plus nombreuses (Aubagne, Châteauroux, Dunkerque et récemment Montpellier), font le choix de la gratuité, l'Union des transports publics et ferroviaires (UTP) – l'organisation des entreprises de transports urbains et ferroviaires – fait un intense lobbying pour convaincre les décideurs et l'opinion publique des risques d'incivilités (car « ce qui est gratuit n'a pas de valeur »), de dégradation de la qualité ou de faillite.

L'UTP défend aussi la concurrence dans le domaine du transport urbain, jusqu'à l'absurde : la bataille, féroce, oppose en pratique différents groupes publics avec la SNCF, et sa filiale Keolis, qui fait concurrence à RATP Dev, elle-même en compétition avec Transdev, une filiale de la Caisse des dépôts[13]. Mais, de manière générale, pour ses partisans, la libéralisation des transports irait dans le sens de l'Histoire. Depuis le début des années 1990, les directives européennes imposent à ce titre le démantèlement de la SNCF et le découpage de chacune de ses activités – trains de fret, trains régionaux, trains Corail ou TGV – pour empêcher, au nom de la concurrence, que le déficit du premier soit compensé par les bénéfices du dernier…

Alors que depuis trente ans, le volume des déplacements n'a cessé d'augmenter, les gouvernements successifs dérégulent tous les outils de contrôle public des déplacements. Cela a commencé dans les années 1980 avec le transport aérien, puis avec la libéralisation du transport de marchandises – qui a eu pour conséquence de laminer le fret ferroviaire au bénéfice du fret routier. Les règles encadrant ces activités ont été assouplies (conditions de travail, prix, concurrence…) pour augmenter les marges des entreprises de transports de marchandises et de personnes, faciliter une privatisation des services les plus rentables au détriment des contribuables et des usagers. En 2005, la privatisation des 9 000 kilomètres d'autoroutes avait ainsi profité aux groupes Vinci, Eiffage et Abertis. Cette vente a rapporté à l'État 14,8 milliards d'euros, mais 27 milliards de dividendes aux actionnaires des sociétés d'autoroutes entre 2006 et 2019. Dans le même temps, la qualité des services publics les moins rentables, toujours financés par la collectivité, s'est sensiblement dégradée. La SNCF en est ainsi venue, raconte l'écrivain Benoît Duteurtre, « à multiplier les ralentissements qui évitent de mettre en péril la vie du voyageur. Sur les liaisons "Intercités", le retard est devenu la règle. […] L'accident du 12 juillet 2013 en gare de Brétigny-sur-Orge, causant sept morts et de nombreux blessés, aura malheureusement apporté la preuve que les alertes syndicales sur la réduction du personnel et des services étaient fondées[14]. »

Ministre de l'Économie sous la présidence de François Hollande, Emmanuel Macron avait déjà libéralisé le transport par autocar. Jusqu'à 2015, seul le transport routier de voyageurs pour des liaisons internationales était autorisé. Si l'impact environnemental de la concurrence entre la route et le rail n'a pas encore été évalué, selon l'Ademe, un car émet 18 fois plus de CO_2 qu'un TGV et consomme presque 7 fois plus de KEP (kilogramme

---

13. Laurent Kestel, *En marche forcée. Une chronique de la libéralisation des transports : SNCF, cars Macron et quelques autres*, Paris, Raisons d'agir, 2018.
14. *La Nostalgie des buffets de gare*, Paris, Payot, 2015.

équivalent pétrole). La concurrence favorise à terme le moins-disant social et environnemental alors que le secteur des transports est déjà en France le plus gros émetteur de gaz à effet de serre, avec 30 % des émissions totales (95 % de ces émissions proviennent du transport routier).

Mais ces dernières années ont marqué une étape décisive dans la libéralisation des transports, avec l'ouverture à la concurrence du transport ferroviaire. Ciblant l'un des derniers bastions du service public, cette réforme vise à transformer la SNCF en « multinationale de la mobilité ». La loi présentée en février 2018 s'inspire clairement du système allemand adopté depuis le milieu des années 1990 : passage en société anonyme à capitaux publics de la SNCF, abandon du recrutement au statut, filialisation du fret, ouverture de la concurrence des TER et des TGV. La reprise partielle de la dette oblige en contrepartie l'entreprise à de nouveaux efforts de productivité en accélérant la diversification de l'activité, en investissant le champ des transports urbains ou routiers (Ouibus et covoiturage), ainsi que le digital et l'international. L'État, aiguillé par l'Union européenne et ses directives, a donc œuvré patiemment et méthodiquement à la dérégulation des outils publics d'organisation du transport de voyageurs et de marchandises.

Enfourcher le vélo

Mobilité des marchandises, des capitaux et des travailleurs. Pendant plusieurs mois, « le grand confinement » a mis le monde à l'arrêt et fragilisé le trépied sur lequel repose la mondialisation néolibérale. Alors que des compagnies aériennes faisaient circuler leurs avions à vide afin de conserver leurs créneaux horaires, les cadres, d'ordinaire si mobiles, ont été contraints au télétravail et à une fixité toute relative : nombreux sont ceux qui quittèrent alors les métropoles pour rejoindre une résidence à la campagne. les classes populaires, elles n'ont, pour une large part, pas eu d'autre choix que de continuer, comme d'habitude, à se déplacer pour se rendre à leur travail.

Et maintenant? Si les frontières semblent rouvrir et les mobilités reprendre leur cours normal, des secteurs entiers peineront à se relever. Après l'industrie automobile qui, depuis de nombreuses années, subit une saignée et dont les sous-traitants font faillite les uns après les autres, c'est au tour de l'aéronautique d'être secouée par des turbulences. « Le trafic aérien connaissait jusqu'alors une croissance soutenue, avec un doublement tous les quatorze ans pour atteindre 4,3 milliards de passagers en 2018. La flotte mondiale suivait et passait de 9 700 appareils en 1986 à 30 300 en 2018 [...]. Cet essor accompagnait celui du tourisme, en particulier lointain[15]. » Mais les plans sociaux, notamment chez les sous-traitants d'Airbus, se multiplient déjà. Nulle inquiétude : aux milliers de chômeurs, il suffira de traverser la rue en marchant pour retrouver un travail. Et sinon, ils pourront toujours enfourcher un vélo pour livrer des repas.

15. Philippe Descamps, « Aviation civile, la tempête du siècle », *Le Monde diplomatique*, juillet 2020.

Jogging

Amélie Ferrand et Christophe Hanna

Pendant l'épidémie, je cours plus qu'avant.

Je suis Amélie qui, elle, est à vélo avec son matériel photo et son tapis de yoga.

Quand on trouve un coin de verdure urbaine, je la laisse une heure, elle fait des séries de postures dans l'herbe qu'elle capte parfois en vidéo pour sa formation d'enseignante.

Je continue au hasard.

Puis je la retrouve, nous repartons ensemble et, sur le chemin du retour, nous cherchons quelqu'un, une promeneuse, un sportif, qui accepte de faire une photo avec moi en runner confiné au moment où je lui demande quel a été son emploi du temps aujourd'hui et pourquoi il se trouve ici.

Nous essayons de faire cela aussi régulièrement que nous pouvons.

Mahmoud

C'est avec Mahmoud que nous avons eu l'idée de procéder ainsi.

Amélie faisait des postures de yoga un peu difficiles, Mahmoud est venu lui demander quel était son truc pour tenir comme ça les mains « en prière » dans le dos.

Puis ils ont discuté de ce qu'ils faisaient l'un et l'autre pour tuer le temps. Amélie m'a raconté la scène, et alors l'idée nous venait progressivement de questionner des gens au hasard des rencontres de jogging.

Voilà enfin quelque chose qu'on pourrait faire en ce moment !

Sur le chemin du retour, nous avons recroisé Mahmoud, il était assis sur une des marches de la passerelle du parc de la Feyssine, regardant les gens passer. Amélie m'a dit : « On pourrait commencer avec lui. »

Mahmoud a immédiatement accepté.

Christophe : On est jeudi 2 avril. Vous avez fait quoi aujourd'hui ?

Mahmoud : Aujourd'hui je me suis réveillé vers 9 h, j'ai pris le T1, j'habite à Charpennes, jusqu'au 8e, j'ai tourné.

Je suis resté dans le métro, je tourne, je tourne, je tourne, comme ça, je passe le temps.

Après, je suis venu ici pour passer du temps.

Ici, c'est plus tranquille, c'est mieux que la ville. Je marche, si je trouve quelqu'un, je parle avec lui, pour passer le temps, quoi. Je n'ai pas peur d'être malade parce que je garde toujours les distances, minimum 1,50 mètre, comme là.

En plus, on ne travaille pas maintenant, je travaillais dans un resto. On a arrêté le 15 mars.

Tu tiens, tu tiens, tu tiens, une semaine à la maison, deux semaines, mais au bout d'un moment, y en a marre. C'est pire qu'une garde à vue. Le sport, c'est pas mal, ça occupe l'esprit.

Antonin

Les dimanches ont conservé leur atmosphère morne et ralentie, même si elle les distingue moins des autres jours.

À ce moment-là, quelque chose comme une grille rythmique impose encore son cadre ou déroulé de la semaine. Va-t-elle se dissoudre progressivement ?

Pour le moment, je note que je reçois le dimanche encore moins de devoirs d'élèves en télétravail, moins aussi de mails administratifs contradictoires et creux que j'envoie directement au panier. Et il me semble qu'il y a un peu plus de gens qui se baladent autour du parc que pendant les jours « ouvrés ».

Nous entrons dans la cité U, là on essuie un refus du gardien qui promène son chien, c'est tout, assure-t-il, et puis nous tombons sur Antonin qui fait son sport...

Christophe : On est dimanche 5 avril, qu'est-ce que vous avez fait de votre journée ?
Vous avez occupé votre temps comment ?

Antonin : J'ai lavé mon linge ce matin, je me suis fait à manger. Je prends des cours d'espagnol, du coup j'ai un peu travaillé l'espagnol sur mon balcon puisque c'est le seul endroit extérieur que j'ai chez moi, j'en profite le plus possible, et puis après j'ai perdu mon temps sur mon ordinateur, chose classique, et j'ai rempli mon papier pour faire une heure de marche.

Christophe : Donc là, vous êtes sorti il y a combien de temps, une demi-heure ?

Antonin : Il y a une heure, je devrais être chez moi depuis trois minutes, là.

Christophe : Vous n'avez pas peur en sortant d'être contaminé ?

Antonin : Non.

Christophe : Pourquoi vous n'avez pas peur ?

Antonin : Je ne sais pas si c'est de l'inconscience ou si les informations qu'on dit sur les jeunes, qu'ils ne craignent pas... En tout cas, moi, je ne crains pas, c'est peut-être de l'inconscience, je ne suis pas très informé.

Christophe : Est-ce que c'est la première fois dans votre vie que vous êtes dans une situation où la mort peut tomber comme ça, car là on vit quelque chose de tout à fait spécial, complètement morbide ?

Antonin : Moi, je ne me sens pas en danger de mort. Je ne suis pas dans cette peur-là, en tout cas.
C'est peut-être trop abstrait en fait, on ne s'en rend pas compte et on ne l'envisage pas.

Christophe : Qu'est-ce que vous allez faire après la promenade ?

Antonin : Je vais rentrer, me faire à manger. Dans la soirée je ne sais pas encore, je vais peut-être perdre du temps sur l'ordinateur encore un peu, lire et puis dormir.

Fanny et Grégoire

Devant le lycée du Parc, à 1,5 kilomètre, j'essuie deux premiers refus : une dame avec sa fille (net et sans justification), devant l'entrée, et puis une autre dame devant la grille, avec son chien, qui prétend se détester en photo.

Nous contournons le parc dans le sens des aiguilles d'une montre.

Boulevard des Belges, un couple de trentenaires en polo-pantalon nous expliquent, gênés, qu'ils trouvent le projet sympa mais n'aiment pas l'idée d'être photographiés en ce moment.

En remontant sur la piste qui longe la Cité internationale, nous tombons sur Fanny et Grégoire qui déambulent en sortant du travail.

La veille, pendant une discussion à la Feyssine, un nuage de moustiques m'a attaqué aux jambes sans que je m'en aperçoive sur le moment.

Pendant que je l'enregistre, je vois Grégoire observer avec inquiétude ces dizaines de piqûres. Les jours suivants, elles vont enfler comme jamais.

Christophe : On est lundi 6, qu'est-ce que vous avez fait du temps qui vous était disponible ?

Fanny : J'ai repris le travail aujourd'hui, je travaille dans un centre de rééducation, je sors tout juste du boulot, on fait une petite promenade autour de chez nous.

Christophe : Je vous vois tous les deux, vous ne portez pas de masque, vous êtes sortis comme ça, vous n'avez pas peur d'être contaminés ?

Fanny : Non. On reste côte à côte puisqu'on vit dans le même foyer, mais on n'est pas en contact direct avec les personnes. On sait aussi que ce n'est pas aéroporté, ce n'est pas un virus qui se transmet à distance, il faut un contact, là-dessus on est rassuré. On ne porte ni masque ni gant, après on ne se touche pas le visage pendant les sorties à l'extérieur.

Christophe : Et dans votre travail, vous êtes protégée ?

Fanny : Oui. On porte un masque, on peut porter des gants, tous les patients sont confinés en chambre.

Christophe : Et ce soir, vous allez faire quelque chose de particulier, comment vous pensez que le temps va s'écouler ?

Fanny : On va rentrer, on va prendre une douche, on va changer de vêtements et on va s'occuper du repas, on aime bien manger.

Christophe : Et vous, Grégoire ?

Grégoire : J'ai le même boulot que ma compagne, c'est un boulot plutôt axé sur la rééducation. Aujourd'hui, comment je me suis occupé ? Je ne travaille jamais le lundi déjà, je passe pas mal de temps sur mon ordinateur, j'écoute

des podcasts, je fais du sport chez moi, pour l'instant je ne veux pas sortir courir, je ne sais pas pourquoi je ne me sens pas vraiment en confiance pour courir dehors, pourtant je sors marcher, mais courir... je ne sais pas, je me sens moins légitime, parce que je pense que ça durerait plus longtemps, j'aurais tendance à avoir envie d'aller un peu plus loin, ça me frustrerait plus qu'autre chose.
Ce soir, c'est moi qui suis préposé au repas, j'ai déjà fait l'entrée.

Sadek

On est presque arrivé à la maison.

Sur le cours Zola, dès le matin, il y a des gens assis sur le mobilier urbain et qui discutent.

Certains parlent à travers un masque, un chauve qui somnole a retourné le sien pour s'en servir de bob car le soleil tape.

Il y a trois jours, un des cousins parisiens de Sadek est mort, trente-cinq ans. C'est Sadek lui-même qui nous l'a raconté lorsque nous faisions nos courses chez lui, un garçon costaud pourtant, trois enfants...

Christophe : Sadek, aujourd'hui nous sommes mercredi 8 avril, qu'est-ce que tu as fait de ton temps ?

Sadek : De mon temps ? J'ai travaillé ! Je me lève à trois heures et demie du matin, je pars au marché, je charge, j'achète, je charge, après je reviens ici, je décharge et je vends.

Christophe : Et ça va se terminer à quelle heure ?

Sadek : 19 h.

Christophe : Et après, tu fais quoi ?

Sadek : Je rentre, je dors. Je mange et je dors.

Christophe : Je vois que tu as un masque ...

Sadek : Je mets ça pour me protéger soi-disant, bien sûr j'ai peur d'être malade... il ne faut pas que je tombe malade.

Christophe : Tu as des clients qui n'en ont pas, d'autres qui en ont, nous on n'en a pas...

Sadek : On se tient à distance. Des fois, ça arrive que quelqu'un soit énervé si tu lui dis de se pousser, de rester à un mètre, ça c'est la réaction, c'est humain quoi, après c'est comme ça. Y en a qui respectent, y en a qui le prennent mal, c'est tout, c'est pas...

Christophe : Comment tu fais pour gérer ça ? Je vois que tu as mis la petite feuille pour dire de se maintenir à une distance de sécurité.

Sadek : Oui, les gens le font, il y en a même qui restent dehors quand ils voient qu'il y a deux personnes.
Ils restent dehors, ils attendent. Ils mangent à la maison, ils consomment plus, c'est normal.

Jérémie

Nous longeons les bords du Rhône, une première dame nous écoute, regarde les images précédentes qu'Amélie lui tend, dit comprendre mais non car elle a des problèmes avec son image.

Je lui propose, si elle préfère ou si elle ne souhaite pas être reconnaissable, de nous tourner le dos. Je formulerai cette option à chaque fois par la suite. Mais elle persiste dans son refus sans plus ajouter d'argument et en utilisant des tournures de plus en plus désengagées, et stéréotypées afin que je comprenne qu'elle souhaite prendre ses distances, elle n'adhère pas au concept, ce n'est pas sa tasse de thé.

De l'autre côté de la pelouse, je vois arriver Jérémie avec son chien courant à une allure tranquille.

Christophe : Jérémie, aujourd'hui nous sommes jeudi 9 avril, comment vous avez passé votre journée ?

Jérémie : Je me suis réveillé un peu tard, 10 h, par là, j'en ai profité pour rester un peu au lit. Après j'avais quelques réunions, parce que je suis en chômage partiel, pas à 100 % du temps, donc je travaille de temps en temps, j'ai des réunions par-ci, par-là. Après on s'est fait un petit-déj en regardant une série, et on a pris du temps pour cuisiner quelque chose ce midi avec ma femme. Après, on a mangé devant un film et j'ai eu quelques réunions et je suis venu courir. Donc pas grand-chose, des réunions en télétravail, faire un peu la cuisine, se reposer.

Christophe : Je vois, vous courez...

Jérémie : J'essaie d'éviter les gens dès que je croise quelqu'un, de respecter les distances, et je sais que les endroits où je cours, par exemple ici, les chemins que je prends pour arriver jusqu'ici, y a personne, donc je me dis que c'est raisonnable de ne rien porter.

Christophe : Et ce soir ?

Jérémie : Après la course... là, je balade mon chien, juste après je rentre et je pense qu'on va... je ne sais pas encore, on n'a pas forcément de planning mais ça va se finir à cuisiner un truc pour ce soir, se reposer, peut-être se mettre un petit peu dehors pour lire ou regarder un truc. J'ai un petit jardin de 10 mètres carrés en rez-de-chaussée, c'est pour ça que j'ai un chien, c'est pas grand-chose, mais ça permet d'être un peu dehors quand même pendant le confinement.

Mick

Encore un dimanche et nous traversons les locaux de Lyon 1 pour prendre ensuite la direction de Miribel en longeant la piste cyclable.

En passant le long des immeubles, on voit des vélos et des scooters garés sans antivols, devant les portes, des chaussures, des paniers...

Mon frère, qui est pharmacien, a enfin trouvé un moment pour m'appeler, il me fait la liste des amis d'enfance de Toulon qui sont atteints, il y en a trois, des amis de judo, leurs parents...

Sur une passerelle on rencontre Mick. Il est tard et il rentre chez lui, mais il n'est pas pressé.

Un type en tenue de joggeur, paniqué, nous coupe : « Faites place ! Y a les flics et j'ai pas envie qu'ils me chopent, je vais filer dans la nature ! »

Nous le regardons prendre les escaliers précipitamment, puis s'enfoncer entre les arbres...

Mick l'a regardé passer en l'évitant d'un petit mouvement des hanches, hop !

Christophe : Alors Mick, aujourd'hui on est dimanche 10 avril, est-ce que vous pouvez nous décrire un peu comment s'est déroulée votre journée ?

Mick : J'ai fait quelques courses chez Naturalia, fruits, légumes, puis après je me suis posé sur l'île aux castors, de 13 h 30 jusqu'à maintenant, pour méditer, faire un peu de tai chi, yoga, et bouquiner.

Christophe : Et qu'est-ce que vous avez lu ?

Mick : Un bouquin sur le Bouddha, par rapport à la vie, la façon de voir les choses, ça évade un petit peu, par rapport au monde actuel, au confinement.

Christophe : Et pourquoi vous êtes sorti pour lire, vous préférez lire dehors que dedans ?

Mick : Le contact avec la nature, ça me manquait en fait, et vu que je n'aime pas rester enfermé, je préfère être libre, j'aime bien lier un peu l'utile à l'agréable, tout en prenant un peu le soleil et en méditant.

Christophe : Là, vous rentrez, vous avez assez lu...

Mick : Oui, j'ai bien enchaîné, entre le tai chi, yoga, méditation.
Ce soir, je vais faire un bon petit plat, fait maison, et je rejoins mon copain.

Pascal

Sur la piste qui longe la Cité internationale, je vois arriver Pascal d'assez loin.

Il court comme un coureur, avec une foulée travaillée et tonique, il a tout le matériel, débardeur technique, montre GPS.

Soit il est en pleine séance de fractionnés, soit il est en retard.

On hésite une seconde avec Amélie à l'interrompre, puis je fais un petit geste dans sa direction, comme pour arrêter un bus.

Il comprend immédiatement et stoppe. « Vous avez l'apparence d'un coureur vous aussi. » Il pointe mon t-shirt des 10 kilomètres de Caluire : « C'est plus crédible, je ne sais pas si je me serais arrêté sinon... »

Christophe : Je vous ai interrompu en pleine vitesse, vous étiez peut-être dans une phase importante de votre journée, est-ce que vous pouvez me faire un petit résumé de votre agenda d'aujourd'hui ?

Pascal : Je pense que je ne suis pas quelqu'un d'exemplaire, dans le sens où je continue à travailler toute la semaine. J'ai un rythme de vie pratiquement normal, je suis courtier en crédit, j'ai une structure avec 40 personnes, y a l'entretien des serveurs, des sites, du télétravail, donc ça demande une maintenance quotidienne. Du coup, ça ne change pas grand-chose, juste les week-ends où je reste confiné comme tout le monde. Je profite de mon week-end pour faire une sortie le samedi et une sortie le dimanche et là, exceptionnellement en plus, lundi, parce que c'est un jour férié. J'essaie quand même de respecter a minima le confinement, donc je ne fais pas plus de 10 kilomètres, une sortie d'une heure, pour être un minimum civique. Ça me permet vraiment d'évacuer, je rentre en pilote automatique dans ma tête et j'oublie tout, et le confinement, et la détresse sanitaire, et les gens qui souffrent. Ça permet de se retrouver tout seul avec soi-même et de se rassurer et c'est important.

Christophe : Et aujourd'hui, avant de venir courir, vous avez articulé comment votre journée ?

Pascal : Ce matin, je suis confiné avec mes deux garçons, on a regardé la télé jusqu'à deux heures du matin, chose que je ne fais jamais en temps normal. On s'est levé un petit peu tard, 9 heures, 9 heures et demie, ça ne m'a pas empêché de travailler et cet après-midi, j'ai aménagé sur mon balcon des haltères. On a fait un petit peu d'assouplissement, d'abdos, de renforcement musculaire et après je suis parti courir.

Christophe : Et ce soir ?

Pascal : On fait un bon repas parce que j'aime bien cuisiner, j'ai la chance de pouvoir aller aux Halles, va falloir que je travaille beaucoup, donc... l'alimentation est quelque chose de sacré, donc ce soir, c'est un bœuf bourguignon que j'ai préparé hier, que je refais mijoter ce soir pour que la sauce soit bien caramélisée. Je suis un gros fan de vin, donc c'est un gros bourgogne premier cru 92. Du coup on peut être sportif et épicurien, faut juste pas faire d'excès : ni être ascète, ni être non plus trop épicurien.

Jacqueline

La nièce de Jacqueline est à l'école des Beaux-Arts de Lyon, et c'est pourquoi elle accepte avec joie car, comprend-elle, ce que nous faisons-là, Amélie et moi, relève de la performance artistique et elle-même a déjà participé à quelque chose comme ça, il y a quelque temps, place des Terreaux.

Une performance, ce n'est pas forcément un spectacle en direct, ça se joue aussi bien en photos qu'on se partage, suggère-t-elle.

Cependant elle avertit : il faut que ça soit court car il ne lui reste que moins d'un quart d'heure.

Sur le moment, nous ne comprenons pas bien qu'elle fait allusion à la durée qu'elle s'est octroyée en signant son auto-attestation avant de sortir.

Christophe : On est vendredi 17 avril, comment vous avez passé votre journée ?

Jacqueline : J'ai lu, j'ai rangé deux tiroirs. Je suis très contente parce que depuis le début du confinement c'est la première fois que je me mets à faire vraiment quelque chose.

Christophe : Qu'est-ce que vous avez lu ?

Jacqueline : Je suis en train de lire la biographie d'Émile Zola d'Henri Mitterand, j'ai une passion pour le XIXe et pour Zola, j'avais vu une émission où Henri Mitterand parlait de la biographie qu'il a faite, c'est trois tomes, et en fait je lis le troisième parce que c'est vraiment la période qui m'intéresse, la période de Dreyfus et la fin de sa vie. Et puis j'ai un fils qui est en première, donc...

Christophe : Il étudie Zola ?

Jacqueline : Pas vraiment lui, le pauvre, il se coltine *Phèdre*, *Le Rouge et le Noir*, des trucs comme ça...

Christophe : Qu'est-ce qu'il en pense ?

Jacqueline : Il déteste, surtout *Le Rouge et le Noir*. *Phèdre*, il commence à s'habituer parce que c'est la troisième année qu'il est dessus, et c'est l'œuvre qu'il a choisie pour passer son Bac. Eh oui, les profs font tout pour intéresser les jeunes à la littérature...

Christophe : Eh oui, toujours cette crispation sur Racine... c'est insupportable, moi aussi je déteste cet auteur.
Vous avez rangé ces tiroirs, et puis ensuite ?

Jacqueline : J'ai passé quelques coups de fil, ça occupe quand même pas mal de temps, ça ... pas mal de temps sur Facebook aussi, en ce moment j'ai le temps, c'est un peu affolant même. Et puis après je suis partie à la Feyssine, je fais ça tous les jours, et là je suis dans mon dernier quart d'heure autorisé.

Christophe : Vous respectez stricto sensu ?

Jacqueline : Non, mais vaguement quoi, je me suis fait une attestation. Vous ne l'avez pas faite, vous ?

Christophe : Si, mais on ne respecte pas forcément les heures qu'on écrit dessus.

Jacqueline : Moi je n'ai aucune confiance dans ces gens-là, ils ont sûrement des objectifs de verbalisation.

Christophe : Vous n'avez pas de masque quand vous sortez...

Jacqueline : Non. Je n'ai pas vraiment peur. L'attestation, c'est pour ne pas payer 135 euros mais sinon je lis pas mal de choses dans les médias et je pense qu'on nous fait très, très peur.
La grippe, elle tue autant, pratiquement : si on n'avait pas enlevé tous les lits qu'on a enlevés depuis vingt ans dans les hôpitaux ça aurait été géré très simplement. Je pense que comme ça, on nous tient bien tranquille, Macron va nous faire traîner jusqu'au 1er juillet, parce qu'il a tellement peur de la rue, qu'il va nous confiner jusqu'aux vacances : « Ils vont partir en vacances, ils vont tout oublier. » J'espère qu'on n'oubliera pas. Quand les hospitaliers seront dans la rue, je pense que je descendrai les accompagner.
J'espère qu'on n'oubliera pas.

Eroll

C'est le début des vacances, et ce matin j'ai fini en traînant un cours numérique sur Marivaux, son *Île des esclaves*, et je viens de terminer en expliquant qu'à la différence de la plupart des autres dramaturges, qui représentent des caractères auxquels il est possible de s'identifier, Marivaux utilise le dispositif-théâtre pour suggérer des jeux grâce auxquels la souffrance ordinaire d'autrui peut enfin nous apparaître, alors que la routine de l'existence, l'habitude, la rendent invisible.

Comme je suis incapable d'écrire sans rêvasser – me laisser emporter par des idées de passage que l'écriture provoque – je laisse au moins deux ou trois grosses fautes d'orthographe par phrase et Amélie a bien voulu ensuite me relire.

En courant, je discute avec elle de cette honte de l'orthographe, pire encore quand on est prof et qu'on doit en plus tout écrire maintenant.

Il fait un peu froid, il n'y a pas grand monde dans les rues, trois jeunes jouent au foot.

Eroll me dit qu'il est d'accord pour répondre si la question que je propose de lui poser n'est pas trop compliquée car il ne parle pas très bien français, et les deux autres, non, ils ne parlent pas un mot de français.

Christophe : Aujourd'hui nous sommes le 18, on est dimanche, comment tu as occupé ta journée ?

Eroll : On sort de la maison pour faire un peu de sport même pas une heure, et on rentre après à la maison, c'est tout.

Christophe : Maintenant, c'est ton heure de sortie ?

Eroll : Oui, je viens de sortir, on joue un peu au foot pour perdre un peu de temps, on fait un peu de sport.

Christophe : Et quand tu es chez toi, tu fais quoi ?

Eroll : Rien du tout, je reste à la maison, je regarde la télé.

Christophe : Tu te souviens de ce que tu as regardé, par exemple ce matin ?

Eroll : Un film, 007, James Bond, je ne sais pas comment ça s'appelle.

Christophe : Qu'est-ce qui te plaît dans James Bond ?

Eroll : C'est l'action.

Christophe : Là, quand tu sors, tu ne te protèges pas du tout ?

Eroll : Si, je me protège quand je sors acheter des trucs mais quand je fais du sport... j'ai tout dans la voiture. On joue au foot tous les trois et après on rentre.

Christophe : Et ce soir vous avez prévu de faire quoi ?

Eroll : À la maison, dormir, c'est tout. Manger, dormir, c'est tout.

Walid

Nous passons devant L'INSA, un jeune marche en face de nous, à grand pas, en marche dynamique, casque aux oreilles et chantant à tue-tête des tubes de RnB.

Il s'en fiche, m'expliquera-t-il plus tard, il se dit que les gens qu'il croisera ici, il ne les croisera plus jamais dans sa vie, c'est donc sans conséquence.

Il nous croise, puis s'éloigne, 30 mètres passent pendant lesquels Amélie et moi nous nous disons qu'il avait l'air bien, ce jeune chanteur, qu'aucun de nos interviewés ne lui ressemble et qu'il serait donc bon d'aller lui parler. On fait demi-tour, le rattrape.

Je le contourne, lui fais de grands gestes comme pour avertir de la plage quelqu'un qui serait sur un bateau. Il enlève une oreille, accepte après très peu d'explications.

Christophe : Aujourd'hui nous sommes le 20, comment avez-vous occupé votre temps aujourd'hui ?

Walid : Alors, honnêtement, je ne suis pas un vrai sportif, je ne fais pas tout le temps de la marche mais pendant ce confinement, j'en ai profité pour chanter et marcher. Comment j'occupe mes journées ?
La plupart du temps je me réveille à midi, après je prends mon petit-déjeuner, et après je reste sur ma tablette tout le long, je ne fais absolument rien du tout, sachant qu'on est encore en vacances.

Christophe : Vous êtes lycéen ?

Walid : Oui, à Cusset, là-bas.

Christophe : Moi je suis prof de littérature à Brossolette.

Walid : Ah ! Ah ! d'accord, OK !

Christophe : Donc vous vous êtes levé à midi, vous avez traîné sur votre tablette, et vous faites quoi sur votre tablette ?

Walid : Je regarde mes devoirs... Oh, absolument rien, je me perds sur les réseaux, j'écoute de la musique, je chante par-dessus, enfin, franchement, je ne fais rien, je m'ennuie. J'ai fait ça jusqu'à 17 h. C'est l'ennui absolu.

Christophe : Et après vous êtes sorti marcher ?

Walid : J'essaie de faire ça tous les jours mais j'ai peur que ce soit une excuse bidon, donc je préfère ne pas trop sortir pour me faire arrêter. J'essaie de sortir, mais le moins possible.

Christophe : Des gens que vous connaissez sont tombés malades ?

Walid : Non, pas que je sache, mes parents ne m'ont pas prévenu.

Christophe : Vous ne mettez pas de protection particulière ?

Walid : Si, si, ça m'arrive de sortir avec un masque, mais là, non.

Christophe : Et ce soir, vous savez ce que vous allez faire ?

Walid : Ce soir… pas du tout. Vraiment pas, peut-être encore de la tablette.

Christophe : Vous n'avez pas reçu de cours ?

Walid : La plupart de mes profs ont donné plein de devoirs pendant la période de cours et nous ont dit : « On ne vous donne rien à faire pendant les vacances, ou des devoirs facultatifs. » Comme en HLP, on nous a demandés d'écrire une poésie, là je suis en train de le faire petit à petit, sans me presser.

Zaza

Quand on lui montre les images précédentes avec les transcriptions sur le petit écran du téléphone, Zaza trouve ma proposition plus claire, cesse de se méfier et accepte de poser, mais elle ne veut pas que les enfants restent dans le cadre et les envoie courir tous les quatre un peu plus loin, avec leurs trottinettes : ils filent, un peu déçus, la plus grande des quatre prenait déjà un air de pose en regardant Amélie.

L'amie avec laquelle Zaza se promène ne veut pas être dans l'image, elle ne suit pas les enfants et regarde ce que nous faisons à distance.

Zaza met du temps à nous dire qu'elle est aide-soignante parce que souvent ça effraie les gens. Sa sœur, qui est infirmière à Limoges, a eu sa voiture couverte de papier toilette et ne se gare plus dans le parking de son immeuble.

Au début, elle préfère tourner le dos à l'objectif, et puis finalement non, au bout de trois ou quatre prises de vue, décide qu'elle s'en fiche.

Christophe : Zaza, aujourd'hui on est mardi 21 avril, je vous rencontre dans l'un des endroits où je cours, qu'avez-vous fait aujourd'hui ?

Zaza : En fait, c'est mon jour de repos, parce que je suis aide-soignante. Je voulais juste promener les enfants, une heure d'activité, juste pour qu'ils puissent sortir un peu au lieu de rester à la maison.

Christophe : Parce que sinon ils sont enfermés à la maison tout le temps ?

Zaza : Oui, tout le temps à la maison, c'est une petite sortie que je fais le jour de mes repos.

Christophe : Vous avez une journée de repos seulement ?

Zaza : J'en ai deux, parce que comme je suis aide-soignante, je travaille en douze heures, dans la semaine je peux avoir deux ou trois jours de repos.
Christophe : Vous avez fait quoi aujourd'hui ?

Zaza : À la maison, c'était plutôt le ménage, s'occuper un peu des devoirs, faire à manger. On a fait un petit gâteau avant de sortir.

Christophe : Comment il était, ce gâteau ?

Zaza : C'était un gâteau à l'ananas, parce que j'aime beaucoup, et mes enfants aussi apprécient beaucoup, ça nous rappelle un peu notre enfance parce que ma maman, elle faisait beaucoup de gâteaux les mercredis après-midi, mais moi je le fais le jour de mon repos avec les enfants.

Christophe : Et après, vous êtes venus directement ?

Zaza : Non, on est resté un petit peu à regarder la télé, et puis on est sorti.

Christophe : Et quand vous travaillez, les enfants ne vont plus à l'école maintenant...

Zaza : C'est le papa en fait qui est à la maison, qui les garde, il s'occupe des devoirs, du ménage, des tâches du domicile quand je travaille.

Alain

Après 3 kilomètres nous apercevons Alain, il transpire bien, semble se reposer après un gros effort, il ressemble au père d'Amélie, qui est cycliste lui aussi et aime les défis.

Peu à peu, nous essuyons moins de refus. Nous avons appris à repérer les bonnes têtes de ceux qui accepteront de poser-discuter.

Nous avons aussi, progressivement ajusté notre approche : « Ma femme et moi, nous faisons un travail sur la façon dont on occupe le temps et les lieux publics en ce moment »/« Amélie Ferrand, je suis photographe ! Et moi, je suis écrivain, Christophe Hanna, comme le prénom, vous pouvez nous trouver sur Google »/« Nous faisons cela au hasard des rencontres sur mon parcours de running »/« Je fais un portrait de Christophe avec vous pendant qu'il vous pose une question, vous pouvez me tourner le dos, ne pas être reconnaissable, comme vous voulez, cela dure 2 minutes »/« Si vous nous donnez votre mail, je vous enverrai le résultat »/« Tenez, regardez ce que ça donne avec les précédents »/« Donc, moi, c'est Christophe, quel prénom voulez-vous que je retienne pour vous lorsque je vais retranscrire le dialogue ? »

Alain répond en riant : « Vous n'êtes pas de la préfecture au moins ! Ah ! Ah ! Vous n'en avez vraiment pas la tête... »

Christophe : Aujourd'hui, nous sommes jeudi 23 avril, comment vous avez mené votre journée ?

Alain : Pour moi, c'est assez simple pour l'instant puisque je fais du télétravail. Donc je respecte mes horaires, comme ça je ne décale pas, pas trop. En général, j'essaie de sortir le matin, mais là j'ai un peu traîné ce matin, je me suis dit que j'allais sortir un peu à vélo. J'ai pris le vélo, j'ai dépassé largement le kilomètre, et je me suis donné un peu à fond. Je suis informaticien, je travaille dans une société, notre slogan, c'est « Veille sur vos structures ». On installe des capteurs, on traite les données qui sont recueillies comme ça.

Christophe : Ah, moi aussi, maintenant je télétravaille, ça a changé quelque chose dans votre activité, l'épidémie ?

Alain : Oui, ça change tout. Mais après, j'avais l'habitude d'aller au cinéma, je suis divorcé, je vis seul, mais je connais pas mal de monde. J'aime beaucoup marcher à la campagne. Tout ça, c'est mis de côté, je me dis qu'on découvre d'autres choses.

Christophe : Et là, vous avez fait du vélo, vous me dites que vous avez dépassé le kilomètre, pourquoi, finalement vous n'y croyez pas tellement à ce virus ?

Alain : Ah, si, si, tout à fait. Le virus en lui-même, on ne peut qu'y croire. Après, la façon dont on traite la crise, je ne sais pas.

Christophe : Ça vous paraît louche ?

Alain : Je pense qu'on gère plus les pénuries (masques et compagnie) que la crise elle-même. Quand on voit comment ça se passe dans d'autres pays, notamment l'Allemagne où ils ont beaucoup moins de décès, a priori ils sortent du confinement ces jours-ci, je pense qu'il y a un truc, là. J'ai toujours eu un regard assez critique sur tout ça, je suis assez engagé aussi, donc je ne prends pas pour argent comptant ce que me dit le gouvernement.

Christophe : Comment vous allez passer votre soirée ?

Alain : Je vais rentrer avec mon vélo, je vais attendre 20 h, j'applaudis un peu, c'est plus l'occasion de voir les voisins au final. C'est devenu le moment qui compte le plus : tout le monde sort, on discute de balcon en balcon. Je vais applaudir, timidement, enfin, pas timidement, mais pas avec vraiment d'enthousiasme... Je trouve que c'est bien, ça leur fait plaisir mais c'est pas de ça dont ils ont besoin, ce sont des vrais moyens pour travailler, je ne suis pas certain qu'ils les aient tous. J'ai une voisine qui travaille en milieu hospitalier, et de temps en temps, on leur a donné des surblouses faites avec des sacs poubelles, à Édouard Herriot. Je me dis qu'il y a un truc, on n'est pas en Afrique, on est dans un pays riche.

Christophe : Et ensuite ?

Alain : Ensuite, je ne me couche pas très tard, je bouquine, je regarde une série ou un truc comme ça, et voilà. Et après, je passe à la journée suivante. Je disais à des collègues, ce sont des journées où il n'y a que des dimanches où on s'ennuie, c'est un peu ça. Je trouve qu'on découvre d'autres choses, d'autres façons de passer le temps. Faut pas que ça dure mais...

Sarah et Thomas

Pendant le dialogue avec Sarah et Thomas, nous revoyons Jérémie qui court avec son chien, qui nous salue et que nous retrouvons quelques kilomètres plus tard après l'entretien.

Nous nous rendons compte que Walid se trompait, que le parcours régulier d'un joggeur à travers une ville, même à horaires variables, pourrait nous faire nous rencontrer à nouveau, non seulement Walid et nous, mais peut-être d'autres, comme Jérémie ou Mahmoud.

En discutant avec Jérémie au pas de course, Amélie append qu'il n'a pas reçu sa photo envoyée il y a plusieurs jours et qu'elle a dû mal orthographier son patronyme sur son adresse mail (il porte le même nom qu'un critique de poésie que nous connaissons bien).

Nos chemins se séparent, et Amélie me dit qu'il serait bon d'organiser un apéro avec toutes ces personnes qui ont accepté de nous parler.

Christophe : J'ai couru 2,5 kilomètres pour arriver jusqu'à vous, nous sommes le 24 avril, comment vous avez passé la journée ?

Sarah : Télétravail. Je me suis levée un peu tard, j'ai commencé à 9 h 30, c'est le plus tard où je commence. Après j'ai bossé, la journée s'est terminée, j'ai fait une lessive, et après on est sorti pour courir.

Christophe : Vous travaillez en télétravail dans quel domaine ?

Sarah : En cabinet de courtage d'assurance des risques industriels.

Christophe : C'est courant pour vous de faire de la course à pied ?

Sarah : Non, j'avais arrêté cet hiver parce que j'avais la flemme, qu'il faisait froid, je n'aime pas courir la nuit. J'ai repris parce que c'est ma seule façon de prendre l'air et de sortir la tête un peu du travail.

Thomas : Moi, je suis développeur dans l'informatique. Télétravail, puis j'ai cuisiné à midi. Je n'ai pas du tout l'habitude de courir, je déteste ça, mais là, il n'y a pas de meilleur prétexte pour courir qu'en ce moment. Là, on a couru trente minutes.

Christophe : Et ce soir, vous avez une idée de ce que vous... ? Oh, Jérémie ! Il faut bien retenir qu'on a croisé Jérémie avec son chien ! C'est un personnage qu'on a déjà interviewé il y a une semaine. C'est vraiment curieux, le hasard. J'espère qu'on va le recroiser en repartant.

Christophe : Donc, ce soir, vous allez faire quoi ?

Thomas : Ce soir, on ne va pas faire grand-chose.

Sarah : J'espère qu'on ne va pas se mettre encore devant la télé... On est constamment devant l'écran, le temps passe super vite, on n'a pas décroché...

Thomas : On est constamment soit au travail, soit devant la télé, les jours se ressemblent, c'est la routine. On a l'impression qu'on n'a pas le temps alors qu'on a tout le temps qu'il faut, là.

Christophe : Pourriez-vous me dire pourquoi vous préférez ne pas être reconnaissable sur la photo ?

Sarah : Moi, je trouve que je mets trop ma tête sur les réseaux et je commence à prendre conscience qu'on ne maîtrise pas son image. Si j'essaie de publier moins de choses avec ma tête dessus, c'est pour me protéger. On peut utiliser nos images à des mauvaises fins. Surtout chez les jeunes, ça peut apparaître sur les réseaux de pédopornographie, ou même des *deep fakes*, on le voit souvent maintenant, et même sur mes réseaux privés, maintenant je ne poste plus de photo avec mon visage.

Christophe : Et concernant ce virus, vous êtes sortis sans protection particulière, on voit plein de gens se promener avec d'énormes masques à gaz comme à la guerre de 14, vous, non ?

Thomas : Moi, j'ai peur de le transmettre à des personnes proches. Avec mes parents je mets un masque, des gants, je n'ai qu'une peur, c'est de les contaminer. Je me dis que j'ai potentiellement moins de chances d'avoir un problème.

Sarah : Je me dis... c'est bizarre de dire ça, mais au départ j'avais super peur d'être contaminée, j'avais super peur de tomber malade, et maintenant, limite j'ai envie de tomber malade de ça, histoire de maîtriser, de reprendre le contrôle, c'est complètement bête, mais si jamais je tombe malade, j'ai potentiellement plus de chances de m'en sortir, donc je sais que je vais peut-être rester dix jours clouée au lit mais je peux en sortir de ça. Ça me permettrait de ne plus nourrir cette peur de cette maladie qui rôde dehors, et de reprendre le contrôle.

Christophe : Un peu comme la roulette russe.

Sarah : Euh, non, je n'ai pas l'impression de me jeter dans la gueule du loup, je suis consciente du danger mais je me dis que ça vaut le coup car rester enfermée cinq jours de suite, je pète un câble, avec la pression du travail et le fait de ne pas se divertir, ça vaut la chandelle de prendre ce risque-là. Après, je respecte le confinement quand même.

Christophe : On se rend compte que le divertissement a une grande valeur alors qu'on a tendance à le mépriser un peu ordinairement, à se dire : « Ah, ce sont des moments de pur divertissement stérile, ce n'est pas lire *Guerre et paix* de Léon Tolstoï... »

Thomas : J'ai l'impression qu'on n'a pas tous le même avis sur la peur de ce confinement. Comme vous dites, il y a des gens qui portent des masques...

Jessica

L'intérêt principal de la course à pied réside dans les discussions qu'elle permet.

Dans la vie ordinaire, quels sont les moments où l'on peut réellement se concentrer sur ce qui nous est dit, demeurer attentif à un cheminement logique ?

Les conversations de dîners digressent soudainement, traversées par des futilités, des postures de séduction troublent ce qui peut s'énoncer autour d'une table de café, les bienséances, la flagornerie musèlent les prétendus débats académiques.

La course offre une bulle où l'on n'a qu'à s'écouter, prendre le temps de se répondre sans chichi, côte à côte, les corps comme mis entre parenthèses par le geste régulier de la foulée.

Amélie et moi, nous discutons des questions que nous pourrions poser, comment faire dire les peurs, les habitudes qui s'installent, les manières de se résigner et puis la personne surgit avec son visage, le continuum articulé serré de sa parole, et là impossible pour moi de ressortir des questions préméditées (à part la première) : j'aurais l'impression de perdre d'avance l'essentiel.

Après Jessica, Amélie rentre car l'orage menace.

Je cours seul encore une dizaine de kilomètres, un type me croise le long du boulevard Stalingrad, me dit bonjour comme s'il me reconnaissait, mais je ne le remets pas à cause de sa capuche de pluie.

Christophe : On est le 1er mai, comment vous allez occuper votre journée, comment vous avez commencé à l'occuper ?

Jessica : Vu que je travaille la semaine, j'ai commencé tout tranquillement et, à 11 h, je me suis décidée à aller courir, ensuite je vais manger et cet après-midi je ne sais pas encore, peut-être rester tranquille à la maison, sur la télé, regarder des vidéos, cuisiner.

Christophe : Vous travaillez dans quel domaine ?

Jessica : Je suis ingénieur d'études en conception environnementale du bâtiment. Je continue à travailler en télétravail.

Christophe : Vous avez l'habitude de courir ?

Jessica : Oui, je cours depuis que je suis toute petite. Là j'ai limité, j'y vais une fois par semaine. Sinon je fais des séances de renforcement musculaire notamment avec Courir à Lyon.

Christophe : Pourquoi vous avez limité à une fois par semaine ?

Jessica : Je n'ai pas l'impression que ce soit super bien vu d'aller courir en ville, et de toute façon, je ne prends pas beaucoup de plaisir à aller courir sur les trottoirs, c'est vraiment pour me dépenser une fois par semaine, prendre l'air.

Christophe : Qu'est-ce qui vous laisse penser que ce n'est pas bien vu d'aller courir ?

Jessica : Des gens, des people sur internet, notamment les réseaux, qui disent qu'il ne faut pas aller courir, même l'association Courir à Lyon nous a demandés plusieurs fois de ne pas aller courir, ils ne cautionnent pas ça.

Christophe : Vous comprenez ces mots d'ordre ?

Jessica : Pour les gens qui ne couraient jamais et se mettent à courir maintenant, je trouve ça un peu limite. Moi je cours déjà beaucoup, normalement j'y vais tous les jours, je n'y vais plus qu'une fois par semaine, je pense que je suis dans mon droit d'aller courir une fois par semaine une heure.

Christophe : Comment vous comprenez les restrictions imposées pour la course à pied, quel sens ont-elles pour vous ?

Jessica : Cela me semble normal parce que si tout le monde va courir, comme c'est au parc de la Tête d'or, en fait on s'échange tout, il n'y a pas de distance possible, si on continuait comme ça...

Christophe : Le parc de la Tête d'or est fermé ...

Jessica : Oui, mais au moins ça limite, parce que c'est pas agréable d'aller courir dans les rues.

Christophe : Est-ce que ça a changé quelque chose pour vous le fait de suivre ce régime sportif un peu amoindri ?

Jessica : J'ai remplacé par des séances d'abdos-fessiers-renforcement musculaire.

Christophe *:* Vous pensez que cette situation va durer ou pas ?

Jessica : J'ai un peu peur qu'il y ait une deuxième vague, qu'on soit reconfiné, surtout qu'il y a des gens qui ne respectent pas forcément non plus, donc je ne sais pas ce qui va se passer le 11, si les gens vont respecter les distances, mettre les masques, faire attention ou si ça va être comme si l'épidémie était passée. Si on n'est plus confiné, je pense que je vais me permettre d'aller courir un peu plus quand même en faisant attention.

Christophe : Quand vous êtes sortie, vous avez fait attention d'une façon ou d'une autre ?

Jessica : Je ne mets pas mes mains sur le visage, quand je sors de chez moi, mes mains restent en bas, je rentre je me douche intégralement, je ne touche rien et j'esquive les gens sur les trottoirs, aussi, je cours sur la route.

Christophe : Vous est-il arrivé qu'on vous fasse des remarques déplaisantes ?

Jessica : Non, jamais.

Mandou

Première rebuffade après 300 mètres, rue des Charmettes face à un jeune type équipé et portant les mêmes Saucony orange que moi : « Je viens de sortir, se justifie-t-il, je préfère finir vite ! »

Puis une seconde, au rond-point, rue André Philip, un autre trentenaire, coiffé, même profil qui dit à sa femme, courant aussi, mais derrière, et traînant un chien : « Je suis le sujet d'un documentaire ! » Puis, à nous : « Merci, non, je vais continuer. »

Amélie s'énerve : « Des petits ingénieurs... bons petits soldats ! Tu perçois comme le bruit revient, me fait-elle remarquer, il n'y a plus la même qualité d'écoute, plus d'envie de partage... »

Ce soir-là, je vise des runners, testant une éventuelle solidarité entre coureurs, comme il en existe parfois, j'ai pu le vérifier, entre judoka et même entre poètes.

À un peu plus d'un kilomètre plus loin, nous croisons Mandou. Elle se promène seule et précise qu'elle n'est pas là pour faire du sport.

Pendant qu'Amélie fait les réglages, je me fais réattaquer par des moustiques, ce coup-ci je les vois bien, ils sont rapides et gros comme de petites araignées. Quand je frappe mes jambes et mes épaules, j'ai les mains pleines de sang, Mandou me conseille du vinaigre ce soir.

Christophe : Comment avez-vous occupé votre journée aujourd'hui ?

Mandou : J'ai commencé par flemmarder, puis j'ai reçu le coup de téléphone d'une amie, j'ai fait du repassage, mon repas, j'ai regardé *La Fille de d'Artagnan* en rediffusion, après je suis allée faire des course place Charles Hernu, j'ai regardé les jeux que je regarde l'après-midi et puis je suis sortie.

Christophe : La Fille de d'Artagnan...

Mandou : Je l'avais vu il y a longtemps, c'est gentillet, amusant, mais c'était surtout parce que je voulais revoir Philippe Noiret, Claude Rich, Sami Frey, Sophie Marceau...

Christophe : Pourquoi vouliez-vous les revoir en ce moment ?

Mandou : Ce n'est pas lié à ce qui se passe en ce moment en particulier, ça repassait et puis c'était sympa, pas compliqué ... En ce moment, tout ce qui est philosophie, enquête, tout ça j'évite. Je n'écoute pas les informations, je me suis mis dans ma bulle. Je trouve que les médias en rajoutent sur ce qui est morbide : aligner le nombre de morts, de gens en réanimation dans les hôpitaux et puis ce matin sur France Culture, cette émission où l'animateur ne donne des informations qui ne sont que des suppositions. Je trouve ça complètement inutile. Cela peut provoquer des angoisses, il n'y a pas de certitudes, on peut attendre...

Christophe : Vous pensez que les informations ne sont intéressantes que quand elles ne produisent pas d'angoisse...

Mandou : Cela ne sert à rien d'en rajouter, tout le monde se fait du souci, avec des raisons pour certains. Je n'aime pas les informations en général, toutes les informations qui en rajoutent ...

Christophe : Et ce soir, quand vous allez rentrer ?

Mandou : Eh bien, je vais préparer ma soupe ! [*Long rire*] Et puis je vais regarder *Le Mauvais Fils* avec Patrick Dewaere. C'est un vieux film, l'autre acteur est un vieux ronchon, mais je ne sais plus son nom...

Christophe : Vous l'avez déjà vu ...

Mandou : Et puis, sur les autres chaînes, ce n'est pas intéressant... Patrick Dewaere, c'était un bon acteur... Il a eu une vie courte quand même... J'avais beaucoup aimé aussi l'histoire du footballeur... *Le Ballon*... quelque chose, c'était juste avant son suicide...

Christophe : Il y a eu aussi *Série noire* !

Mandou : Ah oui, c'est vrai ! Très, très bon... Qu'est-ce que vous voulez, ça me ramène à quelques années en arrière...

Skateurs

Chaque soir, quand je les voyais sauter sur leur planche dans cette rotonde de béton au milieu de la cité U, souvent seuls, parfois accompagnés d'enfants en trottinette, je disais à Amélie : « Il faudrait qu'on ait ces skaters, ils sortent autrement et pour d'autres raisons, ils ont l'air tranquille. »

Par petits groupes de quatre ou moins, jamais exactement les mêmes, actifs par intermittence. Une fois, j'ai cru reconnaître un ancien élève à moi, le fils du propriétaire du bistrot juste en face de ma maison, grand, se tenant droit, de dos, immobile, la planche sous le bras, observant ses copains. Je m'approche, ils sont assis, disponibles, ils parlent ouvertement.

Paco, le plus âgé des quatre, est un peu plus loin et fait des figures quand je commence à expliquer aux trois autres qui je suis et pourquoi je m'adresse à eux. Il m'entend, s'arrête et s'approche. Il n'y a que leur amie, la jeune fille sur la gauche qui ne parlera pratiquement jamais. Elle me dira, seulement à la fin, qu'elle n'a pas grand-chose à dire de plus, qu'elle est venue pour les regarder skater.

Christophe : Nous sommes à deux jours du déconfinement, lundi on pourra sortir à peu près normalement, pourquoi êtes-vous ici ?

Matéo : Je suis ici pour skater, ce que j'ai fait pendant tout le confinement, c'est ma passion.

Christophe : Quelle place cela prend dans votre journée ?

Matéo : Cela remplit absolument tout mon quotidien. Je mange entre-temps, mais c'est tout, je suis ici tout l'après-midi. Ce matin j'ai dormi, mangé et ensuite je suis venu directement ici.

Christophe : Et quand le skate s'arrête ?

Matéo : Je rentre, je regarde mes mails, histoire de voir si l'université ne m'a pas envoyé un travail ou quelque chose comme ça. Je suis en IUT chimie.

Christophe : Moi, je suis prof, j'envoie du travail mais je ne reçois presque aucune réponse...

Matéo : [*Rires*] On n'en a pas eu beaucoup non plus ! Je lis, je bosse un peu, je regarde un film...

Christophe : Quel film, par exemple ?

Matéo : Les Évadés, les films avec Tom Hanks et *Terminal*, *Da Vinci Code*. *Les Évadés* m'a marqué le plus, c'est un film que j'adore, bien fait, l'histoire d'un prisonnier qui n'est pas en prison pour des crimes qu'il a commis et qui s'évade sans que personne n'y ait pensé.

Paco : Moi, je skate de la même manière, j'ai recommencé en octobre. Là, j'étais en stage au début du confinement, j'ai été arrêté début avril. Je viens ici l'après-midi. Chez moi je suis tout seul, je n'ai pas grand-chose à faire. En général, je dors assez tard, je me lève, je mange quelque chose, j'appelle ma copine, j'écris des petites choses, le début d'un court métrage, je fais des constructions, le château d'Osaka en papier, j'essaye de faire le Rubik's Cube aussi, plein de petits trucs comme ça et puis en dehors, il y a le skate...

Christophe : Qu'est-ce que vous aimez dans le skate ?

Matéo : C'est une addiction...

Christophe : Comme le Rubik's Cube ?

Matéo : Non, pas du tout pareil, un Rubik's Cube, une fois qu'on l'a complété, on ne peut pas aller plus loin...

Paco : On peut encore accélérer... Il y a toujours des petits trucs à faire... Non, après, ça fait quand même du sport, il y a des sensations, il y a la beauté du geste...

Julien : Il y a la dimension sociale aussi, quand on skate seul, c'est vraiment dur... On sort, on skate, on voit les copains... on les voit skater aussi, on skate pour se voir.

Christophe : Pourquoi le skate plutôt que la course à pied ?

Paco : C'est monotone, la course à pied.

Julien : J'aime bien courir, mais comme ça, dans la rue, au milieu des bâtiments, c'est plat... À la limite, courir dans la forêt...

Matéo : Le skate, c'est plus technique, il y a plein de mouvements différents, la course, c'est surtout l'endurance, le cardio... Le skate, c'est la technique et les petites différences...

Paco : Ce n'est pas la même relation au plaisir non plus : dans la course, on prend un peu de plaisir tout le long ou en voyant le temps qu'on a fait. Au skate, on prend du plaisir à réussir une figure ou à voir quelqu'un réussir une figure. Depuis le début de l'après-midi, je suis en train d'essayer une figure, je l'ai réussie une fois. Une personne l'a vue et ce n'est pas du tout pareil que si personne ne l'avait vue. Cela me fait plus plaisir. Comme ça au moins, elle existe vraiment...

Christophe : C'est quoi, cette figure ?

Paco : Ça s'appelle le tre flip, je vais pas la refaire, mais je peux la décrire. Ça va être une rotation de 360 degrés par rapport à un axe vertical, plus une rotation de 360 degrés par rapport à un axe horizontal en même temps.

Denis

Le dernier jour il a plu toute la journée.

J'ai surtout pianoté des sonates de Haydn, tapé l'énoncé d'un devoir à distance sur *L'Invitation au voyage* en attendant que ça se calme un peu pour sortir. Mais non, les averses s'enchaînaient.

Finalement, un peu après 20 h, nous sommes partis sous des gouttes à peine moins serrées.

Dehors, il semble n'y avoir vraiment plus personne et même pas grand monde aux balcons pour applaudir comme les jours précédents, mais nous voulons quand même boucler le cycle.

« Écrire avec la course à pied nous expose plus aux aléas et aux intempéries qu'écrire avec la page blanche », dit en riant Amélie, mais ça nous permet de tomber sur Denis, au moment où il referme la porte de son garage qui donne sur une ruelle juste derrière chez nous.

Lui n'est pas vraiment sorti pour prendre l'air, semble plutôt avoir envie de rentrer, mais il accepte de nous parler. Lui et moi, on se cale près du mur pour s'abriter autant que possible, trois voitures passent pendant les 10 minutes où nous parlons et perturbent le cadrage.

Christophe : Denis, on est à même pas 24 heures du déconfinement, est-ce que cela a changé quelque chose à votre emploi du temps ?

Denis : Non, pas grand-chose [*rires*]. Si, si, si, il a fallu quand même prévoir pour les devoirs de la grande demain, pour qu'elle puisse se débrouiller, parce que demain je reprends le boulot.

Christophe : Vous avez fait quoi de spécial aujourd'hui ?

Denis : Vu qu'on est entre deux appartements, on a déménagé juste avant le confinement mais que ce n'était pas prévu, là on range les cartons.

Christophe : Vous n'êtes pas sorti ?

Denis : Si, je suis sorti faire des courses ce matin.

Christophe : Et vous ne sortez pas pour faire du sport ?

Denis : Non.

Christophe : Jamais ?

Denis : Non.

Christophe : Et pendant tout le confinement, vous n'avez pas fait d'activité physique particulière ?

Denis : Non.

Christophe : Ça vous a manqué ou pas ?

Denis : Non.

Christophe : Vous êtes comme Winston Churchill, la santé, c'est *no sport* !

Denis : Je sais que j'ai monté vingt étages ce matin ...

Christophe : À partir de demain, est-ce que des choses vont changer dans votre vie ?

Denis : Au boulot, oui. Je n'étais pas au boulot depuis le 16 mars. Il y avait une partie de la boîte en télétravail, mais pas toute. Je m'occupais des devoirs des enfants le matin, et après, les occuper.

Christophe : Je suis aussi professeur, c'est moi qui leur donnais les devoirs à vos enfants, peut-être ! Ils en avaient beaucoup, en combien de temps vous les terminiez ?

Denis : On va dire en trois heures. Souvent on en reprenait l'après-midi.

Christophe : Qu'est-ce qui a été difficile à faire comprendre pédagogiquement ?

Denis : Il y a des choses, on a l'impression qu'elle a compris super bien, elle réussit des exercices et, une semaine après, on revient sur le même thème et là, elle a oublié. On en est aux multiplications et aux divisions, elle ne savait plus faire une soustraction. Elle ne savait plus où elle devait mettre ses retenues, elle les mettait comme l'addition.

6

OPPOSITIONS

Crise d'hégémonie ?

Frédéric Lebaron

En 2007, le monde financier commence à subir le choc de l'effondrement du marché immobilier américain. Des centaines de milliers de ménages à faibles revenus, à qui l'on a vendu des maisons en pariant imprudemment sur leur solvabilité future, ne peuvent pas rembourser leurs emprunts. Amalgamés au sein de produits financiers structurés, ces crédits « pourris » (*subprimes*) infestent l'ensemble du système financier mondial et entraînent une réaction en chaîne. À la mi-septembre 2008, la faillite retentissante de la banque d'affaires Lehman Brothers, que les autorités américaines n'ont pas souhaité renflouer, fait perdre totalement confiance aux marchés et déclenche une véritable panique. S'ensuit une violente récession. Les marchés révèlent au monde une capacité de défaillance colossale, aux conséquences systémiques, et de nombreux acteurs qui s'en étaient faits les hérauts doivent soudainement reconnaître leurs limites.

Car la crise ébranle l'opinion publique (en 2010, seuls 29 % des Français accordaient leur confiance aux banques[1]) et remet en cause des pans entiers de la doxa hégémonique : l'idée de *marché efficient*, par

1. Baromètre 2010 du Cevipof.

exemple, issue de la finance académique[2], en sort mal en point. Dans le même temps, les analyses critiques et les propositions alternatives se multiplient, au moins pour un temps – du regain des analyses marxistes et keynésiennes, aux marges du champ universitaire et du champ politique, à l'émergence de nouveaux courants tels que la *Modern Monetary Theory*[3], en passant par diverses formes d'inflexion des approches et pratiques « orthodoxes ». Quelques fractions des élites transnationales et certains secteurs prestigieux de la science économique ont mis en avant les « erreurs de marché », la mauvaise mesure des performances, les dynamiques inégalitaires au fondement d'une crise et, parfois, des choix erronés de politique macroéconomique[4].

L'inflexion critique de la doctrine économique dominante

En France, quand la crise éclate, Sarkozy, entouré de conseillers aux doctrines opposées en matière budgétaire, semble pencher vers des positions « hétérodoxes ». Il se fait même, pendant quelques semaines, le héraut d'une « refondation » du capitalisme mondial, opposant les dérives de la finance globalisée et de l'endettement privé aux vertus d'un capitalisme industriel préoccupé du long terme. Dans ce nouveau régime politico-économique, l'État doit investir et coordonner la modernisation économique du pays. Avec le « grand emprunt » piloté par deux anciens inspecteurs des finances, Michel Rocard et Alain Juppé, Sarkozy donne corps à cette nouvelle doctrine, qui se situe, à certains égards, dans la continuité du colbertisme français. « Régulation », « temps long » et « investissement d'avenir » : cette politique entend protéger les entreprises et les consommateurs des fluctuations erratiques de la finance de marché. Inspirée autant par Schumpeter que par Keynes, elle doit se concentrer sur le soutien à la compétitivité du secteur marchand et à l'innovation.

La nécessaire « régulation » et l'activisme de l'État sont cependant restés enfermés dans d'étroites limites. Jamais il n'a été question, au sein du premier gouvernement Fillon (2007-2010), l'un des plus libéraux de la Cinquième République, de remettre en cause la structure de propriété, la

2. Voir les travaux de Eugene Fama, qui obtient, en 2013, le prix de science économique en mémoire d'Alfred Nobel, également attribué la même année à Robert Shiller, analyste, à l'opposé, de l'instabilité des marchés financiers.

3. La MMT est une doctrine monétaire qui, entre autres, nie le caractère problématique de l'endettement public et du financement des États par les banques centrales, à rebours de la doxa.

4. Joseph Stiglitz, *Le Rapport Stiglitz. Pour une vraie réforme du système monétaire et financier international*, trad. fr. Fr. et P. Chemla, Paris, Les Liens qui libèrent, 2010.

gouvernance de l'économie et les politiques de concurrence, ou *a fortiori* de refonder l'État social sur des bases progressistes. La parenthèse se referme fin 2009 avec un retour brutal à l'orthodoxie budgétaire : les politiques d'austérité font leur retour au sein de la zone euro, y compris en France où, sous la pression des institutions européennes, le gouvernement conduit une réforme des retraites de facture classique. Les velléités de contrôle du secteur financier, elles aussi, font long feu. Si le tournant « macro-prudentiel » des autorités monétaires et financières met au premier plan les risques systémiques, il demeure relativement timide tant les acteurs de la régulation financière sont sous la coupe du secteur bancaire et, plus largement, du monde de la finance lui-même. L'« autorégulation » de la finance de marché reste donc de mise. Il faut attendre la rechute de la zone euro dans la récession en 2011 pour voir les néolibéraux les plus dogmatiques perdre du terrain au profit des « pragmatiques », qui veulent éviter de voir se défaire la construction monétaire et sont prêts pour cela à diverses concessions. Les luttes entre ces factions, peu perceptibles de l'extérieur du champ du pouvoir, sont particulièrement aiguës jusqu'en 2015[5].

Mais le monde académique continue, lui, de s'animer et de se diviser. Nombre d'économistes ont accompagné, voire théorisé le mouvement régulateur et « néo-investisseur », tout en continuant d'inscrire leurs réflexions dans le cadre européen : c'est le cas par exemple de Philippe Aghion, qui rejoint en 2008 le nouveau *think tank* Terra Nova et prend une part active aux travaux de la commission pour la libération de la croissance présidée par Jacques Attali avec l'appui d'un jeune inspecteur des finances, Emmanuel Macron. Durant la même période, le développement de diverses formes d'économie expérimentale, y compris l'économie comportementale issue des travaux de Daniel Kahneman (« Nobel 2002 ») centrés sur les biais cognitifs des acteurs, structure encore en profondeur la discipline. Le montre particulièrement bien l'ouvrage polémique de Pierre Cahuc et André Zylberberg sur le « négationnisme économique », qui affirme que la science économique est désormais une « science expérimentale[6] ». Dans cet espace, le « Nobel » Jean Tirole incarne une position centrale, combinant théorie, applications à la politique économique,

5. Frédéric Lebaron, *Savoir et agir. Chroniques de conjoncture (2007-2020)*, Vulaines-sur-Seine, Le Croquant, 2021.
6. Pierre Cahuc et André Zylberberg, *Le Négationnisme économique et comment s'en débarasser*, Paris, Flammarion, 2016.

soutien public et académique au développement de l'économie comportementale (en particulier au sein de l'École d'économie de Toulouse). La référence aux « *nudges* », chers au « Nobel 2017 » Richard Thaler, se diffuse également dans le monde des politiques publiques : il s'agit d'influencer les décisions des acteurs par de micro-signaux qui ont pour but de guider leur action. Plus largement, avec l'évaluation quantitative et standardisée, l'économie prend pied de façon dominante dans le secteur de l'expertise sur la politique publique[7].

D'autres ont cru un temps participer à un véritable tournant intellectuel et politique plus radical, à partir d'une réflexion sur les limites des statistiques économiques, et sur les conceptions restrictives de la performance qu'elles encouragent. Le rapport Stiglitz-Sen-Fitoussi propose de remplacer le PIB par le revenu des ménages, de mesurer les inégalités de bien-être dans toutes les sphères d'activité et de construire des indicateurs de développement durable univoques et utiles. Au même moment, Stiglitz propose de lier les réformes de la finance à la lutte contre les inégalités abyssales creusées par le secteur financier, et, dans le cadre de l'ONU, avance des propositions en faveur de la reconstruction d'un système financier international multipolaire. Dès le lendemain de la crise de 2008 en France, d'éminents économistes, comme Jean-Paul Fitoussi ou Thomas Piketty, avaient développé un discours économique critique, « en rupture » avec le consensus de Washington et la doxa néolibérale qui prévalaient depuis le milieu des années 1990. Membres d'institutions prestigieuses – en France, Sciences Po Paris et l'École normale supérieure de la rue d'Ulm, notamment –, ils bénéficient d'emblée d'un très fort écho médiatique.

Le parcours intellectuel de Thomas Piketty, directeur d'études à l'EHESS, l'un des fondateurs et animateurs de l'École d'économie de Paris, à l'origine proche du Parti socialiste, est peut-être l'un des plus emblématiques de ce nouveau courant « global ». Couronné « meilleur jeune économiste » en 2002 par *Le Monde* et le Cercle des économistes, il montre dans ses travaux que le creusement des inégalités aux États-Unis a constitué le détonateur de la crise mondiale de 2008. Comme Stiglitz mais aussi comme Paul Krugman, autre « Nobel » américain de la côte Est, dont les analyses sont relayées en France par *Le Monde*, il critique le rétablissement trop rapide des équilibres budgétaires porté par les institutions monétaires

---

7. Agnès Benassy-Quéré, Olivier Jean Blanchard et Jean Tirole, « Les économistes dans la cité », *Notes du Conseil d'analyse économique*, n° 42, 2017/6, p. 1-12.

et financières publiques, qui aboutit à la morosité de la zone euro. Piketty intervient dès lors sur de nombreux fronts, en avançant des propositions réformistes. Et apporte un soutien (critique) à François Hollande en 2012. De fait, le candidat socialiste et son équipe investissent cette campagne présidentielle « comme une occasion de politiser l'enjeu fiscal » et de réguler la finance. Publié en 2013, *Le Capital au XXIe siècle* (2,5 millions d'exemplaires vendus) a conforté la position intellectuelle de l'économiste dans le champ politique et médiatique. Désormais chroniqueur à *Libération* et au *Monde*, il débat tous les vendredis sur France Inter, depuis 2020, avec le très libéral Dominique Seux.

Mondialisation, libre-échange et question européenne

Après trois décennies où ils ont été voués aux gémonies, l'État et l'interventionnisme public reviennent en grâce. Le temps où Alain Minc pouvait vanter la « mondialisation heureuse » semble révolu en Europe[8] et en France. Mais, alors que la critique progressiste du libre-échange avait été, depuis l'origine, au cœur du mouvement altermondialiste, c'est d'un interventionnisme à forte composante « nationale » et assez peu « socialiste » (ou, si l'on préfère, redistributif et solidaire), qu'il s'agit. La débâcle industrielle – le chômage de masse et la dépendance extrême dans laquelle elle a placé le pays – aura rendu l'opinion majoritaire dans l'Hexagone. Et si elle est encore volontiers assimilée à une régression démocratique par l'élite au pouvoir, elle progresse partout ailleurs dans la société, quelle que soit la catégorie sociale.

Dans le champ médiatique, le nationalisme économique est certes toujours rejeté plus ou moins fortement. Mais la montée des forces « populistes de droite », incarnée en France par quelques figures médiatiques comme Éric Zemmour, pèse d'autant plus sur le débat de politique économique que Donald Trump, à partir de 2016, mène une politique protectionniste. Élu président des Républicains en 2017, Laurent Wauquiez propose de revenir sur la directive relative au travail détaché et se risque à une critique de la mondialisation – « ce sont nos entreprises et nos emplois que nous devons protéger en priorité » –, de même que, après qu'il a quitté la tête du mouvement en 2019, Xavier Bertrand ou Julien Aubert. Face à la puissance de la Chine notamment, la concurrence, telle qu'elle est promue

8. Frédéric Gonthier, « La montée et les bases sociales de l'interventionnisme dans l'Union européenne. Une analyse des attitudes économiques entre 1990 et 2008 », *Revue française de sociologie*, vol. 56, n° 1, 2015, p. 7-46.

par les institutions européennes, est de plus en plus souvent critiquée *mezzo voce* comme « naïve » ou « insuffisante ». Mais jamais on ne s'oppose frontalement à la mondialisation et au libre-échange : soutien aux producteurs nationaux face à des concurrents déloyaux, renforcement de la compétitivité nationale par un surcroît d'investissements ciblés, défense de l'emploi local, « *made in France* », etc.

Du reste, l'hégémonie protectionniste n'a, pour l'heure, pas remis en cause l'assentiment majoritaire de la population à la construction européenne. Si l'Union reste l'un des principaux maîtres d'œuvre du libre-échange, elle fait l'unanimité dans les « grand médias ». Mais pour combien de temps encore ? Comme le montrent les enquêtes « eurobaromètres », les catégories populaires marquent déjà une franche hostilité à l'Union dans la continuité du « vote de classe » du référendum de 2005[9]. De surcroît, au premier tour des élections présidentielles de 2017, près de la moitié des suffrages se sont portés sur une formation politique critique de Bruxelles.

Qu'importe : l'orthodoxie économique reste fixée sur les « grands équilibres » des finances publiques, promus par les institutions européennes et associés à l'Allemagne, qui fait toujours plus figure de « modèle » auprès des élites françaises[10]. Omniprésent, le thème de la dette publique « insoutenable » contribue à nourrir les argumentaires structurellement hostiles aux mouvements sociaux revendicatifs, en particulier lors des moments les plus intenses comme les mouvements sur les retraites en 2010 ou en 2019[11]. Il sert aussi à justifier les politiques d'austérité, qui contribuent à la dégradation des infrastructures publiques et donc à l'affaiblissement international de la France. Avec la crise sanitaire, cette contradiction centrale apparaît de manière saillante : impréparation de l'État et conséquences sociales des réformes de l'hôpital mettent en évidence le retrait relatif de l'État stratège. Le discours tenu depuis les années 2008-2009 sur le retour de l'État montre alors toutes ses limites.

L'intervention publique massive en 2020-2021 se traduit à nouveau par une hausse rapide de l'endettement public, qui illustre bien l'impossibilité de prévoir les chocs futurs. La « trajectoire de finances publiques »

---

9. Patrick Lehingue, *Le Vote. Approche sociologique des institutions et comportements électoraux*, Paris, La Découverte, 2011.

10. Guillaume Duval, *Made in Germany. Le modèle allemand au-delà des mythes*, Paris, Le Seuil, 2013.

11. Il faut distinguer ici le dynamisme des mouvements environnementaux et féministes, et la relative atonie des mouvements de revendications salariales ou sur le temps de travail.

française sort du cadre européen, mais même les élites politiques et économiques allemandes doivent désormais mettre partiellement entre parenthèses leur obsession pour l'équilibre budgétaire. L'apparition d'un débat sur le remboursement de la dette publique illustre d'ailleurs la nouveauté de la situation, notamment par rapport à 2009. Peut-être les conséquences de la crise de 2008 sont-elles enfin nettement perceptibles, avec ce deuxième choc externe qui met à mal la cohérence de l'action publique ?

Changements dans l'ordre monétaro-financier ?

En tout état de cause, l'acteur majeur de la réponse à cette crise a été, et continue d'être, le système mondial des banques centrales, interconnecté, qui fournit presque sans limite des liquidités. Les banques centrales accentuent leur tournant vers des politiques non conventionnelles dont elles ne semblent plus capables de sortir. Elles financent désormais la dette publique des États autant que les banques (privées) globales. Il s'ensuit une période de relative euphorie financière, où les prix des actifs restent hauts en dépit de divers chocs sur les dettes souveraines (et alors que les prix des matières premières demeurent bas). Le fait que le consensus libéral et pro-européen reste relativement solide au sein des élites dirigeantes est en partie lié à cette situation de continuité financière quelque peu artificielle.

Au sein de la zone euro, la BCE s'engage plus tardivement, mais connaît la même évolution que les autres grandes banques centrales En indiquant, en 2012, que la BCE agirait « quoi qu'il en coûte » pour défendre l'euro, son président Mario Draghi a sauvé la monnaie unique d'une dynamique spéculative inquiétante. Ces décisions accompagnent le tournant austéritaire des années 2010-2015, avec la « règle d'or », le traité sur la stabilité, la coopération et la gouvernance (TSCG) et les programmes de « soutien » aux pays en difficulté : en contrepartie du renflouement des systèmes bancaires et des États via un fonds européen, ces derniers sont tenus de rétablir rapidement leurs équilibres financiers, au prix de lourdes souffrances sociales. La BCE devient l'acteur d'un changement monétaire mais aussi budgétaire, puisque le rachat de titres de la dette publique devient également massif au fil du temps. Elle incite les pays connaissant des excédents budgétaires ou commerciaux, Allemagne en tête, à investir plus fortement, tout en participant à l'imposition de politiques d'austérité brutales dans les pays en déséquilibre. Le soutien à la politique non conventionnelle de la BCE est dès lors un marqueur de positionnement monétaire réformateur.

En France, l'élite au pouvoir ne s'oppose pas expressément à cette évolution vers le « *quantitative easing*[12] », mais s'inquiète tout de même du risque inflationniste inhérent à cette politique. Le réformisme monétaire y est le plus souvent associé à une stricte orthodoxie budgétaire, même si Macron a pu faire mine, lors de son discours à la Sorbonne en 2017, de défendre une intégration renforcée qui ne se réduise pas au durcissement des règles issues du traité de Maastricht. Les questions monétaires, qui sont propres à cette même zone, restent aujourd'hui centrales, bien que les rapports de force symboliques se déplacent. C'est la question de la future réduction – rapide ou pas – de la dette publique qui devient la source des principaux clivages. L'écho de propositions radicales, parfois émises dans le sillage de la *Modern Monetary Theory*, proposant de répudier une partie de cette dette, suscite un débat intense. Mais les marchés financiers dominent toujours le système économique globalisé. Ils sont les premiers bénéficiaires des politiques « non conventionnelles ». Les prix des actifs, y compris immobiliers, restent très élevés, alors que la progression des autres prix et des salaires demeure très faible : les processus inégalitaires restent donc fortement ancrés dans le régime monétaro-financier déséquilibré issu de la crise pandémique.

Tiraillements

Au sein même des forces favorables à l'Europe et à l'insertion de la France dans la mondialisation (droite libérale et conservatrice, PS et alliés, centristes de droite et de gauche) – des forces qui exercent le pouvoir sans discontinuer depuis la crise de 2008 –, on observe des tiraillements. Le quinquennat Hollande, caractérisé par la division des forces de gauche et le renoncement à toute politique économique et sociale d'inspiration « socialiste » et alternative, a abouti à un éclatement du Parti socialiste. Au sein du PS, la division était forte entre les soutiens de François Hollande, la droite du parti, de plus en plus social-libérale mais aussi conservatrice sur les « questions régaliennes », et les « frondeurs » du PS, qui souhaitaient une accélération de l'intégration budgétaire européenne et des réformes social-démocrates. Les premiers se sont ralliés à la candidature d'Emmanuel Macron, tandis que les seconds, fidèles au résultat de la primaire de 2017, soutenaient Benoît Hamon. Avec 6 % des suffrages à l'élection présidentielle, ce dernier a terminé loin derrière Macron ou

12. L'« assouplissement quantitatif » est une politique monétaire consistant à financer directement ou indirectement les États et à abreuver en liquidités les grandes banques.

Jean-Luc Mélenchon, lui-même issu du PS, dont le programme combine radicalité écosocialiste et inflexions souverainistes. L'effondrement du PS, la fin du bipartisme et la reconfiguration du champ politique sont, avec l'abstention et le « dégagisme », les symptômes d'une crise d'hégémonie du néolibéralisme.

Dès lors, on peut comprendre le relatif éclatement des propositions alternatives, portées par les acteurs politiques, syndicaux, associatifs ou intellectuels. Du côté des « réformistes » émerge une doctrine social-démocrate et néo-institutionnaliste assumée : la réforme fiscale globale est au cœur du changement progressif de modèle économique, vers un système plus juste. Elle devrait s'accompagner d'une intégration européenne plus démocratique, associée à une véritable politique budgétaire de la zone, en relation avec les besoins et urgences de la période, à travers un « *green new deal* », soit un programme massif d'investissement centré sur la transition énergétique. Cette position se heurte cependant à l'inertie de la structure de gouvernance du champ des politiques économiques européennes[13]. Cela justifie, pour d'autres, de privilégier des stratégies de rupture, parfois en empruntant aux thématiques du nationalisme économique, parfois en renouant avec les fondamentaux du marxisme. La nature de la rupture initiale nécessaire pour un « vrai changement » est dès lors l'objet de fortes divergences, notamment au sein des courants de gauche traversés par les divisions sur la question de la souveraineté nationale en matière économique mais aussi sur les questions européennes. Entre « Europe sociale », désobéissance aux traités et sortie de l'Union et/ou de l'euro, les stratégies continuent de diverger entre les formations politiques et à l'intérieur de celles-ci.

Parallèlement, le changement climatique prend l'ascendant sur la plupart des autres questions économiques et sociales. La place de l'Europe dans ces évolutions est en jeu et soulève de nombreux problèmes. Doit-elle poursuivre son alignement derrière les États-Unis ou affirmer un positionnement autonome ? Peut-elle vraiment avoir un rôle moteur en matière climatique, alors qu'elle cherche avant tout à soutenir ses propres firmes globales dans la concurrence mondiale ? Comment imaginer une zone euro motrice en matière de politiques socio-environnementales, alors qu'elle semble vouée à l'austérité perpétuelle ? Sur tous ces sujets, des positions et

---

13. Didier Georgakakis, Frédéric Lebaron et Yanis Varoufakis, « The Minotaur, and the Field of Eurocracy », *Historical Social Research*, vol. 43, n° 3, 2018, p. 216-247.

propositions radicales existent depuis la fin des années 1990 et contribuent à irriguer l'ensemble des luttes sociales et environnementales.

Depuis les débuts de l'altermondialisme, l'idée d'un retour à une économie plus localisée, enfin respectueuse de normes sociales et environnementales exigeantes, s'est nourrie de la critique écologiste. Si récemment, la CGT s'est rapprochée d'associations comme Attac ou Greenpeace, avec l'élaboration, en mai 2021, d'une plateforme de revendications environnementales et sociales (« Pas d'emploi sur une planète morte »), cette évolution ne s'est pas accompagnée d'un regain de conflictualité dans le monde du travail, comme si celui-ci ne pouvait dépasser une posture avant tout défensive face aux « réformes structurelles ». Ou d'un véritable renouveau syndical, même si la situation en ce domaine, reste très contrastée. Il est vrai aussi que des sensibilités diverses accompagnent ce renouveau critique, notamment lorsqu'il s'agit d'évaluer les bénéfices de l'ouverture du marché du travail (« immigration de travail »), du protectionnisme industriel ou du rôle de l'État. La construction de stratégies alternatives cohérentes, portées par des forces sociales larges et diversifiées, semble donc rester une perspective relativement lointaine – même si elle est sans aucun doute la clé de l'avenir.

Luttes sociales

Sophie Béroud

Ce n'est qu'à la fin du quinquennat Hollande, en réaction à la loi El Khomri, en 2016, qu'une mobilisation d'ampleur s'était produite dans le monde du travail. Il n'en a pas été de même sous le mandat d'Emmanuel Macron, bien au contraire. Des luttes importantes ont été menées dès les années 2017-2018 en réaction à l'austérité infligée à la fonction publique, mais aussi aux tentatives de privatisation des dernières grandes entreprises publiques (EDF, SNCF). L'acmé de ces combats a été la très forte mobilisation interprofessionnelle contre la réforme des retraites : lancée le 5 décembre 2019, elle a entraîné une paralysie quasi complète du métro à Paris et du réseau ferroviaire durant plusieurs semaines. Une partie des organisations syndicales a ainsi été très présente dans l'animation des luttes et dans l'opposition aux politiques menées par les gouvernements Philippe et Castex.

Néanmoins, la période se caractérise aussi par une relative déstabilisation des syndicats. Leur assise au sein du salariat reste réduite, avec un taux de syndicalisation qui stagne à 11 %, une présence surtout dans les fonctions publiques ou dans les grandes entreprises et une puissance insuffisante pour entraver le fonctionnement des multinationales qui ont largement délocalisé leur production. Ils peinent à faire participer régulièrement leurs adhérents à leurs activités, au-delà d'un cercle réduit d'environ 30 % de militants cumulant des mandats[1]. Et si les confédérations syndicales comptent nettement plus de membres que les partis politiques (plus de 600 000 à la CFDT ou à la CGT), leur représentativité est régulièrement mise en cause. Enfin, des mouvements ont émergé en dehors des syndicats, celui des livreurs à vélo, par exemple, ou parallèlement à leur action, comme dans les services d'urgence des hôpitaux. Surtout – sans se revendiquer comme un mouvement de travailleurs –, les Gilets jaunes ont donné à voir la colère d'une partie des classes populaires minées par l'insécurité économique. Phénomène inédit depuis le milieu du XXe siècle, une révolte sociale de grande ampleur réclamant plus de justice fiscale et une augmentation du pouvoir d'achat s'est déroulée hors de toute médiation syndicale et, le plus souvent, en opposition à celle-ci.

Affaiblissement des contre-pouvoirs

Une très forte continuité existe entre les actions menées dans la dernière phase du mandat de François Hollande et celles mises en œuvre dès l'élection de Macron : inspirateur de la loi du 8 août 2016, dite loi « travail » (ou El Khomri), le nouveau président fait adopter par ordonnances, dès septembre 2017, les derniers éléments qui manquaient à cette profonde reconfiguration du droit du travail et des relations professionnelles. Les ordonnances achèvent ainsi de faciliter les licenciements collectifs et plafonnent les indemnités pour les salariés devant le conseil des prud'hommes. Elles imposent également une fusion des instances représentatives du personnel dans les entreprises au sein d'un nouveau comité social et économique (CSE). Dès septembre 2017, les syndicats qui ont combattu la loi « travail » – CGT, FO, Solidaires et FSU – s'efforcent de mobiliser la population contre les ordonnances. Ils perçoivent la disparition des comités d'hygiène, de sécurité et des conditions de travail (CHSCT) comme une menace : les enjeux de souffrance au travail et la possibilité de mener des expertises grâce à cette instance spécialisée ont été des leviers importants d'action depuis les années 1990. Le procès France Télécom en 2019, le dévoilement de pratiques managériales brutales et la condamnation des principaux dirigeants de l'entreprise pour « harcèlement moral institutionnel » auraient été impossibles sans la pugnacité des élus du CHSCT du groupe[2]. Cependant, malgré

1. Maria-Teresa Pignon, « De l'adhérent au responsable syndical. Quelles évolutions dans l'engagement des salariés syndiqués ? », *Dares analyses*, n° 15, mars 2017.
2. É. Beynel (coord.), *La Raison des plus forts. Chroniques du procès France Télécom*, Paris, L'Atelier, 2020.

l'importance de ces attaques, les journées d'action contre les ordonnances sont restées d'ampleur limitée et le souffle de la mobilisation contre la loi « travail », relayée par le mouvement Nuit debout, n'a pas été retrouvé.

Les négociations relatives au fonctionnement et au périmètre de ces CSE occupent fortement les équipes syndicales dans les établissements privés au cours de la période 2017-2019. Ce qui est en jeu, c'est la suppression de nombreux mandats et la perte d'heures de délégation – c'est-à-dire une réduction massive des moyens syndicaux. De fait, le passage au CSE a entraîné une forte diminution du nombre des élus et du temps de représentation des travailleurs (jusqu'à 30 % ou 40 % de moins dans la plupart des entreprises). La dévolution à une seule instance des questions relatives aux conditions de travail, à la stratégie économique de l'entreprise, aux changements techniques, à la santé physique et mentale des salariés et à la sécurité alourdit la charge de travail des élus : très pris par la préparation des CSE, par de multiples séances de concertation et de négociation (sans obligation pour autant d'aboutir), les représentants du personnel ont la plus grande peine à s'extraire de leur entreprise, mais aussi du fonctionnement institué du « dialogue social », pour s'impliquer dans des mobilisations plus transversales. La volonté de transformer en profondeur les pratiques des représentants syndicaux dans les entreprises, de les professionnaliser et de les déconflictualiser pour les intégrer à l'ordre managérial constitue, de longue date, le projet politique d'une partie du patronat. Sous les présidences Hollande, puis Macron, l'application de ce programme a été accélérée. À titre d'exemple, rappelons que la loi « travail » avait déjà encouragé les formations communes au dialogue social entre employeurs et employés, que nombre de directions d'entreprise se sont empressées de promouvoir.

Détruire les derniers bastions syndicaux

De fortes mobilisations sectorielles interviennent néanmoins dès 2018. Elles sont, pour certaines, liées aux attaques du gouvernement contre les dernières grandes entreprises publiques – industrielles notamment – et leurs « bastions » syndicaux. Des bastions déjà très affaiblis non seulement par le développement de la sous-traitance, qui a conduit à externaliser les emplois ouvriers vers de petites entreprises dépourvues de présence syndicale, mais aussi par les réorganisations permanentes qui ont délié les collectifs de travail, les solidarités de corps et de métiers, avec un fort recours à des salariés en intérim ou en contrat précaire.

Au printemps de cette année, l'un des conflits les plus longs et les plus suivis se déroule à la SNCF. Les fédérations syndicales de cheminots (CGT, CFDT, SUD-Rail, Unsa) s'opposent à la loi « pour un nouveau pacte ferroviaire ». Définitivement adoptée le 14 juin 2018, celle-ci prévoit la transformation du statut de la SNCF d'établissement public à caractère industriel et commercial (EPIC) en société anonyme, ce qui constitue un premier pas vers une possible privatisation, l'abandon du statut de cheminot pour les nouveaux entrants et, directives européennes obligent, l'ouverture du transport ferroviaire de voyageurs à la concurrence. L'une des originalités du conflit réside dans l'utilisation d'une modalité de grève spécifique, la grève perlée, à l'initiative de la fédération CGT. Un calendrier est publié en amont, avec trente-six journées de grève étalées sur trois mois, d'avril à fin juin. L'idée est d'alterner deux jours de mobilisation et trois jours de travail pour désorganiser le trafic, ne pas gêner les usagers et permettre, surtout, aux cheminots de tenir financièrement dans la durée. En construisant un rapport de force de grande ampleur contre le gouvernement, il s'agit aussi d'impliquer différentes catégories d'agents dans le conflit, au-delà des rangs des « roulants », c'est-à-dire des conducteurs et des contrôleurs, professions les plus combatives à la SNCF. Lors des premiers jours de grève, de fait, les services commerciaux et surtout des cadres opposés au changement de statut de l'entreprise se mobilisent. Cependant, cette participation s'affaiblit au fil des mois, alors que le gouvernement mène une campagne médiatique très active pour défendre son projet et la direction de la SNCF une offensive devant les tribunaux pour ne pas rémunérer les jours de repos qui suivent des jours de grève. La solidarité d'une partie de la population à l'égard du combat des cheminots s'exprime au travers de caisses de grève[3] mais a du mal à s'étendre. L'intransigeance de l'exécutif, malgré la longueur du mouvement et son intensité, conforte ceux – certaines équipes de la CGT, la fédération SUD-Rail – qui plaidaient plutôt pour l'entrée dans une grève reconductible.

En 2019, une autre grande entreprise industrielle, EDF, est visée par un projet de réorganisation. Porté par le gouvernement, en négociation à ce sujet avec la Commission européenne, le projet *Hercule* entend découper EDF en trois entités : une entreprise qui resterait publique pour les centrales nucléaires ; une nouvelle entité, cotée en Bourse, qui

3. Sur l'usage des caisses de grève durant ce conflit et durant le mouvement contre la réforme des retraites de 2019 : Gabriel Rosenman et Camille Noûs, « Les caisses de grève à l'épreuve de la grève interprofessionnelle », *Mouvements*, n° 103, 2020/3, p. 40-49.

rassemblerait les activités commerciales, la distribution d'électricité et les énergies renouvelables ; une troisième entité, enfin, chargée des barrages hydroélectriques (l'objectif étant d'en concéder quelques-uns à des concurrents de l'entreprise publique). Très critiques, les syndicats d'EDF et en particulier la fédération Mines Énergie de la CGT, acteur à la fois historique et dominant dans l'entreprise, dénoncent un démantèlement qui pourrait conduire à augmenter le prix de l'énergie pour les consommateurs. La mobilisation, animée par tous les syndicats, s'avère forte : on compte 30 % de grévistes à l'occasion de plusieurs journées d'action (17 décembre 2020, 19 janvier 2021). Mais elle se heurte à la difficulté de gagner des soutiens extérieurs. Les syndicats d'EDF interpellent députés et sénateurs et tentent de construire un front commun contre le démantèlement de l'entreprise. Un front comparable à celui qui a émergé contre la privatisation annoncée d'Aéroports de Paris (ADP) la même année. Sous l'impulsion de La France insoumise, une vaste campagne, rassemblant des députés de gauche, écologistes et de droite, avait alors abouti au déclenchement d'une procédure de référendum d'initiative partagée (RIP). Celle-ci devait permettre de ratifier une proposition de loi affirmant le caractère de service public national de l'exploitation des aéroports de Paris. Inédit, le recours au RIP a permis de gagner des soutiens dans l'opinion publique. Bien que ses initiateurs n'aient pas réussi à atteindre les 4,7 millions de signatures nécessaires (parmi les électeurs inscrits), le seuil du million a été franchi.

EDF et la SNCF demeurent deux entreprises où les syndicats sont encore bien implantés, avec une présence forte d'organisations contestataires comme la CGT ou Solidaires : leur profonde transformation risque à terme d'entraîner un affaiblissement de celles-ci, à la fois sur le plan militant et en termes de ressources matérielles. Les résistances aux projets de réorganisation et de privatisation sont ainsi traversées par des questionnements sur les meilleures façons de convaincre la population de la nécessité de maintenir le statut public des entreprises. Cette dimension apparaît bien plus évidente dans d'autres mobilisations, comme celle menée par les agents des hôpitaux publics à partir du printemps 2019.

Défense de l'hôpital public

Le mandat d'Emmanuel Macron a été marqué par de fortes mobilisations dans les fonctions publiques, en particulier l'éducation et la santé, dénonçant les effets des critères néolibéraux de gestion sur ces secteurs. En effet, et alors que les divisions syndicales sont fortes sur des dossiers comme les retraites, la dénonciation du gel des salaires dans les fonctions publiques constitue l'une des rares batailles portées par des intersyndicales larges (incluant la CFDT). Pour autant, le mouvement le plus important de la période s'est construit en dehors des syndicats, en février 2019, avec le lancement, par des soignants en poste dans des services d'urgence de deux hôpitaux parisiens (Saint-Antoine et Lariboisière), d'un collectif inter-urgences. Constitué via des groupes WhatsApp et regroupant surtout des infirmiers et des aides-soignants, ce collectif, animé par celles et ceux qui estiment être les moins entendus au sein de l'hôpital en raison des hiérarchies qui s'y exercent, a très vite essaimé, avec une grève qui s'est étendue d'abord en Île-de-France, puis sur tout le territoire. Refusant de se doter d'une structure trop contraignante, partageant en ligne leurs expériences et leurs revendications, ses animateurs mettent en avant ce qu'ils vivent dans leur quotidien. Ils vont ainsi réussir, quelques mois avant que la crise sanitaire ne le fasse sous un autre angle et à une autre échelle, à révéler au grand public les conséquences du manque de moyens alloués aux hôpitaux publics, de la fermeture de lits et d'une politique de tarification à l'activité. Le collectif associe très fortement dans son discours la question des conditions d'accueil des patients à celles des conditions de travail et de rémunération des agents hospitaliers. Parti des services d'urgence, le mouvement s'est ensuite étendu à l'ensemble des professions et des catégories des centres hospitaliers. Dès octobre 2019, se mettent en place des collectifs inter-hôpitaux qui parviennent à fédérer les personnels et à s'adresser aux usagers sous le mot d'ordre « Sauvons l'hôpital public ». Une mobilisation impressionnante se déroule le 14 novembre 2019, réclamant plus de moyens, une augmentation immédiate de 300 euros net mensuels pour l'ensemble des agents et un profond changement des règles de financement de l'hôpital public.

Le mouvement de grève dans les urgences et, plus largement, la mobilisation des agents hospitaliers connaissent une forte médiatisation : les témoignages se multiplient sur les *burn-out*, les difficultés à recruter des professionnels dans les établissements de soin en raison de la dureté des conditions de travail et de la faiblesse des salaires. À l'ampleur de la contestation, le gouvernement Philippe ne peut opposer la même intransigeance qu'aux salariés de la SNCF. Le plan pour l'hôpital, annoncé en septembre 2019 par la ministre de la Santé, est dénoncé comme largement insuffisant par le collectif inter-hôpitaux et par les syndicats. Début 2020, afin de faire comprendre la gravité de la situation, mais aussi l'intensité de leur désaccord face à ce qu'a produit en une décennie la « nouvelle gouvernance hospitalière » et la tarification à l'activité, ce sont plus de mille chefs de services qui démissionnent de leurs fonctions administratives et d'encadrement. La mobilisation au sein de l'hôpital public ne s'est pas éteinte avec la situation de crise née de la pandémie, bien qu'elle ait été d'une certaine façon suspendue[4]. Le collectif inter-hôpitaux, comme certains syndicats, la CGT et SUD Santé Sociaux en particulier, a été très critique au sujet de la faible revalorisation des salaires concédée par les pouvoirs publics lors du « Ségur de la santé », après le premier confinement, à l'été 2020.

Convergence des luttes ?

Dès 2018, en raison de l'importance et de la durée de la grève à la SNCF, mais aussi de l'existence d'une conflictualité relativement forte dans les entreprises privées et du mécontentement très présent dans les fonctions publiques, la question d'une possible convergence des luttes se pose. Au début de la même année, deux journées d'action intersyndicale se déroulent dans les Ehpad, liant les conditions d'accueil et de soins réservées aux personnes âgées et les conditions de travail et de rémunération des salariés. Dans ce secteur peu habitué aux luttes sociales, comme dans celui de l'aide à domicile ou de la grande distribution, les syndicats se sont davantage implantés ces dernières années. Mais les salaires demeurent très bas et la répression y est forte. Dans le même temps, les grèves localisées augmentent légèrement dans l'ensemble des établissements privés, en particulier dans l'industrie, sur la question des salaires[5]. Une dizaine de journées de grève sont organisées au sein du groupe Air France au cours du printemps 2018 alors que les négociations annuelles obligatoires n'ont pas abouti. Voulant contourner les syndicats, le PDG du groupe soumet son projet d'augmentation des salaires (de 7 % sur quatre ans) par référendum aux salariés. Avec un taux de participation de 80 %, le projet est rejeté par 55,4 % des votants, ce qui entraîne la démission du PDG.

Cette diversité des luttes sociales est mise en avant au sein de la CGT comme de Solidaires, mais aussi de différents réseaux militants, qui pointent l'urgence et la nécessité de les agréger afin de combattre plus

4. Noémie Banes et Oriane Plumet, « Se mobiliser et travailler à l'hôpital par temps de Covid », *Mouvements*, n° 105, 2021/1, p. 13-26.

5. Cécile Higounenc, « Les grèves en 2018. Des arrêts de travail portés par le secteur des transports », *Dares Résultats*, n° 9, mars 2021.

efficacement la politique (anti)sociale du gouvernement. Cependant, la convergence reste difficile à mettre en œuvre, dès lors que, dans les secteurs mobilisés, existe aussi la crainte de perdre en visibilité dans un mouvement interprofessionnel. Les syndicats sont ainsi critiqués pour leur incapacité à construire un mouvement plus large, au moment même où ils semblent dépassés, en tant que structures, par des luttes innovantes de travailleurs exclus du salariat. Depuis l'été 2017, des grèves ont en effet été organisées par des collectifs de livreurs à vélo, qui dénoncent la baisse du tarif à la course pratiqué par des plateformes comme Uber Eats et Deliveroo, mais aussi leurs conditions de travail. Le collectif de livreurs autonomes de Paris (CLAP) joue ainsi un rôle central pour coordonner la mobilisation. L'émergence de ces luttes dans le capitalisme de plateforme pose la question du statut de ces travailleurs : les considérant comme des indépendants (puisque « auto-entrepreneurs »), certains syndicats hésitent à les organiser[6]. Mais le débat est tranché à la CGT qui crée un premier syndicat de livreurs à vélo à Bordeaux dès février 2017, puis d'autres collectifs syndicaux à Dijon, Nantes, Mulhouse, avant de se rapprocher progressivement du CLAP. L'appui des syndicats est essentiel dans la bataille engagée devant les tribunaux pour faire reconnaître la situation de subordination de fait que connaissent ces livreurs face aux plateformes, et contraindre ces dernières à les salarier. Néanmoins, tous les livreurs ne veulent pas du statut salarié, certains préférant auto-organiser leurs propres plateformes coopératives.

En novembre 2018, un autre mouvement surprend complètement le monde syndical et semble le marginaliser. À la suite d'une première pétition publiée par Priscilla Ludosky le 29 mai 2018 sur les réseaux sociaux, une dynamique de contestation s'enclenche contre une augmentation annoncée par le gouvernement des taxes sur le carburant. Des appels à revêtir le gilet jaune de sécurité obligatoire dans tous les véhicules afin de faire entendre son mécontentement, de se rassembler, de bloquer des stations-services circulent sur des groupes Facebook et donnent lieu à une première journée d'action, le 17 novembre 2018. La mobilisation, d'une ampleur difficile à évaluer, est profondément ancrée dans les mondes populaires semi-urbains et ruraux[7]. Du côté des directions syndicales, elle inspire surtout de la méfiance, d'abord parce qu'il s'agit de composantes du monde du

6. Anne Dufresne, « La contestation sociale face à l'employeur, invisible derrière l'App. Le cas des plateformes de coursier·es », *Savoir/Agir*, n° 54, 2020/4, p. 31-40.
7. Jean-Yves Dormagen et Geoffrey Pion, « "Gilets jaunes", combien de divisions ? », *Le Monde diplomatique*, février 2021.

travail qu'elles connaissent très peu et n'organisent pas. Dans un communiqué publié le 29 octobre, la CGT met en garde contre des manœuvres d'instrumentalisation de la colère et pointe directement le rôle de l'extrême droite et du patronat. Une telle grille de lecture va rester longtemps prégnante au niveau de la confédération, alors que, sur le plan local, les militants de la CGT sont nombreux à rejoindre l'occupation des ronds-points. Au sein du mouvement des Gilets jaunes, le rejet des taxes sur le carburant est vite dépassé par des revendications beaucoup plus larges, sur le pouvoir d'achat, l'injustice sociale et la nécessité de rétablir l'ISF, la trop faible rémunération du travail et des pensions. Le mouvement, composite, rassemble des fractions des classes populaires et des classes moyennes qui ont, pour une large partie, un emploi, mais dans des petites entreprises ou dans des usines implantées en milieu rural sans présence syndicale. Dans les établissements de moins de cinquante salariés, en effet, le taux de syndicalisation ne dépasse pas les 5 % et ceux de moins de onze salariés sont, pour 70 % d'entre eux, des déserts syndicaux. Pour nombre de participants, les syndicats apparaissent comme des institutions très éloignées, qui ne les concernent pas et/ou qui ne parviennent plus à améliorer leurs conditions sociales[8]. Plus qu'un ancrage dans une classe revendiquée comme telle, c'est une même expérience de vie et de travail avec les difficultés matérielles à « boucler les fins de mois » qui unifie les protestataires[9]. Chez une grande partie des ouvriers et des employés, mais aussi des professions intermédiaires, l'endettement et le surendettement des familles sont devenus des réalités communes (selon la Banque de France, en 2018, si 25,7 % des surendettés étaient des chômeurs, 28,6 % étaient des actifs en contrat à durée indéterminée [CDI]). Le mouvement des Gilets jaunes surprend par sa détermination : les manifestations du samedi, aux parcours non déclarés en préfecture, donnent lieu à des affrontements violents avec les forces de l'ordre. Débordé par l'ampleur et la force du mouvement, par son caractère à la fois profondément populaire et, par certains côtés, insurrectionnel, le gouvernement s'engage dans une répression d'une intensité exceptionnelle, tout en cédant sur certains points.

La capacité des Gilets jaunes à faire reculer le pouvoir, mais aussi à faire imploser les codes routiniers de la manifestation laisse des traces dans les

8. Collectif Quantité critique, « Salaires : comment les Gilets jaunes ont court-circuité les négociations collectives », *Mediapart*, 23 mai 2019.
9. Olivier Fillieule, Samuel Hayat et Sylvie Monchatre, « Trois regards sur le mouvement des "Gilets jaunes" », *Nouvelle Revue du travail*, n° 17, 2020.

milieux militants : lorsque se profile, à l'automne 2019, une confrontation avec le gouvernement sur une nouvelle réforme du système de retraites, l'envie d'en découdre est forte dans bien des équipes syndicales. Alors que les Gilets jaunes ont investi l'espace public pour s'opposer au pouvoir, ils ont en revanche délaissé la sphère du travail, notamment parce qu'il est difficile de se confronter à un petit « patron » de PME lui-même dominé dans ses relations commerciales avec les entreprises donneuses d'ordre. Le mouvement contre la réforme des retraites passe, au moins dans les grandes entreprises où les conditions sont encore réunies pour cela, par un réinvestissement de la pratique de la grève sur le lieu de travail. Nombre de militants ne veulent plus d'une stratégie d'action conduisant à multiplier les journées de grèves et de manifestations à intervalles réguliers, estimant que celle-ci n'est pas assez efficace. À l'appel des syndicats de la RATP après une journée très suivie dans l'entreprise le 13 septembre 2019, une date est choisie pour engager le maximum de salariés et de secteurs dans une grève reconductible. Mais ce sont surtout les agents de la régie parisienne et ceux de la SNCF qui se lancent dans un mouvement long, pour certains, de cinquante-cinq jours. Des grèves plus ponctuelles sont également menées dans l'éducation et, bien sûr, la santé, toujours très mobilisée. En raison de la quasi-paralysie des transports, le mouvement social de l'hiver 2019-2020 rappelle celui de 1995 contre le plan Juppé sur les retraites et la Sécurité sociale : il donne lieu, dans certaines villes, à la constitution d'assemblées générales interprofessionnelles très actives où se coordonnent des salariés de différents secteurs, syndiqués ou non, affichant parfois un gilet jaune[10]. Il se singularise également par la forte visibilité de cortèges de femmes, pour certaines déguisées en « Rosie la riveteuse », en tête de manifestation. Malgré l'ampleur de la contestation sociale, le gouvernement choisit de passer en force en recourant à l'article 49.3 pour faire adopter le texte à l'Assemblée, le 1er mars 2020. Mais le déclenchement de la pandémie et le premier confinement le 17 mars mettent un terme provisoire au processus législatif en cours.

La succession des confinements et le recours massif au télétravail – modalité dont sont largement exclus les ouvriers et une partie des employés – ont affaibli les capacités de résistance et de protestation. Dans un contexte de profonde modification des organisations et d'accroissement

10. Sophie Béroud et Martin Thibault, *En luttes ! Les possibles d'un syndicalisme de contestation*, Paris, Raisons d'agir, 2021.

des risques pour la santé, la suppression des CHSCT s'est particulièrement fait sentir, sans être compensée par les commissions Santé, Sécurité et Conditions de travail (CSST) qui existent dans certains CSE. Le gouvernement a, là encore, procédé par ordonnances, tout en laissant une ample marge de manœuvre aux entreprises industrielles pour décider du caractère « essentiel » ou non de leurs activités. Sur ce dernier point, des combats juridiques importants ont cependant été gagnés, avec, par exemple, la condamnation du groupe Amazon à la suite d'un recours du syndicat SUD Commerces et Services. Après les manifestations contre le racisme et les violences policières en juin 2020, puis contre la loi « sécurité globale » durant l'hiver 2020-2021, avec le mouvement d'occupation des théâtres lancé par les intermittents du spectacle en mars 2021, à la fois pour la défense de leur secteur et en opposition à la réforme de l'assurance chômage, un certain regain de mobilisation traverse le monde du travail.

Apolitisme

Gérard Mauger

En novembre 2019, les Gilets jaunes prennent la parole en récusant par avance les professionnels de la représentation : « Ce mouvement est-il affilié à un parti politique ou à un syndicat ? Non ! C'est un mouvement entièrement citoyen et nous déplorons les manœuvres initiées par les différents partis politiques qui profitent de la situation pour entretenir et alimenter leurs guerres de partis [...]. Les politiques ne sont donc pas les bienvenus[1]. »

Cet apolitisme déclaré des Gilets jaunes ne se confond pas pour autant avec celui qu'affichent les promoteurs d'une « expression citoyenne », à distance des « extrêmes », revendiquant à la fois le « bon sens », « l'expertise » et « la rationalité » (celle de la science économique *mainstream*) dont serait porteur un personnel politique « nouveau » issu de la « société civile » qu'incarnent *de facto* les « *managers* » de la « *start-up nation* ».

La signification de l'apolitisme revendiqué par les Gilets jaunes a été un enjeu de luttes symboliques entre toutes sortes d'exégètes. En fait, il rencontrait une controverse théorique en vogue sur « la démocratie représentative », qu'avaient remise au goût du jour « le mouvement des places »

---

1. Voir le site « La France en colère », cité dans P. Farbiaz (éd.), *Les Gilets jaunes. Documents et textes*, Vulaines-sur-Seine, Le Croquant, 2019, p. 53-58.

et le « Printemps arabe »[2]. Dans le champ de production idéologique, l'air du temps est, en effet, à « l'horizontalité » et la représentation (partisane et/ou syndicale) a mauvaise presse. Historien, Yves Cohen voit, dans ces mouvements horizontaux, « un long processus de renouvellement de la démocratie » (consécutif à « l'échec radical du communisme au XXe siècle ») qu'il caractérise négativement, par l'absence de leader et de perspective révolutionnaire, et, positivement, par la solidarité active, l'adresse directe au pouvoir, une capacité réflexive, l'usage d'internet et le *self-control* de la violence. Selon Samuel Hayat, historien des idées politiques, « élues on non, [les élites politiques] sont dénoncées comme formant une oligarchie ne servant pas les intérêts des citoyens, en particulier ceux des plus pauvres, mais les siens propres, ceux des puissants[3] ». Les politistes Igor Martinache et Frédéric Sawicki relèvent également que « le rejet des partis a atteint une telle ampleur que les Français les classent bons derniers des institutions auxquelles ils déclarent se fier, avec seulement 9 % d'opinions en ce sens [...] 27 % pour les syndicats, à égalité avec les banques[4] ». Quant au philosophe Jacques Rancière, il considère que « nos institutions [...] sont représentatives, donc oligarchiques ». Si elles « peuvent laisser un certain espace à l'action des forces démocratiques », elles tendent « vers un système monarchique ». Rancière en conclut qu'il faudrait récuser « la confusion entre démocratie et représentation » et créer des « contre-institutions et des organisations autonomes » dont il voit l'ébauche dans « le mouvement des places », les zones à défendre (ZAD) et tous les mouvements qualifiés de « spontanéistes ». Néanmoins, il ne prétend pas « qu'il n'existe de politique que dans l'extraordinaire des moments de fête collective [...] et qu'il ne faut ni organisation ni institutions » : « des organisations et des institutions, il y en a toujours eu et il y en aura toujours. La question est de savoir ce qu'elles organisent et ce qu'elles instituent[5]. »

Si l'on s'en tient au cadre hexagonal, comment rendre compte de cette aversion des Gilets jaunes à l'égard de la représentation politique institutionnalisée ? Cette sorte d'apolitisme indique-t-elle une mutation du rapport des classes populaires à la politique ? Pour tenter d'ébaucher une réponse, il faut au

---

2. Yves Cohen, « Les foules raisonnables. Notes sur les mouvements sans parti ni leader des années 2010 et leur rapport avec le XXe siècle », *Politika*, 7 novembre 2018.
3. Samuel Hayat, *Démocratie*, Paris, Anamosa, 2020.
4. I. Martinache et Fr. Sawicki (dir.), *La Fin des partis ?*, Paris, Puf/La Vie des idées, 2020, p. 6.
5. Voir Jacques Rancière, « Défaire les confusions servant l'ordre dominant », entretien avec Joseph Confavreux, *Mediapart*, 3 décembre 2019.

moins indiquer à grands traits les contours des classes populaires contemporaines et rappeler l'histoire de leur participation à la politique et aux élections.

De la « classe ouvrière » aux « classes populaires »

« Le populaire » n'est plus ce qu'il était encore dans les années 1970 et, *a fortiori*, antérieurement : à « la classe ouvrière » se sont substituées, dans l'espace social et dans les représentations, « les classes populaires », qui regroupent ouvriers et employés et représentent plus de la moitié de la population active (à l'échelle des ménages, le couple « un ouvrier/une employée » représente désormais l'idéal-type[6]). Le salariat a cessé d'être un attribut masculin et 87,8 % des femmes actives sont dorénavant employées dans le tertiaire (elles sont très largement majoritaires dans les emplois de services : aides à domicile, assistantes maternelles, agents d'entretien, etc.). De ce basculement sont nées les « classes populaires du tertiaire ». Par ailleurs, l'effritement de la condition salariale au cours des quatre dernières décennies, l'extension du chômage de masse, la précarisation et l'insécurité sociale qui en résultent[7] ont réactivé la menace de « déstabilisation des stables » et de rechute dans l'« assistanat », creusant ainsi le clivage entre « *established* » et « *outsiders* ».

L'intérêt médiatique et politique suscité par les Gilets jaunes était provoqué non seulement par leur modalité atypique de mobilisation, mais aussi par la « surface sociale » apparente d'un mouvement issu de zones rurales, incluant hommes et femmes, jeunes et vieux, ouvriers et employées, fractions stables et précarisées des classes populaires et travailleurs indépendants. Cette réapparition spontanée des classes populaires sur la scène publique a suscité de nombreuses enquêtes. La première, dite « enquête bordelaise », que confirme l'« enquête lilloise », mettait en évidence la surreprésentation, parmi les Gilets jaunes, des employés (33 % des participant·e·s), des artisans, commerçants et chefs d'entreprise (10,5 % des participant·e·s), la forte présence des ouvriers (14 %) et des retraités (25 %) et un âge moyen de 45 ans. Par ailleurs, les deux enquêtes notaient l'importance des femmes (45 % des participants) et l'absence des habitants des banlieues paupérisées « issus de l'immigration ». Les Gilets jaunes relevaient, pour l'essentiel, des classes populaires telles que les définit Olivier Schwartz :

---

6. Voir Yasmine Siblot, Marie Cartier, Isabelle Coutant, Olivier Masclet et Nicolas Renahy, *Sociologie des classes populaires contemporaines*, Paris, Armand Colin, 2015, p. 13-41.
7. Voir Robert Castel, *Les Métamorphoses de la question sociale. Une chronique du salariat*, Paris, Fayard, 1995 ; *L'Insécurité sociale. Qu'est-ce qu'être protégé ?*, Paris, Le Seuil, 2003.

petitesse du statut professionnel ou social, étroitesse des ressources économiques, éloignement par rapport au capital culturel.

De la mobilisation à la démobilisation électorale

Alors même qu'en confiant aux maires les cahiers de doléances et les débats locaux, le « Grand Débat » national, conçu comme une réponse à la mobilisation des Gilets jaunes, a fait de la commune le bastion de la démocratie, le 15 mars 2020 – dans les conditions « extraordinaires », il est vrai, de la pandémie –, moins d'un électeur sur deux (44,3 %) se déplace pour voter aux élections municipales et, pour le deuxième tour, l'abstention atteint 59 % : un niveau historique, en dépit de la prolifération des « listes citoyennes » qui brouille un peu plus encore les repères politiques. Jusqu'à une date récente, en effet, l'abstention est restée un phénomène relativement secondaire (autour de 20 % des inscrits) et, de ce fait, peu étudié. En avril 1848, alors que la population est encore pour moitié analphabète, la participation à l'élection de l'Assemblée constituante (au suffrage universel masculin) atteint 83,6 % des inscrits. Et lors des élections de mai 1936, où le Front populaire l'emporte, le taux d'abstention est l'un des plus faibles de toute l'histoire des élections législatives : 15,6 %. De nouveaux records de participation sont atteints au cours des années 1970, lorsque la gauche dispute le pouvoir à la droite : l'élection présidentielle de 1974, où s'affrontent François Mitterrand et Valéry Giscard d'Estaing, mobilise près de neuf électeurs sur dix (87,3 %) et, au second tour des élections législatives de 1978, 84,9 % des électeurs inscrits se rendent aux urnes. Mais, à partir de la deuxième moitié des années 1980, l'abstention s'envole : au deuxième tour des élections législatives de 2007, près de quatre inscrits sur dix ne votent pas. Aux élections européennes de 2014, on compte 56 % d'abstention ; 50 % aux élections régionales et départementales de 2015 ; 25 % au second tour de l'élection présidentielle de 2017 ; 52 % au premier tour des élections législatives de 2017. Outre que le vote RN (souvent perçu comme « anti-système ») ne cesse de s'étendre, le désintérêt, voire l'aversion, à l'égard de la vie politique revêtent de multiples formes : non-inscription, mal-inscription, abstention, inégalités croissantes de politisation, vote sans conviction. De sorte qu'une « démocratie de l'abstention » semble s'être mise en place où c'est l'inégale distribution du vote et de la non-inscription (massivement populaire) qui met en évidence la persistance des clivages de classe[8]. Parallèlement, le PCF s'est

8. Les carrières scolaires et professionnelles déterminent, en effet, les chances d'être inscrit sur les listes électorales et de se rendre aux urnes. Voir Patrick Lehingue, *Le Vote. Approches sociologiques de l'institution et des comportements électoraux*, Paris, La Découverte, 2011.

effondré[9] : longtemps « parti de la classe ouvrière », il rassemble à peine plus de 2 % des voix aux élections européennes de 2019. Le PS, lui, s'était écroulé lors de l'élection présidentielle de 2017. En dépit de l'opacité des chiffres, on estimait à un million le nombre d'adhérents à un parti politique au cours des années 1970 : depuis, il aurait diminué de moitié. Quant au taux de syndicalisation, il s'établit aujourd'hui à 11 % : plus élevé chez les salariés du public (20 %) que chez ceux du privé (9 %), il dépend beaucoup de la taille de l'entreprise et du statut d'emploi. Si bien que les formes d'encadrement politique et syndical se sont progressivement délitées.

Engels considérait que, « dans la mesure où [le prolétariat] devient plus capable de s'émanciper lui-même, il se constitue en parti distinct, élit ses propres représentants et non ceux des capitalistes ». C'est pourquoi, selon lui, le suffrage universel était « l'index qui [permettait] de mesurer la maturité de la classe ouvrière[10] ». Pendant plus d'un siècle, la stabilité, sinon la croissance, de la participation électorale de « la classe ouvrière » en formation, puis des « classes populaires » en gestation jusqu'à l'élection présidentielle de 1981, a pu sembler accréditer ce point de vue. Comment expliquer l'inexorable croissance ultérieure de l'abstention des classes populaires et, plus spécifiquement, l'allergie à l'égard de la représentation politique exprimée par le mouvement des Gilets jaunes ? Pour comprendre ce retournement, sans doute faut-il avoir à l'esprit que « la classe ouvrière n'est plus ce qu'elle n'a jamais été[11] ». Mais il faut aussi objectiver les rapports populaires à la représentation politique, en cernant ce qu'ils doivent à une offre politique plus ou moins diversifiée et à des électeurs inégalement dotés d'intérêts et de compétences politiques[12].

« Le cens caché »

En effet, si la complaisance populiste qui accorde au peuple la connaissance infuse de la politique tend à créditer les profanes de l'intérêt, des compétences, des catégories de perception des professionnels de la politique

---

9. Voir Julian Mischi, *Le Communisme désarmé. Le PCF et les classes populaires depuis les années 1970*, Marseille, Agone, 2014.
10. Friedrich Engels, *L'Origine de la famille, de la propriété privée et de l'État*, Paris, Éditions sociales, 1971, p. 158-159.
11. Roger Cornu, « Nostalgie du sociologue : la classe ouvrière n'est plus ce qu'elle n'a jamais été », *in* J. Deniot et C. Dutheil (dir.), *Crises et métamorphoses de la classe ouvrière*, Paris, L'Harmattan, 1995.
12. Voir Pierre Bourdieu, « La représentation politique. Éléments pour une théorie du champ politique », *Actes de la recherche en sciences sociales*, n° 36-37, 1981, p. 3-24.

(ou des intellectuels), la maîtrise des catégories fondamentales de l'entendement politique n'est ni générale, ni innée : la population à faible capital culturel ne parvient ni ne cherche spontanément à se les approprier. Plus précisément, la distribution sociale des taux d'abstention met en évidence la perpétuation d'une logique censitaire[13]. S'interroger sur « ce que voter veut dire » conduit à rompre avec la convention de sens commun qui voudrait que le vote exprime le choix d'un programme et que les électeurs pensent ce que pensent leurs représentants. En fait, les enquêtes mettent en évidence l'inégale distribution de la connaissance des programmes, du personnel et des idées politiques (y compris chez ceux qui participent aux élections) : l'abdication des droits formellement reconnus, le renoncement à l'opinion personnelle et la propension à déléguer à d'autres la responsabilité des affaires politiques varient en raison inverse du capital scolaire détenu. Ainsi, les femmes restent moins familiarisées que les hommes avec les enjeux politiques : leur pourcentage de « sans-opinion » aux questions politiques est systématiquement plus élevé, et d'autant plus que le niveau de diplôme est plus bas[14].

C'est pourquoi le vote de la plupart des électeurs des classes populaires a longtemps été guidé par l'identification à un parti (« *le Parti* ») ou à « un camp » (« *la gauche* »), procuration donnée à ceux auxquels on s'en remet du soin de défendre au mieux ses intérêts. Ils ont, en effet, d'autant plus de chances de reconnaître dans l'univers des opinions toutes faites « celles qui leur vont » que les produits portent toujours le label qui est à la fois un repère et une garantie. Pendant l'entre-deux-guerres, la CGT (qui passe de 785 000 adhérents en 1935 à 4 millions en 1937) et le PCF (qui encadre « la classe ouvrière », préserve ses intérêts, l'incarne et la crédite d'une image valorisée, via ses militants, ses journaux, ses bastions municipaux) sont ainsi devenus, avec le Front populaire, des représentants non seulement légitimes, mais presque « naturels » du monde ouvrier[15]. Toutefois, « la marque PCF » a subi la concurrence du PS, mais aussi celle des partis de droite auprès des électeurs populaires : ainsi, lors des élections présidentielles de 1969, un tiers des ouvriers ont voté pour Georges Pompidou, soit autant

13. Voir Daniel Gaxie, *Le Cens caché. Inégalités culturelles et ségrégation politique*, Paris, Le Seuil, 1978.

14. Catherine Achin et Sandrine Lévêque, « *Mind the gap !* De la variable de sexe au genre des comportements électoraux », *Travail, genre et sociétés*, nº 40, 2018, p. 41.

15. Voir Bernard Pudal, *Prendre parti. Pour une sociologie historique du PCF*, Paris, Fondation nationale des sciences politiques, 1989.

que pour Jacques Duclos[16]. C'est en raison de leur distance à la politique que nombre d'électeurs des classes populaires, mus par « le devoir civique » et en dépit de la crainte de « se faire avoir », s'attachent moins aux paroles et aux « idées » qu'elles véhiculent qu'aux hommes qui les portent, à leurs manières d'être et à leur rapport au langage. D'autant plus que les élections présidentielles en France invitent à porter un jugement sur une personne et à « s'en remettre » à elle.

Aujourd'hui, la réception populaire de l'offre politique est d'autant plus sujette à l'incompréhension, aux malentendus et aux quiproquos qu'elle est devenue illisible. Rares sont les électeurs qui refusent ou sont incapables de se situer sur une échelle gauche-droite quand on les invite à le faire. Mais les alternances et les cohabitations politiques au cours des dernières décennies montrent que rien ne change, sinon pour s'aggraver. « La gauche » et « la droite » de gouvernement sont devenues à peu près indiscernables et il va de soi pour beaucoup que les choix électoraux se réduisent désormais à l'alternative entre une « droite de droite » et une « gauche de droite » : dès lors, « *à quoi bon voter ?* » Dans la mesure où le sens de l'orientation politique a longtemps fait correspondre, à l'opposition haut/bas de l'espace social, l'opposition droite /gauche dans l'espace politique, « le bas » se trouve désormais privé de représentation politique clairement identifiable[17]. La désorientation qu'induit cet état de l'offre contribue à trois phénomènes essentiels de la vie politique française : l'abstention et la progression de l'« *exit* » électoral des classes populaires ; le vote Front national (qui a sans doute conquis une partie de son crédit en dénonçant « l'UMPS ») ; et le « vote de classe » d'un « bloc bourgeois » qui dispose *a contrario* d'un vaste panel de candidats à la représentation.

Horizontal/vertical

Ainsi peut-on comprendre l'hostilité des Gilets jaunes à un « système » qui inclut les « représentants » sous toutes leurs formes (ces « élites qui nous méprisent ») et leur contournement des syndicats et des partis politiques. Confrontés aux nécessités pratiques de la mobilisation, c'est par le biais des réseaux sociaux qu'ils ont vu la possibilité de « se représenter »

---

16. Voir Guy Michelat et Michel Simon, *Les Ouvriers et la Politique. Permanence, ruptures, réalignements*, Paris, Fondation nationale des sciences politiques, 2004 ; Jacques Capdevielle et René Mouriaux, *L'Ouvrier conservateur*, Nantes, Cahiers du LERSCO, 1983.
17. Les organisations politiques candidates à la représentation des classes populaires (comme La France insoumise ou le Rassemblement national) sont très peu implantées en dehors des grandes métropoles.

eux-mêmes. Dès le début du mouvement, l'auto-organisation a conduit à une réflexion collective – a priori insolite – sur la démocratie (assemblées citoyennes, mandat révocatoire, abolition des privilèges du personnel politique) qui a abouti très vite à la revendication de « référendums d'initiative citoyenne » (Ric).

Cette expérience d'auto-organisation est parvenue non seulement à imposer son vocabulaire et ses symboles dans l'espace public, mais aussi à obtenir 10 milliards d'euros du gouvernement dès le 10 décembre 2019. Parallèlement, elle a produit un processus original de politisation caractérisé à la fois par le développement de formes de sociabilité populaire, sur les ronds-points (lieux d'interconnaissance et de reconnaissance, de convivialité, de solidarité, d'échanges de dons et contre-dons[18]), aujourd'hui disparues des partis politiques ; par un style de débat privilégiant l'accord du plus grand nombre (« les étiquettes, on les laisse au vestiaire »), indifférent aux polémiques médiatiques et focalisant le débat public sur la justice sociale ; par une montée en généralité accélérée, de l'opposition à la taxe carbone à un catalogue relativement cohérent de quarante-deux propositions (dont la remise en cause du système fiscal et le rétablissement de l'impôt sur la fortune) récusant la division institutionnalisée entre revendications syndicales et politiques.

En s'auto-organisant, les Gilets jaunes ont dû prendre collectivement des décisions. Au cours des assemblées générales, si « horizontales » fussent-elles, se sont fait jour les écarts de capital culturel renforcés par la présence de militants professionnels, « spécialistes » des assemblées générales, de sorte que les plus démunis les ont désertées rapidement au profit des mieux dotés. Parallèlement, en refusant de mandater des représentants, les Gilets jaunes ont vu apparaître des mandataires autoproclamés et plébiscités par les *followers* ou se sont vu attribuer des porte-parole sélectionnés par les médias (de « bons clients »). De sorte que l'absence de procédure de désignation formalisée de représentants dans lesquels la base puisse (à tort ou à raison) se reconnaître a conduit en définitive à la domination de ceux et celles qui détenaient assez de capital scolaire et/ou d'assurance pour pouvoir prendre la parole et/ou qui étaient désigné·e·s à ce titre par les médias. Ainsi l'horizontalité, le refus de l'organisation et de représentant·e·s

---

18. Voir en particulier Brice Le Gall, Lou Traverse, Thibault Cizeau, *Justice et Respect. Le soulèvement des Gilets jaunes*, Paris, Syllepse, 2019.

mandaté·e·s) conduisent-ils en définitive à « être parlés[19] » par des porte-parole dépourvus de toute légitimité démocratique. Par ailleurs, la mobilisation impose la question de la permanence du mouvement : comment l'assurer sans un minimum de concentration bureaucratique ? L'organisation est indispensable non seulement pour conjurer l'immobilisme et/ou la division et, dans les deux cas, l'impuissance, mais aussi pour surmonter les alternances entre les moments de mobilisation intense et ceux d'existence latente ou ralentie : la permanence suppose un minimum de permanents. C'est ainsi que le mouvement des Gilets jaunes s'est progressivement essoufflé[20] et que, lors des élections européennes de 2019, les trois listes qui s'en réclamaient ont rassemblé 1 % des voix : « L'ordre électoral et la politique instituée ont repris leur droit et réimposé leurs codes[21]. »

Sans doute n'y a-t-il pas d'autre solution démocratique à ce genre de problèmes que la mise en place de procédures de désignation et de contrôle des représentants : le consentement à la délégation implique, aujourd'hui plus qu'hier (du fait des progrès de la scolarisation), un véritable contrôle de la base[22]. Les nouvelles entreprises politiques qui entendent rompre avec « la forme parti » en simplifiant les procédures d'adhésion, en mettant en avant une démocratie « par le bas », en favorisant « l'expression citoyenne » et en organisant « la coconstruction d'une offre politique », renforcent en définitive la personnalisation du pouvoir politique : un leader et un cercle dirigeant coopté de professionnels de la politique définissent les axes politiques et contrôlent les investitures. Il faut prendre la mesure des effets propres aux formes d'organisation « horizontales » (inspirées de la tradition libertaire) censées favoriser la participation directe de tou·te·s les intéressé·e·s. Le flou et l'improvisation en la matière reconduisent et même aggravent les travers du centralisme démocratique.

Dans le droit fil du mot d'ordre de mai 1968 – « Élections, piège à cons ! » –, plus ou moins explicitement lié à la croyance révolutionnaire à « l'insurrection qui vient », on peut certes dénoncer le jeu électoral. Ce point de vue repose, d'une part, non sans quelque raison, sur la conviction

---

19. Pierre Bourdieu, « Une classe-objet », *Actes de la recherche en sciences sociales*, n° 17-18, 1977, p. 2-5.
20. Certes, il ne faut pas méconnaître pour autant les effets de la violence physique et symbolique exercée par le gouvernement.
21. Voir Rémi Lefebvre, « Les Gilets jaunes et les exigences de la représentation politique », *La Vie des idées*, 10 septembre 2019.
22. Voir Pierre Bourdieu, « La délégation et le fétichisme politique », *Actes de la recherche en sciences sociales*, n° 52-53, 1984.

que la politique « démocratique » est irrémédiablement faussée et, d'autre part, sur la croyance que les véritables enjeux sont « ailleurs ». Reste que le monopole de l'usage légitime des ressources politiques objectivées dépend de ce jeu électoral et de son aboutissement : finances publiques, droit, justice, police, armée, etc. L'anti-électoralisme de principe implique la désertion du champ politique, mais la séparation qu'il implique entre le mouvement social et le champ politique laisse intacte l'exclusivité des professionnels sur la *Realpolitik*. Par ailleurs, la défiance, si légitime soit-elle, par rapport à la politique instituée, se traduit principalement aujourd'hui par l'abstention ou le vote Le Pen. Ils ne sont évidemment pas sans conséquences électorales, donc politiques.

Gestes révolutionnaires

Mathilde Larrère

« Macron = Louis 16. » En lettres rouges. Au lendemain de l'acte IV des Gilets jaunes, le 8 décembre 2018, ces mots ornent l'un des murs de l'Opéra de Paris. 12 janvier 2019, l'acte IX, on manifeste sur des boulevards aux commerces barricadés ; un grand « 1871 raisons de niquer Macron » recouvre une palissade protectrice. Le photographe Stéphane Burlot prendra un extraordinaire cliché d'un manifestant de dos, « Ni Dieu ni maître » sur le gilet, devant l'inscription. Sur les chasubles jaunes, sur les façades, les pancartes et les banderoles, citations, résurgences et réappropriations de la mémoire des révolutions des XVIIIe et XIXe siècles n'ont cessé de fleurir. Mais on a aussi croisé des bonnets phrygiens, des maquettes de guillotine ou des affiches inspirées des sérigraphies de 1968 lors des mobilisations, contre la loi « travail » en 2016, le démantèlement de la SNCF ou Parcoursup en 2017, la réforme des retraites, la destruction de l'université publique ou les violences policières en 2020. Et la tendance vaut aussi pour les mouvements féministes portés par la vague #MeToo ou les résistances aux grands projets inutiles, de l'aéroport de Notre-Dame-des-Landes au barrage de Sivens, en passant par le centre d'enfouissement des déchets nucléaires de Bure. La révolution, le retour ! On braconne les murs, on monte des barricades, on vise les lieux de pouvoir, on se fait iconoclaste. Quand une mémoire revient, une autre est prise pour cible : il y a les effigies des héros et héroïnes révolutionnaires que l'on brandit, et les statues qu'on déboulonne, les portraits du président que l'on décroche et qu'on promène dans un retournement carnavalesque ; bref, une ambiance de charivari.

Reprise

Quoi de plus normal que les manifestants d'aujourd'hui reprennent les gestes des insurgés d'hier ? Depuis des décennies, si ce n'est des siècles, des gestes et des rituels ont fait la preuve de leur efficacité tactique et symbolique. Les savoir-faire se transmettent et leur mise en image, leur diffusion favorisent leur appropriation et leur reprise. Ainsi des écritures urbaines, graffitis et affiches contestataires. Les gouvernements ont, depuis le début du XIXe siècle la mainmise sur le marquage de l'espace public[1]. Écrire ou afficher sur les murs relève donc d'une réappropriation symbolique, d'une contestation de l'ordre visuel. On sait qu'il y avait des graffitis et des affiches sous la Révolution française, et que cela n'a pas cessé depuis. Le tout sous la surveillance scrupuleuse de la police qui traque, consigne dans ses rapports, puis veille à effacer. Les poires griffonnées sur les murs pendant la monarchie de Juillet (une allusion à Louis-Philippe, brossé sous ces traits dans une célèbre caricature qui valut à son auteur, Philippon, de passer en justice), les « Vive la Commune » crayonnés après la Semaine sanglante, les « V » de la victoire contre l'occupation allemande, le « Ici on noie les Algériens » après le massacre du 17 octobre 1961... La guerre des murs est pluriséculaire !

Et, depuis quelques années, les hostilités reprennent. Le grand retour du graffiti[2] procède du développement de contre-cultures, de la *prise de la parole*[3] permise par le moment 68, et de la spectacularisation des luttes sociales et de l'action collective (l'enjeu étant de gagner la bataille de l'image au 20 heures ou à la « Une » des journaux). Le langage contestataire se spatialise de plus en plus : la ville (surtout) offre, avec ses façades, des pages où l'exprimer. La bombe spray, dont l'usage se démocratise en France dans les années 1960-1970, permet d'écrire rapidement, à peu de frais. « Mur blanc, peuple muet », disait un graffiti de 1968. Les occupations de places

1. Philippe Artières, *La Police de l'écriture. L'invention de la délinquance graphique, 1852-1945*, Paris, La Découverte, 2013.
2. Voir le colloque « Écritures urbaines, écritures exposées », coorganisé par le Mucem, la MSH Paris Nord, l'université Paris Lumières et le Laboratoire d'études en sciences sociales de l'art d'Aix-Marseille université, les 11 et 18 octobre 2019.
3. Sur la question de la « prise de parole » en 1968, voir Roland Barthes, « L'écriture de l'événement », *Communications*, nº 12, 1968, p. 108-112.

de 2011 offrent le temps de l'écriture et du dessin. À cela s'ajoute la métamorphose de la forme manifestante, qui déborde, par un vaste « cortège de tête », l'ordonnancement classique et policé des défilés syndicaux, avec l'irruption de gestes, de pratiques insurrectionnelles, et qui s'accompagne d'écritures urbaines. Depuis le mouvement contre la loi « travail », graffeurs et graffeuses proches des mouvements autonomes scandent le trajet des manifestations, pervertissent l'ordre graphique contrôlé de l'espace public, maculent les vitrines souvent brisées des banques, compagnies d'assurance, concessionnaires, panneaux publicitaires, ciblent quelques monuments emblématiques. Alors qu'auparavant le graffiti était – exception faite du moment 68 – discrètement effectué, isolé, le voici qui se fait au grand jour et de plus en plus systématiquement. Les clichés circulent, se diffusent sur les réseaux sociaux, et alimentent le répertoire militant.

L'appropriation et le marquage symbolique de l'espace revêtent aussi la forme de barricades. Des amoncellements de pavés, barriques et mobiliers domestiques qui obstruaient les rues étroites du Paris du XIXe siècle aux barrières métalliques et palettes parfois enflammées des Gilets jaunes, il s'agit d'abord de gêner les forces de l'ordre, de protéger les manifestants. Paradoxe : c'est dans les espaces pensés par Haussmann pour contrer l'émeute, ces grands boulevards de la répression, que l'on ne pouvait plus barricader comme les petites rues du Marais et sur lesquels on faisait circuler les colonnes armées du pouvoir, que les révoltés du XXIe siècle ont voulu ériger leurs propres barricades. « Haussmann, tu avais voulu l'ordre, tu récoltes le chaos », écrivait fort à propos quelqu'un (ou quelqu'une) sur la porte d'un immeuble des grands boulevards, lors d'un acte des Gilets jaunes.

L'iconoclasme, qui a accompagné presque tous les mouvements insurrectionnels du passé, revient lui aussi au goût du jour. Des militants et militantes décrochent des portraits officiels de Macron puis les promènent tête en bas en manif, d'autres déboulonnent des statues d'esclavagistes ou de colonisateurs au cœur de la mobilisation antiraciste qui a suivi le meurtre de George Floyd à la fin du printemps 2020. Dans l'histoire, les gestes d'iconoclasme ont souvent été perpétrés pour exprimer une colère, dénoncer les injustices, alerter ou rassembler l'opinion par une action spectaculaire. Tout au long du XIXe siècle, les images des rois et empereurs ont fait l'objet de rituels de profanation, qui allaient d'ailleurs au-delà du simple décrochage[4] : statues renversées, remisées,

4. Emmanuel Fureix, *L'Œil blessé. Politiques de l'iconoclasme après la Révolution française*, Ceyzérieu, Champ Vallon, 2019.

bustes et tableaux brisés, décapités, souillés, noyés, parfois même promenés dans des déambulations carnavalesque, juchés sur des ânes ou des cochons, quand ils ne finissaient pas enfermés en prison. Derrière ce qui est dénoncé comme une violence contre des êtres de pierre, et parfois réprimé par les tribunaux, on reconnaît le refus de la patrimonalisation de dominations certes passées, mais encore intensément présentes et vécues. Commis dans des moments de colère, de défiance, ces gestes sont difficiles à comprendre en dehors de leurs contextes très précis : le déboulonnage en Martinique de deux statues de Victor Schoelcher, pourtant connu comme étant l'artisan de l'abolition de l'esclavage dans l'empire français (1848), a suscité stupeur et condamnation. Pour prendre la vraie mesure d'un tel geste, il faut revenir aux conflits de mémoire qui divisent la société martiniquaise, saisir que l'héroïsation exclusive de l'abolitionniste métropolitain a pour conséquence l'invisibilisation des autres acteurs, au premier lieu desquels les esclaves, et particulièrement les « marrons » (esclavisés en fuite). Intitulé « Lanmounité » (l'amour des nôtres), le communiqué publié par les auteurs de l'abattage de la statue de Schoelcher est sans ambiguïté : en écrivant « Schoelcher n'est pas notre sauveur », il s'agit pour eux de dénoncer l'oubli de Romain, ouvrier de l'habitation Duchamp à Sainte-Philomène, dont l'arrestation fut un des détonateurs du soulèvement des esclaves de 1848. Il faut aussi entendre que, plus que Schoelcher lui-même, ce sont les limites politiques de l'abolition qui sont visées (l'indemnisation des planteurs et le maintien des dominations sociales, économiques et raciales issues de l'économie de plantation).

La Commune n'est pas morte

En 1830, tout le monde avait 1789 à la bouche, à la plume ou à la boutonnière (sous forme de cocarde). En 1848, on citait 1793 et 1830. Sous la Commune, on pouvait lire dans *Le Père Duchesne* (titre d'un fameux journal de la Révolution française, repris en 1848, puis en 1871 !), daté selon le calendrier révolutionnaire de l'an 79, l'annonce de la constitution d'un « Comité de Salut public », comme en 1792. Et regardez les photos de la cour de la Sorbonne de 1968 : on y trouve des propos et des portraits de Mao, Louise Michel, Guevara, Rosa Luxemburg, Lénine… Tout révolutionnaire charrie l'histoire des révolutions passées qu'il ou elle exprime sous forme de citations textuelles, iconiques, d'invocations diverses, ou en investissant des lieux de mémoire… Citations pour honorer, s'inscrire dans une filiation, revendiquer un héritage. Citations souvent aussi pour dire dans un même mouvement la continuité, la reprise, parfois la juste vengeance et, bien souvent, le nécessaire dépassement. Dans ses « Thèses sur le concept d'histoire », Walter Benjamin le souligne : si les révolutions sont des bonds vers l'avenir, elles sont aussi toujours des « sauts de tigre dans le passé ».

Nuit debout et la mobilisation contre la loi « travail » invoquent surtout la Commune. La place de la République est d'ailleurs rapidement rebaptisée par les protestataires : « place de la Commune ». À l'entrée de la station de métro, au pied de la statue de Marianne, un graffiti : « Que revive la Commune. » Déjà, en 1968, on s'était souvenu de l'insurrection (projections de films, réédition du journal de Jules Vallès, *Le Cri du peuple*, comparaison de la répression de 68 à celle de 1871...)[5]. La Commune avait alors servi de référence aux partisans d'une démocratie directe et auto-organisée. Elle constituait moins un « modèle reproductible à l'identique qu'un rappel de ce à quoi des protagonistes aspirent – et de ce qui pourrait advenir[6] ». S'imposait en effet, dans ces années-là, « une lecture renouvelée d'une Commune devenue festive, très loin de l'insurrection martyre décrite par le PCF, plus portée par le souffle frais de Mai 68 que par l'atmosphère mortifère de mai 1871[7] ». Cette lecture plongeait aussi ces racines dans un renouveau historiographique amorcé par les travaux d'Henri Lefebvre (1965) analysant la Commune comme une reconquête de la ville par ceux qui en avaient été dépossédés par l'haussmannisation.

Si la mémoire communarde fait un retour en notre début du XXIe siècle, cela s'explique par le regain d'un « questionnement libertaire de la démocratie » (Jacques Rougerie), dont la crise et les limites s'affirment de plus en plus nettement. Les questions de la représentation, de la place des élus et de la souveraineté populaire, de l'exercice du pouvoir, celle de la démocratie « réelle », plus citoyenne, plus directe et sociale, questions que posaient les communards, semblent d'une criante actualité quand des gouvernements de gauche et de droite mènent les mêmes politiques néolibérales et accentuent la présidentialisation du régime. Les textes de 1871 raisonnent donc de nos jours, comme l'affiche électorale du 25 mars :

> • Ne perdez pas de vue que les hommes qui vous serviront le mieux sont ceux que vous choisirez parmi vous, vivant votre propre vie, souffrant des mêmes maux.

---

5. Voir les pages consacrées par Ludivine Bantigny à la mémoire de la Commune dans son ouvrage *1968. De grands soirs en petits matin*, Paris, Le Seuil, 2018, p. 286-289.
6. *Ibid.*, p. 287.
7. Éric Fournier, *La Commune n'est pas morte. Les usages politiques du passé*, Montreuil, Libertalia, 2013, p. 123.

• Défiez-vous autant des ambitieux que des parvenus ; les uns comme les autres ne considèrent que leurs propres intérêts et finissent toujours par se considérer comme indispensables.
• Défiez-vous également des parleurs, incapables de passer à l'action ; ils sacrifieront tout à un discours, à un effet oratoire ou à un mot spirituel.
• Évitez également ceux que la fortune a trop favorisés, car trop rarement celui qui possède la fortune est disposé à regarder le travailleur comme un frère.

Qui plus est, la Commune fut une révolution sans leaders ; sa forme était collective. Ce n'est sans doute pas un hasard si le communard le plus connu est... une femme, Louise Michel. Il n'y eut pas de « grands » hommes pour l'invisibiliser. On comprend donc que les mouvements contemporains qui se proclament et cherchent à s'organiser sans chefs ni porte-parole officiels trouvent intérêt à citer la Commune. Ces mêmes mouvements se méfient aussi des organisations classiques (syndicales, partisanes) : or la Commune offre à nouveau l'exemple d'un moment collectif révolutionnaire sans parti ni syndicat, et ce, pour la bonne raison qu'ils n'étaient pas encore autorisés en France (1884 pour les syndicats, 1901 pour les partis). La Commune offre donc la référence stimulante d'une tentative de démocratie directe, plus horizontale, soucieuse de limiter les effets de la personnification du pouvoir, et de sa centralisation. Rien d'étonnant à ce qu'elle séduise particulièrement les milieux proches de l'anarchisme. Il y a de fait toujours eu une mémoire libertaire de la Commune, mais elle a longtemps été occultée par le quasi-monopole communiste sur l'événement. Avec le recul du PCF et la remise en cause par les historien·ne·s d'une lecture prolétarienne, marxiste du soulèvement communaliste, les anarchistes redeviennent d'importants passeurs de mémoire.

Logiciel libre, jardins partagés, Amap, encyclopédies collaboratives, épiceries coopératives : la Commune est enfin mobilisée dans le débat sur les biens communs, soit l'intense réflexion intellectuelle et politique qui, ces dernières décennies, s'efforce de penser la gestion collective et communautaire des ressources matérielles et immatérielles. Et logiquement, parce qu'elle fut une tentative de gestion autonome d'un espace repris à l'État comme à la spéculation, la Commune a aussi fait l'objet d'un intérêt marqué dans les ZAD (« zones à défendre »).

Le joli Mai, cinquante ans après

Mobilisation du printemps 2018 (cheminots, lycéens et étudiants) : cinquantenaire des événements oblige, c'est Mai 68 qui se taille la part du lion dans les références au passé. L'affichiste Dugudus, qui officiait dans les manifestations, détourne les célèbres sérigraphies de l'Atelier populaire des Beaux-Arts pour les adapter à la mobilisation contemporaine. À Nanterre, où se déroulent tout à la fois les commémorations, passablement compassées, des événements de 68 et une mobilisation des étudiant·e·s et personnels contre la loi relative à l'orientation et à la réussite des étudiants (ORE), un graffiti se moque : « Dans 50 ans, ce tag sera légitime. » Sur les murs de plusieurs universités occupées, mais également sur le socle de la statue place de la République, un même slogan : « Mai 68, ils commémorent, on recommence » : un mot d'ordre mis en pratique lors de la commémoration au théâtre de l'Odéon, interrompue par l'intrusion de cheminot·e·s et d'étudiant·e·s.

Sur le trajet de la manifestation des cheminots du 22 mai 2018, il était écrit à plusieurs reprises (semble-t-il, de la même main) : « Mai 68 on s'en fout, on veut 1871. » Pour certains, 1968 n'est pas une citation bienvenue : sans doute parce que le mouvement est mal connu, parce qu'il est depuis longtemps la cible de vastes entreprises de disqualification dans les médias, les discours de personnalités politiques. À tort, beaucoup imaginent 68 comme une agitation de jeunes bourgeois s'ennuyant dans leurs universités, oubliant donc combien ce fut aussi un mouvement social majeur, interprofessionnel, la plus grande grève générale du siècle. D'autres (ou les mêmes) oublient que si certains leaders de Mai, comme Daniel Cohn-Bendit et Serge July, sont passés « du col mao au Rotary » (Guy Hocquenghem) en vieillissant, contribuant à délégitimer le mouvement en se l'appropriant, la grande majorité des soixante-huitards sont restés fidèles à leurs idées[8]. Il est certain aussi que les commémorations officielles avec petits fours et photos de graffitis bien encadrées avaient de quoi déplaire.

La Révolution française n'est pas terminée

Avec le mouvement des Gilets jaunes qui débute en novembre 2018, c'est la Révolution française qui est le plus largement invoquée. Ce qui est assez surprenant, car il faut remonter au Front populaire ou à la Libération de Paris pour trouver un mouvement social citant massivement la grande

8. Julie Pagis, *Mai 68. Un pavé dans leur histoire*, Paris, Presses de Sciences Po, 2014.

Révolution : on trouvait alors des militants coiffés de bonnets phrygiens dans les manifs (Willy Ronis a fait une merveilleuse photo d'un minot à bonnet révolutionnaire sur les épaules de son père en 1936), la Révolution était citée dans les tracts des résistants, et l'on pense au grand film de Renoir, *La Marseillaise*. Mais, en dehors de ces épisodes, la Révolution française n'est guère citée par les mouvements sociaux du XXe siècle. Et souvent, à l'extrême gauche, on la confond avec une « révolution bourgeoise ».

Mais la voici qui s'impose en 2018 sur les dos des gilets, sur les murs des villes, sur les pancartes. Pour ne citer que quelques-uns des graffitis : « 1789, des casseurs prennent la Bastille » (Paris, 2 décembre 2018, au lendemain de l'acte III et les dégradations de l'Arc de Triomphe) ; « Gilets jaunes sans-culotte » (Paris, 8 décembre 2018, opéra de Paris) ; « Guy Yotine président » (Nantes, 12 janvier 2019). Des guillotines (de pacotille, rassurez-vous) sont d'ailleurs érigées sur certains ronds-points. Dans les manifestations, on promène des photomontages où la tête de Macron remplace celle de Louis XVI sur des portraits d'Ancien Régime. Des cahiers de doléances sont rédigés (avant que le pouvoir n'essaie de désamorcer la référence en s'emparant du nom). Les historiens et historiennes, sans méconnaître de très nettes différences de contexte, ne manquent pas alors de souligner que la mécanique des idées (de la révolte antifiscale aux demandes d'égalité, de services publics et de démocratie), mais aussi le destinataire (l'État – délégitimé, fragilisé), inscrivent le mouvement dans une longue histoire des mobilisations populaires, dont la Révolution est un point culminant[9].

La sociologie des Gilets jaunes elle-même interroge tant elle s'apparente, *mutatis mutandis*, à celle des sans-culottes de 1792 (quoiqu'en plus féminin)[10]. Plus composite, moins ouvrière, elle se démarque des luttes sociales habituelles. De là vient sans doute que les références historiques ne soient pas les mêmes. Si la Commune constitue une référence du mouvement ouvrier, se transmettant d'ailleurs au sein des formations de ses organisations, elle concerne moins l'ensemble des citoyens que la Révolution française, plus connue, plus enseignée, plus reprise dans la culture populaire. On ne saurait non plus exclure qu'Emmanuel Macron y soit pour quelque chose : à se donner des allures de roi, à réinvestir Versailles, à affirmer que

9. Guillaume Mazeau, « Les Gilets jaunes et la Révolution française : quand le peuple reprend son histoire », *AOC*, 17 décembre 2018.

10. Sophie Wahnich, « Sans-culottes et Gilets jaunes », *in* J. Confavreux (dir.), *Le Fond de l'air est jaune*, Paris, Le Seuil, 2019, p. 29-43.

les Français *n'avaient pas voulu la mort de Louis XVI*, il pouvait s'attendre à se retrouver grimé en monarque (et sa femme comparée à Marie-Antoinette).

Pour autant, à côté de la Révolution française, la Commune s'invite elle aussi parmi les références mobilisées par les Gilets jaunes. L'une des premières occurrences marquantes date de l'acte VI (22 décembre 2018) et tient sans doute à ce que, ce jour-là, on a défilé à Montmartre. Un graffiti est posé au pied du Sacré-Cœur (érigé, on le rappelle, pour expier la Commune) : « la Commune de Paris 1781 [*sic*]/Gilet jaune 2018 ». Puis les références se multiplient sur les murs comme sur les gilets. L'entrée dans le mouvement, à partir de l'acte III, de groupes autonomes qui apportent et bientôt partagent leur culture militante (au cœur de laquelle la Commune tient une place de choix, comme nous l'avons vu) l'explique en grande partie. Mais les citations de la Commune ne relèvent pas seulement d'une greffe anarchiste sur le mouvement des Gilets jaunes, d'autant moins que 1871 est une référence partagée par tout le mouvement ouvrier. La pratique d'assemblées locales, puis nationales (l'Assemblée des assemblées), a permis aux hommes et femmes des deux mouvements de se rencontrer, d'échanger, de partager, de se nourrir chacun des cultures, idées, références de l'autre. Ce qui explique la politisation, la conscientisation, la radicalisation des idées portées par les Gilets jaunes et l'appropriation de la mémoire communarde. Rien de surprenant, donc, à ce que, le 1er juin 2019, plusieurs centaines de Gilets jaunes accompagnent la traditionnelle montée au mur des Fédérés.

Derniers échos en date...

Lors du mouvement contre la loi « retraites » qui débute le 5 décembre 2019, les références aux révolutions du passé sont rares. Pour suivre de près ces questions, je n'ai relevé que quelques citations, toutes communardes : par exemple, le 8 décembre 2019, boulevard Magenta, un « Commençons par la grève, finissons par la révolution. 1871-2019, on est là. GJ ». Et, deux jours plus tard, boulevard Raspail : « On veut des thunes en attendant la commune (en rose) ». Dans la manifestation du 9 janvier 2020, on pouvait lire sur une banderole noire, en lettres blanches : « Ni Macron, ni personne, Vive la Commune ». Toutes ces citations de la Commune de 1871 (que l'on pourrait compléter par quelques autres pancartes, ou banderoles qui s'en rapprochent par leur contenu) se limitent parfois à l'invocation du nom, utilisé pour sa charge insurrectionnelle. On ne trouve pas, dans les textes produits par les Gilets jaunes ou le mouvement contre la loi de réforme des retraites, de réflexions sur l'événement en lui-même. Ces citations témoignent cependant du fait que les Gilets jaunes ou les manifestants contre la loi reconnaissent l'effet mobilisateur (ou provocateur, selon les destinataires) de l'évocation de la Commune de Paris. Elle apparaît comme un synonyme d'émeute, de révolte, de résistance, de peuple soulevé.

On pourra aussi remarquer que la Révolution française et la Commune sont des références à des révolutions françaises, quand les mobilisations du XXe siècle puisaient leurs références dans des exemples plus internationaux. Les révolutions russe, chinoise, cubaine, mobilisées notamment en 1968, ne sont plus, ou beaucoup moins, dans les imaginaires politiques, entachées par l'histoire des États qui leur ont succédé et avec lesquels on tend à les confondre. Voilà qui laisse plus de place au retour d'autres citations révolutionnaires, plus nationales, un temps éclipsées par les modèles internationaux. Mais l'on aurait tort d'y lire un recul de l'internationalisme : ce dernier s'exprime toujours, mais moins par la référence au passé que par la solidarité affichée (tracts, pancartes, graffiti) avec les peuples en lutte au présent – que ce soit au Liban, au Chili, en Algérie, à Hong Kong, à Barcelone. Les canards jaunes des manifestations démocratiques thaïlandaises de l'hiver 2020-2021 se sont ainsi invités dans les manifestations en France contre la loi « sécurité globale », cependant que des pancartes exprimaient le soutien à leur combat.

Un mot, pour finir, sur le cent-cinquantenaire de l'insurrection communaliste. Rien d'étonnant à ce qu'il soit, d'un côté, largement investi quand, en face, on tente de le déminer. Pas de commémoration officielle du côté de l'Élysée ou de Matignon, on s'en doute ! Mais la décision gouvernementale de classer, précisément en 2021, le Sacré-Cœur comme monument historique semble tenir de la provocation. La passe d'armes qui eut lieu au Conseil de Paris, le 3 février 2021, ne pouvait, elle aussi, que raviver la flamme mémorielle : Les Républicains se refusaient en effet à accorder le moindre centime de subvention aux Amis et Amies de la Commune de Paris ; le conseiller LR Rudolph Granier se lança dans une attaque tout à fait versaillaise, et historiquement datée, contre la Commune vandale et incendiaire, ramassis d'assassins – ce qui offrit à la majorité socialiste l'opportunité de réactiver sur cette question un clivage droite/gauche parfois moins visible sur les questions sociales. Reste que le 18 mars, au pied du Sacré-Cœur, quand Anne Hidalgo profitait de la performance artistique de l'artiste Dugudus pour se placer dans le camp de celles et ceux qui commémorent, d'autres manifestants (certains revêtus de Gilets jaunes, d'autres affichant clairement des symboles anarchistes) dénonçaient, en haut des escaliers, la récupération. La maire refusa d'ailleurs de lever le poing quand résonna *L'Internationale.* Et la mairie, ne l'oublions pas, a validé le classement de la basilique expiatoire.

Féminisme

Aurore Koechlin

Le 25 novembre 2017, Emmanuel Macron décrète le lancement de la grande cause du quinquennat, « celle de l'égalité entre les femmes et les hommes », dont « le premier pilier » sera « la lutte pour l'élimination complète des violences faites aux femmes ». Pourtant, l'expérience le prouve : le néolibéralisme auquel adhèrent le président de la République et son gouvernement ne libère ni les femmes ni les minorités de genre. Au contraire, leur exploitation lui est essentielle.

Domination et exploitation

L'entrée massive des femmes dans le salariat n'a pas mis fin aux inégalités, loin de là. Certes, elles ne constituent plus « un volant de main-d'œuvre précaire appelé à travailler pendant les périodes d'expansion économique et de pénurie de main-d'œuvre, expulsé du marché du travail dans les moments de crise et de chômage[1] », mais leur exploitation reste une condition de possibilité du processus d'accumulation capitaliste. 40 % des femmes salariées sont concentrées dans vingt professions dont la plupart relèvent du travail reproductif ; toutes font en tout cas partie du salariat subalterne

1. Margaret Maruani, *Travail et emploi des femmes*, Paris, La Découverte, 2017, p. 6.

(secrétaires, employées, nettoyeuses, aides à domicile, caissières, aides-soignantes, vendeuses, agentes hospitalières, infirmières, techniciennes) et composent une part essentielle de la classe ouvrière. À volume égal d'heures travaillées, les femmes salariées du secteur privé gagnent en moyenne 16,8 % de moins que les hommes[2]. À cela s'ajoute le fait que les femmes travaillent plus souvent à temps partiel que les hommes[3] et se retrouvent plus souvent sans emploi : si l'on tient compte de ce dernier élément, l'écart moyen de rémunération au sein du secteur privé atteint 28,5 %. Le niveau de vie des femmes se ressent de ces inégalités face à l'emploi et aux salaires : pour 15,2 % d'entre elles, il se situe sous le seuil de pauvreté, contre 14,3 % des hommes[4] ; leur retraite est en moyenne inférieure de moitié à celle des hommes[5]. Le travail reproductif assigné aux femmes et aux minorités de genre sur le marché du travail est donc particulièrement exploité. Cela s'accompagne d'une dévaluation sociale : on considère qu'il est à la limite du travail et met en jeu des capacités « naturelles » plus que de véritables compétences.

Dans le cadre de la famille, un autre type de travail reproductif prend place. La famille, loin d'être un havre de paix à l'abri du marché, demeure une structure économique centrale du néolibéralisme. C'est là qu'est effectué un travail spécifique qui redouble l'exploitation salariale et qui consiste, entre autres choses, à éduquer les enfants, à s'occuper du mari et de la maison, à préparer les repas, à faire les lessives et le ménage. Ce travail reproductif dans l'espace domestique, qui s'élève en moyenne à trois heures chaque jour, est pris en charge à 64 % par des femmes[6]. Pourtant, ces tâches sont invisibilisées et méconnues comme travail : il est à ce titre significatif qu'elles ne soient pas prises en compte dans le calcul du PIB. Mais la famille a également une autre dimension économique : c'est un lieu de transmission, notamment par l'héritage, le mariage et la séparation. Dans un contexte de désengagement de l'État et de flexibilisation de l'emploi, la transmission du patrimoine devient centrale dans les réussites individuelles

2. Simon Georges-Knot, « Écarts de rémunération femmes-hommes : surtout l'effet du temps de travail et de l'emploi occupé », *Insee Première*, n° 1803, juin 2020.

3. Margaret Maruani montre que 30 % de l'emploi féminin est aujourd'hui à temps partiel (soit 3,8 millions de femmes), contre 8 % de l'emploi masculin.

4. Fabien Delmaset et Jorick Guillaneuf, « En 2018, les inégalités de niveau de vie augmentent », *Insee Première*, n° 1813, septembre 2020.

5. Margaret Maruani, *Travail et emploi des femmes*, *op. cit.*

6. Delphine Roy, « Le travail domestique : 60 milliards d'heures en 2010 », *Insee Première*, n° 1423, novembre 2012.

et familiales. Or, les femmes et les minorités de genre en sont durablement exclues[7]. Indépendamment de la classe sociale, quoique de façon différenciée selon la classe sociale, les hommes sont ceux qui accumulent et héritent des richesses familiales ; quant aux femmes et aux minorités de genre, elles participent à leur production sans jamais en jouir.

Le néolibéralisme a accru la marchandisation du travail reproductif aux dépens de sa collectivisation via les services publics, par exemple dans les domaines de la santé ou de l'éducation, qui sont démantelés. En témoigne le développement des services à la personne, qui a explosé depuis les années 1980. Dans ce cadre, si le travail reproductif demeure extrêmement féminisé, il est également de plus en plus racialisé, pris en charge par des personnes racisées. À l'échelle mondiale, on assiste ainsi à une nouvelle division internationale du travail reproductif : les femmes du Sud produisent des travailleur·se·s pour les marchés du Nord et du Sud, mais elles-mêmes peuvent émigrer dans le Nord, où elles assurent une partie du travail reproductif, en étant employées dans les services à la personne[8]. Parallèlement, suite à l'effondrement des services publics, les femmes blanches, en particulier celles des classes populaires, sont de plus en plus assignées au travail reproductif dans l'espace domestique, mais aussi sur le marché dans des conditions de plus en plus précaires.

Ces dernières années ont en outre été marquées par une augmentation des discours normatifs concernant les rôles de genre (dont témoigne par exemple La Manif pour tous), mais aussi par une augmentation des violences sexistes à l'échelle internationale. En France, près d'une femme sur 5 (18 %) a subi des faits de violences dans l'enfance et/ou l'adolescence, contre près d'un homme sur 9[9]. 6 % des femmes indiquent avoir subi des violences de la part de leur partenaire (psychologiques, sexuelles, physiques), et l'on estime qu'en 2019, 146 femmes ont été tuées par leur conjoint. Mais la violence ne s'exerce pas qu'au sein de la famille : 14 % des femmes disent avoir subi au moins une agression sexuelle au cours de leur vie, 4 % un viol ou une tentative de viol. Sur la période 2011-2018, 54 % en moyenne des femmes âgées de 18 à 75 ans ont été victimes d'agressions

7. Céline Bessière et Sibylle Gollac, *Le Genre du capital. Comment la famille reproduit les inégalités*, Paris, La Découverte, 2019.

8. Silvia Federici, *Point zéro : propagation de la révolution. Salaire ménager, reproduction sociale, combat féministe*, Donnemarie-Dontilly, iXe, 2016.

9. Elizabeth Brown, Alice Debauche et Magali Mazuy, « Synthèse. Virage, une enquête innovante pour caractériser les violences de genre », Ined, 2016.

physiques ou sexuelles, tous cadres confondus[10]. Ces violences contribuent à la préservation de l'ordre du genre.

Un féminisme néolibéral

Le mouvement féministe n'est pas un tout unifié; au contraire, il est traversé par différents courants : on ne parle plus du féminisme, mais *des* féminismes. Il faut ajouter que s'il existe différents féminismes, c'est parce qu'il existe différentes *stratégies* féministes. Par exemple, on peut distinguer un féminisme révolutionnaire – qui entend mettre fin à la domination de genre par le renversement des structures sociales – et un féminisme réformiste – pour lequel l'égalité doit progresser dans le cadre d'un système capitaliste réformé, grâce à des avancées obtenues dans la rue mais garanties par l'État.

Le féminisme néolibéral repose sur l'idée que le capitalisme néolibéral est le meilleur instrument pour atteindre une certaine égalité entre femmes et hommes : le capitalisme serait en effet aveugle au genre, et, depuis plus d'un siècle, les avancées féministes seraient précisément liées au développement du capitalisme. Dès lors, les transformations néolibérales, loin de devoir être freinées, devraient être encouragées, car elles permettront *in fine* l'émancipation des femmes et des minorités de genre. On retrouve ce féminisme au sein des entreprises[11], de l'État et du gouvernement, d'associations ou d'ONG. Cette approche des inégalités de genre produit des effets : ainsi, le féminisme néolibéral pose la question de l'égalité de genre essentiellement pour les femmes avantagées par le néolibéralisme, soit les femmes blanches occidentales des classes supérieures. Et, puisqu'il ne peut remettre en question le système néolibéral, ni les hommes capitalistes qui l'incarnent, il vise principalement les hommes qui ne bénéficient pas du néolibéralisme, soit les hommes racisés et/ou des classes populaires.

Marlène Schiappa est l'incarnation parfaite de ce féminisme. D'un côté, elle défend essentiellement les femmes des classes supérieures. Elle s'est fait connaître en travaillant dans la communication et en défendant, via son blog « Maman travaille », l'équilibre entre carrière et vie familiale pour les femmes des classes supérieures. De l'autre, elle cible tout particulièrement les hommes des classes populaires et/ou racisés. Ainsi, son « Grenelle » contre les violences conjugales s'est résumé à une vaste opération de

10. Rapport d'enquête « Cadre de vie et sécurité », SSMSI, 2019.
11. Maïlys Khider et Timothée de Rauglaudre, « Des femmes plus égales que d'autres. Dans les réseaux "féministes" du CAC 40 », *Le Monde diplomatique*, décembre 2020.

communication : alors que les associations réclamaient 1 milliard pour des logements ou des prises en charge adaptées, elle a concédé 30 millions d'euros et un numéro d'appel. Par contre, elle privilégie la répression : la loi de 2018 qui porte son nom pénalise le harcèlement de rue. Sa communication se déroule dans un des derniers quartiers populaires de Paris, La Chapelle, comme si le harcèlement de rue ne concernait que les classes populaires immigrées. Devenue ministre déléguée auprès du ministre de l'Intérieur, elle se garde bien de dénoncer Gérald Darmanin, accusé de viol, et participe activement à l'élaboration du projet de loi sur le « séparatisme » qui instrumentalise le féminisme dans une politique de la citoyenneté, notamment en prévoyant que la polygamie, pourtant déjà interdite, deviendra un motif d'expulsion du pays.

Le féminisme néolibéral fait primer le marché sur tout autre instrument. L'exemple du 39 19 est parlant : la Fédération nationale Solidarités femmes demandait que le numéro d'écoute nationale pour les femmes victimes de violence soit ouvert en permanence, et non pas, comme c'était le cas initialement, à des horaires restreints. Plutôt que d'augmenter les subventions de l'État, le gouvernement a alors voulu ouvrir le numéro à la concurrence, ce que la mobilisation féministe a permis d'empêcher. Autre exemple, le projet de loi contre les violences économiques au sein du couple : au lieu de poser la question des inégalités de revenus, qui sont un des facteurs majeurs de la dépendance des femmes à leur conjoint violent, il est prévu de confier aux banques et aux notaires la charge de veiller à ce que leurs clientes ne soient pas victimes de violences économiques, d'augmenter dans les entreprises le nombre de femmes aux postes à responsabilité et de faciliter l'entrepreneuriat des femmes[12]. Telle est la traduction néolibérale de la demande d'égalité portée par le mouvement féministe.

La place centrale accordée au marché a d'autres effets : le féminisme a connu la même trajectoire que l'idée de révolution. Récupéré comme argument marketing, il s'est vu privé de son potentiel contestataire et intégré au circuit capitaliste de la valorisation. Les célébrités que Roxane Gay appelle « *fame-inists*[13] » se servent en effet de ce terme pour valoriser leur image et vendre toutes sortes de produits estampillés féministes – des livres, des

12. Marion Perrier et Elsa Sabado, « Violences économiques : le hors-sujet des parlementaires », *Alternatives économiques*, 9 mars 2021.

13. Roxane Gay, « Emma Watson? Jennifer Lawrence? These Aren't the Feminists You're Looking for », *The Guardian*, 10 octobre 2014.

séries et des films qui marchandisent le féminisme et promeuvent un féminisme entrepreneurial[14].

Comment comprendre l'essor de ce féminisme néolibéral ? Les tentatives de récupération des mouvements contestataires n'ont absolument rien de neuf. En France, après l'accession au pouvoir de François Mitterrand, la recréation d'un ministère délégué aux Droits des femmes, dirigé par Yvette Roudy, ouvre la voie au développement d'un féminisme institutionnalisé au sein même de l'État, qui a pu par la suite faire sien l'agenda néolibéral. Ce dernier entre en dialogue prioritairement avec certaines associations féministes, qui s'institutionnalisent pour cette raison même. Parallèlement, au cours de la même période, on assiste à une « ONGisation » du mouvement féministe dans différentes régions du monde, comme en Amérique latine et dans les pays arabes. L'ONU s'empare de la question féministe : 1975 est l'année internationale de la femme et, en 1995, a lieu la quatrième conférence mondiale sur les femmes sous l'égide des Nations unies. L'ONU et des ONG financent un certain nombre de programmes en faveur de l'égalité entre hommes et femmes.

En France et à l'échelle internationale, ces politiques influent sur l'ensemble du mouvement féministe, en donnant la priorité à certaines thématiques, comme le voile ou l'excision. Puisqu'un grand nombre d'associations féministes dépendent très largement des financements de l'État, ce dernier peut en venir à fixer leur agenda.

Renaissances féministes

Malgré tout cela, la quatrième vague féministe donne des raisons d'espérer. Elle se propage à l'échelle internationale, se lie au mouvement ouvrier et au mouvement antiraciste, lutte contre toutes les formes de violence, en particulier au moyen de la grève féministe. À l'échelle internationale, cette quatrième vague a connu trois temps. Elle naît en Amérique latine au début des années 2010, avec l'émergence d'un mouvement contre les féminicides, en particulier en Argentine, autour du mot d'ordre « *Ni una menos* » (pas une de moins), emprunté à la poète et militante féministe mexicaine Susana Chávez. D'autres revendications émergent en lien avec les féminicides, comme celle de la légalisation de l'avortement. Au Chili, les mobilisations au sein de l'université font le lien avec l'enjeu de l'éducation à la

14. Nina Power, *La Femme unidimensionnelle*, trad. fr. N. Vieillescazes, Paris, Les Prairies ordinaires, 2010 ; Catherine Rottenberg, *The Rise of Neoliberal Feminism*, Oxford, Oxford University Press, 2018.

notion de genre[15]. Puis, la naissance du hashtag #MeToo aux États-Unis, en octobre 2017, dans le contexte des *Women's marches* contre Trump, a un effet catalyseur à l'échelle internationale. Enfin, un dernier moment a lieu autour de la construction de la grève féministe internationale pour le 8 mars, suite à l'appel du collectif argentin Ni Una Menos, en 2017. Chaque année, un nouveau pays entre dans le mouvement de grève et vient ainsi renforcer la quatrième vague : Italie, État espagnol, Suisse, Belgique...

En France, la renaissance féministe suit de façon plus ou moins saccadée ces grandes étapes. La réception française de #MeToo, avec le hashtag #BalanceTonPorc, a d'abord démontré le caractère systémique de la domination de genre et des violences grâce aux témoignages sur les réseaux sociaux. À une telle échelle, la libération, ou du moins la visibilisation de la parole, a eu pour effet de poser les bases de possibles mobilisations. En outre, le mouvement #MeToo a ceci de particulier qu'il se poursuit et se développe, encore récemment avec le #MeToo inceste ou le #MeToo gay.

Parallèlement, au sein du mouvement social, les femmes Gilets jaunes ont été particulièrement mises en avant par les médias, ce qui est peut-être un des effets indirects de #MeToo. Bien que les femmes aient toujours été présentes dans les mouvements sociaux, elles sont cette fois-ci remarquées, certaines devenant même des porte-parole du mouvement. Et, même si toutes ne revendiquent pas l'étiquette « féministe », elles ont fortement conscience de subir une exploitation spécifique en tant que femmes.

Le mouvement des colleuses, lancé en 2019, constitue plus encore une matérialisation, dans la rue, de la visibilisation de la parole sur les réseaux sociaux. Partout en France, sur les murs, des lettres noires sur fond blanc rendent brutalement visible ce qui est d'ordinaire tu, caché et oublié : le nombre de féminicides, semaine après semaine, les noms des personnes assassinées.

L'acmé de la mobilisation en France est atteinte le 24 novembre 2019, lorsque, à l'occasion de la journée contre les violences faites aux femmes, 100 000 personnes descendent dans les rues de Paris pour participer à l'une des plus grandes manifestations féministes depuis les années 1970. La présence de la jeunesse, qui y est forte, se confirmera à la rentrée 2020 lors de la mobilisation autour du hashtag #BalanceTonBahut. Les mouvements sociaux se font en outre tout particulièrement les relais des mots d'ordre

15. Carolina Olmedo et Luis Thiellemann, « Chili. Un féminisme venant du Sud », *Contretemps*, 27 juin 2018.

et des revendications féministes. Ainsi, lors de la mobilisation contre la réforme des retraites, les « Rosies » créent une chanson et une chorégraphie, sur le modèle chilien d'« Un violeur sur ton chemin », pour mettre en avant la question féministe, mais aussi faire descendre des gens dans la rue, dans un contexte d'intense répression des manifestations : les vidéos de ces performances deviennent virales sur les réseaux sociaux. Cette problématique est également présente dans les mobilisations locales. Les femmes de chambre de l'hôtel Ibis-Batignolles, victorieuses après une grève de plus d'un an, lient indissociablement le féminisme, la lutte antiraciste et la lutte pour l'amélioration de leurs conditions de travail[16].

Enfin, l'épidémie du Covid-19 et le premier confinement ont donné lieu à un moment paradoxal : alors qu'habituellement, le travail reproductif est dévalorisé et invisibilisé, il est soudain apparu pour ce qu'il est vraiment, comme un travail nécessaire, indispensable à la survie collective. Dès lors, celles qui l'effectuent, femmes et minorités de genre, des classes populaires, souvent racisées, ont été reconnues comme centrales dans nos sociétés. Même si ce dévoilement et ce retournement n'ont été que de courte durée, ils constituent un point d'appui essentiel pour les luttes de l'avenir.

16. Voir la vidéo « Rachel Keke Raïssa, femme de chambre en colère », *Urbania*, YouTube, 21 octobre 2020.

Localisme

Aurélien Bernier

Il est rare qu'une cause rallie les principaux mouvements partisans, de l'extrême gauche à l'extrême droite en passant par les partis dits « de gouvernement », des institutions comme l'Union européenne, les Nations unies ou la Banque mondiale, et intéresse même les grandes entreprises, qui l'intègrent à leur stratégie et à leur discours. Depuis peu, en France comme dans la plupart des pays européens, le localisme – entendez : le fait de valoriser l'action locale et cette entité floue qu'est le « territoire » – entre dans cette catégorie restreinte. Des sensibilités très différentes, voire opposées, s'en revendiquent : le localisme peut être progressiste, libéral ou identitaire. Beaucoup le présentent comme une solution à des problèmes globaux : la dégradation de l'environnement, la mondialisation économique, le déficit démocratique national et européen

Cet unanimisme a de quoi surprendre, en particulier dans un pays de tradition jacobine comme la France. Si l'affrontement entre le pouvoir central et les provinces est une constante dans l'histoire de la nation, la vision républicaine, dans laquelle l'État est le garant, en droit, de l'égalité entre les citoyens et de la solidarité entre les hommes et entre les territoires, s'est imposée avec la Révolution française, puis a été réaffirmée au lendemain de la Seconde Guerre mondiale. Le fait que le discours localiste devienne dominant et structurant au début du XXIe siècle n'est pas un hasard. D'une part, les mouvements politiques qui le défendent de longue date (une partie de l'extrême droite et la « deuxième gauche ») ont su influencer la doctrine des grands partis au pouvoir ; d'autre part, les stratèges libéraux en ont fait plus récemment un sujet de diversion.

Le localisme identitaire et l'extrême droite

Le localisme a toujours eu une dimension identitaire. Il vise à défendre le particularisme contre la généralité, ce qui se traduit d'abord par la défense des pays et provinces contre le pouvoir royal, puis des localités contre le jacobinisme et l'égalitarisme issus de la Révolution française.

Dans la seconde moitié du XIXe siècle, c'est la littérature qui met les terroirs en valeur, davantage dans une approche artistique que politique. Mais, avec la crise des années 1930, le régionalisme se fait de plus en plus identitaire, quand il n'est pas un séparatisme pur et simple, à l'image de certains mouvements qui se rapprocheront du nazisme et du régime de Vichy en espérant obtenir d'eux l'indépendance[1]. À la Libération, cette proximité, ainsi que le souhait populaire de reconstruire la nation, conduisent à la marginalisation provisoire du régionalisme.

Ayant subi successivement la chute du régime vichyste, la perte de l'Algérie et l'échec du coup d'État de janvier 1961, l'extrême droite a besoin de repenser sa stratégie et son corpus idéologique. Au milieu des années 1960, des intellectuels engagent un travail de refonte théorique qui donne naissance à un courant qu'on nommera de façon assez trompeuse la « Nouvelle Droite ». En 1963, Dominique Venner (1935-2013) crée le mouvement Europe-Actions, qui édite une revue sous le même nom. Il est rapidement rejoint par des localistes comme Alain de Benoist ou le régionaliste identitaire normand Jean Mabire (1927-2006). Ce dernier écrit par exemple en 1966 qu'il se considère « normand et européen, tout ensemble. Mais plus du tout français[2] ». Europe-Actions recrute également l'ancien Waffen-SS Marc Augier (1908-1990), dont le nom de plume est Saint-Loup, qui conçoit l'Europe comme une « entité supranationale différentialiste » avec des provinces à forte identité qu'il nomme ses « parties charnelles ».

Ce courant de pensée articule un « nationalisme européen », c'est-à-dire l'idée d'une Europe blanche, unie dans un ensemble de type impérial, et un

1. C'est le cas notamment du Parti national breton, créé en 1931.
2. Jean Mabire, *L'Écrivain, la Politique et l'Espérance*, Paris, Saint-Just, 1966, p. 113.

régionalisme identitaire. Ce projet est résumé par une formule : « l'Europe aux cent drapeaux » – une Europe des ethnies qui ferait disparaître les États-nations et pratiquerait le séparatisme culturel. À Charles Maurras (1868-1952) et Maurice Barrès (1862-1923), les rédacteurs de la revue reprennent l'idée de « l'enracinement » : tout nationalisme (quelle que soit son échelle) a besoin d'un ancrage dans les particularismes locaux pour s'épanouir.

La revue *Europe-Actions* disparaît en 1966, mais sa production alimente la Nouvelle Droite. Cette dernière se structure, à partir de la fin des années 1960, avec la création du Groupement de recherche et d'études pour la civilisation européenne (GRECE), qui regroupe à nouveau Dominique Venner, Alain de Benoist et Jean Mabire. En s'appuyant sur des revues (*Nouvelle École* à partir de février-mars 1968, puis *Éléments* à partir de 1973), le GRECE constitue et diffuse une véritable doctrine. Des mouvements similaires se développent également dans d'autres pays européens (Allemagne, Italie, Belgique notamment), ce qui facilite la circulation des idées de la Nouvelle Droite française[3].

Les auteurs du GRECE tiennent compte de deux phénomènes majeurs : les révoltes de mai 1968, qui mettent en cause, entre autres, la centralisation et le conservatisme du pouvoir politique parisien, et la montée des questions écologiques, 1968 étant aussi l'année de publication du rapport au Club de Rome, *The Limits to Growth* (« Les limites de la croissance », mal traduit en France par le titre *Halte à la croissance ?*). Alain de Benoist forge un discours écologiste empreint de darwinisme social. Il lui sert à justifier la hiérarchie et les inégalités, qui existeraient à l'état naturel, mais qui fait aussi le lien avec le localisme identitaire : c'est par l'enracinement qu'on pourra le mieux protéger la planète.

Sous les présidences de Georges Pompidou et Valéry Giscard d'Estaing, la Nouvelle Droite multiplie les contacts avec les cabinets ministériels et fait infuser ses idées. Après 1979 et l'échec de l'extrême droite aux élections européennes (le Front national ne parvient pas à constituer une liste, et l'ancien responsable vichyste et défenseur de l'Algérie française Jean-Louis Tixier-Vignancour [1907-1989] n'obtient que 1,31 % des suffrages exprimés), de nombreux cadres du GRECE rejoignent le Rassemblement pour la République (RPR) et l'Union pour la démocratie française

3. Stéphane François, *Les Paganismes de la Nouvelle Droite (1980-2004)*, thèse pour le doctorat en sciences politiques, Université du droit et de la santé – Lille 2, 2005.

(UDF), mais certains entreront au Front national, comme Jean Mabire, au milieu des années 1980.

Le GRECE poursuit ses travaux théoriques et publie, au début des années 2000, un *Manifeste pour une renaissance européenne*[4], qui défend notamment « des appartenances fortes contre le déracinement », « l'Europe fédérale contre le jacobinisme » et « des communautés locales contre le gigantisme ». Il considère que « l'État-nation est désormais trop grand pour traiter des petits problèmes et trop petit pour affronter les grands. [...] La civilisation se fera par l'addition, et non par la négation de ses cultures historiques, régionales comme nationales, permettant ainsi à tous ses habitants de reprendre pleinement conscience de leurs sources communes. »

Avec l'élection de Marine Le Pen à la tête du Rassemblement national (RN) en 2011, les identitaires renforcent leur présence à la direction du parti. Le principe identitaire finit par résoudre la contradiction entre les partisans de la nation et ceux de la région : tout ce qui est identitaire est bon pour le parti d'extrême droite.

En 2016, Marine Le Pen rencontre Hervé Juvin, essayiste, homme d'affaires, ancien conseiller de Corinne Lepage qui s'est rapproché, à partir de 2010, du Bloc identitaire. Membre de la revue *Éléments* depuis 2017, il inspire très fortement le programme des élections européennes de 2019, à l'issue desquelles il est élu à Strasbourg. Imposant la fin du discours sur la sortie de l'euro, il apporte également un volet écologiste et très localiste directement importé de la Nouvelle Droite. D'après lui, il faut « dénoncer l'escroquerie globaliste qui se cache derrière les campagnes d'alerte sur le climat. L'écologie est affaire de local, de singularités et de choix collectifs. [...] Seuls des États en pleine possession de leurs territoires peuvent contrôler, gérer, limiter les activités des entreprises et de leur population. Seules des nations garantes des frontières et de l'identité de leurs peuples peuvent préserver leur culture, leur civilisation et la différence de leur mode de vie[5]. »

Pour le Rassemblement national, le bénéfice est triple. Tout d'abord, en élargissant la question identitaire au localisme et plus seulement au nationalisme, il peut attirer vers lui des sensibilités régionalistes anti-jacobines. Ensuite, le localisme lui permet de se positionner en défenseur

---

4. GRECE (Alain de Benoist et Charles Champetier), *Manifeste pour une renaissance européenne. À la découverte du GRECE. Son histoire, ses idées, son organisation*, Paris, 2000.

5. Hervé Juvin, « "Green Deal", réalités et illusions écologiques », *hervejuvin.com*, 16 décembre 2019.

de la « France périphérique » contre les conséquences de la métropolisation, ces propos trouvant leur place dans le discours historique en faveur de l'artisanat, du petit commerce, des petites entreprises. Enfin, bien sûr, il se construit un discours écologiste conservateur, refusant par exemple « toute disposition qui, sous couvert de bonne conscience verte, porterait atteinte aux coutumes, aux traditions, aux pratiques artisanales et au mode de faire agricole ou gastronomique de la France[6] ».

Le succès aux européennes de 2019, mais aussi la défiance croissante des citoyens vis-à-vis de l'État libéral qu'Emmanuel Macron incarne jusqu'à la caricature, laissent penser que le localisme est durablement inscrit dans la doctrine de l'extrême droite française. En décembre 2020, Hervé Juvin annonçait avec Andréa Kotarac, ancien cadre de la France insoumise passé au RN, la création du Parti localiste, dont l'objectif est de combattre des idées jacobines qui restent présentes à l'extrême droite. Cette nouvelle formation politique se veut néanmoins un « complément » au parti de Marine Le Pen.

À gauche, un localisme progressiste

Tandis que la Nouvelle Droite construit une doctrine localiste, un mouvement symétrique s'opère à gauche. En 1960, des dissidents de la Section française de l'internationale ouvrière (SFIO), des trotskistes et des radicaux-socialistes créent le Parti socialiste unifié (PSU) dont les fondements sont l'opposition à la guerre en Algérie (la SFIO la défend), mais aussi le rejet du stalinisme et du jacobinisme. Cette nouvelle organisation fédère de nombreux chrétiens de gauche, culturellement favorables au localisme (le local étant vu comme le lieu de la solidarité active), et des membres de mouvements régionalistes progressistes comme l'Union démocratique bretonne (UDB), très représentée au PSU. En juin 1965, Michel Rocard entre au bureau national et se rapproche des chrétiens sociaux et des groupes autogestionnaires et localistes.

Les 30 avril et 1er mai 1966 se tient la Rencontre socialiste de Grenoble, qui réunit des intellectuels, des médias, des groupes politiques, des syndicats de gauche dont l'ambition est de « moderniser » le socialisme face à une SFIO en déliquescence. Michel Rocard y présente un rapport « sur la vie régionale en France » dont le titre est *Décoloniser la province*. Tout en expliquant, en introduction, que la situation de la province française n'est

6. *Ibid.*

pas la même que celle de l'Algérie ou du Vietnam, Michel Rocard entend démontrer qu'elle est malgré tout « colonisée » par Paris : industrie plus faible, production largement exportée, niveaux de vie inférieurs, absence « de toute autonomie de décision, notamment dans l'ordre financier ». Sous couvert de lutte des classes et d'« innovation » industrielle, Rocard réclame une véritable décentralisation qui permette une gestion directe des affaires locales, non pas par les citoyens mais par des experts. En s'affichant moderne et localiste, en critiquant « la belle mécanique centralisatrice et stérilisatrice que représente l'État en France », le PSU se distingue encore plus nettement de la SFIO et du PCF.

Au milieu des années 1960, les militants du PSU participent à la formation des groupements d'action municipale (GAM). La première de ces structures voit le jour à Grenoble pour les élections municipales des 14 et 21 mars 1965, qu'elle remporte avec 51,83 % des suffrages. Cette victoire a conduit à une multiplication des GAM dans les villes et à de nouveaux mots d'ordre à gauche : le changement de société peut (doit ?) partir du local.

Tout semble pousser cette Deuxième Gauche vers la défense du local, à commencer par son antistalinisme qui l'amène à chercher d'autres schémas institutionnels que celui de l'État central, potentiellement totalitaire. Elle se nourrit aussi de l'expérience des mouvements pour les droits civiques américains, qui inspirent sur bien des aspects les mobilisations de Mai 68 et sont résolument hostiles à l'État. Enfin, l'émergence de l'écologie politique vient renforcer ces convictions, l'agronome français René Dumont (1904-2001) écrivant par exemple que « la notion moderne d'État, prenant la suite du pouvoir féodal, mais avec de bien plus grands moyens centralisateurs, se retrouve aujourd'hui derrière toutes les formes d'exploitation ». Les partis « verts » qui se structurent dans les années 1980 soutiennent la construction européenne et le régionalisme au nom du dépassement de l'État-nation, qu'ils souhaitent voir dépérir.

Quand, au tournant des années 1970, naît le Parti socialiste (PS), le PSU refuse de s'y fondre, mais une partie importante de ses adhérents le rejoint. C'est le cas de Michel Rocard et de nombreux chrétiens sociaux. Tout au long de la décennie, les idées localistes progressent au sein du PS. Au départ, il s'agit de ne pas en laisser le monopole au PSU, d'intégrer les revendications de Mai 1968 et la « modernité » symbolisée par la gauche américaine. D'un point de vue tactique, il s'agit également de prendre en compte la tendance formée en interne par Michel Rocard. La décentralisation et le régionalisme sont inscrits dans le Programme commun de 1972, porté par

François Mitterrand dans la campagne présidentielle de 1974 puis à nouveau dans celle de 1981, avec deux idées centrales : il faut moderniser les structures administratives et « rendre la parole et l'initiative aux citoyens ».

Dès son arrivée au pouvoir, le PS fait adopter les lois de décentralisation (lois Defferre de 1982-1983), qui transforment les départements et les régions en collectivités locales à part entière. Mais le tournant libéral qui s'opère à la même période plonge la France dans la rigueur et conduit à un constat amer : même lorsque le Parti socialiste est aux commandes, les forces progressistes se heurtent à un État libéral. Après 1986 et le traité européen dit de l'Acte unique, on comprend aussi qu'au-dessus de cet État libéral, se trouvent des institutions européennes qui ne le sont pas moins, bien au contraire, et qui disposent de compétences de plus en plus étendues.

Cette situation nouvelle conduit les mouvements progressistes à chercher des échelles d'action alternatives : l'échelle mondiale (l'altermondialisme), l'échelle européenne (le rêve d'une « Europe sociale » ou d'une « autre Europe ») et l'échelle locale, vue comme celle des alternatives concrètes, des expérimentations. La fin des années 2000 et le début des années 2010 nous montrent un véritable paradoxe : alors que l'économie se concentre, que le pouvoir des multinationales en général et des fonds d'investissement en particulier est de plus en plus grand, que le droit européen s'impose aux États membres ou que les tribunaux d'arbitrages commerciaux sanctionnent la mise en application de certaines lois nationales, jamais les discours progressistes n'ont autant fait la part belle au localisme. On pense au succès du film documentaire de Coline Serreau, *Solutions locales pour un désordre global* (2010), ou à celui de Cyril Dion et Mélanie Laurent, *Demain* (2015), qui obtiendra le César du meilleur film documentaire en 2016. On pense aussi à l'engouement pour les listes citoyennes aux élections municipales de 2020 et à la redécouverte de penseurs comme l'Américain Murray Bookchin (1921-2006), théoricien du municipalisme libertaire.

En agrégeant différents niveaux de radicalité et en inscrivant certaines de ses actions dans la durée, ce localisme progressiste a remporté des victoires. L'une des plus spectaculaires est l'abandon du projet d'aéroport à Notre-Dame-des-Landes (Loire-Atlantique) après l'occupation du site durant plusieurs années (la fameuse « Zone à défendre » ou ZAD), victoire qui doit beaucoup à l'implication de mouvements autonomes, anarchistes et libertaires. Malgré le drame qu'a constitué le décès de l'écologiste Rémi

Fraysse en 2014 lors d'affrontements avec la police, la lutte de la ZAD de Sivens, dans le Tarn, a, elle aussi, été victorieuse, obtenant l'abandon du projet de barrage prévu sur un site naturel protégé. Ce type de mobilisation en rappelle, par ses formes, de plus anciennes : contre le camp militaire du Larzac de 1971 à 1981 ou contre les centrales nucléaires de Creys-Malville (Isère) et de Plogoff (Finistère) à la fin des années 1970. La principale force des ZAD est d'associer l'occupation permanente d'un lieu, qui nécessite un militantisme à plein temps, et des manifestations plus ponctuelles, qui agrègent des mouvements politiques, écologistes, syndicaux, citoyens, qui ne pourraient pas ou ne souhaiteraient pas se joindre à une occupation qu'ils soutiennent pourtant. Politiquement, les zones à défendre permettent de militer pour des causes globales (l'écologie, l'anticapitalisme ...) tout en visant, à court terme, un objectif concret et accessible. Ce qui n'a pas été résolu, ni par les ZAD ni par aucune mobilisation locale, par contre, c'est la difficile question du passage au niveau supérieur : comment remettre en cause non pas un ou quelques projets, mais transformer en profondeur la société ? Vouloir des « ZAD partout », comme le clame un slogan, est une chose, mais changer les institutions en est une autre.

D'un point de vue électoral, le discours localiste progressiste a d'ailleurs surtout bénéficié à une écologie sociale-libérale, qui a pu conquérir plusieurs grandes villes françaises en 2020. Donnant l'illusion d'un renouvellement des élites et des pratiques locales, elle vante « une coconstruction » des politiques publiques » qui, tout comme la gouvernance, permet de justifier bien des compromis, voire des renoncements, au nom du « réalisme » économique et des nécessités du « terrain ».

Localisme libéral

Le phénomène qui devrait le plus nous interroger n'est pourtant pas l'importance prise par le localisme à l'extrême droite ou dans la pensée progressiste. La question centrale se trouve ailleurs. Pourquoi le local est-il aussi valorisé dans les discours officiels, à tous les niveaux des institutions de la République ? Pourquoi l'État libéral flatte-t-il autant les régions, les intercommunalités ou met-il en avant l'importance de « l'économie territoriale » ? Pourquoi l'Union européenne contracte-t-elle directement avec les localités des États membres et appuie-t-elle le régionalisme et la métropolisation ? Pourquoi même la Banque mondiale soutient-elle la décentralisation, notamment via ses documents de stratégie pour la réduction de la pauvreté (DSRP), qui recommandent aux États du Sud de la mettre en place ?

Dans la crise économique qui marque le début des années 1980, la décentralisation devient un moyen de partager la rigueur et les responsabilités avec les collectivités locales. Ainsi, les premiers transferts de compétences, notamment celui des aides sociales aux départements ou du développement économique aux régions, se font avec des budgets insuffisants au regard de la projection des besoins[7]. De retour au pouvoir, la droite poursuit cette décentralisation austéritaire et l'accentue ; l'insuffisance des ressources des collectivités locales pour faire face aux dépenses deviendra une constante, toutes tendances politiques confondues. Mais le transfert de compétences aux collectivités permet aussi de hâter l'ouverture à la concurrence des services publics. Eau potable, assainissement, déchets : de longue date, il existe au niveau communal une tradition de gestion déléguée au privé qui se traduit par des différences de qualité de service et de prix avec l'administration en régie. Mais, avec les dérégulations imposées par Bruxelles et les transferts de compétences aux localités, le risque de privatisation « par le local » s'étend aux transports ferroviaires ou à l'énergie. En décembre 2019, le président Les Républicains du Grand-Est, Jean Rottner, annonçait vouloir « privatiser » les trains express régionaux (TER), dont la gestion est régionale depuis 2002, estimant que la SNCF n'avait plus les capacités suffisantes pour investir dans les petites lignes[8]. En matière d'énergie, le développement des renouvelables permet de décentraliser la production mais sert aussi de porte d'entrée au secteur privé. De nombreux élus locaux rivalisent pour attirer les investisseurs, espérant des retombées économiques et davantage d'autonomie territoriale. Mais le prix à payer est de passer d'une logique de service public, d'égal accès et de péréquation tarifaire à une logique de rentabilité pour les actionnaires.

Alors que les questions monétaires, industrielles, commerciales, de concurrence sont transférées au niveau européen, que les questions budgétaires sont soumises aux impératifs de Bruxelles, que le lobbying des multinationales s'exerce en permanence et que l'État libéral court-circuite régulièrement le débat démocratique populaire, voire parlementaire, la

7. Pour le social, notamment, les dépenses progressent très fortement, en cette période de crise économique. Beaucoup plus fortement que les recettes : les taux de progression annuels des dotations aux départements par les lois de 1982-1983 se révèlent insuffisants au regard de l'évolution du besoin de financement au cours des années qui suivent. Cela sera d'ailleurs critiqué par l'opposition.

8. Olivier Mirguet, « "En privatisant les TER, nous allons économiser entre 15 % et 30 % par rapport à la SNCF" : Jean Rottner, président de la région Grand-Est », *La Tribune*, 23 décembre 2019.

« démocratie locale » apparaît enfin comme un substitut démocratique, un moyen de « rapprocher le pouvoir du citoyen ». Pourtant, les compétences dévolues aux collectivités ne leur permettent ni de s'opposer aux grandes tendances internationales (la mondialisation, la libre circulation des marchandises et des capitaux, la dérégulation, les délocalisations), ni de s'affranchir du droit européen ou national (hors les cas, très ponctuels, d'expérimentation). Par ailleurs, rien dans le droit n'oblige les élus locaux à tenir compte des avis des habitants.

Cette démocratie « de proximité » ou « participative » existe, bien sûr, mais elle dépend du bon vouloir des élus et son périmètre se limite généralement à des questions d'aménagement du cadre de vie, qui ne sont certes pas négligeables mais ne suffisent pas à faire un projet de transformation écologique et sociale. Pourtant, si l'on se fie au discours des pouvoirs publics, le local serait la voie du changement vers une société durable, conciliant écologie, économie et justice sociale. Le propos n'a rien de nouveau : dès le Sommet pour la Terre de Rio en 1992, une communauté internationale refusant de réguler l'économie pour réduire les émissions de gaz à effet de serre et de polluants incite les pouvoirs locaux à adopter des « Agendas 21 », qui sont des démarches volontaires (c'est-à-dire facultatives) de planification pour instaurer un « développement durable ». Or, les « territoires » infranationaux disposent de moyens dérisoires comparés à ceux des grands groupes industriels ou financiers, qui sont de loin les principaux responsables de la dégradation de l'environnement. Du reste, la plupart des « acteurs des territoires » qui œuvrent à l'intérieur des intercommunalités ou des syndicats mixtes ont très peu d'autonomie décisionnelle, qu'il s'agisse des sites de production appartenant à de grands groupes dont les orientations sont définies à La Défense ou dans d'autres quartiers d'affaires, des petites et moyennes entreprises sous-traitantes de ces même grands groupes ou bien des agriculteurs dont l'essentiel des productions est vendu sur les marchés mondiaux. Pour « valoriser » leur territoire, les élus eux-mêmes acceptent de satisfaire les investisseurs, en leur offrant des conditions d'accueil optimales, quitte à leur proposer du foncier ou des locaux à prix cassés, à leur accorder des avantages fiscaux ou des subventions sans véritable conditionnement écologique ou social. Le plus souvent, les politiques locales ne dérogent pas aux grands principes néolibéraux : priorité donnée à l'économie de la connaissance et aux services au détriment de l'industrie, culte voué à l'innovation, recours aux partenariats publics-privés, « co-construction » des politiques publiques avec les acteurs économiques. En dépit des discours convenus, les collectivités n'ont absolument pas les leviers nécessaires pour relocaliser l'économie, quelques circuits courts alimentaires ou ressourceries étant loin de suffire à satisfaire les besoins de consommation des habitants.

S'il existait une grille d'analyse pour évaluer les stratégies libérales de diversion de l'opinion, le localisme institutionnalisé par la décentralisation cocherait toutes les cases. Mais le jeu est dangereux, car il finit par nourrir le localisme identitaire tel que le défend aujourd'hui le Rassemblement national. Pour valoriser leur territoire (et parfois leur image), les élus sont de plus en plus nombreux à rechercher une « identité territoriale » qui flatte les particularismes, puise ses références dans l'Ancien Régime ou l'histoire féodale, recourt à l'invention d'une tradition. Afin de justifier leur fonction ou de bâtir leur carrière, ces édiles survalorisent leur pouvoir et dénigrent l'État, en oubliant que celui-ci ne se limite pas au gouvernement en place mais englobe aussi l'administration, les services publics et des mécanismes de redistribution et de solidarité (comme les retraites, l'assurance maladie, l'impôt sur le revenu ou la péréquation tarifaire) qui résistent encore au libéralisme. Et, puisque la mondialisation et le désengagement de l'État attisent comme jamais la concurrence territoriale, ce localisme-là peut facilement déboucher sur une xénophobie de proximité. C'est précisément ce qui conduit la Ligue du Nord italienne ou des mouvements régionalistes flamands, membres du groupe Identité et Démocratie au Parlement européen, à adopter des positions séparatistes.

La menace de radicalisation identitaire semble pourtant être le cadet des soucis des libéraux au pouvoir en France. Véritable diversion face à la mondialisation et à l'austérité, peut-être dernier rempart face à la révolte populaire, le localisme semble présenter trop d'avantages pour qu'on se soucie de sa récupération par le Rassemblement national ou ses équivalents européens. Le 15 juillet 2020, lors de sa Déclaration de politique générale, le nouveau Premier ministre Jean Castex confirmait : « C'est à cette France des territoires, à cette France de la proximité que nous devons impérativement faire confiance, car c'est elle qui détient en large part les leviers du sursaut collectif. [...] Libérer les territoires, c'est libérer les énergies. » Comme si la gestion d'une crise sanitaire sans précédent, la relocalisation de la production et le redressement d'une économie effondrée pouvaient se passer d'un État régulateur et de services publics nationaux structurés et correctement dotés.

Néofascisme ?

Ugo Palheta

C'est un fait indéniable que l'extrême droite n'a cessé au cours des dernières décennies de s'enraciner, en Europe et ailleurs. Si ses effectifs militants demeurent en général faibles, surtout comparés aux organisations fascistes de l'entre-deux-guerres, son influence politique a progressé partout, y compris dans des pays européens où elle était traditionnellement faible sur le terrain électoral (Suède, Allemagne, Espagne ou, plus récemment encore, Portugal), lui permettant de faire pression sur les politiques publiques, voire d'accéder au pouvoir alliée à d'autres forces.

L'extrême droite française est un parfait exemple de cet enracinement et de cette progression. Non seulement le Front national (FN), devenu Rassemblement national (RN) en 2018, a vu son électorat doubler en quinze ans (passant de 5,5 millions de suffrages au second tour de l'élection présidentielle de 2002 à 10,6 millions en 2017) et se stabiliser : autrefois volatils, ses électeurs sont aujourd'hui ceux qui, d'après diverses enquêtes, apparaissent les plus convaincus de leur vote et les plus fidèles. Mais l'influence de l'extrême droite française excède largement ce seul parti : puissante de longue date sur internet à travers des sites néofascistes[1], sa

1. En particulier, Égalité et Réconciliation et Fdesouche.

présence est croissante dans les médias de masse, certains de ses idéologues peuvent vendre des dizaines, voire des centaines de milliers d'ouvrages et ses « idées » essaiment du côté de la droite (LREM et LR), mais aussi de franges issues de la gauche (Printemps républicain, etc.).

Vous avez dit populisme ?

C'est généralement à la catégorie de « populisme » (ou, dans le meilleur des cas, de « national-populisme ») qu'ont recouru les journalistes dominants et une partie des politistes afin de caractériser les organisations d'extrême droite, en France et à l'échelle internationale. Il a pourtant été démontré à de nombreuses reprises, au cours des vingt dernières années, que cette notion est beaucoup trop vague pour être éclairante[2]. Elle s'avère à ce point fourre-tout que, suivant les critères habituellement retenus (appel au peuple contre les élites ou « le système », démagogie, etc.), on pourrait y inclure sans difficulté beaucoup des candidats à l'élection présidentielle de 2017, y compris, sans doute, Emmanuel Macron, à qui le qualificatif de « populiste » n'a pourtant guère été accolé. Populisme partout, populisme nulle part : que vaut une catégorie qui peut s'appliquer à n'importe quelle force politique et qui ne permet donc aucunement d'opérer d'utiles distinctions ?

La diffusion de cette catégorie dans le débat public à partir des années 1990 obéit à un objectif : transformer de fond en comble la perception des clivages politiques[3]. Pour celles et ceux qui œuvrent à l'émergence d'un « bloc bourgeois[4] » acquis au néolibéralisme et à l'Union européenne, il était nécessaire d'unir centre-gauche et centre-droit, mais aussi de disqualifier toute opposition à ce projet, d'où qu'elle vienne (de la gauche ou de l'extrême droite) et quels que soient les antagonismes radicaux (Sanders *versus* Trump, Mélenchon *versus* Le Pen, Podemos *versus* Vox, etc.). Les clivages qui avaient structuré le champ politique – gauche/droite, classe

---

2. Du reste, il n'y a aucun lien, ni généalogique ni idéologique, entre les courants d'extrême droite contemporains et ce qu'on peut nommer les populismes historiques : russe, états-unien ou encore latino-américains. À l'inverse, les liens avec le fascisme historique sont manifestes.

3. On pourrait d'ailleurs en dire autant de la diffusion de la catégorie de « totalitarisme » après la Seconde Guerre mondiale, qui s'expliquait moins par ses vertus intellectuelles (limitées) que par le contexte de guerre froide et la nécessité de tracer une frontière entre les « démocraties » ou le « monde libre » et les « totalitarismes » (mêlant indistinctement nazi-fascisme et « communisme », ou plutôt stalinisme). Sur les débats autour du concept de « totalitarisme », voir Enzo Traverso, *Le Totalitarisme. Le XXe siècle en débat*, Paris, Le Seuil, 2001.

4. Voir Bruno Amable et Stefano Palombarini, *L'Illusion du bloc bourgeois*, Paris, Raisons d'agir, 2017.

ouvrière/bourgeoisie, ceux d'en bas/ceux d'en haut – devaient laisser place à une opposition unique : « progressisme » contre « populisme » (nécessairement considéré comme archaïque, régressif, etc.).

La catégorie de « populisme » a donc une double fonction polémique et politique : mêler l'extrême droite et la gauche dans un même opprobre en occultant leur opposition fondamentale ; et stigmatiser, d'un même mouvement, les classes populaires[5]. Car la critique du « populisme » dissimule le plus souvent une peur de l'intervention politique des classes populaires. Il est à ce titre particulièrement remarquable que l'élite au pouvoir s'inquiète des dérives autoritaires et des délires xénophobes du « peuple », alors même qu'elle a engagé, encouragé et légitimé un tournant sécuritaire et hostile aux migrants ces trente dernières années. L'épouvantail « populiste » permet donc aussi aux idéologues et politiciens néolibéraux de se soustraire à leur responsabilité première dans la banalisation d'idées autoritaires et racistes.

Ajoutons à cela que l'imposition de la catégorie de « populisme » a favorisé le travail d'autolégitimation mené depuis les années 1970 par l'extrême droite, directement et indirectement. Elle lui a d'abord permis de faire oublier ce qui apparaissait encore évident dans les années 1980, à savoir ses origines fascistes et les liens étroits d'une bonne partie de ses fondateurs avec le nazi-fascisme historique ; elle l'a ensuite aidée à se doter d'une image « populaire », à une époque où son ancrage chez les ouvriers et les employés était encore relativement fragile. Plus profondément, la promotion du clivage progressisme/populisme s'est trouvée parfaitement en phase avec la manière dont l'extrême droite a cherché, dans les années 1990, à reconfigurer le champ politique à son profit en mettant dos à dos « mondialisme » et « nationalisme ». Dans les deux cas, il s'agissait d'effacer le clivage de classe et sa traduction politique sous la forme de l'opposition gauche/droite.

L'extrême droite a-t-elle changé ?

Une des raisons pour lesquelles le « populisme » a supplanté le « fascisme », c'est qu'on postule – généralement sans examen approfondi – que les extrêmes droites auraient changé. Les médias dominants ont ainsi largement validé l'idée d'une « dédiabolisation ». Ils ont ouvert la porte des studios de télévision ou de radio aux idéologues et politiciens d'extrême

5. Voir Annie Collovald, *Le Populisme du FN, un dangereux contresens*, Bellecombe-en-Bauges, Le Croquant, 2004.

droite et, ce faisant, coupé le « cordon sanitaire ». De même, on affirme bien souvent que le RN de Marine Le Pen aurait rompu avec le FN de Jean-Marie Le Pen, sans qu'il soit vraiment précisé quand et sur quels points se serait opérée la rupture. On va parfois jusqu'à affirmer que le FN n'a jamais eu rien de véritablement fasciste, affirmation étrange au regard de la généalogie de cette organisation, mais qui peut se comprendre si on se rappelle que l'élite médiatique et politique, passée en grande partie par Sciences Po, a pu être influencée par les écrits de René Rémond, sa typologie des droites et l'idée d'une « immunité » de la France au fascisme.

En 1972, le parti fut bâti à l'initiative d'Ordre nouveau – l'organisation qui succéda à Occident après sa dissolution en 1968 – et soutenu, notamment sur un plan matériel, par ce qui apparaissait alors comme la principale organisation néofasciste européenne : le MSI (Mouvement social italien[6]). Le premier secrétaire administratif du FN (jusqu'en 1975), Victor Barthélemy, avait été, plusieurs décennies auparavant, le numéro 2 de Jacques Doriot au sein du Parti populaire français[7]. Il ne fait nullement figure d'exception : outre quelques militants ayant fait leurs armes avec Poujade (comme Jean-Marie Le Pen) ou dans le combat contre la libération nationale de l'Algérie (Georges Bidault), on comptait parmi les fondateurs du FN nombre d'anciens miliciens, Waffen-SS et autres collaborationnistes, dont Pierre Bousquet, qui déposa les statuts du parti et en fut le premier trésorier. Enfin, l'un de ses principaux idéologues et stratèges au cours des premières années, François Duprat, fut l'une des figures majeures du néofascisme français dans les années 1960-1970 et, un temps, numéro 2 du parti.

Pourtant, l'argument généalogique ne suffit pas. Dans l'esprit de ses fondateurs, le FN devait favoriser la renaissance d'un nationalisme radical en mettant au rebut les formes les plus visibles du fascisme historique, notamment la violence de rue et la formation de milices armées, en misant notamment sur l'agitation électorale et la formation de cadres. Le projet de « dédiabolisation » n'a ainsi nullement été inventé par Marine Le Pen quand elle est parvenue à la tête du parti en 2011 ; si le mot était absent, la volonté

---

6. La flamme tricolore qui fait office de logo du FN (et, encore aujourd'hui, du RN) est d'ailleurs directement empruntée au logo du MSI, dont la signification était sans ambiguïté : la flamme tricolore (verte-blanche-rouge) devait symboliser l'âme de Mussolini montant au ciel.

7. Il fut à ce titre l'un des organisateurs de la rafle du Vél' d'Hiv' et ne renia jamais ses convictions. Voir Joseph Beauregard et Nicolas Lebourg, *Dans l'ombre des Le Pen. Une histoire des numéros 2 du FN*, Paris, Nouveau Monde, 2012.

de rendre respectables les idées d'extrême droite était déjà présente, et même au cœur du FN, lors de sa fondation et plus encore avec la nomination de Bruno Mégret comme délégué général en 1988. Le parti a été d'emblée conçu comme une vitrine électorale devant assurer la réhabilitation d'un projet politique pour l'essentiel inchangé, mais aussi de regrouper les différentes chapelles de l'extrême droite française.

Assurément, le nationalisme radical et intégral constitue le principe directeur du RN. Sa conception ethno-raciale de la nation l'amène à valoriser les « vrais Français » ou les « Français de souche » et à regretter une « submersion migratoire », voire un « grand remplacement ». Il repose aussi sur une hostilité violente au mouvement ouvrier (notamment syndical) et aux gauches, considérés, du fait de leur internationalisme, comme autant de « traîtres à la nation » ou comme le « parti de l'étranger » (expression qu'on retrouve de Drumont à Zemmour[8]). Si les dirigeants ont mis à distance les individus et les discours les plus clairement antisémites et négationnistes, pour des raisons d'ailleurs présentées comme purement tactiques par Louis Aliot lui-même (il s'agissait de briser le plafond de verre, expliquait-il en 2013 à l'historienne Valérie Igounet[9]), la xénophobie anti-immigrés n'en reste pas moins virulente. Comme le montre son obsession de l'islam, le RN ne semble pas avoir renoncé à un *projet de régénération par purification*, autrement dit à la renaissance d'une communauté imaginaire considérée comme organique (la « nation[10] ») par écrasement symbolique, liquidation politique, voire destruction physique de tout ce qui, dans le cadre de cette idéologie, est perçu comme une menace pour l'identité de cette communauté.

Si le RN rompt avec le fascisme classique – comme l'essentiel des mouvements néofascistes contemporains –, c'est donc sur un plan essentiellement tactique, par l'évitement des éléments stylistiques superficiels du modèle historique mais aussi par la mise en sourdine des modes d'action qui lui sont les plus explicitement associés (l'emploi de la violence politique, notamment, délégué à des groupuscules avec lesquels le RN peut entretenir des liens étroits, comme les identitaires, par exemple)[11]. D'autres

8. Voir Gérard Noiriel, *Le Venin dans la plume. Édouard Drumont, Éric Zemmour et la part sombre de la République*, Paris, La Découverte, 2019.

9. Voir Valérie Igounet, « Jean-Marie Le Pen est-il trop antisémite pour le "nouveau" FN ? », blog « Derrière le Front », francetvinfo.fr, 6 mai 2015.

10. Précisons que l'imaginaire fasciste peut aussi se porter sur la « civilisation » ou la « race », généralement de manière imbriquée avec la nation.

11. Le fascisme historique avait aussi bâti son succès sur l'articulation d'une tactique violente *et* d'une tactique légale (intervention habile dans les élections ou au Parlement, et usage intensif

changements idéologiques sont notables, en particulier l'instrumentalisation à des fins racistes des luttes pour l'égalité hommes/femmes, pour la laïcité, contre l'homophobie et l'antisémitisme. Alors même que l'extrême droite a manifesté durant toute son histoire son hostilité aux droits des femmes et à la laïcité ainsi que sa haine des minorités sexuelles et des juifs, l'actuelle direction du RN se présente comme un rempart contre ceux – les immigrés non européens en général, les musulmans en particulier – qui menaceraient les droits des femmes et des LGBTQI+, la laïcité et les juifs.

Un programme de transformation sociale ?

Le FN fut, dans les années 1980, un partisan extrêmement virulent du néolibéralisme, travaillant à l'importation et à la popularisation en France des préceptes mis en œuvre par Thatcher en Grande-Bretagne et Reagan aux États-Unis. Ce positionnement néolibéral du FN était parfaitement cohérent avec l'objectif politique que se donnait alors l'organisation : apparaître comme le seul parti de droite assumé et détacher une partie conséquente de l'électorat de la droite traditionnelle, en particulier du côté du petit patronat (commerçants, artisans, agriculteurs), mais aussi d'une frange du salariat hostile à la gauche et au mouvement ouvrier. Cela passait par une critique permanente des conquêtes sociales et de « l'étatisme économique ». Mais aussi par une apologie des « libertés », celle des employeurs ou celles des parents de scolariser leurs enfants dans des établissements privés.

La direction du FN opéra un premier revirement au cours des années 1990. Démarche opportuniste, puisqu'il s'agissait d'occuper un espace politique laissé vacant par la conversion du PS au néolibéralisme et le déclin du PCF, particulièrement vif dans les classes populaires[12]. Reste que le programme économique et social du RN a sensiblement changé, en particulier sous la présidence de Marine Le Pen. À tel point qu'une étude a pu estimer que « 76 % des mesures proposées par le Rassemblement Bleu Marine se placent à gauche de l'axe économique lors des législatives de

de la propagande), y compris en Allemagne, où la tentative ratée de putsch de 1923 avait alerté la direction nazie sur l'inefficacité politique d'une stratégie uniquement fondée sur l'objectif d'un coup de main de type paramilitaire.

12. Voir Julian Mischi, *Le Communisme désarmé. Le PCF et les classes populaires depuis les années 1970*, Marseille, Agone, 2014. Cela ne signifie nullement que l'électorat traditionnel du PCF serait passé au FN.

juin 2012 » contre seulement 18 % en 1986[13]. De fait, en 2017, le FN défendait la retraite à soixante ans à taux plein, une hausse des petites retraites, l'augmentation de l'imposition des plus riches et des grandes entreprises, etc. De même, critiquant à présent les privatisations (après avoir appelé la droite, dans les années 1980, à aller plus loin dans cette voie), le parti d'extrême droite défend un « État stratège » et la renationalisation de certains secteurs (transports, énergie, voire banques). Pour autant, cela ne va jamais jusqu'à la protection des salariés contre les licenciements, contre la précarité ou contre le pouvoir actionnarial (les actionnaires n'étant d'ailleurs jamais mentionnés). Le parti d'extrême droite demeure un farouche défenseur de la « liberté d'entreprendre ». La propriété privée des grandes entreprises n'est jamais évoquée, pas plus que la classe qui détient tout le pouvoir économique au nom de cette propriété. Et les modèles internationaux que valorisent Marine Le Pen (Salvini en Italie, Orbán en Hongrie ou le FPÖ autrichien, etc.) n'ont aucunement rompu avec le néolibéralisme, sans même parler de Donald Trump dont elle avait salué la victoire en 2016.

En ciblant le « mondialisme », le RN parvient à dénoncer la finance (« mondialisme d'en haut ») et les migrants (« mondialisme d'en bas »), mais surtout à esquiver la question du capital qui, bien souvent, a des noms et des visages français : vieilles familles bourgeoises et grands capitalistes, cadres dirigeants de grandes entreprises, membres de la haute fonction publique ou éditocrates, tous ayant œuvré ces dernières décennies à une refonte néolibérale des rapports sociaux et à la mise en concurrence des travailleurs et des systèmes sociaux. Les quelques déclarations opportunistes contre des délocalisations – celle de l'usine Whirlpool dans l'entre-deux-tours de l'élection présidentielle de 2017, par exemple – ne doivent pas tromper : le projet du RN reste celui d'un « bon » capitalisme, « moralisé », ou, dans le langage traditionnel de l'extrême droite, un « capitalisme national et populaire », celui des « petits » contre les « gros », autrement dit celui des « petites entreprises[14] » nationales contre celui des trusts multinationaux et de la finance « cosmopolite ». « Le social sans le socialisme », en somme.

---

13. Voir Gilles Ivaldi, « Du néolibéralisme au social-populisme ? La transformation du programme économique du Front national (1986-2012) », *in* S. Crépon, A. Dézé et N. Mayer (dir.), *Les Faux-semblants du Front national. Sociologie d'un parti politique*, Paris, Sciences Po, 2015, p. 169-176.

14. Cette expression devrait être évitée dans la mesure où elle mêle des indépendants – artisans, commerçants et agriculteurs – que leurs conditions et styles de vie rapprochent souvent des classes populaires salariées, et des propriétaires d'entreprises de plusieurs dizaines, voire centaines de salariés (jusqu'à 249 pour ce qui est des « PME-PMI »), qui appartiennent à la classe capitaliste. En outre, en opérant cette dissociation et en faisant l'éloge sans nuances des

Fausse alternative, danger réel

Le RN demeure un parti de notables – particulièrement dans ses instances de direction, qui ne comptent quasiment aucun membre des classes populaires – ayant constamment cherché à tisser des liens avec les milieux d'affaires[15]. Depuis 2017, il a même engagé un processus de recentrage, pour mordre davantage sur l'électorat traditionnel de la droite, notamment en mettant en sourdine la plupart de ses revendications empruntées à la gauche, en remettant au premier plan certains des poncifs néolibéraux (sur la nécessité de rembourser la dette, par exemple) et en abandonnant certaines mesures considérées comme phares auparavant, notamment la rupture avec l'euro.

C'est une caractéristique essentielle des fascistes, de l'entre-deux-guerres à nos jours, que de se passer de doctrine fixe en matière économique et sociale, ou plutôt d'être capable de passer d'une doctrine à une autre. L'étude de ces mouvements « attrape-tout » ne peut donc reposer sur la seule analyse de leurs programmes ou même sur leur vote dans les institutions où ils sont élus : dans les deux cas, leurs choix ne procèdent pas d'un projet précis mais de stratégies d'affichage à l'égard de tel ou tel segment de l'électorat. Ainsi n'accordent-ils aux questions économiques et sociales qu'une valeur strictement instrumentale[16], ne se gênant ni pour promettre à toutes les couches sociales des choses manifestement contradictoires ni pour changer brusquement et radicalement de propositions si cela peut leur permettre d'accroître leur audience ou de séduire une frange convoitée de l'électorat. Le RN ne contredit nullement cette tendance. Aujourd'hui comme hier, cet opportunisme a fait la force du fascisme en le rendant capable de s'adapter rapidement aux transformations de l'environnement économique et du champ politique.

Néanmoins, les hésitations et les déplacements programmatiques depuis 2017 trahissent aussi la tension entre l'ancrage électoral du RN,

---

« petites entreprises », on oublie les interconnexions étroites entre ces deux composantes du capitalisme français et on passe sous silence la forte dépendance des premières aux secondes. De même, on masque le fait qu'il s'agit d'entreprises soumises aux mêmes impératifs d'accumulation du capital, dans lesquelles les conditions de travail sont bien souvent encore plus dégradées que dans les grands groupes.

15. Voir Blandine Hennion, *Le Front national, l'argent et l'establishment. 1972-1993*, Paris, La Découverte, 1993.

16. Voir Robert Paxton, *Le Fascisme en action*, trad. fr. W. O. Desmond, Paris, Le Seuil, 2004, p. 32-41.

concentré dans la petite bourgeoisie et certaines fractions des classes populaires salariées[17], et l'appartenance sociale de sa direction, située dans les fractions des classes possédantes dont les intérêts sont les moins dépendants de la mondialisation capitaliste (avocats, petits patrons, cadres d'entreprises peu ou pas insérées dans le marché mondial, etc.). Si le RN tend actuellement à modifier son programme, c'est qu'il estime que ses vagues promesses sociales de 2017 pourraient contrarier sa volonté de s'adresser aux membres des classes intermédiaires ou favorisées électoralement positionnés à droite. Cette droitisation du discours économique du RN exigera assurément certaines acrobaties pour ne pas s'aliéner l'électorat populaire : même si les ouvriers votant pour l'extrême droite sont, au sein de leur classe, ceux qui sont les moins favorables à des mesures sociales, les moins antilibéraux économiquement et les moins favorables aux syndicats[18], l'aggravation de la crise sociale va sans doute amener le RN à essayer d'apparaître comme une alternative au macronisme sur le terrain des conditions d'existence des classes populaires, donc à défendre certaines revendications en faveur de ces dernières. Mais sa matrice politique et sa base sociale, fondamentalement conservatrices et radicalement opposées à toute forme d'émancipation, le conduiraient inévitablement à défendre ce « capitalisme national » évoqué plus haut.

On peut donc faire l'hypothèse que, parvenant au pouvoir, il ferait en sorte de satisfaire, d'un côté, sa base électorale par des attaques plus brutales encore que les gouvernements précédents contre les migrants et les minorités ethno-raciales, mais aussi contre les mouvements féministes et LGBTQI+, et de contenter, de l'autre, le patronat en s'attaquant aux droits démocratiques des travailleurs (libertés syndicales, libertés d'organisation et de réunion, droit de grève, etc.) ainsi qu'à leurs conquêtes

---

17. À partir de l'élection présidentielle de 1988, le FN s'est implanté électoralement plutôt au sein des classes populaires blanches, périurbaines ou rurales, travaillant dans des petites et moyennes entreprises, et vivant dans des zones géographiques où le mouvement ouvrier ainsi que les gauches socialiste et communiste étaient faibles. C'est donc parmi les segments des classes populaires les plus hostiles aux revendications syndicales et aux propositions de la gauche, votant auparavant à droite, que le FN a progressé. Les années 2010 ont néanmoins vu une progression du FN dans des régions où le mouvement ouvrier était traditionnellement fort (le Pas-de-Calais ou la Lorraine).

18. Comme l'écrivent Guy Michelat et Michel Simon, « quand les attitudes socio-économiques influencent un tant soit peu la probabilité du vote d'extrême droite, ce dernier est, comme le vote de droite (encore qu'à un moindre degré), plus fréquent chez ceux, ouvriers compris, qui épousent les options libérales que chez ceux qui les récusent » (« Appartenances de classe, dynamiques idéologiques et vote Front national », *La Pensée*, n° 376, 2013/4).

sociales (Sécurité sociale, droit du travail, etc.). Ainsi s'imposerait, plutôt qu'une rupture avec le capitalisme néolibéral, une synthèse particulièrement régressive du néolibéralisme et du néofascisme.

Populisme

Gérard Bras

Le spectre du populisme hante-t-il le monde ? Il serait plus juste de dire que « populisme » hante la politique[1] néolibérale. « Populisme » n'est-il qu'un mot, signifiant vide inclus dans un dispositif rhétorique, celui du néolibéralisme destiné à invalider toute contestation, symptôme d'un mouvement social réduit à l'état fantomatique ? Ou bien peut-on voir dans son usage l'indice d'une puissance politique qui cherche à s'affirmer comme « peuple » à l'encontre des sécessions bourgeoises qui s'accaparent le commun ? Les soulèvements populaires qui, un peu partout dans le monde, se sont joués suivant une partition nationale sont-ils l'expression d'un retour du peuple, comme un retour de bâton après tentative d'effacement ? Pour esquisser une réponse, il faut distinguer usage médiatique et usage politiste du mot, ainsi que les mouvements qui se donnent eux-mêmes comme affirmation du « peuple » sur la scène politique.

1. Voir Federico Tarragoni, *L'Esprit démocratique du populisme*, Paris, La Découverte, 2019, p. 152 (qui donne l'origine de cette paraphrase chez Ghita Ionescu et Ernst Gellner, *Populism. Its Meaning and National Characteristics*, Londres, Weidenfeld & Nicholson, 1969, p. 4) ; Étienne Balibar, préface à Gérard Bras, *Les Voies du peuple*, Paris, Amsterdam, 2018, p. 13-14.

Une pathologie de la démocratie ?

L'usage médiatique ressemble à un inventaire à la Prévert : des populismes, il en serait de toutes espèces, judiciaire, industriel, climatique, précautionniste, culturel, vert, sanitaire, etc. Quant aux figures « populistes » elles forment un spectre bigarré : Trump et Chavez, Marine Le Pen et Mélenchon, Beppe Grillo et Orbán, Narendra Modi et Erdogan, etc., la carpe et le lapin. « Populisme » sert à marquer l'adversaire dans une polémique, voire à s'en réclamer pour se donner les allures de l'audace[2]. Signifiant vide qui ne prend sens que par opposition à son autre, autopromu « raisonnable[3] », il a une double fonction : donner une allure présentable à l'extrême droite la plus dure[4] et l'identifier à la gauche de gauche. Cet usage médiatique d'un mot vide de sens crée une atmosphère idéologique qui détermine une image du « peuple », ou plutôt des « classes populaires », surtout quand elles font irruption, comme ce fut le cas avec les Gilets jaunes, sur la scène politique : celle d'une foule haineuse, ignorante, xénophobe, raciste, homophobe, foule qu'il faut opposer au « vrai peuple », pour ne pas dire au « bon peuple », celui qui a métabolisé sa propre soumission.

Ni le peuple, ni le populisme ne sont des réalités données. Le peuple n'existe pas en soi : il est construit par une relation politique, un rapport de force entre dominants et dominés. Le discours du « populisme » « construit [...] un peuple caractérisé par l'alliage redoutable d'une capacité – la puissance brute du grand nombre – et d'une incapacité – l'ignorance attribuée à ce même grand nombre[5] ». Il s'agit donc d'installer l'idée que le peuple, c'est le grand nombre ignorant qui sait mieux que les « experts » ce qu'il faut faire, qui soupçonne par principe les gouvernants « raisonnables et compétents ». D'une façon moins hypocrite, Hegel nommait cela la *populace* (*Pöbel*). Le présupposé est clair : la politique, la « gouvernance » est affaire technique, et la contestation des décisions, démagogie qui masque la complexité des problèmes. C'est l'idée de conflit politique qui tend à être invalidée.

---

2. Emmanuel Macron se proclame « populiste » au congrès des maires de France, le 21 novembre 2018.

3. Emmanuel Todd a montré numériquement que les électorats de Marine Le Pen et d'Emmanuel Macron sont l'envers et l'avers l'un de l'autre : *Les Luttes de classes en France au XXIe siècle*, Paris, Le Seuil, 2020, p. 280 *sq*.

4. Jean-Yves Pranchère, « Arrêtons de parler de populisme », *Libération*, 14 janvier 2021.

5. Jacques Rancière, « L'introuvable populisme », *in* collectif, *Qu'est-ce qu'un peuple ?*, Paris, La Fabrique, 2013, p. 139 ; « Les fous et les sages. Réflexions sur la fin de la présidence Trump », *AOC*, 14 janvier 2021.

Cette vague médiatique prend naissance dans les années 1980[6] et se développe dans les années 2000, en s'appuyant sur un discours académique, la *populologie*[7]. Son examen n'est pas sans intérêt : il permet de mieux comprendre le dispositif dont le signifiant « populisme » est la clé de voûte.

Selon le sociologue Federico Tarragoni, ce « populisme[8] » serait :

1) un style discursif qui relève de la démagogie. Il reposerait sur l'ignorance native du peuple, incapable de distinguer mensonges simplificateurs et discours-expert raisonnable portant sur la complexité du réel ;

2) un propos trans-idéologique (de droite et de gauche) ou post-idéologique (ni de droite, ni de gauche), expression de « la fin des idéologies ». Il serait comme l'envers d'une « politique raisonnable », « en même temps » de droite et de gauche ;

3) une tentation autoritaire, désir de chef charismatique. Mélange de démocratie et d'autoritarisme, le populisme exprimerait l'ambivalence populaire : le désir d'agir à sa guise, produit une situation d'anomie qui fait jour à une demande d'autorité tyrannique. Critique platonicienne de la démocratie, largement reprise aujourd'hui, qui fait du « peuple » le meilleur ennemi de la démocratie réduite au régime représentatif[9] ;

4) une pathologie de la démocratie, à entendre aux deux sens du terme : maladie produite par la démocratie quand elle se définit comme pouvoir « absolu » du peuple ; maladie qui frappe la démocratie quand elle est mise en cause par ses ennemis. Ce dernier trait commande les trois autres : sous les apparences d'un concept descriptif neutre, la populologie élabore une catégorie normative et idéologique.

Il est révélateur du paralogisme qui affecte nombre de politistes : le jugement normatif, embusqué sous le jugement cognitif, fait obstacle à l'analyse des contradictions réelles qui traversent la société politique. On présuppose ainsi que la « démocratie » est le nom d'un régime, l'état « normal », stable de la Cité, sans contradictions, réduit au gouvernement représentatif.

6. Voir Annie Collovald, *Le « Populisme du FN », un dangereux contresens*, Bellecombe-en-Bauges, Le Croquant, 2004.
7. Federico Tarragoni, « La science du populisme au crible de la critique sociologique : archéologie d'un mépris savant du peuple », *Actuel Marx*, n° 54, 2e semestre 2013.
8. J'écrirai « populisme » entre guillemets pour désigner le populisme selon la populologie.
9. Voir Yascha Mounk, *Le Peuple contre la démocratie*, trad. fr. J.-M. Souzeau, Paris, L'Observatoire, 2018 ; Pierre-Henri Tavoillot, *Comment gouverner un peuple roi ?*, Paris, Odile Jacob, 2019.

Populisme et souveraineté

En réalité, l'idée même de démocratie est, chez les modernes, objet d'un conflit idéologique essentiel, qui met en cause sa possibilité et interroge la dimension mystificatrice de la notion de « souveraineté du peuple[10] ». À la fin du XVIIIe, le régime représentatif est inventé pour faire obstacle au « régime populaire » : les représentants tiennent lieu de la nation, du peuple qu'ils constituent en l'unifiant[11]. D'abord, en posant une limitation censitaire au droit de vote et à l'éligibilité. Première désillusion populaire, malgré Robespierre[12], qui perdure jusqu'en 1848. Ce qui ne veut pas dire que le suffrage universel, masculin d'abord, résolve la question. On ne cesse d'interroger les conditions de légitimité d'une représentation démocratique : relève-t-elle du mandat impératif ou du mandat souverain? Comment contrôler l'action des représentants? À supposer ces questions résolues, d'autres éléments sont nécessaires à la république démocratique des modernes. Il faut y ajouter au moins le droit de manifester son opposition, y compris à une décision légitimée par la représentation, le droit de « réclamation » selon le mot de la Déclaration des droits de l'homme de 1789. Mais aussi la capacité à participer effectivement à l'élaboration de la loi, à côté ou en dehors des instances élues, voire à faire des propositions qui vont contre leurs décisions. Double condition sans laquelle la représentation n'est que dessaisissement. Historiquement, c'est ce que les mouvements nommés « populistes », depuis les *narodniki* russes jusqu'aux populistes latino-américains, en passant par le People's Party américain, ont affirmé : une remise en cause du caractère évidemment démocratique du gouvernement représentatif, soupçonné de collusion avec les « gros », voire de corruption; des revendications sociales des couches dominées, comptées pour rien au sein de la nation[13], opposant sur un mode interclassiste le bas et le haut, sans remettre en cause ni la structure économique, ni la forme de la propriété. Mouvements des « classes populaires », ils se déploient dans le cadre national, quand la souveraineté nationale est en crise, qu'elle

10. Catherine Colliot-Thélène, *La Démocratie sans « demos »*, Paris, Puf, 2011.

11. « Le peuple ou la nation ne peut avoir qu'une voix, celle de la législature nationale. [...] L'expression d'*appel au peuple* est donc mauvaise, autant qu'elle est impolitiquement prononcée. Le peuple, je le répète, dans un pays qui n'est pas une démocratie (et la France ne saurait l'être), le peuple ne peut parler, ne peut agir que par ses représentants » (Emmanuel-Joseph Sieyès, discours à l'Assemblée constituante, 7 septembre 1789).

12. Voir son « Discours sur le marc d'argent » (avril 1791), *Pour le bonheur et pour la liberté. Discours*, éd. Y. Bosc, Fl. Gauthier et S. Wahnich, Paris, La Fabrique, 2000.

13. Voir Federico Tarragoni, *L'Esprit démocratique du populisme*, *op. cit.*

apparaisse comme paravent pour l'appropriation des biens communs par les classes privilégiées (Russie), comme appropriée par les intérêts financiers (États-Unis) ou déniée par l'impérialisme étranger (Amérique latine). National et populaire, le concept du populisme désigne, historiquement, les mouvements qui rappellent que le « peuple » n'est effectivement peuple d'une nation que si la dimension sociale, celle qui soutient qu'il n'est pas de liberté sans égalité, (Rousseau), est au principe de la politique[14]. Par conséquent, le signifiant « populisme de droite » relève de l'oxymore.

Or, le libéralisme n'a jamais pu concevoir que « peuple » soit compris comme le populaire, les classes populaires, la fraction exploitée et dominée de la société, parce qu'il ne conçoit les groupes sociaux, les classes, que comme résultat de la division technique du travail, non comme expression d'un rapport de domination, comme le résultat de la lutte des classes[15]. Pour lui, « peuple » ne se comprend qu'en deux sens : l'entité transhistorique qui détermine le caractère national, l'*ethnos* des Grecs, et le principe de légitimation du pouvoir politique reconstitué à chaque consultation électorale, le corps électoral, que l'on a tendance à confondre avec le *populus* romain. Conçue comme regroupement contractuel des individus, la société ne saurait être, ici, la forme collective où les solidarités peuvent se mettre en œuvre. La formule de Thatcher, « la société n'existe pas », est l'expression paradigmatique de cette position. Elle engage l'idée que le peuple est d'abord l'ensemble des individus d'une nation, jamais unifié par lui-même, traversé de mouvements irrationnels déterminés par des intérêts particuliers contraires, dont il faut orienter les conduites afin d'éviter la guerre civile. Une population plutôt qu'un peuple[16], qui serait entravée dans sa capacité d'innovation par les cadres sociaux qui, au nom de la solidarité,

14. L'œuvre de Jules Michelet, singulièrement *Le Peuple*, publié en 1846, doit aussi être versée au dossier.

15. Voir Gérard Noiriel, *Une histoire populaire de la France. De la guerre de Cent Ans à nos jours*, Marseille, Agone, 2018, singulièrement la conclusion : « [D]ans le livre programme d'Emmanuel Macron, les classes populaires n'existent pas. Le vocabulaire qu'il utilise est à cet égard très significatif. Les termes employés pour les nommer sont empruntés au langage forgé par l'Église médiévale : les "pauvres", les "modestes", les "démunis", les "faibles", etc. Le mot "ouvrier" n'apparaît pratiquement jamais. Les milieux populaires sont évoqués comme des problèmes à résoudre et non comme des richesses à mobiliser » (p. 737).

16. « La population, c'est un ensemble d'éléments à l'intérieur duquel on peut remarquer des constantes et des régularités jusque dans les accidents, à l'intérieur duquel on peut repérer l'universel du désir produisant régulièrement le bénéfice de tous, et à propos duquel on peut repérer un certain nombre de variables dont il est dépendant et qui sont susceptibles de le modifier » (Michel Foucault, *Sécurité, territoire, population, Cours au Collège de France 1977-1978*, Paris, Gallimard/Le Seuil, 2004, p. 76-77).

constitueraient des positions de monopole. Dès 1791, c'est l'argument qui met fin aux corporations et interdit le groupement syndical ouvrier.

Ce qui est nommé « populisme » dans l'histoire relève d'un soulèvement plébéien[17] interclassiste qui, au sein de la nation et sans la mettre en cause comme cadre politique moderne, vient poser la « question sociale », la question du rapport entre démocratie politique, celle qui garantit des droits individuels formels, et démocratie sociale, celle qui insiste sur les conditions économiques sans lesquelles un droit reste lettre morte. En ce sens, il participe du socialisme en greffant sur celui-ci une part de nationalisme et en lui ôtant son soubassement économique, celui qui origine la « misère du peuple » dans la structure capitaliste. Il rappelle la nation à ses promesses d'égalité en exprimant sa foi en la souveraineté du peuple, malgré la trahison dont les élites se sont rendues coupables. La domination y est moins pensée comme nécessité structurelle liée à l'exploitation capitaliste, que comme résultat d'une faute morale. Le leader charismatique apparaît alors comme celui qui peut rendre sa dignité au « petit peuple », suivant une double opération : apparaître comme homme qui lui ressemble parmi les « grands » qui le méprisent, jouer un rôle sur une scène d'où il est exclu ; et se présenter non pas tant comme celui qui « parle au nom du peuple » que comme le peuple même parlant à travers ses mots, comme étant la voix même du peuple sur la scène politique. Il se donne comme celui qui « rend la parole au peuple ». Illusion ? Sans doute. Mais aussi retournement d'un stigmate.

Il n'y a donc pas de démocratie (moderne) sans populisme (Balibar) : il s'agit de l'un des termes du dissensus sur la démocratie, une manière de dire que la démocratie ne peut se réduire à la représentation, voire qu'elle ne saurait être un régime, parce qu'elle est un processus conflictuel constitutif de la politique elle-même. Ce conflit idéologique porte à la fois sur ce que l'on comprend par « démocratie » et par « peuple », et il se déploie, chez les modernes, dans le cadre de la « nation », cette forme politique qui repose sur le refus des ordres et des privilèges et reconnaît en principe à chaque individu, quelle que soit son appartenance de classe, la possibilité de prétendre à la direction de la société. Les moments évoqués ci-dessus montrent que le populisme vient, comme exigence de fondation ou de refondation démocratique, en prenant au sérieux le thème de la

17. Voir Martin Breaugh, *L'Expérience plébéienne. Une histoire discontinue de la liberté politique*, Paris, Payot, 2007, qui fait de la Commune de Paris le dernier en date de ces soulèvements.

« souveraineté du peuple », voire celui du bon sens populaire, à un moment où la souveraineté nationale est en cause ou en crise, où les gouvernants donnent le sentiment de l'usurper ou de la soumettre à des intérêts étrangers. Historiquement, il a d'abord eu une puissance destituante. Les seules fois où il a pu accéder au pouvoir, en Amérique latine, il s'est mué en un étatisme autoritaire, voire en fascisme (Varga au Brésil), ce en raison du statut conféré au leader. Il faut au moins noter, au passage, deux cas particuliers mis en avant par les historiens et politistes latino-américains : celui d'un populisme sans leader, avec la Alianza Popular Revolucionaria Americana (APRA), au Pérou, dans les années 1930, et celui d'Allende au Chili, qui tente de mettre en place un dispositif de pouvoir contrôlé par une chambre haute élue sur une base sociale.

Retour du peuple

Est-il encore légitime de parler, aujourd'hui, de « populisme » ? On l'a vu, pour nombre de politistes, le mot nomme le symptôme principal de la « crise de la démocratie » contemporaine, décrite comme mise en cause de la représentation et perte de confiance ou d'autorité des « élites ». La thèse s'énonce dès le rapport de la Commission trilatérale, en 1975[18], qui réagit aux ébranlements sociaux de 1968 et ouvre la perspective d'un libéralisme autoritaire. Les sociétés occidentales seraient devenues ingouvernables en raison d'un excès de démocratie. Les auteurs en retracent l'histoire depuis les Grecs, en notant, à la suite de Carl Schmitt[19], que toute démocratie repose sur une exclusion interne – femmes, métèques, esclaves –, condition de son fonctionnement efficace, même si « intrinsèquement antidémocratique ». Tout aurait changé depuis : des groupes « passifs ou inorganisés » (Noirs, Indiens, femmes) revendiquent le droit de participer aux décisions publiques à égalité avec les autres : « Dans la famille, à l'Université, dans les entreprises, la discipline s'est relâchée, et les différences de statuts se sont estompées. *Chaque groupe a affirmé son droit de participer à égalité*, voire plus qu'à égalité, aux décisions qui

18. Cette commission, fondée par David Rockefeller, regroupe deux cents membres très strictement sélectionnés, venant de trois pôles, l'Europe, les États-Unis et le Japon, et se propose de développer des propositions pratiques. La synthèse de ses travaux est dressée par le rapport rédigé par Michel Crozier, Samuel Huntington et Jōji Watanuki, *The Crisis of Democracy*, publié à New York en 1975.
19. Comme anticipation, voir Carl Schmitt et Hermann Heller, *Du libéralisme autoritaire*, éd. et trad. fr. G. Chamayou, Paris, La Découverte, 2020.

l'affectent[20]. » D'où la nécessité, selon eux, de reconnaître « une limite désirable à l'extension indéfinie de la démocratie politique[21] ». L'idée d'un « pouvoir absolu du peuple[22] » recèlerait cette illimitation qui la tue. Le « populisme » exprimerait la tentation à laquelle est en proie le peuple en démocratie : l'envie, forme de ressentiment et moteur d'un consumérisme sans limites. Pour les néolibéraux, le partage social se situe entre gagnants joyeux et perdants envieux, qui se manifesterait tant au niveau éthique que politique, entre « progressistes » et « populistes » – le pouvoir ne relevant, quant à lui, que de la compétence. Le « populisme » serait expressif de cet affect triste, ressentiment à l'encontre des vainqueurs, des méritants qui ont, eux, vraiment besoin du soutien de l'État.

Dans le dispositif idéologique néolibéral, « populisme » joue donc comme double justification des tendances autoritaires. En nommant « populiste » toute prise de position démagogique, irrationaliste, xénophobe, on construit comme évidente la figure d'un peuple ignorant par nature, qui doit être dirigé comme un enfant sous la férule du maître. En décrivant le « populisme » comme désir de chef, on se présente comme rempart contre la tentation tyrannique tout en adoptant des lois liberticides : César ou Bonaparte, maquillé pour l'occasion en Jupiter, moindre mal en regard d'un vulgaire chefaillon hurlant ou twittant. « Populisme » dit que, sous le désordre, le peuple aspire à la soumission.

Par l'usage de ce nom, on veut aussi inclure la démocratie d'opinion à l'époque des réseaux sociaux, celle du relativisme généralisé, là où l'opinion particulière prétend à la diffusion universelle et où la vérité se mesure au nombre de « likes ». Elle rend possible la manipulation par un démagogue d'une multitude sous l'illusion de l'horizontalité. Quant au fond, on touche au point faible de ce qui fait la force du populisme, réel ou supposé : la méfiance érigée en système à l'endroit de la représentation qui touche aussi la direction politique. Croire qu'un leader peut incarner le peuple, que par sa voix c'est le peuple lui-même qui parle, c'est encourir le risque de toute représentation : que le dirigeant agisse pour son intérêt particulier ou celui de son groupe d'appartenance sociale. Mais c'est renoncer à prendre les

---

20. *The Crisis of Democracy*, *op. cit.*, cité par Grégoire Chamayou, *La Société ingouvernable*, Paris, La Fabrique, 2018. C'est moi qui souligne.

21. *Ibid.*, cité par Pierre Dardot et Christian Laval, *La Nouvelle Raison du monde. Essai sur la société néolibérale*, Paris, La Découverte, 2009, p. 279.

22. Ilvo Diamanti et Marc Lazar, *Peuplecratie. La métamorphose de nos démocraties*, trad. fr. Ch. Mileschi, Paris, Gallimard 2019.

dispositions institutionnelles de contrôle de ses actes et, en fin de compte, renoncer à la délibération collective qui fixe une orientation.

Le peuple social a-t-il pour autant disparu ? Pas vraiment. Le soulèvement des Gilets jaunes[23] l'a révélé, après celui des banlieues en 2005. Les soulèvements populaires qui se sont affirmés dans un cadre national, durant les dix dernières années, partout dans le monde, le confirment. La vérité de l'usage courant du signifiant « populisme » se trouve sans doute là : la masse de ceux qui subissent les effets du délitement des politiques sociales néolibérales, abandonnés matériellement et méprisés socialement et culturellement, de ceux qui ne comptent pour rien, y retrouvent dignité réelle dans le verbe d'un leader qui cultive la ressemblance avec eux dans l'apparaître, même s'ils paraissent sans issue ou illusoires. La pression médiatique est trop forte : pour éviter les débats byzantins, parlons, plutôt que de populisme, de soulèvements populaires dans un cadre national, ce qui ne lève pas toutes les ambiguïtés.

En effet, les Gilets jaunes déclaraient : « Il y a une chose très importante, que partout le mouvement des Gilets jaunes réclame sous diverses formes, bien au-delà du pouvoir d'achat ! Cette chose, c'est le pouvoir au peuple, par le peuple, pour le peuple. C'est un système nouveau où "ceux qui ne sont rien", comme ils disent avec mépris, reprennent le pouvoir sur tous ceux qui se gavent, sur les dirigeants et sur les puissances de l'argent. C'est l'égalité. C'est la justice. C'est la liberté. Voilà ce que nous voulons ! Et ça part de la base[24] ! »

Avec le nom de « peuple », c'est la contradiction du néolibéralisme qui ferme tout horizon pour les « entravés de la mobilité » qui est mise au jour. Ce rapport à l'espace et au temps « a donné au mouvement [des Gilets jaunes] son caractère interclassiste, rassemblant, au moins pour un temps, des membres du bas des classes moyennes, des fractions consolidées des classes populaires et des personnes en difficulté économique et sociale[25] ». Un peuple qui ouvre le dissensus sur ce qu'est le peuple : peuple identifié au corps électoral qui s'impose comme totalité homogène contre peuple social qui sait ne pas être tout, mais rappelle qu'il n'est pas de peuple sans lui, qui

23. Gérard Bras, « Retour du peuple », *in* collectif, *Gilets jaunes. Jacquerie ou révolution*, Paris, Le Temps des Cerises, 2019 ; « Expériences plébéiennes et demandes démocratiques », *Lignes*, n° 59, 2019.

24. Appel de Commercy, *in* P. Farbiaz (éd.), *Les Gilets jaunes. Documents et textes*, Vulaines-sur-Seine, Le Croquant, 2019, p. 76.

25. Laurent Jeanpierre, *In girum. Les leçons politiques des ronds-points*, Paris, La Découverte, 2019, p. 181.

exprime son ambition politique, démocratique. Le signifiant « peuple », précisément, dépasse les limites économico-sociales d'une classe ou couche déterminée : il dit que la cause économique n'est pas la raison du soulèvement, que ce qui est en cause, c'est l'égale liberté des citoyens, donc la nécessaire refondation de la démocratie.

L'arbre du mot « populisme » ne doit donc pas cacher la forêt des questions posées par le retour du signifiant « peuple », du national et du populaire, dans la politique à l'époque du néolibéralisme et de la mondialisation. Elles s'énoncent à partir de la position d'un « nous, le peuple » qui cherche à lier liberté et égalité, à refonder la démocratie en liant participation populaire, crise écologique et crise migratoire. Deux voies s'ouvrent : celle qui prône l'égalité entre les égaux et l'inégalité entre les inégaux, c'est-à-dire celle d'un repli nationaliste indifférent au point de vue global, d'un « nous » exclusif de ceux qui ne sont « pas nous », « pas de chez nous » ; celle qui proclame qu'être peuple, c'est être ce que l'on n'est pas, ne pas être pris dans une identité, mais se faire solidaire de tous ceux qui subissent les effets d'une domination.

Les risques de prédominance d'un « nous » exclusif sont majeurs : nationalisme indifférent au sort des autres peuples, au sort de l'humanité sur une planète abîmée par le capitalisme, voire ethno-nationalisme qui fait primer l'identité de souche, l'homogénéité communautaire. S'émanciper de ses particularités, sans les renier, inventer les solidarités par lesquelles un être singulier compose sa puissance avec celle des autres, par la délibération, telle est la tâche à venir. L'expérience du conflit politique montre que cette hypothèse n'est pas folle, même si aucun déterminisme n'en assure, aujourd'hui, l'effectivité.

Écrire le peuple

Christian Prigent

Dans le débat politique, « peuple » est un mot magique. Aujourd'hui, tous s'en gargarisent, de la droite à la gauche extrêmes, via les divers centres néolibéraux.

On aimerait malgré tout pouvoir en user : aucun, quoi qu'il en soit des détournements hypocrites et des démagogies cyniques, ne véhicule de valeurs militantes plus dignes.

L'impur

Du peuple, on ne peut se former une image humainement justifiable que si surgie intuitivement. Peuple : le *populo*. Celui des stades, par exemple, pour peu qu'éprouvé sans recul ni pincettes : sensoriellement perçu. Dans sa matière non délimitable, non intellectualisable. Une densité promiscuitaire et tumultueuse, époumonée d'affects, tactile et braillarde. Radicalement triviale, non idéalisable : une tourbe[1]. Qui comprend le trouble, l'incorrect, parfois l'ignoble. Dont : tendance irrationnelle à la curée, solidarité tribale, racisme endémique, homophobie prête à fuser du gras des blagues.

Cette image ne se forme décemment (*id est* : sans mépris ni idéalisation) que pour autant qu'on en est, dudit peuple, tourbe et trouble compris.

1. *Turba* : la multitude, la cohue du peuple.

D'origine. Et par choix spontané (en deçà de toute pensée politique). En être, du peuple, comme éprouver en soi-même sa présence, c'est d'une façon gênée aux entournures, par bien des aspects inacceptable : impure.

Essayer de penser « le peuple » suppose d'appliquer la pensée à cette *sensation* – qui d'abord perturbe et rend toute pensée politiquement flottante et moralement trouble : impure elle aussi. Après : quelques béquilles de savoir historique et de philosophie. Ces prothèses établissent une distance. Elles forment du même coup une conscience malheureuse : celle de ne pas en être tout à fait non plus, du peuple. Il faut bien penser dans et avec ce malaise. Qui parle du peuple en refoulant le malaise ne traite que d'un fantasme, ne scrute dans un ciel de rêve ou de cauchemar qu'une monade pasteurisée et n'aboutit qu'à des surplombs condescendants, des sociologies abstraites, des calculs politiques fumeux ou cyniques.

Que le peuple soit impur veut dire : il n'est pas la « masse », la pureté imaginaire de la masse. Encore moins « les masses ». Cette expression, le communisme des années 1950 et le maoïsme des années 1970 en avaient plein la bouche, abstraitement plein la bouche. De même bien des acteurs politiques d'aujourd'hui – quoique sur d'autres bases sociales et pour d'autres projets politiques, souvent opposés les uns aux autres. Ainsi les orateurs des « populismes » – dont on ne sait jamais trop bien en quoi ils participent de la réalité du peuple, quelle valeur a leur soutien déclaratif aux revendications du peuple, quel sens ont en vérité leurs appels aux manifestations du peuple.

Peuple : un corps, certes (le corps social). Mais non clos : sans anatomie dessinable, sans contours stables, voire sans substance homogène. Non pensable comme *lieu* (limité – par une définition politique surplombante) : plutôt comme *espace* (illimité – par la sensation confuse, pour chacun, qu'à la fois il en est ET n'en est pas ; et par la certitude charnelle que sa définition, sa limitation, toujours échappe).

L'hétérogène

Rimbaud : « nous ne sommes pas au monde. » Ainsi du peuple. Certes, on en est – n'étant de nulle part ailleurs, n'ayant nul autre corps à habiter. Pourtant (ça tient à ce que « on » n'est pas « je », et que « je », toujours, est multiple), pas plus (ni moins) que qui que ce soit d'autre, je ne suis *au peuple* (ne lui appartiens). Symétriquement, le peuple n'est pas davantage à « moi », ni à quiconque. Qui croit qu'il est à lui, voire qu'il « l'incarne », pactise du même coup avec ce qui, l'exploitant, le nie.

« Peuple » désigne une homogénéité paradoxale : de part en part faite d'hétérogène maintenu. Homogénéiser idéologiquement « le » peuple, nier l'hétérogénéité réelle qui le constitue, ne se fait qu'au prix de l'exclusion d'un Autre. Un Autre alors extrojecté du peuple idéologiquement institué. Et projeté du même coup dans une distance d'abord ennemie, ensuite victimaire (exemples historiques nombreux, et dramatiques). *Id est* : purifier. Radicalement si besoin : solution finale.

Le peuple n'est pas qu'hétérogène à ce qui ne serait pas « lui » (par exemple : la sphère des dominants, « l'élite » ; ou, symétriquement : la pègre, la marginalité dé-socialisée). Le peuple est hétérogène, en soi, à toute volonté de l'homogénéiser comme « peuple ». De l'homogénéiser comme « clientèle[2] », par exemple. Au double sens du terme : politique, commercial (en gros, c'est le même). La domination cherche toujours à circonscrire le peuple comme corps homogène : à le mettre par cette circonscription à sa disposition (masse de manœuvre, tas de cerveaux disponibles, reflet des choses proposées à sa consommation).

Codicille : cette mise à disposition s'obtient paradoxalement par dispersion et par division. Pour constituer un corps-peuple de part en part disponible à la sollicitation commerciale, il faut que cette sollicitation fasse comme si elle s'adressait à chacun des membres dudit corps en particulier : sélectivement choisi, distingué de la masse. Éventuellement tutoyé, complice, sympa. Sur l'écran de ma télé, j'ai « mon » bouquet », « mes » enregistrements, etc. Je suis, entre tous, élu. D'une pierre deux coups : disparition du « peuple », isolement de l'individu identifié à ses désirs narcissiques.

Peuple : unité (vue de loin, pensée de haut) de différences (éprouvées de près). Circonférence non mesurable à centre nulle part repérable. La rêverie panique (la fureur) des nationalismes, des communautarismes (ou, plus insidieuse, celle du marché omnipotent) ne tient qu'à ne pas penser ça, à ne pas vouloir le voir, à le refouler. D'autant plus violemment occupée, donc, à centrer et à délimiter. Pour fonder un peuple incorporé, lié par des besoins imaginaires, unifié dans la servitude volontaire, centré sur le Même et cerné par l'Autre (l'inassimilé – bientôt l'ennemi, sous peu le massacrable) : *das Volk*, un bloc de négation (négation de l'aporie que j'ai dite – qui est la seule chance pour un peuple d'avoir lieu et de faire corps sans identification à un lieu ni incorporation à un corps).

2. Identifié à *clientèle*, *peuple* désigne l'ensemble des « derniers hommes » (Nietzsche) : ceux qui n'ont plus en tête d'autres valeurs que la recherche du bien-être et de la sécurité. *Peuple*, alors : accomplissement du « nihilisme ».

Peuple, au vrai : toujours manquant. Le peuple est *ce qui manque* (au double sens : manquant de tout, manquant à tout). Sauf à essentialiser LE peuple. *Id est* : à l'évincer comme existence (diversité, excès au *sens*, question béante, action[3]).

Langue

Être un écrivain, c'est s'occuper des mots. Ce n'est pas pour autant négliger les choses. La langue forme le monde : l'entre-nous qu'elle institue et partage comme « réalité ». Écrire touche aux représentations qui articulent cette réalité. Et lui oppose sa « fiction ». Non une construction imaginaire : un autre type de façonnement du monde. Un façonnement voulu plus juste que celui que propose le lieu commun des discours socialement partagés.

Rien de plus utile que cette fiction : elle sert les hommes. Elle leur sert à être ce qu'ils sont : des « parlêtres ». Jusqu'au bout de la liberté qu'implique le fait qu'ils le soient. C'est-à-dire qu'ils ne soient pas que des organismes machinalement soumis au pragma biologique, réduits aux échanges utilitaires et manipulés par le pseudo-réalisme politique : qu'ils s'inventent en refusant de n'être que les perroquets de la dictée idéologique.

La domination a sa langue. C'est celle des grands médias. Elle fonde la communication sur le plus grand commun dénominateur possible. Elle modélise à sa suite l'essentiel des discours politiques. Et conditionne les variantes vaguement stylisées que proposent de sa grammaire élémentaire les livres qui voguent sur les gondoles. Voici alors un idiome instrumental, alternativement hyper-technique et infantilisant, mélodramatique ou agressivement jovial. Les figures de l'aliénation y coagulent et y assurent les conditions de l'obéissance politique. Ses effets sont aujourd'hui plus que jamais brutaux parce que les médias ont un pouvoir universel, planétairement uniforme. Même si la multiplicité des « réseaux » internet peut faire croire à une liberté et à une diversité des prises de parole singulières. Et

3. Il y a peuple quand il y a capacité de soulèvement. Ainsi le peuple des Gilets jaunes. Les « gens » qui se rassemblaient sur les ronds-points n'étaient pas d'abord un peuple. Ça s'est fait dans l'affrontement physique avec les forces de répression et la découverte de la violence répressive. C'est cette action qui a lié et objectivé comme peuple des individus et des groupes hétérogènes. Dans ce moment et non dans l'à priori d'une homogénéité essentielle de peuple. Le mouvement des Gilets jaunes a manifesté cette objectivation, jusqu'à sa résolution en *émeute*. La meute impure (sociologiquement comme politiquement) des émeutiers était-elle un peuple (et pas seulement un conglomérat sans unité de gens mécontents) ? Selon la réponse que l'on donne à cette question on disposera d'une réponse, au moins implicite, à la question de ce qu'est un peuple (défini moins par son essence – sa composition sociologique – que par son existence : son action objective). Soit : le peuple est ce qu'il fait, non ce qu'il est.

même si on peut penser que la domination a toujours pareillement agi : aux temps, par exemple, où les représentations religieuses imposaient à tous leur vision du monde (elles poursuivent toujours ce rêve).

On suppose ce français primaire universellement partageable au prétexte que facile à comprendre, pas coupeur de cheveux intellectuels en quatre, obscurci d'aucune fantaisie stylistique bizarre. Ce n'est pas pour autant une langue populaire. Ce n'est pas la langue du peuple. C'est même plutôt la langue de la peur du peuple et de l'hostilité au peuple. La langue de l'effacement de tout peuple rétif à ses injonctions. Ce n'est que l'espéranto du commerce politico-publicitaire. Il s'adresse à une audience purgée de tout ce qui, en elle, ne serait pas conditionné, conforme à la logique consommatrice, dressé à ne balbutier que son argot. Il ne forme qu'un seul monde parce qu'il veut qu'il n'y en ait qu'un seul : un monde habité par des sujets qui n'imaginent même plus qu'il puisse y en avoir d'autres puisqu'ils ne disposent plus d'aucune langue pour les reconnaître ou les inventer.

Langues

Que peut vouloir dire « écrire le peuple aujourd'hui »? Seule certitude : écrire, c'est résister à la misère servile à quoi réduit l'hégémonie du parler médiatisé. Pari : cette résistance peut rencontrer la *langue du peuple* – la multiplicité et l'impureté des langues par quoi passe l'impureté du peuple, la multiplicité des origines et des histoires : la diversité des mondes.

Pour me faire mieux comprendre : rappel de Rabelais. La posture intellectuelle et artistique qu'incarne ce nom contredit tout ce que le demi-monde culturel entend communément par littérature. L'écrivain Rabelais était de plain-pied dans l'Histoire, celle de son temps. Ses écrits développaient une critique des faux savoirs et des croyances d'époque. Mais la vitalité intellectuelle de cette critique agissait *dans* le mouvement de l'invention verbale. Elle était à la fois la cause et l'effet de la jubilation « carnavalesque », sans solution de continuité. Le travail de la langue était la conséquence de l'action pensive. L'action pensive était portée par lui et lui fournissait ses raisons. Jamais l'un n'allait sans l'autre.

Rabelais : « âme de foule[4] ». C'est-à-dire : amour du peuple comme diversité parlante et pensante. Cet amour conditionnait une mobilisation

4. Formule de Rodin : « C'est avec le sentiment populaire, avec une "âme de foule", que l'artiste a conçu et créé le chef-d'œuvre. Il a senti avec la foule, ne fût-elle qu'idéalement présente, ce qu'il a compris avec les maîtres ; il redevient foule » (Auguste Rodin, « Pour faire aimer les cathédrales », *Le Matin*, 29 octobre 1909).

polyphonique des parlers : plébéiens, régionaux, argotiques, philosophiques, juridiques, théologiques, savants, techniques, étrangers (anciens : latin, grec, hébreu – ou modernes : italien, arabe, allemand). Mais pour résoudre cette multiplicité en une singularité stylistique violente, une invention de langue : la sienne, à la fois excentrique et familière, celle de Rabelais.

Invention de langue égale travail ostensiblement formel : jeux de mots, listes, contrepèteries, proverbes retournés, chansons obscènes, utopies ironiques, voyages extraordinaires, dialogues philosophiques, fables grotesques, fanfreluches ornementales, monstruosités allégoriques, scatologie sur-jouée, mauvais goût assumé, rigolades goguenardes. Soit : non aux langues mortes ! ouste, les « mots espaves » ! oui aux paroles « voltigeantes, volantes, moventes et par conséquent animées » ! oui au dégel ludique des paroles figées par l'idéologie, la morale, le dogme religieux ou politique, le lieu commun socialisé[5].

Après : Shakespeare, Hugo. Vallès. Joyce (non ? – allez-y voir vous-mêmes !). Le Döblin de *Berlin Alexanderplatz*. Le Faulkner d'*Absalon ! Absalon !* Le Gadda du *Pasticciaccio*. Bien d'autres. Mais aucun de ceux qui pensent écrire (le) peuple et parler (au) peuple parce qu'ils écrivent comme on fabrique la mal-bouffe insipide et mondialisée à laquelle la domination essaie d'habituer son peuple (sa *pratique*) en tuant en lui l'idée même qu'il puisse y avoir autre chose à manger, à penser, à parler, à vivre[6].

Mondes

Que d'autres mondes soient pensables, c'est ce que suppose la notion de peuple. *Peuple* est même le nom de cette possibilité. Le peuple est ce en quoi et par quoi elle apparaît, se dit, se vit. À la limite : pas d'autre définition de « peuple » que celle-là.

---

5. Quelles seraient aujourd'hui les cibles de Rabelais ? Parions : a/ Les intégrismes tant catholiques qu'islamiques : théocratiques « acariâtres », « bigots », « caphars » ; b/ La finance omnipotente : les « Gorgibus » ou « Bien-Repus », les « mangeurs de peuple », les politiques picrocholins lancés à la conquête des marchés ; c/ Ces maîtres autoproclamés du « sens » que sont les *experts* arrogants qui nous disent le « sens » (de la vie, du monde), sans craindre aucune palinodie, aucune contradiction, aucune absurdité : ainsi les visionnaires du *There is no alternative*, les docteurs de l'économie de marché, les sondeurs-interprètes, etc.

6. Problème du roman dit « populaire » ou « populiste » : Louis Guilloux, André Baillon, etc. Phrasé aminci, homogène. Dévotion au couple narratif imparfait/passé simple (Roland Barthes disait qu'il était l'indice même du « littéraire »). Ne faisant effet « populaire » qu'en incrustant dans une syntaxe classique délibérément *écrite* quelques tournures ou bribes de lexique *parlé*. Ainsi, dans *Les Pieds nickelés* de Forton, les héros (Croquignol, Filochard, Ribouldingue) « parlent » en périodes syntaxiques cicéroniennes ornées de collages d'argot *apache*.

La singularité diverse des langues d'art (ou : « poésie ») suggère elle aussi cette possibilité : dessins de différences inaliénables à la figure d'un monde unique. L'excentricité d'une langue poétique dit qu'il n'y a pas qu'un seul monde et travaille à faire qu'il n'y en ait pas qu'un seul. C'est du coup au « peuple » comme lieu et temps du divers qu'elle est offerte. Non à un lectorat aux désirs préformatés par le parler médiatique. Ni même à elle-même : pas à celui qui, l'inventant, s'en dépossède à mesure (ne s'en *sert* pas : en fait don à qui veut bien s'en saisir).

Travailler la langue, c'est tenter de résister au destin mortifère à quoi nous voue le discours impérialiste des médias : essayer de faire en sorte que le monde ne se trouve pas enfermé dans ce qu'en configurent les représentations dominantes. Et que les singularités de vision, de pensée, de sensation conservent leur pouvoir de faire apparaître la diversité des mondes, la possibilité d'autres mondes, plus ouverts et plus adéquats à l'expérience que chacun à sa façon fait des choses de sa vie, de ses désirs, de ses peines et de ses jouissances.

Écrire n'a pas d'autre but. Ce n'est pas s'éloigner du monde. C'est s'en rapprocher, au contraire. Certes, le souci poétique marque, dans ce qui fait socialement « monde » et par rapport aux discours que ce monde-là tient sur lui-même, des écarts énigmatiques, violents, voire insupportables. Ce sont pourtant à eux qu'il faut tenir. En littérature, n'a d'intérêt que ce qui les invente. Et qui, les inventant, forme des formes inassimilables à la demande courante. Au prix d'une marginalité et d'une solitude radicales, s'il le faut. Au cœur de la vie culturelle, le retranchement « poétique » (ce qu'il forme comme formes *ôtées* aux représentations consensuelles) agit comme cet « ennemi du dedans » dont parlait Georges Bataille. Un ennemi qui œuvre à rompre l'unanimité mortifère, pour que vive le vivant.

Mémoire

Si le mot « peuple » ne nomme pas qu'un *présent* réifié (l'immanence de la masse électoralement manœuvrable ou de la clientèle précalibrée), son sens ne peut apparaître sans qu'on tienne compte de ce qui forme historiquement un peuple et qui se maintient en lui comme tel : l'articule à un passé, le destine à un futur. Soit : une *mémoire*, résistante à tout abrasement sous la pierre de l'actualité. C'est cette mémoire, en ce qu'elle parle en lui, qui maintient le peuple comme peuple : divers, enraciné, parlant, *humain*.

Cette mémoire s'écoute dans *les langues* du peuple. Dont celles qui renâclent à l'uniformisation, au moins la détournent. Sans doute ne reste-t-il guère d'argots de métier (ils ont été détruits par le jargon universalisé de la technologie). Ni rien des codes linguistiques secrets de la pègre d'autrefois (la grande pègre mafieuse aspire à elle ces codes, qu'elle digère pour n'en recracher, plus ou moins adapté aux variantes du banditisme local, qu'un sabir américanisé). Ni de parlers régionaux qui soient autre chose que des poches défensives, aux formes et aux contenus toujours-déjà siphonnés par le folklore. Mais les argots créolisés des cités et le spectacle (pas toujours seulement commercial) qu'en donnent les musiques populaires d'aujourd'hui (rap, slam) sont de cela autre chose que des ersatz : ils manifestent des altérités et disent des rébellions. De même l'inventivité verbale spontanée des manifestations de rue (slogans, pancartes, banderoles).

Il y avait, dans un passé pas si lointain, une culture paysanne et une culture ouvrière. Elles avaient leurs langues. Ce n'étaient pas les langues d'une marginalité criminelle (on tentait de le faire croire cependant : babil des « classes dangereuses »). Ni des idiomes balbutiants (on a aussi voulu le dire : baragouins, parlers « patauds », accents rigolos). C'était tout le contraire : liens sociaux à la fois pratiques (efficaces) et sophistiqués (cultivés, quoique d'une culture autre que la « bourgeoise »). Et capables de s'approprier la langue de l'ennemi (de classe) : l'ouvrier « éduqué » n'était pas qu'un mythe, ni une exception (nonobstant la condescendance avec laquelle des lèvres pincées pouvaient, du côté des héritiers science-politisés, prononcer l'expression). De quoi se tirait une dignité (l'appartenance de classe, fière de sa différence). Où s'ancraient des valeurs (morales, culturelles, politiques). Où se disposait un monde effectivement partagé. Où s'ouvrait une vision d'avenir tendue vers l'émancipation.

On dit aujourd'hui que tout cela n'existe plus. Que la grande essoreuse globalisante, l'accélération des échanges médiatiques, la dilution des classes dans une confuse classe dite « moyenne » a tout tué. Je ne sais si c'est si vrai. Je ne cesse de croire qu'on peut en douter. Que ça veut dire peut-être seulement qu'on a aveuglé les petits bourgeois intellectuels (dont je suis), qu'on leur a ôté les bonnes lunettes pour voir où et comment ça persiste.

« Poésie »

De toute façon, ça ne change rien pour qui cherche à faire résonner en langue une polyphonie sans laquelle ne resterait à flûter que la monodie déréalisée, de pure forme académique – qui est la version littéraire du parler que les médias imposent parce qu'ils ne pensent la parole que comme expression de consommateurs assignés au même présent sans mémoire ni vision utopique, au même narcissisme avide. Écrire, au contraire, c'est traiter les *restes* de cette réduction : son déchet, qui est l'opacité cacophonique de l'humain, son épaisseur, faite de présences inassimilables, d'histoire inoubliable, d'expériences non effaçables. C'est ce reste, l'ensemble non unifié, encore moins lissé, de ces restes qui peut faire consister l'image d'un peuple (sa représentation – partant, sa réalité). Et non sa transparence univoque au présent : cette transparence est le vecteur de sa soumission, de son abolition comme peuple. L'opacité, la complexité, la polyphonie : chances de résistance, parce qu'effets de vérité.

Toute raréfaction des langues[7] se paie d'une raréfaction des représentations que les langues donnent du monde, donc d'une raréfaction des mondes : d'un devenir *désert* du monde. Ce n'est pas la volubilité stéréotypée de la parole quotidienne qui peut résister à cette désertification : elle en est l'un des vecteurs. Il y faut au contraire la lenteur séminale et la brutalité concentrée du travail poétique.

Ça a tout l'air d'un paradoxe : qui lit les poètes ? Comment leurs idiolectes étranges pourraient-ils parler du peuple, parler peuple, parler à un peuple ? C'est moins un paradoxe si l'on précise que l'inventivité poétique n'est pas l'apanage de supposés « experts » (écrivains professionnels, poètes couronnés, chansonniers tous publics). Mais l'œuvre de *tous* les rudes travailleurs de langue : ceux qui, à bonne distance du monde littéraire institutionnel, inventent, sauvagement ou savamment, des langues *soulevées*, non soumises à la commande sociale.

Il n'y a rien à céder à ceux qui récusent ces inventions au prétexte que leur « difficulté » les rendrait impropres à la consommation (et que ce ne serait, du coup, que prise de tête « intello » et manie élitiste – ou, à l'inverse, volapük de racailles non acculturées). Il y a au contraire à toujours leur opposer la conviction que c'est dans les tessitures variées de quelques violentes émeutes de langues que chante l'âme des foules, que peuvent s'entendre les voix du peuple.

7. Mallarmé (« Crise de vers », 1897) : les langues sont « imparfaites en cela que plusieurs ». Ça embête parfois la poésie (celle, en tout cas, qui vise un absolu idéalisé). Côté politique, la pluralité imparfaite des langues est une chance pour qui s'en laisse traverser et persiste à en aimer le malaise : résiste par le travail de langue(s) à la purification linguistique, prodrome d'autres purifications (ethniques, etc.). La langue des grands médias et l'expansion du *globish* opèrent cette purification. Elles ont pour but d'uniformiser les désirs et de rationaliser la soumission.

Complotisme

Arnaud Saint-Martin

11 septembre 2001, vague d'attentats de janvier et novembre 2015, mouvement des Gilets jaunes, Covid-19... Des événements critiques et des épreuves collectives semblent avoir favorisé la dissémination, au tournant du millénaire, des discours « complotistes » et des discours sur le « complotisme »[1]. Leur diffusion dans la décennie 2010 est intense ; à en croire les commentateurs, le phénomène serait même hors de contrôle : plus il est dénoncé, plus il se propagerait. Les théories du complot essaimeraient partout, saborderaient l'esprit critique, détruiraient la foi dans les institutions, diviseraient jusque dans les repas de famille, où chacun serait sommé de se positionner. Ce serait devenu le problème numéro 1. Dans la genèse, comme dans l'essor, puis la généralisation du phénomène, une « panique morale » – au sens classique de Stanley Cohen – s'est installée et n'a pas cessé de conforter le sentiment que le complotisme mettrait en danger l'ordre social.

« Près de huit Français sur dix croient à au moins une "théorie du complot" », assénait France Info en janvier 2018 sur la base d'une enquête – contestable sur le plan de la méthode – réalisée par l'Ifop pour le compte de

1. Pour éviter d'alourdir le texte, nous n'utiliserons les guillemets que pour les premières occurrences de ces termes à la sémantique souvent équivoque.

la Fondation Jean Jaurès (proche du Parti socialiste) et du site Conspiracy Watch. Des mois de polarisation médiatique plus tard, le complotisme est envisagé depuis le palais de l'Élysée comme un risque d'anéantissement du système politique dans son ensemble. « Voici le cercle vicieux, déplorait Emmanuel Macron en décembre 2020 : un nivellement, qui crée du scepticisme, engendre de l'obscurantisme et qui [...] conduit au complotisme[2]. » L'essor du complotisme saperait la légitimité de toute forme de « verticalité » – celle, précisément, que Macron prétend incarner depuis 2017. Pour le chef de l'État mais aussi tous les garants ou les « entrepreneurs moraux » de l'ordre établi – responsables politiques, journalistes d'opinion, experts autoproclamés –, « complotisme », de même que son parent « populisme[3] », fonctionne comme une injure politique et comme un mode d'interprétation des travers d'une foule jugée crédule.

L'irrésistible ascension du complotisme dans la France néolibéralisée paraît acquise. Mais il faut s'interroger sur la constitution de ces croyances, jusqu'alors relativement confidentielles, en problème public, sur la construction collective par quoi toutes formes de pensée jugées limite ou aberrantes se trouvent ramenées à un *-isme* infâmant. Et se demander, surtout, ce que cette apparente flambée de récits mythiques peut révéler d'une crise aiguë du consentement à l'idéologie dominante, aux institutions déclinantes de la Cinquième République, à l'autorité des médias de masse ou encore au discours des « experts ».

Post-vérité

À la lecture des travaux savants sur les théories du complot, on est d'abord frappé par le caractère redondant des inventaires. Les éléments qui composent ces récits ne sont pas infinis, pas plus que les propriétés qui les caractérisent. On y retrouve, entre autres, la recherche de responsables « qui tirent les ficelles », des secrets et des buts malveillants dissimulés dans les coulisses ; l'exigence de causalité et les raisonnements binaires, une tendance à la globalisation abusive, le refus de la révision des croyances, une vision tronquée du réel[4]... Suivre la trame de ces récits est, en soi, un exer-

2. *L'Express*, 23 décembre 2020.
3. Annie Collovald, *Le « Populisme » du FN, un dangereux contresens*, Bellecombe-en-Bauges, Le Croquant, 2004.
4. Voir notamment Luc Boltanski, *Énigmes et complots. Une enquête à propos d'enquêtes*, Paris, Gallimard, 2012, p. 240-310 ; Julien Giry, « Le conspirationnisme. Archéologie et morphologie d'un mythe politique », *Diogène*, n° 249-250, 2015, p. 40-50.

cice fastidieux. Le cas du « complot mondial des Illuminati » demande de déplier une histoire pleine de conjurations enchevêtrées, impliquant à l'origine un « ordre Illuminati » qui aurait été secrètement actif dans la Bavière de la fin du XVIIIe siècle et aurait survécu avec le dessein sournois d'instaurer un « Nouvel Ordre mondial ». Le récit – qui verse dans l'antisémitisme et la haine de la démocratie, implique des Extraterrestres et, selon certaines versions, des « Reptiliens » –, englobe tous les autres complots « mondiaux »[5]. La réalité s'y trouve révisée selon un scénario attrape-tout, autorectificateur, invulnérable à la critique. Ici règnent l'excès, l'inférence magique et le manichéisme – il y a un camp du Bien, en général injustement incompris, qui s'oppose aux conspirations occultes. Adhérer à cette théorie, c'est espérer accéder à un état élevé de conscience, comprendre un ordre caché, faire partie des initiés.

Avec l'arrivée au pouvoir de Donald Trump en 2016-2017 et l'instauration d'un régime de « post-vérité », les valeurs intellectuelles les plus élémentaires (celles de d'objectivité, de preuves, de factualité, etc.) ont pu s'inverser. Avec les « faits alternatifs », les propagandistes du Parti républicain – et surtout le président lui-même, via son compte Twitter – ont vulgarisé l'idée que tout serait affaire de point de vue et de force pour l'imposer. Les théories les plus délirantes, jusqu'alors stigmatisées et peu visibles, ont gagné droit de cité[6]. Pour saisir le phénomène, en effet, le détour par les États-Unis s'impose : le pays est grand exportateur de conspirations en tous genres. Selon la célèbre thèse de l'historien Richard Hofstadter, il serait travaillé par une hantise « paranoïaque » dont le maccarthysme anticommuniste aurait été un épisode fondateur dans les années 1950. Ces fragments de contre-culture et de subculture très situés dans l'histoire idéologique états-unienne – notamment à l'extrême droite – ont circulé à la faveur de la mondialisation des échanges, et il n'est guère surprenant de constater un même attrait pour ces biens culturels en France, résidus de l'*American way of life*. Assassinat de JFK, canular lunaire, affaire Roswell : les légendes sombres et les démons de l'Amérique apparaissent dans d'innombrables films à grand spectacle et séries télévisées, et continuent d'agir sur les imaginaires, bien au-delà des frontières américaines.

---

5. Michael Barkun, *A Culture of Conspiracy: Apocalyptic Visions in Contemporary America*, Berkeley et Los Angeles, University of California Press, 2003, p. 39-64.
6. Katharina Thalmann, *The Stigmatization of Conspiracy Theory since the 1950s: "A Plot to Make Us Look Foolish"*, Londres, Routledge, 2019, p. 182-201.

Mais l'exemple des OVNI, dont les journaux français faisaient grand cas dans les années 1970-1980, montre que l'engouement pour les conjurations n'est pas seulement l'apanage de la culture états-unienne. Les autorités publiques (à commencer par le Centre national d'études spatiales) ont dû composer avec ces récits étranges. Pour les sceptiques, l'urgence est alors de combattre toutes les formes de superstition et d'irrationalisme qui, dans les cas les plus abrupts, pourraient mettre des vies en danger. L'attention publique se porte sur les sectes, dont les adeptes et leurs croyances ésotériques font l'objet d'une surveillance serrée des services de l'État. La lutte contre ces « dérives » s'institutionnalise et, comme plus tard dans le cas du complotisme, elle s'accompagne de dispositifs de prévention et de prise en charge de personnes supposées « sous emprise »[7]. Si la hantise des sectes perdure jusque dans les années 1990, elle perd ensuite de son importance. Tout comme d'autres phénomènes, tels que la passion populaire pour les soucoupes volantes et diverses « pensées alternatives »[8].

La contestation de la « thèse officielle » sur les attentats du 11 septembre 2001 suscite une nouvelle flambée, avivée par les plateformes numériques et les réseaux sociaux numériques (RSN). Ce fait de structure – invariablement signalé par les experts complotologues pour qui ce même espace est autant un observatoire qu'un marché où distiller une offre de service – et la circulation « virale » de contenus rejetés mettraient en danger la démocratie. La « dérégulation du marché de l'information » et la surenchère de *fake news*, explique par exemple le sociologue et essayiste Gérald Bronner, provoqueraient une épidémie de crédulité préjudiciable à l'exercice de la vie raisonnable en société[9]. Tout se vaudrait dans les arènes du « complotisme 2.0[10] », à commencer par les explications les plus fumeuses des désordres du monde. Contre cela, les experts comme les pouvoirs publics prônent une forme d'exorcisme, en particulier dans l'Éducation nationale, où la fièvre complotiste et la critique anticomplotiste montent d'un même élan au lendemain des attentats du Bataclan[11].

---

7. Étienne Ollion, *Raison d'État. Histoire de la lutte contre les sectes en France*, Paris, La Découverte, 2017.
8. Voir Stéphane François (dir.), *Un XXIe siècle irrationnel ? Analyses pluridisciplinaires des pensées « alternatives »*, Paris, CNRS, 2018.
9. Gérald Bronner, *La Démocratie des crédules*, Paris, Puf, 2013.
10. Julien Giry, « Le "complotisme 2.0", une étude de cas de vidéo recombinante : Alain Soral sauve Glenn et Tara dans *The Walking Dead* », *Quaderni*, n° 94, 2017, p. 41-52.
11. Lee Basham et Matthew R. X. Dentith, « The Psychologists' Conspiracy Panic: They Seek to Cure Everyone », *in* M. R. X. Dentith (dir.), *Taking Conspiracy Theories Seriously*, Londres, Rowman & Littlefield, 2018, p. 79-93.

Suffit-il d'incriminer ainsi, au nom d'un déterminisme technologique (sommaire), la technique ? Cela revient à oublier que la régulation de l'espace expressif en ligne dépend des choix et des non-choix des autorités politiques (et de leur plus ou moins grande complaisance à l'égard des « GAFAM »). À oublier aussi que la production d'opinions de comptoir propices au grand délire est devenue le fonds de commerce de nombreux médias. Des émissions d'« infotainment » aux colonnes de la presse, des polémistes à « grande gueule » mettent en débat des faux problèmes ou les lubies de l'extrême droite. Les algorithmes des plateformes numériques (Twitter, Facebook, Google/YouTube), dès lors qu'ils guident les déplacements, contribuent à la diffusion du complotisme[12]. La domestication des utilisateurs est mise au service d'un modèle d'affaires publicitaire qui monnaye l'attention pour les besoins des annonceurs et des entreprises qui vivent de ces clics. Comme le suggère le chercheur Philip Mirowski, cette production commerciale de la « conversation 2.0 » par les firmes des RSN concrétise deux objectifs chers aux néolibéraux : « transformer la confusion permanente des masses en source de profit, et en même temps rendre la population plus docile face à la prise de contrôle du gouvernement par les néolibéraux[13] ».

Dépossession

Chacun puise dans le « stock social de connaissances » disponibles pour donner sens à son expérience quotidienne de la réalité sociale[14]. Un stock qui inclut des récits attendus, des définitions admises de la réalité, des significations recevables ; il permet aux individus de se projeter de façon prévisible et rassurante. Lorsque cette expérience n'est pas chahutée, les institutions garantes de l'ordre social sont reconnues comme légitimes. En revanche, lorsque l'écart se creuse entre l'expérience vécue et cet ordre institutionnel, quand la crise de légitimité atteint le pouvoir, la probabilité augmente que chacun se mette en recherche de constructions alternatives. Ces récits présentent en outre l'intérêt de simplifier, voire de dépayser l'interprétation de processus autrement plus complexes, par exemple les modes de domination de l'élite au pouvoir et les rapports sociaux de classe

12. Olivier Ertzscheld, « Viscosité sociale et granularité informationnelle », *Affordance.info*, 6 mai 2019.

13. Philip Mirowski, « Hell Is Truth Seen Too Late », *Zilsel*, n° 3, 2018, p. 166.

14. Peter Berger et Thomas Luckmann, *La Construction sociale de la réalité*, Paris, Armand Colin, 2006.

dans les sociétés oligarchiques[15]. Avec la liquidation de la culture politique et des repères fournis, un temps, par les grands partis, leurs satellites et les organisations syndicales, les dominations se trouvent résumées par la fable d'une conspiration des élites orchestrée à l'échelle mondiale par une poignée de personnages en vue (les Bill Gates, George Soros, etc.), contre les masses sciemment maintenues dans l'ignorance de leur sujétion. Comme le résume Frédéric Lordon, « le conspirationnisme n'est pas la psychopathologie de quelques égarés, il est le symptôme nécessaire de la dépossession politique et de la confiscation du débat public[16] ». Cette dépossession est ainsi conjurée par l'offre surabondante de visions « alternatives » sur internet, d'autant plus attractives qu'elles apparaissent en rupture avec les allants de soi de la conversation politique la plus classique, axée sur la compétition électorale, les concurrences entre partis et le référentiel de l'échiquier droite/gauche.

Le mouvement des Gilets jaunes est un bon exemple de la manière dont fonctionne cette mécanique. Pour les observateurs inquiets, le recours à l'étiquette « complotiste » s'est avéré indispensable afin de caractériser le mouvement. Un autre sondage commandé par la Fondation Jean Jaurès et Conspiracy Watch constate ainsi la « perméabilité » d'une fraction non négligeable des Gilets jaunes à des « affirmations complotistes[17] ». Il est vrai qu'au début du mouvement, en novembre 2018[18], la « nébuleuse complotiste » d'extrême droite – de Dieudonné et Alain Soral aux militants de l'Action française ou du Rassemblement national – infiltre les rangs des protestataires, mais sans percer longtemps, car les mots d'ordre sur les ronds-points ne favorisent pas les agendas de ces groupuscules[19]. Néanmoins, la dénonciation – socialement située – des dérives supposées des Gilets jaunes constitue, en même temps qu'une analyse, une arme politique qui reconduit le discrédit des classes populaires[20]. À travers la construction de la figure du Gilet jaune rendu crédule par la prolifération

15. François Denord et Paul Lagneau-Ymonet, *Le Concert des puissants*, Paris, Raisons d'agir, 2016.
16. Frédéric Lordon, « Conspirationnisme : la paille et la poutre », blog « La pompe à phynance », 24 août 2012.
17. « Les "gilets jaunes" plus sensibles aux théories du complot », *LeFigaro.fr*, 11 février 2019.
18. Jean-Louis Siroux, *Qu'ils se servent de leurs armes. Le traitement médiatique des Gilets jaunes*, Vulaines-sur-Seine, Le Croquant, 2020.
19. Lucie Soulier, « Les "gilets jaunes", nouveau terrain d'influence de la nébuleuse complotiste et antisémite », *Le Monde*, 19 janvier 2019.
20. Antoine Mazot-Oudin, « Complotisme et "gilets jaunes" : "Il y a que les riches qui sont au courant" », *TheConversation.com*, 14 février 2019.

de « *fake news* » sur internet, on devine une mise en accusation de toute critique de l'ordre établi.

Les membres des fractions dominantes de la société usent par ailleurs eux aussi de schèmes interprétatifs d'inspiration conspirationniste pour, tout à la fois, disqualifier les critiques de leur domination ou décrire les luttes de pouvoir dans lesquels ils sont pris. Le monde des dominants est ainsi structuré que ses membres tendent à verser dans la rhétorique du complot dès lors qu'ils sont (ou s'imaginent) attaqués – par des concurrents dans le champ du pouvoir qu'ils traversent, mais aussi par les *outsiders* qui en sont exclus. La médiatisation des affaires pouvant nuire à l'évidence des privilèges, leurs protagonistes usent volontiers de la ficelle complotiste pour sauver la face. Au cours de « l'affaire DSK », par exemple, ses plus proches alliés, désespérés de voir sombrer leur champion présidentialisable, dénoncèrent une obscure machination, sans pour autant convaincre[21].

Dans les arènes d'expression « 2.0 » disponibles pour les Gilets jaunes, la dénonciation radicale de l'élite s'est accompagnée d'une accusation des sources de légitimation de cet ordre social jugé injuste. Les médias audiovisuels et la presse écrite ont concentré les critiques. Que la propagande politique ou les valeurs des dominants de l'ordre économique puissent converger et, *in fine*, influer sur la production de l'information est un fait avéré, documenté – et largement confirmé lors de la mobilisation[22]. Privatisation des entreprises de presse, concentration oligopolistique, évolutions d'un métier acculé par les « destructions créatrices » de l'internet « 2.0 »[23] : plutôt que d'interroger les dérives de leur industrie sous pression, les rédactions tablent sur le « *fact-checking* » et la mise en cause du complotisme populaire.

S'il est un aspect essentiel de ce symptôme, c'est bien le rapport qu'il révèle, de manière plus générale, aux institutions (police, justice, fisc, éducation, audiovisuel public, etc.) et à l'action étatiques, à leur légitimité, dans un contexte de néolibéralisation de la société française. La confiance symbolique et pratique vis-à-vis de l'État varie selon les classes sociales, les générations et l'expérience concrète des services de l'administration publique et du champ étatique. Des institutions aussi centrales que la police suscitent globalement un haut niveau d'adhésion (80 % en 2017, selon une enquête par questionnaire adressée à un échantillon représentatif

21. Frédéric Lordon, « Conspirationnisme », art. cité.
22. Jean-Louis Siroux, *Qu'ils se servent de leurs armes*, *op. cit*.
23. Philip Mirowski, « Hell Is Truth Seen Too Late », art. cité.

de 2 900 enquêtés[24]), avec néanmoins des baisses notables chez les plus jeunes générations et les sondés ayant été en contact avec les forces de police. En revanche, le niveau de confiance placé dans certaines fractions du personnel politique (gouvernement, parlementaires) affiche des scores autrement moins élevés dans les sondages et baromètres. Rien ne semble inverser ces tendances mesurées par les instituts. Selon le « baromètre de la confiance politique » du Cevipof de février 2021 – en soi une construction située –, les citoyens auraient une piètre vision de « la politique », oscillant entre lassitude (41 %), morosité (34 %) et méfiance (16 %). La confiance (15 %) ou l'enthousiasme (6 %) seraient des attitudes résiduelles[25]. Seuls les élus locaux paraissent échapper à cette crise aiguë de légitimité (les maires suscitent l'adhésion et la confiance chez 65 % des répondants), mais encore faut-il relativiser ces scores en les rapportant aux taux d'abstention aux diverses échéances électorales, y compris aux élections municipales. La crise sanitaire a contribué à ronger un peu plus encore la confiance dans l'action gouvernementale en « temps de guerre ». Les critiques et les polémiques (masques, lits manquants, services de santé fragilisés par des décennies de casse de l'hôpital public, etc.) ont rythmé l'épreuve collective de la pandémie. Diverses interprétations, des plus fondées dans les faits et l'intégration de la complexité de la conjoncture à celles qui dérapent par l'inférence conspirationniste, se sont retrouvées en concurrence dans les médias et sur les RSN. Et, dans cette configuration, l'audience du documentaire *Hold-Up* autoproduit et diffusé en ligne, qui a popularisé le récit d'une « Grande Réinitialisation » de la planète par la pandémie, a encore illustré, récemment, la séduction des grands récits confusionnistes.

L'épouvantail du complotisme fait naître les peurs, il suscite des paniques morales pressantes et volatiles, fait réagir les institutions publiques qui cherchent à restaurer la confiance, et justifient des campagnes de rééducation des masses populaires. Les perdants, les dépossédés et les oubliés « qui ne sont rien » trouvent parfois dans les théories du complot un exutoire, mais il s'en faut de beaucoup pour que l'adhésion à ces récits soit totale. L'hypothèse qu'il s'agit d'une tendance artificiellement entretenue et qui pourrait bientôt décliner est à considérer. En tout état de cause, ces récits participent d'une forme, certes non conventionnelle et souvent

---

24. Alexis Spire, « La confiance dans l'État : une relation pratique et symbolique », *in* C. Senik (dir.), *Crises de confiance ?*, Paris, La Découverte, 2020, p. 37-55.

25. Baromètre de la confiance politique, vague 12, OpinionWay pour Cevipof/Sciences Po, février 2021.

loufoque, de prise de conscience « par en bas » des inégalités structurelles et des rapports sociaux de domination. Que le complotisme ait surgi selon ces formes-ci, qu'il ait engendré cette cacophonie des années durant, est un fait social intrigant, mais, au fond, pas si mystérieux.

On comprend dès lors pourquoi la dénonciation est insuffisante, et dilatoire. Les mêmes qui constatent avec effroi l'érosion de la confiance dans les institutions s'arrêtent au seuil de la critique. Plutôt que d'expliquer la genèse de l'adhésion au conspirationnisme, les « théoriciens » des théories du complot ne veulent en voir que les aspects psychocognitifs, et pathologisent le phénomène : ce serait dans des têtes malades que cela se passe. Au soutien de ces interprétations, il est courant d'invoquer une crise de confiance dans les institutions et les fondements des « sociétés démocratiques ». Mais on oublie de désigner les principaux ressorts de cette crise : les renoncements et retournements, louvoiements et dévoiements qui, depuis des années, n'ont cessé d'entamer la confiance des citoyens.

Antiprogressisme

Jérôme Lamy

« J'entends beaucoup de voix qui s'élèvent pour nous expliquer qu'il faudrait relever la complexité des problèmes contemporains en revenant à la lampe à huile ! Je ne crois pas au modèle amish et je ne crois pas que le modèle amish permette de régler les défis de l'écologie contemporaine. » Ainsi s'exprimait Emmanuel Macron, le 14 septembre 2020, à propos du déploiement de la 5G. Face aux critiques qui pointaient les effets négatifs potentiels de ce nouveau standard de la téléphonie mobile (notamment la grande consommation d'énergie qu'il suppose), le président de la République faisait valoir, avec une condescendance certaine, l'inéluctabilité du progrès technologique. Pour mieux défendre une technologie contestée, il dépeignait ses opposants en ennemis du Progrès, figés dans une attitude rétrograde, à la manière d'une secte religieuse restée ancrée dans le XVIIe siècle finissant. Ce représentant du « bloc bourgeois » et du progressisme technocratique ne perçoit « l'antiprogressisme » que comme un retour un arrière. Il ne semble pas imaginer que l'antiprogressisme a une histoire longue et multiple, qu'il couvre l'ensemble du spectre politique et peut exprimer tout autre chose qu'un obscurantisme frileux et passéiste.

Irrationalismes contemporains

L'antiprogressisme à valence irrationnelle existe bel et bien. Une forme de régression pseudo-romantique vise la production savante dans toutes ses dimensions, sans discernement ni perspective sociopolitique. À l'extrême gauche, quelques groupuscules s'en prennent radicalement au sens même de la recherche scientifique[1]. Dans certaines franges de l'extrême droite se développe un écologisme ultraréactionnaire « empreint de religiosité », qui, puisant volontiers dans la tradition des anti-Lumières, chez Heidegger et d'autres penseurs conservateurs, se désole de la « sortie de la religion », dénonce « un rationalisme supposé desséchant » et prétend « "ré-enchanter" la société, dans une optique identitaire et écologique[2] ».

À côté des formes extrêmes, explicites, et très minoritaires d'antiprogressisme scientophobe, d'autres formes plus diffuses, plus valorisées aussi, prennent place dans l'espace public. Des courants ésotériques ou parapsychologiques nombreux défendent des modes d'interprétation du monde opposés aux principes de la rationalité. Certains, comme l'anthroposophie, contestent l'idée même d'une possibilité de progrès. La mouvance fondée par Rudolf Steiner dans les années 1910, copiant certains des traits de la démarche scientifique, pense le destin de l'humanité selon un schéma religieux : il faut que l'être humain chute pour revenir ensuite à une approche plus profonde de son environnement[3]. Dans l'enquête qu'il a menée sur l'actualité de ce mouvement, le journaliste Jean-Baptiste Malet a mis au jour la diversité des terrains investis par l'anthroposophie (pseudo-médication, écoles, culture agricole), ses tentatives de fonder des méthodes parascientifiques ainsi que ses relais politiques et financiers[4].

Le succès de l'anthroposophie s'inscrit dans un mouvement plus large d'ésotérisme grand public, particulièrement vivace chez les classes moyennes, qui mêle développement personnel, références aux pratiques *new age* (ce mouvement qui combine méditation, spiritualité œcuménique, thérapies alternatives), techniques psychologiques sans fondement savant... À la recherche de la meilleure audience, de nombreux médias accueillent dans leurs colonnes ou sur leurs ondes les promoteurs de la psychologie

1. Collectif Mauvaise Troupe, *Constellations. Trajectoires révolutionnaires du jeune XXe siècle*, Paris, L'Éclat, 2014.
2. Stéphane François, « Le blé noir. L'extrême droite et l'écologie », *La Vie des idées*, 20 avril 2021.
3. Robert Sumser, « Rational Occultism in *Fin-de-Siècle* Germany: Rudolf Steiner's Modernism », *History of European Ideas*, vol. 18, nº 4, 1994, p. 499.
4. Jean-Baptiste Malet, « L'anthroposophie, discrète multinationale de l'ésotérisme », *Le Monde diplomatique*, juillet 2018.

alternative et contribuent à légitimer leurs discours. C'est le cas, par exemple, du psychiatre Christophe André, auteur à succès défendant la « méditation de pleine conscience », régulièrement invité sur la chaîne publique de radio France Inter.

L'antiprogressisme comme critique sociale

Néanmoins, toutes les mises en cause du « progrès » technoscientifique ne sauraient être réduites à des manifestations d'irrationalisme dépolitisant ou réactionnaire. La dénonciation de ce qui est présenté comme une avancée et un progrès procède ainsi souvent d'un refus de leurs conséquences sociales, politiques, économiques et culturelles. Dans le cadre des mouvements anticapitalistes de la fin des années 1990 et du début des années 2000, on a par exemple vu se manifester (sous la forme, notamment, d'actions de fauchage) un rejet des cultures d'organismes génétiquement modifiés (OGM). Cette critique en acte de la captation technologique des plantes remet d'abord en cause la nécessité d'une transformation du vivant. Mais très vite, la lutte contre le progrès imposé par les firmes de biotechnologie déborde la seule critique des manipulations génétiques. C'est bientôt l'ensemble des conditions politiques et économiques ayant permis l'émergence des pratiques OGM qui s'est trouvé contesté – en particulier la place hégémonique des industries agro-alimentaires dans la gestion des ressources biologiques. Plus récemment, et dans un autre domaine, Xavier Noulhianne a documenté sa résistance aux pratiques de puçage des troupeaux pour mieux critiquer le contrôle des paysans – dépossédés de leur savoir-faire – et les tentatives de leur imposer une rationalité agro-alimentaire (par la maîtrise de la nourriture prise par les animaux[5]). Enfin, ces dernières années, la crainte d'une surveillance massive des populations par de nouveaux moyens technologiques alimente une forme nouvelle d'antiprogressisme. La critique des outils numériques[6], du déploiement sécuritaire et policier auquel ils sont couplés[7], ainsi que des effets de contrôle des populations

5. Xavier Noulhianne, *Le Ménage des champs. Chronique d'un éleveur au XXIe siècle*, Le Mas-d'Azil, Le Bout de la ville, 2016, p. 127. Voir la recension de Léo Magnin, « Savoirs d'éleveur. Un traité d'expérience », *Zilsel*, n° 3, 2018, p. 337-356.

6. Cédric Biagini, *L'Emprise numérique. Comment internet et les nouvelles technologies ont colonisé nos vies*, Paris, L'Échappée, 2012.

7. Olivier Tesquet, *État d'urgence technologique. Comment l'économie de la surveillance tire parti de la pandémie*, Paris, Premier Parallèle, 2021 ; Olivier Tesquet, *À la trace. Enquête sur les nouveaux territoires de la surveillance*, Paris, Premier Parallèle, 2020.

qu'ils induisent[8] en constitue le point nodal. L'accroissement et la sophistication des moyens de suivi et de fichage des individus constituent un recul démocratique, dénoncé depuis longtemps par la Ligue des droits de l'homme et bien d'autres acteurs.

Parce que les économies capitalistes, dans leur configuration néolibérale, entretiennent un rapport étroit à la notion de progrès, considérée comme transparente et politiquement neutre, l'objectif des « anti-progessistes » est de faire surgir, discursivement et concrètement, les logiques d'arraisonnement (du vivant, du travail, des libertés...). Cette démarche, qui, pour ses adversaires, « ne peu[t] provenir que d'ennemis du progrès et de la technologie[9] », relève en fait de la critique sociale, à travers la défense de formes de vie et d'organisation menacées et la défense d'une conception alternative du progrès humain.

La critique peut viser, plus généralement, la fausse évidence selon laquelle le progrès technoscientifique serait la condition de la félicité sociale et politique. Déjà, dans les Trente Glorieuses, nombreux étaient les groupes qui, à l'intersection du mouvement écologique et syndical, alertaient sur les dégâts de la « modernisation ». Aujourd'hui, encore, l'anti-progressisme radical dénonce la consubstantialité du système capitaliste et des modes de production savante. Parce que la recherche est liée financièrement et idéologiquement aux gouvernements impérialistes et capitalistes, elle est prisonnière des exigences économiques et politiques de ces derniers. Le groupe Oblomoff s'est ainsi interrogé sur le règne de la quantification[10] et de l'informatisation[11], tandis que, pour les Grenoblois de Pièces et main d'œuvre (PMO), il importe de dire que les « *progressistes* au plan technologique » peuvent être des « *régressistes* au plan social et humain. Ce qu'en langage commun on nomme des réactionnaires, des partisans de la pire régression sociale et humaine[12]. »

---

8. Big Brother Awards, *Les Surveillants surveillés*, Paris, La Découverte, 2008.
9. Nicolas Chevassus-au-Louis, *Les Briseurs de machines. De Ned Ludd à José Bové*, Paris, Le Seuil, 2006, p. 248.
10. Groupe Oblomoff, *Le Monde en pièces. Pour une critique de la gestion*, t. I : *Quantifier*, Paris, La Lenteur, 2012.
11. Groupe Oblomoff, *Le Monde en pièces. Pour une critique de la gestion*, t. II : *Informatiser*, Paris, La Lenteur, 2019.
12. Pièces et main d'œuvre, « Progrès technoscientifique et regrès social et humain », *piecesetmaindoeuvre.com*, 18 juin 2014. Les citations qui suivent sont extraites du même texte.

Deux siècles de « technocritique »

Cette contestation politique (et souvent étayée) de la marche en avant de la technoscience s'enracine dans une histoire plus longue de la critique du Progrès. Alors que celle-ci est souvent présentée comme une opposition à une *hubris* héritée des Lumières, il faut rappeler, avec la philosophe Stéphanie Roza, que cette « prétendue croyance des Lumières au Progrès » est, dans une large mesure, « un mythe rétrospectif[13] » – même si l'idéal d'une cumulation des avancées savantes anime une grande partie de la philosophie du XVIIIe siècle. En réalité, le corpus progressiste des Lumières sert surtout à constituer un discours et des pratiques critiques : il s'agit souvent de pointer les excès du machinisme, les déviances de la science, les errements de la technique sans contrôle. Très tôt, c'est donc la question de la maîtrise politique et sociale du progrès qui est posée.

Les briseurs de machines du XIXe siècle ont été parmi les premiers à poser en acte, et à grande échelle, cette question. Ils comptent aujourd'hui parmi les figures les plus mobilisées de l'antiprogressisme. Réputés insensible à la marche de la technologie, réfractaires aux bénéfices de l'organisation industrielle, incapables de saisir l'intérêt de la transformation par la science, ces « luddites » ont été présentés comme des foules ignorantes, animées par une haine farouche contre les artefacts. Le grand historien britannique Eric Hobsbawm, étudiant les bris de machines, signalait pourtant que la destruction du matériel technique n'avait pas pour fondement le rejet des nouveautés technologiques[14]. C'est parce que les machines participaient elles-mêmes d'une destruction des conditions d'existence et d'une perte d'autonomie des individus qu'elles étaient détruites. Si les briseurs de machines luttaient contre ce qui était présenté par les tenants du capitalisme comme un « progrès », c'était pour défendre le progrès de *leurs propres conditions* d'existence. L'antiprogressisme (technologique) peut se révéler être un progressisme (social et politique).

Dans une perspective comparable, François Jarrige a montré que, dès le XIXe siècle, « les élites agricoles fustige[aie]nt les routines paysannes, leur résistance au progrès, leur archaïsme supposé ». Or, leur meilleure connaissance des conditions locales leur permettait d'articuler les ressources disponibles et le type d'économie (autosuffisante) dans laquelle ils étaient

13. Stéphanie Roza, *La Gauche contre les Lumières ?*, Paris, Fayard, 2020, p. 72.
14. Eric J. Hobsbawm, « Les briseurs de machines », trad. fr. G. Ratel et Ph. Minard, *Revue d'histoire moderne et contemporaine*, n° 53-54 bis, 2006, p. 20.

inscrits[15]. La résistance des paysans à l'imposition de techniques étrangères au milieu d'exploitation, ou la contestation de principes généraux ne tenant nullement compte des caractéristiques locales, ont été présentées par les élites comme des marques rédhibitoires d'arriération et d'« antiprogressisme » rural. Mais cette résistance était d'abord une réponse à la méconnaissance des savoirs ruraux et de leur efficacité pratique[16] dont faisaient preuve les « modernisateurs ».

Les lignes d'affrontement entre progressisme et antiprogressisme sont longtemps restées relativement floues. C'est en fait avec le Second Empire et, plus encore, la Troisième République qu'on assiste à la pleine indexation du bonheur sur les productions scientifiques et techniques[17]. Cette idéologie du progrès suscite des discours ambivalents et libère des arguments antiprogressistes. On voit par exemple le critique catholique Ferdinand Brunetière instaurer un débat sur « la faillite de la science », qui « battait en brèche [...] l'ensemble du système progressiste établi par Condorcet » un siècle plus tôt[18]. L'ingénieur et philosophe marxiste Georges Sorel publie en 1908 un ouvrage intitulé *Les Illusions du progrès*, dans lequel il critique la réduction bourgeoise des conditions du progrès technique et scientifique[19]. Ainsi l'antiprogressisme devient-il un élément clé de la critique sociale et politique ; il intègre le répertoire d'une partie (le plus souvent minoritaire) de la gauche.

Dans l'entre-deux-guerres et, plus encore, au lendemain du second conflit mondial, un certain nombre de penseurs poursuivent, en la renouvelant, la critique antiprogressiste. Le déchaînement nucléaire, la mobilisation des scientifiques dans la guerre, l'accélération de l'industrialisation agricole nourrissent une série de réflexions sur les dégâts de ce progrès unilatéral, toujours présenté sous l'angle d'un emballement technologique et d'une

15. François Jarrige, *Techno-critiques. Du refus des machines à la contestation des technosciences*, Paris, La Découverte, 2014, p. 57, 59. Plus généralement, voir François Jarrige, *Au temps des « tueuses de bras ». Les bris de machines à l'aube de l'ère industrielle*, Rennes, PUR, 2009.

16. Jérôme Lamy, « Le grand remembrement. La sociologie des savoirs ruraux depuis les années 1950 », *Zilsel*, n° 1, 2017, p. 263-291.

17. Cf. Christophe Charle, *La République des universitaires (1870-1940)*, Paris, Le Seuil, 1994 ; Guillaume Carnino, *L'Invention de la science. La nouvelle religion de l'âge industriel*, Paris, Le Seuil, 2015 ; Robert Fox, *The Savant and the State. Science and Cultural Politics in Nineteenth-Century* France, Baltimore, Johns Hopkins University Press, 2012 ; Terry Shinn, « The Genesis of French Indusrial Research, 1880-1940 », *Social Science Information/Informations sur les sciences sociales*, vol. 19, n° 3, 1980, p. 469-499.

18. Anne Rasmussen, « Critique du progrès, "crise de la science" : débats et représentations du tournant du siècle », *Mil Neuf Cent*, n° 14, 1996, p. 93.

19. Georges Sorel, *Les Illusions du progrès*, Paris, Rivière, 1921, p. 276-277.

surenchère matérielle. De Rachel Carson (autrice de *Printemps silencieux*, qui pointe les effets délétères des pesticides sur l'environnement) au philosophe Günther Anders (critique de la technique), en passant par l'essayiste et militant André Gorz (invitant, entre autres choses, à une plus grande sobriété) et Lewis Mumford (historien des techniques interrogeant le rapport aux machines), l'antiprogressisme devient un thème récurrent, qui sous-tend certaines propositions politiques alternatives, anticapitalistes et écologistes[20].

Dans la longue lignée des penseurs qui ont spécifiquement remis en cause les ressorts du progrès et ses logiques mortifères et ont trouvé, en France, un écho important, retenons les cas d'Ivan Illich et de Jacques Ellul. Le premier, prêtre et philosophe en marge des institutions, a livré, dans les années 1970, une critique régulière des transformations industrielles du monde (notamment l'automobile). Dans *Une société sans école*, paru en 1971, il conteste le « rite du progrès », dont les lieux d'enseignement seraient le creuset : seul le désir de « consommation sans fin » y serait stimulé, pour se confondre avec la mortifère illusion d'un « progrès éternel[21] ». Jacques Ellul, philosophe et politiste, a, lui, centré sa critique sur le prix à payer pour le progrès technique. Dans *Le Bluff technologique* (1988), il affirme qu'« il n'y a pas de progrès technique absolu. À chaque avancée de la technique, nous pouvons en même temps mesurer un certain nombre de reculs[22] ». L'antiprogressisme d'Ellul vise surtout l'hégémonie d'une certaine perspective politique privilégiant les solutions technologiques nouvelles, sans interroger les dispositifs déjà existants.

Ce vaste mouvement antiprogressiste de l'après-guerre s'étend jusqu'au cœur même des institutions scientifiques. En France, Jean-Marc Lévy-Leblond et Alain Jaubert publient, en 1973, un recueil intitulé *(Auto)critique de la science*. S'ils reconnaissent que « les critiques usuelles [...] ne s'adressent guère à la science [...] mais bien plutôt à ses applications techniques dont il est devenu banal de souligner le rôle crucial dans les sociétés modernes », leur opposition est plus systématique : « La science est ce qu'elle est, elle a de bonnes raisons idéologiques-politiques-économiques pour ça, elle est inscrite au cœur de la société[23]. » Le progrès n'est donc que le résultat

20. Je résume ici encore à grands traits des positions politiques et philosophiques très nombreuses. Voir François Jarrige, *Techno-critiques*, *op. cit.*
21. Ivan Illich, *Une société sans école*, Paris, Le Seuil, 1971, p. 64, 78.
22. Jacques Ellul, *Le Bluff technologique*, Paris, Fayard, 2010 [1988], p. 97-98.
23. A. Jaubert, J.-M. Lévy-Leblond (dir.), *(Auto)critique de la science*, Paris, Le Seuil, 1973, p. 9.

des conditions sociopolitiques. Et, s'il doit être contesté, c'est comme un élément *parmi d'autres* d'une remise en cause globale. Dans les années 1960 et 1970, cette critique du progrès vise les scientifiques eux-mêmes, mais aussi la population en général. Le mouvement de contestation de l'industrie nucléaire s'inscrit précisément dans la critique antiprogressiste qui cible à la fois l'inanité du régime industriel soutenant la construction des réacteurs et la crainte (bien justifiée) d'un accident majeur[24].

L'antiprogressisme des élites

C'est donc à une longue histoire de luttes, et à une riche tradition théorique, que se rattache la technocritique contemporaine. Pas au « modèle amish » raillé par Emmanuel Macron. Prompts à dénoncer les ravages de l'obscurantisme, les dominants versent d'ailleurs plus souvent qu'à leur tour dans le déni de la science. La position du président de la République, chantre du progressisme pendant sa campagne, ne cesse de varier autour de ce qu'il convient de considérer comme un progrès. Ainsi, seule une portion congrue des propositions de la Convention citoyenne sur le climat, informées des travaux récents des climatologues et des spécialistes de la biodiversité, sera reprise par l'exécutif. La science des écosystèmes et du climat embarrasse quand ses résultats contestent les fondements d'une économie orthodoxe. Dans un autre domaine, le président français s'est fait fort, pendant l'hiver 2020-2021, de repousser les alertes des scientifiques – en mettant publiquement en doute leurs expertises appuyées sur des données et des modèles – dans un contexte déjà marqué par une forte défiance de la population à l'égard du discours médico-scientifique[25].

Du côté des élites, la mise en cause des résultats de la science a aussi été le fait des industriels. Maints grands groupes ont en effet financé et organisé des campagnes pour dénigrer, disqualifier et recouvrir certains acquis de la recherche, dès lors qu'ils mettaient en cause leurs intérêts. Depuis la Seconde Guerre mondiale, dans un certain nombre de domaines (le tabac,

---

24. Voir Gabrielle Hecht, *Le Rayonnement de la France. Énergie nucléaire et identité nationale après la Seconde Guerre mondiale*, trad. fr. G. Callon, Paris, La Découverte, 2007 ; Sezin Topçu, *La France nucléaire. L'art de gouverner une technologie contestée*, Paris, Le Seuil, 2013 ; Gilles Simon, *Plogoff. L'apprentissage de la mobilisation sociale*, Rennes, PUR, 2010.

25. Cet antiprogressisme pandémique, nourri par une humeur anti-élite, a aussi été alimenté par les dérèglements du champ scientifique et les approximations médiatiques. L'exemple de la fausse hypothèse de l'hydroxychloroquine comme antiviral, promu par Didier Raoult à grands renforts d'interventions médiatiques tonitruantes, met au jour les effets délétères du mandarinat dans le domaine de la médecine. Il est également symptomatique d'un antiprogressisme qui fait primer la notoriété individuelle sur les validations collectives des expériences et des observations.

les pesticides, les pluies acides, le réchauffement climatique), des scientifiques – parfois de renom dans leur domaine – se font « marchands de doute », en entretenant, « contre la preuve scientifique », « la confusion sur tant de sujets cruciaux de notre époque[26] ». Liés à des groupes industriels, ils tentent de disqualifier les résultats de la recherche qui alertent sur les dangers d'une nouvelle technologie ou d'un produit. Ils s'affranchissent des règles de la cumulativité, en refusant de tenir compte des résultats obtenus par les expériences et les observations.

Le cas du réchauffement climatique est emblématique de cette politique du doute antiprogressiste. C'est notamment au sein de l'institut Marshall que s'est organisée une lutte contre les premières observations indiquant un réchauffement alarmant de la température sur Terre : les premiers climatosceptiques pointent la responsabilité du soleil – diversion qui ne permet pas de mieux expliquer le phénomène. Mais l'instance mondiale chargée de rassembler les savoirs sur le climat et ses transformations, le GIEC (Groupe d'experts intergouvernemental sur l'évolution du climat), s'est tout de même efforcée de construire une critique argumentée des assertions de l'institut qui, lui, poursuivait son entreprise de désinformation. Le physicien Fred Singer – qui s'était déjà illustré en réfutant les effets du tabagisme passif – a également participé à cette vaste entreprise antiprogressiste, notamment en contestant dans la revue *Science* les conclusions du GIEC[27]. Les stratégies employées consistent à accroître la confusion en ne relevant pas, par exemple, les bonnes données. L'objectif reste de tromper sur les phénomènes observés et de détourner la recherche de son approche cumulative, par la valorisation de l'ignorance et la célébration infondée du doute.

Robert Proctor, qui, le premier, a enquêté sur l'histoire longue des stratégies de l'industrie du tabac pour retarder les mesures politiques visant à limiter l'usage de ses produits, a proposé un néologisme pour caractériser cette démarche : l'agnotologie (du grec *agnôsis*, « ignorance »). Il a pointé quelques-unes des méthodes employées : on « soul[ève] des questions sur des "anomalies" », on « se drap[e] dans l'autorité de la science », on déconsid[ère] les autorités scientifiques en place[28]... Le plus inquiétant

---

26. Naomi Oreskes, Erik M. Conway, *Les Marchands de doute, ou Comment une poignée de scientifiques ont masqué la vérité sur des enjeux de société tels que le tabagisme et le réchauffement climatique*, trad. fr. J. Treiner, Paris, Le Pommier, 2012, p. 22.

27. *Ibid.*, p. 306-337.

28. Robert N. Proctor, *Golden Holocaust. Origins of the Cigarette Catastrophe and the Case for Abolition*, Berkeley, University of California Press, 2011, p. 291-292.

est que ces démarches obscurantistes pénètrent de nombreuses institutions savantes et gagnent certaines autorités politiques. En France, le géophysicien et ancien ministre de l'Éducation nationale Claude Allègre a ainsi contribué à la contestation des résultats scientifiques sur le réchauffement climatique. Il a été un puissant relais de cette entreprise de négation. Mais d'autres structures, habituellement vouées à la défense de la science et de ses pratiques ont également contesté, sans preuve, la cumulativité des travaux du GIEC et ses conclusions sur l'origine anthropique du réchauffement climatique. C'est le cas de l'Association française pour l'information scientifique (Afis) qui a publié, en 2008, un texte de Charles Muller, clairement obscurantiste et niant le progrès des connaissances dans l'explication du réchauffement climatique[29].

Sur la base de cette contestation pseudo-scientifique se développe une forme de climatoscepticisme grand public, notamment véhiculé par les médias[30]. Le journaliste scientifique Sylvestre Huet, qui a étudié les effets de ces discours sur l'opinion française, soulignait notamment « [l]'énorme ampleur de l'écart entre les opinions publiques et les présentations les plus simples du climat[31] ».

L'antiprogressisme s'ancre dans une très longue histoire. Il ne doit pas être confondu avec l'obscurantisme : les ouvriers luttant contre l'imposition des machines au XIXe siècle avaient un haut degré de conscience politique qui leur permettait de percevoir les conséquences à venir de cette concurrence technique. Bien sûr, il existe des formes d'irrationalité antiprogressiste (de l'anthroposophie au déni du réchauffement climatique) ; mais la contestation de l'idée d'un progrès comme force historique inéluctable ne s'y limite pas. C'est dans cet entrelacs que l'antiprogressisme se déploie, force politique plurielle, susceptible de soutenir la contestation des dominations aussi bien que la réaffirmation du statu quo.

---

29. Charles Muller, « Climat : quelques éléments de critique sceptique », *Science & pseudo-sciences*, n° 280, janvier 2008. Pour une histoire précise et informée de ce naufrage obscurantiste d'une association prétendument rationaliste, voir Stéphane Foucart, Stéphane Horel et Sylvain Laurens, *Les Gardiens de la raison. Enquête sur la désinformation scientifique*, Paris, La Découverte, 2020, chap. 2.

30. Olivier Godard, « Le climato-scepticisme médiatique en France : un sophisme moderne », *Écologie & Politique*, n° 45, 2012, p. 47-69.

31. Sylvestre Huet, « Climato-scepticisme et médias : la duperie », blog « Sciences² », *lemonde.fr*, 13 août 2019.

L'entreprise vertueuse et ses troupes

Julie Gervais

Les entreprises, les patrons et la politique : on connaît la chanson. Ou on pense la connaître. Car, au-delà des formes classiques d'intervention patronale qui consistent à faire pression sur (sinon collaborer avec) les décideurs publics ou à investir dans la « responsabilité sociétale des entreprises » (les dons, le mécénat, etc.), certains entendent porter l'intérêt général, parler au nom d'un public et jouer un rôle public. Édouard Leclerc poursuit son « combat contre la vie chère », Blablacar « aide la planète » et Maisons du monde « s'engage pour le climat » : les slogans altruistes, conjugués à l'invitation faite aux salariés de consacrer une part de leur temps de travail au bénévolat, témoigneraient d'un capitalisme désormais bienveillant. D'autres formes d'activité politique orchestrées par le monde des affaires sont néanmoins plus discrètes et moins connues : on pourrait les appeler « mobilisations mercantiles du populaire ». Une forme de lobbying qui repose sur les consommateurs, éperonnés et outillés par l'entreprise pour protester en vue de défendre ses intérêts. Elle vise à infléchir des décisions liées, par exemple, à la taxation ou à la régulation des activités d'une entreprise ou d'un secteur. L'objectif est politique : il s'agit de changer l'équilibre des pouvoirs. Un business soutenu par des « citoyens », politiquement, c'est bien plus délicat à contrer. La station de radio NRJ l'avait éprouvé dès 1984, en mobilisant pour la défendre des milliers d'adolescents, par l'entremise d'une agence de publicité. Depuis, la pratique s'est sophistiquée et la possibilité qu'ont les plateformes de solliciter leurs usagers en un clic a démultiplié les potentialités. Ainsi a-t-on vu Uber lancer une vaste pétition auprès des Lyonnais, en 2014, ou inviter ses usagers à tweeter « #laissezlestravailler » pour soutenir les chauffeurs VTC contre les mesures gouvernementales visant à réguler leur activité.

Les mobilisations digitales, fortement publicisées et souvent éphémères, en voilent néanmoins d'autres, de chair et d'os, qui s'inscrivent dans la durée et reposent sur des communautés locales d'usagers, ordonnancées par l'entreprise. La légitimité populaire au service de revendications marchandes. De l'organisation de rassemblements aux campagnes d'envoi de cartes postales, en passant par l'affichage d'autocollants, des *sit-in* ou des échanges avec des élus, ces mobilisations mercantiles du populaire sont considérées par les spécialistes du lobbying comme une arme à l'efficacité redoutable, voire comme la forme « la plus puissante et la plus influente[1] » de pression aux mains du patronat.

L'entreprise comme autorité morale

L'engagement patronal pour le « bien de la collectivité » n'a pas attendu l'économie dite du partage pour prospérer. Il s'est néanmoins développé ces dernières décennies avec l'engouement pour les stratégies de marques (le *branding business*) qui cherchent à susciter des liens affectifs avec leurs clients[2]. Des liens encore renforcés par l'imbrication du monde des affaires et de la vie privée engendrée par certaines plateformes numériques. En particulier lorsqu'elles offrent des sources de revenus à leurs utilisateurs – Getaround, pour louer sa voiture à un particulier ; Bon Appetour, pour vendre ses plats cuisinés ; Airbnb, pour monétiser son logement – qui se transforment, dès lors, en lobbyistes.

La stratégie marketing de ces entreprises relève d'un néolibéralisme qui se veut « de gauche », par l'association tactique de leur marque avec des interventions politiques perçues comme progressistes[3]. Une position

1. Michael D. Lord, « Corporate Political Strategy and Legislative Decision Making: The Impact of Corporate Legislative Influence Activities », *Business & Society*, vol. 39, n° 1, 2000, p. 76-93.
2. Naomi Klein, *No logo. La tyrannie des marques*, trad. fr. M. Saint-Germain, Arles, Actes Sud, 2002.
3. Nancy Fraser parle à ce sujet de « *progressive neoliberalism* » dans *The Old Is Dying and the New Cannot Be Born*, Londres et New York, Verso, 2019 (avec Bhaskar Sunkara).

qui va de pair avec le profil du patron moderne, qui réconcilie le peuple avec un style de vie incarnant « le Nouveau Cool[4] ». Un méli-mélo de capitalisme et de culture rebelle, à l'instar de ces jeunes patrons français du numérique au look rasta et sweat à capuche. Ainsi, Alexandre Malsch, dirigeant de Melty aux allures de surfeur. Ou bien encore Emmanuel Marill, « globe-trotteur » et « fan de l'Afrique », passé par Kenzo et Facebook. La société Airbnb, dont il dirige notamment la branche française, revendique, elle aussi, son « progressisme », tout en louant les atouts d'une concurrence permanente censée revigorer un capitalisme mollasse. Authenticité, solidarité, cosmopolitisme : les vertus dont elle se revendique sont affichées sur un panneau géant, face au mur (végétal, forcément) de son siège : « *Open your heart, / Open your home.* » Elles résonnent dans les slogans du groupe : « Voyagez comme un humain », « Vivez la ville comme un habitant ». Airbnb ne se contente pas de déclamer, elle agit aussi et met en scène son indignation, en saisissant au vol des aubaines morales. Lors des fusillades de 2015, elle annule ses frais de service et encourage ses utilisateurs à loger des personnes à titre gratuit dans les quartiers meurtris (« Nous avons le cœur brisé et nos pensées sont avec les Parisiens, les victimes de ce terrible attentat et leurs familles », poste en ligne son patron, Brian Chesky) ; durant la pandémie de Covid-19, elle conclut un partenariat avec le gouvernement pour mettre gracieusement à disposition des personnels soignants des logements proches de leurs lieux de travail, via la plateforme #AppartSolidaire, relayée par La République en marche. Cette posture éthique, déployée à l'échelle mondiale, est devenue classique pour des entreprises qui se veulent citoyennes, inclusives, durables et responsables. Au cœur de ces interventions dans l'espace public : les mots de la justice, de la solidarité et de la défense des victimes, accolés au logo ; être là, au bon endroit, au bon moment, dans le viseur des médias, près des gens, la main sur leur épaule. Un « progressisme » largement tempéré par les pratiques effectives de l'entreprise qui, loin de se consacrer aux seuls routards, a également développé un marché de luxe destiné à une clientèle fortunée aspirant à des « services haut de gamme », dans « des logements d'exception ». Sans compter qu'elle évite, grâce à des montages fiscaux en Irlande, de payer des impôts sur ses principales sources de revenu en France (soit les commissions qu'elle ponctionne sur les loueurs comme sur les hôtes) ; et que la quête du profit la

4. Au sens que donne Thomas Frank à cette expression dans *The Conquest of Cool: Business Culture, Counterculture, and the Rise of Hip Consumerism*, Chicago, University of Chicago Press, 1997.

conduit à des rapprochements avec de grands groupes immobiliers pour créer des résidences-hôtels. La dimension néolibérale engloutit également les prétentions progressistes des plateformes de covoiturage ou de location de voitures entre particuliers. Leurs porte-parole ont beau prophétiser la fin de la propriété, leurs activités conduisent à détourner les principes de la consommation collaborative, monétiser les rapports sociaux et transformer la sphère privée en espace marchand.

Mais qu'importent les critiques, ces entreprises « tendance » ont pour elles d'être ouvertes sur le monde, en phase avec la jeunesse et les nouvelles technologies. Qu'il s'agisse de propriétaires d'hôtels ou de chauffeurs de taxi, leurs contempteurs ou leurs concurrents ne seraient que les représentants d'un monde révolu, une vieille garde recroquevillée qui s'accroche à sa « rente » et ses privilèges contre l'inéluctable force « disruptive » de la modernité. L'idée même de régulation est présentée comme dépassée. Et toute critique économique ou politique est interprétée comme une critique d'ordre culturel, contre la modernité elle-même, exprimée par des ennemis du progrès : « on ne peut pas se revendiquer pays de l'économie collaborative, se glorifier de succès comme Blablacar et Drivy, puis freiner cet essor avec des lois restrictives et de la complexité administrative », s'indigne Emmanuel Marill (*La Tribune*, 4 juillet 2018). L'oxymore « néolibéralisme “de gauche” » dit toute l'ambiguïté d'un positionnement qui consiste à promouvoir un capitalisme sauvage, un ethos individualiste et une appréhension ultralibérale du progrès, tout en prétendant défendre la justice sociale et l'égalité économique.

Une mission égalitaire ?

La poursuite du bien commun est une ritournelle des patrons[5]. Leur investissement dans et pour la collectivité relève généralement d'un à-côté, réalisé au titre du mécénat. François Pinault a récupéré la Bourse de commerce à Paris pour y exposer sa collection d'art contemporain, et à Porquerolles, dans le Var, les touristes admirent les œuvres de la Fondation Carmignac, créée par le président-directeur général de l'un des principaux acteurs français de la gestion d'actifs financiers. Sur les 800 millions d'euros qu'a coûtés la construction de la Fondation Louis Vuitton dans le bois de Boulogne, 480 ont été acquittés par la puissance publique, grâce aux faveurs

5. Michel Offerlé, *Ce qu'un patron peut faire. Une sociologie politique des patronats*, Paris, Gallimard, 2021.

fiscales accordées aux mécènes. Dans *Le Monde* (19 avril 2019), le PDG de LVMH, Bernard Arnault, s'est offusqué de ce qu'on s'en étonne : « C'est assez consternant de voir qu'en France on se fait critiquer même quand on fait quelque chose [qui constitue] une preuve d'intérêt général. »

Parfois, les patrons voient dans cet intérêt général la raison d'être même de leur entreprise. D'Alexandre Bompard, le patron de Carrefour, qui maintient les magasins ouverts en période de confinement pour « remplir une mission d'intérêt général », jusqu'à Stanislas Niox-Château qui a placé le rapide développement de la plateforme Doctolib en contexte pandémique au service de la collectivité (*Les Échos*, 17 décembre 2020 ; *Le Monde*, 20 mai 2021). Une manière de renforcer leur popularité en revendiquant un rôle proprement politique au sein de la société. À l'instar de Microsoft ou d'Accenture qui ont bâti, à grands renforts de campagnes publicitaires, une image de marque associée à l'essor de la démocratie délibérative et d'une sphère publique saine et vigoureuse, certaines entreprises insistent sur la démocratisation qu'elles autorisent. Leurs faibles coûts comparatifs témoignent de leur ouverture et de leurs desseins égalitaires (un Uber coûte moins cher qu'un taxi, et Airbnb permet à des gens qui n'iraient jamais à l'hôtel de voyager) ; elles sont adaptées aux besoins des gens (trajets de nuit, absence de transactions liquides, heures de départ flexibles, etc.) et participent à la protection de l'environnement (le covoiturage, via Blablacar ou Uberpool, est promu comme écologique). Elles assurent contribuer à la conquête de l'égalité entre les personnes mais également entre les territoires, dans des endroits non desservis ou faiblement couverts par d'autres compagnies ou infrastructures. Un peu à l'image de la base égalitaire sur laquelle repose le « modèle » français des services publics. Des Uber, disent ses promoteurs, on en trouve dans les banlieues pauvres désertées par les transports publics, ça désenclave certains territoires et ça permet de lutter contre l'exclusion sociale. « Allez à Stains [en Seine-Saint-Denis] expliquer aux jeunes qui font chauffeur Uber de manière volontaire qu'il vaut mieux tenir les murs ou dealer », déclarait Emmanuel Macron en novembre 2016. Airbnb répartit également les richesses dans les différents quartiers d'une capitale, clament ses responsables ; elle fait vivre les quartiers populaires et les commerçants dans les zones non touristiques, et attire les voyageurs dans des villages isolés sans équipement hôtelier. Tandis que les responsables d'Uber se posent en bienfaiteurs des jeunes non qualifiés, Emmanuel Marill estime qu'Airbnb garantit à ses hôtes une sécurité financière et leur offre un petit complément de salaire qui permet à « beaucoup de familles parisiennes » (propriétaires, donc) de « boucler leurs fins de mois » (*latribune.fr*, 24 février 2017). Autrement dit, ces entreprises prétendent jouer un rôle éminemment politique en faisant œuvre de justice sociale, en participant à la redistribution des ressources et en démocratisant les transports ou le tourisme. Leurs représentants insistent d'ailleurs sur la mission qu'elles pourraient être amenées à jouer, aux côtés des gouvernements et du personnel politique local, dans la crise financière, la gestion du chômage ou les problèmes de logement. Sans compter leurs potentialités au regard des données qu'elles engrangent, qui pourraient se révéler d'un grand intérêt public.

« Au nom des gens »

Au nom des rôles qu'elles s'attribuent, certaines entreprises vont même au-delà : elles se targuent d'une forme de représentativité politique et s'érigent en porte-parole des petits contre les gros, leurs privilèges et leurs intérêts corporatistes. Vues sous cet angle, non seulement les réglementations qui ciblent le secteur de « l'économie du partage » corsètent l'innovation mais elles s'apparentent également à une agression de l'État et des « privilégiés » contre les citoyens les plus faibles. Une attaque contre celles et ceux qui doivent se contenter de la possession d'une voiture ou d'un petit espace supplémentaire pour s'en sortir financièrement. Le discours du bien commun fait coup double : il vise à donner aux usagers des plateformes, qui tirent des revenus de la location temporaire de leur perceuse, de leur logement ou de leur voiture, le sentiment qu'ils font le bien, tout en soignant leur réputation dans l'opinion. Forts de cette image qui les valorise, certains utilisateurs sont invités à se mobiliser au service des intérêts de l'entreprise. Ce sont « les gens » qui se mobilisent et non plus « la multinationale » qui résiste.

Résister à quoi ? En France, surtout au niveau local, les pouvoirs publics ont eu quelques velléités de contenir l'essor d'Airbnb et ses effets sur la disparition des logements résidentiels : depuis 2017, pour faciliter les contrôles, la Ville de Paris oblige les hôtes à s'enregistrer sous un numéro qui doit apparaître sur l'annonce ; depuis le 1er décembre 2019, dans plusieurs villes françaises, il est interdit de louer des résidences principales plus de 120 jours par an. Face à ces mesures, les responsables d'Airbnb ne peuvent rester passifs : la France est la première destination touristique au monde et le nombre d'utilisateurs français (plus de 12 millions) est le plus important après les États-Unis. Dès lors, la société californienne ne se contente pas d'aller au contentieux contre la Ville de Paris – avec, finalement, trois décisions de la Cour de cassation favorables à la collectivité en février 2021 – , ni de faire pression sur la Commission européenne avec TripAdvisor ou HomeAway, grâce au lobby des entreprises de location en ligne à Bruxelles, European Holiday Home Association (EHHA) : Airbnb a fait le choix, un peu partout en France, de susciter des mobilisations mercantiles du populaire.

Si la constitution de communautés autour de certaines marques – Tupperware, Weight Watchers, etc. – n'est pas inédite, Airbnb a développé le principe à un haut degré de sophistication. C'est en effet à l'aune de cet objectif que l'on peut lire la création à l'échelle mondiale de groupes locaux, initiée par ses responsables. Exclusivement composés de personnes qui louent tout ou partie de leur(s) logement(s) sur la plateforme – « les hôtes », en interne –, ces groupes sont réunis dans le cadre de pique-niques assez apprêtés ou de petites soirées organisés par l'entreprise, avec boissons et buffet gratuits. Ils présentent tous les aspects de clubs de sociabilité et offrent un espace d'échange entre hôtes, pour faire connaissance, se dépanner et mutualiser des expériences. Ces clubs pourront ensuite être mobilisés pour des actions politiques feutrées ou visibles. Ils procurent aux représentants d'Airbnb un ancrage local leur permettant de tisser des liens avec les habitants et les commerçants d'un quartier – et surtout de s'en prévaloir dans d'autres arènes (« savez-vous combien d'électeurs potentiels nous représentons et ce que nous apportons à l'économie locale ? »).

À Paris, Marseille, Bordeaux, Lille ou Strasbourg, pour soutenir les actions menées par les hôtes, Airbnb met simplement à leur disposition différents moyens logistiques, en vue d'une rencontre avec des députés ou des candidats à l'élection municipale, d'une contre-manifestation de rue, d'un conseil de quartier à cibler ou d'une campagne d'affichage chez des commerçants du coin. Les membres des clubs bénéficient d'une importante latitude et s'attachent à défendre, non pas l'entreprise, mais bien leur business individuel, dont les intérêts se trouvent être souvent concordants. Le système s'inspire du *community organizing*; une pratique militante née aux États-Unis dans les années 1930, ancrée dans les valeurs démocratiques et de justice sociale. Théorisée par Saul Alinsky, sociologue engagé, dans un livre éloquemment intitulé *Rules for Radicals* (1971), elle cible les marginaux et les laissés-pour-compte – ceux qu'Alinsky appelle les *have-nots*, les démunis – pour leur permettre de prendre le pouvoir aux nantis. Elle passe notamment par le repérage de « fortes têtes », dans un quartier, par exemple : celles et ceux qu'Alinsky appelle les *leaders*. Formés à la prise de parole, ils sont ensuite incités à s'auto-organiser dans le cadre d'un comité de quartier pour défendre les intérêts des leurs ; le tout dans un rapport de force établi avec les dominants[6]. Or c'est exactement la méthode suivie par Airbnb, en France comme ailleurs, pour créer les clubs d'hôtes. La multinationale se réclame ainsi du penseur et suit ses préceptes, en détournant la vocation progressiste de sa méthode vers des intérêts marchands.

C'est ainsi qu'elle a lancé, ces dernières années, de vastes campagnes d'embauche dans toutes les grandes villes du monde susceptibles de voir éclore des oppositions, comme à Paris, qui représente donc un marché très lucratif pour l'entreprise. Formés à des tactiques de mobilisation, ces salariés locaux d'Airbnb agissent ensuite comme des *community organizers* (des « responsables de communauté »). Leur rôle est officieux et, de l'aveu de plusieurs d'entre eux lors d'entretiens, il doit rester confidentiel à l'extérieur de l'entreprise. Certains ont reçu jusqu'à l'interdiction formelle de révéler qu'ils travaillent pour Airbnb. Beaucoup ont en commun un passé militant (ou qu'ils perçoivent comme tel), qu'ils aient travaillé dans des associations d'aide aux réfugiés, dans l'humanitaire, à l'Assemblée nationale ou comme directeur de campagne d'un futur maire. Une fois formés, ils ont pour mission de découvrir, parmi les hôtes de la plateforme, les potentiels leaders d'un quartier ; et de créer avec eux la communauté de soutien dont pourra ensuite se réclamer l'entreprise.

Trouver des leaders consiste d'abord à repérer, en ligne, des hôtes qui tirent un revenu substantiel de la plateforme, sans pour autant être ces multipropriétaires qui rapportent beaucoup d'argent à l'entreprise mais jurent avec l'image d'authenticité qu'elle revendique. Les « responsables de communauté » ciblent des personnes dont les profils leur semblent conformes aux valeurs associées à la marque. Elles doivent disposer tout à la fois d'un peu de temps et d'une certaine surface sociale, puisque leur mission consistera à enrôler d'autres hôtes pour monter un club de sociabilité. Elles doivent être un peu connues localement, des meneuses d'opinion dans le quartier ou des influenceuses sur les réseaux sociaux. La mère de classe moyenne, qui fait les sorties d'école, propage les nouvelles et (dé)fait les réputations, est une cible prioritaire. Les leaders ne sont pas rémunérés sous la forme d'un salaire mais bénéficient de nombreuses gratifications symboliques (la primeur des informations, des invitations à des événements, l'appartenance à un réseau international, la possibilité de suivre une formation continue de leader, etc.). Ils sont assistés par les « responsables

6. Julien Talpin, *Community organizing. De l'émeute à l'alliance des classes populaires aux États-Unis*, Paris, Raisons d'agir, 2016, p. 59-60.

de communauté » employés par l'entreprise. À Bastille, à la Croix-Rousse ou dans le Panier, leur rôle est de coaliser des hôtes, d'organiser des rencontres et des activités, de diriger un groupe Facebook local, de créer une ambiance amicale et décontractée et, à terme, de monter des actions collectives, qu'ils mènent parfois de leur propre initiative.

Cette confusion entre les sphères militante et économique est manifeste dans la terminologie utilisée au sein des clubs Airbnb. Les échanges qui s'y déroulent mêlent, souvent indifféremment, les catégories politiques et économiques. Les employés de l'entreprise parlent de résistance et de solidarité : la résistance contre les opposants, qui cherchent à limiter ou à réguler le « partage des logements » ; la solidarité entre hôtes, qui doivent agir collectivement et se soulever contre cette « injustice ». Ces termes sont parfois repris par les hôtes qui perçoivent (souvent en toute bonne foi) les tentatives de régulation comme des atteintes à leurs droits fondamentaux. Mais l'inspiration a ses limites : il s'agit dans le même temps d'éradiquer toute dimension protestataire – les mobilisations devant se décliner sur un mode tempéré. D'ailleurs, les « responsables de communauté » évitent de recruter comme leaders des militants chevronnés ou jugés « trop extrêmes » : sont enrôlées des personnes « respectables », qui ne feront pas de vagues, des figures locales consensuelles et des gens avec de « belles histoires » (de la mère divorcée qui s'en sort grâce à la location d'une chambre dans son appartement à la retraitée qui finance ainsi les visites de ses petits-enfants). Les « responsables de communauté » veillent à l'euphémisation des conflits en interne et conseillent aux hôtes d'éviter les oppositions frontales et les débats polarisés avec les élus. Ils les encouragent à privilégier le consensus et la coopération. Des interventions feutrées dans l'espace public qui ont sans doute les faveurs des représentants politiques trouvant plus confortable de traiter avec des personnes moins transgressives, plus accommodantes et disposant de davantage de ressources que les traditionnels militants. Par exemple, avant de devoir renoncer à sa candidature à la mairie de Paris contre Anne Hidalgo en 2020, Benjamin Griveaux avait misé sur les liens électoralement rentables qu'il pourrait tisser avec les communautés Airbnb, l'alliage entreprise-habitants et le caractère déconflictualisé de leur approche permettant de conserver les apparences d'une mobilisation citoyenne, tout en canalisant l'expression des désaccords.

Le sujet marchand

Édulcoré, le politique est néanmoins bien présent dans ces clubs où des idéaux revendiqués se mêlent à des préoccupations marchandes. Bien sûr, certains hôtes les fréquentent pour le simple plaisir d'être ensemble. Ils sont néanmoins encouragés à se concevoir comme les propriétaires d'un capital à faire fructifier. À l'image d'un état d'esprit présent dans de nombreuses entreprises de l'économie dite du partage, ces clubs réunissent en réalité des entrepreneurs de leur petit business. Les hôtes s'entraident, autour d'un buffet fourni et arrosé, ou à distance durant la pandémie, en se refilant des tuyaux pour « maximiser » leurs revenus (visibiliser son annonce, y ajouter un drapeau LGBTQ-*friendly* pour élargir sa clientèle ; atteindre le statut de « *superhost* » et les rétributions afférentes ; obtenir de bonnes notes de la part des « *guests* », etc.). Les moments de rencontre s'apparentent à des sessions de formation mutuelle visant à perfectionner leurs stratégies de positionnement sur la plateforme. On trouve là déclinées, dans un espace singulier, les composantes du mode néolibéral de gouvernement de soi. Celles qui consiste, entre autres, à apprendre à détecter les « bons filons » et à développer une « capacité entrepreneuriale », un « esprit commercial » engageant tout un rapport à soi, aux autres et à la connaissance[7]. À tel point que les hôtes d'un des clubs parisiens, poussant la logique économique jusqu'au bout, ont « fait sécession » d'Airbnb, pour reprendre leur expression. Pourquoi ? Afin d'« optimiser » davantage encore leurs revenus, grâce à une plus large palette d'offres de location temporaire. « Nous sommes un véritable groupement d'intérêt économique ! » se réjouissait ainsi l'un de ses membres.

Dès lors, le militantisme mercantile fortifie ce que Wendy Brown appelle l'économicisation des droits, des sujets et des activités[8]. Il sème le trouble dans les genres économique, politique et militant, et remet en cause l'autonomie des mondes sociaux. Des citoyens sont incités à l'action collective, non seulement par des formes de valorisation et de reconnaissance sociales (qui souvent motivent leur cooptation), mais également par les revenus que leur procure la plateforme. Le sujet mobilisé agit ici non pas en tant qu'acteur politique ou en tant qu'individu moral, mais pleinement comme un être marchand. La confusion est entretenue entre des

---

7. Pierre Dardot et Christian Laval, *La Nouvelle Raison du monde*, Paris, La Découverte, 2010, p. 230 *sq*.
8. Wendy Brown, *Défaire le dèmos. Le néolibéralisme, une révolution furtive*, trad. fr. J. Vidal, Paris, Amsterdam, 2018. Elle emprunte le terme à Michel Callon et Koray Çalışkan.

revendications politiques (pouvoir « partager » ses biens, en disposer librement) et des doléances d'ordre économique (tirer un revenu de ses biens, sans limitation). Le recours au militantisme à des fins marchandes tend ainsi à amalgamer des demandes collectives à des créances de type individuel. Ce faisant, il subvertit le langage des droits et tend à vider ces derniers de leur substance politique. Il constitue à cet égard la forme actuelle la plus sophistiquée de mobilisation mercantile du populaire et met ainsi au jour la nature et le fonctionnement du néolibéralisme comme micropolitique, soit un ensemble de pratiques qui modifient les manières de se diriger soi-même et de se conduire avec les autres.

Saint patron

Sandra Lucbert

I

1

Vous n'en avez pas l'habitude, mais on peut être PDG et avoir des idées.

Ainsi, moi. J'ai une idée.

Je n'en ai qu'une seule, gage d'une meilleure tenue. Elle tient tout ensemble : le capitalisme avec la justice sociale, les dividendes maximisés avec l'égalité de tous, moi avec moi.

Je reste simple et concentré.

Le monoïdéisme garantit l'efficacité et la cohésion. C'est une manière éprouvée d'avancer dans sa trajectoire personnelle.

Mon chemin de conscience (à moi) a eu deux moments : un exil d'avec moi, un patient retour vers moi. Il m'a permis de forger un concept unique, maniable et opérant : la cuculerie bien tempérée.

2

Racine *cucul*, redondance tempérante : vous avez bien lu. Vous n'y pensiez plus, mais présenter le stigmate est une bonne pratique multiséculaire. Elle vient de loin, elle vient de Lui – avec qui je partage mon prénom. On ne s'appelle pas Emmanuel par hasard.

Moi, Emmanuel, j'ai une vision : par elle nous resterons capitalistes pour les siècles des siècles.

Ça va faire quarante ans que le Dogme nous dit : l'entreprise n'a pas de croix à porter. Le Bien ne la concerne pas – elle n'a qu'une vocation : être à ses actionnaires. Quarante ans que le Dogme répète : être capitaliste, désormais, c'est être encuculeur sans restriction.

Comme les autres, j'ai commencé requin en banque d'affaires.

J'avais vingt ans, j'en ai presque soixante. Entretemps j'ai vécu, j'ai appris. Entretemps j'ai compris. Pour que renaisse la vertu capitaliste, moi dont le nom *Faber* veut dire *faire*, j'ai déposé le *en*, je me suis fait cucul – exemplairement.

3

Vous n'osiez plus y croire, mais me voici : je suis le PDG que vous avez commandé pour Noël.

Je veux ici narrer mon égodicée. Car je tiens mon système et mon système me tient. Notre problème collectif partira de moi, notre problème collectif se résoudra en moi.

Écoutez seulement mon histoire, je suis l'argument clé de ma démonstration. Et d'elle dépend votre salut.

4

Vous le saviez déjà, les PDG ont une haute idée d'eux-mêmes. Mais pas la bonne.

Égodicée est un concept cuculier que j'ai formé sur *théodicée*, une idée de Leibniz. Vous n'en avez pas l'habitude mais un PDG, s'il est moi, peut avoir entendu parler de Leibniz. Qui pose la bonne question : pourquoi le mal dans le monde, si Dieu, qui est parfait – bon et tout-puissant –, en a conçu le plan d'ensemble ?

Humblement j'actualise la notion, et je demande : pourquoi le mal persisterait-il dans le capitalisme si moi, PDG du CAC 40, je fais la justice sociale sans faillir ?

Je suis de ceux qui peuvent tout dans le capitalisme, *or* je fais tout parfaitement bien, *ergo*, le moment néfaste du capitalisme finira par passer.

C'est d'un cucul souverain, c'est généreux et bienfaisant : si tout est prévu par un tout-puissant de toute bonté, alors le mal est transitoire, il n'est qu'un mauvais moment à passer.

À toute version cucul du monde, il faut un méchant. Le nôtre s'appelle Milton Friedman.

5

Je ne vous apprends rien, l'exemplarité refusée aux capitalistes, c'est depuis Milton Friedman. Le Dogme séducteur, la vocation dévoyée, c'était lui.

Vous l'avez entendu prêcher le miracle du crayon. Vous l'avez vu célébrer le système des prix, qui fait coopérer des gens ne sachant rien les uns des autres – qui même, pourquoi pas, les fait participer au même crayon alors qu'ils se haïssent. Friedman, c'est l'instigateur de la démoralisation.

Moi, je suis l'exception.

Je suis l'anachorète du capital et je dirige Danone. J'ai trouvé la formule qui résout les contraires. L'assemblage d'idées qui met Milton à terre.

Je vous dirai ici comment je suis distant et proche, pour et contre. Dans et hors le capitalisme.

Un stylite.

6

Je suis en tailleur sur une colonne de vertu : cucul du CAC 40, je tiens la position. Intègre, tempérant, aigu ; je limite mes besoins. Je suis là où le monde se décide et je suis au-dessus de tout soupçon.

Je suis celui enfin qui dit autre chose, celui qui dit, enfin : nous resterons dans le capitalisme, mais nous pourrons quand même être sauvés.

En fait de réforme, le vrai cucul ne s'en laisse pas conter : la main invisible n'existe pas, ou alors, elle est cassée. Il n'y a que la morale qui puisse la remplacer.

Ma main (à moi) est visible et j'ai le bras sécuculier.

7

Il suffit de croire au pouvoir des idées. J'ai deux étoiles fixes : Kant et le Christ.

Je m'appelle Emmanuel. Mais là où Kant est invalidé par son patronyme (*can't*), je suis requis par le mien (*faber*, c'est faire – en latin. Je me répète, pour l'essentiel).

Je m'appelle Emmanuel qui fait.

Ma main sera contre Friedman dont les visions sont vaines.

Je suis L'Emmanuel du capitalisme. Ma destinée, c'est faire parmi les marchands ce que la loi morale demande.

Oui, j'ai connu la passion : en être et ne pas en être. Tout un câblage psychique intérieur pour tenir – une égodicée à vérifier chaque jour ; et manuellement ajuster ses réglages.

8

Vous ne serez pas surpris : pour avoir une idée aussi forte, il faut avoir traversé les périls.

Qu'ai-je connu qui m'ait poussé à escalader ma colonne d'ascèse – tenu si haut en tout ?

À partir d'un certain moment heureux, je me suis fait une idée de l'unité.

À partir d'un autre moment, malheureux, une idée de la schizophrénie.

J'ai mis les deux ensembles et j'ai secoué. De là, j'ai opéré une sélection exigeante dans le réel. J'ai gardé l'espoir, j'ai effacé les séparations : conflits et dominations, plus jamais, ne me sont venus à l'esprit. Je n'ai plus jamais transigé.

La privation est une virtuosité morale.

Lorsqu'on m'interroge sur ces points, je réponds à côté en toute sincérité. Ils n'existent plus.

9

Cette vision exigeante de la condition humaine me permet de renvoyer chacun à sa responsabilité.

Pour y atteindre, il faut se porter au plus complet dépouillement intellectuel ; se détacher des déterminations, des obstacles, des forces extérieures ; s'abstraire des institutions économiques et politiques, et là : serrer l'essentiel. Notre humanité.

La cuculerie est une ascèse, un exercice spirituel : appauvrir volontairement sa pensée, écarter l'idée des empêchements – et, depuis son fonds à soi, agir en vue du seul Bien. L'élan moral est inconditionnel.

Alors seulement, abstraction faite de ce qui nous agit collectivement, on s'explique comment Friedman nous a poussés à la cupidité – par des mots démoralisants. Et des mots uniquement.

10

Milton Friedman nous a menti sur nous.

Il nous a dit : je viens vous libérer. Il nous a dit : en vérité sachez-le bien, il n'échoit d'autre devoir à l'entreprise que le profit – maximisé – des actionnaires. Et les crayons s'assembleront, les agents seront magiquement coordonnés par les lois du marché.

Il nous a trompés.

À présent, je sais l'erreur et la vérité.

Oui, les crayons se sont multipliés, mais aussi les discordes. De l'homme avec l'homme. De l'homme avec la nature.

Pour prix réel des crayons assemblés sans concorde, nous sommes descendus où tout se désassemble.

11

C'est par le faux prêcheur que cette catastrophe est arrivée.

C'est lui qui a fait honte aux cuculs capitalistes, lui qui les a chassés pour les encuculeurs. Alors le capitalisme est devenu violent, et nous sommes entrés en tourment.

Le Dogme encuculeur nous a plongés dans la schizophrénie : nous séparant de la justice sociale et de notre bonté. Nous séparant de nous.

Le *en* a tout changé. Le *en* force et trompe. Il fait mentir l'essence *cucul* du capitalisme.

La cuculerie bien tempérée, c'est faire la preuve que Milton Friedman a tort. Le capitalisme n'exploitera personne, il ne sera infligé à personne.

Il retrouvera un visage serein.

Et j'en aurai fini avec la schizophrénie.

II

1

Quant à l'état présent du monde, vous dites *crise* (terminale) mais je préfère *révolution* ; vous comprenez, j'ai une vision.

2

Ne vous récriez pas : du désastre où nous sommes, PDG de Danone, je suis coupable, c'est entendu.

En vérité, nous le sommes tous.

Se dire : il y a le système et il y a moi, c'est bien pratique, ça permet de mieux dormir la nuit, mais c'est faux. *Nous* sommes le système qui ne marche plus.

Alors coupable, moi j'ai choisi de l'être *plus* : pour nous permettre de l'être moins.

3

Tout est affaire de stratégie. Moi je regarde en face mon agentivité économique : et c'est depuis le CAC 40 que pour vous j'intercède.

Danone, leader mondial du plastique, pollueur des mers, tueur de bébés indonésiens par la vente de lait en poudre et assécheur de sources.

Sans doute. Mais : leader mondial, pesée mondiale. Archimède disait : donnez-moi un point d'appui, je soulèverai le monde.

Je suis le point d'appui.

4

Les grandes entreprises façonnent nos existences. Elles pourraient le faire bien. Elles pourraient faire Le Bien. Il suffirait qu'elles le veuillent.

Penser cucul, c'est savoir que le Bien se décide souverainement.

5

Danone a une histoire qui l'atteste : Antoine Riboud aux assises du patronat, 1972. Il est venu, il leur a dit : l'entreprise est injustifiable si elle n'a pas d'utilité sociale.

À sa suite j'ai trouvé un slogan en anglais : *One planet, one health*. Je m'adresse à 900 millions de consommateurs, 300 000 actionnaires, 100 000 salariés, 200 000 fermiers partout sur la Terre.

6

Je leur parle comme à vous : du Bien à faire et du Mal à défaire.

Du Mal qui gagne.

Les *supply chains* alimentaires apportent le cauchemar sanitaire. Les besoins d'eau potable apporteront la guerre. Sur ces peines, une élite prospère.

Ce monde-là agonise.

Mais je vois le suivant.

7

Le patronat cucul, c'est comme un ministère de guérison.

L'autre Emmanuel rencontrait les aveugles, les boiteux, les possédés, les paralytiques, les sourds, les muets et les épileptiques.

Il disait une parole et ils étaient guéris.

Moi je rencontre le capitalisme financier : la rapacité, les inégalités, les patrons sans idée de ce qu'ils *font* parmi les hommes.

Je rencontre un modèle alimentaire qui s'effondre ; le diabète et l'obésité, le sel, le sucre, les plastiques, le carbone et les sols exténués.

Moi je rencontre des marchés emballés pour le pire.

8

Je vois ceci : l'alimentation devrait nous lier – les uns aux autres et à la planète. L'*oïkos nomia* devrait nous rassembler : puisqu'elle est l'organisation de la maison commune. Il y a une place pour chaque partie prenante dans la maison du Père.

L'alimentation et l'économie, ce sont des *relations* avant d'être des *transactions*.

9

Vous l'avez noté, je deviens abstrait – je ne vous ai pas dit ? Je lis de la philosophie.

10

J'en *fais* aussi : c'est dans la *relation* que se trouve la vie bonne, or le Dogme nous a livrés aux tentations transactionnelles : c'est à qui écrase l'autre.

Le capitalisme s'est damné dans l'enfer de la transaction.

Par elle, tout a été inversé. L'économie de marché et l'évidence alimentaire ne nous ont pas unis, elles nous ont séparés.

11

Nous voici isolés dans un monde sans bords : les grandes marques frappées de suspicion, les gouvernants dévalués. Voyez, les citoyens se font des étendards avec des Gilets jaunes – des gilets *d'accident* : les humains sont perdus dans la nuit.

La main invisible les a abandonnés, mais la mienne est tendue. Et elle fait des miracles.

12

Quand le peuple de Dieu apprend la destruction du Temple, il entre au néant. Le peuple juif est dans la nuit. Mais la nuit se traverse : et, alors, tout commence.

Quand je suis arrivé chez Danone en 2014, la division régnait – en moi aussi. Ensuite PDG, j'avais trois peuples à diriger : trois peuples effrayés ; salariés, consommateurs et actionnaires – ils se croyaient ennemis.

Ces trois peuples étaient un, n'en déplaise à Milton Friedman.

13

Un peuple un seul, et trois langages pour les unir – dans un équilibre stratégique de marché.

Aux actionnaires, j'ai parlé la langue des transactions pour justifier la relation.

Aux consommateurs, la langue des relations (de confiance) pour assurer les transactions.

Aux salariés et sous-traitants, j'ai parlé loyauté pour garantir la qualité.

14

Je leur ai proposé une nouvelle alliance.

15

Friedman a inventé l'aberration dans laquelle nous vivons : il a dénaturé les actionnaires. Il en a fait des créatures de pures transactions – ils ont oublié qu'ils étaient des humains.

Tout le mal vient de là.

C'est ce verrouillage-là qui produit tous les autres.

Un verrou qu'on nous a dit *amekanon* – impossible à machiner. Je suis homo Faber et j'ai trouvé les outils pour le faire.

16

Imaginez mes actionnaires possédés par le Dogme, effarés de mes penchants cuculs. Faber, c'est insensé, regardez donc autour de vous : pourquoi voudriez-vous qu'on prenne un *risque* chez Danone puisque le risque n'existe plus nulle part pour les investisseurs ? Pourquoi voudriez-vous qu'on gagne *moins* quand tout nous fait gagner plus ? Votre royaume n'est pas de ce monde : nous toucherons les dividendes.

17

Je leur ai dit : N'ayez pas peur, écoutez seulement ma grande histoire.

Mes paroles vous alarment, vous croyez le cucul contraire à vos profits ? Il est en fait la seule façon d'en faire encore demain.

Car enfin, comment nier que tout change, ou plutôt que tout sombre ? C'est l'agriculture intensive qui n'est plus de ce monde.

Laissez-moi manœuvrer : nous serons les premiers.

18

Les anciens poisons seront délaissés. Les pesticides, les OGM, la pollution, les sols harassés : tout ça, c'est terminé. Je sonde les marchés et leurs courants profonds, j'anticipe leurs revirements. Tous leurs indicateurs les conduisent à qui nous sommes déjà. Leur demande est ma promesse : *one planet, one health*.

La santé n'a pas de prix ? Le peuple consommateur à qui je m'adresse fait la preuve du contraire. Leur *goodwill*, mon *cash-flow*, votre *return*. Ai-je votre attention ?

Ils viennent déjà à moi, je vais à leur rencontre : Danone l'innovation, Danone la qualité. Danone l'avantage concurrentiel.

C'est par là que tout recommence. La seule direction, c'est la qualiconcunnovation.

19

Ils m'ont suivi, nous avons traversé la nuit.

1,5 milliards de ventes sorties des OGM aux États-Unis ; neutralité carbone de nos bouteilles en 2020 ; 3 000 euros de plus chaque année pour nos fermiers ; Danone devenue B-corp puis société à mission – et moi, son PDG, portant partout notre Évangile qualiconculculier.

Du marketing biblique.

20

De là, les cœurs de se déverrouiller, de là, les *relations* de regagner leur chance. Les actionnaires qualiconculvertis, sont venus les consommateurs, les salariés, les sous-traitants. Et mon programme *Une action, une voix* a refondé notre communauté.

21

Je suis sincère : c'est ce que j'ai de meilleur à offrir.

III

1

Ma vie est suspendue à notre guérison.

2

Quatre fois, j'ai étreint quelque chose de trop grand pour moi.

La première fois, je suis enfant ; j'ai dix ans dans les Alpes.

3

En bas c'est encore la nuit, mais en haut c'est déjà l'aube. La pente, la neige et moi, nous composons. Et la lumière éclate. Tout fait un. La vie en gloire – au fond la vallée noire.

C'est cet instant marqué qui fait mon exception, cet adret le retour où j'aspire – où j'entends vous conduire.

Il m'a fallu quarante ans pour en trouver les voies.

4

Car je me suis perdu – longtemps. J'ai d'abord traversé le fond de vallée noir.

À quinze ans, l'ombre est tombée sur moi : je suis jeté à l'ubac en découvrant la violence – des autres ; les forts contre les faibles. L'unité première se fissure.

Quelque chose se casse à l'intérieur.
J'écris sur un dessin *: Être Emmanuel Faber ou rien.*
Je signe : *rien.*

5

C'est plein de ce néant que je deviens quelqu'un. Une part de moi tombée, mon prénom oublié ; en hébreu « Dieu est avec nous. » – Il est perdu.
À HEC, je deviens Faber – qui chasse Emmanuel.

6

Vous vous le demandiez : par quels escarpements se charge-t-on de la misère du monde ? Par où devient-on qui je suis ?

7

J'avais un frère.

J'avais un frère souffrant pour nous.

J'avais un frère qui fut agronome puis faiseur de fromages, et pourvoyeur de Bien. J'avais un frère qui aujourd'hui est mort – il avait pris en lui notre schizophrénie.

8

C'est à lui que je dois qui je suis.

9

En 2016, je parle aux nouveaux diplômés d'HEC. Je leur parle comme à ceux qui auront tout pouvoir dans le capitalisme.

Vous aurez des leviers, mais qu'allez-vous en faire ? Je suis venu ici pour témoigner – vous raconter mon histoire : celle d'un autre.

10

Qu'est-ce qui m'a le plus marqué de mes trois ans à HEC ?

Vingt et une heures, bâtiment C, « Faber, c'est pour toi » – au téléphone, on m'annonce que mon frère vient d'être interné pour la première fois.

11

Mon plus jeune frère, le renonçant. Résidant à l'adret du monde, touché par l'absolu ; visage du complet dénuement.

Saint en prière sur les rochers, apportant des cafés aux éboueurs et portant les cabas des infirmes. Surnaturellement épuisé, écrasé par l'invisible duquel il nous a délivrés.

Il avait appris l'agriculture mais, du jour de cette schizophrénie faite sienne, il n'a plus jamais travaillé.

Faber, c'est pour toi ; il est sorti de l'économie.

12

Me laisse Faber – c'est pour moi : je monte des OPA, prends des jets privés, amasse des sommes de légende. C'est moi Faber qui outille les puissants, fais aller l'argent à l'argent, et négocie la nuit les destins des humains.

On ne mesure jamais vraiment quelle part de soi l'ombre réclame.

Chaque jour, à Singapour ou à Sydney, je reçois son appel. Sur mon répondeur, pas un mot, mais le bruit d'une fontaine.

Peu à peu, il est complètement retourné au Vivant. Puis est entré dans la vie éternelle.

Lui parti, je me découvre seul dans l'économie, séparé. Et comme s'il avait migré en moi : il réveille Emmanuel – jusqu'à le révolter contre Faber.

13

Le plus difficile d'une mission, c'est de la reconnaître.

14

J'ai montré le poing à Friedman. J'ai renié l'économie schizophrène.

Je fais retraite dans un foyer de charité. Comme une préparation pour en sortir – et rejoindre Emmanuel.

Au père Mathieu, j'expose mon intention. Sa main sur mon épaule.

Interroge-toi seulement, si tu abandonnes le capitalisme : qu'auras-tu fait de tes talents ?

15

Il est écrit dans Luc que l'Autre a passé quarante jours au désert. Et trois fois repoussé la tentation. Moi je suis allé m'éprouver au CAC 40.

Pour en sortir sans sortir, je n'ai pas attendu les prodiges.

16

Pourtant, sans cesse ils me l'ont demandé, mes questionneurs incrédules.

Prêchez-vous dans le désert, Emmanuel Faber ?

Un patron seul peut-il transformer le monde ?

17

Je ne suis pas seul ; avec d'autres dirigeants de grandes entreprises, nous demandons à modifier le Code civil.

Qu'il soit écrit que l'entreprise a pour but d'apporter une satisfaction durable à tous.

Et non qu'elle a pour seule fin de rétribuer ses propriétaires.

18

Il faut sortir ces mots de nous. La maximisation de la valeur produite pour l'actionnaire : cet énoncé, combien de fois – je l'ai dit, dit et répété. Je l'ai ordonné.

Il m'avait scindé.

À présent j'en suis libéré.

À moi de réparer les récits communs.

19

Vous renoncez à votre retraite chapeau : qu'espérez-vous provoquer ? Quel autre effet que symbolique ? À la première fluctuation, vous sauterez donc d'ici en bas. Sans parachute doré. Et avec vous, vos salariés ?

20

À votre demande, j'ai apporté un objet : un mousqueton. Les grimpeurs disent parfois qu'il est le point depuis lequel on mesure la hauteur de la chute possible.

Je dis qu'il est le point après lequel on peut seulement monter.

La sortie, c'est en haut.

21

Croyez-vous sincèrement qu'on puisse changer la pierre en pain ; les actionnaires en bons samaritains ?

Avez-vous les moyens de vos promesses ?

22

Je vous ai aussi apporté un livre qui parle de moi. Un livre intitulé *N'oublie pas les chevaux écumants du passé*.

Je voulais vous lire ce passage :

« Marcher de nuit dans New York, et y entendre bruire la forêt sacrée des Iroquois. »

Voilà en quoi je crois : les buildings écrasants dissipés par un nom algonquin et la présence réelle qu'il atteste : *l'île aux mille collines.*

Le NYSE n'est qu'un semblant comme les autres. J'ai choisi de ne pas rester prisonnier du visible : c'est en passant derrière qu'on voit à nouveau les possibles.

23

Qu'il soit écrit que l'entreprise ne vivra pas seulement de dividendes.

24

Mais maintenant, sur France Inter, Salamé me demande : Emmanuel Faber, au début de la crise sanitaire du Covid, vous nous aviez assuré que vous garantissiez les emplois chez Danone : et voilà que vous annoncez une vague de licenciements.

Que faut-il comprendre ? Seriez-vous comme les autres ? Vous, le patron social, êtes-vous comme un autre tenu d'obéir à vos actionnaires ?

25

J'ai dit qu'on avait un devoir d'utopie, mais on a un droit absolu au pragmatisme. Les actionnaires de Danone sont importants. Matthieu était publicain et Jésus l'a appelé. Les actionnaires souffrent : mon rôle de PDG c'est de rétablir les équilibres.

26

Emmanuel Faber, de nombreux groupes ont suspendu le versement des dividendes pour absorber le choc de la pandémie. Pas Danone. Pourquoi ? Vous n'avez pourtant accusé aucune perte ; vous faites pour ainsi dire partie des gagnants de l'épidémie.

27

Je ne dirais pas cela. Il faut en même temps protéger nos actionnaires et répondre à la demande. C'est une promesse qui nous lie : que viennent à nous ceux qui ont faim, que viennent à nous ceux qui ont soif.

28

Une promesse qui sacrifie les salariés, Emmanuel Faber : n'est-ce pas tout simplement ce qu'on appelle les dividendes ?

29

J'ai perdu pied dans mon corpus.

30

Vous avez peur pour votre place ?

31

Qui dites-vous que je suis ?

Écologie politique *vs.* capitalisme vert

Christophe Bonneuil

> L'écologie, c'est comme le suffrage universel et le repos du dimanche : dans un premier temps, tous les bourgeois et tous les partisans de l'ordre vous disent que vous voulez leur ruine, le triomphe de l'anarchie et de l'obscurantisme. Puis, dans un deuxième temps, quand la force des choses et la pression populaire deviennent irrésistibles, on vous accorde ce qu'on vous refusait hier et, fondamentalement, rien ne change[1].

Pour André Gorz, qui écrivait « Leur écologie et la nôtre » en 1974, la crise écologique met au grand jour une deuxième contradiction du capitalisme : non pas seulement une exploitation des travailleurs, source de surproduction et de récession systémique, mais aussi une appropriation et une surexploitation de tous les êtres vivants. Gorz ajoutait que le capitalisme tenterait de « gérer » cette crise plutôt que d'abdiquer : créer des ministères de l'Environnement pour tempérer les effets de la destruction, profiter de la raréfaction des bienfaits de la nature pour la privatiser, investir

1. André Gorz, « Leur écologie et la nôtre » (1974), *Leur écologie et la nôtre. Anthologie d'écologie politique*, Paris, Le Seuil, 2020, p. 175.

de nouveaux marchés comme celui de la dépollution et multiplier les « solutions » techno-industrielles « vertes ». Le tout en accusant les acteurs d'une écologie plus radicale d'être irrationnels, comme on avait accusé en 1936 les partisans des congés payés de saborder l'économie. Ces anticipations sont devenues réalité. Les oppositions socio-écologiques, vigoureuses et potentiellement menaçantes pour l'ordre établi ont été, pour partie, vaincues et domestiquées. Quelles défaites nous ont été infligées pour en arriver au désastre écologique et climatique présent ?

Un premier âge de l'écologie politique

Les premières mobilisations massives contre les dérèglements planétaires contemporains datent des années 1970. Un quart de siècle de « grande accélération », produit du capitalisme fordiste et (néo)colonial (à l'Ouest), du socialisme réel (à l'Est) et du développementisme extractiviste (aux Suds) vient de s'écouler. Trois synthèses majeures rendent alors compte tout à la fois de l'essor des savoirs et des contestations écologiques, mais aussi de leur prise en charge institutionnelle : le rapport Meadows sur les « limites de la croissance[2] », le rapport *Man's Impact on the Global Environment*, remis, en 1970, à la Maison-Blanche[3], et le rapport Ward-Dubos, *Only One Earth*, préalable au sommet des Nations unies sur l'environnement humain qui se tient en 1972 à Stockholm[4].

Par ailleurs, le rapport *Man's Impact on the Global Environment* et le livre *Inadvertent Climate Modification* (1971) s'inquiètent des effets du réchauffement climatique et prédisent une augmentation des températures de plusieurs degrés au XXIe siècle[5]. Les perspectives de réchauffement sont discutées et reprises dans des communications internes et externes des grandes compagnies pétrolières. Celles-ci financent, dès les années 1960 et

---

2. Donella Meadows, Dennis Meadows, Jørgen Randers et William W. Behrens III, *The Limits to Growth*, New York, Universe Book, 1972.

3. *Man's Impact on the Global Environment. Assessment and Recommandations for Action – Report of the Study of Critical Environmental Problems (SCEP)*, Cambridge, MIT Press, 1970.

4. Barbara Ward et René Dubos, *Only One Earth. The Care and Maintenance of a Small Planet*, Londres, Penguin, 1972.

5. *Man's Impact on the Global Environment*, *op. cit.*, p. 11-12, 46-55 et 82-88 ; *Inadvertent Climate Modification. Report of the Study of Man's Impact on Climate (SMIC)*, Cambridge, MIT Press, 1971 ; President's Science Advisory Committee, *Environmental Pollution Panel Restoring the Quality of Our Environment: Report*, Washington, DC, Executive Office of the President, 1965 (p. 111-133 sur l'effet de serre).

1970, des recherches confirmant l'ampleur du problème, dont certaines sont publiées dans les plus grandes revues scientifiques[6].

Enfin, les débats éclairent les conséquences du capitalisme sur la biodiversité et les milieux naturels. Encouragées par l'Union internationale pour la conservation des espèces, la collecte systématique de données sur les espèces menacées (*Red Data Book*) débute dès 1958 et conduit bientôt à l'idée d'une sixième extinction biologique causée par l'âge industriel. Vendu à plus de deux millions d'exemplaires dans le monde, le livre de la biologiste américaine Rachel Carson, *Printemps silencieux*, s'en fait l'écho en 1962. Traduit en français l'année suivante, préfacé par le directeur du Museum d'histoire naturelle et président de l'Académie des sciences, Roger Heim, l'ouvrage est un réquisitoire contre les méfaits de l'industrie chimique et des pesticides. Il reçoit un accueil sceptique dans la presse hexagonale mais accompagne la prise de conscience écologique dans la population.

Car, en France, la mobilisation écologique s'organise. La première manifestation antinucléaire d'importance réunit près de 15 000 personnes au Bugey, en juillet 1970. La lutte contre la centrale de Plogoff, seul succès contre l'atome au cours de cette période, s'engage en 1974. Les mises en échec de l'extension d'une station de ski dans le parc de la Vanoise en 1970-1971, puis d'un projet de raffinerie de la CFR-Total (près de 10 000 manifestants à Villefranche-sur-Saône en février 1971) constituent aussi des victoires mobilisatrices. 1971 est également marquée par le début de la lutte du Larzac ou la poussée de la contestation indépendantiste des essais nucléaires en Polynésie française. Et, entre septembre 1974 et février 1975, une occupation de chantier, ancêtre des ZAD, empêche l'implantation d'une usine chimique de plomb de la Chemische Werke à Marckolsheim, en Alsace[7].

Au même moment, plusieurs collectifs de scientifiques critiques, comme Survivre, qui se rassemble autour du mathématicien Alexandre Grothendieck, questionnent le rôle de la science dans le dérèglement écologique planétaire mais aussi dans la production et la légitimation d'un « ordre social capitaliste » et impérialiste[8]. D'importantes luttes se jouent à

6. Ben Franta, « Early Oil Industry Knowledge of CO_2 and Global Warming », *Nature Climate Change*, n° 8, 2018, p. 1024.

7. Renaud Bécot, « L'invention syndicale de l'environnement dans la France des années 1960 », *Vingtième Siècle*, n° 113, 2012/1, p. 169-178 ; Alexis Vrignon, *La Naissance de l'écologie politique en France*, Rennes, PUR, 2017.

8. Céline Pessis, *Survivre et vivre. Critique de la science, naissance de l'écologie*, Montreuil, L'Échappée, 2014.

la jonction des milieux étudiants et scientifiques, de l'écologie et du monde du travail, dans les usines de plomb, d'amiante ou de chimie, sous l'impulsion notamment de la CFDT – qui plaide pour une « médecine désalliancée du capital[9] ». Fondé au début des années 1970, le Groupe Information Santé (GIS) lutte contre la silicose dans les Houillères du Nord ou le saturnisme dans le couloir de la chimie, à Lyon, tandis que le Collectif intersyndical Sécurité – Jussieu CFDT, CGT, FEN dénonce l'exposition des salariés et des étudiants à l'amiante dans l'université[10].

En France, les années 1968-1975 voient ainsi émerger l'écologie politique. Elles constituent l'apogée de la contestation du capitalisme fordiste : luttes pour les droits civiques, tiers-mondisme et anti-impérialisme, grèves et résistances ouvrières pesant sur le taux de profit, aspirations à l'autogestion, critiques de la domestication par le consumérisme, contestations étudiantes et féministes, etc. Des contestations qui n'ont pas été sans déranger et inquiéter les élites au pouvoir. Premièrement, parce que les alertes, fondées sur des sciences de plus en plus établies et légitimes, se diffusaient dans des sociétés civiles de plus en plus éduquées et ne pouvaient plus être balayées aussi facilement qu'autrefois au nom du « progrès ». Deuxièmement, parce que la critique écologique élargissait et renouvelait la critique du capitalisme, le fragilisant dans les années 1970 alors même qu'il était en passe d'emporter la victoire contre le communisme réel. Troisièmement, parce que l'ampleur des conflits socio-environnementaux (près de 15 000 en France entre 1974 et 1994, gênant un projet d'aménagement ou une entreprise économique[11]), s'ajoutant à l'insubordination des travailleurs, est venue menacer les taux de profit des entreprises, déjà en berne à la fin des années 1960. Face à ce péril « écolo », les stratégies ont été multiples, en France et à l'étranger, pour désamorcer les luttes et protéger la logique d'accumulation.

---

9. UD-CFDT-35, 27 mars 1973, cité dans Renaud Bécot et Céline Pessis. « Improbables mais fécondes : les rencontres entre scientifiques critiques et syndicalistes dans les "années 1968" », *Mouvements*, n° 80, 2014/4, p. 51-66.

10. *Ibid.* ; Renaud Bécot, *Syndicalisme et environnement en France de 1944 aux années 1980*, à paraître aux éditions La Découverte ; Xavier Vigna, *L'Insubordination ouvrière dans les années 68. Essai d'histoire politique des usines*, Rennes, PUR, 2007, p. 159-162 ; Laure Pitti, « Du rôle des mouvements sociaux dans la prévention et la réparation des risques professionnels : le cas de Penarroya, 1971-1988 », *in* C. Omnès et L. Pitti (dir.), *Cultures du risque au travail et pratiques de prévention. La France au regard des pays voisins*, Rennes, PUR, 2009, p. 217-232.

11. Bruno Charlier, *La Défense de l'environnement : entre espace et territoire. Géographie des conflits environnementaux déclenchés en France depuis 1974*, thèse de doctorat en géographie, université de Pau, 1999, p. 33.

Contre-révolution

Une première stratégie a été de nier les problèmes écologiques, ou du moins leur gravité, ou encore leur attribution causale à un produit ou une entreprise donnée. Essence au plomb, santé des travailleurs, pollution des environnements habités des usines, effet de serre, on ne manque pas aujourd'hui d'études de cas basées sur des archives d'entreprises qui documentent la manière dont le patronat et ses relais politiques ont tenté de nier ou de disqualifier les alertes environnementales[12]. En France, cette stratégie a notamment été mise en évidence dans le cas de l'amiante. Mais les obstacles, chez Elf et Total, à la reconnaissance des maladies professionnelles ou à la gravité du changement climatique, au tournant des années 1980 et 1990[13], l'attestent aussi. De multiples formes d'emprise plus systémique des entreprises sur les régulations (via des visions du monde, les cadrages de l'expertise ou les normes de l'excellence professionnelle) ont en outre été analysées[14].

La deuxième stratégie a été celle de l'exit face au « coût du travail » et aux « surcoûts » liés aux normes environnementales. La délocalisation des activités les plus énergivores et les plus polluantes a ainsi permis de contourner les régulations et les contestations sociales et environnementales. L'industrie textile, par exemple, génère 1,2 milliard de tonnes de CO_2 par an. Elle est également à l'origine de la pollution de 20 % des eaux mondiales et du rejet de 500 000 tonnes de plastiques dans les océans. Mais ses usines ont quasiment toutes fermé dans l'Hexagone, alors que les Français consomment 9,5 kg de vêtements par an en moyenne. L'efficacité de cette stratégie a été renforcée par des accords de libre-échange, multilatéraux au sein du Gatt puis de l'OMC, et, ces dernières années, bilatéraux. L'organisation mondialisée des chaînes de valeur, avec cascades de sous-traitance, ainsi que la redistribution inégale des risques mais aussi des nuisances industrielles et extractives ont contribué à invisibiliser les

12. Cf. Gerald Markowitz et David Rosner, *Deceit and Denial: The Deadly Politics of Industrial Pollution*, Berkeley et Los Angeles, University of California Press, 2002 ; Naomi Oreskes et Erik Conway, *Les Marchands de doute*, trad. fr. J. Treiner, Paris, Le Pommier, 2012.

13. Didier Torny et Francis Chateauraynaud, *Les Sombres Précurseurs. Une sociologie pragmatique de l'alerte et du risque*, Paris, EHESS, 1999 ; Annie Thébaud-Mony, « Science asservie et invisibilité des cancers professionnels : études de cas dans le secteur minier en France », *Relations industrielles*, nº 72, 2017/1, p. 149-172 ; Christophe Bonneuil, Pierre-Louis Choquet et Benjamin Franta, « Early Warnings and Emerging Environmental Accountability: Total's Responses to Global Warming », *Global Environmental Change*, à paraître.

14. S. Aguiton *et al.* (dir.), *Pervasive Powers: The Politics of Corporate Authority*, Londres, Routledge, 2021.

altérations des milieux et du système Terre, et à les rendre plus « acceptables » dans les pays qui, comme la France, ont bénéficié de cet échange écologique inégal[15].

Enfin, la dernière manifestation de cette contre-révolution écologique menée par le patronat à l'échelle mondiale a consisté à briser ou coopter les militants écologistes. Aux États-Unis, où elle a vu le jour, des dirigeants industriels et des millionnaires conservateurs, estimant Nixon excessivement écologiste, se fédèrent dès 1975. Au sein du National Legal Center, ils défendent la « liberté d'entreprendre » et dénoncent les entraves que constitueraient les régulations environnementales ; mobilisent les « *Green Public Relations* » pour faire pièce aux alertes lancées, notamment, par Rachel Carson ; marginalisent ou brisent les opposants les plus coriaces, en dorlotent d'autres, plus accommodants. L'ancien stratège militaire Rafael Pagan a ainsi aidé Nestlé à se dépêtrer, au début des années 1980, d'un boycott lancé en 1977[16]. Un contre-mouvement social émerge, le « *wise use movement* », dont le but est de « détruire, éradiquer le mouvement environnemental[17] ». À son tour, la Heritage Foundation, *think tank* néolibéral, appelle à « l'étranglement du mouvement environnemental. Il est la menace numéro 1 pour l'économie américaine[18]. » Attaquées de toutes parts, voyant leurs financements s'assécher, nombre d'ONG abandonnent leur radicalité au profit d'un nouvel environnementalisme *mainstream* professionnalisé et institutionnalisé. Dans les années 1980, dix organisations (dont Environment Defense Fund, WWF, The Nature Conservancy ou Conservation International) se rallient à l'idéologie du marché. Elles décrètent la fin de la lutte environnementale, optent pour des partenariats avec les grandes entreprises et collaborent à la mise au point d'instruments de marché pour gérer l'environnement[19].

15. Voir François Jarrige et Thomas Le Roux, *La Contamination du monde. Une histoire des pollutions à l'âge industriel*, Paris, Le Seuil, 2017, p. 340-345 ; Louison Cahen-Fourot et Nelo Magalhães. « Matter and Regulation: Socio-Metabolic and Accumulation Regimes of French Capitalism since 1948 », 2020, Doi : halshs-02554906.

16. John Stauber et Sheldon Rampton, *Toxic Sludge is Good For You: Lies, Damn Lies and the Public Relations Industry*, Monroe, Maine, Common Courage Press, 1995, p. 124-125 et 51-53.

17. Propos de Ron Arnold (rapportés dans le *Toronto Star*, 1991), cités par Andrew Rowell, *Green Backlash: Global Subversion of the Environmental Movement*, Londres, Routledge, 1996, p. 14.

18. Heritage Foundation, 1990, cité in *ibid.*, p. 52.

19. Yannick Mahrane et Christophe Bonneuil, « Gouverner la biosphère. De l'environnement de la guerre froide à l'environnement néolibéral, 1945-2013 », *in* D. Pestre (dir.), *Le Gouvernement des technosciences. Gouverner le progrès et ses dégâts depuis 1945*, Paris, La Découverte, 2014, p. 153.

En France, la gauche mitterrandienne se rallie aussi au culte de l'entreprise et enterre les rares promesses consenties aux écologistes. Tandis que les Verts n'ont guère pesé au sein du gouvernement Jospin, l'ancien animateur de télévision Nicolas Hulot, à la tête d'une fondation financée par Veolia ou Vinci, incarne en France cette écologie « pragmatique » qui domine aux États-Unis depuis les années 1980. Il devient dans les années 2000 la figure incontournable de l'écologie médiatique. Emmanuel Macron en fait en 2017 son ministre de l'Écologie. Une belle prise symbolisant une écologie soluble dans le néolibéralisme, qui ne conteste pas les régressions sociales (réforme de la SNCF, des retraites et de l'assurance chômage ou fiscalité favorable aux ultra-riches). Mais, en août 2018, Hulot quitte le gouvernement, avec un bien maigre bilan et une amère découverte du pouvoir des lobbies au sein même de l'État. La nouvelle ministre de la Transition écologique, Barbara Pompili, qui en 2016 alertait contre les méfaits des néonicotinoïdes, défend à présent la réintroduction de ces toxiques interdits depuis 2018. Autre épisode de cooptation d'écologistes « pragmatiques » : l'enrôlement du cinéaste Cyril Dion pour lancer la Convention citoyenne sur le climat au moment même où le mouvement des Gilets jaunes déstabilise le pouvoir. Une convention qui se solde, quelques mois plus tard, par une loi « climat » vidée de son contenu.

Pendant que l'on favorise l'accès aux grands médias ou au pouvoir (relatif) d'« écologistes » compatibles avec le néolibéralisme, les militants plus combatifs sont disqualifiés (les « Amish »), réprimés (mort de Rémi Fraisse à Sivens en 2014, assaut militaire sur Notre-Dame-des-Landes en 2018) ou criminalisés. En témoignent les assignations à résidence d'une vingtaine d'écologistes au nom de l'état d'urgence lors de la COP21 en novembre 2015, l'invraisemblable répression judiciaire des opposants à l'enfouissement des déchets nucléaires à Bure dans la Meuse, ou encore la création, en 2019, d'une cellule de renseignement, « Demeter », en charge de la lutte contre les « atteintes au monde agricole ». Celle-ci vise non simplement à museler les actions directes animalistes mais aussi toute critique des pesticides. Au moment où, en France, un tiers des oiseaux ont disparu en trente ans, où l'équivalent d'un département est artificialisé tous les huit ans, où 20 % du trait de côte est en recul, jamais la surveillance des activistes et des lanceurs d'alertes citoyens n'a été aussi étroite.

Malgré ces répressions, des luttes territoriales éclosent et des collectifs se battent contre l'agriculture industrielle (l'implantation de la ferme des mille vaches à Abbeville, dans la Somme), la transformation de la forêt en charbon (le projet d'usine à pellets de Bugeat-Viam, en Corrèze) ou l'extractivisme (l'ouverture d'une mine d'or en Guyane ou à Lussat, dans la Creuse). La « ZAD de la Dune » ne dissuade pas les autorités locales d'aménager un port de plaisance à Brétignolles-sur-Mer en Vendée, mais l'occupation de zones à défendre contribue à défaire Vinci à Notre-Dame-des-Landes, Pierre & Vacances à Roybon, en Isère, ou Auchan à Gonesse, dans le Val-d'Oise.

Un capitalisme vert

L'environnementalisme de marché qui pointe dès les années 1970 va également conquérir la scène internationale à partir des années 1980. Monte alors dans les arènes onusiennes un « *free-market environmentalism* », conditionnant la protection de la biodiversité à l'appropriation par brevet de son utilisation (convention Biodiversité, 1992) puis la protection du climat à l'établissement d'un marché carbone (condition de l'adhésion américaine au protocole de Kyoto, 1997). L'Agenda 21 adopté à Rio promeut « le développement durable par une libéralisation du commerce » (chap. 2, art. 2.3). Bonne élève, c'est finalement l'Union européenne qui sera la première à créer un marché du carbone. Puis la France transpose, dans sa loi de 2016 sur la « reconquête de la biodiversité », les outils de compensation écologique au moyen de banques de biodiversité inspirées du modèle états-unien de Reagan et Bush père. Sans parler de leur efficacité écologique controversée[20], ces dispositifs ont un effet politique décisif : les entreprises privées aménageuses sont désormais en position de choisir qui est rémunéré pour conserver les espaces naturels ; elles décident à qui elles achètent des « unités de compensation ». Le gouvernement néolibéral de la nature repose désormais sur la valorisation de ses éléments et « services écosystémiques ».

Les dirigeants français entendent aussi aujourd'hui faire de Paris « une place majeure dans le domaine de la finance verte[21] ». La transition énergétique mondiale impliquerait en effet de déplacer des milliers de milliards (« *shifting the trillions* ») grâce à de nouveaux instruments (obligations climat ou obligations vertes, investissements socialement responsables). L'économiste Hélène Tordjman souligne pourtant combien la logique même de la finance est déstabilisatrice, voire prédatrice, avec son court-termisme inadapté à la temporalité des projets respectueux

---

20. Vincent Devictor, *Gouverner la biodiversité. Comment réussir à échouer*, Versailles, Quae, 2021.

21. Pascal Canfin *et al.*, « Paris, une place majeure dans le domaine de la finance verte », *Le Monde*, 16 juin 2016.

de l'environnement[22]. En outre, le caractère plus ou moins « vert » d'un investissement se révèle difficile à apprécier. Dans un rapport publié en décembre 2017, Attac notait par exemple qu'« Engie (ex-GDF-Suez) s'est félicité de battre tous les records en 2014 avec une émission obligataire verte de 2,5 milliards d'euros. Les investisseurs éthiques ou socialement responsables se sont jetés sur l'occasion. En plus d'être une des entreprises françaises les plus polluantes, Engie aurait utilisé cette obligation verte pour financer les grands barrages qu'elle construit en Amazonie [...]. Déforestation, non-respect des droits humains, désastres environnementaux en aval et en amont (inondations, assèchement de rivières, etc.), les conséquences de ces grands barrages sont dramatiques pour les populations et les écosystèmes locaux[23]. »

Par ailleurs, le capitalisme scientifico-industriel tente de désamorcer la critique écologique en recourant massivement à l'innovation technologique (brevetée). Face aux alertes et contestations de la croissance du début des années 1970, les OGM (nés en 1973) sont vantés comme des technologies aidant l'agriculture à consommer moins d'énergie, d'engrais et de pesticides. Alvin Toffler (*The Third Wave*, 1980) et Herman Kahn aux États-Unis, mais aussi, en France, le Groupe des dix, Joël de Rosnay (*Le Macroscope*, 1975, ouvrage à la gloire des biotechnologies) ou encore le rapport Nora-Minc (*L'Informatisation de la société*, 1978) nous promettent une nouvelle révolution industrielle, avec des services bio-optimisés et dématérialisés, permettant de poursuivre sans crainte la croissance tout en résolvant tous les problèmes environnementaux. On sait ce qu'il advint de ces promesses : loin de nous libérer des pesticides, les OGM nécessitent d'en consommer davantage, tandis que la numérisation de l'économie devrait conduire à doubler la consommation électrique mondiale entre 2008 et 2030[24].

Enfin, une autre défaite infligée aux mouvements socio-écologiques s'est traduite par la mise en échec de toute régulation politique des multinationales. Sous l'impulsion du G77, l'Assemblée générale des Nations unies adopte en 1974 le cap d'un « nouvel ordre économique international » et un contrôle onusien des entreprises multinationales au moyen d'un code

22. Hélène Tordjman, *La Croissance verte contre la nature. Critique de l'écologie marchande*, Paris, La Découverte, 2021.

23. Attac, *La Finance verte est-elle vraiment verte ? Rapport sur les obligations vertes et les obligations climat*, décembre 2017.

24. Fabrice Flipo, « L'inquiétante trajectoire de la consommation énergétique du numérique », *The Conversation*, 2 mars 2020.

de conduite légalement contraignant. Les intérêts économiques et financiers, représentés par la Chambre de commerce internationale et des *think tanks* néolibéraux – appuyés par des gouvernements des pays du Nord, France comprise –, mobilisent toutes leurs forces pendant deux décennies pour bloquer le projet (enterré par l'ONU en 1992) et le remplacer par le principe d'engagements volontaires. Depuis cette bataille, tout Secrétaire général de l'ONU se doit de cultiver d'excellentes relations avec les intérêts économiques, d'où la création du « Global Compact » en 2000 et la multiplication des accords public-privé dans les organismes de l'ONU[25]. Plus généralement, le moment 1987-1995 est celui d'une stratégie proactive des grandes entreprises. Elles abandonnent (ou prétendent abandonner) l'obstruction à l'action environnementale pour mieux revendiquer le leadership dans le gouvernement de l'écologisation de l'économie[26]. En France, Entreprise pour l'environnement naît ainsi en 1992 (elle regroupe aujourd'hui une cinquantaine de multinationales comme L'Oréal, Renault, ADP, Suez, Total ou Airbus), tandis que les géants pétroliers européens, tels Elf et Total, s'emploient, entre 1991 et 1995, à saborder le projet européen d'écotaxe[27]. Les gouvernements Hollande et Macron favorisent ce modèle en organisant une dérégulation des installations classées ou un détricotage du droit de l'environnement et de la concertation face aux aménagements. Choyées par l'État, les grandes entreprises multiplient les campagnes publicitaires « écoresponsables » dont l'Ademe dénoncera, en 2019, le caractère mensonger. Cette pratique de l'écoblanchiment (« *greenwashing* ») recycle la critique écologique et la détourne à des fins commerciales. La grande distribution s'est ainsi arrogé la moitié du marché du bio en France et tente de s'approprier les « semences paysannes » après que « les critères de cette même grande distribution » ont, selon le Réseau Semences paysannes, « concouru à l'homogénéisation des semences, et *in fine* à l'érosion de la biodiversité cultivée ».

Jusqu'à quand ?

Après des décennies d'un combat acharné contre les mouvements et régulations socio-écologiques, un nouveau régime de gouvernementalité de

25. Cf. Yannick Mahrane et Christophe Bonneuil, « Gouverner la biosphère », art. cité.
26. Dominique Pestre, « Les entreprises globales face à l'environnement, 1988-1992. Engagements volontaires, management vert et labels », *Le Mouvement social*, 2020/2, p. 83-104.
27. Christophe Bonneuil, Pierre-Louis Choquet et Benjamin Franta, « Early Warnings and Emerging Environmental Accountability », art. cité.

l'environnement s'est ainsi établi, se caractérisant, selon les mots de Michel Foucault, par une « raison du moindre État ». Dans ce régime, la conservation du « capital naturel » requiert la création de « marchés libres » où, promesse irénique du capitalisme, tout conflit aurait disparu. Les acteurs associatifs et les agences publiques en viennent à concevoir leur défense de l'environnement selon une logique entrepreneuriale, marchande (brevets sur le vivant, écotourisme, marchés de droits à polluer et à chasser, écolabels privés) et médiatique (on mobilise les vedettes du show-biz). La gestion collective est jugée moins efficace que des transactions entre clients et fournisseurs de « biens et services environnementaux », et ceux qui font des choix de lutte oppositionnelle se retrouvent accusés de ne pas faire de l'« écologie positive » ! Parallèlement, un libéral-consumérisme a gagné les classes supérieures et moyennes mondiales, acquises à l'hypermobilité et au numérique, dont les dégâts écologiques sont massifs mais lointains. Et, partout, l'autonomie des individus et des sociétés à déterminer leur forme de vie recule.

Risquons une analogie. Le demi-siècle allant de l'écrasement de la Commune aux années 1920 fut le moment de l'intégration du mouvement socialiste dans le moule industrialiste du capitalisme fossile : soumission des sociaux-démocrates au militarisme national, alignement du communisme d'État sur l'organisation scientifique du travail, le productivisme, l'hétéronomie et le capitalisme d'État, perte d'influence des courants « utopiques », libertaires, anti-industriels ou « naturiens ». N'a-t-on pas assisté, au cours du dernier demi-siècle, à un processus analogue de domestication de l'écologie par le néolibéralisme ? Depuis 1972, en tout cas, les élites d'un capitalisme en mutation auront mené une véritable guerre pour contenir la dimension subversive de l'écologie politique, éviter les régulations collectives, mondialiser les dégâts, et empêcher toute possibilité d'autolimitation démocratiquement choisie dont l'aspiration écologique pouvait être initialement porteuse. Mais combien de temps ce modèle peut-il encore tenir, alors que les dérèglements planétaires comme les inégalités se font de plus en plus sentir ?

7

NEOLIBERALISME AUTORITAIRE

La dette, un « fléau » si utile

Renaud Lambert

C'est l'histoire d'une banqueroute toujours imminente, mais jamais prononcée. 1976 : un nuage gonfle à l'horizon depuis quelques années quand le Premier ministre Raymond Barre sonne l'alarme : « Le temps de la facilité est terminé ! » La dette publique atteint 16 % du produit intérieur brut (PIB), les finances de la nation sont menacées. Vingt ans plus tard, la dette a bondi à 56 % du PIB. « Il y a péril national », avertit le locataire de l'hôtel Matignon, Alain Juppé. Nous sommes en 2008 quand son successeur déclare l'État « en situation de faillite ». Le fardeau de la dette n'approche-t-il pas du niveau – alors inédit – de 70 % ? 1er octobre 2014, un titre en lettres rouges barre la Une du cahier « Économie » du *Figaro* : « La dette explose. 2 023 700 000 000 euros », soit presque 100 % du PIB. Pour que ses lecteurs se représentent bien à quoi correspond une telle somme, le quotidien calcule le nombre de Lamborghini qu'elle permettrait d'acheter (18 000). Et promet que, si rien n'est fait, le pays court à sa ruine.

Sept ans plus tard, demain serait-il advenu ? Balancerions-nous au bord du précipice ? Assurément, répond Agnès Verdier-Molinié, la directrice de la Fondation pour la recherche sur les administrations et les politiques publiques (Ifrap), un lobby libéral. Identifiant un « risque d'écroulement de notre économie », celle-ci estime que « la France fonce droit dans un mur[1] ». Boursoufflés par la crise du Covid-19, les emprunts avoisineront 120 % du PIB en 2021. De sorte qu'à la veille de la présidentielle de 2022, les grands médias ont d'ores et déjà identifié le « problème de la dette » comme l'un des principaux sujets sur lesquels devront s'expliquer les candidats à la mandature suprême.

Mais, loin du chœur de ces cassandres, une question se pose : la dette, publique ou privée, est-elle vraiment un problème ? Tout conduit en réalité à considérer qu'elle forme plutôt un des rouages fondamentaux du néolibéralisme. Comme l'explique le sociologue Maurizio Lazzarato, « la dette constitue une nouvelle technique de pouvoir[2] ». Elle accélère la financiarisation de l'économie, gangrène les fonctions souveraines de l'État, justifie les mécanismes de défiscalisation, transforme les individus en entrepreneurs d'eux-mêmes et prive les citoyens de toute capacité à façonner l'avenir.

Le discours dominant associe volontiers la dette publique à une « relation de confiance » : celle qui lierait l'État à ses créanciers privés. Dans l'entretien qu'il accorde au *Figaro* le 17 février 2021, l'homme à tout faire de la classe dominante, Alain Minc, suggère qu'en termes de dette, tous les débats « [peuvent] avoir lieu » dès lors qu'à aucun moment, on ne « manque de respect envers les marchés ». Le publiciste libéral a-t-il oublié que, jusqu'au milieu des années 1960, financer l'État n'impliquait pour autant pas de câliner les investisseurs ?

La fin du circuit du Trésor

Dans un ouvrage consacré à la question[3], le sociologue Benjamin Lemoine rappelle comment, après la Seconde Guerre mondiale et pendant une vingtaine d'années, l'État s'est financé sans recourir au marché. Principal moteur de cette collecte de fonds, le « circuit du Trésor » : « Constitué par un ensemble de mécanismes plus ou moins contraignants, ce circuit conduit de nombreuses institutions financières à déposer au Trésor les ressources collectées et permet de couvrir une large part des déficits publics de façon quasi automatique. » Dans l'après-guerre, il s'agit de mobiliser les

1. Agnès Verdier-Molinié, « Face au risque d'écroulement de notre économie, le plan choc de l'Ifrap », *Le Figaro Magazine*, Paris, 8 mai 2020.
2. Maurizio Lazzarato, *Gouverner par la dette*, Paris, Les Prairies ordinaires, 2014, d'où proviennent toutes les citations de cet auteur.
3. Benjamin Lemoine, *L'Ordre de la dette. Enquête sur les infortunes de l'État et la prospérité du marché*, Paris, La Découverte, 2016, sur lequel s'appuie ce développement.

moyens qu'exige la reconstruction. Mais la démarche découle également de la méfiance qu'inspire un secteur privé discrédité par la collaboration. À l'époque, nul n'imagine laisser les préoccupations économiques dicter l'action politique.

Tout bascule alors que Michel Debré est ministre de l'Économie et des Finances, entre 1966 et 1968. Son directeur du Trésor Jean-Yves Haberer s'emploie à éliminer « tous ces mécanismes automatiques qui faisaient que le Trésor, sans bouger le petit doigt, était irrigué de liquidités qui lui arrivaient de tous les circuits financiers[4] ». L'objectif? Lutter contre la tentation des dirigeants politiques de dépenser trop, au risque d'aggraver l'inflation (qui grignote le patrimoine des plus riches). Mais, surtout, encastrer la démocratie dans une logique budgétaire. En moins de vingt ans, Paris devient dépendant des marchés pour obtenir les liquidités dont il a besoin. Au prix d'un formidable abandon de souveraineté.

Privé du circuit du Trésor, l'État se finance en émettant des obligations, associées à une échéance et un taux d'intérêt qui en fixe la rémunération. Ces titres sont achetés par des individus fortunés et des établissements financiers friands de ces produits jugés « sûrs », qui permettent de compenser leurs investissements plus risqués. Mais créer l'outil ne suffit pas, il faut rassembler les conditions propices à son utilisation. Cela signifie, en premier lieu, accroître le patrimoine que les Français les plus fortunés sont en mesure de « placer ». En d'autres termes, éroder la fiscalité sur les revenus et amputer celle du capital. La part de l'impôt sur le revenu (IR) dans les recettes publiques chute de 12 % en 1981 à 6 % au début des années 2000. Dans le même temps, la tranche marginale du barème de l'IR passe de 65 % à 55 % (elle s'établit à 45 % en 2021)[5].

L'engrenage qui s'enclenche alors aurait désarçonné les dirigeants politiques d'après-guerre. Les mesures destinées à libérer l'épargne que l'État entend drainer sur les marchés le privent de ressources fiscales. Elles déséquilibrent donc les comptes et... intensifient le recours à la dette. Pile, les grandes fortunes voient fondre leur contribution au financement de l'action publique; face, les sommes dégagées se transforment en rente privée. Un dispositif d'une redoutable efficacité pour approfondir les inégalités. Mais le renversement qui s'opère à la fin des années 1960 requiert également d'offrir à la circulation du capital les libertés qu'il exige.

4. Cité dans *ibid.*
5. Mathias André et Malka Guillot, « 1914-2014 : cent ans d'impôt sur le revenu », *Les Notes de l'IPP*, n° 12, Paris, juillet 2014.

Là encore se met lentement en branle un engrenage qui tourne désormais à pleine vitesse : sous couvert d'entériner de nouvelles modalités d'interaction entre la puissance publique et le secteur privé, les processus de dérégulation affaiblissent les capacités futures de la première à dicter la nature de son rapport au second. Plus « libres », les marchés deviennent plus gourmands et moins conciliants.

Le 27 octobre 1987, le directeur du Trésor Daniel Lebègue rencontre des investisseurs à New York, lors d'un dîner organisé par la banque JP Morgan, pour leur présenter les « nouveaux produits » financiers de Paris[6]. Après l'exposé du haut fonctionnaire, les convives sont invités à poser des questions. Leurs préoccupations éclairent la tutelle que le monde de la finance entend déjà imposer à l'un des États les plus riches du monde : « Est-ce que le coût du travail est en train de croître en France ? Si oui, de combien ? [...] Que pensez-vous du fait que le Parti communiste gagne assez de soutien pour partager le pouvoir ? »

Infériorité stratégique

« En confiant aux marchés la quasi-exclusivité du financement d'une dette publique au volume fortement croissant, résume l'économiste Frédéric Lordon, les États se mettent dans une position d'infériorité stratégique relative, et sont conduits à accepter les conditions qui leur sont faites par leurs bailleurs[7]. » Dans ces circonstances, mener une politique hostile aux « investisseurs » ne manquerait pas de provoquer la mise en péril du pays. En revendant massivement leurs obligations sur le marché « secondaire » de la dette – où ils sont échangés après leur émission sur un marché dit « primaire » –, les « investisseurs » déclenchent une hausse de la rémunération exigée pour la détention de titres dont le prix baisse. Le même mécanisme conduit simultanément à la hausse des taux d'intérêt que l'État ainsi boudé doit concéder afin d'émettre de nouvelles dettes[8]. En quelques semaines, une différence de vues trop importante entre un gouvernement et le secteur de la finance peut plonger une économie solide en situation de crise. La simple perspective d'un désaccord suffit : « L'écart du taux à 10 ans entre la France et l'Allemagne a augmenté à 70 points de base après un

6. Anecdote rapportée par Benjamin Lemoine, *L'Ordre de la dette*, *op. cit.*
7. Frédéric Lordon, *Les Quadratures de la politique économique. Les infortunes de la vertu*, Paris, Albin Michel, 1997.
8. Pour une explication détaillée de ce phénomène, lire Renaud Lambert et Sylvain Leder, « L'investisseur ne vote pas », *Le Monde diplomatique*, juillet 2018.

sondage plaçant le candidat de la France insoumise [Jean-Luc Mélenchon] devant [François] Fillon[9] », s'alarment *Les Échos*, lors de la campagne présidentielle de 2017.

En haut de l'échelle sociale, on s'accommode volontiers d'une telle camisole : « Je ne sais pas si les marchés pensent juste, mais je sais qu'on ne peut pas penser contre les marchés », justifie Minc, que les marchés n'ont jamais desservi[10]. Ailleurs, on peine à imaginer une rupture avec le néolibéralisme qui éviterait un violent affrontement avec le secteur de la finance[11]. « Ce sont les créanciers privés qui sont désormais les vrais maîtres du jeu du fait de leur rôle essentiel dans le financement des États, écrivent Pierre Dardot et Christian Laval. Avec l'appui des agences de notation, ils ont acquis le pouvoir d'assurer ou non la continuité de la vie économique, et donc de la vie sociale[12]. »

Le financement de l'État sur les marchés cadenasse donc l'orientation des politiques publiques. Soudain, aujourd'hui détermine demain. « La question du temps, de la durée est au cœur de la dette, analyse Lazzarato. Pas seulement le temps de travail ou le temps de la vie, mais aussi le temps comme possible, comme avenir. La dette jette un pont entre le présent et le futur : elle anticipe et exerce une préemption sur l'avenir[13]. »

Mais la dette permet aussi d'ajourner la crise du capitalisme démocratique : en dépit de son fonctionnement (relativement) paisible pendant environ deux décennies, ce modèle, né après la Seconde Guerre mondiale, se caractérise par deux principes contradictoires d'allocation des ressources. « Le premier opère [...] sur la base du libre jeu des forces du marché, explique le sociologue allemand Wolfgang Streeck ; le second reflète les besoins et les droits sociaux définis par les choix collectifs que la démocratie rend possibles[14]. » Confrontées à l'impossibilité de marier le feu et l'eau, les classes dominantes ont compté sur différents outils pour proroger le *statu quo*.

---

9. Étienne Goetz, « Le "risque Mélenchon" fait son apparition sur les marchés financiers », *Les Échos*, 10 avril 2017.
10. Alain Minc, entretien avec Marcel Gauchet, « Les élites, le peuple, l'opinion », *Le Débat*, nº 85, 1995.
11. Lire, par exemple, Renaud Lambert et Sylvain Leder, « Face aux marchés, le scénario pour un bras de fer », *Le Monde diplomatique*, octobre 2018.
12. Pierre Dardot et Christian Laval, *Ce cauchemar qui n'en finit pas. Comment le néolibéralisme défait la démocratie*, Paris, La Découverte, 2016.
13. Maurizio Lazzarato, *Gouverner par la dette*, Paris, Les Prairies ordinaires, 2014.
14. Wolfgang Streeck, « The Crises of Democratic Capitalism », *New Left Review*, nº 71, 2011, d'où sont tirées toutes les citations de cet auteur et sur lequel s'appuie ce développement.

Pendant la phase de reconstruction, la croissance permettait ainsi de dépasser les antagonismes sociaux en améliorant les conditions de vie des uns, sans remettre en cause les privilèges des autres. À partir des années 1970, cependant, la croissance fléchit : toujours supérieure à 4,3 % entre 1965 et 1974, elle n'excédera plus jamais ce niveau dans les décennies suivantes[15]. « Les gouvernements doivent alors trouver des liquidités supplémentaires que l'économie réelle n'a pas encore produites, de façon à alimenter la consommation et la distribution par de nouvelles ressources », analyse Streeck. Bref, utiliser aujourd'hui des richesses qui seront produites plus tard.

La première méthode consiste à miser sur l'inflation, un accroissement de la masse monétaire supérieur à celui de la production réelle. Dans un contexte d'indexation des salaires et des pensions, l'érosion du pouvoir d'achat est compensée par une hausse des montants versés. Personne ne semble donc perdre au change, mais l'inflation s'envole rapidement. À la fin des années 1970, elle atteint des niveaux qui écrêtent le patrimoine des nantis. Chantre de la révolution monétariste, Paul Volcker, président de la Réserve fédérale américaine (la banque centrale des États-Unis), procède en 1979 à une hausse massive des taux d'intérêt. La France épouse le même combat dans les années qui suivent[16] : la voie de l'inflation est barrée.

Les gouvernants se tournent alors vers la dette publique qui, comme l'inflation hier, permet d'introduire dans l'économie des liquidités qu'elle n'a pas encore produites. Là encore, le répit n'est que de courte durée : le poids accru des « investisseurs » aggrave un peu plus la contradiction entre capitalisme et démocratie. Mille et un prophètes du désastre se manifestent qui, promettant l'effondrement, exigent l'austérité afin que les créanciers perçoivent leur dû. Le discours dominant n'analyse pas le gonflement de la dette comme la manifestation d'un dysfonctionnement de la société, mais comme celle d'un emballement de la dépense publique. L'heure est au démantèlement de l'État social, au détricotage de la réglementation du travail, aux privatisations, etc.

Au début des années 2000, Moody's publie ainsi une analyse concernant les États-Unis qui pourrait s'appliquer à la plupart des pays capitalistes avancés, à commencer par la France. L'agence de notation anticipe un « défaut » sur la dette. Pas celle contractée auprès des investisseurs,

---

15. Institut national de la statistique et des études économiques (Insee).
16. L'inflation passe de 13,6 % en 1980 à 3,4 % en 1990, puis 1,7 % en 2000 (Insee).

toutefois : celle, « sociale », qui lie Washington aux citoyens du pays. « Moody's s'attend à ce que la plupart des pays industrialisés fassent défaut sur leurs promesses de pension de retraite. Nous sommes arrivés à la conclusion que, sauf quelques rares exceptions, il est quasiment impossible pour chaque grande nation développée de satisfaire les retraites du secteur public (par répartition) promises, y compris les dépenses de santé pour les seniors, sans des ajustements significatifs sur les prestations futures. Les prestations devront être revues à la baisse[17]. »

Le dressage par la dette

C'est alors que la dette privée est érigée en solution permettant à chacun de compenser, individuellement, le recul de la protection collective assurée par l'État et l'effondrement des revenus. Le taux d'endettement des ménages français s'envole de 53 % à 100 % entre 2000 et 2020[18], poussé par l'empilement des dettes visant à couvrir achats immobiliers et charges courantes (loyers, électricité, etc.). « Dans les années 1990, les personnes surendettées avaient souvent abusé du crédit pour des dépenses pas forcément nécessaires, analyse Mark Béguery, directeur des particuliers à la Banque de France. Aujourd'hui, ce sont avant tout des personnes qui se sont retrouvées en difficulté après un accident de la vie – divorce, maladie, perte d'emploi, etc. La part des personnes aux revenus très modestes s'est donc accentuée[19]. »

Si les étudiants français ne partagent pas encore la situation de leurs homologues américains, la charge qui pèse sur leurs épaules à la fin de leurs études est devenue considérable. Dix pour cent d'entre eux ont désormais contracté un emprunt allant de 800 à 30 000 euros : « Ils sont 11 % en école de commerce (dont les frais de scolarité ont augmenté de 64 % entre 2009 et 2018), 6 % en école d'ingénieurs et 4,5 % à l'université à avoir contracté un prêt pour financer leurs études[20]. » « L'endettement des étudiants est une manifestation exemplaire de la stratégie néolibérale appliquée depuis les années 1970, analyse Lazzarato. Le remplacement de droits sociaux (droit à la formation, à la santé, à la retraite, etc.) par l'accès au crédit,

17. Cité par Benjamin Lemoine, *L'Ordre de la dette*, *op. cit.*
18. Aurélie Blondel, « Les Français de plus en plus endettés, mais moins surendettés », *Le Monde*, 30 mars 2021, d'où proviennent les chiffres cités dans ce paragraphe.
19. Cité dans *ibid.*
20. Alice Raybaud, « "J'en suis encore à rembourser mes études" : emprunter pour étudier, émancipation ou boulet ? », *Le Monde*, 11 mai 2009.

c'est-à-dire par le droit de contracter les dettes. » Et le sociologue d'interroger : « Quelle meilleure préparation à la logique du capital et à ses règles de rentabilité, de productivité, de culpabilité, que d'y entrer endetté ? Le dressage par la dette, qui imprime dans les corps et les esprits la logique des créditeurs, n'est-il pas l'initiation idéale aux rites du capital ? »

À cela s'ajoute le soutien intéressé d'une partie du corps social aux politiques d'austérité. « Les classes moyennes des pays capitalistes avancés ont désormais placé une bonne partie de leur épargne sous la forme d'obligations d'État, et de nombreux travailleurs ont investi dans des retraites complémentaires », constate Streeck. Équilibrer les comptes de la nation « impliquerait de priver cette catégorie de la population de ce qu'elle épargne pour l'heure, par le biais d'une hausse de la fiscalité ». Au contraire, les personnes concernées préfèrent souvent que l'État pérennise un système qui les sert, quitte à voir les services publics s'effondrer.

Sans compter que l'élargissement de la sphère de la dette privée s'accompagne d'une « pédagogie financière », axée sur la responsabilisation individuelle. Ce qui revient, comme l'expliquent Benjamin Lemoine et Quentin Ravelli, « à effacer le tissu de causalités macro-économiques et macro-sociales – réglementation bancaire, luttes sociales, politiques de l'offre et délégitimation du logiciel keynésien – qui pourrait expliquer de façon alternative la situation particulière d'un individu et éviter de le confronter exclusivement à sa défaite personnelle[21] ». Peu à peu, « la répartition des blâmes et des causalités s'individualise » et des « valeurs conservatrices peuvent prendre racine parmi des populations que la financiarisation attire vers des comportements d'entrepreneurs ou d'investisseurs, alors même qu'ils sont ramenés, par leurs revenus et conditions matérielles d'existence, à une condition de salariés pauvres. L'obligation de remboursement des crédits, le développement de l'actionnariat salarié ou encore l'acceptation de choix d'investissements en matière de retraite ou de mutuelles sont des terrains favorables à une droitisation des électorats populaires. »

On objectera que, depuis la mise en œuvre à partir des années 2010 de politiques monétaires « non conventionnelles » (l'émission massive de liquidités), les taux d'intérêt des grandes banques centrales s'établissent à des niveaux historiquement bas. Parfois même négatifs. En 2020, les titres

---

21. Benjamin Lemoine et Quentin Ravelli, « Ce que la financiarisation fait aux classes sociales », *Savoir/Agir*, n°48, 2019/2.

vendus par l'État à moyen et long terme affichaient une maturité moyenne de onze ans et un taux moyen de - 0,11 %. Conclusion effarée du quotidien libéral *L'Opinion*, à l'époque : « L'État se fait payer pour rembourser de l'argent dans onze ans[22]. » Dans ces conditions, la charge de la dette – qui représentait 3,6 % du PIB en 1996, quand la dette avoisinait 60 % – ne « pèse » plus que 1,4 % en 2020, quand la dette s'établit à 120 %.

Pour certains, y compris chez les libéraux qui défendaient hier l'austérité au nom de l'équilibre des comptes publics, de telles conditions de financement justifieraient qu'on laisse filer la dette, notamment pour répondre à l'urgence de la crise du Covid-19. Dans un entretien accordé au *Monde* le 10 juillet 2020, Jean Pisany-Ferry, Xavier Ragot et Philippe Martin, des économistes proches d'Emmanuel Macron, appellent à « une augmentation massive de la dette publique ». Hier, le *Financial Times* plaidait pour qu'on « coupe, et qu'on coupe fort », dans les dépenses publiques ; il estime désormais que « nous sommes encore loin du moment où la dette deviendra un problème[23] ». Mais la décision de contracter de nouveaux emprunts ne tient peut-être pas uniquement aux conditions favorables de refinancement : « Sans cette intervention, on aurait risqué de très graves troubles sociaux[24] », admet Jacques de Larosière qui pilota le Fonds monétaire international (FMI), puis la Banque de France. L'endettement public a donc, de nouveau, permis d'étouffer les antagonismes sociaux.

Le néolibéralisme aurait donc transformé la dette, un banal outil de gestion keynésienne des finances publiques, en dispositif permettant d'étrangler les aspirations démocratiques de la population ? C'est ce qu'a mis en évidence la crise grecque de 2015. À l'époque, les emprunts du pays atteignaient 320 milliards d'euros ; proportionnellement à la production de richesse, ils avaient bondi de 50 % depuis 2009. Selon le *Financial times*, « rembourser cette dette requerrait de la Grèce qu'elle fonctionne comme une économie esclave[25] ». « Une dette est une dette », martelait pourtant Christine Lagarde, alors directrice du Fonds monétaire international[26]. Autrement dit : qu'importait de savoir si la Grèce pouvait ou non payer, il

22. Jade Grandin de l'Eprevier, « Grâce à la BCE, l'État français lève une dette énorme avec une facilité déconcertante », *L'Opinion*, 29 septembre 2020.

23. Respectivement 1er mai 2012 et 25 août 2020.

24. Entretien avec Marc Vignaud, « Jacques de Larosière : "Même financée à 0 %, la dette existe toujours" », *Le Point*, 11 février 2021.

25. « Syriza's Electoral Win Is a Chance to Strike a Deal », éditorial du 26 janvier 2015.

26. Cécile Ducourtieux et Sylvie Kauffmann, « Bruxelles se prépare au retour du "problème grec" », *Le Monde*, 22 janvier 2015.

fallait qu'elle paie... Athènes tentait alors de rappeler à ses « partenaires » européens l'épisode de la Conférence internationale visant à alléger la dette de la République fédérale d'Allemagne (RFA), qui se tint à Londres entre 1951 et 1952. Et demandait à bénéficier d'une conférence de ce type, animée par les mêmes préoccupations.

Au sein des institutions bruxelloises comme au palais de l'Élysée, on semblait toutefois partager le sentiment de Leonid Bershidsky : « L'Allemagne méritait qu'on allège sa dette, pas la Grèce. » Dans une tribune parue le 27 janvier 2015, le journaliste du groupe Bloomberg développait son analyse : « L'une des raisons pour lesquelles l'Allemagne de l'Ouest a bénéficié d'une réduction de sa dette, c'est que la République fédérale devait devenir un rempart de premier rang dans la lutte contre le communisme. [...] Les gouvernements ouest-allemands qui bénéficièrent de ces mesures étaient résolument antimarxistes[27]. »

Le programme de Syriza n'avait rien de « marxiste » : la coalition revendiquait une forme de social-démocratie modérée, encore commune il y a quelques décennies. Devenue intolérable à Berlin comme à Bruxelles, il fallait empêcher qu'un gouvernement européen la mette en œuvre. Grâce à la dette. Invité sur BFM TV par Ruth Elkrief le 1er juillet 2015, l'économiste libéral Jean-Hervé Lorenzi convenait que la dette grecque ne sera jamais remboursée : « Il ne faut pas y rêver. » Comment, dans ces conditions, expliquer la rigidité des « partenaires » européens d'Athènes ? Il s'agissait de « faire un exemple ».

C'est l'histoire d'une banqueroute toujours imminente, mais jamais prononcée. Un fantôme qui, depuis cinquante ans, transforme la démocratie française en dictature des marchés.

27. Leonid Bershidsky, « Germany Deserved Debt Relief, Greece Doesn't », *bloomberg.com*, 27 janvier 2015.

Participer, disent-ils...

Guillaume Gourgues

Du budget de Porto Alegre à la planification du Kerala, de la réécriture de la constitution islandaise à la Convention citoyenne sur le climat (CCC) en France, la démocratie participative se présente aujourd'hui comme un phénomène mondial mais extraordinairement divers. Elle puise historiquement ses origines dans les discours contre-hégémoniques de la gauche des années 1970, puis de l'altermondialisme des années 2000, réaffirmant la nécessité de l'autodétermination collective. Pourtant, dès la fin des années 1990, un « néolibéralisme participatif » a vu le jour. Les élites au pouvoir cherchaient alors à consolider un ordre économique et politique. Ce sont d'abord des pays d'Amérique du Sud et d'Afrique qui en ont fait les frais. Les « bonnes pratiques », prêchées par la Banque mondiale ou les organisations non gouvernementales, y ont légitimé le retrait de l'État social en enrôlant les plus pauvres dans des solutions « de marché ». Les programmes de développement les « responsabilisent » et les encouragent à monter des « projets », financés sous conditions. Cette valorisation de l'auto-entreprise a miné l'intervention publique redistributive. Elle a aussi sapé les ressorts de l'action collective et, par là même, le caractère conflictuel des pratiques démocratiques. Plutôt que de revendiquer des droits ou de dénoncer les inégalités, les plus pauvres sont sommés de répondre aux injonctions à participer à leur propre développement. Mais, en France aussi, les dispositifs de participation néolibérale ont fini par se multiplier et coloniser les sphères publique et privée.

Un néolibéralisme participatif public

Dans les années 1970, des mouvements sociaux ou des forces politiques (du Parti socialiste unifié aux groupes d'action municipaux, en passant par les militants du « droit à la ville ») prônaient, à travers l'idée de démocratie participative, une alternative à la démocratie représentative et au régime d'accumulation capitaliste. Aujourd'hui, la participation publique est surtout pratiquée comme un moyen de relégitimer l'action publique. Elle se résume bien souvent à la création, puis à la circulation de « dispositifs » encadrés par les autorités, ouverts à tout ou partie de la population et pilotés par des entreprises spécialisées dans l'ingénierie sociale ou le consulting. Des entreprises qui se disputent un marché en plein essor[1].

En France, dans différents secteurs (environnement, santé, urbanisme), une panoplie de dispositifs légaux et institutionnels structure l'offre de participation publique. Le plus important, la Commission nationale du débat public (CNDP), créée en 1995 par la loi Barnier, a été instauré en réaction à l'intensification des luttes contre les projets d'aménagement du territoire, pour désamorcer la pugnacité des riverains ou des militants écologistes. Autorité administrative indépendante, cette commission est composée de vingt-cinq membres nommés pour cinq ans par le gouvernement (parlementaires, élus locaux, membres du Conseil d'État, de la Cour de cassation, de la Cour des comptes, représentants d'associations, du patronat, syndicalistes). Elle présente bien sûr l'avantage de faire exister un « droit à participer », permettant quelquefois de ralentir, voire de gripper, des projets motivés par la seule rentabilité économique à court terme : sous son autorité se tiennent ainsi chaque année des dizaines de concertations publiques sur des projets d'autoroutes, de lignes TGV, de lignes à haute tension, d'aéroports ou de sites industriels. Elles obligent *a minima* les maîtres d'ouvrage à se justifier face aux opposants, les poussent à revoir leurs projets et peuvent même conduire à des abandons, comme dans le cas du prolongement de l'autoroute A12, dans les Yvelines en 2013, ou dans celui de la « route des Géraniums », à La Réunion en 2018.

---

1. Sur ce point, voir l'enquête très complète d'Alice Mazeaud et Magali Nonjon, *Le Marché de la démocratie participative*, Vulaines-sur-Seine, Le Croquant, 2018.

Mais la CNDP n'a pas (ou plus) la cote. Lors du Grand Débat national (GDN), lancé en janvier 2019 à la suite du mouvement des Gilets jaunes, l'exécutif lui a préféré un système improvisé de « garants », sans aucune base juridique, consistant à nommer des personnalités pour suivre le débat sans réel moyen de le contrôler. La décision, dont s'est alors émue la présidente de la commission, Chantal Jouanno, mettait en évidence une tendance à l'œuvre depuis quelques années : l'impératif de participation pèse de moins en moins face aux intérêts économiques. Comme l'ont récemment remarqué deux juristes spécialisés en droit de l'environnement, lorsque les associations contestent un projet d'aménagement au motif de manquements aux obligations en matière de participation, le juge administratif est toujours plus enclin à « faire peu de cas de la protection effective dont devraient bénéficier, au plan contentieux, des procédures qui apparaissent, somme toute, comme des garanties offertes au public et à l'administration elle-même contre des décisions hâtives et mal étudiées[2] ». De manière générale, les usages néolibéraux de la participation conduisent, de plus en plus souvent, à « court-circuiter » les institutions qui ont vocation à la mener.

Mais quels sont ces usages ? D'abord, faire de la participation un préalable formel, sans effet réel sur la décision *stricto sensu*. À l'automne 2019, le gouvernement lance son chantier de réforme des retraites en organisant pas moins de huit « ateliers participatifs en région » à Angoulême, Arras, Dijon, Lorient, Montreuil, Strasbourg, Toulon et Toulouse, « pour permettre à chacun de s'exprimer puis d'élaborer des propositions collectives »... qui seront finalement balayées d'un revers de 49.3. À l'automne 2019 encore, un tirage au sort désigne les cent cinquante citoyens appelés à siéger à la CCC, mais rien n'est manifestement prévu pour empêcher les lobbies industriels de saboter le projet de loi inspiré par leurs réflexions[3]. Les membres de la convention eux-mêmes finiront par dénoncer cette absence de garde-fous en désavouant largement la loi[4].

Il s'agit, ensuite, d'empêcher les citoyens de remettre en cause les fondements de l'ordre économique en instaurant des « lignes rouges » : à l'issue des travaux de la CCC, lorsqu'Emmanuel Macron reçoit les cent

2. Jean-François Struillou et Nicolas Huten, « Démocratie environnementale », *Revue juridique de l'environnement*, n° 45, 2020, p. 150.

3. Barnabé Binctin, « Comment les lobbys industriels ont saboté les réformes voulues par les citoyens de la Convention climat », *Bastamag*, 8 février 2021.

4. Rémi Barroux et Audrey Garric, « La convention citoyenne pour le climat juge sévèrement la prise en compte de ses propositions par le gouvernement », *Le Monde*, 28 février 2021.

quarante-six propositions formulées par les citoyens tirés au sort, il oppose ainsi trois vetos, notamment au projet de taxe de 4 % sur les dividendes. De même, lorsqu'il lance le GDN, il fait savoir qu'il exclut par avance le rétablissement de l'impôt sur la fortune. Le GDN continue pourtant d'être présenté comme un exercice de « démocratie participative à grande échelle[5] », essentiellement en raison de ses « innovations procédurales » mais aussi de son côté cathartique – les gens ont pu s'y « exprimer » et être « écoutés », défend-on. Qu'il n'ait entraîné aucune réponse effective, que les seize mille cahiers de doléances restent encore remisés dans les arrière-salles des archives départementales, que cet exercice n'ait strictement rien changé à la conduite des affaires publiques ne compte pas.

Le manque de diversité sociale ne préoccupera guère plus le gouvernement. D'après l'Observatoire des débats[6], la population qui a participé à ces réunions était relativement âgée (57 ans de moyenne d'âge), avec 49 % de retraités et 38 % d'actifs, composée à 55 % d'hommes, à 62 % de diplômés de l'enseignement supérieur et à 72 % de personnes propriétaires de leur logement (contre 58 % en France aujourd'hui). Un troisième usage néolibéral de la participation consiste, de fait, à sélectionner les « bons citoyens » en mesure de se conformer aux attentes gouvernementales. La diffusion des budgets participatifs (BP) illustre aussi très bien cette évolution. Initialement, les BP latino-américains des années 1980, et notamment celui de Porto Alegre, s'adressaient prioritairement aux classes populaires : les quartiers les plus pauvres pouvaient y exprimer et défendre leurs besoins. Confortée par de longs débats publics, la municipalité brésilienne avait alors toute la légitimité pour procéder à « l'inversion des priorités », en attribuant davantage d'argent aux quartiers pauvres. Depuis le début des années 2000, les BP rencontrent toujours plus de succès en France, où ils sont adoptés dans de nombreuses villes (Grenoble, Rennes, Lille, Avignon), départements (Gers, Hérault) ou régions (Île-de-France, Occitanie). Mais ils valorisent un autre public : celui disposant d'un capital économique, culturel, social et militant pour monter et déposer des « projets », prendre part à un vote et exercer une vigilance soutenue pour veiller à leur bonne mise en œuvre. En découle une inévitable marginalisation des classes

5. Pascal Perrineau, « Le grand débat national : la démocratie participative à grande échelle », *Pouvoirs*, n° 175, 2020/4, p. 113-129.
6. Observatoire des débats, « Le "grand débat national" : un exercice inédit, une audience modérée au profil socioéconomique opposé à celui des Gilets jaunes », 18 avril 2019.

populaires[7] qui redouble le « cens caché » déjà à l'œuvre dans le système électoral. À Paris, les organisateurs se montrent parfaitement conscients de ce phénomène : en 2016, alors que la municipalité encourage, via « une enveloppe spécifique de 30 millions d'euros et un appui à l'émergence des projets et au vote », la participation des habitants des quartiers populaires, ces derniers ne représentent que 14 % des votes en ligne – 4 % de la population de la capitale seulement ayant pris part au suffrage[8]. Si les organisateurs ne manquent jamais de regretter cette absence, l'important pour eux n'est pas là : le BP est le signe d'une gestion « démocratique » des finances publiques, même s'il n'implique jamais un débat de fond ou une remise en cause des grands choix budgétaires et fiscaux.

En plus de renforcer l'exclusion des classes populaires de la vie publique, le dévoiement néolibéral a, enfin, un effet d'enrôlement, au service de l'ordre social, économique et politique. L'État encourage ainsi, au nom de la « société de vigilance », les formes *policières* de la participation[9]. Les citoyens sont appelés à signaler les propos ou les comportements suspects pour lutter contre la criminalité. Et bientôt, peut-être, à patrouiller aux côtés des policiers. Autant de sollicitations qui relèvent de ce que la politiste Vanessa Codaccioni nomme une « répression participative ». Si l'État invente ses propres dispositifs – comme « Participation citoyenne », de la Gendarmerie nationale, officialisé dans une circulaire du 30 avril 2019 – les acteurs publics s'appuient également sur des entreprises, telles que la startup *VoisinsVigilants.org*[10], dont les mairies peuvent désormais acheter les prestations. La participation à l'ordre peut être une affaire rentable.

Un néolibéralisme participatif privé

Le néolibéralisme participatif ne s'observe pas uniquement dans la conduite des affaires publiques. On constate aussi son influence sur le monde du travail. Jusqu'aux années 1970, la démocratie participative cible l'aliénation : la démocratisation du lieu de travail apparaît alors comme la condition

7. Julien Talpin, « L'implication des classes populaires dans les budgets participatifs », *Contretemps*, 16 avril 2008.
8. William Arhip-Paterson et Émilie Moreau, « Budget participatif de Paris : qui sont les Parisiens qui y participent ? », *APUR*, note n° 123, février 2018.
9. « Avocats ou boulangers pourraient patrouiller avec les gardiens de la paix », *Le Figaro*, 26 janvier 2021.
10. Sur ces dimensions, nous renvoyons spécifiquement aux travaux d'Eleonora Elguezabal, Matthijs Gardenier et Virginie Malochet, publiés dans le dossier spécial « participation à l'ordre » de la revue *Participations*, coordonné par J. Le Mazier et G. Gourgues, à paraître en 2021.

sine qua non d'une régénération des institutions politiques[11]. Sans travailleurs libres, pas de citoyens actifs... Dans toute la France, la « démocratie ouvrière » se met alors en pratique, déborde les centrales syndicales : citons, parmi tant d'autres cas, les « grèves productives » de l'usine Lip, à Besançon, de Defresnes, à Lille, ou l'expérience des « chemisières » de Cerisay, dans les Deux-Sèvres[12]. Il faut toutefois mesurer l'ampleur de la subversion : chez Lip, par exemple, les ouvriers horlogers revendiquent moins l'autogestion que la fin de l'arbitraire patronal sur les licenciements, les salaires et la production[13]. Affirmer la démocratie dans l'entreprise revient donc à assumer une remise en cause de l'absolutisme patronal et actionnarial, en appelant l'État à renforcer les capacités d'intervention des salariés et des syndicats sur le lieu de travail. Menacé, le patronat tente alors par tous les moyens de neutraliser cette critique, qui dépasse largement ces quelques expériences autogestionnaires, en invoquant un « nouvel esprit du capitalisme ».

Des bataillons de managers parviennent à détourner la participation de ses objectifs. Celle-ci est mise au service de l'extorsion du profit. Dès les années 1980, on fait l'éloge de l'horizontalité et de l'autonomie dans les entreprises. Une « dialogie dominante », pour reprendre la formule de Grégoire Chamayou, transforme la participation des salariés en instrument de maintien de l'ordre qui contrôle, cantonne et canalise les oppositions salariales. C'est le développement du « management participatif », dont une des formes les plus connues reste les « cercles de qualité », inventés par le toyotisme. Une mesure qui confie l'amélioration de la qualité de la production à des groupes de salariés, invités à résoudre eux-mêmes des problèmes concrets. Au-delà de la diversité de ses formes, le management participatif repose toujours sur le même principe : l'octroi d'une autonomie partielle et sélective aux salariés, définie par les directions d'entreprise, tout au long de la chaîne de valeur. De ce management, le modèle de « l'entreprise libérée » constitue, selon l'économiste Thomas Coutrot, l'un des avatars les plus récents : il consiste à assouplir, voire à supprimer l'encadrement en laissant les salariés décider eux-mêmes de la manière dont ils peuvent atteindre des

---

11. Carole Pateman, *Participation and Democratic Theory*, Cambridge, Cambridge University Press, 1970.

12. Pour un tour d'horizon de ces luttes, voir Xavier Vigna, *L'Insubordination ouvrière dans les années 68. Essai d'histoire politique des usines*, Rennes, PUR, 2007.

13. Sur ce point, voir Guillaume Gourgues, « De l'autogestion au rapport salarial. Comprendre l'affaire Lip au-delà de ses mythes », *in* I. Chambost *et al.* (dir.), *L'Autogestion à l'épreuve du travail. Quelle émancipation ?*, Villeneuve-d'Ascq, Presses universitaires du Septentrion, 2020, p. 65-82.

objectifs liés aux « missions » de l'entreprise. Mais, si la promesse de participation au processus productif donne l'illusion d'un sens retrouvé, elle ne concerne, la plupart du temps, que les tâches limitées et jamais les décisions globales de l'entreprise. Loin de remettre en cause les hiérarchies, elle permet en revanche d'intensifier le travail des salariés, sans compensation salariale.

Le management participatif réoriente par ailleurs la contradiction pour la transformer en « ressource ». Les directions des « ressources humaines » encouragent les salariés à exprimer leur critique de l'organisation pour mieux leur enjoindre de continuer à la servir docilement. De leur côté, les directions des « relations publiques » engagent le dialogue avec les administrations exerçant des missions de contrôle. Les cadres en charge de la « responsabilité sociale de l'entreprise » (RSE) produisent des formes domestiquées de débat public : assistés de professionnels de la « concertation », ils peuvent ainsi ouvrir des espaces de dialogue sous contrôle, notamment avec des organisations non gouvernementales. Ainsi, une entreprise comme Total s'est dotée il y a dix ans de sa propre structure de débat, nommée « Université Total », décrite par son directeur comme « un lieu d'échanges, de débats et de création de savoir qui rassemble des experts de tous horizons : société civile, représentants d'ONG, chercheurs, entrepreneurs, dirigeants ou encore étudiants[14] ». Celle-ci a pu organiser, en 2019, une conférence sur mesure traitant de la transition énergétique, regroupant des figures politiques, universitaires, médiatiques et économiques de premier plan[15], alors même que les procès intentés par des ONG continuaient de pointer l'irresponsabilité environnementale de la firme[16]. Préoccupés par l'image de leur entreprise, les dirigeants peuvent soigner certaines ONG, mais beaucoup plus rarement les organisations syndicales. Dans un contexte marqué par leur affaiblissement, les réformes du Code du travail, en particulier les évolutions de la négociation collective, permettent d'instrumentaliser la participation des salariés : si, dans les années 1990, le recours aux référendums d'entreprise avait été inscrit dans la loi pour permettre l'extension des droits sociaux (réduction du temps de travail, complémentaire santé, intéressement), la loi autorise dorénavant les directions à s'en servir pour contourner les syndicats majoritaires, disqualifier les

14. Yves Cappelaire, « L'université Total en 4 questions », *BFM Business*, 13 octobre 2014.
15. Voir la vidéo « Université Total : La transition énergétique en débat », *total.com*.
16. Jean-Claude Bourbon, « Total attaqué en justice par des ONG pour un projet en Ouganda », *La Croix*, 24 octobre 2019.

délégués du personnel et fragiliser les communautés de travail en renforçant les pressions managériales ou le chantage à l'emploi. En 2016, la loi « travail » pose un premier jalon : si un accord d'entreprise n'est pas signé par les syndicats majoritaires (représentant au moins 50 % des suffrages recueillis lors des élections professionnelles), les organisations syndicales minoritaires (ne représentant que 30 % des salariés) sont autorisées à recourir au référendum. Les ordonnances du 22 septembre 2017 enfoncent le clou : dans les entreprises de moins de vingt salariés et dépourvues d'instance représentative du personnel, les directions peuvent décider elles-mêmes de recourir à un référendum, en se substituant aux syndicats minoritaires qui renonceraient à le faire. Le vote vient alors ratifier ce qui constitue en réalité une décision unilatérale de l'employeur.

L'usage du numérique accompagne ce démantèlement des protections collectives. L'application Toguna permet ainsi « de sonder en temps réel les salariés sur des problèmes concrets et de dialoguer avec eux[17] ». À tel point que les consultants d'entreprise adressent désormais des leçons de méthode aux organisateurs de conventions citoyennes : pourquoi ne convier qu'une poignée de citoyens « à l'heure où il serait possible de solliciter la contribution de plusieurs millions de Français [...] via une simple application smartphone » et où « les entreprises utilisent déjà de nombreux outils numériques très simples [...] pour engager la communauté autour d'un projet commun, en dessiner les grandes lignes de débat, les points de consensus, et préparer la délibération[18] ». La participation est alors réduite à sa stricte dimension technique : des applications permettent d'agréger des avis individuels, dont l'exploitation reste à la libre disposition des employeurs ou des gouvernements, considérés comme les deux mêmes figures du « manager », soucieux d'« agilité », d'efficacité et de performance organisationnelle. Le paternalisme à peine voilé de cette conception ne laisse presque aucune place à l'expression indépendante et collective des dissensus, des conflits et des revendications. Mais l'important, c'est de (faire) participer.

Défaire le scénario néolibéral, encore et toujours

Le néolibéralisme participatif fait donc florès. Mais sans avoir liquidé la démocratie participative. Loin s'en faut : des mobilisations, des théories, des projets politiques s'en réclament, encore et toujours. Lorsque

17. « Toguna : débattez en direct dans l'entreprise », *Le Parisien Économie*, 1er avril 2019.
18. Hervé Estampes, « Il s'agit de permettre une nouvelle implication pour les "décrocheurs de la citoyenneté" », *Le Monde*, 14 janvier 2021.

des Gilets jaunes revendiquent l'adoption d'un référendum d'initiative citoyenne (RIC), c'est bien pour remettre l'autodétermination populaire au centre des institutions politiques ; et, au-delà du RIC lui-même, c'est bien la nécessité de démocratiser la démocratie que porte le mouvement. Lorsque les organisations syndicales mènent des luttes dans les entreprises, elles recourent à la participation : pendant le conflit de 2018 à la SNCF, l'intersyndicale démontre le refus massif des salariés – non-grévistes ou cadres compris – du plan gouvernemental, grâce à une « vot'action » à laquelle participent 61 % du personnel[19]. Le regain d'intérêt, même discret, pour l'autogestion et les alternatives au modèle capitaliste de l'entreprise arrache, lui aussi, la participation aux seuls modèles managériaux.

Lorsque, dans les villes, des gouvernements locaux défendent des politiques « alternatives » au seul horizon de la concurrence pour l'attraction du capital et à la fuite en avant de la recherche de « compétitivité » des territoires, ils parlent aussi de participation. C'est ce que rappellent les politistes Vincent Béal et Max Rousseau lorsqu'ils inventorient les villes qui, en France et dans le monde, revendiquent déjà l'adoption de « politiques urbaines alternatives[20] ». La démocratie participative redevient un mot d'ordre, lié à la volonté d'affirmer la primauté de la justice sociale, de l'écologie, du féminisme, de la gestion collective et publique des biens communs à l'échelle des villes. À cette même échelle, des groupes d'activistes – à Grenoble, Lyon, Aubervilliers – se spécialisent dans l'organisation des habitants des quartiers populaires pour faire émerger des revendications, promouvoir la défense collective des droits et combattre la ségrégation urbaine.

La participation est donc l'objet d'un affrontement, souvent discret et méconnu, mais bien réel. Comme le remarquaient déjà, en 2005, Marie-Hélène Bacqué, Henry Rey et Yves Sintomer, la participation peut bel et bien être happée dans un « scénario néolibéral » et se concentrer « dans certaines zones fortement précarisées où les pauvres se voient laisser le droit d'autogérer leur misère[21] ». Mais elle peut aussi être réinvestie, retraduite en tout autre chose et renouer alors avec ses origines contre-hégémoniques.

19. Gurvan Kristanadjaja et Franck Bouaziz, « Vote à la SNCF : "On savait que le résultat serait très élevé" », *Libération*, 23 mai 2018.
20. Vincent Béal et Max Rousseau, « Alterpolitiques ! », *Métropoles*, n° 15, 2014.
21. Marie-Hélène Bacqué, Henri Rey et Yves Sintomer, « La démocratie participative urbaine face au néo-libéralisme », *Mouvements*, n° 39-40, 2005/3, p. 126.

Contrôler les chômeurs pour discipliner les salariés

Hadrien Clouet

Au 1er janvier 2021, le nombre d'inscrits à Pôle emploi a atteint un niveau historique : 6,8 millions d'individus soit un actif sur quatre. L'inoccupation forcée est devenue une expérience de masse, voire, pour certains Français, un rituel de passage : en dix ans, le nombre de demandeurs d'emploi a doublé dans le pays, et c'est par douze qu'il a été multiplié en cinquante ans ! Parmi les « chômeurs », 4 millions n'exercent rigoureusement aucune activité (catégorie A) ; 2 millions occupent ponctuellement des emplois courts ou à temps partiel et dépendent de l'assurance chômage pour survivre (catégories B et C) ; et plus d'un demi-million, malades, en formation ou en contrat aidé, sont dispensés de rechercher un emploi.

Ce chômage a une histoire et ses raisons sont politiques. D'abord et avant tout, il résulte du gel du temps de travail : en baisse dans tous les pays voisins, il excède en moyenne 37 heures hebdomadaires en France ; depuis 2014, il augmente même, si bien que les salariés en poste parviennent à absorber les besoins supplémentaires du capital. En cause aussi, la précarisation massive du salariat : les emplois précaires ont facilité les licenciements et généralisé les contrats de courte durée. La consécration de la finance oblige en outre les grandes entreprises à se plier au court-termisme de leurs actionnaires : un emploi industriel sur quatre a disparu depuis 1989 ;

dans le même temps, la souscription du crédit public sur des marchés financiers internationaux conduit l'État à réduire ses embauches et ses dépenses pour gagner la confiance de ses créanciers. La dernière raison tient enfin au renoncement plus général à l'emploi public, et même à sa liquidation par le non-renouvellement massif des postes, alors que le marché n'a jamais créé qu'une minorité des emplois du pays[1].

Mais, pour les libéraux, tout cela relèverait du « négationnisme économique[2] ». « Nous devons collectivement rompre avec ce qui est la maladie française : la préférence pour le chômage, expliquait le président de la République en juillet 2019. Le modèle français classique, c'est d'accepter des plans sociaux massifs, ensuite d'avoir un système très généreux qui les indemnise. » À son tour, Emmanuel Macron entonnait l'antienne chantée par la classe dominante depuis de nombreuses années. Depuis 1994, en fait, et la publication par la Fondation Saint-Simon d'une note de Denis Olivennes intitulée *La Préférence française pour le chômage*. Le haut fonctionnaire – qui a ensuite servi une bonne partie de l'oligarchie du pays, de Pinault à Lagardère, en passant par Claude Perdriel – impose alors l'idée d'un niveau de protection sociale trop élevé.

Peu importe l'inefficacité des politiques d'abaissement de cotisation[3] conduites par les gouvernements successifs sur la base de ce diagnostic : comme les médecins de Molière – « le coût du travail, vous dis-je » – les experts à gages n'ont jamais cessé de nous en rebattre les oreilles. La charge que représenterait cette assistance, d'une part, l'incitation à l'oisiveté, d'autre part : le modèle français dissuaderait les patrons d'embaucher et les chômeurs de travailler. D'où le programme disciplinaire, en vigueur depuis quelques décennies maintenant, qui en appelle à la responsabilité individuelle et réduit le traitement du *chômage* à un traitement des *chômeurs*. Pour mettre au pas l'ensemble du salariat.

1. Michel Husson, « Depuis 1950, le privé n'a créé que 37 % des emplois », *Note Hussonet*, 2018, n° 115.
2. Pierre Cahuc et André Zylberberg, *Le Négationnisme économique et comment s'en débarrasser*, Paris, Flammarion, 2016.
3. Aziza Garsaa, « Les exonérations de cotisations sociales patronales : une évaluation à partir d'un modèle de croissance et de rentabilité de la firme », *Revue de l'Ires*, vol. 85-86, n° 2-3, 2015, p. 3-43.

Étatiser

Souvent associé au retrait de l'État, le néolibéralisme en désigne plutôt la restructuration : il organise la concurrence sur différents marchés et dans différents espaces. C'est ce que traduit le projet d'étatisation du traitement du chômage, implacablement mené par Macron depuis son arrivée au pouvoir. Certes, une grande partie des politiques d'emploi sont d'ores et déjà gouvernementales, de l'administration de Pôle emploi (créé en 2009) à la fixation du temps de travail (avec les grandes lois sur la durée hebdomadaire d'emploi de 1982 et 1998-2000). En outre, les revenus de l'assurance chômage sont limités par la baisse des taux de cotisation sociale depuis 1994[4]. Mais deux institutions de l'emploi échappent encore partiellement au gouvernement : l'assurance chômage et la formation professionnelle. Elles constituent des contre-pouvoirs, certes relatifs, mais importants.

S'agissant de la formation, d'une part, on doit constater l'étatisation à l'œuvre à travers l'un des rares nouveaux droits ouverts sous le mandat d'Emmanuel Macron, à savoir l'élargissement de l'allocation chômage aux démissionnaires. Toute théorique, son obtention, pour un semestre maximum, relève du parcours du combattant, car elle implique cinq ans d'ancienneté dans une même entreprise (ce qui exclut de fait la moitié du salariat) et le dépôt d'un « projet de reconversion professionnelle nécessitant le suivi d'une formation, ou un projet de création d'entreprise », évalué par une commission régionale. Derrière ce « droit » peu accessible, surtout, on assiste à une mise à l'écart des organismes paritaires qui accompagnaient jusqu'alors les reconversions, via le Fonds de gestion des congés individuels de formation (Fongecif). Désormais seul face à son écran d'ordinateur, sans accompagnement, le « chômeur néolibéral » passe souvent à côté des opportunités qui, en droit, s'offrent à lui[5].

S'agissant, d'autre part, de l'assurance chômage, il convient de rappeler qu'avant 2017, elle était essentiellement abondée par la cotisation des employeurs prélevée sur les salaires (4,05 % du salaire brut) et par celle des salariés (0,95 %). Mais cette dernière a disparu au 1er janvier 2019, remplacée par une hausse de la contribution sociale généralisée (CSG), un impôt non progressif ponctionné sur tous les revenus et dont le montant est fixé chaque année par le Parlement. Inquiétante sur le plan politique

4. Bernard Friot, *L'Enjeu du salaire*, Paris, La Dispute, 2012, p. 69.
5. Gérard Mauger, « Le chômeur "néolibéral" », *Savoir/Agir*, n° 43, 2018/1, p. 97-102.

(car la CSG peut tout à fait être allouée à d'autres dépenses que la protection du risque de chômage), cette évolution repose aussi sur l'idée reçue selon laquelle les cotisations sociales ne seraient pas redistributives en France, alors qu'elles le sont plus que l'impôt sur le revenu[6] ! Les comptes de l'Unédic – qui gère l'assurance chômage – avaient beau être équilibrés fin 2019, patronat et syndicats ont été évincés. C'est le gouvernement qui a fixé d'autorité, par le décret du 26 juillet 2019, les nouvelles règles de l'assurance chômage – une première depuis 1982.

Paupériser

La reprise en main des institutions de l'emploi poursuit un objectif : détériorer les conditions de vie des chômeurs. Pour les libéraux et les tenants du « *workfare* », en effet, une indemnisation trop importante dissuaderait les chômeurs de se « lever tôt » et de « se battre » pour retrouver un travail[7]. La solution consisterait donc à diminuer le montant de l'allocation chômage. Qu'importe si de nombreux chômeurs reprennent une activité qui leur fait perdre de l'argent. Qu'importe si les « emplois vacants » sont un mythe : 95 % des offres déposées à Pôle emploi attirent au moins un candidat ; les 157 000 qui restent proposent le plus souvent de mauvaises conditions de travail ou une rémunération dérisoire par rapport aux compétences attendues, quand elles ne sont pas tout simplement des offres fantômes, sans poste à la clé, dont la seule fonction est de permettre aux employeurs de constituer des bases (illégales) de CV ; et, en fin de compte, les abandons de recrutement sont quantité négligeable, un emploi pour quarante et un demandeurs inscrits à Pôle emploi seulement[8].

Qu'importe surtout que moins de la moitié des chômeurs astreints à une recherche d'emploi reçoivent une indemnisation de l'assurance chômage (pour les neuf dixièmes d'entre eux) ou de l'État. Les autres, quand ils ne sont pas indemnisés par la Sécurité sociale en cas de maladie ou de maternité, ne remplissent pas les conditions d'affiliation ou sont en fin de droits. Depuis l'entrée en vigueur des nouvelles règles fixées par le décret n° 2021-346 du 30 mars 2021, le calcul de l'allocation ne se fonde plus que sur le

6. Victor Amoureux, Elvire Guillaud et Michaël Zemmour, « Le financement par cotisations freine-t-il la redistribution ? Une analyse en comparaison internationale », *Revue française des affaires sociales*, n° 4, 2018, p. 75-101.
7. Emmanuel Macron déclarait ainsi à BFM TV, le 18 février 2015 : « Si j'étais chômeur, je n'attendrais pas tout de l'autre, j'essaierais de me battre. »
8. Pôle emploi, « Offres pourvues et abandons de recrutement », 9 janvier 2020.

nombre de jours effectivement travaillés, en excluant week-ends et jours fériés, ce qui a conduit à rogner non seulement sur le montant d'indemnisation des allocataires, mais aussi sur sa durée. Par ailleurs, la période minimum travaillée pour ouvrir des droits a été portée à six mois dans les vingt-quatre derniers, au lieu de quatre mois dans les vingt-huit derniers auparavant. Enfin, tout allocataire doit désormais accomplir six mois de travail pour proroger ses droits, au lieu d'un mois auparavant. Conséquence : le décrochage entre les salaires perçus et les versements de l'assurance chômage s'est accentué.

Depuis la loi « pour la liberté de choisir son avenir professionnel », votée en septembre 2018, les chômeurs n'ont en outre plus le droit de choisir la durée de transport et la distance entre leur domicile et le lieu de travail. Un décret publié entre Noël et le jour de l'an de la même année a complété ce dispositif disciplinaire : les demandeurs d'emploi ne sont plus en droit d'exiger un niveau de rémunération minimal pour accepter une offre. Deux mesures qui ont encore altéré les conditions de vie des chômeurs et encouragé des offres dégradées, et dégradantes, qu'ils ne sont théoriquement pas en droit de refuser. Certes, le gouvernement plaide pour un bonus-malus sur les emplois précaires (majorant les cotisations des employeurs), mais a repoussé à 2022, pour le moment, son entrée en vigueur. La croissance continue de « l'activité réduite » a dérégulé un peu plus encore le marché de l'emploi. Ce statut concerne entre 2,5 et 3,5 millions d'inscrits, un chiffre qui varie selon l'année et la saison, mais qui représente actuellement plus d'un tiers des inscrits à Pôle emploi. Plébiscité par le patronat, il doit permettre à un chômeur d'exercer un emploi court, irrégulier ou à temps partiel, tout en continuant à percevoir ses allocations. Baby-sitter le temps d'une soirée, enquêtrice mystère pendant six heures, hôte d'accueil le matin puis la nuit, animatrice périscolaire le temps de deux goûters : autant de contrats précaires qui ne trouveraient pas preneuses sans le maintien de l'allocation chômage.

Mais la paupérisation des chômeurs passe aussi par la liquidation de plusieurs dispositifs exceptionnels d'indemnisation. Mentionnons ici le régime de garantie des salaires (AGS), imaginé en 1973 par les syndicats et le patronat pour rémunérer les salariés en cours de licenciement, lorsque leur entreprise est en redressement ou en liquidation, par le biais d'avances. Ajoutons que de nombreuses politiques sociales ont été déconnectées de l'assurance chômage. Plutôt que le Smic, c'est la prime d'activité qui a été réhaussée en janvier 2019, à la suite du mouvement des Gilets jaunes. Cet arbitrage visait à verser des revenus aux salariés les plus précaires, mais sans leur accorder de droits supplémentaires à l'assurance chômage. Pire, une telle solution a accru la perte de revenu lors d'un licenciement : là où un salarié à 1 219 euros net touchait une allocation de 880 euros, soit un taux de remplacement de 72 %, l'octroi de 200 euros de prime d'activité ne changera rien au montant de l'allocation, qui ne couvrira donc plus que 62 % des revenus antérieurs, durcissant la perte.

Loin de se concentrer uniquement sur les Français les plus pauvres, la politique de désindemnisation touche aussi les cadres aux plus hauts revenus. Percevant un tiers de moins à partir du septième mois de chômage, ils sont donc invités à se couvrir en leur nom propre plutôt que de cotiser aux caisses collectives. Au lieu de recourir à l'assurance chômage (en signant un contrat de travail en plus de leur mandat social de gérant ou de directeur général), les cadres dirigeants souscrivent désormais des assurances privées pour prévenir les conséquences d'une perte d'emploi, à l'instar de la garantie sociale du chef d'entreprise (GSC), créée il y a un demi-siècle par les organisations patronales, ou des placements April, Solly Azar et AXA.

Toutes ces restrictions combinées ont un effet : produire de la misère. Aujourd'hui, lorsqu'un ménage travaille moins de trois mois par an, il a 59 % de risque de passer sous le seuil de pauvreté. Cela représente une hausse de 10 % depuis 2017.

Maltraitances

Dans les discours sur les chômeurs, ce n'est toutefois pas la figure du cadre privé d'emploi qui est la plus mise en avant. De manière générale, la politique de stigmatisation frappe surtout les classes populaires. Dès l'automne suivant l'élection d'Emmanuel Macron, son porte-parole Christophe Castaner épinglait de prétendus chômeurs qui « bénéficient des allocations chômage pendant deux ans pour partir en vacances[9] », tandis que Damien Adam, député LREM de Seine-Maritime, se répandait sur « certaines personnes qui partent en vacances aux Bahamas grâce à l'assurance chômage[10] ». Ces discours ont incité toute une frange du patronat, l'ancien président du Medef, Pierre Gattaz, en tête, à plaider en faveur d'un pointage mensuel, voire hebdomadaire, des inscrits à Pôle emploi.

9. BFM TV, 18 octobre 2017.
10. *Paris-Normandie*, 4 novembre 2017.

Ils encouragent aussi des comportements étonnants, tel celui de ces agents de Pôle emploi de Compiègne qui ont conçu, en 2017, une infographie humiliante intitulée « la journée type d'un demandeur d'emploi efficace », prescrivant heure après heure les « bonnes pratiques » censées permettre le retour à l'emploi. L'exploitation de l'outil numérique Google Trends met en évidence l'écho rencontré, plus généralement, par ces jugements hostiles dans l'ensemble de la population. Les recherches internet comportant le mot « chômeurs » dans la décennie 2007-2017 concernaient avant tout leur volume : « nombre de chômeurs », « chômeurs en France », « taux de chômage ». Une rupture nette intervient en 2017, l'occurrence « contrôle des chômeurs » caracolant en tête des préoccupations des internautes. Fruit d'une stigmatisation croissante ou d'individus qui craignent la répression ?

Alors que les changements des règles de l'indemnisation occasionnent des erreurs administratives de la part des demandeurs d'emploi, et donc l'exposition à des retenues pour sanction[II], ces discours stigmatisants expliquent le maintien d'un ordre administratif singulier, où toute déclaration erronée (intitulée « fausse déclaration », même lorsqu'elle ne comporte aucune intention frauduleuse) est assortie d'un délai de prescription extraordinaire de dix ans dans le Code du travail. Une situation régulièrement dénoncée par le Défenseur des droits. Par ailleurs, les gouvernements Valls (2014-2016) et Cazeneuve (2016-2017) ont spécialisé des agents de Pôle emploi dans le contrôle des chômeurs. Après le recrutement de deux cents premiers « contrôleurs de recherche d'emploi » en 2015, l'effectif a quintuplé sous Macron. En conséquence, la part des radiations ne cesse de monter : à l'heure actuelle, 14 % des individus contrôlés sont radiés. Une fois le dossier administratif consulté, les contrôleurs peuvent adresser un questionnaire à la personne, puis, s'ils le jugent nécessaire, conduire un entretien téléphonique ou physique avec elle. Depuis peu, ils sont même autorisés à consulter les comptes bancaires, le fichier Ficovie (contrats d'assurance vie) et les données téléphoniques des chômeurs. Une amende de 1 500 euros frappe tout individu qui ne donnerait pas suite sous 30 jours.

La maltraitance institutionnelle procède encore du recours de plus en plus fréquent à des intérimaires ou à des contractuels, dépourvus d'une longue formation. On voit à Pôle emploi les effets de tels recrutements,

---

II. Didier Demazière, « Les droits des chômeurs : des mesures déstabilisatrices », *in* ODENORE, *L'Envers de la « fraude sociale ». Le scandale du non-recours aux droits sociaux*, Paris, La Découverte, 2012, p. 139-156.

qui interviennent après une réduction de personnel de 4 % en 2018-2019 : les plaintes adressées au médiateur sont en hausse (alors qu'elles décroissaient jusqu'en 2017 grâce à l'augmentation des effectifs). La situation est semblable chez les gestionnaires particuliers, à l'instar du régime d'assurance chômage spécifique à La Poste : la moitié des personnels administratifs chargés de ce régime, basés à Nancy, occupent un statut précaire, interdisant tout suivi dans la durée des dossiers. Le problème est si vif que plusieurs centaines d'anciens salariés ont développé un groupe d'entraide « Litige La Poste chômage » sur WhatsApp, où ils exposent diverses stratégies pour obtenir un versement dans les mois qui suivent leur ouverture de droits.

Le message qui sous-tend ces différentes mesures vexatoires est clair : l'assurance chômage n'est pas un droit comme les autres. Un droit pour lequel on cotise et qui protège les bénéficiaires le temps de retrouver un emploi (comme on perçoit l'assurance maladie le temps d'être rétabli). Non : il importe de « responsabiliser » les chômeurs. La guerre aux chômeurs entraîne une augmentation des non-inscriptions parmi des ayants droit. Lesquels préfèrent éviter les contrôles tatillons et les justifications administratives plutôt que de faire valoir leur droit. Une manne pour le budget de l'assurance chômage mais une mise en péril de la notion même de chômage, dont les contours deviennent de plus en plus flous et poreux. Désormais, la condition des chômeurs se rapproche de celle des pauvres.

Au-delà du taux de chômage

En faisant de la « baisse du chômage » une priorité, dirigeants politiques et commentateurs médiatiques ont invisibilisé toute une série d'autres problèmes sociaux. Car un grand nombre de personnes ne sont pas éligibles au chômage, sans pour autant occuper un emploi – voire, en se déclarant eux-mêmes chômeurs. Ce « halo du chômage », composé de statuts intermédiaires entre l'emploi, l'inoccupation, le chômage et l'inactivité, concernait 1,7 million de personnes avant le confinement de 2020. Ce sont surtout des femmes, soit malades, soit en invalidité, soit entre deux contrats ou en attente d'enfants, quand elles ne sont pas des chômeuses découragées qui ont renoncé. La part d'individus sans emploi qui désirent en occuper un mais n'ont pas prospecté et s'avèrent indisponibles dans les deux semaines, s'est largement accrue, témoignant d'une résignation croissante ou de difficultés à combiner les situations privées (maladie, handicap, gestion familiale...) avec les exigences de l'emploi. Le nombre des travailleurs dont l'emploi est indigne, inacceptable ou insupportable s'accroît largement. Deux millions de travailleurs en emploi vivent sous le seuil de pauvreté.

Le nombre des inscrits à Pôle emploi a doublé entre la crise financière de 2008 et 2016. Cette évolution exerce une influence importante sur le résultat des politiques publiques : à partir d'un stock si important d'inscrits, toute variation semble dérisoire. Le sort de 70 000 personnes ne représente plus aujourd'hui que 1 % du public concerné. Cette stabilité statistique invisibilise de nombreux phénomènes internes au chômage. Ainsi, la progression du nombre d'inscrits à Pôle emploi a été assez limitée au cours de la pandémie. Elle détone à côté de la hausse des allocataires du RSA (+ 9 %) et de l'ASS (+ 11 %), des bénéficiaires des aides aux logement (+ 2 %), ou des files d'attente jamais vues dont témoignent les acteurs de l'aide d'urgence, notamment alimentaire. Au sein même du chômage, où coexistent des situations hétérogènes, la crise sanitaire a signifié un effondrement des revenus, à cause de l'impossibilité de reprendre une activité temporaire, mais aussi en l'absence d'accès aux petits boulots non déclarés. Après des décennies de politiques libérales, le chômage a atteint un tel niveau que la contemplation de son taux ne renseigne plus vraiment sur la diversité des vies qui le subissent.

Le macronisme est une théorie politique. Il instrumentalise le chômage afin de geler les cotisations sociales, tirer vers le bas les salaires et dégrader les formes de l'emploi. Il organise la ruine des fonds paritaires pour tenir à l'écart le monde du travail. Et, encore et toujours, il stigmatise les chômeurs.

À partir des années 1970, la conversion au néolibéralisme a reposé sur un « État anesthésiste[12] ». Celui-ci a démobilisé les victimes du libéralisme par le versement d'allocations, abandonnant en échange la restructuration de l'économie nationale à la libre circulation des capitaux privés. Or, le versement de telles allocations à des millions d'individus est devenu une recette intenable sans augmentation des taux de cotisation – et une telle opération annulerait les bénéfices initiaux pour le capital privé ! Désormais, le néolibéralisme repose sur des formes plus autoritaires. Il ne s'agit plus « d'inciter » les chômeurs, comme au temps de Michel Foucault, mais bien de les contraindre. Cette inflexion est pilotée par une minorité d'acteurs gouvernementaux, qui ne se soucient même plus d'apporter quelques concessions à leurs interlocuteurs dans les instances paritaires. C'est le rôle joué

12. John Levy, « From the Dirigiste State to the Social Anaesthesia State: French Economic Policy in the Longue Durée », *Modern and Contemporary France*, vol. 16, n° 4, 2008, p. 417-435.

notamment par l'étatisation, qui évince les représentants des salariés des processus de décision. Elle permet de gouverner le chômage à partir de majorités parlementaires peu représentatives (15 % du corps électoral au premier tour des élections législatives de 2017).

Comment ce traitement autoritaire se maintient-il ? Par la peur du lendemain et la dépolitisation. La mise en concurrence généralisée des salariés entre eux tire les salaires vers le bas ; celle des chômeurs entre eux et des chômeurs avec les salariés, de plus en plus âpre à mesure que les emplois se raréfient, désarme aussi toute organisation et solidarité collective. Depuis les années 1980, la discontinuité croissante des carrières professionnelles aiguise cette concurrence, qui ne se manifeste plus seulement à l'entrée dans le métier, mais aussi par la suite, dans le passage d'un contrat à un autre. De plus, elle ne porte plus seulement sur le montant du salaire, mais bien sur son maintien. C'est ce que montraient les sociologues Stéphane Beaud et Michel Pialoux lorsqu'ils étudiaient cette usine de composants automobiles, prestataire de Peugeot : « Une des manières privilégiées de mettre en permanence les ouvriers de cette usine sous pression consiste à leur expliquer que les résultats de l'usine ne satisfont plus le constructeur et que bientôt l'usine sera fermée. Tout se passe comme si on reportait la fragilité structurelle de l'usine sur les ouvriers afin de les culpabiliser. » L'ombre du chômage saisit l'emploi établi[13].

À l'instar des politiques migratoires, par exemple[14], le traitement libéral du chômage se maintient aussi par l'exclusion des premiers concernés du champ politique. Les chômeurs votent peu – un sur deux aux élections présidentielles de 2017. Les politiques qui les ciblent de manière hostile ont peu de chance d'être remises en cause, car elles suscitent une faible mobilisation électorale, et encore moins de mobilisations sociales, tant les chômeurs apparaissent plus pressés de quitter ce statut que de l'aménager. Certes, il arrive parfois que les chômeurs entrent en lutte, comme à l'hiver 1997-1998, marqué par des occupations d'agences ANPE. Mais ces épisodes sont bien rares[15]. Toutefois, la vague actuelle de protestation contre la réforme de l'assurance chômage est significative, et elle présente une

---

13. Stéphane Beaud, Michel Pialoux, *Violences urbaines, violence sociale. Genèse des nouvelles classes dangereuses*, Paris, Fayard, 2003, p. 139

14. Paul Oriol, *Les Immigrés devant les urnes. Le droit de vote des étrangers*, Paris, L'Harmattan, 1992.

15. Christian Lahusen et Britta Baumgarten, « Die Fragilität kollektiven Handelns: Arbeitslosenproteste in Deutschland und Frankreich », *Zeitschrift für Soziologie*, vol. 2, n° 35, 2006, p. 102-119.

configuration inédite. Elle voit la jonction des syndicats CGT et Solidaires, des associations de défense des chômeurs comme le MNCP, et des mondes de la culture (intermittents, auteurs…) privés d'une partie de leurs revenus depuis la fermeture de leurs espaces de représentation au nom de la lutte contre le Covid-19.

Une question reste néanmoins en suspens : que vont faire les nombreux salariés concernés par un des plans sociaux annoncés en début d'année 2021 ? Plusieurs dizaines de grands groupes annoncent en effet des destructions d'emplois. La massification du télétravail et du chômage partiel ont contraint de nombreux espaces de restauration collective à fermer le rideau, entraînant des sociétés comme Sodexo à supprimer 2 000 postes. Les mesures de fermeture administrative des magasins ont mis à terre des groupes de l'habillement comme La Halle, Naf Naf, Celio ou Orchestra. Mais l'industrie demeure le secteur le plus touché. La baisse continue des ventes automobiles sans réorientation des lignes de production conduit Renault à détruire 4 600 emplois. La réduction de 10 % des effectifs de Michelin, qui entend limiter son activité pneumatique pour se diriger vers d'autres activités comme la colle, le recyclage et l'impression 3D en est un contrecoup. De même, l'effondrement du trafic aérien a limité les recettes d'Air France et provoqué un recul des commandes pour Airbus, qui annoncent respectivement 7 500 et 5 000 emplois en moins – malgré un retour à un bénéfice net en 2021 pour Airbus !

Les chômeurs à venir seront ainsi, pour partie, issus de secteurs professionnels très syndicalisés. Feront-ils pencher la balance du combat en cours ? Ou seront-ils capables d'importer dans les mouvements de chômeurs les méthodes d'organisation collective qui y font cruellement défaut ?

Économie politique du maintien de l'ordre

Fabien Jobard

Le « maintien de l'ordre », c'est-à-dire les modalités par lesquelles les manifestations ou rassemblements revendicatifs sont gérés par les pouvoirs publics, a subi à partir du printemps 2016 une indéniable et spectaculaire inflexion. Point n'est besoin de rappeler les termes de cette « brutalisation[1] », tant la discussion publique, depuis lors, est animée en France par la question de la « violence policière » : en plus d'une vague sans précédent d'interpellations (environ 12 000) et de condamnations (plus de 3 000, dont un millier d'emprisonnements ferme et 440 mandats de dépôt), on sait que durant le mouvements des Gilets jaunes, vingt-cinq personnes ont perdu un œil, cinq autres une main et une personne, Zineb Redouane, est décédée des conséquences d'un tir de grenade lacrymogène en pleine tête, alors qu'elle fermait les volets de son appartement, à Marseille le 1er décembre 2018. Jamais pareille répression n'avait été vue en France depuis mai 1968. Un mouvement social que la mémoire collective folklorise et angélise volontiers, mais qui fut un mois d'affrontements particulièrement violents entre protestataires et forces de l'ordre.

---

1. Olivier Fillieule et Fabien Jobard, *Politiques du désordre. Police et manifestations en France*, Paris, Le Seuil, 2020.

Les formes que prend le maintien de l'ordre en France sont pour une grande part le reflet des politiques macro-économiques : d'un côté, la tardive mais profonde désindustrialisation et, de l'autre, la lente puis abrupte imposition d'un « nouveau compromis social », celui de l'ordre néolibéral. Car si l'on fait une histoire parallèle du maintien de l'ordre et des politiques économiques, on distingue d'abord une période de pacification du rapport aux manifestations (années 1970-1990), sur fond de compromis social mais de lente désindustrialisation, période suivie d'un progressif démantèlement de la pacification du rapport aux foules, sur fond d'exacerbation de la crise urbaine (années 2000), avant une vraie brutalisation, sur fond de vraie politique néolibérale, notamment durant « les années Macron ».

Le maintien de l'ordre post-68 : redistribution et peur des masses

Mai 68 est un événement fondateur : la rue est un pouvoir et le nombre fait peur. Rappelons cette prémonition (invalidée) de Georges Pompidou, en 1967 : « Si un jour on atteint 500 000 chômeurs en France, ce sera la révolution. » Le pays en compte 590 000 en 1974 lorsque son poulain Jacques Chirac, qui a négocié les accords de Grenelle avec, dit la légende, un revolver en poche, accède à Matignon. Tandis que, de l'autre côté de la Manche, Edward Heath est contraint à la démission par deux grèves particulièrement dures menées par les syndicats de mineurs, Chirac préserve l'ordre public grâce à la redistribution sociale. Il crée diverses allocations (rentrée scolaire, adulte handicapé, parent isolé, etc.) et indemnise les salariés victimes d'un licenciement économique à hauteur de 90 % du salaire brut versé pendant un an. Entre 1970 et 1975, les dépenses sociales augmentent deux fois plus que le PIB[2].

Cette époque est précisément celle de la « consolidation du modèle français de maintien de l'ordre[3] ». À côté de l'institutionnalisation de la manifestation (reconnaissance de sa pleine légitimité, participation d'un nombre toujours plus grand de groupes sociaux et, jusqu'au mitan des années 1970, augmentation du nombre d'événements) se perfectionnent les techniques

2. Michel Hau et Félix Torrès, *Le Virage manqué. 1974-1984. Ces dix années où la France a décroché*, Paris, Manitoba, 2020, p. 149-150. Voir, pour une démarche parallèle, Stuart Hall, *Le Populisme autoritaire*, trad. fr. H. Saulvage et E. Beerlham, Paris, Amsterdam, 2008, en part. p. 101-173.

3. Patrick Bruneteaux, *Maintenir l'ordre. Les transformations de la violence d'État en régime démocratique*, Paris, FNSP, 1996.

de gradation de la force, de mise à distance des foules et de formation des « unités constituées » que sont les compagnies républicaines de sécurité (CRS) et les escadrons de gendarmerie mobile (EGM). Les entraînements, notamment ceux qui sont pratiqués au centre de gendarmerie de Saint-Astier en Dordogne, créé juste après Mai 68, veulent éprouver la résistance des agents à l'adversité et renforcer la cohésion de groupe. La tolérance au désordre, certes inégale selon les manifestants, est valorisée et une « gestion patrimonialiste des conflits » se diffuse[4]. Bien sûr, l'infiltration et la provocation (plus souvent le retard opportun de l'intervention policière) restent des techniques de déstabilisation en usage ; l'équipement policier permet encore l'emploi d'armes de guerre, telles les grenades offensives qui coûteront la vie au militant antinucléaire Vital Michalon en 1977 ; les interventions de policiers, y compris en civil, pour procéder à des interpellations rapides et ciblées, ne sont pas dépourvues de violences... Mais le maintien de l'ordre suit alors un cours conforme à l'institutionnalisation de la manifestation, modalité légitime de participation politique.

En tentant d'infléchir brutalement le cours des politiques publiques, les gouvernements Barre (1976-1981) ou Chirac (1986-1988) buteront sur les mobilisations de rue. Avec les révoltes des salariés de la sidérurgie, notamment dans le bassin de Longwy, à la fin des années 1970, la modernisation libérale reste à mi-chemin : l'indexation des salaires sur les prix et les cotisations patronales très élevées sont maintenues. Il faut dire que la mobilisation des ouvriers de la sidérurgie s'avère particulièrement violente : manifestations, certes, mais aussi grèves générales, opérations ville morte, mises à sac de locaux, barrages, séquestrations, sabotages, prises d'assaut du commissariat de police de Longwy (à trois reprises, dont une au bulldozer), tirs aux boulons d'acier et à la carabine sur les CRS (sept sont victimes de tirs d'armes à feu).

La rue contribue donc à maintenir la France sur un sentier macroéconomique de plus en plus singulier, où les gouvernements usent pleinement des amortisseurs sociaux. Il en résulte une forte pression sur les cotisations patronales[5] qui pèse sur les comptes des entreprises et freine l'investissement. Silencieusement, la capacité industrielle française ne se renouvelle plus, perd en compétitivité et finalement se délite au profit

4. Olivier Fillieule, *Stratégies de la rue. Les manifestations en France*, Paris, FNSP, 1997, p. 357-364.

5. Sur ce point, économistes patronaux et économistes atterrés se rejoignent : Michel Hau et Félix Torrès, *Le Virage manqué*, *op. cit.* ; Romaric Godin, *La Guerre sociale en France. Aux sources économiques de la démocratie autoritaire*, Paris, La Découverte, 2019.

du secteur tertiaire, si bien que de moins en moins de postes s'offrent aux jeunes hommes sortant du système scolaire sans qualification – ce que les analystes libéraux appellent dans les années 1990 « la préférence française pour le chômage[6] ». Premières victimes de cette politique, les immigrés de la « deuxième génération » qui commencent à se manifester collectivement, soit de manière conventionnelle (Marche pour l'égalité de 1983), soit de manière non conventionnelle (rodéos, violences urbaines, « étés chauds »). Parmi les élites policières, « la banlieue » devient une préoccupation majeure.

Sans doute galvanisé par la victoire remportée par Margaret Thatcher sur les mineurs en mars 1985, au terme d'une bataille d'un an qui aura coûté la vie à pas moins de trois personnes, Jacques Chirac, revenu à Matignon en 1986, s'emploie à libéraliser le marché du travail. Mais les manifestations étudiantes de novembre et décembre 1986 contre le projet de réforme des universités freinent brutalement cette ambition. En effet, après la mort de Malik Oussekine, le 6 décembre, Chirac déclare une « pause » dans les réformes sociales. En janvier 1987, devant les grèves des cheminots, il retire aussi son projet de nouvelle grille salariale à la SNCF avant de s'incliner à l'élection présidentielle l'année suivante. Cinq ans plus tard, au printemps 1993, ce sera au tour d'Édouard Balladur, alors Premier ministre, de négocier la Politique agricole commune à Bruxelles sous la pression continue des manifestations paysannes et de retirer le projet de contrat d'insertion professionnelle (CIP) face aux protestations de la jeunesse. Son successeur, Alain Juppé, abandonnera, quant à lui, son plan de réforme des retraites du secteur public, le 12 décembre 1995, au terme de l'un des plus longs mouvements sociaux de l'après-guerre – avant de perdre les élections législatives, un an et demi plus tard. Pourtant, l'éclatante victoire syndicale contre le « plan Juppé » marque la fin de la manifestation comme acteur (occasionnel, mais décisif) des orientations économiques.

La rue et la périphérie (1995-2015)

Durant le conflit de 1995, Alain Juppé consacre le pouvoir du nombre, en laissant entendre dans le quotidien *Sud-Ouest* que si 2 millions de

6. C'est le titre d'un article marquant de Denis Olivennes publié dans *Le Débat*, n° 82, 1994, p. 138-153. Significativement, le vrai tournant néolibéral sera celui d'Emmanuel Macron, qui appellera, vingt-cinq ans plus tard, à « collectivement rompre avec ce qui est la maladie française : la préférence pour le chômage » (« La rentrée sera très dure, il faut nous y préparer », *Ouest-France*, 2 juillet 2020).

personnes descendent dans la rue, « son gouvernement n'y survivra pas ». Dans les années qui suivent, les gouvernements feront tout pour délégitimer la manifestation et restreindre le pouvoir des organisations syndicales. Premier ministre, Jean-Pierre Raffarin déclare sur France 2, le 7 mai 2003 : « Le Parlement doit décider, la rue doit défiler, mais ce n'est pas la rue qui gouverne. » Malgré des cortèges de 1 à 2 millions de Français quelques jours plus tard, son projet de réforme des retraites est promulgué. En 2010, Nicolas Sarkozy affirme : « On ne reculera pas, on ne cédera pas. » Qu'importent les protestations : la loi sur les régimes spéciaux de retraite passe et, candidat à sa réélection en 2012, Sarkozy célèbre son action : « Avec nous, la rue n'a jamais fait la loi dans la République française. » Viendra le tour de François Hollande, pour qui « on ne fait pas une loi en fonction du nombre de manifestants, sinon ce serait la rue qui déciderait », et, sur cette ligne, le nouveau président fera adopter la loi El Khomri, en dépit de la plus forte mobilisation sociale enregistrée depuis 1995.

La négation de la manifestation revendicative coïncide avec la lente « correction » de la trajectoire macro-économique de la France, qui voit (pour ne prendre qu'un indicateur) la croissance des dépenses publiques réduite à 0,9 % sous le quinquennat Hollande, contre 1,4 % sous le quinquennat Sarkozy et 2,1 % encore sous le quinquennat Chirac[7]. Elle coïncide aussi avec la mutation des politiques policières de maintien de l'ordre. Une érosion d'abord : convaincus que l'ère des mobilisations de masse est close, les gouvernements diminuent le volume des « unités constituées » (CRS et gendarmes mobiles). Quinze des cent vingt-trois escadrons de gendarmerie mobile sont dissous dans le cadre de la Révision générale des politiques publiques en 2008. Protégés par de puissantes organisations syndicales, les compagnies de CRS sont épargnées, mais subissent une baisse continue de leurs effectifs, du même ordre que celle des gendarmes mobiles[8]. Conséquence : ces unités ne peuvent plus combiner, au cours d'une même opération, des tâches statiques (empêcher l'accès à un pont, par exemple) et des tâches de mobilité et d'interpellation : moins fournies, elles sont désormais cantonnées aux premières. La mobilité est confiée aux équipes de police urbaine, dont les logiques d'action, à l'inverse de celles des unités constituées, privilégient l'initiative individuelle, la recherche de l'interpella-

7. Romaric Godin, *La Guerre sociale en France. Aux sources économiques de la démocratie autoritaire*, Paris, La Découverte, 2019.

8. Assemblée nationale, rapport n° 3786, Commission d'enquête sur le maintien de l'ordre, janvier 2021, p. 47-49.

tion, le corps-à-corps. Les désordres collectifs auxquels leurs agents ont été formés ne sont pas ceux propres aux mobilisations sociales et aux manifestations revendicatives, mais aux « VU », aux violences urbaines.

« Maîtrise budgétaire » et désindustrialisation (dont la traduction brute est le chômage structurel des jeunes hommes sans qualification) combinent leurs effets. En 2002, Nicolas Sarkozy, alors ministre de l'Intérieur, énonçait très exactement la manière dont les élites se figurent la question sociale : « La démocratie apaisée que notre pays connaît depuis de nombreuses années permet aujourd'hui un changement radical de la doctrine d'emploi des forces mobiles. » L'enjeu n'est plus d'encadrer la contestation sociale, mais de mater les révoltes de la jeunesse oisive des banlieues. Des révoltes – qui n'ont jamais vraiment cessé depuis celle de Vaulx-en-Velin en octobre 1990, les soulèvements d'octobre-novembre 2005 et surtout les affrontements à Villiers-le-Bel, à l'automne 2007 – convainquent les autorités d'agir. Dans un premier temps, elles renforcent l'équipement défensif et offensif des gendarmes et surtout des policiers : flash-balls et lanceurs de balles de défense (LBD) font leur apparition. Par ailleurs, elles multiplient les petites, voire les mini-unités en charge des « VU » et appelées à être « projetées » sur les lieux d'incidents : compagnie de sécurisation et d'intervention, brigades spéciales de terrain, brigades anti-criminalité (BAC) départementales.

CRS et gendarmes mobiles d'un côté, unités de police urbaine de l'autre n'engagent ni la même culture, ni les mêmes moyens. Un policier : « La violence urbaine, il n'y a pas de sommation. Parce que c'est en réactif, c'est une forme de légitime défense[9]. » Un gendarme : « Les violences de type urbain, ce ne sont pas des manifestations revendicatives. Il n'y a pas de régime de déclaration préalable. Par conséquent, il n'y a pas d'autorité habilitée à employer la force. Dans [ces] violences, on a affaire à des délinquants et la mission première, c'est de faire cesser des infractions et d'interpeller les délinquants[10]. » Aux politiques qui renvoient le mouvement social à un passé révolu, fait écho chez les policiers l'idée que les désordres contemporains – les violences urbaines au premier chef – relèveraient de groupes sociaux inemployables, voire inassimilables. Et nécessiteraient d'en finir avec la doctrine de la pacification des foules qui prévalait jusqu'alors. Il faut dire que, dans la période la plus récente, la désindustrialisation n'a cessé de saboter les chances d'emploi des jeunes « de banlieue » : la part de l'industrie

9. Entretien avec un commissaire, directeur départemental de la sécurité publique, février 2020.
10. Assemblée nationale, rapport cité, p. 206.

est passée, de 2000 à 2018, de 15 à 10 % du PIB (elle est aujourd'hui à 20 % du PIB en Allemagne) et pas moins de 1,5 millions d'emplois ont été supprimés dans l'industrie manufacturière de 1990 à 2020. De son côté, le secteur de l'action sociale n'a cessé d'être précarisé, puis anémié, avec la suppression des emplois jeunes d'abord (2003), des emplois aidés ensuite (2017). À la police, de plus en plus seule, les dirigeants laissent le soin de gérer les dégâts provoqués par ces choix économiques...

La gestion des manifestations est elle-même soumise à deux logiques nouvelles. La première est celle de la « judiciarisation ». Les délits commis en manifestation appellent au mieux une condamnation, à défaut une conduite en garde à vue. Avec la « tolérance zéro » et la « culture du résultat », le nombre d'interpellations réalisées en manifestation est devenu un trophée brandi par les autorités publiques. La seconde est l'abaissement du seuil de tolérance aux désordres : les chaînes d'information en continu et les réseaux sociaux diffusent des images qui, auparavant, n'étaient au mieux retransmises qu'au journal télévisé de fin de journée, à une échelle le plus souvent régionale. Aujourd'hui, d'éventuels désordres, même de faible intensité, occupent les écrans toute l'après-midi et exercent à leur tour une pression sur le dispositif policier. Le préfet n'est pas à l'abri d'un appel du conseiller du ministre qui, toujours un œil rivé sur les chaînes d'information[11], le presse de rétablir l'ordre sans délai.

Dès la fin des années 1990, la captation de l'attention policière par les violences urbaines et la disqualification sociale et politique de la manifestation entraînent donc une brutalisation du maintien de l'ordre, accélérée par la médiatisation et la judiciarisation. Lorsque les années Macron se présentent, ainsi que leur programme de radicalisation économique et sociale, tout est en place pour que cette brutalité s'exprime à plein. Emmanuel Macron, rédacteur du rapport Attali de 2008, l'annonçait dès la première page : « le moment est venu ».

Les années Macron : un modèle néolibéral de police des foules ?

Comme Jacques Chirac en 1986, comme Nicolas Sarkozy en 2007, Emmanuel Macron veut arrimer la France au néolibéralisme, en détruisant les compromis sociaux issus de la Libération (en langage macronien, une

11. Le plus souvent, un écran de BFM TV, CNews ou iTélé est partie intégrante du mur d'écrans diffusant les images des caméras de vidéosurveillance dans les salles de commandement policières, qui ont ainsi un œil sur ce qui se passe et un œil sur le récit télévisé de ce qui se passe.

« lutte implacable contre les rentes[12] »). Mais, « ouvert à la disruption[13] », il affirme à la différence de son prédécesseur une volonté indéfectible de ne pas céder parce que la « démocratie, ce n'est pas la rue ».

Le président Macron emploie la même formule, dès septembre 2017, à la veille d'une journée de mobilisation contre la réforme du Code du travail. Cette fin de non-recevoir à la manifestation est une constante chez Macron. Alors que la loi El Khomri sur la « modernisation du dialogue social » suscite de très fortes oppositions, émaillées d'affrontements violents avec les forces de l'ordre, le ministre Macron remet sa démission à François Hollande en l'accusant de céder à la rue sur la question qu'il avait personnellement portée, le plafonnement des indemnités prud'homales. Sitôt élu sur une base électorale extrêmement ténue (15 % des inscrits au premier tour), il fait adopter par ordonnance ledit plafonnement et ne manque pas de provoquer la colère des centrales syndicales. Face à elles, Édouard Philippe déclare le 9 septembre 2017 : « Les manifestations n'ont pas vocation à changer le contenu des ordonnances » et le président affirme avec des accents résolument thatchériens qu'il ne « cédera rien aux cyniques, aux fainéants et aux extrêmes[14] ». Au printemps 2018, il s'opposera avec la même inflexibilité aux grèves des agents de la SNCF. Une image, une seule, suffit à résumer cette nouvelle doctrine : l'exfiltration du secrétaire général de la CGT lors de la manifestation du 1er mai 2019, sous l'effet de charges policières lancées par la préfecture de police contre le carré de tête syndical. La preuve d'un pouvoir politique qui refuse tout corps intermédiaire et s'installe comme seul énonciateur de la norme et seul garant de l'ordre.

En adoptant des formes de protestation non conventionnelles (occupation de ronds-points, rassemblements sur des lieux interdits comme les Champs-Élysées, volonté de marcher vers/sur le palais de l'Élysée, destruction de péages, assaut de préfecture...), la mobilisation des Gilets jaunes n'eut rien d'un mouvement social ordinaire. L'absence d'organisateurs, de déclaration en préfecture ou de service d'ordre renforça son aspect « disruptif ». Mené par des professions fortement exposées à la concurrence sur le marché du travail (journaliers, patrons de très petites entreprises, travailleurs indépendants et précaires, chômeurs), le mouvement tourna

12. Ce sont là les propos de ses deux conseillers David Amiel et Ismaël Emelien, cités dans Romaric Godin, *La Guerre sociale en France*, *op. cit.*, p. 147.
13. Toutes ces affirmations sont tirées de son livre *Révolution* (2016) et citées dans *ibid.*, p. 140-141.
14. Romaric Godin, *La Guerre sociale en France*, *op. cit.*, p. 166.

le dos à des organisations syndicales délégitimées. Sa désorganisation, son avantage tactique sur le terrain, symbolise ce qu'est devenue la manifestation en régime néolibéral : un désordre produit par des années de destruction des corps intermédiaires.

Le « défi de masse » de ce mouvement – pour reprendre une expression des sociologues Frances Piven et Richard Cloward – procède aussi d'une affirmation maintes fois entendue dans ses rangs : « Il n'y a que la violence qui permet de se faire entendre. » Car il ne suffit pas de noter que l'ajustement macro-économique des années 2000 a produit une dévaluation de la manifestation. Il faut aussi constater que les seuls mouvements pouvant revendiquer une victoire furent ceux marqués par les violences. Le projet d'aéroport a été abandonné à cause de la ZAD de Notre-Dame-des-Landes, de même que la retenue d'eau au Testet après la mort de Rémi Fraisse – sans évoquer, bien sûr, les discours, savants ou moins savants, qui promeuvent l'idée que les banlieues sont noyées sous l'argent public parce que leur jeunesse, elle, saurait se révolter[15].

Au final, le mouvement des Gilets Jaunes prit d'emblée l'allure, pour les pouvoirs publics, de mouvements émeutiers ou séditieux. Face à ceux-ci, on l'a vu, les unités constituées ont rapidement cédé la place aux plus diverses unités de police urbaine, qui ont importé dans le champ de la gestion de manifestation de centre-ville les tactiques, techniques et équipements éprouvés dans les contextes de violence urbaine. L'écrasante majorité des 13 460 munitions de LBD tirées durant le mouvement des Gilets jaunes l'ont été par ces unités[16].

Mais au-delà même des matériels et des manières de faire, les désordres de banlieue pèsent désormais sur le droit de la manifestation. Une loi promulguée le 2 mars 2010 en vue de lutter contre des groupes de jeunes de banlieue (les « JV » des rapports policiers, les « jeunes violents ») comportait deux dispositions qui ont fort opportunément été utilisées durant le mouvement des Gilets jaunes : d'une part, le délit de « participation à un groupement en vue de commettre » des exactions, qui a permis l'interpellation massive des manifestants (parfois simples porteurs de liquide

15. Renaud Epstein et Thomas Kirszbaum, « Ces quartiers dont on préfère ne plus parler : les métamorphoses de la politique de la ville (1977-2018) », *Parlement[s]*, n° 30, 2019/3, p. 23-46.
16. À l'inverse, on ne compte en effet que quatre LBD par escadron de gendarmerie mobile, dont chaque tir suppose l'autorisation expresse d'un superviseur, après accord du commandant de peloton (audition du général Alain Pidoux, 14 octobre 2020, *in* Assemblée nationale, rapport cité).

lacrymal[17]), et ce bien loin des lieux de rassemblement ; d'autre part, l'infraction contraventionnelle de dissimulation du visage, élevée au rang de délit après la manifestation du 16 mars 2019 qui vit l'incendie du Fouquet's sur les Champs-Élysées. Ces deux infractions montrent l'opportun détournement vers le champ des manifestations conventionnelles de mesures conçues pour gérer les violences urbaines.

La « brutalisation » du rapport entre la rue et le pouvoir au cours des années Macron n'est pas une rupture. Elle est la traduction policière de la « correction » de la trajectoire des politiques publiques depuis 1995. Le journaliste Romaric Godin compare cette brutalisation à la répression des troubles nés, en Amérique du Sud, de la mise en œuvre des programmes dits d'ajustement structurel[18]. La comparaison n'est pas infondée, à deux réserves près : la violence de la réaction policière à la protestation collective ne passe jamais par l'usage des armes à feu ; le « tournant néolibéral » français succède à des décennies de désindustrialisation et d'inemployabilité des jeunes hommes sans qualification, que la police, à mesure que les métiers du social se voyaient sous-financés, a été appelée à discipliner. L'actuelle brutalisation du maintien de l'ordre est donc le produit de deux histoires économiques dont les effets se sont révélés explosifs : la désindustrialisation sur le long terme et, ces cinq dernières années, la radicalisation néolibérale des politiques publiques.

---

17. Voir, sur ce point, les critiques de François Molins, ancien procureur de la République de Paris, lors de son audition le 5 novembre 2020 (Assemblée nationale, rapport cité).
18. Romaric Godin, *La Guerre sociale en France*, *op. cit.*

Ordre politique et (dés)ordre policier

Laurent Bonelli

> « L'accroissement exponentiel des inégalités sociales exigera certes toujours davantage de "dispositifs sécuritaires", au sens cette fois où il faudra bien corriger les effets "à la marge" des marchés prétendument autorégulés : la rage vide et la colère aveugle des dépossédés, des endettés, des rejetés, des déchets. Les régimes néolibéraux sont voués à devenir des états policiers, comme il faudra toujours plus contenir les explosions de la misère. »
> Frédéric Gros[1]

« Le silence est l'idéologie dominante lorsqu'il ne se passe rien. Cette fraction [de la classe dominante] ne sort donc du silence que quand elle y est sommée, qu'on lui pose des questions », écrivait le sociologue Pierre Bourdieu[2]. C'est donc une première victoire pour les mouvements sociaux qui critiquent les violences policières à l'encontre des jeunes des quartiers populaires ou des manifestants que d'avoir obligé les gouvernants à prendre

1. *Le Principe sécurité*, Paris, Gallimard, 2012, p. 238.
2. Pierre Bourdieu, *Sociologie générale. Volume 1*, Paris, Le Seuil, 2015, p. 624. Ce chapitre est une version actualisée de l'article paru dans la revue *Savoir & Agir*, n° 55, 2021, sous le titre « La loi, l'ordre et la légitimité. Considérations sur la question policière ».

position sur la question, même sur un mode défensif. Le président de la République, M. Emmanuel Macron, s'emportait ainsi lors d'une réunion du grand débat national à Gréoux-les-Bains, le 7 mars 2020 : « Ne parlez pas de répression ou de violences policières, ces mots sont inacceptables dans un État de droit. » Le ministre de l'Intérieur, M. Gérald Darmanin, surenchérissait, le 28 juillet 2020, devant la commission des lois de l'Assemblée nationale en déclarant : « Quand j'entends le mot "violences policières", moi personnellement, je m'étouffe. La police exerce une violence, certes, mais une violence légitime, c'est vieux comme Max Weber. » L'outrance de ces propos occulte pourtant un fait essentiel : le gouvernement des sociétés modernes repose sur la combinaison subtile du consentement et de la force. Et la lecture de Max Weber montre précisément que la force ne se déploie efficacement que lorsqu'elle est perçue comme légitime par la population[3]. Or cette légitimité n'est jamais donnée une fois pour toutes, comme l'attestent les contestations multiformes des forces de l'ordre.

« Tout le monde déteste la police » ?

L'ampleur de la défiance envers les 150 000 fonctionnaires de police – et, dans une moindre mesure, les 100 000 militaires de la gendarmerie – reste difficile à mesurer. Elle est néanmoins attestée par des indices convergents. Des sondages en révèlent des bribes. Comme celui publié par l'hebdomadaire *L'Express* (20 janvier 2020), indiquant que seules 43 % des personnes interrogées « faisaient confiance » aux policiers, que 20 % d'entre elles ressentaient de « l'inquiétude » et 10 % « de l'hostilité ». Des travaux scientifiques confirment cette tendance. Une vaste enquête européenne réalisée en 2011-2012 et portant sur 51 000 répondants établit que la police française est particulièrement mal perçue. Elle se classe 19e sur 26 en ce qui concerne le respect dont elle ferait preuve dans le traitement des personnes (juste devant la République tchèque, la Grèce, la Slovaquie, la Bulgarie, l'Ukraine, la Russie et Israël)[4]. Tout manifestant a également pu constater que le slogan « tout le monde déteste la police » fait désormais partie du répertoire classique des cortèges.

L'usage de la force, justifié ou non, est certes devenu plus visible. Les smartphones équipés de caméras numériques permettent de le documenter abondamment et les réseaux sociaux de le diffuser. Il est également plus

---

3. Max Weber, *Le Savant et le Politique*, Paris, Plon, 1959.
4. René Lévy, « La police française à la lumière de la théorie de la justice procédurale », *Déviance et société*, n° 2, 2016.

perceptible car il s'est déplacé des quartiers périphériques vers les centres-villes et touche désormais des populations qui n'étaient pas accoutumées à cette expérience. La crise des Gilets jaunes, les défilés contre la loi « travail » ou la réforme des retraites, comme les contrôles opérés durant le confinement consécutif à l'épidémie de Covid-19 (20,7 millions entre le 17 mars et le 11 mai 2020 et 1,1 million de contraventions) se sont traduits par une augmentation considérable des victimes et des témoins des interventions policières, bien au-delà des « gibiers de police » traditionnels. Et c'est sans doute cette extension de *l'emprise policière* sur nos sociétés qui permet d'expliquer des mobilisations observées récemment, mais également les réserves plus larges qui s'expriment à l'encontre de l'institution.

Pour expliquer ce mouvement, il convient d'abord de dissiper un mythe tenace : la police ne s'occupe pas exclusivement de lutter contre la délinquance. Hormis pour de rares unités spécialisées, cette tâche n'excède pas 20 % de son activité[5]. Les policiers sont le plus souvent engagés dans la résolution d'une infinité de situations qui ne relèvent pas du pénal : conflits de voisinage, domestiques ou concernant l'occupation de l'espace public, régulation du trafic automobile, renseignements administratifs, gestion des rassemblements publics, contrôle des migrations irrégulières, surveillance politique, appui à d'autres institutions (des urgences médicales aux expulsions locatives), etc. Le sociologue américain Egon Bittner souligne ainsi qu'« il n'y a pas de problème humain, réel ou imaginable, dont on puisse dire avec certitude qu'il ne pourrait en aucun cas devenir l'affaire de la police[6] ». Celle-ci est donc moins une agence d'application de la loi – comme le suggère le terme anglo-saxon de *law enforcement agency* – qu'une force de l'ordre, c'est-à-dire une institution consacrée au maintien d'un ordre social déterminé.

Les forces de l'ordre social

Or, à partir des années 1980, la police est progressivement apparue pour nombre de gouvernants comme une *solution magique* pour affronter les conséquences du creusement des inégalités sociales et économiques, observable au sein des sociétés occidentales comme entre pays du Nord et du Sud. Avec des variations de chronologie et de ton, les thèmes de

5. Richard V. Ericson et Kevin D. Haggerty, *Policing the Risk Society*, Toronto, University of Toronto Press, 1997.
6. Egon Bittner, « Florence Nightingale à la poursuite de Willie Sutton. Regard théorique sur la police », *Déviance et société*, n° 3, 2001.

l'insécurité et des migrations (irrégulières, notamment) se politisent, des partis politiques d'inspiration et de tendances différentes en faisant des chevaux de bataille électoraux[7]. Les politiques sociales, de prévention et de développement, sans jamais être complètement abandonnées, cèdent progressivement la place à des approches plus sécuritaires, passant par le contrôle et la coercition. Dès lors, il s'agit moins de lutter contre les causes structurelles des inégalités (perçues comme désirables par certains, hors de portée par d'autres) que de discipliner les fractions de la population les plus indociles au nouvel ordre social néolibéral, interne et international.

Parmi les rationalisations qui accompagnent cette dynamique, la « théorie de la vitre brisée » occupe une place à part. Élaborée par deux universitaires américains, James Q. Wilson et Georges L. Kelling, elle laisse entendre que la tolérance envers les petits désordres urbains conduirait graduellement au développement de formes plus graves de criminalité[8]. En dépit de son absence de fondements empiriques – Wilson concédera ultérieurement qu'il s'agissait d'une simple « spéculation[9] » –, elle connut une publicité planétaire après que M. Rudolph Giuliani, maire de New York de 1994 à 2001, et son chef de la police, M. William Bratton, s'en sont inspirés pour réformer l'action de l'institution.

Des États-Unis à la France, en passant par le Royaume-Uni ou l'Espagne, les pouvoirs publics privilégient deux voies complémentaires : le durcissement de la répression pénale des petits délits de voie publique et le développement de mesures administratives à la légalité parfois contestable, comme les arrêtés anti-mendicité, les couvre-feux pour les mineurs ou pour les bandes, qui permettent de verbaliser ce que les Britanniques appellent les « comportements antisociaux » (*anti-social behaviours*). La consommation d'alcool ou de drogue dans la rue, l'occupation de l'espace public, la fraude dans les transports, les jeux de hasard, la mendicité « agressive », le lavage des parebrises aux feux rouges, la vente ambulante (de boissons fraîches, de copies de CD, de DVD, de sacs à main, de lunettes de soleil, de ceintures, etc.), la prostitution de rue deviennent les cibles privilégiées de la police.

En effet, c'est principalement à elle que les gouvernements confient la tâche de réguler la petite délinquance et les « incivilités », grâce aux

7. Laurent Bonelli, *La France a peur. Une histoire sociale de l'insécurité*, Paris, La Découverte, 2010.
8. James Q. Wilson et Georges L. Kelling, « Broken Windows: The Police and Neighbourhood Safety », *The Atlantic Monthly*, mars 1982.
9. *New York Times*, 6 janvier 2004.

pouvoirs nouveaux qui lui ont été concédés. Comme s'en félicitent Wilson et Kelling, la police peut « effectuer des arrestations pour des motifs du genre "individu suspect", "vagabondage" ou "ivresse sur la voie publique", toutes accusations dénuées de signification légale solide. Or, si de telles charges existent, ce n'est pas que la société donne pour mission aux tribunaux de réprimer le vagabondage ou l'ivrognerie, mais bien qu'elle veuille fournir aux policiers des outils juridiques leur permettant d'expulser les indésirables de tel ou tel quartier, lorsque tous les efforts informels pour faire régner l'ordre ont échoué[10]. »

Harcèlement, outrages, fuite en avant : une histoire de la violence

Toutefois, confier à une institution la résolution d'une question donnée n'est pas sans conséquences. Cela favorise en effet son cadrage de la situation et la prégnance de ses analyses. Les bureaucraties, rappelle le politiste américain Murray Edelman, ont tendance « à construire les problèmes comme justifications des solutions qu'elles proposent[11] ». Il entend par là qu'il existe des visions institutionnelles, sédimentées dans leur histoire, sous forme de routines, de scénarios, de savoir-faire et de représentations qui s'imposent à leurs agents tant dans la formation que dans le travail au quotidien (par les conseils et les rappels à l'ordre des anciens). Les policiers aiment répéter qu'« ils ne sont pas des assistantes sociales » et valorisent la coercition. Ils vont donc réguler l'ordre urbain « à leur manière », en mettant notamment en place des stratégies de harcèlement, par le biais de la répétition des contrôles d'identité, par exemple.

Ces tactiques suscitent évidemment des résistances de ceux qui en sont la cible, sous forme d'insultes, de refus d'obtempérer et parfois de confrontations individuelles ou collectives, particulièrement là où le rapport de force n'est pas en faveur des policiers. En France, le nombre d'outrages et de violences contre des dépositaires de l'autorité passe ainsi de 22 000 en 1990 à 68 000 en 2019, soit une multiplication par trois en 30 ans.

Face à cette situation, l'institution a réagi en dotant ses personnels de matériel défensif (gilets pare-balles, grenades de désencerclement) et offensif (lanceurs de balles de défense [LBD], pistolets à impulsion électrique). Cet équipement a nourri les critiques d'une « militarisation » de

10. James Q. Wilson et Georges L. Kelling, « Broken Windows », art. cité.
11. Murray Edelman, *Pièces et règles du jeu politique*, Paris, Le Seuil, 1991.

la police, particulièrement manifeste dans les unités spécialisées comme les brigades anti-criminalité (BAC), généralisées à partir du début des années 1990. Leurs écussons, floqués d'images de prédateurs (tigres, loups, lions, crocodiles, cobras, etc.) veillant sur la ville endormie, éclairent le type de rapports à l'espace et aux populations qu'elles veulent incarner. Les Street Crime Units new-yorkaises, dissoutes en 2002 après avoir criblé de balles un jeune afro-américain désarmé, avaient même pour devise « La nuit nous appartient » (*We own the night*). Développant des pratiques d'intervention agressive, ces unités – pourtant numériquement peu nombreuses (les BAC emploient moins de 6 000 fonctionnaires) – sont responsables d'une large part des violences, parfois mortelles, reprochées à l'institution. On les accuse également de contribuer à un durcissement des tensions partout où elles sont déployées.

De là, le développement de stratégies complémentaires, nommées selon les pays « police communautaire » ou « de proximité », visant à rapprocher les policiers du public grâce à une présence visible (des patrouilles à pied) et à la création d'espaces de dialogue pour aborder les problèmes locaux. Partout, ces expériences se sont heurtées au faible enthousiasme policier (ou à la permanence de comportements violents) et à des contraintes budgétaires récurrentes, en raison du coût des effectifs nécessaires. Mais là où elles ont été mises en place, elles ont contribué à renforcer la centralité de la police dans la régulation des rapports sociaux et à redéfinir ceux-ci dans des termes sécuritaires. Police « répressive » et police « préventive » s'opposent donc moins qu'elles ne se complètent pour quadriller l'existence quotidienne de populations de plus en plus larges.

Ces stratégies ont-elles tenu leur promesse de juguler les petits désordres urbains ? À l'évidence, non. Mais pouvait-on sérieusement croire qu'elles y parviendraient sans agir sur leurs causes profondes ? Nombre de policiers en sont d'ailleurs bien conscients, lorsqu'ils évoquent en entretien un « puits sans fond » ou « un travail de Sisyphe ». Pour autant, cet échec n'a pas infléchi les options choisies par les gouvernants. Il a au contraire conduit à une fuite en avant sécuritaire, dont l'institution s'est saisie pour revendiquer toujours plus de moyens d'action.

Cogestion de l'Intérieur, résistances à l'extérieur

Le choix politique de faire des forces de l'ordre le fer-de-lance de la défense de l'ordre urbain a en effet réévalué leur position dans le champ bureaucratique et placé les gouvernements dans une relation d'interdépendance défavorable. Ce phénomène est particulièrement accentué en France par l'existence de puissants syndicats corporatistes. Avec un taux de syndicalisation de près de 70 % (contre 19 % pour la fonction publique et 8 % pour les salariés du privé), la police est de loin l'une des profession les plus organisées[12]. En raison du devoir de réserve, ces syndicats sont également les seuls à pouvoir émettre une parole dans les médias notamment, en dehors bien entendu des autorités hiérarchiques. Ce qui limite l'expression publique des dissidences internes et renforce l'illusion de la police comme un bloc. Cette force numérique et symbolique conduit à une cogestion de fait de l'institution, combinant négociations, exhortations publiques et actions collectives (manifestations, arrêts maladie, abandon des missions « non urgentes »).

Si elle n'est pas épargnée, la police a ainsi mieux su se protéger que d'autres services publics des réformes libérales, en termes de revalorisations statutaires et salariales ou de crédits de fonctionnement. Lors de la réforme des retraites, en décembre 2019, il a suffi aux syndicats d'évoquer la possibilité d'un retrait pour obtenir immédiatement un régime dérogatoire, alors même que des centaines de milliers de salariés (des transports, de l'hôpital, de l'Éducation nationale, etc.) enchaînaient les semaines de grève et de manifestations, sans obtenir satisfaction de leurs revendications.

De la même manière, l'institution contrarie efficacement tout ce qu'elle perçoit comme une remise en question de ses prérogatives. Les propos de M. Christophe Castaner, alors ministre de l'Intérieur, sur l'interdiction possible des étranglements ont immédiatement déclenché des accusations de « trahison » et des protestations localisées, l'amenant à reconsidérer sa position. Des épisodes similaires sont observables depuis les manifestations contre le garde des Sceaux, M. Robert Badinter, en 1983, à celles contre la loi sur la présomption d'innocence (15 juin 2000), en passant par les oppositions à la réforme de la garde à vue (14 avril 2011) ou l'instauration de la contrainte pénale (15 août 2014). Cette hostilité à la critique s'exprime également par la résistance à tous les corps extérieurs qui pourraient assurer un contrôle sur son activité. Des autorités indépendantes comme la Commission nationale de déontologie de la sécurité (CNDS), puis le Défenseur des droits ou le Contrôleur général des lieux de privation de liberté ont dû livrer des batailles constantes pour exercer leurs missions, et leur champ d'action a toujours été restreint par rapport aux ambitions initiales.

---

12. Pour une synthèse sur le syndicalisme policier et ses évolutions, voir Camille Noûs, « Mobilisations policières », *Sociétés contemporaines*, vol. 116, n° 4, 2019.

Ceci vaut également pour la justice, mal à l'aise pour statuer sur l'action policière alors même que les magistrats en dépendent dans leur travail quotidien. Enfin, bien que crainte par les policiers, l'inspection générale de la police nationale (IGPN) apparaît plus encline à sanctionner les déviances internes qu'à instruire les plaintes qui viennent de l'extérieur. Sa directrice, la commissaire Brigitte Jullien, reconnaissait ainsi que sur les 378 affaires dont elle avait été saisie dans le cadre du mouvement des Gilets jaunes, deux seulement avaient donné lieu à des propositions de sanctions administratives[13].

Défiances policières

La combinaison de cette autonomie de l'institution et du rôle central qui lui a été attribué dans la régulation de l'ordre social a transformé les rapports qu'entretiennent ses agents au reste de la société. Compte tenu des situations difficiles auxquelles ils sont professionnellement confrontés (accidents, violences, conflits, misère), les policiers développent traditionnellement une vision assez pessimiste du monde social[14]. Celle-ci se couple avec des représentations négatives de ceux qu'ils nomment leurs « clients ». Ce qui donne d'ailleurs une clé d'entrée pour expliquer le racisme policier. Il existe bien une minorité d'agents idéologiquement convaincus des inégalités raciales, comme le mettait en évidence le contenu des messages échangés en privé révélé par un policier de Rouen en 2019[15]. On constate également une large tolérance à leurs propos et leurs attitudes tant dans leurs services que de la part de leur hiérarchie. Mais, pour nombre de leurs collègues, ce sont dans les relations rugueuses entretenues au quotidien avec certaines fractions des milieux populaires – dont une bonne part est issue des migrations ou des minorités – que se forgent des stéréotypes racistes appliqués ensuite par capillarité à tous ceux qui pourraient leur ressembler.

Or, depuis une trentaine d'années, l'élargissement du spectre de l'action policière étend mécaniquement celui des groupes qui font l'objet de suspicion. Pour s'en convaincre, il suffit de consulter le fichier TAJ (« traitement d'antécédents judiciaires »), dans lequel policiers et gendarmes

13. *Envoyé spécial*, France 2, 11 juin 2020.
14. Un mécanisme similaire est observable chez les pompiers : voir Romain Pudal, *Retour de flammes. Les pompiers, des héros fatigués ?*, Paris, La Découverte, 2016.
15. Ils sont disponibles dans le documentaire d'Ilham Maad, « Gardiens de la paix », *arteradio.com*, 4 juin 2020.

enregistrent les personnes pour lesquelles il existe « des indices graves ou concordants rendant vraisemblable qu'elles aient pu participer, comme auteurs ou complices, à la commission d'un crime, délit ou contraventions de cinquième classe ». Au 15 novembre 2018, 18,9 millions de personnes faisaient l'objet d'une fiche, c'est-à-dire près de 30 % de la population française[16]. Sans grande surprise, les policiers français apparaissent comme les plus défiants d'Europe envers le reste des citoyens[17].

Encouragés par les élites gouvernantes et par leur propre hiérarchie à se percevoir comme l'un des derniers remparts entre l'ordre et le chaos, ils n'hésitent plus à utiliser régulièrement des techniques réservées jusque-là à des délinquants plus endurcis. Le décès de Cédric Chouviat, un chauffeur-livreur, après avoir subi un étranglement, celui de Steve Maia Caniço, poussé dans la Loire par une charge policière, l'usage massif des LBD contre des Gilets jaunes ou des manifestants contre la réforme des retraites, de même que les humiliations infligées à des lycéens (comme ceux de Mantes-la-Jolie agenouillés, les mains sur la nuque, en décembre 2018), à des féministes ou durant l'état d'urgence sanitaire relèvent certainement de cette dynamique.

Celle-ci sape pourtant les fondements de l'autorité policière. Le secrétaire général du syndicat Unité SGP Police, M. Yves Lefebvre, déplorait en juin 2020 que la clé d'étranglement soit « de plus en plus utilisée parce que de plus en plus de gens tentent de se soustraire aux contrôles de police[18] ». Il posait sans s'en rendre compte une question centrale : pourquoi obéit-on à la police ? La réponse est simple : le degré d'obéissance à l'institution est proportionnel à la perception de sa légitimité. Or celle-ci n'est jamais donnée une fois pour toutes. Le droit pénal, expliquait le sociologue Émile Durkheim, « protège les sentiments collectifs d'un peuple à un moment déterminé de son histoire[19] ». C'est-à-dire qu'il dessine les frontières morales d'une société, en distinguant une majorité « d'honnêtes hommes » d'une minorité de « criminels ». La délégation accrue à la police de la gestion de l'ordre urbain, des flux migratoires et même de la contestation sociale et politique modifie le poids relatif des deux groupes. Dès lors,

16. Ce fichier résulte de la fusion en 2011 des fichiers STIC (pour la police) et JUDEX (pour la gendarmerie). Contrairement à ce que son nom laisse entendre, l'enregistrement ne laisse en rien présager des suites judiciaires qui seront apportées. C'est donc un fichier de suspects et non de coupables (cf. « TAJ : Traitement d'antécédents judiciaires », *cnil.fr*, 15 novembre 2018).

17. Juha Kääriäinen, Reino Sirén, « Do the Police Trust in Citizens? European Comparisons », *European Journal of Criminology*, n° 3, 2012.

18. *Libération*, 8 juin 2020.

19. Émile Durkheim, *Les Règles de la méthode sociologique*, Paris, Puf, 1996.

« la netteté particulière » des sentiments collectifs dont parle Durkheim se brouille et les policiers peuvent apparaître non plus comme les garants de la loi et de l'intérêt général, mais comme les gardiens d'un ordre social perçu comme injuste par un nombre croissant d'individus. Moins obéis, ils emploient plus volontiers la force pour se faire respecter, ce qui creuse encore la défiance dont ils font l'objet. Défiance qui, à son tour, renforce leur méfiance envers les citoyens et leur volonté d'étendre des dispositifs de contrôle en faisant pression sur les gouvernants. Des gouvernants qui peuvent difficilement résister, tant ils sont soucieux de donner une image de fermeté en matière de sécurité et tant ils craignent de perdre le bouclier derrière lequel ils s'abritent des mouvements sociaux lorsqu'ils adoptent des mesures impopulaires. L'analyse de Marx sur les menées de Louis-Napoléon Bonaparte pour asseoir son pouvoir par la force en s'appuyant sur une armée « qu'il a achetée avec de l'eau-de-vie et du saucisson, et à laquelle il faut sans cesse recommencer à servir du saucisson[20] » trouve ici une résonance inattendue, primes, honneurs et protections remplaçant simplement les denrées alimentaires…

Une « citadelle assiégée »

Pour autant, les larges profits matériels et symboliques que les forces de l'ordre tirent de cette interdépendance ne suffisent pas à sceller une alliance sans faille avec les professionnels de la politique. Sociologiquement, la grande masse des gardiens de la paix provient des fractions stables des milieux populaires et des petites classes moyennes. Et on repère chez eux cette « conscience sociale triangulaire », eux/nous/ils, identifiée notamment par des travaux récents sur les classes populaires[21]. Ils s'opposent bien sûr à « eux », les populations les plus précarisées, auxquelles ils sont professionnellement confrontés au quotidien. Mais ils marquent également une distance avec les dominants de l'ordre social (« ils »), patrons, cadres supérieurs, banquiers ou « politiques ». Décrits comme arrogants et pleins de morgue par les policiers qui y sont confrontés (lors d'un contrôle routier, d'une dispute domestique, d'un tapage nocturne, d'un dépôt de plainte), ils semblent également hors de leur portée, grâce à leurs soutiens juridiques

---

20. Karl Marx, « Le 18 Brumaire de Louis Bonaparte », *Œuvres politiques I*, Paris, Gallimard, 1994, p. 532.

21. Voir O. Masclet, T. Amossé, L. Bernard, M. Cartier, M.-H. Lechien, O. Schwartz, Y. Siblot (dir.), *Être comme tout le monde. Employées et ouvriers dans la France contemporaine*, Paris, Raisons d'agir, 2020.

– un bon avocat, notamment – ou relationnels. Cette apparente impunité est perçue comme d'autant plus choquante par des policiers que ceux-ci considèrent que c'est précisément grâce à leur travail que ces groupes peuvent jouir d'une existence protégée de désordres sociaux auxquels ils restent imperméables.

Les policiers apparaissent ainsi coincés entre « eux », chaque jour plus nombreux du fait des tâches de contrôle, de contention et de coercition qui leur sont assignées, et « ils », qui les leur confient explicitement ou implicitement, sans pour autant prêter attention aux contradictions et aux difficultés qu'elles supposent. Cette *défiance symétrique* envers les deux groupes explique peut-être l'ampleur du vote des policiers pour le Front, puis le Rassemblement national. Malgré leurs limites, les enquêtes du Cevipof sur les intentions de vote ou le vote effectif aux élections régionales de 2015, à la présidentielle de 2017 et aux européennes de 2019 montrent ainsi des scores qui dépassent systématiquement les 50 %, allant même jusqu'à 64,5 % au second tour de l'élection présidentielle de 2017, lors duquel Mme Marine Le Pen avait conquis 33,9 % des suffrages exprimés[22].

On peut, bien entendu, imaginer que le discours d'ordre traditionnellement tenu par cette formation, ciblant les migrants, les minorités, les « assistés », les « délinquants » et « l'islamisme » trouve une résonance particulière chez des policiers, du fait de leur travail. Au point que le parti soit à l'origine de la création d'un éphémère syndicat, le FN Police, qui avait obtenu 7,4 % de suffrages aux élections professionnelles de décembre 1995[23]. Mais la réorientation de sa doctrine à partir du début des années 2010, moins hostile aux fonctionnaires et désignant plus volontiers les « élites cosmopolites », les « puissances de l'argent », « l'Europe » et le « capitalisme transnational » comme autres causes des maux du pays, renforce sans doute son assise au sein des forces de l'ordre. Et ce à plus forte raison que, ce parti n'ayant jamais exercé de responsabilités nationales, on ne peut lui imputer une « responsabilité » en matière de sécurité, ni le décalage entre les surenchères de fermeté et la permanence des petits désordres urbains, des trafics de drogue ou des violences interpersonnelles.

Si des policiers constituent sans aucun doute une composante stable du conglomérat des votes pour le FN/RN, ce comportement politique peut

22. Luc Rouban, « Le vote des fonctionnaires », *Revue politique et parlementaire*, nº 1083-1084, 2017.
23. Sur l'extrême droite et le syndicalisme policier aujourd'hui, voir le dossier très complet de *Ripostes syndicales* nº 7, octobre 2020.

demeurer au niveau individuel intermittent, volatil et non dépourvu d'une dimension provocatrice[24]. Reste qu'il dénote une profonde tension au sein de la police, à laquelle est désormais politiquement dévolu le maintien d'un ordre social dont la légitimité semble bien moins assurée que par le passé. Cette situation renforce l'insularité de l'institution et la porte à se penser comme une « citadelle assiégée », ne pouvant compter que sur elle-même. Des mécanismes qui, dans d'autres configurations historiques, ont facilité son involution autoritaire et fini par saper la loyauté de nombre de ses agents envers les gouvernements auxquels ils l'avaient promise[25].

24. G. Mauger et W. Pelletier (dir.), *Les Classes populaires et le FN. Explications de vote*, Vulaines-sur-Seine, Le Croquant, 2017.

25. Jonathan Dunnage, « Policing Right-Wing Dictatorships: Some Preliminary Comparisons of Fascist Italy, Nazi Germany and Franco's Spain », *Crime, histoire et sociétés*, n° 1, 2006.

Faibles et puissants face à la justice

Vincent Sizaire

« Selon que vous serez puissant ou misérables, les jugements de Cour vous rendront blanc… ou noir ». La morale que nous enseigne Jean de La Fontaine dans sa célèbre fable « Les animaux malades de la peste » est-elle toujours d'actualité ? Alors que nous subissons depuis plus de quatre décennies les effets d'un « grand bond en arrière » oligarchique[1], la question mérite sans doute d'être posée.

En la matière, l'incidence du néolibéralisme ne doit toutefois pas être surévaluée. Certes, la logique technocratique inhérente à ce projet affecte puissamment notre système juridique et la pratique des juridictions, où l'impératif gestionnaire vient progressivement concurrencer l'exigence d'une juste application de la règle de droit à chaque situation. Mais, en la matière, l'idéologie néolibérale vient avant tout renforcer une opposition beaucoup plus ancienne à l'égalité devant la loi proclamée sous la Révolution. Depuis le début du XIXe siècle, la mise en œuvre de cet élément central du modèle politique républicain se trouve en effet contrariée par la résistance insidieuse mais permanente que lui offrent la tradition autoritaire bonapartiste

1. Serge Halimi, *Le Grand Bond en arrière*, Paris, Fayard, 2006.

et la société strictement hiérarchisée qu'elle façonne[2]. D'une part, l'ordre impérial va, implicitement, rétablir un véritable privilège de notabilité qui permettra aux classes dirigeantes d'échapper, au moins partiellement, au cours de la justice ordinaire. D'autre part et surtout, il se caractérise par l'affirmation décomplexée de la toute-puissance de l'appareil d'État et de certains de ses agents, favorisant leur impunité. Très largement mésestimée – sinon méconnue –, l'influence de cette tradition reste perceptible de nos jours.

Sur le papier, l'égalité devant la loi apparaît certes assurée. Il n'existe plus aucun corps de règles particulières à telle ou telle catégorie de population et, en théorie, le principe constitutionnel suivant lequel seules les différences objectives de situation peuvent justifier des différences de traitement juridique ne souffre aucune exception. Mais l'analyse des conditions d'application de la loi offre un panorama plus nuancé. Notre société reste marquée par une répartition pour le moins inégalitaire des richesses et des pouvoirs, conséquence d'un antagonisme de classes que la crise financière de 2008 n'a fait qu'exacerber[3] : pour déterminer le niveau réel d'égalité devant la loi qu'offre notre système, il est donc nécessaire de vérifier la capacité des groupes sociaux dominés à faire valoir leurs droits et, inversement, celle de tout un chacun à mettre en cause les groupes sociaux dominants. Et force est de constater que notre système juridique offre encore quelques marges de progression…

L'insûreté des dominés

C'est d'abord à son aptitude à offrir aux personnes les plus vulnérables la protection effective de la loi contre les abus de pouvoir dont elles peuvent être victimes que l'on mesure la vigueur d'un système juridique. Lorsque la règle de droit s'applique de la même façon à celles et ceux qui n'ont aucune autre ressource pour faire valoir leurs intérêts, elle donne toute la mesure de son effectivité. De ce point de vue, une attention particulière doit être prêtée aux possibilités d'accès au droit et à la justice des personnes se trouvant dans une situation de plus ou moins grande précarité économique.

Faire valoir ses droits suppose en premier lieu de les connaître. Or, à défaut de tout enseignement juridique lors des études secondaires, la plupart des citoyens restent tenus dans leur ignorance. Si cette

2. Vincent Sizaire, *Sortir de l'imposture sécuritaire*, Paris, La Dispute, 2016.
3. Cédric Hugrée, Étienne Pénissat et Alexis Spire, *Les Classes sociales en Europe*, Marseille, Agone, 2017.

problématique est générale, elle pèse particulièrement sur les classes populaires, dont la faiblesse du capital culturel et social ne leur permet que trop rarement d'accéder à l'information juridique ou aux conseils d'un professionnel du droit. Ce qui a non seulement pour conséquence de les empêcher de revendiquer utilement leurs droits, notamment leurs droits à certaines prestations sociales, mais aussi de les exposer plus que les autres aux abus de pouvoir, notamment de leur employeur ou de certaines administrations[4]. Exemple parmi tant d'autres, le développement du contentieux des radiations abusives de bénéficiaires d'allocations prononcées par Pôle emploi, qui met en lumière la situation d'insûreté totale dans laquelle se trouvent les personnes confrontées à la suspension intempestive de leurs indemnités[5].

Pour qui est malgré tout parvenu à connaître ses droits, demander leur reconnaissance en justice constitue une autre difficulté. Le recours à un avocat, lorsqu'il n'est pas imposé par la loi, constitue le plus souvent une nécessité pratique pour les personnes qui ne sont pas familières des subtilités de la procédure devant les tribunaux – et Dieu sait qu'elles sont nombreuses. Or ce recours a un coût, et celui-ci reste élevé. Certes, la France possède un système d'aide juridictionnelle qui compte parmi les plus avancés d'Europe. Couvrant l'intégralité des frais de justice, il permet aux personnes les plus démunies de saisir effectivement la Justice. Toutefois, ce dispositif est à l'origine d'un redoutable effet de seuil : au-delà du revenu annuel de référence (fixé au 1er janvier 2021 à 11 262 euros pour une prise en charge totale et à 16 890 euros pour une prise en charge partielle), aucune aide n'est accordée. Alors que les honoraires d'avocat s'élèvent en moyenne à plusieurs milliers d'euros, on mesure à quel point l'accès au juge demeure théorique pour toutes celles et ceux dont les revenus dépassent très légèrement les seuils réglementaires, *a fortiori* lorsque les frais de justice excèdent l'enjeu financier du litige – ce qui est fréquemment le cas s'agissant des contentieux du quotidien (logement, consommation). Par ailleurs, en dépit de l'investissement dont font preuve certains avocats, la rémunération qu'ils retirent de l'aide juridictionnelle reste sans commune mesure avec les moyens financiers qui peuvent être déployés de l'autre côté de la barre, lorsque le défendeur est une grande entreprise. Il faut enfin prêter une attention particulière à la façon dont sont exécutées les décisions de justice. Outre qu'ils doivent recourir aux services payants d'un huissier de

4. Défenseur des droits, *Enquête sur l'accès aux droits*, 2017.
5. Jean-Marie Pillon, *Pôle emploi. Gérer le chômage de masse*, Rennes, PUR, 2017.

justice pour les notifier à la partie condamnée, la plupart des justiciables n'ont d'autre choix, en cas de refus d'exécution ou de mauvaise exécution de la décision, que d'introduire une nouvelle instance – avec tout ce que cela implique en termes d'aléas et de coûts supplémentaires – pour faire sanctionner cette carence. En ce sens, l'institution d'un service public de l'exécution des décisions de justice civile constitue une nécessité urgente si l'on veut garantir à chacun la protection de la loi.

L'évolution récente de notre système juridique ne prend malheureusement pas ce chemin, se caractérisant au contraire par la propension à entraver l'accès au juge, pour le plus grand bénéfice des personnes en situation de domination économique. Cette tendance se manifeste en premier lieu en droit du travail. Le décret du 20 mai 2015 a ainsi supprimé la possibilité offerte au salarié de saisir le conseil de prud'hommes par simple formulaire, supprimé partiellement le caractère oral des débats et imposé la représentation obligatoire par un avocat – avec le coût que cela induit – en cas d'appel. Parallèlement, le délai de prescription, à l'expiration duquel le salarié ne peut plus faire valoir la méconnaissance de ses droits, n'a cessé de se réduire. Après avoir été abaissé à cinq ans en 2008, puis à deux ans en 2013, il n'est désormais plus que d'un an pour les actions nées de la rupture d'un contrat de travail. Enfin, l'ordonnance du 22 septembre 2017 enferme l'indemnisation par le juge d'un licenciement abusif dans des barèmes impératifs et limitatifs, qui ne prennent plus en compte la réalité du préjudice subi mais simplement la taille de l'entreprise et l'ancienneté du salarié.

Plus largement, la loi du 23 mars 2019 est venue, pour l'ensemble des contentieux civils – notamment les actions introduites par les particuliers à l'encontre des grandes sociétés commerciales –, subordonner la saisine du juge au recours préalable à un mode amiable de résolution des conflits. S'il est légitime d'encourager de telles solutions, on ne peut les imposer sans ignorer grossièrement la réalité économique et sociale de la relation qui oppose un particulier à une grande entreprise commerciale. Sans l'intervention du juge pour compenser son asymétrie, la partie faible risque d'accepter un compromis bien en deçà de ce à quoi elle pourrait prétendre. En outre, la plupart de ces modes alternatifs de résolution des conflits sont payants – le lobby des marchands de droit et de médiation, en plein essor, ayant joué à plein dans l'adoption de cette disposition.

Les prisonniers

Indépendamment de leur situation économique et sociale, la protection juridique des personnes privées de liberté, c'est-à-dire des personnes dont la vulnérabilité ne peut être plus élevée, constitue un autre indicateur privilégié du niveau d'égalité devant la loi. Sous l'impulsion du Conseil de l'Europe et grâce à la systématisation des recours devant les juridictions administratives à l'initiative, entre autres, de l'Observatoire international des prisons, les droits des personnes détenues ont certes été largement renforcés ces vingt dernières années[6]. Mais leur application effective demeure très largement insuffisante. Le 30 janvier 2020, prenant la mesure des défaillances systémiques de l'État français après des décennies de condamnations relatives à des situations individuelles, la Cour européenne des droits de l'homme a ainsi demandé aux autorités de mettre fin à la surpopulation carcérale endémique des prisons françaises : depuis le début du siècle, leur occupation est en moyenne de plus de 115 %, culminant à 136 % pour les maisons d'arrêt. Une surpopulation qui est d'abord à l'origine de très nombreux cas de traitements inhumains et dégradants, les prisonniers se trouvant dans un état de promiscuité qui menace directement leur santé physique autant que psychique. Mais elle les empêche également d'exercer les droits qui leur sont par ailleurs reconnus, comme le droit à la formation, à une activité professionnelle ou au maintien de relations personnelles et familiales via les visites qu'ils peuvent recevoir.

Si la crise sanitaire a provisoirement et sensiblement réduit la pression carcérale, aucune réforme n'a jusqu'à présent été entreprise pour remédier durablement à cette situation si ce n'est l'introduction – sur injonction de la Cour de cassation et du Conseil constitutionnel – de procédures spécifiques permettant aux détenus d'obtenir leur libération en raison des mauvais traitements subis. Il convient à cet égard de souligner que la hausse brutale du taux d'incarcération à laquelle nous assistons depuis la fin des années 1990 – le nombre de personnes incarcérées a crû de près de 60 % entre 1999 et 2020 – est sans rapport avec l'évolution démographique et avec celle de la délinquance, dont il n'existe aucune mesure scientifique[7]. Elle doit en revanche beaucoup au retour à une forme de gestion punitive de la déviance consécutive à l'insécurité économique et sociale que produisent

6. *Le Guide du prisonnier*, Paris, OIP/La Découverte, 2021.
7. Ministère de la Justice, série statistique des personnes placées sous main de justice, 2020.

les politiques publiques néolibérales[8]. La violation des droits des détenus n'en est que plus intolérable.

Les étrangers

Tout comme les détenus, les ressortissants étrangers se trouvent en état de grande vulnérabilité à l'égard des pouvoirs publics comme de certaines personnes privées, tels certains employeurs indélicats et autres marchands de sommeil. Si l'égalité de traitement est aujourd'hui relativement assurée entre les nationaux et les étrangers titulaires d'un titre de séjour, la situation des personnes dépourvues de titre mérite d'être examinée avec la plus grande attention. Paradoxalement, elles bénéficient aujourd'hui d'un accès au droit et à la justice sans doute plus élevé que la moyenne, en raison de la forte implication des organisations de défense de leurs droits, notamment lorsqu'elles sont frappées de mesures d'éloignement du territoire. Ainsi, le contentieux des étrangers représente aujourd'hui plus de 40 % des saisines des juridictions administratives[9]. Néanmoins, le législateur tend à instaurer des procédures de reconduite à la frontière de plus en plus expéditives. Depuis le milieu des années 1990, les garanties reconnues aux ressortissants étrangers sommés de quitter le territoire français n'ont cessé de s'éroder : diminution du délai pour contester les mesures, limitation du caractère suspensif des recours, généralisation de la vidéoconférence La tendance est en outre à l'allongement continu de la durée au cours de laquelle il est possible de placer une personne en rétention – c'est-à-dire de la priver de sa liberté – pour assurer son éloignement. De trente jours en 2005, elle est passée à quarante-cinq en 2011 et se trouve portée, depuis la loi du 10 septembre 2018, à quatre-vingt-dix –alors que, dans les faits, cet allongement n'a aucune influence sur l'effectivité de la reconduite à la frontière. Pourtant, ce sont plus de 50 000 personnes – dont des centaines d'enfants – qui se trouvent chaque année placées en rétention administrative.

Cette évolution est d'autant plus préoccupante qu'elle accrédite l'opinion selon laquelle il est possible de réduire de façon significative les garanties contre l'arbitraire d'une partie de la population au seul motif de son statut particulier. En ce sens, le droit des étrangers apparaît comme le véritable laboratoire des dispositifs répressifs para-pénaux dont on

8. Voir Loïc Wacquant, *Les Prisons de la misère*, Paris, Raisons d'agir, 2015.
9. Conseil d'État, *Rapport annuel sur l'activité des tribunaux administratifs et des cours administratives d'appel*, 2019.

observe le retour en force depuis une quinzaine d'années. Qu'il s'agisse des mesures d'interdiction de stade prises à l'encontre des supporters ou des assignations et perquisitions administratives mises en œuvre au nom de la lutte contre le terrorisme, ces dispositifs ont pour effet – sinon pour objet – de contourner les garanties inhérentes aux procédures judiciaires et, en particulier, le contrôle préalable par un juge indépendant[10]. Or laisser prospérer une situation de moindre protection juridique de certaines catégories de population, c'est s'exposer à en être soi-même victime tôt ou tard. De la même façon, chacun d'entre nous a intérêt à ce que la loi s'applique avec la même rigueur qu'aux autres aux personnes en situation dominante.

La difficile mise en cause des dominants

Sanctionner l'illégalisme des puissants constitue un enjeu démocratique de première importance pour au moins trois raisons. D'abord, pour éviter que ne se mette en place le cercle vicieux de la corruption, qui voit les classes dirigeantes détourner progressivement l'appareil d'État, notamment les institutions chargées de l'application de la loi, pour le mettre au service de leurs intérêts particuliers et utiliser les profits ainsi générés dans le but de renforcer encore leur emprise. Ensuite, parce que la possibilité d'être personnellement mis en cause peut conduire certains de nos représentants à se montrer plus soucieux du respect des libertés publiques. En février 2014, c'est en se prévalant de leur expérience personnelle de la garde à vue que certains sénateurs se sont soudainement déclarés favorables à la communication de l'entier dossier de procédure à l'avocat des personnes suspectées[11]. Enfin, l'impunité dont bénéficient les classes dirigeantes est, d'une façon générale, de nature à amoindrir l'observation de la loi au sein de la société. D'une part, la corruption des élites prive peu à peu de protection juridique les personnes perçues comme menaçant, fût-ce potentiellement, leurs intérêts et, plus largement, toute personne qui ne peut ou ne veut s'acquitter de la contribution informelle qui, bientôt, conditionne toute prestation au sein de la société. D'autre part, elle incite l'ensemble de la population à privilégier

---

10. Vincent Sizaire, « De quoi l'état d'urgence est-t-il le nom ? », *in* S. Hennette-Vauchez (dir.), *Ce qu'il reste(ra) toujours de l'urgence*, Paris, LGDJ, 2018.

11. Tel fut notamment le cas de Serge Dassault, qui déclara : « Je voudrais signaler en cet instant que je suis le seul, dans cet hémicycle, à avoir subi une garde à vue, laquelle a duré deux jours tout récemment. Je peux donc vous donner quelques précisions sur la façon dont cela se passe » (Sénat, compte rendu intégral des débats de la séance du 24 février 2014).

l'arrangement et la fraude au respect de la légalité et des droits d'autrui, comme cela a notamment été observé et documenté en Italie[12].

Toutefois, contrairement à ce que laisse penser l'obsession médiatique pour la question, on observe plutôt une tendance historique à la réduction de l'impunité dont pouvaient encore bénéficier nos élus il y a une quarantaine d'années, avec la poursuite croissante des infractions qu'ils sont susceptibles d'avoir commises. Et si quelques aménagements procéduraux existent lorsque sont mis en cause des parlementaires, ils visent essentiellement à éviter les accusations abusives. Tel est notamment le cas de la possibilité pour l'Assemblée ou le Sénat de voter la suspension des poursuites diligentées à l'encontre de l'un de leurs membres lorsqu'elles visent en réalité des actes inhérents à son mandat, comme des prises de position dans l'hémicycle. De la même façon, si aucune procédure pénale ne peut être initiée à l'encontre du locataire de l'Élysée durant son mandat, le cours de la justice n'est alors que suspendu : c'est ce qui a permis de traduire deux anciens chefs d'État devant les tribunaux, l'un pour détournement de fonds publics, l'autre pour tentative de corruption. En vérité, le principal obstacle à une pleine égalité devant la loi réside aujourd'hui dans l'existence de la Cour de justice de la République, seule compétente pour connaître des crimes et délits commis par les membres du gouvernement dans l'exercice de leurs fonctions. Or cette instance est très majoritairement composée non de juges professionnels, mais de parlementaires, dont la mansuétude à l'égard de leurs pairs n'est plus à démontrer. Maintes fois annoncée, sa suppression représenterait une indéniable avancée démocratique.

Mais c'est avant tout dans les rapports des citoyens avec l'administration que se mesure la capacité de notre système juridique à soumettre effectivement les pouvoirs publics au respect de la loi. De ce point de vue, on observe une tendance historique au renforcement de l'encadrement de l'action administrative, sous la double influence de la jurisprudence du Conseil d'État et du droit européen. Le nombre de décisions ne pouvant faire l'objet d'un recours en excès de pouvoir s'est réduit comme peau de chagrin. Parallèlement, le degré de contrôle du juge n'a cessé de se renforcer, le contrôle dit restreint, limité à l'erreur manifeste d'appréciation commise par l'autorité administrative, perdant régulièrement du terrain au profit du contrôle dit normal, aux termes duquel le juge apprécie la juste application

12. Roberto Scarpinato et Saverio Lodato, *Le Retour du Prince. Pouvoir et criminalité*, trad. fr. D. Puccio-Den, Paris, La Contre-allée, 2015.

par l'administration des textes de loi encadrant son activité. Le renforcement de l'exigence de légalité imposée à l'administration s'est également traduit par l'institution d'une forme de procédure contradictoire pour l'ensemble des décisions faisant grief, qu'elles imposent une sanction ou une restriction de liberté ou qu'elles refusent l'octroi d'une autorisation ou d'une prestation. Depuis la loi du 11 juillet 1979, l'ensemble de ces décisions doivent être motivées, c'est-à-dire énoncer les fondements juridiques et les éléments factuels ayant présidé à leur édiction. Et, depuis la loi du 12 avril 2000, elles ne peuvent être prises, sauf urgence, sans que la personne destinataire ait été mise en mesure de présenter ses observations. Enfin, on observe depuis plus de trente ans l'accroissement sensible de la responsabilité de la puissance publique à l'égard des particuliers. Aujourd'hui, seule une infime minorité d'actes administratifs ne peut jamais engager la responsabilité de la puissance publique. Par ailleurs, dans la plupart des contentieux, le Conseil d'État a progressivement abandonné l'exigence d'une faute lourde de l'administration, c'est-à-dire d'une négligence ou d'une illégalité d'une particulière gravité. Désormais, il suffit de démontrer l'existence d'une faute simple pour obtenir l'indemnisation du préjudice causé par les pouvoirs publics.

Toutefois, cette évolution globalement positive n'offre qu'une image incomplète, qui ne rend pas compte des conditions concrètes dans lesquelles il est possible de faire valoir les illégalités des pouvoirs publics. Au-delà des difficultés tenant à l'ignorance juridique de la grande majorité de la population, plusieurs obstacles limitent notre capacité à les faire sanctionner. En premier lieu, la procédure suivie devant les juridictions administratives se caractérise par une grande asymétrie entre l'administration et les justiciables. Alors que le juge a l'interdiction de soulever d'office une cause d'illégalité de la décision contestée, il a le devoir de relever de lui-même l'irrecevabilité de la requête, quel qu'en soit le fondement – notamment le dépassement de quelques jours du délai de recours. L'administration peut également toujours solliciter une substitution de motifs ou de base légale s'il s'avère que les fondements de sa décision sont erronés. En deuxième lieu, la justice administrative se caractérise par la lenteur de ses décisions. Hors contentieux urgents, il faut en effet, en moyenne, près de deux ans pour obtenir un jugement en première instance[13]. Deux années au cours desquelles un fonctionnaire irrégulièrement évincé, une personne s'étant vu à tort retirer le bénéfice du revenu de solidarité active ou encore un

13. Conseil d'État, rapport cité, p. 34.

enfant subissant un refus illégal de scolarisation ne pourront bénéficier de la protection effective de la loi. En dernier lieu, bien que le Conseil d'État ait largement ouvert les possibilités de contester la légalité des actions de l'administration, il continue, dans le même temps, à appliquer un mode de raisonnement qui diminue la portée de son contrôle. Ainsi a-t-il pu juger que la régularité d'une décision doit s'apprécier en fonction des moyens dont dispose l'administration, qu'il est possible d'interdire une manifestation au seul motif que les services de police ne sont pas en mesure de la sécuriser ou encore que le souci d'assurer la lisibilité d'une mesure de police – en l'occurrence, le port du masque sur la voie publique – peut justifier sa relative disproportion. Autant de mécanismes qui, aux côtés de notions aussi imprécises que « l'ordre public » ou « l'intérêt général », permettent en pratique de préserver un certain arbitraire des pouvoirs publics.

Les abus dans l'exercice de la force publique comptent parmi les illégalités les plus préoccupantes : lorsque les agents directement chargés de faire appliquer la loi s'en affranchissent, c'est toute l'effectivité du système juridique qui se trouve ébranlée. Si la situation contemporaine n'est pas sans précédent, elle se caractérise néanmoins par un niveau de brutalité policière particulièrement élevé, notamment à l'occasion des manifestations. Au-delà de la prévention durable de tels abus, qui suppose une réforme de l'institution policière, et notamment une révision profonde de la doctrine dite du « maintien de l'ordre », se pose la question de leur sanction effective. Or celle-ci ne se fait pas sans difficultés et, là encore, la France est régulièrement condamnée par la Cour européenne des droits de l'homme en raison du traitement judiciaire insuffisamment diligent de ce type d'infractions. Néanmoins, il serait faux d'affirmer l'existence d'une impunité de fait accordée aux policiers et aux gendarmes convaincus d'un usage abusif de la force. Chaque année, plusieurs dizaines d'entre eux sont poursuivis, mis en examen et condamnés pour de tels faits. L'éventuelle mansuétude dont ils bénéficieraient au cours du procès pénal, hypothèse qui ne peut être écartée, est aujourd'hui extrêmement difficile à objectiver faute d'étude comparative d'ampleur suffisante. En revanche, il est certain que tant que les investigations sur les allégations de brutalité policière ne seront pas conduites par une autorité totalement indépendante – que ne constituent pas aujourd'hui les corps d'inspection de la police et de la gendarmerie –, la garantie d'un traitement impartial et effectif de ce type d'infractions fera défaut. Tout comme, par voie de conséquence, l'existence d'une pleine et entière égalité des citoyens devant la loi.

Comparutions

Marius Loris Rodionoff

Un dealer de la Goutte-d'Or[1]

Chaque jour Yakouba Diallo
Se lève à 15 ou 16 heures
Il regarde la télé trois heures
Puis il sort vers 20 heures
Et se promène dans le parc de la Goutte-d'or
Quelques amis jouent au foot
Puis il fait le mur devant un immeuble ancien
Pas encore rénové par la mairie
Un petit joint pour passer le temps
Et peut-être vendre un peu de poudre
Souvent tard jusqu'à 1 heure du matin
Mais la police arrive et le plaque contre un mur
Yakouba Diallo porte un couteau à la ceinture
Pour les pique-niques et le shit
Et trois sachets de cocaïne

1. Ces textes ont été composés à partir de témoignages des procès en comparution immédiate dans les TGI de Paris, Lille et Alençon. Les noms des prévenus ont été changés.

Yakouba Diallo a vingt ans et vit chez sa mère avec ses six frères. Son bac professionnel en poche, il a été gardien de propreté durant trois mois. Puis il a été renvoyé pour de nombreux retards. Il aurait voulu être paysagiste. Son CV dans des magasins de prêt-à-porter est toujours refusé. Déjà condamné enfant pour vol et dans divers trafics de drogue, il est écroué et condamné à huit mois de prison pour trafic de stupéfiants.

Un livreur de pizza

Camara Modi est sur une motocyclette
De marque Piaggio Fly
Son portable entre le visage et le casque
Il remonte vers le boulevard Magenta
Lors de son interpellation
Devant un restaurant indien ou kurde
Il a une protubérance au niveau de l'aine
8 bonbonnes thermosoudées avec de la poudre blanche
Et 190 euros en liquide dans une poche intérieure
Camara Modi travaille pour quelqu'un
Le patron s'appelle Sparrow
Et lui envoie les adresses de livraison
Par messagerie cryptée
Camara Modi ne donne pas le nom de son chef
Il risquerait d'y laisser sa peau

Camara Modi a fait un CAP électricité. À vingt ans il vit chez ses parents, en compagnie de ses cinq frères et sœurs. Il était aussi livreur chez Pizza Hut à Père-Lachaise. C'est un livreur dans tout l'est de Paris. Le patron était content de lui. Camara ne consomme pas de drogue. Ses dépenses s'élèvent à 300 euros par mois. Camara est connu pour des violences et du trafic de stupéfiants. Le juge le condamne à douze mois de prison.

Taser et poursuite

Hervé Florent conduisait un scooter volé
Derrière lui son ami n'a pas de casque
Lors d'un contrôle à la porte de Passy
Le conducteur fait mine d'obtempérer
Mais le passager a déjà fui
Dans le bois de Boulogne

Hervé Florent qui a peur de la police
Roule alors à contresens
D'abord dans la forêt
Puis le long d'une route où des femmes
Fument des cigarettes dans des camions
C'est contre un mini-van
Qu'il tape en premier
Mais Hervé Florent repart
Sur un trottoir et sur la chaussée
Il heurte un séparateur de bus
Le conducteur chute très fort
Sous l'emprise de l'alcool
Et la décharge du Taser
Ses yeux sont brillants
Il tombe dans les pommes

Hervé Florent est né en Guadeloupe. Père d'une fille de dix-sept ans, il était agent d'entretien de parc. Suite à sa révocation, il touche le RSA. Il donne 120 euros par mois à sa fille. Le reste part dans la consommation de l'alcool et du crack. Sous contrôle judiciaire depuis un an, il a peur de la prison. Le juge le condamne à dix mois de prison et au régime de la semi-liberté.

« Boire est un péché si l'on conduit »

Sur la route d'Épinay à Rungis
Il est très tôt le matin
Juan Carlos Rubiot est au volant
De sa Peugeot 206
Entre deux courses
Il lui arrive de boire un coup
Sur les palettes du grand marché
Mais « boire est un péché si l'on conduit »
Juan Carlos Rubiot fait mine de comprendre
Ce que dit le juge
Et baisse la tête

Travailleur sur la plateforme de Rungis, Juan Carlos Rubiot a quarante-cinq ans. Il a surtout fait de l'intérim. Il ne pourra plus conduire pendant deux ans. Juan Carlos Rubiot est condamné à huit mois de prison.

Une mauvaise blague

Thomas Dulap a 19 ans
Il fuit sa mère alcoolique
Et parfois ils se battent très fort
Cette fois il était encore de sortie
Il traînait avec des amis
Et des connaissances de la rue
Une bande de Roubaix
Ils viennent tous de la même courée
Parfois à la gare ils fument des joints
Et boivent des 8.6
Qu'ils jettent sur les voies ferrées
Mais cette fois ils appellent la police
Pour faire croire à une alerte à la bombe
Ils donnent le nom
Et l'adresse d'un ennemi
C'était une mauvaise blague

Thomas Dulap est né en 1999 à Roubaix. Il vit chez sa mère avec ses deux sœurs de dix et huit ans. Il n'a pas de père. Il travaille dans le bâtiment ou l'informatique après avoir arrêté ses études à quatorze ans. Il navigue sur le dark web. Consomme deux-trois joints par jour. Placé dans un centre pour mineurs de treize à seize ans, car sa mère alcoolique le battait. Il a déjà été condamné à quatre mois de sursis pour escroquerie. Sa demande de mise en liberté est rejetée. Il fera deux mois de détention provisoire avant son procès.

Un proxénète

Idriss Sekouba utilisait sa femme
Comme prostituée de manière régulière
Elle lui rapportait 500 euros par mois
Mais un jour elle le dénonce
Et Idriss Sekouba est arrêté pour proxénétisme

Idriss Sekouba est né en France en 1998. Déjà condamné pour trafic de stupéfiants, il est maintenu en détention durant les quatre mois précédant son procès.

Un mouton égorgé

Lors du mouvement des Gilets jaunes
Jean-Marie Riboud occupe jour et nuit
Le centre d'un rond-point
Le jour il discute
Avec d'autres Gilets jaunes
Et distribue des tracts
Aux automobilistes
Le soir il joue aux cartes
Et se réchauffe près d'un brasero
Lors d'une soirée très froide
Il passe la barrière
D'un champ voisin
Et ramène un mouton égorgé
Afin de le dépecer
Et d'en faire un rôti le lendemain
« C'était pour tout le monde
Car le dimanche c'est comme une fête »
Se justifie Jean-Marie Riboud
La bête appartenait à un agriculteur
Sans sympathie pour les Gilets jaunes
« Sur les ronds-points c'est un peu la foire »
S'indigne le procureur
Il réclame une peine sévère

Jean-Marie Riboud est né en 1955. Retraité, il était agriculteur. Il a une femme et trois enfants. Il est propriétaire de sa maison mais a des difficultés financières. Le tribunal le condamne à verser 500 euros de dommages et intérêts à l'agriculteur.

Sans contact

Nour Kessi a volé une carte bancaire
Dans le pantalon de madame Benoît
Lors d'une soirée en boîte de nuit
Il a fait des paiements sans contact
Au tabac Saint-Pierre
Nour Kessi s'achète
Des cigarettes et des jeux à gratter

Qu'il partage avec ses amis
Dans le grand parc Barbieux
À 14 h 30 il acquiert
Des baguettes de pain
Des journaux de football
Et des maillots du PSG sur Le Bon Coin
Il rentre chez lui le soir
Mais il est repéré par le buraliste
Celui-ci a averti la police
« Ce n'est pas pour ça qu'on a inventé le sans-contact »
Tance la juge avec autorité

Nour Kessi est né en 1997 à Roubaix. Il a quitté l'école à quatorze ans. Condamné trois fois pour vol, il est trop âgé pour reprendre sa scolarité selon le procureur. Le juge le condamne à quatre mois de prison ferme.

Vol à la roulotte

Farid Emeriki a commis des vols à la roulotte
Dans un Dacia une C4 Cactus une Peugeot 307
Rue Saint-Augustin à Armentières
En état de grande ébriété
Les objets du vol
Un opinel un étui et un manteau
Des lunettes sans marque et un cendrier Marlboro
Des stylos bille rouges

Farid Emeriki est né en Algérie. D'une quarantaine d'années et sans ressource, il consomme beaucoup d'alcool : trois litres par jour de bière et de vin. Après une garde à vue pour conduite en état d'ivresse et sa condamnation à quatre mois de prison, il a perdu son travail de cariste. Puis sa femme l'a quitté. Son titre de séjour expire en 2020. Farid voudrait créer une entreprise et travailler dans la boulangerie. Le juge le condamne à six mois de prison.

L'ère des suspects

Raphaël Kempf

La France est considérée comme un État de droit : l'État et ses agents sont censés respecter la loi qui s'impose à eux. La justice est là pour le garantir et permettre aux citoyens d'exercer pleinement, sans crainte aucune, leurs libertés démocratiques fondamentales. Or, la manière dont le gouvernement, les policiers et les procureurs utilisent les lois porte de graves atteintes à la possibilité de s'exprimer, de s'organiser ou de manifester. Des opposants politiques – qu'ils critiquent le pouvoir en place ou la manière dont il s'exerce, ou encore qu'ils dénoncent des discriminations ou violations des droits fondamentaux – font l'objet d'incessantes attaques judiciaires et administratives. Et la situation s'est raidie ces dernières années.

Dimanche 2 décembre 2018. Nicole Belloubet, alors ministre de la Justice, se rend au tribunal de grande instance de Paris. Elle sonne la charge au lendemain de l'acte III du mouvement des Gilets jaunes, la plus grosse mobilisation depuis le début du soulèvement un mois auparavant. La bourgeoisie a eu très peur. La police a été débordée. Venus de tout le pays, les manifestants ont investi les beaux quartiers de l'Ouest parisien. Au Parlement, dans les médias, sur les réseaux sociaux, la majorité et le gouvernement, notamment son chef, Édouard Philippe, dénoncent des attaques menées contre la République. En dégradant l'Arc de Triomphe, les protestataires auraient attenté à l'un de ses symboles – peu importe que le monument ait été érigé pour célébrer la puissance des armées de Napoléon Bonaparte[1]. Ce 2 décembre 2018, donc, un membre du gouvernement annonce lui-même le nombre de gardes à vue – des centaines – et le nombre de personnes qui seront jugées en comparution immédiate. Une ministre, en lieu et place du procureur de la République de Paris : les magistrats du parquet ne sont pas indépendants – la chose est connue – mais cette soumission au pouvoir politique devient évidente quand la garde des Sceaux prend le relais de l'autorité de poursuite en assurant sa communication et, *ipso facto*, le service après-vente des CRS et des gendarmes mobiles.

De même que les tirs de LBD et autres grenades explosives et/ou lacrymogènes ont pour fonction de terroriser les citoyens, le recours à une justice d'exception, expéditive et politique, est là pour susciter la crainte de la prison. Qu'on en juge par les déclarations de Belloubet : « Nous ne pouvons pas accepter les violences qui ont eu lieu hier et donc nous devons apporter une réponse pénale extrêmement ferme, et c'est évidemment la raison pour laquelle l'ensemble des magistrats sont mobilisés. Pour vous donner un ordre d'idée, il y a normalement le week-end cinq parquetiers qui travaillent, aujourd'hui ils sont quinze [...]. Puisqu'il y aura beaucoup de comparutions immédiates, dès demain les magistrats du siège seront présents en nombre plus important pour faire face à ces comparutions immédiates [...]. Actuellement il y a eu 372 gardes à vue à Paris, sur ces 372 gardes à vue, il y aura environ deux tiers [qui] feront l'objet d'un déferrement[2]. » Si les pressions alors exercées sur le parquet sont claires, le plus frappant est que les magistrats du siège joueront ce jeu. Ils auraient pu affirmer leur indépendance, refuser de se laisser instrumentaliser, renvoyer d'office les affaires et remettre en liberté les personnes déférées. Mais non : il fallait sans tarder apporter une réponse pénale ferme et énergique, conformément aux consignes gouvernementales. L'événement n'avait rien d'anecdotique : il rendait particulièrement visible l'usage contemporain du droit et de la justice contre des opposants politiques. Maladroits, les mots de Belloubet révélaient une tendance de fond : toute critique du pouvoir en place devient passible d'un traitement juridique et judiciaire. Le sort

1. Il faut souvent attendre plusieurs années pour qu'une justice apaisée puisse être rendue, indépendamment de l'émotion du moment, comme en témoigne le procès dit de l'Arc de Triomphe – auquel a participé l'auteur de ces lignes – et qui a débouché, en mars 2021, sur des condamnations essentiellement symboliques.
2. Nicole Belloubet, Twitter, 2 décembre 2018, 18 h 10.

réservé aux Gilets jaunes s'inscrit à ce titre dans la continuité des lois scélérates de 1893-1894. Adoptées au lendemain d'une séries d'attentats anarchistes, celles-ci limitaient sévèrement la liberté d'expression, à travers la création du délit d'apologie de crime, mais aussi celui de réunion – avec l'association de malfaiteurs. Restriction de la parole, punition de l'intention : la logique des lois scélérates est toujours la même. Faites pour certains, puis appliquées à tous, elles donnent d'abord un pouvoir extraordinaire et parfois temporaire à l'État, à sa police et au ministère public pour combattre un ennemi dont les libertés sont légalement suspendues. Puis, ces lois se normalisent et s'étendent progressivement à tous les *citoyens*. À la fin du XIXe siècle, Léon Blum, déjà, dénonçait des mesures « dirigées contre les anarchistes [qui] ont eu pour résultat de mettre en péril les libertés élémentaires de tous les citoyens ». Depuis quelques décennies, cet engrenage s'est de nouveau enclenché. Le droit pénal de l'*ennemi*, formalisé par le juriste allemand Günther Jakobs, a pris l'ascendant et, avec lui, l'état d'exception est devenu la règle.

Sans doute serait-il fastidieux de recenser l'ensemble des lois attentatoires aux libertés publiques. Mais, entre toutes, on peut distinguer la loi dite « sécurité et liberté », adoptée en 1981 à l'initiative d'Alain Peyrefitte, garde des Sceaux de Valéry Giscard d'Estaing, qui a posé les termes du débat entre sécurité et liberté. Ce texte donne notamment une base légale aux contrôles d'identité[3]. Selon une étrange logique de vases communicants, la loi de 1981 postulait qu'en restreignant la liberté, on renforcerait la sécurité. Ce texte n'a été que très imparfaitement abrogé sous François Mitterrand. En 1986, l'adoption de la loi relative à la lutte contre le terrorisme et aux atteintes à la sûreté de l'État amorçait le processus qui se poursuit de nos jours, à marche forcée, et donne toujours plus de pouvoirs aux services en charge de cette lutte. Sept ans plus tard, toujours en période de cohabitation, les lois dites « Pasqua » légalisaient les contrôles d'identité sans motif, sur simples réquisitions du parquet, et non plus seulement en cas de flagrant délit ou en cas de risque pour l'ordre public. Étaient particulièrement ciblés les étrangers en situation irrégulière. Au lendemain des attentats du 11 septembre 2001, c'est au tour de Daniel Vaillant et des socialistes d'adopter la loi relative à la sécurité quotidienne, qui permettait cette fois

3. *Le Monde* s'en inquiétait alors : « il sera bientôt difficile de se promener dans la rue sans papiers. La carte d'identité est et demeure facultative. Mais pas le droit de refuser de décliner son identité. Ce n'est pas un retour au droit de Vichy, qui avait rendu cette carte obligatoire, mais la différence est minime » (20 novembre 1980).

les fouilles de sacs et de véhicules sans motif, sur réquisitions du parquet. La disposition, utilisée vingt ans plus tard contre les Gilets jaunes, marque l'extension de mesures d'exception à l'ensemble de la population. Dans son sillage, la loi Perben de 2004 accroît les pouvoirs des parquets et crée des procédures spéciales, désormais entrées dans les mœurs. Au lendemain des attentats du 13 novembre 2015, le gouvernement s'empressait de déclarer l'état d'urgence en application de la loi de 1955, adoptée au début de la guerre d'Algérie contre les indépendantistes et les opposants politiques. Ce régime d'exception, déjà entré en vigueur à l'hiver 2005 en Île-de-France et dans vingt agglomérations pour contenir la révolte des banlieues populaires, a rapidement ciblé des musulmans jugés trop croyants ou des écologistes considérés comme trop engagés. Il a autorisé des milliers de perquisitions, sans que l'immense majorité d'entre elles aient été contrôlées par un juge, avant d'être intégré dans le droit commun par la loi du 30 octobre 2017. La crise sanitaire a conduit, à son tour, à l'instauration d'un nouvel état d'urgence en 2020. Donnant au gouvernement le droit de légiférer par ordonnances dans les domaines les plus étendus – du droit du travail au droit des sociétés –, celui-ci n'est pas limité dans le temps et rien ne permet de dire si certaines de ses dispositions n'entreront pas, à terme, dans le droit commun.

Chaque crise, terroriste notamment, sert ainsi de prétexte à l'aggravation de l'état d'exception. Celui-ci n'entraîne pas nécessairement une suspension du droit mais, à tout le moins, une suspension des droits, ou de certains d'entre eux. Si ces dispositifs ont pu viser et continuent à toucher les étrangers, les jeunes des quartiers populaires, les personnes racisées et celles qui ont affaire à la police et au système judiciaire pénal, il sera surtout question ici de la façon dont ils ciblent les militants et les opposants – ou celles et ceux perçus comme tels par le pouvoir.

La répression légale et judiciaire des manifestants

Le mouvement des Gilets jaunes a révélé et accentué des tendances à l'œuvre dans la répression des manifestants. Les sociologues Olivier Fillieule et Fabien Jobard observent ainsi que la manifestation constitue, de plus en plus, une « liberté tolérée[4] » ; le droit de manifester est, en effet, de moins en moins respecté par des pouvoirs qui ne cessent d'y porter

4. Olivier Fillieule et Fabien Jobard, *Politiques du désordre. Police et manifestations en France*, Paris, Le Seuil, 2020, p. 117.

atteinte. En 2010, à l'initiative de Christian Estrosi, est adoptée une loi contre les violences dites « de groupes ». Avec elle, le soupçon contamine le droit pénal car l'objectif est de bien de punir l'intention, non le geste. Cette loi a créé le délit spécifique de participation à un groupement en vue de la préparation de violences ou de dégradations. « Appliquée aux manifestants – comme les débats parlementaires autorisent à le faire –, explique le juriste Olivier Cahn, l'incrimination constitue un moyen de priver ces derniers du bénéfice de la protection et du “prestige” attachés aux infractions politiques[5]. »

Présente dans le droit français de longue date, la notion de délit politique offre en effet des garanties aux personnes poursuivies. La Constitution de la Deuxième République, adoptée en 1848, abolit ainsi la peine de mort en matière politique, tandis que la loi de 1863 sur les flagrants délits (ancêtres de nos comparutions immédiates) interdit de recourir à cette procédure expéditive pour juger les délits politiques, une disposition encore en vigueur aujourd'hui[6]. Mais si la garantie existe toujours, son champ d'application se réduit : sous le double effet de la loi et de la jurisprudence, de moins en moins d'infractions sont considérées comme politiques. La loi du 10 avril 2019 dite « anti-casseurs[7] » a permis l'application de la comparution immédiate aux délits d'attroupement – considérés de longue date comme étant politiques ! Dans l'affaire dite du lycée Arago – une centaine d'arrestations de jeunes gens qui occupaient leur établissement en mai 2018 –, le tribunal de grande instance de Paris a estimé que le délit de groupement « n'[avait] pas pour objet d'empêcher l'expression d'une revendication politique ». L'usage de ce délit par les forces de l'ordre et la justice a ainsi permis d'arrêter, de condamner et d'emprisonner de nombreux militants, les privant *de facto* de la possibilité d'exprimer leurs revendications ou de manifester. On assiste donc ces dernières années à une réduction des garanties procédurales offertes aux manifestants et opposants politiques, sans que cette remise en cause d'une solide tradition juridique ait été perçue comme une atteinte aux valeurs de la République et à l'État de droit...

Le délit de participation à un groupement a été utilisé de façon massive lors des mobilisations contre la loi dite « travail » en 2016, notamment

5. Olivier Cahn, « La répression des “black blocs”, prétexte à la domestication de la rue protestataire », *Archives de politique criminelle*, n° 32, 2010/1.

6. Article 397-6 du Code de procédure pénale.

7. Loi n° 2019-290 du 10 avril 2019 visant à renforcer et garantir le maintien de l'ordre public lors des manifestations.

contre le mouvement Nuit debout, puis de façon industrielle contre les Gilets jaunes. Combiné à certaines dispositions de la loi de 2001, il rend possible l'interpellation préventive des manifestants, avant même qu'ils n'arrivent sur les lieux du rassemblement. Le 30 janvier 2019, *Le Canard enchaîné* révélait que le procureur de la République de Paris Rémy Heitz exigeait de ses subordonnés l'inscription des personnes gardées à vue dans les fichiers de police, même si les faits reprochés n'étaient pas constitués. Il fallait aussi que les gardes à vue ne soient levées que le samedi soir ou le dimanche matin, pour dégarnir les rangs des protestataires. Avant d'être classées sans suite, ces gardes à vue n'ont fait l'objet d'aucun contrôle car le juge du siège n'intervient pas à ce stade de la procédure. Aucun magistrat indépendant ne pouvait donc se prononcer sur la légalité et la régularité de ces privations de liberté. Par ailleurs, la loi ne prévoit aucun mécanisme d'indemnisation des personnes placées à tort en garde à vue – contrairement à la détention provisoire injustifiée. Enfin, il est extrêmement difficile, voire impossible en pratique, de faire constater un manquement disciplinaire ou une infraction pénale à la suite d'une privation de liberté infondée.

Une autre pratique infrajudiciaire a été inventée peu après par les magistrats du parquet : ils ont imaginé d'interdire unilatéralement de manifester ou de se rendre à Paris pendant des semaines, voire des mois. Le recours à cette pratique a été rendu possible par un article passé inaperçu de la loi du 23 mars 2019 de programmation et de réforme pour la justice. Soit une personne arrêtée avant ou pendant une manifestation : après 24 ou 48 heures de garde à vue, policiers et procureurs doivent admettre que le dossier ne permet pas de démontrer l'existence d'une infraction pénale et qu'il peut seulement être reproché à cette personne de s'être rendue à une manifestation. Qu'à cela ne tienne : elle est déférée devant le procureur, passe une deuxième ou une troisième nuit de privation de liberté – mais dans les geôles du Palais de justice, cette fois – puis, le lendemain matin, un délégué du procureur vient lui expliquer qu'elle est libérée après un « rappel à la loi », assorti de l'interdiction de manifester ou de se rendre à Paris. Aujourd'hui en France, on peut ainsi être privé d'un droit fondamental par un procureur sans qu'un juge ait statué sur la situation, sans bien sûr avoir pu se défendre. Ceux dont les dossiers semblent plus consistants aux yeux du procureur sont jugés en comparution immédiate, dans des conditions qui portent atteinte aux droits de la défense. Force est ici de constater l'inégalité du traitement des violences, selon qu'elles sont imputées à des manifestants – jugés à la va-vite après des enquêtes bâclées – ou à la police. Les agents mis en cause bénéficient en effet d'enquêtes longues[8], à charge et à décharge, sans privation de liberté. Une telle injustice ne peut que nourrir le légitime ressentiment de la population à l'endroit des institutions.

Et cette radicalisation du pouvoir dans le traitement des manifestants et des opposants politiques se poursuit. La loi déjà citée du 10 avril 2019 a créé, à la demande d'Alliance et d'autres syndicats de policiers, un nouveau délit à usage exclusif des forces de l'ordre : est ainsi désormais puni d'emprisonnement le simple fait de participer à une manifestation en ayant le visage dissimulé. L'objectif de ce texte n'est pas d'emprisonner, mais de permettre aux policiers d'interpeller quiconque porterait un foulard sur le nez – même si c'est pour se protéger des gaz lacrymogènes. Lois scélérates, circulaires[9] et pratiques liberticides : c'est à une brutalisation de la justice qu'on assiste, comme si les parquets devaient être des auxiliaires des forces de l'ordre face aux oppositions politiques.

L'atteinte à la liberté d'expression critique

Si la manifestation est l'exercice en acte de convictions qui sont dites au pouvoir, la critique passe par les mots et non seulement par les gestes. Considérée comme l'une des valeurs les plus fondamentales de la République, la liberté d'expression a été consacrée par les révolutionnaires de 1789 et la loi du 29 juillet 1881. Elle doit protéger, comme le dit la Cour européenne des droits de l'homme, « non seulement [...] les "informations" ou "idées" accueillies avec faveur ou considérées comme inoffensives ou indifférentes, mais aussi [...] celles qui heurtent, choquent ou inquiètent l'État ou une fraction quelconque de la population[10] ». En pratique, et contrairement à ce que peut laisser penser son intitulé, la loi de 1881 sur la liberté de la presse protège donc toutes les formes d'expression, et pas seulement celles des journalistes. Alors que la République venait de renaître, le législateur refusait même d'incriminer ceux qui l'outrageraient et acceptait toute critique, même injurieuse, qui pourrait la viser. « La République vit de liberté, s'enflammait Clemenceau à la Chambre, elle pourrait mourir de répression [...] comme tous les gouvernements qui l'ont précédée et qui ont compté sur le système répressif pour les

8. Comme permet de le constater la lecture du rapport annuel 2019 de l'IGPN : « une enquête correctement menée implique la réalisation d'un grand nombre d'actes qui ne peuvent être effectués en un seul trait de temps » (p. 17).

9. Voir notamment la circulaire, signée par Nicole Belloubet, du 22 novembre 2018 relative au traitement judiciaire des infractions commises en lien avec le mouvement de contestation dit « des Gilets jaunes ».

10. CEDH, HANDYSIDE c. Royaume-Uni, n° 5493/72, 7 décembre 1976.

protéger[11]. » De fait, l'histoire de cette loi et de son application par les tribunaux montre qu'il existe un véritable cadre protecteur de la liberté d'expression. Au-delà des garanties procédurales, un délit a même été abrogé dans la période récente – ce qui est très rare à notre époque où le durcissement sécuritaire est la règle. L'offense au chef de l'État, qui a successivement permis à Mac Mahon, Pétain ou de Gaulle d'envoyer leurs adversaires en prison, a finalement été supprimée par la loi du 5 août 2013, après que Nicolas Sarkozy eut voulu faire condamner un militant brandissant une pancarte « Casse-toi, pov' con » lors d'un de ses déplacements[12].

À cette longue tradition de libéralisme s'oppose pourtant la radicalisation actuelle du pouvoir sur la question de la liberté d'expression : seules les idées jugées légitimes par l'exécutif semblent désormais avoir droit de cité, dans un contexte où pourtant, après les attentats terroristes contre *Charlie Hebdo* en 2015 et contre le professeur Samuel Paty en 2020, les autorités ne cessent de prétendre élever la liberté d'expression au rang de valeur cardinale. Des élèves sont par exemple interpellés par les forces de l'ordre, sous le contrôle de magistrats du parquet, parce qu'ils auraient tenu en classe des propos contraires aux « valeurs de la République ». Quatre enfants de dix ans se font arrêter à Albertville et conduire au commissariat pour « apologie du terrorisme » alors qu'il n'y avait finalement aucune infraction pénale à leur reprocher. La consécration des caricatures de presse tranche avec la violence répressive qui s'abat sur ceux qui feraient usage de leur liberté pour les critiquer. De plus en plus, note François Héran, la liberté d'expression se transforme en « injonction venue d'en haut[13] ».

Mais le gouvernement va encore plus loin dans la censure de ses adversaires politiques, qu'il traite en ennemis. Le Collectif contre l'islamophobie en France (CCIF), une association qui se donnait pour but de défendre les droits des citoyens et citoyennes de confession musulmane pouvant être victimes de discrimination en France, a été dissouts[14]. Par le décret du 2 décembre 2020, le ministre de l'Intérieur, Gérald Darmanin, arguait qu'« en qualifiant d'islamophobes des mesures prises dans le but

---

11. *Journal officiel*, « Débats et documents parlementaires », 2 février 1881, p. 120.
12. Olivier Beaud, *La République injuriée. Histoire des offenses au chef de l'État de la IIIe à la Ve République*, Paris, Puf, 2019.
13. François Héran, *Lettre aux professeurs sur la liberté d'expression*, Paris, La Découverte, 2021, p. 48.
14. Le texte ayant servi de base légale à cette dissolution est issu de la loi de 1936 sur les groupes de combat et milices privées, dont Dominique Pinsolle a dressé un tableau historique (« Dissoudre pour mieux régner », *Le Monde diplomatique*, mars 2021).

de prévenir des actions terroristes et de prévenir ou combattre des actes punis par la loi, le "Collectif contre l'islamophobie en France" doit être regardé comme partageant, cautionnant et contribuant à propager de telles idées, au risque de susciter, en retour, des actes de haine, de violence ou de discrimination ». Discuter la manière dont l'exécutif prétend lutter contre le terrorisme reviendrait donc à s'en faire le complice. Étrange manière, en démocratie, de traiter la libre discussion des choix politiques de l'État. Ou, tout simplement, retour du délit d'opinion ? Citons aussi, dans un tout autre domaine, l'invocation souvent abusive du « devoir de réserve » pour dissuader les agents publics d'user de leur liberté d'expression en dénonçant, par exemple, leurs conditions de travail[15].

Au-delà de ces pratiques politiques et administratives, le gouvernement escamote la loi de 1881, en faisant passer certains délits de presse dans le droit commun. Ainsi du projet de loi dit « séparatisme », « confortant le respect des principes de la République ». Celui-ci devrait permettre de juger en comparution immédiate les auteurs de certains propos tenus sur les réseaux sociaux, sans les garanties procédurales – fondamentales pour protéger la libre expression – relatives à la liberté de la presse[16]. La proposition de loi « sécurité globale » crée quant à elle (entre autres) un nouveau délit – dont les contours définitifs ne sont pas connus à l'heure de la rédaction de ces lignes – qui aurait pour effet de permettre aux policiers d'interpeller quiconque les filme ou les photographie dans l'espace public. C'est là un moyen d'invisibiliser les pratiques et les violences policières dont la documentation par l'image est essentielle. Mais aussi de limiter la liberté d'expression des journalistes, automédias, manifestants ou passants. Il s'agit, encore une fois, d'un texte de loi à usage exclusivement policier, dont le détail n'a aucune importance car il ne sera jamais – ou presque – soumis à l'examen des juges. Le but étant de légitimer l'interpellation, puis le placement en garde à vue, soit l'exercice d'une censure directe, sur le terrain, par des agents zélés.

L'examen du traitement légal et judiciaire des manifestants et opposants politiques montre les contradictions du gouvernement « progressiste » de la France contemporaine : contre tous les extrémismes et les illibéralismes, le pouvoir se réclame de la démocratie libérale et des garanties procédurales

---

15. Arnaud Bontemps et Grégory Rzepski, « Devoir de réserve, un effet d'intimidation », *Le Monde diplomatique*, novembre 2020.
16. Emmanuel Tordjman et François de Cambiaire, « Réaffirmons la spécificité du droit de la presse ! », *Délibérée*, nº 9, 2020/1.

qui y sont attachées, mais il embastille allégrement les manifestants, resserre le contrôle des contestataires, élabore des mécanismes juridiques qui limitent la liberté d'expression, use et abuse des mesures d'exception. Cette répression démesurée, à laquelle s'ajoute la violence de la police, permet de mettre idées et opinions critiques sous l'éteignoir. Elle encourage et nourrit l'autocensure. Ainsi les gouvernants auront-ils, en quelques années, avec l'appui des policiers et des procureurs, fait peu à peu reculer les libertés publiques. Lesquelles, on le sait, sont faciles à dégrader, mais difficiles à reconquérir.

Un journalisme de préfecture

Sophie Eustache

Vous écoutez France Culture. Le 3 juin 2020. 7 h 35 : c'est la revue de presse internationale. Le journaliste revient sur la démission du chef de l'État bolivien. Evo Morales aurait, en novembre 2019, été contraint de « fuir La Paz sous la pression de grandes manifestations après avoir été pris en flagrant délit de falsification des résultats de l'élection présidentielle ». Même revue de presse, une semaine plus tard : le chroniqueur signale en passant que le *New York Times*, souvent aligné sur les positions du Pentagone, vient d'admettre « ses doutes, désormais très forts, sur la version des faits qu'il avait lui-même véhiculée, avec le reste de la presse internationale et nous compris, au moment de la précédente élection bolivienne ». Vous écoutez France Culture et jamais vous n'entendrez les petits télégraphistes admettre que la station a couvert un coup d'État d'extrême droite contre l'un des rares gouvernements populaires d'Amérique latine. Dans les rédactions, la baisse du nombre de correspondants à l'étranger et des crédits alloués aux reportages ont fait place nette pour ce genre de désinformation.

Et ce qui vaut pour les affaires internationales et pour les aventures impériales de la France – au Kosovo en 1999, en Afghanistan en 2002 ou en Lybie en 2011 – vaut aussi pour le maintien de l'ordre le plus ordinaire. Dans le traitement des réalités hexagonales, la dépendance des journalistes au pouvoir est forte. « La presse a besoin des pouvoirs pour fonctionner tant elle dépend de leurs informations, observe le politiste Alain Garrigou. Il ne s'agit pas seulement de la dépendance économique, si banale que l'on est tenté de la considérer comme irrémédiable. Les tentatives d'affranchir la presse de l'argent ont largement échoué et la soumission directe aux propriétaires, ou indirecte aux annonceurs, n'est pas un mythe. Elle est redoublée d'une dépendance fonctionnelle par laquelle ce sont les pouvoirs qui produisent les informations qui alimentent la presse : grandes bureaucraties d'État, entreprises et grandes organisations se sont dotées de services spécialisés. Relations de coopération plus que de pression[1]. »

Remontrances, outrances, points aveugles : qu'on pense à la grève des cheminots au printemps 2018, au mouvement des Gilets jaunes à l'hiver 2018-2019 ou aux manifestations contre la réforme des retraites en 2019, le traitement médiatique n'a pas varié. Les journalistes ont mis à contribution les préfectures ou les syndicats de police, et allégrement. Un véritable « journalisme de maintien de l'ordre ». « C'est le côté "parole sacrée" de l'État, on ne peut pas, même en tant que média, on ne peut pas ne pas croire ce que dit le ministre », affirmait un journaliste de France Info après la prétendue attaque de l'hôpital de La Salpêtrière par des manifestants, le 1er mai 2019. Un mensonge proféré par le ministre de l'Intérieur lui-même et relayé avec gourmandise par les chaînes de télévision et de radio, France Info en tête. Que les grands médias reprennent sans recul aucun une parole officielle : il n'y a pas là une dérive du système médiatique, mais sa vérité même.

La comparaison entre les matinales du mardi 5 novembre 2019 sur LCI, BFM TV, CNews et France Info TV permet d'objectiver, s'il en était encore besoin, ce fonctionnement. Ce jour-là, à 6 heures, France Info TV et LCI ouvrent leur journal télévisé sur un déplacement officiel à Chanteloup-les-Vignes. Christophe Castaner, alors ministre de l'Intérieur, Nicole Belloubet, ministre de la Justice, et Julien Denormandie, ministre chargé de la Ville et du Logement, se rendent dans la commune des Yvelines après qu'un « guet-apens » a été tendu à la police le week-end précédent. Le sujet arrive en deuxième position des JT de BFM TV et CNews, qui font le choix de le traiter en mettant en exergue la décision du gouvernement d'instaurer « des quotas d'immigration ». D'une chaîne à l'autre, le traitement diverge peu. Les propos tenus par le Premier ministre sur les violences

1. Alain Garrigou, « Journalisme embarqué », blog « Régime d'opinion », 9 octobre 2012.

urbaines – « une petite bande d'imbéciles et d'irresponsables qui pense que tout casser peut faire avancer les choses » – sont copieusement commentés. BFM TV donne la parole à Édouard Philippe mais aussi à Éric Ciotti, député LR des Alpes-Maritimes, et à Jean-Lin Lacapelle, vice-président du groupe RN au conseil régional d'Île-de-France. Dans les reportages, élus de droite et syndicats de police se relaient et se rengorgent. Aucune des quatre chaînes, en revanche, ne daigne tendre le micro aux habitants. Il faut dire que leur parole est le plus souvent escamotée : micro-trottoirs, interviews tronquées, témoignages faisant la part belle à l'émotion.

Dans l'émission de débat *Les Informés*[2], diffusée quotidiennement sur France Info, les commentateurs accaparent ainsi 86 % des invitations. Entre le 1er janvier et le 30 juin 2019, sur les 135 sujets traitant du mouvement des Gilets jaunes, seule une protestataire a été reçue en plateau. « Dans une émission de débat sur l'actualité, se justifie Matthieu Mondoloni, directeur adjoint de la rédaction, il nous semblait plus pertinent (j'admets que ça puisse être contesté ou contestable) d'avoir des gens dont c'est le métier. C'est-à-dire des "informés" : des communicants, des journalistes, des gens qui sont très au fait de l'actualité et qui sont capables de parler de plusieurs sujets. » Et quand les premiers concernés sont miraculeusement invités à s'exprimer, c'est pour mieux les chapitrer. L'histoire médiatique récente est jalonnée de ce type de rappels à l'ordre. L'interrogatoire du syndicaliste de la CGT Continental, Xavier Mathieu, par David Pujadas le 21 avril 2009 restant un modèle du genre[3].

Marcher sagement dans les rues parisiennes, passe encore. Mais avisez-vous de séquestrer un patron ou d'arracher la chemise d'un DRH, et claque le coup de fouet médiatique. À croire que seul le corps des puissants mérite d'être défendu. Lui qui n'est presque jamais exposé ni au travail, ni en politique, ni dans la rue, qui est préservé des contrôles de police au faciès ou

---

2. Frédéric Lemaire, Pauline Perrenot, « France Info, l'info autrement ? », *Acrimed*, 8 décembre 2020.

3. David Pujadas : « Bonsoir Xavier Mathieu, vous êtes le délégué CGT de Continental à Clairoix. On comprend bien sûr votre désarroi, mais est-ce que ça ne va pas trop loin ? Est-ce que vous regrettez ces violences ? »

Xavier Mathieu : « Vous plaisantez, j'espère ? On regrette rien… »

David Pujadas : « Je vous pose la question. »

Xavier Mathieu : « Non, non, attendez. Qu'est-ce que vous voulez qu'on regrette ? Quoi ? Quelques carreaux cassés, quelques ordinateurs à côté des milliers de vies brisées ? Ça représente quoi ? Il faut arrêter là, il faut arrêter. »

David Pujadas : « Pour vous, la fin justifie les moyens. »

des effets mortels de l'austérité. Un ouvrier n'aura pas droit aux mêmes égards. Il n'a pourtant guère le luxe d'oublier que le sien – de corps –peut être abîmé, violenté, brimé. Occultées, les violences qui ne font ni bruit ni flamme : les familles condamnées à se nourrir au Secours populaire, les discriminations infligées aux personnes handicapées et aux minorités, aux classes populaires des banlieues et des campagnes, les humiliations et les morts au travail. Dans la presse quotidienne régionale, les accidents du travail sont traités comme de simples faits divers, quand ce sont pourtant des faits sociaux (650 000 victimes par an).

Le plus souvent, les journalistes se limitent à répercuter l'information transmise par la police, les pompiers ou la justice. Et même quand il affirme mener l'enquête et en tire quelque gloire, le « quatrième pouvoir » reste fortement tributaire de ces mêmes sources et des intérêts qui les animent. Ainsi du journalisme d'investigation – celui qui fait démissionner des ministres ou frémir des conseillers mais beaucoup plus rarement tomber des dirigeants d'entreprise, dont Pierre Péan, journaliste et investigateur hors pair, décrivait les méthodes : « Il ne s'agit pas d'enquêter, mais d'attendre une fuite. Celle d'un procès-verbal d'audition ou d'enquête que transmet un juge, un policier, un avocat. Le document arrive, hier par fax, aujourd'hui par messagerie chiffrée. L'intrépide limier s'emploie ensuite à le réécrire en style journalistique. » De sorte que l'investigation, si elle est parfois utile au dévoilement des pratiques oligarchiques, est le plus souvent un outil de régulation interne à la classe dominante. Et Péan d'ajouter : « la joie mauvaise de voir tomber les corrompus a souvent pour corollaire l'impuissance face aux structures corruptrices, qui, elles, restent en place quand un ministre chasse l'autre. On se croit vengé, mais rien n'a changé[4]. »

Journalisme de classe

Pour maintenir l'ordre social, en tout état de cause, tous les coups sont permis : « Même si la comparaison peut paraître scabreuse, est-il si illégitime d'oser la formuler ? La France est soumise aujourd'hui à deux menaces qui, pour être différentes, n'en mettent pas moins en péril son intégrité : Daech et la CGT », écrivait l'éditorialiste Frantz-Olivier Giesbert dans *Le Point* (1er juin 2016), en plein mouvement contre la loi dite « travail ». Cinq ans plus tard, on trouvait semblable comparaison dans le magazine *VSD*, cette fois-ci dirigée contre une grève de cheminots : « Ils utilisent les salariés en

4. Pierre Péan, « Dans les cuisines de l'investigation », *Le Monde diplomatique*, septembre 2019.

France, entonnait son directeur, comme Daech utilise les femmes et les enfants en boucliers humains en Syrie », ce qui valut à la publication d'être condamnée par la 17e chambre du tribunal de grande instance de Paris pour « injure publique » à l'encontre de la SNCF.

Le mouvement des Gilets jaunes, lui non plus, n'a pas été épargné : « Taguer l'Arc de Triomphe, c'est quelque chose qui atteint les institutions. La mémoire du Soldat inconnu, c'est ce qui fait le ciment de la nation », déclarait la journaliste Ruth Elkrief sur BFM TV, tandis que Luc Ferry, sans barguigner, en appelait à ouvrir le feu sur les manifestants : « On ne donne pas les moyens aux policiers de mettre fin aux violences. Quand on voit des types qui tabassent à coups de pied un malheureux policier... qu'ils se servent de leurs armes une bonne fois, écoutez, ça suffit[5] ! »

Invitée sur le plateau de BFM TV (propriété de Patrick Drahi), la directrice adjointe de *Libération* (propriété de Patrick Drahi), Alexandra Schwartzbrod, tirait un bilan admiratif du dispositif de maintien de l'ordre mis en place pendant la manifestation du 1er mai 2019 à Paris : « On peut dire que Didier Lallement, qui est le nouveau préfet de police, a plutôt bien sécurisé le terrain. Le terrain était plutôt bien choisi, avec des grandes avenues, avec assez peu d'endroits où se retrancher. Donc on peut dire que ça a été plutôt bien préparé. Et puis surtout, il y avait moins de black blocs que prévu, on en attendait près de 1 500, y en a eu moitié moins quasiment [...]. En tout cas, l'ensemble [du dispositif policier] a fait que, globalement, cette manifestation s'est passée moins violemment qu'on ne le craignait. »

Les privilèges des éditorialistes les acoquinent au grand patronat en même temps qu'ils les séparent des ouvriers, des fonctionnaires, des travailleurs indépendants ou des petits patrons. Sans commune mesure avec le salaire médian des Français (1 940 euros), les émoluments de Ruth Elkrief à BFM TV s'élèvent à 10 000 euros par mois, et à 15 000 euros net pour le présentateur de France 2 Laurent Delahousse. Pour sa revue de presse quotidienne sur Europe 1, Natacha Polony, aujourd'hui directrice de la rédaction de *Marianne*, gagnait 27 400 euros par mois.

Mais le cas des violences policières montre que le journalisme de préfecture ne se limite pas aux seules chefferies. Il affecte jusqu'aux pratiques ordinaires des soutiers de l'information. Longtemps, on a invisibilisé les « bavures ». Seule la parole institutionnelle avait droit de cité sur les plateaux ou dans les colonnes. Et la place qui leur est accordée depuis

5. Radio Classique (propriété de Bernard Arnault, PDG de LVMH), 7 janvier 2019.

peu doit moins à un sursaut civique de la profession qu'au travail opiniâtre du journaliste indépendant David Dufresne et à la combativité de collectifs comme Urgence notre police assassine, Justice et Vérité pour Adama ou Désarmons-les. Après des décennies de brutalité contre les habitants des quartiers populaires, le bilan des mutilations causées par les forces de l'ordre pendant le mouvement des Gilets jaunes, soigneusement documenté, a eu raison de la cécité médiatique.

Productivisme et dépendance

Enfants de la bourgeoisie, majoritairement blancs, les journalistes n'ont aucun mal à prendre pour argent comptant les communiqués des préfectures. Il faut dire qu'ils ne connaissent pas (ou si peu) les contrôles policiers et la violence d'État. Du reste, pourquoi douteraient-ils d'institutions (école, police, justice, etc.) qui les ont jusqu'ici plutôt très bien servis ? Plusieurs travaux de sociologie ont ainsi mis en évidence le privilège d'autorité dont pouvaient disposer les points de vue officiels auprès des journalistes. « Les sources proches du gouvernement et des milieux d'affaires ont le grand avantage d'être reconnues et crédibles sur la base de leur seul statut de prestige », observaient ainsi Noam Chomsky et Edward Hermann.

Les paroles des institutions et des dirigeants sont le plus souvent traitées comme des « faits », non comme des « discours ». Et les « faits-diversiers » sont enclins à la croyance (et à la confiance) dans une « objectivité de fait » des institutions policières et judiciaires, rappellent les sociologues Jérôme Berthaut et Sylvain Laurens. « Ce que pensent les gens ne m'intéresse pas sur le plan factuel. Pour le moment, les seuls éléments concrets m'ont été apportés par le procureur », explique ainsi un journaliste du *Dauphiné libéré* ayant couvert un accident qui a coûté la vie à deux jeunes grenoblois, à l'issue d'une course-poursuite avec la police. Il reconnaît s'en tenir à ses sources (policières) ou à la version « officielle », qu'il ne cherche pas à confronter avec celle des habitants – avec qui il entretient d'ailleurs de très mauvais rapports[6].

Le poids des sources policières s'explique aussi par l'organisation taylorisée du travail médiatique. Cette division du travail favorise un journalisme en fauteuil déconnecté du terrain. « Je travaillais dans les chaînes d'info et je ne croyais pas aux violences policières, rapporte ainsi une

---

6. Frédéric Lemaire et Pauline Perrenot, « Médias et violences policières : aux sources du "journalisme de préfecture" », *Acrimed*, 25 mars 2019.

ancienne assistante d'édition de BFM TV. On avait seulement le point de vue des flics parce qu'évidemment hormis les reporters et les JRI (journalistes reporters d'images), personne ne va sur le terrain. Quand il y a un fait de violence policière supposé dans un quartier, le reporter spécialiste "police-justice" va s'y rendre. Lui, il a surtout des contacts de flics, mais bon il fait son boulot de reporter, il va voir aussi la famille, les avocats, etc. Il va être prudent. Mais les rédacteurs en chef, eux, vont écouter le consultant, ils vont écouter Dominique Rizet, qui est dans tous les WhatsApp de flics d'Île-de-France. »

Les contraintes de productivité qui pèsent sur les journalistes renforcent aussi cette dépendance aux sources policières : ces derniers ont besoin des informations que les policiers et gendarmes veulent bien leur fournir pour remplir leurs rubriques « Faits divers » et le site web du journal qu'il faut alimenter en articles toute la journée. Le productivisme dans les médias est tel qu'un journaliste web rédige en moyenne dix articles par jour, une cadence qui ne permet ni de vérifier ni de recouper l'information. Et pour tenir le rythme, les journalistes n'ont souvent d'autre choix que de « bâtonner » (copier-coller des dépêches ou des communiqués officiels en les remaniant à la marge). L'autre solution, courante dans la presse quotidienne régionale, consiste à faire « la tournée des fait divers » en appelant commissariats, gendarmeries et casernes de pompiers pour produire du contenu. Afin de ne pas risquer d'assécher les pages du journal, mieux vaut donc choyer ces sources, et tisser des liens serrés avec elles. Entre 1994 et 2011, les journalistes « info géné » de France 2 ont ainsi été amenés à suivre une formation de l'Institut des hautes études de la sécurité intérieure (IHESI). Là-bas, ils côtoyaient des hauts gradés de la gendarmerie, de la police, des magistrats ou des préfets.

La police sait d'ailleurs bien jouer de cette dépendance : en mars 2021, la préfecture de Haute-Saône menaçait France 3 de s'opposer au tournage en cours d'un magazine avec les gendarmes du département, si une équipe de journalistes n'était pas dépêchée pour couvrir la visite du ministre de l'Économie et des Finances, Bruno Lemaire, dans une entreprise locale. Et le sociologue Jérôme Berthaut de noter que « les relations privilégiées qu'entretiennent les reporters des informations générales avec les membres des services d'urgence et des services judiciaires conduisent certains d'entre eux à transposer par mimétisme, dans la rédaction, un jargon professionnel issu de la police ("faire une planque", "monter au braco", "mettre le pied dans la porte"). Mais les emprunts ne concernent pas seulement le vocabulaire. La hiérarchie des sujets de reportages est également indexée sur l'échelle de classement des services de police et de justice[7]. »

Bobards médiatiques

Comment, dès lors, s'étonner des malfaçons du journalisme de préfecture ? L'attaque de l'hôpital de la Pitié-Salpêtrière à Paris le 1er mai 2019, l'arrestation de Xavier-Dupont de Ligonnès, l'exhibition d'armes de guerre par des dealers à Grenoble sont autant de *fake news* démenties aussi vite qu'énoncées. À Grenoble, les armes de guerre étaient en plastique, il s'agissait d'une mise en scène destinée à la réalisation d'un clip de rap ; l'artiste avait relayé les images sur les réseaux sociaux pour « faire le buzz ». Opération de communication rondement menée, puisque ces images ont fait l'objet de reportages sur BFM TV et CNews et de commentaires sur les plateaux de ces chaînes. Si ces images ont attiré l'attention des grands médias, c'est qu'elles faisaient écho aux représentations que se font les journalistes des banlieues – représentations que le jeune rappeur a su habilement exploiter.

La défiance des citoyens envers les médias s'est amplifiée : début 2021, 63 % des Français estimaient que les journalistes ne résistent pas aux pressions politiques et 59 % aux pressions de l'argent[8]. Pendant les manifestations des Gilets jaunes, plusieurs journalistes ont ainsi été pris à partie, verbalement et parfois physiquement. Dans le même temps, des rassemblements devant France Télévision et BFM TV (29 décembre 2018) constituaient la propriété des médias en véritable question politique. Mais, plutôt que d'y répondre, les journalistes ont préféré défendre leurs intérêts en faisant de la « pédagogie ». Depuis l'attentat contre *Charlie Hebdo* en 2015, on ne compte plus les émissions, sur France Inter notamment, visant à rééduquer la population. Elles ont accompagné la création des rubriques de *fact-checking* (vérification des faits), présentes dans cinq médias : les « Décodeurs » du *Monde*, « Checknews » de *Libération*, « Factuel » de l'Agence France presse (AFP), « Fake off » de *20 minutes* et « Vrai ou fake » de France Info. Une initiative imitée par l'État qui, au début de la pandémie, a mis en ligne la plateforme Désinfox[9] avant de la retirer.

On retrouve des dispositions relatives à l'éducation aux médias dans la loi de 2013 pour la refondation de l'école comme dans celle contre les

7. Jérôme Berthaut, *La Banlieue du 20 h. Ethnographie de la production d'un lieu commun journalistique*, Marseille, Agone, 2013.
8. Selon le 34e baromètre de confiance dans les médias réalisé par Kantar pour *La Croix*.
9. « Désinfox : l'embarassant miroir », *Manière de voir*, août-septembre 2020.

fake news ou dans le plan national de prévention de la radicalisation du 23 février 2018. En guerre contre les « bobards inventés pour salir ». Votée le 20 novembre 2018, la loi contre la « manipulation de l'information » en période électorale complète ce dispositif. Le texte prévoit la possibilité pour un candidat ou un parti politique de saisir le juge des référés pour couper court à la diffusion de « fausses informations » durant les trois mois précédant un scrutin national. Il accorde aussi au Conseil supérieur de l'audiovisuel (CSA) la faculté de suspendre l'émission d'une chaîne de télévision « contrôlée par un État étranger ou sous l'influence » d'une puissance étrangère qui diffuserait de « façon délibérée » des informations frelatées. Les chaînes détenues par le gouvernement russe, Russia Today et Sputnik, sont particulièrement ciblées.

De la loi « sécurité globale» à la loi sur le secret des affaires, en passant par la loi contre les « *fake news* », la politique d'Emmanuel Macron s'est ainsi traduite par la mise en place d'un arsenal juridique visant à restreindre la liberté d'informer. Depuis la loi « travail » en 2016, les journalistes sont de plus en plus souvent entravés dans leur travail. La loi « sécurité globale », définitivement adoptée par l'Assemblée nationale le 15 avril 2021, a marqué une étape supplémentaire dans la mise au pas de la profession : l'un de ses articles punit de 45 000 euros d'amende et d'un an de prison la diffusion de « l'image du visage ou tout autre élément d'identification » d'un policier ou gendarme en fonction, dans le but de « porter atteinte à son intégrité physique ou psychique ». Très contestée, cette disposition a d'ailleurs valu à l'État français cet avertissement du Haut-Commissariat aux droits de l'homme de l'ONU : « L'information du public et la publication d'images et d'enregistrements relatifs à des interventions de police sont non seulement essentiels pour le respect du droit à l'information, mais elles sont en outre légitimes dans le cadre du contrôle démocratique des institutions publiques. » À plus forte raison quand l'écosystème médiatique fonctionne comme une bulle. Perméable aux sources policières, mais imperméable aux témoignages de victimes de la répression[10].

10. Maxime Friot, « "Ultra-jaunes" arrêtés à Bordeaux : intoxication médiatique aux sources policières », *Acrimed*, 1er avril 2021.

Surveillance numérique

Félix Tréguer

En ce mois de décembre 2016, les arguments fusent au sein du groupe de travail « Défense et sécurité » constitué autour d'Emmanuel Macron, candidat déclaré à la présidence de la République. Depuis quelques semaines, par messages interposés[1], la petite équipe réfléchit à la réponse qu'il convient d'opposer au programme « sécurité » de François Fillon. Le concurrent de droite a émis le vœu d'imposer une carte d'identité biométrique aux Français ? Qu'à cela ne tienne ! Les conseillers du candidat Macron envisagent de reprendre la proposition, à l'image de François Heisbourg, expert en géopolitique et jadis directeur de Thomson CSF (devenu le géant de la défense Thales), ou encore de la commissaire Marianne Tarpin, hiérarque de la Direction générale de la sécurité intérieure (DGSI). Dans les échanges, les protagonistes insistent sur la nécessité de lutter contre la fraude à l'identité, en évoquant notamment les terroristes venus de Syrie ayant librement pu circuler à travers l'Europe à l'aide de faux papiers, et on convient de creuser la question.

1. La retranscription de ces échanges est réalisée à partir des courriers électroniques de la campagne Macron divulgués sur la plateforme WikiLeaks (disponibles en ligne sur wikileaks.org).

Anne Bouverot, alors présidente-directrice générale de Morpho (depuis devenu Idemia), leader français de l'identité biométrique, a récemment été cooptée par le petit groupe de conseillers. Dans une note qu'elle soumet à la réflexion collective, elle commence par souligner le coût de la carte d'identité biométrique – 2 euros l'unité, soit 140 millions d'euros environ pour l'ensemble de la population française – et invite à la faire directement payer par les citoyens. Le déploiement de cette carte permettra selon elle « une baisse de la fraude et des coûts associés », « une plus grande sécurité et [une] meilleure lutte contre le terrorisme ». Mais ce n'est pas tout : grâce à la reconnaissance faciale et aux données biométriques stockées sur la puce électronique de ce nouveau titre d'identité, une myriade d'autres usages sont également possibles, notamment pour le secteur privé. Bouverot évoque ainsi la possibilité « de valider l'identité d'une personne au moment d'une transaction numérique sécurisée : signature d'un contrat, achat d'un billet d'avion, transfert d'argent entre pays différents, etc. ».

Dès le lendemain, le 12 décembre, Didier Casas, haut fonctionnaire et à l'époque directeur général adjoint de Bouygues Telecom, adresse un message à Alexis Kohler, le conseiller d'Emmanuel Macron qui deviendra secrétaire général de l'Élysée, et à Ismaël Emelien, en charge de la communication et des affaires stratégiques au sein de la campagne : l'identité biométrique, « vous achetez ou pas, franchement ? » « Honnêtement, bof », tranche Emelien quelques heures plus tard. La proposition ne figurera donc pas au programme du candidat Macron. L'identité biométrique – instaurée en France en 2009, sous la pression des États-Unis, avec la création du passeport biométrique – réalisera pourtant une percée décisive sous son mandat, que ce soit au travers de l'application pour smartphone Alicem, expérimentée depuis juin 2019, ou de cette fameuse « carte nationale d'identité électronique » (CNIe), finalement lancée à l'été 2021.

Ces échanges, à la fois banals et remarquables, offrent un bon aperçu des processus qui président à la fuite en avant de la surveillance numérique : les intérêts à court terme des élites politiques, administratives et économiques s'entrecroisent, voire s'alignent au gré de leurs allers et retours entre public et privé, tandis que les désordres du monde et la surenchère politicienne nourrissent une escalade sécuritaire qui alimente à son tour l'industrie de la surveillance en lui assurant des débouchés. À la croisée des velléités de contrôle social, du soutien aux fleurons industriels, des tentatives de rationalisation bureaucratique et d'une propension toujours plus grande au

« solutionnisme technologique », la surveillance se déploie et entretient la flambée du libéralisme autoritaire.

Des années Giscard à la startup nation

Certes, ces processus ne datent pas d'hier. Dès les années 1970, à la fin des « Trente Glorieuses », l'informatique revêt déjà une importance cruciale pour le pouvoir. Elle est le rouage clé de la « société de l'information » tant espérée par les élites réformatrices de l'époque, et l'on compte déjà sur elle pour moderniser l'État et relancer la croissance. En février 1975, le ministre de l'Industrie, Michel d'Ornano, assure ainsi qu'« aucun pays industrialisé ne pourra maintenir son potentiel ou son indépendance économique et socioculturelle s'il reste à l'écart des développements de ces nouvelles technologies qui seront au cœur de l'organisation future de nos sociétés[2] ». Pourtant, au sein de la population, l'ordinateur est volontiers associé au fichage généralisé et à la gestion technocratique des sociétés de masse. Dans le sillage de Mai 68, les réformateurs doivent composer avec de puissants courants technocritiques au sein de la société, tandis que l'Organisation des nations unies (ONU), le Conseil de l'Europe ou l'Organisation de coopération et de développement économiques (OCDE) alertent sur les risques que l'informatique fait peser sur les droits fondamentaux. Au sein même des élites politiques et administratives, beaucoup partagent ces préoccupations. Il faut dire que la question des libertés publiques se pose avec acuité chez une génération qui a connu la Seconde Guerre mondiale et, pour une bonne part, s'est battue dans les rangs de la Résistance.

Alors, pour réconcilier informatique et libertés, on s'en remet au droit. Lorsqu'en mars 1974, le journal *Le Monde* révèle un vaste programme d'interconnexion de fichiers de l'état civil, de l'Insee, de la police, des armées, de la Sécurité sociale ou des impôts, le gouvernement donne un coup d'arrêt à ce projet et met en place une commission censée définir un cadre pérenne. Ces réflexions aboutiront en 1978 à la création de la Commission nationale de l'informatique et des libertés (Cnil) par la loi dite « informatique et libertés ». Les dispositions de ce texte constituent aujourd'hui encore le socle juridique de la protection des citoyens face à la surveillance numérique. L'article premier proclame solennellement : « L'informatique doit être au service de chaque citoyen » ; « elle ne doit porter atteinte ni à

2. Conférence sur les politiques en matière d'informatique et de télécommunications, compte rendu de la conférence tenue à l'OCDE du 4 au 6 février 1975, OCDE, 1976.

l'identité humaine, ni aux droits de l'homme, ni à la vie privée, ni aux libertés individuelles ou publiques ».

Quarante ans plus tard, ces promesses ont fait long feu. La surveillance tant redoutée a bel et bien prospéré. Un processus intrinsèquement lié à l'informatisation toujours plus poussée de la société, laquelle demeure un marqueur de modernité et de puissance. Alors que, jusque dans les années 1980, l'ordinateur était une machine réservée aux grandes bureaucraties publiques et privées, l'apparition du *personal computer* (PC) engage une démultiplication de l'informatique à travers l'ensemble de la société. Puis, dans les années 1990, l'essor rapide d'internet marque une nouvelle rupture dans l'histoire du capitalisme de surveillance. Désormais, une grande part des activités sociales, économiques, politiques, migrent vers l'éther du « cyberespace ». La quantité quasiment infinie de traces numériques ainsi générées se transforme en une matière brute extraite et valorisée par une poignée d'acteurs économiques qui, à l'image de Google, les exploitent à des fins de ciblage publicitaire. Profitant de l'« effet réseau » et des rendements croissants permis par la reproductibilité numérique, ces multinationales acquièrent rapidement des positions dominantes et amassent des fortunes colossales. Bientôt propulsées en tête des classements des plus grandes valorisations boursières mondiales, elles sont autant de modèles à suivre dans l'économie de l'« hyper-innovation » vantée par Macron dans une ode à la « startup nation » en juin 2018[3].

À ces ressorts technologiques et économiques de la surveillance s'ajoutent des facteurs politiques et juridiques. Accompagnant la consolidation de l'ordre néolibéral, les nouvelles élites dirigeantes semblent pour l'essentiel avoir mis de côté les scrupules de leurs aînées en matière de libertés. Grâce aux « puits à données » constitués par les parangons du capitalisme de surveillance et grâce aux innovations sorties des laboratoires de la recherche publique et privée, la surveillance d'État se fait plus massive, plus systématique. Les crises, qu'elles soient terroristes, économiques ou sanitaires, constituent autant d'occasions à saisir pour légitimer et légaliser ces nouvelles pratiques, permettant ainsi à la surveillance de « passer à l'échelle » en s'affranchissant autant que faire se peut du débat démocratique. Les réformes s'empilent et instaurent un état d'exception permanent, qui suspend ou contourne l'État de droit et affaiblit les contre-pouvoirs.

3. « Discours du Président de la République, Emmanuel Macron, au salon VivaTech 2017 », *elysee.fr*, 15 juin 2017.

Un exemple parmi tant d'autres : alors que la Cnil s'était opposée durant les années 1990 à la vidéosurveillance et à la fuite en avant du fichage policier, le gouvernement et le Parlement s'entendent en 2004 pour la priver du droit de veto prévu par le législateur en 1978. Depuis, ses avis sur les décrets ou arrêtés créant de nouveaux traitements de données personnelles ne sont que consultatifs.

Internet comme laboratoire

Dans cette longue dérive amorcée dès les années 1980, la grande crise sécuritaire ouverte par les attentats du 11 septembre 2001 aura joué un rôle clé. Les projets à l'étude au sein des services de police ou de renseignement en matière de surveillance d'internet bénéficient alors d'un gigantesque coup d'accélérateur, tandis que les résistances chez les responsables politiques comme dans l'opinion publique sont vaincues. Aux États-Unis, la National Security Agency (NSA) lance de nouveaux programmes de surveillance comme le *Total Information Awareness* et s'allie avec une myriade d'acteurs privés. Les États membres de l'Union européenne imposent aux opérateurs télécoms le stockage des métadonnées – les données techniques qui fournissent des renseignements sur qui communique avec qui, quand, depuis quel lieu, pendant combien de temps, etc. –, et ce non pour les seules personnes suspectées, mais pour l'ensemble de la population.

En France, la Direction générale de la sécurité extérieure (DGSE) lance en 2007 un plan d'investissement qui doit lui permettre de rattraper son retard sur les agences de renseignement anglo-saxonnes. L'objectif est de construire des stations d'interception destinées à la collecte et à l'analyse du trafic internet qui transite par les câbles sous-marins raccordés au territoire national. Pour ce faire, elle dispose d'importants atouts, à commencer par ses liens avec les câblo-opérateurs de rang mondial comme Alcatel et Orange, mais aussi de « jeunes pousses » comme Qosmos ou Amesys, spécialisées dans les outils permettant de « scanner » à la volée ces immenses flux de données. Lors d'une réunion à l'Élysée en janvier 2008, les patrons du renseignement et des caciques du Conseil d'État font valider leur projet par Nicolas Sarkozy. Le chef de l'État acceptera de débloquer près de 700 millions d'euros sur quatre ans, malgré l'illégalité patente de ce programme classé secret défense. L'année suivante, le renseignement intérieur expérimente à son tour l'usage de sondes placées sur les infrastructures des principaux fournisseurs d'accès à l'internet français afin de détecter des communications « suspectes ». Comme le résume en 2010

Bernard Barbier, alors directeur technique de la DGSE (depuis passé dans le privé), la France joue désormais « en première division ».

À la suite des attentats de janvier 2015, le gouvernement de Manuel Valls légalise ces dispositifs en faisant adopter la loi relative au renseignement. Le pouvoir promet qu'il s'agit de faire rentrer les services secrets dans le giron de l'État de droit mais cela ne les empêchera pas de persister dans l'illégalité. Fin 2016, la presse révèle l'existence d'un contrat conclu entre la DGSI et l'entreprise californienne Palantir. Pour passer les téraoctets de données perquisitionnés dans le cadre de l'état d'urgence à la moulinette du big data, la direction générale s'en remet à cette entreprise liée au complexe militaro-industriel états-unien. Cette collaboration, qui suscite les réserves de certains responsables du renseignement inquiets pour la « souveraineté numérique » de la France, sera pourtant validée par le député Cédric Villani : en 2018, dans un rapport sur « l'intelligence artificielle », il légitime ces pratiques – illégales car nullement autorisées par la loi – en les enrobant du langage « startup », évoquant une « expérimentation » dans une « logique de bac à sable[4] ». La presse dévoilera aussi, fin avril 2019, la création de l'« entrepôt ». Attenant au siège de la DGSE à Paris, ce bâtiment ultrasécurisé et consacré à la mutualisation des données entre services leur permet de s'affranchir, hors de tout réel contrôle, de certains des garde-fous inscrits dans la loi de 2015.

La surveillance des mouvements sociaux : une priorité

Si la lutte contre le terrorisme est systématiquement invoquée pour justifier l'extension continue des capacités de surveillance du renseignement, cette finalité ne représente, en réalité, qu'un peu plus d'un tiers de ses activités. Parmi les autres missions dévolues aux « services », on compte par exemple le renseignement économique ou encore la surveillance des mouvements sociaux. Au motif de lutter contre « les violences collectives de nature à porter gravement atteinte à la paix publique », de prévenir « les atteintes à la forme républicaine des institutions » ou « la reconstitution de groupements dissous », la loi de 2015 autorise les services de renseignement à surveiller les associations et autres groupes militants. Or, cette activité a connu un important regain ces dernières années. Entre 2017 et 2019, sa part dans le total des mesures de surveillance administrative est passée de 6 à 14 %.

---

4. Cédric Villani, *Donner un sens à l'intelligence artificielle. Pour une stratégie nationale et européenne*, mission confiée par le Premier ministre Édouard Philippe, Paris, 2018.

À cet égard, le mouvement des Gilets jaunes a constitué un tournant. Dès la fin 2018, les services de renseignement s'organisent pour identifier les « meneurs » de cette mouvance protéiforme et décentralisée, malgré les réserves de certains agents et même de quelques préfets gênés par cette opération de police politique. En janvier 2019, le Service central de renseignement territorial (SCRT, anciens « Renseignements généraux ») est sommé de repérer « les personnalités exerçant une réelle influence sur le mouvement ou se signalant par des commentaires vindicatifs ou subversifs trouvant de l'écho sur les réseaux sociaux », dans le but de les interpeller lors des manifestations ou de les « retourner » pour en faire des informateurs. Quant à la Cnil, elle ne sera avisée de ces activités qu'un an et demi plus tard, lorsque le gouvernement lui soumettra des projets de décrets visant à régulariser et à étendre encore davantage ce fichage politique. Son avis, qui recommande notamment d'« exclure explicitement la possibilité d'une collecte automatisée de ces données » captées sur les réseaux sociaux, ne sera pas suivi par le gouvernement.

Entre-temps, la stratégie nationale du renseignement publiée à l'été 2019 avait consacré « l'analyse et le suivi des mouvements sociaux et crises de société » au rang de priorité du renseignement : comme s'en justifiait quelques mois plus tard Pierre de Bousquet de Florian, alors coordonnateur national du renseignement (depuis devenu directeur de cabinet de Gérald Darmanin), il s'agit de faire face à « une forme d'ensauvagement général de la société ». Au ministère de l'Intérieur, on explique la hausse rapide du nombre de personnes inscrites dans ces fichiers – passé d'environ 40 000 à 60 000 en à peine trois ans – par les « troubles graves à l'ordre public qui se sont développés depuis 2015 ».

« Expérimenter pour que nos industriels progressent »

Derrière le développement de la surveillance, il y a donc des impératifs politiques. Mais les politiques industrielles jouent également un rôle prépondérant. Au gré de rachats et autres fusions et acquisitions, deux entreprises françaises figurent désormais dans le peloton de tête mondial du secteur : d'un côté, Idemia, née en 2017 de la fusion de Morpho (ex-Safran Identity and Security) et d'Oberthur Technologies ; de l'autre, Thales, géant de la défense renforcé sur le marché de la surveillance par le rachat de Gemalto en 2019.

Édifiés par le succès économique des plateformes internet comme Google ou Facebook, ces groupes cherchent à imiter leurs stratégies fondées sur le traçage constant des populations. Mais plutôt que d'en passer par le stockage de « cookies » dans les navigateurs web ou par la captation des données comportementales depuis les applications pour smartphones, ces groupes français misent sur le déploiement de quantité de capteurs dans l'espace public urbain. « Le monde physique, déplore Ajay Amlani, vice-président senior d'Idemia, est un immense vide de données. » Un vide que ces entreprises entendent combler avec le soutien actif de l'État, présent à leur capital. Le député LREM de la Loire, Jean-Michel Mis, fin connaisseur du milieu, résume : « Il faut se positionner par rapport aux Américains ou Chinois, notamment sur les questions d'identification ou de reconnaissance biométrique. » Le secrétaire d'État au numérique Cédric O, promoteur d'Alicem et ancien cadre chez Safran, est sur la même ligne : selon lui, « expérimenter la reconnaissance faciale est nécessaire pour que nos industriels progressent ».

Dans ce contexte, les financements abondent afin de permettre aux industriels français de développer leurs solutions techno-sécuritaires, souvent en lien avec des organismes de recherche publics. Depuis 2016, dans le cadre de projets de recherche menés en collaboration avec la préfecture de police de Paris et l'Institut national de recherche en informatique et en automatique (Inria), Idemia et Thales développent des solutions de vidéosurveillance automatisée. Ces outils recourent à l'intelligence artificielle pour analyser automatiquement les images captées par les caméras de surveillance. Un document de présentation de l'un de ces projets précise que l'objectif consiste à « combler le *gap* entre le niveau macro de la surveillance d'une foule et l'observation micro d'individus ou de groupes ». Outre la lutte contre la grande ou la petite délinquance, il s'agit plus largement d'automatiser la détection des comportements réputés déviants. En juin 2018, dans un discours consacré aux doctrines de maintien de l'ordre en manifestation, l'ancien ministre de l'Intérieur Gérard Collomb voyait dans ces outils un moyen de « repérer dans la foule des individus au comportement bizarre ».

L'État soutient aussi ses « champions nationaux » par l'octroi de subventions ou la passation de marchés publics. C'est Thales qui a développé l'application d'authentification par reconnaissance faciale Alicem. Encore Thales qui, à Nice, a reçu une aide de 11 millions d'euros de la part de la Banque publique d'investissement (BPI) pour contribuer à l'émergence de solutions de « *Safe City* » (« ville sûre »), un marché prometteur au croisement du secteur de la sécurité, lequel réalise 7 % de croissance annuelle au niveau mondial, et de celui de la « *Smart City* », qui recouvre l'ensemble des projets d'informatisation massive de la gestion urbaine et devrait représenter près de 820 milliards de dollars d'ici 2025. La convention d'expérimentation conclue en juin 2018 entre le consortium dirigé par Thales et la Ville de Nice envisage ainsi la fusion de diverses technologies de surveillance au sein d'un « centre d'hypervision et de commandement », avec pour objectifs d'« évaluer chaque situation pour pouvoir anticiper les incidents et les crises », d'identifier les « signaux faibles » afin de fournir une « aide à la planification » et de proposer des « prédictions sur base de scénarios », dans le cadre d'une « gestion en temps réel » fondée sur l'exploitation du « maximum de données existantes ».

Enfin, l'État encourage l'exportation de ce savoir-faire national, notamment à travers une structure baptisée Civipol dont il détient 40 % du capital. Parmi les actionnaires de cette société de droit privé, on retrouve aussi Thales et Idemia. Grâce à des financements européens consacrés au contrôle des migrations ou à l'aide au développement, elle intervient auprès de pays comme le Mali ou le Sénégal pour concevoir et mettre en œuvre des systèmes d'identité biométrique. Une bonne manière pour les entreprises françaises de se positionner sur un marché africain de l'identité estimé à 1,4 milliard d'euros. Anciennement dirigé par Pierre de Bousquet de Florian, le conseil d'administration de Civipol a également eu pour membre un certain Alexis Kohler.

Des contrôles d'identité permanents et invisibles

Lorsque les élites dirigeantes évoquent leur préoccupation pour les libertés publiques, il s'agit le plus souvent de se distinguer des concurrents ou pays plus franchement autoritaires, d'afficher leur prétendue supériorité morale et d'écarter d'un revers de main les critiques « droits-de-l'hommiste ». Le traçage numérique ? « Ce n'est pas la culture française », esquivait l'ancien ministre de l'Intérieur Christophe Castaner au début de la pandémie de Covid-19, alors qu'on l'interrogeait sur les pratiques du régime chinois. Si, dans les discours, la Chine fait figure de repoussoir, sa domination du secteur de la surveillance en fait pourtant un partenaire incontournable. Ses entreprises se taillent d'ailleurs régulièrement la part du lion dans les marchés publics français : en juillet 2020, lorsque le ministère de l'Intérieur passe une commande de 15 millions d'euros pour l'achat de 30 000 nouvelles « caméras-piétons » destinées à filmer les interventions des forces de l'ordre, c'est le chinois Hikvision qui remporte l'appel d'offres.

D'ailleurs, certains assument de s'inspirer du régime de Pékin. Dans une note de l'École des officiers de la Gendarmerie nationale consacrée à la reconnaissance faciale, un colonel estime qu'une fois couplée aux dizaines de milliers de caméras de vidéosurveillance installées sur la voie publique, cette technologie permettra d'instaurer « un autocontrôle limitant les incivilités (respect du code de la route, déjections animales, dépôts d'ordures) sur le modèle du crédit social chinois[5] ». L'auteur y voit même le moyen de « mettre fin à des années de polémiques sur le contrôle au faciès, puisque le contrôle d'identité serait permanent et général », mais aussi « invisible ». Pour assurer l'« acceptabilité sociale » de la reconnaissance faciale, ses promoteurs misent sur les Jeux olympiques de 2024, une grande manifestation sportive avec, à la clé, de juteux marchés publics, où les enjeux sécuritaires seront à la fois immenses et en partie dissimulés par la nature à la fois consensuelle et festive de ce « grand événement ».

Du côté du ministère de l'Intérieur, on pense à plus long terme. Au mois de novembre 2020, en pleine mobilisation contre les violences policières et la proposition de loi dite « sécurité globale », le gouvernement publie discrètement le *Livre blanc de la sécurité intérieure*. Identification biométrique par reconnaissance faciale, par le son de la voix ou les odeurs corporelles, intelligence artificielle « pour faire face au volume croissant d'informations », centres de commandement nourris aux big data afin de procéder à « l'analyse des données du passé comme outil de rétrocontrôle et d'aide à la décision », ou encore multiplication des drones de surveillance : la panoplie techno-sécuritaire y est passée en revue. Et, bien sûr, pour « porter le ministère de l'Intérieur à la frontière technologique », les financements devront suivre : le livre blanc propose de consacrer 1 % du PIB aux missions de la sécurité intérieure à l'horizon 2030, soit une augmentation budgétaire de 30 % sur la décennie.

---

5. Dominique Schoener, *Reconnaissance faciale et contrôles préventifs sur la voie publique, l'enjeu de l'acceptabilité*, Centre de recherche de l'École des officiers de la Gendarmerie nationale, 2019.

8

MYTHOLOGIES

J'assume

François Bégaudeau

Le verbe lui vient souvent à la bouche, dûment conjugué à la première personne du singulier : j'assume.

Notre président assume.

Notre président assume tout. Il assume « totalement ». La suppression de l'ISF ? « J'assume cette décision. » L'aparté sur les feignants qui feraient bien de chercher du boulot au lieu de foutre le bordel ? « J'assume complètement ce qui a été dit. » Les Gaulois réfractaires ? « J'assume ce trait d'humour. »

Ce président supposé littéraire a donc trouvé la figure de style qui le distinguera dans l'histoire des lettres. Sauf que ce n'est pas la sienne. « J'assume », c'est le mantra de son modèle, Nicolas Sarkozy.

Au début des années 2000, le petit nerveux conquiert la scène politique en assumant. La droite, qui le vénère, le vénère parce qu'il assume. Qu'il assume d'être de droite. Assumer signifie alors faire exploser les cadres moraux imposés par la gauche hégémonique « depuis trente ans ». Assumer, c'est passer outre les syndicats – « quand y a une grève, plus personne s'en rend compte » –, transgresser « les tabous », pointer la « fraude sociale » des gens qui ne se lèvent pas tôt. Assumer, c'est « dire les choses ». Dire tout haut le Kärcher dont la droite rêve tout bas.

En première analyse, « j'assume » est le cri de guerre de la droite décomplexée.

Vaillante soldate de l'assaut néolibéral des années 1970, Margaret Thatcher est une dame de fer parce que son libéralisme est sans complexes, sûr du bien-fondé de sa violence. Maggie ne cède pas devant les enfants de mineurs affamés par des mois de grève parce qu'elle a raison de bazarder les mines. Maggie ne cède pas à la sensibilité devant l'agonie de Bobby Sands en prison parce qu'elle a raison de ne rien lâcher sur l'Irlande du Nord. Il va crever et elle assume.

Par la suite, le libéralisme décomplexé nommé néolibéralisme ne va plus cesser d'assumer. La guerre froide est gagnée, les forces contestataires épuisées, la voie est libre, le bar gratuit, il n'y a qu'à se servir. On n'est pas beaucoup plus voraces qu'avant, la nouveauté est qu'on assume la prédation. On s'appelle Trump, on étend son empire immobilier hérité à coups d'acquisitions douteuses, puis on s'en va sans gêne afficher sa brutalité managériale dans un show télé. On y devient populaire en y virant les candidats d'un tonitruant « *You're fired!* » qui enchante l'audience.

Quelques années plus tard, l'audience s'est convertie en base électorale. Dans Trump, le trumpiste aime le franc-parler. Aime qu'il assume, qu'il assume jusqu'à ses mensonges et ses conneries. En régime de décomplexion néolibérale, assumer est une stratégie de communication. Trump dit n'importe quoi mais au moins il assume. Trump prétend qu'il a gagné des élections perdues, mais le prétend avec un aplomb qui est un signe de cette force que son électeur réclame.

Assumer apparaît alors comme le verbe pivot de la force autodécrétée. Comme la formule du néobonapartisme, de la tautologie autocrate : ce que je dis est vrai puisque c'est moi qui le dis ; ce que je fais est juste puisque c'est moi qui le fais. Quoi qu'il en coûte de morts sur le champ de bataille, j'envahis l'Italie. Et je me déclare moi-même empereur. Sur ma tête, mes mains déposent la couronne.

Il est alors tentant de voir dans la diffusion virale de ladite formule la marque d'une époque individualiste. Si les adolescents, les influenceuses du Net, les candidats de téléréalité assument à l'envi, ce serait au nom d'une circularité narcissique où l'individualité est devenue sa propre mesure. Mais, comme d'habitude, la confuse notion d'individualisme tape à côté. Du moins peut-on aussi bien avancer que ces sujets du néolibéralisme ont avant tout assimilé, intériorisé, incorporé la recommandation numéro 1 de la panoplie commerçante : quoi que vous vendiez, ayez toujours l'air absolument convaincus de la valeur du produit. Et ayez toujours l'air absolument sûrs de votre valeur quand c'est vous que vous êtes en train de vendre, que ce soit en entretien d'embauche, en rendez-vous avec le banquier, sur une chaîne YouTube ou pendant la promo d'un film. Ce film est formidable et d'ailleurs je joue dedans. Ce film est formidable puisque je joue dedans. La ficelle est grosse, tout le monde voit bien que l'acteur est juge et partie, et que sa parole est aussi digne de foi que celle d'un marchand de savonnettes, mais au moins il assume, et on finit presque par y croire. Voire on y croit. On ira voir le film.

« J'assume » est la formule de l'individu mis sur le marché et enjoint de s'y vendre, et pour s'y vendre de gagner la confiance de l'acheteur (de l'employeur), et pour gagner sa confiance de manifester sa confiance en soi. Aspirant à ma réélection comme président, ou à un emploi, ou à un prêt bancaire, je dois sembler d'accord avec ce que je dis et en accord avec ce que je suis. Si je déclare que j'ai du prix, c'est que j'en ai un. Prenez-moi. Prêtez-moi. Achetez-moi.

Le casseur

Mathilde Larrère

« Les casseurs cassent la République. Soutien à nos policiers et nos gendarmes, une nouvelle fois très violemment pris à partie. 64 interpellations. Parmi les blessés, 8 forces de l'ordre. Leur courage et leur honneur forcent le respect de tous. » Tweet du ministre de l'Intérieur, Gérald Darmanin, le 5 décembre 2020, au soir (19 h 42) d'une manifestation contre la loi « sécurité globale ». À en croire les chaînes d'info en continu ou la préfecture de police de Paris, les « casseurs » cassent tout, les vitrines et les Abribus mais surtout l'image de la France, la République même. À l'issue de l'acte III du mouvement des Gilets jaunes, le 1er décembre 2018, un buste allégorique détérioré, à l'Arc de Triomphe, par les manifestants avait fourni l'image idéale pour illustrer cette idée. Qu'importe que la fameuse statue éborgnée ait été une Victoire et non une Marianne : c'est la République que l'on cassait, rien de moins.

Dès lors, on ne va plus parler que des « casseurs », pour mieux taire le nombre des manifestants et manifestantes, qui s'efface derrière celui des vitres brisées. Pour mieux taire aussi les revendications portées par les mouvements sociaux. Sur les plateaux télé, on ne va pas non plus perdre du temps à s'interroger sur cette « casse ». Qui, quoi, comment, pourquoi ? Autant de questions qui disparaissent devant la seule qui semble digne d'intérêt : « Que faire contre ? »

Ce faisant, on prépare les esprits à accepter un système de maintien de l'ordre violent, qui n'éborgne pas des statues, lui, mais des êtres humains, et plus généralement des mesures liberticides qui entravent (j'allais dire : qui cassent) le droit de manifester. Car il faut bien « faire quelque chose » contre les « casseurs », fût-ce arrêter préventivement, au mépris de l'*habeas corpus*, interpeller pour possession de sérum physiologique (ils veulent forcément en découdre !), charger des cortèges pacifiques, sans sommation et au prix de nombreux blessés, tirer des grenades de désencerclement, des balles de défense qui mutilent. Voici même que tout manifestant est présumé complice des violences, casseur par procuration. Une loi « anticasseurs » est adoptée en avril 2019 : elle instaure un droit de fouille préventif, interdit la dissimulation du visage en manifestation, et prévoyait même des interdictions administratives de manifester, jusqu'à ce que cette disposition soit... cassée par le Conseil constitutionnel.

La fabrication du « casseur » – entendez : la lecture des manifestations au seul prisme des violences qui peuvent les accompagner – est un des éléments d'une stratégie globale d'écrasement des mouvements sociaux et politiques d'opposition. Elle permet de réprimer, de dissuader, de délégitimer.

Cette stratégie éprouvée, décortiquée par de nombreux chercheurs et chercheuses, dénoncée jusque dans les organisations internationales les plus légitimes, n'a rien de bien neuf.

Le terme est popularisé par la première loi dite « anticasseurs » du 8 juin 1970, décrétée par une majorité encore sous l'émotion des événements de Mai 68 (horreur ! malheur !), et abrogée sous la présidence Mitterrand, en 1981. Le terme de « casseur », auparavant utilisé par les médias, était déjà un fourre-tout qui recouvrait des types de violences différentes : d'un côté, les violences qu'on peut dire « acquisitives » (soit des pillages de magasins en marge des manifestations, et parfois sans autre lien avec elles que la possibilité de s'y fondre), de l'autre, des violences théorisées par des groupes politiques qui revendiquent la possibilité du recours à l'action directe, contre des cibles précises (banques, sièges sociaux ou forces de l'ordre). Surtout, cette loi instituait une responsabilité pénale et pécuniaire des auteurs de violences (« les casseurs seront les payeurs », se félicitait le ministre d'alors), mais aussi, plus grave, de manifestants étrangers à ces violences.

Remontons encore plus loin dans le temps – car cela fait longtemps que les pouvoirs libéraux ont recours à la manœuvre. En 1832, le régime libéral issu de la révolution de 1830 trahit l'une après l'autre les promesses de Juillet, nourrissant une opposition démocratique, sociale et républicaine qui l'affronte dans la rue. Dès lors, comment concilier la naissance sur les barricades de 1830 et la répression de celles de 1832 ? Eh bien, en délégitimant les révoltés derrière la figure du... casseur. On voit alors la presse de droite répéter *ad libitum* dans ses colonnes que les républicains ne sont que des « casseurs de lanternes ou de vitres ».

Face à cela, une partie de la gauche cherche aujourd'hui à retourner le mot contre le gouvernement, en demandant « Qui sont les vrais casseurs ? » et en pointant la casse des services publics, de l'État social, du droit du travail, des libertés publiques et de l'emploi. Cependant que quelques graffitis contestataires tentent l'ironie, comme le récurrent « Pensées pour les familles des vitrines », ou, au lendemain de l'acte III des Gilets jaunes, un opportun : « 14 juillet 1789, des casseurs saccagent un monument historique. »

Le colis

Camille Beauvais et Gatien Élie

« Merci à celui qui remplit nos colis pour qu'on se sente moins vide. »
Bruce (Agence d'intérim)
Juin 2021, station République, 4 x 3 m

Un naufragé sur une île paradisiaque ouvre frénétiquement des boîtes en carton. PDG d'une multinationale du transport de colis, il est le seul rescapé d'un accident d'avion. Tout au long du film *Seul au monde*, le patron de Fedex incarné par Tom Hanks refusera néanmoins d'ouvrir le dernier des colis, celui qui le relie au reste de l'humanité, conservant l'espoir de livrer un jour son destinataire. Ce qu'il contient n'est révélé ni au héros ni au spectateur : un *MacGuffin* pour cinéphiles, un formidable outil de promotion pour l'entreprise Fedex.

Colis-survie pour un Robinson Crusoé de l'an 2000, colis humanitaire vers Haïti, colis-doudou des colonies de vacances... L'objet toujours rassure. Fétiche des temps de crise, il maintient le lien entre humains. Et la possibilité de consommer encore quand tout s'arrête.

Aujourd'hui, à n'importe quelle heure du jour ou de la nuit, depuis son lit ou son bain, la jouissance procurée par le colis commence par un clic. Plus besoin de souffrir le repos dominical des travailleurs ni les horaires des commerces – on clique d'ailleurs beaucoup le soir et le dimanche. Marx le disait déjà, la jouissance de la marchandise commence avec l'achat – l'usage est second, parfois même secondaire. L'attente du colis prolonge le plaisir, pourvu qu'il soit livré dans les délais promis.

La consommation n'a plus aucune limite. Tout comme l'espace géographique : le colis abolit les notions de centre et de périphérie. On ne va plus « en ville » chercher l'article désiré. Et l'on quitte définitivement la métropole pour se mettre au vert, même dans un bourg où tous les commerces ont fermé, avec d'autant moins d'inquiétude que la camelote du monde entier ou presque reste à portée de téléphone ou d'ordinateur.

Nombreux sont les artisans sans boutique dont la survie dépend du colis ; comme l'économie de la seconde main ; et un libraire isolé attire de futurs lecteurs en se faisant point relais. Le colis rend possible une économie alternative mais il permet surtout de bâtir des empires. En 2017, Jeff Bezos, PDG d'Amazon, est l'homme le plus riche de la planète. Mondial Relay qui fournit 70 % des sites d'e-commerce a vu son chiffre d'affaires doubler entre 2017 et 2020. Chronopost a généré en 2020 le tiers du chiffre d'affaires du groupe La Poste.

L'activité de ces colosses est de plus en plus visible dans l'espace public, de manière omniprésente et diffuse. La flèche-sourire du logo d'Amazon, le livreur stylisé de Mondial Relay, le cube parfait de Chronopost, autant d'images subliminales aperçues dans nos poubelles, sur les vitrines de nos commerces, sur les camionnettes sillonnant nos rues. Comme la carte bleue ou le smartphone, le colis est un totem du stade logistique du capitalisme.

Léger et presque mignon, comment le colis pourrait-il contribuer à l'effondrement général ? On le remplit mal : il contient 45 à 50 % de vide, tout comme le navire qui l'achemine. Chaque année, on expédie l'équivalent de 61 millions de conteneurs vides – le bilan carbone de l'Argentine. On bétonne des terres fertiles pour accueillir des entrepôts démesurés – ceux d'Amazon sont six fois plus grands qu'un hangar classique. On augmente la congestion et la pollution en exigeant des livraisons à domicile, en moins de 48 heures, et en renvoyant l'article trop vite acheté. On ne recycle que la moitié des emballages : carton, scotch, polystyrène. Saturation du local poubelles, fatigue du concierge, ras-le-bol de l'éboueur : ce sont aussi les travailleurs que le colis épuise, et tout un pan du monde du travail qu'il occulte.

L'ouvrier disparaît. Soumis à des algorithmes, celui d'un entrepôt Amazon subit une cadence fiévreuse. Le temps de latence entre l'enregistrement de deux colis est chronométré. Jamais assez rapide. Son poste est menacé : des drones sont d'ores et déjà capables d'effectuer les inventaires à sa place.

Le routier disparaît. Avalé par le rythme du flux tendu des entrepôts qu'il vide et qu'il remplit. Mal-aimé des conducteurs et des riverains, dans l'angle mort du consommateur. Même s'il reste le maillon essentiel de la logistique.

Le livreur disparaît. Dévié vers des points relais, anonyme et invisible pour les clients, il est traçable et identifiable par son patron, enchaîné à son terminal qui le chronomètre, le surveille. Il est la figure martyre de l'ubérisation dans *Sorry We Missed You* de Ken Loach (2020). Avec l'arrivée des boîtes de dépôt automatiques qui fonctionnent 24 heures sur 24, les livreurs perdent l'un de leurs derniers contacts humains.

Qu'importe. Sur fond de pandémie, le processus de déshumanisation se poursuit : UPS et Amazon ont obtenu l'autorisation de déployer leur flotte de drones-livreurs. Et le colis chargé de sentiments n'appartient peut-être plus qu'à la fiction.

Le collaborateur

Johann Chapoutot

Le mot est récent, mais l'idée déjà vénérable. Levons d'emblée un malentendu toujours possible, et passablement fâcheux : nous ne parlerons pas ici de Paul Touvier, le milicien, de Maurice Papon, le zélé secrétaire général de préfecture (par ailleurs auteur de deux essais sur la « libre entreprise » et son organisation), ou de Jean Bichelonne, le brillant ministre de l'Industrie du Maréchal. C'est que le mot « collaborateur » fleure bon le documentaire en noir et blanc, les empoignades autour d'un « passé qui ne passe pas » et les révélations sans fin autour des amitiés mitterrandiennes, dont les années 1990 furent si riches. C'est du reste à la fin de ces années-là que le mot, que l'on avait peut-être trop entendu pour qu'il ne restât pas dans l'oreille, en vint à se diffuser « dans le privé ». On en usa pour désigner ce que l'on appelait auparavant des « salariés », des « employés », voire des « subordonnés ». Décapé de ses connotations historiques, « collaborateur » revenait à son étymologie – *cum* + *laborare* – pour dénoter celui qui, littéralement, travaille *avec* (et non pas seulement *pour* ou *sous les ordres de*), un peu comme dans un cabinet d'avocat. Le collaborateur, à cette aune, est celui dont on a su susciter l'adhésion, voire l'enthousiasme, celui qui est non pas forcé, ou même dirigé, mais conduit, emmené, dans un bel élan *collectif* (j'allais écrire *commun*, mais c'eût été un lapsus), voire, comme on dit en excellent franglais, dans une dynamique *corporate* (comme un seul corps, en somme).

Le signifiant, pour parler comme les psychanalystes, ne manque pas de sel, car si l'usage en est récent, l'idée remonte à l'immédiat après-guerre. En Allemagne, un général SS reconverti dans la théorie du management et la direction d'une école de cadres d'entreprise pensa la transition de l'*Untertan* (littéralement, celui qui est placé dessous) vers le *Mitarbeiter* (le *co-laborateur*) – ce qui, pour un nazi, témoigne apparemment d'une appréciable ouverture d'esprit, mais plus sûrement d'une ferme suite dans les idées : sous le Troisième Reich, les responsables de la production industrielle pensaient le travail comme réalisation de la « liberté germanique » et « force par la joie ». Après 1945, le glissement d'un monde (celui de la guerre contre le judéo-bolchevisme) vers l'autre (celui de la guerre – froide, peu ou prou – contre le communisme) se fit sans trop d'accrocs : l'affrontement des deux « blocs » commandait que l'on montrât et démontrât à toute force que le « monde libre » était bel et bien libre. Autrement dit, alors que les peuples de l'Est vagissaient dans un goulag à ciel ouvert, l'homme de l'Ouest était libre comme citoyen (choix des partis), comme consommateur (choix des produits) et comme producteur (choix des moyens). Car Reinhard Höhn, le SS Manager, le *Menschenführer*, l'enseignait : le temps du taylorisme aliénant était fini, celui de la verticalité administrative passé de saison... Le « management par délégation de responsabilité » rendait le « collaborateur » libre de choisir les moyens d'une fin qu'on lui avait imposée. Höhn livrait à la RFA, en pleine haute croissance, la partition micro-économique de son grand dessein macro-économique, la *Mitbestimmung* (codécision) au niveau fédéral, grâce au dialogue et à la *co-opération* des partenaires sociaux. Le but, qui avait également hanté les nazis : éviter une réitération de la « révolution communiste » de 1918-1919, dans un contexte de guerre des mondes où l'Allemagne était vitrine (de la prospérité libérale et démocratique), glacis (face à l'ours rouge) et tête-de-pont (d'une éventuelle conquête des corps ou des cœurs) tout à la fois.

Ce modèle de *Führung im Mitarbeiterverhältnis* (direction/management dans une relation avec les collaborateurs) eut un succès adéquat à son actualité : elle était la grammaire d'une époque, tout comme le *management by objectives* de l'Austro-Américain Peter Drucker, juif réfugié aux États-Unis depuis la fin des années 1930. Le mot de collaborateur est en réalité aussi factice que l'idée de la délégation de responsabilité – car, dans un contrat de travail défini par la relation de subordination, le calcul des moyens, généreusement délégué, ne compensera jamais la pensée des fins, soigneusement retenue. Hélas, les dégâts psychosociaux, la destruction du vivant, les injustices criantes conduisent à s'interroger de plus en plus sur lesdites fins, malgré les fariboles psychologisantes (*team building*), les habillages marketing (*expérience collaborateur*) et les slogans burlesques (*happiness*). Le roseau pensant semble se redresser, au vent de la catastrophe écologique et de la pandémie. Ruse de la raison, dirait l'autre et, peut-être, qui sait, progrès dans l'histoire.

Le coût du travail

Laurent Cordonnier

On trouvera difficilement lamentation plus psalmodiée que celle qui aura accompagné le capitalisme de sa naissance à sa mort : « le coût excessif du travail ». Comment, de ce qui n'est qu'une humeur matinale chagrine, bien normale chez un patron en bonne santé – qui donc voudrait que ses coûts soient plus élevés que ceux de son voisin ? –, a-t-on pu faire le psaume plaintif de toute la vie économique sur Terre ? Au nom de l'emploi, répondra-t-on. Mais si cela marchait, on s'en satisferait peut-être. Or, on sait depuis très longtemps que cela ne marche pas, et on sait même très bien pour quelle raison : « Si un producteur ou un pays particulier diminue les salaires, alors, tant que les autres ne suivent pas son exemple, ce producteur ou ce pays peut accroître sa part de marché. Mais si la réduction des salaires est générale, le pouvoir d'achat de la collectivité est réduit dans la même mesure que les coûts ; et, de nouveau, personne ne s'en trouve plus avancé[1]. » Et l'on ne se demande pas non plus comment les capitalistes feraient des profits si ce qu'ils veulent nous vendre était sans coût – nous irions tous nous servir nous-même à cette fontaine magique. Puisque la

1. John Maynard Keynes, « La grande récession de 1930 », *The Nation and Athenaeum*, 20 et 27 décembre 1930.

marge se fait sur les coûts, il ne peut exister de gros profits sans gros coûts. Du point de vue rationnel, les jérémiades à l'encontre du coût excessif du travail ne valent pas mieux que la pleurnicherie d'un cuisinier amateur contre le temps de cuisson d'un gigot de sept heures.

N'empêche, il faut toujours recommencer, soit en pressurant les salaires, soit en baissant les cotisations sociales : « nous ne sommes pas encore suffisamment compétitifs, notamment par rapport à nos voisins allemands », expliquait le ministre de l'Économie, Bruno Le Maire, en 2017 sur France Inter. Car forcément, cela marche quand même un peu (tant que les autres pays n'ont pas réagi), si l'État et le contribuable sont d'accord pour mettre près de 150 000 euros par an sur la table (des patrons) pour créer ou sauvegarder un seul emploi ! Car telle est la belle performance du crédit d'impôt pour la compétitivité et l'emploi (CICE) instauré en 2012 et remplacé en 2019 par une nouvelle baisse pérenne des cotisations sociales (pour un coût total, pour l'État, de 20 milliards d'euros par an). Même l'OCDE admet aujourd'hui que le coût du travail, en particulier au niveau du Smic, n'est pas le problème, dans la lignée des conclusions de Boeri et Ours : « les travaux empiriques récents échouent à fournir des résultats non ambigus sur les effets d'un salaire minimum sur l'emploi[2]. »

Que faut-il faire pour que « nos » responsables (politiques, économiques, experts patentés, commentateurs en chaire, etc.) se détournent enfin de leur obsession du coût du travail ? Peut-être leur suggérer d'en explorer un autre, qu'un simple esprit de symétrie aurait dû depuis longtemps leur souffler ? Sans quitter le registre des coûts, qui peuple l'imaginaire des économistes, ils pourraient ainsi s'enquérir, juste pour voir, de ce qu'il en est du coût du capital, et de son augmentation. Car les grands groupes français servent aux actionnaires toujours plus de dividendes : alors qu'ils représentaient 3 % de la richesse créée il y a trente ans, cette part est aujourd'hui de 9 %.

Elle ne va ni dans la poche des gens entreprenants (à moins qu'ils soient également propriétaires de leur entreprise), ni dans la poche des salariés, lesquels peuvent déplorer que leur exploitation se soit clairement renforcée. Cette augmentation considérable des dividendes (qui peut représenter jusqu'à 50 % ou 70 % du coût réel des investissements productifs) est la conséquence des rendements exorbitants que les actionnaires

---

2. Tito Boeri et Jan van Ours, *The Economics of Imperfect Labor Markets*, Princeton, Princeton University Press, 2013.

réclament aux entreprises (les fameux 15 % de retour sur fonds propres). Qui peut dire l'énorme gaspillage de richesses jamais produites, d'emplois jamais créés, de projets collectifs, sociaux, environnementaux jamais entrepris, quand le fardeau qui pèse sur toute entreprise, publique comme privée, en vient à majorer son coût réel d'une telle rente ? Seul un âne peut supporter une charge équivalente à 70 % de son propre poids.

La bonne question est donc la suivante : dans un monde où ne sont mises en œuvre que les actions, individuelles ou collectives, qui rapportent entre 15 % et 30 % par an, quelle est la surface du cimetière des idées (bonnes ou mauvaises, il faut le déplorer) qui n'ont jamais vu le jour, parce qu'elles n'auraient rapporté qu'entre 0 et 15 % ?

La culture

Evelyne Pieiller

« Culture. » Mot flou, mais très fréquenté. À rapprocher étroitement du terme « démocratie ». Petit florilège des lieux communs et expressions rituelles, tels que les pratiquent avec une émotion contenue, que la répétition n'émousse pas, les responsables politiques, les journalistes, et le milieu concerné :

– retisse le lien social (variante : assure la cohésion). Aucune précision n'est apportée sur ce que désigne le « lien social » ;

– ouvre à l'autre (variante : à la tolérance). Aucune précision ne semble nécessaire ;

– est un facteur essentiel d'émancipation (variante : aucune) ;

– permet de se réinventer (variante : se reconstruire) ;

– joue un rôle économique important (variante : rapporte plus que l'industrie automobile) ;

– s'avère déterminante dans l'attractivité des territoires (variante : est un élément majeur de l'activité touristique).

Une note négative se fait néanmoins fréquemment entendre : « Il faut élargir l'accès de la culture à tous » (variante : « La démocratisation culturelle reste regrettablement insuffisante »).

Il est clair que la culture, c'est bien.

Il est tout aussi clair que la culture, c'est magique.

Ce serait faire preuve d'un très mauvais esprit que de demander quelques précisions sur la nature de ce qui semble une force puissante toute tendue vers l'épanouissement de l'idéal libéral-républicain. Liberté, Égalité, Fraternité en marche, et le tout (ou presque) enfin rentable. Néanmoins, si on insiste, la réponse est simple. La culture, c'est ce que le ministère qui en est chargé décide d'appeler ainsi, concrétisant une volonté politique, un rapport de force idéologique.

On ne s'est pas méfiés, quand la direction des Arts et Lettres, intégrée à l'Éducation nationale, a été transformée en 1959 en glorieux ministère d'État chargé des Affaires culturelles. L'invention fut applaudie, saluée pour son ampleur humaniste. Le propos était direct : il s'agissait de « rendre accessibles les œuvres capitales de l'humanité, et d'abord de la France, au plus grand nombre possible [...] et de favoriser la création des œuvres d'art et de l'esprit qui l'enrichissent ». Le matériau de la « culture », c'était donc les œuvres. Qui « enrichissent » l'humain. Et la culture, c'était ce que chacun en faisait. Définition ancienne, qui met en avant les arts, et l'intériorité de l'individu, à charge pour la puissance publique d'organiser la rencontre.

Quand le ministère devient celui de la Culture et de la Communication (1978), pour s'épanouir bientôt sous Jack Lang, on passe dans un autre monde. Celui où « tout est culturel », comme il le dit dès 1981. Avant de préciser : il importe désormais de « permettre à tous les Français de cultiver leur capacité d'inventer et de créer, d'exprimer leurs talents et de recevoir la formation artistique de leur choix ». Place à la créativité et au développement personnel, d'autant que « toutes nos formes d'art et de culture et en particulier celles de la vie même, notre manière de vivre, notre manière d'aimer, notre manière de nous habiller, notre manière d'habiter, c'est cela aussi, le droit à la beauté » (1982). Tout est dans tout, et réciproquement, la culture est partout, c'est épatant. Pour tout dire, on ne sait absolument plus de quoi on parle, ce qui manifestement aide beaucoup à en parler : rien de tel que l'équivoque pour jouer sur plusieurs tableaux.

Se met en place un double discours, qui signe la transformation de la culture en marché, mais la voile pudiquement sous le drapeau du progressisme le plus poignant. La culture est un droit. Chacun a le droit de revendiquer son produit, celui qui lui correspond spontanément, et qui manifeste la reconnaissance de ce qu'il est... Démocratisation, j'écris ton nom, luttons donc contre l'exclusion ! C'est noble, c'est labellisé Égalité. Mieux encore, si c'est possible, l'ouverture à la culture de l'autre est ouverture à l'autre,

Fraternité. Et la possibilité de s'exprimer, enfin, selon ses propres codes, n'est-ce pas la Liberté ? Il est à supposer que c'est cet ensemble engageant qui conduit à l'Émancipation. Des préjugés, de l'ignorance de l'autre, des haines obscures. Merveille, on comprend que la culture soit sacralisée. Elle est enfin un projet moral – mieux, citoyen. Apothéose de la démocratie. Le tour de passe-passe est magnifique.

Car ce qui se met en place, c'est le mépris câlin du peuple, assigné à la « spontanéité » de ses goûts ; c'est la transformation du peuple en une ribambelle de niches de publics, une mosaïque de clientèles spécifiques, à qui fournir une « offre culturelle » que seul son succès validera. On comprend que les mécènes se pressent. De Marc Ladreit de Lacharrière, ancien propriétaire de la société de notation financière Fitch, qui crée une association « Culture et Diversité » pour les jeunes des « milieux modestes », à François Pinault, nouvel occupant de la Bourse de commerce, dont l'ancien ministre de la Culture Jean-Jacques Aillagon est devenu en toute logique le « conseiller chargé des affaires culturelles », ils sont tous à fond.

On a ainsi assisté, sur une trentaine d'années, à la pénétration victorieuse dans ce domaine des idéaux d'un capitalisme *new look*, prêt à utiliser les revendications et les objectifs partant des meilleures intentions philanthropico-socio-démocrates pour badigeonner vertueusement ses objectifs. Somme toute, on ne saurait lui reprocher de mener sa guerre idéologique. Ce qui est plus perturbant, c'est qu'il a rencontré peu d'adversaires. Car il faut déjà être sacrément convaincu pour ne pas s'apercevoir que faire de la culture le soigneur suprême est une blague, déplorer l'absence de démocratisation dans ce domaine sans en appeler à une transformation radicale de l'ensemble du système social est une saint-sulpicerie, et se justifier par sa rentabilité, économique ou morale, un suicide.

La contre-culture a disparu.

La culture d'entreprise se porte très bien.

Le darwinisme social

Johann Chapoutot

Le plus grand spécialiste de la pensée de Darwin, le Français Patrick Tort, ne cesse de rappeler, à juste titre, que l'expression de « darwinisme social » est abusive : les *social darwinists*, autour de Spencer et Galton, ont en effet illégitimement transposé au règne de la culture les concepts que le naturaliste avait forgés pour rendre raison de la nature, comme si l'homme était un animal comme les autres, et comme si la société était une faune ou une jungle.

Cette lecture du social en termes naturalistes répondait à des besoins de légitimation pressants : il fallait, dans la seconde moitié du XIXe siècle, rendre indiscutables des ordres sociaux injustes, dégradants, intenables, pour qu'ils se perpétuent et qu'ils servent les intérêts sonnants et trébuchants des entrepreneurs, des militaires et des gouvernements. Le darwinisme social, allié au racisme et à l'eugénisme, naturalisait en effet le capitalisme et le colonialisme, mais aussi l'esclavage et la ségrégation. Rien d'étonnant à ce qu'il ait été élaboré et diffusé à partir de ces métropoles coloniales qu'étaient la Grande-Bretagne et la France, mais aussi les États-Unis (empire colonial à domicile, pourrait-on dire).

C'est là qu'il subsiste avec une belle vigueur, comme le montrent des exemples récents : un Trump haussant les épaules face à une pathologie, le

Covid-19, qui élimine les co-morbides (« *It is what it is* ») ; un Boris Johnson, ébouriffé sinistre, déclarant en conférence de presse que « bien d'autres familles vont perdre des leurs avant leur heure », puis, en privé, que « les tas de cadavres vont croître ».

En France, si tout a été fait pour éviter la mort de masse, dans l'urgence, et malgré la destruction systématique de l'hôpital public depuis des décennies (la destruction se poursuivit d'ailleurs entre deux épidémies, puisqu'à l'été 2020 on continua à fermer des lits), le darwinisme social est bien là.

Nos gouvernants maîtrisent généralement leur expression, mais il y a toujours un imbécile, un maladroit, un enthousiaste qui dit la vérité d'une idéologie ou d'un moment : en France, ce n'est pas un chef d'État ou de gouvernement, mais le « PDG » (*sic*) du CNRS. Ledit « PDG », Antoine Petit, a ainsi déclaré, à propos de la dernière loi de programmation de la recherche (et de liquidation de l'université), alors en préparation, qu'il fallait « une loi ambitieuse, inégalitaire – oui, inégalitaire, une loi vertueuse et darwinienne, qui encourage les scientifiques, équipes, laboratoires, établissements les plus performants à l'échelle internationale, une loi qui mobilise les énergies ». C'est beau comme de la prose d'école de commerce, mais jure un peu avec le niveau attendu de la part d'un représentant du CNRS. Tout a été dit sur cette ineptie : brutalité managériale, profession de foi néolibérale, contresens sur Darwin, et ignorance étonnante de ce que la recherche doit à la coopération. Dans le règne animal, Kropotkine avait bien montré les limites de Darwin : on s'entretue joyeusement dans des milieux prolifiques, mais on coopère volontiers dans des environnements plus hostiles à la vie, comme dans les steppes et les toundras.

Le « PDG » disait cependant la vérité d'un moment. Son patron avait lui-même opposé « ceux qui ont réussi » à « ceux qui ne sont rien », déploré l'illettrisme des ouvrières de Gad, enjoint de « bosser » pour se « payer un costard », invité à « traverser la rue » pour trouver un emploi, flétri les « Gaulois réfractaires », le « pognon de dingue » des minima sociaux, « ceux qui foutent le bordel », et on en passe. Élu de la nature plus que de la nation, l'homme à la « pensée complexe » a choisi son camp, celui des *winners* et des « jeunes » qui « veulent devenir milliardaires », et – tentons l'hypothèse – sublimé une faible estime de soi par un mépris de classe himalayen. Qu'une dame pacifique de soixante-treize ans se fasse piétiner par des flics indignes de leur uniforme, la voilà sentencieusement sermonnée, par un OSS 117 qui a perdu toute saveur comique : quand on est faible et âgée, on reste chez soi. Sartre, dans *L'Enfance d'un chef*, avait bien montré tout le profit qu'un faible retire de la rhétorique du fort pour, d'abord et avant tout, se rassurer soi-même.

Le darwinisme social trône donc, au sommet de l'État, comme on dit. Retour du refoulé colonial, volonté de faire suer le burnous prolétarien, sadisme explicite, selon Emmanuel Todd, de pseudo-élites hexagonales elles-mêmes en voie de décrochage mondial –, retour, tout simplement, d'un XIXe siècle dérégulé, extractiviste (il faut trouver des « gisements de croissance » !), exploitant et aliénant. Le darwinisme social est la grammaire d'une société *Uber*. Comme *Übermensch*.

L'entreprise verte

Jean-Luc Porquet

Le chantier a démarré en mars 2020, en plein confinement. Plus qu'un signe, un défi : tout s'arrête, mais pas nous. Pas Total. On continue. On ne lâche rien. On est les champions. Une des six *majors* mondiales du pétrole. La première entreprise du CAC 40 – donc la plus grosse de France. Et on va le rester. *The Link* sera le plus haut gratte-ciel de Paris. Pas une simple tour : une double tour. Ça en jette, non ?

On la construira à la Défense : au milieu d'autres tours du CAC 40. Elle les dominera. Elle sera « visible depuis tout Paris et sa métropole ». Elle constituera une publicité vivante pour le pétrole, cette énergie à bon marché qu'on va chercher par-delà les mers, et qui a modelé le visage entier de nos sociétés, les villes, les paysages, les routes, les vacances, les « mobilités », comme on dit. Vous croyez que le pétrole, c'est fini, qu'il sera balayé demain par la voiture électrique ? Et que Total, c'est le passé ? Tatatata.

Voyez ces deux tours : l'une fera 241 mètres de haut, personne ne fait mieux, l'autre 178 mètres. Elles seront reliées par des passerelles. Des passerelles végétalisées. Vous voyez le truc ? De la verdure. Du vert. De l'engagement écologique. C'est le symbole du passage au nouveau monde verdisé qui s'annonce. Car Total ne n'appellera plus Total, mais TotalEnergies. Vous ne le saviez pas, car vous êtes des écolos irresponsables et mal informés, mais le renouvelable, c'est l'avenir. Depuis l'accord de Paris, tout le monde veut « décarboner » l'économie, à cause de cette histoire de réchauffement climatique qui, finalement, n'est pas de la blague. Nombre d'États sont prêts à payer pour avoir de l'électricité verte. Et à subventionner tous ceux qui s'y mettent. On s'y met. Les bénéfices seront moins juteux qu'avec le pétrole, mais ça fera une rente.

Oui, dans dix ans, les produits pétroliers ne représenteront plus que le tiers de notre activité ! Total ne fera plus seulement dans le pétrole et le gaz, mais dans le biogaz, l'éolien flottant, le solaire, l'hydrogène, bref tout ce qui se présente. Nous avons commencé à lancer des tas de projets verts dans le monde entier, à racheter frénétiquement à coups de milliards des boîtes d'énergie renouvelable, à prendre des participations partout. Même en France, on verdit ici et là : la raffinerie de Grandpuits fera des biocarburants et des bioplastiques, celle de la Mède marchera à l'huile de palme, des éoliennes flottantes verront le jour au large de Gruissan… Dès 2025, TotalEnergies développera dans le monde entier trente-cinq gigawatts d'électricité renouvelable, soit l'équivalent de trente-cinq réacteurs nucléaires. Pas mal, non ? Un jour, promis-juré nous atteindrons la sacro-sainte « neutralité carbone ».

Notre credo : « Nous nous transformons en une compagnie énergétique au sens large, afin de relever le défi de la transition énergétique : produire davantage d'énergie tout en émettant moins de gaz à effet de serre » (*Le Figaro*, 10 février 2021). Toujours plus, et toujours plus vertueux. Le beurre, et l'argent du beurre. On continue à pomper du pétrole, on ajoute du renouvelable. On balance du CO2 partout, mais on explore le moyen de le capter et de le stocker. Oui, nous relevons le défi, et les États mettront la main à la poche…

Revenons à la double tour. Livraison prévue fin 2025. C'est Vinci, le roi du béton armé (de plus en plus vert et vertueux, lui aussi), qui s'y colle. Ce sera le gratte-ciel le plus cher de France, un milliard d'euros, mais qu'est-ce, comparé à nos 200 milliards de chiffre d'affaires annuel ? Il aura cinquante-deux étages. 135 000 mètres carrés de bureaux, où s'installeront nos six mille salariés parisiens jusqu'ici éparpillés dans plusieurs tours du quartier d'affaires. Ne me parlez pas de télétravail. On est moderne mais il y a des limites. Le PDG trônera au dernier étage. La tour « culminera dans le ciel de Paris ». Elle sera « véritablement novatrice ». Elle « redessinera le skyline de la Défense ». Les passerelles végétalisées seront « des espaces favorisant la rencontre et l'intelligence collective ». Elles seront « chargées de créer du lien ». Du lien. *The Link*. Vous comprenez ? Le lien entre les gens, c'est ça qui nous importe, chez Total. Une entreprise au service de l'homme. Respect.

Des passerelles végétalisées, il y en aura trente, avec des jardins suspendus partout. Et aussi un « parc *rooftop* plein ciel » de six-cents mètres carrés qui « surplombera la Seine ». Et aussi un « parvis végétalisé qui permettra d'arriver à pied depuis la ville, de venir à vélo ou de se faire déposer directement en taxi ». Et aussi une façade en double peau qui permettra de réduire de moitié la consommation énergétique par rapport aux tours actuelles. Et aussi des panneaux photovoltaïques partout. Et aussi un parking à vélos. Le tout sera certifié « HQE exceptionnel », la plus haute certification environnementale qui soit.

Quoi ? Du *greenwashing*, dites-vous ? N'importe quoi. La preuve : il n'y aura même pas de parking pour les bagnoles ! Vive le nouveau monde ! Vive l'entreprise verte !

La France des territoires

Éric Chauvier

Ce fut d'abord un air de nostalgie. La dirigeante d'une des grandes régions de ce pays se souvint du grand homme qu'avait été son président. « Lui, rappela-t-elle, c'était une présence. Tout le monde se souvient de lui au Salon de l'agriculture. » Comme elle était émue, l'inspiration lui vint et elle ajouta : « Lui, c'était la France des territoires. » L'expression était en vogue chez les experts et dans les clubs de pensée. Comprit-elle rapidement qu'elle lançait une perche aux politiciens à court d'idées de ce pays ? Quoi qu'il en soit, les conseillers en communication du gouvernement s'activèrent et le Premier ministre s'en saisit bientôt de façon résolue. Il asséna qu'il fallait les libérer, « les territoires », afin de « libérer les énergies ». Il se présenta comme le « Premier ministre de la vie quotidienne » et expliqua, enflammé, qu'il fallait « leur faire confiance », aux territoires, car la France ainsi définie était assurément « la France de la proximité ». Les partisans et les opposants du Premier ministre ne l'avaient pas entendu depuis longtemps prendre ainsi fait et cause pour le local. Ils durent cependant se rendre à la raison en l'écoutant adresser des louanges aux élus locaux et en observant les frémissements de sa popularité, dans les sondages. Indéniablement, la déclinaison de ce mot, « territoire », était efficace. Un opposant au gouvernement claironna un slogan devant un public composé d'élus de petites communes : « La France des territoires, c'est la France des solutions. » D'autres élus du même parti crurent bon de surfer sur cette vague : « La France des territoires » n'était pas moins qu'une « boussole pour l'avenir ». Ils rappelèrent cependant « la peur du déclassement de la France périphérique » et nommèrent le mouvement de révolte qui y avait pris racine, révélant la profondeur des fractures qui traversaient la société. Sur le ton du bar du coin, ils déclinèrent ces problèmes : l'absence de médecins, la fin des petits commerces, l'éloignement des services publics, la fracture numérique, la fermeture des écoles, les limitations de vitesse et la hausse des carburants. Comme son parti agonisait, le président du Sénat eut pour sa part l'idée d'en faire un label, « La France des territoires ». Le plan était simple : en vue des élections municipales, les maires seraient investis par le parti historique ; ils pourraient apposer ce label plus rassembleur sur leurs affiches et se présenter ainsi comme candidats labellisés « proximité ». Avec la « France des territoires », un nouvel esprit soufflait, dirigé contre les « technocrates » et « les gouvernants éloignés du quotidien des vraies gens », en bref contre ceux qui, depuis la capitale, avaient oublié les solides vertus du bon sens. On y vantait la France du tutoiement, la France du sourire complice, la France oubliée, mais courageuse et honnête. Les centristes, qui avaient depuis toujours l'esprit de synthèse, exprimèrent leur « croyance en l'avenir des territoires » mais, pour se distinguer de leurs collègues, s'inscrivirent en faux contre « les démagogues de la ruralité » et « les bonimenteurs des territoires ». Comme preuve de ces nouvelles compétences, ils conclurent leur programme par un proverbe qui, de façon troublante, aurait pu les cibler directement quelques mois plus tôt : « Grands diseux, petits faiseux. » Tous ces nouveaux gouvernants, qui avaient passé leur temps à spéculer sur un avenir économiquement métropolitain, mondialisé et dématérialisé, ne juraient à présent que par les territoires. Eux dont les pères idéologiques avaient consenti aux délocalisations des industries, lessivant des régions entières, trouvaient là une aubaine pour se rapprocher de leurs électeurs les plus durs. Ils rivalisaient même avec le parti d'extrême droite national, qui jusqu'à présent avait une longueur d'avance lorsqu'il s'agissait d'imiter les façons de parler du bar du coin. Eux qui avaient tout fait pour concentrer les industries de pointe dans les villes labellisées « métropoles », vantant leur intelligence et leur créativité, s'emparèrent de l'expression comme d'une occasion inespérée. Parce qu'il fallait bien l'admettre : les grandes villes productives ne grossissaient plus ; les électeurs évoluaient désormais de façon indistincte dans les troisièmes couronnes de villes, dans les anciens pôles agricoles lessivés par l'agriculture intensive, dans les villages « savonnettes », dans les petites villes exsangues, dans les anciens pôles industriels et agricoles, et, en bref, dans tout ce qui avait vécu et n'était plus. La « France des territoires » serait à la fois leur mot d'ordre et leur défi. Quelques années plus tôt, ils avaient pourtant contribué à transformer le « ministère de l'Égalité des territoires » en « ministère de la Cohésion des territoires », actant du renoncement à chercher un équilibrage économique entre les métropoles productives et le reste du pays. Mais aujourd'hui, ils avaient l'occasion de faire peuple en se rachetant, si bien que – ils en étaient persuadés – cette contradiction passerait inaperçue aux yeux de ceux qui croyaient encore en l'expression du peuple souverain.

Fumer tue

Evelyne Pieiller

Fumer tue, c'est connu. Surtout depuis 2005, d'ailleurs – quand la loi a imposé cette assertion sobre et frappante sur le paquet de cigarettes et apparentés. Avant, ma foi, on s'en allumait une sans savoir qu'on vivait dangereusement. Ce temps est révolu, l'innocence taquine n'est plus envisageable. Cette belle prise de conscience à laquelle ont été indissociablement conduits fumeurs et non-fumeurs relève d'un étonnant processus de mise aux normes, qui, sous couvert de science, d'altruisme et de santé publique, développe une conception paradoxale du fameux « vivre-ensemble », fondée sur une non moins inattendue et délicatement sournoise définition de l'équilibre mental. Où l'on pourrait retrouver comme un parfum néo-victorien de philanthropique passion pour la vertu, définissant avec soin son monde idéal, et ses égarés.

L'entreprise commence véritablement dans les années 1990, avec la loi Évin. Concomitante de la Classification internationale des maladies, dixième édition (1990), établie par l'Organisation mondiale de la santé. Elle classe, puisque c'est son rôle, la « dépendance » au tabac sous la rubrique « Troubles mentaux et du comportement liés à l'utilisation de substances psychoactives », qui s'intéresse également à la cocaïne, à l'alcool et aux opiacés divers. Attention, on n'en est plus aux seuls ravages des poumons,

« les complications peuvent être physiques ou psychiques ». Fumer est désormais une pathologie, et le fumeur un toxicomane : il faut donc l'isoler des individus sains, et tenter d'ôter à la drogue son pouvoir de séduction, en interdisant toute publicité directe ou indirecte en sa faveur.

En 1994, sort la quatrième édition du *Diagnostic and Statistical Manual of Mental Disorders*, le DSM-IV, établi par l'association des psychiatres américains, qui fait largement autorité auprès des institutions occidentales concernées. C'est du brutal pour le fumeur. Non seulement c'est un toxico, mais sa dépendance relève des formes les plus graves. Il est atteint dans ses tréfonds, au centre même de ce qui est censé définir la capacité à être un citoyen libre et responsable : car la nicotine augmente la concentration de dopamine, un neurotransmetteur, dans le système cérébral de la récompense. En d'autres termes, fumer vous met sous l'emprise de celle qu'on nomme la « molécule du plaisir » : triste assujettissement qui transforme le libre individu en jouet de la chimie neuronale. Mieux encore, il s'avère qu'il existe un risque élevé de présenter une comorbidité psychiatrique en cas de tabagisme : 22 % chez les fumeurs contre 12 % chez les non-fumeurs. Allons bon.

L'organisation de la désignation du fumeur comme malade au carré va s'enrichir en parallèle – le DSM est parole d'évangile. Le fumeur n'est plus désormais seulement fragile des bronches, il l'est aussi du cérébral. Il faut donc non seulement lui interdire (2007) les lieux publics (il est nocif), mais lui faire peur (2011) avec des images (il est infantile). On doit reconnaître que les « visuels chocs », comme dit le ministère de la Santé, sont assez *trash* : de la trachéotomie à l'impuissance, de l'enfant mort au dévasté par un AVC, des chicots dégoûtants aux yeux aveugles, le fumeur ne se contente pas d'être un champ de mort, il est aussi particulièrement laid. Franchement infréquentable. Mais ça ne suffit toujours pas : on recourt au paquet neutre (2017), plus de marque, plus de signe de reconnaissance, rien que les photos et les affirmations menaçantes, car le fumeur est faible, routinier, influençable. Il faut l'aider à ne plus s'associer à l'évocation valorisante d'un cowboy ou peut-être aussi bien d'un chameau.

Il importe de préciser que, depuis une dizaine d'années, l'hypothèse d'un gène du fumeur s'étoffe au fil de savantes recherches, confirmant la pertinence de l'approche. Il est prédisposé de naissance à cette déviance. Il n'est donc pas entièrement coupable, juste congénitalement déficient. Soumis au plaisir. Les neurosciences savent. D'où la nécessité de ne pas susciter le désir. La chair est faible, le gène puissant. La ministre de la Santé

(Marisol Touraine, 2016) cajole l'idée de faire interdire les Gitanes : le nom est trop suggestif, l'érotisme torride y étincèle. Elle renonce, ou n'a pas le temps. La ministre de la Santé (Agnès Buzyn, 2017), alors qu'Universal, Miramax, Disney ont déjà quasi banni le tabac de leurs longs métrages, envisage d'interdire la cigarette dans le cinéma français. Elle renonce. Mais de fait, on n'y fume plus guère.

De quoi donc la désignation du fumeur de cigarettes à l'ancienne comme élément pathogène et pathologique du corps social est-elle le symbole ? À l'évidence, de la montée de la régulation des désirs individuels, en temps de dérégulation économique. Au nom de la santé, se met en place un ordre moral qui désigne les costauds de la volonté et les faiblards du neurone, les libérés de la compulsion et les esclaves de leurs impulsions, pour une société qui se trouverait enfin divisée non plus en classes, mais en citoyens responsables et en citoyens défectueux. Le néolibéralisme s'occupe de modeler l'individu qui lui convient : prêt à intégrer l'obéissance pour se protéger, prêt à l'établissement punitif de normes comportementales, prêt à se considérer comme un capital à rentabiliser, quitte à devoir se corriger la subjectivité. Qu'on soit assuré de ne pas voir un nouveau Gabin fumer sa Gauloise ou que Lucky Luke ait perdu sa cigarette ne relève pas de l'anecdote. C'est un nouvel imaginaire pour un monde nouveau qui se met en place. Air purifié, passé purifié, individu purifié, mental purifié.

L'avenir s'est trouvé un objectif : désigner les toxiques. C'est un beau début. Le marché de la cigarette électronique, propre et suave, témoin d'un louable effort de désaccoutumance, est prospère.

Le Grand Méchant Russe

Hélène Richard

On pourrait se croire replongé dans un film d'espionnage des années 1950. Tout ce qu'il y a, à l'Ouest, de révolte sociale ou de dérèglements électoraux – et qu'on nomme « populisme » par commodité – trouverait sa source et ses sponsors au Kremlin, poste de commandement d'une « révolution autoritaire mondiale et plurielle[1] » englobant la Turquie d'Erdogan, la Syrie d'al-Assad ou encore la Hongrie d'Orban. Son but présumé : envoyer ses agents et ses organes de propagande au cœur de nos libérales démocraties, les affaiblir de l'intérieur, exporter partout l'autoritarisme. On frémit, à l'évocation de cette rhétorique qui nous replonge dans une ambiance de guerre froide.

Arte s'est fait une spécialité des portraits à charge. Prenons le documentaire *Poutine. L'irrésistible ascension*, diffusé par la chaîne de télévision franco-allemande en février 2021. Son réalisateur, russe, avait suivi M. Poutine lors de sa campagne électorale de 1999. Vingt ans après, l'artiste reprend ses rushs et change de client. Un plan montre le jeune présidentiable réciter une banalité politicienne : « Le plus important, c'est que les gens croient en ce que nous disons et faisons. C'est vraiment notre credo,

1. Isabelle Mandraud et Julien Théron, *Poutine. La stratégie du désordre*, Paris, Tallandier, 2021.

et il répond aux intérêts de la Nation. » La voix off : « Vous avez entendu ? L'idée est de convaincre les Russes que les intérêts de la nation sont plus importants que ceux de l'individu » (*sic*). Nous ne sommes qu'au début d'un film qui se propose de montrer « [à travers] des moments apparemment anodins » (on confirme) « tout simplement le basculement dans un régime totalitaire ». Les téléspectateurs n'apprendront rien de la politique que mène M. Poutine dans son pays. Pas un mot, notamment, sur le visage antisocial du président[2]. Les Russes vivent sous la coupe d'un dictateur à sang froid : voilà ce qu'il convient de savoir.

Dans la version originale du nanar, le danger « totalitaire » venait d'un Politburo collégial dont on cherchait à percer les intrigues internes. On parlait alors de kremlinologie. Depuis, le scénario s'est simplifié. Le méchant, c'est un seul homme : M. Vladimir Poutine, « ancien officier du KGB ». Cette ligne de son CV suffit à suggérer une disposition au mensonge. Le président russe, dont on dit qu'il est un « mystère », n'a pourtant jamais tu ses raisonnements. À chaque rencontre officielle, il le répète à l'envi : Otan ! Otan ! Otan ! Ç'en est presque lassant. Non seulement cette alliance militaire occidentale, perçue comme hostile, se rapproche de ses frontières (Pologne, États baltes), et il s'en inquiète, mais ses menées en Serbie (1999), en Irak (2003) ou en Libye (2011), outrepassent voire se passent carrément de mandat onusien, ce qu'il refuse. Qu'importent les messages, même pas codés, M. Poutine poursuivrait un plan caché...

Vint, en 2014, l'annexion préventive de la Crimée, laquelle héberge la base navale de Sébastopol que Moscou craignait de voir tomber dans l'escarcelle de l'Otan à l'occasion d'une révolution à Kiev. Les chancelleries occidentales protestèrent. Mais c'est en 2016 que l'obsession antirusse emporte tout : un président mégalomane et instable s'est installé à la Maison-Blanche ; on soupçonne Moscou de l'avoir aidé. L'enquête sur cette supposée entente mobilise deux ans durant les services de renseignement, les journalistes des plus prestigieuses publications, les responsables politiques... avant de faire flop. Qu'importe, le complotisme a déjà gagné les élites européennes. En novembre 2017, la ministre de la Défense espagnole, chahutée par le séparatisme catalan, accuse des « entités étrangères » (la Russie toujours) d'essayer « de créer des situations instables en Europe ». M. Emmanuel Macron, lui, pointe Moscou lors de l'irruption des Gilets

2. Karine Clément, « Le visage antisocial de Vladimir Poutine », *Le Monde diplomatique*, novembre 2018.

jaunes sur la scène hexagonale. Fustigeant ses « organes de propagande » (c'est ainsi qu'on désigne l'audiovisuel extérieur public russe), le président français invite les journalistes, les vrais, à s'atteler à la « déconstruction [des] influences extérieures » de ce mouvement.

En matière d'ingérence, pourtant, l'Europe a sous le nez des faits autrement plus massifs. Washington met sur écoute les dirigeants européens. Le lanceur d'alerte Edward Snowden les en avertit en 2013, mais c'est à Moscou qu'il trouve refuge, pas à Paris. Allez comprendre. Si Moscou se contente d'adopter des contre-sanctions économiques en réponse aux restrictions européennes, les États-Unis, eux, n'hésitent pas à tirer les premiers... En 2019, le Congrès américain intitule « loi de protection de la sécurité énergétique de l'Europe » le texte qui menace d'ensevelir d'amendes les entreprises qui participeraient à la pose des derniers kilomètres du *Nord Stream 2*, un gazoduc censé livrer du gaz russe à l'Allemagne. Ou comment faire passer un chantage pour de la mansuétude...

En invitant M. Poutine au fort de Brégançon à l'été 2019, M. Emmanuel Macron avait semblé renouer avec une tradition gaulliste : discuter avec le voisin russe, que la géographie nous impose, quitte à froisser Washington. Les diatribes du président Donald Trump au sujet de ses alliés européens le poussaient alors à desserrer l'étreinte américaine. Il renonce déjà à cette audace. Son prudent appel au dialogue a provoqué des éditoriaux rageurs dans les colonnes du *Monde*. « Ce genre de rhétorique a persuadé Moscou qu'on peut souffleter les Européens, et qu'ils tendront l'autre joue » s'emporte une historienne dans le journal du soir (23 février 2021). « L'Union européenne n'a pas encore pris la mesure des conséquences d'avoir une puissance autoritaire et hostile à sa frontière orientale », renchérit l'éditorialiste Pierre Haski, de France Inter (10 février 2021). Mais, après les sanctions, que reste-t-il ?

Le Grand Remplacement

Amina Damerdji

Chez ses adeptes, le Grand Remplacement s'écrit au singulier et avec une majuscule. Pour cause, la vision du pouvoir qu'il porte est fantasmatique : homogène, statique et sans division. Un pouvoir qui ourdirait un complot servant ses intérêts, à savoir créer par l'immigration massive un homme nouveau défait de ses propriétés culturelles et ethniques, interchangeable au gré des impératifs marchands de la mondialisation. Il suffit de réunir quelques chiffres, de se pencher sur la réalité des institutions ou de ce qui constitue les spécificités d'un sujet pour que cette fiction vole en éclats. Mais, chez certains, la jouissance de la haine l'emporte sur le désir de réel.

Renaud Camus, qui a popularisé l'expression en 2010, insiste sur la dimension factuelle du Grand Remplacement, observable partout et par chacun. Tout ferait signe, depuis le château de Plieux : la femme voilée aperçue à sa fenêtre, l'homme noir croisé au coin de la rue ou un accent arabe entendu dans une voix. Ces éléments sélectionnés sauvagement, sans cohérence contextuelle ni conceptuelle, lui évitent l'effort d'une démonstration. Nul besoin de mettre sa pensée à l'épreuve du réel, de la peser, de la nuancer, de la contrebalancer : il suffit de croire et de prélever, les yeux mi-clos, les indices qui font système. Le Grand Remplacement se réfère au réel pour mieux l'éviter.

Les faits contredisent ce mythe créé de toutes pièces ? La réalité judiciaire rattrape ceux qui le professent ? Les voilà qui changent aussitôt de registre : ils ne revendiquent plus la scientificité de leur propos mais un droit à la représentation artistique. Après avoir été condamné une première fois par la justice française pour incitation à la haine, Renaud Camus a été jugé une deuxième fois en 2019 pour des propos publiés sur son compte Twitter. Qu'a-t-il fait lorsqu'il a su qu'il était inquiété ? Il s'est empressé d'autoéditer un recueil intitulé *Tweets*, mentionnant sur la quatrième de couverture « qu'ils relèvent, comme le haïku, de la littérature à contrainte ». Inventé par un écrivain, le Grand Remplacement serait littéraire. Si cette stratégie de défense fait sourire, Renaud Camus remobilise bien et instrumentalise, à des fins haineuses, la posture prophétique de l'écrivain. À force de prédire un climat de guerre, il inspire des actes violents.

The Great Replacement était le titre du manifeste du tueur de Christchurch, en Nouvelle-Zélande, responsable de la mort de cinquante et une personnes devant deux mosquées en 2019. À Charlottesville, en 2017, des manifestants reprenaient ce cri de guerre en scandant « *Jews will not replace us* ». Le 3 août 2019, la population hispanique était visée à El Paso, au Texas, toujours en prévention d'un « remplacement culturel et ethnique », selon le manifeste de celui qui tua ce jour-là vingt personnes. Ce mythe mortifère, dont le noyau dur est la défense agressive d'une identité blanche et chrétienne, a prouvé sa dangerosité bien au-delà des frontières françaises.

Le Grand Remplacement réactualise d'anciennes théories racistes et complotistes en les adaptant au climat islamophobe contemporain. On trouve des schémas narratifs similaires dans les romans à succès du capitaine Danrit, *L'Invasion noire* (1894) et *L'Invasion jaune* (1909), dont Maurice Barrès était un fervent lecteur. L'idée que l'immigration massive serait le fruit d'un complot manigancé par les Juifs avait également circulé au sein de l'extrême droite, dans les années 1930.

La fiction à prétention scientifique de Renaud Camus puise aussi dans l'imaginaire de la guerre d'Algérie. Dans ses écrits, il inverse le terme *« indigènes »* pour désigner les Français non issus de l'immigration africaine. Son discours est celui d'une colonisation à l'envers, à bas bruit. Dans *Ci-gît l'amer* (2020), la philosophe Cynthia Fleury définit bien « *le ressentiment* [comme] une colonisation de l'être » : si les adeptes du Grand Remplacement se laissent coloniser par quelque chose, c'est par leurs propres haine et ressentiment.

Libérer les énergies

Johann Chapoutot

N'importe quel coach (comme au sport) vous le dira : tout le monde a un/du potentiel. Certes, comme toujours, et comme dans la nature, il y a des hiérarchies : il y a des HP (ce qui signifie Haut Potentiel), voire des HP+, et peut-être bien même des HP++ (et ainsi de suite).

Le potentiel, c'est de la puissance à l'état latent, qu'il convient de faire passer à l'état patent, voire épatant, épastrouillant. Depuis Descartes et la physique mécaniste du XVIIe siècle, nous sommes (métaphoriquement, ou analogiquement) des machines. Et depuis le taylorisme, des machines au sens littéral : on pourrait bien vous brancher un potentiomètre entre les deux oreilles, tiens, pour voir. Il en sortirait quelque chose, sans aucun doute. D'ailleurs, vous avez des batteries, voire des *accus*, qu'il convient de *recharger* régulièrement (en regardant la télé ou en faisant un jogging, en ménageant un *temps pour soi*). Si vous êtes très performant, vous êtes une machine de guerre (exclamation admirative), une locomotive, une Formule 1. Pour que le potentiel se réalise, qu'il devienne pure puissance, il faut du carburant, un rodage, un bon pilotage. Et il faut lever les entraves afin de libérer les énergies.

Il y en a des gisements partout, mais d'abord en vous. Il faut puiser en vous, par la pratique de l'ayurvéda, de la méditation de pleine conscience ou l'application des acquis des sciences cognitives, peu importe. Il faut que ça marche. Il y a des cabinets de conseil pour cela. Alors picorons dans leur prose (on a corrigé les fautes de syntaxe et d'orthographe). « Ouvrir les esprits et les chakras des managers au travers de Learning Expedition ». Pratiquer résolument le « Change Management » au moyen « d'entretiens d'évaluation à 360° » et de « mentorat inversé ». Mais surtout « booster les compétences de collaborateurs en latence de mission ou en reconversion pour promouvoir des projets internes innovants en incubant leur activité et/ou favoriser l'éclosion de projets externes avec un accompagnement de collaborateurs qui se positionnent comme entrepreneurs », en étant, en fait « intrapreneurs ». Toutefois, restons humbles et vigilants : « La libération des énergies et le Change Management ne se décrètent pas : il faut impulser avec sincérité la démarche », tendre vers le *lean* par « moins de process et de reporting » et « former les managers à la Communication Non Violente et à la facilitation ». Avec ça, on est bon.

Cet invraisemblable charabia n'est pas un pastiche. Cela se veut sérieux, voire conceptuel : il y a de l'argent, beaucoup d'argent à la clef de ce galimatias. Est-ce une tactique ? En lisant ces inepties, on n'y comprend rien : raison de plus pour solliciter un cabinet de conseil ! La réalité est sans doute plus triviale : on embrasse ces faux métiers, ces *bullshit jobs*, parce que l'on ne sait rien faire d'autre, rigoureusement rien. Ni artisan, ni artiste, ni jardinier. Ni enseignant, ni chercheur. Parce que, toute sa vie, on n'a pas su aligner deux idées dans un raisonnement potable, ni définir un concept, ni être sioux face à un problème de maths. Parce qu'on est nul, et que l'on a échoué dans une école de commerce. Ensuite, on bavasse, on obscurcit, on dilate sa médiocrité à grande échelle. Et on ajoute au malheur du monde.

Pour libérer les énergies, réaliser les potentiels et devenir ce que tu es, il faut aussi moins d'État. Ça, c'est « la base », comme disent les perroquets : l'État, c'est le caillot qui entrave le flux, le statique qui fige le dynamique, le mammouth qui s'éteint parce qu'il ne court pas assez vite dans la toundra, parce qu'il n'a pas su s'adapter, rebondir, être proactif.

Vint donc à régner, en France, un bon Pépère, qui croyait à Delors, à la bonté des « entrepreneurs » et à la confiance (il donnait beaucoup de milliards « au privé », en de nombreux « pactes », assortis de « chartes d'éthique » et de « boîtes à outils »). Adonc, François Hollande eut une idée géniale : le « choc de simplification », prélude indispensable au « choc de confiance », lui-même prolégomène au choc de production et de consommation, etc. Comme il avait de l'humour, il dit un jour que « la simplification, c'est compliqué », car il y avait des fonctionnaires récalcitrants et des codes touffus – ce que disait sans discontinuer le Medef. L'idée était admirable : il s'agissait de lever toutes les entraves à ce que Sandra Lucbert appelle le *flow*, le *flow* des actes, des initiatives, des produits, mais surtout le *flow* ultime, le *cash flow*. C'était donc cela, au fond, la libération des énergies. L'ouverture des vannes, la dilatation finale du sphincter, le flot du *flow* : on fendrait le barrage, et tout serait emporté (les machines en Roumanie, *overnight* ; les ouvriers à Pôle emploi – pas assez mobiles, liquides, agiles – et le pognon dans le triangle des Bermudes). Le règne définitif de la liquidité universelle.

La liberté

Laurent Binet

« [C]ar la majorité des citoyens les suivaient, séduits par le nom de liberté que les conjurés mettaient toujours en avant pour mieux faire honneur à leur entreprise. »
Machiavel, *Histoires florentines*, livre VII, chap. 10

J'avais un ami qui était tiraillé entre ses convictions de gauche, dont je veux croire qu'elles étaient sincères, et son métier, dont il ne cessait de rappeler, comme pour s'en excuser, à quel point il était financièrement rentable : il animait des grand-messes patronales telles que les « Napoleons », ou modérait des tables rondes organisées par Jacques Attali. Pour résoudre ce qu'il vivait manifestement comme une contradiction interne, il avait coutume de délivrer cette analyse à qui voulait l'entendre : la Gauche, disait-il, privilégie l'égalité, tandis que la Droite privilégie la liberté.

Je me suis toujours demandé quelle était l'origine de cette fable, et peut-être faut-il, comme souvent, remonter à la Révolution française pour comprendre. En 1789, les détenteurs du pouvoir économique renversent les détenteurs du pouvoir politique, celui-ci se trouvant alors concentré entre les mains de la monarchie. Assemblée constituante, Déclaration des droits de l'homme et du citoyen, « les hommes naissent et demeurent libres et égaux en droit » : de fil en aiguille, tout ceci aboutit à la Première République. Parce que la liberté politique fut d'abord conquise par la bourgeoisie, la tentation fut sans doute immédiate d'y associer la liberté économique. C'est vraisemblablement cette confusion originelle qui a engendré l'un des plus grands mythes du néolibéralisme, et incontestablement son escroquerie la plus fructueuse (ce qui n'est pas peu dire) : rien de moins qu'une OPA sur la liberté en tant que valeur. Je me souviens de Balladur déclarant, en 1996 : « Hormis la liberté, il n'y a pas de droit acquis pour l'éternité. » C'était dans une interview dont le sujet était sans surprise « l'insuffisance des efforts d'adaptation aux effets de la mondialisation » et bien sûr « la nécessité des réformes » (en l'occurrence, baisse des impôts et assouplissement du droit du travail). Plus les néolibéraux exigent de sacrifices des populations, plus il se font lyriques, c'est une règle. En conséquence de quoi, dans leur bouche, le mot « liberté » remplace tous les autres : privatisations, dérégulation, destruction des services publics, réduction des prestations sociales... Ainsi, toute la grande offensive de prédation mondiale entamée dans les années 1960 se sera faite au nom de la « liberté ».

Il est aisé de dater l'acte officiel qui entérine cette étrange équation : en 1962, paraît l'ouvrage qui deviendra la bible de Reagan et Thatcher, *Capitalisme et liberté* de Milton Friedman. Dans les années qui suivent, sous l'impulsion des *Chicago boys*, la bonne nouvelle se répand partout : capitalisme = liberté.

Vu d'aujourd'hui, on croit comprendre comment un slogan aussi évidemment fallacieux a pu fonctionner auprès des opinions publiques, eu égard au contexte de la guerre froide : d'un côté, les démocraties capitalistes, de l'autre, les dictatures socialistes. Capitalisme = démocratie, CQFD. Mais enfin, on est aussi en droit de s'étonner que cette légende ne se soit pas dissipée au Chili, dès 1973. Au lieu de quoi, Friedman conseiller personnel de Pinochet : voilà qui a si peu dérangé nos amis néolibéraux que, près de vingt ans plus tard, *The Economist* réclamait de Gorbatchev qu'il entreprenne « une réforme néolibérale à la Pinochet ». Le *Washington Post*, quant à lui, appelait de ses vœux un coup d'État pour renverser Gorbatchev tout en s'inquiétant que les putschistes potentiels « n'aient ni le doigté ni les appuis nécessaires pour embrasser l'option Pinochet » (3 200 morts, 38 000 torturés). De fait, la mission de Friedman et de ses disciples – suppléés par le FMI, la Banque mondiale et l'OMC – ne variera jamais, du Chili à la Grèce, en passant par l'Indonésie, l'Argentine, le Brésil, l'Uruguay, la Bolivie, la Pologne, la Chine, la Russie, l'Irak : privatiser la totalité de l'économie, y compris l'éducation et la santé, supprimer toute forme de régulation susceptible de contrarier les investisseurs étrangers (le « libre-échange »), annihiler toute forme de prestation sociale. Dans la plupart des cas, ils parvinrent à leurs fins pour, invariablement, le même résultat : explosion des inégalités, soulèvements populaires, répression. *A minima*, recours à la loi martiale ou à l'état d'urgence. Incroyablement, en dépit de ces faits documentés, le mythe de Friedman a survécu jusqu'à nos jours. Naïveté, complicité, désinformation ? En 1999, le directeur de la rédaction du *Monde*, Edwy Plenel, pouvait encore s'interroger, dans un talk-show de promotion littéraire qu'il animait sur LCI : « Est-ce que, quand même, la situation dans laquelle nous sommes ne prouve pas et ne donne pas des gages de réussite à cette alliance d'un libéralisme économique et d'un libéralisme politique, à la fois du dynamisme des entrepreneurs et de la liberté des individus ? » C'est ainsi qu'en 2017, un banquier d'affaires se faisait élire en France sous la bannière hautement portée du libéralisme, par opposition, désormais, aux « démocraties illibérales ». Maintien de l'ordre, liberté d'expression, respect des contre-pouvoirs : entre les deux, la différence est de moins en moins nette. Mais on connaît la phrase de John Ford : « Si la légende est plus belle que la réalité, imprimez la légende. » Le titre du film d'où elle est tirée contenait le mot « liberté ».

Le management

Johann Chapoutot

On pourrait dire organisation (des structures), animation (des équipes) ou direction (des hommes), mais on préfère dire *management*. Personne ne sait ce que cela veut dire, et c'est une des forces de ce terme, ainsi que de ceux qui l'emploient. En gros, cela peut désigner les cadres (le *top management*, le *middle management*), mais aussi des manières de diriger – et alors, une multitude d'épithètes viendront l'adorner, comme à la parade (*lean*, *smart*, *soft*… *you name it*).

Pourquoi le dire en franglais, en franglais au carré même, car ce mot vient de chez nous (le ménage, ou le manège) et a fait retour, en boomerang ? Parce que le mot est une chose, et il dit, par l'anglais d'aéroport, son ajointement au néolibéralisme, à ses moyens sans fin. On a raison de protester contre le management, mais on tire un peu trop court, comme le montre Sandra Lucbert à propos du procès des *top managers* de France Télécom : si on sort les fusils, il ne faut pas être myope, bien régler sa mire, et viser plus loin, plus haut, plus profond. Le management des robots en costume, des cabinets (de conseil), des *process* et des Power Point, c'est l'outil d'une vision du monde, une conception de l'homme et du réel qui exige de trouver des gisements, d'extraire, d'ingérer (*input*), de produire, d'excréter (*output*), de dégager des marges, toujours croissantes, peu importe comment et, surtout, pourquoi/pour quoi. Le management (*whatever that means*) exploite, aliène, opprime, pressure jusqu'à la pulpe, parce qu'il y a des actionnaires à nourrir, nourrir à en mourir. Manager, manger ? On en revient à ce qu'il y eut de plus atroce au XIXe siècle, avant les lois sociales, avant le droit du travail, avant la protection du salarié : en 1841, quand on eut l'idée d'interdire le travail des enfants dans les mines, le Medef de l'époque hurla, tempêta et pleura. L'État s'immisçait dans la relation paternelle (on dirait « bienveillante », aujourd'hui) qui lie le patron et l'ouvrier. La mine qui engloutit et, parfois, rote en un tonitruant coup de grisou, on l'appelle, dans *Germinal*, le *voreux*, qui fore et qui dévore.

On peut appeler *management* les modes d'*aménagement* de la subordination en régime capitaliste néolibéral, les manières d'obtenir le consentement, voire l'adhésion et, à défaut, les méthodes qui permettent de liquider ceux qui empêchent de dégager de la liquidité.

Le *nec plus ultra*, et la pierre philosophale depuis 1945, c'est de faire accroire que le subordonné est libre, et donc content. Cela s'appelle le « management par objectifs » ou « délégation de responsabilité ». Ça ne marche pas, bien sûr, parce que les corps et les intelligences ont bien perçu la perversité de cette aliénation *aménagée*. Cela donne les dommages psychosociaux, du mal de dos au suicide qui-gâche-la-fête, en passant par la dépression. Et, comme ça ne marche pas, comme tout ce qui ne marche pas, on le transpose du privé vers le public, parce que c'est moderne, dites donc, parce qu'il faut adapter la fonction publique au XXIe siècle, bientôt au XXIIe, d'ailleurs, on est en retard les gars. Alors on a changé les panneaux : là où il y avait marqué « Direction du personnel », on a vissé des plaques « Gestion des ressources humaines », car, en Management, on n'est plus des personnes, mais de la ressource, comme du minerai ou de la biomasse, mais avec une chemise et un CV. Et, donc, en tant que pure substance, pure quantité, on est géré. En tant que masse salariale, en tant que charge(s), on peut être réduit. Comme coût du travail, on peut être abaissé. On peut même être dégraissé. Mais, ultime obstacle, dernier archaïsme, pas si l'on est fonctionnaire, à cause d'un maudit statut (1947), voulu par un communiste-fils-du-peuple (Thorez) et un général baroque (de Gaulle), héritage maudit du Conseil national de la Résistance, cet assemblage de chrétiens humanistes, de socialistes idéalistes et de communistes forcément chafouins. Dans le programme du CNR, il y avait plein de mesures idiotes et néfastes, et c'est pour cela qu'un preux modernisateur de la France, Denis Kessler, voulait en faire des confettis – ce que l'on fit sous Sarko et Macron. Dans un éditorial de *Challenges*, en 2007, le statisticien devenu assureur estimait qu'une « nouvelle génération d'entrepreneurs politiques et sociaux » devait « défaire méthodiquement le programme du Conseil national de la Résistance ». On n'est plus en 1945, grognait le génie dans un truisme bougon. Du moins en matière de Sécurité sociale. Car la vieille arnaque de l'après-guerre, mijotée par les pionniers du management, la liberté d'obéir, elle, reste d'actualité.

La marche blanche

Anne-Cécile Robert

Il suffit d'inscrire l'expression journalistique « l'émotion est grande » dans un moteur de recherche pour voir défiler une infinité de nouvelles incongrues et disparates : victoire d'une équipe sportive, inauguration d'une maison de retraite, décès d'une personnalité, disparition d'un enfant, ouverture d'un salon de produits ménagers.... Si on ajoute le nom d'un média quelconque, on mesure à quel point l'émotion gouverne l'analyse et la hiérarchie de l'information de masse, au détriment de la mise en perspective raisonnée.

L'un des symboles les plus visibles de l'invasion de l'espace public par l'émotion réside dans le phénomène grandissant des marches blanches. La plupart du temps spontanées, elles rassemblent des foules parfois immenses à l'échelle des villes et des villages où elles se déroulent, à l'occasion d'un accident, ou de la découverte d'un crime particulièrement odieux (la première de ces manifestations eut lieu en 1996 en Belgique lors de l'arrestation du pédophile Marc Dutroux). Face à des violences aussi insupportables qu'incompréhensibles, elles expriment l'indignation. On les dit « blanches » car elles renvoient à la non-violence, à la pureté et à l'idéal de paix. Les marcheurs revêtent souvent des habits blancs, tiennent des fleurs blanches dans leurs mains, brandissent des ballons blancs... La manifestation peut se terminer par des discours, où les mérites de la victime sont rappelés, et un dépôt de gerbe devant son domicile. Il est presque impensable aujourd'hui qu'un fait divers tragique ne soit pas accompagné d'une telle manifestation. En juillet 2016, à La Courneuve (banlieue de Paris), une telle manifestation a même été organisée en l'honneur d'un chien tué par la police...

Alors que les marches belges de 1996 comportaient une dimension politique – elles dénonçaient silencieusement l'incroyable incurie de la police et de la justice –, celles d'aujourd'hui sont volontairement neutres du point de vue politique, purement axées sur l'hommage rendu à la victime. Aucun slogan, aucune revendication, ne les accompagnent plus. On est loin des mobilisations syndicales et des manifestations revendicatives. Des foules délibérément mutiques s'ébranlent, plaçant souvent en tête de cortège des enfants, symboles d'innocence et de foi dans l'avenir, portant parfois des bougies. La marche blanche assume une forme de passivité fataliste, se livrant tout au plus à l'imploration d'autorités, souvent indéterminées : le maire ? le président ? la Commission européenne ? Dieu ?

Le phénomène, très personnalisé, fait jouer un mécanisme d'identification et de proximité : on s'identifie à une victime que l'on connaît, ou qui est connue dans un périmètre proche ; on arbore son visage sur une pancarte ou un tee-shirt : « *Cela aurait pu être moi* », répètent significativement les personnes interrogées. Le registre est celui de l'immédiateté, de la proximité et du sentiment. Il ne s'agit pas de comprendre ce qui a conduit au drame, encore moins de dénoncer quelque chose ; il s'agit surtout et simplement de manifester une compassion et de la partager avec d'autres personnes a priori touchées par les mêmes événements et affectées de la même manière. Dans le contexte de sociétés gangrenées par les inégalités sociales, menacées par la violence et parfois sévèrement meurtries par elle (attentats, fusillades dans les établissements scolaires), fracturées, marquées par la solitude et la dislocation du lien social, la marche blanche vient refaire corps ; elle contribue, brièvement, à reconstituer une société, mais sur des bases infrapolitiques, émotionnelles, et donc fragiles, temporaires. Les marches blanches n'ont aucune conséquence pratique : la justice demeure sans moyens, la société continue de se décomposer. D'ailleurs, on n'a encore répertorié aucune marche blanche pour le suicide d'un chômeur ou l'assassinat d'un inspecteur du travail. L'évolution des pratiques sociales se poursuit avec la substitution de plus en plus fréquente du mot « marche » à celui de « manifestation ». Avec le risque, à chaque fois, que la « danse de la pluie » ne l'emporte sur la revendication politico-sociale.

Le mercato

François Bégaudeau

Tu veux comprendre une situation, suis l'argent.

Tu veux comprendre la situation globale, suis le gros argent.

Le gros argent a deux avantages : comme il est gros, rien ne l'arrête. Ses désirs et ses actes coïncident. Pour l'observateur, il est un livre ouvert.

Toute fraude fiscale mis à part, le foot, qui brasse du gros argent, avance à découvert.

Tu veux comprendre le capitalisme contemporain, suis le foot.

Commence par te remémorer l'historique arrêt *Bosman*, en 1995. Ne retiens que le dessin général : un contentieux entre un joueur (nommé Bosman) et son club (Liège), puis l'arbitrage de la Cour de justice de l'UE, parfaite dans son rôle d'impulser par la règle la dérégulation. L'arbitrage est une jurisprudence comprise par tous comme autorisant la libre-circulation des joueurs. Longtemps les clubs avaient été soumis à un plafond de deux ou trois étrangers, puis le quota n'avait plus concerné que les joueurs dits « extra-communautaires ». Désormais il n'y a plus de plafond. L'UE n'aime pas les plafonds. Elle n'aime les contraintes que budgétaires.

L'arrêt *Bosman* libère les joueurs de la tutelle capitalo-patriarcale du club, mais ne bride que les petits et moyens clubs. L'arrêt libère les joueurs et la prédation des gros clubs, que plus rien ne limite si ce n'est leur budget (quand il n'est pas illimité, comme celui de la firme-État propriétaire du PSG). Manchester, Barcelone, le Bayern Munich et quelques autres peuvent piller le vivier professionnel mondial, dépouillant les pays de seconde zone de leurs pépites locales. Comme en tout domaine, un canyon se creuse entre gros et petits, supprimant au passage la glorieuse et démocratique incertitude du sport. Un Real Madrid-Austria de Vienne serait joué dix fois qu'il se solderait neuf fois par une victoire espagnole, la dixième voyant un cyclone raser le stade.

Cependant une règle persiste, qui gâche un peu le festin des prédateurs. Sur le marché des joueurs, les emplettes restent circonscrites à l'été. Passé cette *période des transferts*, les clubs ne peuvent plus modifier leurs effectifs pendant les dix mois que dure la saison de championnat. Songeant à cette règle, les prédateurs fulminent dans leur cage. D'abord parce que c'est une entrave, et ces gens détestent presque autant les entraves que l'ISF. Ensuite parce qu'elle les expose à ce qu'une blessure de leur star brésilienne, le rendant indisponible six mois, empêche de rentabiliser son achat pour 200 millions.

Le capital, quoi qu'il prétende, ne *prend son risque*, comme dit Macron en écho à René Char et Jeff Bezos, que si le risque est nul. Le capital veut des assurances, des garanties, des matelas triple épaisseur, des plans B, C, D, Z. En l'espèce, le matelas serait la possibilité de remplacer à n'importe quel moment de l'année la star hors d'usage par un joueur de niveau équivalent. Ce qui implique d'allonger la période des emplettes.

Les désirs du gros argent sont des ordres. Autour des années 2000, les instances dociles lui offrent, à titre exceptionnel, une période hivernale des transferts nommée : *mercato*.

Il ne faut pas dix ans pour que l'exception devienne la règle. De même qu'une mini-dérogation à un monopole public finit par ouvrir tout le secteur à la concurrence, l'inoffensif mercato, petit marché, marchounet mignon, finit par devenir la norme. Le marché estival, le vrai marché, le grand frère du petit, est lui aussi appelé *mercato*. Mercato d'été. C'est à dire que le mercato coïncide désormais avec le marché.

Mais quatre mois dans l'année, c'est encore peu. Le marchand affamé par toutes ces nouvelles libéralités supporte de moins en moins de ne pouvoir modifier son staff au gré de ses besoins. Le marchand veut plus – il marche à la croissance comme le lion de cirque à la viande crue. Il fait pression pour que les mercatos d'été et d'hiver s'étendent. Il obtient d'abord l'autorisation d'acquérir ou refourguer un joueur le 30 septembre, puis de restructurer son personnel à n'importe quel moment de la saison en cours. Le mercato est devenu permanent. Le rêve libéral des dirigeants et actionnaires se réalise : interchangeabilité des travailleurs, flux continu des transactions.

Dès lors, le mouvement n'est plus le moyen mais la fin. Le transfert n'est plus le préalable de la compétition, mais le cœur de métier des clubs. Le transfert effectif, qui assure une visibilité médiatique convertible en contrats de sponsors juteux et en merchandising florissant, mais aussi l'annonce du transfert. Peu importe que l'annonce de l'achat prochain de tel joueur se réalise : elle fait monter la cote boursière du club acheteur – s'il peut envisager de se payer telle star, c'est qu'il a les reins solides, et qu'on peut miser sur lui. Ainsi, toute l'année le monde du foot bruisse de *rumeurs de transferts*, infailliblement relayées par la presse trop contente de pouvoir remplir ses colonnes entre deux matchs. À la fin, comme il se doit, la spéculation prend le pas sur l'économie réelle : on parle davantage du marché que des matchs, davantage de la valeur financière du joueur que de ses performances de terrain. Et le beau jeu nommé football se noie dans les fluctuations incessantes des capitaux qui le font vivre et le tuent.

Le modèle allemand

Johann Chapoutot

Vous n'entendrez jamais parler de modèle belge ou camerounais. Il n'y a, dans notre bon pays de France, que deux inspirations qui vaillent : l'américaine (*there is no way like the American way*), depuis que les accords Blum-Byrnes de 1946 ont permis une déferlante de *soft power* états-unien sur les ondes et les écrans français, et le sacro-saint modèle allemand, qui le précède, et qui fut une histoire de *hard power*.

Jusqu'aux blindés de 1940, pour des raisons plus ou moins bonnes, l'Allemagne était un repoussoir : on opposait la matière allemande à l'esprit français, les brumes métaphysiques du Nord à la clarté latine, la poésie de Racine aux borborygmes rauques issus des forêts. Contre toute attente, ce sont les Allemands qui gagnent la bataille inaugurale : entre le 10 mai et le 17 juin (jour où Pétain sollicite l'armistice), en trente-huit jours donc, l'Allemagne nazie bat la Belgique, les Pays-Bas et la France, ainsi que les troupes britanniques présentes sur le continent.

Le traumatisme est immense : cinq millions de réfugiés sur les routes de « l'exode », déliquescence des structures militaires, dissolution des structures de l'État (maires introuvables, préfets en fuite...). L'épisode est une humiliation terrible. Le sarcasme va bon train (de la drôle de guerre à la débandade, ce furent « neuf mois de belote, six semaines de course à pied », selon Céline), ainsi que le jugement historique, fixé par Vichy : une république vermoulue s'est effondrée sous la botte allemande, à cause de l'« esprit de jouissance », de la paresse des Français, des francs-maçons et des Juifs.

Étonnant, quand on songe que c'est le maréchal Pétain qui, ministre de la Guerre en 1934, décide de ne pas construire de ligne Maginot dans les Ardennes, fortification naturelle bien suffisante, au nom des économies budgétaires (rappelons que la ligne, merveille technologique, a tenu partout, sauf là où elle n'était pas...). C'est le même Maréchal, avec toute une généralité sclérosée, qui réfute l'idée des divisions blindées (alors que les chars français, *B1* et *Somua*, sont bien supérieurs aux *Panzer III* et *IV* allemands, en termes d'autonomie, de blindage et de puissance de feu), au profit d'un saupoudrage, en appoint de l'infanterie.

Tous ces gens se retrouvent à Vichy, le 14 juillet 1940, pour une cérémonie lunaire, décrite par Philippe Burrin dans *La France à l'heure allemande* : après la pire défaite de l'histoire du pays, on s'autocongratule et, au son des honneurs militaires, on s'épingle des légions d'honneur à qui mieux-mieux. Pour enfoncer le clou, les « responsables de la défaite » (Blum et Daladier au premier chef, ceux-là même qui ont réarmé la France à partir de 1936) sont traduits en justice à Riom.

Mais l'empreinte mémorielle est durable : efficacité, propreté, volonté et violence allemandes contre avachissement français. La persistance rétinienne en est entretenue aujourd'hui par des thuriféraires, qui ne jurent que par l'Allemagne sans la connaître, tout comme Sarko joggait avec un T-Shirt NYPD sans parler un mot d'anglais. Comme autrefois, ces zélateurs du modèle étranger s'étendent et s'apitoient sur le « déclin » français. Comme autrefois, ils désignent les causes de la défaite : trop de jouissance, trop de complaisance envers les pauvres, trop d'étrangers... Expier nos fautes et s'inspirer du puissant voisin : vieille rengaine.

Mais au fait, de quelle Allemagne parlent-ils ? L'Allemagne, la vraie ? Ses quinze millions de pauvres, ses infrastructures défaillantes (absence de fibre, routes et ponts vétustes, chemin de fer essoufflé), la corruption endémique (des mensonges de Volskwagen et Wirecard, en passant par les *amigos* de la CDU-CSU), l'incompétence et l'impéritie (quinze ans de retard pour inaugurer un simple aéroport à Berlin) ? Sur cette réalité, pas un mot. Parler sans connaître – définition passable du mythe, dans son acception la plus basse.

Le président-philosophe

Antoine Aramitz

Jacques Chirac se cachait, dit-on, pour lire de la poésie. Nicolas Sarkozy n'aimait pas la littérature, et s'en vantait. François Hollande lisait, mais mollement. Emmanuel Macron, lui, est un lettré. Et il tient à le faire savoir.

Arrivant à Bercy, en 2014, Macron avait déjà un œil sur l'Élysée. À ce jeune homme pressé, qui présentait tous les traits du technocrate 2.0 – lisse, ambitieux, idéologiquement souple, et novlangueux à souhait –, il fallait une *histoire*, un peu de *profondeur*. En d'autres termes : de la patine, du lustre. On prit soin de lui en donner.

En 2015, l'hebdomadaire *Le 1* (propriété de l'homme d'affaires Henry Hermand, ami intime et témoin de mariage de Macron) consacre un numéro à la pensée du ministre de l'Économie. Titre général – un tantinet flagorneur : « Macron, un philosophe en politique. » Dans un long entretien, le futur président retrace ses aventures au pays des Idées : la fréquentation des grands auteurs, Kant, Aristote, Descartes, puis Hegel, auquel il consacre son mémoire de DEA ; l'enthousiasme pour les cours du philosophe « marxiste » Étienne Balibar, sous la direction duquel il rédige « un travail sur Machiavel » ; enfin, la rencontre de Paul Ricœur, qu'il « assiste » dans la mise au point de son livre *La Mémoire, l'histoire, l'oubli*, et qui exerce sur lui une influence décisive.

Un an plus tard, nouveau numéro, et nouvel exercice d'exégèse : « Que pense vraiment Macron ? » On y apprend notamment que le *golden boy* est, au fond, « très camusien ». Tiens donc.

En février 2017, il se confie – toujours aux mêmes – sur son amour de la littérature (« C'est une relation passionnelle et fusionnelle depuis l'enfance. Je n'envisage pas ma vie sans livres ») et sur ses préférences. Des classiques : Racine ; le Chateaubriand de *René* ; Stendhal ; Céline ; la poésie de Char ; et Camus, donc. Une concession au présent : Pascal Quignard. On découvre que le candidat d'En Marche a écrit, dans sa jeunesse, « un roman épique, *Babylone Babylone* ».

Quelques jours plus tard, nouvelle interview littéraire (d'aucuns diraient : publi-reportage), cette fois dans *L'Obs* ; nouvelle liste de références ; nouvelle profession de foi (« je ne mets rien au-dessus de l'écriture ») ; nouvelles œuvres avouées (« deux autres romans, et aussi des poèmes »).

Le meilleur était encore à venir. Après l'élection, ce sont des articles de revue, et même des livres entiers qui sont consacrés aux soubassements philosophiques du discours et de l'action présidentiels. Toute une petite cohorte d'essayistes se met à broder sur la « vision de l'histoire » et la « philosophie ricœurienne » du nouvel élu. L'inénarrable Brice Couturier livre le prototype du genre, avec son ouvrage *Macron, un président philosophe* (bandeau : « Aucun de ses mots n'est choisi au hasard »). Dès les premières pages, l'auteur sort la brosse à reluire : « La boîte à outils conceptuelle d'Emmanuel Macron était plus étoffée que celle de ses adversaires. Son expérience de la philosophie, en particulier, s'est révélée un atout déterminant, le dotant d'une boussole qui lui a permis de se repérer dans la turbulence. On n'est jamais trop cultivé pour faire de la politique en temps de crise. » Si le cœur du livre reste composé de l'inévitable bouillie blairiste dont Couturier s'est fait une spécialité, l'enrobage philosophique ne manque pas de noblesse : Macron dialogue avec Hegel, Tocqueville, Renan, Popper, Aron, Camus... Et, bien sûr, avec Ricœur. Rencontres au sommet.

Le récit de l'éveil philosophique du jeune Macron a reçu quelques coups de canif : d'un côté, Étienne Balibar a assuré n'avoir gardé aucun souvenir de son fervent disciple ; de l'autre, quelques proches de Ricœur ont crié au détournement d'héritage, en soulignant notamment qu'Emmanuel Macron n'avait occupé auprès du philosophe que des fonctions subalternes et qu'il dévoie aujourd'hui avec une belle constance les concepts du maître. On laissera à d'autres le soin de trancher la querelle.

Mais on peut – et même on doit – souligner ce qu'a d'étrange, et, pour tout dire, de bouffon cette soudaine promotion philosophique du techno Macron. Car l'œuvre du philosophe Emmanuel Macron, nous la connaissons, et pouvons la juger sur pièces.

Il y a, d'abord, quelques sentences immortelles, sur les Gaulois réfractaires et fainéants, les ouvrières illettrées, les rues à traverser, les premiers de cordée, la meilleure manière de se payer un costard, le vide laissé par nos rois...

Il y a aussi, pour les *happy few*, un article de réflexion, dans la revue (ricœurienne) *Esprit*, sur « les labyrinthes du politique » (2012) : long tissu de banalités vagues et aseptisées sur le « temps long » de la politique, la « complexité du réel » et la nécessité d'articuler « responsabilité, délibération et idéologie ».

Il y a, enfin, un livre, *Révolution*, dont le président assure qu'il l'a écrit seul, et où l'élévation de pensée éclate dès les premiers chapitres. « Affronter la réalité du monde nous fera retrouver l'espérance ». « Je suis un homme du "Pour". » « Notre histoire nous a inculqué une volonté tenace de ne rien céder au conformisme, lorsque l'on croit avec force et sincérité. » « Le travail du politique, tout spécialement de l'État, ne consiste pas à dire à la Nation quoi faire ou à la soumettre. Il consiste à la servir. » « Je ne me lasserai jamais de contempler l'âme immobile et fugitive de la France. » *Et cætera. Ad libitum. Ad nauseam.*

Quant aux commentaires de l'esthète Macron sur la littérature, on n'y trouvera rien qui s'éloigne du lieu commun le plus plat, au point qu'on les croirait générés automatiquement par ordinateur, ou sortis du *Dictionnaire des idées reçues* : Racine est « d'une subtilité infinie », et son alexandrin « comme la respiration intime de notre langue » ; Camus se caractérise par son « inépuisable brièveté » ; le regard de Pascal Quignard « porte loin dans le passé et nous instruit sur notre présent ». Chez le lettré de l'Élysée, jamais un pas de côté, jamais une idée forte, jamais une hypothèse hardie. Chez lui, littérature et philosophie semblent ne jamais relever, au fond, que de ce que Bourdieu appelait la « culture Sciences Po pour dissertation en deux points et dîners d'ambassade » : une culture décorative, point trop approfondie, pour n'être point trop embarrassante ; une culture qui semble faite « pour ne rien troubler », et qui, à ce titre, « ne mérite ni égards ni patience ». *Dixit* René Char, le poète préféré du président.

Rien de surprenant, au fond, à ce que Macron ne soit pas le Penseur qu'il prétend être. Ni Hollande, ni Sarkozy, ni Chirac, ni même le romancier

VGE n'avaient particulièrement brillé dans l'ordre de l'Esprit. Personne ne l'attendait d'eux.

Ce qui doit faire réfléchir, en revanche, c'est qu'un jeune techno passé par la banque, et promettant une France de cadres sup' et de startups, ait eu besoin de se déguiser en Philosophe. Il faut croire que les puissants, même cyniques, ont toujours besoin – pour soigner leur ego, ou pour pommader leur clientèle – d'un *supplément d'âme*. En son temps déjà, l'artilleur Bonaparte lui-même avait tenu à se faire élire à l'Académie des sciences, en remplacement du grand mathématicien Carnot.

Autre sujet d'étonnement : que la comédie ait fonctionné, et que tant de gens de plume se soient précipités, ventre à terre, pour gloser et regloser, l'air grave, les formules du candidat-président, pour brasser Macron avec Ricœur, et Tocqueville, et Camus. Étrange mécanique. Mais il est vrai que pour les courtisans, le Prince a toutes les vertus. Et qu'au royaume des éditocrates, les demi-habiles sont rois.

La psychologie

Mathias Roux

Nombre de lits en psychiatrie divisé par deux en trente ans, désaffection des internes pour la discipline, sous-financement chronique portant atteinte au principe même de l'organisation en réseau des soins : les psychiatres hospitaliers alertent sur la dégradation de leurs conditions d'exercice. Ils sont bien les seuls à ne pas avoir remarqué que jamais on ne s'était autant préoccupé de la santé mentale ! Dans les rayons des kiosques et sur les étals des libraires, à la radio, en ligne, l'épanouissement personnel est partout. Conférences scénarisées, podcasts à écouter, méthodes à personnaliser, livres à méditer, magasines à feuilleter : à chacun selon son profil, son trouble, ses goûts. Fidèle à sa mission de service public, France Inter a pris le train en marche. Outre son émission quotidienne de bien-être et de vie pratique où des thèmes psychologiques sont fréquemment abordés, la station ouvre largement son antenne à la star des thérapeutes, Christophe André. Psychiatre et VRP multicarte du développement personnel, il prodigue ses conseils de vie à travers des chroniques hebdomadaires aux titres « inspirants » : « Quelles sont les vertus des états contemplatifs ? » « Entre connaissance, bienveillance et oubli de soi, ou Comment être pleinement libre et heureux ? » Il propose aussi des séances de méditations. Et, pour les inconditionnels, la station de radio organise, sous son patronage, des cycles de conférences (« Les chemins du bien-être »). France Culture, cette fois-ci : « un philosophe », Fabrice Midal, machine à best-sellers, trouve en Socrate ou Sénèque les précurseurs du lâcher-prise. Avec *Foutez-vous la paix et commencez à vivre* ou bien *Comment rester serein quand tout s'effondre ?*, il offre aux cadres en surchauffe un traité de prêt-à-vivre.

Du management à la littérature, du *chief happiness officer* au *roman feel-good*, la psychologie colonise tous les domaines de la culture.

Qu'on l'incite à avoir *Le Courage d'être soi* ou qu'on l'exhorte au changement (*Promis, j'arrête de râler au boulot*), le sujet, hypersensible ou narcissique, haut potentiel ou phobique, est toujours tenu à la fois responsable de son problème et de sa guérison. À une relation soignant/soigné qui nécessite des institutions, du temps (et un coût pris en charge par la collectivité), se substitue peu à peu une approche désocialisée de la souffrance psychique redoutablement efficace en termes de contrôle social. Elle concourt à l'hégémonie libérale. Elle accompagne aussi le passage du capitalisme à son stade ultime, celui où ses fondements théoriques valent aussi comme règles éthiques. Entrepreneur de soi, l'individu est invité à ne jamais compter que sur lui-même. Rien d'étonnant à ce que des spécialistes du management aient incité les DRH à financer des séances de coaching et des programmes d'épanouissement personnel pour les salariés. Fini la socialisation du psychologique ; place à la psychologisation du social. Avec l'hyper-responsabilisation et la culpabilisation des individus qu'elle induit.

En 1958, le philosophe Georges Canguilhem concluait son article « Qu'est-ce que la psychologie ? » par une mise en garde restée célèbre : « Quand on sort de la Sorbonne [et de l'Institut de psychologie] par la rue Saint-Jacques, on peut monter ou descendre ; si l'on va en montant, on se rapproche du Panthéon, qui est le conservatoire de quelques grands hommes, mais si on va en descendant, on se dirige sûrement vers la préfecture de police. » La rue Saint-Jacques est, depuis, à sens unique.

La résilience

François Bégaudeau

Le sens physique de *résilience* s'est perdu et en réalité n'a jamais circulé. Dans le monde moderne, la psychologie est première. Elle est le fond de l'air. Elle est la religion insue de l'époque.

Dans les années 2000, *résilience* n'arrive pas à moi par son prophète Cyrulnik, ni par les livres de développement personnel qui répandent sa parole avec ferveur, mais par les romans et les films. D'une fiction contemporaine à l'autre, j'identifie des trames récurrentes dont la résilience semble être l'horizon commun, que le mot y soit ou non. Exemple : la mise en vente de la maison familiale d'Alexandre initie une introspection dont il tirera la force d'accepter ses failles et de s'accepter comme père. Ou bien c'est Alexandra qui, assistant sa mère frappée par la maladie d'Alzheimer, se souvient qu'un oncle a abusé d'elle l'été 84, à Biarritz. Passé le choc de cette réminiscence, elle décide de prendre le passé par les cornes pour ne plus en subir le poids.

La résilience recoupe-t-elle la cure analytique ? Oui et non. C'est à la fois plus simple et plus compliqué. À vrai dire, c'est assez vague et il faut que ça le soit – comme l'Évangile – pour accueillir un maximum de fidèles.

À gros traits, la résilience est la capacité d'encaisser. Proximité phonique aidant, on peut dans *résilience* entendre *résistance*. Je suis résilient = je suis résistant. Résistant à quoi ? À ce qu'on voudra. Je survis à un drame, un deuil, un trauma, une deuxième place au concours olympique du saut à la perche. Rendez-vous aux championnats du monde ! dit le perchiste résilient. Car la résilience, c'est aussi la capacité de rebondir.

Parvenu à ce degré de généralité creuse, le dogme est mûr pour intégrer la langue politique. Il ponctuera d'une note d'espoir l'intervention du préfet de Gironde au lendemain des pluies torrentielles qui ont ravagé son département ; il introduira le discours d'inauguration d'une maison de santé. Il sera cuisiné à toutes les sauces. On l'évoquera à propos du 13 Novembre, comme dans la série évangélique *En thérapie*. À propos d'un confinement. D'une pandémie. Résilience, on se le repasse, on se le refile, le virus est hors de contrôle. Sa diffusion connaît son pic en mars 2020 : Ségolène Royal sort un essai nommée *Résilience française*, Macron lance à Mulhouse l'*opération Résilience*.

Cette dernière appellation peut avoir été suggérée par un communicant, mais rien n'exclut qu'elle vienne de sa majesté en personne. Sa majesté, toute littéraire se prétende-t-elle, parle mieux le Cyrulnik que le Flaubert. C'est bien elle qui, dans une allocution, invite Françaises et Français à *retrouver la résilience*. C'est bien elle qui impulse le plan *Climat et résilience*.

À ce niveau, le fait de langue est un fait idéologique. L'idéologie de la résilience est d'essence conservatrice. Dans le paradigme de la résilience, comme dans celui de la guerre, tous deux soudés dans *opération Résilience*, le mal est exogène. *Résilience de la société* présuppose que, dans son état régulier, le corps social est sain. Tel que façonné par l'ordre capitalo-parlementaire, il fonctionne bien. Il faut juste le protéger des ennemis extérieurs. Et s'il y a des ennemis de l'intérieur, c'est qu'ils sont séparatistes et ont fait sécession d'avec la *communauté résiliente*.

Résilience est à lier à deux idéologèmes cousins : *réparer*, *reconstruire*. La société est bonne mais cassée, comme il arrive à une jambe ou une voiture. Il n'y a donc qu'à la réparer en passant à l'hôpital ou au garage.

Si l'on peut *reconstruire l'école* comme une femme se reconstruit après un divorce, c'est que l'école est bien conçue à la base, que le dispositif scolaire est fondamentalement bon, comme le dispositif conjugal. À l'école on restaurera l'autorité, et la femme se remariera.

Si la politique, c'est la contradiction et le dissensus, il apparaît que la psychologisation de la politique revient à la dépolitiser.

Le vocabulaire thérapeutique s'ajuste parfaitement à l'idéologie technico-utilitariste. Une société est une bagnole qu'il faut faire rouler.

Nous ne devons pas réfléchir à une bagnole conçue tout autrement, mais à des solutions techniques pour que l'actuelle roule. Aussi sûr qu'un cœur ou un estomac fonctionne comme ça et pas autrement, une société fonctionne comme ça et pas autrement. Nous sommes là pour faire tourner la machine, pas pour la repenser. Nous n'organisons pas des débats mais des brainstormings. Nous ne formons pas des groupes politiques, mais des réunions d'équipe, qui réfléchissent non aux objectifs – ceux-là sont indiscutables – mais aux moyens. Nous le faisons en toute cohésion.

Invités à la résilience, nous sommes invités à encaisser l'existant. C'est ici que la résilience n'est pas la résistance mais son contraire : une variante de la soumission.

Risque (prendre son)

François Bégaudeau

Au commencement il y eut René Char, puis vint Emmanuel Macron.

« Impose ta chance, serre ton bonheur et va vers ton risque. À te regarder, ils s'habitueront », avait écrit le poète, et cela parvint aux oreilles du banquier, via ses cours de français au lycée jésuite d'Amiens. Ou bien il l'emprunta à son ami Bayrou, qui le citait à l'envi pendant sa campagne de 2007. Ou bien il l'entendit dans un séminaire de management.

Pressé et expéditif, le banquier n'a gardé de l'aphorisme que ce qui concerne le risque, puis l'a bricolé pour le transformer en élément de langage. Pour se lancer seul dans la course présidentielle, énarque mais rebelle, ministre mais insoumis, Emmanuel Macron a dû, selon ses propres dires, *prendre son risque*.

Devenu président, l'audacieux s'empâte, mais en janvier 2021, on le retrouve tel qu'on l'a tant aimé. Alors que les pisse-froid poussent au reconfinement du pays qu'une troisième vague menace, le banquier poète dit non. Moi vivant, on ne reconfinera pas. Ses soutiens éditorialistes applaudissent. Leur président a imposé son avis au conseil scientifique. Il a *fait un pari*. Il a pour ainsi dire pris son risque.

Ainsi nous voyons à toute heure de bons conservateurs ayant grandi dans des lycées taillés sur mesure, suivi des filières conçues pour eux, épousé des carrières attendues, connu des ascensions préécrites, investi des immeubles sécurisés dans des quartiers retranchés, inscrit leurs enfants dans des lycées taillés sur mesure, etc., célébrer le risque.

Paradoxe ?

Il n'y a pas de paradoxe.

Il y a les mots qui compensent les faits.

C'est parce que les conservateurs ont des vies balisées qu'ils aiment s'imaginer hors des clous. C'est parce qu'ils restreignent la pensée à la défense de leurs intérêts qu'ils prétendent penser *out of the box*. C'est parce que leur existence est sans risque qu'ils n'ont que ce mot à la bouche.

Analogiquement, l'héritier est le meilleur colporteur de la fable du mérite. Certes il y a des facilités, disait récemment une journaliste politique de télé mariée à un journaliste politique de télé frère d'un journaliste politique de télé officiant aujourd'hui sur BFM, comme son neveu journaliste politique de télé ; mais il y a aussi le travail. Il y a le talent personnel. Il y a le mérite, et il justifie le revenu.

Mais comme le bon sens saisit mal pourquoi une fille de prolétaire méritante hissée au rang d'institutrice gagne vingt fois moins qu'un patron, le concile libéral invente une fable complémentaire, un pipeau d'appoint : le risque.

L'institutrice est sans doute méritante, mais elle ne prend pas de risques. Sauf le respect qu'on lui doit, elle est fonctionnaire. Alors que le patron s'est lancé dans une *aventure entrepreneuriale* – il aime qu'on l'appelle entrepreneur et non patron. Il a parié sur un business. Il y a mis son argent. Il a engagé son corps dans la bataille. Son corps, oui, et c'est pourquoi il dit qu'il a pris *son* risque et non plus *un* risque. Il aurait pu y laisser sa peau, tel Magellan dans son périple en aveugle. À la fin, son pari a été gagnant, sa startup d'agrochimie est rentable, et ce courageux coup de poker de départ rend socialement acceptable qu'il gagne en un jour un salaire mensuel d'aide-soignante.

Bon, il se trouve qu'en fait le fric engagé est celui d'une banque qu'il aura su convaincre de le suivre dans l'aventure en prouvant qu'elle est justement sans risque puisqu'il a *les reins solides*, c'est-à-dire une petite fortune acquise en revendant une boîte créée en engageant tout son corps mais surtout en engageant l'argent issu de la revente d'un appartement hérité.

Aussi vrai qu'on ne prête qu'aux riches, ceux qui prétendent prendre des risques économiques sont en général ceux qui ne courent aucun risque à les prendre.

Du reste, quel risque réel prenait Emmanuel en s'opposant vaillamment au confinement ? Quel était, littéralement, *son* risque ? Son pari de janvier ayant été perdu, on vit la violente troisième vague saturer les hôpitaux, épuiser les soignants, tuer des milliers de gens et notamment des pauvres, mais on ne vit pas qu'Emmanuel ait à payer personnellement son erreur.

À la lumière des sempiternelles diatribes libérales contre le principe de précaution, on comprend encore mieux de quoi *risque* est le nom. Il est le nom d'une pulsion de commercer qui passerait outre le tort fait à des gens, à des animaux, à l'air, au vivant. L'apologie du risque, c'est l'appel à produire sans frein et sans se soucier des dommages collatéraux ; c'est la promotion d'une balance bénéfice-risque où le bénéfice justifie qu'on risque la vie des autres ; c'est la possibilité de fracturer la roche pour exploiter le gaz de schiste. Les eaux de la région risquent d'être polluées et les gens du coin de choper des cancers ? On s'en fout. On prend son risque, qui est en fait le leur.

Risque pour autrui, assurance pour soi.

Exposition au danger pour autrui, protection pour soi.

Une mythologie doit décidément toujours se lire *a contrario* : plus le libéral parle de *son risque*, plus on comprend que le risque est pour tout le monde sauf pour lui.

Le rond-point

Éric Chauvier

Dans *La Carte et le Territoire*, livre rétroactivement taxé de « visionnaire » par les critiques littéraires, l'écrivain Michel Houellebecq imagine une France dont les ressources seraient exclusivement liées au tourisme. Cette dystopie révèle les inégalités entre les régions selon leur capacité à se conformer à ce modèle désormais dominant. La troisième partie de l'ouvrage, vaguement policière, décrit l'arrivée du commissaire Jasselin, sur les traces d'un criminel, dans un de ces villages qui, de ce point de vue, est sans ressources ni avenir. L'industrie agroalimentaire mondialisée a transformé le village en zone désertée. Tout au long du chapitre, Houellebecq fait dans l'humour à froid destructeur, montrant un bourg rénové mais sans âme, qui détonne avec un ensemble d'images d'Épinal propres au monde rural – les déclinaisons d'une vie sociale disparue et d'un paysage qui autrefois s'y accordait. Vers la fin, il fait de nouveau dans l'ironie : « En direction du sud, le village se terminait par le rond-point Emmanuel-Kant, une création urbanistique pure, d'une grande sobriété esthétique, un simple cercle de macadam, d'un gris parfait, qui ne conduisait à rien, ne permettait d'accéder à aucune route, aux alentours duquel n'avait été bâtie aucune maison. »

Voici les restes d'un projet interrompu (Houellebecq suggère une pépinière d'entreprises), sans doute lancé par la municipalité précédente et destiné à anticiper un avenir qui s'est avéré économiquement exsangue. Dans ce vestige pathétique, l'écrivain reconnaît une œuvre « urbanistique pure ». L'ironie de cette expression confine au cynisme si on la replace dans une configuration territoriale opposant, désormais, les villes productives et créatives et le reste, non productif et non créatif, une « France grise » et en souffrance, à la remorque des métropoles. Apparaît la fonction capitalistique du rond-point, à savoir de réguler des flux afin d'en optimiser le rendement : des flux de véhicules, des flux de salariés sous-payés, des flux de camions transportant des marchandises. Rappelons que si ce carrefour giratoire et ses édicules distinctifs (fontaines, œuvres d'art, aménagements paysagers) sont une invention française (ce qui explique que la France soit le pays qui en possède le plus dans le monde, et de loin, soit 62 574), il renvoie plus profondément à une idéologie néolibérale dont le mot d'ordre est de ne jamais contraindre un mouvement de l'économie tacitement jugé inhérent à l'espèce humaine. C'est bien ce modèle que les élus de ce village ont cherché à appliquer par l'implantation d'une pépinière d'entreprises que devait desservir le rond-point mutilé. Victimes d'un mimétisme métropolitain fort répandu dans les territoires en déprise économique, ces édiles locaux n'ont pas pensé d'alternative. Jusqu'à ce cuisant et mortifiant échec. Reste aux urbains productifs à se gausser de ce fiasco. C'est à ce stade de condescendante moquerie que se situe la pensée, finalement très peu visionnaire, de Michel Houellebecq. Car il n'imaginait pas qu'en squattant les ronds-points, un mouvement citoyen à chasuble colorée viendrait introduire de l'inertie dans ce prérequis de développement illimité. Depuis sa vision ordonnée d'un monde finissant, il ne pressentait nullement que ces naufragés de l'économie, avec leur emploi tertiaire au rabais, leur hyperdépendance à l'automobile (et à son entretien, soit en moyenne 5 000 euros par an), leur pavillon à rembourser sur trente ans, viendraient symboliquement interrompre le mouvement de l'économie néolibérale qu'incarne le rond-point. On pourra arguer de l'opportunisme de ce mouvement, aussi de la teneur des conversations entendues ici et là – quant à son incapacité à surmonter sa frustration consumériste ou au fait qu'il rêve de l'extrême droite au pouvoir –, mais il ne faut pas occulter la force inconsciente d'un mouvement politique qui a rompu avec l'idéologie du rond-point, ce bras armé de l'aménagement raté des territoires. Les ronds-points sont devenus ambivalents, à la fois promoteurs d'une idéologie économique et marqueurs de ses fiascos sur les territoires à la remorque des métropoles, symboles du capitalisme à la française et de mouvements occupationnels, tout à la fois rejet d'un modèle global (franchir et se taire) et ancrage dans une expérience locale de solidarité (s'arrêter et prendre la parole). C'est tout ce que n'avait pas prévu Houellebecq du fond de sa torpeur Lexomil.

La rue piétonne

Éric Chauvier

L'usager de la ville médiévale ignorait tout des compétences dont l'affublerait par la suite la modernité. Regardez-le évoluer dans Paris un peu avant la Révolution française – Louis-Sébastien Mercier en rend compte dans ses *Tableaux parisiens*. Entre les carrioles qui bringuebalent sur le pavé irrégulier, il hurle, éructe, postillonne sans scrupule, invective ses semblables, non moins indisciplinés, au cœur bruyant d'artères sombres et fangeuses. Qu'un colibri s'échappe d'une cage posée sur la fenêtre d'un immeuble crasseux, aussitôt un attroupement se forme, grossissant à vue d'œil et à un point tel qu'il encombre bientôt la rue, puis le quartier, puis engorge Paris tout entier pendant des heures, interdisant aux commerçants d'acheminer leurs marchandises. On parle de l'oiseau, des raisons de sa fuite et, de fil en aiguille, on se prend à discuter du pouvoir royal, indûment détenu, puis on s'indigne et on s'insurge au point de conclure au bien-fondé d'une révolte. L'oiseau s'est envolé, et une clameur est née. C'est que le peuple ne fait toujours pas foule dans une ville dont le potentiel de rentabilité n'a pas encore été évalué. Quant au piéton, il n'existe pas davantage. La rue s'occupe et se prend. Elle se vit. Pas pour tout le monde, cependant. Ç'en est assez, pestent les rentiers de l'urbain, de ce chaos permanent qui paralyse l'économie de nos villes. Les occupants des rues sont des séditieux, qui prennent plaisir à endiguer les flux et à limiter le potentiel de nos revenus. Il nous faut passer à la vitesse supérieure, comme on dit, et aménager la ville de façon à éliminer les barricades qui épouvantent le capital. Il nous faut des rues larges que l'on promouvra au nom de l'hygiène, que l'on pourra superviser, où le factieux sera neutralisé. La fièvre de modernité aménageuse qui s'empare du Second Empire est tout entière dédiée à cette fin sans fin : optimiser les revenus du capital. Haussmann, que l'on disait d'un caractère fruste, avait pourtant compris que contrôler la ville sans offrir de contrepartie mènerait à d'autres insurrections. Le spectacle de l'oiseau échappé devait être conservé, reproduit et amplifié. Ce sera celui de la marchandise sous vitrine. Fini le temps de l'échoppe opaque, ce spectacle-là est une diversion idéale, marquant le règne de la fantasmagorie. Le peuple des rues, tout occupé au lèche-vitrine, est enfin une foule, autrement dit une entité contrôlable, un flux de consommateurs aux yeux desquels la jacquerie devient un regrettable recours à la violence. Haussmann élargit les rues parisiennes, les relie entre elles selon un modèle en étoile, mobilisant la géométrie comme arme anti-insurrectionnelle. Dans la rue piétonne du Second Empire, ce n'est pas le piéton qui se trouve au cœur de ce dispositif mais bel et bien la marchandise, qui peut enfin circuler sans entrave et se mettre en scène sous ses plus beaux atours. Quant au piéton, il ne discute plus de ses droits, il consomme. Mieux, il flâne. La ville peut enfin être rentabilisée dans de substantielles proportions. Mais une caractéristique de l'aménagement urbain est de produire des excès qu'il lui faut incessamment corriger. Il en va ainsi de l'essor de l'automobile durant la période dite des « Trente Glorieuses ». Initialement destinée à faciliter l'accès des consommateurs aux centres urbains, la voiture finit par nuire au spectacle de la marchandise dans des villes qui prennent de plus en plus de valeur. Comme l'automobile empeste, comme elle est bruyante et dangereuse, elle sera désormais réservée aux périurbains. Dans les grandes artères des métropoles, on lui préfère les transports en commun et la piétonnisation, ce que les urbanistes nomment poliment « revitalisation » et « patrimonialisation », mais il ne faut pas s'y tromper, le piéton est plus que jamais un consommateur, et l'acte de consommation un spectacle. Au point que, quelques décennies plus tard, les nouveaux concepteurs de la ville intelligente ne parlent même plus de rue piétonne mais de « marchabilité ». Le piéton idéal doit pouvoir évoluer jusqu'à son lieu de travail dans une ambiance « village » avec des effluves de pains au chocolat, des bars, des restaurants. Il doit pouvoir céder à la « marche lente », concept élaboré par les promoteurs de la ville

« intelligente » et dévolu à la consommation et au divertissement. Marcher, c'est redécouvrir la ville dans un temps idéal – apaisé, presque contemplatif –, celui de la consommation, mais sans s'en rendre compte, manipulé par des dispositifs visuels (des stimuli produits à intervalles réguliers), sonores (une musique *lounge*), olfactifs (effluves de parfums de luxe, de café noir, de propreté). Siegfried Kracauer avait déjà analysé au début du XXe siècle cette marche hypnotique que produit la rue marchande. Il observait que dans la Friedrichstrasse, à Berlin, rue dédiée au commerce, les passants ne levaient pas les yeux vers une locomotive qui avait par accident perforé un mur pour se retrouver au-dessus des commerces. Il en va ainsi du devenir de la rue et de ses occupants : ceux de la rue médiévale savaient repérer un colibri échappé de sa cage ; ceux de la rue piétonne du XXIe siècle ne voient pas même une locomotive au-dessus de leur tête. Quant aux petits oiseaux fuyards, ils sont désormais observables à loisir dans les rues des villes, petites ou moyennes, dont les édiles n'ont pas su saisir les opportunités de l'économie mondialisée. Ces centres-villes historiques et leurs artères autrefois vivantes sont désormais la proie d'un spleen illimité. La queue de comète des « Trente Glorieuses » a vu se vider leurs rues marchandes et s'édifier des supermarchés de plus en plus discounts dans des périphéries. La rue piétonne n'est plus qu'un marqueur de classe éloquent, entre « marchabilité » et déserts psycho-affectifs, entre programme spectaculaire et indifférence, entre artifices et oubli pur et simple.

La série

François Bégaudeau

D'abord consommée à la télévision et selon une fréquence de feuilleton, la *série* est facturée pour que les téléspectateurs restent pendant la pub et reviennent d'une semaine sur l'autre. On place donc un suspens narratif avant chaque coupure pub et en fin d'épisode. Cela s'appelle un *cliffhanger.* Il s'agit d'*accrocher* le spectateur, comme le dealeur accroche son client.

Le toxicomane est le consommateur idéal : il revient toujours au point de vente. Dès la série paradigmatique *24 heures*, un qualificatif s'impose dans les bouches conquises : addictif. La série télé des années 2000 est : addictive. Cette confidence tient de l'éloge et de l'aveu : y transpire l'ambivalence du consommateur, dont le bien-être dans une galerie commerciale s'altère du sentiment qu'il serait mieux à se balader en forêt.

Lorsque la série télé devient *la série*, étant désormais consommée sur internet, la métaphore de l'addiction est supplantée par le *binge watching* – sur le modèle du *binge drinking*. Lycéen, je m'enfile six shots de vodka à la suite, adulte, je m'enquille six épisodes de *Homeland* en une soirée. La discothèque s'ingénie à me faire boire et reboire, la série est conçue pour me faire manger et remanger. Il faut que toujours j'y revienne et surtout que j'y reste. Que je reste devant mon ordinateur, et qu'ainsi mon attention – ce pétrole du XXIe siècle – soit continûment captée.

Il faut que l'ingestion d'un épisode crée le désir du suivant. Sa durée standard – de trente à cinquante minutes – est donc assez longue pour satisfaire et assez courte pour frustrer. Cette moitié de sucre donne envie d'un rab que déjà Netflix vous met sous le nez et ainsi un épisode suit un autre. En matière de performance commerciale, le dealeur de crack est supplanté : on n'obtient plus la reconduite des gestes de consommation, mais un flux continu de consommation.

Un moment d'une série ne vaut qu'en tant qu'il précède le suivant qui ne vaut qu'en tant qu'il précède le suivant, et ainsi de suite. Le flux sériel repose sur une promesse jamais vraiment tenue, et reconductible de n'être jamais tenue – sucre.

La scène-type de la série ne dépasse pas la minute, en sorte que si une scène m'ennuie, l'ennui ne dure qu'un temps – coup d'œil au texto reçu, réponse au texto – avant que la suivante me recharge en reprenant un des six fils narratifs que la série tisse. En cela, la série légitime des années 2000-2010 n'est qu'un relookage de la série illégitime des années 1970-1980. Dans *Dallas*, j'ingère plus facilement un moment narrant le divorce de Bobby qui me lasse si je le sais suivi d'une scène qui reprendra où on l'avait laissée une combine machiavélique de JR. Dans *Game of Thrones*, la case Daenerys est une mauvaise minute à passer avant que la case Jon Snow soit réactivée – et l'archipel des peuples de *Game of Thrones* est comme une figuration de cette stratégie de captation par l'offre multiple.

Une scène n'est pas un moment mais un passage. Elle ne fait que passer, n'a vocation qu'à faire passer. C'est ainsi qu'on *avale*, comme des couleuvres, les invraisemblances au kilo. C'est énorme mais ça passe. Vite fait, comme dit mon neveu. T'as réussi ton devoir de maths ? Vite fait. T'as aimé cette série ? Vite fait. Je ne peux l'aimer que parce qu'elle passe vite. Si je m'arrêtais, tout m'apparaîtrait inepte. Mais là, ça passe en force, ça passe en flux. Comme un mets en pousse un autre, une énormité en pousse une autre. Un personnage meurt qu'aussitôt remplace un autre tué en saison 1 mais qu'un scénariste thaumaturge fait revenir en saison 2 d'un coup de clavier. La forme série consacre le triomphe de l'arbitraire scénaristique. Ses réalisateurs sont interchangeables et indifférents, la *continuité* est assurée par l'équipe de scénaristes chaperonnée par un contremaître nommé *showrunner* (il fait courir le show).

Dans cette forme-passante, ce qui passe aussitôt s'oublie. Le fan d'une série est incapable d'en dire davantage que les chiffres de sa performance d'absorption – je me suis enfilé deux saisons ce week-end –, comme il ne reste parfois d'une soirée que le bilan fanfaron des deux bouteilles de gin sifflées à quatre.

La série demande aux yeux le minimum dont des yeux soient capables : être ouverts et le rester. L'attention requise est inattentive. Surtout ne pas regarder : on verrait qu'il n'y a rien à voir. Flottante, la caméra de série ne cadre pas, elle glisse. Elle assure le glissement.

La série réalise l'utopie capitaliste du flux lucratif. *Time is money* n'a jamais été aussi vrai. Il suffit que le temps coule pour que l'argent aussi – à flots.

La série est ergonomiquement conçue pour s'insérer dans la continuité du quotidien liquide de l'individu libéral métropolitain. Elle est le produit audiovisuel qu'il faut à son corps nerveux de travailleur digitalisé. Encore fébrile de sa journée algorithmée et de l'arrivage continu d'informations sur son smartphone en attendant la livraison de son bò bún par un sous-prolétaire soudanais, le producteur libéral est trop excité pour ne rien faire et trop crevé pour lancer un film dont les plans dépasseraient trente secondes – ainsi est le corps productif libéral : excité et épuisé. La série lui fournit un compromis entre activité et non-activité, entre abrutissement décérébrant (une merde-à-la-télé) et effort cérébral (un livre), en même temps qu'un sas entre veille et sommeil. D'un œil semi-éteint, le corps libéral métropolitain regarde passer un épisode, deux, trois, et allez un quatrième mais cette fois dans son lit, d'abord relevé sur un coude puis carrément allongé, et maintenant il peut éteindre son Mac et plonger dans le sommeil qui rechargera sa force de travail-flux. La série a passé. Rien ne s'est passé.

Le SUV

Mathias Roux

En 1957, la DS donnait l'occasion à Barthes d'une célèbre analyse identifiant, à travers ses caractéristiques, les signes de l'époque. Son aérodynamisme novateur suggérait, par exemple, que la vitesse s'exprimerait « désormais dans des signes moins agressifs, moins sportifs, comme si elle passait d'une forme héroïque à une forme classique ». En 2021, avec l'omniprésence du SUV, le constat est moins subtil : c'est la forme « char d'assaut » qui prévaut.

SUV : trois lettres pour une formule magique, capable de transmuer la réputation plombée de la voiture en image dorée ; de relancer la production et la croissance d'un secteur en panne sèche. À la casse, la berline du papy à casquette, monospace du père de famille, fourgon à marmaille, plus proche de l'utilitaire que de la voiture de tourisme. Place à *l'expérience client*.

Utilitaire et sportif à la fois : les constructeurs ont trouvé la martingale. Un modèle de taille supérieure aux autres cylindrées, un carénage imposant, une position de conduite haute permettant de dominer la route (et les autres). Une voiture barnum satisfaisant tous les types de clientèle : aussi bien la conductrice soucieuse de sécurité au volant que le nostalgique du pare-buffle (interdit). Fini les débats de forums auto pour savoir ce qui distinguait le crossover du break sportif ou du coupé monocoque :

les cinquante nuances de SUV permettent de tout regrouper sous la même catégorie.

Qu'importe que le SUV ne soit ni utilitaire ni sportif. Qu'importe aussi que, tout compte fait, il coûte, en moyenne, 30 % plus cher qu'un modèle dont les prestations seraient identiques (à quoi il faut ensuite ajouter le surcoût de consommation dû au poids, aux jantes surdimensionnées et au manque d'aérodynamisme.)

Le triomphe du SUV comme expérience collective de la dissonance cognitive : d'un côté, des efforts pour rendre les voitures plus petites et plus sobres ; de l'autre la « SUVisation » du parc automobile français (40 % des véhicules neufs en France en 2019) ; d'un côté, la sécurité routière élevée au rang de priorité nationale ; de l'autre, la promotion publicitaire d'un véhicule plus dangereux en raison de l'impact cinétique de son volume. Le SUV, est au fond, appliqué au domaine de l'automobile, une illustration de la supercherie du « en même temps ».

Rien de bien neuf sous le soleil sémiologique, en revanche. L'engouement pour le SUV rappelle que le marché automobile est avant tout une offre de signes. Dans la société du spectacle, ce stade de la civilisation capitaliste où la valeur d'usage est définitivement décorrélée de la valeur d'échange, celle-ci n'est plus déterminée que par le statut fétiche de la marchandise. Spectaculaire car spéculaire : les marchandises forment un système de signes dont les éléments renvoient les uns aux autres, n'existent que par cette relation, évacuant le réel.

Et l'on retombe de nouveau sur Macron, illustre enfant du siècle qui ne fait pas de différence entre être et paraître et qui tantôt joue au chef des armées, laisse croire qu'il est philosophe, singe le tribun ou imite le médecin. Avec le SUV, on fait aussi tellement semblant qu'on ne le sait même plus. Semblant d'avoir une « belle voiture », semblant d'avoir réussi, semblant d'être décomplexé, semblant de croire que cette vie-là pourrait durer toujours et que l'écologie, « à un moment, ça va bien ! »

La transparence

Nicolas Framont

Le gouvernement promet « une transparence totale sur le nombre de doses de vaccin disponibles dans chaque centre et département » (*Ouest-France*, 24 janvier 2021).

Le syndicat CFDT d'une usine du groupe Servier regrette « un manque clair de transparence » dans le fonctionnement de l'établissement : « Tout est géré depuis Paris, notre direction ne prend pas de décisions. On aimerait alors pouvoir négocier directement avec le siège, sans intermédiaire, selon les règles du dialogue social » (*Paris-Normandie*, 4 janvier 2021).

« Le budget participatif, c'est un exercice concret de démocratie qui renforce la transparence de l'action publique » (*La Nouvelle République*, 26 janvier 2021).

Ce qui distingue notre régime politique de n'importe quelle dictature, communiste de préférence ? *La transparence*. La transparence, condition de respectabilité des dominants. Licencier des salariés ? Oui, mais en toute transparence. Prendre des mesures liberticides ? Du moment que le ministre le fait en toute transparence…

Prenons une institution qui génère « peur », « inquiétude » et « défiance » (et non pas « critique fondée en raison ») : l'industrie pharmaceutique. Comme de mauvaises langues prétendent que ces entreprises stipendient généreusement experts, médecins et organismes de contrôle pour vendre leurs produits au meilleur prix (et taux de remboursement Sécu), le gouvernement de François Hollande a mis en place une base de données en ligne, « Transparence Santé ». Les médecins y déclarent, *s'ils le souhaitent*, les menus cadeaux qu'ils ont reçus. N'aurait-il pas mieux valu interdire petits gueuletons et congrès aux Bahamas à des présidents de fac de médecine et autres *key opinion leaders* ? Non, la transparence suffit.

Le même exercice démocratique a été pratiqué à la suite de l'affaire Cahuzac – du nom du ministre du Budget qui planquait de l'argent en Suisse tout en faisant de pieuses promesses : chaque année, les députés et ministres doivent remplir une déclaration de patrimoine qui est ensuite mise en ligne sur le site de la Haute Autorité pour la transparence de la vie publique (HATVP). On leur demande de remplir un formulaire et de le scanner tel quel et sans vérification. S'ils sont pris en flagrant délit de mensonge, les déclarants évoqueront un « oubli », pardon, une « omission », comme l'a fait par exemple l'ex-ministre de la Justice Nicole Belloubet, qui n'avait pas pensé à déclarer une maison de 184 mètres carrés dans l'Aveyron et deux appartements de 61 et 32 mètres carrés à Paris. Transparence par omission.

Certaines entreprises vont encore plus loin : le réseau social TikTok a carrément ouvert un « centre de transparence » à Los Angeles, « dans le but de rassurer les consommateurs sur la collecte de données de l'application. Les experts auront accès à certaines informations et pourront voir comment l'entreprise gère le contenu de la plateforme », s'enthousiasme le magazine *Forbes* (13 mars 2020), soufflé par tant d'audace. « Certaines informations », mais lesquelles ? Et quels experts ? On ne sait pas.

Les bases de données dûment remplies, les archives dévoilées, les comptes rendus de réunion communiqués à la vigilance citoyenne, nous voilà bien avancés. Seul le chercheur ou le journaliste pourront « décrypter » cette masse indigeste d'informations. Avec, en filigrane, l'illusion que la vérité porte en elle la vertu. Mais il n'en est rien : les scandales se suivent ; on les étouffe, on les efface, on les oublie.

Tant que la transparence consistera seulement à dire les choses en ayant l'air le plus sincère possible, à remplir une déclaration sans vérification, à construire le musée de sa propre vertu, elle restera un miroir aux alouettes – rien d'autre que le privilège, pour les puissants, de donner les informations qu'ils veulent, sur ce qu'ils font comme ils le veulent. Nous autres, on ne nous demande pas d'être « transparents », mais de remplir notre déclaration d'impôts de façon rigoureuse et sous peine de pénalité, d'honorer nos rendez-vous Pôle emploi sous peine de suspension, de remplir ce tableau de *reporting*, et « ASAP ». Au travail, on ne nous demande pas d'être « transparents » sur nos heures, mais de passer notre badge dans la badgeuse. Quant à la classe dominante, « en toute transparence », elle continuera bien à faire ce qui lui chante.

Végétalisation

Éric Chauvier

Que l'objectif des métropoles soit d'augmenter de façon illimitée le prix de leur foncier et de leurs biens immobiliers est une chose ; encore faut-il que leurs résidents puissent en retirer quelques agréments. Si les épisodes caniculaires les réduisent à des îlots de chaleur irrespirables, les luxueux triplex ne vaudront bientôt plus tripette. La vie dans un tombeau d'or sera-t-elle encore la vie ? Quelle sera la valeur réelle des immeubles de la place des Vosges s'il faut y passer sa vie en portant un masque à oxygène ? La moindre clairière peuplée d'oiseaux véritables ne vaudra-t-elle pas davantage que les quartiers les plus huppés ? Comme, cependant, l'espèce humaine ne peut tolérer qu'un vulgaire coin de verdure vaille plus que les fruits de ses aménagements urbanistiques, des spécialistes en survie urbaine se sont emparés de la question. Laquelle émerge de plus en plus à l'approche des élections municipales, préoccupant des candidats désormais uniment convertis à l'écologie urbaine et à la guérison des écosystèmes défaillants des métropoles. Pour ce faire, un concept, un mot d'ordre est apparu, qui fait presque l'unanimité parmi les aménageurs : la végétalisation. Cette stratégie de « rafraîchissement urbain » est prévue, d'une part pour éradiquer la pollution atmosphérique et les atteintes respiratoires, d'autre part pour réduire les maladies cardio-vasculaires en autorisant une pratique régulière de l'exercice dans des « espaces verts dédiés ». Le concept permet aussi de produire de belles images et des imaginaires imprégnés de rêve à bon compte : des « archipels urbains verts », des « forêts urbaines » et même des « oasis de fraîcheur ». Bien sûr, lorsque certains experts en *greenwashing* suggèrent la possibilité de réconcilier la nature et la culture, promouvant les villes comme « le nouvel environnement naturel des humains », ils s'avancent sans doute quelque peu. Mais les voilà qui parlent déjà de « corridors écologiques », en un quasi-lapsus qui renvoie aux corridors humanitaires en temps de guerre. L'évocation des « oasis de fraîcheur » relève du même type d'approximation involontaire : autour desdites « oasis », la grande ville intelligente et productive ne serait en réalité qu'un désert. Il faut dire que si le lapsus est éloquent, le problème est colossal.

Que cherche-t-on en effet à oublier, avec ces éléments de langage, proférés comme autant de pieux euphémismes ? Ne serait-ce pas l'histoire même de la métropole moderne, que l'on peut faire remonter à la première révolution industrielle, lorsqu'il était établi qu'une grande ville n'était plus seulement faite pour y vivre, mais aussi pour en retirer un maximum de profit ? Ne serait-ce pas pour oublier que cet acte inaugural génère presque instantanément un exode rural qui dénature la ville (au sens propre de ce mot) en la densifiant, en la minéralisant, en stérilisant et en imperméabilisant ses sols, en utilisant des matériaux (goudrons, béton, etc.) qui stockent la chaleur et réduisent l'évapotranspiration ? Bien sûr, dès la révolution industrielle s'était imposé l'impératif oxymorique de bâtir en végétalisant. À Paris, Haussmann avait par exemple créé de vastes jardins publics destinés à procurer un peu d'air pur aux masses prolétaires, aussi à leur faire oublier leurs penchants pour la beuverie et les barricades. C'était une époque où l'on végétalisait pour rééduquer le peuple, mais le peuple ne se trouve plus guère dans les villes et les humains qui y restent sont au bord de l'asphyxie.

Aussi, il faut bien l'admettre, végétaliser, c'est un peu comme brandir une ombrelle percée dans un ouragan. À cet égard, il est cruel de mettre en perspective les dispositions prises par la mairie de Paris, délivrant à des citoyens éclairés des « permis de végétaliser » (ce qui consiste à adopter un arbre comme on adopte un chiot), et deux des plus récents (et polémiques) grands projets de bétonnage : la tour Triangle, dans le 15ᵉ arrondissement, édifice d'aspect pyramidal d'une hauteur de 180 mètres s'étalant sur 80 000 mètres carrés ; la ZAC Bercy-Charenton, soit 80 hectares de logements sociaux, d'équipements publics, de bureaux, de commerces, d'hôtels et de tours « écologiques », dont un gratte-ciel de 180 mètres de haut. Si les citoyens sont de moins en moins éclairés, c'est sans doute parce que le béton leur fait de l'ombre. Le problème n'est pas tant le manque de nature en ville que le processus qui permet à la ville néolibérale de se reproduire par les promesses de création d'emplois en amont (dans le BTP) et en aval (dans le secteur tertiaire). Dans cette mesure, il se pourrait que nature et ville soient en réalité à jamais irréconciliables. Pour preuve, à Chengdu, en Chine, une tentative de végétalisation d'immeubles a récemment tourné court. Les plantes sont devenues de plus en plus envahissantes. Elles ont attiré les moustiques en si grand nombre qu'ils ont finalement chassé les résidents des immeubles végétalisés. Dans un extrait de *La Nausée*, Jean-Paul Sartre avait pressenti cette rupture inexorable entre nature et ville. Il avait aussi pensé à un dénouement qui n'a rien d'une réconciliation : « J'ai peur des villes. Mais il ne faut pas en sortir. Si on s'aventure trop loin, on rencontre le cercle de la Végétation. La Végétation a rampé pendant des kilomètres vers les villes. Elle attend. Quand la ville sera morte, elle grimpera sur les pierres, elle les enserrera, les fouillera, les fera éclater de ses longues pinces noires ; elle aveuglera les trous et laissera pendre partout des pattes vertes. »

Versailles

Mathilde Larrère

« Versailles, c'est là où la République s'était retranchée quand elle était menacée. »

Je dois avouer que, quand Emmanuel Macron a prononcé cette phrase (dans le cadre d'un documentaire diffusé sur France 3 en mai 2018), mon sang n'a fait qu'un tour. Que la République ait du mal à tourner le dos à la ville des rois, c'est un fait. Persistant et irritant retour du refoulé. Mais, sous la présidence Macron, voilà que ça dépasse les bornes.

Car *Versailles, c'est là où* Louis XIV a fait construire l'écrin de sa monarchie absolue et de la nouvelle figure royale, où il a isolé sa Cour domestiquée à coups d'étiquette, de préséances bien senties et de pension bien garnies.

Versailles, c'est là où les femmes de Paris se sont rendues un 5 octobre 1789, quand Paris criait famine, avant de retourner le lendemain dans la capitale, suivies de charrettes de pain, mais surtout accompagnées de la famille royale.

Versailles, c'est là où les rois restaurés en 1814 n'ont pas même osé se réinstaller, tant était fort le symbole (tant aussi le palais, abandonné, devait leur sembler peu confortable).

Versailles, c'est là où Louis-Philippe Ier a tenté de déminer la mémoire contre-révolutionnaire en transformant le palais en musée de l'Histoire de France, soigneusement orné de toiles à sa propre gloire.

Versailles, c'est là où l'assemblée élue en février 1871, dominée par les monarchistes, *s'est retranchée quand elle était menacée* par une opposition républicaine, démocratique, sociale, socialiste, internationaliste aussi, qui se concentrait alors à Paris. C'est « Versailles » qui décrète la fin du moratoire des loyers parisiens et de la solde des gardes nationaux, le 10 mars 1871, mesures antisociales s'il en est. C'est « Versailles » qui lève une armée contre la Commune et mène sa répression féroce en mai 1871. C'est à Versailles que furent jugés et condamnés communeux et communeuses qui n'avaient échappé à la Semaine sanglante que pour périr au camp de Satory.

La « République » ne s'est pas « retranchée » à Versailles. Elle y a été passée par les armes.

D'ailleurs, la République, enfin débarrassée de la majorité monarchiste, opère logiquement le 22 juillet 1879 un retour à Paris. Mais elle ne tourne pas tout à fait le dos à Versailles, puisque c'est là que doit se rassembler le Congrès – soit la réunion des deux chambres – pour élire le président de la République sous les Troisième et Quatrième Républiques. On arguera qu'un grand hémicycle y avait été aménagé au cœur de l'aile du Midi du château. Soit. Si le président est aujourd'hui élu au suffrage direct, le Parlement continue de se réunir à Versailles pour se prononcer sur les révisions constitutionnelles quand elles ne sont pas soumises à référendum. Surtout, depuis une révision constitutionnelle de 2008, le président peut prendre la parole devant le Parlement réuni en congrès à Versailles – la séparation des pouvoirs l'en empêchant auparavant, il ne pouvait que faire lire des messages dans les chambres.

Autant dire que, quand Macron arrive à la présidence, l'ombre de Versailles, cette relique monarchiste, pèse encore sur la République. Le nouveau président choisit de lui donner un nouveau lustre.

Aussi s'empresse-t-il après son élection de convoquer le Congrès et d'y prendre la parole, annonçant même qu'il va désormais le faire annuellement, reprenant ainsi le modèle du discours sur l'état de l'Union prononcé chaque année par son homologue américain. Un nouveau signal de la présidentialisation du pouvoir. Il se sert également du 300e anniversaire du séjour du despote Pierre le Grand en France pour inviter Vladimir Poutine… à Versailles. Le président a aussi convié au château, à l'occasion de l'événement « Choose France », les patrons des plus grandes multinationales, en janvier 2018, à la veille du forum de Davos. Cette petite fête, qui rassemblait cent quarante ultra-riches PDG du monde entier (Google, Samsung, Goldman Sachs, la BNP, Axa, Facebook, Coca-Cola, Danone), aura coûté la bagatelle de 600 000 euros ! Jamais président de la République n'aura donc autant utilisé Versailles à des fins politiques.

Dans une interview donnée au journal hebdomadaire *Le 1*, Emmanuel Macron, alors simple ministre de Hollande, théorisait (si l'on peut dire) : « Il y a dans le processus démocratique et dans son fonctionnement un absent. Dans la politique française, cet absent est la figure du roi, dont je pense fondamentalement que le peuple français n'a pas voulu la mort. La Terreur a creusé un vide émotionnel, imaginaire, collectif : le roi n'est plus là ! On a essayé ensuite de réinvestir ce vide, d'y placer d'autres figures : ce sont les moments napoléonien et gaulliste, notamment. Le reste du temps, la démocratie française ne remplit pas l'espace. » Le moins que l'on puisse dire est que, devenu président, il s'applique, lui, à squatter l'espace de l'absent.

Contributrices et contributeurs

Sarah Abdelnour est maîtresse de conférences en sociologie à l'université Paris Dauphine (IRISSO). Elle est l'autrice de *Moi, petite entreprise. Les auto-entrepreneurs, de l'utopie à la réalité* (Puf, 2017).

Sabrina Ali Benali est médecin aux urgences médicales de Paris. Elle a publié *La Révolte d'une interne. Santé, hôpital, état d'urgence* (Le Cherche-Midi, 2018).

Bruno Amable est professeur d'économie politique à l'université de Genève. Il est notamment l'auteur de *Structural Crisis and Institutional Change in Modern Capitalism: French Capitalism in Transition* (Oxford University Press, 2017).

Philippe Baqué est journaliste indépendant, collaborateur du *Monde diplomatique* et réalisateur de films documentaires. Il a publié trois ouvrages aux éditions Agone, parmi lesquels *Homme augmenté, humanité diminuée. D'Alzheimer au transhumanisme, la science au service d'une idéologie hégémonique et mercantile* (2017).

Camille Beauvais est professeur d'histoire-géographie en lycée. Elle travaille actuellement sur le narco-tourisme en Colombie.

François Bégaudeau est écrivain. Son dernier roman, *Un enlèvement*, est paru en 2020 aux éditions Verticales.

Aurélien Bernier, essayiste, journaliste, spécialiste des politiques énergétiques et environnementales, collaborateur du *Monde diplomatique* et du *Journal des activités sociales de l'énergie*. Dernier ouvrage paru : *L'Illusion localiste* (Utopia, 2020).

Sophie Béroud est professeure de science politique à l'université Lumière Lyon 2. Elle est notamment l'autrice, avec Martin Thibaud, d'*En luttes ! Les possibles d'un syndicalisme de contestation* (Raisons d'agir, 2021).

Laurent Binet est écrivain. Dernier roman paru : *Civilizations* (Grasset, 2019).

Laurent Bonelli est maître de conférences en science politique à l'université Paris-Nanterre, membre de l'Institut des sciences sociales du politique (UMR 7220) et co-rédacteur en chef de la revue *Cultures & Conflits*. Il a récemment publié, avec Fabien Carrié, *La Fabrique de la radicalité. Une sociologie des jeunes djihadistes français* (Le Seuil, 2018).

Christophe Bonneuil est directeur de recherche en histoire au CNRS. Il a publié, avec Jean-Baptiste Fressoz, *L'Événement Anthropocène. La Terre, l'histoire et nous* (Points, 2016).

Michel Bozon est sociologue, directeur de recherche à l'Institut national d'études démographiques. Il est notamment l'auteur de *Sociologie de la sexualité* (4ᵉ édition, Armand Colin, 2018).

Gérard Bras est professeur honoraire de philosophie en première supérieure et président de l'Université populaire des Hauts-de-Seine, membre du Groupe d'étude du matérialisme rationnel (GEMR). Il a notamment publié *Les Voies du peuple* (Amsterdam, 2018).

Benoît Bréville est historien et rédacteur en chef du *Monde diplomatique*.

Isabelle Bruno est maîtresse de conférences en science politique à l'université de Lille, chercheuse au Centre d'études et de recherches administratives, politiques et sociales Elle a notamment publié « “Faire taire les incrédules.” Essai sur les figures du pouvoir bureaucratique à l’ère du *benchmarking* », *in* B. Hibou (dir.), *La Bureaucratisation néolibérale* (La Découverte, 2013).

Antony Burlaud est politiste (Paris I-Centre européen de sociologie et de science politique). Il a notamment dirigé, avec Jean-Numa Ducange, l’ouvrage *Marx, une passion française* (La Découverte, 2018).

Johann Chapoutot est professeur d’histoire contemporaine à la Sorbonne. Spécialiste de l’histoire de l’Allemagne et de la modernité occidentale, il est traduit en dix langues. Il est notamment l’auteur de *Libres d’obéir. Le management, du nazisme à aujourd’hui* (Gallimard, 2020).

Éric Chauvier est professeur d’anthropologie urbaine à l’École nationale supérieure d’architecture de Versailles. Il a notamment publié *La Petite Ville* (Amsterdam, 2017).

Hadrien Clouet, sociologue, est chercheur postdoctoral au Centre d’étude et de recherche travail organisation pouvoir. Il est l’auteur de *Rationner l’emploi* (MSH, 2021).

Denis Colombi, sociologue, enseigne les sciences économiques et sociales au lycée. Il est l’auteur du blog sociologique « Une heure de peine » et du livre *Où va l’argent des pauvres* (Payot, 2020).

Laurent Cordonnier est économiste, professeur à l’université de Lille. Il est l’auteur de *Pas de pitié pour les gueux. Sur les théories économiques du chômage* (Raisons d’agir, nouvelle édition actualisée et augmentée, 2020).

Amina Damerdji est chercheuse postdoctorale à l’université catholique de Louvain. Elle travaille sur les procès d’écrivains pour incitation à la haine.

Laurence De Cock est historienne et enseignante. Dernier ouvrage paru : *École publique et émancipation sociale* (Agone, 2021).

Jean-Marie Delarue, après divers postes administratifs, a été le premier Contrôleur général des lieux de privation de liberté, de 2008 à 2014. Il a écrit depuis plusieurs articles ou ouvrages relatifs à ces lieux difficiles.

François Denord est chercheur en sociologie (CNRS). Il consacre ses travaux à l'histoire sociale du néolibéralisme et aux transformations contemporaines du pouvoir. Il a notamment publié, avec Paul Lagneau-Ymonet, *Le Concert des puissants* (Raisons d'agir, 2016).

Thierry Discepolo est le fondateur des éditions Agone. Dernier texte paru : « La Pléiade, une légende dorée », *Le Monde diplomatique*, février 2021.

Gatien Élie est professeur d'histoire-géographie en collège. Il est l'auteur de *La Plaine. Récits de travailleurs du productivisme agricole* (Amsterdam, 2018).

Sophie Eustache est journaliste, autrice de *Bâtonner. Comment l'argent détruit le journalisme* (Amsterdam, 2020).

Amélie Ferrand est photographe et danseuse. Son travail photographique consiste à saisir les gestes inaperçus sur lesquels reposent les interactions entre groupes sociaux.

Nicolas Framont est rédacteur en chef de *Frustration magazine*. Il est l'auteur, avec Selim Derkaoui, de *La Guerre des mots. Combattre le discours politico-médiatique de la bourgeoisie* (Le Passager clandestin, 2020).

Pierre François est directeur de recherche au CNRS, rattaché au Centre de sociologie des organisations (Sciences Po Paris). Il a publié, avec Claire Lemercier, *Sociologie historique du capitalisme* (La Découverte, 2021).

Simone Gaboriau est magistrate honoraire, ancienne présidente du Syndicat de la magistrature et co-fondatrice de l'association MEDEL (Magistrats européens pour la démocratie et les libertés).

Julie Gervais est maîtresse de conférences en science politique à l'université Paris I Panthéon-Sorbonne et chercheuse au Centre européen de sociologie et de science politique. Elle est notamment l'autrice de *L'Impératif managérial. Désirs privés et devoirs publics d'un grand corps d'État* (Presses universitaires du Septentrion, 2019).

Cécile Gintrac est docteure en géographie, enseignante en classes préparatoires littéraires. Elle a dirigé, avec Matthieu Giroud, *Villes contestées. Pour une géographie critique de l'urbain* (Les Prairies ordinaires, 2014).

Samuel Gontier, journaliste, tient le blog télé de *Télérama*. Il est l'auteur de *Ma vie au poste* (La Découverte, 2016).

Guillaume Gourgues est maître de conférences en science politique à l'université Lumière Lyon 2, rattaché au laboratoire Triangle. Il a notamment publié, avec Claude Neuschwander, *Pourquoi ont-ils tué Lip ?* (Raisons d'agir, 2018).

Serge Halimi est directeur du *Monde diplomatique*. Il est notamment l'auteur du *Grand bond en arrière. Comment l'ordre libéral s'est imposé au monde* (Agone, 2012).

Christophe Hanna est poète, théoricien de l'écriture. Il est notamment l'auteur d'*Argent* (Amsterdam, 2018).

Camille Herlin-Giret est chargée de recherche au CNRS en sociologie, rattachée au Centre d'études et de recherches administratives, politiques et sociales, à l'université de Lille. Ses travaux portent sur les inégalités de richesse, les pratiques d'épargne et d'investissement, le rapport à l'impôt, les politiques fiscales et les professions du conseil financier.

Vincent Jarousseau est photographe, auteur et documentariste. Il a notamment publié *Les Racines de la colère. Deux ans d'enquêtes dans une France qui n'est pas en marche* (Les Arènes, 2019). Ses travaux photographiques sont régulièrement publiés dans la presse nationale et à l'étranger. En 2022, il publiera un nouvel ouvrage consacré aux travailleuses du lien.

François Jarrige est historien, maître de conférences à l'université de Bourgogne. Il a notamment publié, avec Alexis Vrignon, *Face à la Puissance. Une histoire des énergies alternatives* (La Découverte, 2020).

Fabien Jobard est sociologue, directeur de recherche au CNRS-Cesdip. Il a récemment publié, avec Olivier Fillieule, *Politiques du désordre. Police et manifestations en France* (Le Seuil, 2020).

Anne Jourdain est enseignante d'histoire-géographie dans le secondaire.

Raphaël Kempf, avocat au barreau de Paris, est l'auteur d'*Ennemis d'État. Les lois scélérates, des anarchistes aux terroristes* (La Fabrique, 2019).

Rachel Knaebel est journaliste à *Bastamag*. Elle collabore aussi, entre autres, au *Monde diplomatique* et à *Politis*. Elle a écrit, avec Mathieu Bellahsen, *La Révolte de la psychiatrie* (La Découverte, 2020).

Aurore Koechlin est doctorante en sociologie à l'université Paris I Panthéon-Sorbonne et travaille sur la gynécologie médicale en France. Elle a publié *La Révolution féministe* (Amsterdam, 2019).

Paul Lagneau-Ymonet enseigne les sciences sociales à l'université Paris-Dauphine. Ses recherches passées ont porté sur l'organisation des activités boursières et les financiers. Il a notamment publié, avec François Denord, *Le Concert des puissants* (Raisons d'agir, 2016).

Renaud Lambert est rédacteur en chef adjoint du *Monde diplomatique*. Il a publié, avec Serge Halimi et Frédéric Lordon, *Les Économistes à gages* (Les Liens qui libèrent, 2012).

Jérôme Lamy est historien et sociologue des sciences, chargé de recherche au CNRS. Il a récemment publié *Faire de la sociologie historique des sciences et des techniques* (Hermann, 2018).

Mathilde Larrère est historienne, maîtresse de conférences à l'université Gustave Eiffel. Elle est notamment l'autrice d'*Il était une fois les révolutions* (Le Détour, 2019).

Frédéric Lebaron est professeur de sociologie à l'École normale supérieure Paris-Saclay. Il a récemment publié *Savoir et agir. Chroniques de conjoncture (2007-2020)* (Le Croquant, 2021).

Gérald Le Corre est inspecteur du travail. Il a notamment publié « L'inspection du travail face aux infractions du Code du travail », *in* Ph. Davezies, A. Thébaud-Mony, L. Vogel et S. Volkoff (dir.), *Les Risques du travail* (La Découverte, 2015).

Claire Lemercier est directrice de recherche au CNRS, au Centre de sociologie des organisations (Sciences Po Paris). Elle a publié, avec Pierre François, *Sociologie historique du capitalisme* (La Découverte, 2021).

Thomas Le Roux est historien, chargé de recherche au CNRS (Centre de recherches historiques). Il est notamment l'auteur du *Laboratoire des pollutions industrielles. Paris, 1770-1830* (Albin Michel, 2011).

Danièle Linhart est sociologue du travail, directrice de recherche émérite au CNRS, membre du Centre de recherches sociologiques et politiques de Paris. Elle a récemment publié *L'Insoutenable Subordination des salariés* (Eres, 2020).

Frédéric Lordon est philosophe, chercheur au CNRS.

Marius Loris Rodionoff est poète et historien. Il a fait une thèse sur la relation d'autorité dans l'armée française pendant la guerre d'Algérie. Il est l'auteur de trois livres de poésie, dont *Procès-Verbaux* (Les Presses du réel, 2021).

Sandra Lucbert écrit de la littérature. Elle a publié *Personne ne sort les fusils* (Le Seuil, 2020).

Nelo Magalhães est chômeur, docteur en mathématiques de l'université Paris-Sud (2011-2015) et doctorant en économie à l'université de Paris (2017-2021).

Anne Marchand est sociologue, codirectrice du Groupement d'intérêt scientifique sur les cancers d'origine professionnelle. Elle est notamment l'autrice de « Si vous allez mourir, tapez étoile. Lutter pour faire reconnaître les cancers professionnels », *Z*, n° 13, mai 2020.

Gérard Mauger est sociologue, directeur de recherches émérite au CNRS, chercheur au Centre européen de sociologie et de science politique. Dernier ouvrage paru : *Repères (2) pour résister à l'idéologie dominante* (Le Croquant, 2018).

Michel Offerlé est professeur émérite de sociologie du politique à l'ENS Ulm. Il est l'auteur de nombreux travaux sur les patrons et les patronats, récemment de *Ce qu'un patron peut faire. Une sociologie politique des patronats* (Gallimard, 2021).

Ugo Palheta est sociologue, maître de conférences à l'université de Lille et chercheur au Cresppa-CSU. Il est co-directeur de la revue en ligne *Contretemps* et l'auteur, notamment, de *La Possibilité du fascisme* (La Découverte, 2018).

Stefano Palombarini est maître de conférences en économie à l'université Paris 8. Il est l'auteur, avec Bruno Amable, de *L'Illusion du bloc bourgeois. Alliances sociales et avenir du modèle français* (Raisons d'agir, 2018).

Evelyne Pieiller est journaliste au *Monde diplomatique*. Elle a notamment publié *L'Almanach des réfractaires* (Finitude, 2017).

Frédéric Pierru est sociologue, CNRS, et coordinateur, avec André Grimaldi, de *Santé : urgence* (Odile Jacob, 2020).

Allan Popelard est enseignant. Il collabore au *Monde diplomatique* et dirige la collection « L'Ordinaire du capital » aux éditions Amsterdam.

Jean-Luc Porquet est journaliste au *Canard enchaîné*. Il est l'auteur de *Lettre au dernier grand pingouin* (Verticales, 2016).

Christian Prigent est écrivain. Il a publié une cinquantaine d'ouvrages (poèmes, fictions, essais). Dernier livre paru : *Chino au jardin* (roman, P.O.L, 2021).

Nathalie Quintane est écrivain. Elle est notamment l'autrice d'*Un hamster à l'école* (La Fabrique, 2020) et de *La Cavalière* (P.O.L, à paraître).

Clément Quintard est illustrateur et rédacteur en chef adjoint du magazine *Socialter*.

Mathias Reymond est co-animateur de l'association Acrimed – Action-Critique-Médias – et maître de conférences en économie à l'université de

Montpellier. Il est notamment l'auteur d'*« Au nom de la démocratie, votez bien ! » Retour sur le traitement médiatique des élections présidentielles de 2002 et 2017* (Agone/Acrimed, 2019).

Hélène Richard est journaliste au *Monde diplomatique*, spécialiste du monde russe ; coordinatrice de *La nouvelle guerre froide* (*Manière de voir*, 2018) et *Russie, le retour* (*Manière de voir*, 2014-2015).

Pierre Rimbert est rédacteur au *Monde diplomatique*.

Anne-Cécile Robert est docteur en droit européen, journaliste au *Monde diplomatique*, auteur notamment de *La Stratégie de l'émotion* (Lux, 2018).

Claire Rodier, directrice du Gisti (Groupe d'information et de soutien des immigré·e·s) et membre du réseau euro-africain Migreurop. Elle a dirigé, avec Annalisa Lendaro et Youri-Lou Vertongen, *La Crise de l'accueil. Frontières, droits, résistances* (La Découverte, 2019).

Max Rousseau est politiste et géographe à l'UMR 5281 ART-DEV. Il est notamment l'auteur, avec Vincent Béal, de *Plus vite qu'un cœur de mortel. Désurbanisation et résistances dans l'Amérique abandonnée* (Grevis, 2021).

Mathias Roux enseigne la philosophie à l'université de Bordeaux. Il est l'auteur de *La Dictature de l'égo. En finir avec le narcissisme de masse* (Larousse, 2018).

François Ruffin est le fondateur du journal *Fakir*. Député de la Somme, il est l'auteur d'une quinzaine d'ouvrages, parmi lesquels *Leur Progrès et le nôtre* (Le Seuil, 2021).

Grégory Rzepski est haut fonctionnaire.

Rachel Saada est avocate au barreau de Paris, spécialisée en droit du travail, droit de la Sécurité sociale et de la protection sociale. Fondatrice de L'Atelier des droits, elle a écrit, avec Marie Pezé et Nicolas Sandret, *Travailler à armes égales. Souffrance au travail : comment réagir* (Pearson, 2011).

Arnaud Saint-Martin est sociologue, chargé de recherche au CNRS, auteur notamment de *Science* (Anamosa, 2020).

Grégory Salle est chargé de recherche au CNRS, rattaché au Centre lillois d'études et de recherches sociologiques et économiques. Il a notamment publié « La marchandisation de la gestion carcérale : prison et néolibéralisme », *Mouvements*, nº 88, 2016, et *Superyachts. Luxe, calme et écocide* (Amsterdam, 2021).

Julien Sartre est journaliste d'investigation autant que reporter. Spécialiste de l'Outre-mer français, il est correspondant d'une partie de la presse ultramarine à Paris, travaille pour plusieurs journaux basés à Tahiti, aux Antilles, en Guyane, en Nouvelle-Calédonie, mais aussi pour la presse nationale française.

Antoine Schwartz est docteur en science politique. Il est notamment l'auteur du *Libéralisme caméléon. Les libéraux sous le Second Empire* (Presses universitaires de Franche-Comté, 2021).

Pierre Serna est historien, professeur à l'université de Paris I Panthéon-Sorbonne, IUF. Il est l'auteur de *L'Extrême Centre ou le Poison français, 1789-2019* (Champ Vallon, 2019).

Vincent Sizaire, maître de conférences associé à l'université Paris-Nanterre, est l'auteur d'*Être en sûreté* (La Dispute, 2020).

Félix Tréguer est chercheur associé au Centre internet et société du CNRS. Il est membre fondateur de La Quadrature du Net, une association de défense des libertés dans le contexte d'informatisation, et l'auteur de *L'Utopie déchue. Une contre-histoire d'internet, XVe-XXIe siècle* (Fayard, 2019).

Antoine Vauchez est politiste, directeur de recherche au CNRS (université Paris I-Sorbonne-EHESS). Il a notamment publié, avec Pierre France, *Sphère publique, intérêts privés* (Presses de Sciences Po, 2017) et coordonné une série de podcasts, *Public Pride. Pour un nouvel abécédaire du public* (www.public-pride.eu).

Xavier Vigna est professeur d'histoire contemporaine à l'université Paris-Nanterre. Son *Histoire des ouvriers en France au XXe siècle* vient de ressortir en poche chez Tempus/Perrin.

Récemment paru aux Éditions Amsterdam

Pierre Tevanian
Politiques de la mémoire

Sous la direction de Jean-Pierre Cometti et Nathalie Quintane
L'Art et l'Argent

Patrick Cingolani
La Colonisation du quotidien. Dans les laboratoires du capitalisme de plateforme

Reza Zia-Ebrahimi
Antisémitisme et Islamophobie. Une histoire croisée

À paraître

Cécile Canut
Provincialiser la langue. Langage et colonialisme

Paul Guillibert
Terre et Capital. Pour un communisme du vivant

Sirma Bilge et Patricia Hill Collins
Intersectionnalité. Une introduction

Ivan Segré
La Souveraineté adamique. Traité de mystique révolutionnaire

Achevé d'imprimer
pour le compte des Éditions Amsterdam
par les presses de l'imprimerie Sepec à Péronnas
en août 2021

Numéro d'impression : 00317210502

Dépôt légal à parution

Certifié PEFC
Ce produit est issu de forêts gérées durablement et de sources contrôlées.
PEFC™
10-31-1470
pefc-france.org